中国民政年鉴

2002

ZHONGGUOMINZHENG NIANJIAN

中华人民共和国民政部 编

中国民政年鉴·2002

中华人民共和国民政部编

中国社会出版社

图书在版编目(CIP)数据

中国民政年鉴·2002/中华人民共和国民政部编．－北京：中国社会出版社，2003.11

ISBN 7－80146－869－4

Ⅰ.中... Ⅱ.民... Ⅲ.民政工作－中国 －2002－年鉴

Ⅳ.D632－54

中国版本图书馆CIP数据核字(2003)第103739号

书　　名：中国民政年鉴·2002

编　　著：中华人民共和国民政部

责任编辑：缪传忠　张铁纲

出　　版：中国社会出版社　　邮政编码：100032

通联方式：北京市西城区二龙路甲33号新龙大厦

电话：66016392　　传真：66016392

欢迎读者拨打免费热线**8008108114**或登录**WWW.bj114.com.cn**

查询相关信息

经　　销：各地新华书店

印 刷 厂：中国电影出版社印刷厂

开　　本：880×1230mm　1/16

印　　张：41.75

字　　数：1068千字

版　　次：2003年12月第1版

印　　次：2003年12月第1次印刷

书　　号：ISBN 7－80146－869－4/D·135

定　　价：168.00元

《中国民政年鉴》编委会

《中国民政年鉴》编辑办公室

出版说明

一、《中国民政年鉴》是由中华人民共和国民政部主办，部办公厅组织、主持编撰，中国社会出版社编辑出版的大型史册性资料工具书，逐年记载中国民政事业的新成就、新进展和新经验，为海内外读者了解中国的民政事业、关心中国的民政事业、研究中国的民政事业、支持中国的民政事业提供诚挚的服务。

二、本年鉴从2002年起每年出版一期，2002年刊为第一期。

三、作为第一期《中国民政年鉴》，本期年鉴可追溯2001年以前的内容，但以2002年度的内容为主，记事日期一般截至2002年12月31日，但考虑到事件表述的完整性，个别地方也涉及了2003年度的内容。

四、从本期年鉴开始，采用年鉴通用的分类编排法，以总目为单元，由类目、条目组成。力求资料归类集中和清晰，以便读者查阅。

五、"条目"是本期年鉴记载年度的情况和动态的主要形式，每个条目的开头用黑体字加【】作标题，提示条目中心内容。

六、本期年鉴由"特载"、"民政事业发展综述"、"社会救助和社会福利"、"基层民主政治建设"、"服务军队和国防建设"、"专项社会事务管理"、"老龄事业"、"综合性民政工作"、"民政法律法规"、"民政理论研究"、"民政统计资料"、"大事记"、"附录"13个总目构成。

1.特载——收录2002年关于民政工作的重要文献、党和国家领导人关于民政工作重要的讲话与论述、召开的重要会议、重大活动。

2.民政事业发展综述——包含2001年以前民政事业发展回顾、2002年民政工作概况。

3.社会救助和社会福利、基层民主政治建设、服务军队和国防建设、专项社会事务管理、老龄事业、综合性民政工作——记录民政各项工作业务。

4.民政法律法规——收录2001年以前主要的民政法律法规、2002年民政法规和规范性文件。

5.民政理论研究——主要收录2002年民政报刊上刊载的民政政策理论研究文章摘要、政策理论研究文章目录选编。

6.民政统计资料——收录2002年民政各项统计资料。

7.大事记——2002年民政工作大事记。

8.附录——民政部组织机构与职能演变。

七、本期年鉴的条目撰稿人来自民政部各司(局)以及部属相关事业单位。资料与数据均经过审核。

前　言

从2002年起，我们正式出版《中国民政年鉴》，并将每年出版一册。《中国民政年鉴》力求用全面、客观、详尽的资料，全方位、多角度、不间断地记载和展示中国民政在建设中国特色社会主义伟大事业历程中的成长和进步。它将展示民政工作大踏步前进的坚实步伐，载录民政事业持续发展的繁荣景象，记述民政工作者勤政为民、无私奉献的感人事迹。把这些有形的成就和无形的精神录之于书、载之于史，很有意义，也很有价值。

从2002年开始出版《中国民政年鉴》，具有深刻的背景。2002年召开的第十一次全国民政会议，是民政工作史上一次承前启后的重要会议。它标志着民政事业的发展取得了令人瞩目的阶段性成就，也标志着民政事业的发展又站到了一个全新的起点，开始了一个全新的行程。由于编辑《中国民政年鉴》是一项全新的工作，因此，在全面记录2002年民政事业发展新成就的同时，也简要回顾和总结了1994年第十次全国民政会议以来民政工作的成就和经验，有些部分还涉及更长时期。在党中央、国务院的正确领导下，我国的改革开放和社会主义现代化建设事业不断前进，国民经济持续、快速、健康发展，社会主义市场经济体制逐步完善，全方位对外开放格局基本形成，各项社会事业全面进步，人民生活水平不断提高。可喜的是，随着中国特色社会主义事业不断前进，民政工作的改革与发展也与时俱进，在经济建设和社会发展中的地位日益凸显，作用日益突出，影响日益扩大，各项民政工作都有了新的发展和进步，一些重点工作取得了显著成绩。特别是全面建立和逐步完善了城市居民最低生活保障制度，建立完善了救灾工作分级管理体制，农村村民自治和城市社区建设全面推进，全国省县界线勘定任务圆满完成，民间组织的培育和规范管理迈出了新的步伐，社会福利事业取得较快发展，双拥和优抚安置工作进一步加强，老龄工作力度不断加大。这些成绩和发展，为《中国民政年鉴》的编撰提供了坚实的起点和厚重的基础。

《中国民政年鉴》作为一部工具书，力求真实、完整而系统。“特载篇”记录了

2002年民政事业发展中的重大事件、重大活动和重要会议，记录了党和国家领导同志及各省、自治区、直辖市及民政部负责同志的重要指示和讲话；“发展综述篇”记录了1994年以来民政工作的成绩与经验，介绍了2002年民政工作的发展与进步；“统计数据篇”收集了2002年民政事业发展的相关基础数据；“法规文献篇”选录了国家和民政部颁布的重要法规和政策文件。能否做到“一册在手”而对2002年民政工作基本情况“了然于胸”，尚赖读者的检验。

《中国民政年鉴》作为一部参考书，力求资料的翔实、完备，并力求在此基础上达到实践和理论的统一、纪史性和指导性的统一。随着改革的深化和事业的发展，民政工作的内涵和外延发生了重大变化，但民政工作的业务仍有20多项，内容纷繁复杂。为了全面反映和准确把握民政工作的内容和规律，《中国民政年鉴》从四个方面对民政业务做了载录，即社会救助和社会福利方面的工作、基层民主政治建设方面的工作、服务军队和国防建设方面的工作以及管理专项社会事务方面的工作，同时对综合性民政工作做了介绍。《中国民政年鉴》又分别记述了四个方面工作分类之下20多项业务的具体职责、任务和目标。这部《中国民政年鉴》是否有助于民政实际工作者了解和把握民政工作的各项方针政策，是否有助于理论工作者对于民政工作的深入研究，敬请读者评鉴。

《中国民政年鉴》还力求编成一部教科书，记录历史、事实和数据，也反映了千千万万民政工作者的实践和情感。民政工作是做人的工作的，长期以来各级民政工作者坚持执政为民，谋政利民，发扬全心全意为人民服务的“孺子牛”精神，时刻把人民群众的安危冷暖放在心上，努力为群众办实事，办好事。《中国民政年鉴》中记载的救灾救济、社会福利、社区建设、村（居）民自治、优抚安置、老龄工作，以及婚姻登记、殡葬改革等各项工作，都是与群众生活息息相关的，特别是关系到孤寡老人、残疾人、孤残儿童、下岗失业人员、灾民、困难户和老年人等困难群众和弱势群体基本生活的工作。翻开页页记载着这些工作业绩的年鉴，能否从中感受到民政工作者的拳拳爱民之心和浓浓爱民之情，能否让社会各界进一步地了解和支持民政事业，也只能靠社会反响去验证。

当然，初创的《中国民政年鉴》仍处于起步阶段，尚属新生事物，还很稚嫩，还不完善。我们深深知道，要办好《中国民政年鉴》，使它成为民政事业的百科全书、民政工作编年史，与民政工作的前进结伴而行，与民政人的心声紧紧相连，我们还有很长的路要走。要实现我们的目标，依赖于各级领导的关心，依赖于社会各界的支持，依赖于广大读者的爱护。2002年《中国民政年鉴》的成功出版，本身就是大家共同奋斗的结果，凝聚着大家的智慧和心血。在此，我们恳切希望并将由衷感谢大家的帮助和指正。

目前，我国进入了全面建设小康社会、加快推进社会主义现代化的新的发展阶段，民政工作面临着新的机遇和挑战，内容越来越丰富，任务越来越繁重，作用越来越重要。我们坚信，广大民政工作者将以邓小平理论和“三个代表”重要思想为指导，适应社会主义市场经济和社会发展，围绕中心，服务大局，解放思想，开拓创新，以最广大人民群众的根本利益为出发点和落脚点，坚持“上为中央分忧，下为百姓解愁”的宗旨，深怀爱民之心，恪守为民之责，扎扎实实地做好各项工作，依法管理社会行政事务，保障人民群众的基本生活权益和民主政治权利，促进社会公平，维护社会稳定，推动社会进步，更好地为广大人民群众服务，为最需要帮助的困难群众服务，为改革发展的稳定大局服务。我们衷心希望《中国民政年鉴》的出版能为民政事业的发展做出应有的贡献，也衷心祝愿民政事业为我国全面建设小康社会，加快推进社会主义现代化的奋斗目标，为建设繁荣、民主、文明的现代化强国做出应有的贡献！

《中国民政年鉴》编委会

2003年11月

特 载

·2002 年民政工作重要会议和重大活动

·2002 年重要的表彰活动

民政事业发展综述

社会救助和社会福利

·城市居民最低生活保障制度

·农村社会救济

·自然灾害救助

·减灾工作

基层民主政治建设

服务军队和国防建设

·优抚工作

专项社会事务管理

• 民间组织管理

·行政区划管理

·地名管理

·行政区域界线管理

·婚姻管理

民政法律法规

·2002年以前颁布的主要民政法律法规

·2002 年颁布的民政法规及规范性文件

民政理论研究

民政统计资料

大事记

附　录

特　载

2002年民政事业发展重要文献*

民政部关于印发《民政事业发展“十五”计划纲要》的通知

（民发〔2002〕134号　　2002年8月9日）

各省、自治区、直辖市民政厅(局),各计划单列市民政局,新疆生产建设兵团民政局:

为贯彻落实《中华人民共和国国民经济和社会发展第十个五年计划纲要》的战略部署,推动我国民政事业的发展,经国家发展计划委员会、财政部同意,特制定《民政事业发展“十五”计划纲要》。现印发给你们,请结合当地实际贯彻执行。

民政事业发展“十五”计划纲要

为贯彻落实《中华人民共和国国民经济和社会发展第十个五年计划纲要》,推动民政事业发展,特制定《民政事业发展“十五”计划纲要》。

一、“九五”计划完成情况

“九五”期间,在党中央、国务院领导下,各地认真贯彻第十次全国民政会议精神和民政部、国家计委《民政事业发展“九五”计划和2010年远景目标纲要》,民政工作取得了新的进步,在保障人民群众的基本生活权益和民主政治权利,支持国防和军队现代化建设,促进社会公平,维护社会稳定,推动社会进步方面发挥了重要作用。

(一)改革救灾救济制度,确保灾民和贫困群体基本生活。建立和完善了救灾工作分级新体制,高效、有序地组织了抗灾救灾工作,基本建立了经常性的社会捐赠制度。五年中,转移受灾群众6000多万人次;抢救人民群众和国家财产

* 注:本部分内容由民政部办公厅提供。

价值1000多亿元，向两亿多人次灾民提供粮食、衣被和现金等救助。城市居民最低生活保障工作取得突破性进展，城市贫困居民得到最低生活保障。

（二）双拥工作深入发展，优抚安置政策得到较好落实。深入开展双拥活动，新型的军政军民关系不断巩固。全国抚恤事业费逐年有较大幅度增长，实施“爱心献功臣行动”，较好地缓解了优抚对象“三难”问题，安置工作采取计划和市场两种手段，完善政策，较好地解决了退役士兵安置问题。

（三）社会福利社会化稳步推进，社会福利事业较快发展。福利机构床位数和收养人数有所增长，儿童福利工作通过收养、供养和寄养，保障了孤残儿童的合法权益，社会福利企事业单位深化内部改革，经济和社会效益有所提高，福利彩票改革营销方式，加强管理，销售额有较大增长。

（四）村民自治全面展开，城市社区建设取得初步成效。全国农村初步建立了村民直接选举制度、村民大会或村民代表会议制度和村务公开制度，基层民主逐步扩大。乡镇政务公开、规范管理取得新进展。城市社区建设全面推开，社区服务迅速发展，新的城市基层社会管理体制正在形成。

（五）专项社会事务管理有效加强，规范化管理迈出新步伐。民间组织管理工作健全法规、完善管理体制，社会团体健康有序发展，民办非企业单位登记管理工作全面启动。区划工作增加了市镇建制，城镇化水平达30%。地名管理有所加强。全面勘界工作取得突破性进展，基本完成全国省、县两级行政区域界线勘定任务。婚姻登记、殡葬管理、收容遣送工作取得新的进展。

（六）民政自身建设进一步加强。民政部门机构改革、政务公开效果显著，队伍素质明显提高，工作条件和工作手段改善，政策法规建设进一步加强。

“九五”期间，全国民政事业发展中存在的主要问题：

一是部分业务还不能适应市场经济体制的要求。尤其是退役士兵安置的难度越来越大，部分优抚、社会救济对象生活还比较困难，福利生产效益不高，残疾人就业和生活面临较大困难，收容遣送性质不明确、关系未理顺，工作难度大。

二是民政事业经费还不能满足事业发展需要。民政事业设施数量不足，布局不合理，不能适应经济社会发展和人民群众多层次、多样化的要求。

三是民政法制建设有待加强，执法手段尚不健全，与依法治国、依法行政的要求不相适应。

二、“十五”期间民政事业发展目标

“十五”期间，民政工作的总体要求是：以邓小平理论和江泽民同志“三个代表”的重要思想为指导，解放思想，深化改革，开拓创新，推进民政管理法制化、民政事业社会化、民政服务网络化和工作手段现代化。逐步实现有效的社会救助、广泛的基层民主、优质的福利服务、牢固的军民团结和规范的社会事务管理，不断开创民政工作新局面，更好地为人民服务，为最需要帮助的困难群众服务，为改革发展稳定的大局服务。

救灾救济方面，建立和完善以科学的监测评估、有力的综合协调、广泛的社会参与、合理的救灾物资储备制度为基础，救灾工作分级负责、救灾款分级负担的自然灾害紧急救援体系。以最低生活保障为主体，临时救济为补充，医疗、住房、教育救助相配套的社会救助体系。以社会捐赠制度为基础，经常化的扶贫帮困和敬老助残为重点的社会互助体系。

社会福利方面，积极推进社会福利社会化进程，基本建成以老年人福利服务为重点、社区福利服务网络为依托、福利机构为补充、居家供养为基础的社会福利服务体系。

拥军优抚安置方面，实现拥军优属工作制度化、规范化，建立完善国家抚恤制度、社会优待制度。深化改革，逐步建立退役士兵安置就业、扶持就业、自谋职业相结合的安置制度。实现军休干部服务管理社会化。

城乡基层民主政治建设方面，农村全面落实民主选举、民主决策、民主管理、民主监督，完善村民自治制度，保障村民民主政治权利。乡镇政务公开扎实有效，城市全面推进社区建设,扩大社区民主,努力建设管理有序、服务完善、环境优美、治安良好、生活便利、人际关系和谐的新型社区。

民间组织管理方面,培育发展和管理监督并重,建立布局合理、结构优化、自律机制完善的民间组织体系,建立高效、协调、管理与服务相结合的行政管理体制。

区划地名、收容遣送和婚丧管理方面,行政区划设置和调整科学规范,城市布局合理,地名、殡葬、婚姻管理和收容遣送做到依法行政、规范管理、优质服务。

三、"十五"期间民政工作基本任务

(一)以实施城镇居民最低生活保障和提高紧急灾害救援能力为重点,进一步完善救灾救济制度,切实保障贫困人口和灾民的基本生活

1.城镇要全面实施《城市居民最低生活保障条例》,完善配套法规,加强规范管理和信息化建设,将城镇中的贫困人口全部纳入最低生活保障范围。同时,逐步建立临时救济制度,会同有关部门推进医疗、住房、教育救助。农村要进一步深化救济制度改革,逐步建立符合农村实际的社会救济制度。

2.科学划分灾害等级标准,强化救灾分级管理体制,充分履行综合协调职能,完善救灾物资储备制度,制定救灾应急预案,切实改进和加强救灾款物的使用和管理。

3.规范救灾捐赠工作,培育社会中介组织,推进救灾捐赠工作的经常化和社会化。

4.广泛应用减灾科技成果,建设一批重大减灾工程,提高我国减灾工作整体水平和全民减灾意识。建成中国减灾中心。

(二)大力推进社会福利社会化进程,加快发展社会福利服务事业

1.大力兴办城乡社会福利事业。多渠道、多形式地举办社会福利机构,养老服务机构的床位数 2005 年达到每千名老人 10 张。城市推进社区老年福利服务"星光计划",新建和改扩建一批社区老年福利服务设施和活动场所,逐步形成社区有站点、街道有服务中心的社区老年人福利服务设施网络。农村 90%以上的乡镇建立敬老院,其中有条件的敬老院要逐步建设成为综合性的社会福利中心,为老年人、残疾人、孤残儿童提供灵活多样的福利服务和庇护性救助。

2.根据国家彩票管理方面的法规,大力培育彩票市场,改进销售方式,提高队伍专业素质,努力扩大发行规模,筹集更多的资金,促进社会福利事业的发展。

3.积极开展假肢科研工作,提高假肢产品的技术含量,增强为残疾人服务功能。

(三)继续深化改革,完善优抚安置制度,努力为国防和军队现代化建设服务

1.继续高举爱国拥军旗帜,深入开展创建双拥模范城(县)活动。巩固和发展以乡镇、街道为依托的拥军优属服务网络,努力推进拥军优属制度化、规范化和社会化。

2.健全抚恤和优待制度。优抚对象抚恤补助标准依据全国职工平均工资和城乡居民人均生活水平,制定统一的基本标准,并随社会生活水平提高进行调整。继续完善社会优待政策,切实把优抚对象应享受的交通、住房、教育、医疗等方面优先优惠政策落实到位,基本解决重点优抚对象"三难"问题,逐步提高广大优抚对象的生活水平。

3.改革退役士兵安置方式,多渠道、多形式安置退役士兵。贯彻各种所有制单位按比例接收安置退役士兵的规定,积极稳妥地推进退役士兵安置改革。通过调整政策、完善法规、经济补助、技能培训等手段,引导退役士兵进入市场,竞争就业,形成安置就业、扶持就业、自谋职业相结合的退役士兵安置制度。

4.完善军休人员安置管理办法,加快军休干部、军队无军籍退休退职职工接收安置进度,进一步落实好军休干部的政治待遇和生活待遇,加快军休安置工作改革步伐。

(四)建立健全社区组织,加快发展社区服务事业,全面推进社区建设

1.研究修订城市居委会组织法,调整、充实社区居民委员会,加强社区基础设施和社会工作队伍建设,改善社区居委会工作条件和工作人员福利待

遇，普遍建立健全社区居民自治制度，努力使多数社区建成管理有序、服务完善、环境优美、治安良好、生活便利、人际关系和谐的新型社区。

2.制定、落实扶持政策，加大资金投入，加快社区服务业产业化、社会化步伐。到2005年，基本实现多种经济成分并存、服务门类多样、服务质量较高、效益较好的社区服务网络，使社区服务业成为就业或再就业的重要渠道。

(五)全面推进村民自治，促进基层民主政治建设

贯彻落实村委会组织法，完善村委会民主选举制度，不断提高村委会直接选举的质量，普遍建立村民会议或村民代表大会制度，加强民主议事和民主监督工作，进一步健全村务公开制度，做到经常化、制度化。到2005年，绝大多数村委会做到组织健全完备，作用充分发挥，各项管理制度化、民主化，村干部素质全面提高。

(六)培育发展和监督管理并重，促进民间组织健康发展

1.落实培育发展和监督管理并重的方针，健全登记管理机关与业务主管单位双重负责的管理体制，会同有关部门研究完善民间组织人事、工资、财务、社会保障等方面的规章制度。

2.对已有的民间组织进行结构性调整，实行总量控制，优先发展行业性中介组织，使民间组织在数量、种类、结构、布局等方面符合当地实际需要，基本实现布局合理，结构优化，充分发挥民间组织在“两个文明”建设中的作用，确保民间组织与国家经济社会发展相协调。

3.普遍建立健全民间组织自律机制，在民间组织中建立党的基层组织，加强内部管理和民主管理，提高民间组织整体素质。

4.与有关部门共建打击非法民间组织违法犯罪活动的综合治理机制，及时有效查处非法民间组织和民间组织的违法行为。

(七)以推进城镇化为重点，加强区划、地名规范化管理

1.修订完善各类行政区划单位设置标准和管理法规，科学、有序和稳妥地调整行政区划，优化城市结构，改善城市布局，大力发展小城镇，基本形成规模适度，布局合理，大、中、小城市协调发展的城镇化发展格局。

2.研究制定行政区域界线管理条例，依法加强边界日常管理工作，编制法定的行政区域界线详图集。

3.全面推进地名管理标准化和规范化，用5年时间完成全国所有城市的标准地名标志的设置工作。

(八)严格依法办事，提高婚姻登记管理水平

研究修订婚姻登记管理办法，推进婚姻管理体制和出证制度改革，加大执法力度，建立婚姻登记管理计算机网络系统，城市登记全部实现微机管理，2005年全国结婚登记率达到98%以上，登记合格率力争达到100%。

(九)推行殡葬改革，倡导文明节俭新风

继续推行火葬，五年全国火化率增长3个百分点，达到44%。土葬区推进土葬改革，制止乱埋乱葬。反对大操大办、奢侈浪费，积极倡导文明节俭办丧事，发展和完善殡仪服务设施，2005年绝大多数县市基本建立殡仪馆。加强殡仪设施更新改造，增加服务项目，提高服务质量。加强公墓管理和建设，打击非法传销。

(十)明确性质，强化管理，做好收容遣送工作

进一步明确性质，理顺关系，强化管理，加快收容设施更新改造步伐，新建或扩建流浪儿童救助保护中心，依法办事，提高救助保护能力和文明服务水平，做好收容遣送工作。

四、实现“十五”计划的主要政策措施

实现“十五”期间民政事业发展的目标和任务，关键是加强领导，加大投入，改革体制，强化管理，真抓实干，提高队伍素质，完善政府主导、部门协作、社会参与的工作机制。

(一)坚持以政府为主，社会为辅，多渠道、多形式增加对民政事业的投入，保证救灾救济、优抚安置、社会福利事业发展的资金需要，将民政事业设施建设纳入各级基本建设计划之中。根据农村税费改革有关政策，落实五保供养、农村义务兵优待等资金。社会捐赠、慈善工作、社区服务、老年福利、

扶贫济困等事业要在国家统一规划下，放手发动群众，鼓励社会力量积极参与。

（二）制定和完善支持民政事业发展的扶持和优惠政策。根据国家统一部署，继续贯彻落实国家对民政事业发展的税收优惠政策。争取金融部门在调整信贷结构中，对民政设施和项目在资金方面给予支持。改革民政事业价格和收费体系，除少数需由国家制定价格和收费标准之外，民政服务的大部分价格和收费标准应按成本补偿的原则制定。在城市、城镇规划建设中要将社区服务和社会福利设施纳入计划之中，并在土地、水电、税收等方面予以扶持和照顾。

（三）以社会化、产业化为方向，建立充满生机和活力的民政事业自我发展机制。福利企业要在保障残疾职工合法权益的前提下，通过政策支持，认真做好改革、改组、改造工作，加强内部管理，增强市场竞争能力。国有社会福利事业单位要深化内部用工和分配制度改革，提高社会效益和经济效益。社区服务、老年福利服务、婚丧服务要提高经营管理水平，成为独立核算、自主经营的法人实体。

（四）转变政府职能，全面推进依法行政。认真搞好机构改革，转变职能，充分运用法律、行政、经济等手段加强宏观管理，把工作重点转移到制定发展战略和方针政策，编制事业发展规划，拟定民政规章制度，推广典型经验，实施监督检查上来，逐步由微观管理向宏观管理转变。加快民政法制建设，抓紧研究拟定民政事业发展急需的法律、法规，研究修订有关法律法规，建立廉洁公正的执法队伍，严禁滥用职权，徇私枉法，逐步实现工作方式从行政手段为主向依法行政为主的转变。

（五）大力提高民政技术手段的现代化水平和民政信息化程度，促进管理现代化。通过实施与重点业务相结合的"数字民政"工程，建成覆盖全国民政系统的社会事务行政管理专网，实行"一网多用"，开发和使用全国统一的民政业务管理软件，推进管理信息化、规范化。"十五"期间，基本建成国家级的中国减灾中心技术系统、国家灾害监测预报小卫星系统、国家地名信息管理系统、行政区划界线管理系统、城镇最低生活保障管理系统、优抚安置管理信息系统、社会福利机构管理信息系统、民间组织管理系统，适时启动农村基层选举管理系统和社区建设管理服务系统。

（六）全面规划，分类指导，加强对西部地区民政事业的扶持力度。在国家统筹规划下，指导、支持西部地区制定符合实际的工作思路、发展目标、工作重点和政策措施。中央安排的民政事业费和民政部所筹的本级社会福利资金要向西部地区适当倾斜。加强东、西部地区民政部门在资金、信息、人才、物质方面的对口支持力度，促进全国民政事业整体水平的提高。

（七）提高民政队伍整体素质，建立科学高效的民政工作管理体制。加强领导班子建设，注重培养和选拔年轻干部，调整和优化干部队伍结构，强化职业道德教育，加强廉政建设，纠正部门和行业不正之风，反对奢侈浪费，努力建设一支政治强、业务精、作风正的干部队伍。加强基层民政组织建设，改善基层干部工作、生活条件和福利待遇，解决他们的后顾之忧。

2002年党和国家领导人关于民政工作的重要讲话与论述*

在接见第十一次全国民政会议代表时的讲话

江泽民

（2002年5月27日）

1994年第十次全国民政会议以来，民政工作取得了很大的成绩，为国家改革发展稳定的大局作出了积极贡献。我代表党中央、国务院，向全国从事民政工作的同志们，致以诚挚的问候和衷心的感谢！向全国民政工作先进单位和先进个人，表示热烈的祝贺！

民政工作是党和国家的重要工作。做好民政工作，对于保障人民群众尤其是困难群众的基本生活权益，发展社会主义民主政治，支持国防和军队现代化建设，促进社会公平，维护社会稳定，都具有十分重要的意义。各级民政部门和民政系统的广大干部职工，要继续发扬党的优良传统，发扬"孺子牛"精神，深怀爱民之心，恪守为民之责，更好地为广大人民群众服务，为最需要帮助的困难群众服务，为改革发展稳定的大局服务。各级党委和政府要把民政工作放在更加重要的位置，完善政府主导、部门协作、社会参与的工作机制，推进民政事业不断发展，为把我国建设成为富强民主文明的社会主义现代化国家作出更大贡献。

大力加强新形势下的民政工作 维护社会稳定　促进社会进步

——在第十一次全国民政会议上的讲话

朱镕基

（2002年5月27日）

这次全国民政会议，是进入新世纪后国务院召开的一次重要会议。会议总结第十次全

* 注：本部分内容由民政部办公厅提供。

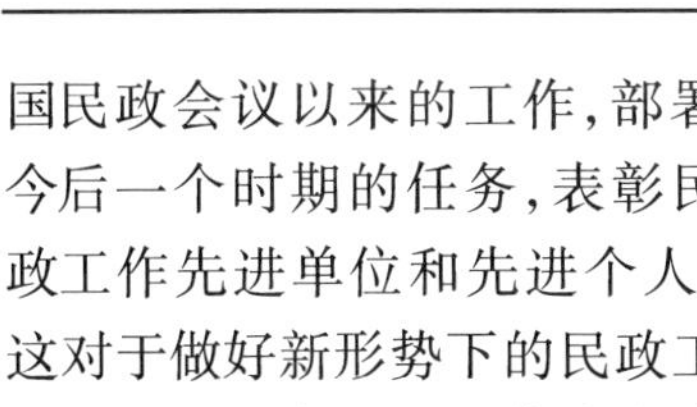

国民政会议以来的工作，部署今后一个时期的任务，表彰民政工作先进单位和先进个人，这对于做好新形势下的民政工作具有重要意义。我代表党中央、国务院，对这次会议的召开表示热烈的祝贺！对从事民政工作的同志们，特别是受到表彰的先进单位和先进个人，致以亲切的问候！

党中央、国务院对这次会议很重视。今天上午，江泽民总书记等党和国家领导人接见了与会代表。泽民同志作了重要讲话，这是做好今后民政工作的重要指导思想，大家要认真贯彻落实。昨天上午，司马义·艾买提同志代表国务院作了报告，讲得很好。刚才，多吉才让同志和几位地方同志也都讲得很好。下面，我讲几点意见。

一、充分认识新形势下民政工作的重要性

民政事业是社会事业的重要组成部分。做好民政工作，对于保障人民群众基本生活权益和民主政治权利，对于维护社会稳定、促进社会公平、推动社会进步，都具有重要的作用。新中国成立以来，党和政府一直高度重视民政工作，把发展民政事业放在十分重要的地位。在经济社会发展的不同历史时期，都召开过全国民政会议，制定方针政策，明确工作任务，有力地推动了我国民政事业的不断发展。

1994年第十次全国民政会议以来，在我国改革开放和现代化建设取得显著成就的同时，民政工作也取得了很大成绩。主要表现在：城市居民最低生活保障制度在全国普遍建立，灾民救助工作扎实有效，村民自治和城市社区建设不断发展，民间组织管理明显加强，省县两级行政区域的界线勘定任务圆满完成，优抚安置、社会福利、老龄工作等都取得新的进展。民政工作在促进改革发展稳定方面，都发挥了重要的作用。

跨入新世纪，我国进入了全面建设小康社会，加快推进社会主义现代化的新的发展阶段。在这种情况下，民政工作面临着新的形势和任务。一是随着经济体制改革深化和我国加入世贸组织，市场竞争将更加激烈，一些企业兼并重组、破产关闭和人员流动、职工下岗是不可避免的。为做好生活困难群众的工作，保持社会稳定，必须加强社会保障和社会救助工作。二是随着社会主义市场经济不断发展，我国社会经济成分、组织形式、就业方式、利益关系和分配方式日益多样化，人口的社会流动性加大。加强社会行政管理，愈益成为经济和社会生活中的一项重要任务。三是随着政府职能和管理方式的转变，各类民间组织增多，涉及的领域越来越广。在充分发挥民间组织积极作用的同时，必须依法加强管理，引导和规范它们健康发展。四是随着经济市场化程度提高，户籍制度、劳动人事制度和城市管理等改革不断深化，民政工作的现行管理方式和运行机制不加以改革，就不能适应新的情况和要求。由此可见，在新的形势下，民政工作内容越来越丰富，任务越来越繁重，作用越来越重要。

必须强调，当前做好民政工作，对于维护社会稳定，保持经济发展的良好势头，具有十分重要的现实意义。邓小平同志指出："中国的问题，压倒一切的是需要稳定。没有稳定的环境，什么都搞不成，已经取得的成果也会失掉。"江泽民同志也指出："稳定是发展和改革的前提，发展和改革必须要有稳定的政治和社会环境。"维护社会稳定，关系改革、开放和现代化建设的全局，需要坚持不懈地抓好。当前我国总的形势是好的，但也存在着一些影响社会稳定的因素。最近大庆、辽阳等地出现的群体性事件，给我们敲了警钟。前不久中央召开了各省、自治区、直辖市有关负责同志会议，专门研究部署做好维护企业和社会稳定的工作。做好这项工作，需要各方面共同努力，民政工作是其中关系密切、作用直接的重要方面。民政工作做好了，使老有所养、贫有所济、残有所助、灾有所救，才能让广大人民群众特别是困难群众基本生活都得到保障。只要真正做到这一点，就可以使社会矛盾得以有效化解，就可以密切党和政府与人民群众的联系，也就维护了社会稳定。

总之，加强和做好新形势下的民政工作，是维护改革发展稳定大局的迫切需要，各级政府和各有关部门一定要站在全局和讲政治的高度,统一思想,提高认识,增强做好新形势下民政工作的自觉性,把民政工作提高到一个新水平。

二、当前需要着力抓好的几项任务

(一)切实加强城市居民最低生活保障工作。做好城市居民最低生活保障工作,是民政部门近年来的新职能,也是当前民政工作的一项突出重要的任务。现在,确有部分城市群众生活相当困难,中央为此已经采取了建立“三条保障线”、实行“两个确保”等许多措施。其中,城市居民最低生活保障是我国社会保障安全网中的最后一道防线,是关系社会稳定的十分重要的工作。今后,随着国有企业下岗职工基本生活保障向失业保险并轨,由于可能会有相当多的失业职工在两年失业保险期内仍难以重新就业,城市低保的作用将会大为增强。1997年国务院决定在全国建立城市居民最低生活保障制度以来,城市低保工作力度不断加大。目前,低保发挥着很大的作用,但这项工作发展不平衡,还没有做到应保尽保。一些地方财政投入不足,“属地化管理”原则没有完全落实,管理工作不够规范,基层日常管理和服务工作还不太适应。大家一定要提高认识,不折不扣地贯彻落实中央的方针政策,切实解决存在的问题,努力把这项工作做好,让最低生活保障真正起到对城市困难群众基本生活的兜底保证作用。

第一,要在做好“两个确保”的同时,切实加强低保工作,尽快实现应保尽保。要把这项工作做实、做细,按照规定把所有符合条件的城市贫困居民都纳入低保范围。在计算和发放最低生活费补贴时,要核查真实生活状况,不能把脱离实际的“虚拟收入”计算在内。如果资金不足,可以先把标准定低一点,然后逐步增加财政预算,提高低保收入水平。要按照“属地化管理”原则,将中央企业、省属企业,尤其是远离城镇的军工、矿山等企业符合条件的特困职工家庭纳入最低生活保障范围。对企业改组改制和结构调整中出现的特殊困难群众,以及下岗职工基本生活保障向失业保险并轨中需要低保的人员,要作为工作重点,及时有效地解决他们的最低生活保障问题。各地低保标准要从实际出发,既要确保最低生活标准,又要注意有利于促进就业和再就业,在搞好低保补助金发放的同时,还要逐步建立和完善对最低生活保障对象在住房、医疗、教育等方面的社会救助政策,多方面帮助贫困家庭解决实际困难。

第二,要加大财政投入力度,管好用好低保资金。搞好低保的关键,是要切实增加低保资金。现在有些地方担心低保人员多,地方财政压力大,人为缩小低保面或不按时发放低保金。这些做法都是错误的。这几年中央尽了很大努力,不断增加低保资金。今年中央财政用于低保的资金达到46亿元,比去年增加一倍。明年准备还要大大增加。低保的主要责任在地方,地方政府必须更多地增加财政投入。但从地方预算安排来看,多数省级财政这项投入还不够。据了解,今年有26个省级财政预算安排的低保资金少于5000万元,有的甚至不到2000万元。从各地的财力看,除少数特别困难的地区外,多数省级财政都有能力保证低保资金的投入。关键是对于低保工作思想上要重视,认识上要到位。要真正抓好低保资金的落实到位,按期拨付。各省区市都要核实一下低保资金落实情况。财政部、民政部要派人深入地方检查这方面资金是否落实,对做得好的省区市要提出表扬,宣传他们的好做法;对资金不落实的,要加以督促。各级政府对低保资金,必须进行专户管理,专款专用,及时拨付,不能虚列预算,列而不支,更不允许挤占;对贪污挪用的,要严厉查处。

第三,要努力实现低保工作的规范化、社会化和信息化。进一步完善有关的法规和政策,做到依法办事。各地要在执行国家统一法规政策的基础上,抓紧制定地方的实施细则。完善最低保障金的申请、审批、发放和监督程序,整个工作要做到民主、公开、透明。充分发挥城市社区组织的优势和作用,做好有关的核查、监督和按时发放等工作。加强城市低保管理的信息化建设,要把这项工作列为电子政务的重要内容予以支持。尽快建立功能齐全、覆盖面广、规范透明的社会救助信息网络,及时准确掌握低保情况的动态,提高低保工作的效率。

(二)认真做好自然灾害救助工作。自然灾害救助工作主要在农村,是民政工作的重要任务之一。妥善安排好受灾群众的生产和生活,是各级政府义不容辞的责任。

要建立健全灾民紧急救援工作体系,提高救灾能力。坚持“依靠群众,依靠集体,生产自救,互助互济,辅之以国家必要的救济和扶持”的救灾工作方针,确保灾民基本生活,确保灾区社会稳定。加快建立和完善救灾工作分级负责、救灾资金分级负担的救灾工作管理体制。原则上中小灾害主要由市、县政府负责;大灾主要由省级政府负责;特大灾害以省级政府负责为主、中央给予适当补助。目前,救灾工作投入不足,资金过分依赖中央,救助标准比较低,有的地方虚报灾情、挤占挪用救灾款物。这些问题必须认真加以解决。要加大中央财政和地方财政对救灾工作的投入力度,特别是地方财政在预算中要预留救灾资金。加大对灾区和特困地区的支持,减免农、牧业税,并真正落到实处。积极帮助农村特困户和优抚对象解决实际困难。对受灾严重的地区要开仓放粮济贫。要抓紧完善救灾款专户管理制度,建立规范的救灾款物发放制度,做到发放公正、透明,保证救灾款物都能真正发放到灾民手中。要重视和加强审计监督,对腐败行为和违法违规案件进行严肃查处。坚持预防为主,做好灾前预防工作。加强灾情预报、监测和信息传输体系建设。

继续开展经常性社会捐助活动。这对于解决灾区和农村贫困地区群众的生活困难,弘扬中华民族扶危济困的传统美德都具有重要作用。党中央、国务院十分重视这项工作,中央领导同志都身体力行。现在,城市居民也都乐意做这种事情。各级政府要更加重视这方面工作。要在大力推进西部开发、加大农村贫困地区扶贫开发力度的同时,继续在全国大中城市和有条件的小城市、党政军机关、企事业单位,开展对灾区、贫困地区群众的经常性社会捐助活动。要加大宣传力度,使这项活动在全社会蔚然成风。要完善经常性社会捐助工作管理体制和运行机制,使捐助活动进一步规范化、制度化。民政部门要发挥好主管职能,财政部门要提供必要的工作经费,同时充分发挥公益性民间组织的作用。各大中城市和有条件的小城市都要设立经常性社会捐助接收工作站,各城市社区居委会要设立经常性社会捐助接收工作点。严格规范捐助款物的接收、管理和发放制度,加强对捐助款物使用和发放情况的监督检查。

(三)加强社会事务行政管理工作。目前,我国民间组织特别是民办非企业单位发展较快,境外有些非营利组织和中介机构也不断进入。有些民间组织行为不规范,秩序混乱,而我们在这方面的管理工作比较薄弱。必须尽快改变这种状况。要坚持培育发展和管理监督并重的方针,把培育发展的重点,放在真正按照市场经济要求建立的行业中介组织、社会公益和服务性的民间组织上来。要支持民办非企业单位的健康发展,充分发挥它们在发展第三产业、扩大社会就业、方便群众生产生活等多方面的重要作用。同时,要切实做好管理监督工作。坚持依法严格审批,搞好登记管理。特别要严格审批责任,不能只审批不管理,切实改变重审批、轻监督管理的状况。对有违法违纪活动的,要依法严肃查处。要严格防止国内外敌对势力的插手和利用,对搞非法活动的组织,坚决依法取缔。

大力加强社区建设。随着社会主义市场经济体制的建立,原来由政府和企事业单位承担的一些社会职能,要转由社区承担。这是我国基层社会生活组织形式的重大变化,各级政府要高度重视。健全社区组织,强化社区功能,改进和拓展社区服务,搞好对社区工作人员的配备和培训。特别是要及时做好企业退休职工和失业人员的管理和服务工作,努力使他们能够更好地生活于所在社区。努力增加社区就业岗位,强化社区对下岗职工再就业的组织服务职能,尤其要帮助大龄下岗职工和有劳动能力的特困居民解决就业问题。搞

好村民自治，加强农村基层民主政治建设，切实保障农民的合法权益。

加强其他专项社会事务管理。继续做好区划地名、老龄、婚姻、收养、殡葬、收容遣送等方面工作。当前尤其要注意解决收容遣送工作中存在的问题。这项工作既要配合社会治安综合治理和对流动人口的管理，又要注意维护农民进城务工的合法权利。

（四）继续做好拥军优抚安置工作。做好拥军优抚安置工作，对于安定军心、巩固国防具有重要意义。各级政府一定要把这项工作当成政治任务。当前存在的主要问题是，部分重点优抚对象生活难、住房难、医疗难，一些烈属、伤残军人、老复员军人相对贫困，退役士兵安置困难。要采取有效措施，努力保障优抚对象在政治、经济、社会生活中享有适当优厚的待遇，努力使他们的生活达到或略高于当地群众平均生活水平。近年来，国家逐年提高了优抚对象的抚恤补助标准。去年，国家对红军、革命伤残军人、烈军属等重点优抚对象的抚恤补助标准提高了15%。中央决定今年再次提高补助标准。地方财政也要相应加大资金投入。

积极做好城镇退役士兵安置工作。从总体上看，城镇退役士兵安置工作是有成绩的，但是也存在值得注意的问题，有的退役士兵长期得不到安置，有的安置后长期上不了岗，并没有得到有效安置。随着市场经济发展和劳动用工制度改革，城镇退役士兵安置难的矛盾会更加突出。各地要继续认真落实现行政策，加大工作力度，深入细致地做好城镇退役士兵安置工作。同时，要积极探索新的途径和办法，推动城镇退役士兵安置工作的制度创新，并与其他相关改革相衔接，努力使退役士兵安置工作与社会主义市场经济发展相适应，切实解决好退役士兵的生活就业出路问题。

三、加强领导，扎实工作，努力开创民政工作新局面

做好新形势下的民政工作，关键是要加强领导，狠抓各项任务的落实。

第一，各级政府要把民政工作放到更加重要的位置。民政工作是政府工作的重要组成部分，在发展社会主义市场经济条件下，民政工作不但不能削弱，而且必须加强。各级政府要进一步转变职能，高度重视民政工作，切实加强对民政工作的领导。要把民政工作列入政府工作的重要议事日程，经常研究民政工作出现的新情况，及时解决实际困难和问题。特别是要加强城市居民最低生活保障工作。要加大财政投入，加强必要的民政基础设施建设，推动我国民政事业更好地向前发展。

第二，加强各个部门的协调与配合。民政工作涉及面广，特别需要各方面的密切协作。有关部门都要认真履行职责，通力协作，无论是民政部门主管的工作，还是民政部门牵头的工作，都要积极给予支持和配合。财政部门要及时筹措资金，把城市居民最低生活保障、社会救助、社会福利和优抚安置等所需的经费，作为财政必保的项目来安排。劳动和社会保障部门与工会组织要配合做好“三条保障线”中下岗职工基本生活保障、失业保险与城市居民最低生活保障的衔接工作。经贸、水利、卫生等部门要协助做好农村自然灾害救助。公安部门要配合做好民间组织管理和城市流浪乞讨人员收容遣送等工作。民政部门也要主动与各有关部门进行协调和沟通。要充分发挥各级工会、共青团、妇联组织在民政工作中的重要作用。同时，要广泛动员社会各方面力量参与民政工作，形成政府主导、部门协作、社会参与的工作机制，共同把民政事业推向前进。

第三，加快民政工作法制化、信息化建设。积极推进民政工作的依法行政，是贯彻依法治国基本方略的重要体现。要加快社会行政事务管理方面的法制建设，使民政工作进一步做到有法可依，有章可循，依法管理。现行民政工作的部分政策法规，是在计划经济条件下形成的。随着改革的深化和社会经济发展，不少民政工作政策法规已经不适应新形势的要求，要根据情况的变化，不断加以修改完善。要加大执法力度，严格依法办事。积极推进政务公开，把直接涉及人民群众切身利益的行政执法依据、

程序和结果向社会公布，接受群众监督。还要加强民政工作信息化建设，推广电子政务，建立全国联网的民政工作数据库，方便各级政府机关与人民群众上网查询，促进社会事务行政管理的现代化。

第四，搞好加强民政干部队伍建设。从严治政，建设廉洁、高效、勤政、务实的民政干部队伍，是民政事业改革与发展的重要保证。总体看，各级民政干部队伍是好的，为民政事业的发展付出了辛勤劳动，取得了显著成绩。要进一步加强民政干部队伍的思想、组织和作风建设，努力造就一支政治觉悟高、业务素质好，全心全意为人民服务的干部队伍。特别是要加强领导班子建设，把德才兼备的优秀干部充实到各级民政领导班子中去。民政工作是群众工作，每天都要跟群众打交道，尤其要树立鲁迅先生提出的“俯首甘为孺子牛”的精神。多年以来，民政部门一直积极倡导“孺子牛”精神。这次表彰的民政工作先进单位和个人，就是民政队伍的优秀代表。广大民政工作者要向他们学习，甘当人民的“孺子牛”。要切实转变工作作风，加强廉洁自律，严格依法办事，力戒形式主义和官僚主义，坚决纠正行业不正之风，满腔热情地为广大人民群众服务。要加强基层民政组织建设，改善基层民政干部的工作和生活条件，解决他们的后顾之忧，奠定做好民政工作的坚实基础。

新世纪的民政工作艰巨而光荣，做好民政工作意义重大。让我们更加紧密地团结在以江泽民同志为核心的党中央周围，高举邓小平理论伟大旗帜，按照“三个代表”的要求，积极进取，团结奋斗，努力开创民政工作的新局面，以优异的成绩迎接党的十六大召开，为维护社会稳定和国家长治久安，促进国民经济和社会全面发展作出新的贡献！

认真实践“三个代表”重要思想 努力开创民政工作新局面

——在第十一次全国民政会议上的讲话

司马义·艾买提

（2002年5月26日）

第十一次全国民政会议开幕了。这次会议的主要任务是：以邓小平理论和江泽民同志“三个代表”重要思想为指导，全面总结第十次全国民政会议以来的民政工作，认真研究和探讨新形势下民政工作的指导思想、基本思路、目标任务和主要措施，动员各地区、各部门和社会力量共同做好民政工作，更好地为改革、发展、稳定大局服务。会议还将对全国民政工作先进县（市、区、旗）和先进个人进行表彰。在此，我代表国务院向从事民政工作的同志们表示亲切的慰问，向受到表彰的全国民政工作先进单位和先进个人表示衷心的祝贺！

党中央、国务院领导同志对这次会议的召开非常重视。江泽民、朱镕基等党和国家领导同志将亲切接见与会代表，江泽民总书记、朱镕基总理还将发表重要讲话。下面，我就做好民政工作先讲几点意见。

一、党和政府高度重视民政工作，民政事业取得显著成就

1994年国务院召开了第十次全国民政会议。八年来，我国社会主义市场经济体制初步建立，改革开放不断深入，国民经济持续快速健康发展，综合

国力进一步增强，社会事业全面进步，人民生活水平不断提高。在我国社会主义现代化建设各项事业整体推进的同时，以江泽民同志为核心的党的第三代领导集体与时俱进，高瞻远瞩，根据我国经济和社会发展要求，针对民政工作的新情况、新问题，作出了一系列重大决策和部署。党的十五大报告对扩大基层民主、健全基层群众自治组织、培育和发展社会中介组织、重视人口老龄化、完善社会救济制度、保障城镇困难居民基本生活和解决农村特困人口温饱等问题作出了重要部署；国民经济和社会发展“九五”计划、“十五”计划把民政工作作为一项重要工作来安排。中央政治局常委会议和国务院常务会议、总理办公会议多次研究民政工作。江泽民、朱镕基等中央领导同志多次听取民政工作汇报，及时就民政工作中的重大问题作出指示。据统计，八年来，党中央、国务院就城市社区建设、城市居民最低生活保障、民间组织管理、村民自治、老龄、勘界、救灾、优抚等工作下发了20多个文件，保证了民政工作沿着正确的方向顺利发展。

八年来，以江泽民同志为核心的党的第三代领导集体，运用马克思主义理论，继承老一辈无产阶级革命家的民政思想，在推动我国民政工作实践中，进一步丰富和发展了民政理论。概括起来，主要有以下几个方面：

一是民政工作事关国家经济社会发展大局，必须把创造良好的发展环境作为民政工作的重要任务。民政工作是社会管理的重要组成部分，同时也与国家经济建设密切相关。江泽民同志1999年11月在中央经济工作会议上指出，建立和完善社会保障体系，是建立社会主义市场经济体制的重要内容，是顺利推进企业改革和结构调整的必要条件。城市居民最低生活保障、社会救济、优抚安置、社会福利等工作是我国社会保障体系的重要组成部分；民间组织管理与国家经济建设紧密相连，社会中介组织的发育和成长是社会主义市场经济发展的有机组成部分，党的十五大明确要求大力发展社会中介组织；行政区划构成了国家行政管理和区域经济的基本框架，行政区划体制在一定程度上决定着区域经济发展的基础环境。因此，民政工作必须围绕党的中心工作，主动融入大局，把为国家经济建设和社会发展创造一个良好环境作为重要任务。

二是民政工作事关社会主义民主政治建设，必须把维护社会稳定、推动社会进步作为民政工作的基本目标。党的十五大报告指出，扩大基层民主，保证人民群众直接行使民主权利，依法管理自己的事情，是社会主义民主最广泛的实践。中央领导同志多次指出，村民自治是确保农村长治久安的一件带根本性的大事；社区建设是我国社会主义基层民主政治建设的重要内容，对于密切党和群众的血肉联系，促进经济和社会协调发展，保持社会稳定，具有重大意义；民间组织管理工作政治性很强，一定要从讲政治的高度来对待这些工作。江泽民同志指出，我看“稳定”这两个字，在很大程度上是和我们的民政工作相互联系在一起的。村民自治、社区建设、民间组织管理等工作与社会主义民主政治建设密切相关，必须从社会稳定和社会进步出发做好民政工作，确保民政工作正确的政治方向。

三是民政工作事关群众的切身利益，必须把维护群众利益、保障困难群众的基本生活作为民政工作的基本出发点和落脚点。1994年，江泽民同志在接见第十次全国民政会议代表时指出，做民政工作的同志遍布各个角落，和广大群众在一起，关心群众的利益，关心群众的困难，关心群众的疾苦，缓解社会矛盾，同时也解决社会问题。在那次会议上，李鹏同志指出，民政部门要始终把维护群众的切身利益和保障人民群众的基本权益作为民政工作的出发点。城市居民最低生活保障、社会福利和救灾救济等工作的对象都是社会最困难的群体，维护他们的根本利益、保障他们的基本生活是社会主义制度优越性的体现，是民政部门的重要职责。2000年12月，朱镕基总理在全国社会保障工作会议上指出，城市居民最低生活保障制度是覆盖全体城市居民的最大的“安全网”，要切实发挥社会保障的兜底作用，确保"人人无饥寒"。因此,民政工作必须从维护群众利益出发,保障困难群众的基本生活。

四是民政工作具有很强的社会性,民政事业的发展必须坚持走政府主导与社会化相结合的道路。社区建设、社会福利、救灾救济、优抚安置和老龄等民政工作是政府的重要工作,党中央、国务院领导同志多次强调必须坚持政府主导,加强领导,加大投入。同时,要立足于我国社会主义初级阶段的基本国情,适应社会主义市场经济体制的内在要求,主动吸纳社会各方面力量发展民政事业,坚持走社会化道路。要探索出一条国家倡导资助、社会各方面力量积极兴办社会福利事业的新路子,建立与社会主义市场经济体制和社会发展相适应的社会福利事业管理体制和运行机制,促进社会福利事业健康有序地发展。

党的第三代领导集体就新时期民政工作的性质、职责、作用等所作的深刻论述,为民政工作的改革与发展指明了方向,推动了民政事业的全面发展。八年来,各级民政部门在党委、政府的领导下,在有关部门的密切配合下,紧紧围绕改革发展稳定大局,以制度建设和体制创新为重点,各项工作的制度化、规范化和法制化水平有了新的提高,取得了很大成绩。

一是建立健全农村村民自治制度,推进农村基层民主政治建设。近年来,各地认真贯彻《中华人民共和国村民委员会组织法》和党的十五届三中全会决定,建立了以民主选举、民主决策、民主管理和民主监督为主要内容的村民自治制度,全国90%以上的村实行了村务公开,保障了广大农民当家做主的权利,极大地调动了广大农民建设社会主义的积极性、主动性和创造性,密切了干群关系,促进了农村发展,维护了农村稳定。

二是建立城市居民最低生活保障制度,进一步提高救灾工作的水平和效率。1997年,国务院决定在全国建立城市居民最低生活保障制度,1999年,发布了《城市居民最低生活保障条例》,2001年,国务院办公厅下发了《关于进一步加强城市居民最低生活保障工作的通知》,规范了保障对象的审批、标准制定、资金来源和资金发放等工作。目前,全国所有城市和县级人民政府所在地的镇全部建立了城市居民最低生活保障制度,至今年4月底,全国有近1400万城市贫困居民享受了最低生活保障。这一制度的建立完善了我国社会保障体系,对于社会主义市场经济体制的发展、社会稳定和国家长治久安具有重要意义。

同时,进一步加强了救灾工作和传统社会救济工作,建立了救灾工作分级负责、救灾经费分级负担、专户管理制度,完善了经常性社会捐助制度,增强了抗灾救灾的综合协调和快速反应能力。同时,初步构建了救灾运行机制,加强了重点地区救灾物资储备设施的建设和防灾救灾信息化建设,为今后的救灾工作奠定了良好的基础。八年来,中央和地方财政累计安排救灾款189.3亿元,接收分配救灾捐赠款物总值171.4亿元,紧急转移安置灾民7270.7万人次,及时解决了灾区人民的吃、穿、住、医等困难,保证了受灾群众的基本生活,维护了灾区的稳定。

三是深入开展优抚安置工作,全面落实优抚安置政策。1998年,国务院召开了全国拥军优抚安置工作会议,下发了《关于加强优抚工作的通知》,并结合创建双拥模范城(县)活动和"爱心献功臣"行动,促进了优抚安置政策的全面落实。同时,按照社会主义市场经济发展的要求,改进了安置工作,拓宽了退役士兵安置渠道。八年来,共安置退役士兵360万人,接收安置军休干部4万人、军退职工3万人,基本解决了重点优抚对象生活难、住房难、医疗难的问题,保障了优抚安置对象的合法权益,巩固了军政、军民关系,为军队和国防建设做出了贡献。

四是大力推进城市社区建设工作。社区建设是国家赋予民政部门的新的职能,是城市基层社会管理和服务的一项综合性工作。2000年,中共中央办公厅、国务院办公厅转发了民政部《关于在全国推进城市社区建设的意见》,确定了地方党委和政府领导、民政部门牵头、有关部门配合、社区居民和社会力量广泛参与的新的社区建设工作体系,明确了社区建设的指导思想、基本原则、主要内容和目标任务，推进了城市社区建设工作，对于建立独立于用人单位之外的社会化服务网络，提高社区居民生活质量，扩大城市基层民主，完善城市基层社会管理体制，具有重要意义。

五是完善民间组织管理体制，将民间组织发展纳入法制轨道。近年来，国务院发布了《社会团体登记管理条例》、《民办非企业单位登记管理暂行条例》等民间组织管理的政策法规，确立了民间组织业务主管单位和登记管理机关各负其责、密切配合的双重管理体制。同时，在全国范围内开展了社团清理整顿工作和民办非企业单位的归口登记管理工作，取缔了包括“法轮功”邪教组织在内的一批非法组织，保障了人民群众结社自由的权利，促进了民间组织的健康发展。

六是建立新的老龄工作机制，促进老龄事业的发展。根据我国人口老龄化的形势，党中央、国务院下发了《关于加强老龄工作的决定》，成立了全国老龄工作委员会，各地区也建立了老龄工作议事协调机构，并在民政部门设置了精干的办事机构，同时，制定了中国老龄事业发展“十五”计划纲要，初步形成了以居家养老为基础、社区为依托、全社会关心老年人、支持老龄工作的新局面。

七是全面勘定省、县两级行政区域界线。1996 年，国务院下发通知，决定用五年时间勘定省、县两级陆地行政区域界线。五年来，经过广大勘界工作者的艰苦努力，共勘定省界 68 条、长 6.24 万公里，县界 6379 条、长 41.7 万公里，基本完成了全国省、县两级行政区域界线勘定任务，结束了我国从未勘定法定行政区域界线的历史，对于从根本上解决边界争议、维护边界地区社会稳定、实施有效行政管理具有重要意义。

八是加快社会福利事业发展，推动社会福利社会化进程。为推动我国社会福利事业的发展，2000 年初，国务院办公厅转发了民政部等 11 个部门《关于加快实现社会福利社会化的意见》，明确了社会福利社会化的指导思想和目标，对社会福利社会化提出了总体要求，制定了引导社会力量积极参与社会福利事业的优惠政策，促进了社会福利社会化的有序发展。截至 2001 年底，全国社会福利事业单位发展到 39338 个，床位 124.7 万张，比八年前增长了 34.5%；收养 89.3 万人，比八年前增长了 23.3%；社区服务设施 19.6 万处，比八年前增长了 120.2%；综合性社区服务中心 6179 个，比八年前增长了 66.5%；全国有福利企业 3.8 万多家，安置残疾职工 70 万人；共发行福利彩票 590.4 亿元，筹集福利资金 177.1 亿元，资助福利事业项目 6 万多个，提供救灾资金 15 亿元。此外，婚姻殡葬、收容遣送等工作也都取得了重大进展，作出了显著成绩。

九是加强法规建设，推进民政工作法制化进程。民政工作是政府社会管理和公共服务的重要方面，必须坚持依法行政，实行规范化管理。八年来，先后公布或修订了《老年人权益保障法》、《村民委员会组织法》、《收养法》、《公益事业捐赠法》、《婚姻法》等 5 部法律，出台或修订了《农村五保供养条例》、《殡葬管理条例》、《社会团体登记管理条例》、《民办非企业单位登记管理暂行条例》、《城市居民最低生活保障条例》、《行政区域界线管理条例》等 9 个行政法规，党中央、国务院下发了《关于加强老龄工作的决定》、转发了民政部《关于在全国推进城市社区建设的意见》等 23 个文件，基本建立了民政工作的法规政策体系，为今后一个时期民政工作的发展奠定了法制基础。

同志们，我们走过了不平凡的八年。这八年，是民政工作理论不断丰富和发展的八年；是民政工作服从和服务于改革、发展、稳定大局，紧紧围绕党中央、国务院的重大战略部署，调整思路，工作领域不断拓展的八年；是把保障最广大人民群众根本利益作为民政工作的出发点和落脚点，深入基层、深入群众、抓住重点，把民政工作不断推向前进的八年；是坚持政府主导、部门协作、社会参与，推进民政事业社会化，促进民政事业快速发展的八年；是大力推行依法行政，不断改进工作作风和工作方式方法，民政工作整体水平得到较大提高的八年。八年来取得的成绩，是党中央、国务院以及地方各级党委、政府正确领导的结果，是各有关部门密切配合的结果，更是民政系统全体干部职工同心同德、艰苦奋斗的结果。

二、充分认识新形势下民政工作的地位和作用，增强责任感和紧迫感

当前，我国正处在经济和社会发展的关键时期。随着我国加入世贸组织，经济全球化的影响日益突显，经济转轨和社会转型都对现行社会管理工作带来很大影响。民政工作同样面临着许多新的情况和新的问题。

一是随着我国加入世贸组织，各行各业包括农业面临的竞争加剧，短期内可能使下岗、失业人员增加，一部分群众的生产、生活将面临更多的困难。在城市，如何做好城市居民最低生活保障工作，尽快实现中央提出的“应保尽保”的要求；在农村，如何探索建立适应新形势的对农村贫困人口的社会救助制度，切实保障城乡贫困人口的基本生活，都是摆在我们面前的紧迫问题。此外，从国际经贸的现实看，行业协会等社会中介组织在反倾销、维护本国经贸利益等方面发挥着重要作用，如何促进行业协会的发展，加强对涉外民间组织的管理，也是急需解决的问题。

二是随着我国经济转轨，多种经济成分的出现，社会利益主体呈现出多元化趋势，新的社会矛盾在一定时期内可能不断出现，民政工作如何适应形势发展的需要，切实发挥其维护社会稳定、化解社会矛盾、促进社会公平的作用，显得十分重要。

三是随着改革的深化和政府职能的转变，我国社会正处于转型时期，特别是随着单位社会功能的剥离以及城市化进程加快和人口流动加剧，“单位人”将逐步转变为“社会人”，客观上要求尽快建立新的社会组织体系，加强民间组织管理、社区建设、社会福利和老龄等工作。但从实际情况看，民间组织发育还不够，管理还存在漏洞；城市社区建设刚刚起步，还没有形成有效的运行机制，距离人民群众的要求还有较大差距；村民自治还有待完善。这些问题都需要我们认真研究加以解决。

我们应该看到，目前民政工作从总体来说还不完全适应经济和社会发展的需要。其表现：一是民政法律法规还不够健全，管理体制和运行机制不够完善，与社会主义市场经济体制和依法行政、规范管理的要求不相适应；二是思想观念陈旧、创新意识不强等问题在一些干部特别是一些民政部门的领导干部中不同程度地存在，与新形势下解放思想、更新观念、转变职能、改进工作方式和工作作风、加速民政事业发展的要求不相适应；三是资金投入机制不够完善，社会筹资渠道不够畅通，与民政事业的发展要求不相适应。这种状况迫切需要我们进一步提高对民政工作重要地位和作用的认识，增强责任感和紧迫感。

第一，做好民政工作是实践“三个代表”重要思想的具体体现。民政工作的对象是广大人民群众，无论是社区建设、村民自治、救灾救济、社会福利、优抚安置、老龄工作，还是婚姻登记、殡葬改革、儿童收养，都与人民群众的根本利益紧密相连，其中不少工作还直接为孤寡老人、残疾人、孤残儿童、下岗失业人员、受灾群众等困难群体服务。从某种意义上讲，民政工作是我们党代表最广大人民群众根本利益最直接、最具体的体现。2002年初，江泽民总书记在中央政治局常委会研究进一步安排好困难群众生产和生活的工作时，要求各级领导干部必须从巩固党的执政地位的高度出发，从促进经济和社会发展、维护社会稳定的大局出发，更好地为广大人民群众服务，为最需要帮助的困难群众服务。民政工作为困难群体服务，充分体现了社会主义制度的优越性，是实践“三个代表”重要思想的根本要求。

第二，做好民政工作是维护改革、发展、稳定大局的需要。民政工作与国家改革发展稳定大局息息相关。只有把各项民政工作落到实处，使各类困难群体的基本生活权益得到保障，城乡基层群众当家做主的民主政治权利得到维护，社区居民的生活质量得到提高，各类民间组织的桥梁纽带作用得到正常发挥，才能创造良好的社会环境，保证改革开放的顺利进行，促进社会主义现代化建设的持续健康发展，也才能维护好改革发展稳定大局。

第三，做好民政工作是社会主义精神文明建设的基本要求。民政部门承担的社区建设、救灾救济、社会福利、优抚安置、老龄工作直接体现着社会主义制度的优越性，这些工作做好了不仅有利于密切党群关系，而且有利于弘扬中华民族尊老爱幼、扶贫济困、团结互助的传统美德。同时，城乡基层民主政治建设工作是我国社会主义民主和法制建设的重要内容，拥军爱民、优待抚恤、烈士褒扬等对于发扬爱国主义、革命英雄主义和无私奉献的优良传统具有重要的推动作用，婚姻登记、殡葬改革和地名管理对于移风易俗、抵制迷信，推广科学、健康、文明的生活方式具有重要的导向作用。可以说，民政工作不仅是公民道德建设的重要手段，而且是推动社会进步的有效载体，是社会主义精神文明建设的重要组成部分。

第四，做好民政工作是政府职能转变的重要方面。今年3月，朱镕基总理在政府工作报告中要求把政府职能转到经济调节、市场监管、社会管理和公共服务上来；这是克服政府越位、缺位、不到位的根本途径。民政工作范围广，有20多项职能，这些工作从广义上讲都属于社会管理和公共服务的范畴，民政工作做得好与不好是政府职能转变是否到位的重要标志。

总之，新形势下民政部门的任务日益繁重，民政工作在社会管理和公共服务方面发挥着越来越重要的作用。切实加强民政工作，推进民政事业发展，是当前一项重要而紧迫的任务，我们必须从讲政治的高度充分认识做好民政工作的重要意义。

三、理清思路，明确新时期民政工作的主要任务

新时期的民政工作要以邓小平理论和江泽民同志“三个代表”重要思想为指导，围绕中心、服务大局，解放思想、实事求是，与时俱进、开拓创新，以城市社区和农村基层为重点，以依法管理社会行政事务、保障人民群众基本生活权益和民主政治权利、促进社会公平、维护社会稳定、推动社会进步为基本目标，努力实现有效的社会救助、广泛的基层民主、优质的福利服务、牢固的军民团结和规范的社会管理，开创民政工作新局面。

今后一个时期民政工作的总体思路是：

第一，推进民政工作法制化，把所有民政工作纳入法制化管理轨道，实行依法行政。民政工作是有关社会行政事务的管理工作，涉及广大人民群众的切身利益，各项工作都必须做到有法可依、依法行政、依法管理。特别是随着政府社会管理和公共服务职能的加强，民政部门担负着越来越重的任务，要求我们加快民政工作法制化进程，完善民政法规体系，加强民政立法、执法和监督工作，确保民政工作在法制轨道上高效运转。

第二，推进民政事业社会化，在政府主导下，充分发动、组织和利用社会力量发展民政事业。民政事业的发展一方面需要各级政府部门发挥主导作用，承担起主要责任，确保民政事业经费投入。但另一方面，在社会主义市场经济条件下，在政府逐步加大投入、完善民政事业发展政策的同时，必须鼓励社会力量参与和支持民政事业，充分利用社会资源，这是社会主义市场经济发展的必然要求，也是新时期加快民政事业发展的有效途径。我们要看到，随着经济发展和社会文明程度的提高，社会各界和广大人民群众既有愿望也有能力兴办社区服务和社会福利事业。要高度重视社会力量在民政事业发展中的作用，引导社会力量出资、出力发展社会福利事业，兴办社会福利机构，扶助老年人、残疾人、孤儿等社会困难群体。要改变社会福利机构由政府包办的做法，引导国有福利机构走向市场，逐步建立政府宏观管理、社会力量主办、福利机构自主经营的社会福利事业发展机制，形成投资渠道多元化、服务对象公众化、运行机制市场化、服务方式多样化、服务队伍专业化与志愿者相结合的社会福利事业发展路子。

第三，推进服务组织网络化，以基层群众自治组织为依托，建立健全社会化的基层民政服务组织网络。基层社会服

务组织是确保各项民政服务落到实处的主要载体，建立健全基层服务组织网络，要以居委会、村委会为依托，紧密结合社区建设，充分发挥民间组织的积极作用；要以社区服务组织为载体，整合基层各项民政服务工作，把社区内的社会救助、社会福利、婚姻殡葬、民间组织等服务工作与基层民主政治建设有机结合，形成综合性、多功能、一体化的基层民政服务机制；要广泛动员、组织各类社会中介组织和各界人士参加基层社会服务队伍，实现政府部门与社会组织、民政工作者与社会工作者、专业化队伍与志愿者队伍的有机结合，建立健全基层民政服务工作的运行机制，推动基层民政工作的发展。

第四，推进工作手段信息化，在民政工作中广泛运用信息技术，提高民政管理、服务的效率和水平。信息化是提高民政工作质量和效率的重要手段。各级民政部门要结合“电子政务”和“电子社区”建设，加快信息化步伐，实施“数字民政”和“便民工程”，尽快实现办公自动化、社区资源信息化和社区服务网络化，为城镇居民提供更加方便、快捷、优质的服务。

按照这一思路，当前和今后一个时期，民政部门的主要任务是：

（一）在社会救助和社会福利方面，要建立和完善“四个体系”。一是建立以救灾工作分级负责、救灾经费分级负担制度为基础，社会动员机制为补充，应急措施相配套的灾害救助体系。要继续坚持“依靠群众，依靠集体，生产自救，互助互济，辅之以国家必要的救济和扶持”的救灾工作方针，加强救灾预案、物资储备、信息评估、紧急救援和综合协调工作，全面实行救灾经费专户管理和救灾款物规范发放，努力提高救灾工作水平。二是建立以城市居民最低生活保障和农村五保供养制度为基础，临时社会救济为补充，各项政策优惠相配套的社会救济体系。要全面贯彻落实城市居民最低生活保障条例和《国务院办公厅关于进一步加强城市居民最低生活保障工作的通知》（国办发〔2001〕87号），把符合条件的城镇困难人口全部纳入低保范围，实现应保尽保。同时要规范工作程序，加强信息管理系统建设，实现城市居民最低生活保障管理和服务的信息化。要健全和规范农村社会救济工作，落实《农村五保供养条例》，完善五保供养办法，保障农村特困户的基本生活，推进农村社会救济工作制度化。三是建立以经常性社会捐助制度为基础，临时帮困和“扶贫济困送温暖”活动为补充，社区服务相配套的社会互助体系。要认真贯彻落实《中共中央办公厅、国务院办公厅关于转发〈民政部关于进一步开展经常性社会捐助活动的意见〉的通知》（厅字〔2001〕33号），在各大中城市和有条件的小城市设立经常性社会捐助工作站，在城市社区设立经常性社会捐助工作点，规范捐助款物的接收、管理和发放工作，同时要注意发挥公益性民间组织在社会互助中的作用。四是建立以老年人福利服务为重点，社会福利服务机构为骨干，基层福利服务网络为依托的社会福利服务体系。要认真贯彻《中共中央、国务院关于加强老龄工作的决定》（中发〔2000〕13号），进一步加强老龄工作，把中国老龄事业发展“十五”计划纲要落到实处。要按照《国务院办公厅转发民政部等部门关于加快实现社会福利社会化意见的通知》（国办发〔2000〕19号）要求，积极推进社会福利社会化。要认真落实残疾人就业政策，加强福利企业管理，搞好社区老年福利服务“星光计划”，逐步形成居委会有活动站点、街道有服务中心、乡镇有综合性为老服务机构的老年福利服务设施网络。要切实加强对福利彩票的发行管理，按照《国务院关于进一步规范彩票管理的通知》（国发〔2001〕35号）要求，改进发行方式和手段，扩大发行规模，降低发行成本，加强福利资金使用的监管工作，确保福利彩票事业健康发展。

（二）在基层民主政治建设方面，要大力推进城市社区建设，扎实做好农村村民自治工作。在城市，要认真贯彻落实《中共中央办公厅、国务院办公厅关于转发〈民政部关于在全国推进城市社区建设的意见〉的通知》（中办发〔2000〕23号）和《城市居民委员会组织法》，全面推进社区建设，逐步建立与社会主义市场经济体制相适应的社区管理体制、运行机制和服务体系，合理配置和利用社区资源，加强社区居民自治组织建设，实行民主选举、民主决策、民主管理和民主监督，努力建设管理有序、服务完善、环境优美、治安良好、生活便利、人际关系和谐的现代化新型社区。在农村，要认真贯彻落实党的十五届三中全会精神和《村民委员会组织法》，加强配套政策法规的建设，建立健全村民委员会民主选举、村民议事和村务公开3项制度，规范村级重大事务的决策、管理和监督程序，把民主选举、民主决策、民主管理、民主监督落到实处，保障人民群众在基层经济、政治、文化生活和其他社会事务活动中当家做主的权利。

（三）在服务军队和国防建设方面，要进一步完善拥军优属制度，建立社会化的优抚安置服务网络。要扎扎实实地开展拥军优属活动，把落实优抚安置政策同双拥模范城(县)创建活动结合起来，进一步落实抚恤优待制度，努力解决优抚对象生活难、住房难、医疗难问题，使优抚对象的生活水平与当地人民生活水平相适应。要积极稳妥地推进退役士兵安置改革，拓宽安置渠道，改进安置方式，保障退役士兵的合法权益。要做好军休干部接收安置工作，落实军休干部的政治待遇和生活待遇，巩固和发展“同呼吸、共命运、心连心”的军政军民关系，为军队建设提供有力支持。

（四）在管理专项社会事务方面，要切实做到依法行政、规范管理、文明服务。要加强民间组织管理，认真贯彻党中央、国务院关于进一步加强民间组织管理工作的要求和《社会团体登记管理条例》等民间组织管理法规，坚持培育发展与管理监督并重的方针，建立健全民间组织行政管理体制、社会监督机制和自律机制，着重培育发展行业协会和服务群众、服务社会的公益性民间组织，严格控制业务宽泛、不易界定的民间组织，禁止设立单一功法类、特定群体类、宗族类、不利于民族团结以及与国家现行法律法规相悖的民间组织，逐步形成适应国家经济和社会发展要求、布局合理、结构优良、规模适度的民间组织发展新格局。同时要加大对非法民间组织的查处力度，严厉打击非法民间组织，形成党委和政府统一领导，民政、公安、司法和税务等相关部门密切配合的非法民间组织查处机制，保障民间组织的健康发展。要做好行政区域界线管理工作，维护全面勘界成果，科学制定行政区划设置标准，合理调整行政区划，依法管理地名，实现地名标志设置的规范化、标准化。要大力整顿和加强收容遣送工作，尽快解决收容遣送工作中存在的问题。同时，要加强婚姻登记、儿童收养和殡葬改革工作，依法办事，为人民群众提供优质服务。

四、加强领导，确保各项民政工作落到实处

民政工作涉及面广，是政治性、政策性、群众性很强的工作，做好民政工作，需要各级政府、有关部门、民政工作者和社会各方面的共同努力。

第一，各级政府要切实负起责任，把民政工作放在更加重要的位置。新时期民政工作任务艰巨，做好民政工作，领导是关键。各级政府特别是政府主要负责同志要进一步提高认识，把民政工作列入重要议事日程，作为政府的一项重要工作抓实、抓好，切实负起责任。要把民政事业的发展纳入本地区国民经济和社会发展计划，研究制定切实可行的政策措施并有步骤地大力推进；要加大对民政事业的投入，为民政事业的发展提供必要的资金支持，切实保证城市居民最低生活保障、优抚对象抚恤补助和救灾救济等方面的经费；要及时研究解决民政工作中出现的问题，落实和完善推动民政事业发展的政策，帮助民政部门解决实际困难，切实抓好基层民政工作的组织落实工作，为民政部门创造必要的工作条件。对于民政工作中出现的重大问题，特别是关系人民群众基本生活的问题，主要领导要经常听取民政部门的意见并亲自过问，协调有关部门及时解决。

第二，要切实加强作风建设，造就一支高素质的民政干部队伍。建设一支高素质的民政干部队伍是推进新时期民政工作的重要保证。民政部门直接面对广大人民群众，民政部门每一位同志的每一项工作都直接关系到党和政府在人民群众心目中的形象。各级政府要关心民政干部队伍建设，各级民政部

门要在党委和政府的领导下，按照“三个代表”重要思想的要求，进一步加强作风建设，把群众拥护不拥护、赞成不赞成、满意不满意作为衡量民政工作的标准，自觉维护党和政府在人民群众心目中的形象。要牢固树立正确的权力观、地位观、利益观，增强拒腐蚀反腐败的主动性和自觉性，完善各项工作制度，规范操作规程，加强监督检查，及时查处违法违纪行为，努力建设一支廉洁奉公、开拓进取的民政干部职工队伍。要以贯彻落实党的十五届六中全会决定为契机，切实转变作风，大力发扬“孺子牛精神”，反对形式主义和官僚主义，深入实际，深入基层，倾听群众意见，了解群众的需求和愿望，为群众多办实事、好事。

第三，要加大监督检查工作力度，把各项民政工作落到实处。新时期民政工作的大政方针已经确定，目标任务已经明确，下一步的关键是抓好落实。各级民政部门要深入实际，加大调查研究工作力度，及时研究解决工作中出现的问题，确保各项民政工作落到实处。同时，要加强与其他部门的协调和配合，加大相互支持力度，形成合力，促进民政事业的健康发展。

同志们！做好新时期的民政工作既艰巨，又光荣；既面临不少挑战，也有很多有利条件。我们的工作任重而道远，让我们紧密团结在以江泽民同志为核心的党中央周围，努力实践“三个代表”重要思想，坚定信心，振奋精神，扎实工作，开拓前进，努力把民政工作提高到一个新的水平，开创民政工作新局面，以优异成绩迎接党的十六大的胜利召开！

2002年民政部领导关于民政工作的重要讲话与论述*

民政部关于印发多吉才让部长在全国民政厅局长电视电话会议上讲话的通知

（民发〔2002〕1号　2002年1月10日）

各省（自治区、直辖市）民政厅（局），计划单列市民政局，新疆生产建设兵团民政局：

现将多吉才让部长在2002年1月8日全国民政厅局长电视电话会议上的讲话印发给你们，请各地结合实际认真学习贯彻。

---

* 注：本部分内容由民政部办公厅提供。

多吉才让部长在全国民政厅局长电视电话会议上的讲话

（2002 年 1 月 8 日）

同志们：

这次全国民政厅局长电视电话会议，对去年的主要工作做个简要的回顾总结，对今年的重点工作进行安排部署。下面，我讲两个问题。

一、2001 年民政工作的简要回顾

2001 年是贯彻落实“十五”计划的开局之年。一年来，各级民政部门以江泽民同志“三个代表”的重要思想为指导，认真学习、贯彻江泽民同志“七一”重要讲话和党的十五届六中全会精神，按照党中央、国务院和各级地方党委、政府的部署和要求，团结一致，同心协力，开拓创新，扎实工作，各项民政工作都取得了明显成绩，一些重点工作取得了重要突破，较好地完成了年初安排的各项任务，为“十五”期间民政工作的发展开了一个好头。

（一）社会救助和社会福利方面的工作取得重要突破

全国各地都认真、扎实地组织了大旱之年的救灾工作。去年，我国大部分地区旱情严重，为解决灾区群众的生活困难，中央财政下拨救灾资金30.229亿元，地方财政下拨救灾资金 10 多亿元，各级民政部门及时安排、落实到灾区，有效地保障了灾民的基本生活，维护了灾区的社会稳定。

城市居民最低生活保障工作取得了突破性进展。去年，按照党中央、国务院的部署，各级民政部门深入、细致地狠抓了城市低保制度的扩面工作。截至去年底，全国最低生活保障的覆盖面达到近 1000 万人，符合条件的特困职工已基本纳入了低保范围，有效地保障了特困群众的基本生活，支持了经济体制改革的顺利进行，维护了社会稳定。不久前，国务院又下发了《关于进一步加强城市居民最低生活保障工作的通知》，对城市低保工作提出了更加明确的要求，这对低保工作做到应保尽保和规范管理将起到重要的推动作用。

社会捐助工作走上了经常性、规范化的轨道。去年 9 月，中办、国办转发了民政部《关于进一步开展经常性社会捐助活动的意见》，在江总书记的亲自倡导和中央领导机关的率先垂范之下，各大中城市普遍建立了捐赠工作站、点，广泛地开展了捐赠活动，仅两个多月时间，捐赠现金 2.49 亿元、各类衣物5284.9 万件、其他物资折款1.73亿元，有效地帮助灾民和贫困群众解决了实际困难。

“星光计划”的实施推动了福利服务的设施建设和老龄工作。去年 5 月，民政部印发《“社区老年福利服务星光计划”实施方案》之后，又先后在西安、南宁和保定等市召开会议，部署、动员和推动这项工作。截至目前，全国首批 6032 个老年福利服务设施项目的规划和布点工作已经完成，预算投资19.7亿元，部分项目已经建成并投入使用，整个工作正在积极推进。“星光计划”的实施，加快了社会福利社会化进程，促进了“老有所养、老有所医、老有所教、老有所学、老有所为、老有所乐”目标在基层的落实。

福利彩票发行工作创历史最高纪录。通过各级民政部门的领导和彩票系统广大职工的艰苦努力，克服了电脑票基础薄弱、管理不够规范和大奖组销量下滑等不利因素，不仅完成了民政部下达的 120 亿元的发行任务，而且达到了 138 亿元的年均最高水平。全国 31 个省市的电脑福利彩票销售系统已经全部开通运行；即开型

福利彩票通过销售“中华风采”、推出贺岁彩票、开展网点销售试点等，进行了有益的尝试，取得了初步成绩；全国电脑票的技术管理和统一监控系统投入试运行，保证了数据的及时上传、汇总和分析，为领导决策提供了科学依据。福利彩票发行工作的良好成绩，为我国社会福利事业的发展特别是“星光计划”的顺利启动提供了资金保障。

（二）基层民主政治建设方面的工作向纵深发展

城市社区建设工作全面推进。为贯彻《中共中央办公厅、国务院办公厅关于转发〈民政部关于在全国推进城市社区建设的意见〉的通知》（中办发〔2000〕23号）精神，落实“十五”计划纲要的要求，在青岛市召开了全国城市社区建设工作会议，提出了全面推进社区建设的总体要求、目标任务、方法步骤和具体措施。会后，各地党委政府高度重视，全国有23个省、区、市以党委、政府名义召开会议，统一思想，部署任务。目前，全国城市社区建设工作正在由点到面、由大城市向中小城市，由东部发达地区向中、西部地区推进。各地还开展了创建社区建设示范城活动，在社区的体制创新、机制创新、组织建设、队伍建设和拓展社区服务等方面进行了深入的探索。其中，上海、北京等地，为不断提高社区服务整体水平，逐步建立区、街、居三级社区服务网络，在加大投入的同时，推动社区服务资源管理的信息化建设，使城市社区建设进一步向纵深发展。农村村民自治工作有了新的进步。全国有10个省、区、市正在进行新一轮村民委员会换届选举工作，有10个省、区、市出台了新的有关村民自治的地方性法规。我们还配合全国人大常委会开展了《村民委员会组织法》执法检查。通过换届选举和执法检查，使以民主选举、民主决策、民主管理、民主监督为主要内容的村民自治迈出了新的步伐。同时，按照中央的统一部署，民政部及时下发了《关于县乡民政部门开展“三个代表”重要思想学习教育活动的通知》（民发〔2001〕36号），对县乡民政部门开展学习教育活动进行了全面部署。通过“三个代表”重要思想的学习教育活动，乡村干部的政治素质明显提高，为进一步加强农村基层政权和村民自治组织建设奠定了坚实的组织基础。

（三）服务军队和国防建设方面的工作迈出新步伐

优待抚恤政策得到进一步落实。去年，中央财政用于抚恤补助的专项经费达到26.3亿元。其中，去年新增经费2.6亿元，使烈属、革命伤残军人、老红军等重点优抚对象的抚恤补助标准在原有基础上提高了15%；全国各地社会统筹优待金突破50亿元，使360万户烈军属得到了优待；对生活困难的志愿军老战士及志愿军烈士遗属，中央财政拨出1.3亿元专款，给予一次性经济补助，有力地保障了优抚对象的基本生活。

安置工作的改革稳步推进。各地认真贯彻落实国务院、中央军委有关通知精神，坚持安置就业、扶持就业、自谋职业相结合的原则，进一步加快了退役士兵安置进度，特别是以自谋职业为突破口的安置改革试点，在辽宁宽甸、浙江绍兴和湖北秭归等15个县市取得了成功经验，为改革退役士兵安置工作提供了经验。

优抚安置对象的普查工作和数据管理系统建设进展顺利。各地民政部门精心组织，基本摸清了优抚安置对象和优抚安置事业单位的底数，完成了数据管理系统建设，为决策的科学化和管理的现代化打下了坚实的基础。

（四）管理专项社会事务方面的工作取得新成绩

民间组织登记管理工作的规范化程度进一步提高。各地按照民政部的统一部署，采取措施狠抓落实，保证了民办非企业单位复查登记工作的质量和进度。目前，全国已有22个省、区、市完成了复查登记工作，共登记民办非企业单位7万多个。另外，在大力培育和发展中介性社团组织、加强社团党建工作的同时，对全国范围内气功类社团的清理整顿工作进行了检查验收，依法注销或撤消了可能影响社会稳定的气功类社团；对政治类组党结社活动，坚决果断而又慎重稳妥地做了查处。上述工作的开展，有效地提高了民间组织登记管理的规范化程度，推动了民间组织的健康发展。

全面勘定省、县界线的工作已经大功告成。去年的勘界工作是以解决省界的重大历史遗留问题和县级行政区域界线勘定的收尾工作为重点全面展开的。在国务院的坚强领导和地方党政领导、有关部门的大力支持下，经过各级民政部门的艰苦努力，除了个别历史遗留问题正在协调之外，68条、6.2万多公里省界和6300多条、41.6万公里县界的勘定工作已经完成，省级行政区域界线信息管理系统建设项目全面启动。上述工作成绩不仅改写了我国省、县级行政区域无法定界线的历史，而且标志着我国行政区域界线管理工作开始进入有法可依和信息化管理的新时代。

（五）信息化建设工作力度明显加大

去年6月，在上海召开了全国民政信息化建设工作会议，研究确定了信息化建设的总体要求、目标任务和指导原则，通过了《全国民政系统信息化建设2001－2005年发展规划纲要》，对民政信息化建设进行了具体部署。为贯彻落实上海会议精神，又在广州召开了民政信息化工作座谈会，进一步落实任务，并提出了在2002年底，提前建成民政信息广域网的要求。目前，一期与18个省级单位的广域网连通工作进展顺利，其他省级局域网的建设也在加速进行；优抚安置、最低生活保障以及勘界等管理软件的研发步伐加快，有些已投入试测。

另外，第十一次全国民政会议的筹备工作正在有序地进行。经国务院同意，会议的时间初步定在今年4、5月间。为筹备好这次会议，民政部组织了专门的工作班子，经过深入的调查研究，“十五”民政工作的总体要求、目标任务、工作重点和保障措施已有了初步设想。目前，会议的主报告和国务院领导同志的讲话正在进一步修改完善，全国民政工作先进集体和先进个人表彰等各项准备工作正在按计划进行。

总结去年的工作，在领导方法上有以下几个突出特点：

一是以重点带一般。去年，我们把城市社区建设、“星光计划”、城市居民最低生活保障和民政信息化建设等工作作为工作重点，从上到下，给予了充分的重视和支持，部领导亲自部署、指导工作，各业务司局加强与地方的工作联系，加大了工作的指导力度，地方各级政府和民政部门也把这几项工作作为重点进行部署和推进。实践证明，只有突出重点，才能集中精力，攻克难点，在重点工作上取得明显成绩和突破性进展，才能不断开拓民政工作的新局面。

二是以典型促全面。去年，在工作的推进上，无论是“星光计划”中的“保定经验”还是社区建设中创建示范市、区活动，无论是安置工作改革的试点还是民政信息化建设的推进，我们都注意了发现和培植先进典型，坚持以点带面，及时召开现场经验交流会，进行总结和推广。实践证明，只有培植和推广不同特点的典型，发挥榜样的示范作用，才能使面上的指导工作更加有的放矢，才能不断激发群众的首创精神，永葆民政工作的生机和活力。

三是以创新求活力。去年，各地、各司局高度重视理论创新、体制机制创新、工作方式和工作手段的创新，取得了一系列重要成果。其中，最低生活保障、社会福利、社区建设、村民自治等方面的理论创新和上海、浙江、山东等省市对新时期民政事业发展的研究效果明显，成果丰硕；社区建设、社区福利服务、城市最低生活保障、退役士兵安置改革、村民自治和福利彩票发行等方面，工作机制和体制创新取得了进展；信息化建设有效地带动了工作方式和工作手段的创新。所有这些，对社会主义市场经济条件下的民政事业发展起到了重要的推动作用。实践证明，创新既是一个民族不断进步的不竭源泉，也是民政工作改革发展的强大动力。

四是以投入保发展。民政工作是保障困难群体基本生活权益、提高城乡居民生活质量的服务性工作，没有相应的投入，就难以保证服务的效果和质量。在国务院领导的高度重视和各级民政部门的艰苦努力下，去年，在自然灾害救济补助、城市居民最低生活保障和抚恤补助等经费上，中央财政的投入有了较大增长；在“星光计划”实施上，地方投入达到了部本级社会福利金的 5 倍；社会福利彩票筹集了大量的福利资金。这些都为各项民政事业的发展和服务质量的提高提供了有力的物质保障，这是去年各项民政工作取得进步、重点工作取得突破的重要因素。实践证明，比较充足的资金保障，是民政工作加快发展的基本前提和必要条件。

二、2002 年重点工作的安排

2002 年，无论对全党的工作还是民政工作，都是十分重要的一年。党的十六大将在下半年隆重召开，第十一次全国民政会议也在上半年召开。如何恪尽职守、加倍努力，为党的十六大的顺利召开创造稳定、良好的社会环境，如何抓住机遇、迎接挑战，使民政工作尽快适应“入世”之后经济和社会形势的发展，如何周密谋划、精心组织，切实开好第十一次全国民政会议，并贯彻落实好会议精神，是摆在我们面前的重要任务。

根据这一新的形势，2002 年民政工作的总体要求是：以邓小平理论和“三个代表”的重要思想为指导，适应形势，开拓创新，认真筹备、开好第十一次全国民政会议，切实贯彻落实会议精神，进一步转变政府职能、工作方式和工作作风，突出重点，典型引路，以重点工作的突破推动民政事业的全面发展，以优异的成绩迎接党的十六大的召开。

为此，今年的民政工作要切实抓好以下三个方面的工作：

（一）认真筹备，开好第十一次全国民政会议，做好会议精神贯彻落实的准备工作

第十一次全国民政会议对今后五年乃至更长时期的民政工作，将产生深远的影响。各级民政部门一定要高度重视。现在距离会议的召开，只有短短的几个月时间了。部机关要组织力量认真研究起草好会议的重要文件，准确认识和把握民政工作的职能定位和基本职责，进一步明确民政工作的总体要求、目标任务、工作重点和政策措施。要集中精干力量，组织得力班子，高标准严要求地做好会议的各项筹备工作，把第十一次全国民政会议开好、开成功。

各级民政部门要认真做好贯彻落实会议精神的准备工作。要以邓小平理论和江泽民同志“三个代表”的重要思想为指导，认真贯彻党的十五届六中全会和中央经济工作会议精神，研究制定本地民政工作改革与发展的基本思路、目标任务、工作重点和政策措施。同时，要充分利用有利时机，大力宣传新时期民政工作，大力宣传先进集体和先进个人的模范事迹，争取在全国范围内掀起一个宣传民政工作的新高潮，通过宣传，使全社会更加了解、关心和支持民政工作，推动民政事业的加快发展。

（二）集中精力，切实抓好几项重点工作，争取获得突破性进展

今年的工作，要继续坚持统筹兼顾、突出重点的原则，在统筹兼顾的情况下，集中主要精力抓好以下重点工作：

城市居民最低生活保障工作要在全面贯彻落实《国务院办公厅关于进一步加强城市居民最低生活保障工作的通知》（国办发〔2001〕87 号）的基础上，一手抓保障对象的全员覆盖，一手抓信息网络化管理。在保障资金到位的前提下，在党的十六大召开之前基本做到低保对象的全员覆盖，实现应保尽保的工作目标。为实现这一目标，要采取有力措施监督预算列支情况，完善法规制度，加快信息化步伐，争取做到资金到位、操作规范、统计准确，工作扎实、结果公开、监督有力，社会认可、群众满意。

社区建设工作要继续深入贯彻中办发〔2000〕23 号文件和全国城市社区建设工作会议精神，一手抓推进，一手抓研究。要全面推进社区建设工作，使社区建设由点到面、由大城市向中小城市推进，并逐步覆盖到全国所有城市。开展示范活动是今后一个时期全面推进社区建设的重要措施。今明两年的重点是按照《全国城市社区建设示范活动指导纲要》和《全国城市社区建设示范城基本标准》的要求，抓好大中城市尤其是直辖市、省会城市和计划单列市的示范活动，并在适当时机推出一批社区建设示范城和示范社区，通过示范城和示范社区的创建，深入扎实地推动社区建设。要继续加强社区建

设的研究工作，既要下功夫研究社区建设的重大理论问题，也要注意研究解决全面推进社区建设的过程中出现的新情况、新问题，保证社区建设不断向纵深发展。同时，要加大对各地村委会换届选举工作的指导力度，及时发现、研究和解决工作中出现的各种问题，推动村民自治工作健康发展。

社会福利工作要以落实“星光计划”为重点，积极推进社会福利社会化进程。“星光计划”是建设以为老服务为主的社区服务网络、构建社会福利服务体系的基本内容，是推动老龄工作六个“老有”的工作目标落实到基层的具体手段，是做好老龄工作的重要载体。今年是三年完成“星光计划”的关键一年，主要任务是在完成省会城市和计划单列市社区老年福利服务设施建设任务的基础上，把项目建设逐步普及到中小城市。实施“星光计划”，要继续采取典型引路的办法，既抓建设，又抓管理。在建设过程中，要争取党政领导的重视，保证福利金80%的投入，广泛动员社会力量参与，充分挖掘社会资源，集中力量打歼灭战。在管理上，要积极探索建成项目的管理和运营方式，确保它们能生存、能发展。在切实抓好、落实“星光计划”的同时，要以典型引路的方式，继续抓好全国社会福利社会化工作会议精神的落实工作。

民间组织管理工作要以提高民间组织整体素质、充分发挥作用、促进社会稳定为目标。一方面，要坚持培育发展和监督管理并重的方针，通过制定培育发展规划和加大政策的支持力度，重点培育和发展行业协会等社会中介组织；通过建立健全以登记管理、日常管理、监督管理为主要内容的行政管理制度，推进民办非企业单位登记管理工作规范化；通过业务主管单位作用的充分发挥、内部管理约束机制和社会监督体系的建立和完善，进一步提高民间组织的整体素质，使其在“两个文明”建设中发挥更大作用。另一方面，要建立完善快速反应机制，加大打击非法民间组织和民间组织非法活动的力度，做好社会团体分支机构、代表机构的复查登记工作和民间组织的党建工作，保证民间组织朝着正确的方向健康发展。要与国务院法制办公室密切配合，争取尽快出台基金会和涉外民间组织登记管理法规，使民间组织管理工作适应“入世”后的新形势。

救灾救济工作要妥善安排灾区群众生活，确保灾民有房住、有饭吃、有衣穿。去年的旱灾是严重的，特别是北方部分地区已连续几年持续干旱，灾民生活很困难。因此，要把保障灾民的基本生活、维护灾区社会稳定作为近期内救灾救济工作的首要任务，做好冬春的救灾救济工作，确保灾区不出现非正常情况。各级民政部门的领导干部一定要深入基层，体察民情，把灾区、贫困地区群众利益放在重要位置，准确掌握灾民生活困难情况，及时安排救济款物，扎扎实实地做好灾民生活安排工作。同时，要不断提高救灾管理水平，建立高效有序的抗灾救灾综合协调机制，完善各级救灾预案和救灾物资储备体系，确保救灾款物及时到位，提高对自然灾害的紧急反应能力。进一步完善经常性社会捐助工作管理体制和运行机制，首先在大中城市建立健全服务网络，并加强对社会捐助款物使用的监督管理，建立捐助款物管理使用的社会公示制度，最大限度地发挥捐助款物的使用效益，维护捐助者的权益，保护捐助者的参与热情。

优抚安置工作要重点抓好安置工作改革，一方面要继续做好调查研究工作，与军地有关部门和理论工作者密切协作，提出既符合社会主义市场经济要求又切实可行、具有可操作性的改革方案，及时向国务院、中央军委提交《关于当前城镇退役士兵安置的困难、原因及对策的报告》和《关于“十五”期间军队离退休干部移交政府安置有关问题的请示》；另一方面要继续推进退役士兵安置工作的改革，在总结安置工作改革试点经验的基础上，积极稳妥地扩大试点范围，为安置工作改革的全面推进积累经验，创造条件。

区划地名工作要以行政区域界线管理为重点，在圆满完成省、县勘界收尾工作的基础上，把边界管理工作的重点从全面勘界转移到日常管理上来。要以对历史负责的态度做好勘界收尾、总结和县界档案的上报备案工作；加快省、县两级行政区域界线信息管理系统建设，实现勘界成果管理和利用的网络化；积极协调有关方面，尽快出台《行政区域界线管理条例》，力争尽快实现行政区域界线管理的法制化。同时，要加快行政区划的法规建设，认真做好城市标准地名设标工作。

社会事务工作要以收容遣送和殡葬管理工作为重点，努力提高规范化管理水平。收容遣送工作要在出台整顿和加强收容遣送工作意见、完善收容遣送站管理办法的基础上，加大个别收容遣送站侵犯收容遣送对象合法权益事件的查处力度，强化收容遣送站工作人员的培训，改善收容遣送站设施条件，努力解决收容遣送工作的法规依据或职能分工问题。殡葬管理工作要在下决心清理、整顿公墓的基础上，加大调研力度，积极探索殡葬管理工作的改革思路。

彩票发行管理工作要在“加强管理、理顺关系，提高技术、保证安全，做好服务、促进发行”的思想指导下，争取今年销量在去年的基础上更上一层楼。为此，要引入竞争机制，建设一批管理规范、运作科学的示范站点，努力提高单点销售水平。要在有条件的省市实现电脑彩票联网销售，在以省为销售主体的基础上，力争实现区域联合销售，加快全国福利彩票主干网络建设步伐，增强对彩票销售的监控能力。要研究开辟即开票销售的新途径和方式，推动大奖组销售迈上新台阶。要加快开发研究彩票新品种和新玩法，不断丰富彩票市场，提高发行彩票的水平和效益。

信息化工作要加快建设步伐。信息化建设是行政管理领域的一场深刻革命，不仅是转变政府职能的有效途径，而且是转变工作方式、提高工作效率和服务水平的直接手段。民政部已经下定决心，集中精力、集中资金，在今年年底以前建成融数字、语音和视频为一体的民政信息高速宽带广域网，重点民政业务管理软件开发拿出成果，开始试用，并且将其列为今年工作的重点之一，务求实现目标。为此，去年已经召开了三次会议动员部署。现在的关键是要狠抓落实。当前的薄弱环节在于，部分省市民政厅局局域网的建设进展缓慢，必须尽快加大力度。这里，我重申三点：一是要进一步统一认识，加强领导。民政部门的各级领导一定要站在民政工作整体水平的发挥和民政事业兴衰成败的高度，把民政信息化建设摆上议事日程，列为督查项目，领导班子集体研究，分管领导亲自挂帅，主要领导经常过问，及时解决工作中的困难和问题。二是要密切配合，加快进度。部内各司局、各直属事业单位、各省市区民政厅局一定要树立大局观念，密切配合，统一行动，绝不能自行其是，各自为政；绝不能因为某个单位、某个环节工作的滞后，影响整体目标的实现。三是及时指导，强化督查。办公厅要将民政信息化建设作为重点督查项目，及时通报交流，反馈信息，掌握工作进度，了解存在的问题，发现典型经验。部信息中心要在技术上及时指导，遇有重大技术问题要组织力量联合攻关。同时，要与国务院信息化建设领导小组办公室、国务院办公厅、财政部等有关单位保持密切联系，争取他们的理解、支持和指导。

在做好上述几项重点工作的同时，其他各项业务也要适应形势发展，按照以前的部署和要求创造性地开展工作，力争取得新的成绩。

(三)深入贯彻党的十五届六中全会精神，努力实现“三个转变”

党的十五届六中全会作出的《中共中央关于加强和改进党的作风建设的决定》，是全面推进党的建设的新的伟大工程，建设有中国特色社会主义伟大事业的纲领性文件。在去年11月份召开的中央经济工作会议上，江泽民总书记和朱镕基总理对转变作风的问题再次做了强调。认真贯彻落实中央决定和中央经济工作会议精神，切实改进思想作风、工作作风、生活作风，是开创新世纪头五年民政工作新局面的重要前提和保证，也是今年工作的一项现实而紧迫的任务。各级民政部门要从实践“三个代表”重要思想的高度，按照“八个坚持、八个反对”和中央“把今年作为调查研究年、转变作风年”

的要求，对作风建设方面存在的问题进行深入反思，认真查找，着力解决突出问题。当前，尤其要在“三个转变”上狠下功夫。

首先，根据新的形势，要加大转变政府职能和工作方式的力度。这个问题，从1998年到现在，已经讲了三年，各级民政部门也做了一些探索和尝试，取得了一定进展，但就总体而言，还远不到位，与新形势的要求还有很大差距。主要问题是：在宏观管理上下的功夫不深，在微观操作上投入精力过多，尽管从上到下疲于奔命，仍感力不从心。转变政府职能和工作方式，关键在部厅两级，主要是做到“有所为有所不为”。所谓“有所为”，就是要把主要精力集中到制定规划、研究政策、健全法规、宏观管理、检查监督和总结推广典型经验上来。所谓“有所不为”，就是要按照行政审批制度改革的要求，通过撤消、下放、转移等方式，把操作层面的工作下放给基层，把社会可以自我调节和管理的职能交给社会中介组织，把群众自治范围内的事情交给群众自己依法办理，使部厅两级民政部门从操作层面的事务性工作中摆脱出来，真正履行好宏观管理的职能。转变政府职能和工作方式，当前要突出地解决三个问题：一是变热衷于具体事务为注重政策法规的制定。有的同志长年陷身于一些具体事务，而不善于甚至不愿意研究工作思路、方针政策和宏观的、倾向性的问题，虽然长年累月马不停蹄、十分忙碌，但工作成效不大。坦白地讲，这里既有工作能力、认识水平的问题，也有一个如何正确对待权力和利益的问题。二是变习惯于以权施政为依法行政。我们的部分同志还没有从计划经济时期的工作方法中完全解脱出来，工作中往往“权”字当头而不是职责为先。必须清醒地认识到：“权”字当头必然造成长官意志，权大于法，越权行事；只有职责为先才能做到依法行政，规范管理，才能做到权由法定，以法制权，实现权与法的统一。三是变注重于轰轰烈烈为注重于扎扎实实。开大会、发文件、做部署、搞动员，这是我们推动工作必不可少的手段，尤其是某项重点工作的启动，如果没有一定的声势，就可能举步维艰，但这绝不能成为我们履行职能、推动工作的主要方式。政府工作要注重解决实际问题，讲究工作实效，如果只在轰轰烈烈上做文章，而不在解决实际问题上下功夫，就会流于形式主义，造成虎头蛇尾甚至劳民伤财的结局。民政部门的各级领导干部要充分认识转变政府职能和工作方式的重要性、紧迫性，并立即行动起来，从我做起，从现在做起，增强法制观念，提高领导水平，转变政府职能，改进工作方式。

其次，要着力转变工作作风，永葆公仆本色。现在，民政部机关和各级民政部门的工作作风总体上是好的，但也存在一些明显的、亟待解决的问题。主要是：一些干部职工的事业心和责任心不强，群众观点淡漠；追求虚名、不务实效的形式主义日渐抬头；贪图享乐甚至以权谋私的现象时有发生。为此，各级民政部门的干部职工要紧紧围绕保持党同群众的血肉联系这个作风建设的核心，坚持领导带头，狠抓制度建设，采取得力措施，力争在较短的时期内使民政部门的工作作风有一个明显的改观。为此，我强调以下五点：

一要增强事业心、责任感，坚持一切从人民群众的利益出发，以对人民高度负责的态度兢兢业业地做好每一项民政工作。民政工作的主要对象是人民群众，绝大多数民政工作直接关系着人民群众的切身利益，不少工作的直接服务对象是社会困难群体。在民政工作的岗位上，有没有敬业精神、能不能勤政为民、是不是真抓实干，绝不仅仅是一个工作态度的问题，更重要的是一个人的人格、道德和品质问题。任何漠视工作和唯上、唯名、唯利的思想和做法，都是极端错误的。因此，必须坚持不懈地对广大干部职工进行公仆意识和公德意识的教育，使每一个民政工作者深怀爱民之心，恪守为民之责，善谋利民之策，多办便民之事。

二要在提高调查研究质量上下功夫。实事求是地说，我们民政系统调查研究的人数、次数和时间是不少的，关键问题在于有些调查研究目的不明、质量不高、效果不佳，有的甚至是形式主义、劳民伤财。

这种现象必须尽快扭转。每一次调查研究都要有明确的调研目的,有周密细致的调研方案,调研结束后,要写出有情况、有分析、有决策参考价值的调研报告,使调查研究真正成为解决难点、热点、焦点问题的有效方法,成为推动重点工作的重要手段,成为提高民政干部素质的有效途径。

三要认真贯彻执行《中共中央办公厅、国务院办公厅关于进一步精简会议和文件的意见》(中办发〔2001〕27号),下决心解决文山会海问题。由于民政工作内容庞杂、头绪纷繁,本来文件、会议就多,如果不加控制,就会泛滥成灾。在部机关,目前文件材料方面的问题是,内部刊物和资料过多过滥;大部分司局的刊物、资料都在两种以上,加起来就是二三十种,司局忙得不可开交,领导案牍如山,基层不堪重负。必须下决心精简,充分发挥办公厅在信息传输方面的综合作用和政策研究中心在民政工作理论探讨中的综合作用。办公厅要认真负责地对现有的刊物、资料进行一次全面清理,该取消的取消,该合并的合并。召开会议方面的突出问题是,有的会议规格过高,动不动就请分管厅局长参加;有的会议事前准备不足,会议质量不高,不解决多大问题。这些现象必须予以纠正。今年召开第十一次全国民政会议,所以,民政专业会议必须大大压缩,否则"调查研究年"、"转变作风年"就是一句空话。

四要清除腐败、廉洁勤政。是非明于学习,境界升于内省,名节源于修养,腐败止于正气。每一位干部职工都要从注重生活作风开始,秉持积极进取的生活态度、健康向上的生活情趣、豁达乐观的生活襟怀,加强党性修养,修炼道德操守,凝聚人格力量,做高尚的人,纯粹的人,有道德的人,脱离了低级趣味的人,有益于人民的人。在强化道德修养的同时,要加强制度建设,通过强化预算管理和审计监督,坚决清理和取消"小金库"、账外账,建立健全一套严格的制度和科学的机制解决腐败问题,推进廉政建设,塑造和保持民政系统清正廉洁的良好形象。

五要努力做好信访工作。来信来访的数量和规模,是民政系统工作作风、工作质量的窗口,是我们的政策、法规是否符合实际的晴雨表,是我们的群众工作是否扎实深入的标志之一。近一时期,来民政部集体上访的事件频繁发生,有时多达几百人,涉访的问题有经营性公墓、破产福利企业、农村互助储金会、优抚安置、乡镇撤并、村委会选举等方面的工作,不仅影响了部机关工作的正常秩序,而且引起了国务院领导的关注。在即将召开党的十六大的关键年份,能否有效控制大规模集体进京上访,维护首都的社会稳定,是一个严肃的政治问题,必须引起高度重视。应该看到,上访群众的大多数是因为遇到了难以克服的困难、难以解决的问题,如果我们不能有效地帮助他们克服困难,妥善地帮助他们解决问题,实践"三个代表"的要求和转变作风就是一句空话。因此,各级民政部门一定要站在讲政治的高度,把信访工作与民政业务工作、与转变作风紧密结合起来,按照信访条例的规定和信访工作领导责任制的要求,以全心全意为人民服务为宗旨,以维护社会稳定为目标,层层负责,靠前工作,履行好职责,把信访问题解决在基层,解决在萌芽状态,为党的十六大的召开创造良好、稳定的社会环境。

同志们,让我们紧密团结在以江泽民同志为核心的党中央周围,高举邓小平理论伟大旗帜,认真实践"三个代表"的重要思想,振奋精神,扎实工作,以实际行动和优异的成绩迎接党的十六大的召开,迎接新形势的挑战。

在全国福利彩票工作会议上的讲话

民政部部长　多吉才让

（2002年2月21日）

同志们：

这次全国福利彩票工作会议的主要任务是：贯彻全国民政厅（局）长电视电话会议精神，总结2001年的福利彩票工作；表彰奖励先进；研究、部署2002年的福利彩票工作。

2001年，是福利彩票工作极不平凡的一年，是福利彩票事业取得重大突破的一年，也是福利彩票发展史上最辉煌的一年。在这一年中，全国民政系统和福利彩票发行系统，以邓小平理论和江泽民同志"三个代表"的重要思想为指导，在国务院和各省、区、市政府的正确领导下，在财政部门的大力支持下，团结一致，奋发图强，发行福利彩票的工作取得了很大的成绩。总结去年的工作，有以下几件大事值得我们回顾：

一是国务院下发了《关于进一步规范彩票管理的通知》（国发[2001]35号文）。这个文件重申了我国彩票的发行审批权集中在国务院，明确了彩票管理部门的职责权限，调整了彩票发行资金构成比例和彩票公益金分配比例，规定了彩票发行收入管理办法。文件提出在加强彩票市场管理、规范彩票发行和销售行为的同时，适当扩大彩票发行规模。这标志着我国彩票事业进入了一个新的历史发展阶段。

二是国务委员司马义·艾买提同志亲自抓彩票。国务院分管民政工作的国务委员司马义·艾买提同志对福利彩票工作非常重视、非常关心，多次听取部里的汇报，对福利彩票工作作了许多重要指示。他在各地视察工作时，每到一地总要询问当地的福利彩票工作，视察当地的福利彩票发行中心，看望那里的福利彩票工作人员。仅2001年，司马义国务委员就相继视察了上海市、天津市、青岛市、陕西省和重庆市的福利彩票发行中心，并作了许多指示。司马义国务委员的视察和所作的重要指示，不仅使当地的福利彩票工作人员深受教育和鼓舞，而且对全国的福利彩票工作起到了重要的指导和促进作用。

三是全面建成了电脑福利彩票销售系统。2001年10月19日，"西藏风采"电脑福利彩票在拉萨开卖，自此，全国31个省、自治区、直辖市的电脑福利彩票销售系统全部建成和开通，谱写了福利彩票事业的新篇章。这项工作起始于1995年，当时的范围较小，仅在3个省3个市试点，当时的技术水平也不高。大规模建设工作是在2000年和2001年。两年来，各省、区、市克服重重困难，终于完成了这项规模宏大的系统工程，为福利彩票快速发展打下了坚实的物质基础。

四是福利彩票年销量创造了历史最高纪录。2001年福利彩票的总销量达到了140亿元，其中电脑票120亿元，即开票20亿元，超额完成了全年任务，创造了历史最高水平。与上一年度相比，增长了50%（2000年销量为93亿元），这是一个历史性的突破。这个突破表明，福利彩票事业还有很大的发展空间，福利彩票发行工作已驶上了高速发展的"快车道"。

五是福利彩票为国家和社会福利事业作出了新贡献。发行福利彩票的目的在于筹集社会福利基金，用于"扶老、助残、救孤、济困"。2001年，全国通过发行福利彩票，共筹集社会福利基金近42亿元、上交国务院近15亿元,社会福利基金筹集数额的增大,使福利彩票的公益性得到了充分显现。

回顾以上这些大事,我们感到去年的工作成绩来之不易,应当归功于国务院的正确领导,归功于各省、区、市民政厅(局)的不懈努力,归功于政府有关部门的大力支持,归功于福利彩票发行系统上下一致的艰苦奋战。面对我们的工作和取得的成果,我们可以无愧地说,我们没有辜负国务院领导同志的重托,我们为全国民政系统和福利彩票发行系统争了光,我们为社会福利事业做出了贡献。

我们已经进入新的一年,对福利彩票工作来说,2002年是充满挑战的一年,也应该是实现新飞跃、作出新贡献的一年。在新的一年中,我们将面临新的形势,有许多新的工作要做,有许多新的问题要研究,有许多新的措施要落实。中彩中心提出了今年确保发行的目标,只要我们上下同心协力,艰苦奋斗,这个目标一定能够实现。

第一,希望大家不要有任何松劲情绪,继续把福利彩票作为各级民政部门的重点工作和一把手工程抓紧抓好

这几年我曾经在不同的场合多次强调,福利彩票工作是民政工作的一项重要内容,是发展社会福利工作不可缺少的经济来源。我们只有把发行福利彩票的工作搞好了,把发行量搞上去,才能为发展社会福利事业筹措更多资金,才能保证为老服务的"星光计划"有效实施,民政部门才能为促进我国社会福利事业的发展作出较大贡献。我们还应当认识到,民政部门主管发行福利彩票,是党中央、国务院对民政工作的特殊关怀,是对我们发展社会福利事业提供的政策支持。近两年以来,要求发行彩票的部门很多,但是到目前为止,国务院只准许发行福利彩票和体育彩票,其他任何部门都不得发行彩票。我们拥有的福利彩票发行权是十分宝贵的,大家一定要珍惜,要充分利用这一有利条件,切实抓好发行工作,为我国社会的发展、进步作出更大的贡献。

发行福利彩票的意义,大家都有切身体会。这里,我准备就近年来一些同志议论的两个问题,与大家讨论。一个问题是发行多了合算,还是不合算?因为我到下面听到有人议论,发行量越大,上交的越多,似乎发行多了不合算。我不这么认为,我主张尽量扩大发行。对此,我们要首先历史地看,在2000年以前,福利彩票的发行收入,虽然全部由民政系统支配,但那时候有额度控制,实际收入是有限制的。1999年,全国共发行福利彩票104亿元,筹集福利金31亿元,其中作为救灾基金上交给国务院15亿元,全国民政系统只留了16亿元,当时民政系统的同志们非常顾全大局,从上到下没有任何怨言。2000年,党中央、国务院又要求我们为青少年课外活动设施筹集资金,增发10亿元的彩票收入全部上交财政部,我们也愉快地接受了。从2001年开始,国务院决定适当扩大发行规模,增加的收入主要用于社会保障事业。因此,为民政部门核定了80亿元的发行额度,超过基数发行的部分的公益金收入,20%由民政部门分配使用,80%上交财政部。我认为,国务院的决定照顾到了民政部门的利益,我们也要有全局观念,不辜负国务院的信任,把扩大发行当做政治任务来完成。我们再理智地想一想,国务院决定在不增加新的发行机构,维持福利彩票管理体制,放宽额度限制的同时,扩大公益金的使用范围,是顺应了中国彩票事业发展的客观要求,缓解了社会各界都要求发行彩票的矛盾,有利于福利彩票的稳定发展。这就是福利彩票发行越多,国家受益越大,民政部门的收益也越大。

另一个问题是福利金分配办法,也是大家关注的问题。民政部决定,基数内的仍然按照原来办法分配,民政部只提留一小部分,用于资助全国各地的重点福利项目,主要支持西部地区福利事业的发展。超基数部分,除了上交财政部的以外,民政部一分不收,全部留给地方。在这个问题上,希望大家从大局出发,站在全局的立场上思考问题,不要再围绕上交比例问题进行争论,更不要因此削弱扩大彩票发行的积极性。

第二，希望大家认真研究扩大彩票发行的办法和措施，明确努力方向，抓住关键，开发新的增长点

今年，对福利彩票是非常关键的一年，应该看到我们的工作基础比较薄弱，竞争也很激烈，如果稍有松劲就会下滑，我们要再接再厉，树立长期奋斗的思想。希望各级民政部门继续把福利彩票作为全年重点工作，一把手要亲自过问，亲自抓，扎扎实实地工作，把彩票工作促上去。

关于今年的彩票发行工作，中彩中心进行了反复研究，认真分析了今年的形势和任务，提出了促进福利彩票发行量提高的几条措施。民政部党组专门听了他们的汇报，一致认为，这些措施是切实可行的，有新意，也很有力度。我相信，只要认真抓好落实，今年福利彩票发行工作是大有希望的，有望实现新的突破。

电脑彩票方面，有很大潜力可找。我们在电脑彩票方面根据市场形势发展的需要，部分省份还存在着数量少，单机销售量少的问题，对于有类似情况的省市，扩充站点就是潜力。另外，增加开奖次数、延长时间、加强站点管理等都是潜力。希望大家不要有急躁情绪，不要只是在变玩法、累大奖方面伤脑筋，要扎扎实实、耐心细致地做工作，从各个方面挖掘潜力。

大奖组还有很大潜力可挖。去年上半年，各地普遍都反映大奖组不好搞了，但是，到了第四季度突然又上来了。浙江一个省就发了3.8亿元，深圳一次就销售了1.9亿元，而且破了大奖组销售的历史纪录。分析原因，我看主要有三条，一是领导重视，组织有力；二是发行费恢复到20%，有了积极性；三是这些地方改进了销售方式，为大奖组销售注入了新的活力。三条原因当中第二条是硬性指标，今年，发行经费降低了，中彩中心相应地采取了降低印制成本费、免收风险金和管理费等措施，这个问题可以解决。剩下两个条件就需要靠人的努力了。希望各地民政部门和彩票中心都要下力量抓好大奖组，这是我们的传统优势项目，也是要认真研究和保留的项目，千万不要丢，一定要研究好、策划好，使其发挥更大的效益。

网点即开票是福利彩票发行延伸到基层的重要措施。中彩中心把发展网点即开票作为今年的一项重点工作，我非常赞成。网点即开票是一个发展方向，我们民政系统最有优势。过去，网点即开票没有搞起来，主要是销售渠道没有解决好。当然，对网点即开票，也要从实际出发，坚持自愿的原则，不搞硬性规定。

另外，要抓紧彩票新品种的研究和开发。要在开辟新市场方面动脑筋，为福利彩票发行注入新的活力。当然，开辟新领域，难度较大，有许多问题需要研究。希望中彩中心加强与有关部门联系，各级民政部门和彩票发行机构要紧密配合，力争早日推出，早见成效。

第三，希望各地理顺完善管理体制，加强彩票中心内部建设，将彩票工作纳入规范管理、稳定发展的轨道

福利彩票的管理体制问题是一个要继续完善的问题，今年彩票发行管理体制改革的重点还要放到理顺关系方面来。首先，要改善福利彩票工作与财政部门的关系。民政部门是发行福利彩票的行政主管部门，财政部门是全国彩票工作的监管部门，主管与监管目标是一致的，我们一定要密切配合，共同把福利彩票发行工作搞好。另外，对各级彩票中心来讲，民政部门和财政部门都是上级领导部门，工作中要多请示，多汇报，自觉地接受领导和监督。其次，要处理好福利彩票与民政工作的关系。福利彩票是民政工作的重要组成部分。站在彩票中心工作角度，要与民政一条心，同心同德搞好彩票工作。站在民政部门领导角度，要把福利彩票工作作为民政重点业务工作来抓，不要把彩票中心当成一般的经营单位看待，更不要把它视为比机关的部门矮半截的机构，或者交给机关某个部门代管。民政离不开福利彩票，福利彩票也离不开民政，福利彩票从诞生到发展始终与民政工作紧密联系在一起。以后也是这样。第三，要处理好发行系统的上下关系。在大奖组时代，我们采取的是“各自为战”的销售方式，逐步形成了“块块为主”的管理体制。前年上海会议提出了加强福利彩票发行统一管理的意见，这个意见是基于电脑彩票发展的需要做出的正确决策，这个原则应该坚持。但是在实践中有的地方理解偏了，有的把地市一级的彩票管理机构统统撤销了，有的把地市彩票中心与社区服务中心合并了。地市民政部门不管了，省彩票中心的管理也没有跟上，彩票管理工作因此脱节了。这是需要尽快解决的问题。至于是采用垂直管理的模式，还是采用分级负责的模式，可以继续探讨。但是，不管采用哪一种模式，在地市一级必须有专门机构管彩票，在发行业务方面必须服从自上而下的统一管理，这两个条件必须同时具备。并且要注意处理好各方利益关系，充分调动地市民政部门抓彩票的积极性。

最后，希望各地抓好彩票中心内部建设。今年，我们的总体工作思路是“一手抓发行，一手抓管理”。抓管理要先从彩票中心自身建设抓起，首先抓好彩票中心领导班子的建设，一个单位的工作好坏，关键在领导班子，各省要安排得力的干部管彩票。要积极地推进彩票中心人事制度改革，实行中心主任负责制和管理目标责任制，建立能够吸引人才，留住人才，能上能下，能进能出，优胜劣汰的用人机制，同时要加强干部培训和党风廉政建设，建立一支思想过硬、作风过硬、业务过硬的发行管理队伍。要加强财务管理和各种制度建设，加强彩票收入管理和支出控制，该进财政专户的一定要进财政专户，不该支出的绝对不能支出，要规规矩矩办事，使彩票发行管理工作进入稳定的、有序的、规范的发展轨道。

在全国省级老工办负责人会议上的总结讲话

民政部部长、全国老工办主任 多吉才让

（2002年3月18日）

同志们：

省级老工办负责人会议开了两天，今天就要结束了。对这次会议，各地都很重视，不少省市的厅局长都来了。两天来，大家学习讨论了岚清副总理在全国老工委第四次全体会议上的重要讲话；传达了《关于2001年老龄工作情况和2002年工作安排建议的汇报》；宝库副部长对去年各地老工办的工作做了总结，对今年的工作进行了部署；北京、上海等十省市做了大会发言。与会同志一致认为，岚清副总理在全国老工委第四次全体会议上的讲话，统揽全局，高屋建瓴，十分重要，为下一步的老龄工作指明了方向；宝库副部长的讲话实事求是，既肯定了各级老工办成绩，指出了存在的问题，又对今年办公室的工作重点和自身建设提出了明确要求，是一个很好的报告；十省市的发言从不同侧面反映了老龄工作的新成绩、新进展，沟通了思想，交流了经验，拓宽了视野。会议期间，大家围绕着形势与任务，成绩与问题，机遇与挑战，畅所欲言，进行了热烈讨论，使与会人员统一了思想，提高了认识，理清了工作思路，明确了今年的工作重点，达到了预期的目的。下面，我对贯彻会议精神和办公室的工作提三点要求：

一、要认真传达贯彻好全国老工委第四次全体会议和这次会议精神

全国老工委第四次全体会议总结了去年的工作，安排部署了今年的工作，特别是岚清副总理发表了重要讲话，为今年的老龄工作提出了明确要求，指明了今后工作的方向。这次会议又

明确和安排了今年老工办的工作。大家回去以后,首先要认认真真、原原本本地把全国老工委第四次全体会议和这次会议精神,尤其是岚清副总理的重要讲话,向省级老工委领导做好传达汇报,并按照四次会议和这次会议的要求,结合各地实际提出今年的工作安排和抓落实、办实事的具体方案,建议纳入党委和政府工作的年度工作计划。其次,要结合自己的实际情况,明确好办公室的工作重点,切实抓好几件实实在在的事情,真正做到抓住不放、一抓到底、抓出成效。

二、各级老工办要注重抓落实、办实事,切实发挥好“三个作用”

全国老工委第四次全体会议的主要精神是“抓落实、办实事”。岚清副总理讲,我最看重的是抓落实、办实事,为老年人办实事,就是全心全意为人民服务宗旨的具体体现。抓落实、办实事,就是要想老年人之所想,急老年人之所急,排老年人之所忧;就是要从实际出发,突出重点,积极主动地帮助老年人解决热点、难点问题。这既是党的十五届六中全会的要求,又是“三个代表”重要思想的具体实践。

各级老工办如何抓落实、办实事?我认为,抓落实、办实事,不是要求我们事必躬亲,具体操办。抓落实,办实事,主要靠各级老工委的成员单位,靠街道、社区、村镇。在当前,就办公室的工作来讲,主要是紧紧围绕着贯彻落实《中共中央、国务院关于加强老龄工作的决定》、《中国老龄事业发展“十五”计划纲要》和岚清副总理的几次重要讲话精神,切实发挥好综合协调、督促检查和参谋助手这三个作用。这就是说,要及时地掌握、综合、分析情况,向老工委领导提出建议和决策参考;及时地协调有关部门相互配合,共同抓好各项老龄工作任务的落实工作;及时地检查、督促有关部门制定工作计划、落实工作目标;及时地发现、总结、推广经验,指导面上工作;及时地树立各类典型,用典型经验来推动工作。各级老工办是老龄工作委员会的办事机构,服务机构,不是权力机构,必须按照老龄工作委员会的决定和领导的意图、要求,进行工作,努力做到工作到位而不越位。我相信,只要我们各级老工办的同志们做到了工作定位准确,职责思路明确,方式方法对头,工作积极主动,我们各级老工办就一定会有所作为。我们老工办的工作刚刚起步,我们要振奋精神,克服困难,以饱满的工作热情和务实的工作作风,确保今年的工作任务落到实处。

三、各级民政部门要重视、支持和加强办公室的工作

去年,在西安会议上,就这个问题我提出过要求。一年来,各地民政部门重视、支持和加强了办公室工作,老龄工作的关系逐步理顺,老工办的自身建设也逐步得到了加强。比如,云南省老工办的工作运转正常、有序,省老工办的人事、财务、党务、工青妇、职工福利、离退休干部管理、办公用房都纳入到民政厅的范围统一安排和管理。上海、天津、河北等地也做得不错,使老工办的工作得到了加强,工作协调,运转正常。这些地方的做法,值得其他地方学习和借鉴。但是,有些地方的民政部门和老工办的关系还不够顺当,有的民政部门还把承担老工办的工作当成一种负担,关心不多,支持不够,解决实际问题非常有限,重视、支持和加强办公室的工作还停留在口头上,缺少实际行动,没有当成自家人;一些地方的老工办与民政厅、局联系不紧,请示汇报不够,关系不够协调。这些问题的存在都影响了办公室工作的正常开展。还有个别地方甚至没有怎么开展工作,老龄工作没有打开局面。对此,必须引起各地民政厅、局领导的高度重视,并把加强老工办的建设真正作为民政部门的一项重要任务。这次会议以后,建议省级民政厅、局要召开一次党组会议,专题研究老工办的自身建设问题。要解决四个问题:人员不齐的要配齐人员;力量不强的要调配干部;经费不足的要帮助他们解决经费问题;工作和生活条件很差的要尽快改善他们的工作条件和生活条件。老工办干部职工的一切待遇要与民政厅(局)一样,要一视同仁。如果老工办的工作不得力,责任在民政厅(局)长。各地民政厅(局)长都要兼任老工办的主任,至于说配几名副主任,各地视情况自己确定,我们不做具体要

求。只有这样,老工办的工作才好开展,老工办的困难才能真正得到解决。总之,要加强他们的力量,支持他们的工作,关心他们的生活,把老工办的各项建设搞好。

同志们!老工办是各级老龄工作委员会的办事机构,是联系成员单位的枢纽。老工办的工作开展得好坏,在很大程度上影响着老龄工作的开展。当前,老龄工作的大政方针已定,目标任务已经明确,工作重点已经确定,我们要认真贯彻全国老工委第四次全体会议精神,抓落实,办实事,扎扎实实地做好各项工作,争取今年各级老工办的工作再上一个台阶,以优异的成绩迎接党的十六大的胜利召开!

在第十一次全国民政会议上的总结讲话

民政部部长 多吉才让

(2002年5月28日)

国务院召开的第十一次全国民政会议,经过大家的共同努力,圆满完成了各项议程,今天就要闭幕了。

这次会议以邓小平理论和“三个代表”重要思想为指导,回顾总结了第十次全国民政会议以来民政工作取得的成绩和经验,研究和分析了民政工作面临的新形势、新情况和新问题,明确了今后一个时期民政工作的基本任务、总体思路和主要措施。这次会议,对于统一思想,提高认识,推动民政工作改革与发展,开创民政工作新局面必将起到巨大作用。完成会议提出的任务,实现会议确定的目标,对于保障人民群众尤其是困难群体基本生活权益,发展社会主义民主政治,支持国防和军队现代化建设,促进社会公平,维护社会稳定,推动社会进步,具有十分重要的意义。

党中央、国务院对这次会议非常重视。党和国家领导人亲切接见了全体与会人员,并与大家合影留念。江泽民总书记作了重要指示,朱镕基总理作了重要讲话,司马义国务委员作了工作报告。党中央、国务院领导同志的重要讲话和工作报告,充分肯定了民政工作在党和国家工作大局中的地位和作用,深刻阐述了做好民政工作对改革发展稳定的重大意义,对民政工作提出了明确的任务和要求,为新时期民政工作指明了方向,是指导今后民政工作改革与发展的纲领性文件。我们一定要认真学习领会,在实际工作中贯彻落实。

在这次会议上,与会同志本着对国家、对人民高度负责的精神,围绕中央领导同志的重要讲话和工作报告,结合各自的工作实际进行了认真的讨论,集思广益,建言献策,对民政工作的许多重大问题提出了意见和建议。会议还表彰了一批全国民政工作先进单位、先进个人和“孺子牛奖”获得者。会议开得很好、很及时、很重要,达到了预期目的。概括会议的收获主要有三点:

一是提高了认识。通过学习和讨论,同志们对新时期民政工作的认识进一步提高了。大家认为,民政工作与人民群众的切身利益息息相关,做好民政工作,是实践“三个代表”重要思想的具体体现,对于保障人民群众基本生活权益和民主政治权利,维护改革、发展和稳定的大局,巩固我们党的执政根基和体现社会主义制度优越性,具有十分重要的意义。大家普遍感到,经济和社会的快速发展,使民政工作对象不断增加,工作内容不断充实,工作领域不断拓展,覆盖面不断扩大,民政工作在社会管理中占有重要的地位，必须进一步重视和加强，以推动经济与社会协调发展，促进社会全面进步。大家认为，转变政府职能，其中一个很重要的方面，就是要把那些社会能够自我调节、自我管理的职能转移给社会中介组织，群众自治范围内的事情要交给群众依法自行办理，而民间组织和基层群众自治组织这两项民政工作，对于建立行为规范、运转协调、办事高效政府的行政管理体系，具有重要的作用，要予以高度重视，认真抓好。大家还认为，拥军优抚安置工作，是国防和军队现代化建设事业的组成部分，无论是革命战争年代，还是改革开放和社会主义现代化建设时期，无论是保持国内社会政治稳定，还是维护世界和平，都离不开国防和军队现代化建设，都必须加强拥军优抚安置工作。大家表示，一定要按照党中央、国务院的要求，承担起应负的责任，扎扎实实地做好新时期的民政工作。

二是明确了任务。与会同志一致认为，司马义·艾买提国务委员的工作报告紧紧围绕党和国家的工作中心和工作大局，根据国民经济和社会发展“十五”计划的要求，提出了今后一个时期民政工作的总体要求、奋斗目标和主要任务，是一个实事求是，思路清晰，任务明确，措施有力，体现着开拓创新、与时俱进的好报告。特别是聆听和学习了江泽民总书记的重要指示和朱镕基总理的重要讲话，更是振奋了精神，明确了方向。大家纷纷表示，只要各级政府、各级民政部门及有关方面按照江泽民总书记、朱镕基总理和司马义·艾买提国务委员的要求，认真贯彻这次会议精神，在实际工作中脚踏实地，开拓创新，就一定能够实现这次会议确定的各项目标和任务。

三是增强了信心。与会同志一致认为，尽管当前民政工作还存在一些不足之处，遇到不少问题和困难，但是也应该看到，新时期民政工作面临着许多有利条件和发展机遇，改革开放和社会主义现代化建设步伐的加快，综合国力的不断增强，为做好新时期民政工作提供了坚实的物质基础；万众一心、众志成城的抗洪救灾壮举，蓬勃开展的双拥活动和社会捐赠活动，日益增强的扶弱济困、尊老爱幼、拥军优属的社会意识，坚持不懈的移风易俗和日渐形成的科学、文明、健康的社会生活，为做好新时期民政工作提供了良好的社会基础和广泛的群众基础；长期民政实践中所积累的好经验、形成的好传统、创造的好做法，为做好新时期民政工作提供了良好的工作基础；尤其是党中央、国务院以及地方各级党委和政府的高度重视，加上基层社会服务网络的基本形成，为做好新时期民政工作提供了有力的组织保证。大家表示，面对新的形势，只要我们坚定不移地用“三个代表”重要思想统揽民政工作全局，勇于正视困难，迎接挑战，善于抓住机遇，开拓进取，就一定能够完成这次会议所确定的各项任务。

总之，这次全国民政会议，是进一步统一思想、提高认识、总结经验、表彰先进，确定目标、明确任务、开拓创新、继往开来的重要会议，它标志着民政工作改革与发展进入了一个新的历史阶段，必将对我国民政事业的长远发展产生重大而深远的影响。

同志们回去后，要将会议精神，特别是江泽民总书记的重要指示、朱镕基总理的重要讲话和司马义·艾买提国务委员的工作报告，向当地党委和政府汇报，认真组织好会议精神的传达、贯彻工作，按照会议提出的各项要求，结合本地实际，研究确定本地区今后一个时期民政工作改革与发展的工作思路、发展目标和主要任务，采取得力措施，扎扎实实把会议提出的各项任务落到实处。下面，我受国务院的委托，就如何贯彻这次会议精神，强调三点意见：

一、统一思想，明确任务

第十次全国民政会议以来，由于党中央、国务院的高度重视和各地区、各部门共同努力，各项民政工作都取得了显著成绩，民政事业取得了长足发展，但我们也要清醒地看到，新时期民政工作的任务更重、要求更高、难度更大。一方面，法制不够完善，资金比较短缺，基础比较薄弱，无论是管理工作的规范化程度还是民政工作队伍的综合素质都亟待提高；

另一方面，面对经济成分、利益主体、就业形势和生活方式的多样化，民政工作中原有的矛盾可能进一步显现，新的矛盾也将不断出现。如何完善社会救助体系，搞好扶贫帮困，保护困难群体，保障人民群众的基本生活权益；如何加强基层民主政治建设，有序扩大公民政治参与，建设现代化新型社区；如何深化优抚安置工作改革，更好地支持国防和军队现代化建设；如何构筑科学合理的城镇发展体系，提高国家城镇化水平；如何推进社会福利社会化进程，加强城乡公共设施和社会福利设施建设，改善人民生活质量；如何培育和引导民间组织，使之在我国政治、经济和社会发展中发挥更大作用；如何未雨绸缪做好老龄工作，缓解人口老龄化压力等等，这些都是在我国现代化建设进程中不可回避的一些重大问题，也是摆在各级政府尤其是民政工作者面前的新课题。因此，一定要把广大民政工作者特别是各级领导的思想统一到会议精神上来，既要看到取得的成绩，看到已有的基础和机遇，鼓舞斗志，增强信心；同时，也要看到面临的困难和问题，以逆水行舟、不进则退的危机感，时不我待、只争朝夕的紧迫感，下更大的决心，用更大的气力，为国家“十五”计划的圆满实现作出应有的贡献。

二、突出重点，全面推进

新时期民政工作的目标任务都十分明确，也很具体。贯彻这次会议精神，落实各项目标任务，必须突出重点，全面推进。各级政府必须结合本地实际，抓住重点，统筹兼顾，权衡轻重缓急。既要着眼长远，又要抓紧当前。特别要集中精力，下工夫解决那些直接关系群众切身利益、社会反映强烈、影响社会稳定的重点问题，以重点问题的突破带动全局工作的推进，努力使民政工作更好地为党和政府的中心工作服务，为改革发展稳定的大局服务。

抓重点，首先要抓住影响全局的工作。当务之急是进一步搞好以城市居民最低生活保障、自然灾害紧急救援和日常捐赠为主要内容的社会救助工作。尤其要全面落实城市居民最低生活保障制度，核准对象，加大投入，强化管理，尽快把包括下岗失业、困难职工在内的所有符合条件的城镇贫困人口，全部纳入最低生活保障范围，做到应保尽保。这既是当前政府工作的重中之重，也是一项严肃的政治任务，必须尽快完成。

抓重点，就要抓住那些新形势下的难点问题，集中攻坚，力求突破。要全面推进社区建设，着力解决农村基层民主政治建设中民主选举、民主决策、民主管理、民主监督方面存在的突出问题，确保《中共中央办公厅、国务院办公厅关于转发〈民政部关于在全国推进城市社区建设的意见〉的通知》（中办发〔2000〕23号）和《中华人民共和国村民委员会组织法》的贯彻落实，推动社区建设和村民自治的健康发展。要积极稳妥地扩大退役士兵安置改革试点，通过制度创新，逐步建立有利于军队建设、适应社会主义市场经济体制要求的退役士兵安置制度，为国防和军队的现代化建设服务。

抓重点，就要按照市场经济和对外交往、贸易的要求，加快培育发展规范行业行为、代表企业利益的行业性中介组织和服务于人民生活的公益性、福利性民间组织。要科学、稳妥地调整行政区划，推动我国城镇化进程，促进经济与社会的协调发展。

对于重点工作，地方各级政府和民政部门的主要负责同志在一个时期内，要集中精力，高度关注，抓住不放，要专门研究并及时解决工作中的困难，以“咬定青山不放松”的精神，抓出成效。

三、加强领导，狠抓落实

在这次会议上，江泽民总书记、朱镕基总理和司马义·艾买提国务委员都强调了新时期民政工作的重要性，明确要求各级党委和政府，要从实践“三个代表”重要思想和为改革发展稳定创造良好社会环境的高度，重视民政工作，切实加强对民政工作的领导，充分发挥民政工作的作用。为此，地方各级政府要按照党中央、国务院领导同志的要求，把民政工作纳入当地国民经济和社会发展总体规划，摆上党委、政府的重要议事日程，要在近期专门研究一次民政工作，采取得力措施，认真解决当前民政工作改革与发展中存在的实际问题，切实把这次会议确定的目标和任务落到实处。要加大资金投入力度，尤其是抚恤安置、灾害救助、最低生活保障资金要优先安排，专户管理，确保困难群体的基本生活。要重视和加强基层民政工作，加快基层社会服务体系建设，努力解决基层民政工作任务重、难度大与人手少、经费缺的矛盾，从政治上、生活上关心和爱护基层民政工作者，努力改善他们的工作和生活条件，调动他们的积极性。

这次会议确定的民政工作改革与发展的目标任务能否实现，关键在落实。因此，贯彻这次会议精神，不能停留在召开会议、下发文件上，不能满足于一般性的号召和传达布置，而要有明确的职责、具体的任务、得力的措施、实实在在的经费投入，确实做到责任到位、措施到位、投入到位，并加强督促检查。贯彻这次会议精神，还要结合当地实际，因地制宜，分类指导，创造性地开展工作。要切实转变作风，深入基层调查研究，倾听群众呼声，关心群众疾苦，解决群众困难，把广大人民群众的安危冷暖时刻放在心上，做到"民有所想、我有所为；民有所呼、我有所应；民有所盼、我有所办"，使困难群众感受到党和政府的温暖，各项事业的发展和管理工作落到实处。

同志们，在实现新世纪现代化建设宏伟目标的进程中，民政工作事关全局，任务艰巨，责任重大。让我们更加紧密地团结在以江泽民同志为核心的党中央周围，高举邓小平理论伟大旗帜，按照"三个代表"重要思想的要求，以实事求是的态度，奋发有为的精神，求真务实的作风，坚忍不拔的毅力，知难而上，团结拼搏，与时俱进，开拓进取，扎实工作，认真落实会议部署的各项任务，为社会主义现代化建设事业作出应有的贡献，以实际行动迎接党的十六大的胜利召开！

在全国城市社区建设四平现场会议上的讲话

民政部部长　多吉才让

（2002年9月9日）

同志们：

这次会议的目的是贯彻第十一次全国民政会议精神，推动社区建设向更广的范围、更高的水平发展。会议总结了青岛会议以来社区建设的新进展和新经验，命名了175个全国社区建设示范市、区，现场观摩了四平市社区建设的良好效果。学举同志代表民政部对下一步全面推进社区建设工作做了安排和部署，进一步明确了社区建设的任务、目标、思路和要求，希望大家回去后认真贯彻落实。我们这次会议之所以在四平召开，是想给大家展示一个后来居上的范例，推荐和倡导一种精神、一种思路和一种方法。一种精神，就是市委、市政府在经济不够发达，社区建设基础较差、起步较晚的情况下，打破传统的思维方式和工作方式，坚持高起点、跨越式发展的自我加压、奋力拼搏、争先创优的精神；一种思路，就是整合城市社区的十种功能，打造城市基层的管理工作平台、服务工作平台和民政工作平台，以实现社区建设和城市民政工作的整体推进；一种方法，就是以实施"星光计划"为契机，采用政府主导、部门配合、社会参与的工作方式，调动各方面积极性，以"七个一部分"的办法筹集资金，举全市之力，统一规划，统一设计，统一指挥，统一施工，统一验收，统一培训人才。

当然，今天四平市展示给

我们的成果，与基础较好、起步较早、经验丰富的社区建设先进城市相比，还需要继续提高完善，已定的思路和目标也尚需进一步落实，但他们的精神、思路和方法却给我们提供了深刻的启迪，展示了广阔的前景。我想，民政部门大力推进社区建设的目的无非是两个：从社区建设本身角度讲，是通过社区建设的开展，调动各方面的积极性，发挥各方面的作用，以资源共享、共驻共建的方式，建设管理有序、服务完善、环境优美、治安良好、生活便利、人际关系和谐的现代化新型社区，提高城市基层的管理水平和服务水平，提高社区居民的生活质量；从民政工作全局的角度讲，则是通过社区建设，打造城市民政工作的综合平台，提高城市民政工作的整体效益，并以此为突破口，推动民政事业的快速发展。前一个目的，虽然还不能说已经完全达到，但其效果已经在相当一部分城市得到体现。而后一个目的如何达到，则是一个大课题，一个大思路，一篇大文章。目前还仅仅是个创意或者说设想，即便是率先开展社区建设、已经取得丰硕成果的城市，整合城市民政工作这篇文章也才刚刚破题。所以我想利用今天这个机会，代表民政部正式向同志们提出这一课题，先谈几点初步想法，以期得到民政系统上上下下的普遍重视，群策群力，共同思考、研究和探索。下面，我讲三点意见。

一、大力加强城市民政工作已经成为迫在眉睫的重要任务

近二十几年来，我国经济体制改革不断深化，社会主义市场经济不断发展，城市化进程不断加快，人口老龄化、利益主体多元化、生活方式多样化趋势日益明显，城市管理现代化的要求日益迫切，给社会管理和公共服务提出了许多新的任务。作为城市社会管理和公共服务重要方面的民政工作，面临着一系列需要研究的新情况，一系列需要解决的新问题，任务越来越艰巨，地位越来越重要，作用越来越突出。我们一定要充分认识新形势下城市民政工作的重要性和加强城市民政工作的紧迫性，把城市民政工作放在更加突出的位置，加大工作力度，尽快抓出成效，更好地为广大人民群众服务，为最需要帮助的困难群众服务，为改革发展稳定的大局服务。

（一）城市民政工作在为改革、发展创造良好环境方面的作用越来越突出

我国的改革从农村起步，逐步向城市推进，目前城市改革的内容更广泛，矛盾更集中，任务更艰巨。稳步推进、全面深化城市改革，对于实现全国各项改革的新突破至关重要。城市民政工作在深化城市各个领域的全面改革中起着举足轻重的作用，其主要任务和作用体现在以下几个方面：一是改革传统的城市救济工作，建立规范化的社会救助体系，将社会救助服务落实到社区，建立和完善独立于用人单位之外、运作于社区之中和管理服务社会化的社会救助体系，为经济结构调整和深化企业改革创造条件，推动城市经济的快速发展。二是切实加强社会管理和公共服务，推动政府机构改革，促进政府职能转变。随着市场经济的发展，政府的职能将逐步转移到经济调节、市场监管、社会管理和公共服务上来，民政工作属于社会管理和社会服务的范畴，在某种意义上说，民政工作的力度和效果是政府职能转变是否到位的重要标志。三是大力发展社会中介组织，尤其是培育、发展和规范行业协会，发挥行业协会、商会等组织的服务、协调、联合以及行业自律等方面的作用，以推进企业管理的改善，促进市场秩序的规范。尤其是在我国加入世贸组织的新形势下，通过行业协会等组织加强国际交流与合作，提高国际竞争能力，依法保护自身合法权益的任务十分迫切。这既是深化改革的重要内容，也是建立和完善社会主义市场经济体制的必备要素。切实加强城市各项民政工作，是推动城市各项改革深入开展，促进社会主义市场经济健康发展的需要，是民政工作围绕党和国家的工作中心、服务于改革开放大局的重要体现。

（二）城市民政工作在化解社会矛盾、促进社会公平和维护社会稳定方面的责任越来越重大

在推进城市全面改革的过程中，由于利益格局的调整，潜在的社会矛盾不断暴露，新的

社会矛盾也不断出现，这些矛盾和问题如不及时加以解决，就会演变为社会不安定的因素，影响改革发展稳定的大局。在解决这些问题，缓解这些矛盾方面，民政工作负有重要责任：一是有效维护城市贫困群体的基本生活权益。随着经济结构调整和企业减员增效措施的推行，城镇下岗、失业职工大量增加。城镇退役士兵得不到有效安置的问题日益突出，部分城镇优抚对象生活难、医疗难和住房难的问题仍然存在。这些问题，事关群众的切身利益，处理不好势必引起群众的不满。近年来，由于这些问题处理不善而引发的上访和群体性事件时有发生，直接影响到社会稳定。落实城市居民最低生活保障制度，落实优抚政策，改革城镇退役士兵安置制度，拓宽安置渠道，保障城市贫困群体的基本生活权益，是化解社会矛盾、维护社会稳定的重要途径。二是落实培育发展和监督管理并重的民间组织管理工作方针，加大管理力度。近几年来，城市的非法民间组织和民间组织的违法行为不断发生，有的利用现代网络技术非法结社，从事违法犯罪活动，有的甚至为国外和境外敌对势力所利用，严重危及社会秩序和国家安全。“法轮功”邪教组织的危害给我们敲了警钟。加强对城市非法民间组织及非法行为的预防、监控、查处和打击，是维护社会安定的重要措施之一。三是强化城市流动人口的管理和引导。随着农村剩余劳动力的增多、户籍制度的改革以及城市第三产业的发展，从农村流动到城市的人口与日俱增，他们为方便城市居民生活、繁荣城市经济发挥了不可磨灭的作用，但是也带来了一些不容忽视的负面影响。有的找不到工作，生活没有着落，流落街头；有的甚至走上了违法犯罪的道路，危及社会安全。依法加强和改进收容遣送工作，引导人口合理流动，改善城市治安环境，对于维护社会稳定，促进城市繁荣具有重要意义。

（三）城市民政工作在推进城市现代化和加强城市精神文明建设中的地位越来越重要

城市现代化的内涵很丰富，既包括以科学技术为先导的经济发展，也包括以社会事业为载体的精神文明；既包括健全的民主与法制、完善的社会服务，也包括科学、文明、健康的生活方式。民政工作在推进城市现代化中发挥着不可替代的作用：一是通过开展社区居民自治活动，切实保障广大居民参与基层社会公共事务决策和管理的权利，充分调动居民群众自我管理和自我服务的积极性、主动性和创造性，实现居民群众自我教育、自我管理、自我服务和自我监督；二是通过大力发展社区服务，加强社区福利服务设施建设，丰富服务内容，改进服务手段，健全服务网络，创造优美、舒适、便利、安全的社区生活环境；三是通过健全社区居委会及相关组织和功能，使之成为社会管理和整合社区资源的依托，建立政府倡导、社区自治组织主导、社区各方面力量共同参与的长效机制，加快公共服务社会化进程；四是通过开展城市的社会救济、社会互助、社会福利、优抚安置和老龄工作，弘扬中华民族尊老爱幼、扶贫济困、团结互助的传统美德。通过婚姻登记、殡葬改革和地名管理，移风易俗，抵制愚昧迷信，倡导科学、健康、文明的生活方式。城市民政工作在指导社区居民自治方面的任务日益繁重，在为广大居民群众服务、推进城市现代化和加强精神文明建设中的地位越来越重要。

（四）推动城市民政工作快速发展的任务越来越迫切

要开创民政工作新局面，就必须实现城乡民政事业的全面进步。就工作基础而言，因为民政工作的重点长期放在了农村，经过多年的努力，农村救灾救济、优待抚恤和村民自治的基础都比较扎实，而城市民政工作的基础就相对薄弱，这与城市民政工作对象越来越广泛、内容越来越丰富、任务越来越繁重和要求越来越高的新形势不相适应。城市社会福利事业，尤其是老年人的福利事业不够发达，与人口老龄化的趋势不相适应；城市低保工作 离规范化、社会化和信息化的要求还有一定的距离；城市退役士兵的指令性安置、福利企业的生存和发展遇到许多新的困难；收容遣送、涉外民间组织登记管理等工作还缺乏充分的法律依据；《街道办事处工作条例》和《城市居民委员会组织法》亟待修改;城市民政工作的管理体制和运行机制与发展市场经济、推进依法行政的要求存在明显差距。诸如此类的问题,已经成为提高民政工作整体水平的严重制约因素。把城市民政工作放在突出位置,加大力度,推动其快速发展,并以其成功经验辐射、引导和带动农村民政工作,已经成为新形势下开创民政工作新局面、实现第十一次全国民政会议所定奋斗目标的战略性措施和当务之急。

二、提高城市民政工作整体水平必须走整合之路

加强城市民政工作,是新时期民政部门十分紧迫的任务。怎样才能加强城市民政工作,提高城市民政工作整体水平,是摆在我们面前的一个重要课题,必须加强研究,深入思考。我认为,提高城市民政工作整体水平的有效途径就是走整合之路。所谓整合之路,就是要在多元的城市民政业务之间找到一个切入点,打造一个平台,建立一种相互促进、协同配合的机制,产生1+1大于2的合力效果,发挥民政工作的综合效能和整体优势。

整合城市民政工作是适应新时期城市民政工作的内涵和外延重大变化的需要。随着形势的发展,民政工作的对象在不断扩大、内容在不断丰富、领域在不断拓展。如,城市社会救助工作的对象已经大大突破了“三无”人员的狭小范围,扩展到了包括失业下岗人员在内、所有符合条件的城市贫困人口;救助内容已经不再局限于发放救济款,而是已经拓展到住房、医疗、子女教育和法律援助等方方面面;救助方式也由过去那种钱多多给、钱少少给、没钱不给的临时、随意性做法和走家串户的人工操作,代之以科学的救助标准、规范的工作程序、稳定的资金渠道和社会化的管理。城市社会福利工作已经由单纯服务于集中供养对象转变为面向以老年人为重点的全体城市居民,而且管理体制、投入渠道、服务方式都已经发生了重大变化,成为全体城市居民关心参与和得到实际利益的事业,成为名副其实的社会福利事业。民间组织登记管理工作也已经由单一的社会团体登记管理拓展到包括民办非企业单位、基金会在内的所有民间组织,而且实行双重管理。这些民间组织遍布城乡各个角落,涉及政治、经济、文化等各个领域,关联党委政府各个职能部门。特别是城市社区建设,不仅包括民政部门主管的基层群众的自治组织建设、社区服务、社会福利、民间组织管理和老龄等工作,而且包括文化、卫生、体育、教育、治安、环保等工作,可以说城市基层社会事务的管理和服务内容全部包含其中。因此,创新民政工作的管理体制和工作机制,整合各项业务,发挥整体优势已经成为新形势下履行民政工作职能的必由之路。

整合城市民政工作是改革和强化城市管理工作的需要。现代城市管理是一项系统工程,这项工程的实施,要求政府充分发挥宏观管理职能,协调各系统、各部门的关系,整合全社会各种资源,加强对各类社会组织的监管和服务,组织引导各方面力量共同参与,才能达到预期目的,产生理想效果。民政部门作为各级政府的重要组成单位,在城市基层社会事务管理中扮演着重要角色。民间组织管理、优抚安置、社会救助、社会福利、老龄工作、收容遣送、基层民主政治建设等项工作都是城市管理的重要内容,要适应现代城市管理的要求,不仅要对自己主管的各项工作统筹规划,进行整合,使各项工作相互促进,而且要履行协调职能,发挥牵头作用,在城市社区建设的层面上组织引导好各种社会力量。民政部门整体推进城市民政工作,就是为城市管理工作服务,同时也是借助城市社区建设工作的全面推进,加快城市民政事业的发展。

整合城市民政工作是满足城市居民服务需求的需要。如果简单地概括民政工作的职能,我看就是“管理、服务”四个字。由于民政工作的群众性特点十分突出,必须寓管理于服务之中,通过服务使群众心悦诚服地接受管理,通过管理提高服务的效率和质量。随着城市居民生活向社区的回归,居民对社区服务的要求不再像过去那样简单,而是要求社区服务是多功能、全覆盖的。十多年来,我们的社区服务一直朝着整合的方向探索前进，从为社区的民政对象服务到便民利民服务，从单一的临时性服务到建立综合性、多功能、一体化的社区服务系统，再到运用数字技术和现代网络技术建立信息化服务网络，都是朝着综合方向发展，体现整合的特点。实践充分证明，只有走整合之路，才能实现资源共享，最大限度地满足城市居民日益增长的社会服务需求。

总之，城市民政工作要适应新形势的要求，履行好管理社会事务、服务人民群众的职责，就必须走整合之路，发挥整体优势，提高整体水平。

整合城市民政工作，不仅是十分必要的，而且是完全可能的。我们具有良好的工作基础和得天独厚的条件。一是民政部门负责社区居民委员会建设，承担党中央国务院赋予的指导社区建设的任务，这是我们整合城市民政工作的最基本的条件。我们可以利用社区平台，以社区居民委员会为依托，把城市各项民政工作落实到基层。二是多年来各级民政部门在社区建设中，把工作重点放在基层、放在社区，开展居民自治，发展社区服务，一些业务工作如社会救助、社会福利、老龄工作等在实践中相互联系，相互促进，为进一步整合城市民政工作打下了比较扎实的基础，积累了不少宝贵经验。三是在改革创新实践中，特别是通过推进社会福利事业社会化，逐步形成投资渠道多元化、服务对象公众化、服务方式多样化、运行机制市场化、服务队伍专业化与志愿者相结合的城市福利事业发展新格局，使建立和完善政府主导、部门协作和社会参与的民政工作机制有了一个良好的开端。只要我们认识到位、工作到位，整合城市民政工作是完全可以做到的，城市民政的整体推进、跨越式发展也是完全可以实现的，对此，我们有足够的信心。

三、以社区为平台、社区组织为依托、信息技术为手段整合城市民政工作

整合城市民政工作，不是将多元的民政业务简单归并，也不是否认和取消各项民政业务的特色，而是要在实践中探索形成和完善各项业务相互联系、相互促进、发挥整体效能的机制，把各项民政业务整合起来，形成综合性、多功能、一体化的管理和服务体系。实现这一目标，首先，要打造社区这个平台，特别要加强社区的组织网络建设和各项管理、服务的设施建设，做到社区组织很健全、开展活动有场所、管理服务有设施、服务居民有网络，这是整合城市民政工作的组织保证和物质基础，没有这个基础，再好的愿望、再大的决心、再高的热情都只是空中楼阁，有了这个基础，整合城市民政工作也就有了依托和抓手；其次，要选择一个整合的有效途径与方法，如果没有一个有效的途径与方法，就无法实施有效的整合。只有选好了有效的途径与方法，才能实现整合，并经过整合发挥城市民政工作的综合效益和整体优势。从多年民政工作的实践经验和体会来看，整合的途径与方法，可以从以下四个方面进行探索：

一是通过建设社区的组织网络，整合城市基层民政的社会事务管理。社区组织网络是加强城市民政工作的依托和组织保证，要在党委、政府的统一领导下，把社区党组织、社区居委会和社区各类民间服务组织建设好，把基层民政的社会事务管理纳入社区的整体管理之中。社区党组织是社区工作的领导核心，承担着保证党的路线、方针、政策和国家法规的贯彻落实，支持和保证社区居委会依法履行职责，在整个社区工作中发挥领导核心作用。社区居民委员会是社区的主体组织，是社区建设的主要组织者，承担着社区建设的组织、协调和实施等任务，承担着协助政府落实有关管理、服务工作的任务。社区民间服务组织是社区服务的承担者，以满足社区居民需要为目的，提供各类福利服务和便民利民服务，开展各种社会公益活动。只有健全社区的组织网络，整合基层民政的社会事务管理才有可靠的依托和组织保证，也只有通过社区的组织建设，建立、完善基层民政工作的运行机制，并依托社区组织，把基层民政的社会事务管理纳入社区的整体管理之中，才能使基层民政的社会事务管理得到整合和加强。

二是通过大力发展社区服务，整合城市基层民政的各项社会服务。整合城市民政工作就要把基层民政的各项服务工作整合到社区服务的网络之中，使社会救助服务、社会福利服务、优抚安置服务、民间组织服务，以及婚丧服务等，都能形成满足社区居民需求的服务网络，保证民政的各项服务落实到基层、体现到居民生活之中。同时，要注重社区资源的整合，注重社区服务队伍的建设，注重发挥社区民间组织的作用，实现民政工作者与社会工作者、专业化队伍与志愿者队伍的有机结合。通过立足社区、服务居民的多功能、全覆盖的基层服务网络的建立和完善，提高城市民政服务的质量和整体水平。

三是通过信息化建设，整合城市基层民政的管理、服务手段。无论是社会管理和社会服务的实施，还是社区资源的共享，都要重视和发挥信息技术的作用。信息化手段在基层民政工作中的广泛应用是增强民政工作合力与活力、提高民政工作效率和整体水平、实现工作手段现代化的载体、途径和关键。我们要加快民政工作信息化建设的步伐，结合“电子政务”和“电子社区”建设，实施“数字民政”和“便民工程”，特别是要把信息化应用于社区建设和社区服务，实现社区资源、社区组织网络和社区服务网络的信息化，让社区居民充分享受现代科技成果，改进居民生活方式，提高居民生活质量，同时提高民政工作者的科学技术素质，推进管理、服务手段的现代化。

四是通过突破重点、带动一般的方法实现城市民政工作的整合和整体推进。通过整合整体推进，并不等于不分主次地同时推进，同样需要关注焦点，抓住重点，突破难点。所谓重点是处于“龙头”位置的工作，也是事关人民群众的切身利益、经济社会发展的迫切需要、党中央和国务院高度关注、在改革发展稳定中举足轻重的工作。抓住重点也就抓住了整合城市民政工作的关键。

当前，城市民政工作的重点主要有两个，一是把社区建设推向高潮，引向深入。二是着力加强以城市居民最低生活保障为核心内容的社会救助工作。社区建设关系到党和国家的执政基础，关系到满足城市居民的物质文化生活需求和生活质量的提高，也关系到城市各项民政工作和社会事务管理在基层的落实。实践证明，包括社会救助、社会福利、优抚安置、民间组织管理等绝大多数城市民政工作都需要通过社区建设来落实、来推进。只有抓住社区建设这个重点，以基础设施建设为先导、以组织建设为保证、以社区服务为龙头，建设好社区，才能为城市社会管理和服务提供一个优质的平台，才能起到纲举目张的效果，实现城市民政工作的整体推进。以城市居民最低生活保障为核心内容的社会救助工作，关系城市困难群体的基本生活权益，关系经济体制改革的深化和社会主义市场经济的发展，关系城市的社会稳定，关系“三个代表”和“三个服务”在城市的落实，是党中央、国务院一直高度重视，江泽民、朱镕基、胡锦涛等中央领导同志多次强调并明确指示必须抓紧、抓好的工作。到今年6月底，我们基本上实现了城市低保工作的“应保尽保”，下一步的主要任务是强化管理，保持动态管理下的应保尽保、规范程序、完善制度，这些任务必须依托社区组织，通过发挥社区组织网络、服务网络和信息化网络的综合功能来落实。加强城市社会救助工作的过程也是促进城市民政工作整合的过程。实现这两项重点工作的突破，就能带动其他城市民政工作，推动城市民政工作的整合。

同志们，城市民政工作任重而道远，各级民政部门要以高度的历史责任感，一手抓工作的推动，一手抓政策理论的研究，积极探索城市民政工作的新路子。如何整合城市民政工作，是一个全新的课题，以上构想只是初步的，还需要在实践中不断探索、修正和完善，民政部将组织力量对这一问题做进一步研究。希望民政系统的所有干部职工特别是各级领导干部积极参与，共同探索，上下配合，在这个事关民政工作改革发展全局的课题上，交出满意的答卷，拿出丰硕成果，指导和推动城市民政工作再上新的台阶，为城市经济发展和社会进步再立新功，以实际行动迎接党的第十六次全国代表大会的胜利召开！

在全国城市居民最低生活保障工作会议上的总结讲话

民政部部长　多吉才让

（2002年10月24日）

同志们：

为期三天的全国城市居民最低生活保障工作会议在与会同志们的共同努力下，已经顺利完成了各项议程，就要闭幕了。

这次会议，是低保工作转向全面提高管理服务水平的一次重要会议。会上，司马义国务委员发表了重要讲话，充分肯定了城市低保工作的成绩，深刻阐述了做好低保工作的重大意义，明确提出了今后工作的要求和重点，使与会代表受到了很大的教育和鼓舞。杨衍银同志的工作报告全面总结了低保工作取得的成绩和经验，研究和分析了当前存在的主要困难和问题，明确了今后工作的任务和政策，提出了明确而具体的要求。我们一定要认真学习、领会，贯彻落实。

在讨论中，与会代表围绕司马义同志的讲话和杨衍银同志的工作报告，结合本地的工作实际，进行了认真而热烈的讨论，集思广益，各抒己见，建言献策，提出了不少很有价值的意见和建议。

会议期间，辽宁、湖北等17个单位的代表作了典型发言，从不同角度介绍了经验；还实地参观了沈阳市的低保工作机构建设和信息化管理情况，使与会人员受到了深刻启示。总结这次会议的收获，主要有以下几点：

一是统一了思想，提高了认识。通过这次会议，与会同志进一步认识到，做好城市低保工作是贯彻落实“三个代表”重要思想的具体体现，也是落实民政工作“三个服务”的具体体现，事关困难群体的切身利益和党与人民群众的血肉联系，事关改革发展稳定的大局，不能有丝毫的懈怠和疏忽。做好城市低保工作，对于保障困难群体的基本生活权益、促进社会公平与进步，促进企业改革的顺利推进，维护政治社会稳定具有重要意义。与会同志一致表示，一定从讲政治、讲大局的高度认识和看待低保工作，以高度的政治责任心和深入、扎实的作风落实好低保工作，绝不辜负党和政府的重托和人民的希望。

二是学习了典型经验，受到了深刻启示。通过听取17个单位的经验介绍，实地参观沈阳市规范化、信息化的管理情况，大家感到大会的经验介绍各具特色，辽宁的低保工作具有一定的前瞻性。与会代表一致认为，17个单位的典型经验很有借鉴意义，特别是辽宁省的经验代表了发展完善的方向，使与会代表受到了深刻启示，纷纷表示回去后紧密结合本地实际学习借鉴，努力把本地的低保管理工作提高到一个新的水平。

三是明确了任务，增强了信心。与会代表一致认为，这次会议安排部署的下步低保工作，不仅任务十分明确，而且要求和措施也很具体，可操作性比较强。在当前的工作中，尽管还存在不少困难和问题，但也面临着许多有利条件和很好的发展机遇：党中央、国务院和地方各级党委、政府高度重视，财政、工会、监察等有关部门积极配合，社会各界广泛参与，新闻媒体宣传引导，人民群众大力支持，等等。所有这些，都为推动低保工作的开展提供了有力的组织保证、良好的工作环境和坚实的社会基础。与会同志一致表示，会后要认真贯彻落实这次会议精神，下决心把低保工作抓实、抓细，进一步提高管理和服务水平。

总之,这次会议开得很成功,达到了预期目的。

会议结束后,大家要将会议精神,特别是司马义国务委员的重要讲话和杨衍银同志的工作报告向当地党委和政府汇报,并结合当地实际提出贯彻意见。下面我就当前低保工作中应该注意处理好的几个关系讲点看法。

一要正确处理深怀爱民之心与严格执行《城市居民最低生活保障条例》的关系。江总书记在第十一次全国民政会议上明确提出“各级民政部门和民政系统的广大干部职工,要继续发扬党的优良传统,发扬‘孺子牛’精神,深怀爱民之心,恪守为民之责,更好地为广大人民群众服务,为最需要帮助的困难群众服务,为改革发展稳定的大局服务”。江总书记这一重要指示不仅高度概括了民政工作的基本职能、任务,明确了民政工作的重点,而且深刻指明了民政干部应有的思想境界和工作作风。其基本职能任务是“三个服务”;工作重点是为最需要帮助的困难群众服务;应有的思想境界和工作作风是“两个发扬”和“爱民、为民”。当然,我们怀着深厚的爱民、为民之情,认真落实“三个服务”,为最需要帮助的困难群众排忧解难,并不是以感情代替政策,以感情代替法规,以感情代替制度。但也确实存在对政策、法规、制度主旨的理解问题。《城市居民最低生活保障条例》的内容虽然有 17 条之多,但概括起来主要有四个方面,即:低保对象的全面覆盖,资金保障的足额列支,工作程序的规范公开,违规行为的监督查处。其精神实质,就是通过条例的执行,切实维护城市贫困居民的基本生活权益,这是政府的责任和义务,是党的全心全意为人民服务宗旨在政府工作上的体现。执行条例就是依法行政,而依法行政的首要问题,就是人民与政府的关系问题。在人民与政府的关系上,必须从公民义务本位和政府权力本位向公民权利本位、政府责任本位转变。如果我们对城市贫困群体的困难程度估计不足,如果由于我们工作不到位而将应保对象排除在低保安全网之外,本身就违背了条例的立法主旨,违背了依法行政的基本原则。所以,我认为,怀着深厚的爱民、为民之情做工作,是严格执行《城市居民最低生活保障条例》的思想基础,严格按照条例的规定,将应该纳入低保范围的所有困难居民都纳入保障范围,则是深怀爱民之心的行动体现。

二要正确处理立足全局与履行职能的关系。懂全局、管本行,是对每一个领导干部的基本要求。如果不能洞察全局、胸怀全局,本职工作的开展不仅会迷失方向,而且很难有所作为;但如果不能正确理解本职工作在全局中的角色定位,不能恪尽职守、创造性地开展本职工作,服从大局、服务大局不仅会成为一句空话,而且还会给大局带来影响,带来损害。江总书记在“5·31”讲话中明确提出“讲大局、讲团结、讲稳定”的要求,朱镕基总理在第十一次全国民政会议上三令五申讲低保,在其他场合也逢会必讲低保,反复强调中央和地方都要加大低保投入力度,宁可少上几个项目,也要把低保资金留够列足。把江总书记和朱镕基总理的指示贯穿起来学习、理解,就不难看出当前的大局是什么。我认为,通过城市居民最低生活保障制度的全面落实和下岗职工再就业工作的推进,不断完善独立于用人单位之外的社会保障体系,使人民群众安居乐业,创造良好的社会环境,保证经济体制改革的不断深化,促进国民经济的持续、快速、健康发展,这就是最大的大局。作为政府组成单位之一的民政部门,服从和服务大局,就是要在落实城市低保制度中扮演好自己的角色、出色履行自身职能,高效率、高质量地实现动态管理下的应保尽保。但在具体工作中我们发现,有些地方的民政部门不是从履行自身职能出发,及时建议和督促有关部门保证低保资金的足额列支,而是只强调财力有限;不是按照当地低保标准的实际补助金额发放低保金,而是根据现有资金的数量,钱多多发,钱少少发,甚至平均发放,使法定的城市低保制度倒退成了传统意义上的临时救济。当然,低保资金安排并不是民政部门的责任,不完全取决于民政部门,有时巧妇难为无米之炊,这也是事实。

但问题的关键在于,我们

民政部门是否从严格执行《城市居民最低生活保障条例》、保证低保制度执行效果的角度考虑问题，是否最大限度地履行好自己的职责，如实地反映情况，并及时地督促资金的足额到位。从表面上看，不仅考虑低保资金需求，而且考虑现实财力，似乎是立足大局，但实际上是决策服务职能的错位。实践证明，能否足额列支低保资金，并将其纳入专户管理，主要因素不在于财政实力的强弱，而在于党政领导的认识和决心。党政领导的认识和决心在很大程度上来源于职能部门提供的决策依据。我想，只要我们把当地城市居民的贫困状况摸清，把符合条件的应保人数搞准，把资金需求的理由说够，把能否实现应保尽保的利弊得失讲透，不管是财政部门还是政府领导都会作出正确的决策。即便我们的努力不能完全达到目的，也可以理直气壮地说，我们尽到了责任。所以，我认为，正确地认识全局、理解全局是立足全局的基础，出色地履行职能是服从全局、服务全局的本质要求。

三要正确处理规范程序与群众路线的关系。善于把复杂的问题简单化，不仅是一种科学的领导艺术，也是一个重要的工作方法。科学、准确地计算低保申请人的家庭收入，是确定低保对象的中心环节，也是大家普遍认为的一个操作难点。掌握过松，不利于调动低保对象重新就业的积极性，而且可能扩大低保范围，超越财政的承受能力。掌握过严，一方面可能将相当一部分符合条件的低保对象排除在外，达不到应保尽保的要求；另一方面也将大大降低低保对象的补助金额，使他们无法维持基本生活。朱镕基总理对这一问题非常关心，在视察辽宁社会保障体系试点工作期间和全国下岗职工再就业工作会议上提出了明确要求，其基本精神就是“三个不要”，即：低保标准不要定得太高，低保申请人的家庭收入计算不要抠得太紧，发给低保对象的补助金额不要太少。这“三个不要”，是低保工作中必须掌握的基本原则。在实际操作中如何做到既严格按照规范的程序办事，又能充分体现总理提出的原则，确实是一个值得认真研究和对待的问题。在大会交流中，一些地方介绍了各具特色的实践经验和体会，值得认真学习和借鉴。其中最重要、最关键的经验就是充分地相信和依靠群众。大家最头疼、最担心的无非是两个问题，一个是低保申请人的隐性收入难以全面掌握、准确计算，另一个是怕我们确定的低保对象不准确，群众不认可，怕引起连锁反应。其实，家庭收入计算是否准确，主要应看最熟悉和了解实情的群众是否认可，这是最重要的，也是最关键的。解铃还需系铃人，一个居民家庭实际收入多少、生活水平高低，只有群众最了解、最清楚。所以，把没有与企业脱离劳动关系的低保申请人交给企业工会，通过职工代表大会去讨论、去评判是否应该作为低保对象，把已经与企业脱离劳动关系的和其他低保申请人交给社区居委会，通过居民代表会议去讨论、评判谁应该作为低保对象，然后张榜公布，只要群众没有异议即可纳人低保范围。这是最有效的办法，也是最简单的办法。只有深怀公平、公正之心，才能敢于向群众公开，接受群众监督；也只有向群众公开，接受群众监督，才能产生公平、公正的效果。所以，严格履行程序，规范运作，是保证城市低保工作质量的必由之路；坚持走群众路线，让群众评判、选择，接受群众监督，是履行程序的关键环节。在我们的城市低保工作中，不管遇到什么难题，只要坚持走群众路线，尊重群众的首创精神，依靠群众的力量，集中群众的智慧，都会迎刃而解。

四要正确处理充实工作力量与加快信息化步伐的关系。任何一项重大工作都必须有机构理事，有人办事，这是尽人皆知的道理。目前，我们的低保对象已经发展到了1960多万人，以现有的机构和人员承担如此繁重的任务，显然力所不及，必须予以充实和加强。杨衍银同志在工作报告中对不同层次的机构和人员如何建立和充实，已经提出了明确的要求，凡是目前尚未解决的，会后要及时向党委、政府汇报。不仅要汇报会议提出的要求，而且要汇报有关省市解决机构和人员问题的做法和经验，千方百计争取早日解决。与此同时，要高度重视低保信息化建设，加快低保信息化进程。低保信息化建设主要是两大任务，就是建立和开辟畅通无阻的网络系统，推广使用统一规范的操作软件。没有四通八达的信息高速公路，各种信息就不可能及时准确地上通下达；不使用统一规范的操作软件，我们得到的信息就是零散而不标准的、没有价值的，就不可能为决策提供科学依据。如果不能实现低保工作的信息化，即使机构建立了，人员充实了，但仍然用传统的手工方式操作，也不可能做到高效工作、规范管理、有效监督、优质服务。所以，低保信息化建设，不仅是工作手段的改革和创新，也是提高民政工作队伍整体素质的重要途径，是实现民政工作现代化的根本出路。从这个意义上讲，全力推进低保信息化，比建立机构、充实人员需求更迫切，作用更突出，意义更深远。对信息化建设重视程度高不高，资金投入足不足，工作抓得紧不紧，进度快不快，实际效果好不好，是衡量一个领导者是否具备现代思维、现代意识、现代素质的重要标准。具体工作的内容和要求，杨衍银同志已经在工作报告中作了部署，我不再重复，请民政系统的各级领导务必将这项工作作为当前的一件要事、实事、急事来抓。

同志们，城市低保工作，关系到城市困难群体的基本生活权益，关系到经济体制改革的深化和社会主义市场经济的发展，关系社会稳定，任务艰巨，责任重大。我们要按照“三个代表”重要思想的要求，以实事求是的态度，求真务实的作风，与时俱进，勇于开拓，扎实工作，认真部署落实这次会议提出的各项任务，为建立规范完善的城市居民最低生活保障制度作出更大的贡献，以实际行动迎接党的十六大的胜利召开。

在全国福利彩票工作会议上的总结讲话

民政部副部长　李学举

（2002 年 2 月 22 日）

同志们：

全国福利彩票工作会议就要结束了。会议期间，国务委员司马义·艾买提亲临会议做指示，体现了国务院领导对福利彩票工作的关心和支持；多吉才让部长在党校学习，抽出时间出席会议做讲话，体现了民政部对这次会议的重视；陈传书同志代表中彩中心做了工作报告，总结了去年工作，部署了今年任务。会议期间，还表彰了先进、交流了经验，对有关问题进行了讨论。会议开得紧凑、愉快，很成功，达到了预期的目的，预示着今年的福利彩票发行工作一定能再创辉煌。

总结去年的工作，我们看到了成绩，也找到了问题。其成绩是巨大的，值得庆贺；其问题是客观存在的，值得深思。透过福利彩票发行量创历史新高的成绩，我们有丰富的经验，这就是：领导力度是发行工作的重要保证；宣传策划是发行工作的重要手段；规范管理是发行工作的重要环节；技术进步是发行工作的重要基础；理顺关系是发行工作的重要条件；上下同心是发行工作的重要动力。这些经验不但是去年福利彩票工作取得成绩的原因，也是福利彩票工作可持续发展的宝贵财富。透过福利彩票发行量严重不平衡的问题，我们认识到，无论是与体彩的差距，还是各省之间的差距，我们总体上还存在着电脑票基础薄弱、即开票市场萎缩、技术系统缺乏可靠性、管理工作相对滞后的问题。这些问题不但是去年福利彩票工作中暴露出的问题,也是福利彩票工作可持续发展的潜在问题,必须认真对待,切实解决。

展望今年的工作,我们充满了信心,也看到了困难。其信心主要来自我们已有了较雄厚的物质基础;有较丰富的经验基础;有强有力的组织基础;有特别能战斗的人才基础。这些基础是搞好今年福利彩票工作的根本保证,特别是人才基础是关键,我们坚信事在人为、人定胜天,只要有了人才,什么困难都能克服,什么奇迹都可以创造。其困难除上面谈到的问题外,还有来自福利彩票市场竞争的激烈性,彩民心理的多变性,技术要求的先进性、可靠性,策划工作的周密性和俱进性,这些都需要我们认清形势,把握形势,认识市场,研究市场,善于运用行政管理力量,掌握市场运作规则,发挥自身优势,挖掘内部潜力,开拓新的渠道,实现科技创新,把握福利彩票的主动权。

对今年工作的要求,才让部长已做了明确指示,传书同志做了具体阐述,希望各地认真贯彻落实。对落实问题,我认为重在讲实效。实效,就是工作要求实、求效。所谓求实,要求工作要实在、实际;所谓求效,要求工作要有效果、有效益。也就是说福利彩票工作一定要讲经济效益和社会效益,二者缺一不可,相辅相成,互相促进。“实”和“效”是紧密相连的;只有工作“实”,才能收获“效”。我提出落实工作要讲实效,主要基于以下几点考虑:一是今年工作的目标和任务是实的,需要努力奋斗;二是今年出台的新措施是实的,需要精心组织实施;三是今年彩票市场竞争是实的,需要有新的思路和策划;四是今年的管理工作是实的,需要规范执行;五是福利彩票对社会福利事业的贡献是实的,需要一定的发行量做保证。当然,实现“实效”要求,需要方方面面的工作。但我们的工作,一定要立足和落脚在“实效”上,使“实效”问题,贯穿于福利彩票工作的始终,成为落实今年福利彩票目标、任务、措施的总体要求。

上面谈到的是我对去年工作和今年工作的认识。下面,我再就才让部长和传书同志谈过的有关具体问题,从宏观上谈点认识。

第一,关于高举福利彩票旗帜问题。我国的福利彩票事业,从诞生那天起,就有显著的中国特色。它是用来向社会筹集基金,实施社会救助,发展社会福利事业,坚持“扶老、助残、救孤、济困”的宗旨,从本质上讲,福利彩票是社会捐赠在新形势下的继承和发展,是一种特殊的社会互助行为,具有浓厚的慈善色彩。这种特征,是通过福利基金的分配和使用体现的。从福利基金的分配和使用上看,主要是用于人民群众普遍注目、关心的社会救助、社会福利事业方面,这说明它与我国最困难人群有着最密切的联系,起着行善积德、扶危济贫、造福社会、弥补政府投入不足的作用。福利彩票的社会救助、社会福利的旗帜,已在我国福利彩票事业中高高举起;得到了民众的认可和支持,已成为一种方向,一种形象,一种感召力和凝聚力,成为福利彩票事业永葆不衰的动力。因此,不管彩票市场如何风起云涌,福利彩票的方向不能变,福利彩票的旗帜不能丢。这是我们认识福利彩票的根基,任何时候、任何情况,都不能动摇。高举福利彩票的旗帜,一是要在宣传上体现。发行福利彩票需要宣传激发民众购买彩票的热情。毋庸讳言,民众购买彩票存在着获大奖的心理,这也是民众购买彩票的驱动力,不然,我们就无须将50%资金用于返奖,在这方面,采取相应措施促销无可非议。但我们总体宣传的导向,应以为社会救助、社会福利而行善积德为主旋律,使彩民形成买彩票得大奖、没得奖都是行善积德的回报的心态基础。因为中国人普遍具有慈善之心的美德,因此,在福利彩票的宣传促销活动中,一定不能偏废,要突出“慈善”二字。这既是福利彩票的本质,也是面向大多数人的选择。二是要在福利基金分配和使用上体现。对福利基金的使用范围,已有明确规定,一定要严格使用范围,不能私自扩大,这是纪律。福利彩票发行十几年来,已经为社会救助、社会福利,包括朱总理提出的用于社会保障,包括正在实施的为老服务的“星光计划”,包括福利基金实施的专项资助,都功不可没,均做出了贡献。这些有目共睹的事实，既体现了福利基金的作用，也使人民群众，特别是困难人群得到了实惠。这是一种无形的力量，无声的号召，也正是福利彩票的感召力、感染力。三是要在从事福利彩票工作的队伍中体现。从事福利彩票工作的队伍，是一支实施社会救助、社会福利的特殊队伍，是人民群众行善积德工作的宣传者、组织者、服务者。因此，这支队伍作风如何，慈善之心表现如何，也直接影响彩民心理，因此，从事福利彩票工作的人员，廉洁之风不可没，慈善之心不可少，廉洁、慈善应成为从事福利彩票工作人员素质的重要内容。

第二，关于福利彩票发行的利益格局问题。我提出利益格局，是因为这是不能回避的客观事实，是各地普遍关注的问题，也是容易引起议论的问题。从某种意义上讲，利益分配是调控福利彩票销售的杠杆，利益格局设置得当，就能调动各方面的积极性，就能使福利彩票形成并保持较好的销售势头，从而推动福利彩票事业的发展。反之，积极性就难以得到调动和保护。利益格局是一个严肃复杂的问题，包括彩票基金、发行费、基数内外福利基金分割比例；包括民政部和地方民政部门的福利基金留成比例；包括中彩中心在内的各级福利彩票发行机构的发行费拨付比例等等；涉及的方面很多，包括彩民、发行销售者、福利基金受益者的利益；包括中央与地方、局部与整体、眼前与长远之间的利益；也涉及相关部门的利益。这方方面面的情况，核心是个利益驱动问题。才让部长对相关的方面已经做了说明。这里，我不想谈具体问题，只讲点大道理，因为许多问题，讲具体各有道理，只有在大道理面前，统一认识，可能更好些。一是对利益格局的设置，要考虑地方积极性。因为地方的积极性是搞好彩票发行的基本动力，是扩大彩票发行量的基础，如果只有上面积极性，没有基层积极性，只能是“龙头”紧摆，“龙尾”不动，上热下凉，收不到好的工作效果。这是“小河有水大河满”的道理。这是民政部考虑利益分配问题的出发点和落脚点。因此，民政部在考虑利益格局设置时，必须认真听取地方的意见，力争做到“双赢”、双满意。当然，要真的做到双满意也不容易，因为对问题的认识、考虑问题的角度不同，得出的结论就会不同。但不管如何难，也要努力去做，争取大多数基本满意。二是利益格局设置一定要考虑全局利益。发行福利彩票，是国家给予民政部门的一项特殊政策，民政部门主办的福利彩票所筹集的福利基金，首先要考虑中央的需要。对中央确定的分配比例，特别是应上缴中央财政的资金，一定不打折扣，任务完成，资金上缴，这是民政部考虑的第一需要。以前，我们是这样做了，今年，我们是这样做了，今后也要这样做。这不仅是我们对国家做贡献的责任和义务，也是维护现行彩票发行体制的需要。对现行彩票发行体制，我们已经走过了曲折的历程，一定要珍惜、爱护，不能因为处事不周，引起新的波折，这是全国民政系统利益的大局。也不要存在资金留在地方是贡献，上缴中央是吃亏的思想，要树立对地方是贡献，上缴中央是更大贡献的思想。其次要考虑全局的需要。对民政部确定的分配比例，民政部在考虑地方利益的同时，要考虑全国的大战略。比如，开发西部问题，这是中央大的战略决策，各部门都应该为这个大的战略服务并做贡献。因此，民政部所筹集的福利基金，多些用于支援西部，就是从大的战略上所做的考虑和抉择。另外，才让部长也多次宣布，对部本级的福利基金，民政部一分不留，全部返还地方，这就是部本级的福利基金使用的终极点，是完全用在全国的社会福利事业上。当然，这对除西部地区以外的省份，就福利基金的使用量上要有些影响，但民政部也考虑了对发行好的省份，采取奖励的形式予以返还一部分。就这点，我相信各地会理解、会支持，这也是大家共同对西部的支援，也相信，不会由此影响彩票销售的积极性。何况，发行越多，使用资金越多的道理，大家都十分清楚。三是要考虑利益格局的调整。我们的主观愿望是希望利益格局设置相对稳定，但随着福利彩票事业的发展，发行总量的扩大，适时、适当调整是必然的，也是必要的。自福利彩票发行以来,中央已做过一些调整,民政部也随之进行了调整。对这些调整,大家都要以正常的心态来对待,要算"大账",从"大盘子"上理解,我不愿意看到每次调整,都引发一些议论,都造成一些思想问题。当然,就局部利益来讲,对有些地方可能因调整或多或少带来一些影响,也是不可避免的。但这种影响是对过去的比较,是对局部的比较,就总量上来说,只要发行得好,总量不会减少,从整体上讲,是局部为全局做出了贡献。

第三,关于加强管理问题。我国现行福利彩票管理体制是国务院领导、财政部门监管、民政部门主管、福利彩票专营机构发行,工商、税务、审计等部门实施监督,福利基金纳入财政预算外专户管理。这是符合我国国情,也是有效的。现在我们要研究的是民政部门主管福利彩票发行中的管理问题,中彩中心提出今年是福利彩票工作管理年,在科学管理上要效率、要效益。要在管理工作上实现"三个转变",即从简单的建章立制向完善的科学管理体系转变,由经验型管理向科学型管理转变,由粗放型管理向集约化管理转变。这是一个很高的要求,但我们必须充分认识加强管理,提高管理水平的重要性,一定要从现有基础抓起,从管理工作的薄弱环节抓起,逐渐完善管理体系,建立健全适应市场竞争的运作机制,保证福利彩票工作健康、顺利、可持续发展。就管理问题上,过去讲的很多,我不再重复。这里,重点也讲几个认识问题。一是行政管理和市场运作的问题。彩票销售进入市场,走市场化是趋势,也是方向,许多专家也就此进行了理论探讨,甚至发表文章,阐述见解。但从目前的管理体制要求和市场化进展程度,又不能忽视行政管理,这也是保证彩票工作健康、顺利发展的保证。我认为,目前,应该是努力实现行政管理与市场运作有机结合,既不能用行政管理代替市场运作,也不能因强调市场运作,忽视行政管理的职能,二者不能对立,也不能偏废,要相辅相成。市场运作是福利彩票发行工作的必然要求,而行政管理又可有效克服彩票市场的盲目性、极端功利性和购买行为短期化倾向,可以有效增强公益主题,稳定市场。现在要坚持"双强调",就是强调市场运作,强调行政管理。强调市场运作,这是彩票发行的内在要求,有彩票,就有彩票市场,有彩票市场,就要按市场规律运作,背离市场,违背规律,就会受到市场经济的惩罚。要求彩票工作的市场运作,要根据彩票市场的发展要求,调整思路,制定策略,进入市场,研究市场,运用市场。市场运作既是一个贯穿始终的老问题,也是一个不断变化的新问题,根本在于不断学习,不断适应,要在实践中学习,在游泳中学会游泳,以增强对市场变化的适应性,掌握市场运作的主动权。强调彩票市场的行政管理,这是彩票的管理体制决定的。彩票工作是在国务院领导下,但对福利彩票内部工作管理体制,由民政部门主管,主管意味着要加强领导。民政部门加强领导,包括政治领导和业务领导。政治领导,主要是总揽全局,管理好福利彩票的发展方向,坚持福利彩票宗旨。业务领导,主要是协商各方,为彩票工作创造环境和条件,要放在调动积极性、协调关系、用机制管人管事,而要避免大包大揽,事必躬亲,陷于事务性工作,如玩法设计、促销措施等等,要充分发挥从事彩票工作人员的智慧,放手让他们去做。二是引进经验和因地制宜问题。任何经验都有一定的局限性,都有一定的适用范围,"一用就灵"和"放之四海而皆准"的经验不存在。我们鼓励学习他人经验,但不要生搬硬套,而要消化吸收,善于把别人经验变为自己的。变为自己的过程,就是一个从本地实际出发,创造出适合本地实际办法的过程。比如引进营销观念、营销策略、玩法设计等,因各地彩票市场不同,经济状况不同,历史文化和人文环境不同,如不加分析改造,照搬照抄,在实践中肯定要碰壁。这方面的教训,我们已有过多次,一定要认真吸取。我们提倡要创新,但这种创新一定是适合本地实际的创新,而不是盲目的随意翻新。三是当前工作和长远发展问题。我们部署工作,处理问题,要以目前正在做的工作为中心,以解决现实问题为重点,要对目前的工作，知道该做什么，什么是重点，什么是立即要解决的。特别是对存在的问题，一定要有清醒的认识，要把解决问题，作为推进工作的突破口、着力点。这是做好当前工作所必需的，也是领导工作的一种逆向思维。研究问题，既要顾及当前业已出现的新情况、新问题，更要考虑长远，特别要注意对前瞻性问题的研究，要从彩票的可持续发展上考虑问题。对福彩工作不管取得多大成绩，也不管遇到什么新情况，我历来主张在成绩面前要居安思危，有危机意识，在新情况面前要与时俱进，有创新意识。危机意识和创新意识，对从事福利彩票工作的同志来讲，十分重要。只要具备了这两种意识，就可以应对任何变化，就可以保证在成绩面前不会飘飘然，在困难面前不会灰心丧气，就会永远保持良好的精神状态，面对问题，迎接挑战，就会运筹帷幄，百战百胜。四是工作效率和工作成本问题。福利彩票要适应市场的变化，必须讲效率，从某种意义上来讲，效率就是生产力，效率就是彩票发行量。一种好的营销意识、营销策划，一种先进的科学技术，如不能及时推向市场，在实践中运用，就会贻误战机，失去机遇，影响彩票销量。彩票工作要发展，必须讲成本。工作成本往往是个不被重视、容易被忽视的问题，特别是在国有和集体单位，表现尤为突出。这里，我提醒从事彩票工作的同志，工作不讲成本，或忽视成本核算，花钱大手大脚，造成发行机构亏损经营，是一个非常严峻和危险的问题，必须引起重视，坚决采取措施，杜绝这种现象出现和恶性循环。效率和成本问题，对发行福利彩票工作机构来讲，至关重要，关系兴衰存亡，不重视，将在市场竞争中失去竞争力，也将后患无穷，甚至步入绝境。因此，提高工作效率，降低工作成本，亦应该是今年乃至今后彩票工作的基本要求。

同志们，国务院领导和民政部领导对福利彩票的重视程度，对同志们寄予的重托和希望，我们已在会议期间深深体会到。我相信，这是一种巨人的精神力量，一定会激起我们的热情，增强我们的责任，坚定我们的信心。巨大的精神力量一定会化为实际行动。今年的福利彩票发行工作一定会在吉祥的年份出现一马当先，万马奔腾的大好局面。福利彩票工作是一项崇高的事业，从事彩票工作的同志是辛苦的，但我们为从事崇高事业而自豪。彩票事业前景光明，领域广阔，这块已开垦的处女地是一个充满机遇和挑战、大有作为的舞台。让我们高举福利彩票的大旗，借助这次会议的东风，上下同心，左右协力，为推进福利彩票事业进入一个新的历史阶段而努力奋斗。

在部分城市(区)社区服务信息化建设座谈会上的讲话

民政部副部长　李学举

(2002年3月29日)

同志们：

2001年民政部全面启动信息化建设工作，先后召开了两次全国性会议，制定了《全国民政系统信息化2001—2005年发展规划纲要》(以下简称《规划纲要》)，提出了建设基于管理和服务两个领域的信息化工程，就是我们正在实施的“数字民政”工程和即将开展的“便民”工程。目前，“数字民政”工程正在按照《规划纲要》勾画的“一网、一台、多软件”的目标，抓紧建设和实施。经过半年的努力，目前“一网”，即民政广域网的建设已经进入冲刺阶段，4月底，将有25个省级单位通过专线与民政部联网。到7月底，除山西、四川、西藏三地外，民政广域网将实现全部连通。“一台”，即通用民政业务软件平台的建设工作也在抓紧进行，目前正在开展调研、论证，不久将进入招标阶段。“多软件”，即各类民政业务软件的开发工作也在同步展开，目前，优抚安置信息管理系统已经开发完成，即将投入使用；低保信息管理系统已经开始推广，6月底前将在全国运行。总之，“数字民政”工程目标明确，脉络清晰，正在按部就班地实施，其成果已经开始逐渐显现出来。

“便民”工程就全国来讲，目前还没有全面启动。但在一些地方，已开始探讨、研究、建设，有的已取得了一定成效。今天的座谈会，我们请来了一些已有打算，或已开始建设的地方，交流情况、探讨问题、听取意见。目的是进一步理清思路，理解“便民”工程内涵，确定工作重点，研究实施步骤，为科学规划、全面启动“便民”工程做准备。

民政部制定的《规划纲要》，对“便民”工程的目标、模式、技术，以及计划安排，都从宏观上进行了描述，这是“便民”工程建设的总体方案。下面，我依据这个方案，对“便民”工程谈点个人思考。思考，就不是部署工作，而是一种探讨和研究，是这次座谈会上的个人发言。

一、关于对“便民”工程的认识

按照《规划纲要》的设计，“便民”工程是以社区建设为中心，以民政信息资源及专项社会事务管理职能为基础，以信息技术为手段，以社区服务为切入点，建设集热线电话、因特网查询、单键呼叫为一体的智能呼叫中心，为社区居民提供全方位的信息和服务，并构建社区服务信息平台，在社区服务工作者与社区居民之间架起方便的桥梁，进而结合“数字民政”工程的建设，实现现代化社区管理和服务的一个信息化建设工程。

根据这段描述，我认为，对“便民”工程要从以下几方面认识：

——业务模型。“便民”工程和“数字民政”工程是构筑民政信息化建设的两个组成部分。“便民”工程是社区服务信息化，是以民政信息资源、专项社会事务管理职能、居民服务需求为基础，以社区服务为重点，构筑社区服务信息平台，实现社区服务和社区管理的信息化。“数字民政”工程的服务主体是各级民政部门，“便民”工程的服务主体是广大居民群众。“数字民政”工程的行为主体是围绕民政部门与民政部门之间的互动，“便民”工程的行为主体是围绕居民对民政部门以及其他有关部门的互动。二者互相依存，“便民”工程的相关数据是“数字民政”工程的数据源，“数字民政”又给“便民”工程提供了信息资源，两者在基层达到了有机融合，达到了信息资源共享、共用。

——业务内涵。“便民”工程是为居民服务的，其服务范围可以概括为三大方面，即居民家庭生活方面的服务；社会保障方面的服务；专项社会事务管理方面的服务。“便民”工程从长远发展来看，要起三方面作用：即要架起居民与政府之间的桥梁；居民与民政以及其他部门之间的桥梁；居民与社区服务部门之间的桥梁。这三方面作用，要发挥两个效益：一是为居民提供方便、快捷的服务；二是为民政乃至政府工作提供数据，为科学决策服务。

——基础设施。“便民”工程的实施和发展，有赖于一系列基础设施建设，包括管理机构、人力资源、规章制度建设。这里，需要重点强调的是“便民”工程基础设施的软、硬件建设，特别是建立地理信息系统和信息资源数据库所需的软件设备，建设集热线电话、因特网查询、单键呼叫为一体的智能呼叫中心所需的硬件设备等等。

——基础工作。要围绕建设智能呼叫中心定规划、选项目。同时，要抓好基础和配套工作。基础工作主要是要建立社区居民数据库，将居民家庭的基本情况和特殊需求进行计算机管理，构筑信息平台。配套工作主要是建立社区服务者队伍和社区服务机构，并要具备相应的服务设备和手段，做到服务需求的反映渠道畅通、方便快捷，提供服务的手段齐备、服务优良。

二、关于“便民”工程实施原则

研究、实施“便民”工程，首先要了解国情和地情。从政府角度讲，信息技术在我国各级政府中应用起步较晚，计算机和网络技术应用时间不长，特别是许多政府部门不仅没有建设起基本的管理信息系统，对数据的处理能力还十分落后。从居民角度讲，家庭拥有计算机的数量不多，特别是居民能上网的人数更少。就各地情况而言，差异更大。因此，实施“便民”工程，在物质条件上，不可避免地要遇到技术、设备和财力的困难，在内容和方法上，也不可避免地要遇到各种各样的社会阻力。因此，实施“便民”工程，要坚持实事求是，审慎规划，小步快走，逐渐扩张的原则。

——实事求是。这是国情、地情决定的。任何事情都是这样，不从实际出发，不坚持实事求是，其后果，要不就是在实践中碰壁，中途夭折，要不就是劳民伤财，形式主义。因此，实施“便民”工程，不能想当然，头脑发热，心血来潮，要充分考虑本地的实际情况，宁可慢点，实施地方少点，确定项目精点，也不要贸然行事，更不能盲目攀比。因为它是一个资金、技术密集，对项目管理要求很高的工程，要讲科学、讲实际、讲效果，来不得半点虚假，更不能自欺欺人。

——审慎规划。对这个问题，可从两方面认识，一个是可想大些。就是根据信息技术发展的预期，确定“便民”工程的长远发展目标，也可以说要有一个期望实现的蓝图。规划可以从“大处”、“远处”着眼，因为信息技术本身发展太快，可以不断提供新的设备和手段，对信息技术来讲，今天可能就是落后。另一个是要具体。就是规划的目标，应是明确的，不是抽象的、概念化的，要切实可行，具有操作性，不是可望不可即。

——小步快走。就是要从小的、容易实现的、马上可以见效的项目起步，确保初战必胜。或者把大的项目分解成若干个小的项目组织实施。这样做，不仅是为了在实践中锻炼队伍，掌握技术，获得经验，汲取教训，也是“以小胜求大胜”，“以局部胜求全局胜”。

——逐渐扩张。就是在取得经验的基础上，加快“便民”工程的扩张步伐，不断向纵深方面发展，取得更大的经济效益和社会效益，占领社区信息化建设的领地。这样，一方面可以拓宽“便民”工程的领域，享受信息化带来的成果，另一方面也可以扩大影响，在更大程度上取得政府、相关部门和居民群众的支持。

三、关于对“便民”工程的领导、指导

《规划纲要》颁布后，民政部暂时没有把“便民”工程作为信息化建设的重点。主要有两个原因：一是论证不充分。究竟如何规划、实施、操作，心里没底、没数；二是准备不充分。缺乏实验，缺乏经验。民政部计划今年要认真研究“便民”工程的一些问题，先在一些有基础的地方搞些试点，然后再逐步推进。当前要研究如下几个问题：

——要认识到位。“便民”工程从表面上看，是一个技术和资金问题，有人误解，认为只要有了钱、有了技术就可以办成。事实上，“便民”工程首先需要的是政治领导。因为没有强有力的政治领导，很多问题就难以解决。讲领导，要特别强调党委、政府的领导，要求领导必须是现代化的领导，具有敏锐的洞察力、强烈的现代意识，适时确定“便民”工程的目标和要实现的蓝图，建立切实可行的工作运行机制，并落实相关的实施部门和所需要的资源。因为，没有强有力的领导，工作运行机制无法畅通，条件就无法提供，利益冲突就无法协调，目标任务很难实施。讲指导，要特别强调发挥民政部门的作用，因为民政部门肩负着社区建设的重任，在社区建设中负有牵头的责任，要主动反映情况，主动做好协调工作。“便民”工程要与社区建设紧密结合，通过社区建设整合优化社区资源，通过“便民”工程，使社区资源为居民服务，进而提高社区建设的水平，

——要以居民为中心。“便民”工程是一个为居民服务的工程，以人为本，服务居民是“便民”工程的出发点和落脚点。因此，要按照居民的意向、服务需求设计“便民”工程规划，确定优先项目次序，不断扩大“便民”工程向居民提供服务

的广度和深度，逐渐做到将居民从出生到去世的生命全过程的各个阶段所遇到的，需要政府和其他组织服务的全部问题都包揽进来，使“便民”工程完全是一个以居民为中心的服务工程。当然，这是个长远目标，现在还无力全部做到，但我们要朝着这个目标努力。

——要抓好试点。“便民”工程现在看已有了大的框架，但具体实施不能一哄而起，要选好一些地方，先行试点，试点的目的，是进一步明晰思路，取得第一手材料，研究一些实际问题，丰富我们的思想，提供一些看得见、摸得着的样子，为全面推进“便民”工程做好准备。试点的地方，是“便民”工程的先行者，首先要把本地的“便民”工程建设好，另一方面，也要起到引路、带动的作用。

同志们，“便民”工程就像是一个舞台，把社区建设的方方面面聚集在一起，各自扮演好自己的角色。民政部门是“便民”工程的总导演，这就是民政搭台大家唱戏。“便民”工程既是一个舞台，又是一个阵地，更是一种资源，民政部门一定要把这个舞台搭好，把这个阵地守好，把这个资源利用好。希望大家通过这次座谈会，共同把“便民”工程建设思路分析清楚，把工作重点梳理明白，把民政信息化建设落到实处。

在第十一次全国民政会议组织工作总结大会上的讲话提纲

民政部副部长　李学举

（2002年6月5日）

同志们：

第十一次全国民政会议是成功的，在民政系统乃至全社会都产生了很大的影响。才让部长要求，要对第十一次民政会议的组织工作认真进行总结，对会议作出贡献的单位和个人进行表扬，对给予会议大力支持的部门表示感谢，对会议的资料认真清理归档。按照才让部长的要求，办公厅正组织有关人员对会议资料进行清理归档，正采用不同形式对相关部门表示感谢。今天，我和杰昌同志受才让部长委托，主持召开民政部机关和直属单位有关同志参加的总结大会。

衡量一个会议是否成功，要看会前准备、会期组织和会后落实。会前准备是开好会议的基础，会期组织是开好会议的关键，会后落实是召开会议的目的。衡量会前准备工作，主要看会议的主题是否调查研究透；会议的主要文件和材料是否高质量；会议相关内容是否准备完善。衡量会期组织工作，主要看会议的组织、服务工作是否周全严谨；会议的主要议程是否圆满完成；会议的主要精神是否认识统一，全面领会。衡量会后落实工作，主要看会议精神是否全面传达、贯彻；会议的主要任务是否落到实处。目前各地正在进行会议精神的传达贯彻，落实如何，要看今后的实际工作和实际效果。我相信，这次会议必将对民政干部起到极大的激励作用，对民政工作起到极大的推动作用。民政工作的地位一定会越来越高，民政工作的作用一定会越来越大，民政工作的环境一定会越来越好。

总结会前准备和会期组织工作，回顾会议筹备、召开的过程，我们可以满意地说，会议的筹备工作是充分的，进行了大量的调查研究，形成了质量较高的会议文件，总结了涵盖民政工作的典型经验，评选出了民政战线的先进集体和先进个人，为会议的召开奠定了坚实的思想认识基础、文件材料基础、表彰工作基础。会议期间的组织工作是出色的，江总书记、朱总理等中央、国务院领导接见，江总书记作重要指示，朱总理作重要讲话，司马义国务委员作工作报告，形成了高规格的会议。会议讨论认真热烈，达到了提高认识、明确任务、增强信心的目的。会议典型发言，重点突出，内容翔实，起到了交流、启发作用。会议的表彰热烈有序，使受表彰的单位和个人受到鼓舞，增强了荣誉感。会议的组织工作严谨周密，顺利完成了会议的各项议程。

总结这次会议，应该说开得很好、很圆满、很成功。之所以成功，关键在于党中央、国务院的高度重视，也得益于国务院办公厅、中央办公厅的精心组织和有关部门的大力配合；得益于部领导、办公厅、人事教育司、政策研究中心和机关各部门、有关直属单位和全国各地民政部门的积极努力、扎实工作。部党组对大家的工作给予充分肯定，对大家付出的辛劳表示衷心感谢。

第十一次全国民政会议的筹备工作开始于 1999 年。如果说这次会议的筹备和组织服务工作有什么特点的话，我认为主要有以下五个方面；

一是调查研究系统深入。自 1999 年下半年起，结合“三讲”教育整改方案的落实和职能转变，民政系统从上到下形成了调查研究的热潮。部党组、部长办公会议多次专题研究民政基础理论建设和调查研究的问题，并专门抽调人员，组成了由各位部长和建昌同志、杰昌同志、正新同志分别带队的宏观和专题调研组。各调研组在各地民政厅局的配合下，深入各个层次、不同层面，系统地进行了扎实、细致的调查研究，形成了近 5 万字的调查报告，并印发各地、有关司局征求意见。此后，还多次召集有关省(市)民政部门同志及一些专家、学者进行了专题探讨和研究。各地特别是浙江、上海、江苏、山东等省、市还内引外联，组织大专院校和科研院所的专家学者与民政部门的干部职工一起，以课题组的形式开展研究工作，形成了一大批水平较高的研究成果。通过调研，全面总结了八年来民政工作取得的成绩和经验，认真分析了工作中存在的不足和问题，明确了新时期民政工作面临的形势和应该具有的地位和作用，确定了今后五年民政工作的指导思想、奋斗目标、基本思路和主要任务，为形成第十一次全国民政会议的主报告奠定了良好的基础。

二是材料准备精益求精。由于第十一次全国民政会议是在我国社会主义市场经济体制初步建立并逐步完善的关键时刻召开的，所以这次会议的主要材料不仅担负着回顾过去八年、展望未来几年民政工作的历史重任，而且肩负着分析、研究和回答新形势下民政工作的特点、变化及其对策的艰巨任务。会议主报告早在两年前就已经形成初稿，之后几上几下，经过十几次大规模的修改和多次部长专题会议、部长办公会议、部务会议和党组会议的研究、讨论，进行了逐字逐句的斟酌和修改，应该说在提交国务院审核以前，凝结了全国民政系统上上下下的辛勤和汗水，体现了民政部门干部职工对民政工作的全部认识和智慧。其他的会议材料如总书记的即席讲话稿、总理的讲话稿、才让部长的总结和汇报、各省市的典型材料等，也都经过反复修改，数易其稿，称得上是精雕细刻。特别是会议前夕，办公厅和政策研究中心的工作人员在国务院研究室和国办三局同志的带领下，夜以继日、通宵达旦，放弃了“五一”长假和双休日的休息时间，又对会议主报告和总理讲话稿进行了再一次大规模的修改，许多地方甚至是重新起草、重新审定，所付出的辛苦是难以估量的。在会议期间，材料组的同志们更是加班加点，不厌其烦地对会议主要材料进行加工，常常坚持到深夜一两点才能休息。这里，要特别对负责会议主要文件起草的同志提出表扬。他们的吃苦精神，任劳任怨的作风是值得学习的。

三是宣传工作有声有色。为配合第十一次全国民政会议的召开，民政部各新闻单位做了大量工作。尤其是今年以来，各新闻单位高度重视，提前筹备，认真策划，准备工作深入细致。新闻办公室认真履行职责，充分发挥了协调作用。会议召开前夕，他们协调中宣部于5月13日向新华社、《人民日报》、中央电视台等中央主要新闻媒体发出通知，要求加大对民政工作的宣传报道。会议期间，他们协调人民日报社在正常的会议报道之外，5月29日又专门用一个版面宣传民政工作八年来取得的成就和民政部表彰的“孺子牛奖”获得者，起到了很好的宣传效果。中国社会报社提早动手，全面策划宣传工作，从今年3月份开始，就陆续有计划地报道了民政工作八年来的成就；介绍了“孺子牛奖”获得者的先进事迹；专访了各级各地许多民政部门的负责同志。会议前夕，为充分展示全国民政事业的成就和民政工作者的风貌，中国社会报社分别与广州市民政局、义乌市人民政府及顺德市人民政府联合举办了“广州杯”《民政一日》全国民政摄影大赛和“义乌商城杯”全国民政百题知识大赛，收到了良好的社会效果。会议期间，他们又派出精兵强将，围绕会议重点，深挖新闻素材，积极组织了省(区、市)领导谈民政等相关报道，反响很好。中国社会出版社精心组织，动员全社力量集中精力编纂了《跨世纪的中国民政事业(1994－2002)》丛书34卷。这套丛书是目前民政系统出版卷数最多、字数最多、参与单位最多、涉及面最广、反映民政工作最全面、质量要求较高的一套大型丛书。它从历史和现实的角度回顾和反映了八年来民政工作走过的历程，从客观的角度总结和评价了八年来民政工作取得的成绩，从立体的角度纵向和横向地再现了八年来民政事业的发展，是对八年来民政工作的大总结、大展示、大宣传，为民政系统增添了一部具有很高史料价值的图书。《中国民政》杂志从2001年第12期起，以“回顾和展望”为主题，开辟了“迎接第十一次全国民政会议”专栏；编辑出版了2002年第五、六期和《2002年增刊》三本专刊，共刊发文章80多篇、图片1000多幅，总计40余万字，基本做到了回顾历程、展示成就与总结经验相结合；全国概况、地方特色与基层实践相结合；文字报道、数据描述和图片宣传相结合，为形成宣传民政工作的高潮做出了重要贡献。与此同时，《中国老年报》、《公益时报》、《中国社会导刊》、《乡镇论坛》、《社区》等报刊也根据各自特点，从不同角度采取不同形式，作出了积极的努力，取得了可喜成果，实现了年初全国民政厅局长电视电话会议上才让部长提出的在第十一次全国民政会议前后形成宣传民政工作新高潮的目标，为这次全国民政会议创造了良好的舆论环境。

四是表彰活动细致周密。会上，民政部对261个全国民政工作先进县(市、区、旗)、191名全国民政系统先进工作者、7名全国劳动模范和31名“孺子牛奖”获得者进行了表彰。为确保表彰工作的顺利进行，人事教育司和政策研究中心的同志进行了细致周密的准备；他们对各省(市、区)上报的受表彰的先进工作者和先进县(市、区、旗)的材料逐一进行了认真、严格的审查，人事教育司还专门抽调人员深入基层对全部31名“孺子牛奖”获得者进行了政治、业务、作风和群众评议的全面考察，加上必要的工作程序的保障，保证了评奖工作的公平公正，体现了表彰工作的严肃性。人事教育司和中国社会出版社还组织新闻战线同志进行采访，编辑出版了“孺子牛奖”获得者事迹报告文学集，与有关单位合作，拍摄了《爱心献人民》电视纪实片。此外，有关部门还精心安排了奖牌、奖杯、证书等奖品的设计、制作和发放，做到了奖品设计美观大方，制作工艺精美，发放无一差错，得到了获奖代表和有关方面很好的评价。作为表彰工作的一部分，会议结束后的第二天，人事教育司又及时组织了三位“孺子牛奖”获得者到部机关为干部职工做了先进事迹报告，使部机关干部职工受到了深刻的教育。通过这一系列的宣传活动，达到了树立先进、弘扬正气的良好效果，必将进一步推动民政系统工作作风的改进。

五是会务工作认真负责。会务工作虽然很细碎、很繁琐，但却影响着会场的气氛，决定着会议能不能达到预期目的，关系着会议的成功与失败。这次会议是民政历史上规格较高的一次会议，涉及方面之多、服务人数之众是历次民政会议所没有的。这次会议的组织服务工作虽然由国务院办公厅直接负责，但工作的难度并不亚于第十次全国民政会议，甚至比上次会议难度更大。它既要求我们的服务工作切实到位，保证不出现任何漏洞、任何差错，又要不越位，充分尊重国务院办公厅的领导，严格遵守国务院办公厅的安排。为此，会议之前，部办公厅的同志对整个会议的组织工作，思考在前、准备在前，主动操心、主动建议，以极大的工作责任心反复沟通、协调。会议期间，民政部抽调的41名工作人员，无论是司局长还是处长和一般工作人员，都能顾全大局，无一例外地主动服从国务院办公厅同志的领导，不怕吃苦，不怕辛劳，加班加点，积极配合国办同志认真、细致、周到地做好各项会务工作。特别是会议秘书组的同志，不仅保质保量地完成了国办同志交给的所有工作任务，而且尽量想在前面，主动补台，抱着向国办同志学习的态度，虚心请教有关细节，赢得了国办同志的理解和信任，到会议后期，国办的同志甚至主动为我们出主意、想办法。这一切，说明我们这支队伍战斗力很强、素质很高，是一支具有协作精神、敬业精神，拉得出、打得赢的队伍。同时，也希望大家继续发扬这次会议筹备服务工作中形成的勤奋敬业、团结协作、任劳任怨的精神，做好各项民政工作。

最后，我再就有关问题，提出几点要求：

第一，关于会议精神的传达贯彻问题。会议期间，才让部长受国务院委托，对会议精神的传达贯彻进行了部署。会后，在各省民政厅(局)长碰头会上，对做好今年下半年重点工作提出了要求。民政部还专门下发了《关于贯彻第十一次全国民政会议精神的通知》和《关于在全国民政系统广泛开展向先进模范人物学习活动的通知》，希望部机关各部门、各直属单位，按才让部长和《通知》的要求，认真做好传达贯彻。对这次传达贯彻总的要求是认真组织、认真对待。要学得深一些、透一些，全面领会会议精神。学习传达的重点，是江总书记的重要指示、朱总理的重要讲话和司马义国务委员的工作报告，以及才让部长的总结讲话。学习传达的时间不少于一周时间，重点要领会今后几年民政工作的指导思想、目标任务。学习传达要与研究落实今年下半年工作重点相结合，各部门、各直属单位要在认真总结上半年工作的基础上，研究好今年下半年的工作，努力使今年的工作有新的进展。

第二，关于学习江总书记“5·31”重要讲话问题。5月31日，江总书记在中央党校发表重要讲话。部党组理论学习中心组认真组织了学习。大家一致认为，这是党的十六大召开之前，江总书记发表的重要讲话，讲话高屋建瓴、内涵丰富、思想深刻、论述精辟；对于动员全党高举邓小平理论伟大旗帜，全面贯彻“三个代表”要求，为实现历史和时代赋予我们党的庄严使命而努力奋斗，具有十分重要的指导意义。部党组要求，部机关和直属单位全体同志一定要认真学习和深刻领会江总书记的重要讲话精神，坚持讲大局、讲团结、讲稳定，扎扎实实做好各项民政工作，以优异成绩迎接党的十六大召开。讲话目前没有下发文件，请各单位按新华社发表的新闻稿，结合传达贯彻第十一次全国民政会议精神，认真组织学习。

对上述两项工作，请机关党委认真组织，及时了解情况。

第三，关于第十一次全国民政会议善后工作问题。善后工作要按才让部长要求，一是要尽快组织出版会议的文件汇编，以便于各地学习、贯彻和落实会议精神，同时也是为会议保存文件资料；二是要尽快收集全套的会议资料存档。要努力把向国务院的各种请示、会议通知、会上领导的讲话、录音和录像资料等收集齐全，统一归档；三是要在尽力收集会议前后有关会务工作所有资料的基础上，制定一套组织全国性会议的标准化工作程序，提高我们的办会水平。

在全国城市社区建设四平现场会议上的讲话

民政部副部长　李学举

（2002年9月8日）

同志们：

全国城市社区建设四平现场会，是以江泽民同志“三个代表”重要思想为指导，深入贯彻落实第十一次全国民政会议精神的重要会议。这次会议的主要任务是总结交流青岛全国城市社区建设工作会议以来的新经验，命名全国城市社区建设示范市、区，现场参观四平市的社区建设，研究探索进一步深化社区建设和加强城市民政工作等问题。

下面，我先就社区建设工作讲几点意见，才让部长还将就加强城市民政工作作重要讲话。

这次会议是自去年青岛会议后又一次专题研究部署社区建设工作的重要会议。会议选定在四平市召开，采取现场会的形式，是经民政部多次调查，反复研究确定的。青岛会议提出了全面推进社区建设的要求，明确了全面推进社区建设的目标任务，制定了社区建设的发展战略，确定了全面推进社区建设的措施。一年多来，各级党委、政府认真贯彻中办发〔2000〕23号文件和青岛会议精神，采取有效措施，加大工作力度，青岛会议精神得到了全面贯彻落实，形成了党委、政府高度重视，人民群众广泛参与，社会各界大力支持，大中小城市你追我赶的大好局面，社区建设呈现出由点到面开展，由大城市向中小城市延伸，由东部发达地区向中西部地区快速推进的态势，取得了可喜的成绩。表现之一：社区建设全面推进。一年多来，随着推进社区建设的力度加大，社区内的各项工作得到了长足发展。在社区组织体系方面，社区规模调整基本完成，社区组织逐步健全；在社区队伍建设方面，居委会干部结构优化、队伍精干、素质明显提高；在社区服务方面，领域拓宽、内容拓展、覆盖面扩大；在社区基础设施建设方面，投入增加、力度加大，办公、活动条件大为改善；在社区工作运行机制方面，内外关系逐渐理顺，新的工作机制正在形成；在社区民主政治建设方面，制度逐步健全，程序正在规范，居民、社会参与意识不断增强，民主自治健康发展。表现之二：社区建设示范活动蓬勃开展。各地在社区建设实验区工作的基础上，积极开展了争创社区建设示范市、区活动。各地创建热情之高，措施力度之大，社会效果之好，是近年来少有的。全国已涌现出一大批社区建设的先进典型。这次民政部命名的27个全国社区建设示范市和148个全国社区建设示范区，就是这批先进典型的代表。表现之三：社区建设的作用日益显现。随着工作推进和示范活动深入开展，社区建设已显现出强大的生命力和巨大的社会效益。社区建设已成为新形势下城市工作的重要基础，成为建设现代化城市的基础工作，成为城市管理体制改革的重要内容。在为群众创造安居乐业的良好环境，提高人民生活水平和生活质量上，发挥着服务作用；在促进经济和社会协调发展，适应城市改革与发展上，发挥着推动作用；在树立党和政府形象，密切党和政府与人民群众的关系上，发挥着凝聚作用；在扩大基层民主，维护社会稳定上，发挥着保障作用。另外，在拓展民政工作领域，提高民政工作地位上，发挥着促进作用。

社区建设工作之所以能够迅猛推进，有经济、社会发展的客观需要，有适应经济体制、政治体制改革的必然要求，有党中央、国务院的正确领导，有各级党委、政府的高度重视，有居民群众和有关部门、社会各界的认同支持。各级民政部门为社区建设付出的精力和心血，也是推进社区建设的重要力量。正是这些因素，创造了社区建设的新经验，取得了社区建设的新成就，涌现出了一批又一批社区建设的典型。四平市就是其中的一个典型。这个典型具有代表性和示范性，具有推广价值。其代表性，提供了中小城市、经济不发达城市开展社区建设的经验。其示范性，树立了党委、政府重视的楷模，部门配合的榜样；提供了社会参与和民政牵头的经验；创新了推进社区建设的思路，整合社区的框架，发挥综合效益的办法；走出了社区建设高起点、全覆盖、跨越式发展的路子。其推广价值，在于用实践证明了一个道理：只要领导认识上去了，工作上去了，措施上去了，社区建设就会大力发展，快速推进。因此，我们选定四平市这个典型召开现场会，就是要求大家学习推广四平的经验，让四平经验之花，开遍祖国大地。

社区建设是个新生事物，建设管理有序、服务完善、环境优美、治安良好、生活便利、人际关系和谐的新型现代化社区，是一项长期、艰巨、复杂的任务。当前和今后一个时期，社区建设总的要求是：以邓小平理论和江泽民同志“三个代表”重要思想为指导，全面贯彻落实中共中央办公厅、国务院办公厅〔2000〕23号文件和第十一次全国民政会议精神，坚持“一手抓推进，一手抓研究”的工作思路，抓实基础工作，解决关键问题，不断把城市社区建设工作引向深入。

第一，抓基础工作，夯实社区建设的根基

“基础不牢，地动山摇”。社区建设工作也是一样，一定要从基础工作抓起，这既是社区建设扎实推进的要求，也是社区建设深入发展的需要。抓基础工作，要从以下四个方面下功夫。

——培育社区意识，增强认同感和归属感。社区意识是开展社区建设的思想基础。培育社区意识，重点是培育社区居民和驻区单位的参与意识和社区居民的自治意识。社区居民和驻区单位的参与，是社区建设生命力之所在。近些年，虽然居民和驻区单位参与社区建设的积极性、主动性普遍增强，但总体上，社区居民参与程度不高，社区居委会自治功能不强，不少社区仍然停留在政府发动、组织的状态。在社区建设的初始阶段，用政府的行政力量推动，是非常必要的，但从社区建设的发展目标和发展方向上看，必须增强社区单位和居民对社区的认同感和归属感，提高参与社区建设的自觉性。培育社区意识，对社区居民来讲，要认识到居民群众是社区的主人，社区建设的主体，既是社区建设的参与者，又是社区建设的受益者。我们要通过各种形式教育、启发、引导居民群众认识并维护好自己的合法权益，认识参与管理社区事务和参与社区活动的责任，将“社区是我家，建设靠大家”的口号变为实际行动。对驻区单位来讲，要认识共驻共建、责任共担是驻区单位的义务，资源共享、利益共享是驻区单位的权利。要引导驻区单位的服务设施向社区居民开放，并制定相应的政策措施，整合社区资源，加大支持社区建设的力度。对社区居委会来讲，要认识群众自治组织的自我管理、自我教育、自我服务和自我监督的自治性质，明确社区居委会的民主决策、民主管理、财务自主和民主监督的自治权利。要充分发挥沟通基层政府与社区居民的桥梁作用，加强对基层政府和公务员以及其他公务人员的行为监督，代表居民及时提出有关意见和建议，依法协助政府完成各项工作任务。要不断扩大基层民主，增强工作的透明度，让社区居民享有充分的知情权、决策权、管理权、监督权，激发居民参与社区建设的热情。

——培育社区组织，保障社区建设良性运转。健全的社区组织是开展社区建设的组织保证。重点是加强社区党组织、居委会组织和社区中介组织建设。社区党组织，是社区工作的领导核心，承担着在社区内宣传贯彻党的路线、方针、政策和国家法律、法规，支持和保证社区居委会依法履行职责,组织动员广大党员和居民群众进行社区建设的重任。各地要按党章规定,及时建立健全社区党组织,充分发挥党组织的政治优势、组织动员优势和密切联系群众的优势,调动一切积极因素,整合社区力量,参加社区建设。社区内党组织的核心领导地位,要在工作运行机制、工作内容、工作制度、工作程序、领导班子配备上保证。提倡社区党组织领导班子成员按规定程序推荐为社区居委会成员,通过选举兼任社区居委会成员。提倡社区党组织负责人通过法定程序兼任社区居委会主任。社区居委会,是社区的主体组织和社区成员的法定代表。要按照《中华人民共和国城市居民委员会组织法》的规定,在党组织的领导下,依法履行职责,推行“四个民主”。要根据社区管理要求,建立健全各项制度、章程和公约。要根据工作需要,规范工作程序,将社区事务逐步交由社区居民自主决定、自我管理,特别是对社区的重大问题,要广泛征求居民群众意见,并保证尊重大多数群众的意愿。社区中介组织,是社区管理和社区服务的重要力量,对加强社区内的专项服务,增强社区凝聚力,提高居民参与意识,起着重要作用。要积极培育和鼓励发展公益性、服务性的社会团体和民办非企业单位,使其逐步承接从政府部门中剥离出来的部分社会职能,承办各类社区服务,满足社区成员多层次需求。同时,要加强管理、指导和帮助,制定扶持政策和措施,充分调动中介组织的积极性,保证其健康发展,发挥作用。

——培育社区队伍,壮大社区建设工作力量。社区工作者队伍是社区建设的骨干。加强社区队伍建设,是搞好社区建设的关键。培育社区队伍重点是社区专职工作者队伍和社区志愿者队伍。社区专职工作者队伍建设,要适应时代发展的需要,改革社区居委会干部制度,采取向社会公开选聘、竞争上岗等多渠道、多形式选聘优秀人才,走年轻化、知识化、职业化的道路。要通过法定程序,将那些政治素质好、热心居委会工作的人员,充实到社区居委会领导班子。要加强社区居委会干部的培训,不断提高他们的素质和能力。要改善社区居委会干部的工作、生活待遇,解除他们的后顾之忧。社区志愿者队伍建设,是衡量一个社区文明程度的重要标志,是邻里互助、自我服务的重要体现。要把千千万万的社区工作积极分子组织起来,引导和鼓励他们从事志愿者服务活动,逐步建立一支浩浩荡荡的志愿者队伍。要教育引导居民发挥自身特长,把从事志愿服务作为居民的义务和良好的道德风尚来提倡。同时,要加紧研究制定鼓励社区居民参加社区志愿活动的制度和法规,现在有的地方正在探讨建立有关制度,将在校大、中学生参加志愿者活动作为考核学生综合素质的重要内容,这种做法值得总结和推广。还要研究探索参加志愿服务活动的回报制度,如有些国家登记志愿者参加服务的时间,待志愿者自身需要帮助的时候,可以得到同样时间的服务。当前在志愿者队伍人数不多、活动较少的情况下,需要有目的地引导、组织,逐步使志愿者服务活动制度化、经常化。明年适当的时候,民政部准备表彰一批先进社区工作者和先进社区志愿者。

——培育社区活动,增强社区建设的活力。社区活动是社区活力的重要体现,也是增强社区凝聚力的重要载体。培育社区活动的重点是开展社区服务和文体娱乐活动,这是满足居民生活需求和提高居民生活质量的关键环节。社区服务要以坚持网络化、产业化、社会化为方向,以最大限度地满足居民群众的需求为内容,要体现大社区、大服务。当前,社区服务的重点,要放在面向社会特殊群体的社会救助和社会福利服务、面向社区单位的社会化服务以及面向下岗失业人员的再就业服务和社会保障社会化服务上。特别要把做好低保工作,作为社区的重要任务。社区居委会要充分发挥联系居民、熟悉居民的优势,协助政府摸清困难群众的真实情况,把所有符合条件的城市贫困人口都纳入低保范围,既要做到应保尽保,不留死角,避免漏保,又要做到实事求是,坚持原则,避免错保。对生活确实困难的家庭,要呼吁有关部门在就业、住房、医疗和子女入学等方面给予必要的优惠政策和特殊照顾。要依托社区资源，大力开展社区为老服务，满足老年人的生活需求，特别是要实施好“星光计划”，管理、利用好老年服务设施。另外要创新社区服务形式，鼓励个体、私营、民营等企业开办社会服务项目，开展便民利民服务。坚持“谁投资、谁所有、谁受益”的原则，通过投资入股、合作经营等形式，建立多渠道社区服务设施建设投入机制，促进社区资源最大限度的整合，加快社区服务产业化进程。要加紧“便民”工程的研究和推广，充分利用热线电话、互联网等现代信息技术，不断提高服务质量和管理水平。在社区内逐渐形成社会福利服务、社会互助服务和市场有偿服务相结合的多类型、多层次、广覆盖的社区服务网络。社区内的文体娱乐等其他活动，要以居民欢迎、自主自愿、形式多样、健康有益为出发点，把社区建设成宣传科学理论、传播先进文化、塑造美好心灵、弘扬社会正气的阵地，营造健康向上、文明和谐的社会氛围，倡导科学、文明、健康的生活方式，提高居民的生活质量。

第二，抓关键问题，促进社区建设深入发展

自 1996 年江泽民总书记提出大力加强社区建设以来，社区建设有很大进展。但是，仍然存在理论准备不足、经验总结不够和工作基础薄弱等问题，同时又出现了一系列新情况和新问题，许多现实问题还比较紧迫，需要引起高度重视，就全国来讲，有整体合力不强、长效机制不健全、社会参与度不高、基础设施不足、社区资源整合不够等问题，制约着社区建设的全面推进和深入发展，需要在今后工作中认真研究和解决。下面，我不谈具体问题解决，主要从推进社区建设深化的整体思路上讲四个问题：

——高标准建设社区，完备社区基础设施。社区建设，重在建设。建设的切入点，我认为是社区基础设施建设，这是建设“有形”社区，增强居民群众认同感、归属感的载体。社区基础设施匮乏、财力投入不足，始终是社区建设的“瓶颈”，必须认真解决。四平市在财政比较困难的情况下，能够一次性实现社区基础设施的标准化、完备化，给了我们很多启示。他们的经验告诉我们：工作不是不能做，而是有没有决心和怎么做。在社区基础设施建设上，我认为，一要定位置。要统一思想，提高认识，要把社区基础设施建设纳入城市发展建设规划，作为城市改造、建设的内容。在城市发展、建设规划中有位子，在城市改造、建设上有项目，这样，政府才能调整财政支出结构，保证政府的必要投入。二要抓机遇。要善抓机遇和利用机遇。比如，民政部正在实施“星光计划”，近三年，将把 80% 的福利基金用于为老服务的基础设施建设上。四平市就抓住利用了这一机遇，提出了用“星光计划”补助资金带动、拉动社区基础设施建设，将“星光计划”与社区基础设施建设有机结合，可以说是收到了“奇效”。三要广渠道。社区基础设施建设要以政府为主，政府应保持必要的投入，同时也要努力拓展社会投资渠道。要广泛吸收本地区社会资金，鼓励社会各界捐赠，也要积极吸引外资，要逐渐建立和完善政府与社会相结合的多元化投资机制。四平市筹措社区基础设施资金的“七个一部分”，就是这种机制的有效运用，值得借鉴、提倡、推广。四要多形式。社区基础设施建设除新建之外，整合、调剂、利用现有设施资源，是大有作为的。目前，社会闲置的设施资源很多，除发动驻区单位将设施资源共享、互利、互惠外，还可以通过改造、置换、购买、租用等多种形式，解决社区基础设施缺乏问题。对社区基础设施建设，全国不能提出统一标准，但各地一定要根据本地实际，做到有规划、有目标、有标准，力争全国用三至五年时间，社区基础设施建设缺乏、简陋状况有较大的改观。

——高水平整合社区，发挥社区建设的综合效益。整合社区，重点是整合社区资源，整合社区工作，整合社区关系。整合的目的，是最大限度地发挥社区建设的整体效益。整合社区资源，包括整合人才资源和物化资源。要调查摸清本社区的资源情况，研究资源利用的可能性，充分利用社区资源，发挥社区优势。这里的关键是政策引导，同时也要靠社区工作者加强沟通和协调。整合社区工作,包括基层党委和政府部署的工作、有关部门指导的工作、为民服务的工作,以及社区自身的各项工作。四平市根据社区建设的地位、作用,以及性质、特点,构建了"城市基层管理的平台、为居民服务的平台、民政工作的平台(也可以是社会工作的平台)"。这"三个平台",虽然刚刚建立,但已发挥了作用。我认为,这"三个平台"是社区工作的归类板块,是整合社区工作的目标方向。只要将这"三个平台"建设好、利用好,社区建设的综合效益就会充分展现。整合社区关系,重点是理顺关系,这也是发挥社区作用的重要环节。基层政府和政府职能部门与社区居委会的关系是指导与协助、服务与监督的关系,而不是领导与被领导、命令与服从的行政隶属关系。各级政府和各类专业管理部门要按政企分开、政社分开、责权利一致的原则,实行权随责走、费随事转,避免出现社区行政化的倾向。社区党组织与社区居委会是领导与被领导的关系,社区居委会要自觉接受党组织的领导,社区党组织要支持保证社区居委会依法行使职权。社区居委会对社区内中介组织负有综合协调管理的职责。社区居委会对物业管理工作负有指导、管理、监督的职责。社区居委会要及时依法规范物业管理机构的行为,还要代表居民支持和监督物业管理机构的工作,切实维护业主的合法权益。物业管理机构要主动参与社区建设,自觉接受社区居委会的指导、管理和监督,努力为居民群众服好务。

——高质量服务社区,营造社区建设良好环境。服务社区,主要指有关部门和社会各界要关心、支持、参与社区工作。服务社区,要端正思想观念。社区居委会不是基层政府的"腿",也不是政府部门的办事机构。当前,要清理附加给社区的不合理任务,努力减轻社区居委会的行政负担。我们讲政府转变职能、重心下移,工作进社区,就是要求政府把基层管理与服务的职能落实到社区,服务到居民,而不是把工作推给社区,更不是建机构、挂牌子、占房子。另外,服务社区,要形成整体合力。社区建设的整体合力,就是"党委和政府领导、民政部门牵头、有关部门配合、社区居委会主办、社会力量支持、群众广泛参与"。服务社区,要健全"两个机制"。一是建立社区工作运行机制。就是党组织领导、社区居委会主办、中介组织运作、社区居民参与、有关部门指导服务的工作运行机制。二是健全社区管理机制。社区是城市社会管理的基本单元,基层政府对社区事务负有管理的职责,社区居委会具有自我管理的任务,要研究政府的行政管理与社区居委会自我管理的衔接。当前,要特别强调尊重居民的自治权利,发挥居委会自治功能,确立社区居民的主人翁地位和社区居委会的自治地位。社区内要实行民主选举、民主决策、民主管理、民主监督,逐步实现社区居委会自我管理、自我教育、自我服务、自我监督。

——高效能经营社区,增强社区建设的生命力。经营社区,就是要引入市场机制,运作社区资源,解决社区服务和设施运营困难,实现社区建设的可持续发展。社区内的服务组织和设施建设的投入是一大难题,社区服务所需经费,设施的管理、使用费用,更是一大难题。如果不研究解决服务和运营经费问题,那么,光有服务思想,也难以开展服务活动,即使有了设施,也难以维持和长久发挥功效。筹措社区服务设施运营经费,需要引入市场机制,探索解决的思路、办法。这里,提出以下五种思路和办法:一是财政支持。各级政府要将社区建设的经费纳入财政预算,保证一定的投入。二是费随事转。政府或有关单位在交给社区工作任务的同时,也应将此项工作的经费交给社区。三是有偿服务。社区内提供的服务,在开展福利服务的同时,要拓展有偿和低偿服务。四是政策优惠,对社区内开展的服务项目,各地要积极争取优惠政策,给予扶持。五是社会赞助。鼓励辖区单位和个人捐款支持社区活动。此举,不但可以增加资金投入,还可以弘扬爱心,增强社区凝聚力。

第三,抓示范活动,提高社区建设水平

社区建设示范活动,是在全国社区建设实验区取得成功经验基础上提出的。其目的是摸索经验、研究问题、树立榜样、推进工作。广泛开展社区建设示范活动，是全面推进社区建设的一条重要措施。这次命名的全国社区建设示范市、区，就是开展示范活动的硕果。但这并不意味着示范活动的终结，当前和今后一个时期，社区建设示范活动仍然是把社区建设引向深入的重要措施，一定要认真抓好。

——强化领导和指导，提高对示范活动的认识。目前，社区建设已进入了全面推进、深入发展阶段。但由于思想认识程度不同、基础工作不同、经济条件不同，存在着发展中的不平衡。此外，也要看到，我国的社区建设仍属于初始阶段，开展的范围不广，建设的水平不高，积累的经验不足，理论指导不够，与经济社会协调发展和居民群众实际需求不相适应，尚未形成整体推进的合力，还需要进一步加强领导和指导，深入开展社区建设示范活动。通过示范活动，进一步统一思想，提高认识，使人们看到社区建设的作用，解决如何认识社区建设的问题；也可以为社区建设提供思路、方法，解决怎样开展社区建设的问题。

社区建设示范活动的领导者是党委和政府，指导者是民政部门。领导社区建设的各级党委和政府，城区和街道两级尤为重要。我衷心希望各级党委和政府予以高度重视、加强领导，精心规划、周密部署，协调关系、整合力量，解决难点、整体推进。也衷心希望各有关部门和社会各界关心、支持、参与社区建设示范活动。民政部门作为指导社区建设示范活动的职能部门，要切实履行职责，发挥好牵头作用，把抓好示范活动，作为义不容辞的责任；把抓好社区建设，作为重点推进城市民政工作的抓手。通过社区建设，整合城市民政工作，提高整体水平，发挥综合效益。

——总结经验，充分发挥示范单位的作用。开展社区建设示范活动，要树立一批先进典型，以推动、带动面上的工作，促进工作整体发展。社区建设需要成功经验引导，经验从那里来，不是人们头脑中固有的，是在实践中创造出来的。经验的创造者是基层的干部和群众。许多事实证明，基层的干部群众最富有创造精神，一些问题，在上面看是个难点，但基层的同志都有解决的办法。可以说社区建设的经验来自基层，来自基层干部群众的创造，来自社区建设的实践。我们一定要重视来自基层的创造，尊重群众的首创精神，及时总结推广基层的经验。总结经验也要实事求是，不能说好，就讲得完美无缺，再好的经验也总会有一些不尽如人意的地方，关键要在实践中完善。一些典型单位的某些做法，也可能是不成功的，但这无关大局，成功是一种经验，失误也是一种经验，可以使更多的地方引以为戒，少走弯路。因为社区建设需要在实践中完善、提高，需要经过实践——认识——再实践——再认识的过程。同时，对典型单位的经验要善于运用。社区建设示范单位是社区建设的样板。抓样板，不是为了自我欣赏，供人参观，也不能束之高阁，不起作用，要通过榜样的力量，推动面上的工作。当前，我们除继续开展社区建设示范活动，培养社区建设典型外，要有计划、有目的地推广业已建成的社区建设示范单位的经验，充分发挥示范单位的引路、带头、辐射作用，让更多的地区成为社区建设的示范。

——注重实效，创造性地开展工作。开展社区建设示范活动，是一种推进工作的形式，但决不能搞成形式主义。不能图表面轰轰烈烈，要讲工作实实在在。抓示范活动，不在示范单位数量，而在示范单位质量。我们要下决心，采取措施，上下协力，巩固、提高现有示范单位，再培养出一批高标准的示范单位。抓示范活动，要从基础单位抓起，重点是抓好社区居委会，这是示范活动的基本单位和工作基础，没有这个基础，就谈不上示范街道、示范市、区。抓示范活动，要从基础工作抓起，重点是管理体制和运行机制、组织体系、队伍建设、社区活动、基础设施等。抓示范活动，要注意因地制宜，分类指导。我国幅员辽阔，城市与城市之间经济条件和人文因素差别很大，每个城市的特色和功能也有所不同，具体到社区更是千差万别。因此，不同城市要根据自身的经济水平，结合城市功能、特点和地区特色，创造性地开展社区建设工作,不断积累、总结适合自身特色的工作方法和实践经验,树立各具特色的典型。另外,也要根据自身的经济水平和工作基础,因地制宜确定社区建设的重点,标准可高可低,项目可多可少,切不可一刀切,一哄而起,或为虚名而超越自身条件,引起群众的不满和反感。

——加强调查研究,提高指导工作的针对性。社区建设是一项崭新的事业,是在动态中发展的,全面推进社区建设,需要对现实问题和不断出现的新情况、新问题进行研究。要在培养和推广典型的实践中,加强解剖和分析,及时研究新情况、总结新经验,发现和掌握社区建设的规律,取得指导工作的主动权。社区建设涉及我国城市基层管理体制的重大变革,在推进社区建设的过程中,必须不断解放思想,转变观念,增强改革意识、创新意识和前瞻意识,实现理论创新,以拓宽思路,大胆探索,开拓进取,努力适应市场经济和社会发展的需要。要适应"依法治国,建设社会主义法治国家"的需要,加快社区建设配套法律、法规和制度建设。修改《中华人民共和国城市居民委员会组织法》的工作已列入议事日程,正在抓紧立法调研和起草工作。各地也要抓紧制定或修改地方性的配套法规,建立健全各项民主制度,用法律、法规和制度保障社区建设深入发展。要重视城乡结合部地区的社区建设,城乡结合部是城市居民、流动人口和农民混居的地区,居民的文化背景、思想观念、生活习惯多种多样,是社区建设的薄弱环节,还要重视解决城市化进程中"村改居"、"城中村"的社区建设问题。

同志们,如果说青岛城市社区建设工作会议拉开了全面推进社区建设的序幕,那么这次四平城市社区建设现场会吹响了深入开展社区建设的号角。两次会议一个目的,就是全面推进社区建设,整体提高社区建设水平。让我们以"三个代表"重要思想为指导,从维护和发展人民群众根本利益出发,以更加昂扬的锐气,更加扎实的作风,解放思想,实事求是,与时俱进,开拓创新,抓实基础工作,解决关键问题,不断把社区建设引向深入,以新的成果、新的业绩、新的贡献,迎接党的十六大胜利召开。

在全国城市低保暨救灾工作会议上的讲话

民政部副部长　杨衍银

(2002年2月21日)

同志们:

今天我们在湖南长沙召开全国城市低保暨救灾工作会议,首先,给大家拜个晚年,对湖南省和长沙市各位领导抽出时间参加会议表示热烈的欢迎,并对他们为这次会议召开所做的大量筹备工作表示衷心的感谢!

春节前,中央政治局常委专门召开会议,听取了民政部等部门关于灾民和贫困群众当前生产生活情况的汇报,研究进一步安排好困难群众生产和生活的工作。江泽民总书记主持会议并发表了重要讲话,他强调,贯彻"三个代表"要求,最根本的是要不断实现好、发展好、维护好最广大人民的根本利益。这是我们党一切工作的出发点和落脚点,也是正确处理改革、发展、稳定关系的结合点。各级领导干部必须从巩固党的执政地位的高度出发,从促进经济和社会发展,维护社会稳定的大局出发,深怀爱民之心,恪守为民之责,善谋富民之策,多办利民之事,更好地为广大人民群众服务,更好地为最需要帮助的困难群众服务。

中办、国办发出《关于进一步安排好困难群众生产和生活的通知》，要求各级政府和有关部门要切实转变工作作风，关心群众生活，解决群众的实际困难，并对救灾救济工作提出了新的要求。我们召开这次全国城市低保暨救灾工作会议，就是要进一步落实中央政治局常委会精神及两办通知的要求，总结交流去年工作的成绩和经验，研究部署今年的工作任务，切实把城乡贫困人口的救灾救济工作做好。

刚刚过去的2001年，对救灾救济工作来说，既是任务繁重的一年，也是成绩显著的一年：

——城市居民最低生活保障工作取得了突破性进展，各级财政投入的资金和享受最低生活保障的人数均有大幅增加。2002年1月底，全国领取最低生活保障金的人数已达1235万人，比2001年初的382万人增长了223%。2001年10月份之前审批的1189万保障对象全部得到落实，且保障人数还略有增加。2001年各级财政共投入低保资金54.2亿元，比2000年的29.6亿元增长了83%。在前不久召开的中央经济工作会议，以及中央政治局常委研究困难群众生产生活安排的会议上，党和国家领导人对城市低保工作取得的成绩给予了充分的肯定。

——救灾工作取得很大成绩，灾民生活得到妥善安排，在大灾之年保证了灾区社会稳定。针对严重的旱情，去年除安排22亿元预算内救灾款外，还安排下拨了中国福利彩票赈灾专项募集资金5.229亿元，动用总理预备费3亿元，使全年中央救灾资金投入达到30.229亿元，较年度预算增加了37.4%。地方各级政府在采取生产自救、互助互济，社会捐赠、开仓借粮、发放救济粮等多种办法帮助灾民解决生活困难的同时，也加大了投入，使灾区群众基本生活得到了妥善安排。

——建立了经常性社会捐助良性运行机制，初步形成了接收捐助服务网络。中共中央办公厅、国务院办公厅转发《民政部关于进一步开展经常性社会捐助活动的意见》后，各级党委、政府和民政部门高度重视，精心组织，周密部署，有效地加大了经常性社会捐助工作的力度。目前，全国已建成规模较大、功能齐全的社会捐助接收站(中心)237个，一些大中城市在街道和社区居委会设立了社会捐助接收工作点。2001年10月至12月，全国共接收捐助资金2.49亿元，各类衣物5284.9万件和价值1.73亿元的其他各类捐助物资，使2601.7万人(次)灾民、贫困群众得到救助。

上述成绩的取得，是党中央、国务院及各级党委、政府高度重视、民政部门积极努力和有关部门大力支持的结果。在此，我谨代表民政部，向全国救灾救济战线的各位同仁，向积极支持救灾救济工作的各级党委、政府领导以及有关部门的同志们，表示亲切的慰问和衷心的感谢！

根据会议安排，下面，我就城市低保、救灾、社会捐助和减灾工作讲几点意见。

关于城市低保工作

一、城市低保工作开创了新的局面

去年的城市低保工作，主要有以下几个特点：

(一)城市低保工作得到了党中央、国务院及各级党委和政府的高度重视，成为名副其实的“一把手工程”。自去年8月中央13号文件下发、朱镕基总理考察贵州就城市低保工作作出重要指示以来，各级党委、政府领导充分认识城市低保工作的重要性，并把这项工作列入重要议事日程，一把手亲自抓，分管领导重点抓。

经常找民政部门汇报有关情况并一起专题研究城市低保工作。在政策制定、资金投入、工作机构和人员配备、信息化建设等方面给予了强有力的支持。有的省(区、市)党政一把手还亲自到民政部交谈研究城市低保工作，对如何做好低保工作提出了很多很好的意见。各级党委、政府的重视和强有力的领导，是开创低保工作新局面的关键。

(二)各地普遍采取了超常规的工作方法，实现了城市低保工作跨越式发展。去年9月全国城市低保及经常性社会捐助会议召开后，面对时间紧、任务重的工作形势，各地采取超常规的工作方法，进行了紧急动员，以民政部门为主统一抽调人员，加班加点，按照城市低保工作程序认真核定低保对象,将大量符合城市低保条件的贫困人员纳入了保障范围。今年1月底,全国已有十多个省份基本实现应保尽保。其中既有北京、上海、广东、江苏、浙江等发达省份,也有辽宁、黑龙江、重庆、贵州、海南、新疆等省份,为全国实现应保尽保奠定了基础,起到了很好的示范带头作用。

(三)法制化、规范化建设得到进一步加强,使城市低保制度不断完善。各地依据《城市居民最低生活保障条例》和党中央、国务院有关文件精神,制定和修改了本地的实施办法或实施细则,使这项工作的法制化水平进一步提高。根据《国务院办公厅关于进一步加强城市居民最低生活保障工作的通知》(国办发〔2001〕87号)要求,各地每年年底前按照当地符合低保条件的人员所需资金制定下一年度的用款计划。目前,2002年度低保资金用款计划制定工作已基本完成。今年1月,为落实朱镕基总理在全国政协办公厅《关于城市贫困人口问题的调查报告》上的重要批示精神,民政部下发紧急通知,纠正按劳动年龄段对低保申请人计算“虚拟收入”的做法。

(四)各地创造性地开展工作,涌现了许多先进工作典型。辽宁、黑龙江、重庆、四川、贵州、湖南、湖北等省(市)作为老工业基地,克服低保工作任务繁重的压力,下大力气解决特困职工家庭的低保问题,为促进当地经济体制改革特别是国有企业改革发挥了显著作用。湖北省还积极探索对城市低保对象家庭情况进行备案,使城市低保管理工作更加深入细致,对改进行政管理手段、转变工作作风起到了示范效应。浙江、广东等省实施城乡一体化的最低生活保障制度,并颁布了相应的地方性法规,体现了低保工作的发展方向。山东省自1998年开始探索建立社会救助制度,目前已形成以最低生活保障为主体,社会互助为辅助,临时救济为补充,优惠政策相配套,社区组织为依托,城乡一体的社会救助体系,为从整体上解决贫困问题探索了路子。济宁市“五位一体、四制运作”的社会救助经验,是其中比较突出的代表,通过中央新闻媒体的宣传报道,在社会上引起了很大的反响。率先建立和实施城市低保制度的上海市,近年来大力开展城市基层基础建设,在救助内容的丰富性、救济形式的灵活性、救济方法的规范性等方面,为全国提供了丰富的经验。北京和大连、成都、广州、青岛、长沙、武汉、哈尔滨等许多城市,在加强城市社区建设的过程中,健全基层社会救济组织机构,并通过对城市贫困人口实行医疗、住房、教育等方面的救助,为完善城市社会救助工作体系提供了有益经验。

城市低保工作的发展表明,它已经成为我国社会经济生活中的一件大事,成为全党全国的一项紧迫工作和长期的任务。党中央、国务院对这项工作高度重视,中央领导人亲自关心和过问,全国人大、全国政协每年都有大量的关于城市低保方面的议案或提案,新华社、《人民日报》、中央电视台、中央人民广播电台等中央媒体以及许多地方媒体经常对这项工作予以报道,使这项制度日益家喻户晓。低保工作使一千多万城市贫困人口的基本生活得到了保障,使帮扶困难群众的工作经常化、制度化、社会化,形成了改革发展的“安全网”,是一项群众满意的“民心工程”,对促进经济体制改革特别是国有企业改革的顺利进行,对维护社会稳定,对加强党和人民群众的血肉联系发挥了重要作用。

二、实现应保尽保是一项十分紧迫和重要的政治任务

按照党中央、国务院的要求,当前城市低保工作的中心任务,就是尽快将符合低保条件的城市贫困人口全部纳入保障范围,实现应保尽保。我们必须站在讲政治、顾大局的高度,充分认识实现应保尽保的重要意义。

——实现应保尽保,是保证改革顺利进行,加快完善社会主义市场经济体制的需要。加入世界贸易组织以后,我国经济成为世界经济中不可分割的组成部分,面临着比以往更加复杂和激烈的国际竞争。随着经济体制改革的深入和社会主义市场经济体制的建立,国有企业改革的力度将进一步加

大。在建立现代企业制度的过程中,企业必须加快产业结构调整和转换经营机制的步伐,并继续实行优胜劣汰、减员增效政策,使得下岗、失业等现象在一定时期内仍会呈增加趋势。只有解决好困难职工家庭的最低生活保障问题,才能从根本上解除企业的后顾之忧,保证改革的顺利进行。

——实现应保尽保,是社会主义制度的本质特征和党的根本宗旨的重要体现。人民群众在生活遇到困难时得到国家和社会的帮助,这是《宪法》赋予的权利,是社会主义制度本质的要求。关心群众生活,体察民间疾苦,是我们党的全心全意为人民服务宗旨的充分体现,是贯彻"三个代表"要求的具体实践。只有实现应保尽保,使全体城市居民的基本生活权益得到有力保障,才能充分体现社会主义制度的优越性,始终保持我们党同人民群众的血肉联系。

——实现应保尽保,是维护社会稳定,迎接党的十六大胜利召开的政治要求。在已经实现了现代化建设的前两步战略目标,综合国力显著增强的形势下,我国人民在以江泽民同志为核心的党中央的坚强领导下,正在向第三步战略目标迈进。我们要从巩固党的执政地位的高度出发,不仅必须,而且也能够,在党的十六大召开之前实现应保尽保,为维护社会稳定、保证国家长治久安作出应有的贡献。如果全国城市贫困人口都能享受最低生活保障,这在拥有13亿人口,其中近4亿城市人口的中国,就基本解决了城市贫困人口的生活问题!这将是一个了不起的成绩,也将使我们参与这项工作的每一个同志感到自豪。

现在我们离这个目标已经不远,但任务还相当艰巨,需要我们付出更加艰苦的努力,对此一定要有清醒的认识。按照去年10月份的调查摸底情况,全国符合低保条件的贫困人口有1589万,目前仍有350多万人还没有享受低保。今年随着国有企业下岗职工基本生活保障向失业保险并轨步伐的加快,以及纠正"虚拟收入"等因素,符合低保条件的人数还会增加,估计可能达到1800万至2000万人。各级民政部门必须进一步提高认识,统一思想,增强信心,下定决心,保证坚决地、不折不扣地、如期地完成应保尽保的工作任务。

三、要采取切实有力的措施做好今年的城市低保工作

围绕应保尽保这个中心任务,今年城市低保工作,要着重抓好以下几方面工作:

(一)采取强有力的措施,今年上半年基本实现应保尽保。3月底以前,各地要迅速对本地低保对象进行全面排查摸底,特别是应保未保对象较多的地区,要明确列出时间表,实行目标责任制,限期完成任务。民政部将在《中国社会报》建立"倒计时牌",每月公布一次各地的工作进展情况,对工作先进地区通报表彰,对不按时完成任务的地区通报批评。各地要贯彻属地化管理的原则,全面落实中央、省属企业以及城镇集体企业特困职工家庭的最低生活保障待遇。坚决纠正对有一定劳动能力的最低生活保障申请人计算"虚拟收入"的做法,使实际生活困难的居民都能享受最低生活保障。为保证实现应保尽保所需的资金,中央财政将继续加大支持力度,各级地方政府,特别是省、市级政府也要努力调整财政支出结构,加大城市低保投入,确保所需资金能够按时足额到位。城市低保资金要落实专户管理,专款专用,保证一分不少地发放到最低生活保障对象手中。

(二)完善各项规章制度,健全城市低保工作程序。尚未制定与《城市居民最低生活保障条例》相配套的实施办法的省份,要在今年上半年出台有关实施办法。要进一步完善最低生活保障申请人家庭财产申报制度和审核办法,认真调查核实低保申请人的家庭收入、家庭财产和劳动力就业等情况,规范申请、审核、审批和保障金发放程序,健全民主监督机制,保证困难人员随时申请,随时审核和审批,做到公开、公平、公正、及时、准确。今年第一季度,各级民政部门要对所有低保对象家庭情况进行备案,各地要抓紧做好这项工作。省级民政部门要尽快将汇总情况制成光盘报民政部。民政部将根据各地上报的光盘所载资料,组织人员用信函等方式进行抽样调查,必要时派工作组到基层抽查低保落实情况。

各省、市也可参照此办法进行抽查。

（三）加快城市低保信息化建设，提高城市低保管理水平。加快城市低保信息化建设，是改善管理手段，提高工作效率和工作质量的重要途径。2001年底召开的国家信息化领导小组第一次全体会议上，胡锦涛同志特别强调了城市低保工作实行计算机联网的重要意义。去年底，民政部组织力量完成了“城市居民最低生活保障管理信息系统”软件开发，目前正在部分地区做最后调试，很快民政部将组织对省级低保管理人员的全面培训。3月底，要在全国地级以上城市统一推广应用低保软件，有条件的地方要推广到县和街道。各地在做好硬件配置等方面准备工作的同时，要加紧培训工作人员，配合民政部做好软件推广应用工作。同时，为适应工作形势的发展，各地要大力加强和充实城市低保工作力量，建立健全组织机构，配备专门人员从事这项工作。

（四）站在反贫困的高度，努力探索建立适合我国国情的社会救助体系。以最低生活保障为主体的城市社会救助工作体系，包含着为帮助贫困群众解决实际困难的各种救助措施，要站在反贫困的高度加以认识。由于贫困人口存在着多方面的困难，在解决他们最低生活需求的基础上，有条件的地区特别是大中型城市，要努力在医疗救助、教育扶贫、住房救助等方面探索和积累更多的成功经验。随着我国城镇化建设的加快和户籍制度改革的深入，城乡差别正在进一步缩小，最低生活保障制度的实施范围必将逐步扩展。今年上半年，民政部将组织“中国城市反贫困论坛”。各级民政工作者要加强反贫困政策理论研究，努力学习借鉴国内外社会救济工作的理论成果和实践经验，为提高我国社会救助工作水平而共同努力。

关于救灾工作

2001年，我国先后发生了旱灾、洪涝、风雹、台风、地震、雪灾和低温冷冻等自然灾害，总的看属于重灾年份，其中旱灾严重程度仅次于2000年和1978年。据民政部与有关部门核定，去年全国农作物受灾面积5215万公顷，其中成灾3174万公顷，绝收821万公顷。全国共有3.7亿人受到各类灾害影响，其中成灾2.6亿人，因灾死亡2537人，紧急转移安置211万人。倒塌房屋92万间。2001年各类灾害造成的直接经济损失共计1942亿元。

党中央、国务院高度重视抗灾救灾工作。江泽民总书记、朱镕基总理对抗灾救灾工作作出了重要指示。李岚清、温家宝、司马义·艾买提等领导同志多次亲赴灾区察看灾情、慰问灾民，指导抗灾救灾工作。国务院多次召开抗灾救灾协调会，研究对灾区的支持意见。特别是2001年6月和10月，国务院两次召开抗旱救灾工作会议，研究部署抗旱救灾工作，极大地鼓舞了灾区广大干部群众恢复生产、重建家园的信心。灾区各级党委、政府对抗灾救灾、生产自救、恢复重建和灾民生活安排工作非常重视，精心组织，周密部署，及时采取了各种有效措施。各级民政部门的广大干部职工以“三个代表”思想为指导，忠实履行职责，深入救灾一线，核查灾情，组织转移安置灾民，制定救济方案，发放救灾款物，组织开展了卓有成效的恢复重建、生产自救和互助互济工作。经过各方面的努力，灾民生活得到了妥善安排，保证了大灾之年的社会稳定。

去年的救灾工作有几个突出特点：首先，各级政府救灾投入力度进一步加大，在中央加大救灾投入的同时，地方各级共投入救灾资金18.88亿元，较去年增加了20%，为妥善安排受灾群众生活奠定了坚实的物质基础；其次，全国救灾物资储备网络基本形成，救灾应急预案在去年的救灾实践中已见成效，我们对灾害的紧急救援能力得到进一步加强；第三，以民政部《关于加强救灾粮采购发放工作的通知》和《关于建立经常性社会捐助公示制度的通知》等文件出台为标志，各级民政部门都出台了一系列涉及救灾工作各个方面的规范性文件，救灾工作法制化、规范化进程进一步加快。

在肯定成绩的同时，还应清醒地看到，我们的工作也还存在一些不足。主要表现在：一是救灾工作分级管理体制尚不完善，地方财政在救灾方面的投入仍显不足。虽然2001年地方各级财政安排救灾款预算绝对数超过了2000年，但全国尚有38个地(市)的地级财政和260个县(市、区)的县级财政没有在2001年度的预算中列支自然灾害救济事业费，已列支的地区也很不平衡。二是基层救灾款物管理使用方面还存在一些问题，有些地方发生了挤占、挪用、截留救灾资金的现象，必须予以高度重视。三是救灾工作规范没有得到很好的执行，一些地方报灾不及时，核灾不准确，没有认真执行救灾款使用情况报告制度，实际工作中还存在一些畏难情绪等，这些问题在很大程度上影响了救灾工作的顺利开展。

应当指出的是，目前社会各界对灾害情况和救灾工作空前关注，对救灾工作也相应提出了更高的要求。面对新形势，救灾工作面临着紧急救援能力薄弱、救助手段单一、技术水平落后、综合协调不足、法规建设滞后等一系列问题。按照救灾工作应有完备周密的法律制度系统、科学严谨的专家咨询系统、精于协调的行政组织系统、先进精良的装备系统和及时有效的资金、物资支持系统的客观要求，救灾改革的任务十分繁重，还有大量工作要做。

根据有关部门预测，2002年我国北方仍将持续干旱，南方有可能出现较大的洪涝灾害，为确保受灾群众的基本生活，管好、用好救灾款物，进一步提高救灾工作水平，今年要重点抓好以下几方面的工作：

一、认真做好春夏荒救济工作，千方百计确保灾区群众的基本口粮

当前，灾区尤其是重旱省(区)缺粮面比较大，缺粮程度比较深，灾区群众家底很薄，相互调剂的余地很小，需政府救济的压力很大，春夏荒救济的形势不容乐观。为此，必须把确保灾区不出问题作为今年救灾工作的头等大事，作为一项政治任务明确下来，抓好落实工作。前一阶段民政部下发了《关于认真贯彻落实中共中央办公厅、国务院办公厅〈关于进一步安排好困难群众生产和生活的通知〉的紧急通知》，对春夏荒救灾工作提出了具体明确的要求，今天，我再强调三点：

首先，要提高认识，加强领导，落实救灾责任制。切实把灾区群众的利益放在心上，安排好灾区群众基本生活，是贯彻“三个代表”重要思想，实现好、发展好、维护好最广大人民群众的根本利益的要求，各级民政部门一定要加强对春夏荒救灾工作重要性的认识，进一步加强领导，层层落实救灾责任制，省要抓到县，地市要抓到乡，县要抓到村，乡镇要抓到户，层层抓落实。要组织干部分片包干，责任到人，落实到户，发现问题及时解决，确保群众生活不出问题。

其次，各级民政部门要深入基层，进一步排查核实情况、摸清底数。要逐村逐户核查困难群众生活安排情况，分类排队，登记造册，必须弄清楚哪些群众暂时缺粮可以通过生产自救解决，哪些群众有一定困难可以通过邻里帮助、互助互济解决，哪些群众既缺粮、缺钱又没有自救能力必须完全依靠政府救济。区分不同的救济时段和救济方式，制定切实可行的灾民生活安排方案。

第三，要采取多种方式，确保受灾群众每人每天至少1斤基本口粮。对有自救能力，暂时无钱买粮的可由民政提名、政府担保，及时出台借粮政策，借粮发生的费用由地方政府和灾民共同承担。对有经济来源，暂时无钱买粮的实行“借销”。对既无粮、又无钱的特困户要及时给予救济。各地要尽早落实好今年的地方自然灾害救济事业费预算，按照灾民生活安排的急需，尽快落实到位。在采购粮食的过程中，要面向市场，公开招标，政府采购，要严把粮食质量关，确保灾民口粮足额、保质。同时，要大力倡导群众间的互助互济活动，积极发挥农村基层组织的作用，组织发动党员干部包村包户，亲帮亲，邻帮邻，富帮贫等群众互帮互济活动，发动社会力量做好灾区群众的口粮保障工作。

二、进一步做好备灾和灾害紧急救援工作，提高灾害的应急管理水平

在保障灾民基本生活的基础上，2002年救灾工作要着力提升备灾和灾害紧急救援工作水平，重点从三个方面做好工作：一是要强化灾情管理工作，要围绕对灾害的预测和会商，进一步提高灾情管理的针对性和准确性，为救灾工作的开展奠定科学基础；二是要规划好救灾物资储备工作，各地要针对本地灾害特点和救灾需求，合理规划仓储布局，科学论证救灾储备物资的品种和数量，要把储备救灾物资作为一项重要的备灾工作开展起来，每年从地方列支的自然灾害救济事业费中通过政府采购，储备一定数量的救灾物资；三是要尽快制定救灾应急预案，各地要按照民政部的统一要求，在今年入汛前出台省级和重点地区救灾应急预案。各地要以救灾应急预案为重点，搞好综合协调、物资储备、灾情管理、人员培训，进一步加强灾害的应急管理能力。

这里要特别强调的是，提高紧急救援能力必须走科学化的道路，各级民政部门要努力提高救灾工作科技含量，继续增加救灾的科技投入，探索科学的工作手段，加强业务培训工作，提高灾害管理人员的理论素养和业务素质。要善于利用专家力量和社会力量解决救灾难点问题，要围绕提高备灾和灾害紧急救助能力，丰富救灾手段，增强救助实力，全面提高救灾工作管理水平。

三、进一步加强和规范救灾资金的管理工作

救灾资金是安排受灾群众生活的物质保障。今年，在救灾资金管理方面要重点抓好三个环节：

一是各地要进一步加大受灾群众生活安排的资金投入力度。各地要从讲政治的高度，从维护灾区稳定和关心群众生活的角度出发，列支好地方自然灾害救济事业费。要牢固树立救灾责任主要在地方的观念，克服等、靠、要思想，真正担负起地方政府应负的责任。各级民政部门要根据本地灾情和救灾需求提出自然灾害救济事业费预算建议，积极向党委和政府汇报，主动与有关部门协调，力争今年救灾款的预算有较大幅度的提高，消除未列救灾款预算的“空白点”，以满足受灾群众基本生活安排的需要。

二是继续积极推进救灾款专户管理制度的建立。春节前，中共中央办公厅、国务院办公厅下发《关于进一步安排好困难群众生产和生活的通知》（中办发电〔2002〕2 号）明确提出：“要建立救灾资金专户管理制度，确保专款专用。”按照两办文件要求，各地要加大工作力度，积极与财政部门协商，力争今年 5 月底以前，在省、地、县、乡四级财政建立救灾款专户制度。已建立救灾款专户管理制度的省份也要根据两办通知的要求，进一步改进和完善已经出台的救灾款专户管理制度，保证救灾款专户管理、封闭运行，规范使用。

三是进一步规范救灾款物基层发放管理工作。救灾款物规范管理难点和重点在基层，各地要结合本地特点，进一步加强基层救灾款物管理工作，强化对基层救灾款物发放的规范管理。要把专款专用、重点使用的原则在基层落实好，统筹使用中央和地方安排的救灾款。要确保重灾地区和重灾户，不得平均分配。要以高度的责任感和对人民负责的态度，通过积极防范、跟踪管理、审计监察等措施，加强监督管理，解决基层救灾资金到位慢、拖欠和挤占挪用等问题，基层发放救灾款物必须坚持民主评议、登记造册、张榜公布、公开发放的程序，实行民主监督，做到公平公正，确保救灾款物及时、足额落实到受灾群众手中。

目前，民政部正在积极协商财政部提高口粮、倒房等救济项目的补助标准，争取增加中央救灾投入。同时，民政部也将进一步强化救灾款规范管理工作，对不列支或列支少的省份，对挤占、挪用、滞留救灾款的省份酌减中央支持力度。

关于经常性社会捐助工作

去年经常性社会捐助工作取得了长足的发展。2001 年 9 月，中共中央办公厅、国务院办公厅转发了《民政部关于进一步开展经常性社会捐助活动的意见》。文件下发以后，中办、国办在中南海分别设立了社会捐助工作点，党中央和国务院的领导同志带头捐款捐物，极大地激发了社会各界群众参与捐助的热情。

地方各级党委、政府对经常性社会捐助工作高度重视，切实加强了领导，各地普遍设立了经常性捐助工作领导小组，指导协调捐助工作，确保了经常性社会捐助工作深入开展。各级民政部门精心组织，健全制度，规范运作，狠抓经常性社会捐助款物的接收管理和发放工作。为切实管好、用好捐助款物，民政部还在全国建立了经常性社会捐助公示制度，明确了经常性社会捐助的公示内容、公示方式、公示时间和公示工作的监督检查。在有关部门的密切配合下，各党政军机关、企事业单位和城市居民踊跃参与，2001年的经常性捐助活动取得了显著成效。初步形成了经常性社会捐助的工作网络和运行机制。经常性社会捐助机制的建立，为我国社会互助体系的确立提供了强有力的支撑。

经常性社会捐助活动的有效开展，得到中央领导同志的充分肯定。李岚清副总理在《民政部党组关于经常性社会捐助工作开展情况的报告》上批示："这是一件大好事，要坚持不懈地抓下去，并在总结经验的基础上形成规范运作机制。这不但是互助救助的一种有效方式，也是创造新的就业的一种方式。"按照岚清同志的指示和两办意见要求，今年，经常性社会捐助工作要重点抓好以下工作：

一是加快建立健全经常性社会捐助工作接收服务网络。各地要在各大中城市和有条件的小城市抓紧建立经常性社会捐助接收工作站，同时按照方便、就近以及合理布局的原则，结合城市社区建设工作，抓紧建立经常性社会捐助接收工作点，通过健全服务网络，方便群众捐助，进一步推进经常性社会捐助工作的良性运转。

二是要切实解决好社会捐助接收工作站(点)的人员、经费和仓储设施问题。各地要按照工作要求，选配好工作人员，要积极与财政部门协商，列支经常性社会捐助活动资金预算，结合救灾物资储备仓库建设，抓紧筹建社会捐助仓储设施，为开展经常性社会捐助活动创造有利条件。

三是要进一步探索建立规范的经常性社会捐助运作机制。各地要建立健全捐助款物的接收、发放等各项制度和操作程序。下大力气推进公示制度，使捐助款物从接收、管理到发放的整个操作过程公开、透明，接受社会监督。要积极探索建立激励机制，表彰对经常性社会捐助活动做出突出贡献的单位和个人，调动社会各界参与捐助的积极性。大灾之年的救灾捐赠，要与经常性社会捐助工作有机结合。

四是要组织开展好今年3月份的社会捐助活动。各地要按照民政部的统一部署，3月份在大中城市和有条件的小城市、党政军机关、企事业单位开展声势浩大的"扶贫济困送温暖募捐月"活动。为此，各地要加强领导，精心组织，确保捐助活动有声有色，扎实有效。

关于减灾工作

减灾工作历来是我们党和政府十分关心的重要工作。特别是我国政府积极响应联合国开展"国际减灾十年"活动的倡议，于1989年4月成立中国国际减灾十年委员会以来，减灾工作取得了新的进展。在此期间，减灾委协调有关方面，进一步加强了对减灾工作的领导，提出了减灾工作的方针、政策和措施，制定完成了国家《减灾规划》，组织开展了多次重大的减灾活动，进一步提高了科学技术在减灾中的应用，推进了减灾国际交流与合作。特别是通过开展减灾宣传教育活动，明显提高了全社会的防灾减灾意识。

这项活动结束后，联合国又在此基础上开展了"国际减灾战略"行动，把减灾工作作为一项长期的、战略性的工作持续开展下去。我国政府在2000年10月将中国国际减灾十年委员会更名为中国国际减灾委员会，由国务院有关部、委、局及有关社会团体、总参谋部等30个成员单位组成，减灾委主任由司马义·艾买提国务委员担任。减灾委办公室设在民政部救灾救济司。

尽管减灾工作取得了一定成绩，减灾工作目前仍然面临着许多需要解决的问题，主要包括：全社会的防灾减灾意识还相当薄弱，防灾减灾知识比较缺乏；减灾工程和非工程建设投入不够，难以满足国民经济和社会发展的迫切需要；综合性的减灾工作机制还不健全等，这些问题在一定程度上影响到国民经济和社会的可持续发展。

最近几年，各种自然灾害与人为、技术灾害事件发生频繁，尤其是持续几年的严重干旱对人民的生产、生活造成严重影响。面对我国灾害形势和对减灾工作的迫切要求，各级灾害管理部门下一阶段要重点抓好以下工作：

（一）要健全、完善地方减灾工作机构，并与救灾工作相结合，加强对救灾减灾工作的协调和领导。目前，一些地方政府已经建立了减灾协调工作机构。下一步，已经建立相关机构的地方要实实在在把减灾工作开展起来，还没有建立相关机构的地方要尽快建立和健全减灾工作机制。

（二）要制定和实施地方减灾规划，把国家减灾规划落到实处。国家减灾规划制定完成后，广东、河北、重庆、云南、四川、江西和陕西等省市，根据国家减灾规划的总体原则及本省市减灾工作的实际，已经制定完成本省市的减灾规划，并在逐步落实。其他省市需要结合社会经济发展总体规划，尽快制定完成本省市的减灾规划，把国家减灾规划落到实处。

（三）要积极开展减灾宣传活动，增强全民减灾意识。从已经发生的许多重大灾害事件来看，有关方面的领导、管理人员和群众缺乏防灾减灾的意识和知识，是导致灾害发生和发展的一个重要因素。减灾委将把积极开展减灾宣传活动，增强全民减灾意识作为今后一个时期的重要工作。地方政府和有关减灾机构要重视这项工作，采取一些生动有效的措施，提高防灾减灾意识，传播防灾减灾的知识。

同志们，做好救灾救济工作，安排好困难群众的生活，任务十分繁重，责任十分重大。我们要按照中央的要求，承担起自己应负的责任，扎扎实实做好工作，把中央扶持城乡困难群众的各项政策措施落实到位，使困难群众感受到党和政府的温暖，得到实实在在的帮助。让我们在以江泽民同志为核心的党中央领导下，奋发图强，努力工作，深怀爱民之心，恪守为民之责，善谋富民之策，多办利民之事，更好地为广大人民群众服务，更好地为最需要帮助的困难群众服务，以实际行动迎接党的十六大胜利召开！

在全国城市居民最低生活保障工作会议上的讲话

民政部副部长　杨衍银

（2002年10月22日）

同志们：

这次全国城市居民最低生活保障工作会议，是在党的十六大召开前夕，尤其是在全国城市低保工作已基本实现应保尽保的形势下召开的。这次会议的主要任务是，以“三个代表”重要思想为指导，深入贯彻第十一次全国民政会议精神，总结工作，交流经验，认真研究进一步加强领导、规范管理的思路和措施，安排部署下一步的工作。刚才，司马义·艾买提国务委员代表国务院作了重要讲话，多吉才让部长也将对会议作全面总结，我们要认真学习，深刻领会，全面贯彻落实。下面我代表民政部对近年来城市低保工作做简要总结，对下一步工作提出意见。

一、城市低保工作的进展和经验

党中央、国务院对城市低

保工作高度重视。2001年8月，党中央做出重要决定，要求进一步强化城市居民最低生活保障制度建设，切实解决城市低保覆盖面不足的问题，把符合条件的城市贫困居民全部纳入低保范围，尽快做到应保尽保。2002年2月4日，中央政治局常委召开会议，专门研究进一步安排好困难群众生产和生活的问题，江泽民总书记主持会议并作了重要讲话，对低保工作提出明确要求。朱镕基、胡锦涛以及吴邦国、司马义等领导同志多次就城市低保工作做出重要指示。在前不久党中央、国务院召开的全国再就业工作会议上，江泽民总书记、朱镕基总理又一次对低保工作做出了重要指示。所有这些重大决策和重要指示，既为低保工作的开展提供了有力的政治保证，也为低保工作指明了方向。

民政部对党中央、国务院的一系列重要指示高度重视，认真贯彻并进行了周密部署安排。在多吉才让部长的直接领导和组织下，民政部党组集体决策，统一协调，民政部各个司局共同参与，全国民政系统总体动员，从去年9月以来，先是抓了以国有大中型企业特困职工为重点的低保扩面工作，接着又于今年3、4月间对全国所有低保对象集中进行了全面的排查，各级民政部门在有关部门参与和支持下，全国上下共有上百万人参加了这次排查工作。如果说，去年年底的低保扩面工作使符合条件的绝大部分国企特困职工纳入了保障范围的话，那么，今年春天对低保对象的全面排查，则努力使全国符合条件的低保对象都纳入保障范围，基本实现了应保尽保。在全面排查工作的基础上，所有低保家庭的姓名、身份证号码、家庭住址、邮政编码和享受低保金的数额等都制成光盘逐级上报直至民政部备案，从而保证了低保对象的准确性。在基本实现应保尽保以后，今年9月，民政部又委托中国人民大学和南开大学开展“百城万户”低保抽样调查，在全国753万户低保家庭中分地区抽取一万户进行问卷调查，同时，又抽取100个城市进行现场抽样调查，以检验低保对象是否能够按时足额领取到低保金。所有这些超常规的措施，其目的就是要使党中央、国务院关于应保尽保的决策真正在全国各地落到实处，努力做到不漏保、不错保。

各级党委、政府努力实践“三个代表”重要思想，从讲政治、讲大局高度出发，认真贯彻党中央、国务院的指示精神，把这项工作摆上更加重要的位置，加强领导，精心组织，统一部署，增加投入，狠抓落实。许多地方的党政领导深入实际，现场办公，及时解决问题。各级民政部门在党委、政府的领导下，在财政、劳动、经贸等部门和各级工会组织的密切配合和大力支持下，组织和指导街道办事处、社区居委会，集中力量，克服困难，昼夜奋战，忘我工作，加大工作力度，加强规范管理，使全国的低保工作取得了突破性进展。

(一)全国城市低保对象达到1963万人，基本实现应保尽保

为了完成应保尽保的艰巨任务，各地按照中央要求，积极贯彻属地化管理原则，纠正计算“虚拟收入”的做法，努力将符合低保条件的城市困难居民全部纳入最低生活保障范围。2001年初，全国低保对象只有402万人；2001年底，低保对象达到1170万人；2002年6月底，低保对象人数达到1931万人，到今年9月，全国低保人数达到1963.5万人，基本实现了应保尽保的工作目标。据统计，在这些低保对象中，绝大部分是中西部地区、老工业基地、资源枯竭矿山较多地区以及军工等企业的特困职工和失业人员及其家属。在辽宁、吉林、黑龙江、江西、河南、湖北、湖南、四川等省，由于老工业基地较多，低保人数都已经超过百万。黑龙江、内蒙古、海南等省、区还较好地解决了农垦、森工企业困难职工家庭的低保问题。广西、贵州等边疆少数民族省份，克服地方财政困难、贫困人口数量多等压力，也顺利地实现了应保尽保。近2000万城镇贫困人口纳入低保，得到可靠的最低生活保障，不仅有力地促进了国企改革的顺利进行，维护了社会的稳定，而且也改革完善了我国社会救济制度，使民政工作在改革发展稳定的大局中发挥了更加重要的作用。

（二）财政投入逐年增加，资金管理逐步规范

为满足实现应保尽保的资金需要，各地积极调整财政支出结构，在中央财政加大投入的同时，也都增加了低保资金预算。几年来，低保资金投入逐年增加。2000年，全国各级财政共投入低保资金29.6亿元，其中中央财政8亿元，省及省以下地方财政21.6亿元；2001年，全国低保资金54.2亿元，其中中央财政23亿元，地方财政31.2亿元。2002年，全国低保资金的预算安排有了大幅度增长，达到105.3亿元，其中中央财政46亿元，地方财政59.3亿元，比上年分别增长了94%、100%、90%。从今年预算安排情况看，各省都不同程度地加大了投入力度，其中上海、辽宁、黑龙江、云南、重庆、新疆6个省份的省级财政预算安排超过1亿元。天津、河北、山西、吉林、安徽、江西、河南、四川、广东省级财政预算安排超过5000万元。市、县两级财政尽管比较困难，但也尽了很大努力。为规范低保资金的管理，保证低保金发放的安全性，不少地方正在按照要求着手建立低保资金专户，其中部分省已经建立了专户并及时划转了资金，实行封闭管理。从最近几个月的资金调度情况看，每个月的资金平均发放额度已经超过10亿元，一些地方积极推行低保资金社会化发放，通过银行、邮局直接发放，方便了群众，提高了工作效率，保证了低保金及时足额发放给低保对象。

（三）法规和制度日趋健全，依法行政水平不断提高

上千万符合条件的贫困人口在短短几个月内纳入低保，对低保工作的法制化和制度化提出了新的更高的要求。为此，各地加快了制定城市低保以及社会救助方面的政策法规的步伐。在国务院颁布实施《城市居民最低生活保障条例》以后，北京、辽宁、江苏、福建、河南、甘肃、西藏等21个省、区、市和新疆生产建设兵团制定颁布了与《城市居民最低生活保障条例》相配套的省级低保实施办法或规章，就保障对象范围的确定、保障标准的调整、家庭收入的调查、低保对象的审核审批程序以及动态管理等各个环节作了更为明确和详细的规定。上海市政府颁布了《社会救助办法》；广东省人大颁布了《社会救济条例》；浙江等省颁布了《低保资金管理办法》；北京市政府转发了市民政局《关于完善城市居民最低生活保障制度若干意见的通知》，就低保申请人家庭收入核定的标准和程序、民主评议办法和基层工作机构等做出了一系列明确的规定和要求。全国大部分市、县结合本地低保工作实际，分别制定了市、县两级管理办法和实施细则，初步形成了多层次的低保法规和规章框架。总的看来，各地基本做到有法可依，有章可循，低保工作的法制化水平不断提高。

（四）管理体制初步确立，运行机制逐步完善

适应低保人数和资金大量增加的客观需要，各地不断加强工作机构和工作队伍建设，建立健全"政府统一领导，民政部门主管，有关部门协作，街居具体操作，社会广泛参与"的低保管理体制和运行机制，为全面加强低保管理工作奠定了良好的基础。北京、辽宁、吉林、黑龙江、浙江、湖北、湖南、云南、四川、青海、陕西、宁夏、新疆等省（区、市），在省、市、县三级民政部门都分别设立了相应的低保管理机构，充实加强了街道办事处和社区居委会的工作力量，并注意发挥国有大中型企业工会的作用。天津市在每个社区居委会都增设一名低保专职工作人员以充实低保工作力量。辽宁省还在街道办事处建立服务中心，社区居委会设立服务站，初步形成了"三级管理，四级服务"的低保工作机制。许多地方紧密结合社区建设，大力开展社区社会救助工作，强化扶贫帮困和提供再就业等服务功能，使社区组织成为开展低保工作的重要力量。尽管各地低保工作体制的建设还不够平衡，但总体而言，这项工作已经摆上了各级政府的重要议事日程。

（五）配套政策不断完善，救助体系初步形成

在基本实现应保尽保以后，城市贫困人口的专项救助以及与低保相配套的有关优惠政策问题开始进一步提上议事日程。上海、广东、北京等地已经建立并正在完善以大病救助为重点的医疗救助；相当多的

地方针对贫困家庭子女就学问题实施教育救助；有的地方建立了贫困家庭的廉租房制度；有的地方开始对贫困家庭给予法律援助。同时，多种形式的扶贫帮困和社会互助工作也得到了加强，对贫困家庭减免水、电、煤气等费用的优惠政策和粮油帮困政策广泛实行；山东、江苏等地广泛开展社会互助，大力实施多种形式的扶贫措施，帮助贫困者寻找就业和经营门路。这些不同形式的社会救助，标志着我国以低保为基础的社会救助体系初步形成。

总结一年来城市低保工作，主要有以下基本经验：

加强领导，树立全局观念，把低保工作摆上各级党委政府的重要工作日程，是做好低保工作的根本保证。实践证明，只有站在改革发展稳定的高度，深刻理解中央关于应保尽保决策的重大意义，把低保工作作为一项政治任务，重点研究，重点部署，重点检查，才能保证低保工作的全面推进，健康发展。

深怀爱民之心，恪守为民之责，是做好低保工作的思想基础。实践证明，只有本着对贫困人口高度负责的精神，关心群众生活，倾听群众呼声，时刻把群众的安危冷暖放在心上，及时解决工作中的重点、难点问题，出色履行职能，才能保质保量地实现动态管理下的应保尽保，把江泽民总书记关于“为最需要帮助的困难群众服务”的要求落到实处。

规范工作程序，完善配套政策，是做好低保工作的制度保证。城市低保工作既是一项依法行政的管理工作，也是一项保障贫困居民基本生活权益的维权工作。实践证明，只有制定科学周密的工作程序，才能使低保工作走上规范管理的轨道；只有制定和实施相关的配套优惠政策，切实解决低保对象在教育、医疗、住房、就业等方面的突出困难，才能提高低保工作的实际效果，使困难群众安居乐业。

完善工作机制，充实工作力量，是做好低保工作的组织保证。城市低保工作是一项涉及方方面面的系统工程，离开有关部门的理解、支持与配合，很难达到预期的目的。实践证明，只有不断完善政府领导、民政主管、部门协作、社会参与的工作机制，健全机构，充实力量，充分发挥有关部门的职能作用，调动各方面的积极因素，才能形成合力，把低保工作不断向前推进。

强化监督，坚持公平、公正、公开的原则，是确保低保工作质量的有效途径。实践证明，只有把低保工作置于广大人民群众的直接参与和监督之下，自觉接受财政、审计、监察等部门的行政监督，自觉接受社会舆论的监督，才能使低保工作成为名副其实的“阳光工程”，才能不断提高依法行政的水平，确保低保工作的优质高效。

城市低保工作取得以上成绩和经验，是党中央、国务院正确领导、英明决策的结果，是各级党委政府高度重视、加强领导的结果，是有关部门大力支持、密切配合的结果，也是各级民政部门扎实工作、共同努力的结果。应保尽保的局面确实来之不易，应该倍加珍惜，我们要巩固已有成果，更加努力地工作，把城市低保工作提高到一个新的水平。

二、当前城市低保工作的主要任务

目前，低保工作总的情况是好的，成绩是显著的，但也必须清楚地认识到，低保工作面临着许多新情况、新问题，有些问题还相当突出，必须高度重视，认真加以解决。

应当看到，低保制度作为我国社会保障体系中的最后一道安全网，作为社会救助制度的基本内容，是一个系统工程。要把这一制度完全建立和完善起来，需要做大量艰苦细致的工作。对此，我们的认识还不够到位，还缺乏充分的思想准备、理论准备、法规政策准备、资金准备和技术准备等。

应当看到，在国家实施“鼓励兼并、规范破产、下岗分流、减员增效、实施再就业工程”政策的过程中，下岗失业人员还会有所增加；在实施下岗职工基本生活保障向失业保险并轨过程中，还会有一部分人要纳入低保；特别是最近国务院已经做出按照“实际收入”计算家庭收入的决定，这项政策调整会使低保对象进一步增加，会使工作量、工作难度进一步加大。这些情况都对低保工作提出了新的更高要求，各级民政部门必须转变工作方式和工作作风，完善工作程序，与有关部门密切协作，尽快适应发展变化的新情况。

应当看到，保持动态管理下的应保尽保，是一个十分复杂而艰巨的任务。要完成这一任务，必须健全低保机构，必须完善低保政策，必须保证有充足低保资金，必须实行信息化管理。目前，全国各地低保工作的管理服务水平还相当不平衡。这不仅表现在东部和中西部之间存在着较大的不平衡，而且还突出地存在着工作质量和工作作风方面的严重不平衡。例如同是东部地区，在低保工作进度方面就有较大差异，同是中西部地区，低保工作的质量也不尽相同。在个别地方，低保工作还处于被动应付状态，甚至出现了弄虚作假的现象。我们的思想、工作作风也存在着不适应新形势、新任务的问题。

总之，我们必须认清形势，明确任务；把全面提高低保工作的管理服务水平摆在紧迫而重要的位置，梳理、完善和规范低保工作的各个环节，巩固应保尽保的成果，夯实工作基础，把低保这道“社会安全网”织得更细、更密、更坚实，不辜负党中央、国务院和人民群众对我们的厚望。为此，当前要集中精力做好以下工作：

(一)按照政策标准确定低保范围和对象，确保动态管理下的应保尽保

计算低保对象的家庭收入，是低保工作的重要环节。针对一些职工没有得到“应得收入”，虽然家庭实际生活状况十分困难，但也不能纳入低保的情况，根据中央领导同志多次指示和国务院第138次总理办公会议精神，今后对连续6个月以上未领到或未足额领到工资、下岗职工基本生活费、失业保险金、养老金的人员，在其申请低保时一律按“实际收入”计算。各地要坚决执行国务院关于按“实际收入”计算家庭收入的决定，尽快把符合低保条件的城市困难居民全部纳入低保范围。贯彻国务院的这一决定，一定要做好“应得未得”的认定工作，属于长期未领到或未足额领到工资的职工，要由其单位工会和职工代表大会审议后，报当地经贸部门认定并出具证明；属于下岗职工、失业人员和退休人员，由所在地劳动部门或社会保险经办机构负责出具有关证明。要形成有关部门密切协作的工作机制，切实保障好困难职工的基本生活。另外，还没有取消计算“虚拟收入”的地方，必须坚决纠正，真正做到应保尽保。

(二)增加财政收入，保证按时足额发放低保金

能否按时足额地发放低保金，是落实低保政策的关键所在。当前比较突出的问题，一是有的地方确定低保标准随意性大，互相攀比，追求高标准；二是有的地方在实际发放低保金时，不执行已经颁布的低保标准，少发、欠发或者按低水平平均发放，甚至把低保变成了临时救济；三是有的地方单纯依赖上级财政补助资金，上级补助多少就发多少，没有实行专户管理，市、县预算资金到位情况较差，财政列而不支或列而少支的现象比较严重。最近一段时间，群众反映低保政策不落实的上访信和上访电话较多，怨气很大。这个问题不解决，将直接影响到应保尽保，严重损害党和政府在人民群众中的威信，必须引起高度重视。为保证应保尽保的资金需要，国务院领导多次表示明年中央低保补助资金至少要比今年翻一番，同时也要求地方各级财政要进一步加大投入。各地民政部门要坚持实事求是的原则，根据本地低保人数和实际所需资金，制定下一年度用款计划，经同级财政部门审核后列入预算。低保资金不足的，要及时与财政部门协商并向政府报告。还没有建立专户的地方，要协助有关部门尽快建立，并及时将上级补助资金和地方预算资金划入专户，实行封闭管理，保证专款专用。要学习湖北等地按财政总收入或总支出的一定比例列支低保资金的经验，建立低保资金稳定投入机制。各地要遵循保障贫困群众基本生活和有利于鼓励就业的原则，合理确定低保标准，标准不宜过高，过高了不利于鼓励就业，标准也不能过低，过低了就不能保障困难群众的基本生活。现在的主要问题是要按实际收入计算家庭收入，要按规定标准及时足额地发放低保金。要积极推行低保金社会化

发放，大中城市务必在明年上半年做到通过银行、邮局发放。

(三)完善工作运行体系，加强低保规范化管理

在基本实现应保尽保后，管理上的问题日益突出出来。为此，我们必须把规范化管理工作提上重要议事日程。辽宁制定了《辽宁省城市居民最低生活保障工作操作规范》，对低保工作的每一个环节都作了明确的规定，在全省形成了经过五道程序、提供十大要件、两次张榜公布、三项内容公开、强化三个监督的低保工作运行程序，为大家提供了宝贵的经验。各地要结合实际，认真学习和借鉴。要严格进行家庭收入和财产调查，规范申请、审核、审批和资金发放的程序，保证困难人员随时申请，随时审核，提高审核工作的时效性。调查审核低保对象的家庭收入，要实事求是，审核审批要走群众路线，由居民代表会议评议、张榜公布，接受群众监督，做到公开、公平、公正。对大中型企业困难职工家庭，基层民政部门要依靠企业工会做好低保工作，由职工代表大会进行评议并提出低保对象名单，企业工会负责审核，民政部门负责审批，确保困难职工的低保待遇得到落实。要实行动态管理，对低保对象按季度最长不超过半年审核一次，做到人员有进有出、补助水平有升有降。低保金要一律做到按月发放，纠正按季度发放的不规范做法。为了加强规范化管理，民政部救灾救济司在这次会议上印发了《全国低保管理工作规程(讨论稿)》，希望大家多提意见。

(四)建立计算机管理网络，提高低保工作信息化水平

低保管理的信息化建设是实现低保规范管理的重要手段，是提高低保工作效率和整体水平的重要途径，无论是低保对象的统计分析还是实行动态管理，无论是低保资金的发放还是低保信息的共享，都与信息化建设密切相关。朱镕基总理在第十一次全国民政会议上要求，“要加强城市低保管理的信息化建设，把这项工作列为电子政务的重要内容予以支持。尽快建立功能齐全、覆盖面广、规范透明的社会救助信息网络，及时准确掌握低保情况动态，提高低保工作效率。”目前，低保工作的信息化建设与总理的要求和实际工作的需要还存在着很大的差距，全国还未形成统一的低保管理信息网络，未使用统一的低保管理软件，不少的基层民政部门和街道办事处还没有配备电脑，主要依靠手工操作进行管理，不能及时掌握和上报动态情况，也给上级管理部门实行有效监管带来了困难。这种状况必须改变。各地要进一步加大信息化建设的投入力度，为各级低保管理机构和社区居委会配备电脑设备。全国民政系统要统一使用民政部开发的低保管理软件，民政部为各地无偿提供软件，并帮助培训操作人员。我们要共同努力，力争在明年上半年基本实现民政部与省、市、县三级民政部门的联网，明年底基本实现与街道和社区居委会的联网。

(五)加强机构、队伍建设，夯实低保工作基础

机构不健全、工作力量薄弱、经费不足，是影响低保工作开展的突出问题，为保证工作的需要，各地要把加强低保工作机构和工作队伍建设当作一件大事来抓。辽宁在全省建立省、市、县(区、市)、街道、社区五级城市低保工作机构，配备各级专职工作人员一万多人，工作及人员经费列入财政预算。各地要认真学习辽宁试点的做法和经验。回去后主动向党委、政府汇报，积极争取，尽快建立低保工作机构，配备专门工作人员，切实解决工作和人员经费，提供必要的工作条件，保证低保工作的正常开展。同时要加强对低保工作人员的培训，经常进行低保政策法规、低保管理服务及计算机应用等方面的培训，不断提高他们的政策业务水平，培养一支政治觉悟高、业务能力强、全心全意为低保对象服务的高素质低保工作队伍，为低保工作的正常开展提供强有力的组织保证。

同志们，冷静地分析低保工作的现状，深感任务艰巨。在新的形势和任务面前，我们只有进一步激发全国民政系统广大干部职工的积极性和创造性，以饱满的政治热情努力实践“三个代表”的重要思想，加倍工作，奋发进取，才能圆满地完成中央交给我们的光荣任务。

三、强化措施，狠抓落实，把低保工作推向新水平

（一）加快法制建设，提高依法行政水平

法制建设是实现低保工作规范化的重要保证。目前低保法律法规和规章制度还不健全，还有11个省（区）未出台省级《城市居民最低生活保障条例》实施办法或有关规章，市、县两级的低保实施细则也亟待修改完善。要加快法制建设，逐步形成完善配套的低保政策法规体系。省、市两级必须出台统一的文件或法规，对低保工作的重要环节以及重点难点问题做出规定，并着手制订低保对象动态管理办法、资金管理办法、信息化管理办法等专项行政规章。要切实提高依法行政的水平，树立依法行政的观念，增强依法行政的自觉性，严格按照低保的法定标准和法定程序进行审核、审批和发放。要增强依法行政的透明度，实行政务公开，向社会公布有关低保制度的政策法规、办理低保手续的程序以及办理结果，自觉接受社会的监督。

（二）完善工作制度，加强监督检查

当前，要重点完善家庭备案和定期抽查制度，根据低保对象的动态变化情况对备案内容及时进行更新，并根据低保对象家庭备案资料，定期组织社会力量进行抽查；要建立统计报告和公示制度，每月对本地的低保对象、资金发放、人均补差水平等重要数据进行统计并逐级上报，同时由各级民政部门按月向社会公布；要建立联系协商制度，协调财政、劳动、经贸、统计、工会等有关部门，召开联席会议，及时通报情况，共同研究解决工作中的问题。各级民政部门要加强监督检查工作，开展经常性的自查工作，必要时请人大、政协以及有关部门和社会力量进行抽查。监督检查必须求真务实，突出重点，增强针对性。对发现的问题，要采取切实有效的措施加以整改。要设立低保热线电话，以方便群众和利于接受社会监督。

（三）制定配套优惠政策，提高低保的实际效果

目前，各地有不少低保对象领到低保补助金之后仍然十分困难，亟须制定和落实就医、就学及住房等项配套优惠政策。这既是《城市居民最低生活保障条例》的规定，也是第十一次全国民政会议的要求。各级民政部门要积极争取当地政府的重视和支持，做好有关的协调工作，争取由政府统一对低保的配套优惠政策做出具体规定，明确各部门尤其是卫生、教育、建设、工商、劳动等部门的社会救助职责，从多方面对低保家庭给予优惠和帮助。要广泛发动社会力量，大力开展社会互助和“扶贫帮困送温暖”活动，营造全社会都来关心贫困群体的良好氛围。

（四）加强政策理论研究，不断研究新情况、解决新问题

随着改革的深入，低保工作将出现许多新情况、新问题。为此，我们要一手抓面上工作推进，一手抓政策理论研究。各级民政部门要在深入实际调查研究基础上，不断完善政策，升华理论。要注意听取国内外专家学者的意见，学习借鉴国外成功的经验和做法，研究低保工作的长远发展思路和战略目标。要组织人员对工作中的重点难点问题开展系统性的研究，特别是要注意研究如何建立低保资金稳定投入机制，如何制定和调整低保标准以及相应的指标体系，如何审核低保家庭的收入及财产等，要研究产业结构调整、企业改革改制、下岗职工基本生活保障向失业保险并轨及户籍制度改革等给低保工作带来的新情况、新问题及对策，要积极探索建立农村最低生活保障制度的政策和措施。

（五）转变工作方式，改进工作作风

低保工作主要是做人的工作，我们要深怀爱民之心，恪守为民之责，把数以千万的低保对象时刻挂在心上。要发扬密切联系群众的优良传统和作风，深入基层，体察民情，落实各项低保政策，为最需要帮助的困难群众服务，把党和政府的温暖送到千家万户。各级民政部门要进一步改进工作方法，转变工作方式，增强创新意识，学会通过行政的、法制的手段来做好低保工作。要加强调查研究，善于从实践中总结经验，发现问题，及时推广好的经验和做法。要学习掌握计算机应用等先进技术，努力成为低保信息化管理的行家里手。要

注重从整体上设计和完善低保制度,拓展低保管理工作的内涵和外延,全面提高低保工作水平。

同志们,党的十六大即将召开,我国社会主义现代化建设的各项事业都将进入一个崭新的历史时期,各级民政部门肩负着重要和光荣的使命。城市居民最低生活保障制度是"民心工程"、"德政工程"、"凝聚力工程",是利在万民的丰功伟业。让我们以邓小平理论和"三个代表"重要思想为指导,始终从最广大人民群众的根本利益出发,开拓创新,与时俱进,圆满完成各项低保任务,为改革开放和社会主义现代化建设事业做出应有贡献,以实际行动迎接党的十六大胜利召开!

在全国"星光计划"工作会议上的讲话

民政部副部长　李宝库

(2002年5月16日)

同志们:

这次会议的目的,是总结去年"星光计划"的实施情况,部署今年的工作任务。我讲三个问题。

一、对去年工作的回顾与总结

去年6月8日,民政部在北京人民大会堂召开新闻发布会,向全社会公布实施"星光计划"的消息,标志着"星光计划"开始在全国实施。现在一年时间过去了,这项工作在党中央、国务院领导的亲切关怀下,在各级党委、政府特别是省会城市党委、政府的高度重视下,在民政部门和街道、居委会的辛勤努力下,已经开了一个好头,实现了我们的预期目标。

首先,首批项目基本按计划完成。据到4月底的统计,全国共建成并投入使用的项目为5966个,还有860个项目预计近期内可以完成。全国有21个省、区、市在"五一"前按计划或超计划完成任务,其中北京、河北、辽宁的实际建设数远远超过初期制定的计划数。所以,可以有把握地说,到今年5月底,全国将会超额完成才让部长在保定会议上提出的建成6000个"星光计划"项目的目标。

其次,全社会关注"星光计划"的态势已经形成,社会各界反响强烈。随着项目建设由布点到施工到建成直到投入使用的逐步展开,"星光计划"这个词,"星光计划"作为为老服务的一项工程,也逐步由领导重视变成新闻热点,变成人民群众的口碑。各省会城市和部分地市有着统一标志的"星光老年之家"如雨后春笋般出现在城市社区,其巨大的轰动效应和社会效益,出乎许多人的意料,受到社会各界的好评。一些地方采取统一挂牌的方式,更使"星光计划"备受瞩目,一时间成为当地民政工作的亮点,街道、居委会工作的重点,新闻报道的焦点和居民群众街头巷议的热点,得到了全社会,特别是老年群众的普遍认可和欢迎。实际情况是,第一批项目的成功,已经普遍调动起其他城市争取"星光计划"、实施"星光计划"的积极性和主动精神。

在首批项目的实施过程中,各地结合实际,大胆创新,好的做法和经验也不断涌现。黑龙江、重庆、江苏、浙江、贵州等地重视基础工作,布点阶段即组织力量对项目点一个一个地调查,将土地划拨、资金配套等逐一检查落实,做到对每个项目都心中有数,确保实施过程中不扯皮,不推诿。黑龙江、辽宁、新疆等地实行项目建设层层承包责任制,从省、市一直到居委会,层层签订责任状,责任落实到人,明确目标和罚则。上海、安徽、湖南等地制定了

"星光计划"资金和项目审批管理办法,上海还提出对建成项目实行示范型和标准型分级定位管理,从一开始就将"星光计划"项目纳入规范管理。天津、大连等地提出"树立精品意识,打造精品工程",并制定了相应的标准和条件,使社区服务朝着现代化的方向迈进。广西注重"星光计划"项目设施建设的规范化和标准化,南宁市制定出台了《"星光计划"工程建筑设计纲要》,对建筑物的安全、卫生、适用等方面提出基本要求,使建筑设计符合老年人的体能心态特征。上海、吉林、山西等地在项目起始阶段就着手研究项目的管理与运营,通过签订协议书、委托中介组织管理等方法保证建成后的项目不走样,不流失。浙江省温州市制定考核评分表,对建成的项目点实行"千分制"管理。浙江杭州市、四川成都市、陕西西安市、辽宁大连市等地提出以人为本,科学合理地设置"星光计划"项目的功能,为老年人营造积极向上的良好活动氛围,引导老年人参与健康文明的文化娱乐活动,使"星光老年之家"成为了精神文明建设的窗口和阵地。江苏、河北、湖北、青岛、宁波等地本着"政府和社会力量投入为主,福利金资助为辅"的原则,大力发动社会力量参与"星光计划"建设,真正将部门工程转变为社会工程。安徽、浙江、重庆、江西、天津等地重视项目实施过程中的信息交流,以简报、通报、快报等方式及时总结和交流好的做法和经验,初步做到了资源和信息的共享。

在肯定成绩和交流经验的同时,我们也要清醒地看到问题和不足。比如,有的地方思想认识仍然没有到位,对于搞"星光计划"还存在这样那样的疑虑,因而积极性、紧迫感和投入的力度不够,导致工作松懈,步伐迟缓,贻误了战机。有的地方没有积极争取党政领导的重视和有关部门的配合支持,只是民政部门在唱独角戏,使"星光计划"成为了一项部门工程,致使工作障碍重重,进展缓慢。第一批项目中,现在仍然有3个单位完成量不到计划的50%。此外,大多数地方都存在项目设施建设不符合民政部与建设部共同发布的《老年人建筑设计规范》要求的问题,忽略了老年人的生理特征,缺少无障碍设施等方面的配套。功能设置不合理的问题也比较突出,有的功能单一,有的项目内容不够健康,有的功能脱离本地实际,有的不够方便适用。室外活动场所的建设也相对薄弱,一些地方只有室内没有室外活动场地,有的有室外活动场地却没有活动器械。所有这些问题,在第二批项目建设中,都应当引起我们的足够重视并切实加以解决。

二、从战略的高度认识"星光计划"的重大意义

第二批项目很快将在全国展开,对于"星光计划",我们有必要从它在以居家养老为基础的中国养老体系建设中的战略地位进行再认识。

我国是一个具有悠久的尊老、爱老历史传统的国家。根据历史和国情,以居家养老为主是我们面对中国人口老龄化形势的必然选择。2000年民政部全国社会福利社会化工作会议上已经明确提出"努力建设居家为基础、社区为依托、福利机构为补充的老年人福利服务体系"。在这一体系中,居家养老处于基础地位,这既是我们特殊的历史和国情所决定的,也是我们借鉴国外社会福利发展的经验教训得出的结论,更是我国社会福利事业发展战略的正确选择。

家庭是建立在婚姻关系和血缘关系基础上的社会基础单位和细胞,它是老年人的感情和精神的重要支柱,是他们生活的主要场所,它给予老年人的生活照顾和精神慰藉,是任何机构所无法替代的。同样,由子女承担对父母的扶养责任,既是法律的规定,也是年轻一代应尽的社会责任。目前,我国老年人大多数同子女生活在一起,保持和发挥家庭在养老中的地位和作用,不仅由于家庭本身具有的社会所无法替代的优势,而且在于它符合我国今后一个时期经济和社会发展的实际,既可以减轻社会养老的负担,又有利于老年人在家庭中欢度晚年。从国外的经验看,绝大多数发达国家也都经历了一个对家庭在养老事业中地位问题的重新认识的过程。上个月,我刚刚参加了联合国在西班牙召开的联合国世界老龄大会，对此，我深有感触。几十年前，很多发达的西方国家认为解决老年人养老问题的重点是国家建设足够的养老院舍，为老年人提供集中照顾服务。但是近些年他们发现，机构建设成本昂贵，国家负担日益沉重，却远远不能满足老年人的需求。现在，国际社会普遍认识到家庭在养老体系中的重要作用，政府的工作重心也逐步转向如何为居家养老提供帮助和支持上来。1982 年联合国批准的《国际老龄行动计划》指出："应设法按一个社会文化价值和家庭的老年成员的需求来支持、保护和加强家庭。"1991 年通过的《联合国老年人原则》再次强调"老年人应尽可能在家居住"。让老年人尽可能地在家庭中颐养天年已被越来越多的政府、组织和民众所接受。我国刚刚开始步入老龄化社会，在建设具有中国特色的养老体系过程中，要充分借鉴外国在养老方面的经验教训，绕开他们走过的弯路，坚持我国的以居家养老为基础的传统，并通过政策的鼓励和支持使它得到巩固和完善。

因此，我们要从战略的高度重新认识"星光计划"的现实意义和历史作用。应该说，我们倡导和组织"星光计划"，顺应了世界养老潮流，为稳定和巩固我国的居家养老提供了有力的支持和保证。我们看到，尽管家庭是老年人养老的主要场所，但是，随着我国家庭小型化和"四二一"家庭结构的日益增多，家庭养老功能在逐步削弱，传统的家庭养老已独木难支，居家养老已成为家庭的沉重负担。所以，依托社区，为家庭提供支持，建立一个社区与家庭养老相互依存的社会养老体系，就成为了我们的当务之急。"星光计划"立足社区，面向社区，建在老年人的家门口，小型分散，方便实用，网络健全，让老年人在自己生活的社区就可以享受到方便的社区福利服务，极大地弥补了家庭养老的不足。当然，从目前的情况看，实施"星光计划"只是解决了老年人居家养老的一小部分问题，老年人的许多需求仍没有得到有效解决，但是我们毕竟在为居家养老提供支持上迈出了实质性的一步。今后，随着"星光计划"的进一步深入实施，它必将在满足社区老年人各项福利服务需求方面发挥越来越显著的作用。

三、完成好今年的工作任务需要强调的几个问题

按照《"星光计划"实施方案》的部署，从今年 6 月起，我们将进入第二批"星光计划"项目建设。为了如期保质保量地完成"星光计划"工作，我就实施第二批"星光计划"讲几点意见，供大家讨论。

一是关于今年部级福利金的分配。今年用于"星光计划"的部级福利资金共 5.9602 亿元，占民政部可以使用的本级社会福利金额度的 84.4%。这近 6 亿元资金中，除留出 602 万元机动外，其余 5.9 亿元全部切块下达各地。具体分配方案是：上海、广东、山东 3 个省市，每家各 500 万元；北京、天津、江苏、浙江 4 个省市，每家各 1000 万元；黑龙江、吉林、辽宁、河北、河南、湖北、湖南、安徽、福建、广西、海南、四川、重庆 13 个省、市、自治区，每家各 2000 万元；内蒙古、山西、陕西、江西、云南 5 个省、自治区，每家各 2500 万元；新疆、甘肃、青海、宁夏、贵州 5 个省、自治区，每家 3000 万元。这次的资金分配，同去年相比，加大了向贫困省份和老区倾斜的力度。对此，希望得到大家的理解和支持。发行社会福利彩票，是党中央、国务院给予民政部门的一项优惠政策，是发展社会福利事业的重要资金筹集渠道，其中募集的福利金绝大部分已经留在了当地，上缴民政部的福利金只是很小的一部分。民政部在对本级福利金的分配和使用上，必须要充分体现出国家开发西部，向西部倾斜的宏观发展战略。应该说，促进西部的发展与繁荣，既体现了国家对西部的重视，也体现了全国各地对西部的支持。

二是关于工作的重点。首批"星光计划"实施的重点是省会城市和计划单列市，以及个别有条件的试点地市。第二批的重点是省会城市以外的其他城市，同时兼顾县城。比起去年集中搞省会城市，今年的任务将更加繁重。全国有地级市 265 个，县级市 393 个，不仅分布范围更广，数量更多，而且情况和条件更复杂，对此要有足够的准备和相应的对策。对于

县城，可以选择有条件、有积极性的地方建设少量示范性项目。“星光计划”项目要继续坚持“四个统一”。在设施建设方面，要坚持室内外相结合，加强室外活动场所的建设，配备相应的活动器械。有些地方把建设室外活动场所和体育部门推动的室外健身工程（健身路径）结合起来，既节省了“星光计划”的费用，又用这些省下来的费用去盖更多的“星光老年之家”，这个做法值得推广。

三是关于建设进度。这次会议之后，各地要立即着手进行基础调查，制定第二批“星光计划”年度实施计划，6月底将计划上报民政部备案，今年年底前应基本完成第二批建设目标，明年4月底前全部按时完成。北方冬季时间长的地方，要吸取去年的教训，早起步，早动手。各地要将“星光计划”的进展情况通过简报等形式每月向民政部通报一次，以便沟通信息，加强交流。

四是关于配套资金的比例和落实。今年，省级及省级以下各级福利金都要拿出不低于80%的比例用于“星光计划”，并与部级福利金捆绑使用，确保资金足额到位。去年，由于民政部布置的时间是下半年，导致地方福利金没有足额用于“星光计划”。今年，我们的要求是明确的，各地没有理由不予落实。同时，要积极争取地方的配套投入，绝不能只把眼光盯在福利金的资助上。地方的配套投入，要继续坚持去年提出的标准，即中西部地区不得低于1:1，东部地区不得低于1:2。各级民政部门在选点的时候，必须选择那些地方积极性高，优惠政策（如对土地的无偿划拨等）到位，配套资金可以及时足额到位的项目，以确保“星光计划”的实施能够收到实效。

五是关于将“星光计划”同社区建设密切结合的问题。要充分发挥“星光计划”同社区建设的相互促进作用，充分利用社区建设和街居调整的有利时机，在调整社区规模、建立社区组织、理顺社区关系、加强社区队伍建设的同时，推动“星光计划”乘势而上，使“星光计划”能够在社区的这个载体上发光发亮。反过来，实施“星光计划”，又可以极大地促进社区建设，“星光计划”是街道、居委会为居民办的一件实实在在的好事，它可以让群众看得见、摸得着、用得上，它可以激发广大居民参与社区建设的积极性，增强社区建设的认同感和凝聚力。所以，各级民政部门要充分认识两项工作的内在关系，在实际工作中发掘两者相互促进的最佳结合点，使“星光计划”和社区建设相得益彰，共同发展。当然，在处理“星光计划”和社区建设的关系时，绝不能把“星光计划”的项目搞成街道或居委会的办公用房，两者可以建在一起，但必须确保“星光老年之家”的相对独立性，并确保其有足够的面积和活动的空间。

六是关于项目功能设置、管理和运营机制的问题。功能设置和管理是“星光计划”的核心，关系着“星光计划”的成败，因此，必须引起大家的高度重视。在实施第二批“星光计划”项目建设的时候，要注意防止两种倾向。一是要防止形式主义。个别地方的“星光计划”项目点纯粹是做给别人看的，除去在房屋外挂一个标志外，既无活动设施，又无实质性的功能，影响很不好，可以说，这是在砸“星光计划”的牌子。二是要防止贪大求洋，脱离本地实际和老年人的需求，片面追求规模和档次，成本高，数量少，达不到星罗棋布的效果。在项目功能的设置上，要强调以人为本，同时通过我们的积极引导，倡导健康文明的活动方式。比如普遍设立的麻将室（多数地方称为棋牌室，其实就是麻将室），是许多老年人比较热衷的活动项目，应当说也是不可或缺的项目。但是，如果把这一活动方式推向极致，以至于有人把我们的“老年之家”称为“麻将之家”，就严重背离了实施“星光计划”的初衷了。所以，麻将不能没有，但要将其控制在一定程度之内，同时通过我们的努力和培养，逐步为老年人提供各种丰富多彩、健康向上的文化娱乐活动。项目建成后如何管理、如何有机运营的问题，是摆在各级民政部门面前的一个十分重要的问题，各地对此做了大量的研究和探索。我们仍然要坚持开拓思路，百花齐放，只要是有利于“星光计划”项目的长远发展，有利于为老年人居家养老提供支持的方式方法，都可以大胆地去试去闯。我们准备今年在适当的时候,以专题研讨会等方式对这个问题进行深入的探讨。

同志们,“星光计划”已经首战告捷,我们要趁热打铁,再接再厉,在各级党委和政府的领导下,做好规划部署,加大宣传力度,动员社会力量,整合社区资源,使“星光计划”再上一个新台阶。

在全国省级老工办负责人会议上的讲话

民政部副部长、全国老工办常务副主任 李宝库

(2002年3月17日)

同志们:

刚才,才让部长传达了李岚清副总理在全国老龄工作委员会第四次全体会议上的讲话,才让部长在四次会上所作的工作报告也已印发给大家。岚清副总理的讲话非常重要,对今后全国的老龄工作提出了新的更高的要求,希望大家认真学习,深刻领会,全面贯彻。才让部长的报告全面总结了去年全国的老龄工作,对今年的工作做了部署,为各级老工办开展工作提出了重要的指导性意见。根据岚清副总理和才让部长讲话精神,下面,我对去年老工办的工作做个回顾总结,并就今年老工办的工作谈点意见。

一、去年工作的回顾

2001年,我国的老龄工作在党中央、国务院的领导下取得了很好的成绩。对此,才让部长在全国老工委第四次全体会议的报告中指出:去年,“各地紧紧围绕深入贯彻落实《中共中央、国务院关于加强老龄工作的决定》(以下简称中央《决定》)和《中国老龄事业发展‘十五’计划纲要》,中央、地方各成员单位都认真履行各自职责,加强团结协作,为推进我国老龄事业发展做了大量的、扎扎实实的工作,在大家的共同努力下,全国老龄工作取得了长足进步。”会议审议并通过了这个报告。司马义国务委员专门对去年的工作做了批示,指出:去年老龄工作认真贯彻中央《决定》、全国老龄工作会议和岚清同志讲话精神,扎实工作,取得了很大进展。各地老工会办公室同志们做了很多工作。岚清副总理也对去年的工作给予充分肯定,明确指出:我国老龄事业取得了新的进展,已步入健康发展的轨道。

这些成绩的取得,离不开各级党委、政府的高度重视和正确领导,离不开各成员单位的通力协作,也离不开社会各界的大力支持,更离不开我们各地老工办同志们的辛勤工作。去年,各级老工办积极主动地、创造性地进行工作,对于推动全国老龄工作的开展发挥了关键作用,功不可没。概括起来,去年各地老工办的工作有以下几个特点:

第一,深刻认识老龄工作的重要性,以高度的政治责任感、强烈的事业心和对老年人的深厚感情投入工作。去年是各地成立老工办的第一年,各地的同志们都认真学习中央《决定》和《中国老龄事业发展“十五”计划纲要》,极大地提高了对老龄工作重要性的认识,增强了责任感,激发了事业心,为开展工作奠定了坚实的基础。老工办在人员构成上包括两部分人,一部分是多年从事这项工作的老同志,他们对老龄事业很有感情,又熟悉情况,经验丰富,在新的条件下,焕发出极大的工作热情;另一部分是刚刚调入的新同志,他们虚心学习,刻苦钻研,全身心地投入到新的工作中去。同志们的这种精神状态,是我们做好办

公室工作最重要的内在因素。

第二，较快地转变了工作思路，较好地发挥了“三个作用”。西安会议以后，许多地方按照才让部长的要求，努力发挥参谋助手、综合协调和督促检查的作用，在工作思路和工作方式方法上做了有益的探索。上海市老工办确立了“转变模式，加强管理，完善机制，落实载体”的工作思路。陕西省老工办提出了老龄工作要在指导思想、领导体制、工作思路、工作方法和工作作风五个方面搞好转变。浙江、湖北等多数地方的老工办发挥参谋助手作用，就当地老龄工作中急需解决的问题，及时向党委政府提出了建议。由于定位准确，方法得当，办公室工作更主动、更有效了。北京、浙江、江苏、青海、广东等地老工办发挥综合协调作用，推动有关部门及时解决了养老、助老设施紧张问题，受到老年人的欢迎。

第三，积极争取党政领导的重视和支持，主动协调成员单位开展工作。党政领导的重视和支持是做好工作的关键，成员单位的密切配合是做好工作的基础。但是，领导同志的事情很多，成员单位的工作很忙，如何使老龄工作摆上位置，摆上议程呢？我认为，办公室同志及时请示汇报，及时沟通情况，是十分重要的。在这方面，大家做了很多工作。目前，在党政领导的关心支持下，省级机构基本理顺，办公条件有了改善，办公经费也在逐步解决。云南、上海、天津、福建、湖北、北京等地在理顺机构的同时，办公经费有所增加，办公条件得到改善。在成员单位的大力配合下，全国24个省、区、市已制定下发了贯彻落实中央《决定》的实施意见。20个省、区、市已经制定下发了本地的《老龄事业发展“十五”计划》。各成员单位还相继出台了一系列政策法规。

第四，调查研究，制定政策，为老年人办好事、办实事。各地老工办深入基层，调查研究，倾听民意，想老年人之所想，急老年人之所急，积极向政府提出建议，为老年人办好事、办实事。北京、黑龙江、湖北、山东分别以政府名义下发文件，对老年人乘坐交通工具、挂号就医、参观游览等多方面实行优待。湖北、山东等省还规定农村70岁以上老年人可以享受减免“三提五统”优待。福建、浙江等地对百岁以上老年人调拨专款进行慰问。湖南、天津等省、市政府做出决定，对全市百岁以上老年人每人每月发放200元营养补助费。针对落实老年人优待政策中存在的有关问题，山东各级老龄工作部门采取了通报情况、领导下基层检查、派督察组督察等手段，狠抓了对老年优待政策的贯彻落实。许多地方采取多种形式，加大了救助贫困老年人的工作力度。在去年重阳节期间，福建省从福利彩票筹集的资金中拨出专款，救助全省特困老年人。北京市政府去年拨专款20万元救助千名特困老年人，区县和乡镇两级政府拨专款达200万元救助了特困老人。山东济南建立了特困老年人救助基金，专门用于对全市特困老年人的救助。不仅如此，各地还动员社会力量，救助特困老年人，弥补政府救助金的不足。福建省老年基金会救助山区和革命老区400位特困老年人。北京市老工办协商律师协会为特困老年人募集了18万元捐款。

第五，开展丰富多彩的文体活动，占领老年思想文化阵地。各地普遍开展了内容健康、形式多样的老年文化体育活动。黑龙江省老工办为营造“老年人拒绝邪教”的社会氛围，印制了百米长卷，深入到省直机关、老年大学和社区老年人中间，开展签名活动。云南组织了1300名老年人参加的“云南福彩老年健康游”大型旅游活动，以此拉开了全省“关爱老人、服务老人”主题系列活动的序幕。山东省老工办联合省文化厅共同举办了“首届老年文化艺术大赛”。湖北省老工办与省体育局、省老年人体育协会共同举办了“百万老人健身”启动仪式。江苏省开展了评选“健康长寿之星”活动。重阳节期间，辽宁、吉林、山西、新疆、内蒙古、江西、安徽、宁夏、湖南、河南、广西、重庆、贵州等大多数省、区、市开展了游园参观、文艺演出、体育比赛等丰富多彩的庆祝活动。这些活动的开展，丰富了老年人的精神生活，提高了老年人的思想境界。

我们的机构虽然刚刚建立，人员不齐，困难较多，任务繁重,但是大家以良好的精神状态和饱满的工作热情,探索前进,开拓创新,工作卓有成效。这说明,我们这支队伍是一支充满朝气和活力的队伍,是一支不怕困难、有战斗力的队伍,是一支真心诚意为老年人办实事办好事的队伍。在此,我代表才让部长和全国老工委办公室,向同志们表示衷心的感谢!

二、今年的工作任务

大家知道,我国是在社会经济转型的情况下进入老龄社会的。目前,60岁以上老年人口已达1.32亿,并以每年3.2%的速度急剧增长。人口老龄化的严峻形势,庞大的老年群体和由此产生的各种社会经济问题,已经引起党中央国务院、各地党委政府和有关部门的高度重视。去年,国务院颁布了《中国老龄事业发展"十五"计划纲要》,各地区、各有关部门完善了老龄政策法规,老年人养老、教育、文化、卫生、体育、福利设施建设、离退休干部工作以及社区老龄工作等都取得了新的进步。老年人的精神文化生活不断丰富,生活质量有了新的提高。总之,各级党委政府越来越重视老龄工作,各有关部门都把老龄工作作为本部门工作的一项重要内容,全社会关心支持老龄事业的氛围越来越浓厚,老龄事业发展的社会环境越来越好,老年人对老龄工作部门的期望也越来越高。可以说,当前是加强老龄工作和加快发展老龄事业的最好时期。

同时,我们也要看到,全国老龄工作在一些地方还存在认识不够到位、整体推动老龄工作的机制尚未真正形成、农村老龄工作相对落后、工作开展不平衡等问题。特别是各级老工办还面临一些亟待解决的问题:一是地县级老龄工作体制还没有理顺;二是老龄工作经费严重不足;三是老龄工作干部队伍建设有待进一步加强;四是办公室的工作思路、工作方式方法和工作作风尚未完全转变。总之,我们面临的形势是机遇与挑战并存,优势与困难同在。对此,我们要认清形势,抓住机遇,克服困难,迎接挑战,努力做好今年的各项工作。

今年老龄工作的主要任务,就是贯彻落实全国老工委第四次全体会议精神。我认为,全国老工委第四次全体会议是一次非常重要的会议。在这次会议上,李岚清副总理提出了"党政主导、社会参与、全民关怀"的老龄工作方针。他同时强调指出,今年老龄工作的重点是抓落实、办实事。这是这次会议的主要精神。岚清副总理提出的老龄工作方针,是20年来我国老龄工作经验的总结,也为今后老龄事业的发展指明了方向。党政主导、社会参与和全民关怀,三者相辅相成,缺一不可。我们要认真学习,领会精神实质,并用于指导办公室的各项工作。贯彻这次会议精神,就是要认认真真地为老年人办几件看得见、摸得着、用得上的好事和实事。根据岚清同志的指示,全国老工办已要求全国老龄工作委员会各成员单位报送办实事的计划,各地老工办也要按照岚清同志的指示,要求各成员单位报送办实事的打算。我们各级老工办要加强对这项工作的督促检查。

关于今年的工作,岚清副总理提出了明确要求,才让部长做了全面部署。全国老工办据此制定了今年的工作要点。今年,办公室工作的总体要求是:以江泽民同志"三个代表"重要思想为指导,以全面贯彻落实《中国老龄事业发展"十五"计划纲要》和全国老工委第四次全体会议精神为主线,以理顺地县级老龄工作关系、健全工作机构为重点,围绕"六个老有"的工作目标,积极探索社区建设、"星光计划"和老龄工作三位一体的工作机制。进一步实现工作思路、工作方式方法和工作作风的转变,在推动各部门各地区为老年人办实事上发挥好参谋助手、综合协调和督促检查的作用。贯彻落实全国老工委第四次会议精神,各地老工办地位重要,责任重大。各地老工办可根据会议精神,参考全国老工办的工作要点,结合当地的实际情况,制定自己的工作要点。在这里,我再强调几个问题:

第一,抓紧理顺地县级老龄工作关系,尽快健全机构和工作机制。理顺工作关系和健全老龄工作机构是开展工作的前提和基础。没有机构或者关系不顺，开展工作就是一句空话。中央《决定》指出："地方各级党委、人民政府要参照全国老龄工作委员会的设置，尽快建立健全本地区老龄工作议事协调机构，并在民政部门建立精干的办事机构，提供必要的工作经费。"岚清副总理在全国老工委第三次全体会议上明确要求："老龄工作机构在机构改革中只能加强，不能削弱。"今年，又进一步强调指出，"各地区要按照中央《决定》精神，抓紧理顺和健全地县级老龄工作体制，健全机构，配好人员，保证经费，确保基层老龄工作的正常开展"。去年，经过大家的共同努力，省级老龄工作关系已基本理顺，工作机构已基本建立，今年的重点是理顺地县两级老龄工作关系，健全工作机构。省级老工办和民政部门要紧紧抓住地县机构改革的有利时机，按照中央《决定》和岚清副总理的要求，密切关注，及时向党委政府反映情况，提出建议，积极推动，督促检查，务必在年内理顺工作关系，健全工作机构，建好班子，配好人员，保证必要的工作经费。

第二，突出重点，切实加大老年维权工作力度。老年人是社会的弱势群体，维护老年人的合法权益是老龄工作的一项重要任务。作为各级老龄工作委员会的办事机构和成员单位的综合协调部门，我们要高高举起维护老年人合法权益这面旗帜，把维护老年人合法权益的工作落实到社区，落实到基层，落实到老年人身上。今年，各级老工办要在维权工作上抓好三件事：一是要落实中央关于重视解决弱势群体的生活困难问题的会议精神，组织力量对特困老年人的生活状况进行调查，摸清情况，研究对策，提出建议，推动有关部门加大对特困老年人的救济力度。同时，要动员社会力量，开展"扶贫济困送温暖"活动，帮助特困老年人解决实际困难，决不能让他们冻着、饿着。在这个问题上，要充分发挥老工办的综合协调作用。二是要协同新闻、宣传、教育部门加大宣传力度。要面向中青年和少年儿童开展宣传教育活动，进一步提高他们敬老、养老、助老的自觉性，在全社会形成良好的社会风尚。要树立维护老年人合法权益的先进典型，当前特别要树立先进地区、先进单位的典型。因为，一个地区一个单位的工作做好了，就会出现一大批的先进个人。同时，对侮辱、虐待、遗弃等严重侵害老年人合法权益的恶性案件进行曝光，并协助司法部门及时认真地处理。要通过典型案件的处理，增强全社会对老年人合法权益的关注。三是要认真做好老年优待工作。已经出台老年优待政策的省市，老工办要加强检查、督促、落实和完善工作。没有出台的地方，要抓紧工作，制定相关政策，争取尽快出台。总之，要通过抓好这三件事情，带动整个老年维权工作的深入开展，把维权工作落到实处。

第三，积极开展试点，努力探索社区、基层老龄工作运行机制。老年人生活在社区，在基层，老龄工作的大政方针能否得到有效的贯彻落实，最终要通过社区、基层工作在老年人身上体现出来。这是我们工作的重心和出发点。做好社区、基层老龄工作，对于落实中央关于老龄工作的方针政策，不断满足老年人的物质文化需求，实现"六个老有"，具有十分重要的意义。岚清副总理曾多次强调社区、基层老龄工作的重要性。各地要抓住推进社区建设的大好机遇，从本地实际出发，勇于实践，研究探索社区老龄工作的工作体制和运行机制等重要问题，创造性地做好社区老龄工作。去年底，全国老工办选择了一些省市进行社区、基层老龄工作试点。各试点省市委周密部署，认真组织实施，加大指导力度，尽快拿出试点成果和经验。其他省市也要结合自己的实际情况，研究探索社区、基层老龄工作的有效形式。搞好城市社区试点工作，我认为重点要抓好三个环节：一是老工办要协调和推动各成员单位立足社区，紧紧围绕养老、医疗、生活照料、精神文化生活等老年人迫切需要解决的问题，履行职责，发挥作用，努力形成社区老龄工作齐抓共管的局面。二是要注意培育以老年志愿者为主体的社区老年中介组织，发挥它们的积极作用，引导广大老年人参与到社区建设中来。老年中介组织要按照组织规范、决策民主、制度健全、活动经常、内容多样的要求,加强自身建设,严格按照章程办事。要注重活动和服务工作的社会效果,努力提高老年人的受益率和参与率。社区老年群众组织只在本社区内开展活动,上下不贯通,左右不串联。三是要按照《中国老龄事业发展“十五”计划纲要》的要求,探索社区老龄工作的激励机制。各级老工办要通过把社区老龄工作纳入政府目标管理,树立和推广先进典型,开展争先创优活动,使社区老龄工作充满活力。

在抓好城市社区老龄工作的同时,也要重视农村基层的老龄工作。要加强对农村老年人协会的规范和指导,充分发挥他们在维护农村稳定、与“法轮功”邪教组织进行斗争等方面的作用。要特别关注农村贫困老年人的生活状况,及时掌握情况,向政府部门提出建议。要研究探索新形势下农村老龄工作的新方式、新思路,推动农村老龄工作的深入开展。

第四,以文艺调演为契机,推动老年精神文化生活上台阶。丰富老年人的精神文化生活,是老年人自身的需要,是社会主义精神文明建设的需要,是同“法轮功”邪教组织做斗争、占领老年思想文化阵地、促进社会稳定的需要。今年,各地要把组织老年人开展各种文体活动,作为办公室的一项重要任务,计划好,组织好,落实好。全国老工委第四次全体会议已经决定,今年重阳节期间,将举办“全国老年文艺调演”。岚清副总理、司马义国务委员都很重视这件事情,要求我们办好。目前,全国老工办正在同中组部、文化部、广电总局、解放军总政治部,就组织好这次调演制订方案,不久将下发各地。通过这次大型文艺调演,在全国范围内,在老年群众中,倡导科学、健康、文明的生活方式,形成浓厚的老年文化氛围,丰富老年人的精神生活,提高老年人的生活质量,使他们更加热爱我们这个社会,更加热爱生活,身体更健康,心情更愉快。希望各地要高度重视,认真组织,精心安排,把你们最精彩的节目选送上来。搞好这项活动,需要投入一些经费,但也要注意节俭,不要铺张。

第五,围绕迫切需要解决的问题,开展老龄调查研究工作。调查研究不仅是一种工作方法,也是各级老工办的职责。去年,各地在调研工作上投入了一些力量,掌握了一些基本情况,取得了一些研究成果。但是,就全国来说,我们的调研工作还很不够,许多情况还不太清楚。今年,各地要紧紧围绕老龄工作中迫切需要解决的问题,结合贯彻十五届六中全会精神,深入基层,深入实际,深入老年群众,广泛开展调查研究。调研要抓好两头,一头是先进典型,一头是突出问题。办公室领导同志每年要撰写一到两篇高质量的调研报告。对办公室其他同志,也要提出相应的要求。全国老工办把调查研究作为一项重点工作,已就“社区老龄工作运行机制”、“推动老龄工作激励机制”、“经济转型期老年人口相对贫困状况”、“老龄事业统计指标体系”等课题立了项,各地老工办也可参照这些课题,结合本地的实际情况,组织力量,积极开展调查研究工作。要配合全国老工办完成好交办的调研任务。同时,还要按照全国老工办的通知要求,认真组织好“提高老年人生活生命质量对策研讨会”论文和“老龄工作优秀调研报告”的推选和报送工作。

第六,充分发挥新闻媒体作用,形成宣传合力,加大老龄宣传工作力度。老龄工作涉及政治、经济、文化、伦理道德等方方面面,关系到千家万户。加强老龄工作宣传,增强全社会敬老、爱老、助老的伦理道德意识,营造良好的舆论氛围,对于贯彻老龄工作的大政方针,实施《公民道德建设实施纲要》,落实“六个老有”,至关重要。目前,全国各级各类涉老新闻媒体有100多家,开展宣传工作的空间很大,资源也很丰富。如何整合报纸、期刊、广播、电视、图书以及互联网等现有新闻资源,加大老龄宣传工作力度,形成推动老龄工作的强大舆论氛围,是各级老工办的一项重要任务。今年,全国老工办将下发宣传提纲,适时召开“老龄事业宣传工作座谈会”,交流经验,探索老龄事业宣传工作的规律。同时,要组织力量,制作一部集中反映老龄工作和老龄事业发展的系列电视政论片。此事目前正在策划,确定创作思路,届时将需要各地积极支持，提供典型素材。各地也要积极协调宣传部门和有关新闻媒体，采取多种形式，大力宣传中央《决定》、《中国老龄事业发展“十五”计划纲要》和四次会议精神，宣传为老年人办实事、办好事的先进典型，努力在全社会营造关心支持老龄工作和老龄事业的良好环境。

三、进一步加强老工办自身建设

今后，老龄工作的任务将越来越重。要想把这项工作做好，就必须有完善的组织，得力的干部，扎实的作风，就必须切实加强老工办的自身建设。一年多的实践证明，凡是办公室自身建设搞得好的地方，老龄工作就有声有色。在回顾去年的工作时，我重点肯定了成绩，同时也提出了一些亟待解决的实际问题，这些问题直接或间接都与老工办的自身建设有关，必须予以高度重视。今年，我们要进一步下大气力，把老工办的自身建设工作抓紧抓好，把内功练扎实，把形象树起来。

第一，要加强业务建设。省级老工办机构理顺后，多数地方对人员进行了充实调整。现在的问题是，新的人员到位以后，急需掌握情况，熟悉业务，尽快进入角色。因此，加强干部业务培训工作，提高干部队伍的综合素质，就成为老工办的一项紧迫而重要的任务。当前，老龄工作干部要尽快掌握老龄工作的基本理论、基本政策和基本方法这三项基本业务。基本理论主要是人口老龄化理论、可持续发展理论、社会保障理论和社会工作理论；基本政策主要是有关老年人养老、教育、医疗、福利服务、参与社会等方面的政策；基本方法主要是调查研究的方法、督促检查的方法、通过建立激励机制推动工作的方法和老年社区工作的方法等。目前，全国老工办正在根据这“三个基本”，抓紧编写老龄工作干部培训教材，准备在两三年内把省级老龄工作干部普遍培训一次。省级老工办也要把地县老龄工作干部的培训列入计划，作出安排。同时，对有培养前途的中青年干部可以选送到有关院校进行深造，也可与大专院校联合培养人才。全国老工办正在与教育部联系，争取在有条件的院校，开设老年学专业，为老龄工作部门培养更多的专业人才。总之，我们要加速对老龄工作干部的培养，争取在较短的时间内，使老龄工作干部队伍的综合素质有一个较大的改观。在加强业务建设的同时，各级老工办要配合组织人事部门按照岚清副总理的指示，从思想上、政治上、生活上关心老龄工作干部，把他们的培养、晋升、交流纳入各级组织人事部门的计划。

第二，要加强作风建设。加强老工办作风建设的核心是通过我们的工作，加强党和政府同广大老年人的血肉联系。加强老工办作风建设，就是要树立对老龄事业高度的政治责任感，要有深入基层、了解真实的社情民意的作风，要有求真务实、扎扎实实为老年人办实事的态度，要有不谋私利、全心全意为人民服务的公仆形象。去年，在西安会议上，才让部长就工作作风问题向我们提出了要求。今年，我们要以党的十五届六中全会精神为指导，继续贯彻西安会议精神，把转变作风和实实在在为老年人办好事、办实事结合起来；要深入基层，深入老年人中间，开展调查研究，及时掌握新情况和新问题，认真研究对策，把转变作风和解决实际问题结合起来；要加强学习，转变观念，勇于实践，把转变作风和不断创新结合起来。今年是调查研究年，转变作风年，各地老工办要大兴调查研究之风，要通过深入的调查研究和扎扎实实地为老年人办好事、办实事，带动整个老龄工作的发展。

第三，要加强信息工作。世界已经进入信息时代，做好老龄工作，必须与时俱进，加强信息工作。老龄信息工作是办公室的一项基础性工作。信息工作的好坏在一定程度上反映了老龄工作的状况和水平。各地老工办要加强领导，高度重视老龄信息工作。要选配政治上强、熟悉老龄工作、能熟练掌握计算机技能的专兼职人员从事老龄信息工作。要加强硬件建设，逐步实现老龄信息工作的网络化。要办好老龄工作简报，及时向党委政府和全国老工办上报信息，反映情况，为老龄工作的决策提供依据。全国老工办将定期通报各地报送信息的情况。

同志们，全面贯彻落实全国老工委第四次全体会议精神，是今年老龄工作的中心任务；狠抓落实是办公室工作的光荣使命。我们要紧密地团结在以江泽民同志为核心的党中央周围，努力实践“三个代表”的重要思想，认真贯彻十五届六中全会精神，抓住机遇，开拓进取，锐意创新，以高度的政治责任感和历史使命感，做好今年的各项工作，以优异的成绩迎接党的十六大胜利召开！

在全国省、区、市双拥办主任会议上的讲话

民政部副部长　罗平飞

（2002年9月1日）

同志们：

我们这次省、区、市双拥办主任会议，是经全国双拥工作领导小组批准召开的。主要任务是，深入学习江泽民同志“5·31”重要讲话精神，以“三个代表”重要思想为指导，总结双拥工作的历史经验，研究双拥工作的改革创新，部署新一届全国双拥模范城（县）评选推荐工作。全国双拥工作领导小组对这次会议很重视，领导小组组长、国务委员司马义·艾买提同志提出了明确要求。为开好这次会议，全国双拥办先后在长沙、北京召开座谈会、研讨会，对有关问题进行了认真研究。这次会议在广州召开，广东省和广州市做了大量工作，提供了很好的条件。我相信，在大家的共同努力下，这次会议一定能够开得圆满成功。

江泽民同志“5·31”重要讲话，是一篇马克思主义的光辉文献。讲话高屋建瓴，总揽全局，进一步强调了“三个代表”重要思想的指导地位，全面阐述了贯彻“三个代表”重要思想的根本要求，深刻回答了党和国家未来发展的一系列重大理论和实践问题，对于更好地团结和动员全党全军全国人民为实现党的庄严使命而不懈奋斗，开创建设有中国特色社会主义事业新局面，具有十分重大而深远的意义。这个重要讲话，通篇贯穿着解放思想、实事求是的思想路线和与时俱进、开拓创新的时代精神，是对马克思列宁主义、毛泽东思想、邓小平理论的新发展，是新时期我们党执政兴国的纲领性文件，也是做好新形势下双拥工作的科学指南。深入学习贯彻“5·31”重要讲话精神，总结历史，把握现实，开创未来，按照“三个代表”的要求，更加深入扎实地做好双拥工作，使之在服从大局、服务中心上发挥更大的作用，是我们面临的重大课题。下面，我想围绕这个问题讲几点意见。

一、深刻领会“5·31”重要讲话精神实质，进一步确立新形势下双拥工作的发展思路

江泽民同志的重要讲话，主题非常鲜明，这就是：在我国进入全面建设小康社会，加快推进社会主现代化的新的发展阶段，高举邓小平理论伟大旗帜，全面贯彻“三个代表”要求，与时俱进，努力开创建设有中国特色社会主义事业新局面。这个主题统领全篇、贯穿全篇，我们学习讲话的基本内容，理解讲话的基本观点，都要紧紧围绕这个主题，深化对这个主题的认识。当今时代是大变革的时代。无论国际局势还是国内环境，都发生了深刻的变化。冷战结束后，世界多极化和经济全球化的趋势在曲折中发展，科学技术进步日新月异，各种社会思潮相互激荡，综合国力竞争日趋激烈。我国的社会主义现代化建设事业，既面临难得的发展机遇，也遇到了种

种困难和挑战。江泽民同志在科学分析国际国内形势发展变化的基础上,站在全局和战略的高度,对历史和时代赋予我们党的庄严使命作了深刻阐述。要求我们党坚定地站在时代潮流的前头,团结和带领全国各族人民,实现推进现代化建设、完成祖国统一、维护世界和平与促进共同发展的历史任务,在建设有中国特色社会主义的道路上实现中华民族的伟大复兴。这不仅为加强新时期党的建设,全面推进建设有中国特色社会主义伟大事业指明了方向,也对包括双拥工作在内的各项工作提出了新的更高的要求。

双拥工作是党和国家的一项重要工作,随着改革开放的深入和各项事业的进步,这项工作也有了重大的发展,出现了许多新情况、新特点。概括起来,主要有这样几个方面:一是双拥工作的任务越来越繁重。双拥工作直接服务于党和国家的大局,服务于国防和军队建设。在新的历史时期,无论是维护国家安全,还是保持社会稳定;无论是搞好国家和军队改革建设,还是促进社会全面进步,都离不开军政军民的坚强团结。当前,随着社会主义现代化建设步伐的不断加快,维护国家改革发展稳定的任务十分艰巨。台海局势错综复杂,以陈水扁为首的“台独”势力公开鼓吹“一边一国”、“主权对等”,在“台独”道路上越走越远,加紧做好军事斗争准备显得尤为重要。这些都需要军地双方在更大范围、更广领域、更高层次互相支持、密切配合,双拥工作的任务比以往任何时候都更加繁重,更加艰巨。二是双拥工作的环境越来越复杂。近年来,我国社会经济成分、组织形式、就业方式、利益关系和分配方式日益多样化,新型经济组织和新的社会阶层已经成为爱国拥军的一支重要力量,双拥工作的群众基础不断扩大;现代社会的高度开放和联系方式的日益广泛,使军地交往的渠道越来越多,呈现出多样性、复杂性的特点;政府职能的转变和社会结构的不断调整,处理军政军民关系的方式也发生了很大变化,迫切需要建立与之相适应的双拥工作运行机制。三是双拥工作遇到的矛盾越来越突出。随着改革开放的深入和社会主义市场经济的发展,双拥工作出现了一些新的矛盾和问题。比如,在市场经济条件下,人们的思想观念和价值取向发生了深刻变化,履行国防责任和义务的观念容易淡化;加快开发开放和利益关系调整,军地之间在经济利益方面的矛盾明显增多;政府机构改革、企业改组改制,加大了转业干部、退役士兵、随军家属安置的难度;经济发展的不平衡、社会保障制度的不完善,使一些地区重点优抚对象生活、住房、医疗方面的困难比较突出;随着部队官兵涉法问题增多,维护军人及其家属合法权益的要求越来越高,等等。这些矛盾和问题,不同程度地牵动双拥工作的全局,影响和制约着双拥工作的发展,需要引起足够重视。

面对发展变化了的形势和遇到的新情况新问题,双拥工作必须抓住机遇,迎难而上,谋求大发展,争取大作为。江泽民同志强调,在新世纪、新阶段,发展要有新思路,改革要有新突破,开放要有新局面。我们做好新形势下的双拥工作,最根本的是要坚持以“三个代表”重要思想为指导,按照党中央、国务院、中央军委关于加强军政军民团结的指示要求,在更高的起点上思考、筹划和开展工作,不断推动双拥工作的发展创新。具体讲,就是要紧紧围绕“发展”这个执政兴国的第一要务,以促进社会生产力发展和部队战斗力提高为目标,以维护社会稳定、实施“十五”计划、做好军事斗争准备为重点,逐步完善与社会主义市场经济体制相适应的双拥政策法规体系,努力推进双拥工作各项任务在基层落实,切实解决双拥工作热点难点问题,不断创新群众性双拥活动形式。通过扎实有效的工作,进一步巩固和发展军政军民团结的大好局面,为促进国家改革发展稳定和军队建设,实现我们党的庄严使命作出应有的贡献。

二、大力弘扬与时俱进精神,努力深化双拥工作的改革创新

江泽民同志在“5·31”重要讲话中强调指出:“坚持解放思想、实事求是的思想路线,弘扬与时俱进的精神,是党在长期

执政条件下保持先进性和创造力的决定性因素。我们党能否做到这一点，决定着中国的发展前途和命运。”人类社会的实践是不断向前发展的，我们党领导人民所从事的社会主义现代化建设的实践也是不断向前推进的。与时俱进是马克思主义最突出的理论品质，是我们党的事业始终保持旺盛生机和活力的关键所在。双拥工作是党领导广大军民的一个伟大创造，是在广大军民的不断实践中发展起来的。几十年来，双拥工作与时俱进，不断创新，积累和创造了许多反映中国革命和建设规律，对双拥工作具有指导和推动意义的成功经验。主要是：坚持在党的旗帜下，把广大军民集合起来、凝聚起来，使军政军民团结建立在牢固的政治基础之上；坚持围绕中心、服务大局，始终把党在各个时期、各个阶段的历史使命作为最高目标，充分发挥双拥工作的服务保证作用；坚持探索富有时代特色、创新特色的活动方式和工作路子，把拥军优属、拥政爱民的责任和义务变成广大军民的自觉实践，推动双拥工作向社会化、经常化、制度化方向发展；坚持从政治上看待和处理军政军民关系问题，着眼大局、团结和稳定，积极妥善解决军地之间的矛盾和纠纷，巩固和发展“同呼吸、共命运、心连心”的新型军政军民关系；坚持把双拥工作作为党的事业和军队建设的重要内容，不断加大组织领导的力度，形成军地齐抓共管的整体合力。这些经验是双拥工作与时俱进、不断发展的成果，应当很好地继承和坚持下去。在改革开放和发展社会主义市场经济的新形势下，双拥工作面临的矛盾和困难错综复杂，任务十分艰巨。这就需要我们进一步解放思想，实事求是，与时俱进，开拓创新。在指导思想上，要认真贯彻“三个代表”的要求，把发展社会生产力和提高部队战斗力，发展和传播先进文化，维护和实现广大军民的根本利益作为工作的出发点和落脚点；在工作内容上，要进一步拓宽领域，大胆探索、积极创造适应国家和军队改革建设需要，满足广大军民需求的新内容、新经验；在工作方式上，要把政府行为与社会行为结合起来，进一步建立高效有序的运行机制。根据各地发展的不平衡性和改革步伐的不一致性，因地制宜、因时制宜确立改革重点，明确创新方向；在工作手段上，要针对发展变化的情况，探索情感方式和法规方式并用的新办法，进一步规范军地关系，巩固和发展军政军民鱼水深情；在工作效果上，要积极研究兼顾社会效益、经济效益、国防效益的新途径、新方式，努力使双拥工作获得最大的综合效益。从当前情况看，推进双拥工作的改革创新，要着重处理以下四个关系。

（一）要处理好经济发展和军事需求的关系

坚持经济建设和国防建设的协调发展，是我们党和国家始终强调的一个重要思想，是关系社会主义现代化建设全局的重大问题。经济发展和军事需求的关系，是经济建设和国防建设关系的具体体现。正确处理好这一关系，是做好双拥工作必须牢牢把握的基本原则。这些年来，个别地区的军民关系不够协调，军地纠纷有所增多，大都是因为没有正确处理好这一关系造成的。作为地方来讲，在集中精力发展经济的同时，要兼顾国防和军事需求。制定经济和社会发展计划，要把支持国防和军队建设作为重要内容纳入其中；进行城乡基础设施建设，要充分考虑未来战场建设和军事行动需要；加快开发开放，要切实保护好军事设施安全；出台政策法规，要维护国防和军队利益。作为部队来讲，要认真贯彻军委、总部的指示，服从和服务于经济建设大局，在不影响国防安全的前提下，大力支持国家和地方的改革发展，积极支援重点工程和社会公益事业建设，以良好的形象影响和教育人民群众。只要我们军地双方都能从大局着眼，从国家和民族的根本利益出发，军地之间的一些矛盾和问题就不难解决，军政军民关系就会更加融洽。

（二）要处理好物质支援和精神互助的关系

双拥工作内容很多，涉及政治、经济、文化、科技等各个领域，但归根结底，主要体现在物质和精神两个方面。改革开放以来，随着经济发展和人们利益观念的增强，军地交往中的经济成分明显增多，军民互办实事的力度不断加大。这对于促进军队和地方的共同发展，密切军民之间的感情，无疑起到了积极的作用。但应当看到，军政军民关系从根本上讲是一种政治关系，双拥工作实质上是军地之间相互团结、相互支持的政治性工作。用共同的理想、信念和政治追求，团结和动员广大军民为实现党在各个时期的历史任务而奋斗，是双拥工作的根本任务。这就要求我们在新的形势下，既要加强军地在经济领域的支持与作用，又要加大军民在思想道德和科学文化方面的交流力度；既要坚持军地互相支援、互办实事，又要坚持双拥工作的政治方向，防止和克服重物质交往、轻思想互助的倾向。在具体工作中，军地双方要多从政治上思考问题，充分体谅对方的难处，不以给钱给物论亲疏，不以办事多少谈远近。只有这样，才能保证军政军民关系健康发展，保持双拥工作的正确方向。

(三)要处理好整体推进和重点突破的关系

坚持整体推进和重点突破的有机结合，是我们党领导改革开放和社会主义现代化建设取得成功的重要经验，也是我们做好新形势下双拥工作的成功做法。实践证明，整体推进是重点突破的基础，重点突破是整体推进的关键。没有重点突破，就不可能有整体推进；没有整体推进，重点突破就难以获得最后成功。这些年来，党中央、国务院、中央军委对双拥工作十分重视，从支持部队训练演习到保护军事设施安全，从保障部队粮油水电供应到协助搞好后勤保障社会化改革，从做好转业退伍军人和随军家属安置到落实各项优抚政策，从部队参加和支持“两个文明”建设到遵守政策纪律，等等，都提出了明确要求。我们要紧密结合实际，全面抓好落实。同时也要看到，这些工作在不同时期、不同地区有主有次，有轻有重。这就需要我们抓住主要矛盾，在解决重点难点问题上下功夫。当前，转业退伍军人安置、随军家属就业、重点优抚对象生活保障、训练演习中的损失赔偿等，已成为广大军民普遍关心、影响军政军民关系发展的热点难点问题，需要引起我们高度重视，采取有力措施，切实加以解决。把这些问题研究透了，解决好了，双拥工作就会有一个新的突破和发展。

(四)要处理好继承传统和发展创新的关系

任何事物的发展，都是继承和创新的结合。在继承的基础上发展创新，是辩证唯物主义的基本原理。我们在双拥工作中，必须处理好继承和创新的关系。对于那些长期形成的行之有效的经验和方法，应当继续坚持，同时还要根据变化了的实际，勇于探索和创新，用新的视角观察新的情况，用新的方法解决新的问题，使双拥工作在继承与创新的结合中不断发展。这些年来，各地积极探索，创造了许多具有鲜明时代特色和地域特点的经验和做法。如，辽宁、浙江等省实行安排工作与扶持就业相结合，搞好退役士兵安置改革；青岛、大连等地实施“军嫂无待业工程”，采取对口安置、双向选择、政策扶持、鼓励和动员效益好的企业到营区附近开设分厂等途径，做好随军家属安置工作；北京、天津、辽宁、上海、江苏、浙江、福建、广东、重庆、四川、甘肃等地加大财政投入，建立优抚对象抚恤补助标准自然增长机制；上海市设立拥军优属基金会，鼓励和支持官兵在军营建功立业；河南、江苏等地率先建立三级维权机构，坚持依法优先原则，妥善处理部队官兵涉法问题；华北地区军民开展“双三好”活动，北京、天津、山东等地开展的双拥工作进社区活动，云南军警民开展的“三关心、三尊重”活动，河南郑州在转业复员退伍军人和军属中开展的“三个光荣”活动，等等，都产生了广泛的社会影响，推动了双拥工作的创新发展。我们要从军地改革和建设的需要出发，尊重广大军民的首创精神，勇于在新的实践中解决新问题，探索新途径，创造新经验，不断开创双拥工作的新局面。

三、以对国家和军队建设高度负责的精神，扎实推进各项双拥工作的落实

对今年的双拥工作，全国双拥工作领导小组已经作了明确部署，各地正在认真抓好落

实。当前,党和国家的大事较多,各项改革建设的任务很重。我们要把握大局,围绕中心,以昂扬的精神状态,扎扎实实地做好各项工作,为国家改革发展稳定和军队建设提供坚强有力的保证。

(一)认真学习贯彻党的十六大精神,广泛进行双拥光荣传统宣传教育

党的十六大即将召开,这是进入新世纪我们党召开的第一次全国代表大会,将对深入贯彻"三个代表"重要思想,全面开创建设有中国特色社会主义事业新局面作出重要部署。认真学习和贯彻党的十六大精神,是今后一个时期各项工作的头等大事,也是双拥工作的首要任务。各地各部队要组织广大军民认真学习和深刻领会十六大精神,真正把思想统一到十六大精神上来,把力量凝聚到实现十六大确定的各项任务上来,把十六大制定的宏伟蓝图变成亿万军民的自觉实践。明年1月,是延安双拥运动60周年。大力弘扬延安双拥传统,对于进一步增强广大军民的双拥意识,巩固和加强军政军民团结,具有十分重要的意义。全国双拥办准备联合有关部门在今年下半年举办双拥书画展、开展纪念延安双拥运动60周年征文活动,明年1月还准备召开纪念双拥运动60周年座谈会。各地各部队要结合实际,广泛开展各种纪念活动。通过多种形式,大力宣传党的三代领导核心关于加强军政军民团结的重要思想,宣传我国军民在党的领导下,为民族解放和国家富强而团结奋斗的光辉历史,宣传新时期拥军优属、拥政爱民的生动事迹,在全社会形成"军爱民、民拥军,军民团结一家亲"的浓厚氛围。

(二)切实做好维护社会政治稳定工作,为国家和军队改革建设创造良好条件

保持社会政治稳定,是我们党和国家始终高度关注的重大问题,也是双拥工作的一项重要任务。当前,西方敌对势力针对我国的渗透、分化、破坏活动一刻也没有停止,"法轮功"邪教组织的活动十分猖獗。随着改革的深入和各种利益关系调整,一些深层次的矛盾和问题逐渐显露出来,社会上出现了一些不稳定因素。江泽民同志在"5·31"讲话中特别强调,要维护和增强团结,坚持讲大局、讲团结、讲稳定,切实做好改革发展稳定各方面的工作。我们在双拥工作中,一定要从国家和人民的根本利益出发,把维护稳定摆在突出位置,教育广大军民深刻领会党中央关于稳定就是大局的指示,进一步增强讲大局、讲团结、讲稳定的政治意识。要深入开展军民共建社会主义精神文明活动,继续做好民族团结进步工作,加强军警民联防联治,努力创造安全稳定的社会环境。特别是对一些突发性事件,军地更要密切配合,采取坚决果断措施,及时妥善处理,防止事态扩大和矛盾激化,千方百计地消除不稳定因素。

(三)要加强对创建双拥模范城(县)活动的指导,不断提高双拥工作的整体水平

创建双拥模范城(县)活动是双拥工作的一个创举,是加强军政军民团结的有效载体和重要途径。全国双拥工作领导小组初步确定,明年上半年召开全国双拥模范城(县)命名大会,对双拥模范城(县)进行表彰。我们要以这次命名表彰为契机,按照"巩固、发展、提高"的方针,更加深入扎实地开展创建活动。全国双拥工作领导小组重新颁布的《双拥模范城(县)创建命名管理办法》,对创建活动的指导思想、命名标准和程序、命名后的管理等,作出了新的规定。这既是我们搞好双拥模范城(县)检查评比的重要依据,也是深入开展创建活动的基本准则。各地各部队要认真学习掌握,并结合实际抓好落实。要按照《双拥模范城(县)创建》命名管理办法的要求,在注重实效、提高质量上下功夫,紧紧围绕国家和军队改革建设,不断充实创建内容,巩固和发展创建成果。要把创建活动的重点放在基层,推动双拥工作进企业、进乡村、进机关、进学校、进社区、进连队。要以严肃认真的态度,做好双拥模范城(县)检查评选推荐工作,按照全国双拥工作领导小组的部署,坚持标准,把握原则,严格程序,精心组织,确保命名质量,推动创建活动持续深入发展。

(四)要抓好双拥政策法规建设,促进重点难点问题的解决

政策法规建设是带根本性、管长远的举措。做好新形势下的双拥工作,既需要各级党政军领导的高度重视,也要靠政策法规的规范、约束和保障。近几年,各地普遍制定了一些双拥政策法规,对推动双拥工作的发展起到了重要作用。但是,从总体上看,双拥政策法规建设还相对滞后,一些工作内容还没有被法律法规所涵盖,即使是已有的法律法规也还存在明显不足,亟待补充和完善。因此,各级都要适应形势发展的需要,进一步加大政策法规建设的力度。特别要针对广大军民普遍关心和影响军政军民关系的突出问题,依据党中央、国务院、中央军委有关文件和国家有关法律,结合当地实际,制定切实可行的政策法规,使这些问题的解决有明确的依据和规范。同时,要采取有力措施,抓好双拥政策法规的落实,切实解决有法不依、执法不严的问题,维护政策法规的严肃性和约束力,促进双拥工作向规范化、制度化方向发展。

各级双拥办是双拥工作领导小组的办事机构,担负着组织、协调、指导双拥工作的职能,岗位光荣,责任重大。目前,一些地区的双拥组织机构建设还存在薄弱环节,人员不落实、职责不明确、业务不熟悉的问题比较突出。各级要本着对国家和军队建设高度负责的精神,进一步关心支持双拥办建设。要配齐配强干部队伍,保证他们在职在位,以主要精力做好双拥工作。要进一步抓好双拥办的思想、业务建设,努力达到政治素质好、业务工作精、协调能力强、办事效率高的要求。要帮助双拥办解决实际问题,在办公手段、经费保障等方面给予支持,为他们开展工作创造必要条件。对那些工作成绩突出的干部,该奖励的奖励,该使用的使用,充分调动大家的积极性。

同志们,在新世纪、新阶段,双拥工作面临的任务光荣而艰巨。让我们更加紧密地团结在以江泽民同志为核心的党中央周围,高举邓小平理论伟大旗帜,以"三个代表"重要思想为指导,振奋精神,与时俱进,开拓创新,进一步做好新形势下的双拥工作,巩固和发展军政军民团结的大好局面,以优异成绩迎接党的十六大胜利召开。

2002年地方党政领导关于民政工作的讲话与论述*

做好新形势下的民政工作

原中共北京市委书记　贾庆林

民政工作源远流长。新中国成立后,民政工作在党和政府的领导下,踏上了为人民谋利益的新征途,"上为中央分忧,下为百姓解愁",真正体现了"为民施政"的应有之义。

* 注:本部分内容由民政部办公厅李婉丽编撰。

1994年北京市第九次民政会议以来，全市各级民政部门紧紧围绕党和政府的中心工作，以争创全国同行业一流为目标，以改革创新为动力，依法行政，各项民政事业发展迅速，一系列关系首都改革、发展、稳定的重点工作取得了突破性进展。社区建设呈现出可喜局面；城乡居民最低生活保障制度得以建立并不断完善；双拥工作取得积极成果；第五届村委会换届选举工作圆满完成；民间组织管理得到加强；社会事务管理水平明显提高；社会福利等各项工作取得长足进展。民政工作为首都改革发展稳定的大局做出了积极的贡献，发挥了重要的作用。

民政工作是党和国家的重要工作。在当前的新形势下，积极做好民政工作，显得尤为迫切和重要。民政工作中大量的业务，如社会福利、社会救助、优抚安置、社会互助等都是社会保障体系不可或缺的组成部分，做好这方面的工作，不仅有利于更好地弘扬中华民族守望相助、扶危济困的传统美德，而且有利于加快完善社会保障制度，切实保障低收入人群和特殊群体的基本生活，促进社会公平，为改革开放和各项事业的发展创造良好的环境和条件。民政工作与推进基层民主政治建设关系密切，通过做好民政工作，加强居委会、村委会建设，建立新的管理体制，完善自治功能，进一步丰富人民群众当家作主的形式，巩固和扩大基层民主，有利于更好地促进有中国特色社会主义民主政治的健康发展。民政工作中，拥军优属、抚恤安置、烈士褒扬等，是地方政府应该履行的职责，做好这些工作，对于增强全民的爱国意识和国防意识，巩固和发展"同呼吸、共命运、心连心"的军政军民关系，支持军队和国防现代化建设，安定军心、巩固国防和国家的长治久安具有重要意义。民政工作是维护社会稳定的重要方面，随着经济结构调整和加入世贸组织，民政工作稳定机制作用显得更加突出，民间组织管理、行政区划管理、殡葬管理、婚姻登记管理、见义勇为人员权益保护等，对维护首都的稳定将发挥越来越重要的作用。总之，加强和做好新形势下的民政工作，是实践"三个代表"重要思想的迫切需要，是适应社会主义市场经济发展的迫切需要，是维护首都改革发展稳定大局的迫切需要。各级党委、政府及其有关部门一定要站在全局和"讲政治"的高度，统一思想，提高认识，增强做好新形势下民政工作的自觉性，努力把首都民政工作提高到一个新水平。

江总书记在第十一次全国民政会议上强调：民政工作要更好地为广大人民群众服务，为最需要帮助的困难群众服务，为改革发展稳定的大局服务。这不仅高度概括了民政部门的根本职能，而且进一步指明了民政工作的努力方向。民政部门工作内容很多，各项工作都不应忽视，但保障低收入群众的基本生活却是一切工作的重中之重。只有维护和保障好人民群众基本生活权益，才能充分体现社会主义制度的优越性，才能真正密切党和政府与人民群众的血肉联系。这是实践"三个代表"重要思想和全心全意为人民服务宗旨的必然要求。北京市第九次党代会已明确提出，要确保困难群体得到基本生活保障。因此，我们要继续完善配套法规政策，进一步健全城乡居民最低生活保障制度，确保符合保障条件的城乡居民全部纳入最低生活保障范围，实现应保尽保。当前，困难企业职工生活保障问题，需要我们认真研究解决。国有企业及大集体企业困难职工，要按已有的政策，实现"两个确保"。一些小型企业困难职工，按照市政府新出台的补充规定，符合城市低保条件的，全部纳入低保，因暂时困难三个月发不了工资的，要按最低生活保障线标准给予补助；月发工资达不到最低生活保障标准的，可以差额予以补助。要加快农村社会救济制度建设，落实农村居民最低生活保障制度，落实农村五保供养政策。对一些因灾害造成生活困难的，要采取临时救济措施，帮助他们渡过难关。城乡居民最低生活保障是社会保障安全网中的最后一道防线，是关系社会稳定的十分重要的工作。在保障最困难群众基本生活这个问题上，大家一定要统一思想，提高认识，把这项工作不折不扣地做好，使最低生活保障真正起到对困难群众基本生活的兜底保障作用。

解决职工生活困难的根本出路在于就业。从经济结构调整的方向看，就业岗位的主要增长点不在国有大中型企业而在小企业，不在第一、第二产业，而在第三产业，特别是在社区服务业。随着社区建设的加快，社区就业的潜力很大。社区服务业所提供的就业岗位，比较适合下岗职工、失业人员的文化和技能状况，只要组织好就能见到实效。因此，民政部门要进一步加强社区建设，充分发挥社区力量，合理配置社区资源，大力发展社区事业，积极拓宽社区就业渠道，引导下岗职工在服务业、尤其是社区服务业实现再就业，获得一些经济收入，补充他们的家庭收入，从根本上帮助他们摆脱困境。

保障困难群众的基本生活需要广泛动员全社会的力量。各部门、各单位都要积极采取措施，加大宣传力度，使改善困难群众的生活问题引起全社会的高度关注。现在，随着首都人民生活水平的不断提高，许多市民有能力、也有意愿为解决特困人员的实际困难做些事情。我们应当积极引导，采取一些好的形式、好的办法，组织一些行之有效的活动，把全社会的爱心及时送到那些急需扶助的困难群众手中。比如，由市委宣传部、市民政局等单位组织开展的“扶贫济困春风行动”、市总工会长期坚持的“扶贫济困送温暖”工程等，都赢得了广大市民的热心支持，取得了很好的效果。因此，要有计划、有组织地开展社会公益活动和社会捐助活动，逐步在全社会形成一种扶危济困的良好风气，从而把社会上方方面面、点点滴滴的力量集中起来，最大限度地解决好困难群众的就业和生活问题。

当前，民政工作正面临良好的发展机遇。做好新时期的民政工作，关键是加强领导，改进作风，狠抓落实。各级党委和政府要切实把民政工作放到更加突出的位置，列入重要议事日程。事关广大人民群众切身利益的问题，主要领导要亲自抓。要听取民政部门的工作汇报，及时研究解决民政工作中的实际困难和问题。民政工作涉及面广，特别需要各方面的密切协作。各有关部门都要认真履行职责，通力协作，积极给予支持和配合。要广泛动员社会各方面参与民政工作，健全和完善政府主导、部门协作、社会参与的工作机制，推进民政事业社会化。民政部门对做好民政工作负有直接和重要的责任。要进一步加强民政工作队伍的思想、组织和作风建设，努力造就一支政治觉悟高、业务素质好，全心全意为人民服务的干部职工队伍。要适应加入世贸组织的要求，积极改进工作方式方法，从主要依托行政手段向主要依托法制手段转变，从注重前置审批管理向加强事后监管转变，增强管理透明度，促进管理规范化，不断提高工作水平和工作效率，更好地服务市民、方便群众。民政系统的广大党员干部，要继续发扬“孺子牛”精神，想群众之所想，急群众之所急，帮群众之所需，把党和政府的温暖送到千家万户，以实际行动密切党和政府同人民群众的血肉联系。

发扬“孺子牛”精神　恪守为民之责*

原中共上海市委书记　黄　菊

民政部门历来是党和政府非常重视的一个部门，民政工作是贯彻实践江泽民总书记“三个代表”思想的重要体现。这些年来，上海的民政工作有很大的发展。特别是1996年开始，市委提出了构筑“大民政”格局的思路，各级民政部门紧紧围绕上海经济发展的大局，从全市人民日常生活中的热点和难点着手，拓宽工作思路，拓展民政职能，在保障人民群众生活尤其是困难群众的基本生活，发展社会主义民主政治，加强社区建设和管理，支持国防和军队现代化建设，促进社会公平，维护社会稳定等方面，确实做了大量的工作，取得了很大的成绩。

今后五年，是上海改革开放和现代化建设承前启后的关键时期，是加快率先基本实现现代化进程的重要阶段。市委在这次八次党代会上提出要建立三个体系，其中，第三个体系“以促进人的全面发展为中心的社会事业体系”是一个新的体系，围绕这个体系，必须要高度重视和加强以社会管理和社会服务为主要职能的民政工作。在这次全国民政会议上，江总书记专门提到民政工作要做好“三个服务”，发扬“孺子牛”精神。

上海的民政工作要按照江总书记的重要指示，发扬“孺子牛”精神，深怀爱民之心，恪守为民之责，并做到“三个相适应”，即与社会主义市场经济发展相适应、与体制转轨和社会转型相适应、与特大型城市特点相适应，全面构建“大民政”格局，探索新时期民政工作发展的新路子。各级党委和政府要充分认识做好新时期民政工作的重大意义，把民政工作放在更加重要的位置，共同努力“完善政府主导、部门协作、社会参与的民政工作机制”。

多年来，民政系统的干部职工为上海的改革发展做出了贡献，但未来的路还很长，要探索的问题还很多，希望大家不断努力，作出新的贡献。我们要在党中央和国务院的领导下，把上海的民政工作做得更好。

抓住为民之政本质　推进民政事业现代化**

原中共浙江省委书记　张德江

国务院召开的第十一次全国民政会议，明确了今后一个时期民政工作的指导思想、总体要

* 这是2002年8月1日黄菊同志在接见第十一次上海市民政会议代表时讲话的部分内容。

** 这是2002年10月16日张德江同志在浙江省第十五次民政会议上讲话的部分内容。

求、目标任务和主要措施。江泽民总书记作了重要指示，朱镕基总理作了重要讲话。这充分体现了党中央、国务院对民政工作的高度重视，必将对新世纪我国民政事业产生重大而深远的影响。我们一定要认真学习领会、坚决贯彻落实第十一次全国民政会议精神，努力把我省民政工作提高到一个新水平。

改革开放以来，省委、省政府高度重视民政工作，始终把发展民政事业放在十分重要的地位，作出了一系列重要决策和部署，民政系统广大干部群众积极工作，开拓进取，使我省民政事业不断向前发展。特别是1994年第十四次全省民政会议以来，我省民政工作坚持走创新之路，着力进行新的探索，取得了新的突破，创造了新的业绩，整体水平已居全国前列。我们率先建立了城乡一体的最低生活保障制度，率先形成了社会福利社会化的发展格局，率先实施了国家、社会、个人三结合的优抚保障制度，探索了以货币安置为主的退伍安置改革，探索了救灾工作分级负责、救灾款项分级负担的体制，探索了民办非企业单位复查登记办法；较好地完成了省内省际勘界、殡葬改革、三峡移民安置等项工作任务。我省民政事业的不断发展，有力维护了社会政治稳定，有力促进了经济社会持续快速健康发展，为营造和保持全省上下心齐、气顺、劲足、实干的良好氛围，作出了积极的贡献。

民政历史悠久，地位重要，是统治阶级的“惠民之政”、“治民之要”。新中国成立后，民政“上为中央分忧，下为百姓解愁”，其性质发生了根本变化，成为“为民之政”，是一大国政、德政、善政。特别是在改革开放和现代化建设的新形势下，民政事关人民群众根本利益，事关经济社会发展全局，事关党的执政基础，直接体现了“三个代表”重要思想，是各级党委政府的基本职责。

民政是党委政府的施政之要。我们党的全部任务和责任就是全心全意为人民谋利益。维护好、实现好、发展好人民群众的根本利益，是“三个代表”重要思想的出发点和落脚点，是正确处理改革、发展、稳定三者关系的结合点和着力点，也是各级党委政府的基本职责。民政工作的对象是人民群众，民政所涉及的诸多业务，件件事关人民群众的基本生活权益，民政事业的本质是人民群众的事业。从某种意义上讲，民政工作是各级党委政府维护人民群众根本利益最直接、最具体的体现。古人云：“为政之要在于安民，安民之道在察其疾苦。”民政之道，正是安民之道；民政之举，正是利民之举。只有把民政工作做好了，才能构筑起“社会安全网”，使广大人民群众特别是困难群众的基本生活得到保障，才能真正实现老有所养、幼有所抚、残有所助、贫有所济、灾有所救，才能有效化解社会矛盾，密切党群干群关系，切实维护社会稳定。同时，做好“双拥”和优抚安置工作，是地方党委政府支持军队现代化建设、维护国家安全和社会稳定的政治责任。正如江总书记所说，“‘稳定’这两个字，在很大程度上是和我们民政的工作相互联系在一起的”。

民政是社会管理的重要基础。社会管理和公共服务，是市场经济条件下政府的重要职能，也是民政的根本任务。毛泽东同志认为，“民政工作就是做人的工作”；朱德同志也说过，“民政部门是人民群众的组织部”。民政工作内容丰繁，覆盖社会全体成员，事关经济社会发展全局；民政工作着眼根本，教化社会，构筑社会文明进步的基础防线。最低生活保障、社会救济、优抚安置、社会福利等工作，是社会保障体系的重要组成部分；婚姻登记、殡葬管理、儿童收养、地名管理、收容遣送等工作，是加强社会公共服务、维持社会正常秩序、提高社会文明程度的重要内容；行政区划工作是国家的重要行政职能，关系到国家的统一、政权的巩固，也关系到区域经济社会的发展。随着改革开放的深入和市场经济的发展，社区越来越成为社会管理和为民服务的基本单位，新社团组织越来越成为人们参与社会生活的重要载体。加强社区建设和社团组织管理，是民政工作的重要职责，也是社会管理的重要内容。

民政是民主政治建设的题中之义。江总书记在“5·31”重要讲话中指出，“发展社会主义民主政治，建设社会主义政治文明，是社会主义现代化建设的重要目标”。社会主义民主政治，是党的领导、人民当家作主和依法治国的辩证统一。推进社会主义民主政治建设，党的领导是关键。民政部门是社区建设、民间组织管理和农村基层政权建设的职能部门。做好民政工作，有助于加强社区党建、新社团组织党建和农村基层党组织建设，对改进党的领导方式和执政方式，扩大党的群众基础，巩固党的执政基础，具有重要意义。社会主义民主政治的本质是人民当家作主。扩大基层民主，保证人民群众直接行使民主权利，依法管理自己的事情，是社会主义民主最广泛的实践。村民自治、居民自治是社会主义基层民主政治建设的重要内容和基础工作。做好这方面的工作，是民政的一项重要政治任务。“基础不牢，地动山摇”，民政部门要努力工作，保障基层群众参与经济、政治、文化生活和其他社会活动的自由，落实人民群众当家作主的权利，在基层实现民主选举、民主决策、民主管理、民主监督。

跨入新世纪，我国社会主义现代化建设进入了新的发展阶段。随着市场经济的不断发展，改革开放的不断深化，“四个多样化”趋势日益明显，“单位人”越来越多地转变为“社会人”，民间组织的作用越来越突出，公民全面参与政治、经济和社会生活的热情不断高涨，各种社会力量兴办社会事业的积极性也越来越高。这使社会管理、公共服务和社会保障体系建设面临许多新情况、新问题，也对民政工作提出了许多新课题、新要求。我省民政工作要迎接新挑战，再上新台阶，必须全面贯彻江总书记“三个代表”重要思想，按照省第丨一次党代会提出的目标、任务和要求，进一步解放思想，实事求是，与时俱进，开拓创新，全面推进我省民政事业现代化。

推进民政事业现代化，就是要按照全面推进我省社会主义现代化建设的总体要求，建立健全与社会主义市场经济发展相适应的民政管理体制和运行机制；就是要把现代科学技术广泛应用于民政业务和行政管理之中，不断提高民政工作效率、管理水平和服务质量；就是要根据民政的政治性、公益性、社会性、群众性等特点，充分发挥民政的社会动员和组织功能，切实保障社会成员的基本生活权益，维护社会稳定，促进社会发展。

改革创新，加快民政事业社会化步伐。民政工作既是政府工作，又是社会工作；既是行政管理，又是公益事业。民政工作既要继承好的传统、好的经验，更要深化改革，不断创新。社会化是民政事业发展的基本方向，是建立新型民政管理体制和运行机制的重要内容。民政事业特别是社会福利事业要有大的发展，必须逐步推向社会，走政府主导与社会化相结合的发展之路。要实行兴办主体多元化，从过去单一的“政府包办、民政承办”，逐步向国家、集体、民间力量和个人共同兴办的方向发展；实行投资方式多样化，从过去单一的政府拨款，向政府拨款、企业投资、社会捐助以及福利彩票筹集等多渠道筹资转变；实行管理方式科学化，逐步建立政府宏观管理、社会力量举办、福利机构自主经营的市场化运作机制；实行服务对象社会化，满足不同层次、不同需要、不同条件的人们对社会福利服务的不同要求。要认真总结我省民政事业社会化的经验，进一步开拓创新，充分利用社会力量发展民政事业，逐步形成民政事业社会化发展新格局。要切实转变政府职能，把民政部门的职能转到组织和推动民政事业社会化，加强社会组织和公共事务行政管理的轨道上来。要进一步深化民政事业单位改革，不断取得民政事业社会化的新成果。

依法行政，提高民政事业法制化水平。法制建设是民政事业现代化的一项基础性建设。民政工作一旦真正走上法制化，民政的地位就会进一步得到巩固，民政工作中的难题就更容易解决，民政事业就会越办越好。近几年国家颁布了《中华人民共和国村民委员会组织法》、《中华人民共和国城市居民委员会组织法》、《行政区域边界争议处理条例》等许多有关民政的法律法规，我省也颁布了一些地方性法规和政府规章，民政法制化建设取得了很大成绩。但全面实现民政工作有法可依、有章可循，把所有民政工作纳入法制化管理轨道，我们的路还很长，任务还很艰巨。因此,必须重视民政工作的法制建设,加强有关民政工作的立法工作。当前,要切实做到依法行政、依法管理,进一步加大执法力度,严格依法办事,不断推进民政工作法制化进程。要严格执行《浙江省最低生活保障办法》,依法把低保工作抓紧抓好,做到应保尽保,确保全省"人人无饥寒",同时,随着经济发展,逐步提高保障标准。要加强民间组织、行政区划、地名标志、收容遣送及各项社会事务的依法管理,切实维护社会正常秩序。要强化执法监督力度,推进民政政务公开,把直接涉及人民群众切身利益的行政执法依据、程序和结果向社会公布,自觉接受群众监督。

提高效率,推进民政工作信息化进程。信息化是现代化的重要标志之一。新时期民政工作范围越来越广泛,内容越来越庞杂,人民群众的要求也越来越高。要提高工作效率和管理水平,就必须把应用信息技术作为民政事业现代化的重要内容来抓,加快实现民政管理信息化和民政信息社会化。要按照建设"数字浙江"的要求,加快在全省范围内建立功能齐全、覆盖面广、规范透明的民政信息网络,并与全国民政信息网联网。要积极推进电子政务,为领导决策提供信息支持,为群众监督提供有效途径。要推进"数字社区"建设,以社区服务为切入点,实现社区管理和社区服务的信息化,不断提高社区建设水平。

从严要求,加强民政干部队伍建设。建设一支廉洁、高效、勤政、务实的民政干部队伍,是民政事业现代化的重要保证。多年来,我省民政干部为民政事业的发展付出了辛勤劳动,取得了显著成绩,在基层群众中有着良好的口碑。但也要看到,与推进民政事业现代化的要求相比,当前的民政干部队伍建设还有相当差距,必须进一步加大力度,努力造就一支政治觉悟高、业务素质好,全心全意为人民服务的民政干部队伍。要加强民政部门领导班子建设,加大民政事业人才的引进、培养、使用力度,优化队伍结构,提高队伍素质。教育民政干部牢固树立正确的权力观、地位观、利益观,发扬"孺子牛"精神,深入群众,扎根基层,不断增强自身的政治观念、群众意识和业务能力,为民政事业发展奉献更多的光和热。要特别注重加强基层民政组织建设,稳定基层民政队伍。同时,要按照知识化、专业化、规范化的要求,努力培育一支社会工作者队伍,为推动民政事业加快发展,促进社会文明进步,赢得广泛而持久的社会支持。

各级党委、政府要从实践"三个代表"要求的高度,进一步提高对民政工作重要性的认识,以强烈的政治意识和责任意识,把民政工作摆上重要议事日程,把民政事业现代化列入经济社会发展总体规划,及时解决民政工作的实际困难和问题。有关部门要认真履行职责,加强相互协作,支持和配合民政部门做好各项工作。工会、共青团、妇联等群团组织和社会各界,要充分发挥自身优势,积极支持民政事业发展,推进社会全面进步。

做好几项重点工作*

原中共重庆市委书记 贺国强

民政工作是党和政府的一项非常重要的工作。你们的名字叫做“民政局”，顾名思义，有民有政。第一，大家是代表政府为人民办事的；第二，大家是联系政府和人民群众的桥梁。也就是大家所讲的“上为党和政府分忧，下为人民群众解愁”，这也就是民政工作的宗旨和应该履行的主要任务。

要做好新时期的民政工作，任务很多，包括的范围很广，可以说关系到党和政府、人民群众方方面面的工作。就我市来讲，当前重点要搞好五项工作。一是搞好城市低保，做到应保尽保。二是搞好农村救灾。今年我市农村遭受了特大洪灾，最近又是高温，有的地方还有旱灾，希望民政部门一如既往、全心全意地搞好农村灾民的救济工作。三是搞好社区建设。这是市委、市政府当前和今后一个时期要抓好的一项重点工作。去年，市委、市政府召开了社区建设工作会。最近一次市委常委会和市政府党组民主生活会确定今后一个时期一批整改的专题，其中有一项就是进一步把社区建设工作搞好。四是把村民自治搞好，扩大基层民主。最后一项工作是双拥工作。我们刚刚庆祝完“八一”建军节，这方面的工作希望大家一如既往地搞好。我理解民政工作有很多项，重点是这几项要做好。

当前，我们全市正在进一步学习贯彻江总书记“5·31”重要讲话和视察重庆时的重要讲话，落实市第二次党代会精神，我们在以往成绩的基础上，保持清醒头脑，查找差距，振奋精神，站在一个新的起点，以崭新的精神风貌，开创各项工作的新局面。希望我们民政工作也以这次会议为契机，站在一个新的起点，开创民政工作的新局面。

推进首都民政事业发展再上新台阶

原中共北京市委副书记、市长 刘 淇

一、新时期民政工作面临的形势和任务

新世纪的头十年，是首都实施“新三步走”战略第一步的重要时期。从今后几年的形势发展看，民政工作将面临更大的挑战。首先，随着经济体制改革的深化，企业兼并重组、破产关闭过程中，职工下岗不可避免，就业困难人员将进一步增多，迫切要求在城市最低生活保障制度和社会救助制度的建设上下更大的功夫；其次，随着人口规模的扩大，城市管理与服务的压力不断增加，迫切

* 这是2002年8月5日贺国强同志在接见重庆市第一次民政会议代表时讲话的部分内容。

要求不断提高社区工作的水平，推动社区建设取得更大的发展；第三，随着城市老龄化的发展，依法保护老年人的权益，充分保障老年人的生活，迫切要求全面推进老龄事业，加大为老服务机构和设施的建设力度；第四，随着加入世贸组织，妥善解决国际贸易争端，有效应对反倾销，维护行业利益，实行行业自律，迫切要求在行业协会的数量培育和质量提高上实现重大突破；第五，随着市场经济的进一步发展，社会利益主体呈现多元化趋势，利益关系复杂化更加突出，迫切要求改进社会救助、社会福利、优抚安置等工作，及时化解各种矛盾，维护社会稳定。所有这些，都决定了新时期民政工作的内容将更加丰富，任务也更加艰巨。当前，北京市民政工作在观念、体制和机制等方面，还不适应建立社会主义市场经济体制和社会管理体制的要求，需要进一步解放思想、创新观念，加快管理体制和运行机制的改革，提高依法行政、规范管理的水平和队伍专业化、知识化程度，完善民政事业发展多渠道投资融资体制。全市各级政府和部门要以邓小平理论和江泽民同志“三个代表”重要思想为指导，贯彻落实第十一次全国民政会议精神，围绕市第九次党代会确立的奋斗目标，以为广大人民群众服务、为困难群体服务为宗旨，抓住制约民政事业发展的重点问题，增强创新意识，加大改革力度，加快建立比较完善的灾害救助体系、社会救济体系、社会互助体系和社会福利体系，实现有效的社会救助、优质的福利服务、广泛的基层民主、规范的社会管理和牢固的军民团结，推动首都民政事业发展再上新台阶。

（一）全面推进社区建设和村民自治工作，加强基层民主政治建设，提高人民群众生活质量。在城市，紧紧围绕广大居民的需求，进一步转变政府职能，健全社区组织，理顺社区关系，完善社区功能，整合社区资源，发展社区事业，在建设“管理有序、服务完善、环境优美、治安良好、生活便利、关系和谐”的新型现代化社区上实现新突破。各级政府、部门和街道办事处要按照《中华人民共和国城市居民委员会组织法》和第三次城市管理工作会议精神，进一步落实居民自治组织的各项权利，支持和帮助社区居委会健全民主机制，依法开展民主选举、民主决策、民主管理和民主监督。不断加强社区党组织建设，建立健全工作机制，在解决社区资源共享等难点问题上，充分发挥社区单位党员、特别是党员领导同志的先锋模范作用。要从便民利民的角度出发，认真做好社区治安、环境、文化、卫生和服务工作。充分发挥广大居民改善环境和治安条件、开展文体活动等方面的主动性和创造性，把有专业特长的志愿人员组织起来，与各个部门一道，研究和确定工作重点，因地制宜地推进各个社区的工作。积极培育社区中介组织和专业服务机构，鼓励连锁店、小型超市、集中配送等多种营销方式进社区，探索公共服务项目经营管理社会化、市场化运作机制，形成一批具有龙头作用和规模效益的社区服务实体和服务品牌。加快社区卫生服务网络建设，改革医疗机构人事和分配制度，引入竞争机制，提高社区卫生站的服务水平。加强社区信息网络建设，建立社区管理和服务系统，为满足居民日常生活需求提供便利条件。

在农村，认真贯彻落实党的十五届三中全会精神和《中华人民共和国村民委员会组织法》，加强配套政策法规的建设，进一步健全村民委员会民主选举、村民议事和村务公开三项制度，规范村级重大事务的决策、管理和监督程序，确保村民自治权利落到实处。把村民自治组织建设与提高农民生活质量有机结合起来，在调整种植结构、发展多种经营、广开就业门路、改善生产条件、实行计划生育等各个方面，提高村民委员会科学决策、民主议事和自我管理的能力。各级政府和部门要加强指导和扶持力度，与村民委员会密切配合，解决好农民生产生活中的困难和问题。

（二）以完善最低生活保障制度为重点，加强救灾、救济和救助工作，为人民群众生活提供有力保障。最低生活保障制度直接关系广大城市居民和农民的切身利益，是保障低收入群体基本生活的安全网，必须不断加大建设和落实的力度。

2002年，全市出台了《关于实施〈城市居民最低生活保障条例〉的补充规定》和《建立农村居民最低生活保障制度的意见》。在城市，进一步扩大了保障覆盖范围，完善了政策措施。比如，将不能足额支付工资、退休金和基本生活费的小集体企业的员工和持有小城镇户口的人员纳入了低保审核范围；对年满16周岁的生活不能自理的重残人员，只要符合条件，将提供全额低保待遇；对无固定职业、无固定收入且有劳动能力和企业内退人员、协议保险人员、存档人员，一律按实际收入审核低保条件；对下岗失业和因建设征地由农业户口转为非农业户口等人员领取的各种一次性补偿金、安置费，制定了计入家庭收入的具体办法，并明确拆迁补偿款不计算在内，集中用于解决住房问题，缴纳社会保险要作为申请低保的前提条件；对因患病、受灾等特殊情况将一次性领取的补偿费提前用完，以及无力参加社会保险等人员申请低保的条件也做了具体规定；将基本生活保障与促进就业结合起来，凡处于就业年龄，经两次职业介绍而无正当理由拒绝就业的人员，暂不享受低保待遇。在农村，坚持广泛覆盖和区别对待原则，要求将符合条件的农村贫困人口全部纳入保障范围，对五保户、孤老烈军属和没有劳动能力的残疾人等特困人员，给予全额低保以及各种优惠待遇。

这些措施对进一步完善城市和农村社会保障体系具有重要意义。各级政府部门要切实加大宣传力度，通过报刊、广播、电视以及多种形式的文化教育活动，使各项政策人人皆知，把党和政府的关怀送到每家每户尤其是困难家庭。有关部门要严格执行最低生活保障制度的各项规定，抓紧落实新出台的政策，确保将所有符合条件的贫困人口纳入保障范围。同时，还要注意研究新情况、新问题。不同低收入家庭面临的困难千差万别，导致贫困的原因也各不相同。要始终围绕贫困群体的实际需求，在实践中不断提高政策水平、服务与管理水平。有关区(县)要根据本地农村社会经济发展水平和财政实际承受能力，抓紧农民最低生活保障标准的制定和落实工作，市财政根据实际情况，适时加大财政转移支付的力度，保证财政困难区(县)低保工作的基本需求。进一步完善工作机制，建立健全低保联席会议制度，协调各方面力量及时解决面临的问题。按照公开、公平、公正和高效的原则，逐步健全城市和农村社区低保资格评议制度，加强执法检查与社会监督，依托首都公用信息平台和社区服务网，建设功能齐全、覆盖面广、方便快捷的城乡低保信息网络，提高低保申请审批和日常管理的规范化、法制化水平。

需要进一步强调的是，必须把实行最低生活保障制度与脱困脱贫有机结合起来。一方面，将创造就业机会、提供就业岗位、提高就业技能纳入帮扶措施的重点内容，帮助有就业能力的生活困难人员找到合适的工作，从根本上解决脱困脱贫问题。另一方面，坚持“扶贫济困送温暖”活动，大力倡导经常性的社会捐助，广泛开展“一帮一”等社会互助，发动和组织各方面力量共同关心、解决困难群体的基本生活。还要加强对社会保险缴纳的引导和服务工作。经过努力，在全市逐步形成以城乡最低生活保障为主体，社会保险、临时救济、社会互助和再就业等优惠措施相配套的城乡困难群众基本生活保障机制。

(三)以老年人福利服务为重点，推进社会福利社会化，加快社会福利事业发展。加强引导和扶持力度，调动社会各方面力量兴办社会福利机构，形成投资主体多元化、服务对象公众化、运行机制市场化、服务方式多样化、工作队伍专业化的社会福利服务网络。重点保障孤寡老人、残疾人和孤儿的基本生活，不断提高他们的生活质量。深化国家、集体办社会福利机构的改革，积极探索与社会办福利机构相互合作、共同发展的途径，吸纳优秀专业人才，引进国际先进管理经验，不断提高服务水平。贯彻落实《中共中央、国务院关于加强老龄工作的决定》，严格执行老年人保护法律法规，落实老年人的合法权益。坚持“党政主导、社会参与、全民关怀”的方针，建立健全居家供养为基础、社区养老为依托、机构养老为补充的养老服务体系。开展养老机构标准化管理，提高养老机构建设水平。做好对生活困难和“空巢”家庭老人的帮扶工作，基本实现“老有所养、老有所医、老有所教、老有所为、老有所学、老有所乐”。大力推进社区老年福利服务“星光计划”，新建和改扩建一批社区老年人福利服务设施和活动场所，形成社区、街乡、区县布局合理的为老服务网络，保持社会福利机构和集中收养人员数量适度增长。到2005年，老年福利机构床位总数达到3万张，养老床位占老年总人口的1.5%。进一步深化福利企业改革，扩大福利彩票发行规模，加强福利资金使用监管工作，推动社会福利事业健康发展。

（四）深入开展双拥活动，全面落实优抚安置政策，加强军政军民团结。发扬爱国拥军的优良传统，加大双拥宣传教育力度，巩固和发展以街道、乡镇为依托的拥军优属服务网络。将创建双拥模范城（县）与落实优抚安置政策紧密结合起来，建立抚恤补助标准与人民生活水平同步提高的机制，使优抚对象能够及时享受到生活、住房、医疗、教育、交通等方面的优先优惠政策，确保他们的生活略高于当地群众平均水平。当前，要继续推进农村优抚对象危房翻建工作，落实重点优抚对象的医疗费减免办法，拓宽安置渠道，改进工作方法，进一步解决老复员军人看病难、复员退伍军人安置难、“军嫂”就业难等问题。加强军队离退休干部的接收安置工作，落实政治和生活待遇。同时，坚持高标准、高要求，认真完成新老兵接待转运和军供任务。

（五）坚持依法行政、规范管理、文明服务，提高社会事务管理工作水平。适应加入世贸组织新形势和首都现代化建设的需要，遵循服务与管理并重的方针，按照布局合理、结构优良、规模适度的原则，大力培育服务群众、服务社会的公益性民间组织，鼓励和推动民办非企业单位的发展，充分发挥它们在发展第三产业、扩大就业、方便群众生活等方面的作用。行业协会与其他中介组织的职能、作用、性质不同，要根据首都经济发展和行业管理体系建设的需要，着重加以支持和发展。加大对民间组织非法活动的查处力度，取缔一切不利于安定团结、与现行法律法规相违背的民间组织。进一步完善登记管理机关与业务主管单位双重负责的管理体制，健全民间组织管理法律法规，形成党和政府统一领导、各部门密切配合、办事高效、运转协调、执法规范的民间组织管理工作机制。加强民间组织党的建设，规范民间组织的自律行为，发挥社会监督作用，提高民间组织的建设水平。

积极推进婚姻登记管理体制和出证制度改革，力争使涉外婚姻和收养登记管理，以及国内婚姻登记管理执法合格率保持100%。严格执行《北京市殡葬管理条例》，进一步规范殡仪服务市场秩序，净化殡仪服务环境，提高殡仪服务水平。深化殡葬改革，倡导丧事节俭文明，推行骨灰安置多样化、立体化、园林化、艺术化。继续深入贯彻实施《北京市见义勇为人员奖励与保护条例》和实施办法。积极稳妥地进行行政区划调整，做好边界管理，为首都经济和社会发展创造有利条件。

二、加强领导，扎实工作，把各项任务落到实处

做好新时期首都民政工作，必须加强领导、狠抓落实，在解放思想观念、体制机制创新、干部队伍建设等方面取得新的进步，为提高民政工作的整体水平提供保障。

（一）把民政工作摆在更加重要的位置。在社会主义市场经济条件下，民政工作只能加强、不能削弱。各级政府和部门要认真贯彻落实第十一次全国民政会议和江泽民总书记、朱镕基总理的讲话精神，从全面推进首都改革开放和现代化建设的高度，把民政工作纳入经济和社会发展的总体规划，列入政府工作的重要议事日程，做到统一领导、统筹规划、集中实施、全面落实。建立明确的领导责任制，实行民政工作一把手负总责。各级领导要定期了解民政工作的进展情况，及时协调和组织力量，妥善解决面临的各种问题。同时，加强日常监督和检查，特别要做好困难群体、优抚对象有关政策的督促落实工作，健全责任追究机制，确保高标准完成各项任务。

（二）加强各个部门的协调

与配合。民政工作的领域十分广阔，特别需要各方面的密切协作。有关部门要认真履行职责，全力支持和配合民政部门的各项工作。公共财政是民政事业投入的主渠道，财政部门要把民政工作所需要的资金列入预算，不断加大对民政事业的财政支持。各级民政部门要切实抓好福利彩票发行销售和慈善捐赠等工作，努力增加民政事业资金的来源。劳动和社会保障部门与工会组织要配合做好下岗职工基本生活保障、失业保险与城市居民最低生活保障的衔接工作。公安部门要在社区治安、民间组织管理、城市乞讨人员收容遣送等方面，加强与民政部门的协作。对需要有关方面配合的工作，民政部门要主动与各个部门进行协调和沟通，做到共同研究计划、及时通报情况。要进一步重视和发挥工会、共青团、妇联组织的作用，组织各方面力量，积极参与和支持民政事业的发展。

（三）抓好民政系统自身建设。民政部门直接面对人民群众，每一项工作都直接关系到党和政府形象。要切实加强民政干部队伍建设，加强人才培养和选拔工作，完善各项工作制度，及时查处违法违纪行为，全面提高依法行政水平。进一步转变工作作风，树立服务观念，把群众拥护不拥护、满意不满意作为衡量民政工作的标准。各级民政部门要组织干部定期深入到社区、单位和家庭，认真倾听群众特别是弱势群体的意见，满怀热情地为他们解决实际问题，把党和政府的关怀送到千家万户。随着社会主义市场经济体制的建立与发展，民政工作面临的形势在不断变化，新的问题也将不断出现。各级政府和有关部门要把调查研究作为一项制度建立起来、坚持下去，及时发现和随时研究暴露出的问题，认真查找和分析原因，从观念、体制和机制入手，下决心改革不适应形势发展的思路和方法，不断积累和丰富经验，逐步形成和完善新时期民政工作理论，全面提高民政工作水平。

统一思想　理清思路　切实肩负起历史使命

中共新疆维吾尔自治区党委书记　王乐泉

一、进一步提高对新形势下民政工作重要性的认识

民政事业是社会事业的重要组成部分，民政工作是党和国家的重要工作。做好新形势下的民政工作，对于保障人民群众的基本生活权益和民主政治权利，对于维护社会稳定、促进社会公平、推动社会进步，都具有十分重要的意义。2002年5月召开的第十一次全国民政会议是进入新世纪后国务院召开的一次重要会议，江泽民总书记、朱镕基总理做了重要讲话。会议深刻阐明了做好民政工作对维护和促进改革发展稳定大局的重大意义，对民政事业的发展提出了新的要求，为做好新形势下的民政工作指明了方向。

当前，我们正处在改革开放和现代化建设的关键时期。近年来，特别是实施西部大开发战略以来，我们按照国家总体部署，立足区情，发挥优势，加快推进自治区的改革开放，促进各项事业不断向前发展，取得了显著成绩。但是，我们也要看到，在加快经济结构调整步伐和深化改革的进程中，一些深层次的矛盾进一步凸现出来，经济生活和社会生活中还存在许多不容忽视的问题，我们面临的经济发展、体制改革的任务更加艰巨。做好民政工作是建立社会主义市场经济新体制的必然要求，是贯彻全心全意为人民服务宗旨和维护最广大人民群众根本利益的具

体体现。我们要在西部大开发和现代化建设中,很好地发挥民政部门的职能作用,调动一切积极因素,凝聚各族人民群众的力量,努力推动自治区经济和社会发展。

稳定是新疆的大局。改革开放20多年来,我们有一条最基本的经验,那就是要正确处理改革、发展和稳定的关系,在深化改革和加快发展的进程中,要十分重视和切实做好维护社会政治稳定的工作。没有稳定就谈不上改革和发展。维护稳定始终是全区工作的大局。这方面,民政部门肩负着重要职责。江总书记指出,“我看稳定这两个字在很大程度上是和我们民政工作联系在一起的”。从实际工作情况看,民政工作是稳定工作的前沿和基础。各级民政部门要从维护社会政治稳定全局的高度认识民政工作,做好事关全区稳定的前沿性、基础性工作,确保自治区的长治久安。

全区各级党委、政府和民政工作战线的同志们,一定要从维护和促进全区改革发展稳定大局的高度、从巩固新时期党的执政基础和加强政权建设的高度,充分认识做好新形势下民政工作的重要性,进一步增强历史使命感和政治责任感,开拓创新,扎实工作,把新疆的民政工作推上一个新台阶。

二、围绕中心,服务大局,做好新形势下的民政工作

在新的历史条件下,民政工作内容十分广泛,任务相当艰巨。要以邓小平理论和江泽民总书记“三个代表”重要思想为指导,按照围绕中心、服务大局,与时俱进、开拓创新,重点突出、全面提高的总体要求,努力开创工作新局面。

(一)充分发挥民政部门在维护全区改革发展稳定大局中的职能作用。在发展社会主义市场经济的新的历史条件下,经济社会发展全局对民政工作提出了新的更高的要求。由于体制的重大转型和社会的深刻变革,一些长期积累下来的深层次矛盾正在集中显现,新情况、新问题层出不穷,民政工作与经济社会发展的联系更加紧密。随着经济结构调整和改革开放的不断深化,竞争日趋激烈,短期内下岗职工、失业人员增多、就业的矛盾将更加突出。这就要求我们必须尽快建立新的、多方面、多部门参与的社会组织体系,民政工作要由传统、单一民政尽快向社会化、综合性的“大民政”转变。各级民政部门要从全区改革发展稳定大局出发,在全面推进西部大开发的形势下,在加快建立社会主义市场经济体制和继续深化各项改革的条件下,把解决群众关心的热点和难点问题作为我们工作的重点,把群众的满意程度作为衡量工作成效的标准,想群众之所想,急群众之所急,谋群众之所需,认清肩负的责任,坚定信心,找准位置,为新疆经济社会发展大局做出新的贡献。

这些年来,面对严峻的反分裂斗争形势,我们认真贯彻中央关于维护新疆稳定的一系列重大决策和江泽民总书记关于新疆稳定工作的重要指示精神,牢固树立稳定压倒一切的思想,坚持标本兼治,切实做好维护稳定的各项工作,确保了新疆社会政治大局稳定。当前,新疆呈现出政治稳定、经济发展、民族团结、社会进步的良好局面。各级民政部门要认清形势、着眼大局,充分发挥政府职能部门的作用,为维护新疆稳定做出新的贡献。要下决心建设好基层政权,解决好人民内部矛盾,做好维护稳定的工作,为新疆改革开放和开发建设创造有利的社会环境。

(二)统筹兼顾,突出重点,切实为城镇特殊困难群体排忧解难。城镇居民最低生活保障是扶助城市特困群众和社会弱势群体的生存线、兜底线,是我国社会保障安全网的最后一道防线。做好这项工作,是民政部门近年来的新职能,也是当前民政工作的一项突出重要的任务。各级政府特别是民政部门要切实发挥职能作用,在做好“两个确保”的同时,认真做好低保工作。特别是要继续坚持属地原则,将所有符合条件的城镇贫困居民全部纳入最低生活保障范围,真正做到应保尽保。继续加大低保资金投入,拓宽资金来源渠道,积极调整支出结构,拿出足够的资金来保证低保资金的投入,保证困难群众的基本生活。要尽快完善城镇居民最低生活保障的申请、审批、发放和监督程序,做到民主、公开、透明,努力使低保工作规范化、社会化。有条件的地方，要尽快推广低保工作的信息化管理，建立功能齐全、覆盖面广、规范透明的社会信息网络，提高工作效率，加强跟踪监督。

要切实加强对城镇困难群体的社会救济和救助工作。各级政府特别是民政部门要发挥自身优势，按照自治区《关于开展对城镇特殊困难群体实施社会救助活动的意见》的精神，进行层层动员，广泛发动干部职工献爱心、送温暖，踊跃捐助。要逐步建立和完善对困难群体在住房、医疗、教育等方面的社会救助政策，多方面帮助贫困家庭解决实际困难。救灾救济始终是新疆各级党委、政府的一项长期工作，也是民政工作的重要任务。要继续加强对救灾工作的领导，明确救灾责任，切实抓好自然灾害救济经费的落实和上级下拨救灾款的合理分配、及时到位。要广泛动员灾区群众开展形式多样的生产自救活动，积极推进救灾捐赠工作经常化和社会化。要加快救灾救济工作立法进程，建立灾情信息管理网络，强化救灾工作手段，因地制宜地加强对重大自然灾害的综合紧急救助能力。要通过改革和创新，进一步把新疆的救灾救济工作逐步纳入规范化、科学化、法制化轨道，确保灾区群众的基本生活和社会稳定。

(三)认真做好社区建设和社会事务管理工作。社区是城市的基本组织单位。加快社区建设是推进城镇化、实现民政工作社会化的重要手段和措施，是建立完善政府主导、部门协作、社会参与工作机制的突破口。各级政府特别是民政部门要发挥主导作用，把社区建设作为社会发展的重点之一，提上重要日程，逐步建立合理的工作运行机制。要健全社区组织，强化社区功能，改进和拓展社区服务，搞好社区工作人员的配备和培训。要做好企业离退休职工和下岗失业人员的管理和服务工作，千方百计增加社区的就业岗位，强化社区对下岗职工再就业的组织服务职能。中心城市和地、州所在地的城市，都要把社区服务业作为培育居民新的消费热点、城市新的经济增长点和解决城镇失业人员就业再就业的重要工作来抓，重点在社区管理、公益性服务以及承担社区各个行政企事业单位剥离后勤服务等方面积极探索，创造就业岗位，帮助下岗职工和有劳动能力的特困居民及早解决就业问题。当前和今后一个时期要把大力发展社区服务业作为缓解城市就业压力的重要措施，不断总结经验，大胆探索，吸引更多的下岗职工和待业人员参与社区服务，使之真正成为解决城镇就业问题的有效途径。民政部门主管的社会行政事务很繁杂，包括管理民间组织、行政区域、地名、婚姻和殡葬、收养登记、收容遣送等等。在改革不断深化、对外开放进一步扩大的大环境下，这些工作面临着许多新问题。我们要进一步推进依法行政，规范管理和服务，实现管理理念和工作手段的现代化。要重点发展真正按照市场经济要求建立的行业中介组织、社会和服务性的民间组织。要切实加强审批、管理和监督工作，提高社会事务管理水平。

(四)继续做好优抚安置工作。新疆是边疆少数民族地区，拥军优抚和安置工作在增进军民团结、促进边防建设、巩固国防方面具有重要作用。我们要不断深化认识，切实加强领导，紧紧围绕促进经济发展和国防建设，研究和探索推进双拥工作和优抚安置政策全面落实的新思路。各级党委、政府要与部队保持经常性的联系，主动采取措施，积极帮助部队解决战备、执勤、训练、国防施工和科研等方面需要解决的实际问题。要结合拥军优属的实践，做好部队转业干部、复员转业军人、军队离退休干部的安置工作，做好烈属、革命伤残军人等优抚对象的优抚工作。要根据全区社会经济的不断发展和人民生活水平的提高，努力提高优抚对象的抚恤补助标准，切实解决“生活难、医疗难、住房难”问题，保障优抚对象在政治、经济、社会中享有适当的优厚待遇。各级政府特别是民政部门，要加强调查研究，从建立法规制度入手，加大改革力度，采取切实可行的措施，努力使退役兵安置工作与社会主义市场经济发展相适应，采取有力措施，使退役士兵的生活有所依托，就业有出路，为部队建设解难题、办实事。

三、各级党委和政府要重

视、关心、支持民政工作

做好新形势下的民政工作，关键是要加强领导，狠抓各项任务的落实。各级党委和政府要把民政工作列入重要议事日程，作为一项重要工作来研究和部署。要把民政事业纳入本地区经济社会发展规划，制定切实可行的措施加以落实。要加大对民政事业的投入，为民政事业的发展提供必要的资金支持，尤其要确保城镇居民最低生活保障、抚恤补助和救灾救济等经费。各级领导要主动关心民政工作，经常研究民政工作中的新情况、新问题，大力转变工作作风，经常深入基层开展调查研究，及时解决实际困难和问题，提出应对措施，并为民政工作创造必要的条件。

民政工作涉及面广，特别需要各方面的协作配合。无论是民政部门主管的工作，还是民政部门牵头的工作，都要积极给予支持和配合。财政部门要及时筹措资金，把城市居民最低生活保障、社会救助、社会福利和优抚安置等所需的经费，作为财政必保的项目来安排。经贸、水利、卫生等部门要协助做好农牧区自然灾害救助。公安部门要配合做好民间组织管理和城市流浪乞讨人员收容遣送等工作。民政部门也要主动与各有关部门进行协调和沟通。要充分发挥各级工会、共青团、妇联组织在民政工作中的重要作用。同时，要广泛动员社会各方面力量参与民政工作，形成政府主导、部门协作、社会参与的工作机制，共同把民政事业推向前进。

积极推进民政工作的依法行政，是贯彻依法治区方略的重要体现。要加快社会行政事务管理方面的法制建设，使民政工作进一步做到有法可依，有章可循，依法管理。要强化法制意识，建立严格的办事程序和法规制度，严格依法办事，确保各项法规制度的执行。要加强基层民主政治建设，把直接涉及人民群众切身利益的行政执法依据、程序和结果向社会公布，接受群众监督。

各级党委和政府要高度重视民政部门自身建设，特别是要关心和支持民政干部队伍建设。要坚持不懈地加强对干部职工的理论学习和业务培训，不断增强民政干部的政治意识、大局意识和宗旨意识，努力造就一支政治觉悟高、业务素质好、全心全意为人民服务的干部队伍。民政工作是群众工作，每天都要跟群众打交道，各族民政干部要发扬“孺子牛”的精神，深怀爱民之心，恪守为民之责，努力为群众排忧解难，搞好服务。民政干部要廉洁自律、依法办事，力戒形式主义和官僚主义，坚决纠正行业不正之风，满腔热情地为广大群众服务。要加强基层民政组织建设，改善基层民政干部的工作和生活条件，解决他们的后顾之忧，为做好民政工作奠定坚实的基础。

天津市党政领导论民政

2002 年 7 月 18 日，天津市政府召开了第十一次民政会议。会议以“三个代表”重要思想为指导，传达贯彻国务院召开的第十一次全国民政会议精神，总结了第十次民政会议以来全市的民政工作，部署了新时期民政工作任务。

市委常委、常务副市长夏宝龙出席会议并讲话。他指出，做好民政工作是贯彻实践“三个代表”、坚持执政为民的具体体现，是支持改革、促进发展的有力措施，是促进社会进步、维护社会稳定的重要途径。要努力探索解决民政工作面临的新课题，把握好三个基本的指导原则：

一是坚持与时俱进，不断创新民政工作的思路。与时俱进就要进行理论创新和思想创新。思路要创新，首先要坚持解放思想、实事求是的思想路线，冲破那些陈旧的、过时的、妨碍前进的思想观念的束缚，用全面、开放、发展的思维来研究当前民政工作的具体实践，使我们考虑问题的角度、分析问题的深度和解决问题的办法都符合建立市场经济体制和转变政府职能的要求，切合天津的实际和人民群众的意愿；其次，要善于学习、总结和思考，从新的理论、知识中汲取营养，学习借鉴其他地区的成功经验，总结以往民政工作中的成败得失，提出新的、更好的工作思路并努力去付诸实践。思路创新，关键要解决实际问题。要对各项民政工作进行深入细致的分析，找出影响工作成效的主要矛盾，并提出相应的解决办法。

二是坚持服务大局。要把民政工作的各项具体任务放在全市工作大局中来研究、思考和推动，要从加强城市现代化建设和管理的高度来抓社区建设；从完善社会保障体系和体现社会主义制度优越性的高度来深化低保、社会福利和社会救助工作；从维护社会稳定的高度做好优抚安置、社团管理工作；从巩固我们党的执政根基和强化城市基础工作的高度来开展基层政权建设；从促进社会主义精神文明和弘扬先进文化的高度来推进婚姻管理及殡葬改革。在各项民政工作更好地服务于大局的同时，把民政工作提高到一个新的水平之上。

三是坚持执政为民，尽心竭力为群众办实事。民政就是为民行政。做好群众工作，为群众办实事、解难题是民政部门的基本职责。全市各级民政部门一定要学习和掌握新形势下履行好这一职责的本领和方法，善解民意，善待百姓，带着深厚的感情为群众排忧解难。各级政府和有关部门要下大力量，采取切实有效的措施，把对下岗失业人员的基本生活保障过渡到就业保障上来，千方百计为下岗职工增加就业岗位。要进一步加大开发社区就业岗位的工作力度，引导下岗人员转变择业观念，投身社区服务、家政服务等各项社区工作，实现再就业。其他各项民政工作也都要着眼于满足人民群众的实际生活需要，努力为群众办实事、解难题，以实际行动落实“三个代表”的要求。

夏宝龙副市长强调，各级党委和政府要把民政工作放在更加重要的位置，进一步加强领导，经常听取汇报、提出要求，及时研究解决民政工作中出现的问题，抓好民政工作的推动和落实。要帮助民政部门搞好综合协调工作，完善政府主导、部门协作、社会参与的工作机制，共同推进民政事业。要加大对民政工作的资金投入，各级民政部门要积极拓宽筹资渠道，按照社会化、市场化的思路，抓好福利彩票发行销售，加强慈善及其他社会捐赠活动，增强民政事业发展的实力。要加强民政部门的职能转变。除了必要的民政部门承担的各项社会行政管理事务，也要规范操作、简化程序、公开透明和加强监管，加快法制化进程，抓紧制订各项民政业务的行政规章和政策措施，完善民政法规体系。广大民政干部职工要改进工作作风，真抓实干，以高度的事业心和强烈的责任感，勇于开拓，扎实工作，把各项工作任务落到实处。

河北省党政领导论民政

2002年10月17日，河北省政府召开了第十一次全省民政会议。会议以“三个代表”重要思想为指导，传达贯彻国务院召开的第十一次全国民政会议精神，总结了第十次民政会议以来全省民政工作，部署了新时期民政工作任务。王旭东书记、钮茂生省长出席了会议并讲话。省委常委、常务副省长郭庚茂作了工作报告。

王旭东书记充分肯定了各级民政部门在促进全省改革发展稳定方面所发挥的积极作用，指出做好民政工作的重大意义。他说，民政工作是党和国家的重要工作，是社会事业的重要组成部分，是社会管理和公共服务的重要方面，事关人民群众的切身利益。我们必须认真学习，深刻领会，切实落实江泽民总书记在十一次全国民政会议上的重要讲话精神，坚持以邓小平理论和"三个代表"重要思想为指导，努力把民政工作提高到一个新水平。他强调，当前要做好以下几项工作：

一要切实做好困难群众基本生活保障和自然灾害救助工作。要抓紧建立和完善与社会主义市场经济体制相适应的灾害救助体系、社会救济体系、社会互助体系和社会福利服务体系，切实加强低保工作，进一步提高救灾能力和捐赠活动的制度化水平。

二要继续做好拥军优抚安置工作。党委、政府要积极支持部队革命化、现代化、正规化建设，切实帮助驻冀部队官兵解决好战备执勤、训练演习和教学科研中遇到的实际问题。要把落实优抚安置政策同双拥模范城（县）创建活动结合起来，进一步落实抚恤优待制度，切实解决部分重点优抚对象的生活难、住房难、医疗难等问题，认真解决好退役士兵的就业出路问题。

三要高度重视加强社区建设和做好村民自治工作。要大力加强社区建设，健全社区组织，强化社区功能，努力建设管理有序、服务完善、环境优美、治安良好、生活便利、人际关系和谐的现代化新型社区。在农村要进一步建立健全村民委员会民主选举、村民议事和村务公开三项制度，把民主选举、民主决策、民主管理和民主监督落到实处。四要进一步加强社会事务行政管理工作。民间组织要坚持培育发展和管理监督并重的方针，坚持依法审批，搞好登记管理。对有违法违纪活动的，要依法严肃查处。同时加强其他专项社会事务管理。

王旭东书记强调，民政工作的政治性、政策性、群众性都很强，各级党委、政府要进一步深化对新形势下民政工作地位和作用的认识，切实加强领导。部门之间要加强协调和配合。

钮茂生省长就民政工作重点构建和完善"四大体系"，明确提出了要求：

一要建立完善以城镇居民最低生活保障为重点的社会救济体系，全面落实低保政策。要坚持属地管理原则，严格按实际收入计算低保标准，真正做到低保对象全员覆盖，努力实现低保工作的规范化、社会化和信息化。

二要建立完善灾害救助体系。坚持"依靠群众，依靠集体，生产自救，互助互济，辅之以国家必要的救济和扶持"的救灾工作方针，建立和完善救灾工作分级管理、救灾资金分级负担的救灾工作管理体制。省、市、县要建好救灾物资储备中心、救灾信息网络等紧急救助工作体系。

三要建立完善社会化的双拥优抚安置服务体系。深入开展创建双拥模范城（县）活动，落实好"优待安置证"制度，解决老优抚对象"三难"问题，尽快建立抚恤补助标准与人民生活水平同步提高的自然增长机制。要积极妥善地推进城镇退役士兵改革，逐步向政府补助、自谋职业方向发展，认真落实好军队离退休干部的政治待遇和生活待遇。

四要建立完善民间组织管理服务体系，加大宏观调控力度，逐步形成符合省情的、合理的民间组织新格局。要建立健全民间组织行政管理体制、社会监督机制和自律机制，严肃查处、打击违法、非法民间组织，支持民办非企业单位的健康发展。钮茂生省长强调，基层政权建设、社区建设、殡葬改革等各项工作，都很重要，要有新的起色，上一个新的台阶。特别要抓好第六届村委会换届选举工作。他还就建立健全政府主导、部门协作、社会参与的工作机制提出要求。

山西省党政领导论民政

2002年9月9日，山西省政府召开了第十八次全省民政会议。会议总结了全省第十七次民政会议以来的工作，安排部署了今后一个时期民政工作的主要任务，对贯彻全国第十一次民政会议精神提出了具体要求。省委书记田成平、省委副书记、省长刘振华出席了会议并讲话。省委常委、副省长范堆相作了工作报告。

田成平书记充分肯定了民政部门广大职工为全省改革稳定发展所做的贡献，强调要进一步认识新时期民政工作的地位和作用。他指出，民政部门担负着维护和保障广大人民群众尤其是困难群众基本生活权益的重要职责，发挥着实施社会管理，调节社会矛盾，维护社会公平，保持社会稳定的重要功能。切实维护广大群众的基本权益，尤其是保障困难群众的基本生活，是民政工作的出发点和归宿。要把工作做得再扎实一些，细致一些，确保各项保障措施落到实处。区划调整、社会中介组织的发育和成长、村民自治、社区建设、福利企业的长足发展等多项民政工作能有力地促进经济建设和社会发展。当前，一要着眼于确保困难群众的基本生活，研究探索如何进一步深入做好城市居民最低生活保障工作。着眼于保障农村特困户的基本生活，研究探索建立适应新形势的对农村贫困人口的社会救助制度。要认真落实五保供养条例，不断完善五保供养办法，进一步规范和健全农村社会救助工作。二要着眼于巩固党的基层政权，加强城乡基层民主政治建设，研究探索加强社区建设、村民自治的新办法。要把低保工作作为社区的重要任务，大力发展社区服务业，拓宽社区就业渠道，搞好社区卫生、社区文化、社区治安、社区环境等方面工作。村民自治要健全完善村民委员会民主选举、村民议事和村务公开制度，真正把民主选举、民主决策、民主管理、民主监督落到实处。三要着眼于培育发展行业协会和服务群众、服务社会的公益性民间组织，研究探索加强民间组织管理的新途径。四要着眼于巩固军政军民团结，支持国防和军队建设，研究如何进一步做好拥军优属和优抚安置工作。

田成平书记强调，各级党委和政府要把民政工作放在更加重要的位置，继续完善政府主导、部门协作、社会参与的工作机制，把城市最低生活保障、救灾救济、社区建设、优抚安置、老龄等重点工作作为重要职责，研究制定可行措施，有计划、有步骤、有重点地把工作做好。要逐步增加对民政事业的投入，尤其是对救灾救济、城市最低生活保障、优抚安置、社会福利等专项经费，要优先予以保证。要及时掌握民政工作的进展情况，特别是关系人民群众基本生活的重点工作，积极帮助民政部门解决问题和困难。各级民政部门要进一步解放思想，更新观念，转变职能，改进工作方法，依法行政，规范管理，恪尽职守，热情服务。要深入实际，调查研究，对于工作中的难点、热点问题，要及时向各级政府提出解决的办法和措施。要进一步拓展民政工作的投资渠道，扩大服务领域，改善管理方式，逐步探索建立政府调控、民办公助、法人管理的新体制。民政部门的广大干部职工都要认真学习和身体力行“三个代表”的重要思想，时刻把广大人民群众的利益放在首位，尤其要把最需要帮助的困难群众和弱势群体的冷暖挂在心上。

刘振华省长就当前需要重点做好的几项工作进行部署：一

是继续加强城市低保工作。要切实加大资金投入,管好用好低保资金。市地要对本级和所属县区的资金落实情况进行一次核查,对因地方资金投入不到位而影响按时发放的,要追究主要领导的责任。凡是低保资金不到位的地方,不准搞"形象工程"、"政绩工程",不能为领导购买小轿车,建办公大楼。低保资金必须实行专户管理,专款专用,及时拨付。对贪污挪用的,要依法严肃查处。抓好低保工作的制度化、规范化和信息化建设,要研究制定享受低保的困难职工家庭在住房、医疗、子女上学和就业等方面的救助措施。二是做好救灾工作。受灾严重的地方,党政主要领导要迅速深入灾区,现场组织抗灾救灾,积极组织群众开展生产自救。要进一步健全救灾工作分级管理体制,加强救灾资金管理。发生灾情后,本级财政的预算资金要首先拿出来,用于灾区群众的生活安排。严格实行救灾款专户管理制度,从制度上防止发生截留、挪用、抵扣、拖延等问题,严格掌握救灾款的使用原则和范围,保证救灾资金及时足额发放到灾民手中。对贪污挪用救灾款物的腐败和违规行为,必须依法严肃处理。要因地制宜制定救灾应急预案。三要继续做好拥军和优抚安置工作。要切实解决好重点优抚对象"医疗难"问题,进一步搞好安置工作的改革,制定和完善有利于推动安置工作改革的政策措施。四要进一步加强农村村委会和城市社区建设。要全面做好换届选举的各项准备工作,总结经验,研究问题,加强指导,确保换届选举顺利进行。城市社区建设要按照"一手抓推进,一手抓研究"的思路,在抓好示范城和示范社区建设的基础上,以点带面,由省城太原向各市(县)全面推进。各地要按照《中国老龄事业"十五"发展纲要》,进一步抓好老龄工作。对于"星光计划"项目,各地要认真筹划,严密组织,加强检查,确保建设质量。

内蒙古自治区党政领导论民政

2002年7月26日,内蒙古自治区召开了全区民政会议。会议贯彻落实第十一次全国民政会议精神,总结近年来全区民政工作,深入分析民政工作面临的形势,认真研究部署当前和今后一个时期民政工作的主要任务,表彰全区民政工作先进集体和先进个人。自治区党委书记储波,党委副书记、主席乌云其木格出席会议并讲话。副主席周维德作了工作报告。

储波书记在讲话中肯定了近年来全区各级民政部门所做的工作。他指出,内蒙古是边疆少数民族地区和经济欠发达地区,自然灾害频繁,落实低保、救灾济困、社会救助等工作任务十分繁重,做好民政工作尤为重要。全区各级党委、政府一定要从全局和战略的高度,充分认识民政工作在自治区改革、发展、稳定中的重要地位和作用,扎扎实实地做好这一重要工作。第一,要把民政工作作为全党全社会的一件大事来抓,切实重视新形势下的民政工作,认真解决民政工作中存在的实际困难和问题。党政各部门和社会各界要密切配合、积极支持民政部门开展工作。第二,要把民政工作的重点放在基层。强化基层基础工作,加强基层组织、干部队伍和各项制度建设。第三,要带着深厚的感情去做工作。要增强全心全意为人民服务的宗旨意识,深入基层、了解民意,为党分忧、为民解愁。

乌云其木格主席强调,经济社会发展对民政工作提出了新的更高的要求。各级民政部门要按照围绕中心、服务大局,与时俱进、开拓创新,重点突破、全面提高的总体要求,在实际工作中要尽快实现“三大转变”,即在工作对象上,要从过去主要为传统民政对象服务,向为城乡弱势群体为主的广大群众服务转变;在工作目标上,要从过去主要保障困难群众生存权,向既保障群众生存权,又注重维护他们的发展权和民主政治权利转变;在工作重心和方法上,要从过去以农村牧区为主向城乡并重转变,由过去重管理轻服务向管理和服务并重转变,由过去以政府为主,向由政府组织倡导、广泛利用社会力量、走社会化的路子转变。要突出抓好几项工作:

一是认真做好城市居民最低生活保障工作。要认真做好城市贫困人口的调查摸底,加大低保资金投入,抓紧制定实施细则,尽快完善最低保障申请、审批、发放和监督程序。要充分发挥城市社区组织的优势,做好有关的核查、监督和按时发放等工作,确保资金到位,全面覆盖,程序规范严密,及时发放。

二是进一步加强抗灾救济工作。要及时核查灾情,妥善安排灾民的生产生活。在灾害多发季节,要做好各项准备工作,加快建立以救灾工作分级负责、救灾款分级负担制度为基础,社会动员机制为补充,应急措施相配套的灾害救助体系;加强救灾预案、物资储备、信息评估、紧急救援和配合协调工作;坚持救灾款切块分配和实物发放制度,加强对救灾款物发放的监督。要建立和完善经常性的救助机制,在接收、储存、运输、发放各个环节加强管理,特别注意与区外对口援助的省市加强配合。

三是做好社区建设和社会事务管理工作。各级政府特别是旗县级政府一定要发挥主导作用,把社区建设作为社会发展的重点之一,健全社区组织,强化社区功能,改进和拓展社区服务,搞好社区工作人员的配备和培训,强化社区对下岗职工再就业的组织服务职能。要坚持培育发展和管理监督并重的方针,重点发展真正按照市场经济要求建立的行业中介组织、社会公益和服务性的民间组织。切实加强审批、管理和监督工作,对搞违法违纪活动的,要依法查处。

四是继续做好优抚安置工作。各级政府要采取有效措施,努力保障优抚对象,特别是重点优抚对象在政治、经济、社会生活中享有适当优厚的待遇,努力使他们的生活水平达到或略高于当地群众平均生活水平。要加大资金投入,优先安排财政预算,加快建立抚恤补助标准与人民生活水平同步增长的机制。

五是切实加强对民政资金的管理。要进一步完善资金管理使用制度和办法,严格执行各项政策和规定,确保民政资金不折不扣地用于扶助救济对象身上。特别是对低保资金,必须进行专户管理,专款使用,及时拨付,不能虚列预算,列而不支,更不允许挤占挪用,要加大稽查和审计力度。

乌云其木格主席要求,各级政府要把民政事业纳入本地区经济社会发展规划,制定切实可行的措施加以落实。要加大对民政事业的投入,尤其要确保最低保障、抚恤补助和救灾救济等经费。要搞好总体协调,各有关部门要通力协作。

辽宁省党政领导论民政

2002年8月20日,辽宁省召开了第十二次全省民政会议。会议传达贯彻国务院召开的第十一次全国民政会议精神,总结1994年以来全省的民政工作,部署新时期民政工作任务,表彰全省民政工作的先进单位和先进个人。省委书记闻世震接见会议代表并讲话,常务副省长郭廷标出席会议并作了讲话。副省长杨新华作了工作报告。

闻世震书记充分肯定了八年来的民政工作。他指出,民政工作在促进经济发展、维护社会稳定、实践"三个代表"重要思想中担负着重要的任务。江泽民总书记在全国民政会议上的重要指示,为做好民政工作指明了方向。要深入学习贯彻江泽民总书记的重要指示,紧密结合实际,做好新时期全省的民政工作。

一是全力做好城乡贫困群众的生活保障工作,搞好扶贫济困。城市要做好社会保障的试点工作,做到低保的全覆盖,随着经济的发展逐步提高标准。农村要做好贫困地区和遭灾地区群众的生活安排,搞好开发式扶贫,对农村的困难群众,要做到有饭吃、有衣穿、有柴烧,困难家庭的孩子不辍学。

二是要深入开展拥军优属和拥政爱民工作,巩固国防,加强军政军民团结。

三是要加强基层组织建设。进一步提高对社区建设工作的认识,健全社区的领导体系、工作体系,完善社区的功能,发挥社区在促进经济发展和社会稳定中的重要作用。同时要搞好农村村委会的换届选举,加强对村民自治工作的领导。

四是要提高民政工作的领导水平,加强对社会事业的管理,大力开展社会福利工作。

闻世震要求各级党委、政府要高度重视民政工作,完善政府主导、部门协作、社会参与的工作机制,推动民政事业健康发展。

郭廷标副省长强调,做好新形势下的民政工作,要按照江总书记要求,紧紧围绕省委、省政府的中心工作,以城市低保、扶贫帮困、救灾救济为主线,以扩大基层民主、搞好双拥优抚安置、社会福利、专项行政事务管理为重点,与时俱进,努力创新。各级党委、政府要采取有效措施,为民政工作提供有力保障。当前,要突出抓好五项工作的落实:

一是低保工作。必须彻底取消有劳动能力未就业人员的虚拟"应得收入"标准,纠正行业评估标准过高的现象,根据当地经济发展的实际情况,合理确定低保标准,全省差额月平均救助标准应达到 80 - 90 元左右。按照属地化管理原则,地方各级财政都要调整财政支出结构,逐年增加用于低保的资金,并切实做到专款专用,防止挤占挪用。要健全低保机构,加强科学管理,完善配套政策,尽快实现信息化、网络化。要全面总结低保工作的试点经验。

二是城市社区建设。以社区服务为主题,逐步实现社区组织网络化、制度规范化、干部专业化、功能全面化、设施配套化、工作一流化。要加强对社区干部的选拔和培训,创建一批社区建设示范区。要进一步推行社区工作者直接选举,继续推进大学生进社区计划,解决社区硬件建设问题。

三是农村基层组织建设。要依法推进村民自治,选拔、培养一批能够真正为村民谋利益,带领群众致富奔小康的领路人。全面推行乡镇政务公开和村务公开,结合推进一村一名大学生计划,提高农村基层干部科学文化素质。

四是救灾救济工作。要制定切实可行的抗灾救灾工作预案,把救灾款物及时、足额发放到灾民手中,保障灾区群众的基本生活。

五是双拥和优抚工作。大城市、驻军较多的市要结合本地特点,多办科技拥军项目。特别要突出科研,发挥地方科研院所、大专院校的科技优势,帮助部队解决战备、训练、演习中一些急需解决的技术难题。各级政府要拿出切实可行的办法解决好农村"三老"优抚对象的实际困难,继续做好军转安置工作,在推进安置方式改革的同时,社会各方面都要为军转安置做贡献。要通过扶持就业等有效措施,鼓励复转军人自谋职业,二次创业。

吉林省党政领导论民政

2002年7月23日，吉林省召开了第十五次全省民政会议。会议总结了第十四次全省民政会议以来的工作，部署了今后一个时期的任务，表彰全省民政工作的先进单位和先进个人。省委书记王云坤接见会议代表并讲话。省委副书记、省长洪虎出席会议并讲话。副省长李斌作了工作报告。

王云坤书记对八年来全省的民政工作给予了肯定。他指出，各级民政部门在为经济发展创造良好环境、维护社会稳定、推动社会进步、保障困难群众基本生活权益等方面做出了重要贡献。民政工作是党和政府的重要工作，在新形势下，民政工作对确保困难群众生活权益、发展社会主义民主政治、支持国防和军队现代化建设、促进社会公平、维护社会稳定的作用越来越突出，对经济可持续发展和社会全面进步的影响越来越明显，在党和政府工作中的位置也越来越重要。民政工作是全心全意为人民服务的，特别是为群众当中的弱者服务，应该说在人民群众的心里，民政就是政府，民政工作最得人心。他要求，全省各级党委、政府和有关部门要认真学习贯彻江泽民总书记和朱镕基总理在第十一次全国民政会议上的讲话精神，深刻认识新时期民政工作的重要作用，把民政工作放在更加突出的位置，进一步加大对民政工作的领导支持力度。

洪虎省长就当前要着力落实好的几项重点工作进行了部署：一是切实加强城市居民最低生活保障工作。要把工作做实、做细，尽快实现应保尽保，抓紧研究最低生活费补贴的计算和发放办法，不能把“虚拟收入”计算在内。坚持属地化管理的原则。低保标准的制定，要从实际出发，既要确保最低生活标准，又要注意有利于促进就业和再就业。要逐步建立和完善最低生活保障对象在住房、医疗、教育等方面的社会救助政策。要加大财政投入力度，除少数县市特别困难外，多数市、县两级财政都有能力保证低保资金的投入。要实行专户管理，专款专用。要努力实现低保工作的规范化、社会化和信息化。二是认真做好自然灾害救助工作。要建立健全灾民紧急救援工作体系，提高救灾能力。加快建立和完善救灾工作分级负责、救灾资金分级承担的救灾工作管理体制，抓紧完善救灾款专户管理制度，建立规范的救灾款物发放制度。要坚持做好灾前预防工作，切实加强灾情预报、监测和信息传输体系建设，提高灾民的自我救助能力。开展好经常性社会捐助活动，使捐助活动进一步规范化、制度化。三是加强民间组织管理工作。要坚持培育发展和管理监督并重的方针，把培育发展的重点放在按照市场经济要求建立的行业中介组织、社会公益和服务性的民间组织上来。要支持民办非企业单位的健康发展，大力发展农村专业协会。四是做好城市社区建设和农村村民自治工作。努力探索广泛参与的途径，探索政府在社区建设中的职能和社区党的领导方式。要抓好大中城市社区建设，完善社区功能，发挥居民群众的主体作用，坚持以人为本，积极开展社区服务。农村的村民自治工作要继续坚持以“海选”为主线，建立健全各项规章制度，大力推行村务公开，实现农村基层民主政治建设的制度化、规范化、程序化。五要进一步做好拥军优抚安置工作。要经常开展丰富多彩的拥军优属活动，通过科技拥军、教育拥军、法律拥军等措施，多为驻吉部队解决问题。要认真落实优抚政策，着力解决好重点优抚对象在生活、住房、医疗方面的困难，保障全省优抚对象在政治、经济、社会生活中享有适当优厚的待遇。继续积极探索与市场经济相适应的安置途径和办法，有效地安置好全省城镇退役士兵和军队离退休干部。

洪虎要求，各级政府要用“三个服务”的要求统一思想，高度重视民政工作，经常研究和调查情况，及时发现和解决问题。要努力形成民政事业社会化的常态机制。通过舆论引导，法制规范，行政推动，切实建立并完善“政府主导、部门协作、社会参与”的民政工作机制。要加大民政工作的创新力度。要依法行政，推进政务公开，加强民政工作的信息化建设。要推进城市低保、社区建设、社会福利社会化和有关专项社会行政事务管理等的规范化和法制化，规范民政执法程序，全面落实行政执法责任制，强化依法行政意识和能力。要帮助解决民政工作中的难点问题。加大财政投入，加强民政基础设施尤其是社会公益和社会福利设施建设。在农村税费改革中，要充分考虑五保供养、优抚工作等方面的需求，落实好所需各项经费。要加强基层民政组织建设，改善基层民政干部的工作和生活条件，解决他们的后顾之忧，奠定做好民政工作的坚实基础。

黑龙江省党政领导论民政

2002年7月10日，黑龙江省召开了第十六次全省民政会议。会议传达了第十一次全国民政会议精神，总结了1994年第十五次全省民政会议以来八年的民政工作，部署了今后一个时期的民政工作任务，表彰了全省民政工作先进单位和先进个人，交流民政工作经验。省委书记徐有芳、省长宋法棠出席会议并作了讲话。副省长王东华作了工作报告。会议明确地提出了全省民政工作的指导思想、目标、任务、措施等根本性、战略性的问题，提出了全省要尽快实现由传统民政向现代民政的转变，特别强调要高举“民政为民，服务大局，改革创新，与时俱进”的旗帜，落实政府主导、部门协作、社会参与的民政工作运行机制，实现黑龙江省民政事业的跨越式发展。

徐有芳书记肯定了1994年以来全省民政工作取得的成绩，指出在改革不断深入的情况下，做好民政工作，是实现省委提出的“四个确保”的关键，也是关系到改革、发展和稳定的大问题。全省的各级党委、政府更应该高度重视民政工作，把民政工作纳入各级党委、政府的重要议事日程，完善政府主导、部门协作、社会参与的工作机制。城市低保、社区建设、基层政权建设、双拥工作等各个方面，任务都很重，各级党委、政府要把民政工作认真抓好，给予重视，也给予支持。他希望民政部门的同志，结合实际，不断改革创新，与时俱进，把民政工作抓得更好，为“二次创业，富民强省”的战略目标做出新的、更大的贡献。

宋法棠省长强调了做好当前民政工作要把握的几个方面：

第一，突出抓好重点工作，确保工作实效。一是城市居民最低生活保障工作。各级政府要把所有符合条件的城市贫困居民都纳入保障范围。要把低保资金作为必保项目纳入财政预算，保证投入，实行专户管理，专款专用，管好用好。要加强市、县、街道管理体系和信息网络建设，实行规范化、动态化管理。二是社区建设和基层群众性自治组织建设工作。要依法调整健全社区居委会组织，选用优秀人才，大力发展社区服务业。三是民间组织管理工作。要重点培育发展符合市场经济要求的行业中介组织、社会公益和服务性的民间组织，尤其要认真研究行业协会的发展和管理问题，依法加强民间组织管理和监督工作。对搞非法活动的组织，坚决依法取缔。四是服务军队和国防建设工作。要认真落实各项优抚政策，进一步落实抚恤优待制度，确保“共和国功臣”们的生活达到或略高于当地群众平均生活水平。要认真研究和解决退役军人安置困难的矛盾，做好军队离退休干部接收安置工作，广泛深入地开展双拥活动。五是做好自然灾害的救助工作。要建立和完善救灾工作分级负责的体制，管好用好救灾款项，做到发放公正、透明。

第二，加强领导，建立政府主导，部门协作，社会参与的工作机制。要经常研究解决民政工作出现的新情况、新问题。

第三，加强民政基础设施建设，加快民政工作法制化、信息化进程。各级政府要采取财政投入、社会筹措、发行福利彩票等办法，加强民政硬件建设，提高民政事业的服务能力和整体水平。要搞好民政法制建设，健全民政法规体系，加大执法力度，搞好行政执法检查监督。要支持民政信息网络建设，建立与全国联网的民政工作数据库，对城市低保、救灾救济等民政工作实施信息化管理。

第四，加强民政干部队伍建设。各级政府要根据民政部门城市低保、社区建设、民间组织管理等工作职能和任务量增加的实际，适当在机构设置、编制配备上予以必要支持。要加强民政部门领导班子建设，要积极引进各类人才，优化民政干部结构，加强民政干部教育培训。各级民政干部要切实转变工作作风，加强廉洁自律和行风建设，努力建设一支贴近群众、勤政为民、廉洁奉公、改革创新、务实高效的干部队伍。

上海市党政领导论民政

2002 年 8 月 1 日，上海市政府召开了第十一次民政工作会议。会议的主要任务是，进一步贯彻落实第十一次全国民政会议和上海市八次党代会精神，总结八年来的上海民政工作，部署今后一个时期上海民政工作的发展战略，表彰在民政工作中做出突出贡献的先进单位和先进个人。中共中央政治局委员、市委书记黄菊，市委副书记、市长陈良宇，市政协主席王力平，以及市委、市人大、市政府、市政协有关领导接见了受表彰的先进集体、先进个人代表，并和大家合影留念。黄菊同志接见时发表了重要讲话。市委副书记刘云耕在会上作了讲话。市委常委、副市长冯国勤作了工作报告。

黄菊同志在讲话中指出，民政部门历来是党和政府非常重视的一个部门，民政工作是贯彻实践江泽民总书记“三个代表”思想的重要体现。这些年来，上海的民政工作有很大的发展。特别是 1996 年开始，市委提出了构筑“大民政”格局的思路，各级民政部门紧紧围绕上海经济发展的大局，从全市人民日常生活中的热点和难点着手，拓宽工作思路，拓展民政职能，在保障人民群众生活尤其是困难群众的基本生活，发展社会主义民主政治，加强社区建设和管理，支持国防和军队现代化建设，促进社会公平，维护社会稳定等方面，确实做了大量的工作，取得了很大的成绩。今后五年，是上海改革开放和现代化建设承前启后的关键时期，是加快率先基本实现现代化进程的重要阶段。市委在第八次党代会上提出要建立三个体系，其中，第三个体系“以促进人的全面发展为中心的社会事业体系”是一个新的体系，围绕这个体系，必须要高度重视和加强以社会管理和社会服务为主要职能的民政工作。要做到“三个相适应”，即与社会主义市场经济发展相适应、与体制转轨和社会转型相适应、与特大型城市特点相适应，全面构建“大民政”格局，探索新时期民政工作发展的新路子。各级党委和政府要充分认识做好新时期民政工作的重大意义，把民政工作放在更加重要的位置，共同努力“完善政府主导、部门协作、社会参与的民政工作机制”。

刘云耕副书记强调，要从实践“三个代表”和落实好“三个服务”的高度，进一步加强对民政工作重要性的认识，要坚持政府主导、部门协作、社会参与的工作机制，全面推进民政事业发展。要切实加强各级政府对民政工作的领导。要在加快公共财政建设的过程中，通过优化支出结构，加大对民政事业的投入，适应新时期民政事业发展的需要。要在确保落实中央提出的社会救助应保尽保的基础上，进一步加大对社会困难群体的保障力度。对近年来民政部门适应体制改革和社会转型发展起来的一些涉及全社会的新兴事业，包括社区服务、老龄事业、公益性福利性民间组织发展等，要切实加大扶持力度，及时解决发展过程中的困难和问题，推动这些事业的快速健康发展。要根据“大民政”的要求，形成整体合力。各部门必须树立“一盘棋”的思想，主动关心、支持民政工作，主动沟通和联系，帮助民政部门协调工作中遇到的难题。民政部门也要积极争取相关部门的支持与配合。要广泛动员社会力量，通过制度创新整合社会资源，政策扶持引导社会组织介入，多形式地推进民政事业发展，形成政府调控、社会组织运作、市民广泛参与的民政事业发展的新格局。特别是社区服务、老年人福利等机构，通过灵活多样的方式为社区人、老年人、残疾人、孤残儿童提供优质服务，最大限度地满足人民群众日益增长的社会福利需求。要逐步探索建立与市场经济发展相适应的社会募捐机制和社会监控管理制度，从整体上畅通社会参与渠道，提高社会参与的水平。

冯国勤副市长在回顾八年来上海民政工作取得成就的基础上，对今后一个时期上海民政事业发展的总体要求、主要任务和保障措施作了全面部署。

会上专门下发了《上海市人民政府关于加快民政事业发展的若干意见》。

安徽省党政领导论民政

2002年9月24日，安徽省召开了第十七次全省民政会议。会议贯彻落实第十一次全国民政工作会议精神，总结了自上一次全省民政工作会议以来的工作，部署今后一个时期的工作任务，表彰在民政工作中做出突出贡献的先进单位和先进个人。省委书记王太华、省委副书记、省长许仲林出席会议并作了讲话。副省长田维谦作了工作报告。

王太华书记充分肯定了全省各级民政部门和广大民政工作者近年来在实现城市居民最低生活保障、救灾救助、基层民主政治建设、社会事业管理、拥军、优抚安置等方面所做的大量扎实而有成效的工作。他指出，进入新时期、新阶段，做好民政工作，对于保障全体人民尤其是困难群体的基本生活权益，推进社会民主政治建设，推进国防现代化建设，促进社会事务的规范管理，将起到重大的作用。要努力推进民政工作的法制化、制度化、信息化，努力实现民政工作有效的社会救助、优质的福利服务、规范的事务管理。要继承和发扬我们党的优良传统，发扬“孺子牛”精神，深入为广大人民群众服务，尤其是为困难群体服务。当前，尤其要把做好城市的最低生活保障工作、扶贫工作、困难群体的救助工作，摆在重要位置。要加大投入，扎实工作，真正为改革发展稳定做贡献。各级党委、政府都要从政治的、全局的高度来重视民政工作，加强对民政工作的领导，支持民政部门很好地履行职能，动员社会各个方面都来参与做好民政工作。

许仲林省长强调，安徽省是发展中省份，自然灾害比较频繁，经济基础比较薄弱，救灾济困、低保、社会事务管理工作等任务十分繁重，做好民政工作尤为重要。各级政府要把民政工作摆在重要位置，抓紧抓实。他着重强调了当前要做好的几项重点工作：

一是进一步做好城市居民最低生活保障工作。要抓好低保对象的全员覆盖，加大财政投入，管好用好低保资金，逐步实现规范化管理。要加强城市低保管理的信息化建设。低保工作的基础在社区，要尽快建立健全各级低保管理机构，配齐配强工作人员，改善工作条件，解决工作经费。在今明两年，要尽快建立一个科学而规范的低保工作制度。卫生、教育和民政部门要共同研究、制定具体政策措施，以有效解决低保家庭治病难和子女上学等问题。

二是加强社区建设。社区逐渐成为党和政府城市工作的基础，要健全社区建设工作领导体制，加快社区组建，加强社区基础建设。要配备好能够适应工作要求、积极热情为居民服务的社区工作队伍，解决好办公用房、服务设施和经费问题。强化社区功能，理顺政府机关、驻区单位等与社区组织的关系，充分调动社区居民参与社区建设的积极性。农村要搞好村民自治，全面推进基层民主政治建设。要坚持党的领导，要依靠社区的每一个成员、依靠农村全体村民来进行民主管理，严格按照有关法律法规加强民主政治建设。

三是认真做好救灾救济工作。落实好各级救灾工作责任制，进一步完善救灾工作体系。各级政府一定要认真检查一下灾民的生活安排情况，加大工作力度，落实领导干部和机关工作人员联系困难户制度，继续做好对口帮扶、结对帮扶工作，把关心困难群众生活的各项政策措施真正落实到位。要广泛动员社会各方面继续开展经常性社会捐助活动，同时注意帮助困难群众解决一些亟待解决的问题。

四是切实做好拥军优抚安置工作，努力保障优抚对象享有适当优厚的待遇，努力使他们的生活达到或略高于当地群众平均生活水平。积极稳妥地推进退役士兵安置方式改革，拓宽安置渠道，提倡和鼓励用人单位有偿转移安置退役士兵，积极引导退役士兵自谋职业。

五是加强社会事务行政管理工作。要健全民间组织管理体制，充实和加强民间组织的管理力量。坚持合理布局、优化结构、突出重点、提高质量的原则，重点培育发展行业协会，积极扶持符合市场经济要求的行业中介组织、社会公益和服务性的民间组织，规范管理农村经济类民间组织。

福建省党政领导论民政

2002年8月7日，福建省召开了第十六次全省民政会议。会议贯彻江总书记“5·31”重要讲话以及第十一次全国民政会议精神，总结近几年来全省民政工作情况，分析面临的新形势和新问题，研究部署今后一个时期的民政工作。省委书记宋德福，省委副书记、省长习近平出席会议并讲了话，副省长兼政府秘书长陈芸作了工作报告。

宋德福书记充分肯定了全省各级民政部门为全省改革发展稳定大局作出的积极贡献。他指出，各级党委、政府一定要充分认识民政工作的特殊重要性，各级民政部门一定要在服务和保障改革、发展、稳定大局中发挥重要作用。当前，一是积极扶助困难群体，保障其基本生活权益。要不断加大低保工作力度，加强对全省城市贫困人口的摸底核查和动态监测，及时将遗漏的或新出现的应保对象纳入低保范围。逐步建立稳定可靠的低保资金筹措机制，确保补助费及时足额发放。要建立健全灾民紧急救援工作体系，加大财政投入力度，开展经常性的社会捐助活动，建立规范的救灾款物发放制度。二是加强社区村委会建设，加快社区整合步伐，提高社区服务水平，有条件的地方要建立市民服务中心、“政府超市”，方便老百姓办事。进一步探索社区党建、社区管理、社区治安、社区保障等社区建设的新路子。三是强化民间组织管理。一方面积极培育与市场经济发展相适应的行业中介组织、社会公益和服务性的民间组织，另一方面坚持依法严格审批，依法登记管理，依法监督检查。要指导和督促民间组织建立党组织，健全自律机制，加强内部管理。对从事违法违纪活动的民间组织，要依法严肃查处。四是做好拥军优抚安置工作。密切各部门的协调与配合，确保各项任务的落实。

习近平省长就几项重点工作明确提出了要求：

一是全面落实城市居民最低生活保障制度。要加大各级财政的投入力度，各市、县（区）必须逐步增加低保资金的预算安排，实行低保资金专户管理，专款专用，不能虚列预算，列而不支，更不允许挤占挪用。加强城市低保工作的规范化管理和信息化建设，为低保对象提供多方面的救助帮扶，建立和完善一系列优惠政策。

二是完善救灾救济工作管理体制和运行机制，强化扶持困难群众的各项措施。探索建立综合性、开放性的救灾工作新格局。加强灾情预报、监测和信息管理体系的建设，认真制定救灾紧急预案，增强救灾物资快速调运和充足供应的能力。各级政府明确救助责任，加大救灾资金的投入力度，在预算中必须预留救灾专款，尽快实行救灾款专户管理制度。救灾款物的分配发放要坚持公正、透明的原则。对住房损毁的灾民，要采取资金补助、费用减免等多种扶持手段，减轻其重建住房的经济负担。

三是全面推进社区建设和村民自治。逐步建立与市场经济体制相适应的社区管理体制、运行机制和服务体系。加强社区居民自治组织建设和社区工作队伍建设，努力形成党政领导亲自抓、有关部门各尽其责、社会各界大力支持、人民群众广泛参与的工作格局，形成推进社区建设的整体合力。进一步提高村民自治的法制化、规范化水平。规范村内重大事务的决策、管理和监督程序，抓好“四个民主”的全面落实。

四是推动社会福利事业的快速、健康发展。要加快推进社会福利社会化，进一步完善和落实政府宏观管理、社会力量主办、福利机构自主经营的管理体制及各项扶持政策，在政府的倡导、组织、支持和必要的资助下，推动不同层次、不同规模和不同所有制形式的社会福利机构共同发展。

五是加强拥军优抚安置工作。深入开展创建双拥模范城（县）活动，推进拥军工作的法制化、社会化和经常化。继续加大科技拥军力度，以多种形式为部队办实事、解忧难。探索建立更加科学、有效的抚恤优待制度，采取抚恤优待与救助、供养、社会帮扶相结合的多重保障措施，全面实施抚恤补助标准自然增长机制，落实好各级地方财政的抚恤配套资金。要积极引导和扶持退役士兵自谋职业，想方设法解决就业出路问题。

六是依法管理专项社会行政事务。坚持培育发展与管理监督并重的方针，建立健全民间组织行政管理体制、社会监督机制和自律机制。加快培育行业协会和服务群众、服务社会的公益性民间组织，取缔非法民间组织。要坚定不移地推进殡葬改革，重点整治毁林占地乱建坟墓的违法行为。继续做好区划地名工作，逐步撤并规模偏小、实力较弱的乡镇，形成有利于资源有效配置的城乡政区布局。他还对加强对民政工作的领导，调动各方力量共同做好民政工作，加快民政工作的法制化、信息化进程，建设一支高素质的民政干部队伍等提出了要求。

江西省党政领导论民政

2002年7月22日，江西省召开了第二十一次全省民政会议。会议以邓小平理论和江总书记"三个代表"重要思想为指导，认真贯彻落实第十一次全国民政会议精神，回顾第二十次全省民政会议召开以来的工作情况，总结经验，部署任务。会议对民政工作先进单位和个人进行了表彰。省委书记孟建柱，省委副书记、省长黄智权作了讲话。省委副书记、常务副省长彭宏松作了工作报告。

孟建柱书记指出，民政工作关系到党和人民群众的血肉联系，关系到基层政权的巩固，关系到经济和社会的协调发展。要进一步认清新形势下做好民政工作的重要意义。民政工作的基础在城市社区、在农村基层。要适应社会事务管理重心下移的需要，进一步加强社区各类组织的建设，强化社区的管理职能和作用。要加强社区组织建设。街道党委要进一步发挥社区工作中的领导核心作用，注意协调好社区中的行政组织、群众组织、社团组织和居民群众等各方面的关系，推进社区党建、社区建设和管理、社区服务等各项工作。要进一步丰富社区建设内容，增强社区建设实效。要突出抓好以下几方面的工作：一要把搞好社区服务作为社区工作的主题。二要把做好低保工作作为社区工作的重要任务。三要把做好社区老年工作作为社区工作的重要内容。四要把创造优美的生活环境作为社区的基础性工作。

孟建柱书记要求，要切实加强领导，树立"大民政"观念，在实践中努力探索和形成"大民政"的工作格局，建立和完善政府主导、部门协调、社会参与的"大民政"的工作机制，形成合力，推动民政工作的全面发展。在管理内容上，要从局部性逐步向全局性、社会性转变；在管理方法上，要从过去的行政被动管理转向主动关心沟通、坚持法制教育和开展细致的思想工作相结合。各级党政领导要经常听取民政部门的汇报，研究民政工作出现的新情况，解决新问题。民政工作必须坚持"五个依靠"，即坚持依靠各级党委和政府，依靠社会各方的共同参与，依靠政策，用足、用活、用好民政和相关领域的优惠政策，依靠集体的力量，依靠基层组织。

黄智权省长就当前要重点抓好的几项工作进行部署：一是切实加强城市居民最低生活保障工作。严格执行属地化管理原则，进一步核准低保对象，坚决纠正按劳动年龄段计算"虚拟收入"的做法，对确定没有就业及收入的人员要据实核定，符合条件的要给予保障。市、县两级财政要增加低保资金投入，实行低保资金专户管理，专款专用，及时拨付，不能虚列预算，列而不支，更不允许挤占，对贪污挪用的，要严厉查处。尽快出台《江西省城市居民最低生活保障条例》，规范申请、审批、发放和监督程序，做到民主、公开、透明。二要建立健全救灾和社会救助工作体系。抓紧制定救灾应急预案，完善救灾政府采购和仓储设施，建立健全救灾工作分级管理体制，明确政府和相关部门在救灾工作中的领导作用和责任。进一步健全和完善救灾款专户管理制度，保证救灾款真正做到封闭运行、规范使用。

三要全面推进城市社区建设。健全社区组织，强化社区功能，改进和拓展社区服务，努力增加社区就业岗位。加强社区居委会建设，统筹解决社区居委会的办公用房，逐步增加社区居委会的办公经费。四要进一步加强民间组织管理。要把培育发展的重点放在真正按照市场经济要求建立的行业中介组织、社会公益和服务性民间组织上来。切实做好管理监督工作，坚持依法严格审批，搞好登记管理。对非法民间组织，坚决依法取缔。各地要切实将民间组织的发展纳入当地经济与社会发展规划，使民间组织在数量、结构、分布等方面更趋合理。五要继续做好拥军优抚安置工作。要切实落实好各项优抚政策，确保抚恤、优待、补助经费及时足额发放到优抚对象手中。要加大财政投入，继续开展“爱心献功臣”等活动。要建立优抚对象抚恤补助标准自然增长机制，要进一步落实优抚对象双重保障政策，进一步做好退役士兵的安置工作，积极探索城镇退役士兵安置工作的新路子，通过安置就业、自谋职业、扶持就业等安置办法，确保退役士兵得到妥善安置。

山东省党政领导论民政

2002年9月5日至6日，山东省召开了第二十一次全省民政会议。会议以“三个代表”重要思想为指导，传达贯彻国务院召开的第十一次全国民政会议精神，总结1994年以来全省的民政工作，部署新时期民政工作任务。省委书记吴官正，省委副书记、省长张高丽出席了会议，张高丽省长作了讲话。王军民副省长作了工作报告。

张高丽省长指出，民政工作与人民群众的切身利益息息相关，是党和政府的一项重要工作。要结合实际，注意把握和做好以下几项工作。一是解放思想，实事求是，与时俱进。要深入调查新形势下民政工作的新情况、新问题、新举措，掌握实情，化解矛盾，搞好服务，稳定大局，加快发展，创造性地开展工作。二是落实城市居民最低生活保障。从2003年起，各级要逐步加大低保投入。要按照属地化管理原则，将所需低保资金足额纳入本级财政预算，对省属单位低保对象最低生活保障资金纳入省级年度预算，对财政困难、低保任务重的市、县、区纳入省对下转移支付范围重点予以考虑，确保低保任务的完成。三是加快城市社区建设步伐。把社区建设作为实施城市化发展战略、加快经济社会发展的一项重要举措，与完善城市管理体制、搞好城市综合治理、实现高效能管理紧密结合起来。四是强化双拥优抚安置工作。要继续发扬爱国拥军优良传统，广泛扎实地开展拥军优属活动，认真落实国家的抚恤优待政策，推进退役士兵安置工作改革，努力解决好优抚对象治病、退役士兵安置、随军家属就业等问题。五是进一步加强民间组织管理。坚持培育发展与管理监督并重的方针，建立健全民间组织政策法规体系、行政管理体制、社会监督机制和自律机制。加强民间组织党建工作，落实双重管理体制，依法加强管理，实施有效监控，取缔非法组织，维护社会安定。

张高丽省长要求，要把民政工作放到更加突出的位置来抓。要认真解决制约民政事业发展的实际困难，不断增加对民政事业的投入，为民政事业发展创造良好的条件。努力建立政府主导、部门协作、社会参与的民政工作新机制。

湖南省党政领导论民政

2002年9月24日，湖南省召开了第十五次全省民、政会议。会议学习贯彻第十一次全国民政会议和全国社区建设四平现场会议精神，总结第十四次全省民政会议以来的民政工作和近年来城市社区建设工作经验，表彰民政工作先进单位和先进个人，部署今后一段时期的任务。省委副书记、省长张云川在会上作了重要讲话，副省长庞道沐作了工作报告。

张云川省长指出，在新的形势下，民政工作面临的任务更重，要求更高，难度更大，各级各部门以及广大民政工作者一定要进一步统一思想，提高认识，切实增强做好民政工作的责任感和紧迫感。要深刻认识到，只有把各项民政工作落到了实处，实实在在解决群众的实际困难，才能起到安定人心、稳定社会的作用；才能切实保障城乡基层群众当家作主、参与基层社会事务决策管理的民主政治权利，激发广大群众的主人翁精神；才能使各类社会中介组织的桥梁纽带作用得到正常发挥，为推动区域经济的发展提供良好的基础环境，为实现社会的长治久安创造条件。要进一步明确加强民政工作是政府职能转变的重要内容。民政部门要把工作重点完全转到社会管理和公共服务上来，及时转变方式，认真研究解决存在的问题，探索和把握新时期社会管理和公共服务的规律与特点，集中主要精力抓好各项社会管理和公共服务性工作。

张云川省长强调了新时期要抓好的几项民政工作：一是切实加强城市居民最低生活保障工作。进一步强化和完善城市居民最低生活保障制度，按照属地管理原则，确定适当的最低生活保障标准，根据财政收支状况，逐步提高保障水平。各地在计算和发放最低生活费补贴时，要把工作做细做到位，核查真实生活状况，同时逐步建立和完善住房、医疗、教育等方面的社会救助政策。各级财政也要适当增加投入，对低保资金实行专户管理，专款专用，封闭运行，不能虚列预算，列而不支，更不允许挤占挪用。要努力实现低保工作的规范化、社会化和信息化。二要认真组织开展自然灾害救助。要立足实际，健全灾民紧急救援工作体系，提高救灾工作水平。加快建立和完善救灾工作分级负责、救灾资金分级负担的救灾管理体制，逐步加大地方财政对救灾工作的投入力度。建立规范的救灾物资发放制度，做到公开、透明，加强对救灾款物的接收、分配、使用情况的跟踪检查，对挤占挪用的要严肃查处，对贪污、侵吞的要依法严惩。开展自然灾害救助要讲求投入产出，要有超前意识，坚持预防为主，培养群众的避灾、抗灾能力。要坚持开展经常性社会捐助活动，严格规范捐助款物的接收、管理和发放。三要加强城市社区建设和管理。各级政府要高度重视，以发展和扩大城市基层民主为主线，以提高群众生活质量和文明程度为出发点，以维护基层社会稳定为重要目标，突出抓好社区党建、社区治安、社区服务和社区就业。当前尤其是要把拓展岗位，促进就业，加强就业培训和指导作为社区建设的重要工作。要注重运用社区工作平台整合城市民政工作，坚持以人为本，全面提高社区的管理和服务水平。要按照“有利管理，便于自治，以块为主，条块结合”的原则，做到人员配置到社区，工作重心到社区，服务承诺到社区，工作经费到社区，构建城市社区管理新体制。四要规范和加强民间组织管理。必须加大管理和规范的力度，坚持依法严格审批，搞好登记管理，特别是要严格审批责任，对有违法违纪活动的，要坚决依法严肃查处。要加强和改进涉外民间组织的管理，特别是要防止国内外敌对势力对民间组织的插手和利用，对搞非法活动的组织，要坚决依法取缔。同时，要进一步做好优抚安置工作，认真落实各项优抚安置政策，保障优抚对象在政治、经济、社会生活中享有适当优厚的待遇。要进一步加强对老龄工作的领导，加大对老龄事业的投入，及时解决老龄事业发展中的重大问题。进一步加大殡葬改革力度，继续抓好社会福利、区划地名、婚姻登记、收容遣送等其他各项工作，全面推进民政事业的健康发展。

张云川省长强调，各级政府要切实加强对民政工作的领导。要把民政工作列入政府工作的重要议事日程，把民政事业的发展纳入本地区国民经济和社会发展计划，研究制定切实可行的政策措施，并有步骤地大力推进。要逐步加大对民政事业的投入，研究新情况，帮助解决实际困难。对民政工作中出现的重大问题，特别是关系人民群众基本生活的问题，主要领导要亲自过问，协调有关部门及时解决。社会各方面都要积极支持和参与民政工作，完善“政府主导、部门协作、社会参与”的民政工作新机制。各有关部门要牢固树立民政工作“一盘棋”的思想，认真履行自身的职责，主动关心支持民政工作。要进一步加强基层民政组织建设，改善基层民政干部的工作和生活条件，解决后顾之忧，为做好民政工作奠定坚实基础。

广东省党政领导论民政

2002 年 10 月 15 日，广东省召开了第十七次全省民政会议。会议传达了第十一次全国民政会议精神，总结了第十六次全省民政会议以来的民政工作，部署了今后一个时期的民政工作任务，表彰民政工作先进单位和先进个人。省委副书记、省长卢瑞华出席会议并作了讲话。省委副书记欧广源作了工作报告。

卢瑞华省长对第十六次民政会议以来全省民政工作给予了充分肯定，指出要从保稳定的高度进一步提高对民政工作重要性的认识。做好民政工作是维护社会稳定的重要内容。民政工作是政府管理社会的一个重要方面，与改革发展稳定大局息息相关，起到“上为中央分忧，下为群众解愁”的作用。当前，要突出重点抓好民政工作。一是切实抓好最低生活保障工作。全省低保工作面临许多新情况、新问题、新考验，各级党委政府必须高度重视，结合落实省委、省政府关于切实解决困难群众“四难”问题的决定，切实把工作做好。要实行动态管理，落实属地化管理原则，增加地方财政投入，保证低保资金的落实，确保困难群众有饭吃、有衣穿。二是扎实推进社区建设。各级党委政府必须高度重视社区建设，特别要注意科学调整和划分社区管辖范围，建立健全社区组织，建设和完善社区公共服务设施。要强化和完善社区功能，大力发展社区服务，方便社区群众生活，增加就业岗位。要做好社区工作人员的配备和培训工作，引导居民参与社区管理，逐步形成社区居民自主管理、民主监督、平等协作的新型社区管理体制。要开展创建示范社区活动。三是努力推进农村基层民主政治建设。要加强村民自治的制度建设，重点建立健全村民委员会的民主选举制度，要及时总结和推广有利于农民群众当家作主的好经验，分类指导，精心组织。四是扎实做好拥军优抚安置工作。要突出抓教育、抓政策落实、抓改革，进一步增强全民的国防意识，切实做好拥军优属工作，解决好重点优抚对象生活难、住房难、医疗难的问题，建立和完善抚恤补助标准自然增长机制，要积极推广以自谋职业为主要内容的城镇退役士兵安置改革，不断探索退伍安置的新路子。五是加强民间组织管理。要坚决落实民间组织管理法规，建立健全民间组织行政管理体制、社会监督机制和自律机制。大力培育发展行业协会和服务群众、服务社会的公益性民间组织，充分发挥民间组织在经济建设和社会发展中的积极作用。要认真引导各类民间组织健康发展。加大对非法民间组织和民间组织违法行为的查处力度，形成党委和政府统一领导，各有关部门互相协调、密切配合的监管机制。卢瑞华省长强调，各级政府对民政工作要起主导、领导的作用，确定本地民政工作发展的目标和任务，落实各项政策。各级民政部门要认真履行职责，当好党委和政府的参谋助手，创造性地开展工作。各有关部门要积极支持，通力合作。

广西壮族自治区党政领导论民政

2002年12月25日，广西壮族自治区召开了第十一次民政会议。会议传达学习第十一次全国民政会议精神，总结第十次全区民政会议以来的工作，研究和部署今后一个时期的民政工作，表彰民政工作先进单位和先进个人。自治区党委副书记、主席李兆焯出席会议并作了讲话。自治区副主席周明甫作了工作报告。

李兆焯指出，要进一步统一思想，提高对新形势下做好民政工作重要性的认识。要从战略和全局的高度，充分认识做好民政工作对全面推进小康社会建设，加快实现富民兴桂新跨越的重要意义。认识到做好民政工作是党和政府造福人民群众、为人民群众谋取利益的最直接、最具体的体现，是维护改革发展稳定大局的需要，是社会主义精神文明建设的基本要求。要认真总结全区民政工作的经验，从落实实践“三个代表”重要思想的高度和维护改革发展稳定的大局出发，增强做好新形势下民政工作的自觉性和坚定性，继续坚定不移地把民政工作摆在重要的位置，切实抓好。要突出重点，做好民政工作。

一是切实加强城市居民最低生活保障工作。加强低保的基础工作，按照属地管理的原则，核定低保对象，要把企业改革整顿和经济结构调整中出现的特殊困难群众，以及下岗职工基本生活保障向失业保险并轨中需要低保的人员，作为低保的重点对象。要认真做好受保群众的调查摸底工作。各市地制定低保标准要立足本地实际，既要确保最低生活标准，又要注意有利于促进就业和再就业。要加大对低保资金的投入，管好用好低保资金。大力推进低保工作的规范化、社会化和信息化。

二是认真做好救灾救济工作。要建立以救灾工作分级负责、救灾经费分级负担制度为基础，社会动员机制为补充，应急措施相配套的救助体系。各地市要在财政预算中预留救灾资金，并切实落实到位。要认真贯彻落实好有关灾民税收减免等优惠政策，积极帮助受灾群众解决实际困难。要抓紧完善救灾款专户管理制度，做到公正、透明发放。重视和加强救灾工作的审计和监督，严肃查处虚报灾情、挤占挪用救灾款物等违规违法行为。建立以经常性社会捐助制度为基础，临时帮困和“扶贫济困送温暖”

活动为补充，社区服务相配套的社会互助体系。

三是继续做好拥军优抚安置工作。进一步完善拥军优属制度，继续深入扎实开展拥军优属活动，进一步落实抚恤优待制度，着力解决优抚对象生活难、住房难、医疗难等问题。各市地一定要按要求及时足额拨付抚恤资金，不得发生拖欠。要积极做好城镇退役士兵的安置工作，积极稳妥地推进城镇退役士兵的安置改革，改进安置方式，拓宽安置渠道。做好军休干部的接收安置，落实好他们的政治待遇和生活待遇。

四是加强基层民主政治建设。加强建立和完善与社会主义市场经济相适应的社区管理体制、运行机制和服务体系，合理配置和利用社区资源，健全社区组织，搞好社区工作人员的配备和培训，扩大社区安排就业的能力。完善农村村民自治。进一步完善村民委员会民主选举、村民议事和村务公开三项制度，规范村级重大事务的决策、管理和监督程序。坚持和完善村务公开和乡镇政务公开制度。

五是进一步加强社会事务行政管理工作。建立健全民间组织行政管理体制、社会监督机制和自律机制，着重培育发展行业协会和服务群众、服务社会的公益性民间组织，建立民间组织审批责任制，搞好登记管理。继续做好行政区域界线管理工作。深入实施“星光计划”，大力发展社会福利事业，加强养老院、敬老院等福利设施的建设管理。加快推进婚姻登记、儿童收养和殡葬改革，整顿和加强收容遣送工作。

六是加强民政工作的法制化、信息化建设。进一步建立健全民政法规体系和执法机制。加强民政执法工作和监督工作，积极推行政务公开。加强民政事业经费的管理，专款专用，努力提高资金使用效益。加强民政信息化建设，大力推进基层民政服务组织网络化。要结合社区建设，逐步建立覆盖全区的民政信息管理系统。要切实加强对民政工作的领导，各地各部门进一步加强协调配合。

海南省党政领导论民政

2002年9月24日，海南省召开了第三次全省民政会议。会议总结了海南省第二次民政会议以来的民政工作，部署了今后一个时期的民政工作任务，表彰了民政工作先进单位和先进个人。省委副书记、省长汪啸风出席会议并作了讲话。符桂花副省长作了工作报告。

汪啸风省长指出，民政工作是政府工作的重要组成部分，在发展社会主义市场经济条件下，民政工作只能加强而不能有丝毫的削弱。各级党委、政府要从实践“三个代表”重要思想的高度，从党和政府工作全局出发，根据新形势的要求，用“三个代表”重要思想统揽民政工作全局，切实把“三个代表”的要求落到实处。他强调了当前需要着力抓好的几项工作：

一是切实加强城市居民最低生活保障工作。要按照“属地化管理”原则，把所有符合条件的城市贫困居民全部纳入低保范围。在计算和发放最低生活费补贴时，要核查真实生活状况，不能计算脱离实际的“虚拟收入”。各市县在制定低保标准时要从实际出发，既要确保最低生活标准，又要注意有利于促进就业和再就业。逐步建立和完善对最低生活保障对象在住房、医疗、教育等方面的社会救助政策，加大财政投入力度，确保低保资金的按时发放，并逐步增加财政预算，对低保资金必须进行专户管理，专款专用，及时拨付，不能虚列预算，列而不支，更不允许挤占；

对贪污挪用的,要严厉查处。

二要认真做好救灾救济工作。建立健全灾民紧急救援工作体系,完善救灾工作分级负责、救灾资金分级负担的救灾工作管理体制,加大省和市县两级财政投入力度,在财政预算中要预留一定的救灾资金。要抓紧建立救灾款专户管理制度,建立规范的救灾款物发放制度,要继续开展对灾区、贫困地区群众的经常性社会捐助活动,严格规范捐助款物的接收、管理和发放制度。

三要进一步做好拥军优抚安置工作。要继续深入开展创建双拥模范城(县)活动,推动拥军优属工作的制度化、规范化和社会化。采取有效措施,努力使他们的生活达到或略高于当地群众平均生活水平。各地要深入细致地做好城镇退役士兵安置工作,积极探索新的途径和办法。各级政府要制定具体的规定并成立督查机构,不允许发生随意拒绝接收退役士兵的问题。城镇退役士兵待业期间的生活补助费纳入地方财政预算。要把军队离退休干部、军队无军籍退休职工列入医疗保险对象,妥善解决他们的医疗问题。

四要加强社区建设和基层民主政治建设。各级政府要协调好部门、单位之间的关系,真正形成党委政府领导、民政部门牵头、有关部门配合、街道和居委会主办、社会各方支持、群众广泛参与的社区建设工作体制。要健全社区组织,强化社区功能,改进和拓展社区服务,搞好对社区工作人员的配备和培训。特别是要及时做好企业退休职工和失业人员的管理和服务工作。

五要认真抓 好社会福利和老龄工作。老龄工作是海南一项有特色的工作。要建立布局合理、小型化、多功能、综合性老年服务场所,完善以为老服务为主的医疗保健、以娱乐休闲等服务设施。加强福利彩票发行管理工作,加大对彩票销售和资金分配、使用等方面的监控力度,研究开发彩票新玩法,有效扩大发行量,不断提高彩票发行销售的水平和效益。

六要加强社会事务行政管理工作。民间组织培育发展的重点,要放在真正按照市场经济要求建立行业中介组织、社会公益和服务性的民间组织上来。要支持民办非企业单位的健康发展。要依法审批,搞好登记管理,对有违法违纪活动的,要依法严肃查处。区划地名工作要以行政区域界线管理为重点,把边界管理工作的重点从全面勘界转移到日常管理上来,尽快实现勘界成果管理和利用的网络化,要抓紧做好乡镇行政区划调整实施工作,逐步形成各具特色的小城镇经济发展格局。要认真做好城市标准地名设标工作。同时继续做好婚姻登记、殡葬管理、收容遣送、儿童收养等社会事务管理工作,特别是殡葬管理工作,加大殡葬管理和改革工作的力度,下决心改变乱埋乱葬现象,严肃查处殡葬违法行为。汪啸风省长要求,有关部门要认真履行职责,通力协作,积极给予支持和配合。他还对加强民政部门自身建设,提高民政工作水平提出了要求。

重庆市党政领导论民政

2002 年 8 月 5 日,重庆市召开了第一次民政会议。会议传达了第十一次全国民政会议精神,部署了今后一个时期的民政工作任务,表彰民政战线的先进单位和先进个人。重庆市委书记贺国强接见会议代表时作了讲话,市委副书记、市长包叙定就加强和规范民政工作提出了要求,副市长陈光国作了工作报告。

贺国强书记在接见会议代

表时说，民政工作是党和政府的一项非常重要的工作。你们的名字叫做“民政局”，顾名思义，有民有政。第一，大家是代表政府为人民办事的；第二，大家是联系政府和人民群众的桥梁。也就是“上为党和政府分忧，下为人民群众解愁”，这是民政工作的宗旨和应该履行的主要任务。要做好新时期的民政工作，当前重点要搞好五项工作。一是搞好城市低保，做到应保尽保。二是搞好农村救灾。今年重庆市农村遭受了特大洪灾，最近又是高温，有的地方还有旱灾，希望民政部门一如既往、全心全意地搞好农村灾民的救济工作。三是搞好社区建设。这是市委、市政府当前和今后一个时期要抓好的一项重点工作。四是把村民自治搞好，扩大基层民主。最后一项工作是双拥工作。要进一步学习贯彻江总书记“5·31”重要讲话和视察重庆时的重要讲话，落实市第二次党代会精神，在以往成绩的基础上，保持清醒头脑，查找差距，站在一个新的起点，开创民政工作的新局面。

包叙定市长指出，民政工作直接体现党和政府对困难群体、优抚对象的关怀，是一项实实在在的“亲民”工程，在新的形势下通过进一步完善社会保障、社会救助、社会福利等方面的措施，帮助困难群众解决就业和生活上的困难，保障困难群众的基本生活权益，既可以充分体现执政为民的宗旨，又可以更好地凝聚人心，汇集力量，充分调动一切积极因素，为建设新重庆而努力奋斗。当前，减少行政审批，推进政务公开，深化城市管理体制改革，实行农村税费改革等等，都需要进一步加强居委会、村委会建设，巩固和扩大基层民主。经济市场化程度提高和户籍、劳动人事制度等改革不断深化的新形势，对拥军优属、优抚安置、烈士褒扬等工作提出了新的要求，需要我们适应新情况，解决新问题，通过切实做好民政工作，更好地支持军队和国防现代化建设。

包叙定市长要求，第一，强化规范管理，进一步做好城市居民最低生活保障工作。要在管理上下功夫。要摸清家底，使有限的低保资金真正用于解决困难群众的基本生活；要在加大财政投入的同时，管好用好低保资金，加强监督检查；要加强低保工作的日常管理，不断提高规范化水平。第二，加大工作力度，努力推进社区建设。要深化城市基层管理体制改革，切实把城市管理的重心下移到街道，并将其职能转变到以社区建设为中心、以城市管理和社会保障为重点的轨道上来，逐步构建起以社区管理为特点的城市基层管理体制。大力发展社区服务业。继续加大资金投入，加强服务设施建设，各有关部门要切实加强指导，扶持社区服务业加快发展，加快社区建设的组织实施步伐。第三，切实加强救灾工作，提高应急处置能力。明确市、区县(自治县、市)、乡镇三级政府的职责和任务，民政部门和承担防灾救灾任务的部门要加强预案工作，进一步制订和完善各类救灾应急预案，一旦灾害发生，要确保快速、高效地实施救援措施，使受灾群众住有房、吃有粮、穿有衣，最大限度地降低灾害损失。第四，继续做好拥军优抚工作，以落实政策为着力点，以解决优抚对象生活难、住房难、医疗难、就业难为重点，以各项慰问、优抚活动为载体，把工作抓好、抓细、抓实。要积极探索城镇退役士兵安置的新途径，进一步搞好拥军优属活动。第五，加强领导，落实责任。协同配合，形成合力。研究问题，完善政策。各级领导干部要进一步转变作风，加强调查研究，集中精力，深入基层，及时研究解决关系群众切身利益的重大问题，制定和完善相应的政策和规章，努力为广大群众排忧解难。

四川省党政领导论民政

2002年6月25日，四川省召开了全省民政会议。省委副书记、省长张中伟出席了会议并讲话。他指出，当前，推进民政工作上新的台阶，具备了良好的物质基础、政策基础、思想基础、制度基础、工作基础和群众基础，面临着一系列难得的机遇。各级党委、政府要按照“三个代表”的要求，充分认识新形势下做好民政工作的重要性，真正把民政工作摆上党委、政府的重要议事日程，建立完善经常化、规范化、制度化的民政工作领导机制，加大民政事业投入，深化民政工作改革，推进民政体系创新，加强民政队伍建设。他着重强调要努力做好三项工作。

一是低保工作。要进一步加大力度，要把符合条件的城镇贫困人口全部纳入最低生活保障范围，要加强领导，明确责任，精心组织，掌握实情。要加大资金投入，按属地管理原则，地方各级人民政府必须列入财政预算，实行专户管理、专款专用。凡低保资金不落实或落实不好的，要追究主要负责人的责任，并实施相应的经济处罚。要从实际出发，建立健全低保工作体系，配备充实工作人员，力争在年底前实现全省低保管理信息化，努力推进完整、科学、规范、高效的低保体系建设。结合本地实际，尽快出台与《城市居民最低生活保障条例》和《城市居民最低生活保障条例实施办法》相配套的、易于操作的《实施细则》。要严格规范低保申请、审核、发放程序，切实做到依法行政，政策透明，公平公正，政务公开。

二是社区建设。当前，社区工作最重要的是要关心困难群体，帮助其解决“三难一低”问题。即帮助解决就业难、看病难、上学难和最低生活保障问题。要充分发挥社区作用，通过社区查实情，办实事，把低保落实到户、落实到人。

三是救灾救济工作，务必做到“六个落实”。即领导落实、责任落实、组织落实、措施落实、物资落实、投入落实。要重点抓好五项工作：一要不断总结经验教训，把握全省灾情发生趋势和特点，分区域、分类别、分重点地制定积极有效、针对性和可操作性强的紧急救援预案。二要深入灾区核查灾情。建立全面、系统、准确、高效的灾情搜集和信息管理系统，密切注视各地灾情及救灾动态，进行科学监测、预测、反馈和信息传输。灾情发生后，要以最快的速度，争取第一时间赶赴灾区第一线，核查灾情，慰问灾民。三要改革完善救灾救济制度。建立救灾救济工作分级管理、救灾救济资金分级负担、救灾救济经费专户管理的工作管理体制。要搞好救灾救济物资储备，加强救灾款物管理。灾害发生后，及时下拨，并强化监管，专款专用、重点使用，及时、足额发放到灾民手中。要把发放救灾款物纳入村务、政务公开内容，坚持民主评议、登记造册、张榜公布、公开发放，实行民主监督。四要及时指导灾区群众开展生产自救。五要组织好经常化的救灾捐赠活动。搞好民政工作，离不开各部门的支持。尤其要与财政、公安、劳动和社会保障、农业、扶贫等部门密切配合，形成合力，共同关心群众疾苦，抓好“雪中送炭”。要密切军民、军政关系，抓好双拥工作，重视老龄工作，关心残疾人生活。

贵州省党政领导论民政

2002年10月21日，贵州省召开了第十一次全省民政会议。会议学习贯彻第十一次全国民政会议精神，总结全省第十次民政会议以来的工作，部署今后一个时期的任务，表彰全省民政工作先进单位和先进个人。省委书记钱运录，省委副书记、省长石秀诗在会上作了重要讲话，副省长莫时仁作了工作报告。

钱运录书记讲话中充分肯定了全省第十次民政会议以来，全省民政工作所取得的成绩，指出进入新世纪，贵州省迎来了实施西部大开发和推进新阶段扶贫开发的历史机遇，同时也面临许多新情况、新问题，迫切需要解放思想、与时俱进、卓有成效地做好新形势下的民政工作。要按照“三个代表”要求，围绕为广大人民群众服务，大力推进基层民主政治建设。在农村，全面推进村民自治，实行民主选举、民主决策、民主管理和民主监督。在城市，大力加强社区建设，以提高广大城市居民社区生活质量、居民素质和整个社区的文明程度为宗旨，以建设环境优美、治安良好、生活便利、人际关系和谐的新型社区为目标，推进基层民主，实行居民自治。要围绕为最需要帮助的困难群众服务，切实做好城市低保、救灾救济、社会救助、优抚安置、社会福利和老龄等工作。着重抓好城市低保和农村救灾救济工作，按要求把符合保障条件的城镇居民全部纳入保障范围，做到应保尽保。要落实各项救助措施，使最低生活保障制度真正对困难群众基本生活起到兜底作用。要深入受灾地区特别是重灾地区，逐户调查核实灾情，保障受灾群众的基本生活。要认真落实军队转业、城镇退伍安置政策，采取有效措施保障优抚对象在政治、经济、社会生活中享有适当优厚的待遇，按照国家要求适当提高重点优抚对象的补助标准。要切实做好民间组织管理工作。坚决打击“法轮功”邪教组织的破坏活动，对省内的民间组织特别是气功类组织要依法管理。要加强民间组织党建工作，发挥党组织的政治核心作用。要做好行政区域界线管理工作，妥善调处边界纠纷。要依法行政，做好婚姻登记、殡葬、儿童收养等工作。钱运录书记强调，各级党委、政府要把民政工作放在更加重要的位置，纳入国民经济和社会发展总体规划，完善政府主导、部门协作、社会参与的工作机制，推进民政事业不断发展。各级领导干部要深入农村，深入社区，深入群众，认真研究民政工作中出现的新情况、新问题。对关系广大人民群众基本生活切身利益的问题，要一项一项地落实解决措施，尽最大的努力办好。各级各部门要认真履行职责，全力支持和配合民政部门的各项工作。

石秀诗省长就认真落实民政工作进行了部署。一要认真做好城市居民最低生活保障工作。按照“属地管理”原则，坚持从实际出发，合理确定低保标准和应保对象的补助水平。各级政府要切实加大低保投入，低保资金一定要到位，实行专户管理，做到专款专用、及时拨付。要加强低保工作的规范化、社会化和信息化。各有关部门要加强协调与配合，建立正常的工作协商制度和信息沟通渠道，做好“三条保障线”相关政策的衔接工作。二要安排好灾区群众生活。各级政府和民政部门要深入基层，帮助群众排忧解难。对重灾区要逐村逐户了解缺粮情况，落实责任制，分片包干，责任到人，救济到户，绝不允许出现断粮断炊和非正常情况的发生。认真落实各级自然灾害救济费。在救灾资金管理上要进一步完善救灾款专户管理制度,确保专款专用,不得截留、挪用和挤占。加强灾情预报、监测和信息传输体系建设。积极抓好经常性社会捐助活动,严格规范捐助款物的接受、管理和发放工作,加强监督检查。三是进一步做好拥军优抚安置工作。继续深入开展拥军优属活动,认真落实各项优抚政策,做好双拥模范城县推荐、评选和表彰工作。着力解决在乡老复员军人生活、住房、医疗等方面的困难,提高重点优抚对象补助标准,切实解决好各类优抚对象生活困难。要切实落实现行安置政策,制定优惠政策,积极稳妥推进城镇退役士兵安置改革。四要切实加强基层民主政治建设。要提高全省村委会选举的制度化、规范化和程序化水平,依法维护农民群众的民主权利。坚决纠正和查处村委会换届选举中的违法行为,加强村务公开制度的建设,切实保障农民的合法权益。各级党委、政府都要高度重视社区建设工作,特别是市(区)的党委、政府,要把城市社区建设纳入一把手工程。要健全社区组织,努力增加社区就业岗位,将社区老龄福利服务"星光计划"作为社区建设的一项重要内容。在城市社区建设起步阶段,各级各有关部门在人力、物力、财力上都要切实加大投入,制定各种优惠政策,为社区的建设与发展提供有力的保证。五要加大社会事务行政管理力度。要以提高民间组织整体素质、充分发挥其积极作用、促进社会稳定为目标,积极培育发展真正按照市场经济要求建立的行业中介、社会公益和服务性的民间组织。要加强对民办学校、民办医院、民办老年公寓等民办非企业单位的管理。严格登记审批制度,加大对非法民间组织及民间组织非法活动的查处、打击力度。合理调整行政区划,依法管理地名,及时调处边界纠纷,确保边界地区社会稳定。同时,加强殡葬管理、婚姻登记、儿童收养等工作,依法办事,为人民群众提供优质服务。

云南省党政领导论民政

2002 年 12 月 28 日,云南省召开了第十七次全省民政会议。会议以"三个代表"重要思想为指导,传达贯彻第十一次全国民政会议精神,总结近年来全省的民政工作,部署新时期民政工作任务。会议表彰了先进单位和先进个人。省委书记白恩培,省委副书记、省长徐荣凯出席了会议并讲话,副省长李汉柏作了工作报告。

白恩培书记指出,民政部门要坚持解放思想、实事求是、与时俱进,着眼于密切党和人民群众的血肉联系,着眼于促进全省改革发展稳定,主动适应新形势新任务的要求,按照第十一次全国民政会议的统一部署,拓宽工作领域,大胆深化改革。切实做到一个"高度重视",抓好三项重点工作:即高度重视解决好困难群众的生活问题。能不能富有成效地帮助困难群众排忧解难,是衡量民政干部群众观点强不强、工作实不实,实践"三个代表"要求好不好的最重要标准。民政部门的广大干部职工要增强责任感和紧迫感,针对困难群体的情况和特点,探索新思路,拿出新举措,解决新问题。抓好三项重点工作:一是切实关心各类优抚对象的疾苦,安排好他们的生活。着力解决好老红军、老复员军人、伤残军人、烈属等重点优抚对象的实际困难。落实对义务兵家属的优待政策,保证抚恤金、补助金、优待金及时足额发放,做好转业复员军人安置工作。二是切实解决好灾区群众和贫困地区农民的生活问题，采取有效措施确保灾民的吃、穿、住、学，认真组织开展好"扶贫济困送温暖"活动。三是依法维护和保障人民群众基本生活权益和民主政治权益。加强民政工作的政策法规建设，加快立法步伐，提高依法行政、依法管理水平。要建立健全城乡居民最低生活保障制度，将长期亏损、停产、半停产、困难企业符合条件的在岗职工全部纳入低保范围，做到应保尽保，积极探索建立适应新形势的农村社会救助制度。要进一步规范和完善农村村民自治制度，继续加强老龄工作，加快发展社会福利事业。积极支持军队和国防建设，注重培育和发展能承接政府部分职能的民间组织、基层群众自治组织和其他社会组织。针对人口流动加剧、社会事务日益增多的情况，要切实加强社会行政管理。

白恩培书记要求，各级党委政府要把民政工作放在更加重要的位置，切实加强领导，完善政府主导、部门协作、社会参与的工作机制，健全完善民政工作机构。他还对加强民政干部队伍建设提出了要求。

徐荣凯省长就几项重点工作进行了部署：一是加强城市居民最低生活保障工作。把低保工作重心转移到加强规范化管理上来，完善低保的各项工作制度和工作程序，提高管理水平和服务质量。二是做好救灾救济工作，妥善安排好灾民生活。以完善救灾分级负责制为重点，建立健全灾民紧急救援工作体系，进一步落实救灾工作管理体制，明确责任。认真制定救灾紧急预案，在财政预算中安排必要的救灾经费，并切实管好用好救灾款物。对挤占、挪用甚至贪污救灾款物的现象要坚决查处。做实做细各项工作，保证灾区群众有饭吃、有衣穿、有房住、有医看、有学上。三是加强社区建设和村民自治工作，推进基层民主政治建设。在完成合理划分社区的基础上，深化社区建设，健全社区组织，整合社区各项工作，把社区服务的重点放在面向社会特殊群体的社会救济和社会福利服务、面向社区单位的社会化服务，以及面向下岗失业人员的再就业服务和社会保障上。把做好低保工作作为社区的重要任务。加强社区基础设施建设，增强居民对社区的认同感和参与意识。村民自治工作要围绕村委会换届，建立有力的选举工作班子，选举工作严格按照要求操作。同时积极探索党的领导和基层民主有机结合的新路子。四是培育发展与管理监督并重，切实加强民间组织管理工作。一方面要抓培育发展，重点培育一批按"入世"规则和市场经济规律运作的，有实力、有竞争力，适应云南经济发展的行业协会、商会，鼓励社团开展社会公益和服务活动，参与西部大开发，引导社团和企事业单位用自有资金投入社会服务领域。在政府职能转变过程中，可以交给民间组织管而且可以管得好的，要大胆下放。另一方面，加强对民间组织的管理监督。积极探索农村经济协会、社区民间组织、涉外民间组织和其他新型民间组织的登记管理，加大对非法社团的查处力度，严防国内外敌对势力插手和利用民间组织搞非法活动，对从事非法活动的组织，要坚决依法取缔。五是继续做好拥军优抚安置工作。要进一步完善抚恤补助标准自然增长机制，增加优抚经费投入，完善群众优待制度，拓宽社会筹资渠道，切实解决重点优抚对象生活难、住房难、医疗难的问题。在农村税费改革试点县，要认真研究解决优待金统筹取消后优待金的落实问题。要研究解决退役士兵自谋职业经济补偿经费来源问题，抓好退役士兵就业培训和中介工作。六是以基层社区为重点，理顺老龄工作关系，完善工作机制，充分调动各地区、各部门的积极性，采取有力措施，确保《云南省老龄事业发展十五计划纲要》各项目标的如期实现。

西藏自治区党政领导论民政

2002年12月27日，西藏自治区召开了第六次全区民政会议。西藏自治区党委书记郭金龙，党委副书记、主席列确出席会议并讲话，自治区常务副主席洛桑顿珠作了工作报告。

郭金龙书记指出，民政工作是是政治性、政策性、群众性和社会性很强的工作。在社会主义市场经济体制建立和不断完善过程中，民政工作的重要性将越来越显著。做好民政工作，对于调节社会矛盾、促进社会公平，对于加强基层民主政治建设，对于支持部队建设、巩固国防、促进社会稳定、增进民族团结、保障广大群众的基本生活权益都将有着深远的意义。全区各级民政部门的干部职工要继续发扬“上为党和政府分忧，下为群众百姓解愁”的“孺子牛”精神，认真全面贯彻党的十六大精神，以“三个代表”重要思想为指导，开创民政工作新局面，使全区民政工作再上新台阶。同时，各级党委和政府要高度关心和支持民政工作，逐步形成以政府为主导，社会各方参与的民政工作机制。

自治区党委常务副书记、主席列确要求，要站在全局和战略的高度，充分认识做好新时期民政工作的重要性。要从改革发展稳定的高度，从社会主义精神文明建设的高度认识民政工作。要把维护群众切身利益，保障人民群众的基本权益，作为民政工作的出发点。要重点抓好几项工作：一是要以全面落实城镇居民最低生活保障制度为重点，继续大力推进城镇社会救济制度建设。要在努力实现应保尽保目标的同时，进一步规范工作程序，尽快建立科学的动态管理机制，实现低保工作的制度化、规范化。二要以推进救灾工作管理体制改革为重点，做好救灾工作。要继续坚持救灾工作的方针，以救灾管理体制改革为突破口，不断完善各项制度和措施，积极探索救灾救济工作社会化的新路子，通过扎实有效的工作，确保灾民基本生活，确保灾区社会稳定。三是以城市社区建设和农牧区村民自治为重点，进一步推进城乡基层民主政治建设。在农牧区，要认真贯彻《中华人民共和国村民委员会组织法》，完善村民议事和村务公开制度，规范村级重大事务的决策、管理和监督程序。加强农牧区基层民主政治建设，切实保障农牧民的合法权益。四是继续加强双拥工作。以开展创建双拥模范城（县）活动为重点，深入扎实地做好拥军优抚安置工作，加强军民共建。五是以实施“星光计划”和扩大福利彩票发行为重点，积极探索社会福利事业发展的新路子，逐步建立政府宏观管理、社会力量主办、福利机构自主经营的社会福利事业发展机制，积极引导社会力量投资兴办社会福利机构。要继续做好福利彩票发行销售管理，为社会福利事业发展筹集资金。六是加强民间组织管理。要坚决落实民间组织管理法规，建立健全民间组织行政管理体制、社会监督机制和自律机制，大力培育发展行业协会和服务群众、服务社会的公益性民间组织，充分发挥民间组织在经济建设和社会发展中的积极作用。

列确要求，要切实加强领导，把民政工作摆上党委、政府的重要议事日程，密切关注民政工作中出现的新情况、新问题，要加大对民政事业的支持力度，确保低保、救灾、优抚等经费的落实。要加强各方协调，整合社会力量参与民政工作。

陕西省党政领导论民政

2002年10月18日，陕西省召开了全省第十八次民政会议。会议传达了第十一次全国民政会议精神，总结全省第十七次民政会议以来的工作，部署了今后一个时期的民政工作任务，表彰了民政战线的先进单位和先进个人。省委副书记、省长贾治邦在会上作了重要讲话，副省长张伟作了工作报告。

贾治邦省长对全省的民政工作给予了充分肯定，他指出，经济体制改革的深入为民政工作带来新挑战，社会主义市场经济的发展对民政工作提出新课题，西部大开发战略的实施对民政工作提出新任务，政府职能的转变对民政工作提出新要求。各级党委和政府一定要站在全局和讲政治的高度，统一思想，提高认识，增强做好新形势下民政工作的自觉性，把民政工作提高到一个新水平。新时期的民政工作，要围绕“一个中心”、做到“三个适应”、实现“五个目标”、突出“六项重点工作”。

“一个中心”是：紧紧围绕党中央、国务院重大战略部署，服从和服务于改革、发展、稳定大局，贯彻落实党的十六大和省第十次党代会精神，使全省民政工作真正成为建设西部经济强省，实现陕西跨越式发展的重要配套工程。

“三个适应”是：思想观念要与新形势的发展相适应；工作安排部署要与全省改革发展稳定的总目标、总任务相适应；改革力度、政策措施和工作进程要与国情和省情相适应。

“五个目标”即：民政工作要努力实现有效的社会救助，广泛的基层民主，优质的福利服务，牢固的军民团结和规范的社会事务管理。

“六项重点”工作：一是切实加强城市居民最低生活保障工作。要把所有符合条件的城市贫困居民及时纳入低保范围，按照“属地化管理”的原则，在计算和发放最低生活费补贴时，摸准情况。要落实以低保为基本内容的各项救助措施，进一步健全“政府负责，民政管理，部门尽责，社会参与，街道(乡镇)实施”的社会救助管理体制，加大对社会弱势群体的帮扶力度。要加强低保资金管理，及时拨付，专款专用，不能虚列预算，列而不支，更不允许挤占，对贪污挪用的，要严肃查处。要完善低保机构，完善和规范最低生活保障金的申请、审批、发放和监督程序，加快研究制定医疗救助、教育救助、住房救助等专项救助的政策和办法，加快低保信息化、网络化建设。二要认真做好自然灾害救助工作。继续坚持以防为主，抗救结合的救灾工作方针，理顺和完善救灾工作分级负责，救灾资金分级负担的救灾工作管理体制。各级财政要确保自然灾害救济事业费列支到位，加强对救灾款物发放过程的审计和监督，对腐败行为和违法违纪现象一旦发现，要严肃查处。继续落实实物救灾、钱粮搭配、救灾到户的工作机制。对于灾情严重，造成房倒屋塌的，要帮助和扶持灾民搞好灾后重建工作。继续开展经常性的社会捐助活动，加强对捐助款物使用、发放情况的监督检查。三要大力推进城市社区建设和农村基层民主政治建设。继续完善“两级政府、三级管理、四级网络”，促进社区建设的管理规范化、运作社会化、服务网络化、队伍专业化。要加快社区居(家)委会整合工作步伐。要以社区党的组织和群众自治组织建设为重点，健全组织体系，培育自治功能，扩大基层民主。加快社区服务基础设施建设，有效满足以老年人为重点的社区居民基本服务需求。大力开展社区建设示范活动，以社区卫生、社区文化、社区治安、社区环境为基本内容，推进社区服务向网络化、产业化、社会化的方向发展。要把村委会换届选举当做今冬农村工作的一项重要任务，切实抓紧抓好。四要加强对民间组织的社会行政管理。要坚持培育发展和监督管理并重的方针，逐步形成合理的民间组织总体结构。要实施分类指导，对农村专业协会进行登记管理试点，解决分散经营的农民发展商品生产、进入市场的问题，支持在社区中建立公益性民间组织。加大打击非法民间组织和民间组织的违法活动的力度。要加快民间组织管理的法制化进程，探索实现社会监督的有效形式。要把完善民间组织党建工作制度，作为强化民间组织自律机制的重点来抓。五要进一步做好拥军优抚安置工作。要进一步落实抚恤优待的法规及制度，改革优待金统筹办法，建立与经济发展相适应的优抚对象补助标准自然增长机制，进一步改善优抚对象存在的生活难、住房难、医疗难的状况。城镇退役士兵安置工作，要着眼于有利于征兵、优抚和安置，从陕西实际出发，探索多渠道、多形式的退役士兵安置保障制度，逐步建立安置就业、自主择业、自谋职业、经济补偿及扶持就业等安置新路子。军休服务管理工作要在落实好“两项待遇”的同时，加快社会化步伐。六要深化殡葬改革，进一步搞好平坟还耕工作。同时，要继续抓好以老年福利保障为重点的社会福利工作，进一步加强行政区划、婚姻、儿童收养、收容遣送等专项社会事务管理，推动民政事业的全面发展。

贾治邦省长要求，各级党委、政府要把民政工作放到更加重要的位置，研究制定切实可行的政策措施，把救灾、城市低保、基层民主政治建设等重点工作作为“一把手工程”认真对待，抓实、抓好。要加大对民政事业的投入，切实抓好基层民政工作的组织落实。要形成政府主导、部门协作、社会参与的工作机制。

甘肃省党政领导论民政

2002 年 12 月 27 日，甘肃省召开了全省第十三次民政会议。会议传达了第十一次全国民政会议精神，总结第十二次民政会议以来的工作，部署了今后一个时期的民政工作任务，表彰民政战线的先进单位和先进个人。甘肃省委副书记、省长陆浩出席了会议并讲话，副省长丁泽生作了工作报告。

陆浩省长要求，各级党委、政府一定要进一步加强对民政工作的领导，动员和组织社会各方面力量，共同推进民政事业的发展。要适应社会管理和公共服务形势变化的要求，切实把民政工作摆上各级政府重要议事日程。要经常听取民政工作情况汇报，帮助民政部门解决工作中的突出矛盾和实际困难。对民政工作中出现的重大问题，特别是关系人民群众基本生活和涉及全局的问题，要亲自过问，协调有关部门及时解决。要进一步加大各级财政投入，加强必要的民政基础设施建设，对城市低保、救灾救济、社会福利、优抚安置等经费，必须作为财政必保的项目，足额预算，优先安排，重点保证。

对于当前要做好的几项重点工作，陆浩省长指出：一是认真做好自然灾害救助工作，关心农村特困群众。要加强对灾害发生规律的认识，做好救灾预案制定、救灾物资储备、灾情预报监测工作，要进一步健全完善救灾工作分级负责、救灾资金分级负担的体制，明确各级政府责任，逐步增加投入。要加大对灾区和特困地区的扶持力度，做好因灾减免农牧业税的工作，组织群众开展生产自救和互助互济，坚持不懈地开展救灾捐赠和经常化的社会捐助活动。要严格执行救灾款专户管理、封闭运行制度，进一步加强和规范救灾款物发放办法，加强审计监督检查，确保救灾款物及时发放到灾民手中。二要继续做好城镇居民最低生活保障工作。要按照属地管理原则，在搞好低保资金救济的同时，积极探索完善低保对象在住房、医疗、教育等方面的社会救助政策。进一步加大各级财政的投入力度，各地都要按照实际需求，足额列支本级低保资金，哪怕是不搞或少搞一些项目，也要优先保证低保资金的支出。财政、民政部门要共同抓好低保资金落实情况的监督检查工作，确保资金按期拨付、及时到位，坚决杜绝虚列少支，挤占挪用，借口财政困难而人为缩小低保面和不按时发放低保资金现象的发生。要健全完善动态管理机制，认真核准低保对象的底子，严格资金发放程序，将有限的资金真正用到最需要帮助的困难群众身上。要把低保管理信息化建设列为政府电子政务的重要内容予以必要的支持，帮助县(市、区)和街道、居委会解决好微机配备问题。三要大力推进城市社区建设。要结合老城区改造、房地产开发、居民小区工程，积极推进社区建设。进一步加大资金投入，加强服务设施建设，解决好办公场所问题。要积极改革社区管理运行机制，强化服务功能，认真做好企业退休、下岗失业人员、低保对象的管理服务工作，帮助下岗、失业职工和有工作能力的特困居民尽快实现社区就业。四是继续做好拥军优抚安置工作。要从讲政治的高度，进一步采取切实有效的措施，加强拥军宣传和拥军工作，努力落实国家优抚安置政策。要切实帮助老红军、老复员军人、伤残军人、烈属等重点优抚对象解决好生活、医疗、住房困难的问题。要确保抚恤补助金的及时足额兑现，确保重点优抚对象生活达到或略高于当地群众的平均水平。要认真执行现行安置法规政策，推进城镇退役士兵安置工作的制度创新，不断拓宽安置渠道。各级政府都要尽快设立退役士兵安置基金，支持安置任务有偿转移、退役士兵自谋职业等多项改革措施的落实。五要进一步加强民间组织管理工作。要始终坚持培育发展和监督管理并重的方针，落实登记管理机关和业务主管部门双重管理体制，严格依法审批和管理好民间组织。对民间组织非法活动和非法民间组织，要坚决予以查处和取缔。要着眼于为西部大开发营造“三个环境”，加快培育包括服务于非公有制经济、农村产业化经营、参与国际民间经贸活动在内的各种行业性中介组织，加快社会公益慈善类和服务类民间组织的发展。

陆浩省长要求，要进一步深化民政管理改革，加快民政工作的体制机制以及管理方式、工作方法的改革创新，建立“政府主导、部门协作、社会参与”的新时期民政工作新机制，大力推进民政工作社会化发展。要加强民政工作法制化建设，积极推行政务公开，自觉接受社会和群众的监督。要加快民政工作信息化建设，提高现代化办公和管理水平。各级党委、政府要从事业发展的高度出发，选拔德才兼备的优秀干部充实到民政部门，为民政部门配齐加强领导班子。要巩固和加强各级民政工作的力量，尤其是基层民政工作的力量，关心基层民政干部的工作和生活，努力帮助他们改善工作和生活条件，解决他们的后顾之忧。

青海省党政领导论民政

2002年12月25日，青海省召开了全省第十六次民政会议。会议总结第十五次民政会议以来的民政工作，部署今后一个时期的任务，表彰民政战线的先进单位和先进个人。省委副记、省长赵乐际出席会议并讲话，副省长邓本太作了工作报告。

赵乐际省长充分肯定了第十五次民政会议以来民政工作在促进全省经济发展和保持社会稳定方面所做的贡献。他指出，十六大确立了全面建设小康社会的奋斗目标，民政工作面临的任务更重、要求更高、责任更大。民政工作做得好不好，关系到人心向背。要从实践“三个代表”重要思想、维护社会政治长治久安的高度，深刻把握民政工作肩负的历史责任。当前要尽快建成覆盖全省的民政信息网。要加强民政部门的自身建设。努力造就一支政治觉悟高、作风优良、业务素质好，全心全意为人民服务的民政干部队伍。要加强法制建设。一方面要从群众关心、影响面大的救灾救济、城市低保、社区建设等方面入手，研究制定相关政策或地方法规；另一方面要实行民政政务公开，提高依法行政、依法管理水平。

赵乐际着重强调了要进一步做好的几项重点工作：一是认真做好城镇居民最低生活保障工作。目前全省基本实现了应保尽保。但是，就业难、就医难、供子女上学难等还缺乏必要的救助办法，势必造成新的困难群体。要特别重视建立科学规范的低保工作运行机制，制定解决低保对象各方面困难的配套政策。二要及时做好灾民和贫困群众的救助工作。青海省救灾救济工作是一个长期的任务。要加快建立健全灾民紧急援救工作体系和群众互助互济制度，完善救灾工作分级负责、救灾资金分级负担的救灾工作管理体制，各级地方财政必须在每年的预算中留一定的救灾资金。要加强救灾预案的科学制定工作，强化灾情预报、检测和信息传输体系的建设，规范救灾救济款物发放制度。要积极探索建立适应省情的城乡医疗救助、教育救助、住房救助等办法，开展经常性的社会捐助和帮扶活动，使捐助活动进一步规范化、制度化。三要继续加强社区工作。要按照十六大提出的“完善城市居民自治，建立管理有序，文明祥和的新型社区”的总体要求，调动各方面的积极性，加大社区建设力度，健全社区组织，强化社区功能，拓展社区服务，增加社区就业。要强化社区对下岗职工再就业的服务功能，帮助大龄下岗职工和有劳动能力的困难居民在社区就业。四要加快民政事业改革步伐。建立和完善“政府主导、部门协作、社会参与”的工作机制，民政事业特别是社会福利事业必须逐步推向社会，要实行兴办主体多元化，从过去单一的“政府包办、民政承办”逐步向国家、集体、民间力量和个人共同兴办的方向发展；实行投资方式多样化，从过去单一的政府拨款向政府资助、企业投资、社会捐助以及福利彩票筹资等多渠道投资转变；实行管理方式科学化，逐步建立政府宏观管理，社会力量兴办，福利机构自主经营的市场化运作机制。五要积极引导民间组织的发展。民政部门要在培育发展和管理监督的基础上，把重点放在培育发展行业中介组织、社会公益和服务性的民间组织上。要大力支持民办非企业单位的健康发展，鼓励和引导他们在发展第三产业、扩大社会就业、方便群众生活等方面发挥重要作用。

宁夏回族自治区党政领导论民政

2002年10月22日，宁夏回族自治区召开了第八次全区民政会议。会议总结第七次全区民政会议以来的工作，部署今后一个时期的任务，表彰民政战线的先进单位和先进个人。自治区党委书记陈建国，党委副书记、主席马启智出席会议并讲话。副主席马骏廷作了工作报告。

陈建国书记指出，民政工作直接面向广大人民群众，面向社会基层，是党和政府联系群众的重要桥梁和纽带。做好民政工作直接关系到党的执政地位和国家的兴衰，是贯彻“三个代表”要求，维护和实现广大人民根本利益的重要体现。要充分认识做好新时期民政工作对于保障人民群众基本生活权益和民主政治权利，对于维护社会稳定、促进社会公平、推动社会进步等方面的重要作用，切实加强对民政工作的领导，把民政工作放在更加重要的位置，列入重要议事日程，把民政工作提高到一个新的水平。要充分发挥民政工作的基础性和保障性的特点，扎扎实实地做好城市居民最低生活保障工作，解决好社会贫困人口特别是城市贫困人口的基本生活保障问题，切实做到应保尽保。要坚持救灾工作的方针，做好救灾工作。要改进和加强对社会事务的行政管理，依法加强对中介组织、社会公益和服务性的民间组织的管理。要进一步做好双拥和优抚安置工作，巩固军政军民团结的大好局面。要进一步加强基层民主政治建设，保障人民群众在基层经济、政治、文化和其他社会事务中当家作主的权利。要全面推进社区建设，逐步建立与社会主义市场经济体制相适应的社区管理体制、运行机制和服务体系。

马启智主席就全面推进民政工作的改革与发展明确了要求：第一，要为增强经济发展后劲服务。民政部门，一要全力抓好城市居民最低生活保障工作，努力实现应保尽保，不留死角，保证经济体制改革和经济结构调整的平稳进行；二要进一步加强城乡基层民主政治建设，充分调动人民群众参与经济建设、发展生产的积极性和创造性；三要培育和引导民间组织，特别是社会中介组织健康发展，发挥它们在发展第三产业、扩大社会就业、促进科技创新、规范行业秩序等方面的积极作用；四要按照加快城镇化建设的总体要求，对行政区划进行科学合理的管理和调整，力争形成有利于资源有效配置的政区格局，促进区域经济的增长和城镇化水平的提高。第二，要为加强精神文明建设服务。民政工作要发挥自己的独特作用，一要大力发展社会福利事业，在全社会营造尊老爱幼、扶弱助残的良好道德风尚；二要深入开展“扶贫济困送温暖”活动，广泛动员社会力量向困难群众伸出援助之手，弘扬中华民族团结、互助、友爱的传统美德；三要认真做好拥军优属、优抚安置、烈士褒扬等工作，继承和发扬爱国主义、革命英雄主义和军民团结的光荣传统；四要全面推进社区建设，深入开展科技、文化、卫生、法律“四进社区”活动，不断提高居民素质；五要加大殡葬改革力度，加强婚姻、收养登记和收容遣送管理工作，把转变观念、移风易俗工作引向深入，倡导科学、健康、文明的生活方式。第三，要把全心全意为人民服务落到实处。一要进一步健全社会救济、社会福利、社会互助、优抚安置等社会保障制度，妥善安排好城乡贫困户、受灾户、残疾人和其他困难群体的生活；二要大力拓展社区服务功能和领域，结合“星光计划”项目的实施，进一步加强社区老年人福利服务设施建设，满足社区群众日益增长的物质文化需求；三要认真做好老龄工作，着力解决好老年人社会保障和精神文化生活问题，真正做到老有所养、老有所医、老有所教、老有所学、老有所为、老有所乐。

马启智主席要求，各级政府一定要高度重视民政工作，切实加强对民政工作的领导。要把民政工作列入政府的重要议事日程，为民政事业的发展提供必要的财力、物力保障。要加强民政部门的领导班子建设和民政干部队伍的培养，优化民政干部队伍结构，加快民政工作的法制化、信息化进程，努力构建民政事业社会化新框架。在政府的统一规划、政策引导和组织管理下，要努力形成投资渠道多元化、服务对象社会化、运行机制市场化、服务方式多样化、服务队伍专业化的民政事业发展新路子，真正把民政事业办成全社会共建、共享的社会化事业。要努力建设一支高素质的民政干部队伍，着眼于民政事业的长远发展，从思想上、组织上、作风上加强对民政干部的教育、培养和管理，加强各级民政领导班子和基层民政组织建设，优化民政干部队伍的结构。

新疆维吾尔自治区党政领导论民政

2002年9月27日，新疆维吾尔自治区召开了第十五次全区民政会议。会议总结了第十四次全区民政会议以来的工作，部署了今后一个时期的任务，表彰了民政战线的先进单位和先进个人。自治区党委书记王乐泉，党委副书记、主席阿不来提·阿不都热西提在会上作了讲话，副主席阿不都卡德尔·乃斯尔丁作了工作报告。

王乐泉书记指出，做好民政工作是建立社会主义市场经济新体制的必然要求，是贯彻全心全意为人民服务宗旨和维护最广大人民群众根本利益的具体体现。要充分发挥民政部门在维护全区改革发展稳定大局中的职能作用，把解决群众关心的热点和难点问题作为工作的重点，下决心建设好基层政权，解决好人民内部矛盾，做好维护稳定的工作。要围绕中心，服务大局。一要充分发挥民政部门在维护全区改革发展稳定大局中的职能，二要切实为城镇特殊困难群体排忧解难。要认真做好低保工作，继续坚持属地原则，加大低保资金投入，拓宽资金来源渠道，拿出足够的资金来保证低保资金的投入。要尽快完善城镇居民最低生活保障的申请、审批、发放和监督程序，努力使低保工作规范化、社会化。有条件的地方，要尽快推广低保工作的信息化管理。要加强救灾救济工作，逐步建立和完善对困难群体在住房、医疗、教育等方面的社会救助政策。要继续加强对救灾工作的领导，明确救灾责任，切实抓好自然灾害救济经费的落实和上级下拨救灾款的合理分配、及时到位。要广泛动员灾区群众开展形式多样的生产自救活动，加快救灾救济工作立法进程，建立灾情信息管理网络，强化救灾工作手段，因地制宜地加强对重大自然灾害的综合紧急救助能力。三是认真做好社区建设和社会事务管理工作。逐步健全社区组织，强化社区功能，改进和拓展社区服务，搞好社区工作人员的配备和培训，千方百计增加社区的就业岗位。中心城市和地、州所在地的城市，要把社区服务业作为培育居民新的消费热点、城市新的经济增长点和解决城镇失业人员就业再就业的重要工作来抓，重点在社区管理、公益性服务以及承担社区各个行政企事业单位剥离的后勤服务等方面积极探索。民间组织管理、行政区域、地名、婚姻和殡葬、收养登记、收容遣送等项工作,要进一步推进依法行政、规范管理和服务,实现管理理念和工作手段的现代化。四是继续做好优抚安置工作,努力提高优抚对象的抚恤补助标准,切实解决“生活难、医疗难、住房难”问题。

王乐泉书记要求,各级党委和政府要把民政工作列入重要议事日程,制定切实可行的措施加以落实。要加大对民政事业的投入,尤其要确保城镇居民最低生活保障、抚恤补助和救灾救济等经费。要经常研究民政工作中的新情况、新问题,转变工作作风,开展调查研究,广泛动员社会各方面力量参与民政工作。积极推进民政工作的依法行政,建立严格的办事程序和法规制度,把直接涉及人民群众切身利益的行政执法依据、程序和结果向社会公布。同时,要高度重视民政部门自身建设,加强对干部职工的理论学习和业务培训,努力造就一支政治觉悟高、业务素质好、全心全意为人民服务的干部队伍。各族民政干部要发扬“孺子牛”的精神,廉洁自律、依法办事,力戒形式主义和官僚主义,满腔热情地为广大群众服务。阿不来提·阿不都热西提主席就重点工作进行了部署:一是切实加强以城市居民最低生活保障为重点的社会救助工作。各地及有关部门要积极筹措资金,使符合最低生活保障条件的城镇困难居民全部纳入保障范围。要把低保资金作为必保项目纳入财政预算,实行专户管理,专款专用,建立低保工作机构,配备专职人员,搞好业务培训,加快信息网络建设。二要认真做好救灾安置和社会救济工作。建立健全灾民紧急救援工作体系,加快建立和完善救灾工作分级负责、救灾资金分级负担的救灾工作管理体制,加大各级财政对救灾工作的投入力度,抓紧完善救灾款专户管理和发放制度。要加强灾情监测、预报和信息传输体系建设,制定和完善救灾预案,进一步完善经常性社会捐助工作管理体制和运行机制,加强对捐助款物使用和发放情况的监督检查。三要强化以社区建设为重点的基层政权和基层群众性自治组织建设。每个县市都要尽快建设新型社区样板,发挥典型社区的示范、辐射作用。要正确处理党支部和村委会建设的关系,实行民主选举、民主决策、民主管理和民主监督。建立健全村务公开制度,抓好乡镇干部和村居委会干部的教育培训。四是大力推进以民间组织管理为重点的社会事务行政管理工作。重点培育发展符合市场经济要求的行业中介组织、社会公益和服务性的民间组织,积极支持民办非企业单位加快发展。要抓好对民间组织的管理和监督,对搞非法活动的组织,要坚决依法取缔。五要深入开展以优抚安置为重点的双拥工作。认真落实各项优抚安置政策,妥善解决重点优抚对象生活、住房和医疗等方面的困难,确保他们的生活达到或略高于当地群众平均生活水平。要在继续执行现行政策,依法搞好退役士兵安置,努力拓宽安置渠道,积极探索有偿转移安置、扶持自谋职业等与市场经济发展相适应的新途径。

2002年民政工作重要会议和重大活动

【第十一次全国民政会议】 2002年5月26日至28日,国务院在京召开第十一次全国民政会议。中共中央总书记、国家主席、中央军委主席江泽民27日上午在人民大会堂接见了参加第十一次全国民政会议的代表,并合影留念。中共中央政治局常委、国务院总理朱镕基参加了会见。江泽民代表党中央、国务院,向全国从事民政工作的同志们致以诚挚的慰问和衷心的感谢。向受到表彰的全国民政工作先进单位和先进个人，表示热烈的祝贺。他要求各级民政部门和民政系统的干部职工，要继续发扬我们党的优良传统，发扬“孺子牛”精神，深怀爱民之心，恪守为民之责，更好地为广大人民群众服务，为最需要帮助的困难群众服务，为改革发展稳定的大局服务。各级党委和政府要把民政工作放在更加重要的位置，完善政府主导、部门协作、社会参与的工作机制，推进民政事业不断发展，为把我国建设成为富强民主文明的社会主义现代化国家做出更大贡献。

张万年、曾庆红、司马义·艾买提、王忠禹等中央领导同志参加了会见。党中央、国务院有关部门负责人，各省、自治区、直辖市和计划单列市及新疆生产建设兵团主管民政工作的负责人、民政厅(局)长和办公室主任，民政工作先进县(市、区、旗)的代表和民政系统先进模范代表约260人出席了这次会议。

中共中央政治局常委、国务院总理朱镕基在同日召开的第十一次全国民政会议全体会议上指出，加强和做好新形势下的民政工作，是维护改革、发展和稳定大局的迫切需要，是实践“三个代表”要求、落实我党全心全意为人民服务根本宗旨的具体体现，是发挥社会主义制度优越性的重要方面。各级政府和各有关部门一定要站在全局的和讲政治的高度，统一思想，提高认识，增强做好新形势下民政工作的自觉性，把民政工作提高到一个新水平。

朱镕基说，江泽民同志会见与会代表时所做的重要指示，进一步指明了民政工作的意义和方向，是今后民政工作的重要指导思想，大家一定要认真学习和贯彻落实。他指出，1994年第十次全国民政会议以来，在改革开放和现代化建设取得显著进展的同时，民政工作也取得了很大成绩，在促进改革、发展和稳定方面发挥了重要作用。跨入新世纪，民政工作面临着新的形势和任务，工作内容越来越丰富，任务越来越繁重。当前需要着力抓好以下几项工作：第一，切实加强城市居民最低生活保障。第二，健全灾民紧急救援工作体系，提高救灾能力。第三，加强社会事务行政管理。第四，继续做好拥军优抚安置。解决好部分重点优抚对象生活难、住房难、医疗难等问题，努力保障优抚对象在政治、经济、社会生活中享有适当优厚的待遇。同时，继续做好社会福利、区划地名、福利彩票、老龄、婚姻、殡葬、收容遣送和收养等方面的工作。

在5月26日的全体会议上，国务委员司马义·艾买提讲了话。他全面地回顾了第十次全国民政会议以来的民政工作，指出要充分认识新形势下民政工作的地位和作用，增强责任感和紧迫感，明确新时期民政工作的主要任务，并要加强领导，确保各项工作落到实处。

5月28日下午，民政部在国务院召开的第十一次全国民政会议刚刚闭幕之际，召开了全国民政厅局长碰头会，贯彻落实第十一次全国民政会议精神。多吉才让部长要求民政系统干部职工，要认真学习领会江泽民总书记重要指示、朱镕基总理重要讲话和司马义·艾买提国务委员的工作报告，为社会主义现代化建设事业做出应有的贡献。同时，要求切实抓好今年的城市低保、救灾、社区建设、“星光计划”、福利彩票等几项重点工作。他强调指出，今年是我们党和国家发展史上十分重要的一年。下半年将召开党的十六大，这是我们党在进入新世纪后，为迎接新挑战、夺取新胜利而召开的一次极为重要的会议。因此，切实抓好安全、稳定工作，事关全局，责任重大。一定要从讲政治，讲大局的高度增强责任感和紧迫感，全力抓好安全和稳定工作。

《人民日报》刊发社论《谱写民政事业新篇章》。5月29日的社论提出：各级党委和政府要把民政工作放在更加重要的位置，进一步加强领导，将民政事业纳入国民经济和社会发展总体规划，摆上重要议事日程。要完善政府主导、部门协作、社会参与的工作机制，共同推进民政事业发展。各级民政部门和民政系统的干部职工要进一步发扬我们党的优良传统，发扬“俯首甘为孺子牛”的精神，深怀爱民之心，恪守为民之责，善谋富民之策，多办利民之事，更好地为广大人民群众服务,为最需要帮助的困难群众服务,为改革、发展、稳定的大局服务。

《人民日报》5月29日专版宣传民政工作。为配合第十一次全国民政会议的召开,在民政部新闻办积极协调下,人民日报社在正常的会议报道之外,又专门拿出一个版面宣传民政工作八年来取得的成就和民政部表彰的“孺子牛”先进人物。这个版面以《与时俱进,扎实工作,开创民政工作新局面》为标题集中报道了民政部近年来重点推进的城市居民最低生活保障工作、救灾工作、社会福利社会化工作、村民自治和城市社区建设工作等,并以8条数字新闻补充报道了民政各项主要工作所取得的成果。整个版面以文字为主,辅以反映基层民政工作的图片及相关民政事业发展图表,布局清新,结构合理,图文并茂,协调美观,起到了很好的宣传效果,受到人民日报社有关领导的表扬。

（程　伟）

【全国民政厅局长电视电话会议】 2002年1月8日,全国民政厅局长电视电话会议在北京电信中心主会场和各省、自治区、直辖市分会场举行,多吉才让部长做重要讲话,李学举副部长主持了会议,杨衍银、李宝库、罗平飞、姜力副部长和纪检组长张印忠、办公厅主任陈杰昌、民间组织管理局局长李本公出席会议。

多吉才让部长在讲话中从五个方面总结了2001年民政工作的主要成绩。一是社会救助和社会福利方面的工作取得重要突破;二是基层民主政治建设方面的工作向纵深发展;三是服务军队和国防建设方面的工作迈出新步伐;四是管理专项社会事务方面的工作取得新成绩;五是信息化建设工作力度明显加大。

多吉才让部长还对2002年重点工作安排作了具体部署。一是认真筹备、开好第十一次全国民政会议,做好会议精神贯彻落实的准备工作。二是集中精力,切实抓好几项重点工作,争取获得突破性进展。他指出,2002年的工作,要集中主要精力抓好以下重点工作:城市居民最低生活保障工作要在全面贯彻落实《国务院办公厅关于进一步加强城市居民最低生活保障工作的通知》(国办发〔2001〕87号)的基础上,一手抓保障对象的全员覆盖,一手抓信息网络化管理;社区建设工作要继续深入贯彻中办发〔2000〕23号文件和全国城市社区建设工作会议精神,一手抓推进,一手抓研究;社会福利工作要以落实“星光计划”为重点,积极推进社会福利社会化进程;民间组织管理工作要以提高民间组织整体素质、充分发挥作用、促进社会稳定为目标。要与国务院法制办公室密切配合,争取尽快出台基金会和涉外民间组织登记管理法规,使民间组织管理工作适应“入世”后的新形势;救灾救济工作要妥善安排灾区群众生活,确保灾民有房住、有饭吃、有衣穿。进一步完善经常性社会捐助工作管理体制和运行机制,加强对社会捐助款物使用的监督管理;优抚安置工作要重点抓好安置工作改革,一方面要继续做好调查研究工作,及时向国务院、中央军委提交《关于当前城镇退役士兵安置的困难、原因及对策的报告》和《关于“十五”期间军队离退休干部移交政府安置有关问题的请示》,另一方面要继续推进退役士兵安置工作的改革;区划地名工作要以行政区域界线管理为重点,在圆满完成省、县勘界收尾工作的基础上,把边界管理工作的重点从全面勘界转移到日常管理上来,同时,要加快行政区划的法规建设,认真做好城市标准地名设标工作;社会事务工作要以收容遣送和殡葬管理工作为重点,努力提高规范化管理水平;彩票发行管理工作要在“加强管理、理顺关系,提高技术、保证安全,做好服务、促进发行”的思想指导下,争取今年销量在去年的基础上更上一层楼;信息化工作要加快建设步伐,集中精力、集中资金,在年底以前建成集数字、语音和视频为一体的民政信息高速宽带广域网,重点民政业务管理软件开发拿出成果,开始试用,并且将其列为今年工作的重点之一,务求实现目标。

多吉才让部长强调:切实改进思想作风、工作作风、生活作风,是开创新世纪头五年民政工作新局面的重要前提和保证,也是今年工作的一项现实而紧迫的任务。各级民政部门要按照“八个坚持、八个反对”和中央“把今年作为调查研究年、转变作风年”的要求，对作风建设方面存在的问题进行深入反思，认真查找，着力解决突出问题。首先，根据新的形势，要加大转变政府职能和工作方式的力度。其次，要着力转变工作作风，永葆公仆本色。

民政部机关副司局级以上公务员、部直属事业单位领导班子成员和北京市民政局有关负责同志在主会场参加了会议，各省、区、市设立了分会场。全国与会人员2000多人。

（程 伟）

【全国城市居民最低生活保障工作会议】 2002年10月22日至24日，民政部在辽宁省沈阳市召开了全国城市居民最低生活保障工作会议。这次会议的主要任务是，以“三个代表”重要思想为指导，深入贯彻第十一次全国民政会议精神，总结工作，交流经验，认真研究进一步加强领导、规范管理的措施，安排部署下一步工作。会上，国务委员司马义·艾买提同志发表了重要讲话，他强调，切实做好低保工作，是贯彻“三个代表”重要思想的具体体现，是维护改革发展稳定大局的需要，是深化国有企业改革的重要保证。对于更好地保障广大困难群众的基本生活，促进经济结构调整和各项改革深化，支持就业和再就业工作，维护社会政治稳定，具有重要意义。必须从讲政治的高度进一步提高对做好低保工作重要性的认识，增强做好低保工作的责任感和紧迫感。

司马义·艾买提说，党中央、国务院非常关心困难群众的生活，高度重视低保工作，做出了一系列重大决策和部署。特别是今年以来，江泽民、朱镕基等中央领导同志多次听取低保工作汇报，多次做出重要指示。民政、财政等有关部门和地方各级党委、政府，认真贯彻党中央、国务院的指示精神，把这项工作摆上更加重要的位置，加强领导，统一部署，精心组织，增加投入，狠抓落实，目前全国已有1960多万人享受低保待遇，基本实现了应保尽保的目标，初步形成了政府领导、民政主管、部门配合、基层操作、群众参与的工作体系，走出了一条有中国特色的救助城市贫困人口的新路子。

司马义·艾买提强调，各级政府必须把低保工作作为一项重要的政治任务，列入重要议事日程，切实加强对低保工作的领导，经常研究低保工作中出现的新情况，及时解决工作中的实际困难和问题，加强基层管理力量，把这项事关全局的工作抓实、抓好。

司马义·艾买提指出，许多低保对象特别是下岗职工为国家建设和社会发展做出过许多贡献，从事低保工作的同志，特别是与困难群众面对面做工作的街道、居委会的同志，一定要严格执行有关低保的政策规定，进一步改进工作作风，带着深厚的感情去工作，像关心自己的家人那样去关心和帮助他们，满腔热情地为他们服务，把党和政府的关心和温暖送给每一个困难群众，激励他们爱护社区、关心社会，为维护稳定，为经济建设和社会发展努力贡献力量。

民政部部长多吉才让在总结讲话中强调，在低保工作中，贯彻落实司马义·艾买提国务委员的指示，就要正确处理好四个关系：一要正确处理深怀爱民之心与严格执行低保条例的关系。怀着深厚的爱民、为民之情做工作，是严格执行《城市居民最低生活保障条例》的思想基础；严格按照条例的规定，将符合条件的所有困难居民都纳入保障范围，则是深怀爱民之心的行动体现。二要正确处理立足全局与履行职能的关系。作为政府组成单位之一的民政部门，服从和服务大局，就是要在落实城市低保制度中扮演好自己的角色、出色履行自身职能，把当地城市居民的贫困状况摸清，如实地反映情况，并及时地督促资金足额到位，高效率、高质量地实现动态管理下的应保尽保。三要正确处理规范程序与群众路线的关系。严格履行程序，规范运作，是保证城市低保工作质量的必由之路；坚持走群众路线，让群众评判、选择，接受群众监督，是履行程序的关键环节。四要正确处理充实工作力量与加快信息化步伐的关系。多吉才让要求各地民政部门，千方百计向党委、政府争取早日解决机构和人员问题。与此同时，各地要加快低保信息化进程，建立和开辟畅通无阻的网络系统，推广使用统一规范的操作软件，改革工作手段，提高民政队伍整体素质，实现民政工作现代化。

杨衍银副部长作了题为《加强领导，规范管理，全面提高城市居民最低生活保障工作水平》的工作报告，要求各地一要按照政策标准确定低保范围和对象，确保动态管理下的应保尽保；二要增加财政投入，保证按时足额发放低保金；三要完善工作运行体系，加强低保规范化管理；四要建立计算机管理网络，提高低保工作信息化水平；五要加强机构、队伍建设，夯实低保工作基础。同时强化措施，狠抓落实，把低保工作推向新水平。

会议期间，司马义·艾买提在多吉才让的陪同下深入企业、社区，实地考察了低保工作。辽宁省委书记闻世震、省长薄熙来和国务院有关部门的同志出席了会议并一同前往考察。

各省、区、市民政厅局长、分管副厅局长和低保处长以及17家发言单位的政府领导、民政部门负责同志共140多人出席了会议。会议代表还参观了辽宁省沈阳市低保工作信息化建设成果。

这次会议对于进一步完善城市低保制度，更好地保障广大困难群众基本生活，促进经济结构调整和各项改革的深化，支持就业和再就业工作，维护社会稳定，具有重要意义。

（程　伟）

【全国城市社区建设四平现场会议】 2002年9月8日至9日，民政部在吉林省四平市召开“全国城市社区建设四平现场会议”。各省、自治区、直辖市民政厅（局）长及基层政权和社区建设处处长，各省会城市、计划单列市和新疆生产建设兵团民政局长，全国社区建设示范市党政领导和民政局长，全国社区建设示范区党政领导330多人和来自全国各地的列席代表100多人参加了会议。会议总结交流了青岛全国城市社区建设工作会议以来的新经验，命名了175个全国社区建设示范市、区，现场观摩了四平市整体推进社区建设的成果，研究部署了今后一个时期进一步深化社区建设工作的任务、目标和思路，并就加强城市民政工作提出了新的要求。关于四平经验，会议认为，四平市社区建设给我们展示了一个后来居上的范例，提供了一种拼搏向上、奋发有为、求真务实、真抓实干、敢为人先的精神，一种以发挥社区综合效益为落脚点，通过社区建设构建城市基层管理工作平台、服务居民工作平台和民政工作平台，将社区建设成为学习型、服务型、管理型、自治型社区的思路，一种有效运用党委领导、政府主导、民政承办、部门配合、社会参与的机制，走政府投入、多元投资筹措社区基础设施建设资金道路的方法。关于社区建设，会议认为，要继续坚持“一手抓推进，一手抓研究”的工作思路，抓基础工作，抓关键问题，抓示范活动，不断在动态变化中研究、提高社区建设的水平。关于加强城市民政工作，会议认为，大力加强城市民政工作已经成为迫在眉睫的重要任务，而提高城市民政工作整体水平必须走以社区为平台、社区组织为依托、信息技术为手段整合城市民政工作的道路。关于发挥全国社区建设示范城作用，会议认为，这次会议命名的全国城市社区建设示范市、区，要发挥示范单位的榜样力量，推动社区建设的广泛开展，以此带动城市民政工作水平的整体提高；要认识自我，对创建工作进行一次再认识、再总结、再研究，做到思想认识不停顿、理论研究不停顿、工作开拓不停顿。多吉才让部长发表了《关于加强城市民政工作的几点意见》的重要讲话。

（程　伟）

【全国“星光计划”工作会议】 2002年5月16日至17日，民政部在重庆召开了全国“星光计划”工作会议。各省、自治区、直辖市民政厅（局）分管厅（局）长、社会福利和社会事务处处长，保定、呼和浩特、哈尔滨、杭州、合肥、济南、南宁、成都等市民政局的代表，以及重庆市的有关领导80多人参加了会议。民政部副部长李宝库出席会议并讲话，重庆市副市长陈光国到会祝贺，民政部社会福利和社会事务司司长陈群林作会议总结，重庆、哈尔滨、南宁、成都、呼和浩特等市民政局的代表作了典型发言。会议总结交流了去年“星光计划”的实施情况和工作经验，研究部署了建设第二批“星光计划”项目的主要任务。

李宝库副部长在讲话中指出，对于“星光计划”，我们有必要从它在以居家养老为基础的中国养老体系建设中的战略地位进行再认识。他指出，我国刚刚开始步入老龄化社会，在建设具有中国特色的养老体系过程中，要充分借鉴外国在养老方面的经验教训，绕开他们走过的弯路，坚持我国的以居家养老为基础的传统，并通过政策的鼓励和支持使它得到巩固和完善。“星光计划”立足社区，面向社区，建在老年人的家门口，小型分散，方便实用，网络健全，让老年人在自己生活的社区就可以享受到方便的社区福利服务，极大地弥补了家庭养老的不足。倡导和组织“星光计划”，为稳定和巩固我国的居家养老提供了有力的支持和保证。

会议研究了2002年用于“星光计划”的部级福利资金的具体分配方案。同去年相比，资金分配加大了向贫困省份和老区倾斜的力度。为如期保质保量地完成第二批项目建设，重庆会议强调：第一，工作重点要明确；第二，建设进度要保证；第三，配套资金要到位；第四，“星光计划”要同社区建设密切结合。此外，会议还强调，在实施第二批“星光计划”项目建设的时候，一要防止形式主义，二要防止贪大求洋，脱离本地实际和老年人的需求，片面追求规模和档次，成本高，数量少，达不到星罗棋布的效果。

（程 伟）

【全国福利彩票工作会议】 2002年2月21日至22日，民政部在京召开全国福利彩票工作会议。国务委员司马义·艾买提亲莅会议做指示。民政部部长多吉才让出席会议并发表重要讲话。民政部副部长李学举主持会议并做总结讲话。

会上，国务委员司马义·艾买提高度赞扬了2002年的福利彩票发行工作，深刻阐述了发行福利彩票的重要意义，同时也指出了当前福利彩票工作存在的问题，并就进一步做好福利彩票工作提出了四点要求。一是要充分认识社会福利彩票发行工作的意义和作用，真正在思想上、行动上重视这一工作。二要进一步加强管理，加强政策法规和制度建设，规范管理福利彩票发行工作；加大培训力度，努力提高队伍素质，不断适应工作发展的新要求；加强工作研究和技术开发，做好扎实的基础建设，确保发行安全，为稳步发展创造条件。三要加大宣传力度，大力宣传发行福利彩票的意义和作用，宣传福利资金使用成果，引导人们正确认识福利彩票，增强人们关注和支持福利彩票的自觉性；宣传和表彰福利彩票发行工作的好人好事，激发做好发行工作的自觉性和责任感。四要加强协调和配合，民政部门要主动向财政部门通报情况，接受监管；财政部门要加大法规建设力度，创造条件，为发行工作服务；有关部门要密切配合，加大对私彩的打击力度，维护国家彩票的正常发行秩序。

多吉才让部长对2002年福利彩票工作提出三点希望，一是希望大家不要有任何松劲情绪，继续把福利彩票作为各级民政部门的重点工作和一把手工程抓紧抓好；二是希望大家认真研究扩大彩票发行的办法和措施，明确努力方向，抓住关键，开发新的增长点；三是希望各地理顺完善管理体制，加强彩票中心内部建设，将彩票工作纳入规范管理、稳定发展的轨道。

李学举副部长在会议总结讲话中，对2001年福利彩票工作的成功经验做了精辟的概括：领导力度是发行工作的重要保证；宣传策划是发行工作的重要手段；规范管理是发行工作的重要环节；技术更新是发行工作的重要基础；理顺关系是发行工作的重要条件；上下同心是发行工作的重要动力。对于2002年工作的要求，李学举副部长着重就高举福利彩票旗帜问题、福利彩票发行的利益格局问题、加强管理问题三个方面端正和提高对福利彩票工作的认识问题提出了具体意见。

民政部原副部长徐瑞新和财政部综合司副司长孙燕等有关领导出席会议。中国福利彩票发行中心主任陈传书做了全国福利彩票年度工作报告。山东、广东、上海、广西、浙江、深圳、湖南等省市在会上交流了经验。全国民政厅(局)长、主管彩票工作的副厅(局)长和福利彩票发行中心主任参加了会议。

(程　伟)

【全国城市低保暨救灾工作会议】 2002年2月21日至23日,民政部在湖南长沙召开了全国城市低保暨救灾工作会议。各省、自治区、直辖市民政厅(局)和计划单列市、新疆生产建设兵团民政局主管厅(局)长、救灾救济处和低保处负责人,以及长沙市的有关领导100多人参加了会议。民政部副部长杨衍银出席会议并讲话,湖南省副省长庞道沐到会祝贺,民政部救灾救济司司长王振耀作会议总结,副司长宋志强、邹铭分别主持了会议,辽宁、黑龙江、内蒙古、重庆、贵州、海南、新疆等省、区、市的代表作了典型发言。

这次会议是为了进一步贯彻落实中央关于做好困难群众生产生活工作的精神召开的。会议总结交流了去年工作的成绩和经验,研究部署了2002年城市低保工作的主要任务:

第一,采取强有力措施,2002年上半年基本实现应保尽保。会议要求,各地在3月底以前迅速对本地低保对象进行全面排查摸底,特别是应保未保对象较多的地区,要明确列出时间表,实行目标责任制,限期完成任务。各地要贯彻属地化管理的原则,全面落实中央、省属企业以及城镇集体企业特困职工家庭的最低生活保障待遇。坚决纠正对有一定劳动能力的最低生活保障申请人计算“虚拟收入”的做法,使实际生活困难的居民都能享受最低生活保障。

第二,完善各项规章制度,健全城市低保工作程序。会议要求尚未制定与《城市居民最低生活保障条例》相配套的实施办法的省份,在今年上半年出台有关实施办法。进一步完善最低生活保障申请人家庭财产申报制度和审核办法,认真调查核实低保申请人的家庭收入、家庭财产和劳动力就业等情况,规范申请、审核、审批和保障金发放程序,健全民主监督机制,保证困难人员随时申请,随时审核和审批,做到公开、公平、公正、及时、准确。

第三,加快城市低保信息化建设,提高城市低保管理水平。2002年3月底,将在全国地级以上城市统一推广应用低保软件,有条件的地方要推广到县和街道。同时,为适应工作形势的发展,会议要求各地2002年大力加强和充实城市低保工作力量,建立健全组织机构,配备专门人员从事这项工作。

第四,站在反贫困的高度,努力探索建立适合我国国情的社会救助体系。在解决贫困人口最低生活需求的基础上,会议要求有条件的地区特别是大中型城市,2002年要努力在医疗救助、教育扶贫、住房救助等方面探索和积累更多的成功经验。会议还要求各级民政工作者要加强对反贫困政策理论的研究,努力学习借鉴国内外社会救济工作的理论成果和实践经验。

(程　伟)

【全国村委会选举情况分析会】 11月21日至26日,民政部基层政权和社区建设司在宁波召开“全国村委会选举情况分析会”,中央农村工作办公室、全国人大、全国妇联的有关同志和来自各省(区、市)民政厅局基层政权处的负责同志参加了会议。11月29日,李学举副部长就此作出批示:“采取分析会的方式总结研究工作,这是指导工作上的一种新思维、新方式。召开会议,是传统研究部署工作的主要形式之一。一段时间,往往把召开会议的次数、与会人数、与会人员层次作为追求目标,这是一种‘误区’。质量,是衡量会议的主要标志。高质量的会议,应是我们追求的目标。高质量的会议需要高质量的文件,这是主要的。但会议形式也是保证会议质量的重要方面,会议形式也是一门学问,同样需要创新。此次会议参会人员层次不算太高,但与会人员准备之充实,材料之充分,分析情况之透彻,研究问题之深入,堪称一流。应予肯定。”

(程　伟)

2002年重要的表彰活动

【全国民政系统先进工作者、劳动模范表彰】 2002年5月,在第十一次全国民政会议上,人事部、民政部联合进行了全国民政系统先进工作者、劳动模范的表彰,决定授予庞瑞林等191名同志"全国民政系统先进工作者"荣誉称号和杜斌等7名同志"全国民政系统劳动模范"荣誉称号(人发〔2002〕23号)。

"全国民政系统先进工作者"和"全国民政系统劳动模范"荣誉称号,是授予对民政事业发展作出重大贡献、在本职工作中取得突出成绩的民政系统职工的省部级荣誉称号。对评选出的民政系统行政机关和事业单位工作人员授予"全国民政系统先进工作者"荣誉称号,对评选出的民政系统企业职工授予"全国民政系统劳动模范"荣誉称号。被授予"全国民政系统先进工作者"和"全国民政系统劳动模范"荣誉称号的人员,享受省部级劳动模范和先进工作者待遇。

全国民政系统先进工作者、劳动模范荣誉称号的评选表彰由人事部、民政部共同组织实施,两部联合组成全国民政系统先进工作者、劳动模范评选表彰领导小组,负责评选表彰工作的组织领导。评选范围为全国民政系统各级行政机关、民政企业、事业单位的干部、职工。评选办法采取自下而上的方式,由基层单位评选推荐,逐级上报,各省、自治区、直辖市民政厅(局)、人事厅(局)统一组织评选审核,报全国民政系统先进工作者、劳动模范评选表彰领导小组审定。表彰大会一般结合全国民政会议进行。

2002年表彰的全国民政系统先进工作者名单:

北京市

庞瑞林 东城区民政局局长

阎立杰(女) 北京市第一社会福利院护士

刘春城 西城区民政局局长

刘德昌 延庆县四海镇民政助理员

天津市

王坤明 天津市安宁医院院长

李友臣 宝坻县殡仪馆火化班班长

李长运 和平区民政局局长

樊建英(女) 河东区唐家口街李公楼弱智学校教师

河北省

白金更 石家庄市殡仪馆火化工

刘清哲 定州市社会福利院院长

汪振海 磁县民政局局长

侯亚东(女、满族) 遵化市光荣院院长

张绍青 盐山县民政局局长

刘贵民 邢台市社会福利院院长

侯冀飞(女) 张家口市殡葬管理处处长

袁恩让 冀州市民政局局长

高开香(女) 香河县淑阳镇民政办公室主任

山西省

郝颂琴(女) 山西省荣誉军人康复医院康复科护士长

韩有梅(女) 孝义市民政局局长

张崇虎 临猗县民政局局长

刘太生 曲沃县民政局副局长

范培生 大同市民政局局长

内蒙古自治区

靳新义 乌海市甘德尔陵园主任

金良(女、蒙古族) 乌兰浩特市民政局干部

白音仓(蒙古族) 苏尼特左旗民政局局长

陈慧厚 察右后旗民政局局长

李发杰 阿左旗民政局副局长

辽宁省

张永印　辽宁省民政厅厅长

肖淑芬(女)　沈阳市军队离退休干部五里河休养所行政管理员

王萍(女)　大连市民政局局长

刘桂香(女)　鞍山市民政局局长

朱铁钧(女)　抚顺市社会福利院院长

郭海庭　本溪市养老院院长

张云霞(女)　铁岭市光荣院服务班班长

江秀忱　盘锦市收容遣送站站长

郑国华(满族)　兴城市碱厂乡民政助理员

吉林省

朱克民　吉林省民政厅厅长

姜莹(女)　通化市民政局局长

王彦(女)　洮南市民政局局长

张贵生　长春市朝阳区民政局局长

金东熙(朝鲜族)　延边朝鲜族自治州社会精神病院副院长

佟金玲(女)　辽源市社会福利院护理员

黑龙江省

柏玖成(满族)　佳木斯市民政局局长

吕济平　哈尔滨市民政局局长

李维国　鹤岗市民政局局长

周立富　鸡西市民政局局长

刘清礼　牡丹江市社会福利院院长

王长征　勃利县殡仪馆馆长

上海市

施德容　上海市民政局局长

姚传琪　长宁区民政局局长

孟庆树　宝山区收容遣送站站长

高祖明　奉贤区邬桥镇民政助理员

江苏省

周新棣(女)　南京市鼓楼区民政局局长

黄梦飞　无锡市社会福利院洗衣班班长

管从超　徐州市民政局局长

张玉泉　如东县民政局局长

于福才　连云港市殡仪馆副馆长

陈远银　大丰市民政局局长

张网女(女)　扬州市民政局局长

季元身　镇江市社会福利服务中心主任

蒋书敏　泰州市民政局局长

浙江省

宋春松　浙江省革命烈士纪念馆馆长

徐祖葶　杭州市民政局局长

刘曙亮　宁波市社会福利中心主任

宗裕辉　绍兴市民政局副局长

陈光尧　东阳市民政局局长

林春玲　温岭市松门镇民政助理员

叶金树　衢州市殡仪馆主任

安徽省

王德富　淮南市民政局局长

蒋遵义　当涂县马桥镇民政助理员

张武杰　祁门县民政局局长

李盛普　阜阳市颍东区民政局局长

王安坤(女)　舒城县民政局副局长

孔繁珍(女)　无为县社会福利院副院长

福建省

杨进成　厦门市社会福利中心主任

吴碧玉(女)　福建省荣誉军人康复医院副院长

李金樑　南平市民政局局长

张清亮　宁化县民政局局长

李文有　莆田市城厢区民政局局长

叶红俤　福州市马尾区民政局局长

江西省

廖长春　宁都县田头乡民政所所长

项兰花(女)　景德镇市昌江区竟成镇敬老院院长

张彩霞(女)　井冈山市民政局局长

周裔开　都昌县民政局局长

刘锋　南城县建昌镇敬老院院长

周燕珍(女)　万载县民政局干部

山东省

亓凤海　山东省民政厅厅长

刘光享　青岛市民政局局长

鲍寿庆　烟台市民政局副局长

焦桂云(女)　济南市社会福

利院儿童部主任

范维琴(女) 泰安市复退军人精神病院护理部主任

张英美(女) 滨州市社会福利院院长

桑友亭 五莲县民政局局长

国新建 荣成市民政局局长

孔繁臣 曲阜市民政局局长

王尚元 安丘市民政局局长

河南省

赵玉兰(女) 驻马店市民政局局长

王朝阳 濮阳市民政局局长

范庚 平顶山市民政局局长

乔云龙 新野县民政局局长

张守忠 固始县民政局局长

白爱琴(女) 汤阴县民政局局长

裴中海 洛阳市儿童福利院院长

申景亮 河南省针灸推拿学校校长

张广凤(女) 漯河市源汇区后谢乡敬老院服务员

湖北省

伍绪忠 襄樊市复退军人精神病医院院长

陈光亮 广水市殡葬管理所整容师

文金元(女) 赤壁市车埠镇福利院院长

王永喜 房县青峰镇民政所所长

张厚旦(土家族) 恩施土家族苗族自治州民政局局长

马世庭 仙桃市民政局党委书记

李杰矩 武汉市民政局局长

洪昌福 宜昌市民政局局长

熊福生 荆州市沙市区民政局局长

周学军 武汉军用供应站站长

湖南省

谌才金(女) 长沙市第一社会福利院副院长

段庆祥 茶陵县七地乡民政助理员

赵纯华 邵阳市社会福利院院长

黄国芳 岳阳市民政局局长

余彭寿 平江县民政局局长

谭国初(土家族) 慈利县高峰土家族乡民政助理员

曾绪富 涟源市民政局局长

邬世碧(女、土家族) 龙山县里耶镇敬老院院长

李定坤 湖南省民政厅厅长

广东省

许道生 广东省民政厅厅长

廖运桃 深圳市民政局局长

李煌国 东莞市民政局调研员

马亮照 佛山市民政局局长

郑定强 汕头市民政局局长

徐凤娇(女) 丰顺县民政局局长

刘炽勤 高州市民政局局长

王启源 广州市民政局精神病院医务科科长

林健池 江门市殡仪馆馆长

广西壮族自治区

方英梅(女、壮族) 武鸣县殡葬管理所党支部书记

刘杰兰(女) 梧州市福利医院总护士长

杨育莲(女) 贵港市殡葬管理处收殓班班长

彭米信(壮族) 防城港市民政局局长

张国汉 广西壮族自治区福利彩票发行中心主任

海南省

陈徽娥(女) 琼海市民政局局长

豹爱芳(女、黎族) 昌江县十月田镇敬老院管理员

谭仁俊(黎族) 儋州市那大办事处民政助理员

重庆市

凯悦新 璧山县马坊镇民政办公室主任

吴代发 万州区殡仪馆生技维修科科长

杨通勋(土家族) 重庆市第三社会福利院院长

陈渝(女) 渝北区民政局局长

吴汉明 涪陵区民政局局长

四川省

张华芬(女) 彭州市民政局局长

李玉华 攀枝花市民政局局长

周光荣 泸州市殡仪馆馆长

蔡绍福 射洪县民政局局长

周永(女) 威远县民政局局长

陈素蓉(女) 邻水县鼎屏镇民政所所长

王德贵 宣汉县光荣院管理员

杨桂涛 天全县民政局局长

阿达(藏族) 理塘县民政局局长

黄丽蓉(女)　四川省革命伤残军人休养院内一科主任

贵州省

张有顺　遵义市民政局局长

王大先　毕节市海子街镇民政助理员

万启芳(女)　贵州省荣誉军人康复医院护士长

吴邦国(侗族)　从江县民政局局长

蒙志清　三都水族自治县民政局局长

云南省

李朝文　曲靖市民政局副局长

王开文　江川县民政局局长

曹新贵(普米族)　宁蒗县民政局副局长

罕娅玲(女、傣族)　景洪市景洪镇民政办公室干部

赵锦云(女)　昆明市儿童福利院院长

西藏自治区

王元盛　林芝地区民政局局长

洛松勒珠(藏族)　察雅县民政局局长

索郎平措(藏族)　江孜县民政局局长

陕西省

黄祥水　西安市新城区民政局局长

王金花(女)　宝鸡市社会福利院护士长

孙铜来　铜川市民政局办公室主任

杨建军　旬邑县民政局局长

高彦林　旬阳县民政局局长

王列荣(女)　富县民政局局长

胡正旺　南郑县民政局局长

甘肃省

邓玉枝(女)　天水市复退军人精神病疗养院副院长

贯忠　会宁县民政局局长

姜国文　金昌市社会福利院院长

尹寿永　兰州市殡仪馆火化班副班长

青海省

鲁国义(藏族)　青海省民政厅海东社会福利院院长

吴占文(土族)　大通回族土族自治县民政局局长

善沛(藏族)　祁连县民政局局长

宁夏回族自治区

张素梅(女)　银川市殡葬管理所所长、殡仪馆馆长

惠亚民　固原地区民政局副局长

张立玉　中卫县民政局局长

新疆维吾尔自治区

吾吉买买提·帕孜力(维吾尔族)　皮山县民政局局长

孙文明　昌吉市民政局局长

巴依尔汗·苏曼(哈萨克族)　哈巴河县铁热克提乡民政所所长

王生荣(女、藏族)　新疆生产建设兵团哈密农场管理局民政局副局长

民政部直属机关

张卫星　民政部全国勘界工作办公室秘书组组长

2002年表彰的全国民政系统劳动模范名单：

杜斌　北京市民政工业总公司总经理、北京三露厂厂长

曾凡柱　天津市宁河县社会福利服务公司总经理

王国黎　黑龙江省哈尔滨市龙福印刷厂厂长

金爱华(女)　上海市曹杨建筑粘合剂厂厂长

陈贵鹏　安徽省蚌埠市研磨机厂厂长

蒯明山　河南省新乡市荣军精细化工厂厂长

杨绍军　广西壮族自治区合浦县民政烟花炮竹总厂厂长

(文国锋)

【“孺子牛奖”表彰】　2002年5月，在第十一次全国民政会议上，民政部进行了“孺子牛奖”的表彰，决定授予庞瑞林等31名同志“孺子牛奖”(民发〔2002〕80号)。

“孺子牛奖”是中华人民共和国民政部最高荣誉奖，于1986年11月设立(民〔2003〕人36号)，取名于鲁迅先生“俯首甘为孺子牛”的名句，旨在体现、弘扬民政系统广大干部职工一往无前、踏实苦干、不图名利、勇于献身的精神。“孺子牛奖”获得者，由民政部颁发“孺子牛”雕塑奖杯。

“孺子牛奖”主要奖励各级民政部门包括所属民政企事业单位的职工以及社会和国际上关心、支持民政事业并作出重

大贡献的人士。“孺子牛奖”获得者需具备下列条件之一：(1)勇于改革，为民政工作的发展作出突出贡献；(2)工作中有重大发明创造，并取得显著效益；(3)曾经担任民政部门领导工作，对我国民政事业的发展作出卓越贡献；(4)关心、支持民政工作，对民政事业的发展作出重要贡献的社会人士；(5)关心、支持我国民政事业，在国际交往和合作交流中作出突出贡献的爱国华侨、国际友好组织和人士。

“孺子牛奖”评选表彰由民政部组织实施。民政系统内部的评选表彰一般结合全国民政会议进行，按照各省、自治区、直辖市民政厅(局)提名，民政部评审委员会评审，民政部部长办公会议审定批准的基本程序，主要从获得全国民政系统先进工作者、劳动模范荣誉称号，或已获得其他省部级及以上荣誉称号者中产生人选。

2002年以前，民政部共组织进行了6次“孺子牛奖”的评选表彰，先后授予18名民政系统干部职工和3名国际友好人士“孺子牛奖”：(1)1986年，钟宝琪；(2)1987年，蔡建设、赵俭、钮国山、童秀清(女)、吴曰生；(3)1992年，李宽淑；(4)1993年，曾志伟；(5)1994年，韩淑珍(女)、杨凤歧、徐升莲、祁连忠、陈建平、刘乃兰(女)、王军友、魏成光、刘爱珍(女)、阿吉·沙吾提、刘太生、马胜武；(6)1996年，赛普·海姆。

2002年“孺子牛奖”获得者名单：

庞瑞林　北京市东城区民政局局长

王坤明　天津市安宁医院院长

张绍青　河北省盐山县民政局局长

郝颂琴　山西省荣誉军人康复医院康复科护士长

金良　内蒙古自治区乌兰浩特市民政局社会救济股股长

江秀忱　辽宁省盘锦市收容遣送站站长

王彦　吉林省洮南市民政局局长

刘清礼　黑龙江省牡丹江市社会福利院院长

高祖明　上海市奉贤区邬桥镇民政助理员

黄梦飞　江苏省无锡市社会福利院洗衣班班长

林春玲　浙江省温岭市松门镇民政助理员

张武杰　安徽省祁门县民政局局长

杨进成　福建省厦门市社会福利中心主任

廖长春　江西省宁都县田头乡民政所所长

范维琴　山东省泰安市复退军人精神病院护理部主任

张守忠　河南省固始县民政局局长

王贤田　湖北省黄石市阳新县民政局党委书记

赵纯华　湖南省邵阳市社会福利院院长

徐凤娇　广东省丰顺县民政局局长

方英梅　广西壮族自治区武鸣县殡葬管理所党支部书记

陈徽娥　海南省琼海市民政局局长

凯悦新　重庆市璧山县马坊镇民政办公室主任

蔡绍福　四川省射洪县民政局局长

张有顺　贵州省遵义市民政局局长

曹新贵　云南省宁蒗县民政局副局长

王元盛　西藏自治区林芝地区民政局局长

黄祥水　陕西省西安市新城区民政局局长

邓玉枝　甘肃省天水市复退军人精神病疗养院副院长

鲁国义　青海省民政厅海东社会福利院院长

张素梅　宁夏回族自治区银川市殡葬管理所所长、殡仪馆馆长

吾吉买买提·帕孜力　新疆维吾尔自治区皮山县民政局局长

(文国锋)

【全国民政工作先进县表彰】 2002年5月26日至28日召开的第十一次全国民政会议，将261个县(市、区、旗)命名为全国民政工作先进县(市、区、旗)予以表彰。它们具体是：

北京市：东城区，西城区，丰台区，朝阳区，顺义区，海淀区

天津市：河西区，塘沽区，和平区，宝坻区，武清区，南开区

河北省：乐亭县，文安县，秦皇岛市海港区，冀州市，定州市，晋州市，武安市，丰宁满族自治县，海兴县，张家口市桥西

区,邢台市桥东区

山西省:太原市杏花岭区,朔州市平鲁区,长子县,高平市,平定县,左权县,代县,大同市城区

内蒙古自治区:土默特左旗,包头市九原区,临河市,准格尔旗,通辽市科尔沁区,巴林左旗,莫力达瓦达斡尔族自治旗,丰镇市

辽宁省:沈阳市沈河区、和平区,大连市金州区、西岗区,岫岩满族自治县,清原满族自治县,本溪满族自治县,宽甸满族自治县,营口市站前区,盘锦市兴隆台区,葫芦岛市连山区

吉林省:长春市朝阳区,桦甸市,长白朝鲜族自治县,通化县,洮南市,延吉市,前郭尔罗斯蒙古族自治县

黑龙江省:哈尔滨市道里区、南岗区,穆棱市,勃利县,宾县,海伦市,密山市,方正县,抚远县,克东县,青冈县

上海市:黄浦区,闸北区,杨浦区,奉贤区,闵行区,卢湾区

江苏省:南京市秦淮区,江阴市,常州市武进区,常熟市,太仓市,海门市,金湖县,大丰市,江都市,宿迁市宿城区,丰县

浙江省:杭州市下城区,瑞安市,嵊泗县,义乌市,玉环县,诸暨市,开化县,缙云县,宁波市鄞州区,余姚市,海宁市

安徽省:舒城县,宣城市宣州区,合肥市蜀山区,五河县,和县,涡阳县,全椒县,桐城市

福建省:福州市鼓楼区,厦门市湖里区,莆田县,南安市,漳州市芗城区,泰宁县,龙岩市新罗区,邵武市,霞浦县

江西省:永丰县,婺源县,万载县,宁都县,崇仁县,都昌县,南昌市东湖区,乐平市

山东省:青岛市市南区,莱西市,济南市历下区,淄博市张店区,广饶县,莱州市,安丘市,邹城市,新泰市,文登市,临沭县,德州市德城区,滕州市

河南省:鹿邑县,范县,长葛市,兰考县,卢氏县,新郑市,上蔡县,武陟县,浚县,夏邑县,林州市,郑州市中原区,焦作市解放区

湖北省:武汉市青山区,当阳市,宜城市,武穴市,松滋市,鹤峰县,竹溪县,潜江市,赤壁市

湖南省:临醴县,韶山市,汝城县,耒阳市,醴陵市,会同县,江华瑶族自治县,宁乡县,岳阳县

广东省:广州市东山区,深圳市龙岗区,汕头市龙湖区,顺德市,连平县,大埔县,博罗县,新会市,三水市,高州市,揭东县,新兴县

广西壮族自治区:田阳县,武鸣县,全州县,来宾县,柳州市柳北区,南丹县,横县,玉林市玉州区

海南省:海口市振东区、新华区,琼海市,文昌市,保亭黎族苗族自治县

重庆市:渝中区,南岸区,渝北区,万州区,黔江区,江北区

四川省:成都市金牛区,南充市顺庆区,荣县,西昌市,眉山市东坡区,绵阳市涪城区,宜宾县,乐山市五通桥区,苍溪县,绵竹市,资阳市雁江区

贵州省:遵义县,息烽县,荔波县,沿河土家族自治县,镇远县,盘县,平坝县

云南省:昆明市盘龙区,建水县,宣威市,楚雄市,永平县,普洱哈尼族彝族自治县,泸水县,广南县

西藏自治区:拉萨市城关区,林芝县,江孜县,察雅县,改则县,乃东县

陕西省:西安市新城区、碑林区,扶风县,三原县,榆林市榆阳区,丹凤县,合阳县,城固县

甘肃省:酒泉市,民乐县,兰州市城关区,华池县,徽县,清水县,静宁县

青海省:西宁市城西区,格尔木市,互助土族自治县,祁连县,曲麻莱县,大通回族土族自治县

宁夏回族自治区:银川市城区,石嘴山市石嘴山区,吴忠市利通区,青铜峡市,固原县

新疆维吾尔自治区:焉耆回族自治县,昌吉市,沙湾县,鄯善县,和田县,特克斯县,莎车县,博乐市

新疆生产建设兵团:农2师29团,石河子市,农9师161团。

（程　伟）

民政事业发展综述

2002年以前民政工作简要回顾

我国民政工作的历史源远流长。就民政工作的内容而言,早在西周时期就有领土领域划分、基层行政组织设置、调解民事纠纷、救灾救济等社会行政事物管理,古称“民事”。春秋时期管仲辅佐齐桓公治国时就曾提出了“老老”、“慈幼”、“恤孤”、“养疾”、“合独”、“通穷”、“振困”、“接绝”等比较系统的惠民、济民、恤民的政策主张。民政一词源于唐代“安民立政”之说。宋代的官方、学者开始使用“民政”概念。但这个概念与“民事”概念一样,都是包括一切涉及百姓的行政事务的广泛概念。南宋徐天麟编纂的《两汉会要》,把国家管理活动分为15类,民政作为其中一类,包括户口、民伍、风俗、乡役、泛役、复除、荒政、置三老、乡亭长、尊高老、恤鳏寡孤独、治豪猾、劝农桑、赐民爵、崇孝行、戒奢侈、禁厚葬等,形成了初步的民政概念。这些基本的内容在以后的漫长历史中,代代相袭,延续下来。到了1906年,清朝首次设立了民政部,专管民政事务。其管理的主要内容是:地方行政、警务治安、疆里版图、灾荒政务、户口户籍、风教礼俗、卫生防疫、丧葬事务、土地管理等。到北洋军阀和国民党统治时期,中央政府设内务部,省设民政厅,市、县设民政处、科。民政管理的主要内容与清民政部的内容大同小异,新增了地方选举和地方官吏任免等少量业务。

1949年新中国成立后,中央人民政府设内务部管理民政事务。地方是省设民政厅,市、县设民政局。建国初期到1955年第三次全国民政会议,内务部主管的业务主要是:地方政权建设、行政区划、优抚安置、救灾救济、土地管理、户籍国籍管理、民工动员、婚姻管理、社团登记管理、移民安置、游民改造、妓女改造、禁烟禁毒、老区建设等。第三次全国民政会议以后,内务部主管的业务有较大的调整,房屋管理、民事调解、民族、侨务、城市营建规划与考核、户口、移民等陆续移交给有关部门。经过部门分工的多次调整,民政部门的主要业务是:优抚安置、救灾救济、社会福利、婚姻殡葬管理、行政区划及政府机关人事管理。

文革时期,民政工作遭受严重的挫折和损失。1968年12月,内务部被撤销,原主管的各项民政工作业务分别移交财政、公安、卫生和国家计委等部门管理。省以下的民政部门包括基层的民政组织,有的被撤销,有的与其他部门合并。由于分属于不同的部门管理,民政工作在业务上缺少统一指导,工作受到很大的影响和制约。

1978年第五届全国人民代表大会第一次会议决定设置中华人民共和国民政部,作为国务院的一个职能部门。民政工作进入了恢复与重建时期。工作内容基本恢复了文革前内务部时期的范围,即:优抚安置、救灾救济、社会福利、行政区划、婚姻登记、殡葬改革和政府机关人事工作。随着形势发展需要,民政部门又承担了一些新的工作,主要有基层政权建设、军队离休退休干部的安置、印支难民的救济安置、地名管理和社团管理等工作。各级民政部门集中精力清除"左"的影响,拨乱反正,贯彻落实各项民政工作的方针和政策,及时把工作重点转移到为四化建设服务上来。

1983年,第八次全国民政会议召开,提出了民政部门的中心任务是进一步解放思想,振奋精神,实事求是地研究新情况解决新问题,努力开创民政工作新局面。会议还提出了民政工作"三个一部分"的理论,即政权建设的一部分,社会保障的一部分和行政管理的一部分。按照第八次民政会议的部署,各级民政部门在做好各项民政工作的基础上,积极改革,进一步拓展了新的工作领域,主要是探索建立农村基层社会保障制度,开展了城市社区服务,开创了社会福利有奖募捐活动。

1988年,第九次全国民政会议召开,在总结民政工作成就和经验的基础上,提出了民政部门要充分发挥稳定机制作用的要求,明确了民政工作在国家经济建设和社会发展中的地位和作用。此后,民政工作紧紧围绕党的中心工作,进一步解放思想,深化改革,开拓前进,各项民政事业全面发展,特别是农村社会养老保险、城市社区服务、有奖募捐等工作取得了突破性进展。

1994年,第十次全国民政会议分析了民政工作面临的形势,明确了民政部门的基本职责和任务是依法维护和保障人民群众的基本生活权益。会议确定了今后一个时期民政工作改革与发展的基本思路、发展目标和主要任务,民政事业的发展进入了一个新的时期。从1994年到2001年的8年间,民政工作在邓小平理论、"三个代表"重要思想和党的十四大、十五大精神指引下,紧紧围绕党的工作中心和改革、发展、稳定的大局,解放思想,深化改革,团结奋斗,开拓创新,与时俱进,各项工作都有进步,民政事业全面发展,切实履行了管理有关社会行政事务的职能,圆满实现了第十次全国民政会议所确定的目标,较为出色地完成了党和政府所交给的任务,有力地保障了人民群众的基本生活权益和民主政治权利,为维护社会稳定,促进社会进步,实现我国第二步战略目标作出了重要贡献。

这一时期民政业务范围又有了新的调整和拓展。原由民政部主管的农村社会养老保险工作划转到劳动和社会保障部,而新增和拓展的业务包括民办非企业单位登记管理、收养登记管理、城市居民最低生活保障工作、抗灾救灾的综合协调工作,承担了全国老龄工作委员会办公室的工作,并负责社区建设以及村务公开的牵头、综合、协调工作。

这一时期的民政工作的主要成绩是:

一、全面建立和逐步完善城市居民最低生活保障制度,城市社会救济工作规范化制度化

随着社会主义市场经济体制的逐步建立,特别是国有企业改革的不断深化,保障困难群体尤其是下岗职工的基本生活,越来越受到党和政府以及广大人民群众的密切关注。民政部抓住机遇,于1994年开始对中国传统的社会救济制度进行了重大改革,在全国开展了建立城市居民最低生活保障制度工作的试点。各级民政部门先行试点,逐步推进,因地制宜,分类指导,不断加大工作力度,逐步加以规范和完善。1997年9月,国务院关于在全国建立城市居民最低生活保障制度的通知下发后,最低生活保障制度工作在全国全面推开。到1999年年底,全国668个城市和1638个县级人民政府所在地的镇,全部建立了城市居民最低生活保障制度。1999年9月,国务院颁布《城市居民最低生活保障条例》,标志着这项工作步入了规范化、法制化管理轨道。2001年,按照党中央、国务院的部署,各级民政部门积极扩大城市居民最低生活保障制度覆盖面,中央和地方财政加大了资金的投入,将符合条件的特困职工家庭基本纳入了最低生活保障范围。2001年,各级财政共投入资金54.2亿元(其中,中央投资23亿元,占42.5%,省级财政投入10亿元,占18.5%,省以下财政投入21.2亿元,占39%)。有1170.7万城镇贫困人口得到最低生活保障(2002年一季度达到1326万人),保障对象实际领取的保障金为月人均70元。2001年11月,国务院又下发了《关于进一步加强城市居民最低生活保障工作的通知》,对城市居民最低生活保障制度建设提出了更高要求,对这项工作的规范发展起到重要作用。

城市居民最低生活保障制度的建立,是对中国传统社会救济制度的重大改革,科学设置了保障标准,保证了资金来源,规范了管理方式,实现了城市救济工作的制度化,基本适应了社会主义市场经济体制要求,支持了经济体制改革的顺利进行,有力地保障了包括企业下岗职工和失业、退休人员在内的所有城市特困群众的基本生活,使我国社会保障体系有了一条"兜底"线,形成了最后一道社会安全网,为建立独立于企事业单位之外的社会保障制度奠定了基础,维护了社会稳定。

与此同时,农村最低生活保障制度建设也得到发展,全国各省(区、市)均不同程度地开展了建立有别于城市的农村居民最低生活保障制度的探索,有300多万农村特困居民得到最低生活保障,年发放保障金8亿元(含实物折款)。

二、建立完善救灾工作分级管理新体制,救灾工作取得突出成绩

八年来,救灾工作进行了一系列卓有成效的改革。一是对长期以来主要依靠中央财政的救灾管理体制进行了改革,在地方各级财政建立了救灾经费专项预算,基本形成了救灾工作分级管理、救灾款分级负担的救灾工作体制。1997年,我国所有省、地级财政和绝大多数县级财政建立了自然灾害救济事业费预算,许多县市区还在乡镇一级财政建立了自然灾害救济事业费预算。地方财政列支的救灾预备金和救灾专项经费每年已达10多亿元。二是改革社会捐助方式,将大规模的扶贫济困送温暖活动引向了经常化制度化轨道,形成了国家主导,社会参与的救灾工作机制。每年筹集的社会捐助款、物总值超过数亿元。1998年筹集的捐助款达到了史无前例的50.2亿元,接收社会捐赠物资折款63亿元(以上两个数字均不含中华慈善总会、红十字会接收的捐赠款物)。2001年,在江泽民总书记的倡导下,经常性社会捐助工作出现了新局面。中共中央办公厅和国务院办公厅转发了民政部《关于进一步开展经常性社会捐助活动的意见》。按照统一部署,各地通过网点建设和规范操作,扎实有效地开展了社会捐助活动,各大中城市和有条件的小城市已建立社会捐助接收站237个,在各城市社区居委会设立了大量捐助接收点。2001年,全国各地共接收捐赠资金7.6亿元,接收捐赠衣物1.3亿件,有力地支援了灾区和贫困地区的群众。三是建立了救灾物资储备制度,大大增强了救灾的物质基础,增强了灾害紧急救助能力,提高了救灾工作效率。现有中央级物资储备库8个,储备物资总值2亿多元。

在大力推进救灾工作改革的同时,各级民政部门及时查灾核灾,下拨资金,高效、有序地完成了每年的灾害救助工作,妥善安排了灾区群众的基本生活,尤其是1998年特大洪涝灾害的救助工作,取得了举世瞩目的成绩。八年来,中央财政投入救灾资金189.3亿元,共紧急转移安置灾民7270.7万人次,接受救灾捐赠款72.4亿元,募集救灾物资折合资金99亿元,发放救灾衣被5.7亿件,妥善解决了灾民吃、穿、住、医等困难,有力地保障了灾民生活,维护了灾区社会稳定。

此外,积极开展"国际减灾十年"活动,加强减灾宣传、教育和国际交流与合作。组织召开了"自然灾害管理国际研讨会"和"中国灾害管理国际会议",组织政府代表团参加了"世界减灾大会"和"国际减灾十年活动论坛"。颁布了《中华人民共和国减灾规划》,进一步确立了减灾工作在国民经济和社会发展中的重要地位。

三、村民自治全面推进,农村基层民主政治建设上了新台阶

基层民主是社会主义民主政治的重要内容,扩大基层民主是我国政治体制改革的重要组成部分。各级民政部门深入贯彻落实党的十四大、十五大精神，认真贯彻实施新颁布的村民委员会组织法，以尊重农民的民主权利、推动基层的民主政治建设为立足点，在全国农村普遍建立了村民直接选举制度、村民议事制度、村务公开制度，努力实行民主选举、民主决策、民主管理、民主监督，全面推进村民自治。截至2001年年底，全国31个省(区、市)，按照新颁布的村民委员会组织法全部完成了村委会换届选举，建立了村民代表会议，普遍制定了村规民约，实行了规范的村民议事制度，90%以上的村委会实行了村务公开制度，不少地方还正在将村务公开的做法向乡镇政府的政务公开延伸。全国村民自治模范县达到95个，省级村民自治模范县达到792个。经过8年的努力，我国农村基层民主选举质量不断提高，选举基本做到公正公平。民主决策不断规范，村民会议和村民代表制度日趋完善。民主管理水平有所提高，通过制定村民自治章程和村规民约，初步做到了依法治村。村务公开制度的推行，引起社会普遍关注，受到农民欢迎，取得很好效果。此外，村民自治的配套法规建设步伐加快，全国有31个省(区、市)出台了选举办法，27个省(区、市)出台了村委会组织法实施办法，村民自治逐步向程序化、规范化和制度化方向发展。村民自治的全面推进，推进了农村基层民主政治建设，改善和密切了农村党群干群关系，维护了农村社会稳定，促进了农村经济和社会发展。村民自治得到了党中央、全国人大、国务院和全国政协的高度重视和肯定，受到了广大农民的热烈欢迎，与家庭联产承包制、乡镇企业并列，被誉称为改革开放20年来党领导亿万农民建设社会主义新农村的三大创举。乡镇政府制度建设、规范管理取得新进展，全国90%的乡镇实行了政务公开，取得了良好的效果。

四、城市基层群众性自治组织建设得到加强，城市社区建设全面推进

8年来，城市基层政权和群众性自治组织建设工作经过认真探索，最终找到了社区建设的新路子。在1998年机构改革中，国务院强化了民政部门指导基层政权和基层群众性自治组织建设、推动城市社区建设的职能。部里陆续启动了青岛、南京、杭州、沈阳、上海、武汉等市26个城区社区建设试点工作，进行了各具特色的探索，培育了典型，创造了经验，初步理清了推进社区建设的基本思路。在总结实践经验的基础上，起草了《关于在全国推进城市社区建设的意见》，2000年11月，中办、国办以中办发〔2000〕23号文件转发各地。这个文件，明确了社区建设的指导思想、基本原则、发展目标和主要内容。此后国家“十五”计划又写进了社区建设，社区建设工作进入了全面推进的新阶段。2001年，民政部在青岛召开了全国城市社区建设工作会议，提出了全面推进社区建设的指导思想、目标任务、方法步骤和具体要求。会后，各地党委政府高度重视，加大推进力度，全国有27个省(区、市)以省委、省政府的名义出台了相应的文件，有24个省(区、市)以党委、政府或办公厅名义召开会议，统一思想，部署任务。截至2001年年底，全国和省级社区建设实验区由26个发展到200多个，并由大城市向中小城市发展，由东部发达地区向中、西部地区推进。与此同时，各地开展了创建社区建设示范城活动，在社区的体制创新、机制创新、组织建设、队伍建设、社区服务资源管理的信息化等方面创造了新经验，城市社区建设进一步向纵深发展。在社区建设的推进中，城市居委会建设得到加强，大批有文化、有知识的年轻社区工作者走上了工作岗位，推动了社区居委会干部的专业化、职业化进程。城市社区建设的全面推进，对促进经济和社会协调发展，提高人民的生活质量，加强城市基础基层管理，维护社会稳定，推动城市改革与发展发挥着日益重要的作用，同时，对加强城市基层民主政治建设，配合国企改革和社会保障体制改革，应对老龄化浪潮，作出了贡献，也给城市民政工作注入了新的活力。

五、全面勘界任务圆满完成，边界管理步入法制化规范化信息化轨道

为彻底改变我国有史以来行政区域无法定界线的状况，从根本上解决因资源纠纷而引发的边界争议，在党中央、国务院统一部署下,从1996年起开始了全面勘界工作。各级民政部门从大局出发,加强领导,相互协商,不断加大工作力度,讲政治、争时间、抢速度,集中力量啃“硬骨头”、打攻坚战,顽强拼搏,艰苦奋斗,完成了“九五”期间省县级界线的全面勘定任务和勘界收尾工作。截至2001年年底,全国68条、62000多公里省级陆地行政区域界线的勘定工作全部完成,并报经国务院批准;全国6300条、41.7万公里的县级界线勘定工作已完成,并由各省、自治区、直辖市人民政府批准;行政区域界线管理条例(送审稿)上报国务院法制办公室;省级行政区域界线信息管理系统建设项目全面启动。省县级界线的全面勘定,改写了我国省县级行政区域无法定界线的历史,标志着我国行政区域界线管理开始进入有法可依和信息化管理的新时代,是一项前无古人、功在当代、利在千秋的事业,对于化解边界纠纷,维护社会稳定,发展区域经济,具有重要作用和深远意义。

六、清理整顿民间组织的任务顺利完成,培育发展和管理监督工作进入新阶段

民间组织管理是一项政治性很强的工作,涉及面广,影响大,关系到国家政治稳定和社会进步。党中央、国务院高度重视,确立了民间组织管理的一系列指导方针和原则,并将民办非企业单位和基金会的登记管理任务交给了民政部门。按照党中央、国务院的要求,民政部门一手抓培育发展,一手抓监督管理,对民间组织管理体制进行了重大改革,确立了登记管理机关和业务主管部门双重管理的新体制,解决了民间组织管理工作中存在的权属不明、责任不清、主管部门管不了、登记机关不好管的问题。为强化依法管理,修订了《社会团体登记管理条例》,起草了《民办非企业单位登记管理暂行条例》,并由国务院于1998年10月发布施行。同时积极进行基金会、外国民间组织登记管理立法工作,起草并上报了《基金会登记管理条例》(修订草案)等。制定了一系列配套法规,初步形成4部登记管理法规、70多个配套规章和地方配套法规政策组成的管理制度。加强了民间组织登记管理机关的自身建设,各地普遍建立了民间组织的登记管理机构,人员编制得到初步解决。加大了对民间组织的管理力度,在全国范围内开展了社会团体全面清理整顿工作,对非法社团和社团的违法活动进行了有力的打击和查处。特别是1999年,各级民政部门在与邪教组织“法轮大法研究会”的斗争中发挥了重要作用,并组织和完成了对气功类社团的清理整顿。通过清理整顿,合并、注销了一批业务相同或相近的社会团体。2001年年底,全国社会团体12.9万个,其中,全国性社团1687个,各类基金会1153个。采取措施,大力培育和发展行业协会等社会主义市场经济建设急需的社团组织。加强了社团党建工作和社团自律机制建设工作。开展了民办非企业单位归口统一登记管理的工作,在组织了复查登记试点之后在全国普遍推广。2001年年底,全国已有22个省(区、市)完成了复查登记工作,已登记民办非企业单位8万多个。通过加强民间组织管理工作,进一步强化了民政部门的行政管理职能,使民间组织在结构、布局等方面趋于合理,整体质量有了明显提高,开始步入健康发展的轨道,有力维护了政治和社会稳定,促进了经济和社会的协调发展。

七、推进社会福利社会化工作取得实质性进展,社会福利事业得到较快发展

为适应发展社会主义市场经济的新形势,满足人民群众日益增长的社会福利需求,全国各地积极探索和推进社会福利社会化工作取得了明显成效。

从1998年开始,民政部选择13个城市进行试点,出现了广东、上海、温州、苏州等一批典型,积累了发展社会福利社会化的经验。在此基础上,国务院办公厅转发了民政部等11个部委《关于加快实现社会福利社会化的意见》,民政部出台了《社会福利机构管理办法》,召开了全国社会福利社会化工作会议,社会福利事业由此迈入新的发展阶段,初步做到扶持保护有政策、审批管理有办法、建筑设计有标准、检查监督有依据,拓展了投资渠道,壮大了服务队伍,促进了行业竞争。

民办社会福利机构发展到934家,床位数达5.1万张,改变了8年前民办福利机构几乎处于空白的状况,在社会福利事业发展中,民办福利机构的分量日益加重。为进一步推动社会福利社会化,2001年5月,民政部下发了《关于印发〈“社区老年福利服务星光计划”实施方案〉的通知》,决定在2-3年内将发行福利彩票筹集的福利金的80%(约40-50亿元)用于资助城市社区的老年人福利服务设施、活动场所和农村敬老院建设。完成了全国首批6032个老年福利服务设施项目的规划和布点工作,部分项目已经建成并投入使用,首批全部项目预算投资19.7亿元得到较好落实。“星光计划”的实施,调动了地方政府和社会各界的积极性,挖掘了社区资源,有力地推动了社会福利社会化进程,极大地促进了“老有所养、老有所医、老有所学、老有所为、老有所乐、老有所教”目标在基层的落实。社会福利政策法规建设取得重要成绩。《老年人社会福利机构基本规范》、《残疾人社会福利机构基本规范》和《儿童社会福利机构基本规范》三个强制性行业标准正式颁布实施,《养老护理员国家职业标准》将从事老年护理工作的服务人员纳入了规范管理。同时,各地也出台了一大批社会福利社会化的优惠政策和发展规划,有效地推动了社会福利机构的规范化发展。作为社会福利社会化重要内容的社区服务有了很大发展。社区服务业已正式列入国家和地方国民经济与社会发展计划和产业规划。2001年,全国社区服务设施达到19.6万处,综合性社区服务中心达到6179个,便民利民网点达到54万个,分别比8年前增长120.2%、66.5%、217.6%。

国有社会福利机构面向市场,深化了内部三项制度改革,全面推行了管理人员聘任制、服务人员合同制和按劳分配制,并积极探索国有福利机构财政拨款方式和孤残儿童养育模式的改革,不断提高管理水平,增强了服务意识,扩大了服务范围,丰富了服务方式,实现了由封闭型向开放型、单纯供养型向供养康复型、救济型向福利型的转变。同时,加强了硬件建设,提高了设施的规模和档次,基本改变了落后面貌,适应了人民群众不断增长的福利需求。截至2001年,收养性社会福利机构39338个;床位数124.7万张,比8年前增长34.5%;收养人数89.3万人,比8年前增长23.3%。

社会福利企业在保障残疾人基本权益和保护国有资产不流失的前提下,以建立现代企业制度为目标,大胆进行了改组、改制、改造,进一步加强了管理,社会福利企业得到健康发展。目前,社会福利企业有3.8万多家,其中,社会举办的福利企业占总数的17.2%。福利企业共安置残疾职工70万人,8年来,累计创利润564.7亿元。

福利彩票改革了发行销售方式,加强了管理,得到了迅猛发展。2001年彩票销售达到了140亿元,创造了历史最高水平,超额完成了任务,与1994年的18亿元相比,增长了677.7%。8年来,福利彩票共发行销售590.4亿元,筹集福利资金177.1亿元,资助新建和改造福利设施项目6万多个,提供灾民救助资金15亿元。

社会福利社会化的推进,加快了社会福利事业发展,基本适应了人民群众对社会福利多样化、多层次的需求和人口老龄化快速发展的要求。目前,一个以国家、集体举办的福利机构为骨干、民办社会福利机构为新的生长点,多渠道、多形式发展社会福利事业的局面初步形成。

八、优抚对象的“三难”问题初步解决,优抚工作的整体水平有较大提高

按照第十次全国民政会议的部署和要求,各级民政部门采取切实措施,加大工作力度,初步解决了优抚对象“三难”问题;改革了抚恤补助标准全国统一、经费由中央财政大包大揽的做法,确立了全国基本标准和地区性标准相结合的分类负担的抚恤补助新体制,进一步增强了国家保障责任;改革了优待制度,筹集优待金的方式由农民统筹过渡到社会统筹,优待对象由义务兵家属扩大到在乡老复员军人、伤残军人和“三属”。1994年到2001年,国家多次较大幅度地分别提高各类优抚对象抚恤补助标准,抚恤补助经费由1994年的

24.4亿元增加到2001年的69.5亿元，增长2倍多；社会统筹优待金由15.6亿元增加到51亿元，增长226.9%。8年来，各级政府共投入抚恤补助专项经费340多亿元，统筹社会优待金260多亿元。抚恤补助标准的大幅提高，基本保障了重点优抚对象的生活。与此同时，1999年在全国范围内广泛开展了“爱心献功臣行动”，接受捐赠款物折合资金10亿多元，为优抚对象建房55万多间，建立优抚门诊4.22万个，减免医疗经费3.59亿元，共解决优抚对象“三难”人数149万多人，占“三难”总数的70.5%。在此基础上，利用纪念抗美援朝50周年之机，采取措施解决抗美援朝老战士和烈士家属的生活、医疗等困难。有十几个省建立了优待抚恤标准自然增长机制。目前，优抚对象生活难问题基本解决，住房难问题取得突破性进展，医疗难问题得到明显缓解，优抚工作整体水平进一步提高，有力保障了有功之臣的基本生活权益，促进了军队和国防现代化建设。

九、退役士兵安置工作的改革探索取得明显成效

为解决市场经济条件下日益突出的城镇退役士兵安置难问题，各级民政部门积极探索安置改革办法，逐步改变了以往的安置模式，面向各种所有制企业和单位安置退役士兵。在引入市场机制，供需见面，双向选择的基础上，进一步探索安置任务有偿转移、扶持自谋职业和到非国有制经济单位就业的办法，并研究配套优惠政策和保障措施等。大多数地区，特别是辽宁、广东、浙江等省结合本地实际，出台了一系列相关的地方性法规，推动了城镇退役士兵择业观念的转变，促进了退役士兵安置政策与市场经济体制的接轨，拓展了安置渠道，逐步形成了多渠道、多形式安置的新路子。各地按照国务院、中央军委有关通知精神，坚持法律手段、经济手段和行政手段并举，安置就业、扶持就业和自谋职业并重的方针，进一步加快了退役士兵安置进度。特别是以自谋职业为突破口的安置改革试点，在辽宁宽甸、浙江绍兴和湖北秭归等15个县市取得了成功经验，为退役士兵安置改革的全面突破创造了条件。

十、全国老龄工作开创了新局面

在党中央、国务院的高度重视下，全国老龄工作力度加大，步入了新的发展阶段。1999年10月，全国老龄工作委员会成立，办公室设在民政部。2000年8月，国务院召开了全国老龄工作会议，党中央、国务院作出了《关于加强老龄工作的决定》。2001年7月国务院印发了《中国老龄事业发展“十五”计划纲要》，有力地推动了我国老龄事业的发展。

新的老龄工作体制确立。全国31个省(区、市)和5个计划单列市、新疆生产建设兵团，都建立了与全国老工委及其办公室基本一致的工作体制。全国和各省老工委及其办公室都制定了办公室的工作职责，建立了与成员单位的工作联络制度。各成员单位认真履行职责，做了大量富有成效的工作。全国老工委办公室在加强自身建设，发挥综合协调、督促检查、参谋助手作用的同时，大力推进全国老龄工作的发展。坚持把老龄工作的重点放在社区基层，积极推动社区老年福利服务“星光计划”的落实，开展老龄工作的调查研究，完成了国务院批准的重要项目《中国城乡老年人口状况一次性抽样调查》的调查任务，大力倡导科学、文明、健康的生活方式，组织动员广泛开展丰富多彩的老年文体活动，组织老年人开展深入揭批“法轮功”邪教组织的斗争，积极参与老龄事务的国际活动，成功地参与了联合国第二届世界老龄大会。各省老工委和办公室认真贯彻中央《决定》和全国老龄会议精神，有29个省(区、市)分别以党委或政府名义召开了老龄工作会议，研究部署了今后工作。24个省(区、市)制定下发了贯彻落实中央《决定》的实施意见。27个省(区、市)制定了本地的老龄事业发展“十五”计划，其中20个省份已下发执行。各地积极开展维护老年人合法权益工作。目前全国已有29个省(区、市)制定了老年法实施办法，许多地方还制定了老年人优待办法，成立了“老年维权中心”、“老年人法律援助中心”等法律援助服务组织，一些基层法院设立了老年法庭，同时普遍开展了《老年法》执法检查和执法调研，进一步加大了维权和执法力度。

十一、法制建设得到加强，依法行政水平逐步提高

按照党的十五大依法治国方略和国务院全面推进依法行政的要求，各级民政部门切实加强了民政法制建设，使民政工作依法行政水平有了明显提高。在立法方面，注重了立法计划性、配套性和实效性，根据客观形势的发展变化，按照轻重缓急的程度，加快了立法进程，8年来，民政部报请全国人大、国务院颁布的法律3件，行政法规9件，部颁行政规章25件，其他规范性文件及应用法律法规的行政解释上百件。与此同时，地方各级人大、政府以及民政部门也出台了一系列地方性民政法规、行政规章和规范性文件，到2001年年底已经有358个。民政部对法规进行了三次清理，废止了58件。地方民政部门也进行了相应的清理，规范了民政部门的执法依据。经过上下共同努力，现已初步形成了与社会主义市场经济体制基本相适应的比较配套的法律法规体系，使民政工作基本做到了有法可依、有章可循。在执法方面，积极有效地探索了依法行政的途径和方式，各地按照权责统一的原则，普遍建立健全了民政行政执法责任制、评议考核制、执法过错追究制、执法公示制，规范了办事权限、办事程序，基本做到了有法必依、执法必公、违法必究，维护了执法行为的公正性、严肃性和规范性。在执法监督方面，各级民政部门加强了执法监督，开展了定期与经常性相结合的执法检查，形成了上对下的层级监督制度。同时，认真贯彻实施行政复议法，严格规范了行政复议的程序，完善了内部的自我纠错制度。各级民政部门还通过政务公开，主动接受人大、司法机关的监督以及社会各界和人民群众的监督，通过建立内外结合、上下一致的民政执法监督制度，进一步促进了民政部门公正执法、廉洁执法和文明执法。在法制宣传和普法方面，民政法制宣传和培训工作取得了良好效果。各级民政部门通过各种新闻媒体和手段广泛宣传民政法规，为依法行政规范管理创造了良好的舆论环境。按照熟练掌握和运用与本职业务相关的法律法规的要求，采取集中与分散相结合、研讨与宣传相结合等方式，在全国民政系统深入扎实地开展了“二五”和“三五”普法活动，加强了对民政执法队伍的培训和教育，建立了普法责任制和岗前学法、考核持证上岗和岗位定期学法等制度，增强了民政队伍的法律意识，提高了执法水平。此外，在法制理论研究方面有了新的进步。法制建设步伐的明显加快，执法监督力度的逐步加大，执法人员素质的不断提高，促进了民政部门依法行政水平的提高，为实现民政工作全面依法行政的目标奠定了坚实的基础。

十二、民政信息化建设取得了突破性进展

1994年以来，民政信息化建设作为民政工作规范化现代化的重要手段，得到各级民政部门的高度重视。先后建成了全国的省级计算机网络、部机关局域网、民政部网站，部机关和许多省厅机关都完成了与政府办公专网的连通，研制并投入使用了系列业务管理软件；省级民政部门实现了与部信息中心的联网，部分省完成了厅机关局域网的建设，上海、浙江、山东等省市还实现了与地区级的联网，青海等省民政厅还建立了自己的网站。为加快信息化建设步伐，2001年6月，民政部在上海召开了全国民政信息化建设工作会议，研究确定了今后五年信息化建设的总体要求、目标任务和指导原则，通过了《全国民政系统信息化建设2001－2005年发展规划纲要》，对民政信息化建设进行了具体部署。为贯彻落实上海会议精神，又在广州召开了民政信息化工作座谈会，进一步落实任务，并提出了在2002年底，提前建成民政信息广域网的要求。会后，部信息中心和各地加快了工作步伐，积极推进广域网建设和软件研发，狠抓联网工作，现场解决问题和困难。到2001年底，一期与25个省级单位的广域网连通工作进展顺利，其他省市局域网的建设也在加速进行；通过政府采购，优抚安置、最低生活保障以及勘界等管理软件的研发步伐加快，最低生活保障管理软件已投入试运行。民政信息化建设由此进入了快速发展时

期。这些成绩的取得,标志着民政工作向着科学化、现代化迈进了一大步,为提高民政工作的整体水平做出了重要贡献。

十三、民政队伍素质有所提高,自身建设进一步加强

八年来,各级民政部门采取有力措施,加强了自身建设。一是通过深入开展“讲学习、讲政治、讲正气”为主要内容的党性党风教育,加强了各级民政部门领导班子的政治理论学习,提高了运用马列主义、毛泽东思想邓小平理论分析问题、解决问题的能力,锻炼了党性修养,强化了政治意识、大局意识、宗旨意识和廉洁自律意识;通过深入学习江泽民“三个代表”的论述,广大民政干部强化了为人民服务的意识,进一步增强了责任感,提高了服务水平。同时,加强了干部培训工作,通过多种形式有效地提高了队伍业务水平和基本技能,引进了一批急需人才,队伍整体素质不断提高,为民政工作改革与发展提供了有力的组织保证。二是通过部、厅两级新一轮机构改革,理顺了关系,明确了职能,初步解决了职责不清、政出多门的问题,精简了机构和人员,优化了队伍结构,初步实现了政府职能、工作方式和工作作风的“三个转变”,向建立办事高效、运转协调、行为规范的民政工作管理体制和运行机制迈出了重要步伐。同时,在全国范围内推广了济南经验,广泛深入地开展了政务公开、为民解难活动,方便了群众,提高了效率,推动了各项政策的进一步落实。此外,大力加强行风建设,树立了务实、廉洁、全心全意为人民服务的政府机关新形象。三是改善了工作条件和工作手段,各级民政部门集中财力,下力气新建了一批具有现代水平的民政事业基础设施,改造了部分办公场所,添置了较为先进的办公设备,初步实现了民政政务信息系统全国联网和办公的自动化、网络化,民政系统面貌焕然一新,出现了不少环境优美、设施先进、功能齐备、服务优良、管理规范的先进单位。队伍素质的明显提高,办公条件的明显改善,工作手段的明显改进,振奋了精神,稳定了队伍,提高了效率,确保了民政各项职能的较好履行,有力地促进了民政事业的发展。

十四、其他各项民政工作取得了新成绩,有了新发展

双拥工作扎实深入。在进一步规范完善创建双拥模范城县活动的基础上,双拥工作进一步向基层发展,创造出了智力拥军、科技拥军、岗位拥军等一系列丰富多彩的基层拥军活动新形式,尤其是动员和组织社会各界力量,在全国范围内开展了声势浩大、深入扎实的“爱心献功臣行动”,探索了新形势下双拥工作的新途径。8年来,组织了两次全国双拥模范城县评比表彰,全国双拥模范城县有245个。双拥工作的蓬勃发展,巩固了军政军民团结,有力促进了优抚安置政策的落实。

稳步推进军休干部接收安置、住房制度、生活待遇等一系列改革。军休干部住房制度改革实行了住房补贴、货币补差相结合的办法;接收安置实行了集中交接的办法;生活待遇统一执行军队的项目和标准;服务管理引入了社区服务功能,初步形成了以干休所为主体,干休所、家庭、社会三位一体的服务管理体系。通过安置工作的改革探索,各级民政部门在十分困难的情况下,完成了安置任务,为军队和国防现代化建设做出了贡献。八年来,接收退役军休干部共4.5万人,军退职工3.1万人,较好地落实了他们的政治和生活待遇。

优抚安置对象普查工作和数据管理系统建设基本完成,摸清了优抚安置对象及优抚安置事业单位的底数,为决策的科学化和管理的现代化打下了坚实的基础。

加强了行政区划地名工作。修订完善了各类行政区划设置标准,规范了审批程序,积极稳妥地进行了行政区划的调整和变更。八年来,新设立了一个直辖市、69个地级市、4569个建制镇,增长率分别是33.3%、35.2%和28.9%。指导各地积极稳妥地开展撤乡并镇工作,调整扩大了部分地区乡镇规模,减少了乡镇机构和乡镇财政支出,减轻了农民负担,促进了小城镇建设。地名管理标准化水平进一步提高,全国基本形成了协调配套的地名管理法规体系。从1996年起,用3年时间,完成了国道两侧村镇设置标准地名标志 9 万多块。为实现我国地名标准化，依照国际标准，与有关部门制定了《城乡地名标牌》国家标准，并在全国城市开展了标准地名标志的设置工作和地名审音定字工作。出版了《中国行政区划标准地名图集》。加强了地名命名更名工作。地名数据库建设初见成效。区划地名工作，为加快我国城市化进程、促进区域经济和社会发展起到了积极作用。

殡葬工作，大力推行火葬、改革土葬，节约殡葬用地，破除丧葬陋习，倡导文明、节俭的丧葬新风，并按照《殡葬管理条例》的要求加强了管理，取得了显著成绩，北京、天津、上海、辽宁、吉林、黑龙江、山东、江苏等 8 个省市普及了火葬，火化率接近 100%，全国的火化率达到 47.3%，比八年前提高了 15.7 个百分点；公墓管理加大了治理乱建公墓、乱埋乱葬的工作力度，一些地方乱建公墓，搞穴(塔)位传销和炒买炒卖的势头得到了有力的控制；骨灰撒海、骨灰植树等少占或不占土地的骨灰处理方式正在被越来越多的群众所接受；殡葬事业单位的管理和建设得到加强，全国共建成国家一级殡仪馆 42 个，国家二级殡仪馆 117 个，国家三级殡仪馆近 200 个。

婚姻管理工作有新进展，婚姻登记的法制化、规范化和现代化建设得到加强，婚姻管理和服务水平显著提高，治理借婚姻登记搭车收费取得明显效果，县(市)集中办理婚姻登记试点工作取得成功经验，涌现出一批婚姻登记文明窗口，有效保护了婚姻当事人和妇女儿童的合法权益。

收养法规建设取得了重大突破，全国人大修改了收养法，国务院修订了《中国公民收养子女登记办法》和《外国人在中华人民共和国收养子女登记办法》。地方民政部门出台了配套法规，收养工作步入法制化轨道，并确立了涉外送养工作管理体制，理顺了部门间的关系，从 1996 年以来，民政部门共办理收养登记16.1万余件。

收容遣送工作积极配合流动人口管理和社会治安综合治理，在迎接香港、澳门回归，庆祝建国 50 周年等重大活动中发挥了积极作用。一些省(区、市)人大和政府出台了一批地方性收容遣送法规和规章。针对收容遣送工作中存在的突出问题，不断提高认识，加强管理；部分收容遣送站注重健全完善规章制度，强化内部规范化管理，努力维护被收容人员的合法权益。全国现有收容遣送站 784 个。流浪儿童救助工作取得长足进展，各级民政部门资助建设流浪儿童救助保护中心 127 所，加强了对流浪儿童的教育和引导，保障了流浪儿童的健康成长。

对外交往和合作进一步扩大。民政部已与五六十个国家的有关政府部门进行交往，开展的双边和多边合作项目近 40 个，共获项目外资折合人民币 5.6亿元，妥善安置 29 万在华印支难民。

民政事业费年均增长 15%，初步缓解了民政经费紧张的局面，为民政事业的发展奠定了物质基础。

以上这些成绩的取得，充分证明了第十次全国民政会议所确定的指导思想和各项方针政策是正确的，这八年是民政工作认真贯彻落实党的路线、方针和政策，围绕中心、服务大局的八年；是主动适应社会主义市场经济要求，解放思想、深化改革的八年；是民政工作抓住机遇、开拓进取、充满生机，职能作用得到充分发挥的八年。八年来，民政工作取得了显著成绩，在民政工作改革与发展的历程中写下了重要的一页。

八年来，民政工作改革和发展的丰富实践，创造和积累了许多宝贵经验。最基本的是：只有紧紧围绕党和政府的中心工作，服务大局，民政部门才能有所作为，更好地实现“上为中央分忧，下为百姓解愁”的根本宗旨；只有牢牢抓住机遇，大胆解放思想，不断深化改革，锐意开拓创新，民政工作才有持续发展的动力；只有坚持“以民为本”、“为民解难”，全心全意为人民服务，才能履行维护和保障人民群众的基本生活权益和民主政治权利的基本职责；只有充分依靠和发动社会力量，调动广大人民群众的积极性，走社会化道路，民政事业才能发展进步、欣欣向荣、前景广阔；只有坚持一切从实际出发，因地制宜，统筹兼顾，突出重点，民政工作才能以点带面，以东促西，实现整体全面推进。

（胡晓春）

2002年民政工作概况

2002年，是总结过去、谋划未来，承前启后、继往开来的一年；是民政工作整体推进，重点工作取得重要突破的一年。这一年，国务院召开了第十一次全国民政会议，为新世纪民政工作的发展指明了前进的方向。各级民政部门在党中央、国务院和各级地方党委、政府的正确领导下，按照第十一次全国民政会议的部署和要求，服务大局，团结一致，同心协力，解放思想，开拓创新，扎实工作，各项民政工作与时俱进，快速发展，全面进步，为新世纪新阶段民政工作的发展创造了良好的开端，奠定了坚实的基础。

民间组织管理 立法工作取得重大进展。系统规划和加强了民间组织登记管理法规，修改了《社会团体登记管理条例》、《民办非企业单位登记管理暂行条例》、《基金会管理办法》，已将这3个条例草案报送国务院法制办。配合财政部，起草了《民间非营利组织会计制度》。地方性政策法规建设迈出了新步伐。一些省市在社团、基金会登记管理、社团财务、票据、会费、年检、社会保险以及民办非企业登记管理等方面制定出台了相关政策，在社团管理的一些难点问题上取得了突破。在日常管理方面，大部分省市完成了社会团体分支机构、代表机构复查登记，有的省市还组织检查验收，确保了质量。民办非企业单位登记管理工作进入正常登记和规范管理阶段。制定、出台了许多规范性政策文件，管理工作初步纳入到了法制化、规范化轨道。截至2002年年底，全国已登记的民办非企业单位共有11.1万个，比上年增加35.4%。主要分布在教育、卫生、劳动、体育、科技、文化、民政等领域。部分省市抓住地方机构改革机遇，争取到必要的编制和经费。如安徽、山东省加强了地县级民间组织机构。浙江、湖北、湖南等省市不同程度地增加了地方登记管理机构的编制。云南、广东等省通过努力，落实了民间组织管理工作的经费。按照管理监督和培育发展并重的方针，加强了对民间组织的培育和扶持。为了适应深化经济体制改革和加入世界贸易组织的要求，各地把培育发展行业协会作为工作重点，加大宏观调控力度，行业协会新增数量居其他类型社团之首。一些地方加强了对农村行业协会发展的政策引导和扶持，促进了农村经济的结构调整和经济发展。

优抚 进一步提高重点优抚对象的生活补助标准。民政部、财政部发出了《关于提高部分优抚对象抚恤补助标准的通知》(民发〔2002〕89号)，从1月1日起，提高革命伤残人员的伤残抚恤(保健金)、烈属(因公牺牲军人家属、病故军人家属)的定期抚恤金和在乡退伍红军老战士(在乡西路军红军老战士、红军失散人员)的生活补助标准。提标幅度在15%以上，新增经费3.1亿元。同时，北京、上海等20个省、自治区、直辖市建立了抚恤补助标准自然增长机制，既保障了优抚对象的生活标准不低于当地群众的平均生活水平，也向优抚工作法制化迈出了坚实步伐。失业伤残军人的保障办法进一步健全。经商财政部，民政部在《关于失业伤残军人抚恤问题的复函》(民函〔2002〕52号)中规定，凡依法与所在单位解除了劳动(聘用)关系及工作关系，未能领取或已不再领取失业保险金，同时未再就业的伤残军人经批准可以改领伤残抚恤金，较好地缓解了下岗失业伤残军人的生活困难。

安置 根据中央领导同志的批示精神，积极协调国办、军办组织了建国以来规模最大、层次最高的军地政策性联合调研，向国务院、中央军委提交了《关于征兵和城镇退役士兵安置情况的调研报告》，得到中央领导的充分肯定。根据调研报告建议，经国务院、中央军委批准，在2002年《退伍通知》中最大限度调整了安置政策，首次提出安排就业与自谋职业相结合的就业办法，明确强调要加大安排工作和自谋职业两个力度，尤其在国家出台自谋职业优惠政策和中央财政给予培训经费补助方面有较大进展。各地积极探索安置工作改革的新路子，在自谋职业方面取得了新的进展。全国自谋职业安置改革试点进一步扩大，从2001年的15个市（县）增加到2002年的400多个，改变了原有主要由政府安置工作的传统安置模式，采取政府安置就业与政府扶持就业相结合的安置办法，取得了很好的效果。同时，全国已有浙江、辽宁等12个省市政府出台了自谋职业的安置办法。自谋职业开始逐步走上规范化轨道。按照国务院、中央军委《征兵命令》，民政部从2002年征兵开始，在全国实行《优待安置证》制度，为进一步规范优待安置工作和控制非农征集比例提出了新举措。促成全国政协委员视察团赴湖南对退役士兵安置情况进行专题视察，向中央办公厅、国务院办公厅提交了《关于退役士兵安置改革的几点建议》，对促进下一步安置改革，解决突出矛盾和问题具有重要作用。

救灾　2002年，我国发生了旱灾、洪涝、风雹、台风、地震、沙尘暴、雪灾和低温冷冻等多种自然灾害，造成了严重损失。经民政部与有关部门共同核定，2002年全国农作物受灾面积4711.9万公顷，其中成灾面积2731.8万公顷，绝收面积655.8万公顷；全国共有3.7亿人（次）受到各类灾害影响，其中成灾2.3亿人（次），因灾死亡2840人，紧急转移安置471.8万人；倒塌房屋175.7万间；直接经济损失总计1717.4亿元。

党中央、国务院高度重视抗灾救灾工作。中央领导同志多次做出重要指示或亲赴灾区察看灾情，慰问灾民，指导抗灾救灾工作。国务院多次召开会议，研究部署抗灾救灾工作。各有关部门密切配合，通力合作，向灾区提供救灾资金和物资支持，全力帮助灾区抗灾救灾。中央有关部门2002年全年共下拨各类抗灾救灾资金55.5亿元。灾区各级党委、政府把抗灾救灾工作作为压倒一切的工作重点，加强领导，周密安排。重灾区通过生产自救、互助互济、开仓借粮，税收减免、政府救济以及组织救灾捐赠等措施，努力解决受灾群众的生活生产困难。

按照党中央、国务院的统一部署，民政部主要做了以下几方面的工作。一是认真做好灾情预测、分析和会商工作。民政部先后两次召开灾害预测会商会，预测分析全年的自然灾害情况。汛期多次组织灾情会商，开展灾害损失和需求评估。进一步提高了对灾害损失和灾区困难情况的快速评估能力。二是及时协调各部门对灾区予以支持，指导地方开展救灾工作，妥善安排好灾区群众基本生活。先后向18个省（市、区）派出30多个工作组，检查指导救灾工作。全年会同财政部安排下拨中央特大自然灾害救济补助费25亿元，调拨救灾帐篷16289顶。接收境内外救灾捐赠款2311万元和价值580万元的物资，已全部下拨到灾区，主要用于灾民倒房的恢复重建，使13140人受益。加强救灾款的发放使用工作。及时跟踪了解各地资金下拨使用情况，并通过新闻媒体向社会通报，保障了困难群众的基本生活。三是在全国推广建立救灾应急预案体系，提高灾害应急反应能力。向各地发出通知，要求抓紧制定救灾预案。为此，民政部还在山东和重庆成功地举行了两次救灾应急预案实施现场演练会。汛期，又要求各地必须做到，在重大灾害发生24小时内上报灾情；及时转移受灾群众并在24小时内给予基本的生活救助。四是深入开展经常性社会捐助活动，广泛动员社会力量帮助受灾群众。建立健全了经常性社会捐助公示制度，通过媒体刊登公告，向社会公示所有捐助者的名单和每一笔捐款的去向。进一步完善了社会捐助服务网络。截至12月底，全国共建立经常性社会捐助工作站、点2.5万多个，15个省（自治区、直辖市）基本建立起了布局合理的经常性社会捐助工作站点网络。2002年全国共接收捐款11.1亿元人民币，接收衣被2.3亿件，使35 18.1万人（次）困难群众受益。

经过各方面的共同努力，

灾区群众的生活得到了妥善安排,灾区人心安定,社会稳定,生产生活秩序正常。

救济 按照党中央、国务院关于实现城市居民最低生活保障应保尽保的要求,民政部狠抓这项工作的推进和落实:一是摸清底数。在有关部门的配合支持下,组织动员全国民政系统和基层工作人员近百万人,深入到社区、厂矿、困难户家庭,对城市居民困难情况进行全面排查,摸清了全国低保对象的底数,为实现应保尽保奠定了基础。二是完善低保政策。集中力量解决了部分地方“虚拟收入”和“应得收入”的问题,从而使实际生活困难的群众都能进入低保。三是推进低保管理体制建设。各地注意加强工作机构和工作队伍建设,建立健全“政府统一领导,民政部门主管,有关部门协作,街居具体操作,社会广泛参与”的低保管理体制和运行机制。四是推动增加财政投入。全年共用低保资金108.7亿元,其中,中央财政投入46亿元,比上年增加一倍。地方各级财政共投入低保资金62.7亿元。五是初步建立了低保对象和低保资金发放的监督核查机制。要求各省对低保对象做到掌握到户并上报民政部备案。充分利用社会力量组织开展了“百城万户”抽查活动,对抽查发现的问题督促各地及时纠正。由于采取了这些措施,低保工作得到了快速发展,基本实现了动态管理下的应保尽保。截至2002年年底,共有2064.7万城镇居民、819万户低保家庭得到了最低生活保障。其中:在职人员186.8万人,下岗人员554.5万人,退休人员90.1万人,失业人员358.3万人,上述人员家属783.1万人,“三无”人员91.9万人,有效地保证了最低收入标准以下群众的基本生活,保障改革开放的顺利进行,维护了社会的稳定。

截至2002年年底,在开展农村居民最低生活保障工作的地区,有407.8万村民、156.7万户家庭得到了最低生活保障,保障对象比上年增长32.9%,其中:困难户303.3万人,五保户51.1万人,其他人员53.4万人。在未开展农村居民最低生活保障工作的地区,按传统救济方式救济困难群众1468.1万人、五保户162.2万人、其他救济对象250.5万人。

村民自治 深入开展了村民自治工作,加大了对各地村委会换届选举工作的指导力度,起草了《关于进一步做好村委会换届选举工作的通知》,已作为中办发[2002]14号文件下发各地执行。这是推行村民自治以来第一份全面规范村民委员会直接选举工作的中央文件,这对于切实推进村委会依法选举,完善村民自治制度,建设农村社会主义政治文明,将产生深远的影响。按照文件要求,各地认真查找村委会选举工作中的突出问题和薄弱环节,采取切实有效的措施,积极进行整改提高。同时,对村委会选举办法进行了修改,截至年底,全国有28个省份制定或修订了村委会组织法实施办法,31个省份全部制定或修订了村委会选举办法,为全面推进村民自治提供了强有力的法规保障。

村委会换届选举按期完成。全国有18个省(直辖市)顺利完成了换届选举,绝大多数村庄选举出了群众满意的村委会领导班子。全年共有1734个县(市、区),45.2万个村进行了村委会选举(含罢免后的重选和村村合并后的改选),3.8亿人参加了选举。

新一轮选举的特点:一是农民参选热情高涨。据不完全统计,各地平均参选率在80%以上。二是在中央14号文件的指导下,选举的民主化、规范化、程序化水平有所提高。三是连选连任和交叉任职的比例提高。四是村委会干部素质明显提高。乡村干部培训工作广泛开展。各地重点开展了选举骨干人员的培训和对新当选的村委会干部的培训,提高了选举质量和干部素质。积极做好群众来信来访工作,基本上做到了事事有结果,件件有回音,有效地维护了农民群众的民主权利,维护了农村社会的稳定。

城市社区建设 2002年社区建设工作蓬勃开展,呈现出整体推进、全面拓展的可喜局面。主要表现:一是示范活动深入开展,社区建设全面推进。全国已有30个省、自治区、直辖市以党委、政府名义召开会议,统一思想,部署任务;有30个省、自治区、直辖市成立了社区建设工作领导小组;有31个省、自治区、直辖市出台关于加强城市社区建设的意见，大部分省、自治区、直辖市制定了社区建设5年规划，把社区建设纳入了地方国民经济和社会发展"十五"计划。各地积极开展了创建全国社区建设示范市、区活动。民政部命名表彰了175个全国社区建设示范区(市)。二是总结推广四平经验，加强社区基础建设。2002年9月，民政部在吉林省四平市召开全国城市社区建设四平现场会议，提出了抓基础工作，夯实社区建设的根基，抓关键问题，促进社区建设深入发展，抓示范活动，提高社区建设水平的任务和要求。三是加大工作指导力度，注重研究解决问题。指导地方进行基层管理体制的改革创新和社区依法自治。加快了居委会组织法的修订工作。在立法调研的基础上，组织专家草拟了居委会组织法的修改稿。

行政区划 行政区划管理方面开展了以下工作：一是在重点抓好行政区划法规建设的同时，认真审核，严格把关，慎重处理好当前行政区划调整工作中撤县设区、撤乡设镇及严格控制增加机构的区划调整等热点问题。稳妥有序地做好行政区划调整工作，完成了国务院交办的区划调整审核事项。2002年共承办了38件行政区划调整审核，其中县(市)改区12件，地改市10件，市辖区调整7件，政府驻地迁移2件，更名4件，为落实中共中央1997年17号文件精神在新疆设立了3个县级市。二是进行了设镇标准的修订工作。根据国务院领导的指示，民政部在有关部委的支持配合下，深入开展调查研究，广泛征求各地意见，对原草拟的新设镇标准作了进一步修订完善已进入征求意见阶段。三是进行了设立县级市标准的修订工作。根据国务院领导指示，民政部开展了修订现行设市标准工作，先后对浙江、福建、吉林、黑龙江、新疆、广西等20多个省区进行了调研，多次召开了论证座谈会，充分听取了有关部门负责同志、专家学者和地方实际工作者的意见，修订上报了《设立县级市标准》。四是继续指导了各地撤并乡镇工作，开展了县改区问题等专题调研，进行了制定行政区划管理条例的有关准备工作，进行了行政区划管理信息系统建设。已有26个省、自治区、直辖市基本完成了撤并乡镇工作，撤并幅度多数在20%左右，近三分之一省区超过30%。2002年我国乡镇总数由1997年44891个减少到39240个，减少了5651个。撤并乡镇工作精简了机构，减少了行政人员，减轻了财政和农民的负担，优化了乡镇的资源配置，促进了乡镇的经济发展，促进了小城镇建设。

勘界及边界管理 经过努力，完成了勘界收尾工作。截至2002年年底，全国68条、62000多公里省级陆地行政区域界线已勘定，苏鲁微山湖地段勘界遗留问题正在抓紧处理。全国6300多条、41.6万公里县级陆地行政区域界线已经勘定。并完成了埋桩测绘和协议书报批、勘界资料归档等工作。完成了全国勘界表彰评选工作和勘界会议的筹备工作。为加强界线管理，依法管理界线，国务院颁布了《行政区域界线管理条例》，自2002年7月1日起施行。加强了对条例的宣传贯彻工作。同时开展了省级行政区域界线信息管理系统工作，与国家测绘局联合编制发布了1:400万中华人民共和国行政区划图，完成了《中国勘界纪实》的编辑出版工作。

地名管理 指导各地进行地名法制化建设，全部省级政区都颁布了地名管理法规，绝大部分地、县两级政区也相应地制定了地名管理办法。为依法加强地名管理工作，在调研的基础上，对《城镇建筑物名称管理规定》进行了多次修改和完善。全国城市设置标准地名标志取得阶段性成果，截至2002年年底，全国已有20个省级单位不同程度地开展了标准地名设标工作，共有478个大中小城市按照《地名标牌城乡》国家标准的要求开展了设标工作，占全部城市的72%；有200个城市已经基本完成了设标任务，占应设标城市总数的30.2%。完成了15个省、自治区、直辖市县级以下行政区域名称审音定字的初审工作，完成国务院交办的3件行政区域更名的审核工作，地名数据库建设初见成效，参加国际地名标准化工作。

社会福利事业 以"星光

计划”为标志的社会福利事业得到了较大发展。截至2002年5月，首批“星光计划”的6821个“星光老人之家”已全部建成并投入使用，实际投入资金总额24亿元，其中民政部本级社会福利金投入4亿元，地方福利金投入5亿元，地方财政和地方自筹以及社会力量投入15亿元。在此基础上，第二批“星光计划”项目继续在全国地级城市的社区展开。共11169个，投入资金总额为48.5亿元，其中民政部本级福利金近6亿元，地方福利金7亿元，其余为地方财政和自筹资金，预计在2003年5月全部建成并投入使用。在推进“星光计划”的过程中，采取了一系列有效措施，保证了这项工作的顺利实施和解决建成之后的管理和使用问题。一是建章立制，规范操作。民政部制定并颁布了关于“星光计划”等方面的规范，为老年人社会福利服务的开展提供了政策依据。二是加大宣传力度，同多家中央新闻单位和媒体密切合作，对“星光计划”进行了大量的系列报道，各地也作了大量的宣传工作。三是加强组织领导，层层落实责任。各地成立了专门的领导班子，近半数省份的班子由政府分管领导挂帅，有力地保障了“星光计划”的实施和实际任务的完成。四是积极进行了“星光计划”项目建成后管理体制和运营机制的研究与探索，组织试点，总结经验，为项目的长远发展奠定基础。“星光计划”的实施，加快了社会福利社会化进程，推动了老龄工作的开展，促进了“老有所养、老有所医、老有所教、老有所学、老有所为、老有所乐”的工作目标在基层的落实，给广大老年人带来了看得见、摸得着的利益，得到了党委、政府的肯定和社会各界的欢迎。

收容遣送 为解决收容遣送工作中存在的问题，2002年，民政部与公安部、财政部三家起草了《关于改进和规范城市流浪乞讨人员收容遣送工作的意见》，上报国务院。《意见》的主要内容是：一是统一认识，明确职责。强调各有关部门应各司其责，分工协作。收容遣送工作由民政部门和公安机关共同负责，其中收容工作由公安机关负责，民政部门协助；被收容人员的管理和遣送工作由民政部门负责，公安机关协助。根据需要，公安机关应在收容遣送站派驻工作人员或设立公安派出机构，协助收容遣送站的治安管理和收容对象的审查和遣送。财政部门要将收容遣送经费纳入各级政府预算安排，明确规定跨省遣送经费由流入地承担。卫生部门及其医疗机构要做好被收容人员中的危重病人的收治工作。铁道、公路等交通运输部门要为收容遣送工作提供购票、进出站等必要的便利。二是严格收容范围，防止乱收错收。严格控制收容对象范围，重申收容对象仅限于城市流浪乞讨人员，具体认定收容对象标准是当事人有无流浪乞讨行为发生。虽然未随身携带能够证明当事人身份的合法证明，但没有流浪乞讨的，一律不得收容。各地不得擅自扩大收容对象范围。三是分类管理，及时遣送。被收容人员中的儿童、残疾人和孤寡老人，应实行救助保护，由家属认领或护送回乡；对因灾、因贫困流浪乞讨的人员，应实行相对开放式管理，实行自行返乡或资助返乡；对被收容人员中有不良行为的，实行约束性管理教育，集中遣送。各类被收容人员，都应尽快办理手续离站，减少在站时间。各省、自治区、直辖市之间的遣送采取对口遣送接收的办法，明确责任，防止中途遗弃被收容人员等现象的发生。四是取消一切收费，禁止组织劳动。五是加强管理，严肃纪律。设立省、自治区、直辖市收容遣送管理总站，对辖区内收容遣送站实施业务管理。建立重大事故报告和责任追究制度。加强制度建设，健全和完善站内管理的各项规章制度，提高规范化管理水平。截至2002年年底，全国有收容遣送站803个，127所专门为流浪儿童提供紧急庇护的救助保护中心，提高了收遣站对困难群众的救助和保障能力。

婚姻管理 完成了《婚姻登记条例》（送审稿），配合国务院法制办对《条例》进行反复调研修改，促进《条例》早日出台。为配合《条例》颁布实施，制定了《婚姻登记工作规范》、《婚姻登记档案管理办法》等配套办法。完成了全国婚姻工作会议的筹备工作。积极研究解决婚姻管理工作的突出问题。

殡葬管理　2002年4月民政部社会福利和社会事务司在昆明市召开了殡葬管理工作调研座谈会，陈群林司长对调研工作做了具体部署，确定了10个方面的调研课题。2002年7月，在杭州市组织召开了调研工作汇报会。李宝库副部长出席会议并作了讲话。陈群林司长就10个调研课题的调研情况，提出了"补充、修改、调整、精炼"的要求。目前各课题组在深入调研的基础上，已就殡葬管理中的一些问题、产生原因和改革措施等方面，提出了初步研究性意见。这些意见正在进一步论证中。

针对公墓经营中存在问题引起一些地方群众上访，特别是河北省三河市灵泉灵塔公墓购买者聚集上访事件，加强了殡葬管理工作。一是再次向全国各地民政部门发出了进一步加强公墓管理的紧急通知，重申了整顿和规范公墓经营活动的规定和要求。通过贯彻文件精神和政府部门的努力工作，个别地区的公墓骨灰格位炒卖现象有所收敛，江苏、广东等地采取措施，依法解决，取得了一定效果。二是积极协助处理河北省三河市公墓炒卖问题。经过民政部办公厅和业务主管部门的具体工作，特别是指导河北、北京两地民政部门妥善处理公墓炒卖问题之后，缓和了上访群众的不满情绪。与此同时，国家信访局根据国务院领导批示精神，出面协调河北省、北京市两地政府组成联合工作组，为妥善处理此事，开展了一系列工作。特别是2002年7月之后，在国务院徐绍史副秘书长亲自协调下，北京、河北两地政府又进一步加大了工作力度，遏止了集体上访势头。三是加强调查研究，抽调骨干力量，进行深入的专题调研，就制订《公墓管理办法》以及相关法规和政策，调整管理运作方式，加大监管督查力度等，提出了改革管理体制，规范运营机制等具有操作性的意见。

收养工作　认真贯彻、落实《收养法》和《中国公民收养子女登记办法》、《外国人在华收养子女登记办法》及全国收养工作会议精神，收养工作依法、健康、有序进行。截至2002年年底，全国办理收养登记近4.5万件。

福利彩票发行工作　2002年福利彩票发行管理工作取得重大进展，各项指标均超过历史最高水平。彩票发行量达到168亿元，比2001年增长20%；筹集公益金58.8亿元，比上年增长63%。进一步完善了发行操作程序和财务管理办法，大部分发行机构的财务状况比2002年有所好转。电脑彩票系统热线升级技术取得了重要突破，具有世界先进水平的在线即开票技术系统通过验收进入了试销阶段，为全国联合销售电脑彩票做了准备。

贯彻第十一次全国民政会议精神　2002年5月26－28日，国务院召开了第十一次全国民政会议。江泽民总书记亲切接见会议全体代表并作了重要讲话，要求各级民政部门和民政系统的干部职工继续发扬党的优良传统，发扬"孺子牛"精神，更好地为广大人民群众服务，为最需要帮助的困难群众服务，为改革发展稳定的大局服务。朱镕基总理在与全体代表座谈时指出，加强和做好新形势下的民政工作，是维护改革、发展和稳定大局的迫切需要，是实践"三个代表"要求、落实我党全心全意为人民服务根本宗旨的具体体现，是发挥社会主义制度优越性的重要方面。他要求切实加强新形势下的民政工作，着力做好当前的重点工作，维护社会稳定，促进社会进步。司马义·艾买提国务委员代表国务院作了工作报告，全面系统地总结了8年来民政工作的主要成就，确定了今后5年民政工作的指导思想、基本思路、发展目标和主要任务。会议交流了民政工作先进经验，表彰了全国民政系统的先进个人、孺子牛奖获得者和民政工作先进县（市、区）。与会同志深受教育和鼓舞，振奋了精神，增强了做好新时期民政工作的使命感、责任感，增强了信心。会议顺利完成了各项任务，取得了圆满成功。

各地认真传达贯彻第十一次全国民政会议精神，各地党政领导高度重视，几乎都专题听取了有关第十一次全国民政会议的汇报，各地民政系统迅速召开各种形式会议传达贯彻。为了使当地民政会议的召开能够解决实际问题，各省、自治区、直辖市会前做了大量调查研究工作，进一步明确了今后一个时期民政工作的发展目标、任务及工作思路，使会议的召开更加有的放矢、富有成效。截至2002年年底，有28个省、自治区、直辖市召开了本省、自治区、直辖市的民政会议。会议规格很高，民政部领导应邀参加了19个省的民政会议。各地省委书记、省长到会所作的讲话，进一步阐明了新时期民政工作的地位、作用，指明了民政工作的发展方向，因地制宜地确定了本地民政工作的目标任务和工作重点，对民政工作提出了更高的要求，使各地在贯彻好第十一次民政会议精神方面统一了思想，坚定了信心，也使民政系统的广大干部职工受到了极大的鼓舞。在召开会议的同时，辽宁、吉林、上海、浙江、江西、湖南、广东、陕西、新疆等9个省、自治区、直辖市以政府名义出台了一系列民政政策法规。江西、广东等省抓住机遇，在解决机构、编制和提高部分优抚对象补助标准等问题上取得了突破性进展。一些省级财政都较大幅度地增加了列支低保金的数额。通过学习贯彻第十一次全国民政会议精神，全国民政系统的广大干部职工进一步统一了思想，提高了认识，明确了方向，坚定了信心，振奋了精神，为下一步民政事业的发展作了充分的准备，标志着民政工作进入了一个新的发展时期。

民政信息化 全国29个厅局实现了通过IP电话进行部省两级和省与省之间的通话联系。视频会议系统已全线开通，实现了三网合一目标。开展了“民政公用政务平台”的开发和研制，完成了设计规划、招标、需求调研和标准制定，进展顺利。按照一手抓建设，一手抓应用的要求，信息化建设紧密结合当前的重点工作，选择迫切需要利用信息化手段实现工作目标的业务内容，以应用促发展，完成了优抚安置管理软件和低保管理软件的研制开发，并开展了维护和推广应用等工作。对婚姻管理软件进行了后期维护和技术支持及培训工作。加强了民政部网站建设，进行了部机关局域网网站的改造，充实了内容，强化了服务，加大了民政部网站的宣传力度。民政信息化建设，对民政部门实现三个转变，提高工作效率，推动民政工作规范化现代化起到了重要作用。

老龄工作 全国60岁以上老年人已超过1.32亿，占全国总人口比重超过10%。在党中央、国务院对老龄工作高度重视和全社会的广泛关心支持下，老龄工作有了较大发展。主要特点：一是老工委各成员单位积极发挥职能作用，努力为老年人办实事。各成员单位制定了办实事计划，并采取措施加以落实。民政部狠抓城市居民最低生活保障工作的落实，将城市特困老年人纳入了低保范围，基本做到了应保尽保。为城市老年人服务的设施建设“星光计划”进展顺利，效果很好，为提高老年人的生活质量创造了条件。国家体育总局投入1.5亿元资金，用于社区健身、路径建设。共青团中央与全国老工办联合开展的“志愿者为老服务金晖行动”初见成效。截至2002年年底，建立为老服务站1.15万个，服务基地1.79万个；结成“一对一”帮扶对子84.5万对；青年志愿者达到327.8万余人，其中注册人数120万人。卫生部、国务院扶贫办、全国妇联、全国老工办、国家广电总局联合主办的“关爱西部健康行动”正式启动，12部医疗手术车已配发到有关省市区，“白内障复明行动”开始实施。文化部加强了对老年大学的管理，进行了10个县的老年大学办学试点，制定出台了《老年大学（学校）管理办法》。中组部、国家民委、计生委、建设部、司法部、解放军总政治部和中国残联等也采取不同措施，努力为老年人办实事。二是认真落实有关政策，保障老年人的基本生活。大力推行养老金的社会化发放，方便老年人领取，并认真解决了养老金被克扣、挪用和拖欠问题。在医疗保险改革中，注重老年人医疗保险政策的落实，广东、云南等地建立了医疗救助制度，农村老年人缺医少药的问题得到有效解决。积极探索解决贫困老年人“老有所养”问题的途径，在积极落实“五保”供养制度的同时，浙江、江苏、上海、北京等省市已在农村推行了“最低生活保障制度”，较好地解决了贫困老年人的生活问题。山东、浙江、广东、云南等地推行了农村社会养老保险和退养、生活补贴制度。全国农村已有6000多万人参保,积累资金约216亿元,108万多农民领取了养老保险金。三是关注弱势群体,开展贫困老年人状况调查。根据中央关于关心困难群众生活和关注弱势群体的要求,全国老龄工作办公室在福建、浙江试点工作的基础上,部署开展全国贫困老年人状况调查,推动全社会对贫困老年人救助工作的重视。四是积极开展维护老年人合法权益工作。截至2002年年底,已有29个省、自治区、直辖市制定了贯彻《老年法》实施办法,有16个省、自治区、直辖市制定了老年人优待政策规定。各地有关部门设立了老年维权法庭、成立了"老年人法律援助中心",为老年人提供法律咨询、援助等服务。在全国大部分农村推行了签订家庭赡养协议书制度。五是开展了一系列文体活动,丰富老年人精神文化生活。2002年6个部门联合成功举办了"全国老年文艺调演"。10月12日,胡锦涛、贾庆林、曾庆红、司马义·艾买提等党和国家领导人出席观看了汇报演出,并给予了高度评价。六是积极探索基层老龄工作的有效途径,社区老龄工作试点取得一定成效。通过北京、天津、辽宁、福建等10个省(市)的试点,摸清了当前社区老龄工作基本情况、存在问题和困难;提高了对新时期加强社区老龄工作重要意义的认识,初步理出了基层、社区老龄工作的思路。七是地县级老龄工作机构建设取得一定进展。截至2002年年底,全国88.78%的地(市)和65%的县(市)都成立了老龄工作委员会和老龄工作委员会办公室,形成了工作网络,理顺了工作关系,工作步入正轨。八是老龄理论研究取得一批成果。2002年6月,全国老龄工作委员会在北京成功召开了"提高老年人生活质量对策研讨会"。世界卫生组织、联合国人口基金会派代表出席。收到500余篇高质量的论文。九是老龄工作国际交流与合作取得较大进展。2002年4月,我国派出了政府、非政府和老年学术团体三个代表团,参加了联合国召开的第二届世界老龄大会。国务委员司马义·艾买提代表中国政府在大会上介绍了中国老龄事业所取得的巨大成就,阐明了中国政府应对老龄问题的基本立场,得到国际社会的广泛好评,树立了良好的国际形象。

2002年民政工作的特点:

一是民政工作地位更加重要。近年来,全国民政系统的广大干部职工团结拼搏,努力奋斗,改革创新,与时俱进,各项民政事业取得了突出的成绩,在党和国家大局中的地位和作用日益重要。2002年,国务院召开了第十一次全国民政会议,23个省、自治区、直辖市召开了地方的民政会议,党和国家领导同志以及地方党政主要领导出席会议并讲话,充分肯定了民政工作的地位和作用,并就国家改革开放的新形势,对民政工作提出了更高的要求,更大的希望。可以说,第十一次全国民政会议对民政工作的地位和作用作了最完整的阐述,给予了高度的评价。会后,民政工作的社会地位、社会影响进一步提高,民政重点工作得到地方各级政府的重视和支持,民政工作面临的一些困难和问题得到了有效的解决,顺利地以政府名义出台了一些政策措施,有力地推动了民政工作的发展,也为今后民政工作的发展创造了良好的条件。

二是工作重点更加突出。民政工作具有多元性,丰富的工作内容,在具体的工作部署和安排上不可能均衡布局。突出重点,以重点带一般是我们多年来一直坚持的工作方式。这一特点在2002年的工作中得到了更为突出的体现。我们继续把城市居民最低生活保障、城市社区建设、星光计划和民政信息化建设作为工作重点,在领导上给予了充分的重视,在资金上给予充分的支持,在人力上给予充分的配合,在工作指导上加大了力度,在组织实施上实行超常规运作。特别是城市居民最低生活保障的督查和落实工作,规模之大,投入人力物力之多,是历年所没有的。民政部门从上到下,全力推进,重点工作取得了突出的成绩。这些突出的成绩,在民政发展史上写下了光辉的一页。

三是改革创新更加有成效。多年来,为实现民政工作由计划经济向市场经济的转变,我们坚持改革一切不适应市场经济的工作方式、工作手段,用改革解决民政事业发展面临的困难和问题,用机制创新、体制创新和理论创新主动适应市场经济的要求。在工作方式上,2002年,我们对婚姻登记管理条例等进行了修订,实行了行政审批制度的改革,为依法行政,转变职能创造了条件。在解决民政工作面临的新问题上,我们对培育行业组织、涉外民间组织管理等进行了积极的探索,取得了可喜的成果。在创新体制机制方面,我们提出了建立健全社会救助体系的要求,在实践中进一步健全规范了救灾工作机制。在理论创新方面,我们对民政工作的职能作用、社会救助体系等进行了深入的研究。民政工作的改革创新,体现了与时俱进的要求,成为推动民政工作不断前进的强大力量。

四是城乡工作布局更加合理。多年来民政工作的重心在农村。随着城市民政工作的发展,城市民政工作在城市各项事业的改革发展中,地位作用日益重要。吉林省四平市的全国社区建设会议提出了要大力加强城市的民政工作,把城市民政工作放在突出位置,加大推进力度的要求。从此,在民政发展史上,第一次把城市民政工作放到了应有的突出的位置上,完成了民政工作重心的战略性转移。

五是民政工作整体水平更加提高。2002年,我们一方面在抓工作面上推进的同时,注重抓提高。社区建设四平现场会,就是在现有经验的基础上,对社区建设的发展的一种再学习和再提高,是社区建设向纵深发展的标志。另一方面,是抓城市民政工作的整合。四平会议提出了以社区为平台、社区组织为依托、信息技术为手段整合城市民政工作的要求,将极大地提高城市民政工作的整体水平。

六是调查研究更加有的放矢,突出实效。深入实际调查研究是民政部门多年来坚持的行之有效的工作方法。2002年,在研究新情况解决新问题,加快民政工作的改革与发展中,加大了调查研究的力度,调研的目的和问题更加明确,组织更加有力,效果更加突出。部里和地方上下齐动,对民政工作中的重点难点问题有针对性地拟定专题,组织开展了大规模调研活动。在公墓的管理、民间组织立法、行业中介组织的培育、行政区划的调整和设置、婚姻管理以及各地为筹备召开本省的民政会议进行的调查研究中,我们不仅摸清了情况,理清了思路,提出了建议,有些更形成了法规政策,有力地指导和推动了工作。

(胡晓春)

社会救助和社会福利

城市居民最低生活保障制度

【城市居民最低生活保障简况】 城市居民最低生活保障制度，是政府对城市贫困人口按最低生活保障标准进行差额救助的新型社会救济制度。我国的城市居民最低生活保障制度，是二十世纪九十年代以来为适应社会经济形势的发展，参照国外社会救济制度的先进经验，结合我国国情，对传统社会救济制度进行彻底改革的制度创新成果。这项制度既是适应社会主义市场经济体制的需要而建立的一道“社会安全网”，又是新时期民政工作中最富有创建性的一项制度建设。社会救济是一项传统民政工作，其救济的对象是社会困难群体。与传统社会救济相比，城市居民最低生活保障制度在救济范围、救济标准、救济资金、救济程序、管理体制等方面都发生了根本性的变化。经过多年的探索和实践，这项制度已经形成了一套比较完善的法律法规制度和较为规范的管理工作体系，初步形成了以保障范围的确定、保障标准的制定与调整、保障资金的来源和管理、审核审批工作程序、管理体制与运行机制为主要内容的制度框架。

1993年6月，上海市民政局从实际出发，解放思想，大胆探索，在调查研究和反复论证基础上，参考国外先进的做法和管理经验，提出了建立城市居民最低生活保障线制度的方案，经市政府同意后发出了《关于在本市建立城镇居民最低生活保障线的通知》，在全国率先建立了城市居民最低生活保障线制度。1994年第十次全国民政会议总结并充分肯定了上海市的经验，提出“对城市社会救济对象逐步实行按当地最低生活保障线标准进行救济”的改革方向，得到了各地的积极响应。1997年9月2日，国务院下发《关于在全国建立城市居民最低生活保障制度的通知》（国发〔1997〕29号），要求1999年底前在全国所有城市和县人民政府所在地的镇建立城市居民最低生活保障制度，并明确了保障范围、保障标准、保障资金等重要政策问题，同时国务院还召开了全国电视电话会议作出专门部署。经过两年的努力，到1999年9月底，全国所有城市和县人民政府所在地的镇都建立了城市居民最低生活保障制度。与此同时，国务院颁布《城市居民最低生活保障条例》，使城市居民最低生活保障工作进入了法制化管理的轨道。2001年8月，党中央、国务院决定进一步强化城市居民最低生活保障制度建设，加大财政投入，要求尽快把所有符合低保条件的贫困居民纳入保障范围。民政部于2001年9月召开全国民政厅局长座谈会进行了传达和部署，要求在2001年底前把国有大中型企业的困难职工家庭纳入保障范围，并提出了在2002年上半年最迟在党的十六大召开之前实现“应保尽保”。各级政府和民政部门进一步加大工作力度,使城市居民最低生活保障工作取得了突破性的进展,2001年底全国城市低保对象人数已由6月底的458万人猛增到1170万人。

截至2002年底,全国领取城市低保金的人数为2064.7万人,基本实现了应保尽保的工作目标。从2002年统计情况看,2064.7万名低保对象绝大部分是特困职工、失业人员及其家属,其中,特困职工(包括在职职工、下岗职工和退休人员)831.4万人,失业人员358.3万人,特困职工及失业人员的家属783.1万人,"三无"人员91.9万人。低保对象主要集中在中西部地区、老工业基地和资源枯竭矿山较多的地区,如,辽宁、吉林、黑龙江、安徽、江西、河南、湖北、湖南、四川等省,低保人数都超过100万人;河北、山西、内蒙古、山东、重庆、云南、陕西等省,低保人数都超过50万人。2002年各级财政共支出低保资金108.6亿元,其中中央补助46亿元,地方财政支出62.6亿元。全国平均城市低保标准为155元,低保对象实际领取的补差金为月人均52元。

城市低保制度的成功实施,有效保障了贫困人员尤其是特困职工的基本生活,这既消除了社会不安定因素,也促进了经济体制改革特别是国有企业改革的顺利进行,对维护社会稳定发挥了重大作用。其重要作用主要体现在:

1.进一步体现了我国社会主义制度的优越性和我们党全心全意为人民服务的根本宗旨。人民群众在生活遇到困难时得到国家和社会的帮助,这是《宪法》赋予的权利。关心群众生活,体察民间疾苦,是我们党的根本要求。城市居民最低生活保障制度的实施,是社会主义制度的优越性和"三个代表"重要思想的具体体现,同时也是我国政府重视和保障人权的重要表现,在国际上都有着广泛和深远的影响。

2.进一步完善了我国的社会保障制度。除社会救济外,社会保障制度还包括社会保险等其他许多内容,但就解决贫困群众生活困难问题而言,城市居民最低生活保障制度是最后的也是最可靠的保障措施,是社会保障体系中的基础内容,具有其他保障措施不可替代的作用,因此也被称为城市居民的"最后一道安全网"。

3.有力地促进了城市的社会稳定。在建立和完善社会主义市场经济体制的过程中,由于企业实施减员增效或企业因经营不善而亏损甚至破产等原因,相当一部分人员下岗、失业,收入发生减少或中断,加上贫富差距拉大、物价上涨等因素,各种各样的居民生活困难问题比较突出。城市居民最低生活保障制度实行对居民一视同仁的救济政策,无论有业无业,居民在其收入低于当地最低生活保障标准时都可以申请和享受最低生活保障,及时得到国家和社会的帮助。这就使居民生活困难问题能够得到及时妥善的解决,从而有利于化解社会矛盾、理顺群众情绪,消除社会不安定因素,维护社会的稳定。

随着政府和社会对城市居民最低生活保障制度的日益重视,这项制度的发展前景十分光明,必将为保障人民生活权益,维护社会稳定,促进经济发展做出更大的贡献。

(高华俊)

【城市低保对象】 城市低保对象指家庭人均收入低于当地城市居民最低生活保障标准的持有非农业户口的城市居民。主要是以下五类人员:(1)无生活来源、无劳动能力、无法定赡养人或抚养人的居民(简称"三无对象");(2)领取失业救济金期间或失业救济期满仍未能重新就业,家庭人均收入低于最低生活保障标准的居民;(3)在职人员和下岗人员在领取工资或最低工资、基本生活费后以及退休人员领取退休金后,其家庭人均收入仍低于最低生活保障标准的居民;(4)原民政部门管理的特殊救济对象,如六十年代精简退职职工、国民党投诚人员、归侨、因公致残等家庭人均收入低于最低生活保障标准的人员;(5)其他家庭人均收入低于最低生活保障标准的人员。

我国传统的社会救济对象,是五、六十年代在计划经济体制下形成的,主要是"三无对象"、社会困难户、60年代精简退职职工以及国家规定的一些特殊救济对象。救济的范围主要是缺乏劳动能力而生活又十分困难的群体。随着我国社会主义市场经济的建立,企业产业结构的调整,城市在职、下岗、失业和退休人员及其家庭成员在内的城市贫困人口大量增加,传统的社会救济已不适应当前形势的发展需要。1993年上海市参照国外的做法,并结合上海的实际,在全国率先建立了城市居民最低生活保障制度,并把家庭人均收入低于当地最低生活保障线的城市居民称为低保对象。到1999年底,全国所有县、市都建立了城市居民最低生活保障制度,凡建立这项制度的地方,低保对象人数比传统的救济对象人数有了较大的增加。特别是从1999年下半年开始,中央财政逐年加大对中西部地区低保资金支持力度后,全国城市低保对象人数出现大幅度的增长:1997年为87.9万人,1998年为184.1万人,1999年为265.9万人,2000年为402.6万人,2001年为1170.7万人。

到2002年底,全国城市低保对象人数达到了2064.7万人,基本做到了应保尽保。在2064.7万低保对象中,绝大部分是特困职工、失业人员及其家属,其中,特困职工(包括在职职工、下岗职工和退休人员)831.4万人,失业人员358.3万人,“三无”人员91.9万人。低保对象主要集中在中西部地区、老工业基地和资源枯竭矿山较多的地区,如辽宁、吉林、黑龙江、安徽、江西、河南、湖北、湖南、四川等省,低保人数都超过了100万人;河北、山西、内蒙古、山东、重庆、云南、陕西等省,低保人数都超过了50万人。

城市低保对象人数的不断增加,应保尽保的基本实现,对保障我国城市困难群众的基本生活,为维护社会的稳定发挥了重要作用。

(陈埙吹)

【城市低保标准】 城市低保标准是政府为城市低保对象制定的救济标准,以满足其基本生活的需求。城市低保标准是按照当地维持城市居民基本生活所必需的衣、食、住费用,并适当考虑水电煤(燃气)费用以及未成年人的义务教育费用确定的。目前测定城市低保标准的方法主要是市场菜篮法,它的依据是一张按照营养学标准确定的能够维持体力恢复的生活必需品的清单。在我国,这种方法使用最多。除此之外测算的方法还有恩格尔系数法、收入比例法。

制定城市低保标准,需考虑以下几个因素:一是当地的最低工资、下岗职工基本生活费、失业保险金等其它社会保障标准;二是当地经济发展水平和财政承受能力;三是遵循“只升不降”的原则;四是既要保障其基本生活又要避免养懒汉现象;五是周边城市的保障标准。关于城市低保标准的发布和调整,《城市居民最低生活保障条例》规定:“直辖市、设区的市的城市居民最低生活保障标准,由市人民政府民政部门会同财政、统计、物价等部门制定,报本级人民政府批准并公布执行”;“县(县级市)的城市居民最低生活保障标准,由县(县级市)人民政府民政部门会同财政、统计、物价等部门制定,报本级人民政府批准并报上一级人民政府备案后公布执行”。关于低保标准的调整,一般都明确规定,“根据经济发展水平和财政承受能力,随着本地生活必需品的价格变化和人民生活水平的提高适时调整”。

我国传统的社会救济,主要对救济对象采取定期定量救济和临时救济,救济工作随意性大,标准普遍较低,救济范围较窄。1993年,上海市在全国率先建立城市居民最低生活保障制度,并制定城市低保标准,凡家庭人均收入低于低保标准的困难居民都可以享受最低生活保障待遇。参照上海做法,各地纷纷建立城市居民最低生活保障制度,并结合本地实际制定了低保标准。近几年来,随着各地经济条件和财政状况的逐步好转,低保标准普遍有了提高,特别是1999年下半年,国务院办公厅转发了《关于做好提高三条社会保障线水平等有关工作的意见》,提出“从1999年7月1日起,已实施城镇居民最低生活保障制度的地区,将最低生活保障水平提高30%”,使各地的低保标准当年都提高了30%。据全国36个主要城市低保标准的统计,1997年全国低保标准高于200元(含200元)的只有广州市(240元)、厦门市(230)元、深圳市(205元),而低于100元(含100元)的有南昌市(80元)、呼和浩特市(100元)、哈尔滨市(100元)、银川市(100元)。到2002年7月,全国低保标准高于200元(含200元)的就达到18个,其中高于300元的有深圳市(290－344元)、厦门市(265－315元)、杭州市(270－300元)、广州市(300元)。而高于200元(含200元)的有北京、上海等14个城市,就连低保标准最低的南昌市也达到了143元。从各地低保标准水平来看,东部城市低保标准普遍高于中西部,36个主要城市中,东部地区低保标准全部都在200元以上。

相对于传统的定期定量救济来说,城市低保标准的测定更加科学、规范和合理,更能反映出维持家庭基本生活的实际需要;同时,城市低保标准的适用具有广泛性,凡符合低保条件的本地非农业户口居民都按当地的低保标准计算补助额。

(陈埙吹)

【低保资金】 低保资金是指用于城市居民最低生活保障的资金。低保资金的来源主要是中啡央财政和地方各级财政投入。《城市居民最低生活保障条例》规定:"城市居民最低生活保障制度所需资金,由地方人民政府列入财政预算。"从地方各级分担的比例来看,保障资金主要由省、市、区(县、市)三级财政负担,有的地方规定镇政府也有负担的责任。1999年下半年,国务院办公厅转发《关于做好提高三条社会保障线水平等有关工作的意见》后,中央财政每年开始对各地低保资金进行补助,2001年11月国务院办公厅下发的《关于进一步加强城市居民最低生活保障工作的通知》明确规定:"中央财政根据各地财政状况、最低生活保障任务和地方财政努力程度,加大对财政困难地区城市最低生活保障资金的专项转移支付的力度。"

根据党中央、国务院的要求,各级党委、政府高度重视城市低保工作,并不断加大对低保资金的投入,从1998年开始地方财政投入低保资金每年增长率都在50%以上。其中:1998年7亿元,1999年11亿元,2000年19亿元,2001年31亿元,2002年59亿元。为解决中西部地方低保资金不足的问题,中央财政从1999年开始,每年成倍增加对中西部低保资金的补助。其中1999年4亿元,2000年8亿元,2001年23亿,2002年46亿元,2003年92亿元。

城市低保资金每年年底前由各级民政部门依据低保人数及应补差金额,提出下一年度的预算安排,经同级财政部门审核列入预算,报同级人民政府同意后报当地人大批准,由同级财政部门列入年度支出预算计划。基层民政部门和街道办事处,社区居民委员会在发放保障金时坚持政策公开、金额公开、保障对象公开的原则,并完善申请审核程序,确保低保资金的严格使用。为了加强低保资金的监督和管理,《城市居民最低生活保障条例》规定,"城市居民最低生活保障资金,纳入社会救济资金支出项目,专项管理,专款专用"。"财政部门、审计部门依法监督城市居民最低生活保障资金的使用情况"。每年各级民政部门要配合财政、审计等部门对保障资金开展经常性的检查,检查的主要内容主要是年初各级财政预算安排、资金拨付和使用、人均补差、期末结余等。

近几年中央财政和地方各级财政加大城市低保资金投入,确保低保资金的使用,从而为确保全国城市困难群众基本生活和基本实现应保尽保起到了根本性作用。

(陈埙吹)

【特困职工】 特困职工原为各级工会组织对企业职工中生活特别困难者的通称,在城市居民最低生活保障工作中特指保障对象中具有职工身份的人员,包括在职职工、下岗职工和离退休人员中的保障对象。城市居民最低生活保障制度的建立和发展,是在直接服务于国有企业改革这一历史背景下进行的,特困职工一直是最低生活保障工作的重点。2000年国务院印发的《关于完善城镇社会保障体系的试点方案》(国发〔2000〕42号)强调,"对企业改组改制和产业结构调整过程中出现的特殊困难人群,特别是中央、省属企业和城镇集体企业在职职工、下岗职工、退休人员,以及下岗职工基本生活保障向失业保险并轨过程中的下岗失业人员,按规定计算其应得待遇后,家庭人均收入仍然低于当地城市居民最低生活保障标准的,享受最低生活保障待遇”。

2001年下半年,由于中央加大了对城市居民最低生活保障工作的支持力度,民政部首先提出了在当年年底前将国有大中型企业的困难职工家庭全部纳入保障范围的第一步工作目标。由于各级工会组织对于企业职工家庭的生活状况十分了解,各级民政部门与工会组织之间的联系与合作得到了空前加强。工会为配合民政部门的工作,要求本系统将对“特困职工”的掌握口径一律按低于当地最低生活保障标准的人员进行统计;同时民政部门为突出工作重点,也将原来分别统计的在职职工、下岗职工、退休人员中的低保对象统称为“特困职工”。2001年底,全国城市居民最低生活保障对象人数达到1170万,比同年6月增加了700多万人,新增的保障对象主要是特困职工及其家属。由于将特困职工家庭全部纳入了保障范围,为全面实现应保尽保打下了良好的基础。

截至2002年底,全国2064.7万名城市居民最低生活保障对象中,有特困职工831.4万人,加上他们的家属,占低保总人数的比例超过了60%,成为低保工作中名副其实的重点。对特困职工家庭的应保尽保,为深化国有企业改革和建立现代企业制度解除了后顾之忧,有力地促进了社会主义市场经济体制的建立和完善,城市居民最低生活保障工作受到了党中央、国务院和各级党委、政府的高度重视和社会广泛关注。

(高华俊)

【取消虚拟收入】 所谓“虚拟收入”,是指在核查最低生活保障申请人的家庭收入时,将凡是在一定的劳动年龄段(如男18－55岁,女18－50岁)的有劳动能力的人员,无论其是否就业及有无收入,一律按当地的最低工资标准或者国有企业下岗职工基本生活费标准计算其收入的做法,有时也叫做“模拟收入”。顾名思义,“虚拟收入”是被核算人并未得到的收入。计算“虚拟收入”的做法的依据,仅仅是假定有劳动能力的人就一定能够通过劳动获得报酬,这与实际情况不相符合,是一种地方政府和有关部门为了缩小保障范围和减少最低生活低保金支出而采取的土政策,导致了许多家庭实际生活困难的人员无法进入最低生活保障,是造成应保未保现象的重要原因。

2002年1月,朱镕基总理在全国政协办公厅报送的《关于城市贫困人口问题的调查报告》上就加强城市低保工作作出重要批示,要求采取切实措施实行“应保尽保”,纠正“虚拟收入”的计算办法。为贯彻批示精神,民政部于2002年2月份下发紧急通知,要求坚决取消按劳动年龄段计算“虚拟收入”的做法,对那些虽有劳动能力但确实没有工作和收入的家庭成员,不再计算“虚拟收入”,并对“一次性补偿金”等家庭收入的计算作出了详细的具体的规定。

目前,计算“虚拟收入”的做法已得到了全面纠正,许多受制于这项土政策的人员,只要是没有就业和未获得收入,家庭生活确实困难的均纳入了最低生活保障的范围。取消计算“虚拟收入”,为实现应保尽保扫除了政策上的障碍,对推进城市居民最低生活保障工作起到了非常重要和积极的作用。

(高华俊)

【取消应得未得收入】

“应得收入”是指职工和失业人员按照有关政策应当得到的收入,如在职职工应当得到工资或最低工资,下岗职工应得到基本生活保障费,退休职工应得到养老金,失业人员应得到失业保险金,等等。2000年国务院国发〔2000〕42号文件和2001年国务院办公厅《关于进一步加强城市居民最低生活保障工作的通知》(国发〔2001〕87号)均规定职工和失业人员在计算应得的收入和待遇后,家庭人均收入仍低于当地最低生活保障标准的,应纳入最低生活保障范围。在实际工作中,由于一些职工的应得待遇难以落实,家庭实际生活十分困难,但因计算“应得收入”而不能享受最低生活保障。应得未得收入实际上成了变相的“虚拟收入”。

2002年6、7月间,朱镕基总理在辽宁省视察工作时指出,城市低保标准不要太高,审核家庭收入时不要抠得太紧，发给低保对象的低保金不要太少。9月，国务院召开第138次总理办公会议，针对部分在职职工和下岗职工等不能足额领取“应得收入”的情况，提出对这些家庭申请低保时，要按照实际收入进行计算。10月，司马义·艾买提国务委员在沈阳召开的“全国城市居民最低生活保障工作会议”上要求，“要严格按实际收入准确核定低保对象的家庭收入。”为贯彻落实总理办公会议和国务院领导同志一系列指示精神，民政部于2002年10月下旬以明传电报形式下发了《关于贯彻落实按实际收入计算家庭收入政策的紧急通知》，要求对“应得未得人员”，包括连续6个月以上未领到或未足额领到应得收入且今后不可能再予补发的在职职工、进入再就业服务中心的下岗职工等，在其申请城市居民最低生活保障时，要按照其实际领取的数额计算家庭收入，对其中符合低保条件的人员要及时纳入保障范围。

取消“应得未得收入”，消除了困难人员进入最低生活保障的最后政策障碍，使低保政策体系进一步完善，从而为实现应保尽保扫清了道路，也使这项制度能够更好地服务于改革大局。

（高华俊）

【低保排查】 低保排查特指2002年春天民政部在全国组织开展的对城市居民最低生活保障情况的全面排查和工作督查。

2002年2月4日，中央政治局常委召开会议，专门研究进一步安排好困难群众生产和生活的问题，江泽民同志主持会议并作了重要讲话，对低保工作提出明确要求。朱镕基、胡锦涛以及吴邦国、司马义·艾买提等领导同志多次就城市低保工作做出重要指示，胡锦涛同志在批示中特别强调，“当务之急是要尽快做到应保尽保”。民政部对党中央、国务院的一系列重要指示高度重视，认真贯彻并进行了周密的部署。民政部党组进行了果断决策，统一协调，部内各个司、局共同参与，全国民政系统总动员，在2002年3、4月间，对全国城市低保集中进行了全面的排查，各级民政部门掌握了所有保障对象的姓名、家庭住址、邮政编码和领取低保金的时间和金额等详细资料，并逐级备案直至民政部备案。在有关部门的参与和支持下，组织动员了全国民政系统和基层工作人员近百万人，深入到社区、厂矿、困难户家庭，摸清底数，督促工作，为实现应保尽保的工作目标奠定了坚实的基础。

（高华俊）

【低保对象备案】 为准确掌握低保对象人数，便于社会各界的督查，2001年，民政部办公厅下发了《关于做好明年城市低保资金用款计划和建立城市低保对象家庭备案制度的通知》，要求各级民政部门将低保对象的户主姓名、身份证号码、家庭人口、家庭住址、邮政编码、家庭收入、享受低保金额等有关情况记录在案。具体备案方法是：县级民政部门每季度将保障对象家庭情况汇总一次，以软盘形式或通过网络上报地市级民政部门，地市级民政部门每季度将县级民政部门上报数据汇总后以软盘、光盘形式或通过网络上报省级民政部门，省级民政部门每季度汇总后制作成光盘或通过网络上报民政部。

2002年3月下旬至4月中旬，按照民政部的统一部署，民政部门与劳动保障、经贸、工会等部门密切配合，并依靠街道办事处、社区居民委员会以及企业工会等基层组织，集中力量对所辖区域的困难居民，进行了拉网式的排查，这是城市居民最低生活保障制度建立以来，规模最大、范围最广、参与人员最多的一次超常规性的排查行动，通过这次排查，各级民政部门全面准确掌握了全国低保对象的有关情况，并为建立备案制度奠定了基础，这次排查后，各级民政部门对低保对象都实行备案制度，并定期对备案人数进行更新。

对低保对象实行备案制度，准确掌握低保对象的有关情况，便于社会各界的监督检查，有效地防止弄虚作假现象的出现，对低保资金的按时足额发放起到了有效的督促作用。

（陈埙吹）

【低保申请公示制度】 公

示制度是居委会、街道、县级民政部门将申请低保家庭的有关情况向申请人户籍所在地居委会或街道进行张榜公布的制度。

公示制度是伴随低保制度的产生而出现的。由于城市居民最低生活保障范围是面向城市所有非农业户口困难居民，每个申请低保家庭情况都不尽相同，有的家庭成员和家庭收入十分复杂和难以核实，社区居民委员会和基层民政部门尽管对一些申请低保家庭的有关情况进行了调查和审核，但是也难以保证做到客观、真实。而真正了解掌握申请低保家庭有关情况的是申请人周围的邻居和群众，为此各地社区居民委员会和基层民政部门除了对申请低保家庭有关情况进行调查、审核外，还将调查、审核结果向申请人所在社区居民委员会或街道进行公布，对于群众举报或有异议的申请人，社区居民委员会、街道(镇)、县级民政部门再进行调查、核实。1999年国务院颁布的《城市居民最低生活保障条例》也规定："对经批准享受城市居民最低生活保障待遇的城市居民，由管理审批机关采取适当形式以户为单位予以公布，接受群众监督。"

公示制度一般三次，第一次是社区居民委员会对申请人进行初步调查后，将本社区居民委员会初审合格的申请低保家庭进行公布；第二次是街道办事处或乡镇对审核合格的申请低保家庭进行公布；第三次是县级民政部门将批准享受低保的家庭情况进行公布。公布的主要内容是家庭成员、家庭收入、月人均补差、月补差额等。公示的地点是申请保障家庭所在的街道(镇)、或社区居民委员会。

公示制度的目的是为了听取群众意见，接受群众监督，避免一些人弄虚作假或工作中出现的失误，使真正困难的群众得到保障。

(陈埙吹)

【低保评审小组】 居委会、街道办事处在审核申请低保家庭有关疑难情况时，为广泛听取各方面的意见而成立的群众性组织。评审小组一般由居委会、街道低保管理人员以及社会各界人员广泛参加。

随着低保范围的不断扩大，申请低保的人数不断增加，一些申请低保人员的家庭情况十分复杂，特别是一些申请人家庭成员如何确定、家庭收入如何核定等方面存在较大争议，给低保审核工作带来一定难度，为此各地社区居民委员会和基层民政部门广泛听取社会各界意见，并在街道(处)办事处成立评审小组，吸收各界人士参加，评审小组首先对申请人的有关情况进行评议，并对评议的有关问题进行表决，形成统一意见。

各地街道办事处(镇)成立评审小组后，对申请低保家庭的审核更客观、公正，也有效防止了低保工作中优亲厚友现象的出现。

(陈埙吹)

【应保尽保】 所谓应保尽保，是指对于符合城市居民最低生活保障条件的城市贫困人员家庭，要全部纳入保障范围，不错保，不漏保。2001年9月，为深入贯彻党中央、国务院关于强化城市居民最低生活保障制度建设的指示精神，解决低保工作中长期存在的"应保未保"问题，民政部提出了在2002年上半年，最迟在党的十六大召开之前基本实现"应保尽保"的工作目标，得到了国务院领导同志的肯定。

为实现应保尽保目标，民政部和地方各级民政部门采取了超常规的工作手段，实现了低保工作的跨越式发展。2001年9、10月间，集中抓了以国有大中型企业特困职工为重点的低保扩面工作；2002年3、4月间又组织开展了全国性的低保排查，掌握了全国所有低保对象的详细资料。经过全国上下的努力奋斗，2002年6月底，全国符合最低生活保障条件的1930.8万名城市贫困人员全部纳入了保障范围，基本上实现了应保尽保的工作目标。7月，民政部向国务院提交了《关于全国城市居民最低生活保障对象基本实现应保尽保的报告》，同时召开了新闻发布会，向新闻和国内外宣布了这一消息。

应保尽保目标的基本实现，使城市贫困人口的基本生活得到了制度性的保障，这在一个有十几亿人口、近四亿城镇人口的大国，在体制转轨、社会转型的特殊历史时期，是一项具有历史意义的伟大成就，对于实现全面建设小康社会的宏伟目标和国家的长治久安必将产生重要和深远的影响。

（高华俊）

【低保工作沈阳会议】 见第 141 页“全国城市居民最低生活保障工作会议”条目。

【城市居民最低生活保障信息系统】 城市居民最低生活保障信息系统（以下简称低保信息系统），是指采用计算机网络，对城市居民最低生活保障工作的各种信息、数据和资料等进行采集、处理、储存、传输，实施监测和调控的工作体系。它是由两个部分组成：(1)硬件部分，主要有计算机、服务器和网络设备及传输线路等。(2)软件部分，包括业务系统软件、应用支撑平台和服务器、数据库等软件。

城市居民最低生活保障信息系统，是由社区居委会、街道、区县（市）、地市、省、部六级构成的计算机管理网络体系，它覆盖面广，功能多，效率高，是城市低保工作实施科学管理的有效方式，也是建立现代社会救济制度的重要手段。

随着城市低保工作的迅速发展，低保管理的任务更加繁重，面临着严峻的挑战，一方面低保人数和资金量急剧增加，保障的内容也在增多，实施动态管理的要求不断提高，低保工作量和管理操作难度越来越大。另一方面，低保工作人员少，力量不足，管理手段落后，工作效率低，经常处于超负荷运转，管理操作不规范，难以适应低保工作健康发展的需要。因此，建立低保信息系统，是加强和规范低保工作的重要举措。民政部自 1999 年开始研究开发城市低保信息系统软件，着手低保信息系统建设。2000 年 6 月，民政部办公厅下发《关于加快建立城市居民最低生活保障信息系统建设的通知》（民办函〔2000〕98 号），对建立全国低保信息系统进行部署。2002 年 3 月，民政部下发《关于进一步加强城市居民最低生活保障信息管理系统的通知》（民发〔2002〕36 号），要求大力推进低保信息系统建设。低保信息系统软件经过不断修改升级，正在全国推广使用。

根据中共中央办公厅、国务院办公厅《关于转发〈国家信息化领导小组关于我国电子政务建设指导意见〉的通知》（中办发〔2002〕17 号）精神，低保信息系统作为社会保障信息系统的重要组成部分，已纳入国家电子政务建设重点工程。国家将加大对低保信息系统建设的投入，加快低保信息系统建设步伐，使低保工作在民政系统率先跨入电子政务行列。

建立全国低保信息系统，实现低保管理的信息化、网络化和现代化，可以大大提高宏观管理的科学决策水平，克服决策的盲目性、随意性和局限性；有效增强政府部门的监管能力，防止工作中的弄虚作假和违规问题；进一步加强动态管理，提高工作效率和管理水平，切实解决管理不规范和工作效率低等问题；不断提高公共服务水平，改变封闭式的管理和服务模式，推进政务公开，增加管理的透明度，形成科学、规范、公开、高效的运行机制，改善和加强政府部门的管理能力、决策能力和公共服务能力。

（张　杰）

农村社会救济

【农村社会救济简况】 农村贫困人口的社会救济，是指国家和集体对农村中由于各种原因造成生活困难的农民给予一定救济，以保障他们的基本生活。

目前，农村社会救济对象一般分为三大类：第一类是五保户，指无劳动能力、无生活来源、无法定赡养人或抚养人的老年人、残疾人、未成年人（通称“三无对象”）；第二类是特困户，包括因大病、重残等丧失劳动能力、造成生活常年困难的贫困对象；其三是其他救济对象，包括因各种特殊原因需要救济的困难人员，如麻风病人、原国民党起义投诚人员、归侨、台胞台属、宽大释放人员、摘掉右派帽子人员、因公负伤的下乡知青、因计划生育手术事故造成死亡和丧失劳动能力人员、解除劳教人员、刑事罪犯家属及60年代精简退职职工等,共二十几种人员。

截至2002年底,全国农村社会救济对象共计2288.6万人。在未开展农村最低生活保障工作的地区,享受传统社会救济的"三无"对象162.2万人,特困户1468.1万人,其他救济对象250.5万人;在开展农村最低生活保障工作的地区,有407.8万人得到了最低生活保障,其中"三无"对象51.1万人,特困户303.3万人,其他救济对象53.4万人。2002年,全国共投入农村社会救济费14.2亿元,年人均补助61.9元。

现行的农村社会救济方式,一般分为以下几种:

1.对农村"三无"对象实行"五保"供养制度。"五保供养"是指对无依无靠的鳏寡孤独人员给予吃、穿、住、医、葬等方面的保障,简称"五保"。1994年1月,国务院颁布《农村五保供养工作条例》,对农村五保供养工作进行了一系列规范,包括:要求供养标准不低于当地村民的一般生活水平,供养方式可根据当地的经济条件,采取集中供养和分散供养的方式。供养资金来源主要是乡统筹和村提留。

2.对于农村特困户,主要采取临时救济的方式给予救济。农村特困户包括因大病、重残、缺少劳动能力等原因造成生活困难的贫困对象。对于这部分人,主要采取临时救济的方法,救济标准很低。

3.对于其他救济对象,按照国家相关政策采取定期救济与临时救济相结合的形式进行救济。其他救济对象,主要是指一些特殊的救济对象。如摘掉右派帽子人员、因公负伤的下乡知青、因计划生育手术事故造成死亡和丧失劳动能力人员、解除劳教人员、刑事罪犯家属及60年代精简退职职工等。对这部分对象的救济标准是根据不同的救济对象,按照不同的标准制定的。

4.农村最低生活保障制度。除了上述传统的救济方式以外,不少地方在最近几年还建立了最低生活保障制度,对农村贫困人口按照当地最低生活保障标准定期给予救济,保障其基本生活。截至2002年底,全国农村已享受最低生活保障对象为407.8万人。

(王 辉)

【农村五保供养】 1956年,中共中央在《1956-1957年全国农业发展纲要》中明确规定,对无依无靠的鳏寡孤独人员给予吃、穿、住、医、葬等方面的保障,简称"五保"。1994年1月,国务院颁布《农村五保供养工作条例》,对农村五保供养工作进行了一系列规范,包括:要求供养标准不低于当地村民的一般生活水平,供养方式可根据当地的经济条件,采取集中供养和分散供养的方式。供养资金来源主要是乡统筹和村提留。

2000年农村税费改革后,传统的乡统筹和村提留被取消,农民按照常年收入的7%缴纳农业正税,同时按照正税的20%缴纳农业税附加。农业税附加用于村干部工资、村办公经费和"五保"供养等项支出。五保供养金以农业税附加的形式统一收缴,做到了有法可依,使"五保"供养经费有了保障。然而,税费改革后大多数省份的五保供养标准都有明显下降,平均降幅在20%-30%。造成这种局面的原因主要有:一是五保供养基数低,大多数省份都是以1998年的五保对象人数确定经费,并没有随着五保实际供养对象的增加而增加,部分五保对象应保未保。二是税费改革后,五保供养经费不能保证足额到位。税费改革前,一些地方由于五保供养粮款来源是从农民交的"双提"粮款中解决,两项相加,能够保障其基本生活。税费改革后,五保供养金由财政转移支付解决,由于政府征收的正附税总量少,地方财政拿不出较多的钱来补助五保户,导致了一些五保对象的生活水平急剧下降。三是五保资金确定由农业税附加中支出,而同在此项中列支的还包括村干部的补贴和村级办公经费,五保经费并没有单独立项,政策又缺少刚性约束,因此,"五保"供养经费往往不能保证。

对于农村五保供养工作,民政部已发出通知,要求各地按照国务院《五保供养条例》规定,将符合条件的及时纳入五保供养范围,今年年内实现"应保尽保"。对"五保"供养工作的政策、法规将进行适当的调整和修订,争取将"五保"供养支出全部纳入县级以上财政预算,确保农村老年人的基本生活得到保障。

(王　辉)

【农村特困户救济】 农村特困户主要指因大病、重残等丧失劳动能力、造成生活常年困难的贫困对象。对于这部分人,过去主要采取临时救济的方法,救济标准很低。据统计,2002年有1468.1万特困户享受了临时救济,共使用临时救济金3.2亿元,年人均补助21.8元。

2003年3-5月,全国民政系统对农村特困户按照鳏寡孤独、因重残、大病丧失劳动力等类别进行了全面核查,建立了特困户救助档案。2003年5月,民政部发出了《关于进一步做好农村特困户救济工作的通知》,同时召开电视电话会议,要求各地在2003年9月底以前发放《农村特困户救助证》,将所有符合条件的农村特困户纳入保障范围,对他们实行定期定量救济。

(王　辉)

【其他救济对象救济】 其他救济对象,主要是指一些特殊的救济对象。建国初期,全国有不少麻风病人需要救济,还有一批原国民党起义、投诚人员和部分归侨需要救济,国家根据当时的社会条件,对这些对象制定了专门的救济政策。后来,随着历史的发展,针对不断出现的特殊困难人群,如摘掉右派帽子人员、因公负伤的下乡知青、因计划生育手术事故造成死亡和丧失劳动能力人员、解除劳教人员、刑事罪犯家属及60年代精简退职职工等,国家又陆续增加了一些专项的救济政策。对这部分对象的救济标准是根据不同的救济对象,按照不同的标准制定的。随着生活水平的提高,国家对这些对象的救济标准进行了多次调整。据统计,2002年,全国农村其他救济对象共有250.5万人,使用救济资金1.1亿元,人年均补助43.5元。

(王　辉)

【农村最低生活保障】 1994年以来,针对农村社会救济主要采取临时救济、救济标准不透明、发放救济款物随意等现象,各级民政部门在借鉴城市居民最低生活保障制度的基础上,开展了对农村最低生活保障工作的探索。截至2002年底,全国大部分地区不同程度地开展了农村最低生活保障工作,全国已保对象达407.8万人,2002年支出保障资金13.6亿元,其中省级支出1.68亿元,市级2.13亿元,县级5.74亿元,集体经济4.07亿元(含实物折款1.1亿元)。各县(市、区)低保标准一般都在每年500-1200元之间,人均年补助金额为324元(年补助金额最高的是上海市为960元,最低的是青海省为120元)。全国已经有10个省份出台了建立农村低保制度的地方性法规。这项制度的主要内容包括:

1.确定农村低保对象。农村低保对象是指家庭成员人均收入低于当地最低生活保障标准的农村居民,主要包括以下人员:(1)家庭成员无劳动能力或基本丧失劳动能力的无劳力户;(2)家庭主要成员虽在劳动年龄段,但因严重残疾而丧失劳动能力,家庭生活困难者;(3)家庭成员在劳动年龄段,因长年有病基本或大部分丧失劳动能力,家庭生活困难者;(4)家庭主要成员因病、灾死亡,其子女不到劳动年龄或是在校学生,生活特别困难者。

2.制定农村低保标准。在制定保障标准时,各地主要根据当地经济发展水平、财政承受能力和农民的实际生活水平,本着“低标准起步”的原则制定。按照这一原则,一般由县(市)区政府确定一个保障标准的幅度,各乡镇再根据当地情况确定本地标准,并随当地情况的变化不断调整;有些地方由县人民政府统一制定保障标准,各乡镇按统一标准实施。农村最低生活保障标准一般按年计算,也有少数经济较发达的地方按月计算。在具体制定保障标准时主要参考以下几点:(1)维持农民基本生活的物质需要;(2)当地经济水平和财政承受能力;(3)当地物价水平;(4)农民自我保障能力。

3.确保农村低保资金。各地在实施农村最低生活保障制度时,都将保障资金的筹集与落实作为工作重点,加大资金的投入,采取地方财政和乡村集体共同负担,一是由市县乡村四级按一定比例承担,比例为2:3:3:2;二是由市、县、乡三级分担,比例为3:2:5、5:3:2或

4:4:2;三是由县乡两级分担,比例为5:5或6:4。分担比例的确定主要依据当地具体情况,对经济条件好的地方由乡村集体负担的比重大一些,对经济条件较差的地方由县一级财政负担的比重大一些。此外,许多地方通过吸收一些社会捐助来补充保障资金,有的省从省财政列支农村最低生活保障资金。在保障资金的管理上,实行保障金专户管理,有些地方还建立了县级保障金专户,财政部门将保障资金于年初一次性拨入民政专户,由民政部门按标准发放。

4.明确农村低保方式。现阶段保障方式有两种:一种是以现金和实物救助相结合;另一种是经济条件比较好的地方全部发放现金。保障资金一般每季或每半年由乡镇通过村发放,实物由村来发放;个别地方按每月或每年发放一次。一些地方还相继出台了一些优惠政策,对保障对象减免各种集资款,减免医疗费、子女上学的学杂费等,以减轻他们的负担。此外,很多地方发动社会力量普遍开展了多种形式的社会互助活动,通过亲帮亲、邻帮邻、户帮户、富帮穷、单位和个人与保障对象“结对子”等多种形式进行帮扶。

(王继航)

自然灾害救助

【救灾工作简况】 党中央、国务院高度重视抗灾救灾工作。中央领导同志多次作出重要指示或亲赴灾区察看灾情,慰问灾民,指导抗灾救灾工作。国务院多次召开会议,研究部署抗灾救灾工作。各有关部门密切配合,通力合作,向灾区提供救灾资金和物资支持,全力帮助灾区抗灾救灾。中央有关部门全年共下拨各类抗灾救灾资金55.4856亿元。

灾区各级党委、政府把抗灾救灾工作作为压倒一切的工作重点,加强领导,周密安排。重灾区通过生产自救、互助互济、开仓借粮,税收减免、政府救济以及组织救灾捐赠等措施,努力解决受灾群众的生活生产困难。目前,灾区群众的基本生活得到了妥善安排,灾区人心安定,社会稳定,生产生活秩序正常。

按照党中央、国务院的统一部署,民政部主要做了以下几方面的工作:

密切关注灾区动态,及时反映重大灾情信息,及时做好灾情预测、分析和会商工作。与各地民政部门及相关部委保持密切联系,随时掌握灾情动态,及时做出评估分析,向国务院、有关部门报告和通报情况。2002年,民政部邀请有关部门和科研单位的专家,先后两次召开灾害预测会商会,对全年的自然灾害情况进行预测分析。汛期多次组织相关部门进行灾情会商,派出专家组开展灾害损失和需求评估,利用遥感、地理信息系统等技术手段辅助决策,进一步提高了对灾害损失和灾区困难情况的快速评估能力。

及时协调各部门对灾区予以支持;指导地方开展救灾工作,妥善安排好灾区群众基本生活。民政部认真履行抗灾救灾综合协调职能,及时协调有关部门对灾区给予帮助和支持,并多次会同财政部、水利部、农业部、中国气象局、国家统计局等部门,邀请有关专家,对自然灾害进行分析、评估和判断,研究救灾对策和措施。2002年,民政部先后向陕西、湖南、福建等18个省(市、区)派出30多个工作组,深入基层,察看灾情,了解灾区存在的困难,检查各项救灾措施的落实情况,指导地方开展救灾工作。全年会同财政部安排下拨中央特大自然灾害救济补助费25亿元,向湖南、湖北、新疆等省(市、区)调拨救灾帐篷1.6289万顶,有效地解决了灾民吃、穿、住、治等方面的生活困难。此外,民政部还接收境内外救灾捐赠款2311万元和价值580万元的物资,已全部下拨到灾区，主要用于灾民倒房的恢复重建，使13140人受益。

在全国推广建立救灾应急预案体系，提高灾害应急反应能力。2002年入汛前，民政部向各地发出了加强救灾应急预案制定工作的通知，要求各地结合本地实际和突发性灾害发生规律，有针对性地制定救灾预案。为推动全国救灾应急预案制定工作，民政部还在山东和重庆成功地举行了两次救灾应急预案实施现场演练会。汛期，又多次发出紧急通知，要求各地必须做到：重大灾害发生后24小时内上报灾情；及时将受灾害威胁的灾民转移至安全地带，在24小时内给予他们基本的生活救助。通过上述工作，各地灾害应急反应能力明显提高。

深入开展经常性社会捐助活动，广泛动员社会力量帮助受灾群众。2002年，民政部重点抓了两项工作：一是督促各地建立健全经常性社会捐助公示制度，二是进一步完善社会捐助服务网络。截至12月底，全国共建立经常性社会捐助工作站、点2.1万多个，15个省（自治区、直辖市）基本建立起了布局合理的经常性社会捐助工作站点网络，全国共接收捐款12亿元人民币，接收衣被2.2亿件，使2798万人（次）困难群众受益。

（孙浩荃）

【2002年自然灾害简况】 2002年，我国发生了旱灾、洪涝、风雹、台风、地震、沙尘暴、雪灾和低温冷冻等自然灾害，造成了严重损失。经民政部会同水利部、农业部、国家统计局、中国气象局等部门共同核定，全国农作物受灾面积（播种面积，下同）4711万公顷，其中成灾2721万公顷，绝收655万公顷；全国共有3.7亿人（次）受到各类灾害影响，其中成灾2.3亿人（次），因灾死亡2840人，紧急转移安置471万人；倒塌房屋175万间；直接经济损失总计1717亿元。

2002年自然灾害以旱涝及低温冷冻为主：旱灾属中等略重年份，对农业生产影响轻于大旱的前3年，但局部地区旱情十分严重；没有出现流域性洪涝灾害，洪涝灾害较常年偏轻，但局部地区由于重复受灾，损失严重；低温冷冻、风雹灾害明显重于常年；台风和地震灾害轻于常年。综合分析，2002年灾害损失情况属中等略重年份。

（孙浩荃）

【分灾种情况】 一、旱灾。春季，北方大部和华南大部降水量较常年同期偏少4－6成，而气温却较常年同期偏高2－4℃，加之早春大风天气多，春旱严重。全国春旱面积一度超过2100万公顷，为1973年以来同期最大值；4－7月上旬广东东部到福建南部一带持续少雨干旱；7月上旬后期至中旬后期，东北、华北、黄淮、西北东南部及西南东北部地区出现不同程度的伏旱；8月份至秋末，北方部分地区持续干旱。

2002年全国降雨分布不均，大致分布为南多北少，加上前3年的干旱，致使北方水库蓄水严重不足，严重影响了部分地区的生态环境，并使北京、天津、山东等地城市供水一度出现紧张局面。但由于在春播和夏收农作物生长的关键时期，全国大部分地区出现及时的降雨过程，因此去年的旱情对农业生产，特别是粮食作物生产影响偏轻。

二、洪涝。4月下旬至5月上旬，长江中下游一带春汛明显，湖南、广西等地形成洪涝灾害；6月中上旬，自西向东的中到大雨或暴雨、局地大暴雨，造成陕西、宁夏、甘肃、新疆、河北、湖南、广西、福建、江西、湖北、四川、重庆、云南等省的部分地区遭受严重的洪涝灾害和局地山洪、滑坡、泥石流等灾害；7月中下旬，江南和华南地区自南向北的强降雨过程致使广东、广西、湖北、安徽等省（区）先后遭受较为严重的洪涝灾害；8月中上旬和下旬，受第12、14号强热带风暴“北冕”和“黄蜂”的影响，南方部分地区出现的强降雨过程造成浙江、福建、广东东部、湖南、贵州、广西、云南等地洪涝灾害严重；10月下旬后期，南岭、武夷山一带出现了历年罕见的秋汛。由于年内部分地区重复受灾情况严重，洪涝灾害给灾区群众造成的生活生产困难较大。

三、台风、风雹和沙尘暴。年内共有7个台风（含热带风暴）在我国沿海地区登陆，与常年相同。7个台风中仅有1个

(16号台风"森拉克")达到强台风标准,比常年少2个。由于"森拉克"登陆时恰逢天文大潮,造成浙江大部、福建北部受灾严重。

2002年共出现1300个县(市)次冰雹或龙卷风等强对流天气,比常年明显偏多,主要发生在浙江、江西、重庆、四川、湖南、湖北、广东、河南、北京等省(市)。全年我国共受到12次沙尘天气袭击,其中4次为强沙尘暴天气过程,影响范围广,强度大,出现时间集中,为近年所罕见。沙尘天气主要影响西北、华北、东北、黄淮、江淮、汉水流域及四川盆地、湖南等地。

四、低温冷冻和雪灾。4月中下旬至5月,长江中下游一带出现连续低温阴雨天气,对夏收农作物造成严重影响;4月24-25日,鲁中及胶东半岛大部遭受低温冷冻灾害,灾害发生时气温一度降低到零下5℃,对正值花期的苹果、桃树、小麦、花生等作物造成毁灭性影响;8月中下旬,贵州大部分地区出现低温阴雨"秋风"天气,据有关方面统计,此次灾害使水稻比上年减产22.5%。

五、地震。年内我国境内共发生5.0级以上地震29次,其中大陆地区9次;成灾地震事件5次(含1次4.0级地震),损失明显偏轻。大陆地震活动在经历了昆仑山口西8.1级地震后呈现明显的低频度和低强度,除2002年6月29日吉林汪清发生7.2级深震外,没有发生6级以上的地震。年内造成损失较大的成灾事件有甘肃玉门5.9级地震和新疆乌恰5.7级地震。

(孙浩荃)

【东平救灾应急预案演练】

2002年6月,民政部在山东省东平县举办了第一次救灾应急预案现场演练。整个演练分五个场景:

第一场景(总指挥):东平湖告急,启动救灾应急预案。此场景主要体现应急机构健全、职责明确、决断科学、指挥有力,显示出在紧急情况下指挥系统反应迅速敏捷,牢牢掌握工作的主动权,为救灾实施提供有力的组织保证。

第二场景(搬迁救灾指挥部):迅速集结,实施救灾应急预案。此场景主要体现搬迁救灾指挥部按"启动命令"快速作出反应,迅速集结各方力量投入救灾迁安工作,显示出各部门配合协调、组织缜密、措施有力。

第三场景(搬迁村):顾全大局,有序搬迁。此场景较好地再现出当"预案"启动后,需搬迁群众以大局为重,有序搬迁的悲壮情景,体现出党和政府对灾区群众的关爱。

第四场景(搬迁途中):通力配合,确保畅通。此场景主要表现在搬迁途中,由搬迁救灾指挥部会同地方乡镇党委、政府及相关职能部门统筹安排车辆、人员、物资,要通力配合,保证撤退道路畅通无阻。

第五场景(安置村):安全抵达,妥善安置。此场景充分反映出在县委、县政府的领导下,全县各级各部门想群众之所想,急群众之所急,以及灾区群众顾全大局、团结友爱的可贵品质,体现出"预案"的实施在救灾中所发挥的巨大效力。

此次演练为实景演习模式,所有参加演练的领导、工作人员、群众均为实景当事人。演练动用车辆(船只)98部(只),其中公安车10部,消防车1部、农机维修车1部、救护车3部、防疫车1辆、机动三轮(拖拉机)45辆、民船40只、指挥车3部。

(张晓宁)

【社会捐助】 2002年,全国社会捐助工作取得了长足进展。截至2002年底,全国已建立经常性社会捐助站点2.1万个,有15个省市自治区基本建立起了布局合理的经常性社会捐助工作站点网络。通过开展经常性社会捐助活动,2002年全国累计接收社会捐款12亿元、衣被2.2亿件,使2798万人次的困难群众受益。

自1996年以来,全国各级民政部门已累计接受社会各界捐款捐物折合人民币200多亿元,其中捐款95亿元,捐助物资折款105亿元;募集衣被9.57亿件,受益人数近3.5亿人次,为解决灾区、贫困地区群众和城市困难对象的生活起到了积极的作用。

(李　波)

【经常性社会捐助】 2002年,党中央、国务院两次召开中央政治局常委会,专门研究困难群众生产生活问题，号召全社会大力弘扬中华民族扶贫济困的传统美德，广泛动员各方面力量，积极开展面向城乡困难群众的形式多样的捐赠活动和送温暖、献爱心活动，使困难群众切身感受到社会主义大家庭的温暖。

按照党中央、国务院的统一部署，民政部在2002年的3月、10月和12月份，组织了三次全国范围内的大规模集中捐助活动。各地通过开展内容丰富、形式多样的捐助和帮扶活动，为灾区、贫困地区群众和城市国有企业下岗职工、困难企业职工、城市低保对象等困难群体解决生活、医疗、子女上学等困难，取得了很好的社会效果。

据统计，全年共接收捐款12亿元人民币，接收衣被2.2亿件，其他捐赠物资折款1.93亿元，使2798万(人次)困难群众受益，为解决灾区、贫困地区群众和城市困难对象的生活起到了积极的作用。经常性社会捐助活动得到了全社会的广泛支持和参与，形成了“一方有难、八方支援”的良好社会风尚，极大地促进了我国社会主义精神文明建设的发展。

2002年，民政部从建立捐助公示制度、健全服务网络和捐助款物发放等方面入手，进一步加大了工作力度。一是督促各地建立健全经常性社会捐助公示制度，要求各地除在本行政区域内做好公示外，受援地区要主动到支援地区进行对口公示，提高捐助款物接收、分配、使用的透明度。二是进一步完善社会捐助服务网络。要求各地必须在年底前在所有大中城市和有条件的小城市建立起经常性社会捐助接收工作站，在所有城市社区居委会设立接收工作点，并悬挂民政部统一监制的牌匾，实现社会捐助服务网络全覆盖。同时，强化内部管理和服务意识，实行工作日全天对外开放，逐步实现社会捐助活动由集中性、突击性向经常性、日常性的转变。三是切实做好捐助款物的管理发放工作。接收款物必须出具收据，登记造册，专账管理。基层发放要民主评议，张榜公布，公开发放，做到公平、公正、公开。

2002年经常性社会捐助活动有以下几个特点：

(一)党委、政府高度重视，统一部署，民政部门精心组织、周密安排。各地都把开展经常性社会捐助活动，帮助困难群众，支援灾区贫困地区作为落实江总书记“三个代表”重要思想的重要举措，把经常性社会捐助工作列入重要议事日程，主要领导同志亲自动员部署工作。大部分省份以党委、政府的名义下发通知，对社会捐助活动进行部署。一些省市还成立了专门的领导小组或召开联席会议，加强对经常性社会捐助工作的领导。辽宁省委、省政府多次召开扶贫帮困电视电话会议，省委书记闻世震、省长薄熙来等主要领导同志都到会亲自动员、部署，对全省的社会捐助工作产生了巨大的推动作用。

在党委、政府的统一领导下，各级民政部门认真制定工作方案和措施，与有关部门密切配合，通力合作，精心组织本地的社会捐助工作。浙江省各级民政部门注重与工会、共青团、妇联等部门或团体的沟通与协调，制定了缜密的扶贫帮困工作计划，宣传、发动、接收、运送、公示等各个环节组织得井井有条。

(二)领导同志和机关干部带头捐赠，激发了社会各界和广大群众的捐助热情。在捐助活动中，许多省(自治区、直辖市)主要领导同志带头捐款，地方各级领导也率先垂范。河北省委办公厅积极开展捐赠活动，省委书记王旭东带头捐款，一天时间机关干部职工就捐款4.6万元。辽宁省省直机关干部群众踊跃捐款，展示出党和政府的良好形象，起到了表率作用。广大党员干部带头捐赠，一些离退休老干部、老同志更是热心捐献，动人场面、感人事迹不断涌现，对社会产生了极大的感召力和震撼力，激发了广大群众的捐助热情。

(三)广泛宣传发动，营造良好的社会舆论氛围。为保证社会捐助活动深入持久地开展下去，各地始终把宣传发动工作贯穿于整个社会捐助活动全过程。通过广播、电视、报纸、网络等媒体，进行生动、具体、有感召力的宣传，为开展经常性社会捐助活动营造出良好的舆论氛围。湖南省仅参加3月份“扶贫济困送温暖宣传周”活动的人员就达 87 万人次，发放宣传资料 140 多万份。上海、新疆生产建设兵团通过播放专题片、纪实片，向公众宣传开展社会捐助的意义、效果和捐助活动中的感人事例，在社会上引起强烈反响。

（四）扶贫帮困内容丰富，形式多样，效果好。各地在支援农村灾区和贫困地区的同时，特别注重帮助城市国有企业下岗职工、困难企业职工、城市低保对象等城市困难群体解决生活困难。北京、上海、广东等省（市）在做好跨省对口支援工作的同时，在辖区内开展了多种形式的捐助、帮扶活动，如改建、翻建群众的危旧住房，帮助困难企业职工、低保对象解决生活、医疗、子女上学等困难，这些捐助帮扶活动直接透明，贴近百姓，使群众真切感受到了社会的温暖。辽宁、安徽等省建立了省直单位、领导干部和机关工作人员定点包扶、联系困难群众制度，切实帮助困难群众解决生产生活困难，进一步密切了党群、干群关系。民政与教育、卫生、劳动等部门密切合作，捐建希望小学，开展医疗扶贫，慰问下岗困难职工，工青妇等群众团体、公益组织、厂矿企业也热心参与捐助活动。江苏省南京市借助慈善组织和街道社区居委会的社会救助服务网络，开展了“扶贫济困一日捐”活动，资助 1 万名孤残儿童、特困下岗职工、低保对象、五保对象和特困老人，结对帮扶 5000 个贫困家庭，效果好，影响大。

（五）有效帮助了灾区、贫困地区和城市困难群众的生活。各级民政部门加快工作节奏，减少中间环节，及时将捐助款物发放到城乡困难群众手中。当困难群众领到捐助款物时，广大干部群众深深感受到党和政府对灾区、贫困地区和城市困难群众的关怀，体会到社会主义制度的优越性，增强了战胜困难、摆脱贫困的信心。当中南海捐助站的捐助款物送到贵州省惠水县摆榜乡时，金河、龙坝、高寨等 12 个贫困村的村民和贫困学生 500 余人参加了捐助物资发放仪式。

（六）经常性社会捐助服务网络建设进展迅速。截至 2002 年底，全国共建立经常性社会捐助工作站点 2.1 万多个，其中捐助站 1906 个，捐助点近1.9 万个。与年初相比，仅捐助站数量就增加 1600 多个。全国已有 15 个省（自治区、直辖市）基本建立起了布局合理的经常性社会捐助工作站点网络。辽宁省 14 个市全部建立社会捐助服务中心，全省 100 个县（市、区）已有 97 个建立了社会捐助服务分中心，全省 98.5% 的街道办事处建立了社会捐助接收工作站，93.8% 的社区居委会建立了接收工作点。北京、吉林、山东、湖南、甘肃等省捐助接收站点网络已覆盖了大中城市的区、县级城市的街道和县城所在地。为了方便群众捐助，一些地方还在机关单位、大型企业、住宅小区设立了捐助点，在客流量大的商场、超市设立了“捐款箱”。

（七）建立公示制度，规范工作程序，严格管理发放。为提高捐助款物分配使用透明度，民政部在全国建立了经常性社会捐助公示制度，对公示内容、公示方式、公示时间和公示工作的监督检查等方面做出了明确规定。通过公示，主动接受社会监督，使捐助者能详细了解到所捐款物的去向和效果。各级民政部门通过建立健全规章制度、完善操作程序等措施，进一步加强了社会捐助款物的接收、管理、发放工作。受援地区的各级民政部门每收到一批款物，都认真清理，登记造册，专人管理。发放时遵循民主评议、登记造册、张榜公布、公开发放的程序，确保了捐助款物及时发放到灾民和贫困群众手中。山东省对收据、印章、登记、入库出库单据和包装袋实行“六统一”，使管理更加规范。接受青岛等市对口支援的贵州省遵义市、铜仁地区都建立了捐助款物管理发放制度，捐助款物发放工作组织周密，其公正和效率得到广大群众的认可。

针对经常性社会捐助活动中出现的热点、难点问题，民政部提出了进一步加强社会捐助工作的措施：

——健全完善经常性社会捐助服务网络。各地要紧紧抓住社会捐助服务网络这项基础性工作，在各大中城市和有条件的小城市结合地方救灾物资储备和城市社区建设工作，确定社会捐助接收工作站点的布局、规模和管理方式，进一步健全完善经常性社会捐助工作接收服务网络。要加强接收工作站点的内部管理和服务意识，提高工作人员素质，严格程序，规范操作。实行工作日全天对外开放，保证随到随捐，切实维护广大居民的捐助热情，逐步实现社会捐助活动由集中性、突击性向经常性、日常性的转变。所有接收站点都要向辖区内的困难群众开放，使困难群众能够方便、就近领取所需物品。

——切实把社会捐助款物管理使用公示工作落到实处。各级民政部门以及社会捐助接收工作站点，要严格按照《民政部办公厅关于建立经常性社会捐助公示制度的通知》(民办函〔2001〕212 号)要求，对捐助款物的接收、发放和使用情况进行公示。每次捐助活动结束和每隔半年，各地要通过报刊、广播、电视等媒体以及散发宣传品、在主要公共场所张贴公告等方式，向社会公布捐助款物接收、分配、使用情况。省级民政部门要在当地主要媒体上发布公告，让捐赠者和社会各界了解捐助款物的去向和使用效果。受援地区要主动到支援地区进行对口公示，给捐助者一个明确的交代，让捐助者放心、满意。街道、居委会和乡(镇)、村委会每开展一次集中性接收、发放，都应在政务公开栏和村务公开栏公布，详细列出捐助款物的来源、总量、接受捐赠户的名单及其所得款物数量，接受群众监督，提高捐助款物分配、使用的透明度。

——积极开展社会捐助表彰和宣传活动。各地要对在扶贫济困送温暖社会捐助活动中涌现出来的先进单位和个人进行表彰。要建立层次多样、内容丰富的激励机制，通过树立典型、评选先进、召开表彰会、实行留名奖励制等多种形式对捐赠者进行表彰，弘扬社会正气，调动社会各界和广大人民群众参与社会捐助活动的积极性，推进我国社会公益事业的发展。各地民政部门要主动协调宣传、广电等部门和新闻单位，做好扶贫济困送温暖捐助活动宣传报道工作。要立足本地、因地制宜地开展形式多样、内容丰富、声势浩大的宣传活动，使扶贫济困送温暖捐助活动家喻户晓，妇孺皆知，为进一步开展社会捐助活动营造良好的社会氛围。民政部将加紧建设捐助网站，全面展示我国社会捐助和公益事业发展情况，及时发布最新相关新闻、动态，宣传相关政策法规，推介各种公益活动，发布公示公告，开展公众调查，搜集意见建议，为公众和公益慈善组织提供一个权威的信息网络平台，进一步扩大社会捐助的社会影响。

——加强社会捐助工作的规范管理。各地要尽快形成一套行之有效的社会捐助工作管理规范，在组织发动、接收分配、基层发放、统计报告、公示公告、宣传表彰等方面制定出方案或办法，保证捐助工作有序进行。各地要积极创造条件，适时出台地方性法规，使捐助工作有法可依。各地要加强捐助款物的基层发放工作，对贫困对象实行按需发放，增强救助的针对性，防止浪费。各地要认真解决好社会捐助工作经费问题，不得以各种名义将费用负担转嫁给困难群众，真正把社会捐助这件好事做好。

（李　波）

【组织开展捐助月和宣传周】 2002 年 10 月，民政部发出《关于加强经常性社会捐助工作组织好今年扶贫济困送温暖捐助月和宣传周活动的通知》。通知指出，2002 年以来，各地认真贯彻落实《中共中央办公厅、国务院办公厅关于进一步安排好困难群众生产和生活的通知》和《关于转发〈民政部关于进一步开展经常性社会捐助活动的意见〉的通知》(厅字〔2001〕33 号)精神，在全国范围内开展了大规模的经常性社会捐助活动，取得了很好成效。但应清楚地看到，这项活动的发展还不平衡，一些地区在思想认识、重视程度、公示制度、服务网络、宣传发动等方面还存在不足，必须采取措施予以解决。要加强经常性社会捐助工作，开展好 2002 年 10 月"扶贫济困送温暖"捐助月和宣传周活动，以实际行动迎接党的十六大胜利召开。

通知要求，各地要加强领导，提高认识，把经常性社会捐助活动持之以恒地坚持下去。各地要从讲政治的高度，充分认识开展经常性社会捐助活动的重要意义，真正摆上重要议事日程，克服畏难情绪，切实解决工作中遇到的难点问题，把经常性社会捐助活动作为实践江泽民总书记“三个代表”重要思想、迎接党的十六大胜利召开的具体行动，广泛开展起来，并长期坚持下去。2002 年 10 月“扶贫济困送温暖”捐助月和宣传周活动，各地要以“关注城乡贫困群众”为主题，精心组织，周密安排，广泛发动，真正把温暖送到农村灾区、贫困地区群众和城市国有企业下岗职工、困难企业职工、城市低保对象等困难群众心坎上，实实在在地为困难群众解决一些生产和生活问题，营造出团结奋进的社会氛围，进一步维护社会稳定。

各地要抓紧部署 10 月份的捐助活动，力争在党的十六大召开前完成集中性捐助，将募集的款物送到困难群众手中。实行跨省对口支援的省(直辖市、计划单列市)要按照民电〔2001〕123 号文件确定的对口支援方案，认真做好对口支援工作。

通知要求，各地尽快建立健全经常性社会捐助公示制度，开展形式多样的对口公示活动。建立公示制度，提高捐助款物接收、分配、使用透明度，是做好社会捐助工作的重要环节。各地要按照《关于建立经常性社会捐助公示制度的通知》(民办函〔2001〕212 号)要求，采取有力措施，狠抓落实。要在近期内对建立公示制度情况进行一次督查，重点督查公示制度、内容、方式和效果等。要通过督查，摸清底数，找出对策，力争在 2002 年年底前基本实现全部建立公示制度。

各地除在本行政区域内做好公示外，受援地区还要主动到支援地区开展形式多样的对口公示活动。受援省(区)每年都应到支援省(市)召开新闻发布会，向支援省(市)通报分配使用捐助款物情况和困难群众受益情况，让广大捐助者明白自己所捐款物的去向和效果。支援省(市)可根据情况，组织捐助代表和新闻单位到受援省(区)实地了解捐助款物的分配使用情况，更直观地感受捐助效果，让捐助者和社会各界放心、满意。

通知要求，各地要进一步完善经常性社会捐助服务网络。各地必须在 2002 年底前在所有大中城市和有条件的小城市建立起经常性社会捐助接收工作站，在所有城市社区居委会设立接收工作点，并悬挂民政部统一监制的牌匾，实现社会捐助服务网络全覆盖。要强化接收工作站点的内部管理和服务意识，提高工作人员素质，严格规范操作程序，实行工作日全天对外开放，保证随到随捐，切实维护广大居民的捐助热情，逐步实现社会捐助活动由集中性、突击性向经常性、日常性的转变。

各地要做好经常性社会捐助活动宣传的组织工作。始终把贯彻落实江泽民总书记“三个代表”重要思想作为主旋律，贯穿于整个宣传活动。2003 年 10 月的宣传周要突出“关注城乡贫困群众”的主题，重点宣传经常性社会捐助的意义、服务网络和捐助效果，让社会各界充分了解社会捐助工作的规程、制度和捐助款物的使用情况。要运用公告、海报、展板、板报和流动宣传站等形式，通过生动、具体、有感召力的宣传，把宣传活动开展到街道、社区和大型公共场所，达到全方位、立体的宣传效果，进一步激发广大群众捐助的积极性和自觉性。

通知要求，各地组织开展经常性社会捐助表彰活动。因地制宜，采取各种形式，公开表彰在社会捐助活动中做出突出贡献的单位和个人，并形成制度长期坚持下去。要坚持精神鼓励为主的表彰原则，提倡庄重节俭的表彰形式，保证表彰活动的高尚性。通过大力宣传和表彰扶贫济困先进事迹，树立社会正气，弘扬社会主义精神文明，形成良好的社会氛围。

(李　波)

【救灾救济互助合作座谈】 为加强政府与民间组织在救灾救济方面的合作，民政部救灾救济司邀请部分民间组织进行座谈。中国红十字会总会、中国扶贫基金会、中国青少年发展基金会、中华慈善总会、中国残疾人福利基金会、宋庆龄基金会、中华环境保护基金会、中国妇女发展基金会、中国老年基金会的负责同志参加了会议。救灾救济司副司长邹铭主持会议，王振耀司长作了讲话。

会上，救灾救济司介绍了 2001 年全国的灾情、救灾工作和开展经常性社会捐助活动情况，以及城市居民最低生活保障情况。与会社会团体对救灾救济司的职能和工作概况有了进一步的了解。

座谈中，大家普遍认为此次会议很有必要，对加强政府与非政府组织之间的协调，建立良好的合作机制，实现救灾工作信息共享，更好地发挥社会团体在防灾、紧急救援和灾后救助等方面的优势和作用，意义重大。这标志着政府工作作风、服务意识的极大转变，有利于提升政府形象。这也充分说明政府看到了社会团体的作用，认识到政府与社会团体相互合作的重要性和工作目标的一致性。只有发挥社会团体的特性，针对不同的群体开展工作，才能取得更好的效果，最终达到共同的目标。

会议认为，应尽快建立面向慈善、公益性社会团体的灾情信息发布渠道，实现信息共享。社会团体目前了解的灾情信息多来自于各种社会渠道，难以判断其真实性。如果社会团体能从政府渠道获得准确、可靠、全面的灾情和救灾工作信息，即可据此作出正确的决定和行动，做到有可为有可不为，实现优势互补。特别是遇到特大自然灾害或重大突发事件时，政府应尽快召集相关社会团体集思广益，既及时通报情况，又可引导社会团体结合自身特点，积极配合，发挥作用，减轻政府压力，甚至可以解决政府不宜出面解决的问题。政府信息发布渠道应尽快落实并保持畅通。社会团体也应将各自掌握的信息传递给政府，为政府决策提供帮助。

会议认为，政府对社会团体应在政策上给予支持。希望基金会管理办法早日出台；国内慈善、公益性捐赠要给予全额免税待遇；境外捐赠物品入境报关要简化手续，提高效率，避免受赠人遭受信誉、经济损失；对社会团体给予相应的经费资助。政府应加强对社会团体的监督管理。目前，有信誉的社会团体均能自觉接受社会监督，特别是舆论监督和审计监督。政府加强监管，防止假冒，打击非法组织和非法行为，是对社会团体的保护和爱护。社会团体为政府出力，为群众办事的同时，也迫切希望得到政府的认可和回报，尤其是政策扶持、社会形象和资金资助方面的回报。政府的一些设施、资源也应向社会团体开放，为其发展提供空间。

会议认为，应加大人力资源培训。通过对社会团体工作人员及其志愿者进行救灾业务方面的培训，使其掌握基本的救助知识、方法和技能，面对突发灾害时能够作出迅速反应，提高人员素质和工作效率。可将救灾方面的政策性法规文件汇编成册，分发给社会团体，使其了解国家的救灾工作方针、政策和法律法规，规范其自身行为。

王振耀司长在总结讲话中指出，此次会议很有启发。转变工作观念，改变工作作风，是我们持之以恒的理念。救灾工作不应该由政府垄断，不能、也不可能由政府垄断，更不能将其神秘化。必须通过交流与合作，发挥社会团体的作用，共同实现扶持救助社会弱势群体的目标。对大家提出的意见建议，将认真梳理，找出对策。对文件汇编、多种形式的信息交流等能迅速作的事情，将尽快落实。

（李　波）

【接受救灾捐赠简况】 2002年，民政部共收到救灾捐赠款物折合人民币2891万元，其中捐款折合人民币2311万元，物资折合人民币580万元。按照捐赠者的意愿，民政部已将这些捐赠款物及时、足额地下拨到灾区，惠及重庆、广西、云南、贵州、四川、湖南、湖北、江西、安徽、陕西等10个省（自治区、直辖市）的受灾群众。除少量捐款按捐赠协议用于紧急转移安置灾民和紧急救援能力建设外，绝大部分捐款用于灾民住房的恢复重建，使3312户、12872人受益。大部分建房户在春节前搬入新居。

（李　波）

【救灾储备制度建设】 1998年6月，根据国务院领导指示精神，民政部、财政部下发《关于建立中央级救灾物资储备制度的通知》，决定在天津、沈阳、郑州、武汉、长沙、广州、成都和西安8个城市建立中央级救灾物资仓储中心，并于当年采购救灾单帐篷5000顶、棉帐篷96550顶，此后1999年、

2000年和2002年，又先后3次采购9万余顶单帐篷，这些物资在1998年抗洪救灾及近年来的水灾、地震、台风等灾害救助中发挥了重要作用。

（李保俊）

【国际救灾合作项目】

一、救灾项目合作。2002年，民政部与联合国开发计划署在以下方面进行了合作：

为灾区群众紧急购置应急救灾物资。利用OCHA资金，为广西、贵州等灾区购置了灾民生活急需的救助物资。

为灾区省份购置救灾专用通讯器材。为19个受灾省份民政部门购置了66台救灾通讯手机，极大地改善了救灾的通讯保障水平。

开展救灾应急预案演练工作。在山东组织开展了全国首次救灾应急预案演练，有力地推动了救灾应急预案的制定工作。

开展了全国救灾培训工作。在广西举办了灾害管理培训，国际和国内救灾专家对全国救灾处长进行了专业培训，有力地提高了各地灾害管理水平。

制定救灾应急预案样本，推进预案的制定出台工作。专门制定了台风和山地灾害救灾应急预案样本，指导全国各地救灾应急预案体系建设。

二、备灾项目合作。2001年民政部与联合国儿童基金会开始在备灾领域进行合作。2002年是合作项目执行的第二年，在儿童基金会和有关专家的协助下，备灾项目进展的比较顺利，共完成了17项活动。主要活动为：项目县可能发生的自然灾害及其可能造成的损失进行评估和分析；政府官员进行跨部门的备灾计划和灾害反应计划培训；帮助项目县制定备灾计划；对儿童进行《儿童权利公约》和灾害中自我保护技巧的培训；提高人们的社会性别意识。

通过上述活动，阶段性地完成了项目目标，即：项目县已开始制定备灾计划，提高了他们灾害紧急反应的能力；项目县对潜在的自然灾害风险进行了初步评估，对有关人员进行了培训，提高了他们灾害管理的能力；编制了一些培训教材，对一些在校儿童进行了培训，提高了他们在灾害发生时“自我保护”的能力。

（李　成）

减灾工作

【灾害概述】 我国是世界上自然灾害最严重的少数国家之一，灾害种类多、发生频率高、分布地域广、造成损失大。在我国发生的自然灾害的种类有大气圈和水圈灾害，主要包括洪涝、干旱、台风、风暴潮、沙尘暴以及大风、冰雹、暴风雪、低温冻害、巨浪、海啸、赤潮、海冰、海岸侵蚀等；地质、地震灾害，主要包括地震、崩塌、滑坡、泥石流、地面沉降、塌陷、荒漠化等；生物灾害；森林和草原火灾。我国自然灾害地区差异明显，通常可分为三种类型地区。第一类地区有7个省、自治区，主要分布在西部，少数在北部。此类地区大部分是我国的严重干旱区，人口密度较低，经济欠发达，抗灾能力较弱。主要灾害是干旱、雪灾、地震，其次为沙尘暴、滑坡、泥石流及山洪，对农牧业生产影响较大。第二类地区有16个省、自治区、直辖市，大部分分布在中部，少数在东北、华北、西南等地。此类地区经济发展、自然灾害直接经济损失和抗灾能力为中等水平。主要灾害是干旱、洪涝、地震、冻害、风雹、农业病虫害，其次为滑坡、泥石流和森林自然灾害，对农业、工业、交通运输业影响较大。第三类地区有8个省、直辖市，主要分布在东部沿海地区。此类地区是我国大江大河的下游地区，人口密度大，经济发达，抗灾能力较强。主要灾害是洪涝、干旱、台风、风暴潮，其次为地震、冰雹、地面下沉。对工业、农业、交通运输业和城市基础设施都有影响。此类地区自然灾害所造成的直接经济损失的绝对值较大。

（方志勇）

【灾害评估】 灾害评估是以灾害事件或灾害系统为评估对象，通过对灾害事件或系统的深入分析，确定反映灾害事件或系统本质特征，它是全面反映灾情、确定减灾目标、优化减灾措施、评价减灾效益、制定减灾决策的重要依据。按照灾害发生的过程，灾害评估可以分为灾前预评估、灾中跟踪评估、灾后调查评估。

一、灾前预评估

灾害的预评估是制定国土规划和社会发展计划，以及减灾对策预案系统的基础。这一阶段的评估是指通过合理的科学方法，定性或定量预测某一地区或某一部分未来灾害发生的强度、分布和可能造成的人员伤亡、经济损失、社会影响和减灾效益的评估。具体包括：(1)灾害预测，在灾害的区划、监测及其发生发展规律研究的基础上，对未来灾害可能发生的地区、时间、强度进行预测；(2)灾害的损失宏观预测；(3)减灾效益评估。其评估的方法与手段主要包括：(1)历来资料调查分析；(2)监测预报系统；(3)地理信息系统；(4)模型方法(数学模型、智能模型等)。

二、灾中跟踪评估

灾中跟踪评估是灾害发生时，对灾害灾情的快速评估。它是救灾决策和应急抗灾措施制定的基础。其评估内容包括：应用检测系统，跟踪灾害的发展，确定成灾地点、灾害强度、灾情特征，以及灾害损失的跟踪评估(已造成的灾害损失、扩大损失)及减灾效益的评估。这一阶段的评估手段主要是遥感和地理信息系统。

三、灾后调查评估

灾后评估是决策救灾方案、制定灾后援灾计划的重要依据。其评估内容主要有：(1)灾后现场统计、统计损失；(2)次生灾害的影响与评估；(3)间接损失估算；(4)灾害对社会与环境影响的评估。这一阶段评估的手段有现场调查和遥感方法。

(方志勇)

【灾后恢复重建】 灾后恢复重建主要是指灾区在各方面援助下恢复其原有生命线与生产线的全过程，有时也包括从全局的角度提出对加强防御未来灾害能力的过程，它是减轻灾害损失的重要措施之一。灾后恢复重建主要包括灾后灾情评估(特别是生产线与生命线破坏状况的诊断与评定)，恢复与重建规划和行动计划、工程建设设计与施工、组织管理与国际援助等方面的工作。

灾后恢复重建的基本方针有：一是从全局出发，整体规划，分步实施；二是迅速优先恢复生命线与生产线工程；三是有利于充分调动政府、企业及社会各界的力量，投入灾后恢复重建。中国政府一向十分重视灾后恢复重建工作，尤其是1998年长江流域和东北大洪水后，为了尽快解决灾民过冬和灾后重建工作，党中央、国务院提出了“封山植树、停耕还林；退田还湖、平垸行洪；以工代赈、移民建镇；加固干堤、疏浚河道”的有关恢复重建的32字方针，在调查研究和听取各方面意见的基础上，相继提出了关于灾后重建的若干意见，从全局和战略的高度提出了恢复生产、重建家园、防治水患的方针和原则。灾后重建的重点工作是解决群众生活的问题，特别是越冬住房。同时，按照标本兼治、综合治理的原则，把灾后重建、恢复生产同流域整治、土地利用和产业结构调整结合起来，对山、水、田、林、路进行统筹规划，作出了分期实施的计划。

(方志勇)

【灾害信息管理系统】 数据库是灾害防灾、减灾的基础，灾害信息管理系统是利用地理信息系统(GIS)、计算机、网络等现代技术对灾情数据进行科学管理的系统。通过灾害信息管理系统的建立，灾害管理部门就可以实现灾情数据的统一管理和灾情信息的共享；实现灾情数据的快速检索与查询、数据统计、空间分析、数据产品输出等各种管理目标。因此，灾害信息管理系统一般具有以下功能：

1.数据输入与存储功能。系统可以接受各种类型的数据，包括图形、图像、声音、文字、表等。

2.信息可视化功能。系统可以将数据库中的信息以文字、地图、图片等形式加以显示，并为用户提供开窗、放大、缩小、地物的分层显示和各要素的选择显示等功能。

3.信息检索与查询功能。通过检索和查询功能，灾害管理人员可以对任意灾害地点的属性信息进行查询。

4.数据更新功能。随着时间序列的延长，灾害数据及相关的社会、经济、环境数据需要不断更新和补充完善，该功能可以提供方便灵活的灾情数据更新功能。灾害管理人员可以根据需要随时修改、编辑各种灾情数据。

5.输出功能。将灾害管理人员查询的结果或数据分析的结果以合适的形式输出。输出形式一般有两种：在计算机屏幕上显示或通过打印机打印输出；根据用户对不同主题的需要，系统输出不同的产品，如各种地图、数据表、统计表以及各种文字资料和图形、图像资料等。

（方志勇）

【减灾】 减灾即是减轻灾害损失和不利影响。从过程看，减灾贯穿于灾前预防、灾中救助和灾后的恢复重建全过程；从减灾对象看，减灾包括各种灾害的减灾，如防汛抗旱、病虫害防治、抗震救灾等；就措施而言，减灾包括工程减灾、非工程减灾等；就分类而言，减灾包括农业和农村减灾、工业和城市减灾、区域减灾、社会减灾等。我国是世界上自然灾害最为严重的国家之一，中国政府坚持预防为主，防灾、抗灾、救灾相结合的减灾方针，调动一切积极因素，合理配置资源，处理好减灾与人口、资源、环境的关系，加强国家对自然灾害的管理工作，不断提高综合减灾水平。

（方志勇）

【国际减灾十年】 1987年12月，第42届联合国大会通过第169号决议，决定把从1990年开始的二十世纪最后十年定为“国际减轻自然灾害十年”。在这十年内，各国际团体要在联合国的领导下特别关注和扶植在减轻自然灾害领域中的国际合作。“减灾十年”的宗旨是通过一致的国际行动以减轻由于灾害如地震、风暴、海啸、洪水、滑坡、火山喷发、自然大火以及其他自然因素如蝗虫等病虫害产生的灾害所带来的，尤其是带给发展中国家的生命和财产损失以及由此引起的社会和经济的停滞。1988年第43届联合国大会918号决议重申169号决议，认为联合国作为一个整体，它的责任不仅仅在于提供援助、协调救灾、灾害的应急准备及防灾，而且还在于促进在研究自然灾害、发展减灾技术方面的国际合作；号召各国政府为在“国际减灾十年”期间，为参加减轻自然灾害的国际行动而进一步做好准备。1989年12月第44届联合国大会通过《国际减轻自然灾害十年国际行动纲领》，明确“十年”的目的是通过一致的国际行动，减轻自然灾害所造成的生命财产损失和社会经济失调。纲领要求，“十年”期间，联合国设立一个由国际知名人士组成的特别咨询委员会，负责“国际减灾十年”的总体咨询；设立20到25名各国科学和技术专家组成的国际减轻自然灾害十年科学和技术委员会，负责减灾技术合作、减灾行动评估，每年向秘书长就减灾总体方案提出建议；敦促联合国系统各机构在其业务活动中优先考虑防灾减灾活动；联合国秘书长设立秘书处负责“十年”的协调工作。纲领明确要求各国政府都要制定减轻灾害的规划，并将其完全纳入本国发展规划；在“十年”期间参与一致的国际减灾行动，并设立全国委员会，以求达到“十年”的目的和目标。

1994年5月23日至27日世界减灾大会在日本横滨举行。会议回顾了1991年12月19日第46届联大182号决议关于加强灾害管理，开展提高全球性的防灾意识的活动；重申里约热内卢宣言，强调需要国际社会援助受突发性自然灾害和其他紧急事件影响的国家。减灾大会回顾了“十年”以来的成就，制定和通过了将来“十年”的原则、战略和行动计划。1999年7月5日至9日联合国在日内瓦召开“国际减灾十年活动论坛”，全面总结世界各国开展国际减灾十年活动的成就。90多个国家和地区、50多个国际组织和非政府组织的700多名代表出席会议。会议通过了“国际减灾十年活动论坛”的基本结论、《日内瓦减灾战略》、《日内瓦减灾宣言》等重要文件。《日内瓦减灾战略》(21世纪减灾战略)的主题是“使21世纪成为一个更安全的世界：减轻灾害和降低风险”。《日内瓦减灾宣言》的核心是全世界正受到严重的自然灾害威胁，必须采取措施把横滨战略和日内瓦战略作为全球减灾行动的指南。

（方志勇）

【国际减灾战略（ISDR）】 国际减灾十年于1999年12月结束。1999年7月30日联合国经社理事会通过《关于国际减灾十年后续安排的1999/63号决议》。决议重申重大自然灾害对世界日益严峻的威胁以及减灾合作的重要性。决议认识到综合减灾是可持续发展战略必不可少的组成部分，也是政府决策的重要内容；要求联合国保留相应的减灾机构，呼吁各国政府保留和加强减灾的国家委员会或协调机构。11月第54届联大通过《关于国际减灾十年活动后续安排的A/C.2/54/L.44号决议》，同意联合国保留减灾机构职能，建立机构间减灾工作委员会和减灾秘书处。12月13日，联合国减灾委秘书处发布《关于国际减灾十年后续行动和机构安排的通知》。通知指出，“国际减灾十年”期间，联合国减灾委和140多个国家的减灾机构（国家委员会）共同努力，各个层次的减灾行动取得了显著成绩。“十年”结束后将开展一项新的重大行动，即国际减灾战略（ISDR），新的机构为机构间减灾工作委员会和秘书处。国际减灾战略的主要目标是使人类社会对自然灾害具有更强的抗御能力，并从对灾害的被动防御转变到综合的灾害管理；其四个主题分别是：公众意识，社会和公共机构的义务，具有灾害抗御能力的社会，减少社会——经济损失。通知要求各国保留和建立国际减灾战略的国家委员会或专门机构。

（方志勇）

【国际减灾日】 1989年12月第44届联合国大会经济及社会理事会关于国际减轻自然灾害十年决议决定，每年10月的第二个星期三为国际减轻自然灾害日，并以适合“十年”的目标和目的的方式纪念该国际日。“减灾十年”结束后，第54届联合国大会于1999年11月通过决议，决定继续开展“国际减灾日”活动。

历年国际减灾日主题：

1991年　减灾、发展、环境——为了一个目标

1992年　减轻自然灾害与持续发展

1993年　减轻自然灾害的损失，要特别注意学校和医院

1994年　确定受灾害威胁的地区和易受灾害损失的地区——为了更加安全的21世纪

1995年　妇女和儿童——预防的关键

1996年　城市化与灾害

1997年　水：太多、太少——都会造成自然灾害

1998年　防灾与媒体

1999年　减灾的效益——科学技术在灾害防御中保护了生命和财产安全

2000年　防灾、教育和青年——特别关注森林火灾

2001年　抵御灾害，减轻易损性

2002年　山区减灾与可持续发展

2003年　面对灾害，更加关注可持续发展

我国每年都举行国际减灾日纪念活动。2002年10月9日是该年度国际减灾日，主题是山区的减灾与可持续发展。减灾办组织召开座谈会，民政部副部长姜力出席会议并讲话，减灾办主任、民政部救灾救济司司长王振耀主持座谈会。座谈会围绕山区自然灾害及其对山区发展的影响；山区减灾与可持续发展的思路和对策；新时期我国减灾工作展望三个主题进行。姜力副部长在座谈会上发表题为《积极行动起来，共同抵御灾害》的讲话。她指出，山区面临减灾和发展的双重任务，山区减灾是我国减灾工作的重点。今后开展减灾工作，要加强减灾制度建设，做到规范减灾，部门协作，形成合力，走综合减灾的道路；充分重视科学技术在减灾中的作用，加强减灾宣传教育，动员最广泛的社会力量因地制宜，有的放矢，积极参与减灾。座谈会听取了江西省铜鼓县地质灾害防治的汇报。国土资源部、水利部、国家林业局、农业部等成员单位在会上发言。减灾委科技顾问、减灾委专家组专家就我国的减灾工作在会上发表意见。

（方志勇）

【中国国际减灾十年委员会】 中国政府积极响应和履行联合国关于设立“国际减灾十年”国家委员会的决议，于

1989年4月成立了以国务院领导为主任、各部委、军队以及社会团体共28个单位组成的“中国国际减灾十年委员会”,办公室设在民政部救灾救济司。中国国际减灾十年委员会是国务院议事协调机构,负责制定国家减灾规划和减灾方针政策,组织协调有关部门和群众团体,共同开展减灾活动,指导地方政府的减灾工作。中国国际减灾十年委员会历任主任分别为田纪云、罗干、李贵鲜、司马义·艾买提。

中国国际减灾十年委员会成立以来,积极组织开展减灾工作以及开展减灾的国际交流与合作,探索中国减灾工作切实可行的方法和途径,为新世纪进一步深化减灾工作提供了大量的经验和宝贵的财富。减灾委在“十年”期间,积极开展广泛的减灾宣传和发动工作,组织减灾对策研究和教育培训工作,积极推动落实减灾规划。1991年华东水灾后,减灾委代表中国政府向国际社会发出呼吁,组织接受国内外救灾捐赠工作;1993年组织香港和大陆演艺界联合举行了为期半年的减灾扶贫义演活动,利用筹集的2300万元资金实施了52个减灾扶贫项目;1993年组织减灾委全体成员单位编写《中华人民共和国减轻自然灾害报告》;1994年组织代表团出席横滨世界减灾大会,时任减灾委副主任兼秘书长、民政部副部长范宝俊在世界减灾大会上提出我国关于“国际减灾十年”的主张;时任减灾办主任姜力在减灾大会上阐述我国灾害监测与预警、减灾工程建设以及科学技术在减灾中的应用等论题。1994年开始组织有关部委和部分省市共同编写《中华人民共和国减灾规划》,历时三年,几经修订,1998年4月29日国务院予以批准;1995年起协调国家减灾中心的立项和筹建工作;1995年出席亚洲减灾大会;1999年组团出席“国际减灾十年活动论坛”,减灾委副主任范宝俊在“国际减灾十年活动论坛”上介绍我国“十年”的情况,并对此后世界减灾行动提出建议。在国际减灾活动方面,积极参与各种国际减灾经验交流,组织实施多个减灾国际合作项目,组织大量国际减灾培训,在国际减灾行动中发挥了应有的作用,树立了良好的国际形象。

(方志勇)

【中国国际减灾十年】 中国是世界上开展“国际减灾十年”行动效果最为显著的国家之一。“十年”期间,我国逐步建立起有中国特色的防灾减灾体系,有效地保障人民群众的生命和财产安全,促进经济和社会的快速发展。

一、提高国家综合减灾能力

1.1994年3月中国政府颁布协调环境与发展的《中国21世纪议程》,明确了减灾在可持续发展中的重要地位,在国家层次上明确了减灾与生态环境保护的关系。

2.1998年4月中国政府颁布实施《中华人民共和国减灾规划(1998－2010年)》。规划是在总结我国减灾工作经验基础上,按照《中华人民共和国国民经济和社会发展“九五”计划和2010年远景目标纲要》提出的总任务和总方针,围绕国民经济和社会发展总体规划而制定的第一部国家有关减灾工作的规划,提出了我国今后一个时期减灾工作的指导方针、主要目标和任务。

3.颁布实施一系列减灾法律法规。90年代以来,我国颁布了许多防灾减灾的法律法规,如《水法》、《水土保持法》、《防洪法》、《农业法》、《草原法》、《防震减灾法》、《防沙治沙法》、《传染病防治法》《野生动物保护法》及大量行政法规规章、地方性法规和规章。

4.建立和完善灾害监测和预警系统。全国已经形成气象监测预报网,水文监测网,地震监测和地震前兆观测系统,农作物和森林病虫害测报网,海洋环境和灾害监测,森林和草原火灾监测,地质灾害勘察及报灾等系统,初步形成了利用电话、无线电通讯、电视和基层广播发布预警信息的网络,为各级政府及时组织防灾抗灾工作提供了保障。

5.筹建中国国家减灾中心。为加强减灾综合信息系统建设,提高减灾信息和技术的共享水平,减灾委积极组织论证建设国家减灾中心。减灾中心包括国务院与各部委间的灾害信息系统,中央与各省市间的灾情信息系统,卫星遥感灾情系统,灾害信息综合管理和显示系统，灾害评估系统，辅助减灾决策和服务系统，灾害紧急救援信息系统。

二、开展综合的重大减灾行动

1.抗洪抢险抗旱行动。1991年5月下旬至7月中旬，淮河、太湖流域和长江中下游发生严重洪涝灾害。1998年长江发生了20世纪第二位全流域型大洪水，松花江、嫩江发生20世纪以来最大洪水。1999年长江中游发生了仅次于1998年水位的洪水，太湖发生了百年不遇的特大洪水。在党中央、国务院领导下，广大军民万众一心、众志成城，不怕困难、顽强拼搏，坚忍不拔、敢于胜利，取得了抗洪抢险伟大胜利。1999年至2000年，我国发生了建国以来最为严重的持续干旱，波及20多个省区市。干旱导致北方一些大中城市出现严峻的缺水局面。在党中央、国务院的领导下，受旱地区各级党委、政府组织广大干部群众奋力抗灾。各级水利部门加强了抗旱水源工程建设、计划用水管理和各种水源调度，采取多种措施促进节约用水。由于抗旱措施得力，把灾害损失减少到最低限度，确保了人民群众的基本生活用水，保证了城市供水和国民经济的正常运行。

2.抗震救灾行动。“十年”期间，我国发生多次破坏性地震，1995年云南勐连地震(7.3级)、1996年2月3日云南丽江境内强烈地震(7.0级)，1998年新疆伽师群发性地震(6.0－6.6级)、云南宁蒗地震(6.2级)和河北张北地震(6.2级)。其中张北地震影响附近4个县，倒塌房屋13.6万间，死亡49人，11479人受伤，4.4万人无家可归，生产和生活设施遭到严重破坏。震后5分钟，地震部门工作人员到达工作岗位。地方政府、减灾部门立即启动地震应急预案，百余名干部分赴灾区指挥抢险救灾。整个救灾过程没有冻死饿死一人。1995年2月3日发生的云南丽江地震波及9个县，92个村镇，受灾17万多户，100多万人，32万人无家可归，死亡309人，受伤1.7万余人。震后24小时内，中央政府派团慰问，及时派出医疗队、调拨救灾款物，开展抗震救灾工作。2月18日搭建防震棚6万多间，帐篷3000多顶，全部安置灾民。3月5日前，灾区学校全部按时开学。重建工作与扶贫项目、发展民族经济、发展旅游业相结合，取得良好的效果。

3.森林大火扑救行动。据统计，1996－1999年，我国平均每年发生森林火灾4678次，受害森林面积4.6万公顷，森林火灾受害率0.84/1000。1998年5月13日13时50分，内蒙古阿尔山林业局因雷击火引发特大森林火灾，火场面积达12000多公顷，其中有林地过火面积达6750公顷。有关部门紧急行动起来，飞机巡航、地面巡视和卫星监测结合的全方位林火监测系统及时准确监测和跟踪火灾形势，国家林业局周密部署，紧急调动人员、物资扑火。5月22日大火被扑灭。

4.农林病虫害治理行动。据统计，我国每年森林病虫害发生面积都在1.2亿亩左右，因病虫害而减少的木材生长量约1700多万立方米；目前危害农作物的病虫种类达1000余种，即使在防治的情况下，每年仍因病虫害损失粮食1500万吨，棉花30万吨。80年代以来，全国农作物病虫发生面积平均每年以8200万亩次的速度递增。1992－1995年，华北棉区爆发棉铃虫，累计发生面积1200万公顷左右，各农作物受灾损失100亿元以上。在国家指导下，农民采取物理防治、生物防治和化学防治相结合的综合防治措施，总计挽回棉花损失50亿公斤。

三、重大减灾工程建设

1.提高防灾能力，促进区域经济发展——长江三峡工程。

长江中下游地区是中国经济发达地区，也是洪灾最为严重的地区之一，是中国减灾工作的一个重点。原有堤坝仅能防御10－20年一遇的常遇洪水。中国政府从1994年开始修建长江三峡大坝工程，1997年顺利截流。工程完成后，能够将荆江河段防洪标准提高到百年一遇，避免下游发生毁灭性灾害。同时，增加年发电量847亿千瓦小时，有利于长江流域的经济发展。

2.提高黄河中下游防洪水平——小浪底工程。

黄河淤积日益严重，河道行洪能力下降，中下游沿岸地区洪灾危险日益增强。中国政府利用世界银行贷款，投资近18亿美元，在小浪底修建大型水利枢纽工程，建立一个总库容为126.5亿立方米的水库，以减轻黄河下游洪水威胁。小浪底水库的主要功能是防洪、防凌、减淤，同时又供水、灌溉和发电(总装机180万千瓦)。工程建设借鉴国际治理重大水患工程经验，应用先进技术。工程大坝已于1997年完成截流。

3.协调人与自然关系的生态环境保护工程。

为有效抑制水旱灾害愈演愈烈的不良状态，将减灾与生态环境建设、社会经济发展结合起来，中国政府在认真分析造成严重洪灾的原因后，提出：封山植树、退耕还林，加大水土保持工作力度，改善生态环境，全面实施长江黄河流域中上游天然林保护工程。做好平垸行洪、退田还湖，清除影响行洪的江河湖泊洲滩、民垸、圩堤，恢复行洪蓄洪能力；把堤防加高加固作为江湖治理的重点，通过实施综合措施使大江、大河堤防能防御建国以来发生的最大洪水；加快主要江河的控制性工程建设，尽快完成病险水库的除险加固；加强江河下游河道的河势控制和崩岸治理；加快蓄滞洪区安全建设，组织灾民务工自救，因地制宜地建设安全区、筑避水台和移民建镇等方式，安置好蓄滞洪区内的居民。启动“农作物重大病虫鼠害监测网络工程”，建设了400多个全国农作物病虫害测报网区域性测报站；实施植保工程项目，建设了15个病虫害监控中心和300个区域性病虫监测站。1998年制定了“全国生态环境建设规划”，开展了103个全国重点生态环境工程示范县建设。

四、推动减灾国际合作与交流

中国积极参与国际减灾领域有关活动，重视减灾国际交流与合作。国际减灾十年期间，中国主办和参加各类国际减灾会议共50多次，参会人员1200多人次。中国政府组织召开了一系列的减灾国际会议和培训活动。1993年6月和1999年6月，中国与联合国开发计划署共同召开两届“灾害管理国际会议”，讨论预防和减轻自然灾害的有效途径，1996年举办了“第三届发展中国家地震学与地震工程培训”。1997年11月中美两国政府在北京联合召开“中美减轻自然灾害研讨会”，介绍两国的自然灾害状况，交流减灾经验和减灾科学技术进展，探讨未来中美两国在减灾领域的合作前景与方向。中国还与有关国家和地区开展了减灾科学和工程项目的合作。1998年2月，四川省自贡市被选为联合国减灾十年委员会参加“防御城市地震灾害的危险性评价工具”实例研究计划的九个城市之一。

中国的减灾工作还得到了国际社会的广泛支持和大力帮助。1996年丽江地震、1998年长江、松花江、嫩江特大洪水等严重灾害中，许多友好国家、组织和人士都给予帮助。我们对于发生严重灾害的国家和地区也给予力所能及的帮助。此外，中国政府还加强减灾科学技术研究，广泛应用科技手段减灾；通过各种方式进行减灾宣传教育，提高全民减灾意识和技术水平，充分调动各种社会力量进行减灾等等。

(方志勇)

【中国国际减灾委员会】

联合国国际减灾十年活动结束后，我国积极支持联合国继续开展后续减灾行动，把减灾工作作为一项长期的、战略性的工作开展下去。根据我国减灾工作的需要和响应联合国有关决议，国务院于2000年10月将中国国际减灾十年委员会更名为中国国际减灾委员会。其主要任务是：研究制定国家减灾工作的方针、政策和规划，协调开展重大的减灾活动，指导地方开展减灾工作，推进减灾国际交流与合作。新的减灾委由国务院各部委、社会团体和军队共30个成员单位组成，其办公室设在民政部，主任由民政部救灾救济司司长担任，负责减灾委的日常工作。

中国国际减灾委员会现任主任为中共中央政治局委员、国务院副总理回良玉。

中国国际减灾委员会成立以来，紧紧围绕我国减灾工作的基本目标和任务，全面贯彻落实减灾规划，主要开展以下几个方面的工作：

一是建立和完善灾害预测会商制度，对灾害进行科学规范的监测预报，及早防范重大自然灾害。2000年以来，减灾委每年组织参与重大自然灾害预测会商会，对我国自然灾害发生趋势作出长期和中期预测，为国务院和地方各级政府进行减灾救灾决策提供了依据。

二是加强减灾宣传教育，提高民众减灾意识和技能。减灾委与地方政府和国际减灾机构合作，举办灾害管理培训班，介绍灾害和防灾自救的基本知识，提高灾害管理人员及中小学教师的减灾意识和自救能力。组织专家编撰《山地灾害与减灾培训教材》（中英文稿）及其他宣传册子、传单和挂图等材料。编辑出版《中国减灾》杂志（中英文）；编辑发行《中国减灾通讯》，广泛宣传我国减灾的方针政策及各项减灾工作。2002年召开减灾经验交流会，山地灾害严重的12个省市的代表参加会议，重庆、江西、云南等代表分别介绍了构建防灾减灾体系和确保人民生命财产安全的经验。此外，每年国际减灾日还举办相应的宣传纪念活动。

三是举办救灾抢险演练，完善落实救灾应急预案，全面提高我国灾害紧急救援能力。减灾委与山东省政府合作，于2002年7月16日在山东省泰安市东平县进行了“救灾应急预案演练”，模拟东平湖出现险情，湖区3万多群众急需转移，县政府决定启动救灾应急预案，筹集交通设施、救灾物资等，将受到灾害威胁的群众转移到安全地带，并保障其基本生活。11月初，减灾委与联合国开发计划署、重庆市政府合作，在重庆合川市举行“中国重庆山地灾害抢险救灾现场演练”。设计背景为：连日降雨，曾发生过滑坡的大庙村出现新的滑坡迹象，对63户群众512人及一所小学300名师生共800余人的生命财产安全构成严重威胁。演练内容是灾害来临，政府有关部门如何组织救灾与转移安置灾民。通过演练使政府灾害管理部门明确职责、履行程序、通力协作，提高了灾害应急能力；公众对灾害和减灾也有了更深的认识。

四是加强科学技术在减灾中的应用，提高减灾效益和整体水平。（1）推动环境与灾害监测小卫星星座的研制。减灾委与国防科工委等有关部门积极协调，经过多方论证，国务院2002年批准环境与灾害监测小卫星星座立项。目前，卫星正在研制中。同时，减灾委注重卫星数据地面接收处理系统的建设以及卫星应用技术的研究，使卫星与地面系统“天地一体化”同步协调发展，以确保卫星发射后能及时投入应用，发挥效益。（2）国家减灾中心建设。2002年4月，中编办正式批准成立国家减灾中心。减灾办即着手组织筹备工作，邀请部分院士、专家及灾害管理人员就减灾中心的内设机构和职能定位进行广泛的论证，拟定国家减灾中心的技术系统总体方案；执行有关设备采购、技术合作与培训；确定减灾中心系统应用、灾害监视跟踪、灾害分析评估以及减灾辅助决策，紧急救援等。

五是强化国际合作，全面推进我国的减灾工作。2001年联合国开发计划署与减灾办签署协议，共同合作开展减灾项目，目的一是进一步实施《减灾规划》，二是在中国建立一个快速、高效的灾害信息管理系统。减灾办及时组建项目管理办公室，协调有关专家实施项目。2002年7月，民政部与法国政府签署“中法合作建立中国自然灾害紧急救援与培训系统合作项目”协议，法国政府向我国提供2000万法郎的无偿援助，用于民政部国家减灾中心和湖北省备灾中心建设，建立自然灾害紧急救援与培训系统。

（方志勇）

【减灾规划】 1998年减灾委牵头，组织有关部门和专家，在充分调查研究，总结我国减灾工作的基础上，按照《中华人民共和国国民经济和社会发展“九五”计划和2010年远景目标纲要》提出的总任务和总方针，制定了第一部国家有关减灾工作的《中华人民共和国减灾规划（1998－2010年）》，明确了我国减灾工作的指导方针、主要目标和任务。

减灾工作主要目标是通过建设一批对国民经济和社会发展具有全局性、关键性作用的减灾工程，广泛运用减灾科技成果，提高全民减灾意识和知识水平，建立比较完善的减灾工作运行机制，减轻各种灾害对国民经济和社会发展的影响，使灾害造成的直接经济损失率显著下降，人员伤亡明显减少。

一、减灾工作的指导方针

为国民经济和社会发展服务；

坚持以防为主，防抗救相结合；

把握全局，突出重点；

充分发挥科学技术和教育在减灾中的作用；

调动一切积极因素；

加强减灾国际交流与合作。

二、减灾工作主要任务

按照国民经济和社会发展总任务、总方针，围绕国民经济和社会发展总体规划，加速减灾的工程和非工程建设，完善减灾运行机制，提高我国减灾工作整体水平，推进减灾事业的全面发展。

三、减灾工作主要措施

进一步确立减灾在保障国民经济和社会发展中的基础地位；

明确减灾工作重点；

逐步完善国家减灾管理机制；

充分利用现代科学技术，提高国家综合减灾能力；

加强减灾法制建设；

拓宽资金来源渠道，增加减灾投入。

（方志勇）

【国家减灾中心】 2002年4月，中编办正式批准成立国家减灾中心。减灾中心的主要任务是，评估、分析重大自然灾害的发生和发展情况，向减灾委有关成员单位及国务院提供重大自然灾害的灾情预测、灾情评估和减灾辅助决策信息服务；建立国家综合减灾信息系统，汇集和分析处理国内外的减灾信息，实现减灾信息共享；为地方政府开展减灾行动提供重大自然灾害的灾情预测、灾情评估和减灾辅助决策信息服务；为减灾委有关成员单位和国务院开展重大自然灾害紧急救灾工作，提供辅助决策意见；开展减灾宣传、人员培训、科学研究和成果推广等活动，并组织开展国际减灾交流与合作；组织有关方面开展跨部门、跨学科和跨地区的重大自然灾害的综合减灾研究及调研。

（方志勇）

【减灾卫星】 航天技术因其具备大范围、快速、客观地预防评估灾害的特点而成为防灾减灾的重要手段之一。目前，用于防灾减灾的卫星主要是对地观测卫星。卫星数据在防灾减灾中的作用主要包括：(1)灾害预报，以提前做好防灾准备；(2)及时了解灾情发展情况，为抢险救援方案的制定提供决策性支持；(3)灾害损失评估；(4)为防灾、减灾规划的制定提供历史与现状信息支持。我国已发射气象、资源、海洋卫星，可以实现对大气、陆地、海洋的立体观测，在一定程度上满足防灾减灾的需求。气象卫星已经成为我国天气分析预报、灾害性天气监测、气候分析与预测不可缺少的手段。资源卫星在灾情评估、灾害区域动态监测和管理及为防灾、减灾规划提供数据支持方面具备应用潜力。海洋卫星在海洋防灾减灾、海洋综合管理等方面可发挥重要作用。

经国务院批准，“灾害与环境监测预报小卫星星座”2002年正式立项。星座分两阶段建设，最终目标是要建成由4颗光学遥感小卫星、4颗雷达小卫星组成的星座，简称“4+4”方案。在“十五”期间，先建成2颗光学遥感小卫星、1颗雷达小卫星组成的星座系统，简称“2+1”方案，共计投资9.7亿人民币（不含卫星地面系统建设费和发射、测控费）。两颗光学小卫星采用相同的近中午太阳同步轨道，轨道高度约650公里，夹角180度；雷达小卫星采用晨昏太阳同步轨道，轨道高度约500公里。按此方案，对同一地区的平均重访周期为48小时，较好满足防灾减灾对“高时间分辨率”的要求，另外卫星上装有“成像光谱仪”，能满足对“高光谱分辨率”的要求，雷达卫星能满足全天候监测要求。“灾害与环境监测预报小卫星星座”的建成，可实现大范围、全天候、全天时、动态地对灾害和环境监测，做到对灾害和环境污染情况进行预报预警，并可对灾情进行快速评估。目前，3颗卫星正在紧张研制中，预计2005年左右相继发射，建成“2+1”方案减灾小卫星星座。

（方志勇）

【依法减灾】 依法减灾是依法治国方略的重要内容，是优化资源配置，提高灾害管理水平和效益的必然要求。依法减灾就是国家创设灾害管理(综合减灾)的法律法规体系,并且依此法律法规的规定来治理灾害。依法减灾是规范灾害治理的行动与过程,规范的灾害治理是依法减灾的目标与结果。依法减灾的要素:一是有法可依,二是依法行政,三是法律救济。

我国涉及减灾的法律法规主要有《水法》、《水土保持法》、《防洪法》、《农业法》、《种子法》、《草原法》、《森林法》、《防沙治沙法》、《野生动物保护法》、《动物防疫法》、《渔业法》、《进出境动植物检疫法》、《防震减灾法》、《传染病防治法》以及《基本农田保护条例》、《植物检疫条例》、《草原防火条例》、《森林防火条例》、《森林病虫害防治条例》、《植物保护条例》、《退耕还林条例》、《湿地保护条例》、《破坏性地震应急条例》、《地质灾害防治管理办法》等。目前尚无综合减灾的法律法规。

(方志勇)

【城市减灾】 各类灾害对城市产生影响,给城市造成损失。直接作用于城市的灾害主要有:地震与地质灾害、气象灾害、暴雨洪涝与水荒、火灾与爆炸、城市工业与高新技术致灾、公害致灾、城市生命保障线事故、交通事故等。城市的人为破坏、人为灾害严重,如城市火灾、交通事故、各类公共场所惨案、核安全事故、化学、工业污染。此外,城市灾害往往引发一系列的次生灾害。如城市地震引起火灾,洪水导致交通、通讯中断,重大城市灾害造成社会秩序混乱等。

保卫城市安全是21世纪城市建设的首要目标之一。我国城市现有快速反应及其应急体系包括119城市火灾报警系统、122城市交通报警系统、110城市匪警报案系统、120城市急救网络等,这些还不能满足城市减灾的需要。加强城市的综合减灾规划,包括防洪排涝、防震减灾、地质灾害防御、消防安全、建筑物安全、交通安全以及城市地下安全等。建立完善的全方位城市预警系统和应急预案,提高城市快速反应能力和紧急救援能力。

上海整合“测、报、防、抗、救、援”六方面减灾系统,织就一个覆盖全市,随时启动的减灾网络。2002年3月29日,由上海市主要领导担任组长的市减灾领导小组成立,统一领导上海的减灾工作,下设减灾领导小组办公室、市减灾专家委员会和市救灾应急指挥中心。上海市原有的5个市级抗灾救灾工作非常设领导机构在予以保留的前提下,归并为减灾领导小组下的灾种协调管理机构。4月1日上海试行《上海市灾害事故应急处置总体预案》,把灾害事故划分为19类25项,并制定了各灾种的分预案。编制《上海市灾害事故处置应急手册》,确定“条块结合、属地管理、专业救援、统一指挥、即报情况、跟踪落实”的应急处置原则。

日前北京市公布《建立北京市应急指挥系统研究》工作方案。方案中,北京将建立一个统一的市、区县(委办局)两级应急指挥系统,以快速应对各类突发事件。其九大子系统的研究内容分为:反恐和刑事案件、消防安全、交通安全、安全生产、突发公共卫生事件、防汛、抗震救灾、城市公用设施突发事件指挥系统的研究等多个方面。

(方志勇)

【联合国减灾奖】 联合国减灾奖(The United Nations Sasakawa Award for Disaster Reduction)由Sasakawa基金(Nippon基金前身)资助设立于1986年,宗旨是弘扬人道主义精神,增强弱势群体抵御自然灾害的能力。目的是表彰获奖者在减灾领域做出的杰出贡献。减灾奖每年由国际减灾战略秘书处负责组织评选,奖金为50,000美元,颁奖仪式在国际减灾日举行。1998年,联合国把该年度的“联合国灾害防御奖”授予中国国际减灾十年委员会副主任、民政部部长多吉才让和中国国际减灾十年委员会专家组组长、中国科学院减灾中心主任王昂生研究员,体现了国际社会对我国减灾工作的充分肯定。

(方志勇)

【《中国减灾》】 《中国减灾》杂志是中国国际减灾委员会办公室主办,国内外公开发行的综合性期刊,创刊于1990年。其办刊宗旨是:宣传我国减灾工作的方针政策和成就，交流灾害管理实践经验，特别是各地减灾救灾的新思路和新方法，推进减灾科技成果的应用和转化，增强全民减灾意识和技能，指导并推动我国减灾事业的发展。《中国减灾》主要栏目有热点追踪、人物点击、专家观点、减灾论坛、灾害信息、减灾动态、自救常识等。

（方志勇）

【《中国减灾通讯》】《中国减灾通讯》是减灾办经批准编辑发行的内部资料，主要目的是收集国内外减灾信息和资料，加强同减灾委成员单位、地方减灾机构和专家的沟通和信息交流。其主要栏目包括灾情信息、减灾行动、减灾科研动态、地方减灾、本期聚焦等。

（方志勇）

老年人社会福利

【老年人社会福利简况】

一、老年人社会福利在近年的发展

老年人社会福利的概念在近些年发生了较大的变化。在20世纪80年代以前，老年人社会福利事业是指各种为“三无”（无劳动能力、无生活来源、无法定义务赡养人或者扶养人）老年人提供救济、养住和生活照料服务的社会福利机构。从80年代起，随着“由救济型向福利型转变，由供养型向供养康复型转变，由封闭型向开放型转变”（简称“三个转变”）的提出，老年人社会福利机构开始突破传统的“三无”界限，大力开展自费住养业务。这使得老年人社会福利事业的内容向前迈进了一个新阶段。

从90年代开始，老年人社会福利工作的领域骤然扩大，无论是资金来源、资金分配、目标人群、服务方式以及服务的提供者等都发生了前所未有的变革，这种变革是在整个中国正处于社会转型时期和老龄化社会的来临大背景下发生的，而且这种变革仍然在快速的推进和演变之中，因此目前很难给出一个老年人社会福利准确的定义。但是，世纪之初，展望未来中国老年人福利事业的广阔前景，结合目前中国老年人社会福利事业的现状，中国的老年人社会福利事业是在政府领导下，在社会各方面力量的参与下，对于处在特殊困境下的无劳动能力、无生活来源、无法定义务赡养人或者扶养人的老年人和那些生活不能自理、家庭无力照顾的老年人以及部分生活在家庭的老年人所提供的供养、医疗、康复、娱乐和教育等方面的服务体系。

二、现阶段发展老年人社会福利事业的指导思想、基本目标和总体要求

指导思想：立足我国社会主义初级阶段的基本国情，以邓小平理论和“三个代表”重要思想为指导，在供养方式上坚持以居家为基础、以社区为依托、以社会福利机构为补充的发展方向，探索出一条国家倡导资助、社会各方面力量积极兴办社会福利事业的新路子，建立与社会主义市场经济体制和社会发展相适应的社会福利事业管理体制和运行机制。

基本目标：到2005年，在我国基本建成以国家兴办的社会福利机构为示范、其他多种所有制形式的社会福利机构为骨干、社区福利服务为依托、居家供养为基础的社会福利服务网络。各类社会福利机构的数量和集中供养人员的数量每年以10%左右的速度增长，尤其是老年人社会福利机构的数量有较大增长；城市中各种养老服务机构床位数达到每千名老人10张左右，普遍建立起社区福利服务设施并开展家庭护理等系列服务；农村90%以上的乡镇建立起以“五保”老人为主要对象，同时面向所有老年人、残疾人和孤儿的社会福利机构。

总体要求：一是投资主体多元化。从我国的国情出发，采取国家、集体和个人多渠道投资方式，形成社会福利机构多种所有制形式共同发展。二是服务对象公众化。除确保国家供养的“三无”对象等特殊困难群体的需要外，要面向全社会，拓展服务领域，扩大服务对象范围和覆盖面，并根据服务对象的不同情况，实行有偿、减

免或无偿等多种服务。三是服务方式多样化。社会福利机构和社区除集中养老外，应发挥多种服务功能，为家庭服务提供支持。要大力发展社区福利服务设施和网点，建立社区福利服务体系。四是服务队伍专业化。要逐步提高社会福利服务队伍的专业化水平，制定岗位专业标准和操作规范，实行职业资格和技术等级管理认证制度；加强该工作领域的系统专业教育、在职教育及岗位技能培训；建立并完善学科建设和教材体系；大力倡导志愿者服务。

三、老年人社会福利事业发展现状

目前，中国已经形成了一个以《中华人民共和国宪法》为依据，由相关法律组成的保护老年人，包括处在特殊困境下的老年人合法权益的法规体系。近年来，在党和政府的关心与支持下，各级民政部门围绕自己所承担的指导老年人权益保障工作的职能，建立健全了保护特困老年人基本生活权益的社会保障网络，通过推进社会福利社会化和推广社区服务，开辟了老年人福利服务事业的新领域，逐步形成了以国家、集体兴办的老年社会福利机构为骨干，以社会力量兴办的老年社会福利机构为新的增长点，以社区老年人福利服务为依托，以家庭养老服务和保障为基础的具有中国特色的老年人社会福利服务体系。

（一）处在特殊困境下老年人的法律保护。中国关于保护处在特殊困境下老年人合法权益方面的法律法规，是我国老年社会福利事业存在和发展的基础。《中华人民共和国宪法》规定“中华人民共和国公民在年老、疾病或者丧失劳动能力的情况下，有从国家和社会获得物质帮助的权利”。在《民法通则》、《中华人民共和国刑法》和《中华人民共和国婚姻法》等有关法律中都有保护老年人合法权益的明确规定。1996年，《中华人民共和国老年人权益保障法》正式颁布实施，这是中国第一部专门保障老年人合法权益的法律，它的制定和实施，进一步丰富、健全了我国现行的法律体系。《中华人民共和国老年人权益保障法》在家庭赡养和扶养、社会保障、参与社会发展、法律责任等方面对老年人应有的权利做出了明确规定，为实现“老有所养、老有所医、老有所乐、老有所学和老有所为”提供了法律保障。1994年国务院颁布了《农村五保供养工作条例》，标志着我国的农村五保工作走上了法制化和规范化的轨道，为处在特殊困境下农村老年人合法权益的保护提供了制度保障。

（二）处在特殊困境下老年人基本生活权益的社会福利保障网络。社会福利机构的建立和发展维护了处于特殊困境之中的老年人的生活、教育、医疗和康复等方面的基本权利。截至2001年底，全国共有老年人福利机构近5万家，床位数总计120万余张，共收养老年人86.2万余人。其中：

——国家办养老机构（含综合性社会福利机构）1390个，床位数12万张，共收养城市无劳动能力、无生活来源、无赡养人和扶养人的老年人和自费代养老人7万余人；

——乡镇敬老院3.5万家，床位数96.7万张，收养人员68.6万人；

——街道办敬老室、托老所1.1万个，床位数约10万张，收养老人近9万人；

——社会力量投资兴办的养老机构815家，床位数约3万张，收养老人1.6万人。

为了加强对社会福利事业单位的管理，规范服务，完善设施，提高水平，各地民政部门对社会福利事业单位实行等级管理，1993年，民政部制定了《国家级福利院评定标准》。1997年，民政部制定了《农村敬老院管理暂行办法》，明确规定了敬老院的办院方针、原则和办院形式，使敬老院工作走上了法制化的轨道。1999年至今，民政部相继颁布了《老年人建筑设计规范》、《社会福利机构管理暂行办法》、《社会福利机构基本规范》、《社会福利机构区域设置规划》、《养老护理员国家职业标准》等重要文件，使该领域的相关法规、规划建设日趋完善。

（三）老年社会福利事业的新领域——社区福利服务。长期以来，我国老年人的服务方式主要有两种：一种是家庭服务，主要是依靠家庭成员来帮助老年人的晚年生活；另一种是集中服务，主要是以社会福利院和敬老院为依托，为孤寡老人服务。近几年，民政部门以社区服务为依托，并致力于推广社区老年人福利服务事业，形成了一定的规模体系，开辟了老年人社会福利事业的新领域。从2001年起，民政部开始在全国实施“社区老年福利服务星光计划”，该计划作为老年人社会福利事业社会化的重要手段，将对加快整个老年人社区照料和服务体系的建立起到极大的推动作用。

【老年人社会福利机构】 这是指由国家、集体、社会组织、个人等在城镇和农村举办的收养“三无”老年人和为其他老年人提供以住养为主要服务的单位，包括社会福利院、老年人福利院、敬老院、光荣院、荣誉退伍军人疗养院以及各种性质的老年公寓等。除了住养的功能外，老年人社会福利机构通常还有医疗、康复、娱乐以及向社区辐射等功能。

（孟志强）

【老年人建筑设计规范】 1999年5月14日，建设部、民政部联合发布了《老年人建筑设计规范》，这是我国第一部专门为老年人建筑制定的行业性强制设计标准，对于规范老年人社会福利机构的设计和建设发挥了重要作用。

（孟志强）

【社会福利机构管理暂行办法】 1999年12月30日，民政部19号部长令发布了《社会福利机构管理暂行办法》。《办法》对社会福利机构的性质、宗旨、申办程序、开办条件和内部管理等都作出了明确规定，为社会各界兴办社会福利事业提供了法律依据，将社会福利事业的发展纳入了法制化、规范化的轨道。

（孟志强）

【老年人社会福利机构基本规范】 《老年人社会福利机构基本规范》是民政部于2000年颁布的强制性行业标准，该《规范》对各种类型的社会福利机构在服务、管理和设施设备等方面提出了行业准入的最低执业要求，是社会福利机构执业所必须具备的标准，它的颁布实施，弥补了我国社会福利事业法规和标准建设上的又一空白，同《社会福利机构管理暂行办法》一起，为加强对社会福利机构的管理和监督、为促进我国的社会福利事业健康、有序发展奠定了坚实的基础。

（孟志强）

【养老护理员国家职业标准】 2002年国家级职业标准《养老护理员国家职业标准》（试行）颁布实施，该标准对养老护理员职业的活动范围、工作内容、技能要求和知识水平等都作出了明确规定，标志着我国老年护理的进一步专业化、科学化。

（孟志强）

【社区为老服务】 通过社区服务为居住在家中的老年人提供他们需要的服务，从而为老年人在家中养老提供支持。社区为老服务的主要内容有：为老年人提供生活照料服务。通过各种途径兴建老年公寓、小型福利院、敬老院、托老所等养老服务设施，为社区老年人提供收养服务；开展包户服务，由社区服务中心等实体组织志愿人员上门为老年人提供洗衣、洗澡、做饭、购物、家务、访谈等其它特殊服务；开办老年人食堂、浴室、理发店、婚姻介绍所、聊天站等设施，照顾本社区老年人的生活。

为老年人提供医疗、康复和保健服务。动员、组织社区内的医疗机构为老年人看病提供“三优先”（挂号、看病、取药）服务，定期为老年人体检；一些医疗和福利机构利用自身优势，创办老年病院，在社区开设老年门诊、家庭病床、家庭医疗咨询站等，常年为体弱多病和伤残老年人服务；各社区服务设施普遍购置健身康复器材，开展老年人保健运动和养生讲座。为老年人提供文体娱乐和再学习的条件。目前，各地社区服务中心、老年人活动站通过举办老年学校、老年兴趣小组，开展多种多样的文体娱乐活动，引导老年人适应老年生活，愉快而平静地安度晚年。

组织老年人投身社区服务，实现老有所为。在社区服务中，老年人群体已成为一支最富有生机的志愿者队伍，他们积极投身社会公益事业，成立各种老年协会，开展互帮活动，以老助老。

（孟志强）

【五保供养】 五保供养是指对符合规定的村民，在吃、穿、住、医、葬方面给予的生活照顾和物质帮助。五保供养的对象是指符合下列条件的老年人、残疾人和未成年人：(1)无法定扶养义务人；(2)无劳动能力的；(3)无生活来源的。在供养方式上主要采取集中供养和分散供养两种。敬老院是农村集中供养"五保"对象的社会福利机构。截至2001年底，我国共有敬老院3.5万个，床位数96.7万张，收养"五保"老人68.6万余人，人均供养经费1996.5元；分散供养的"五保"对象186万人，人均供养经费930元。

（孟志强）

【农村社会福利中心】 不少农村敬老院，在保证"五保"供养的同时，把收养对象扩大到社会老人、残疾人、孤儿和弃婴，把服务范围扩大到入户服务，逐步把敬老院建设成为农村综合性、多功能的社会福利中心，增强了集体福利机构的生存与发展能力，在一定程度上满足了社会对不同层次的福利服务的需求，有力地促进了农村社会福利事业的发展。

（孟志强）

星光计划

【社区老年福利服务星光计划】 社区老年福利服务星光计划简称"星光计划"。

一、"星光计划"实施背景及宗旨

人口老龄化是我国国民经济和社会发展面临的重大问题。我国是在经济尚不发达的条件下进入人口老龄化社会的，完整的社会保障体系还没有建立起来，国家没有足够的财力来应对众多老年人的养老需求，建立以居家为基础，依托社区的养老服务体系是我国的必然选择。广大老年人居住在家庭，生活在社区，加快发展社区老年福利事业，尽早建设一大批立足社区、面向老人，小型分散、方便实用，星罗棋布、形成网络的老年福利服务设施和活动场所，建立健全社区老年福利服务体系，是贯彻江泽民总书记"三个代表"重要思想的实际行动，是关系亿万老年人切身利益、关系"两个"文明建设、关系改革发展稳定大局的一件大事，对于加快老龄事业的发展，促进社区建设，推动社会福利社会化进程，具有重要意义。为此，民政部决定，从2001年起开始在全国范围内实施"社区老年福利服务星光计划"，该计划预计共实施3年。

2001年5月，民政部制定并下发了《"社区老年福利服务星光计划"实施方案》，《方案》提出，今后2－3年，从中央到地方，通过发行福利彩票筹集的福利金，绝大部分（约40－50亿元）用于资助城市社区的老年人福利服务设施、活动场所和农村乡镇敬老院的建设，如果加上地方配套资金和社会力量投入以及街居自筹，资金总投入额预计将达到100亿元。在全国实施"星光计划"的总体要求是，立足我国社会主义初级阶段的基本国情，以满足社区老年人的需求为出发点，以福利金的资助为手段，充分依靠区、县政府的组织领导，广泛动员社会参与，大力挖掘社区资源，建立和完善社区老年福利服务网络，为居家养老提供支持，为社区照料提供载体，为老年人活动提供场所。"星光计划"项目应当从满足社区老年人的急需入手，逐步拓展项目，扩大服务内容。社区居委会的站、点和街道的中心要相辅相成，互成网络，服务内容要逐步覆盖住养、入户服务、紧急援助、日间照料、医疗康复、文体娱乐等多种项目。入户服务的内容要逐步覆盖家务整理、生活照料、送餐服务、陪护服务等方面，并通过入户服务，为老年人建立福利服务档案，为有需求的老年人提供方便快捷的服务。同时，适当兼顾面向残疾人和孤残儿童的服务功能。

二、"星光计划"实施状况

在"星光计划"实施过程

中,各地民政部门调动和发挥多方面的积极性与创造性,在保证实现"星光计划"项目建设、管理和运营的有机结合,大力拓展"星光老人之家"的服务功能,加大宣传力度、扩大社会影响等方面,进行了卓有成效的探索与尝试,创造出了许多新的做法,积累了一些新的成功的经验。主要有:

1.制定管理办法,规范运作程序。各地在实施"星光计划"过程中纷纷研究制定出台了一些管理办法和操作规程,对实施"星光计划"的领导机构、责任主体、项目申报、项目审批、资金拨付、项目验收以及项目建成后的管理运营等作出明确规定,有力地保证了"星光计划"顺利有序实施。

2.精心组织、认真实施。各地党委、政府对实施"星光计划"十分重视,民政部门在党委政府领导的直接关怀和过问下,计划周密,组织得力。各地通过认真调查摸底,对"星光计划"项目的选点、布局、建筑(改造)设计、筹建、审批、资金投放、功能设置、施工质量、验收等各个环节进行严格的审查把关,对"星光计划"与社区建设的有机结合等方面提出具体要求。省厅和地市主管领导及具体负责同志经常深入现场,落实项目建设场地,检查施工质量,督促施工进度,解决建设中的难题,从而使项目建设真正落到了实处。许多省份对项目严格把关,民政厅(局)派专人下去与地市的同志一道现场办公,对申报项目的位置图、外观效果图、内部结构图、功能设置、资金预算报告、土地使用证明或协议书、是否符合《老年人建筑设计规范》、施工队伍资质等情况逐一进行认真审查,确保了建筑质量和建设标准。

3.建管结合,认真研究和探索"星光老人之家"的管理运营模式。在前两批"星光计划"项目建成,第三批"星光计划"项目在建时,各级民政部门就十分重视对"星光计划"项目管理和运营的研究,以确保项目不仅能建得成,而且能够管得住、用得上、用得起、用得久。天津市率先在首批建成的项目中选择有代表性的"星光老年之家"进行管理和运营模式的试点探索,聘请专家与实际工作者合作,进行跟踪调查研究,从中总结出适合本市实际情况的多种行之有效的模式加以推广。许多地方加强与学术界、理论界的合作,邀请科研机构、大专院校的专家学者组成课题组,共同探讨"星光老年之家"加快建设、加强管理的发展之道。各地结合本地实际,在管理和运营"星光老人之家"的实践中创造出了多种不同的模式:既有街道办事处或社区居委会直接经办并管理运营的传统模式,也有让基层老年自治组织(主要是老年协会)自我管理、自我服务的中介管理模式,还有按照"公办民营"思路,由企业或私人实行租赁或承包经营的市场运作模式,也有实行"政事分离",从一开始就依托社会福利机构进行建设、管理和运营的专业化服务模式,更有少数地区的"星光老年之家"委托企业、开发商或物业公司按照连锁店的方式进行建设、管理和运作,实行集约化的经营管理模式,等等。

三、成就

截至目前,"星光计划"前两批项目已经顺利实施完毕,共建成各种类型的"星光老年之家"2万个,投资总额近70亿元,覆盖全国所有大中小城市。按照"星光计划"总体目标和实施步骤要求,第三批"星光计划"的实施重点将转向县(包括县级市、自治县、旗)政府所在城镇老年福利设施和场所的建设上,同时兼顾一部分乡镇敬老院的改扩建,目标是为县城镇和农村的老年人提供一批综合性、多功能的福利服务设施和场所。

根据各地上报的计划,全国第三批"星光计划"预计建成项目总数6000多个,投资总额46亿元。

(孟志强)

孤残儿童社会福利

【孤残儿童】 我国的孤残儿童主要是指因天灾或由于不可预测事故失去双亲的孤儿、查找不到生父母的1周岁以内的儿童。一般不包括14周岁以下符合国家规定的残疾标准的儿童。政府通过颁布实施中华人民共和国《宪法》、《婚姻法》、《未成年人保护法》、《残疾人保障法》、《收养法》、《教育法》、《预防未成年人犯罪法》等法律,对孤残儿童予以法律保护。

(李　浩)

【孤残儿童社会福利简况】

一、建国以来孤残儿童福利政策的演变

1951年5月,内务部在全国城市救济福利工作会议上提出:"在必要和可能条件下,适当地举办和改进有利于人民的社会福利事业。"

1953年,第二次全国民政工作会议上通过的《第二次全国民政会议决议》在"关于农村救济和城市救济"的章节中指出:"对无依无靠、无法维持生活的残老孤幼,予以必要的救济。……生产教养院应收容教养无依无靠、无法维持生活的残老孤幼,不应不分对象地乱收,……对收容的学龄儿童应采取半工半读的办法,施以初等文化教育和可能的技术教育。培养其自谋生活的能力。"

1963年3月,内务部、教育部联合发出《关于加强儿童福利单位的教育工作的联合通知》,指出:"各地民政部门领导的儿童福利单位是救济性质的,也是儿童教育事业的一部分。"

1979年11月,民政部召开了全国城市社会救济福利工作会议。会议对各种收养对象制定了不同的方针。对学龄儿童,实行教与养结合,使他们在德智体几方面得到全面发展,成为有社会主义觉悟的、有文化的劳动者。对婴幼儿,以保育为主,在养好的基础上,搞好学龄前的教育,使婴幼儿身心健康成长。对残疾儿童,实行养、治、教相结合,尽可能给予矫治和锻炼,并施以适当的文化和职业技能教育,为其将来就业积极创造有利条件。从这次会议开始,各地社会福利事业单位逐步开展了自费收养业务。

1983年4月,民政部在第八次全国民政工作会议上指出:"兴办城市社会救济和社会福利事业,要调动各方面的力量,广开门路,采取多种渠道。国家可以办,社会团体可以办,工厂、机关可以办,街道可以办,家庭也可以办,逐步形成有我国特色的社会福利事业。"

1984年,民政部在福建省漳州市召开了全国城市社会福利事业单位改革整顿工作经验交流会议。这次会议进一步提出"解放思想,勇于改革,因地制宜,依靠社会力量,积极发展城市社会福利事业,全心全意为孤老残幼服务"的业务指导思想,并制定了社会福利事业实现"三个转变"的发展战略和改革方向:一是从单一的、封闭的、国家包办的体制转变为国家、集体、个人一起办的体制,面向社会多渠道、多层次、多形式地举办各种社会福利事业。二是从救济型转变为社会福利型。要克服单纯恩赐观点,不仅要解决休养人员的温饱问题,而且要丰富他们的精神生活。三是从单纯供养转变为供养与康复并重,积极开展社会福利事业单位的康复活动。会议提出,要积极创造条件,开展自费收养工作。在做好城市"三无"孤老残幼、精神病人收养工作的前提下,采取收费办法,收养城市中包括家庭无力照管的残疾儿童在内的有关人员。

1989年5月,民政部在湖南湘潭召开了全国城市社会福利事业单位深化改革工作座谈会。会议要求社会福利事业单位深化改革,提高效益,增强活力。会上,张德江副部长在工作报告中指出,社会福利事业单位要增加服务内容,"我国社会福利单位有限,孤老残幼众多。国家无力大包大揽。要做好这一群体的安置工作,必须坚持集中收养和分散收养并举的原则。除少数由国家办的社会福利事业单位集中收养外,大多数要依靠社区服务机构收养或代养;家庭代养或领养。已经由国家集中收养的孤老残幼,也可以根据福利院的实际情况,分散供养一部分,委托城乡有代养能力的家庭负责代养”。

1994年第十次全国民政工作会议之后,民政部根据社会福利机构收养对象的不同,开始对福利院实施分类管理。

2000年2月,经国务院批准,国务院办公厅转发了民政部等11个部门《关于加快实现社会福利社会化的意见》,指出:“儿童福利机构在今后一段时期仍以政府管理为主,也可吸纳社会资金合办,同时通过收养、寄养、助养和接受捐赠等形式,走社会化发展的路子。”同年4月,民政部在广东省广州市召开了全国社会福利社会化工作会议。民政部部长多吉才让在题为《积极推进社会福利社会化进程,加快发展社会福利事业》的工作报告中指出:推进社会福利社会化的基本思路之一就是“实现投资主体多元化、服务对象公众化、运行机制市场化、服务方式多样化和服务队伍的专业化与志愿者相结合”,“要充分利用家庭、社区福利服务网络和社会福利机构等载体,因地制宜地开展集中、分散、上门包户等多种形式的福利服务,形成社会福利服务的完整体系,满足不同人群不同层次的需求”。多吉才让还指出,要加大力度,进一步深化国有社会福利机构的改革。“要因地制宜地推广北京等地的经验,使家庭寄养成为儿童福利事业社会化的一条重要途径”。这是我国儿童福利事业从“重机构发展”到“以人为本”的重大转折。

2001年3月1日开始施行的民政部强制性行业标准《儿童福利机构基本规范》在“总则”中规定:“儿童福利机构的宗旨是:以科学的知识和技能维护儿童基本权益,帮助儿童适应社会,促进儿童自身发展。”

二、儿童福利院的发展

我国的儿童福利事业,是在新中国成立后逐步建立和发展起来的。随着历史的前进和社会的发展,儿童福利院经历了由不定型到定型的发展过程。这一过程分三个阶段:

一是建国初期,这一时期的儿童福利院大都是从国民党时期的“育婴堂”等慈善机构接管的,收养的主要是旧社会留下来的大量弃婴、孤儿和流浪儿童,孩子与收容的孤寡老人、残疾儿混在一起。

二是1954－1958年,这一时期的孤儿、流浪儿、顽劣儿童的收容开始与孤寡老人、残老等分开,单设单办,单独成为儿童教养院,已含有儿童福利院的性质,但仍未形成儿童福利院的形体,主要还是收容改造顽劣儿童与收容流浪儿童,没有主动、大批收养孤儿。

三是1958年以后,儿童福利院单独设立,专门收养孤儿、弃婴、残儿,把顽劣儿童、有劣迹的社会流浪儿童另行收入工读学校改造教育。至此,儿童福利院开始定型定向,初步确立了“教养结合”的办院方针。1978年党的十一届三中全会以后,儿童福利院的发展进入了复苏时期。现阶段我国儿童福利机构主要收养孤残儿童,同时也开展自费收养业务,主要代养社区内家庭照管困难的残疾儿童。

三、孤残儿童的养护

现阶段解决孤残儿童养护问题采取的主要措施是:在有条件的地方,举办社会福利设施集中收养孤儿、弃婴;在条件尚不具备的地方,采取分散寄养的形式。部分儿童被合法收养。此外,各地正在进行非机构养护模式的探索和实践。

(一)机构照料。目前,我国孤残儿童养育方式主要还是以机构照料为主,但是这种照料方式随着“以人为本”理念的逐步深化而处于积极稳妥的变革中。机构照料的形式分为三类:一类是院舍型的儿童福利机构,如儿童福利院、儿童村等,它们的主要职能是对孤儿进行院舍照顾,并使其享有受教育的权利;另一类是康复型的儿童福利机构,如各类残疾儿童康复中心等,它们的主要职能是对那些可以康复的残疾儿童实施治疗和康复,使其减轻残疾程度,回归社会;再一类是教育性的儿童福利机构,如残疾儿童寄托所、特殊教育学校和孤儿学校等,它们的主要职能是使各类残疾儿童受到足够的教育,增强他们的生活和劳动能力。以上社会福利设施给孤儿、弃婴提供了良好的收养、医疗、康复和教育服务，直至他们长大成人，给他们安排工作，帮助他们成家立业。对痴呆和重残儿童则实行终身供养。

截至2002年底，全国城乡共创办各类社会福利机构3.8万个，其中有近600个机构直接为儿童提供院舍照顾。此外，全国各地还兴办了康复中心、弱智儿童培训班等社区孤儿、残疾人服务组织近万个。

（二）收养。家庭收养是孤儿重返家庭、融入社会的最佳途径，其目的是使更多的孤残儿童得到家庭的温暖，实现在家庭生活的权利。无论是国内收养还是涉外收养，中国政府都充分考虑儿童的利益，把一切为了孩子作为收养工作的根本宗旨。

（三）家庭寄养。根据中国的实际情况并借鉴国际社会的经验，近年来我们正在探索儿童照顾从机构供养到家庭寄养的道路。家庭寄养是把失去家庭的孤残儿童托养在一个家庭的儿童养育方式。儿童福利机构于所在地区经调查了解和审查评估后，将院里的孤残儿童委托给那些各方面条件较好，并且自愿申请为儿童福利机构代养孩子的家庭进行养育看护。福利机构同寄养家庭签订协议，按一定标准给付家庭孩子的生活费和其它费用。寄养期间，被寄养儿童原来的法定监护人和户籍均不变更。寄养时间随双方协议的终止而终止，对因家庭变故等原因不宜继续寄养的，儿童福利机构有权单方面终止寄养协议。助养指的是个人、家庭或单位意向、非意向地自愿为儿童福利机构扶养的孤残儿童、弃婴(数量不限)一次性或按年、月捐助一定费用，节假日可将孩子接到家中团聚，被助养儿童的法定监护人仍为民政部门。实践证明，家庭寄养和助养等方式符合儿童成长规律，对于塑造儿童健康心理和性格，具有重要作用。可以预见，随着社会进步和人民物质文化生活水平的提高，家庭寄养和助养的数量将会不断增加。

（四）社区照料。今后，儿童福利机构要以帮助儿童回归家庭、回归社区、回归社会为最终目标，积极为儿童寻找收养、寄养、代养、助养家庭和在儿童福利机构内部实行家庭式照顾，要成为能够以科学的知识和技能维护儿童基本权益、帮助儿童适应社会、促进儿童自身发展的专业化社会福利机构，要面向社区，为社区内有残疾儿童的家庭提供辅助、康复、特殊教育、文娱等多种服务。

四、孤残儿童福利事业的经费来源

中国收养孤儿、弃婴的经费主要来源于国家和集体，也有部分捐赠。国家各级财政每年按计划，保证福利机构与当地社会和经济发展水平相适应的各项支出。除此之外，政府从1987年开始，通过发行社会福利彩票来募集“扶贫、济困、扶老、助残”的相关费用，其中一部分用于儿童福利事业，有力地促进了孤残儿童福利事业的发展。

五、孤残儿童福利事业存在的问题

当前孤残儿童福利工作主要存在以下四个方面的问题：一是社会福利机构的收养压力增加。1998年以来，由于自然灾害、交通事故等非自然灾害和社会保障体系有待健全等因素，导致孤儿和弃婴数量增多，社会福利机构的收养量逐渐增大。举例来说，1999年由社会福利机构养育的孤残儿童45549人，2002年达到54549人，呈上升趋势。二是目前福利机构功能单一的缺点日益凸显。在新形势下，儿童福利机构的职能和工作重心要进行转变，应该由过去以集中供养孤残儿童为主转变为向社区残疾儿童和有需要的家庭提供服务，对从事特困儿童服务的工作者提供服务和培训，对尚未找到家庭或准家庭的孤儿、弃婴提供临时庇护。三是由于历史原因，儿童福利机构的工作缺乏社会工作的介入，今后应该加强社会工作在孤残儿童福利领域的介入，着力培养一支高素质的儿童福利服务队伍。四是国家社会保障和社会福利体系尚不健全，尤其缺乏对社区内有残疾儿童家庭的经济扶助。这在一定程度上导致了弃婴增多，也间接影响了孤残儿童融入社会和家庭。

六、孤残儿童福利事业的国际合作

1979年以来，民政部先后同联合国儿童基金会、英国救助儿童会、美国凯西儿童基金会、美国中国儿童医疗基金会等国际组织开展了卓有成效的项目合作。在项目合作中，我们引入儿童福利领域内相关的先进理念和技能，并结合中国实际加以利用。以保障儿童基本权益，实现儿童回归家庭和社会为宗旨，分别开展了宣传联合国《儿童权利公约》、残疾儿童社区康复、孤残儿童“类家庭”养育和家庭寄养、儿童福利机构员工有关专业知识和技能培训等主要活动，随着合作的不断深入，受益范围越来越广，受益人群越来越多。

在中国政府的关心支持下，在社会各界的积极参与下，我国在孤残儿童的生存、保护和发展方面做出了巨大努力，取得的成就受到联合国儿童基金会、联合国教科文组织和世界卫生组织等方面和有关人士的积极评价。

（李　浩）

精神卫生福利事业

【精神卫生福利事业简况】

精神健康是世界卫生组织对健康定义的重要内容之一。1996 年世界卫生组织制定了“国际精神卫生动员”的全球行动计划，精神卫生越来越受到世界许多国家的普遍重视，也日益引起全世界人们的广泛关注。我国在加快建立社会主义市场经济体制的过程中，随着生活节奏的加速、传统生活方式和价值观念的改变，社会生活中紧张因素、应激因素增加，使人们的精神、心理压力增大，精神疾病的发病率已由五十年代的2.7‰上升到13.47‰，精神病患者已达 1600 多万人，精神卫生问题已成为摆在我们面前的一个日趋严重的社会问题。

新中国成立后，在创建精神病院阶段，政府在大中城市只设置少量的精神病人收容所，主要是收治城市中流落街头的“三无”精神病人，这对医治旧中国遗留下来的创伤，维护社会秩序，起了一定的作用。1954 年政务院在《关于民政部门与各有关部门的业务范围划分问题的通知》中指出：“各革命残废军人学校、教养院以及生产教养院的精神病人，凡需要治疗的，由卫生部门指定医院接收治疗。对一时不能接收治疗的精神病人由当地卫生部门责成附近的医院协助院校予以经常治疗。”1956 年，国务院批转《湖北省人民委员会对精神病人的收容管理问题的请示》中规定：“精神病人是一种病态。为了便于对精神病人的治疗，精神病人的收容管理工作应当由各级卫生部门负责，其他部门协助。各级卫生部门对精神病人的治疗和收容管理工作，应当纳入整个工作规划之中，采取积极措施，适当增加现有精神病人住院的床位，以便争取在一定的时间内，由卫生部门把精神病人的收容管理工作接管过来。”当时民政部门的社会福利事业单位或是不收精神病人，或只限于是根据国务院的批示精神，只收那些无家可归、无依靠、无生活来源的精神病人，以配合卫生等部门开展工作。据统计，1956 年和 1957 年，全国民政部门收养“三无”精神病人分别为 6681 人和 5448 人。

在我国政府加强和发展精神卫生工作的阶段中，根据 1958 年全国第一次精神卫生工作会议精神，民政部 1959 年在湖北省沙市召开的现场会议上指出：民政部门的精神病院应首先把革命残废军人、复员军人、退伍军人中的精神病患者收容起来，对无依无靠、无家可归、到处流窜、影响社会秩序的精神病人也应及时收容起来，对那些病情严重，本人家属无力看管而没有条件进医院治疗的病人，也可以收容。1960 年内务部规定：“对医院久治无效、无家可归或者家庭无力照管的精神病患者，可以继续收容。”1961 年规定收容的对象是：“以收容无家可归到处流浪的精神病人为主，有条件的也可以酌情收容家庭无力照管的精神病人。”各地民政部门根据当地实际情况和湖北现场会议提出的“以精神病人较多的县、市或专区为单位，建立新的或扩充原有的精神病院，协同卫生部门积极把这项任务担当起来”的要求，举办了大批精神病院。据统计，1958 年民政部门举办的精神病院有 86 所，收养精神病人 7985 人。1963 年有 202 所精神病院，收养精神病人 17138 人。后来向公安部门交了几所，但到 1964 年仍然有 199 所精神病院，收养精神病人 16528 人。

在我国社会经济遭受严重挫折的“文化大革命”时期，精神卫生工作也受到了重大影响，民政部门的精神病院减少了一半，而且精神病院的管理工作处于瘫痪状态，治疗和康复工作无法进行。

十一届三中全会以后，精神卫生工作进入了恢复和重新发展的历史时期，各地民政部门对精神病院进行了整顿，恢复并重建了一批精神病院。据统计，1986 年全国有 118 所精神病院，收养精神病人 21347 人。这一时期的精神病院的康复工作也有了突破性进展，为精神卫生事业的发展做出了新的贡献。伴随着社会福利事业的改革、发展，民政系统的精神卫生工作也得到了长足发展，基本形成了以精神卫生福利院、复退军人精神病院、康复医院为资源核心，社区康复站为依托，家庭康复为基础的精神卫生预防、治疗、康复网络。

（王　萍）

【精神卫生福利机构】 民政部门举办的精神病人的福利机构，是社会福利事业的一个重要组成部分。它同一般精神病院的区别在于，收治对象是无法定抚养人和赡养人、无劳动能力、无生活来源的“三无”精神病人、复员退伍军人中的精神病人和特困精神病患者，主要采取的是一种救助与救济相结合的服务模式。从全局来说，精神卫生福利事业，与全国精神卫生工作相互连接，是涉及人民健康和社会管理的一项重要工作。

一、精神卫生福利机构的数量

截至 2001 年底，全国共有精神卫生福利院 127 家，复退军人精神病院、疗养院 73 家，床位2.7万多张，共收养收容各类精神病人3.78多万人。此外，还建立了社区精神病人医疗站 1300 多个，家庭康复病床 16000 多张。民政精神卫生福利工作作为我国整个精神卫生工作的一部分，对促进全体社会成员的身心健康和我国卫生事业的发展做出了应有的贡献。

二、精神卫生福利机构的管理方式

为了规范管理制度、强化管理手段，江苏省、北京市等部分省、自治区、直辖市制订了一些福利院等级评定标准。在此基础上，1993 年 3 月，民政部制订并下发了《国家级福利院评定标准》。在该《标准》中，对福利院的规模、功能、管理、质量等方面都作了明确的规定，如国家级福利院床位总数必须在 150 张以上，并有一支适应工作需要的专业化队伍。

各级精神病院在争创省一级、国家二级福利事业单位活动中，以改革管理体制带动了全院各项工作的发展。在领导体制上，调整、充实了领导班子，推行和逐步建立了院长负责制；在制度建设上，建立健全了以岗位责任制为主要内容的各项规章制度；在用工制度上，实行了目标承包责任制；在干部制度上，搬掉“铁交椅”，实行聘任制；在分配制度上，实行将工资、奖金及岗位津贴与任务和效益挂钩，破除“大锅饭”，实现了按劳取酬，从而实现了管理工作的制度化、系统化和科学化。

三、精神卫生福利机构的职工状况

截至 2001 年年底，全国精神卫生福利机构职工共有 3 万人。其中，收容“三无”对象的福利医院职工为1.2万人，收养复退军人的精神病院的职工为0.8万人。所有在院职工中，约 2/3 的为医护人员，1/3 的为管理人员，这种人员比例状况为做好精神卫生福利事业奠定了良好的人员基础。

四、精神卫生福利机构的经费

精神卫生福利机构的发展主要依靠国家政策性拨款或全国财政拨款或各种基金会的捐款。2001 年，国家在精神卫生福利事业上的财政投入为4.8亿元，这笔投入不仅要支付精神卫生福利机构的基础设施的维修、维护，还要保障所有职工的基本工资及收养收容人员的生活费用。相比较而言，这笔钱显然是杯水车薪。因此，精神卫生福利机构经费紧张一直是困扰其发展的重要问题。

五、精神卫生福利机构的改革

民政部为推动社会福利事业的发展，一直在积极探索市场经济条件下发动和依靠社会力量发展社会福利事业的新途径。经过几年的探索与实践，形成了推进社会福利化的基本思路，即：实现投资主体多元化，服务对象公众化，运行机制市场化，服务方式多样化和服务队伍的专业化及与志愿者相结合。为了保障和促进社会福利社会化的实现，2000 年 4 月，国务院办公厅转发了民政部等十一部委《关于加快实现社会福利社会化的意见》，对多种社会力量兴办社会福利机构制定了一系列的优惠政策。为进一步加强对社会福利机构的规范管理，民政部制定并颁布了《社会福利机构管理办法》及《残疾人社会福利机构基本规范》，对社会力量参与兴办精神卫生福利机构和申请、登记、注册等工作程序及已办精神卫生福利机构的管理方式、服务标准、设施设备等方面都做了严格规定，为精神卫生福利的制度化、规范化建设奠定了良好的基础。

（王　萍）

社会福利生产

【社会福利生产简况】 社会福利生产是指国家、集体和社会各界为帮助残疾人劳动就业而组织的各项生产经营活动。从事社会福利生产的单位我们称之为社会福利企业。它是一种以安置残疾人就业为主要目的，且具有社会福利性质的特殊企业。50 多年来，全国各级民政部门根据我国国情，积极探索解决残疾人就业问题的有效途径，经过不懈的努力，终于开拓了一条具有中国特色的安置残疾人劳动就业的重要途径，这就是组织社会福利生产。

社会福利生产是随着共和国的诞生而组织发展起来的。当时，为了解决一大批烈军属、伤残军人和一些有特殊困难的城市贫民、残疾人的生活困难，为了巩固新生革命政权和社会稳定，内务部谢觉哉部长在各地举办的带有自救性质的生产单位的基础上，改造为以集中安置各类残疾人为主的福利生产单位。他从七个方面对这种福利生产作了高度概括和总结，在全国倡导和推广。在第四次全国民政会议上，明确肯定组织社会福利生产是安置有劳动能力的残疾人、带有社会保障性质的一项长期的福利事业，高度评价它是一种最好的组织形式。从此，福利生产从无到有，从小到大，全国从城市到农村，蓬蓬勃勃地迅速发展了起来，充分显示出其强大的生命力和积极作用。对残疾人的安置，不但在数量上有较大突破，而且采取多层次、多形式、多元化的形式兴办福利企业，形成了以市、县（区）直属福利企业为辅助的福利生产新格局。这是民政部门探索残疾人劳动就业途径的一大创造，也是谢觉哉部长主持内务部工作期间的积极探索，是他为我国残疾人事业发展和社会稳定所做的杰出贡献。党的十一届三中全会以后，民政部部长崔乃夫对福利生产高度重视，多次召开专题会议研究其发展。由于在政策理论、宏观指导、监督管理方面得到了加强，福利生产同其他民政事业一样获得了空前的发展。

第十次全国民政会议上，根据全国城乡福利生产蓬勃发展的大好局面，民政部部长多吉才让在讲话中适时提出了适应市场经济要求，积极推进福利企业改革与发展的新思路、新举措、新目标，明确了“九五”期间福利生产发展的重点任务，要求进一步加强对残疾人的就业指导，积极扶持发展福利生产，逐步建立集中与分散就业相结合的残疾人就业制度。探索扶持保护福利企业的新途径、新措施。加强对福利企业的宏观管理和执法检查，严格清理假冒福利企业，完善福利企业年检认证制度。重点抓好直属福利企业的各项改革，加快技术进步，提高福利企业竞争能力，积极建立现代企业制度，探索福利企业国有资产管理和试行股份合作制等改革措施。各地民政部门根据本地福利企业的实际情况，创造性地把这些工作方针和当地残疾人状况及福利企业实际紧密结合，提出了进一步深化改革的具体措施，有力地推进福利企业在改革中持续、健康、稳定地发展，福利企业两个效益显著提高。

（史国山）

【社会福利生产扶持保护政策】 社会福利生产的扶持保护政策是国家对福利企业实行的各项优惠政策的统称，是基于福利生产的特殊性而制定的特殊政策，其核心和关键是福利企业的税收减免政策。

1954年，内务部、地方工业部、中华全国合作总社、中国人民救济总会联合发出《关于建立城市烈属、军属、平民生产和教养机构生产的联合指导机构的通知》，强调了对此类生产单位要加强统一领导。

1956年，内务部又发出《关于整顿和组织城市烈属、军属和平民生产的通知》，从整个国民经济发展的角度，对这些单位进行了统筹规划和调整。

1957年，内务部、财政部、中国人民银行联合发出《关于城市烈属、军属和平民生产单位的税收减免和贷款扶助问题的通知》；内务部、国家经委、商业部、化工部、食品工业部、手工业管理局、供销合作总社联合发出《关于解决城市烈属、军属、残废军人、平民生产原料困难的通知》。

1959年，国家计委和内务部又联合发出关于把社会福利生产统一纳入地方计划的通知。

1979年，国家计委、民政部联合发出《关于切实安排好民政部门社会福利生产单位产供销计划的通知》。

1980年2月，财政部、民政部联合发出《关于民政部门举办的福利生产单位交纳所得税问题的通知》，明确规定：福利生产单位中盲、聋、哑、残人员占生产人员总数35%以上的，免缴所得税；盲、聋、哑、残人员占生产人员总数的比例超过10%，但未达到35%的，减半缴纳所得税。

这些规定为福利生产在改革形势下的生存和发展创造了必要条件。

（史国山）

【福利企业税收优惠政策】

一、减免所得税

财政部、国家税务总局1994年3月发布的《关于企业所得税若干优惠政策的通知》规定："民政部门举办的福利生产企业可减征或者免征所得税。"具体办法是：(1)对民政部门举办的福利工厂和街道办的非中途转办的社会福利生产单位，凡安置"四残人员"占生产人员总数35%以上，暂免征收所得税。凡安置"四残人员"占生产人员总的比例超过10%未达到35%的，减半征收所得税。(2)享受税收优惠政策的"四残"人员的范围包括盲、聋、哑和肢体残疾。

关于享受税收优惠政策的福利企业的条件，通知中也作了具体规定：(1)具备国家规定的开办企业的条件；(2)安置"四残"人员达到规定的比例；(3)生产和经营项目符合国家产业政策，并适宜残疾人从事生产劳动或经营；(4)每个残疾职工都具有适当的劳动岗位；(5)有必要的，适合残疾人生理状况的安全生产条件和劳动保护措施；(6)有严格、完善的各项管理制度，并建立了"四表一册"（企业基本情况表、残疾职工工种安排表、企业职工工资表、利税分配使用表、残疾职工名册）。

二、免征营业税

国家税务总局1994年7月发布的《关于民政福利企业征收流转税问题的通知》规定："安置的'四残'人员占企业生产人员35%以上的(含35%)民政福利企业，其经营属于营业税'服务业'税目范围内(广告业除外)的业务，免征营业税。"

目前施行的新税制对服务业范围的界定是：服务业是指利用设备、工具、场所、信息或技能为社会提供服务的业务，包括代理业、旅店业、饮食业、旅游业、广告业、租赁业、仓储业和其他服务业。其中其他服务业又包括：浴池、理发、洗染、照相、美术、裱画、眷写、打字、镌刻、计算、测试、打包、打捞、设计、制图、咨询、试验、化验、晒图、复印、录音、录像、勘探、测绘及其他服务。

三、先征后返增值税

按照国家税务总局1994年7月下发的《关于民政福利

企业征收流转税问题的通知》规定,民政福利企业享受先征后返还增值税的优惠政策,其范围和条件是:(1)1994 年 1 月 1 日以前,由民政部门、街道、乡镇举办的福利企业,但不包括外商投资企业。1994 年 1 月 1 日以后举办的民政福利企业,经过省民政部门和主管税务机关的严格审查批准,也可享受税收优惠。(2)安置"四残"人员占生产人员的 35%以上(含 35%)。"四残"是指盲、聋、哑及肢体残疾。对只挂名不参加劳动的"四残"人员不得作为"四残"人员计算比例。(3)有健全的管理制度,并建立了"四表一册",即企业基本情况表、残疾职工工种安排表、企业职工工资表、利税分配使用表、残疾职工名册。(4)经民政、税务部门验收合格,并发给《社会福利企业证书》。

返还具体办法:(1)安置"四残"人员占企业生产人员 50%以上(含 50%)的民政福利工业企业,其生产增值税应税货物(规定不得享受税收优惠政策的项目除外),给予返还全部已纳增值税的照顾。返还办法是:民政福利工业企业在每一纳税期满十日内,如实进行纳税申请,并填开税票缴纳税款,由县级税务机关填开"收入退还书",将已缴纳税款全部退还给纳税企业。(2)安置"四残"人员占企业生产人员 35%以上,未达到 50%的民政福利工业企业,其生产增值税应税货物(规定不得享受税收优惠政策的项目除外),如发生亏损,可给予部分或全部返还已征增值税照顾,具体比例的掌握以不亏损为限。返还办法是:企业应先按规定纳税,全年发生亏损的,年底向当地主管税务机关提出申请,由县级主管税务机关审批返还。此外,文件还规定:属于小规模纳税人的民政福利工业企业,如果符合上述条件,可按 6%的征收税返还已征税款。

不享受税收优惠的项目:(1)民政福利工业企业生产销售属于应征收消费税的货物,不能享受先征后返还增值税的优惠政策。(2)民政福利工业企业享受先征后返还增值税的货物,只限于本企业生产的货物。对外购货物直接销售和委托外单位加工的货物不适用先征后返还增值税的办法。(3)民政福利工业企业生产销售给外贸企业或其他企业出口的货物不适用先征后返还增值税的办法。

(史国山)

【福利生产管理】

一、福利生产管理机构

我国社会福利生产的主管部门是中华人民共和国民政部。各省(区)、市(地)、县民政厅、局均设置福利生产处、福利生产办公室或社会福利处,对辖区内的社会福利企业进行统一管理。有些地方是将民政直属福利企业与县(区)福利企业分开管理,北京、天津、上海等地均是采取这种管理形式。这些地方民政直属福利企业的管理部门为民政工业公司,一般是事业编制,受政府主管部门委托行使行政管理职能;管理县(区)包括乡镇福利企业的机构为县(区)福利生产办公室。这类机构有列入行政编制的,也有属于事业编制的。按照《国家税务局 1988 年国税集字第 037 号文件》规定,集体福利生产单位的主管部门经费未纳入预算的,可按销售收入额的一定比例向福利企业提取管理费。

二、福利生产管理机构的主要职责

一是监督与管理。(1)对城乡社会福利企业进行宏观管理,研究制定福利生产发展的方针、政策和规划;(2)会同有关部门制定并监督实施残疾人就业和福利企业的扶持保护措施;(3)监督福利企业的办厂方向,负责福利企业的审批和年检工作;(4)指导各类福利企业的产业和产品结构调整、企业管理及技术进步工作;(5)指导福利企业开展残疾职工的职业技能培训和职业康复工作。二是经营服务职责,包括:(1)帮助福利企业疏通产供销渠道,开辟产品市场;(2)争取银行贷款并负责福利企业技术改造项目的立项和管理工作;(3)为福利企业的生产经营活动提供信息,并进行协调和服务。三是福利企业的变更和终止。(1)福利企业因合并、分立、转让等重大事项的改变,涉及原福利企业终止的,须经当地民政部门审查同意,并向工商行政管理机关办理相应的登记手续,报当地劳动部门备案。(2)福利企业自行终止的，应由企业管理委员会或职工代表大会作出决议，企业主办单位和部门审查同意后，向工商行政管理机关申请注销登记。企业经注销登记后，由原发证的民政部门收回《社会福利企业证书》。善后工作由原企业主办单位和部门负责。

三、对福利企业的年检认证制度

为了加强福利企业的行政监督，坚持正确的办厂方向，进一步管好用好国家的减免税金，促进社会福利生产的健康发展，民政部、国家税务局于1992年11月联合发出了《关于加强社会福利企业年检工作的通知》。1993年，全国福利企业正式实行年检认证制度。（一）福利企业年检认证的标准。福利企业年检认证的标准必须具有基本开办条件外，还应包括：（1）残疾职工的上岗率达到80%以上（含80%）；（2）有健全的企业管理制度；（3）减免税金的管理和使用符合有关规定；（4）有热爱残疾人事业、懂业务、善经营、会管理的领导班子；（5）自觉接受民政、税务部门的管理和监督。（二）年检认证的范围和程序。（1）凡持有《社会福利企业证书》的企业，均需进行年检认证；（2）所有福利企业每年应在规定的时间内，向县（区）民政、税务部门提交由企业法定代表人签署的《社会福利企业年检报告书》和本企业的《社会福利企业证书》副本；（3）民政、税务部门在接到福利企业的年检报告书后，按照年检标准对企业进行严格检查和验收，并根据检查情况在《社会福利企业证书》的年检记录栏内签注年检结果；（4）年检中，如发现福利企业存在隐瞒残疾职工比例；残疾职工上岗率未达到标准；违反减免税金管理和使用规定；涂改、伪造、租借、转让《社会福利企业证书》及副本；不按规定办理年检认证或已被吊销了工商营业执照等问题时，民政、税务部门要视情况给予警告、限期整改、直至注销福利企业证书，并清缴减免税款的处罚。

四、福利企业利税分配使用原则

（一）利润分配使用原则。福利企业的主办单位和企业实行利润分成，其原则是多留少提。主办单位提取福利企业利润的最高比例不得超过企业扣除所得税及各种基金之后纯利润的30%。提取的利润应主要用于福利企业的新建、扩建、技术改造和新产品试制等。福利企业本身留存的纯利润，则主要用于本企业技术改造、扩大再生产、补充流通资金及职工的集体福利和奖励，其比例由各地自定。（二）减免税金的管理使用原则。社会福利企业的税收减免金必须由企业单独列账，专项管理，民政、税务、财政部门共同监督。其使用范围是：本企业的技术改造、扩大再生产、补充流动资金及职工的集体福利，具体比例由各地自定。县（区）以上民政部门可以从辖区内福利企业的减免税金中提取一定比例集中使用，建立社会福利生产发展基金，以扶持本辖区内福利生产的发展。民政部门提取的减免税金是具有特定用途的专用资金，应在银行专户存储，专款专用。其使用范围仅限于：（1）福利企业技术改造项目投资；（2）微利、亏损福利企业的扶持资金和亏损弥补；（3）福利企业流动资金的补充；（4）福利企业举借银行贷款的贴息；（5）福利企业的其他发展生产支出；（6）国家税务局允许的其他项目开支。

（史国山）

【福利企业的审批】 按照有关规定申请开办的福利企业进行严格审批，是民政部门对各类福利企业实行统一管理的首要环节。

（一）福利企业的开办标准。（1）具备国家规定的开办一般企业的五个条件，即：一是具有企业的名称、组织机构和章程；二是有固定的经营场所和必要的设施；三是有与企业生产经营和服务规模相适应的资金数额和从业人员；四是能够独立承担民事责任；五是符合国家法律、法规和政策规定的经营范围。（2）招收残疾职工符合国家法律、法规和有关规定，用工形式符合国家现行政策；（3）安置残疾人员达到生产人员总数的35%（含35%）以上；（4）生产经营项目符合国家产业政策，并适合残疾人从事生产劳动或经营；（5）残疾职工有适当的劳动岗位；（6）有必要的、适合残疾人生理状况的安全生产条件和劳动保护措施。

(二)申办福利企业应提交的文件。(1)营业执照副本或经原发照机关同意的复印件;(2)上级主办单位审查同意的文件;(3)法定代表人签署的申请报告;(4)本企业章程;(5)本企业残疾职工情况的有关证明文件。

(三)福利企业的审批程序。(1)凡申办福利企业,均应由主办单位向企业所在地的县以上民政部门提出申请报告并提交全部规定材料;(2)民政部门对申请报告和有关材料严格审核并进行实地考察;(3)凡经当地县以上民政部门审查合格的申办企业,还须报省一级民政、税务部门检查确认;(4)凡符合开办条件的福利企业,由当地县以上民政部门正式行文批复,并发给《社会福利企业证书》。批复文件除主送申办单位外,还要抄报上一级民政部门、抄送同级工商、税务等有关部门备案。

(史国山)

【残疾人劳动就业】 所谓残疾人劳动就业是指,达到法定劳动年龄、具有劳动要求和一定劳动能力的残疾人获得劳动岗位,并取得合法收入。残疾人劳动就业是一个世界性的社会问题。每个残疾人都希望自己同健全人一样,以平等的姿态走向社会、参与社会。而他们走向社会、参与社会的重要标志之一就是劳动就业。

为了解决残疾人的劳动就业问题,全世界许多国家都进行了有益的探索。从目前国外解决残疾人劳动就业的情况看,大体可分为以下几类:一是以日本、美国、英国等国家为代表,通过国家立法的形式,保证政府机关和企事业单位中有一定比例的残疾人就业;二是以前苏联、波兰、前南斯拉夫等国家为代表,采取国家投资兴办残疾人工厂的形式,解决残疾人就业问题,并且通过立法在税收、信贷、物资、产业等方面对这些工厂给与一定的照顾;至于瑞典、芬兰等一些北欧的高福利国家,虽然通过社会企业基金会等机构安排了部分残疾人就业,但更多的是采取发残疾金的形式,由政府将残疾人养起来。

一、残疾人就业的法律保障。中国是社会主义国家,社会主义制度从宪法的高度赋予残疾人劳动就业的权利

中华人民共和国宪法明确规定:“国家和社会帮助安排盲、聋、哑和其他有残疾的公民劳动、生活和教育。”中华人民共和国残疾人保障法规定:“国家保障残疾人劳动的权利。各级人民政府应当对残疾人劳动就业统筹规划,为残疾人创造劳动就业条件。”这就是说,国家通过各种形式帮助残疾人劳动就业是政府和全社会的责任。新中国成立50多年来,在各地党政领导的高度重视之下,积极探索各种解决残疾人就业问题的有效途径,并取得了举世瞩目的成绩。

根据90年代初全国残疾人抽样调查的数据推算,我国约有各类残疾人6000万,其中16岁以上各类有一定劳动能力的残疾人约为3060万,占残疾人总数的59.25%。在16岁以上有一定劳动能力的残疾人中,视力残疾者为457万,约占14.95%;听力语言残疾者为1322万,约占43.22%;智力残疾者为432万,约占14.12%;肢体残疾者472万,约占15.44%;精神病残疾者为121万,约占3.96%;综合残疾者为253万,约占8.3%。

全国的从业残疾人中,数量最多的是听力语言残疾者,共677万人,占从业残疾人总数的43.67%;以下依次为肢体残疾者,共272万人,占从业残疾人总数的7.55%;智力残疾者,共263万人,占从业残疾人总数的16.97%;视力残疾者,共174万人,占从业残疾人总数的11.22%;综合残疾者,共174万人,占从业残疾人总数的5.87%;精神病残疾者,共73万人,占从业残疾人总数的4.7%。

这些有一定劳动能力的残疾人作为全国劳动力资源中的特殊部分,绝大多数具有劳动要求,他们也同样受到了党和政府的重视和关怀。解放以来,各级人民政府一直在想方设法努力解决残疾人的就业问题。根据抽样调查数据推算,1987年全国残疾人从业人数已达1550万人,约占残疾人总数的30.02%;占16岁以上有一定劳动能力残疾人的50.65%。目前,全国县以上城镇中有劳动能力的残疾人的就业率为70%;一些大中城市已达到

90%以上。

残疾人就业的行业中，农、林、牧、渔等行业的居多，约有1264万人，占从业残疾人中总数的81.55%；从事工业、建筑业、交通运输业、邮电通讯业、商业、服务业等行业的残疾人约有234万人，占从业残疾人总数的15.68%；党政机关、社会团体、科研机构及金融、保险、文教、卫生等行业中的残疾人约有39万人，占从业残疾人中总数的2.52%；还有3万多残疾人，分布在社会其他行业中，约占从业残疾人中总数的0.2%。在这些从业残疾人中，专业技术工作者约有32.78万人，占从业残疾人中总数的2.12%，占全国专业技术人员总数的1.33%；担任国家机关、党群组织、企事业单位负责人的约有9.75万人，占从业残疾人中总数的0.63%，占全国党政机关、企事业单位负责人总数的1.46%。

必须清醒地看到，中国是全世界人口最多的国家，按比例推算，全国残疾人的总数几乎相当于一个中等国家的人口数量。限于社会主义初级阶段的财力、物力条件，不可能仿效西方的一些高福利国家，采取发残疾金的办法，将如此众多的残疾人全部包养起来。况且西方国家的高福利政策也日益暴露出其自身的弊病。在全国，对于有一定劳动能力的残疾人，是通过给他们安排力所能及的劳动岗位来解决他们的生活问题的。当然，在残疾人的就业安排上全部依靠国家统分也是不现实的，必须采取多层次、多渠道、多种形式，才能最大限度地解决残疾人的就业问题。

新中国成立以来，特别是党的十一届三中全会以来，民政部门坚持贯彻分散安置与集中安置相结合的方针，在积极发动全社会做好残疾人劳动就业工作的同时，大力发展社会福利生产。在发展社会福利生产的过程中，各级民政部门同样以多层次、多渠道、多种形式为原则，坚持走小型、分散、多样的道路，采取民政部门办、城镇街道办、厂矿企业办、乡办、镇办、村办等各种形式，使作为集中安置残疾人主渠道的社会福利生产在不算长的时间内得到了蓬勃发展。1992年，国家计委、劳动部、民政部和中国残疾人联合会又共同下发了《关于在部分城市开展残疾人劳动就业服务和按比例就业试点工作的通知》，并在上海、广州、沈阳、武汉、大连、青岛、无锡、九江八个城市开展了残疾人按比例就业试点工作。目前，试点面已扩大到全国17个省(自治区、直辖市)、141个市、834个县，解决了一批残疾人的生活和就业问题。几十年的实践证明，全国安置残疾人就业的方针和途径符合国情和残疾人的总状况。

二、残疾人的就业途径

一般说来，我国的残疾人劳动就业主要有三种途径：集中安置、分散按比例安置、个体或组织起来就业。按照管理职能的分工，民政部门除了负责研究制定残疾人权益保障的政策法规并指导实施外，还直接负责管理全国的社会福利生产，分散按比例安置及个体或组织起来就业则由中国残疾人联合会直接负责管理。

三、残疾人的就业方式

《中华人民共和国残疾人保障法》规定："残疾人劳动就业，实行集中与分散相结合的方针，采取优惠政策和扶持保护措施，通过多渠道、多层次、多种形式，使残疾人劳动就业逐步普及、稳定、合理。"集中安置和分散安置是目前安置残疾人就业的两种方式。

所谓集中安置，是指国家和社会举办专门性的生产或工作单位，包括社会福利企业和盲人按摩医院(诊所)等，安排各类具有一定劳动能力的残疾人劳动就业。

所谓分散安置，是指机关、团体、企事业单位依据各自的特点，选择适宜的岗位，录用残疾人就业。在农村，则是指因地制宜，通过多种形式扶持残疾人参加种植业、养殖业和家庭手工业等多种力所能及的劳动。当然，分散安置还包括积极扶持残疾人集体或个体开业，以扩大整个社会的残疾人就业容量。

四、残疾人就业工作的作用与成就

近10年来，由于各地民政部门及福利生产管理部门认真贯彻落实党的十五届四中全会作出的《关于国有企业改革与发展若干重大问题的决定》和《国务院办公厅转发劳动保障部等部门关于进一步做好残疾人就业工作若干意见的通知》的精神,按照国务院关于"积极扶持、正确引导、总结经验、逐步规范"的原则,不断加大改革创新力度,使社会企业更加适应社会主义市场经济的客观要求,全国残疾人劳动就业工作取得了显著的成绩,福利企业的改革改制改组的步伐明显加快,优惠政策和扶持保护措施相对稳定,福利企业管理得到加强,两个效益明显提高。

(1)残疾人劳动就业的合法权益得到充分保障。残疾人就业是残疾人走向社会、参与社会生活的重要标志之一,通过多渠道、多层次、多种形式,全面实施按比例安排残疾人就业,大力扶持个体就业和自愿组织起来就业。稳定搞活集中就业,使我国残疾人劳动就业工作提高到一个新水平。截至2000年年底,全国城镇就业年龄段残疾人数为427.5万人,已安排就业人员331.3万人。其中集中就业人数为96.1万人,按比例就业97万人,个体就业138万人。城镇就业率达80.7%,农村残疾人就业人数为1616万,农村就业率达84.3%。建立残疾人服务机构3012个,其中省级建30个,地、市、市辖区建1432个,完成应建机构的97%;县建1550个,完成应建机构的96%;实施按比例分散就业的省29个,地、市、县、市辖区2793个,未实施的地、市、市辖区293个。在已经就业的残疾人中,城乡各类福利企业集中安置93.58万人,分散在各机关、团体、企事业单位安置的150万人。其余绝大多数在农村从事各类种植业、养殖业。实践证明,由于采取集中与分散就业相结合的指导方针,比较符合我国的国情,这种残疾人就业格局在今后相当长的一段时间内还会坚持不变。

(2)福利企业改革改制工作步伐加快。各地民政部门根据本地福利企业实际,把福利企业改制纳入当地国有企业改制的总体规划和部署之中,认真抓好福利企业尤其是直属福利企业的改革、改组、改造和管理工作。及时转变政府职能,从客观上推进政企分开,逐步与直属福利企业在人、财、物等方面脱钩。上海、北京、江苏、浙江、辽宁以及青岛、哈尔滨、太原等地,制定了改制工作文件,他们本着"有所为有所不为","有进有退"的原则,因地制宜,因企制宜,一企一策,以"三个有利于"为标准,通过股、售、兼、消、破等方式,使直属福利企业在体制创新方面有了新的突破。辽宁省民政厅针对全省直属福利企业体制单一、机制不活、亏损严重的现实,在改制工作中,决心大,力度强,思路宽,指标硬,路子对,从1998年制定改制规划,要求县区以上民政直属福利企业3年改制完成。他们的改制方式是,整体移交转属一批,资产重组、产权转让一批,股份制、股份合作制放开一批,组建集团壮大一批,其他方式调整一批。由于实行了改制责任制,改制后五个方面取得了明显进步:一是初步建立了现代企业制度;二是初步建立了新的管理机制;三是结构调整取得明显进展;四是亏损企业摆脱困境,重塑企业形象;五是经济运行质量和竞争力有了很大提高。

各地在改制工作中,由于在当地政府领导下有计划有步骤地组织实施,坚持了社会福利的属性,保障残疾职工的合法权益不受侵犯,保证国有资产不流失和保值增值,把改制后的福利企业承担安置残疾人的义务和享受国家政策扶持的权利统一起来,对政策优惠金额合理在国家、企业和职工个人之间分配使用,通过改制,使福利生产走出一条社会化的路子,建立起多元化投资机制和灵活的经营机制。

(3)为国家为社会创造了财富,扶持发展了福利事业。据统计,全国福利企业2000年全年实现销售收入1831亿元,利润99亿元,纳税总额为103亿元,应退税额86亿元,实际退税71亿元。8年累计实现利润500多亿元。各地福利生产发展后,普遍投入大量资金兴办敬老院、资助福利院改造,使相当一部分丧失劳动能力的残疾人和孤寡老人得到救济和安养。据不完全统计,近10年来,共资助福利事业发展60多亿元。这组数据说明,我国的福利企业,大部分是在国家没有投资或投资很少的情况下,白手起家,艰苦创业,发展壮大的,目前已具有一定规模,年产值、利税额、年创汇额都较为可观,企业整体素质和管理水平也有很大提高。企业的产品也有上万种,知名品牌越来越多,不少产品在产量上、质量上居全国行业之首,多个产品还在国际上为国家争得了荣誉。

(史国山)

中国福利彩票

【中国福利彩票发展简况】 一、福利彩票的由来。1986年6月18日,民政部向国务院正式报送《关于开展社会福利有奖募捐活动的请示》。12月20日,国务院第128次常务会议讨论,同意由民政部组织一个社会福利有奖募捐委员会,在全国范围内开展有奖募捐活动。1987年2月5日,中央书记处12届第323次会议讨论并原则同意民政部的报告,明确指出,"除民政部门开展社会福利有奖募捐活动外,其他单位和个人一律不准搞类似有奖募捐活动"。中央书记处的意见报中央政治局常委后,常委们均表示同意。3月13日,中共中央统战部和全国政协联合召开了关于社会福利有奖募捐活动问题的座谈会,经过与会的27个民主党派充分讨论,最后达成一致意见,同意开展这项工作。1987年6月3日,中国社会福利有奖募捐委员会(简称中募委)在北京成立,同时召开了第一次全体委员会议,通过了中募委章程,明确以"团结各界热心社会福利事业的人士,发扬社会主义人道主义精神,筹集社会福利资金,兴办残疾人、老年人、孤儿福利事业和帮助有困难的人"为宗旨。随后又设立了中国福利彩票发行中心作为发行机构。1987年7月28日,第一批福利彩票在河北石家庄市销售。

二、发行概况。中国福利彩票自1987年面市以来,在各级民政部门高度重视、直接领导和有关部门的通力协作下,经全国福利彩票系统的共同努力,福利彩票发行一直保持稳步发展,逐年上升的趋势,通过发行销售福利彩票所筹集的社会福利基金已经成为发展我国社会福利事业的重要经济支柱。1987–2002年,全国共销售福利彩票约790亿元,筹集福利基金约250亿元,其中15亿元赈灾专项资金已上缴国库,共资助和兴办社会福利项目超过10万个。发行福利彩票使千千万万的老年人、残疾人、孤儿和其他特殊困难群体受益,有效地弥补了各级财政对社会福利事业投入的不足,缓解了政府的压力,为民政工作的改革和福利事业的发展做出了重大贡献。

2002年全年共销售福利彩票168亿元(即开票20亿元,电脑票148亿元),比上年度增长了20%。筹集公益金58.5亿元,比2001年增加16.5亿元,增长39.3%。其中民政系统提留33亿元,比2001年增加6亿元,增长22.2%;上交中央财政25.5亿元,比2001年增加10.5亿元,增长70%。超额完成国务院下达的任务,各项经济指标达到历史最高水平。

三、福利彩票的销售形式。中国福利彩票年销售额从1987年的1700万元到2002年的近168亿元,票种从单一的传统型发展到传统型、即开型、即开传统结合型和电脑型等四大类,数十个品种,上千种画面,目前已基本形成了比较完整的福利彩票销售体系。归结起来主要有两种形式,一是网点销售,一是集中销售。

四、福利基金的使用和管理。福利资金的管理和使用,关系到福利彩票事业发展方向和前途,也是社会最关心的热点问题,长期以来,中国福利彩票发行中心始终高度重视,下气力抓好此事。为保证福利金使用步入规范化道路,要求各级民政部门每年都要召开福利金资助项目评审会,同时加大使用工作的管理和宣传力度。

1998年12月31日以前(1999年以后,福利基金的使用由民政部直接管理)投入的70.6亿元社会福利基金,共资助和兴办社会福利项目81682个,这些项目大致可分为5类:

(1)城市福利事业项目。包括县以上各类福利院、儿童福利院、老人公寓、光荣院、荣军康复医院、精神病人福利院等。这类项目共资助21410个,投入资金31.5亿元，增加收养床位50多万个。

(2)乡镇福利事业项目。主要是改造原有的乡镇敬老院或兴建敬老院。这类项目共资助29955个，投入资金8.9亿元，增加床位40多万个。

(3)城市社区服务。包括各级综合性的社区服务中心和专门性的老年大学、老年活动站、轻度精神病患者工疗站等。这类项目共资助9756个投入资金14.8亿元。

(4)福利企业项目。主要是以贷款贴息方式，帮助福利企业进行技术改造。这类项目共资助11341个提供贴息4.5亿元，为残疾人提供了20000个以上较为稳定的就业岗位。

(五)其他公益项目。这类项目共资助9220个，投入资金10.9亿元。其中，仅对弱智残疾人教育，聋儿语言训练、小儿麻痹后遗症矫治和白内障复明手术的资助，就使受益人数超过60万人。

民政部每年从彩票销售额中提取2.5%的社会福利基金，用于全国性的福利事业。“九五”期间，除每年资助国家教育部350万元用于“弱智儿童特殊教育”，每年资助中残联1500万元用于“三项康复”，每年500万元用于“孤残儿童助医工程”，500万元用于“受灾地区城乡福利设施恢复重建”，200万元用于“流浪儿童救助设施改造”外，还从全国需要出发，集中安排了几次成规模资助：

(1)全面改造儿童福利设施。1996年，是社会福利基金使用的“儿童年”。针对国际上反华势力捏造的“死亡屋”事件，民政部动用5263万元，带动地方资金约2亿元，对全国103所儿童福利院或社会福利院儿童部进行了全面改造，并为这些单位收养的1795名病残孤儿提供了康复治疗。

(2)全国援助西藏。1997年，全国第二次支援西藏工作会议后考虑到西藏全区当时尚无基本的社会福利设施，民政部决定从本级和各省留成的社会福利基金中拿出1亿元，资助西藏兴建基础的社会福利设施。社会上称为“援藏年”。

(3)一次性解决伤残军人假肢换装。鉴于“儿童年”和“援藏年”社会反映良好，为迎接建国50周年，民政部决定1998年社会福利基金投入8000万元，在全国开展“优抚年”活动。其中，投入6000万元为5万多名荣誉伤残军人换装假肢、轮椅和相应的辅助设施；投入2000万元对50所重点光荣院进行了改造，为共和国的功臣解决了实际困难。

(4)赈灾专项募集。1998年，我国遭受了百年不遇的特大洪灾，10月，国务院批准进行专项募集。经过5个月的紧张工作，全国顺利销售50亿元福利彩票，所筹集的15亿元资金，“地方一分不留，民政一分不用”，全额于1999年4月1日上缴国家财政。

(5)中国福利彩票“爱心献劳模”活动。2001年4月，民政部决定从福利基金中拿出300万元，资助1000名生活困难的全国劳动模范，每人3000元。

(6)“星光计划”。社区老年福利服务星光计划简称“星光计划”。这是为了深入贯彻落实江泽民总书记“三个代表”的重要思想和《中共中央、国务院关于加强老龄工作的决定》精神，迎接人口老龄化的挑战而制定的。其核心内容是：广泛动员社会力量参与，在街道、社区居委会和乡镇建设一大批老年人福利服务设施和活动场所，建立和完善社区老年福利服务网络，为居家养老提供支持，为社区照料提供载体，为老年人活动提供场所。星光计划从2001年6月启动。整体工作分为高度重视，加强领导；制定计划，周密部署；广开渠道，保证投入三大步骤。到2001年12月底，已完成项目6000多个，民政部共投入福利资金超过4亿元，带动地方资金约20亿元。

1999－2001年，全国各级民政系统上交国家社会保障基金和投入社会福利基金超过百亿元，资助各类社会福利项目超过2万个。

(何　易)

【网点销售】 这是国际上销售彩票通用的方法，其主要优势是占用的场地小，位置固定，便于建立专业销售队伍，适合在大中城市立足。1987年，福利彩票开始面市时就采用这种方式。由于当时人们对彩票不够了解，人们的彩票意识还不强，许多地方的市场条件还不成熟，对彩票是否有奖持怀疑态度，对彩票本身具有的娱乐趣味更是认识不到。同时，也因为发行机构的工作经验不足，对如何宣传也把握不准。当时的销售只是一张桌子、一把椅子、一盒彩票，顶多再挂一道横幅。这种临时性的沿街摆摊方式与国家彩票的形象差距很大。1987 年在 10 个省市试点时，4 个月的时间只销售了 1700 万元。1988 年开始销售即开票，网点形式并无根本变化，销售情况仍然不够理想。此后，随着实物设奖和“大奖组”集中销售方式的兴起，这种初期的网点销售便逐步被淘汰了。

电脑彩票的兴起，为网点销售的兴盛提供了条件。纵观世界彩票业，虽然已有 100 多年的历史，但促使其蓬勃发展的因素之一是本世纪中叶特别是近几年计算机、计算机网络、无线通讯和卫星通讯等高新技术的应用。1998 年全世界 1268 亿美元的彩票销售中，电脑彩票约占 63.2%，这说明科技程度越高的彩票越受欢迎，越有生命力。推行电脑彩票，将给以往的发行方式带来一系列的变革，促使福利彩票获得更高层次的发展。

从 1995 年以来，经过长时间充分、扎实的准备工作，福利彩票发行中心首先在广东、湖南、浙江、深圳、广州、沈阳 6 个省市进行了电脑彩票的发行试点；制定了电脑彩票的行业标准；研制、开发了准热线销售系统；进行了热线系统的引进招标工作；在上海进行了准热线销售系统运行试点；建成全国电脑彩票系统监控中心；制定、出台了针对这一工作的一系列规范性文件，从而为网点销售形式再次推广奠定了基础。1999 年开始，随着电脑福利彩票在全国的推广，网点销售形式成为福利彩票的主要销售方式，业内人士称为“第二次创业”。到 2001 年 10 月，经过两年的奋力拼搏，“风采系列”电脑福利彩票在全国 31 个省、区、市全部开通准热线或热线电脑彩票，并获得巨大成功。电脑福利彩票采用网点销售，分级管理，发行运作方式完全市场化的做法。它的推行还带来福利彩票管理体制和劳动人事制度的改革，使其更加适应市场经济的需要。各省(市)先后引进了一大批专业技术和营销专门业务人员，造就了一支素质较高的福利彩票发行队伍，为福利彩票业长远发展奠定了坚实的基础。目前，全国共有电脑彩票投注站约 5 万个，各省已基本形成了网点销售网络。分省开通的“风采系列”电脑福利彩票，只是阶段性目标，它为下一步逐步实现跨省市的区域联网以及全国联网打下了良好的基础。

（何　易）

【集中销售】 这是中国独有的彩票销售方式。它的基本形态是在一定时间内，同一地点或同一区域内，集中销售较大量彩票。1988 年以后，随着摆摊设点的方式越来越难以为继，彩票发行工作者逐步认识到，福利彩票销售是一种市场行为，首要的是要人们了解她，需要最大限度的让众人参与，至少先吸引人们到销售现场。于是，实物设奖产生了。把现金变为实物，将一组彩票的实物奖品全部放在销售现场，让群众看得见、摸得着，最大限度地取信于民，让人们充分认识到彩票有奖的真实性，这是实物设奖的初衷。实物设奖为中国彩票业“大奖组”销售方式的蓬勃发展创了条件。

为适合中国地域辽阔，经济发展不平衡的特点，中彩中心设计了可供各地灵活设奖的即开型彩票。这是各地“大奖组”蓬勃发展的另一个必要条件。

“大奖组”是“大奖组、大场面、大声势、突击销售”的简称。开始的“大奖组”销售只是简单地将几个小奖组合并集中较多的奖品，让事实证明彩票有奖，从而达到吸引民众购买的目的。由于效果不错，奖组也从开始的几万元逐渐加大到几十万元、几百万元、几千万元，甚至上亿元；场面也从开始时的单点百十人到成千上万以至多点数十万人；声势也从开始时的点上宣传到提前一个月的传单、彩车巡游、报纸、广播、电视以及现场演出等多种形式立体宣传；销售时间也从开始时的一个奖组几周，缩短到几天甚至几个小时。

从 1992 年下半年开始，中彩中心探索并在全国范围内逐步推广“大奖组”销售方式。这一年的福利彩票销售量从 1991

年的7.76亿元提高到13.28亿元。1995年8月,中国福利彩票发行中心在安徽召开会议,进一步深入研究"大奖组"销售方式,推广了新疆的成功经验,使"大奖组"销售更具有可操作性,形成了一套较为完善的操作规程。这次会议标志着我国彩票销售进入了快速发展阶段。这一年,全国福利彩票销售额从1994年的18亿元跃升至57亿元。从此,"大奖组"销售方式成为了福利彩票发行销售系统的"看家宝、吃饭钱"。

这种销售方式无论是在沿海还是内地,大中城市还是乡镇农村,富裕地区还是贫困地区,都普遍获得了成功。到1999年,几乎全国彩票销量的80%是采用这种方式取得的。由于有了这种方法,福利彩票的年销量也迅速增加,到了1995年销量达到近60亿元,1998年度,9个月销售110亿元。1999年1月8日,浙江温州采用多点联销的方式,即在一个地区设立多个销售点,统一设奖、统一宣传、统一调配、统一时间销售,当日销量达1.2亿元。2001年12月,深圳采用这种方式举办"彩票文化周"活动,一周时间销售1.9亿元。

(何　易)

【福利彩票的印制】 中国福利彩票发行中心自1987年成立,当年7月正式印制发行福利彩票,当时称"中国社会福利有奖募捐券",首批彩票委托人民印刷厂印制,为传统型彩票,采用通用设备胶版印刷,印量为8000万张。

1988年委托香港印制公司生产了第一批即开型揭开式福利奖券。采用了通用设备胶版印刷,并使用了压痕机进行了撕开口压痕处理。同年5月由广州东方红印刷厂研制生产出中国首批即开型刮开式福利奖券,首次使用了丝网印刷技术进行了覆盖油墨的印刷。

这一时期,彩票的生产和发行刚刚起步,借鉴国外通用的固定设奖方法设计生产,一张彩票中奖与否,在设计生产时就已确定,发行者只能按照固定的设奖方案去组织销售。生产上采用了平面设计立体裁切的工艺,探索出图案和奖符的分离印刷法,印奖符前循环取张的洗牌法,同厂同批的纸张油墨选料法。这些方法使我们用通用印刷设备生产福利彩票成为可能。

1989年下半年开始探索灵活设奖彩票的印制方式。一张彩票中奖与否,哪个数字中奖,哪个符号中奖,设计者生产者不确定它,把这个确定权留给基层发行者。这是中国彩票史上的第一次革命,是中国人的发明,是中国人对世界彩票业的一大贡献。它解决了中国地域广、地区经济文化差异大与彩票统一印制、统一发行的矛盾,使彩票的适应性远远高出世界通用的固定设奖彩票,使彩票的安全性也向前迈进了一大步。

这期间,在设计上创造出1万张、5万张、10万张的多级奖组,在工艺技术上创造出胶印套印四位号码、五位号码的技术,先印奖符后拼组印图案的反印法和多版印刷奖符的技术,奖符形式主要有"四位数字"、"五位数字"、"趣味符号"。

从1991年开始,逐步完善多版印刷技术。多版印刷奖符技术的核心是使奖符的分布规律复杂化。把奖符用胶印版印刷,只要印两张以上就会有规律,何况有的版要印成千上万张。为使其规律难以破解,就要增加版的数量和配用方式。奖符版由12块逐步增加到200多块,高奖版由1套增至3－5套。在印制技术上,解决了奖版轮插技术,高奖版批次轮换技术,滚动印刷分组号技术,印刷防透视黑版技术、专色墨印刷奖符技术、小包装无规律装盒工艺和10万张为最小奖组的生产工艺。

1996年开始,为降低成本和提高保安性,中彩中心彩票生产各定点厂经过长时间的摸索试验,独立编制程序驱动绘图仪随机将奖符喷印在对开的纸张上,创造出高奖喷印低奖胶印相结合的印制技术。随后,还实现了用"依玛土"喷印机随机喷印高奖。这项技术使彩票奖符的制版印刷减去了一半,使最关键的高奖符号印刷实现了电脑随机化。同时,也使彩票的防挑性大大增强,使彩票的质量有了质的飞跃。

1998年开始,又进一步以即开型刮开式取代了即开型揭开式彩票。票种除了灵活设奖的大奖组彩票之外,开发了电视开奖彩票,网点销售彩票等。

彩票奖符的印刷全部升级为计算机控制随机喷印。各定点厂先后引进了目前世界上先进的“赛天使”喷墨印刷机,喷印速度和喷印密度大幅度提高,喷印分辨力从 80dpi 提高到 120dpi。用自动和半自动丝网印刷机印制覆盖油墨;引进了先进的折页机及裁切包装生产线;引进了国外的彩票设计及数据生成系统及其他辅助设备。这两年是福利彩票面市以来,印制设备投资最大的几年,技术改造最大的几年,步子迈的最大的几年,新票种出的最多的几年。福利彩票印制设备的配置及印制技术首次与世界同步,彩票的印制质量及防伪措施接近了国际先进水平。

2000 年以后,即开型彩票唱主角的局面逐渐让位给电脑彩票,即开型彩票市场占有率逐年下降,印制量不断减少,但印制技术的更新并没有停顿。设计软件全面进行了改造升级,使之更加合理、更完善,真正做到了无规律可循。同时针对伪造、变造彩票日益猖獗的现象,在彩票的防伪技术上下了大功夫。采用防透视油墨、防磁性油墨,以防止彩票被揭皮透视和磁场透视;使用特殊的防伪底纹;对奖图形的喷印位置适当飘移;使用特殊的保护墨层;引进了当今世界最先进的高速高分辨率喷墨印刷机,喷印速度达到 150m/min,喷印精度达到 240dpi,使对奖图形更加细密,更加难以伪造;从国外引进了先进彩票设计及数据生成系统及多种防伪措施,大大提高了彩票的安全性。

在实际操作上,福彩中心不仅为各地发行部门配置了高倍观版镜、验奖光盘等,还于 2001 年新研制开发出了 IC 卡验奖器,由于该设备更加小巧、方便、不需使用交流电,只要插入磁卡,输入验奖密码立即可方便、准确地判断出所验有奖票的真伪。可以说,在当今世界上,只有福利彩票研究、开发和使用了这些技术,并取得了非常显著的成效。

近期,福彩中心还在研制将微缩印刷技术用在彩票印制上;将专用防伪 UV 油墨及再显技术应用在彩票印制上;应用更高级的光学测量设备识别伪造彩票。这些先进的技术使福利彩票的印制和防伪技术在科技含量上再上一层楼,在对伪造彩票的识别手段上更加先进、快捷和准确。

电脑彩票虽然起步较晚但发展迅猛,对印制技术提出了不同于即开票的要求和课题。中福彩中心先后制订了《中国电脑福利彩票投注单印制监管试行办法》及《投注单质量标准及检验标准(试行生产)》,制订了定点印制厂的准入条件,在各省审定了定点厂。电脑彩票投注单用量大、要求高,对定位黑标的印刷要求尤其严格,对裁切精度要求也很高,但在严格的技术要求和规范运作下,全国二十几家印刷厂均很好的完成了任务。每年上十亿张的印制量均能达到技术要求,没有出现大的质量事故。

电脑彩票打印纸使用专门的热敏纸进行印刷,难度较之投注单更大、要求更高、防伪要求也高。印制部制订了《中国电脑彩票预制票据印制技术要求》及监管条例,对电脑彩票用纸,定位黑标的印刷及专用防伪油墨的使用,印刷、裁切、包装、制订了严格的检验措施。通过全国招标,选定了六家专用印刷厂为定点印刷厂,使用国际上先进的表格印刷机进行印刷,专用的分切机进行裁切。在较短时间内,使印制质量和防伪手段有了很大的提高,印制能力有了大幅提高,到目前为止,我们已具备了年生产上千万卷打印纸的能力,而且可印制各种不同规格、尺寸的产品,使电脑彩票投注单及热敏打印纸的印制质量及防伪技术与国际同步,保证了电脑彩票的正常发行和快速发展的需要。

(何　易)

慈善事业

【慈善事业简要回顾】 慈善事业是建立在社会捐赠基础之上的民营社会性救助事业。以中华慈善总会的成立为标志,中国慈善事业在被禁锢数十年之后重获新生。她的创业与发展历程,从孕育、诞生到蹒跚起步,从艰苦创立到发展壮大,从鲜为人知到享誉海内外,历尽了艰辛,走过了开拓、进取、不断发展壮大的成功之路。

一、中国现代慈善事来应时而生

20世纪90年代初期,伴随着深化改革、扩大开放,我国社会发生了巨大变革,一些深层次社会矛盾日渐显现,效率与公平的协调问题成为社会最为关注的热点问题成为社会最为关注的热点问题之一。为了弘扬中华民族乐善好施、扶贫济困的传统美德,挖掘、整合社会慈善资源,协调效率与公平,维护社会稳定,为政府分忧,为困难群众解愁,1994年4月,以“发扬人道主义精神,弘扬中华民族扶贫济困的传统美德,帮助社会上不幸的个人和困难群体,开展多种社会救助工作”为宗旨,以社会救助为中心任务的中华慈善总会应时而生。从一定意义上说,她的创立,成为中国现代慈善事业诞生的标志。

二、中国现代慈善事业走过了艰苦创业历程

从1994年成立到1998年抗洪赈灾之前,这是中国现代慈善事业的艰苦时期,这一时期重点是“推动”和“规范”。

(一)中国现代慈善事业的兴起

中国现代慈善事业诞生早期,兴起和发展面临着巨大挑战,需要从理论上、观念上为“慈善”正名。因此,多途径大力宣传慈善事业,弘扬慈善传统,传播慈善文化,提高社会公众的慈善意识,广泛动员公众参与和支持慈善活动,成为这一时期的艰巨任务。与此同时,中华慈善总会开拓了以社会救助为主的慈善项目,如贫困儿童唇腭裂矫治、雨水蓄集工程、灾害紧急救援等,激发了社会公众的慈善事业的兴起。中华慈善总会还多次召开慈善工作研讨会和经验交流会,对社会主义初级阶段推动慈善事业发展从理论和实践上进行研究探讨;在报纸、刊物、电台、电视台等媒体上组织专版、专栏和系列报道等,弘扬慈善思想,传播慈善文化,推动全国慈善事业的兴起和发展。这一系列工作,引起了社会对慈善事业的广泛关注和支持,为慈善事业的发展奠定了理论基础和舆论准备。

(二)中国现代慈善事业在规范中健康成长

中国现代慈善事业诞生之初,就高度重视规范运行,健康发展问题。为此,中华慈善总会加强了建章立制工作,制订了《中华慈善总会章程》、《中华慈善总会创始基金章程》、《中华慈善总会创始人章程》、《中华慈善总会团体会员章程》、《中华慈善总会专项基金章程》,以及一系列日常工作和办事程序的规章制度等等。这些规章制度为中华慈善总会的自律和规范运行,以及中国慈善事业的健康发展打下了良好的制度基础。

中华慈善总会的诞生和成长,在资金上坚持了两条重要原则:一是不给政府增加财政负担,不向政府申请任何财政资助;二是严格遵守章程规定,善款100%用于慈善项目。中华慈善总会的行政经费从动员海内外社会力量募集的2000多万元人民币创始基金的利息中支付。在当前银行利息过低、不能维持正常运行的情况下,靠定向募捐专项行政经费,艰苦创业。

为了使捐赠者放心,使受助者满意,使社会信赖,中华慈善总会始终强调善款、善物管理的高度透明,尽可能降低管理成本,提高慈善资源的使用效益。同时借鉴国际通行做法,探索和不断完善社会捐赠管理系统和内部管理制度,并请国际知名的毕马威华振会计事务所进行财务审计,定期向捐款人和全社会报告捐款使用情况。

三、中国现代慈善事业不断发展和壮大

中国现代慈善事业的发展和壮大,从某种意义上可以说,以1998年夏秋之间中华慈善总会率先开展规模宏大的抗洪赈灾活动为里程碑。这一时期,中国慈善事业的组织资源和财力资源迅速发展壮大。

(一)慈善组织如雨后春笋般迅速发展,慈善事业救助网络雏形开始形成,为慈善事业健康发展提供了组织保证

1998年夏秋之间,长江、嫩江、松花江流域发生特大洪水灾害,慈善事业的功能和作用

得以充分发挥。从此，大批与中华慈善总会宗旨一致的地区性慈善组织陆续成立，并成为中华慈善总会的团体会员。慈善组织的迅速发展，成为中国民间组织中一支不可忽视的力量。

据不完全统计，截至2001年年底，全国共建立各级慈善组织413个。其中，省（自治区、直辖市和副省级城市）慈善会（基金会）41个，地（市）慈善会61个，县（市）慈善会71个，乡（镇、街道）慈善会240个（不完全统计）。在这些慈善组织中，有105个已被中华慈善总会吸收为团体会员。其中，省（自治区、直辖市和副省级城市）慈善会共41个，地（市、自治州）慈善会39个，县（市）慈善会24个，乡（镇、街道）慈善会1个。社区慈善组织的诞生和发展，是缓解社区社会问题的有效途径，已得到广泛认同。目前，一些地区如浙江省、江西省、广州市等，已经有不少乡（镇、街道）、甚至村（居）委会成立了慈善组织（尽管这些慈善组织中有相当一部分还不规范），慈善救助网络雏形开始形成，这为慈善事业的发展提供了组织保证。他们为建设一个从物质帮助到精神慰藉，充满爱心和归属感的社区，从源头上稳定社会，发挥着特有的社会功能。

（二）慈善志愿者队伍逐步壮大，为慈善事业的持续发展提供多方面资源支持

慈善事业助弱解困，促进社会公平，弘扬了中华民族乐善好施的传统美德，吸引了大批志愿者参与。无论是在紧急救援时，还是在日常慈善工作中；无论是项目策划，还是项目执行；无论是大型慈善活动，还是专业咨询；无论是慈善理论研究，还是慈善实践探索，都有慈善志愿者的参与，初步形成了一支具有奉献精神和专业技能的慈善志愿者队伍。许多大学生、企业家、社会知名人士、专家学者，甚至下岗职工，尽己所能，有钱出钱，有力出力，积极为慈善事业做出贡献。至2001年年底，他们当中有30位享有盛誉的演艺界明星、书画家等社会知名人士，被中华慈善总会授予“慈善大使”称号。

（三）艰苦努力，广泛挖掘慈善财力资源，为慈善救助提供物质基础

动员民间慈善力量，为政府分忧，为困难群众解愁，服务大局，维护社会稳定，是中国慈善组织为之奋斗的目标，也是慈善事业的特殊社会功能。近年来，各级慈善组织认真贯彻国务院领导同志的指示精神，以“立足民政，面向社会，服务大局”为基点，以社会救助为己任，挖掘社会慈善资源，发展慈善事业，在救助社会困难群众，帮助政府缓解社会矛盾，维护社会稳定中发挥了积极作用。他们开展了多种形式的慈善活动，如“慈善一日捐（捐赠个人一日的收入或企业一日的利润）”、“慈善万人行（捐）”、“慈善义演、义展、义卖、义拍”等，或向社会宣传发动，开展集中募捐或日常募捐，如“慈善一元捐”、海内外社会各界定向或不定向募捐，募集大量社会善款等等。

据中华慈善总会1999年对35个团体会员单位的统计资料，这一年他们共向海内外社会各界募捐善款14亿元人民币。中华慈善总会自1994年4月成立至2001年底，累计募捐善款、善物共计9.8亿元人民币，其中善款5.4亿元（其中创始基金3057万元），善物折价4.4亿元。开展了灾害救助、扶贫救济、助医助残、助孤（幼）安老、助学助教等5大方面33个慈善项目，覆盖全国近30个省份，累计共投入善款4.8亿元人民币，为数以千万计的困难群众送去了关爱和温暖。

（四）加强慈善宣传与政策理论研究，扩大国际交流与合作，探索本土化慈善事业发展之路，努力推进中国慈善事业的发展壮大

中华慈善总会及其在各地的团体会员，在开拓实施一系列有规模、有影响的慈善活动同时，加强宣传慈善、探索研究慈善，以及开展与国际组织间的交流、合作，不仅在国人面前树立了良好的慈善形象，而且在国际社会上也产生了一定影响。1998年11月，中华慈善总会被国际著名慈善组织——国际联合劝募协会吸收为会员。至此，中华慈善总会成为惟一代表中国，在国际慈善组织中占有重要一席的中国慈善机构。

为了大力推进慈善事业的发展壮大，中华慈善总会加强

了宣传慈善、探索研究慈善的工作:与人民日报社合作,开展了“发展慈善事业,为国为民分忧”主题征文活动,发表了50多篇主题文章;与中央电视台、中央人民广播电台合作,举办了形式不同的慈善公益栏目;与天津慈善协会合作,于1998年创办了我国惟一专门宣传慈善文化的杂志——《慈善》,为宣传慈善事业开辟了专门阵地;组织专家学者及实务工作者进行慈善事业的专题研究,对中国现代慈善事业的发展、组织创新和制度创新进行了实践总结和理论探索。1999年出版了由中华慈善总会会长阎明复担任编委会主任、社会保障专家郑功成主持撰著的《中华慈善事业》,这是中国第一部慈善方面的专著,也是中国本土学者首次对慈善事业进行较为系统的研究阐述;2001年中华慈善总会在《中国社会福利与社会进步报告——社会福利黄皮书》中发表了署名研究报告——《中国慈善事业研究报告》,从实务工作角度,对中国慈善事业的现状、发展趋势、存在的问题,以及政策建议等方面进行了实践总结和理论探讨。这些都有力地推动了中国慈善事业的理性发展。

与此同时,中华慈善总会努力扩大与国际慈善组织和企业界的交流与合作,吸收和借鉴符合中国国情的国外先进经验,分别与美国、加拿大、德国、英国、法国、瑞典、荷兰、韩国、泰国等国家及我国港、澳、台地区50多家慈善机构建立了联系和往来。

几年来,中华慈善总会与香港世界宣明会、香港汇丰银行、救世军、国际扶轮社港澳区、香港嘉道理慈善基金会、香港建华基金会、香港光华功德会总会、香港关怀行动委员会、香港南丰集团、香港宝莲寺、香港仁爱堂、台湾佛教慈济慈善事业基金会、国际无国界医生组织、美国桥基金会、美国埃克森美孚中国有限公司、美国菲利浦·海德基金会、美国视博恩(CBN)公司、瑞典希望之星、荷兰佛勒格兰基金会等机构,在社会救助的30多个项目上进行了合作,有力地加强了中国慈善事业的发展壮大。

四、中国现代慈善事业发挥了不可替代的社会功能和作用

2001年3月5日,第九届全国人民代表大会第四次会议通过的《国民经济和社会发展第十个五年计划纲要》,明确将“发展慈善事业”写入其中,充分证明了慈善事业对中国经济和社会发展做出了重要贡献,发挥了不可忽视的功能和作用。作为当代中国经济、社会、文化发展到一定阶段的必然产物——现代慈善事业,不仅在救助社会困难群体,促进社会公平,缓解中国社会整体性转型过程中的深层次社会矛盾,维护社会稳定等方面发挥了日益明显的作用,而且对文化和伦理道德方面的进步,促进社会文明也产生了积极影响和不可忽视的作用,并必将在社会生活中发挥越来越重要的功能和作用。

(一)灾害救助项目成为政府救灾赈灾工作的重要补充

值得重点提及的是,在'98抗洪赈灾紧急救援中,中国慈善事业发挥的作用令世人瞩目,为'98抗洪赈灾做出了重要贡献。

1998年夏秋之间,发生在我国长江、嫩江、松花江流域的特大洪水灾害,波及10多个省(自治区),殃及2亿多人口,给中华民族留下了难以忘却的记忆。在这次灾害救助中,作为中国最大的慈善机构之一的中华慈善总会,赢得了国际社会的信任和赞誉,得到了党中央、国务院的肯定,国务院授予中华慈善总会“'98抗洪先进集体”和“民族团结先进模范单位”称号,在光耀人间、流芳千古的中国'98抗洪精神中抹上了重重一笔,在中华慈善事业史上写下了光辉一页。此间,中华慈善总会率先发起的'98抗洪赈灾紧急救援行动,直接和间接募捐总额占当年全国收到海内外社会各界捐赠额72亿元人民币的40%以上。为了广泛动员社会募捐,中华慈善总会首先在团体会员中劝募,同时与中央电视台、中国红十字会举办了“我们万众一心”抗洪赈灾义演,中国革命博物馆将中华慈善总会的'98抗洪救灾捐助箱作为历史文物收藏;与全国政协办公厅、民政部举办了“同舟共济、重建家园赈灾义演”等活动,发动了空前的抗洪赈灾募捐热潮。值得一提的是,1998年8月16日中华慈善

总会发起,并与中央电视台、中国红十字会联合举办的“我们万众一心”义演晚会,共筹集慈善款、物(折价)共计6亿多元人民币,并在一个月内全部到位。到1998年底,中华慈善总会共接收了10多万笔善款,共计4亿元人民币;接收赈灾物资价值近3亿元人民币,及时调拨至重灾区,有力地支援了灾区的抗洪赈灾和重建家园。同时,为了进一步拓宽赈灾劝募渠道,中华慈善总会与有关方面合作,还成功举办了“慈善之春”芭蕾舞晚会;美国著名钢琴家库恩义演;展出了800多位中国美术家协会和中国书法家协会会员千余幅书画精品的“中国书画家赈灾义捐书画精品”巡回展,“甘露杯”、“爱在神州”大型慈善专题摄影展;发行了“万众一心、抗洪赈灾、同舟共济、重建家园”纪念封和“抗洪赈灾胜利”纪念金卡;出版了《中国水灾》大型画册等募捐活动。此外,中华慈善总会还联合全国工商联、中国企业家协会和中国个体劳动者协会筹募救灾款物计24亿元人民币(未计入中华慈善总会的募捐款物数额)。

此外,张北地震紧急救援中,中华慈善总会创造了我国民间组织进行自然灾害募捐和直接救援的最快速度;在内蒙古、新疆特大雪灾救助中,中华慈善总会把救灾物资直接发放到灾民手中,赢得了境内外捐赠者的一致信赖。中华慈善总会自成立以来,几乎在所有的重大自然灾害救助中都给灾民留下了难以忘怀的记忆,发挥了重要作用。

(二)扶贫救济、助医助残、助孤(幼)安老、助学助教项目,为陷入困境的人送去社会的关爱,点燃他们的希望之火,为政府社会救济拾遗补阙

“雨水积蓄工程”为甘肃省5个地市的16个县,10多万贫困人口和7万多头家畜缓解了饮水困难问题,祖祖辈辈盼水望眼欲穿的山区群众感动地称中华慈善总会援建的水窖为“公德窖”和“幸福窖”。

中华慈善总会小区扶贫项目用有限的财力在云南、广西、甘肃、贵州、河北、新疆、四川等贫困地区开展人道主义援助和发展经济项目;“阳光住宅工程”帮助贫困的农牧民进行“黑房子”改造等等,力所能及地帮助贫困百姓缓解生存困难,播撒人间爱心和真情。

中华慈善总会与上海市慈善基金会合作,对上海市的4000多名下岗职工进行职业技能培训,重新上岗率达60%以上。

中华慈善总会与美国“微笑列车”国际慈善项目合作,已为2.65万名贫困唇腭裂患者完成了矫治手术,解除了他们的毕生痛苦,改变了他们的命运。

中华慈善总会2000年年初启动实施的“慈爱孤儿工程”,采用定向和非定向助养孤儿以及捐建、捐修儿童福利院等方式开展救助孤儿活动,共筹募善款和善物近1300万元人民币,建立了“孤儿成才基金”、“智障儿童发展基金”和“牛群特殊儿童教育基金”,受助孤儿1.45万名。

中华慈善总会于1998年启动了以生活补助、奖励和培训方式,救助贫困乡村教师的“烛光工程”活动(筹集善款880多万元人民币、图书70多万册和价值近200万元的衣物、教具),为上海、广东、江苏之外的27个省(直辖市、自治区)的5200多名贫困乡村教师提供了生活补助、“烛光奖金”或业务培训,1000多所贫困乡村学校受到资助,超过10万人间接受益。

回首中国慈善事业的成长和壮大,虽然与发达国家和地区相比尚处在初级阶段,但是,她取得的成就,发挥着不可替代的社会功能和作用,受到了党中央、国务院的重视和社会的广泛认同,她必将随着自身的日益成熟,在社会生活中发挥更加重要的作用。

(于学廉)

【2002年慈善事业概况】

中华慈善总会成立于1994年4月,她的诞生从一定意义上讲,标志着中国慈善事业在被禁锢数十年之后重获新生。目前,中华慈善总会成为中国最具规模、最有影响的慈善机构之一。中华慈善总会第一届理事会由57名理事组成,其中常务理事21名。2002年1月,中华慈善总会召开第二次会员代表大会,选举产生了第二届由160名理事组成的理事会,其中常务理事51名。中华慈

善总会共有55个创始会员;到2002年底,共有125个团体会员,其中2002年新发展的团体会员有17个;全国已有24个省(市、自治区、直辖市)成立了慈善组织,地(市)、县(市),以及城市社区和农村小城镇的慈善组织也得到不同程度的发展壮大。

2002年,是我们党和国家发展史上极其重要的一年,党的第十六次代表大会胜利召开,大会确定了“全面建设小康社会”的宏伟目标和推进各方面工作的方针政策。举国上下热情饱满、干劲十足、携手共进,开拓创新祖国无比灿烂、更加美好的未来。同其他各项事业一样,2002年,中国慈善事业始终以“三个代表”重要思想为指导,在党和政府的领导下,在民政部的直接关怀下,在广大热心慈善事业的社会各界和国际机构、友人的积极参与支持下,各方面工作取得了令人满意的成绩。

一、政策理论与实践的研究探索取得了新进展

经济全球化趋势和加入世贸组织新形势的发展,为中国慈善事业带来了历史性发展机遇。对此,今年刚刚换届的第二届理事会在深刻分析了中国慈善事业得之不易的大好形势,认真反思了制约中国慈善事业发展的关键问题之后,清醒地看到我国目前对慈善事业政策理论研究和实践的探索严重滞后的现实。认为,任何成功的实践都必须有先进的理论作指导,不重视慈善事业的政策理论研究,不重视慈善实践的探索创新,要推进中国慈善事业规范、有序、健康,并实现向高层次跨越式发展,将是盲目的。为此,中华慈善总会的领导层认真学习贯彻党的十六大报告强调的关于“通过理论创新,推动制度创新、科技创新、文化创新,以及其他各方面创新,不断在实践中探索前进”的精神,为构建我国成熟的、先进的中国特色慈善事业理论和实践体系这项艰巨、长期,且至关重要的任务坚持不懈,努力推进慈善理论与实践的研究探索。

首先,慈善总会领导层以“三个代表”重要思想为指导,理清发展思路,组织包括专家学者在内的多方力量积极参与研究事关慈善事业全局性、战略性、前瞻性的重大问题,大力推进当前困扰慈善事业发展的社会政策的建立和健全。第二,积极参与相关的理论研讨会。2002年,中华慈善总会先后派员参加了“民间组织发展与管理”上海国际研讨会、中国首届社会工作研讨会、中国首届社会保障论坛等等。第三,范宝俊会长亲自探索研究,仅2002年就发表了数篇署名文章:分别在《经济日报》和《人民论坛增刊》上发表了题为《中国特色慈善事业需要开拓创新》、《推进中国特色慈善事业开拓创新与时俱进》,在首届社会保障论坛上发表题为《慈善事业是中国特色社会保障体系的有机组成部分》,在每年一本的《中国社会福利与社会进步报告(2002)》——社会福利黄皮书中发表题为《关于中国慈善组织能力建设的研究报告》等理论文章。这些文章从中国慈善事业的定位,到慈善事业的发展方向;从实务操作的当务之急,到发展战略;从实践探索,到政策建议等一系列关系慈善事业发展全局的重大问题,提出了许多推进中国慈善事业创新发展的既具有现实性、可操作性,又具有开拓性、战略性、前瞻性见解,引起了有关方面对慈善事业的进一步关注,争取了更多的支持。

同时,在当前经济体制转型时期,慈善事业的法律、法规、政策体系还不够完善的情况下,为确保中国慈善事业在健康轨道上向高水平规范发展,中华慈善总会在2002年正式成立了法律顾问处,最大限度地争取法律政策的援助和保护。法律顾问处由原最高人民法院副院长马原等一些法律界有影响和资深人士组成。

二、慈善宣传取得了新效果

为了尽快提高全社会关注参与慈善的意识,巩固扩大慈善事业已取得的成果;努力开发挖掘蕴藏在社会民众中巨大的慈善资源,大力激发动员埋藏在百姓中极高的慈善热情,落实党的“十六大”提出的“以正确的舆论引导人,以科学的理论武装人,以高尚的精神塑造人,以优秀的作品鼓舞人。”努力营造更加有利于慈善事业发展的社会氛围,中华慈善总会强化了与多种媒体合作的力度,加强宣传阵地建设,开展形

式多样的慈善宣传。分别与中央电视台、中央人民广播电台合作,开办了慈善公益专题节目;与《人民政协报》合作,开办了《慈善周刊》;与著名演员黄宏合作,摄制了以弘扬慈善公益为主题的故事片《25个孩子和一个爹》(获国内外大奖);配合"慈善情暖万家"、"慈善一元捐"、"慈爱孤儿工程"、"微笑列车"、"慈善医疗阳光救助工程"等慈善项目进行日常宣传等等,取得了很好的社会效果。

三、坚持不懈地努力提升慈善组织能力建设水平

中华慈善总会新一届理事会一致认为,全方位提升组织建设水平,突破长期行政机关式运作,解决制约慈善事业发展的组织内部的难点问题,强化组织内部管理,改革创新运行机制,虽然是长期艰巨的任务,却是有效地提升慈善组织的效率、效益和社会公信度的重中之重。为此,2002年中华慈善总会率先按照较高标准,重点加强了组织队伍建设和财务管理,取得了显著成效。

一是按照精简、效能的原则和组织架构合理、管理科学、运行规范、监督有力的目标,对办事机构进行改革。精简后的机构基本实现了善款筹募、善款使用和善款运营管理相分离;并第一次进行了定岗、定编、定职、定责,第一次实行全员聘任制,第一次尝试从社会公开招考、公平竞争录用员工。中华慈善总会的综合素质有了明显提高。

二是建立健全了规章制度。2002年中华慈善总会共修改、制定了关于人事、劳资、档案、行政管理、政务等方面的7个较为完善的规章制度,实现了有章可循、有制可遵,违规必究,为机构全方位的规范管理打下良好基础。

三是按照公开、公正、依法、自律的原则,重点强化了财务制度化管理。在严格遵守国家财务政策的前提下,一丝不苟地执行内部财务管理规定。严格控制了行政经费和项目管理经费,大大降低了机构运作成本和项目运作成本;完成了财务工作从传统的手工到现代的电算化过度,有效地提高了机构的整体效率。

四是努力提升对慈善资源的动员能力和慈善项目的管理能力。

中华慈善总会坚持在探索创新社会募捐的新思路、新途径、新方法上下功夫,认真落实江泽民同志"开展经常化捐赠"的指示精神,力求最广泛、最充分地调动社会力量,挖掘、整合慈善资源,力求树立一批有社会影响力的慈善品牌项目。2002年,中华慈善总会除了巩固已有项目,如"微笑列车"、"慈爱孤儿工程"、"雨水工程"等已产生一定社会影响的慈善项目,加强管理,组织好项目捐赠、实施外,为适应不同捐赠需求,中华慈善总会突破了传统的募捐方式,创新策划了挖掘开拓潜在慈善资源的方式:启动了经常性小额非定向的"慈善一元捐"项目,利用多功能募捐箱、爱心存单、手机短信爱心捐等多种多样的形式募捐善款;启动了每年元旦、春节期间在全国范围广泛开展帮助困难群众排忧解难的"慈善情暖万家"项目;启动了帮助困难地区改善医疗设施的"慈善医疗阳光救助工程"。同时,还启动了"实物资产捐赠"项目,建立了中华慈善总会发展基金等等。提高了慈善项目的质量和社会各阶层人士的捐赠热情,提升了动员慈善资源的能力,慈善资金得到新增长。2002年,中华慈善总会共筹募慈善资金8950万元人民币,各类慈善物资折款6200万元人民币,共计15000万元人民币。全国各地方慈善组织的慈善资源也在稳步增加。据中华慈善总会对60个团体会员的不完全统计,2002年共筹募慈善资金50527万元人民币,各类慈善物资折款8147万元人民币,共计58674万元人民币。2002年,中华慈善总会实施慈善项目共投入资金7527万元人民币,慈善物资折款6200万元人民币,共计13727万元人民币。同时,中华慈善总会强化了项目资金使用的追踪监督,得到了捐赠者、受助者以及社会的广泛认同和赞誉,取得了较好的社会效果。

四、寻求和拓宽了对外慈善交流与合作的新领域、新途径

2002年,我国慈善组织对外交流与合作取得了较大进展。一方面,与已建立合作关系的国际机构和友好人士巩固合作关系,力求发展更加广阔和纵深的合作关系;另一方面积极寻求和拓宽对外交流与合

作的新领域、新途径,争取更多的国际慈善资源。2002 年,中华慈善总会组团作为惟一代表中国的国际联合劝募协会团体会员,出席在南非举行的国际联合劝募协会两年一度的国际慈善盛会。同时,中华慈善总会共接待来自美国、挪威、法国、澳大利亚等 13 个国家和地区,共 50 个慈善机构来访,交流经验,磋商慈善项目合作事宜。年内共与 9 个国际慈善机构建立了合作关系,还有 9 个慈善机构的合作意向正在协商之中。

总之,2002 年中国慈善组织在思想上有了新解放,在理论上有了新认识,在实践上有了革新和创造,中国慈善事业的发展水平取得了新的、较大的进步,为协调效率与公平,维护社会和谐稳定,推进社会文明发挥了不可忽视的作用。在我国改革开放和经济发展阶段性变化的关键时期,服务于党的中心任务,最大限度地为政府分忧,为困难群众解愁,为党和国家战胜当前困难做出了慈善事业应有的贡献。

(于学廉)

基层民主政治建设

基层政权建设

【城市基层政权建设】 作为共和国基层政权建设的重要组成部分，城市基层政权建设一直是民政部门的传统业务。除“文革十年”外，自共和国成立后至今，虽然历经多次政府机构改革和职能变更，但是这项业务始终是民政工作的一项重要内容，只有加强，没有削弱。1988年，从原民政司分离出来单独成立了基层政权建设司，其城市方面的职能是：负责城市基层政权建设的日常工作；拟定修改有关城市基层政权和基层群众自治组织的法规；指导居委会干部的培训和先进居委会的评比表彰活动；调查研究，总结推广经验。1993年，基层政权建设司经历了成立以后的第一次政府机构改革，其职能略有变更：负责城市基层政权和基层群众自治组织建设的日常工作，制订修改有关基层政权和基层群众自治组织的法规，指导居委会的表彰活动，负责居民委员会组织法的贯彻实施。1998年，基层政权建设司经历第二次政府机构改革。这次改革是基层政权建设司变化较大的一次，无论是名称还是职能内容都有较大变化。从名称方面讲，原名变更为基层政权和社区建设司，从职能方面讲，增加了社区服务和社区建设的内容，具体为：研究提出加强和改进基层政权建设的意见和建议；拟订城市基层群众自治组织建设的方针、政策、规章并指导实施。指导基层群众自治组织和社区组织干部的培训和表彰工作；指导居委会民主选举、民主决策、民主管理和民主监督工作，推动居民自治和基层民主政治建设。指导社区服务的管理工作，推动社区建设。

根据法律规定，城市基层政权是指市辖区和不设区的市、街道办事处作为城市基层政府的派出机构，隶属基层政府系列。虽然宪法和法律规定居民委员会是城市基层群众性自治组织，但居委会是共和国建立后不久，根据政府管理城市基层的需要创立的，最早的关于居民委员会的行政法规——《城市居民委员会组织条例》以及后来由人大常委会颁布实施的《中华人民共和国城市居民委员会组织法》关于居委会的任务，都有协助政府工作的条款。因此居民委员会是政权的基础组织，与政府有着非常密切的关系，这也正是将其列为政府基层政权建设工作内容的原因所在。从历次机构改革的“三定方案”关于职能的规定来看，自基层政权建设司成立以来，基本上一直是以居委会建设为其工作重点的。

一、《城市居民委员会组织法》的贯彻实施

出台《中华人民共和国城市居民委员会组织法》(以下简称《居委会组织法》)，是居委会建设的一个重要成就，它使居委会建设有了法律依据，走上了法制化的轨道，迈上了一个新台阶，此后的居委会建设都是围绕贯彻落实《居委会组织法》展开的。

（一）学习和宣传《居委会组织法》。《居委会组织法》颁布后，民政部下发了宣传《居委会组织法》的通知，其后，全国31个省、自治区、直辖市先后下发通知，具体部署学习、宣传和贯彻落实工作。在贯彻落实中注意做到四个结合：一是指导贯彻落实居委会组织法与对照检查居委会当前工作相结合；二是把建立健全居委会各项规章制度与改进工作作风相结合；三是把加强居委会班子建设与提高干部素质相结合；四是各有关部门把搞好本职工作与帮助、支持居委会发挥自治作用相结合。大多数地方的人民政府，还下发了关于加强居委会建设的意见或决定等文件，大多数地级以上城市开展了宣传月或宣传周活动。各地在宣传中，除了认真组织街道、居委会干部学习外，还组织驻社区的机关、部队、团体、学校、企事业单位学习，使大家了解居委会的任务、职能和作用，支持居委会的工作。为了加大宣传力度，民政部组织人员，编辑了《居委会组织法读本》三套，同辽宁、河北、福建、天津四省（市）联合摄制了宣传居委会组织法、反映居委会工作的七集电视片《城市基石》。

（二）《居委会组织法》的地方法规配套。根据《居委会组织法》第22条关于“省、自治区、直辖市的人民代表大会常务委员会可以根据本法制定实施办法”的规定，各地民政部门积极配合政府和人大法制部门，开展了居委会组织法实施办法和居委会选举办法的调研、起草工作。地方配套法规建设，呈现出两个特点：一是种类齐全。不仅有实施办法，也有选举办法。全国除上海、江苏、海南、安徽、内蒙古以外，其他26个省、自治区、直辖市人大常委会都制定了居委会组织法实施办法。重庆、北京、上海等一些城市以政府令形式颁布了居委会选举办法。二是实行开门立法。已出台地方法规的地方，在立法过程中，除了反复调研、征求各部门意见外，还注意征求广大居民的意见。

（三）居委会建设达标升级。居委会达标升级，即是指按照居委会组织法的要求和居委会的工作内容、目标，将居委会按不同的标准，由低到高分为三级、二级、一级。把居委会工作量化为一定的指标体系，每年进行一次评估和考核。辽宁、黑龙江、江西、湖北、天津、重庆等20多个省、自治区、直辖市先后以政府或政府办公厅名义下发关于居委会达标升级活动的决定，结合本地实际，提出了具体的要求和标准。主要内容包括：依法选举居委会成员；建立居民会议制度；建立健全居委会下属各委员会和居民小组；制定必要的规章制度，如居务公开、办事程序、工作例会制度、民主议事制度、保证监督制度以及制订居民公约；协助政府做好有关工作等。

（四）居委会的培训和表彰。10年来，民政部会同全国人大法制部门、国务院法制局以及其他部门、社会团体共举办居委会成员示范培训班近百期，培训居委会成员近万人。民政部还同中央电视台共同举办贯彻居委会组织法的电视讲座。各省、自治区、直辖市都先后举办了省级培训班，每个城市基本上在居委会换届后，对居委会成员进行集中培训，每年都对居委会成员进行岗位培训。民政部于1995年12月命名了全国模范居民委员会100个，全国模范居民委员会主任100名。与此同时还命名了“全国最佳街道”16个，“中国街道之星”100个。

（五）努力解决居委会办公条件和居委会成员的个人待遇。居委会办公条件包括办公用房、办公设施和办公经费等。对办公用房，各省、自治区、直辖市在制定居委会组织法实施办法时，都把居委会办公用房规划、城市建设的配套写进法规，并作了具体要求。各地财政对居委会干部的生活补贴，这些年来也有了较大幅度的增加，从每人每月几十元到现在的上百元，有的达到几百元、上千元。

二、近年来的居委会建设

1998年国务院机构改革后，民政部基层政权建设司更名为基层政权和社区建设司，除原有职能不变外，承接了原社会福利司转移过来的社区服务职能，新增加了社区建设职能。自此开始，城市基层政权建设工作随之进入一个新的阶段，作为社区的主体组织，居委会建设成为社区建设的一个非常重要的内容，随着社区建设的发展而发展。

(一)调整居委会辖区规模(构建社区)。居委会组织法规定,居委会一般辖100-700户。居委会组织法立法时,我国城市建设还比较落后,居民住房以平房为主,加之通讯手段落后,居委会成员以年龄较大、身体健康状况较差的离退休人员为主,100-700户的规模与当时的历史条件是比较适合的。上个世纪90年代中期以后,城市建设迅速发展,居民住房转向以楼房为主,几栋楼即可容纳700户左右;通讯手段已经很发达,固定电话十分普及,移动电话也很普遍,且互联网、局域网正在迅速走进寻常百姓家庭;居委会成员中离退休人员所占比例逐渐减少,中青年所占比例相应增加。鉴于这种情况,全国大部分地区已根据社区建设的需要,按照便于居民自治、便于服务管理、便于资源共享的原则对居委会的辖区规模进行了调整,一般为1000-3000户左右,并引进了社区的概念来指代居委会辖区。

(二)构建新型的以居委会为主体组织的自治组织体系。引进社区概念之后,不仅居委会辖区的名称和规模发生了变化,而且居民构成也发生了很大变化。当时居民的概念比较窄,主要是指没有单位归属的孤寡老人、残疾人、待业人员、随军家属、家庭妇女等,有工作单位的人无论是从心理上,还是在利益关系上都与居委会关系不大,辖区内的机关、团体、部队和企事业组织也不参加居委会。现在情况发生了根本性变化,无论是单位还是个人,无论是有工作还是无工作,无论是本地人还是外地人,只要在本社区居住,就是社区的一员。与此相应的是,自治组织体系也有很大不同。过去的自治组织体系比较简单,只有居民会议、居委会和居民小组等,现在则丰富得多,除了原有的组织外,还增加了业主委员会、老年人协会、读书会等多种多样的社区中介性组织,随着社区建设的发展,这类组织还将不断地发展和增加。

(三)改善居委会办公条件和居委会成员的待遇。居委会工作条件和成员的个人待遇是一个长期困扰居委会建设的老大难问题,过去一直没有得到很好解决。在社区建设以前,它曾是贯彻落实居委会组织法的一项重要内容,结果只是在程度上有所缓解,并未从根本上解决问题。社区建设开始以后,特别是社区建设示范活动的开展,对解决这个问题起到了非常大的推动作用。许多城市将社区建设纳入当地国民经济和社会发展计划,有不少城市制定社区建设专题规划,将社区建设所需资金列入财政预算,这些为解决居委会工作条件和成员的个人待遇提供了保障。在工作条件解决方面,吉林省四平市最为突出。由于四平市委、市政府的高度重视,在一年之内,全市75个社区不仅解决了居委会办公用房,而且解决了相关社区工作机构(如社区警务室)和社区居民的办公和活动场地问题。居委会成员的个人待遇不仅在北京、上海、杭州、宁波、青岛、深圳等经济发达城市得到很好解决,在中等发达城市和欠发达城市也有很大进展。

(四)加强居委会队伍建设。居委会队伍年龄偏大、身体健康状况偏差、文化偏低、后继乏人,是过去长期以来困扰居委会建设的重大问题之一。过去居委会工作条件差、个人待遇低,且承担政府交办的繁重的工作任务,使得很多人,特别是年轻人即使在家待业,也不愿意从事居委会工作,这是导致居委会队伍素质较差的重要原因。南京市1991年居委会队伍构成中,81%是离退休人员,其余的是长期从事居委会工作的居民,50岁以下的只占1%,高小、初中文化程度的占40%。像南京市这样的居委会成员构成,在全国很有代表性。近些年来,各地大胆探索,尝试了不少办法,在改善办公条件和提高个人待遇的同时,采取公开招聘、民主选举等办法解决来源问题,通过定期与不定期培训解决工作能力问题等。

(五)实行街道办事处体制改革。根据有关法律规定,街道办事处是城市基层政府的派出机构,诞生于上个世纪50年代初,经过40多年的发展,街道办事处事实上已经改变了其派出的性质而成为一级准政府,在大城市尤其如此。随着改革开放的不断深化,经济和社会的不断发展,社区建设的迅速推进,街道办事处现有体制已不能适应新形势发展的需要,街道办事处的改革问题开始突显出来,虽然还没有上升到民政部政策操作层面,但地方上的街道办事处改革已开始进行。围绕街道办事处的改革有两种主要思路:一种是以上海等城市为代表的,要继续强化街道办事处的职能。认为目前街道办事处的派出性质赋予其的职能和权力无法承担越来越繁重的工作任务。另一种思路则是以南京市白下区、青岛市市北区、北京市石景山区和贵阳市小河区为代表的,逐渐弱化街道办事处的职能,使其恢复街道办事处的派出性质。

基层政权建设司成立13年来,城市基层政权建设取得了重要成就。通过贯彻落实居民委员会组织法,通过社区建设,有利于城市居民安居乐业、有利于城市基层政权长期巩固和发展的体制和机制正在形成,它将为国家整个政权大厦的巩固奠定非常坚实的基础。

(王时浩)

【街道办事处】 城市街道办事处是一个当前现实与规定它的法规之间脱节较大的行政机构。1954年12月由第一届全国人大常委会颁布的《城市街道办事处组织条例》,规定了街道办事处的性质、规模和任务。其性质是市辖区或不设区的市的政府派出机关,10万人以上的市辖区或不设区的市,应当设立街道办事处,10万人以下5万人以上的市辖区或不设区的市,如果工作确实需要,也可以设立街道办事处。其任务是办理市和市辖区政府有关居民工作的交办事项,指导居民委员会的工作,反映居民的意见和要求。街道办事处专职干部3-7人,其中包括做街道妇女工作的干部1人。经过几十年的发展,特别是改革开放以后,我国经济、社会以及街道办事处都发生了巨大变化。一是作为工作对象的居民发生了变化,过去居民的主体结构构成是没有单位归属的家庭妇女、待业青年、残疾人等,而现在除了这些人外,还有大量的外来人口、失业下岗职工、非公经济组织人员等。二是工作任务发生了变化。现在街道办事处的职能除了组织条例规定的任务外,还有市场管理、社会保障,有些城市的街道办事处还承担着发展经济的职能。三是机构和人员编制发生了变化。目前的街道办事处一般都设有办公室、城管科、民政科、文教卫生科、社会治安综合治理科等十几个科室,工作人员有几十人甚至上百人。由于经济和社会发展了,街道办事处的实际情况与建国初期相比,也发生了天翻地覆的变化,事实上它已经改变了派出机构的性质成为一级政府,而街道办事处组织条例并没有根据经济和社会的发展而及时修订,因而导致了现实与法规的严重脱节。

基于这个原因,近些年来,关于尽快修订《城市街道办事处组织条例》的呼声越来越强,特别是1990年代中期以后,几乎每年的全国人大代表和政协委员都提出这方面的建议或提案,一些城市还提出了探索改革城市基层管理体制的要求。

关于如何修订《城市街道办事处组织条例》,目前大致有五种意见:一种是为街道办事处正名,承认街道办事处作为一级政府的现实,不再作为政府的派出机构。二是维持街道办事处的现有派出机构性质不变,扩大其职能,如继续实行“两级政府三级管理”。三是将街道作为一级政府,将区作为派出机构。四是取消街道办事处,增加区的数量,将区的范围划小,管理幅度缩小。五是主张因地制宜,允许各地根据实际情况实行多元化的管理体制。

街道办事处改革,首先从北京、上海等大城市开始,时间为1985年。1984年,城市经济体制改革开始进行,随着经济改革的深化,城市基层行政管理体制存在的矛盾和问题逐渐凸显,其改革成为势所必然。1993年11月14日,中国共产党第十四届中央委员会第三次全体会议通过了《中共中央关于建立社会主义市场经济体制若干问题的决定》,自此开始,中国走上了建立和完善社会主义市场经济体制的征程。市场经济体制的建立和发展,使计划经济条件下形成、适应计划经济条件的原街道办事处体制更不适应,对街道办事处的改革提出了新的更高的要求。综观各地的改革实践,街道办事处的改革主要有二种思路:

以强化街道办事处的行政职能为主要取向,使其向一级真正的政府发展,这种思路以上海和北京等城市为代表。两个城市在1980年代中期进行的街道办事处改革采用的就是这个思路,1990年代中期以后上海将其概括为“两级政府三级管理”。“两级政府”,即市和区级政府,“三级管理”即市、区和街道办事处三级。“两级政府三级管理”的核心是权力下放,向“小政府、大社会、大服务”迈进。权力下放是指区政府将部分权力下放给街道办事处,区级有关部门除制定规划,拟定政策以及进行必要的专业指导外,专业管理的权力下放给职能部门的派出机构,将以前条条管理的派出所、工商所等部门划归街道办事处管理,加强街道办事处的财权、人事权和综合执法能力。除上海、北京外,石家庄、武汉、杭州等城市也进行了“两级政府三级管理”的改革。

以恢复城市街道办事处作为城区政府派出机构的本来面目为取向,尽量减少街道办事处的政府职能,逐步向社区过渡,北京市石景山区鲁谷社区、南京市白下区淮海路街道和青岛市市北区浮山后社区采用的就是这种思路。这种改革的思路和目标是:转变街道办事处职能,强化社区功能。具体讲是,理顺一个关系,坚持两个依法,实现两个归位,强化社区自治功能,最终实现对社会的有效管理。一个关系,就是政府、社会和市场的关系;两个依法,就是政府依法行政,社区依法自治;两个归位,就是政府行政管理职能归位和政府社会化职能归位。其主要做法是:明晰街道办事处和居委会的责任和权利,改变将社区居委会作为办事处下属机构的做法,引导、支持社区居委会充分发挥自治功能,依法开展自治;交还社区财务权,各社区建立银行独立账户和理财小组,区财政拨款和街道匹配的经费直接拨付给社区居委会,实行民主理财,街道定期进行财务审计;强化社区监督权,街道工作向社区代表会议述职,社区工作者和社区成员对街道办事处的满意程度作为工作目标考核和评优的重要依据。由上可见,在思路和目标方面,南京的白下区与北京石景山区的试点初衷是相同的,将街道办事处还原为政府的派出机构,街道这个层面仍然存在,有行政事务需要处理,其党务工作机构和行政工作机构仍然存在,较大的变化是机构进行了大幅度撤并。特点:行政机构与自治组织并存,由党工委协调其间关系。

将城市街道办事处取消,在城区政府之下直接就是社区,贵阳市小河区采用的就是这种思路。

上述改革,有的时间长一些,有的短一些,也有的是刚刚开始。时间长一些的,的确取得了一些效果。但由于体制涉及的是一个组织机构的根本性、长远性问题,因而它的改革及其效果不可能、也不应当根据短期内取得的效果而过早地做出定论,而应当考察它的长效性、稳定性。

(王时浩)

【乡镇机构改革】 家庭承包责任制以后,乡镇政权建设的主要任务是撤社建乡,实行政社分开,组建乡镇人民政府。

1983年,中央下发了《关于实行政社分开建立乡政府的通知》。1986年,中央又下发了《关于加强农村基层政权建设工作的通知》,乡镇政权建设主要围绕完善乡镇政府职能、实行简政放权进行。

1993年中央编制委员会办公室为了合理确定地方机构设置和人员编制,向各地印发了市、县及乡镇的分类标准,把乡镇划分为三种类型。1993年8月,中央编制委员会下发了《关于地方各级党政机构设置的意见》(中编〔1993〕4号),要求各地乡镇工作机构按照乡镇的分类确定。规定一类乡镇可设置党政、财经、社会事务、乡村建设等4 5个综合性办公室;二类乡镇可设置党政办公室、财经办公室和民政、文教卫生、乡村建设、计划生育等助理员;三类乡镇党委可设组织、宣传、纪检等委员,政府可设民政、财经、生产、科教卫生、计划生育、宣传建设等助理员,不设职能机构。2000年12月26日,中办、国办下发了《关于市县乡人员编制精简的意见》。

2001年2月2日,全国市县乡机构改革工作会议在北京召开,具体部署了市县乡机构改革工作。会议提出,市县乡机构改革是2001年全国改革工作总体框架的重要组成部分,要确保全国市县乡机关行政编制精简20%任务的完成。会议还特别指出："要认真搞好乡镇机构改革，进一步规范乡镇机构设置，减少机构和行政编制，坚决清退超编人员和各类临时聘用人员，同时归并乡镇事业单位，合理调整农村学校布局，压缩财政供养人员。"为了精简机构和人员，缓解乡镇机构改革的压力，乡镇合并和行政区划调整等措施得以在各地出台。从沿海各省份到中、西部的省份都开展了大规模的乡镇合并。

截至2001年底，农村乡镇数量已从2000年的44867个，减少至40903个，减少了3964个乡镇建制。地方政府撤并乡镇，扩大乡镇规模的做法，基本得到了中央政府的认可。

2001年7月21日，民政部、中央编办、国务院体改办、建设部、财政部、国土资源部、农业部等7部门联合发出了《关于乡镇行政区划调整工作的指导意见》，在肯定撤并乡镇主要做法的同时，也提出了进一步完善的措施意见。乡镇合并取得了重大进展，据民政部事业统计公报显示，随着城市化进程的加快和小城镇的发展，建制镇的数量增长迅速，2001年，乡镇数量之比首次出现建制镇超过乡数。

截至2002年底，全国设有建制镇20601个，比上年增加227个；乡18639个，比上年减少702个。从多数地区的改革来看，基本上达到了20%的精简目标。从总体上来说，乡镇机构改革在一定程度上取得了精简机构和人员的效果。这有助于减轻农民负担，减轻沉重的财政压力，为基层干部依法行政，推进乡级民主发展，创造了较为宽松的条件。

（王金华）

【乡镇政务公开】 20世纪80年代末90年代初，随着村务公开的推进，一些地方的乡镇探索开展了"两公开一监督"，即公开办事程序、公开办事结果、加强群众监督。

一、乡镇政务公开的发展简况

1995年党的十五大以后，乡镇政务公开工作在许多地方得到了不同程度的推进，取得了积极的成效。

2000年，中纪委四次全会提出要在全国乡镇政权机关全面推行政务公开。

2000年7月25日，中纪委召开了全国乡镇政务公开经验交流电视电话会议，要求全国乡镇政权机关都必须推行政务公开，尚未实行的地方，要立即着手实行，已经实行的，要进一步巩固、完善、深化、提高，并对政务公开的内容、标准提出了明确要求。

2000年12月6日，中办、国办联合下发了《关于在全国乡镇政权机关全面推行政务公开制度的通知》（中办发〔2000〕25号），对乡镇政务公开的指导思想、基本原则、基本要求、主要内容、工作方法、监督保障制度和组织领导体制等做出了明确规定。从此以后，乡镇政务公开得到了全面推进。

据中纪委统计，截至2002年底，全国31个省市区全部部署开展了此项工作，乡镇推行面达到99%以上。

二、乡镇政务公开的主要做法

一是加强领导，精心组织。各地基本上都层层建立了以党委、政府领导为组长，以纪委、组织、民政、农业等部门参加的领导小组，下设办公室，有的地方设在纪委、有的地方设在政府办公厅、有的设在民政厅，抽调专人负责此项工作。目前，黑龙江、陕西、四川、广西、河南、湖南等省、区明确由民政部门牵头负责。有关业务部门重点抓了本部门、本系统在乡镇站（所）的公开。

二是规范内容，创新形式。重点抓了群众关心的热点、难点问题，影响本地区经济发展、社会稳定的问题，行政工作中容易滋生腐败的问题进行公开。需要向群众公开的事项一律公开，与村务公开相对应的事项一律公开，面向群众服务的基层站（所）的服务事项一律公开。各地普遍把财务公开作为重中之重。在公开形式上，普遍设立了政务公开栏，有的通过发放"明白纸"、信息专刊、便民联系卡等形式公开，有的通过电视、广播等新闻媒体公开。为使公开的内容更符合群众的要求，有的地方实行"点题公开"，即群众想知道什么就公开什么；有的地方还在公开栏中设立了"回音壁"或举报电话，对群众的疑问及时给予答复。

三是完善制度，强化督查。一些省份依据中办发〔2000〕25号文件要求，制定了本省的乡镇政务公开暂行规定或办法，一些县市区还针对一些具体事项，如财务管理、固定资产、交通通讯等，制定了一些单项规定。各地还普遍推行了乡镇政务公开责任制，逐级签订责任状，把政务公开工作情况列入乡镇年度工作目标和考核指标。吉林省下发了《政务公开工作考核办法》和《关于对政务公开工作中违纪违法行为追究党纪政纪责任的规定》。黑龙江省制定了《乡镇政务公开检查验收标准》，一年内两次对公开工作进行检查，对政务公开不力的单位或个人给予批评教育或组织处分。有的乡镇还成立了由社会各界代表组成的政务公开监督小组，设立了意见箱或举报电话，强化组织监督、群众监督和舆论监督。

三、乡镇政务公开的主要成效

一是从源头上预防和治理了腐败。(1)吃喝享乐风有所收敛。目前多数地方都取消了村里办的小食堂，乡干部下乡吃派饭；乡镇机关的招待费明显减少；有效地控制了乡、村干部租小车、用公款旅游等不合理支出。(2)人情风得到了遏制。过去有些乡镇机关干部和站办所工作人员，收费和罚款标准不公开，有向群众收人情费和勒、卡、要的腐败行为。推行政务公开后，有关部门公开了办事依据、收费标准、办事时限，群众到有关部门办事再不用花过去那种冤枉钱了。(3)刹住了“回扣”风。推行乡镇政务公开，对工程发包实行公开招标，大宗物品购买实行政府采购，农村机动地实行竞价发包，防止了“暗箱操作”，堵住了少数人乘机吃“回扣”的现象。(4)抵制了浮夸风。个别地方的干部为了自己的政绩，好大喜功，搞浮夸。实行乡镇政务公开，挤出了一些虚报数字当中的水分，不少乡镇重新核定了农民群众不认可的人均收入账，保护了群众利益，受到了群众的赞扬。

二是规范了干部的施政行为，提高了工作效率。乡镇政务公开的推行，使乡镇政府的行政行为受到了有效的制约，促使乡镇政府逐步实现由重行政管理向重引导服务转变，由命令式行政向依法行政转变，避免了过去基层干部有法不依，工作随意性大，办事不按程序，不公平、不公正现象的发生，规范了干部的施政行为，减少了具体行政行为决策失误和运作违法现象的出现，提高了依法行政水平。

三是转变了干部作风，密切了党群干群关系。政务公开前，群众到乡镇机关或站办所办事，经常遇到门难进、脸难看、话难听、事难办的情况，群众很不满意。政务公开后，许多乡镇建立了首问负责制度、接待日制度、现场办公制度、回访制度和入户走访等制度，变群众上访为干部下访，化解了干群之间的矛盾，群众上访案件明显减少，基层干部的公仆意识和服务意识明显增强。干部群众普遍反映，推行政务公开后，乡镇干部的作风转变了，党群、干群关系密切了，群众对党和政府的信任增强了。群众形象地把乡镇政务公开称为干群之间的“连心桥”。

四是加强了基层民主政治建设。乡镇政务公开增强了人民群众的民主参与意识，民情、民意、民智在决策和管理中得到体现。广大基层干部群众对乡镇政务公开工作给予了极大的关注和积极的参与，分别积极通过意见箱、意见卡、回音壁、举报电话、群众代表会议等方式参与监督公开工作，民主氛围空前浓厚，农村民主政治建设在村民自治的基础上又大大向前迈进了一步。乡镇政务公开工作得到了广大基层干部群众的认可和满意。据黑龙江省调查问卷显示，基层干部群众对受检单位政务公开工作的满意率均在95%以上。

（王金华）

【乡镇选举】 乡镇选举主要指乡镇人大代表选举和乡镇人民政府领导人的选举。这是乡级民主的主要内容。乡镇选举，在1953年普选之后，先是两年进行一次（“文化大革命”期间停止），后改为3年进行一次。

1953年2月11日，中央人民政府委员会第22次会议通过了《中华人民共和国全国人民代表大会及地方各级人民代表大会选举法》，为全国普选提供了法律依据。《中央选举委员会关于基层选举工作的通知》则细化了具体做法,使整个选举制度的法律设计得以全面完成。

1954年9月20日第一届全国人民代表大会第一次会议通过的《中华人民共和国宪法》,不但把选举内容列入国家大法,还确定了各级人民代表大会的任期:全国人民代表大会和省人民代表大会任期4年,直辖市、县、市、市辖区、乡、民族乡、镇人民代表大会任期两年。

1954年9月21日第一届全国人民代表大会第一次会议通过的《中华人民共和国地方各级人民代表大会和地方各级人民委员会组织法》,规定乡镇一级的选举分为直接选举和间接选举,乡镇人民代表大会代表由选民参加直接选举产生,乡镇人民委员会和上一级人民代表大会代表,则在乡镇人民代表大会经代表选举产生,采用的是间接选举方式。

1953年进行了第一次全国普选,1956年进行了第二次全国普选。此后进行的人民公社化运动,改变了乡镇人民代表大会代表和乡镇人民委员会组成人员的选举。

1961年3月制订的《农村人民公社工作条例(草案)》,规定人民公社的权力机关是公社社员代表大会,管理机关是公社管理委员会(相当于原来的乡政府),监察机关是公社监察委员会。公社管理委员会和监察委员会成员由公社社员代表大会选举产生,任期1年;公社社员代表大会代表每年改选一次。

1962年9月27日,中国共产党八届十中全会通过的《农村人民公社工作条例修正草案》,除了重申草案的规定外,明确了公社社员代表大会,就是乡人民代表大会;公社社员的代表,就是乡人民代表大会的代表;公社的社长,就是乡长;公社管理委员会在行政上就是乡人民委员会(即乡人民政府)。公社社员代表大会的代表,每两年改选一次。公社管理委员会任期为两年。

1979年7月1日,第五届全国人民代表大会第二次会议通过了《中华人民共和国全国人民代表大会和地方各级人民代表大会选举法》,1980年1月1日起施行。这是中华人民共和国的第二部选举法。与宪法规定的直接选举范围不同,第二部选举法确定不设区的市、市辖区、县、自治县、人民公社、镇的人民代表大会代表由选民直接选出,扩大了直接选举的范围。

1979年7月1日第五届全国人民代表大会第二次会议通过的《中华人民共和国地方各级人民代表大会和地方各级人民政府组织法》,对乡镇选举作出了相应的规定。1979－1981年的选举是在人民公社体制下进行的。

1982年12月4日,第五届全国人民代表大会第五次会议通过的第四部《中华人民共和国宪法》,以乡、民族乡、镇的政权形式取代了人民公社管理体制,并规定乡、民族乡、镇的人民代表大会和人民政府每届任期3年。

1982年12月10日,第五届全国人民代表大会第五次会议通过《关于修改〈中华人民共和国全国人民代表大会和地方各级人民代表大会选举法〉的若干规定的决定》,对选举法作了少量修改。

1983年3月5日,第五届全国人民代表大会常务委员会第二十六次会议通过《全国人民代表大会常务委员会关于县级以下人民代表大会代表直接选举的若干规定》,对乡镇选举做出了明确的规定。

1984年进行了改革开放后的第二次全国基层直接选举,1987年完成了第三次全国直选,1990年进行了第四次全国直选。继宪法修改之后,1995年对选举法和地方组织法进行了修改,县、乡两级选举在时间上正式分离,乡、镇选举形成了单独进行的局面。从1953年到1999年,大多数省、自治区、直辖市的乡、镇选举进行了13次(“文化大革命”前6次,第二部选举法、地方组织法颁布后7次)。

2001年7月,中共中央转发了《中共全国人大常委会党组关于全国乡级人民代表大会换届选举工作有关问题的意见》。从2001年下半年开始,全国第八次乡级人民代表大会换届选举工作陆续展开。各地基本上都成立了换届选举的领导机构或指导机构,省(自治区、直辖市)、市(州)、县(市、区)三级人大党委会成立了选举工作办公室,乡级成立了选举委员会及办公室,各选区成立了选举工作小组,并配备了一批政治素质高、熟悉选举工作法律和程序的干部参与具体工作。这次选举期间,各地正在进行的乡镇撤并工作,对乡镇换届选举形成了或多或少的影响。一些地方还对乡镇主要领导干部的选拔任用方式进行了大胆的探索。如四川省遂宁市步云乡进行了乡长由本乡选民直接投票选举的试点,深圳市大鹏镇进行了由村民投票推选镇长候选人的试点,山西省临猗市卓里镇对乡镇党委书记、人大主席和乡镇长进行"两票制"选举产生的试点。

2001年,这方面的探索仍然在进行,如福建省莆田县月塘乡实行"三推两考一选"制度,"三推"即各级领导推荐、一般干部推荐、群众代表推荐;"两考",即考试和考核;"一选",即按照党章和法规进行选举。甘肃省张掖地区临泽县提出"党委推荐、差额选举、竞争上岗"的改革思路。该县鸭暖乡正副乡长候选人在选举前都进行了竞职演讲,取得了较好的效果。广西壮族自治区恭城瑶族自治县实行公推公选乡镇干部,符合条件者都可以组织推荐、群众推荐和自荐等方式参选,通过村民代表、村民组长、党员代表、村干部和镇干部、人大代表等投票产生候选人,然后召开镇人民代表大会选举镇领导。

2002年,湖北省杨集镇采用"海推直选"的方式选举产生了该镇的党委书记和镇长。即镇党委书记由群众推荐、党内推荐、党代表直接差额选举产生,镇长由选民推荐、村(居)民代表推荐、人大代表直接差额选举产生。一改过去镇党委书记、镇长由上级党委提名产生候选人的做法为全体选民(或党员)"海推",改过去等额选举为差额选举,改间接选举为直接选举,进一步扩大了直接民主的范围和力度。

(王金华)

农村基层民主政治建设

【村民自治】 从字义上理解,自治就是自己管理自己。它应该是官治的反面,也就是说,自治就是自己处理自己的事务,而毋庸他人过问与管理。但在现实生活中,自治是有条件的,有限度的,就如同自由是有条件的、有限度的一样。任何国家的自治都是在法律规定范围内的自治。一般来说,自治组织的自治权,每个国家的宪法或法律都做了比较明确的规定和限制。自治的主要目的,在于由地方居民自己决定,以自己的意思,以自己的职权,利用自己的资源,建立自己的组织,依法办理群众自己的事务,促进本地区经济和社会的发展。自治一般由自治区域、自治组织、自治居民、自治事权等要素构成,其形式有多种,如地方自治、社会自治、民族区域自治和人民群众自治。村民自治,简而言之就是广大农民群众直接行使民主权利,依法办理自己的事情,创造自己的幸福生活,实行自我管理、自我教育、自我服务的一项基本社会政治制度。它发端于20世纪80年代初期,发展于80年代,普遍推行于90年代,伴随着人民公社体制的解体而迅速普及,成为具有中国特色社会主义的农村基层民主制度和农村治理的一种有效方式。村民自治的主体是全体农村居民,而不是局限于某一阶层或某一行业的成员;自治的区域是村,即与农村居民生活联系十分紧密的社区;自治的内容为本村的公共事务和公益事业,即村务;自治的目的是使广大农村居民在本村范围内实现自我管理、自我教育和自我服务,处理好与村民利益密切相关的公共事务,保证国家对农村基层社会的有效治理。

一、村民自治的由来

党的十一届三中全会以后,我国进入了改革开放的新时期。改革率先从农村突破,在全国范围内普遍实行了以"大包干"为主要形式的家庭联产承包责任制。这一制度的推行,逐步理顺了农村最基本的生产关系,使农民获得了生产经营自主权，也使农村的生产方式和分配方式发生了根本性的变化，使原来负责组织农民统一生产、统一分配的生产大队、生产队两级组织失去了依托逐渐瘫痪，由此导致了基层管理的某些职能无人负责，村庄里出现了一定程度的无序和混乱状态。改革人民公社体制，建立起与农村经济体制相适应的新型社会管理体制，已成为经济改革的内在要求和亿万农民群众的共同心声。在这种情况下，一些地方的农民自发创设了村民委员会这一新的组织形式。

1980年2月，全国出现了第一个由农民选举产生的村民委员会——广西宜州市屏南乡果作村民委员会。村民委员会成立后，与村民一起订立村规民约，实行村务民主管理，取得了很好的效果。同时，广西罗城、宜山县(现在的宜州市)其他一些村庄的农民也自发选举产生了村民委员会，实行自我管理，使农村出现的一些问题，如偷盗、乱占耕地、打架斗殴、水利失修、乱砍滥伐等现象迅速得到了解决。这一新生事物的出现，得到了党中央的高度重视和充分肯定。

1981年下半年，中央派出调查组，经过深入调查研究后对这一做法予以肯定。1982年修改宪法时，总结各地经验，把“村民委员会”这一组织形式写进了宪法条文，明确规定了村民委员会的性质和任务，确立了村民委员会是群众性自治组织的法律地位。之后，全国农村逐步建立了乡镇政府和村民委员会。

二、村民自治的发展概况

在总结各地实践经验的基础上，1987年11月，第六届全国人大常委会第二十三次会议审议通过了《中华人民共和国村民委员会组织法(试行)》，为村民自治提供了法律保障。尽管这部法律是试行法，但由于其立法原则和基本精神具有前瞻性，符合农村改革和发展的需要，受到广大农民的热烈欢迎，得到了有效的贯彻实施。

1990年，民政部和中组部等部委联合召开的“莱西会议”，在总结以党支部为核心的村级组织配套建设经验的同时，澄清了对村委会组织法的一些模糊甚至错误认识，对村民自治给予了充分肯定。

1992年，民政部与司法部等部委召开的“章丘会议”，总结了“依法建制，以制治村，民主管理”的经验，丰富了村民自治的内容。

1994年，中央召开的全国农村基层组织建设工作会议，明确提出完善村民选举、村民议事、村务公开、村规民约等制度，使村民自治的内容和形式进一步完善。民政部在认真总结各地经验的基础上，把村民自治活动概括为“四个民主”，即民主选举、民主决策、民主管理、民主监督。

1997年10月党的十五大召开，村民自治的基本内容——“四个民主”首次写进了党代表大会的报告。在10年试行期间，村民自治从探索试点到面上展开，从思想认识分歧较多到思想认识逐步统一，从具体操作办法不规范到逐步规范，不断走向成熟，日益深入人心，植根于广阔的农村大地。1998年10月召开的党的十五届三中全会，对村民自治的伟大实践给予了高度评价，明确指出“扩大农村基层民主，实行村民自治，是党领导亿万农民建设有中国特色社会主义民主政治的伟大创造”。

1998年11月4日，九届全国人大常委会第五次会议审议通过了修订后的村民委员会组织法，在加强党的领导、选人、议事、监督方面充实了新的内容，对村民委员会的性质、职能和相关问题作了更加明确的规定。截至目前，全国31个省份全部制定出台了村委会选举办法(江西、山西、内蒙古、四川、河南、广西6个省、区把选举办法放在了实施办法中)，有28个省份制定出台了村委会组织法实施办法(青海、吉林、西藏尚未出台实施办法)，有的省还制定了《村务公开办法》，从而为村民自治提供了更加可靠的法律保障。全国31个省、自治区、直辖市全部按照新的村委会组织法的要求，组织进行了新一轮村委会换届选举工作，涉及70多万个村委会和近6亿农村选民，选举的民主化、规范化程度不断提高。全国80%以上的村民委员会建立了村民会议、村民代表会议和村务公开制度，制定了村民自治章程和村规民约。全国共有95个国家级村民自治模范县(市、区),获得省级命名表彰的村民自治模范县(市、区)有579个,村民自治正在向广度和深度发展。村民自治发展到今天,已经成为党在农村工作中的一项基本政策,成为中国农村一项基本的社会管理制度。

三、村民自治的原则

村民自治是农村基层民主的重要内容,是基层直接民主的一种重要形式。实行村民自治,必须坚持两个重要原则,一是必须坚持党的领导,二是必须坚持依法办事。

坚持党的领导,这是宪法和法律精神的体现,也是由我们国家的性质决定的。《村委会组织法》第三条明确规定:“中国共产党在农村的基层组织,按照中国共产党章程进行工作,发挥领导核心作用;依照宪法和法律,支持和保障村民开展自治活动、直接行使民主权利。”村民自治只有在党的领导下,才能保证正确的政治方向,有秩序、有步骤地向前推进,才能把亿万农民群众的政治主动性和参与积极性充分发挥出来,不断提高村民自治的质量。

坚持依法办事,就是要在法律法规允许的范围内开展自治活动,换个说法,就是自治活动的内容不得有与国家法律法规相违背的地方,不能超出法律法规所规定的内容和范围。同时,要根据本村的实际情况,依据国家法律法规的精神,制订村民自治章程和村规民约,使本村的管理有章可循、违章必纠。这样,才能切实保障村民的民主权利,推动农村基层民主健康发展。

四、村民自治的内容

村民自治的主要内容就是全面推进本村的民主选举、民主决策、民主管理、民主监督。

所谓民主选举,就是由本村有选举权的村民依照法律法规规定的程序,直接选举村民委员会主任、副主任和委员,真正把村民群众拥护的思想好、作风正、有文化、有本领、真心实意为群众办事的人,选进村民委员会领导班子。

所谓民主决策,就是凡涉及全体村民利益的事项和村中的重大问题,都要提请村民会议或村民代表会议讨论决定,按多数人的意见办理。

所谓民主管理,就是依据党的方针政策和国家的法律法规,结合本村的实际情况,由全体村民讨论制定村民自治章程或村规民约,加强村民的自我管理、自我教育和自我服务。

所谓民主监督,就是村里的重大事项和群众普遍关心的问题,都要向村民公开,由村民会议或村民代表会议评议村委会干部,村委会定期向村民会议或村民代表会议报告工作,接受村民的监督。

实践证明,民主选举是村民自治的基础,民主决策是村民自治的关键,民主管理是村民自治的根本,民主监督是村民自治的保证。

五、村民自治的法律保障

1982年新修订的宪法第111条规定:“城市和农村按居民居住地区设立的居民委员会或者村民委员会是基层群众性自治组织。”第一次以国家根本大法的形式明确规定了村(居)民委员会的性质、任务、地位和作用。依照宪法,1987年11月24日,六届全国人大常委会第二十三次会议审议通过的《中华人民共和国村民委员会组织法(试行)》,以国家法律的形式确立了村民自治的原则,并对相应的组织形式做出了具体的规定。该法前后试行了10年,对于扩大农村基层民主,保证农民行使民主权利,改善干群关系,维护农村社会稳定,发挥了极其重要的作用。这说明试行法确定的方向、基本原则和基本精神是正确的。但是,随着社会主义民主政治建设的进一步发展,要求进一步完善村民自治制度,扩大农村基层民主。因此,九届全国人大常委会第五次会议在总结村民自治实践经验的基础上,于1998年11月4日通过了修订后的《中华人民共和国村民委员会组织法》(以下简称村委会组织法)。该法第一条开宗明义地规定,制定该法的目的是“为了保障农村村民实行自治,由村民群众依法办理自己的事情,发展农村基层民主,促进农村社会主义物质文明和精神文明建设。”并在条文中进一步明确了村民委员会的性质、任务和职能,规定了村民委员会选举的主持机构、选民登记、候选人提名、投票方式、计票方法、确定当选等法律程序;规定了村民会议、村民代表会议的组成、职权和民主决策的内容;规定了制定村民自治章程和村规民约，实行民主管理的渠道；规定了村务公开、民主监督的内容、程序和办法；规定了村民委员会应当坚持走群众路线，充分发扬民主，少数服从多数的工作方法。所以说，《村委会组织法》是农民群众实行村民自治的重要而可靠的法律保障。

六、村民自治的主要成效

村民自治的推行，"四个民主"的落实，初步构筑了一种新型的农村基层治理新体制，对加快我国民主政治建设进程，维护农村社会稳定，推动农村两个文明建设发挥了极其重要的作用。一是推进了农村基层民主政治建设。通过开展村民自治，培养了广大农民群众的民主习惯，增强了民主法制观念，构筑了以民主选举、民主决策、民主管理、民主监督为基本内容的农村基层民主制度的框架，开辟了一条在党的领导下建设农村社会主义民主政治的成功之路，从而加快了农村基层民主建设的进程，有力地推动了农村政治体制改革与经济体制改革的相互配合、相互促进。二是促进了农村的社会稳定。通过开展村民自治，把选人、议事、监督的权力真正掌握在广大农民群众手中，依法管理自己的事情，创造自己的幸福生活，从根本上促进了农村党风廉政建设和社会风气的好转，找到了一条化解农村社会矛盾、解决农村社会问题的有效途径。尤其是村务公开的推进，把村务工作置于广大农民群众的监督之下，密切了党群、干群关系，和谐了人际关系，促进了农村社会的稳定。三是调动了广大农民群众的积极性。通过开展村民自治，实现了农民群众的自我管理、自我教育、自我服务，大大激发了农民群众的主动性、创造性和当家作主的责任感。如果说，包产到户充分保障了农民的物质利益，调动了农民生产的积极性，那么，村民自治则充分尊重了农民的民主权利，调动了农民当家作主的积极性和责任感，对进一步发展农村生产力，促进农村经济和社会发展，发挥了重要作用。村民自治培养了农民群众的民主法制意识。四是推动了农村基层党组织建设。广大农村基层党组织在领导村民自治的实践中，经受了考验，得到了锻炼，积累了做好新形势下群众工作和处理复杂矛盾的经验，提高了战斗力。乡镇党委和村党支部在村民自治中有效地发挥了领导核心作用，维护了大多数人的利益，威信大大提高。用"两推一选"的办法改选党支部，增加了党支部成员的群众基础，得到了村民群众和上级党委的双重信赖，说话有人听，工作好开展，充分发挥驾驭全局、协调各方的作用。越来越多的党员被选进村委会班子，党员在村委会中的比例逐届增加。许多民选的村委会干部，经过党组织的考察培养，及时吸收进党组织，为基层党组织提供了新鲜血液，进一步增强了农村基层党组织的凝聚力、战斗力。

（王金华）

【村民自治组织】 按照宪法和法律的规定，村民委员会是村民自我管理、自我教育、自我服务的基层群众性自治组织，实行民主选举、民主决策、民主管理、民主监督。村民委员会具有自治性、群众性、基层性的特点，由此决定了它不是政权机关，也不是政权机关的"腿脚"。

一、村民委员会的主要任务

村民委员会的主要任务是办理本村的公共事务和公益事业，调解民间纠纷，协助维护社会治安，向人民政府反映村民的意见、要求和提出建议。同时，村民委员会还要宣传宪法、法律、法规和国家的政策，教育和推动村民履行法律规定的义务，爱护公共财产，维护村民的合法的权利和利益，发展文化教育，普及科技知识，促进村和村之间的团结、互助，开展多种形式的社会主义精神文明建设活动。

多民族村民居住的村，村民委员会要教育和引导村民加强民族团结、互相尊重、互相帮助。村民委员会的经济职能是依照法律规定，管理本村属于村民集体所有的土地和其他财产，教育村民合理利用自然资源，保护和改善环境；尊重集体经济组织依法独立进行经济活动的自主权，维护以家庭承包经营为基础、统分结合的双层经营体制，保障集体经济组织和村民、承包经营户、联户或者合伙的合法财产权和其他合法的权利和利益。

二、村民委员会的设立、组成

村民委员会根据村民居住状况、人口多少,按照便于群众自治的原则设立。村民委员会的设立、撤销、范围调整,由乡、民族乡、镇的人民政府提出,经村民会议讨论同意后,报县级人民政府批准。村民委员会由主任、副主任和委员共3-7人组成。村民委员会成员中,妇女应当有适当的名额,多民族村民居住的村,应当有人数较少的民族的成员。村民委员会主任、副主任和委员,由本村有选举权的村民直接选举产生。任何组织或者个人不得指定、委派或者撤换村民委员会成员。村民委员会每届任期3年,届满应当及时举行换届选举。村民委员会成员可以连选连任。村民委员会成员的报酬由村民会议讨论决定。

三、村民委员会的下属机构

村民委员会可以根据工作需要,设立人民调解、治安保卫、公共卫生等委员会。村民委员会成员可以兼任下属委员会的成员。人口少的村的村民委员会可以不设下属委员会,由村民委员会成员分工负责人民调解、治安保卫、公共卫生等工作。人民调解委员会、治安保卫委员会、公共卫生委员会是村民委员会下属的群众性组织,具有群众自治的性质,它只接受农村基层政权及政府有关职能部门的工作指导,但不是他们的派出机构。下属委员会的成员由本村村民直接选举或推选产生,受村民委员会的领导,对村民委员会负责并报告工作,接受村民委员会和村民群众的监督。

四、村民小组

村民委员会可以根据按照居民居住状况分设若干村民小组。小组长由村民小组会议推选。村民小组是村民委员会的基本组织单位,是村民委员会联系村民的纽带。农村的各项工作,包括群众的生产生活问题,村民小组负有直接责任。村民小组长可由村民委员会成员兼任,也可以由村民小组会议推选,在村民委员会领导下开展工作,贯彻执行村民委员会的决定,完成村民委员会交给的工作任务,负责召集本小组的村民小组会议,办理本组的各项事务,向村民委员会反映村民的意见、要求和建议。

五、村民委员会与乡镇人民政府的关系

《村委会组织法》第四条规定:“乡、民族乡、镇的人民政府对村民委员会的工作给予指导、支持和帮助,但是不得干预依法属于村民自治范围内的事项。村民委员会协助乡、民族乡、镇的人民政府开展工作。”由此决定了村民委员会与乡镇人民政府的关系:

一是村民委员会与乡镇人民政府之间不是上下级领导关系。乡镇政府不得任命、委派、撤换村委会干部,不得命令村委会干这干那、下达硬性指标,不得随意撤销村民会议或村民代表会议作出的决定和决议,不得干预依法属于村民自治范围内的事项。

二是乡镇人民政府对村民委员会的工作要给予指导、支持和帮助。不能因为不是领导关系,乡镇政府就对村委会的工作撒手不管、不闻不问,而应当积极主动地指导、支持和帮助村委会开展工作,制定指导村委会工作的条例或规则,使指导工作更加法制化、规范化,真正发挥乡镇政府的作用。

三是作为村民自治组织的村民委员会,在进行自治的同时,还要协助乡镇政府开展工作,尤其是要协助政府完成村民应依法履行的义务,如农业税收、义务教育、计划生育、服兵役等任务,决不能因为不是领导关系而不积极组织和动员村民群众完成任务。截至2002年12月底,全国共设有村民委员会68.1万个,村民小组528.6万个,有村委会干部294万人。

(王金华)

【村民自治示范活动】

一、村民自治示范活动的由来

村民自治示范活动是80年代末期在贯彻实施《村民委员会组织法(试行)》过程中,一些地方创造的。最初由辽宁省沈阳市提出,后来这一做法很快在全国推广。

1990年,中央19号文件肯定了这一做法,要求“每个县都要选择几个或十几个村,开展村民自治示范活动,摸索经验,树立典型。”根据这一要求,民政部于1990年9月26日专门下发了《关于在全国农村开展村民自治示范活动的通知》,要求各级民政部门要选择有一定工作基础的县(市)、乡(镇)、村作为示范单位,组织示范活动。县级民政部门侧重抓示范村,有条件的也可以抓示范乡(镇);地级民政部门侧重抓示范乡(镇);省级民政部门主要抓示范县。民政部还同时决定把莱西县作为全国村民自治示范县。该通知对村民自治示范活动的内容和标准提出了明确要求。此后,各地开始了声势浩大的村民自治示范活动。

在总结经验的基础上,1994年2月,民政部印发了《全国村民自治示范活动指导纲要(试行)》,对示范活动的目标、示范单位的任务、示范活动的措施提出了明确要求。同年12月,民政部办公厅又印发了《关于全国农村村民自治示范单位命名管理工作的意见》,对命名标准、示范单位布局、命名程序进一步提出了要求。

二、村民自治示范活动的发展现状

根据示范单位命名管理工作的要求,各地广泛开展了村民自治示范活动,并分层次进行了命名表彰工作。

1995年11月,民政部在北京召开了全国村民自治示范工作经验交流暨表彰会议,第一次命名表彰了31个“全国村民自治模范县(市、区)”。

1998年4月上旬,民政部在河南省许昌市召开了全国村民自治工作经验交流会议,总结交流了10年来村民自治工作的基本经验,研究部署了贯彻落实党的十五届三中全会精神和新颁布的村委会组织法的任务措施,命名表彰了第二批95个全国村民自治模范县(市、区、旗)。

村民自治示范活动,是民政部门推动农村基层民主的一条成功经验,也是推动工作的一个有力抓手和有效措施。截至2002年底,全国共命名表彰了579个村民自治模范县(市、区、旗),占县级单位的20%,命名表彰了7457个村民自治模范乡镇,占全部乡镇总数的19%。

三、村民自治示范活动的作用和成效

村民自治示范活动,培养了一大批村民自治典型,为推行村民自治树立了学习的榜样;积累和摸索的经验,使广大农村干部和群众认识了村民自治,熟悉了村民自治,适应了村民自治,学会了怎样开展村民自治;丰富了村民自治的内容,形成了以民主选举、民主决策、民主管理、民主监督为主要内容的村民自治制度。开展村民自治示范活动,对于进一步统一思想,摸索村民自治的办法、措施;对于发挥典型单位的引路、示范、辐射作用,促进《村委会组织法》的全面贯彻落实;对于以点带面、全方位推动村民自治进程,建设有中国特色社会主义民主政治发挥了极其重要的作用。

(王金华)

【村级民主选举】 村级民主选举主要是指由村民定期直接民主选举村委会主任、副主任和委员的制度。它是改革开放以来我们党和政府推行的发展农村基层民主,保障农民当家作主的重大举措,是在农村村民自治活动中不断完善的一项重要制度。

一、村委会选举的概况

村委会选举大致经历了两个阶段:

第一阶段为村委会组织法试行阶段(1988-1998年)。自村委会组织法试行以来,全国绝大多数省份进行了两届或三届选举。福建、河北、黑龙江、内蒙古等地进行了四届选举。广东省因在村一级设立管理区办事处、云南省设立村公所以及其他多方面的因素,未进行村委会选举和推行村民自治。

第二阶段为村委会组织法正式颁布实施阶段(1998年至今)。2002年7月14日,中共中央办公厅、国务院办公厅联合下发了《关于进一步做好村民委员会换届选举工作的通知》(即中办发〔2002〕14号)。这是推行村民自治以来中央下发的第一份规范性文件,对于统一思想认识,加强对村委会换届选举工作的领导,规范村委会选举程序,解决换届选举中存在的一些问题,发挥了重要作用。

截至目前,全国31个省份全部完成了第一轮换届选举任务。安徽、山东、湖南、广东、广西、海南、四川、西藏、贵州、甘肃、新疆、江苏、河南、重庆、青海、宁夏、浙江、上海18个省份顺利完成了第二轮换届选举任务,正在按要求进行对照检查,完善其他民主制度。陕西、黑龙江、湖北、江西等省正在进行新一届村委会换届选举；天津、河北、山西、内蒙古、福建、云南等省、市、区将要部署新一届村委会换届选举工作，全国约有六亿多村民直接参加了选举活动。

二、村委会选举的基本程序

按照村委会组织法的规定，各地结合村委会选举工作的实践，村委会选举的基本程序是：

一是分级成立选举工作机构。每次换届选举，从省到乡，层层都成立由党委、人大、政府和有关职能部门负责人组成的选举工作机构。在村一级，成立村民选举委员会，负责主持选举工作。村民选举委员会成员由村民会议或者各村民小组推选产生。

二是依法进行选民登记。凡年满十八周岁的村民，不分民族、种族、性别、职业、家庭出身、宗教信仰、教育程度、财产状况、居住期限，都有选举权和被选举权；但是，依照法律被剥夺政治权利的人除外。选民登记后，有选举权和被选举权的村民名单应当在选举日的20日以前公布。

三是提名确定候选人。由村民直接提名是产生村委会成员初步候选人的惟一合法方式，任何组织或者个人都不得指定、委派或者撤换村委会成员候选人。正式候选人确定以后，应当采用多种途径，向选民介绍正式候选人。候选人通过竞选演讲，向村民公布治村方案，选民可以当场提问，候选人之间也可以相互提问。

四是组织选民投票。选民投票以在选举日召开选举大会或设立投票站方式进行。同时，设立流动票箱，方便老、弱、病、残选民投票。不能亲自投票的选民可以委托他人参与选举。选举村民委员会，有选举权的村民的过半数投票，选举有效；候选人获得参加投票的村民的过半数的选票，始得当选。选举结果当场宣布，并向当选者颁发当选证书。但以威胁、贿赂、伪造选票等不正当手段当选的，其当选结果无效。

五是罢免。对于不称职的村委会成员，村民可以依法行使民主权利，将其罢免。罢免的程序是：本村1/5以上有选举权的村民联名，可以提出罢免村民委员会成员的要求。罢免要求应当提出罢免理由。被提出罢免的村民委员会成员有权提出申辩意见。村民委员会或乡镇人民政府应当及时召开村民会议，投票表决罢免要求。罢免村民委员会成员须经有选举权的村民过半数通过。

三、村委会选举的主要特点

随着《村委会组织法》的深入贯彻，特别是中办发〔2002〕14号文件的贯彻落实，村委会换届选举工作进一步走上了制度化、规范化、程序化的轨道。从各地情况看，近年来农村村委会选举呈现出以下几个明显的特点：

一是农民的参选热情高涨，广大农民群众经受了新一轮选举实践的锻炼，民主法制素质有了新的提高。据不完全统计，各地平均参选率均在80%以上。而广东、海南、四川、湖南等省的参选率在90%以上。

二是选举结果令人满意，一大批思想好、作风正、有文化、有本领，愿意带领群众致富奔小康的村民被选进了村委会班子，农村基层干部结构有新的改善。据统计，新当选的村委会成员中党员平均约占七成以上，有的省如山东、江苏等，当选的村主任中党员比例已达八至九成。全国半数以上的村委会成员为初、高中以上文化程度，绝大多数村委会成员的年龄在30岁至50岁之间。妇女成员、少数民族成员在当选的村委会成员中也占有适当比例。

三是绝大多数农村的选举能够依法按程序进行，村民的推选权、提名权、选举权、投票权、罢免权得到了切实落实，选举的制度化、程序化、规范化水平有新的提高。

四是各级党政领导对农村村委会选举给予了应有的重视，加大了领导力度，取得了带领亿万农民建设社会主义民主政治的新经验。

五是农村村委会选举等基层民主活动与农村经济社会发展相适应，进一步形成了相互促进的新局面，为今后农村的全面发展奠定了基础。

（王金华）

【村级民主决策】 村级民主决策就是按照有关法律法

规,在农村设立村民会议或者村民代表会议,研究决定涉及村民利益的大事和村民共同关心的问题,按多数人的意见做出决定。

截至目前,全国80%以上的村庄建立了村民会议或村民代表会议制度,重大村务基本上都能提交村民会议或村民代表会议讨论决定,初步改变了过去大事小情由少数几个村干部决定的状况。各地决策的程序逐步完善,决策的内容逐步规范。江西、陕西、辽宁等地还根据本地实际,制定了《村民代表会议议事规则》。有的地方在不违背法律的基础上,还从实际出发探索简便易行的决策形式,如山东省日照市在全市范围内创造了"村务大事村民公决"的做法,村委会把要决策的初步方案,写在"村民公决意见卡"上,以户为单位对决策方案进行表决,80%以上的村民表示同意后方可实施。海南省保亭县按地域划片或按村民小组召开小型村民会议,对重大村务进行决策。

一、民主决策的原则

村级重大事务的民主决策,必须遵循以下原则:

(一)坚持党的领导。党管农村工作是我们党的一个传统,也是一个重大原则。要保证村党组织在村级重大事务民主决策中的领导核心作用。村党组织要组织村委会和村民依法建立和完善村民会议、村民代表会议制度。要建立和完善民主决策程序,召集党内会议,召集村党支部委员会、村委会联席会议(以下简称"两委联席会议"),研究讨论本村重大事务,形成意见并提交村民会议或村民代表会议讨论决定。要组织党员、群众保证和监督村民会议或村民代表会议决定的实施。

(二)保证人民当家作主。农村基层民主政治建设的本质和核心,就是在党的领导下,组织、支持、保证村民当家作主。在村级重大事务民主决策中,村党支部、村委会要充分保证村民群众享有的知情权、决策权、管理权和监督权。党的政策要交给群众,重大事情要告知村民;重大村务必须通过召开村民会议或村民代表会议,实行群众民主决策;村务管理要让村民参与;村务运作过程要向村民公开,接受村民监督。

(三)坚持依法依章办事。村党支部、村委会以及全体村民都要在法律法规许可的范围内活动。两委联席会议、村民会议或村民代表会议所做的决定、决议,不得与党的路线方针政策和宪法、法律、法规相抵触,不得有侵犯村民人身权利、民主权利和合法财产权利的内容;村干部要带头执行村级重大事务民主决策程序和管理制度;村民既享有民主权利,也要履行应尽义务。

(四)实行少数服从多数。两委联席会议在讨论决定村级重大事务时,要集体研究形成决策意见,不能由个人或少数成员说了算。村民会议或村民代表会议在讨论决定村级重大事务时,办什么,不办什么,先办什么,后办什么,必须按大多数人的意见办理。在决定村民自治范围内的事务时,当村干部的意见与大多数村民的意见不一致时,要尊重村民意愿,按照大多数村民的意见办理。大多数人的意见必须不违反有关法律法规制度的规定。要妥善处理各种利益关系,既要认真考虑和兼顾不同方面村民的利益,更要首先考虑并满足大多数村民的利益要求;既要认真考虑个人或局部的利益,更要考虑集体或全局的利益。

二、民主决策的程序

一是村党支部提出和受理村级重大事务的议案。凡涉及本村经济建设和社会发展中的重大事项,村党支部要在征求党员和村民意见的基础上提出议案。村委会、或有1/10以上村民联名提出的议案,要以书面形式提交给村党支部。村党支部对各方面提出的议案要认真研究,及时提交两委联席会议讨论。

二是两委联席会议研究论证,提出决策意见。两委联席会议由村党支部、村委会的全体成员组成,村党支部书记主持。召开会议,必须有2/3以上的成员参加,经到会人员的半数通过形成意见。一般情况下,会议应在党支部提出或受理议案后的15日内召开。两委联席会议的职责主要是:讨论党支部提出或受理的议案,并形成决策意见;研究确定召开村民会议或村民代表会议的有关事项;研究议案所涉及的重大事务的有关准备工作;研究村民会议和村民代表会议决定实施过程中的有关问题。涉及村级重大事务的议案,村党支部、村委会必须依法提交村民会议或村民代表会议讨论决定,不得以两委联席会议取代村民会议或村民代表会议。凡需召开村民会议研究决定的事项,应提前将两委联席会议的决策意见公告村民,有的议案如认为必要,也可会前印发全体村民征求意见;凡需召开村民代表会议研究决定的议案,也应将决策意见提前告知村民代表,并要求他们分头征求其他村民的意见。

三是村民会议讨论决定。召开村民会议要有本村 18 周岁以上村民的过半数参加,或者有本村 2/3 以上的户的代表参加,所作决定须经到会人员的半数以上通过。村民会议由村委会主任主持,村党支部书记或村党支部、村委会其他成员可就议案做出说明。经村民会议表决的事项,村委会应于会后在村务公开栏或村里显要位置及时公布。村民会议依法形成的决议不得随意更改,如因情况发生变化确需更改的,要由村民会议决定。

四是村民代表会议讨论决定村民会议授权的事项。人数较多、居住分散或外出务工人员较多的村,可以建立村民代表会议。在村民代表会议人员构成中,村党支部、村委会成员不得超过 1/3。村民代表会议成员应当最广泛地吸收村内各种不同利益层次人员,必须有适当数量的妇女代表。召开村民代表会议,应当有 2/3 以上的会议成员参加,所作决定应当经到会人数的半数以上通过。村民代表会议由村委会主任主持,提交的议案应在村民会议授权的范围内。表决结果也要在村务公开栏或村里显要位置公布。村民会议有权更改或撤销村民代表会议作出的不适当的决议、决定。如有 1/10 以上的村民认为村民代表会议的决议或决定有不当之处,建议召开村民会议重新审议、表决时,村党支部、村委会应及时研究并召开村民会议讨论。

(王金华)

【村级民主管理】 村级民主管理就是发动和依靠村民,共同管理村内事务,维护村内秩序。村级民主管理,主要是全体村民通过制订村民自治章程或村规民约来实现的。在贯彻村委会组织法中,各地非常注重村级民主管理制度建设。

一、村级民主管理概况

目前,全国 80% 以上的村都制定了村规民约或村民自治章程,建立了村民会议决策、村民代表会议议事、村务公开、民主理财等制度。如福建省普遍推行了"村务公开十规范"活动,从组织、内容、时间、阵地、形式、程序、制度、监督、建册、归档等 10 个方面对村务公开进行了规范。村民通过建章立制,逐步在实践中学会民主管理的方法,提高了管理村务的整体水平。

二、村民自治章程

村民自治章程是村民和村干部自我管理、自我教育、自我服务的综合性章程,也是村内最权威、最全面的规章,村民形象地称之为"小宪法"。村民自治章程着重规定三个方面的内容:

一是村民组织,包括村民会议和村民代表会议的组成、职权和例会制度;村委会的产生、职责、工作制度和下设机构;村民小组的划分和村民小组长的职责;村民的权利和义务;村干部的行为规范。

二是经济管理,包括劳动积累、土地管理、承包费用的收取使用、生产服务、财务管理、村办企业管理等。

三是社会秩序,包括社会治安、村风民俗、邻里关系、婚姻家庭、计划生育等等。制定或修改村民自治章程,村民委员会必须提请村民会议讨论。村民委员会不得擅自修改和改动。村民自治章程不得与宪法、法律、法规和党的方针政策相抵触,不得有侵犯村民的人身权利、民主权利和合法财产权利的内容。

三、村级财务管理

凡需要村民群众出资、出物、出力,需要动用村集体公共积累的事项,都要由两委联席会议研究,提出预算方案,交村民会议或村民代表会议讨论决定。预算的执行情况和结果,也要向村民会议或村民代表会议报告。

村级日常开支,要由村两委联席会议定出原则,并实行会签制度。在村党支部书记、村委会主任分设的村,由村支部书记、村委会主任和村民理财小组代表会签。在村党支部书记、村委会主任"一肩挑"的村,村党支部书记(村委会主任)、村委会副主任和村民理财小组代表会签。缺少任何一方均不得入账报销。要定期公布支出情况,加强群众监督。

建立村级民主理财小组,实行民主理财。民主理财小组成员由村民会议或村民代表会议推荐或选举产生,一般3－5人。村党支部、村委会成员的配偶、直系亲属不得担任民主理财小组成员。村民理财小组向村民会议或村民代表会议负责并报告工作。主要职责是:定期对村级项目投资,包括投资规模、资金使用方向、支出票据等进行审核;及时对村级日常管理开支,包括其必要性、合理性和限度等进行审核;对不合理的开支,提出处理意见;对改进村级财务管理,提出意见和办法。

四、村公章管理

2001年7月,国务院办公厅转发了民政部、公安部《关于规范村民委员会印章制发使用和管理工作的意见》。

该意见规定,村党支部书记或村委会主任个人不能自己保管公章。村委会公章保管人的确定或更换,由村党支部、村委会提名,村民会议或村民代表会议讨论决定。

凡属村级重大事项需加盖公章的,要严格按照决策程序讨论决定并经村委会主任签字后方可使用。一般日常事宜需加盖公章的,须经村党支部书记或村委会主任签字同意后方可使用。管理人员要做好公章的使用备查记录。违反规定使用公章的必须严肃处理,造成后果的要依法追究责任。

村委会换届后,原村委会应在10日内将公章、办公场所、办公用具、财务账目、固定资产、工作档案、债权债务等,及时移交给新一届村委会。在移交的财务账目、固定资产、债权债务中发现有重大问题的,新一届村委会可以向基层人民政府及有关部门反映,也可以到法院诉讼。拒绝移交,或未经县(市、旗、区)党委批准,无故拖延移交的,要追究有关当事人的责任。

(王金华)

【村级民主监督】 村级民主监督就是村民通过一定形式监督村中重大事务,监督村委会工作和村干部行为。村级民主监督,主要是通过村务公开、民主评议村干部和村委会定期报告工作来实现的。

一、村级民主监督概况

各地近几年普遍重视了村民对村委会工作和村干部的监督工作,创造了一些行之有效的监督形式。如村委会定期或不定期向村民会议报告工作,对村委会干部进行民主评议,成立民主理财和村务公开监督小组,实行村务质询制度,选举前开展审计或村干部离任进行审计,规范村务公开,明确操作程序等。全国90%以上的村实行了村务公开制度。

新疆吐鲁番地区有些村将村务在公开栏公布后,村民如有意见,可以写成书面材料贴在栏内,村委会要及时将答复意见张贴在村民意见旁,当地村民把这种有问有答的村务公开栏称作"回音壁"。浙江瑞安市探索建立了村委会候选人竞选承诺制。山东一些地方由村干部分别与乡镇政府和村民群众签订"双向承诺责任书",加强对村干部的监督。

二、村务公开

全面推行村务公开,是党和政府在农村的一项重大政策,是《村委会组织法》的一项基本要求。

20世纪80年代后期,一些地方在推行村民自治、落实四个民主的过程中,把实行村务公开作为民主监督的主要内容。随着村务公开工作的推进,其重要性被党和政府所肯定,作为一项重要的政策和法律要求在各地推广实行。

1997年4月,中纪委在天津市宝坻县召开了7省市村务公开工作座谈会,推广了宝坻县的经验。

1998年,中共中央办公厅、国务院办公厅下发了《关于在农村普遍实行村务公开和民主管理制度的通知》(中办发〔1998〕9号)。

之后,青海、陕西、北京、辽宁等地制定了《村务公开民主管理实施办法或暂行规定》。广西、内蒙古、青海、新疆、河南、黑龙江、四川等地下发了关于开展村务公开工作的通知。湖北省政府颁发了《村务公开实施办法》,加大推进力度。河北、广东省人大常委会制定了《村务公开工作条例》,用立法形式推进村务公开工作。

在市、县级层面,许多地方制定出台了指导村务公开工作的政策规定。绝大多数村在其村民自治章程中对村务公开的内容和要求都做出了明确的规定。各地从实际出发,认真贯彻法律、法规和政策的要求,着力建立健全村务公开制度,基本上实现了内容、时间、场地、程序、要求的规范统一。日常管理事项定期公开,重大事项随时公开,财务收支报表逐月公开。村村建立了公开栏。许多地方建立村务公开监督小组,负责监督村务公开的实施。各地普遍把财务公开作为村务公开的重点,严把财务开支关。大多数村都能按照清账理财、民主监督、定点公布、意见反馈、落实兑现等操作程序进行公开。村务公开的规范化程度较前几年有了明显的提高。

据了解,目前全国68万多个村委会中,有95%实行了村务公开,比较规范的约占60%以上。村务公开制度深受广大农民群众的普遍欢迎,被称之为"阳光工程"。

三、村民质询制度

这一做法是由山东省日照市东港区涛雒镇最先创造使用的。即由村"两委"定期不定期地召集村民(多数情况下是党员和村民代表参加)开会,先由支部书记和村委会主任向群众通报前一阶段的工作,然后由村民群众就自己关心的问题提出询问和质疑,村干部当场作出解释或答复,有话说在当面,有理讲在明处,真正把村务大事的参与权和监督权交给村民。这样,村里的大事,不仅要由群众来定,还要群众监督执行,在执行中出现问题,还要允许群众质疑谏言、建言献策。

这种质询会就如同一个"消气阀",群众不仅获得了知情权,而且消除了自己对干部的猜疑、不满和怨气,对村干部既是一种监督,又是一种解脱,干群之间的隔阂通过这种形式消除了,减少了群众上访。日照市仅去年一年各村共召开村民质询会议达3万余次,及时解决的问题和修订完善的项目有2960多条(个)。2000年,日照市信访总量比上年下降了12.6%,比1997年下降了28.7个百分点,连续5年无进京集体上访,去年无到省城集体上访。村干部在谈到此做法时,深有感触地说:"与其让群众到上面告我们,不如让群众在村里骂我们;与其让群众在背后骂我们,不如让群众当面问我们。"

四、民主日

这一做法是在1997年由山东省莱西市群众首先创造使用的。这一活动要求,每年于1月20－25日和7月20－25日,以村为单位,由年满18周岁以上有选举权的村民参加,参与率达到60%以上。

(王金华)

城市社区建设

【社区建设】 按照中办发〔2000〕23号文件的界定,社区是指聚居在一定地域范围内的人们所组成的社会生活共同体。目前城市社区的范围,一般是指经过社区体制改革后作了规模调整的居民委员会辖区。

社区建设是指在党和政府的领导下,依靠社区力量,利用社区资源,强化社区功能,解决社区问题,促进社区政治、经济、文化、环境协调和健康发展,不断提高社区成员生活水平和生活质量的过程。社区建设是一项新的工作,大力推进社区建设,是我国城市经济和社会发展到一定阶段的必然要求,是面向新世纪我国城市现代化建设的重要途径。

城市社区建设的指导思想:以邓小平理论和江泽民"三个代表"重要思想为指导,认真贯彻落实党的十五大精神,从我国基本国情出发,改革城市基层管理体制,强化社区功能,巩固党在城市工作的组织基础和群众基础,加强城市基层政权和群众性自治组织建设,提高人民群众的生活质量和文明程度,扩大基层民主,密切党群关系,维护社会政治稳定,促进城市经济和社会的协调发展。

城市社区建设的基本原

则:(1)以人为本、服务居民。坚持以不断满足社区居民的社会需求,提高居民生活质量和文明程度为宗旨,把服务社区居民作为社区建设的根本出发点和归宿。(2)资源共享、共驻共建。充分调动社区内机关、团体、部队、企业事业组织等一切力量广泛参与社区建设,最大限度地实现社区资源的共有、共享,营造共驻社区、共建社区的良好氛围。(3)责权统一、管理有序。改革城市基层社会管理体制,建立健全社区组织,明确社区组织的职责和权利,改进社区的管理与服务,寓管理于服务之中,增强社区的凝聚力。(4)扩大民主、居民自治。坚持按地域性、认同感等社区构成要素科学合理地划分社区;在社区内实行民主选举、民主决策、民主管理、民主监督,逐步实现社区居民自我管理、自我教育、自我服务、自我监督。(5)因地制宜、循序渐进。坚持实事求是,一切从实际出发,突出地方特色,从居民群众迫切要求解决和热切关注的问题入手,有计划、有步骤地实现社区建设的发展目标。

城市社区建设的主要目标:(1)适应城市现代化的要求,加强社区党的组织和社区居民自治组织建设,建立起以地域性为特征、以认同感为纽带的新型社区,构建新的社区组织体系。(2)以拓展社区服务为龙头,不断丰富社区建设的内容,增加服务的发展项目,促进社区服务网络化和产业化,努力提高居民生活质量,不断满足人民群众日益增长的物质文化需求。(3)加强社区管理,理顺社区关系,完善社区功能,改革城市基层管理体制,建立与社会主义市场经济体制相适应的社区管理体制和运行机制。(4)坚持政府指导和社会共同参与相结合,充分发挥社区力量,合理配置社区资源,大力发展社区事业,不断提高居民的素质和整个社区的文明程度,努力建设管理有序、服务完善、环境优美、治安良好、生活便利、人际关系和谐的新型现代化社区。

社区建设的意义:(1)全面推进社区建设是提高居民生活质量的需要。随着经济的发展,城市居民生活水平不断提高,人们越来越注重生活质量。居民对社区的人居环境、生活保障、医疗卫生、休闲娱乐、社会治安等方面的管理和服务不断提出新的要求。倾听群众呼声,了解群众需求,关心群众生活,为群众多办实事、好事,努力满足社区居民不断增长的物质文化需要,是新形势下城市政府的重要工作,是贯彻落实江泽民“三个代表”重要思想的具体体现,也是城市各级政府应尽的根本职责。而社区建设,就是为居民营造安全舒适、方便、清洁的人居环境,满足广大居民物质文化方面的服务需求。因此,全面推进社区建设是提高居民生活质量的需要。(2)全面推进社区建设是加强城市精神文明建设的需要。加快城市的现代化进程,不仅要加强物质文明建设,还要加强精神文明建设,提高城市居民的文明素质。而推进城市社区建设,就是要认真贯彻落实“以德治国”的方针,通过开展社区居民依法自治,规范社区居民的社会行为,弘扬中华民族邻里互助、乐善好施、扶贫济困等传统美德,积极倡导健康、文明、科学的生活方式,努力营造社区安定祥和、文明礼貌、人际关系和谐的生活氛围,进行生动活泼的思想政治工作,培养、提高居民的文明素质。因此,全面推进社区建设是加强城市精神文明建设的需要。(3)全面推进社区建设是加强城市基层民主政治建设的需要。党的十五大提出扩大城乡基层民主的要求之后,农村的村民自治不断发展,广大农民不仅享有经济上的自主权利,而且还享有广泛的政治上的民主权利。城市虽然与农村有所不同,但城市居民渴望参与管理有关公共事务的要求是相同的,特别是随着经济的发展和社会的进步,城市居民的民主意识不断增强,不仅关注社区的事务,而且积极参与管理自己的事情。“社区是我家,建设靠大家”已经成为广大社区居民的共识。而推进城市社区建设,就是要扩大基层民主,推动四个民主,实现居民自我管理、自我教育、自我服务、自我监督,增强社区居民自治组织的号召力、凝聚力和向心力,把城市居民的积极性、主动性和创造性引导到正确的轨道。因此,全面推进社区建设是加强城市基层民主政治建设的需要。(4)全面推进社区建设是加强城市基层基础的需要。党的执政基础在于基层组织的坚强、巩固、稳定。社区组织是党和国家政权在城市的基石。在计划经济时期，城市基层组织为巩固政权、稳定社会、服务群众等方面发挥了积极作用，做出了重要贡献。但是，随着深化改革、扩大开放和市场经济体制的建立，城市基层组织的管理体制和运行机制不适应形势发展的要求。而推进城市社区建设，就是要以加强社区组织建设为重点，构建社区的管理体制和运行机制，强化基层基础。因此，全面推进社区建设是加强城市基层基础的需要。(5)全面推进社区建设是维护城市社会稳定的需要。社区稳定是整个城市稳定的基础。城市社会的稳定有赖于社区的稳定。目前，城市中的下岗职工再就业问题，社会弱势群体和部分职工的生活困难问题，人口老龄化问题，城市外来人员激增等问题都比较突出。同时，由于社会经济成分、组织形式、利益格局、就业方式的多样化，使城市社会出现了许多新情况、新问题。这些问题都给城市基层管理增加了困难和压力，如果处理不好，解决不当，势必增加城市的不稳定因素。而推进城市社区建设，就是要关心和帮助困难群体，化解各种社会矛盾，加强城市基层的管理工作，维护社会治安，保持社会稳定。因此，全面推进社区建设是维护城市社会稳定的需要。

（王时浩）

【城市社区建设简况】

一、城市社区建设的由来

社区建设是社区服务深化发展的产物，是城市社会经济发展到一定阶段的必然要求。1986年，为配合城市经济体制改革，民政部首先倡导社区服务，旨在城市开展以民政对象为主的福利服务和便民利民服务。自此，社区服务进入千家万户，深受群众欢迎，为方便城市居民生活起到了积极的作用。但随着改革的深化和社区服务的发展，原有的社区服务项目已不能满足群众日益增长的物质和文化方面的需求，其他社区工作，如社区卫生、社区文化、社区治安等也迅速开展起来。社区服务的概念已经包容不了全方位的社区工作，也不能从根本上解决城市基层社会管理薄弱的问题。1991年，民政部从理顺社区服务的关系，加强城市基层社会管理和基层政权建设的角度，从我国的国情出发，借鉴国外的经验，提出在城市探索社区建设的课题。经过理论者的推动和实践者的努力，社区建设的概念逐步为人们所接受。特别是1996年江泽民总书记提出大力加强社区建设之后，青岛、南京、上海等城市积极行动，大胆实践，改革创新，积累了初步的经验。1998年机构改革中，国务院明确赋予民政部“指导社区服务管理工作，推动社区建设”的职能。

二、社区建设试点工作

为研究新时期我国城市社区建设的基本思路，民政部于1999年开展社区建设的试点工作，先后选择社区服务和城市基层工作基础比较好的26个城区为社区建设实验区。实验区确定之后，试点工作全面展开。

在实验区试点过程中，各实验区党政领导高度重视，将社区建设纳入党委政府的重要议事日程，大胆探索，勇于创新，形成了许多好的做法：科学合理划分社区，建立新的社区自治组织，研究确定社区建设的内容，理顺社区建设的内外关系，改革社区居委会干部制度，建立推进社区建设的领导机制等等。经过一年的探索实践，试点工作取得了可喜的成绩，收到了良好效果。2001年4月，民政部在济南市召开社区建设实验区会议，宣布全国城市社区建设实验结束。

三、社区建设的全面推进

在开展试点工作的基础上，2000年10月9日，民政部向党中央、国务院上报了《关于在全国推进城市社区建设的意见》。中央政治局常委会专题研究了社区建设工作，同意民政部的意见。中央办公厅、国务院办公厅于2000年11月9日以中办发〔2000〕23号文件予以转发。23号文件明确了社区的定位和推进城市社区建设的指导思想、基本原则、主要内容和目标。文件提出了五项工作原则，即：以人为本、服务居民；资源共享、共驻共建；责权统一、管理有序；扩大民主、居民自治；因地制宜、循序渐进。确定了主要工作内容，主要包括：拓展社区服务、发展社区卫生、繁荣社区文化、美化社区环境、加强社区治安等,同时要求各地因地制宜地确定城市社区建设发展的内容。提出了科学有效的工作运行机制,即在党委、政府的领导下,各有关部门和单位要各司其职,各负其责,相互配合支持,按照各自的职能共同做好工作。要充分发挥工会、共青团、妇联、残联以及老年人组织在推进社区建设中的重要作用,努力形成党委和政府领导、民政部门牵头、有关部门配合、社区居委会主办、社会力量支持、群众广泛参与的推进社区建设的整体合力。以中办发〔2000〕23号文件为标志,我国城市社区建设开始进入全面推进的新阶段。

目前,我国城市社区建设的发展状况是:(1)各级党委、政府高度重视社区建设。中办发〔2000〕23号文件下发以后,各地党委、政府领导高度重视,把推进社区建设作为城市和城区工作的重要内容,摆上党委和政府的议事日程,成立了社区建设领导机构,出台加强城市社区建设的相关文件和地方管理办法,认真组织制定城市社区建设的五年规划和年度实施方案,保证社区建设有计划、有步骤地进行,在各级党委、政府高度重视下,全国社区建设工作力度大,进展迅速。

(2)社区建设示范活动蓬勃开展。各地在开展社区建设过程中,已经充分认识到,开展社区建设示范活动,创建具有榜样和示范作用的先进典型,发挥典型引路、以点带面的作用,是推动和促进全国社区建设不断向深度和广度发展的一条重要措施。根据民政部下发的《全国城市社区建设示范活动指导纲要》及标准,一些工作基础较好的城市,已经开展了社区建设示范活动,相继制定了社区建设示范活动实施方案,对下一步工作提出了具体要求和措施,在实施过程中,精心规划,周密部署,本着突出重点,注重实效的原则,从城市的基础性工作抓起,从薄弱环节抓起,从社区居民群众的迫切需要出发,使示范活动真正成为了解决实际问题,为群众办好事办实事的过程。并注意总结示范单位的经验,不断向面上推广,促进了社区建设工作的整体推进。

(3)社区建设投入明显加大。各地在推进社区建设过程中,加大了社区建设的投入力度,广泛开发社区的社会资源,调动社区各单位的积极性,积极参与社区建设,通过资源共享、共驻共建,多渠道解决社区建设的资金。四川省加大政策扶持力度,在财政、金融、税收及公用事业收费标准等方面制订优惠扶持政策,通过政府资助、社区福利基金投入、社会捐助,鼓励各方面力量加大对社区服务业的投入和扶持。重庆市在"十五"期间,财政和社会福利基金每年核定500万元,用于社区服务设施建设。区级社区服务指导中心建筑面积不低于1000平方米;街道社区服务中心不低于700平方米;社区居委会服务站不低于100平方米,旧城改造和新区开发社区居委会办公用房不低于80平方米;每个社区居委会配备3-5名专职干部,工资津贴不低于当地平均水平,办公经费每年不低于6000元。用房和活动、服务用房,每个社区200平方米以上的文体活动场地,城区和街道配套建筑面积在1000平方米以上的服务中心,经费由市、区、街财政解决。大连市政府专项投入资金1500万元,全市各级政府投入资金达1亿元,大力改善社区居委会办公和服务条件。

(4)社区建设由点到面,全面推进。按照"十五"计划和青岛会议的目标和要求,一些社区建设基础条件较好直辖市、计划单列市和省会城市,已经采取梯次推进的发展战略,向面上推开,有计划、有步骤地推动社区建设向广度和深度进军,提高社区建设的整体水平。在此基础上,湖北省已经开始了小城镇社区建设的试点工作,探索建立适合小城镇特点的基层社会管理体制。浙江、江苏、山东等省已实现了社区建设由大中城市向中小城市延伸,他们选择经济比较发达、城市基层基础和社区服务基础较好的中小城市,已经率先行动起来,充分发挥先进典型的引导、带动和辐射作用,做到点和面的有机结合,进一步推动全省社区建设整体水平的提高,并计划明年将社区建设向农村镇、村延伸。

(5)形成了社区建设发展的浓厚氛围。社区建设得到了社会各界的广泛关注。人大和政协的建议案、提案显著增多；中央和国务院各有关部门根据“十五”计划纲要的要求，结合本职工作，在建立社区管理体制和运行机制中寻求结合点。深入开展社区党建、建立社会保障社会化服务体系、社区医疗、中小学生校外教育和预防青少年犯罪、创建无毒社区、社区青少年志愿者活动和巾帼社区创业活动，中央文明办、国家计划生育委员会、劳动和社会保障部、建设部等部门会同民政部，相继开展了文明社区创建活动，并就城市社区计划生育服务、社区就业机制、改善物业管理和加强社区治安等问题制订了相应政策措施；各种媒体作为热点问题争相报道社区建设，使社区建设的宗旨、内容家喻户晓，深入人心；广大社区居民树立了“人人为我，我为人人”的观念，积极参与社区建设。驻区单位发挥驻区单位的协同力量，最大限度地实现社区资源的共有、共享，营造共驻社区、共建社区的良好氛围；社会理论工作者和许多科研院所把社区建设作为重要课题进行研究，发挥了社区建设的理论指导力量。全面推进社区建设的浓厚氛围已经形成。

全面推进城市社区建设一年多来，在各地党政领导的高度重视和广大社区建设工作者的努力工作下，社区建设取得了明显的成效。

(1)改革了社区体制，扩大了基层民主，完善了社区功能，增强了社区自治组织的凝聚力和吸引力。各地在社区建设试点中，都把社区自治组织建设作为重点来推进，紧紧抓住社区体制和制度创新这个关键环节，科学合理地划分社区，建立新的社区自治组织——社区居民委员会。不少地方成立了社区协商议事委员会，建立了社区成员代表会议制度，完善了社区功能，促进了四个民主。社区居委会干部制度改革后，提高了素质，提高了自我管理、自我教育、自我服务的水平，促进了城市基层民主政治建设。

(2)拓展了社区服务，丰富了社区建设的内容，提高了人民生活水平和生活质量，受到了群众的普遍欢迎。各地在推动社区建设中，都结合自身实际，确定社区建设的主要内容，注重社区建设的内涵，突出以社区服务为龙头，提高社区服务水平，拓展新的领域。与此同时，社区卫生、社区文化、社区环境、社区治安等社区建设的各种项目全方位展开。在内容和项目的确定上，各地不尽相同，但特色鲜明。总体来说，坚持以人为本、服务居民的原则，以不断满足社区居民的社会需求，提高居民生活水平和生活质量为宗旨，把服务社区居民作为社区建设的出发点和落脚点，体现了“三个代表”的重要思想。

(3)推动了国有企业改革和政府职能转变，加强了城市基础工作，巩固了基层政权，维护了城市社会稳定。各地在推进社区建设中，都把社区作为一个载体，承接国有企业剥离和政府转移出来的部分社会职能和服务职能，在安置下岗职工再就业、退休人员管理与服务、社会保障社会化服务等方面，社区建设发挥了积极作用。同时，社区作为城市的基础，政权的基石，通过推动社区建设，能够打牢党在城市工作的群众基础和组织基础，打牢基层政权的基础，能够把矛盾化解在萌芽状态，解决在基层，有利于维护社会稳定。

(4)创造了新形势下推进社区建设的新经验，形成了推进城市社区建设的工作思路，找到了一条市场经济条件下，加强城市基层社会管理和基层政权建设的新途径。各地在推进社区建设的实践中，勇于改革，大胆创新。如沈阳市的社区体制改革，武汉市的转变政府职能，理顺关系等经验，产生了广泛的影响。在总结经验的基础上，理清了推进城市社区建设工作的基本思路，为市场经济条件下探索城市基层社会管理找到了一种新的模式，为新形势下加强城市基层政权和群众性自治组织建设，找到了一条新的途径。

(王时浩)

【社区建设实验区】 为研究新时期我国城市社区建设的基本思路，民政部于 1999 年开展社区建设的试点工作，先后选择社区服务和城市基层工作基础比较好的 26 个城区为社区建设实验区。这些城区是：北京市西城区，天津市河西区、和平区，石家庄市长安区，沈阳市沈河区、和平区，本溪市溪湖区，长春市朝阳区，哈尔滨市道里区、南岗区，上海市卢湾区，南京市鼓楼区、玄武区，杭州市下城区，合肥市西市区，厦门市开元区，济南市历下区，青岛市市南区、四方区，漯河市源汇区，武汉市江汉区，佛山市市区，海口市振东区，重庆市江北区，西安市新城区，克拉玛依市克拉玛依区。实验区确定之后，试点工作全面展开。

在实验区试点过程中，各实验区党政领导高度重视，将社区建设纳入党委、政府的重要议事日程，大胆探索，勇于创新，形成了许多好的做法。一是科学合理划分社区，把社区定位在城市基层自然形成的地域，即社区自治的辖区。其特点是便于管理、便于自治、便于资源共享。对街道和居委会的管辖范围进行了调整，以调整后的居委会辖区作为社区地域。二是建立新的社区自治组织，主要是指建立了社区居民委员会、社区居民代表大会和协商议事机构，并注意培育社区中介组织。三是研究确定社区建设的内容，以社区服务为龙头，普遍开展了社区文化、社区卫生、社区环境和社区治安等各项工作内容。四是理顺社区建设的内外关系，通过简政放权、重心下移，理顺了城区、街道与社区的关系；通过资源共享、共驻共建改善了社区与驻区单位的关系；通过明确社区自治组织的法定地位，有效地行使了对物业管理部门的协调监督权利。五是改革社区居委会干部制度，采取向社会公开招聘的办法，通过民主选举、竞争上岗，提高了社区居委会干部的素质，形成了一支年轻化、知识化、职业化的社区工作者队伍。六是建立推进社区建设的领导机制，形成了党委政府领导、民政部门牵头、有关部门配合、社区居委会主办、社会力量支持、群众广泛参与的推进社区建设的运行机制。经过一年的探索实践，试点工作取得了可喜的成绩，收到了良好效果。通过试点，社区建设得到社会普遍认同，受到人民群众广泛好评，增强了社区凝聚力；扩大了基层民主，加强了城市基层政权和群众自治组织建设；加强了城市基层社会管理，初步找到了一条城市基层社会管理模式的新路子。2001 年 4 月，民政部在济南市召开社区建设实验区会议，宣布全国城市社区建设实验结束。

（王时浩）

【社区建设示范活动】 青岛会议以后，民政部把社区建设示范活动作为重点工作，通过创建具有榜样和示范作用的先进典型，进一步摸索城市社区建设的经验和方法，充分发挥典型引路、以点带面的作用，推动和促进全国社区建设不断向广度和深度发展。为此，民政部在 2001 年 7 月制定了《全国城市社区建设示范活动指导纲要》和《全国社区建设示范城基本标准》，下发了《关于做好推荐全国社区建设示范城工作的通知》。对示范活动的目的意义、目标任务、工作原则、组织领导以及范围、验收确认程序、示范标准均作了明确规定，提出了明确的要求。从 2001 年 8 月至 2002 年 8 月近一年的时间，示范活动在全国范围内展开。各地创建热情之高，措施力度之大，社会效果之好，是近年来少有的。全国已涌现出一大批社区建设的先进典型。经评审确认，民政部命名河北省保定市等 27 个市为“全国社区建设示范市”，北京市西城区等 148 个区为“全国社区建设示范区”。随着工作的推进和示范活动的深入开展，社区建设已显现出强大的生命力和巨大的社会效益。社区建设已成为新形势下城市工作的重要基础，成为建设现代化城市的基础工作，成为城市管理体制改革的重要内容。在为群众创造安居乐业的良好环境，提高人民生活水平和生活质量上，发挥着服务作用；在促进经济和社会协调发展，适应城市改革与发展上，发挥着推动作用；在树立党和政府形象，密切党和政府与人民群众的关系上，发挥着凝聚作用；在扩大基层民主，维护社会稳定上，发挥着保障作用。另外，在拓展民政工作领域，提高民政工作地位上，发挥着促进作用。

（王时浩）

【社区服务】 社区服务是在 1986 年由民政部首先倡导并开展的。主要是指在政府的指导和扶持下，发动和组织社区成员，利用和开发社区资源，开展各种福利服务和便民利民服务，以不断满足社区成员的生活需求的过程。社区服务是社区建设的基础内容，是社区建设的龙头、骨干。社区服务主要是开展面向老年人、儿童、残疾人、社会贫困户、优抚对象的社会救助和福利服务，面向社区居民的便民利民服务，面向社区单位的社会化服务，面向下岗职工的再就业服务和社会保障社会化服务。当前，加快发展社区服务，提高服务质量和水平是关系到社区居民切身利益的突出问题，是全面推进社区建设的重点工作。要以坚持网络化、产业化、社会化为方向，以最大限度地满足居民群众的需求为目标，不断拓展社区服务的项目和内容。要体现大社区、大服务。要强调社区资源整合机制，动员和鼓励社会力量投资机制，引进项目管理方法和引入市场运作机制，切实加快产业化、信息化进程。在社区内部，要逐渐形成社区福利服务、社会互助服务和市场有偿服务相结合的多类型、多层次、广覆盖的社区服务网络。在不断提高社区居民服务质量、扩大就业机会、建立社会保障社会化服务体系等方面发挥更加积极的作用。

（王时浩）

【社区卫生】 社区卫生是社区建设的重要工作内容。伴随着社区人口的老龄化和广大居民的保健意识的不断增强，社区医疗卫生事业在社区建设中的地位日益突出。社区建设要求把城市卫生工作的重点放到社区，积极发展社区卫生。加强社区卫生服务站点的建设，积极开展以疾病预防、医疗、保健、康复、健康教育和计划生育技术服务等为主要内容的社区卫生服务，方便群众就医，不断改善社区居民的卫生条件。

（王时浩）

【社区文化】 社区文化是社区建设的一项重要工作内容，包括社区成员的群众性文化、体育、娱乐活动和社区教育等。社区建设要求要积极发展社区文化事业，加强思想文化阵地建设，不断完善公益性群众文化设施。要充分利用街道文化站、社区服务活动室、社区广场等现有文化活动设施，组织开展丰富多彩、健康有益的文化、体育、科普、教育、娱乐等活动；利用社区内的各种专栏、板报宣传社会主义精神文明，倡导科学、文明、健康的生活方式；加强对社区成员的社会主义教育、政治思想教育和科学文化教育，形成健康向上、文明和谐的社区文化氛围。

（王时浩）

【社区环境】 社区环境是社区建设的重要工作内容，主要指整治社区环境，净化、绿化、美化社区。社区建设要求要积极改善社区环境基础设施的建设，减少污染源；强化社区环境管理体系和环境卫生工作责任制，提高社区居民的环境保护意识，赋予社区居民对社区环境的知情权，努力搞好社区环境卫生，建设干净、整洁的美好社区。

（王时浩）

【社区治安】 社区治安是社区建设的重要工作内容之一，也是社会治安综合治理的重要组成部分。社区建设要求要建立社会治安综合治理网络，有条件的地方，要根据社区规模的调整，按照“一区（社区）一警”的模式调整民警责任区，设立社区警务室，健全社会治安防范体系，实行群防群治；组织开展经常性、群众性的法制教育和法律咨询、民事调解工作，加强对刑满释放、解除劳教人员的安置帮教工作和流动人口的管理，消除各种社会不稳定因素。

（王时浩）

【青岛会议】 为深入贯彻落实中办发〔2000〕23号文件精神，进一步统一思想，提高认识，交流经验，安排部署全面推进城市社区建设的任务，2001年7月，民政部在青岛市召开了全国城市社区建设工作会议。青岛会议分析了新形势下全面推进社区建设的重大意义，制定了全面推进社区建设的具体目标任务。要求各地认真贯彻落实中办发〔2000〕23号文件和“十五”计划纲要，加大工作力度，把城市社区建设的各项工作任务落到实处。一是以社区组织建设为重点，构建新的社区管理体制。二是以理顺社区关系为突破口，建立新的社区建设工作运行机制。三是以社区服务为龙头，丰富社区建设的内容。四是以队伍建设为基础，提高社区的管理服务水平。为完成上述任务，会议提出了明确的工作措施，首先是以开展社区建设示范活动为重要措施，全面推进城市社区建设。第二是以大中城市率先推进为先导，带动中小城市和城镇的社区建设。第三是以求真务实，分类指导为原则，因地制宜地推动城市社区建设。会议之后，全国的城市社区建设工作蓬勃开展，发展势头强劲，形势喜人，形成了党政领导高度重视，人民群众广泛参与，社会各界大力支持，大中城市你追我赶的大好局面。

（王时浩）

【四平会议】 见第142页“全国城市社区建设四平现场会议”条目。

服务军队和国防建设

双拥工作

【双拥工作简况】 我国的双拥(拥军优属、拥政爱民)工作,是"拥护人民军队,优待烈军属"和"拥护政府,热爱人民"工作的简称。它是中国共产党在领导武装斗争、创建人民军队、巩固人民政权过程中,运用马克思主义原理,结合中国革命的特点创立和发展起来的一项带有全局性、战略性的社会政治工作。双拥工作的产生与发展,是中国革命和建设富有特色的重要内容之一,也是中国革命和建设事业取得胜利的一个重要保证。

双拥工作以正确处理和调节政府与军队、军队与人民之间关系为主要内容,以密切军政军民关系、增进军政军民团结为根本目的,是人民共和国和人民军队性质、宗旨的重要体现,是党的群众路线的具体运用。它包括三层含义:

(1)双拥工作的实质,是遵循军民一致的原则,正确处理军政军民关系。我国军民有着共同的理想、信念和奋斗目标,有着完全一致的根本利益。通过开展双拥工作,巩固和加强军政军民团结,使人民与军队"同呼吸、共命运、心连心",为实现党的总任务、总目标而共同奋斗。

(2)双拥工作的基本精神,是坚持全心全意为人民服务的根本宗旨。国家的安全和社会的稳定,关系着各族人民的根本利益和长远利益。军政军民团结,历来是捍卫国家安全和保持社会稳定的重要因素。做好双拥工作,为改革开放和现代化建设创造安定的社会环境,是维护国家和人民群众根本利益的重要体现。

(3)双拥工作是党的群众路线的具体体现和运用。群众观点是马克思主义的基本观点,群众路线是党的根本工作路线。做好双拥工作,加强军地之间在各个领域的密切合作,维护和保障广大官兵和优抚对象的合法权益,直接关系到党和军队的形象,关系到人民群众与军队的血肉联系,双拥工作是实现党的群众路线的重要途径。

双拥工作的内容十分广泛,在不同的历史时期有着不同的工作重点。革命战争年代,主要是帮助人民军队扩充兵员,筹集粮款和军用物资;抢运和掩护伤员,运送军粮和武器弹药,传递情报,搞好战时情务;优待军人家属、抚恤烈士遗属和慰问部队官兵;尊重地方党委政府,严格执行党的政策和军队群众纪律,热爱和尊重人民群众,帮助人民群众排忧解难等。随着中国革命和建设事业的发展,双拥工作的内容不断丰富,领域不断拓宽。在新的历史时期,双拥工作的内容主要包括:广泛进行全民国防教育,增强全民国防拥军观念;为军队选送优质兵员,协助中国人民解放军建设强大的国防;支持军队的改革和建设,帮助军队完成作战和训练任务;保护军事设施,尊重和爱护军队;接收并妥善安置军队离退休干部、复员退伍军人和伤残军人、随军家属；做好现役军人、革命伤残军人、复员退伍军人和革命烈士家属、因公牺牲军人家属、病故军人家属的抚恤优待工作；维护军人及其家属的合法权益，妥善处理军民矛盾和纠纷；开展创建“双拥模范城（县）”和“军民共建社会主义精神文明”活动；部队模范执行党的路线、方针、政策，遵守国家的宪法、法律、法规；尊重地方政府，支持地方工作，维护社会秩序；遵守群众纪律，严格执行民族、宗教政策，尊重少数民族风俗习惯；积极支援国家和地方经济建设与公益事业建设，奋勇参加抢险救灾，积极开展扶贫帮困活动等。

双拥工作与其他社会工作相比，具有自身的特征，其主要表现是：

（1）对象的广泛性。双拥工作的对象涉及军队和地方各个领域、各条战线、各个阶层、各种团体。

（2）活动的社会性。双拥工作是处理军政军民关系的工作，它的活动带有明显的社会性。

（3）作用的多样性。双拥工作对国家改革发展稳定和军队建设起着服务保证作用。这种服务保证作用表现多样性，既有直接的，也有间接的；既有现实的，也有长远的。

（4）效益的综合性。双拥工作的效益是多方面的，既能产生政治效益、经济效益，也能产生军事效益。

2002年，全国双拥工作坚持以“三个代表”重要思想为指导，认真贯彻党中央、国务院、中央军委关于加强军政军民团结的指示精神，服务大局，与时俱进，立足基层，注重落实，取得了新的成绩和进步，有力地促进了国家改革发展稳定和军队建设。

一、认真学习贯彻“5·31”重要讲话和党的十六大精神，进一步确立了双拥工作与时俱进的发展思路

各级普遍把学习贯彻“5·31”重要讲话精神，作为推动双拥工作与时俱进、发展创新的重要举措。全国双拥工作领导小组及时提出要求，作了部署。全国双拥办先后在长沙、北京召集部分省区市双拥办同志进行座谈。9月初，经全国双拥工作领导小组批准，在广州召开省区市双拥办主任会议，对深入贯彻“5·31”重要讲话精神，与时俱进地做好双拥工作进行专题研究，确立了以“三个代表”重要思想为指导，紧紧围绕发展这个执政兴国的第一要务，以促进社会生产力发展和部队战斗力提高为目标，以维护社会稳定、实施“十五”计划、做好军事斗争准备为重点，推进双拥工作改革创新的基本思路。各地、各部队紧密结合实际，认真传达贯彻会议精神。有十多个省区市专门召开会议，进行动员和部署，20多个省区市研究制定了加强和改进双拥工作的具体措施。党的十六大召开后，全国双拥工作领导小组专门下发通知，要求各地、各部队认真学习贯彻十六大精神，推动双拥工作深入发展。许多地区和部队按照十六大关于“拥军优属，拥政爱民，巩固军政军民团结”的要求，认真研究制定规划，进一步明确目标任务，为推进双拥工作与时俱进、发展创新奠定了基础。

二、着眼维护社会政治稳定开展双拥工作，为国家和军队改革建设创造了良好条件

2002年，是我们党和国家历史上极其重要的一年。各地、各部队着眼于为党的十六大召开创造良好条件，把维护社会稳定摆在双拥工作的突出位置。紧密结合纪念建军75周年、延安双拥运动60周年活动，广泛进行军政军民团结的宣传教育。江西、湖南、陕西等地举办报告会、座谈会，宣传双拥光荣传统和军政军民团结在国家稳定发展中的重要作用；北京、吉林、江苏、四川、贵州、甘肃、宁夏等省区市军地共同开展“赞颂新成就，迎接十六大”的活动，坚定中国特色社会主义信念，增强广大军民讲大局、讲团结、讲稳定的意识。全国双拥工作领导小组等7个单位关于维护军人及其家属合法权益通知下发后，各地、各部队从保持国家和军队稳定的高度出发，普遍建立了领导小组、巡回法庭、法律咨询站等维权机构，坚持依法优先原则，妥善处理了一批官兵涉法问题。据河南、湖北、安徽、广西、山西等地统计，目前官兵及其家属涉法问题处理结案率已达60%以上。针对部分企业转业退伍军人聚集上访问题，各地、各部队

坚决贯彻党中央、国务院、中央军委的指示，在做好思想工作的同时，广泛开展走访慰问活动，帮助解决工作、生活中的实际困难，有力地促进了社会稳定。为了及时妥善处理突发性事件，重庆、天津、新疆、西藏、青海等地还建立了军警民联防联治的协作机制，军地密切配合，为改革开放和现代化建设创造了安全稳定的社会环境。

三、不断加大支持军队建设力度，形成了军地配合、共谋打赢的可喜局面

各级党委、政府和有关部门为适应加紧进行军事斗争准备的需要，积极探索新形势下支持军队建设的途径和办法。许多地区把科技拥军作为支持军事斗争准备的重点，加大人力、物力、财力投入。长春市建立科技拥军基地，沈阳、武汉、西安、成都、合肥等市实施人才“孵化”、成果转化和技术对接等工程，为部队培养各类人才上万名，解决科技练兵难题近千个。部队在福建、广东、浙江、海南、山东、辽宁、河北、内蒙古等地海训、驻训，当地干部群众像战争年代拥军支前那样，积极搞好场地、交通、物资等保障。陆海空三军在漳州、三亚、舟山、汕头等地进行军事演习，各地都专门成立生活保障、技术服务、安全保密、损失赔偿等机构，提供全方位、全天候、全过程服务，保证了演习任务的圆满完成。东南沿海一些地区还制定完善了动员人民群众参战支前预案，并进行演练，坚持平战结合方针，加强入闽、入粤通道等战场建设，为打赢未来高技术战争奠定了基础。各地坚持把解决部队建设难点作为拥军工作的重点，调整政策，完善制度，加大工作力度。中南五省区与广州军区积极配合，妥善解决了滞留部队伤病残人员安置、随军家属就业等困扰军队建设的突出问题。东北三省各地市普遍开展教育拥军活动，军官子女在择校收费、入读重点学校等方面享受到优惠待遇。为了提高部队生活水平和后勤保障能力，辽宁省一次性投入3200万元，支持驻军部队新建、改建64个副食品基地；河北、黑龙江、山东、河南、云南等地把部队后勤社会化保障工作纳入经济和社会发展计划，制定有关政策措施，推动了这项工作的稳步发展。

四、积极做好支援国家经济建设工作，为加快推进社会主义现代化做出了新贡献

全军和武警部队把参加和支援国家经济建设作为践行“三个代表”重要思想，履行人民军队宗旨的实际行动，先后投入劳动日2000多万个，援建国家和地方工程项目上千个。驻西部地区部队充分发挥组织严密、突击力强和科技人才优势，进一步做好支援西部大开发工作。兰州军区援建的兰成渝输油管道工程胜利竣工，广大官兵在地质条件极为复杂、施工环境十分艰苦的条件下，创造了我国石油建设史上的一个奇迹。成都军区和广西军区部队积极参加“富民兴边”行动，启动援建项目近百个，为西部边疆少数民族地区振兴发展做出了贡献。内蒙古、新疆、宁夏等地驻军和武警部队统一行动，在绿化母亲河、治理生态环境的攻坚战中发挥了重要作用。驻西部地区的四总部、空军、二炮、武警部队所属院校、科研单位和医院，深入开展定向帮助西部地区培养人才、定点为西部地区提供科技支援、对口帮扶西部地区医院等活动，促进了当地经济发展和社会进步。各部队认真贯彻军委、总部的指示，继续开展扶贫帮困工作，帮助10多万名群众走上致富道路；援建希望学校400余所，促进了贫困地区教育事业的发展。全军和武警部队还参加各类抢险救灾上千次，特别是在扑灭大兴安岭森林雷击火灾，陕西、湖南、广西、四川等地抗洪救灾的斗争中，广大官兵不畏艰险、英勇奋战，为保卫改革开放成果和人民群众生命财产安全建立了新的功勋。

五、深入扎实地开展创建双拥模范城（县）活动，提高了双拥工作的整体水平

全国双拥工作领导小组在总结10年来成功经验和广泛征求各方面意见的基础上，重新修订颁发了《双拥模范城（县）创建命名管理办法》，对创建活动的指导思想、命名标准和程序、命名后的管理等作了新的规定。各地、各部队以争创新一届全国双拥模范城（县）为动力，掀起了新的创建热潮。有90%以上的全国双拥模范城（县）制定了再创佳绩、保持荣誉的具体措施。为了切实提高

创建活动的质量,各地、各部队普遍加大了解决重点、难点问题的力度,抓好各项双拥政策法规落实。辽阳、佳木斯、威海、开封等地严格落实政策规定,对团职转业干部安排相应职务。济南、滁州、秦皇岛等地加大安置力度,使近几年随军的家属全部上岗。广东、江苏、江西、山西等省所辖市县的退伍军人安置率均达到95%以上。北京市各区县全面推进“星光计划”进军营社区,使多年困扰营区建设的老大难问题得到较好解决。按照全国双拥工作领导小组的要求,各省区市在下半年对创建双拥模范城(县)活动普遍进行了全面检查,推动了创建活动的深入开展和双拥工作整体水平的提高。

无论是革命战争年代,还是和平建设时期,双拥工作都发挥了积极重要的作用。在新的历史时期,做好这项工作意义更加深远,关系更加重大。

1.做好双拥工作,加强军政军民团结,是我党、我军、我国人民的优良传统和特有的政治优势,是夺取中国革命和建设事业胜利的重要法宝,也是我们战胜一切艰难险阻的力量源泉。

2.做好双拥工作,加强军政军民团结,是维护国家安全和社会稳定的重要举措。在新形势下,维护国家安全和保持社会稳定的任务十分艰巨,这对加强军政军民团结提出了新的更高的要求。我们把双拥工作做好了,亿万军民团结一心,国家的安全和稳定就有了坚实的根基,无论遇到什么风浪,出现什么复杂情况,我们都能镇定自若,从容应付。

3.做好双拥工作,加强军政军民团结,是实现国家和军队建设跨世纪发展目标的现实需要。军政军民团结既是保持社会稳定的重要因素,也是推动经济和社会发展,促进部队建设的强大动力。双拥工作形成的坚强军政军民团结是解放和发展生产力的重要条件和推动社会进步的巨大力量。

4.做好双拥工作,加强军政军民团结,是增强民族凝聚力、向心力的重要因素。民族凝聚力是民族精神的重要体现,是一个民族生存、发展和立于不败之地的根本所在。双拥工作做好了,军政军民团结增强了,就能在党的基本路线这面旗帜下,把广大军民凝聚起来,团结起来,为实现国家富强和民族复兴而共同奋斗;就能进一步振奋民族精神,在全社会形成爱国奉献、团结奋斗的良好风尚,为增强民族凝聚力和向心力打下坚实基础。

(刘更光)

【双拥模范城(县)】 民政部、解放军总政治部为表彰拥军优属、拥政爱民工作成绩突出的城市和地区而设立的荣誉称号。20世纪80年代后期,全国各地军民在双拥工作实践中,把拥军优属和拥政爱民工作有机结合起来,把物质文明建设和精神文明建设结合起来,把领导的积极性和群众的创造热情结合起来,开展了创建“双拥模范城(县)”活动。1991年1月,经邓小平同志题词,民政部、总政治部命名10个城市和县为“双拥模范城(县)”,在全国引起了强烈反响,创建活动蓬勃兴起。

为了更好地加强对双拥工作的指导,1991年6月成立了全国拥军优属、拥政爱民工作领导小组,制定了“双拥模范城(县)”的基本标准,即:组织领导坚强有力,国防教育广泛深入,双拥活动坚持经常,军民共建富有成效,政策法规落到实处,军政军民关系融洽。1996年1月,在全国双拥工作领导小组第九次全体会议上,根据创建活动的实际情况,为保证质量,讲求实效,又在6条标准的基础上,提出了如下8个方面的具体要求:

1.转业、退伍、复员军人、离退休干部和随军家属按政策妥善安置。

2.部队粮油等生活必需品按时按质供应。

3.军事设施得到有效保护。

4.兵员质量得到保证,义务兵家属优待达到国家规定标准。

5.在乡老红军、老复员军人、革命伤残军人和烈属抚恤补助达到国家规定标准及其他优抚政策落实。

6.积极支援国家和地方经济建设与公益事业建设,完成中央军委和三总部规定的义务劳动时间。

7.严格遵守军队群众纪律与党和国家民族宗教政策。

8.无军地历史遗留问题和大的军民纠纷。

为了推动双拥模范城(县)活动广泛、深入、持久地开展,全国双拥工作领导小组制定颁发了《双拥模范城(县)命名管理办法》,《办法》规定,全国双拥模范城(县)一般2-3年命名一次。每次命名,由省、自治区、直辖市双拥工作领导小组按照规定名额择优推荐。无论曾否命名为全国双拥模范城(县),凡符合基本标准并获得省级"双拥模范城(县)"一年以上的单位,均有被推荐的资格。2002年,全国双拥办又对《双拥模范城(县)创建命名管理办法》进行了修改。截至2002年,全国"双拥模范城(县)"的命名共进行了6次,共命名了245个"双拥模范城(县)"。"双拥模范城(县)"的开展,密切了军政军民关系,促进了当地经济的发展和社会的稳定,提高了部队的战斗力。

(刘更光)

安置工作

【复员退伍军人安置工作简况】 复员退伍军人安置工作是为军队建设服务的,是国防建设的一个组成部分,直接关系到国家的政治稳定、经济建设和社会发展。

我国政府十分重视复员退伍军人安置工作。1950年6月,人民革命军事委员会、政务院发布的《关于人民解放军1950年的复员工作的决定》指出:"复员军人是人民功臣。除由中央人民政府另议颁发革命战争纪念章以志功绩外,地方人民政府人民团体对复员军人应给以应有的尊重和政治待遇,并根据其具体情况,尽量吸收其参加各项会议和工作,使其能成为地方建设中的骨干。"1955年5月31日国务院全体会议第十次会议通过的《国务院关于安置复员建设军人工作的决议》指出:"复员建设军人一般都有较高的社会主义觉悟和坚强的组织性、纪律性。许多复员建设军人都经过了长期革命战争的锻炼和考验,并有很大一部分编入了人民解放军的预备役。妥善安置他们,使他们各得其所,在各个工作岗位和生产战线上发挥积极作用,是国家的一项长期的重要政策,也是各级政府和全体人民群众的一项经常的、光荣的政治任务。安置复员建设军人的工作同国家的经济建设和国防建设密切相关,做不好这项工作,就会对推行义务兵役制度,加强国防力量和保卫社会主义建设发生很不利的影响。新的历史时期,特别是在计划经济向社会主义市场经济过渡时期,国务院、中央军委根据社会的发展和实际情况,每年都要发出通知,要求各部门、各级人民政府做好复员退伍军人的安置工作。"江泽民同志在1995年12月14日接见优秀复员退伍军人代表和各地复员退伍军人安置部门负责人时指出:"复员退伍军人的安置工作,是党和政府一项长期的、重要的政治任务,关系到国家的经济建设、国防建设和社会稳定。各级政府,各有关部门,一定要高度重视起来,继续加强领导,切实解决安置工作中的实际问题,把复员退伍军人安置好,更好地发挥他们的作用。"

复员退伍军人安置工作与其他工作相比,具有鲜明的特点。

第一,双重从属性。早在建国之初,毛泽东、周恩来就指出:"复员工作的总原则,是服从国家经济建设与国防建设的需要,并使二者结合起来。"所以,复员退伍安置工作不仅是地方政府的任务,而且是国防建设的一部分,并通过国防的巩固来服务经济建设。

第二,范围的广泛性。复员退伍安置因为是军人(包括伤病残军人)向社会普通公民的身份转化,必然涉及户籍、就业、上学、生产、生活和治病等诸多方面,必然涉及国家许多部门,而且军人的生活也联系着无数的家庭,这一特点决定了复员退伍安置工作是人民政府的工作,需要各有关部门密切协作才能完成。

第三,政策的严肃性。安置政策牵动着军心、民心,直接关系到军心稳定及社会安宁。所以,安置政策的制定与执行,要严肃认真,既考虑国防建设,又要考虑国家的经济、社会发展情况,还要考虑复退军人的合法利益;同时,适应客观形势要求,积极稳妥地开拓创新。

第四,明显的时空性。复退安置有着较强的空间和时间效力。在国家制定的安置政策基础上,各地可以根据实际情况制定有关配套细则方案,在时间上,安置工作有非常强的时间性,年度工作阶段性明显,接收——安置,循环往复。

复员退伍军人安置工作的具体任务是负责退伍义务兵、转业复员士官、复员干部以及伤病残士兵的接收安置工作。

(董天夫、李云鹏)

【退役义务兵安置】 一般情况下义务兵退出现役后,按照从哪里来、回哪里去的原则,由原征集地的县级人民政府接收安置。目前,国家政策是区分农村、城镇按不同的方式对退役义务兵进行接收安置。1998年修正的新《兵役法》缩短了服役期,使兵员流转速度加快,士官制度改革,加速军人职业化进程,军队退出现役的人员不断增加,安置任务十分繁重。而且,随着市场经济体制的逐步建立和发展,安置工作出现了许多新情况和新问题,如安置渠道难拓宽,安置计划难落实,安置质量难保证,安置数量难控制等等,安置难度越来越大。为解决安置难的矛盾,在深入调查研究的基础上,国家适时调整安置政策,提出了适应市场经济发展要求的多渠道、多形式安置新模式,各地根据国家政策法规的调整,大胆探索、勇于实践,取得了较为明显的成效。

一是适时调整安置政策法规,适应新形势发展的要求。

二是各地采取行政、法律等手段,确保城镇退伍义务兵的第一次就业。

三是适应市场经济发展要求,总结经验、推广典型,大力推进多渠道多形式安置工作改革。

四是开展职业技能培训和就业中介服务,提高城镇退役士兵的择业竞争能力。

五是培养和开发使用军地两用人才成效显著。

(董天夫、李云鹏)

【退役士官安置】 士官以转业或复员方式退出现役:复员的由地方接收落户并给予相应的优待,转业的由地方接收并按照相关措施妥善安置。经国务院、中央军委批准,从1991年开始试行转业志愿兵集中交接办法,在此基础上,1994年国务院、中央军委批转了民政部等有关部门制定的《关于志愿兵转业实行集中交接意见的通知》(国发〔1994〕6号)。决定将转业志愿兵交接工作,由军队各大单位军务部门根据计划向有关的省级安置部门进行集中移交,然后通知部队向县级安置机构办理具体手续。志愿兵实行集中交接办法,有利于宏观调控和管理,加快了交接进度,减轻了基层的工作压力,有利于发挥各职能部门的作用,保证了志愿兵交接工作的顺利进行。1999年,依据《兵役法》做出志愿兵分期服役等新规定,配合士官制度改革,将志愿兵改为士官。随后,为做好改革后士官的安置工作,国务院、中央军委及时颁布了《中国人民解放军士官退出现役暂行办法》。《办法》规定,初级士官为一、二期称复员,从农村入伍的国家不负责安排工作,对城镇入伍的要继续安排;中级士官为三、四期称为转业,对其不分入伍地均由政府安排工作;高级士官为五、六期可以转业或者退休。复员的士官,退役时与义务兵同时离队;转业士官,还是集中交接。这项改革解决了以前转了志愿兵就进了保险箱的错误观念,激发了有志士官报国的积极性,保留了部队的骨干力量,提高了部队的作战能力。

(董天夫、李云鹏)

【伤病残士兵安置】 士兵在服役期间出现因战因公而负伤、致残或患病等情况,在安置时就要体现国家对他们的特殊优抚,所以制定了区别于普通士兵的安置政策。1992年,国务院、中央军委批转了民政部等部门《关于进一步做好伤病残义务兵退伍安置工作的通知》(国发〔1992〕4号)后,经过军地多方的努力,绝大部分伤病残士兵得到了妥善安置,缓解了部队基层单位的压力。

不过,随着市场经济的建

立和发展，伤病残士兵交接安置工作又出现了许多新情况、新问题。主要表现为保障经费标准偏低、思想政治工作难做等，导致了数千名伤病残士兵长期滞留部队，给部队的战备训练和管理带来了一定的负面影响。为此，1997年，民政部、总参谋部发出通知，对滞留部队伤病残士兵的交接工作做出部署，使全国当时统计的5000多名伤病残士兵中的60%多得到了妥善移交安置。1998年，按照国务院、中央军委的指示，民政部等有关军地部门组成了联合调查组，开始对滞留部队的伤病残士兵问题作了全面的调查。1999年下半年，由民政部牵头起草了《关于滞留军队伤病残士兵退役安置工作有关问题的通知》的请示，经国务院、中央军委领导批准，印发了民发〔2000〕212号文件。《通知》规定了滞留军队特一等伤病残义务兵、患精神病义务兵和因伤病残基本丧失工作能力志愿兵的各项交接事宜。《通知》除重申以往伤病残人员安置的规定外，还提高了特、一等伤残义务兵的建房经费标准，增加了优抚事业单位专项补助经费；同时军队还对地方接收的每一名精神病员给予一次性补助，用于精神病医院增加床位、设备或改善医疗条件。为贯彻落实《通知》精神，又制定了实施细则，民政部等部门联合印发了优安函〔2000〕137号通知，再次明确了伤病残士兵移交工作中档案交接、档案审查、人员交接、经费等一系列具体事项。2000年11月在全国退役士兵安置工作会议上，军地双方又认真研究讨论了移交安置中的问题。会后军地双方精心组织，密切协作，保证了这项工作的顺利完成，使困扰部队多年的老大难问题得到了解决，受到了部队的高度评价。

（董天夫、李云鹏）

【复员干部安置】 干部复员是军队干部退出现役的一种渠道，虽然对他们不负责具体的安排工作，但是做好他们的接收、移交、落户，以及有关政策衔接，也有着重要的意义。

1989年以前，干部的复员安置主要是针对刑满释放又不具备转业条件的军队干部。随着改革开放的深入和市场经济的建立，越来越多的军队干部要求改革干部复员制度，选择复员退役。为适应改革，民政部等军地9部门经过调查研究，于1993年联合印发了《关于做好军队复员干部安置工作的通知》（国安〔1993〕2号、〔1993〕政联字1号），对干部复员的安置政策进行了调整。一是明确了干部复员是军队干部退出现役的一种形式，除以往的对象之外，凡符合《现役军官服役条件》和《文职干部暂行条例》规定退出现役的条件、本人自愿要求复员的军官和文职干部也可以选择复员；二是自愿复员干部既可回原籍或入伍时户口所在地，也可到配偶所在地，除自愿回农村的外，均可落城镇户口，扩大了安置去向的选择余地；三是提出了干部复员必须纳入年度军队干部复员计划，由国务院军安领导小组、民政部、总政治部共同下达；四是对复员干部，政府不再分配工作，由本人自行就业，但区别情况给予就业政策优惠；此外，对复员干部就业后的待遇、住房、家属随迁等也分别做出了规定。这些政策符合广大军队干部的切身利益和就业选择，符合社会主义市场经济要求，受到广大军队干部的赞誉，是今后发展的一个方向。2001年，民政部、公安部、总政治部根据国家户籍制度改革和干部转业安置办法的调整，对干部复员的安置去向进一步放宽。军队干部通过复员这个渠道回到地方安置，进一步减轻了政府安排就业的压力，有力地促进了部队的建设和军队干部安置工作的改革。

工作的进展情况主要表现在以下几个方面：

一、调研工作取得了新成果

2001年7月，总参谋部建议提高全国非农征集比例。鉴于征兵和安置工作密切相关，考虑到目前的就业形势和国家的安置状况，民政部在各省区市人民政府意见的基础上，提出了在安置政策没有大的调整之前，暂不提高比例的建议。在上报时，国办建议将征兵和安置统筹考虑，2001年暂不提高征兵比例，由总参谋部和民政部牵头，会同军地有关部门进行调研，取得共识后专题报国务院、中央军委。中央主要领导同志批示同意。对此，部领导非常重视，要求优抚安置局抓住机遇，主动协调，做好调研工作。

2002年初，鉴于联合调研针对性强，牵扯面广，涉及问题多，是一次非常重要的政策性调研，仅由总参谋部和民政部牵头组织，难达到预期目的。对此，经部领导同意，优抚安置局多次协调有关部门，最终由国务院办公厅、中央军委办公厅牵头组织民政、总参、教育、公安、财政、劳动保障、税务、工商、法制办、总后有关司局的同志，分两组赴辽宁等6省和沈阳等5个军区进行调研，并草拟了《关于征兵和城镇退役士兵安置情况的调研报告》。

《报告》全面反映了当前征兵和安置工作遇到的突出矛盾，深入分析了产生这些矛盾的原因，提出了解决矛盾和问题的基本思路，并提出了3点具体建议：一是立足现实、着眼长远，对整个兵役制度和优待安置制度进行调整和改革；二是采取过渡办法，对现行《兵役法》个别条款进行修改，如区分不同对象采取安排工作和自谋职业的安置办法，自谋职业的补助经费由中央和地方共同承担等等；三是调整安置政策，加大扶持城镇退役士兵自谋职业的工作力度，解决配套政策措施和职业技能培训经费等。

此次调研卓有成效：一是全面、客观地反映了建立市场经济体制以来，特别是新《兵役法》颁布后，安置工作面临的突出矛盾和问题；二是对问题和矛盾的分析深入、透彻，所提改革思路和政策建议符合当前工作实际，许多建议已经国务院、中央军委批准并在2002年《征兵命令》和《退伍通知》中明确；三是调研增进了军地有关部门之间的了解，对下一步统筹考虑征兵和安置，调整修改有关法规打下了基础。国务院和中央军委领导充分肯定了这个调研报告。

二、安置政策有新突破

根据国办、军办联合调研报告的建议，经国务院、中央军委批准，在2002年《退伍通知》（国发〔2002〕22号）中大幅度调整了安置政策。

一是首次提出全面推行安排就业和自谋职业相结合的就业办法。目的是在现行法律框架内，允许各地根据实际，实事求是地选择安置办法。安置能力较强的地方，可以继续以安排工作为主，积极鼓励自谋职业；安置能力较弱的地方，可以采取自谋职业为主的安置办法，不断加大扶持就业的力度，初步解决了推行自谋职业受法律制约的问题；二是明确提出民政部会同有关部门制定下发自谋职业的优惠政策，解决目前自谋职业优惠政策由地方政府制定，由于职权所限，优惠政策范围窄、不到位的问题；三是加大退役士兵就业培训工作的力度，中央财政对安置任务重和经济欠发达地区的退役士兵培训给予补助。

为配合国家安置政策的调整，经国务院办公厅批准，2002年11月24－25日，新华社、人民日报、解放军报、中央电视台、中央人民广播电台、中国社会报等各大新闻媒体和全国各省市主要报纸和媒体，都在显著位置对今年安置政策的调整作了大规模的宣传报导，一是全文刊载2002年国务院、中央军委《退伍通知》中的退伍安置工作部分的新要求，二是详细介绍了实行优待安置证制度的目的和意义，三是刊载了民政部优抚安置局负责人有关安置政策的访谈栏目，这些宣传报导引起了社会各界的高度重视。

三、实行优待安置证制度

经商总参谋部同意，2002年11月，民政部下发了《认真贯彻国务院、中央军委〈征兵命令〉和〈退伍通知〉要求，进一步加强和规范优待安置工作的通知》（民发〔2002〕156号），规定：从2002年冬季征兵开始，在全国统一实行优待安置证制度。优待安置证是义务兵、复员士官及其家属享受现行优待安置政策的合法凭证。对于规范优待安置工作，解决当前工作中存在的一些矛盾和问题，缓解安置难的压力，切实维护士兵的合法权益都将起到积极作用。

四、安置改革有新进展

2001年8月，民政部在辽宁省丹东市召开全国退役士兵安置改革经验交流会以来，各地转变观念，深化改革，创造性的贯彻国家法规政策，安置改革取得了突破性进展。一方面改革试点数量大幅增加，从2001年的15个市县增加到今年的400多个，有的省市如浙江省已从计划安置体制转向市场安置体制；另一方面制定相关政策，全国已有浙江、辽宁、天津、内蒙古、安徽、河北、湖北、广西、四川、甘肃、青海、山东等12个省市政府出台了自谋职业的安置办法。其他方面的改革各地也有较大进展，如广东省顺德市民政局与当地职业学校合作培训退役士兵，取得显著效果；河北省引入档案和文化“双考”办法，使安置工作公开、透明、公平、公正；上海和天津等地民政、财政、市招委出台退役士兵报考院校予以加分照顾规定的通知；湖北省以大中专院校助学的办法来承担安置任务，等等，出台了一系列安置改革的新举措。

五、全国政协委员首次对退役士兵安置工作进行专题视察

2002年10月，全国政协由32位在京的委员组成退役士兵安置工作视察团，就当前退役士兵安置情况在湖南进行了为期10天的专题视察。视察团听取了长沙、衡阳、岳阳等地党政军负责同志的汇报，并与机关企事业单位负责人和退役士兵等座谈。委员们认为：尽管湖南省各级领导高度重视，但安置难的矛盾仍然很突出；这种现象具有普遍性，主要原因是现行的安置法规政策与市场经济条件下劳动力就业制度不相适应，主要表现是“安排工作缺少岗位”和“自谋职业没有经费”。如何解决这些问题，委员们建议：一是修改现行《兵役法》的个别条款；二是对一时难以安置的退役士兵，各地应及时发放生活补助费；三是加大工作力度，完善办法，扩大自谋职业改革范围；四是自谋职业的经济补助应由中央和地方共同承担，中央财政承担主要部分；五是军地要多做一些教育、培训和引导工作，为退役士兵提供就业指导和服务。

复员退伍军人安置工作的意义在于：

(1)促进了军队和国防的现代化建设。一是稳定了现役人员，鼓舞了部队士气。做好复员退伍军人的安置工作，对解除现役人员的后顾之忧，促使他们爱军习武、卫国戍边、抗洪抢险起到了积极的作用。特别是近年来地方的安置政策与部队服役表现挂钩，实行立功受奖和艰苦边远地区的优先优待安置的办法，有力地促进了现役军人爱军习武的热情。二是保证了兵员数量，改善了兵员质量。军队的基础是士兵，兵员的更新交替是保持部队战斗力的基本保证。尤其是在市场经济条件下，国家及时调整政策，切实保障和维护复员退伍军人的权益，使他们直接感受到党和政府的关怀，极大地鼓舞了适龄青年应征入伍履行兵役义务的积极性，对保证兵员数量和改善兵员质量起到了积极的作用。三是加强了预备队伍，充实了后备力量。我国实行的是义务兵与志愿兵相结合、民兵与预备役相结合的兵役制度，而民兵和预备役的主体是复员退伍军人。他们大多掌握了一项或多项军事专业技能，是民兵和预备役的骨干力量。做好复员退伍军人的安置，对加强民兵和预备役队伍，积蓄强大、训练有素的后备力量，建立和完善战时快速动员体制有着重要的推动作用。

(2)促进了国家经济社会的发展和进步。复员退伍军人经过了军队这所大学校的培养和锻炼，绝大部分政治素质好，思想觉悟高，具有专门的技术技能，能吃苦，懂政策，信息灵，有很强的开拓精神。退伍安置后，他们为国家的经济建设和社会发展做出了巨大的贡献。他们中有敢闯敢干、脚踏实地、艰苦创业的企业家，有跨行业、跨地区、跨国界的企业集团经理，有从事种植、养殖业的大户。他们不仅在建设国有大中型企业、振兴乡镇企业、发展个体与私营企业中做出了巨大的贡献，而且在跻身科技、文化艺术殿堂，在精神文明建设中发挥了重要带头作用。1995年开展的退伍军人建功立业、成才报国活动，就是复员退伍军人为国家的经济建设和社会发展做出重要贡献的一次大检阅。

(3)维护了我国安定团结的政治局面。复员退伍军人安置，直接关系到他们本身的就业及其家属的生活，与社会稳定密切相关。建立社会主义市场经济体制以来，由于就业形势严峻和利益关系调整，一些城镇退伍军人得不到及时的安置就业。针对这些情况，国家及时调整安置政策，采取了多渠道多形式安置的办法，部分地缓解了安置难的矛盾，对保障退役士兵的就业和生活，维

护他们的权益，稳定他们的思想，促进政治和社会环境的稳定起到了积极的作用。

（董天夫、李云鹏）

【军供站工作】 军供站是地方人民政府支援过往部队的组织机构和战备设施，也是军队后勤保障系统的补充和延伸，是国防建设的重要组成部分，在保障部队行动、支援战争方面肩负着重要的责任。它是由各省、自治区、直辖市人民政府根据军队的要求设置的，受地方政府的领导，由民政部具体负责，代表当地政府和人民群众接待与支援过往部队，是地方政府拥军支前的窗口之一。

军供站的业务是在当地人民政府、民政部门的领导和军事代表办事处的指导下，协调铁路、交通、公安等有关部门，以优质、快速、准确、安全、保密的要求，保障平时和战时过往部队、入伍新兵、退伍老兵及支前民兵民工在运输途中的军用饮食饮水供应任务。军供站的工作虽然也是涉及餐饮住宿的服务业，但与其他单位有很大的不同。首先军供工作是代表政府行使职能，不是某一集体或某个人的行为，它具有非常强的政治性，其宗旨是为部队服务、为国防服务；其次由于服务对象的特殊性，军供工作的饮食卫生、保密保卫等安全问题尤其重要，这是军供站较其他饮食服务业强调更多的方面，也是军供工作的一大特点。

截至2002年，我国有军供站343个，其中：铁路251个，水路15个，公路77个；饮食供应站239个，饮水供应站16个，军人接待转运站88个。各级民政部门本着为军队和国防建设服务的宗旨，与有关部门密切协作，千方百计克服困难，圆满完成军供站饮食饮水供应任务。一是面对新形势军事斗争的需要，民政部办公厅发出通知，要求各地对当前军供站面临的情况和问题进行认真调研。截至年底，已有26个省市提交了有情况、有分析、有建议的调研报告，全面掌握了当前全国军供站遇到的情况和问题，对解决这些问题提出了很好的意见和建议。二是以部办公厅名义及时对各地民政部门做好一年一度的新老兵接待转运和饮食饮水供应准备工作提出要求，各军供站以服从和服务于军队和国防建设为宗旨，齐心协力，克服困难，圆满完成了年度过往部队训练打靶、台海演习、新老兵运输等饮食供应任务。三是11月底前与财政部协商下拨了今年25个军供站的更新改造经费，为各地争取地方财政投入，进一步改善军供设施条件，提高服务水平注入了活力。四是在与总后进行联合调研和各地调研报告的基础上，下发了《适应新时期军事斗争准备要求，进一步做好军供站管理建设的意见》，对解决当前军供站面临的一些突出问题，提出了有针对性的意见和要求。

（董天夫、李云鹏）

【军队离退休人员安置】

军队离休退休干部、退休士官（退休志愿兵）、无军籍退休退职职工（以下统称军休人员）移交政府安置，是党中央、国务院、中央军委根据邓小平新时期军队建设思想作出的一项重大决策，是军地双方一项长期重要的政治任务。军休人员移交政府安置工作（以下简称军休工作），是对军队离退休干部、退休士官和无军籍退休退职职工实行的特殊社会保障。

军队离休退休干部移交政府安置，主要包括制定安置和交接计划、下达建房经费和建房任务、完成住房和附属建筑建设、安排随迁家属和子女工作或子女转学、接收管理等等，涉及民政部、财政部、国家计委、建设部、物资部（国家经贸委）、劳动和社会保障部、人事部、教育部、公安部、卫生部、税务总局和总参谋部、总政治部、总后勤部等军地许多部门。根据国务院、中央军委《批转民政部、总政治部关于做好移交地方的军队离休退休干部安置管理工作的报告》（国发〔1984〕171号）的有关规定，民政部门负责军队离休退休干部的安置审批和接收管理工作（包括住房分配），各项预算的编造、生活费的发放，政治学习、组织生活的安排以及去世后的有关事宜。

军队无军籍退休退职职工移交政府安置，主要包括确定移交范围和安置地点、审定安置计划、落实生活待遇等，涉及民政部、财政部、卫生部、劳动和社会保障部、人事部和总后勤部等军地有关部门。

军休工作属于社会保障的组成部分，但较其他社会保障工作具有特殊性，主要表现在：

(1)政治性。政治以维护统治阶级的利益为根本目的，军队是国家赖以存在和运转的基础。对军休人员实行特殊的社会保障，不仅是维护社会稳定的要求，而且更重要的是它关系到国家机器的正常运作，因此，军休政策直接体现统治阶级的利益，军休工作具有强烈的政治性。

(2)经济性。社会保障的核心是收入保障。军休人员的晚年生活中，政治待遇的落实和精神需求的满足固然处于很重要的地位，但物质生活的保障却无疑是最基本的前提。军休工作所需经费的筹集、管理，安置方式与手段的选择，服务管理体系的建立等，都围绕着国民收入的合理分配来展开、进行。因此，社会保障的本质属性和安置管理活动的主要表现决定了军休工作具有经济性的特点。

(3)被动性。军休工作从安置任务的拟定、交接和安置后的结果反馈都是军地双方相互配合完成的。军休安置系统要完成接收安置任务，还需要联合计划、财政、城建、公安、劳动保障、教育等有关部门共同进行。国内外军事形势、国民经济发展水平、国家财政收支状况、干部政策、医疗制度、房地产政策等任何一项发生变化，都要求军休工作政策做出相应的调整。因此，军休工作不仅与军地很多部门打交道，而且受制于社会发展的诸多因素，被动性十分明显。

(4)社会性。军休人员在社会关系结构中因为职业变化导致了社会地位的位移，这种社会结构变动规模大、速度快，又是不可避免的。一方面，军休人员离开原职位和职业时，也就离开了原职位和职业所赋予的各种权利和义务。因为军休工作的政治性决定了军休人员社会地位位移方式只能是向上流动或水平流动，所以制约军休工作的主要因素来源于社会。另一方面，国防建设是全民责任，军休人员移交政府安置也应当由全体公民共同负责。虽然政府是军休工作的主角，但是没有社会团体、社会个人的积极参与和支持，军休工作顺利进行是非常困难的。因此，军休工作具有广泛的社会性。

(李敬先)

【军队离休退休干部(含退休士官)接收安置】 军休安置管理工作是直接服务于军队和国防建设的一项重要工作。长期以来，党和国家对军休安置管理工作高度重视，制定了一系列方针、政策，形成了比较规范的工作制度和较为完整的工作体系。各级民政部门紧紧围绕国家和军队建设大局，认真贯彻落实党中央、国务院、中央军委的重要指示精神，确定了接收安置范围，实行了军地共同审定安置计划、分散与集中相结合按年度计划交接的办法，建立了“三联单”制度。截至2002年底，民政部联合有关部门先后下达了五批军休建房任务，安排了101.1亿元建房投资，建成11万套军休住房、建筑面积1000多万平方米(含附属建筑)，共累计接收了近12万名军休干部，组建了1600多个干休所，配备了17000多名工作人员和6400多辆服务用车，完成了前四批军休干部的接收安置任务。目前第五批军休干部正在接收中，2001年下达的2万名军队离休退休干部的安置去向已审定完毕。

(李敬先)

【滞留军队的伤病残离休退休干部(含退休士官)的接收安置】 国务院和中央军委有关部门对滞留军队的伤病残离退休干部和退休志愿兵的退役安置很重视，制定了一系列政策规定，军地各级党委和有关部门精心组织，使大部分伤病残离退休干部和退休志愿兵退出现役并得到了妥善安置。但近几年来，伤病残退休志愿兵和离退休干部滞留军队的数量又逐年增多，问题比较突出。

为做好滞留军队伤病残退休志愿兵的退役安置工作，经国务院、中央军委批准，民政部、财政部、总参谋部、总后勤部下发了《关于做好滞留军队伤病残士兵退役安置工作有关问题的通知》(民发〔2000〕212号)，对交接时间与办法、接收安置与待遇等都作了明确规定。随后，民政部优抚安置局与军地有关部门联合下发了优安函〔2000〕137号通知,在天津召开了全国退役士兵安置工作会议,对接收安置伤病残退休志愿兵做出了具体部署和安排。各地民政部门根据军地有关部门下达的伤病残退休志愿兵交接计划,精心组织,克服困难,基本完成了滞留军队伤病残退休志愿兵的接收安置任务。

对滞留军队伤病残退休干部的退役安置工作,民政部、财政部、总政治部、总参谋部下发了《关于做好滞留军队伤病残干部退役安置工作有关问题的通知》(〔2002〕政联字第4号),要求将2002年6月底前退休的特等、一等伤残和重症精神病干部(含部分离休干部)全部纳入2002年伤病残退休干部安置计划,其他伤病残退休干部纳入正常的年度退休干部安置计划,同时对计划审报、住房保障、安置形式、交接办法、医疗保障和服务管理等都规定得非常明确。根据通知要求,目前各地已经完成审定伤病残退休干部安置去向的工作任务。

(李敬先)

【无军籍退休退职职工的接收安置】 军队无军籍退休退职职工,是国防建设的特殊群体。对妥善安置这一特殊群体,各级政府和民政部门历来十分重视。从50年代开始,军队机关、事业单位的无军籍职工,按照国家有关规定,移交各地民政部门安置。1980年,根据国务院颁发的《关于安置老弱病残干部的暂行办法》和《国务院关于工人退休退职的暂行办法》(国发〔1978〕104号)的精神,为搞好无军籍职工的安置工作,国家劳动总局、总参谋部、总政治部、总后勤部下发了《关于做好军队编内工人退休退职工作的通知》(〔1980〕劳总计字99号)。1982年,民政部、劳动人事部、总参谋部、总政治部、总后勤部联合下发了《关于做好军队编内和编外职工退休退职工作的通知》(民〔1982〕39号),财政部、民政部联合下发了《关于军队干部退休军队无军籍退休退职职工接收安置和经费开支问题的通知》(〔1982〕财事字111号)。各级民政部门在没有专门工作人员,经费紧张的情况下,克服重重困难,不讲条件,主动工作,截至1987年底接收军队退休退职3万余人。但随着时间的推移和军队精简整编工作的开展,这项工作出现了不少问题。

为了做好军队退休职工安置工作,军地有关部门经过认真调查研究和多次协商,民政部、财政部、卫生部、总后勤部联合下发了《关于进一步做好军队无军籍退休退职职工安置工作的通知》(民发〔1992〕23号),明确规定了军队退休职工的安置范围、安置办法、生活待遇和医疗保障政策等。这是目前军队无军籍职工移交安置工作的主要政策依据。从此,军队无军籍退休退职职工由分散进入成批次、有计划的移交安置阶段。民政部优抚安置局、总后司令部先后联合下达了三个批次的退休退职职工的移交安置计划。为支持配合军队后勤保障社会化改革,根据国务院、中央军委的指示精神,民政部、总后勤部下达了随军队保障性企业一并移交的事业单位及农场、"两基地"退休退职职工的移交安置计划。纳入安置计划的无军籍退休退职职工接收安置工作进展顺利。截至2002年底,各地民政部门累计接收军队退休退职职工6万多人。

(李敬先)

【军休干部的生活待遇】

1994年以前,军队离休干部移交政府安置管理后,按照《国务院、中央军委批转民政部、总政治部〈关于做好移交地方的军队离退休干部安置管理工作的报告〉的通知》(国发〔1984〕171号)规定,离休干部的各项生活待遇均按军队的规定执行。军队退休干部移交政府安置管理后,按照国务院、中央军委颁发的《关于军队干部退休的暂行规定》(〔1981〕39号)和国务院、中央军委批准的民政部、总政治部等七部委《关于军队干部退休安置中几个问题的通知》(〔1993〕政联字第6号)规定,其退休费按照军队统一规定的标准执行,补助补贴和福利待遇按照安置地政府规定的项目和标准执行,所需经费由地方财政解决。在实践中,经济较发达地区补助补贴的项目多,给地方财政造成的压力大;经济欠发达地区补助补贴的项目少,从而造成同职级的退休干部，由于安置地不同，其生活待遇差别较大。特别是随着国家工资制度和财政体制的改革，退休干部的补助补贴和福利待遇的差距越来越大，有些地区难以落实，进而影响到军队退休干部移交安置进度。由于地区性的补助补贴经费由安置地财政解决，也影响到一些地方政府接收安置军休干部的积极性。

对各地因接收任务不平衡、经济负担轻重不一而影响军队退休干部生活待遇落实的问题，民政部等有关部门非常重视。以1993年军队工资制度改革为契机，民政部联合军队有关部门深入调查研究后，提出不仅要增加离退休干部离退休费，而且要调整退休干部、退休志愿兵的生活待遇政策。经过充分论证、反复研究，并经党中央、国务院、中央军委批准，对军队退休干部的生活待遇政策做出了重大调整，财政部、中组部、民政部、人事部、总政治部、总后勤部下发了《印发〈关于调整移交政府安置的军队离退休干部和退休志愿兵生活待遇实施办法〉的通知》（〔94〕财社字第19号），决定军队退休干部和志愿兵移交政府安置后，各项生活待遇按军队统一的项目和标准执行，不再执行安置地政府规定的各项补助补贴。移交政府安置的军队退休干部和退休志愿兵的各项生活待遇，由中央军委有关部门和国务院有关部门研究商定，共同发文通知各省、自治区、直辖市和军队有关单位执行。移交政府安置的军队离退休干部、退休志愿兵调整各项生活待遇所需经费，当年（以发文时间为准）剩余月份的由军费开支，从第二年起，按现行财政管理体制分别由中央财政和地方财政解决。这是自1958年建立军官退休制度以来对军休干部生活待遇政策的一次重大调整。这次调整，进一步理顺了移交地方政府安置的军队退休干部的待遇和经费开支渠道。通过这次调整，移交政府安置的同职级军队离休退休干部，无论安置在什么地方，其生活待遇（除地区生活津贴、边远地区津贴等因素以外）基本是一样的。这样既贯彻了党和国家关于老干部生活待遇政策的原则，又照顾了军队退休干部的特殊性，有利于离退休干部到地方安家后安度晚年，有利于调动地方政府接收安置军队离退休干部的积极性，有利于加快军队离退休干部的移交安置步伐，有利于保持军队现役干部的稳定，进而促进军队现代化建设。截至2002年底，自1994年以来军地有关部门对军队离退休干部的离退休费标准作了6次调整，增加了9项补助补贴项目。每名离休干部平均每月增加1221元，每名退休干部平均每月增加1152元。军休干部人均离退休费与在职同职级干部工资基本相同。

2002年5月21日，民政部、财政部、总政治部、总后勤部下发了《关于完善移交政府安置的军队离退休干部、退休士官边远地区津贴制度的通知》（〔2002〕政干字第212号），确定从2001年10月1日起，对驻边远地区的干部、战士（含离退休人员）的地区津贴制度进行完善，扩大了边远地区范围，提高了部分地区津贴标准。这次完善边远地区津贴制度，涉及内蒙古、吉林、黑龙江、广西、海南、重庆、四川、云南、贵州、西藏、陕西、甘肃、青海、宁夏、新疆15个省、自治区。2002年10月23日，民政部、财政部、总政治部、总后勤部下发了《关于调整移交政府安置的军队离退休干部公勤、护理费标准的调整》，确定从2003年1月1日起，提高公勤费、护理费标准，按规定享受公勤费全费标准的由每人每月200元调整为400元，半费标准的，由每人每月100元调整为200元，全费的四分之一标准，由每人每月50元调整为100元；护理费按公勤费全费标准执行；公勤费和护理费只可享受一种；调整标准增加的经费，2002年的由军队开支（武警和公安边防、消防、警卫部队的分别由武警部队和公安部开支），从2003年1月1日起，分别由中央财政和地方财政开支。12月31日，民政部优抚安置局、总政治部干部部下发的《关于调整移交政府安置的军队离休干部特需经费标准的通知》（〔2002〕政干发字第556号）规定，离休干部的特需经费标准，由原来的每人每月12.5元调整为每人每月42元；其特需经费由离休干部管理单位统一掌握，主要用于离休干部的特殊困难和必要的活动经费开支，不得发给个人，也不得挪作他用；这次增加的特需经费由管理单位按原渠道解决。

（李敬先）

【军休干部的医疗待遇】 根据国务院、中央军委国发〔1984〕171号文件规定，军队离休干部移交地方后，暂时保留军籍（不发军服），其医疗待遇（包括无工作的直系亲属）原则上保持军队离休干部的标准；军队离休干部（及其直系亲属）、退休干部的医疗超支费用由地方财政解决；卫生部门负责军队离休退休干部的医疗。根据民政部、公安部、财政部、人事部、卫生部、总政治部、总后勤部《关于军队干部退休安置中几个问题的通知》（〔1993〕政联字第6号）规定，军队退休干部的医疗保健工作由安置地区卫生部门负责，其待遇与当地相当职级的国家机关退休干部相同；退休干部（含离休干部）医疗费用由中央财政按标准拨给地方财政，纳入安置地区公费医疗体系，统筹管理，不足部分由地方财政解决。1998年，国务院下发《关于建立城镇职工基本医疗保险制度的决定》（国发〔1998〕44号）后，各地陆续实行了城镇职工基本医疗保险制度，原公费医疗体系不复存在。目前，全国军队退休干部有的参加了当地医疗保险；有的参加保险后，又迫于没有明确政策，退了出来；有的仍按原办法勉强维持，有的干脆就挂了空档，无从保障，出现了军休干部医疗待遇不一致和难以保障的问题。

国务院办公厅、中央军委办公厅《关于印发〈中国人民解放军退役医疗保险暂行办法〉的通知》（国办发〔2000〕100号）规定，移交政府安置的军队离休干部和退出现役的二等乙级以上革命伤残军人的医疗待遇，按照国务院、中央军委的有关规定执行。移交政府安置的军队退休干部、士官的医疗待遇政策，由军队有关部门商国务院有关部门另行制定。对军休干部的医疗待遇，2001年9月初总政干部部与有关部门协商后，通报了情况。民政部优抚安置局9月25日复函总政干部部，同意军队退休干部的医疗待遇纳入医疗保险，享受公务员医疗补助和特殊医疗补贴，由劳动保障部门归口管理，建议军队与有关部门商定具体办法后，尽快组织实施；并提出应同时明确军队离休干部无工作直系亲属和退休干部无固定收入家属、遗属的医疗保障政策，由有关部门共同研究制定具体保障办法。12月初，民政部优抚安置局、财政部社会保障司、劳动和社会保障部医疗保险司和总政干部部共同召开了军休干部医疗保障座谈会，成立了联合工作机构，正在进一步研究拟订军休干部的医疗保障政策。

（李敬先）

【军队退休退职职工的生活待遇】 军队退休退职职工的生活待遇，按照国家有关规定执行。凡地方政府对退休退职职工生活待遇方面所作的各种补贴以及补贴标准的调整，应包括军队无军籍退休退职职工在内，所需经费由地方财政解决。其经费项目和渠道按国发〔1978〕104号、财政部〔1982〕财事字111号文件执行。当年的经费由军队移交单位根据移交人数，将经费拨到当地民政部门，第二年起由中央财政拨付。

（李敬先）

【军休干部的住房制度改革】 1993年，根据国家经济体制改革的总体要求，经国务院、中央军委批准，民政部、财政部、总政治部下发了《关于移交政府安置的军队离休退休干部住房制度改革问题的通知》（民安发〔1993〕9号），明确规定军休干部住房租金标准和提租后的补贴标准按照中央军委批准的“军队住房制度改革实施方案”的有关规定执行，指出军休干部住房制度改革不实行建立住房公积金的办法，要求军休干部的住房出售按房屋产权归属分别由中央和地方有关部门按国家房改政策做出具体规定。随后，民政部、财政部、总政治部《关于印发〈移交政府安置的军队离休退休干部住房制度改革实施办法〉的通知》（民安发〔1994〕19号）和《关于调整移交政府安置的军队离休退休干部住房租金和住房补贴标准的通知》（民安发〔1996〕18号），国务院退伍军人和军队离休退休干部安置办公室《关于印发〈军休干部住房出售试点工作实施方案〉的通知》（国安发

〔1996〕9号），民政部、财政部、建设部、总政治部、总后勤部《关于出售移交政府安置的军队离休退休干部住房的通知》（民安发〔1998〕7号）等一系列军休干部房改政策陆续出台。各地民政部门认真贯彻落实民政部等有关部门关于军休干部住房改革的一系列政策规定，培训干部、摸清房源、界定产权，加强领导、精心组织，前三批军休干部售房工作进展顺利。截至2000年初，全国完成了5万多套军休干部住房的出售工作。

根据《国务院关于进一步深化城镇住房制度改革，加快住房建设的通知》（国发〔1998〕23号）和中央军委《进一步深化军队住房制度改革方案》（〔1999〕19号）精神，结合移交政府安置的军队离退休干部安置建房的实际情况，民政部、财政部、国家计委、建设部、税务总局、总参谋部、总政治部、总后勤部于2000年2月联合下发了《关于印发〈移交政府安置的军队离退休干部住房保障改革实施办法〉的通知》（〔2000〕后营字第70号），规定移交政府安置的军队离退休干部住房制度改革，原则上与军队在职干部执行统一政策；国家、军队、个人合理负担；实行住房补贴、货币补差相结合的办法，稳妥推进住房分配货币化、管理社会化。移交政府安置的军队离退休干部住房保障改革，进入新的发展阶段。

（李敬先）

【军休服务管理社会化】

随着社会主义市场经济体制的逐步建立和社会保障体系的不断完善，原有的统包统管、"关门办所"的军休服务管理模式已不能适应新形势发展的要求。同时，近些年来，第三产业的兴起、社区服务和老龄工作的蓬勃发展，为丰富军休服务管理内容、服务管理向社会化推进创造了条件。1999年河南省南阳市民政局联合市委和政府21个有关部门下发了《关于进一步规范军队离退休干部服务管理社会化工作的通知》，明确了军休干部安置管理工作中各有关部门的责任，要求切实保障军休干部"两个待遇"的落实，加快军休干部住房建设，认真做好军休服务管理规范化、社会化的工作。天津市在深入调研、广泛征求军休干部意见的基础上，创造性地开展了军休干部"走出庭院，融入社区"活动。这项活动的核心内容，就是改变干休所过去自成体系的服务模式，有计划、因地制宜地组织军休干部参与社区"两个文明"建设活动，发挥他们在改革、发展、稳定中的特殊作用，同时把社区服务延伸到军休干部群体，运用社区服务的各种功能，在更高的起点上为军休干部服好务。为了把这项活动搞好，天津市民政局决定2000年初在河西区干休所进行试点。经过一年的实践和探索，各类服务项目和组织为军休干部的服务搞得有声有色，"走出庭院，融入社区"活动取得了明显效果。一是社区拓宽了为军休干部服务的渠道。充分利用社区资源，通过社区的家政服务、社区医疗、社区文化、社区教育、社区互助，把老干部服务融入社区中来，为军休干部服务拓宽了渠道。二是社区提供了军休干部发挥后劲的途径。广大军休干部戎马一生，在融入社区的活动中，发扬人民军队的优良传统，找准位子，放下架子，做好样子，以普通一兵的姿态，参与社区公益事业，在社区"两个文明"建设中发挥了不可替代的作用。三是干休所是军休干部融入社区的桥梁。干休所是军休干部融入社区不可缺少的一环，在此项活动中发挥着桥梁作用，它的职能不仅不能削弱，而且应该加强。四是此项活动不仅使军休干部亲身体验到了物质生活有保障、文化生活丰富多彩的温馨的生活环境，而且也为妥善安置军休干部起到了示范作用。

天津市河西区开展军休干部"走出庭院，融入社区"活动，启动了社区功能为军休干部服务，发挥了军休干部作用为社区建设服务，各得其所，相得益彰，使军休服务管理工作向社会化方向迈出了重要一步。对此，民政部多吉才让部长给予了高度评价。他认为，这是带有方向性的经验探索，值得总结、推广和宣传；全国的干休所都需要认真研究思考这个题目。2000年11月，民政部优抚安置局在天津市召开了军休干部"走出庭院，融入社区"现场经验交流会，向全国推广了天津市河西区的做法和经验。

北京、上海、辽宁、湖北、河南、江苏等地认真学习党和国家关于老龄工作、社区工作的方针、政策，借鉴天津市河西区军休干部“走出庭院，融入社区”的做法，结合实际在军休干部服务管理社会化的方式和途径上作了许多探索。北京市结合干休所规模大、服务设施齐备、军休干部人数多等实际情况，在清河干休所、丰台区北大地干休所建立了军休社区服务组织，美化了军休社区环境，引入了社区服务功能，加强了军休社区教育，开放了军休社区医疗卫生设施，组成了军休社区治安队伍，从而提升了服务管理水平，同时也带动了当地社区建设的发展。上海市民政局下发了《关于在本市干休所中广泛、深入开展“走出庭院、融入社区”活动的通知》，要求各区县、各干休所联系实际，学习借鉴先进，继续开展文明创建活动，进一步发挥军休干部优势，依托社区，抓住全面实施社区老年福利服务星光计划的机遇，健全和强化多元化的社会服务网络。辽宁省提出了“强化基本保障服务，扩大社会补充服务，发展高层次服务”的服务管理改革思路。湖北、河南、江苏等省的一些地区把干休所建设与老龄工作、社区建设和精神文明建设相结合，积极探索新形势下干休所服务管理社会化、高龄军休干部服务管理新模式，广泛开展了多种形式的军休服务管理社会化的活动，服务质量和水平得到明显提高。军休干部服务管理社会化从“一枝独秀”，初步形成“燎原之势”，走出了新路子。

（李敬先）

优抚工作

【优抚工作简况】 优抚工作是我国军民在长期的革命和建设实践中逐步形成并发展起来的一项传统工作，它通过对以军人及其家属为主体的优抚对象实行物质照顾和精神抚慰，直接服务于军队和国防建设，是我国社会保障体系的重要组成部分。其特定的保障对象称为优抚对象，包括中国人民解放军的现役军人、革命伤残军人、复员退伍军人、革命烈士家属、因公牺牲军人家属、病故军人家属、现役军人家属。

优抚工作的主要内容是：开展拥军优属工作；做好烈属、伤残军人、在乡退伍红军老战士、在乡复员军人、带病回乡退伍军人和现役军人家属的抚恤补助优待工作；负责国家机关工作人员、人民警察、参战民兵民工的伤亡抚恤工作；审批和褒扬烈士；举办荣誉军人康复医院、复员军人慢性病疗养院、复退军人精神病院和光荣院；做好烈士纪念建筑物的管理保护和烈士事迹的编纂工作。

优抚工作实行“国家、社会、群众”三结合的优抚制度，在国家抚恤的基础上，发挥社会和群众力量，依靠全社会共同做好优抚工作，保障优抚对象的抚恤优待与国民经济的发展相适应，使抚恤优待标准与人民的生活水平同步提高。

截至 2002 年底，我国有优抚对象 3826 万人，其中：享受国家抚恤补助的重点优抚对象 446 万人，包括革命伤残军人 86 万人，烈属 48 万人，在乡退伍红军老战士 10 万人，在乡老复员军人 225 万人，带病回乡退伍军人 78 万人。工作进展情况主要表现在以下几个方面：

一、重点优抚对象生活进一步保障

为贯彻落实“三个代表”重要思想，保障优抚对象的生活水平随人民群众生活水平同步提高，民政部、财政部于 2002 年 5 月 24 日发出了《关于提高部分优抚对象抚恤补助标准的通知》（民发〔2002〕89 号），从 2003 年 1 月 1 日起，提高革命伤残人员的伤残抚恤（保健金）、烈属（因公牺牲军人家属、病故军人家属）的定期抚恤金和在乡退伍红军老战士（在乡西路军红军老战士、红军失散人员）的生活补助标准。提标幅度在 15%以上，新增经费3.1亿元，使中央财政负担的抚恤事业费总额达31.6亿元。提高幅度最大的在乡特等伤残人员年伤残抚恤金标准达 8400 元，提高幅度最小的在乡烈属年定期抚恤金标准也达 1980 元。同时,北京、上海、天津、江苏、浙江、广东、福建、辽宁、甘肃、大连、青岛、宁波、深圳、厦门、重庆、四川、广西、山东、河北、青海等 20 个省区市建立抚恤补助标准自然增长机制,既保障了优抚对象的生活标准不低于当地群众的平均生活水平,也向优抚工作法制化迈出了坚实的一步,对于保障优抚对象的生活,维护地区稳定,起到了重要作用。

二、义务兵家属和重点优抚对象的优待金统筹办法进一步充实

1999 年部分地区实行税费改革以来,农村优待统筹工作受到了不同程度的影响,城镇义务兵家属优待工作也阻力重重。在调查研究的基础上,全面认真总结了国家税费改革试点地区山东省聊城市的经验,并向全国推广了该市莘县和茌平两地的成功经验和主要做法,从而较好地促进和指导了各税费改革试点地区的优待工作。目前,各税费改革试点地区都已将优待金统筹纳入了农业税正税,切实维护和保障了广大农村义务兵家属等重点优抚对象的合法利益。

三、失业伤残军人的保障办法进一步健全

随着市场经济体制的建立和企业改革的深化,下岗失业伤残军人逐年增多,他们的生活难以得到有效保障,特别是近几年其上访现象更加频繁。经商财政部,2002 年 3 月 28 日,民政部以答复湖北省民政厅请示函的形式,向全国发出了《关于失业伤残军人抚恤问题的复函》(民函〔2002〕52 号),通知明确规定,凡依法与所在单位解除了劳动(聘用)关系及工作关系,未能领取或已不再领取失业保险金,同时未再就业的伤残军人经批准可以改领伤残抚恤金。从而较好地解决了这一困扰优抚工作多年的“老大难”问题,有效地遏止了这类人员的上访,保证了优抚对象队伍的基本稳定。

四、机关工作人员、人民警察死亡抚恤政策进一步规范

从 2002 年 1 月 1 日起,国家机关(含民主党派、人民团体)工作人员、人民警察因公牺牲、病故后,一次性抚恤金由家属户口所在地的民政部门改为死者生前所在单位发放,发放标准和计算办法仍按民政部、财政部的有关规定执行,列“抚恤金”科目。调整后,由民政部负责发放一次性抚恤金的对象主要是革命烈士、因公牺牲军人、病故军人。这是在 2001 民政部、财政部《关于调整一次性抚恤金发放办法的通知》(民发〔2001〕317 号)中规定的,是适应形势发展要求,切实保证国家抚恤政策的贯彻落实。

五、在乡老复员军人生活医疗困难问题得到进一步解决

经中央批准,民政部、财政部、卫生部 2002 年 8 月 16 日发出《关于解决在乡复员军人生活医疗困难问题的通知》(民发〔2002〕135 号),一是从 2002 年 7 月 1 日起,中央财政为中西部等部分地区在乡老复员军人每人每月提高 20 元的生活补助,经费总额2.34亿元,并经争取进一步扩大到了东部的辽宁和山东。根据现行保障体制,在乡老复员军人的生活保障主要由地方人民政府负担。这次在乡老复员军人定补标准的提高,体现了党中央、国务院对革命功臣的关怀和对中西部地区的特殊照顾。二是要求各地尽快建立包括在乡老复员军人在内的优抚对象抚恤补助标准自然增长机制,这是建国以来第一次以文件的形式,确立了这一机制。从此,各类优抚对象抚恤补助标准的自然增长有了政策的依据;三是要求各地结合实际,制定具体办法,帮助在乡老复员军人解决医疗困难。同时强调,各地要在建立农民健康保障办法时,对他们给予适当照顾。尚未建立的地区,要积极研究和制定医疗费用具体减免办法,并把他们纳入医疗救助范围。所需经费由当地政府统筹解决。

优抚工作的作用和影响主要表现在以下几个方面:

(1)做好优抚工作,是加强军队和国防建设的需要。优抚对象曾经为创建、保卫和建设新中国做出重要贡献,是国家和社会应给予特殊保障的革命功臣。保障他们的生活、促进军队和国防建设,是优抚工作的神圣职责。

(2)做好优抚工作,是促进社会主义精神文明建设的需要。社会主义社会要培养有理想、有道德、有文化、有纪律的社会主义公民,为改革开放和

社会主义现代化建设提供强大的思想保证和精神动力。优抚对象身上，集中体现着自强不息、勇往直前、不畏艰难困苦的革命英雄主义精神；体现着无私奉献、全心全意为人民服务的优秀品质，对人民群众特别是广大青少年树立正确的世界观、人生观、价值观，具有重要的楷模作用。

(3)做好优抚工作，是维护改革发展稳定大局的需要。保持稳定、促进发展是我们顺利进行改革开放，集中精力进行社会主义现代化建设必不可少的重要条件。烈属、伤残军人等优抚对象是为中国革命和建设事业做出特殊贡献的社会群体，也是保持稳定、促进发展的重要力量。

(顾　磊)

【优抚医院】 优抚医院是由国家兴办、民政部门管理的社会福利机构，是专为革命伤残军人、复员退伍军人患者进行医疗康复的场所。它是优抚工作的一个组成部分，是对优抚对象实施特殊医疗保障的优抚事业单位。

1935年10月中央红军长征到达延安后，为解决伤残战士的医疗问题，中央卫生部创建了红军荣誉军人残废医院。就是现在陕西省荣誉军人康复医院的前身，是最早的一所优抚医院。1938年2月16日，毛泽东主席对何长工同志讲“不能再叫残废医院，这个名称对伤员极不尊重。”同年12月残废医院改称荣誉军人学校。新中国成立后，国家为安置和照料部分重残军人，解决好带病回乡或患有严重慢性病的复员军人的医疗问题，兴办了一批荣誉军人学校、教导院和休(疗)养院。现有的优抚医院大多数是由这些荣校、教导院、休(疗)养院和医院发展来的。70年代末期，各地反映复员退伍军人精神病患者的收治问题日益严重。为了解决他们的医疗问题，一些地区相继兴建了一批复退军人精神病医院，同时，一些城市的精神病人收容机构被改建为复退军人精神病医院，形成了现在复退军人精神病医院的规模。

1981年全国优抚事业单位工作座谈会后，民政部颁布了《革命残废军人休养院管理工作暂行办法(草案)》、《复员退伍军人慢性病疗养院管理工作暂行办法(草案)》和《复员、退伍军人精神病院管理工作暂行办法(草案)》，优抚医疗事业单位管理工作出现了转机。1986年9月全国革命伤残军人疗养院改革工作广东现场经验交流会后，民政部下发了《全国革命伤残军人休养院改革试行方案》，将休养院统一更名为荣誉军人康复医院(简称荣康医院)，指出“荣康医院应坚持为革命伤残军人服务的办院宗旨，实施以康复医疗为中心，康复、医疗、休养三结合的方针，在保证完成主要任务的前提下向社会开放，充分发挥荣康医院的潜力和优势，对社会康复医疗做出新贡献。”1988年民政部优抚司首先使用优抚医院这个名称，把它作为荣康医院、复员军人慢性病疗养院和复员退伍军人精神病医院的总称。

优抚医院的任务主要有四项，一是完成主管部门下达的收治优抚病员的任务，并积极对社会开放，增强自我发展能力；二是搞好医疗护理工作。优抚医院要根据住院优抚病员病情的特点，努力提高医疗和护理工作质量，为优抚病员康复服务；三是抓管理，建立制度，引进人才，培养一支政治素质强、业务精的职工队伍；四是加强对优抚病员的思想政治工作，改善优抚病员生活设施和文化福利设施。

截至2002年，全国共有优抚医院131所，床位2.3万张，在院治疗和康复的优抚对象2.6万人。

(顾　磊)

【光荣院】 光荣院是集中供养孤老优抚对象的社会福利机构，是对孤老优抚对象实行特殊社会保障的优抚事业单位。它是优抚工作的一个组成部分。办光荣院的目的和宗旨，是坚持全心全意为孤老优抚对象服务，实行以养为主、民主办院的方针，依靠国家、社会、群众的力量，保障优抚对象的生活和合法权益，使他们安度晚年，为他们养老送终。

光荣院原名烈属养老院，最早一批建于1958年。50年代末期，随着各项福利事业迅速发展，孤老烈属集中供养的问题也提上了议事日程。为了保证对孤老烈属的日常生活照料，在全国主要是革命老区相继建立了400余所烈属养老院。烈属养老院多为农村集体兴办，属民办公助性质，主要接收无亲属照顾的烈属老人。工作人员的条件是历史清白、思想进步、忠诚可靠、服务态度良好。光荣院的经费是根据拥军优属，人人有责的原则，采取生产队、公社和国家分担的办法筹集。随着优抚工作的发展，烈属养老院逐步扩大接收孤老复员军人、孤老伤残军人。因此，继续使用烈属养老院的名称已名不符实。1978年全国第七次民政工作会议后，正式使用"光荣院"称谓。

党的十一届三中全会以后，我国开始进行农村经济体制改革，光荣院出现了国家办光荣院、集体办光荣院和在农村敬老院或社会福利院开"光荣间(区)"三种集体供养形式。这些形式都是各地从实际出发，根据当地孤老优抚对象的数量和经济条件等具体情况开办的，均发挥了良好的作用。为使这项工作在原有的基础上有所发展，民政部1981年召开了全国优抚事业单位工作座谈会，会议纪要提出"县办光荣院必须克服铺张浪费现象，切实办好，社办公助光荣院要进一步巩固，适当发展。"1982年民政部颁布了《光荣院管理工作暂行办法(草案)》，对光荣院管理工作提出规范化要求，光荣院管理有所加强。1983年全国光荣院平谷现场经验交流会以后，光荣院事业有了较快发展。1991年全国部分省光荣院管理工作调研会后，民政部决定开展"创建文明光荣院"活动，以提高管理和服务水平，取得了良好的效果。1993年以来，党中央、国务院多次提出"建立多层次的社会保障制度"，优抚作为社会保障组成部分之一，光荣院作为优抚工作重要阵地和农村多层次社会保障体系的一个组成部分面临着新的发展形势。为贯彻落实全国十次民政会议精神，全面总结交流光荣院工作经验，研究和探讨在建立社会主义市场经济体制新形势下加强光荣院工作的思路和措施，以促进光荣院全面发展，1995年10月全国光荣院工作会议确定了新时期光荣院发展的指导思想和发展思路，光荣院事业进入了一个崭新的发展时期。

截至2002年底，全国有光荣院1343所，供养孤老优抚对象3万余人。

(*顾 磊*)

【烈士纪念建筑物】 烈士纪念建筑物是各级人民政府为献身无产阶级革命事业和人民大众利益牺牲的烈士而修建的纪念性建筑设施。其主要形式有烈士陵园、烈士纪念馆(堂)、烈士纪念塔(碑、亭)、烈士祠、烈士墓、烈士雕塑等。烈士纪念建筑物主体功能是"褒扬烈士，教育群众"，具体来讲，就是通过弘扬革命烈士的崇高精神，来教育广大人民群众特别是青少年一代，树立正确的思想、信念和价值观，感染和激励人们为祖国的富强和人民的幸福积极奉献和顽强奋斗。

烈士纪念建筑物数量多，建筑规模、纪念意义、管理水平、地理位置也各不相同。为切实有效地管理烈士纪念建筑物，经国务院批准，民政部、财政部于1986年10月28日联合发出了《关于对全国烈士纪念建筑物加强管理保护的通知》，确立了对烈士纪念建筑物实行分级管理的体制，对现有的和以后兴建的烈士纪念建筑物，根据其纪念意义和建设规模，分别实行全国重点保护、省级重点保护、县级重点保护。烈士纪念建筑物的管理涉及文物、建筑、园林、美术、历史、宣传、教育等诸多因素，归纳起来，烈士纪念建筑物管理内容主要包括陈列展示、建筑设施、讲解宣传、园林绿化等四个方面。

烈士纪念建筑物管理的标准，根据民政部1994年印发的《县级以上烈士纪念建筑物保护单位争创管理工作先进单位考评细则》，概括起来主要有以下五个方面：

(1)烈士纪念建筑物设施保护完好。(2)有效地发挥爱国主义教育基地作用。(3)园容园貌整洁美观。(4)以实业补事业成效显著。(5)规章制度健全。

截至2002年，全国有烈士纪念建筑物近8000处，其中全国重点保护单位110处。

(*顾 磊*)

【优抚安置管理信息系统】 经国家统计局批准，民政

部、财政部2000年11月6日下发了《关于开展对全国重点优抚安置对象和优抚安置事业单位进行普查的通知》(民发〔2000〕232号)。民政部优抚安置局和财政部社会保障司11月初在天津联合召开了全国优抚安置普查工作会议,对普查工作进行了部署。随后,民政部优抚安置局分别在云南和广西举办了全国优抚安置系统普查骨干培训班。经过艰苦细致的工作,各地均在2001年6月前全部按时上报了普查数据。优抚安置局在对上报数据进行整理的同时,积极开发信息系统数据库软件,委托部信息中心组织开发全国优抚安置管理信息系统。2001年4月,通过招标的方式选中方正奥德公司进行合作开发。

优抚安置管理信息系统建设按类型分为两个部分,一是面向优抚安置对象普查数据进行的数据库建设、在线数据分析系统建设;二是面向优抚安置业务的应用系统建设。在系统建设中,首先建立了一个统一规划的数据库系统,用于存放以数据仓库技术规范的优抚安置对象普查数据和用于业务系统建设的优抚安置业务数据,同时建立一套用于管理和分析这一数据库的在线数据分析系统。2002年5月底,优抚安置管理信息系统初步建成。6月上旬,优抚安置局分别组织北京、河北、河南、广东等4个省(市)进行了系统的试运行。运行期间,各地陆续发现了一些问题,有些项目需要增添,有些项目需要删除,有些项目需要修改等等。在认真收集和研究了各地反馈的意见的基础上,对要求变更的项目一一进行了修改。7月,优抚安置局对系统进行了最后的测试和修改。8月,系统正式通过了专家验收。11月,优抚安置局刻制了《优抚安置管理信息系统》光盘,印刷了《优抚安置管理信息系统使用手册》。12月4日,民政部办公厅发出《关于下发使用优抚安置管理信息系统光盘的通知》(民办函〔2002〕211号),要求各地尽快把光盘和使用手册发放到地、市、县使用,并组织相关人员进行培训,确保系统及时上线和数据及时更新。目前,各省都在运行管理信息系统。

(戴爱娇)

【拥军优属慰问活动】 利用重大节日开展拥军优属活动,是我国人民的优良传统,也是做好拥军优属工作的一种形式。新年春节期间的走访慰问活动是拥军优属的一种重要形式,也是加强军政军民团结的一种有效形式。2002年1月28日和2月8日,民政部分别慰问了中国人民解放军16集团军和解放军四总部及武警总部。民政部部长多吉才让、副部长罗平飞和民政部办公厅主任陈杰昌、优抚安置局局长孙绍骋、副局长王建军参加了慰问。拥军优属慰问活动对于密切军政军民关系、提高军人及优抚安置对象的政治地位、形成拥军优属的社会风气都具有积极的意义。

(戴爱娇)

专项社会事务管理

民间组织管理

【民间组织】 中国的民间组织由社会团体和民办非企业单位两部分构成。

社会团体是由中国公民自愿组成,为实现会员的共同意愿,按照其章程开展活动的非营利性社会组织。主要包括协会、学会、联合会、基金会、研究会、促进会、商会等,其社会定位是作为政府与社会相互沟通联系的桥梁与纽带,其组织形式是其成员来自于不同工作岗位,根据自愿原则、承认共同宗旨目的、以会员名义集合而成的组织。

民办非企业单位是企业事业单位、社会团体和其他社会力量以及公民个人利用非国有资产举办的,从事非营利性社会服务活动的社会组织。主要包括各种民办的幼儿园、学校、医院、福利院(敬老院和老年公寓等)、社区服务中心(站)、职业培训(介绍)中心、研究所(院)、文化馆(所)、体育娱乐等组织,其社会定位是凭借专业知识和技能服务于社会的非营利组织,其组织形式是具有一定专长的单位或人员,根据双向选择的原则和一定的组合形式建立的稳定型的单位实体,其功能主要是整合民间人力、物力、智力、财力,在政府和市场所不及的领域或难以完全囊括的领域,面向社会,为满足人们一定的社会需求提供服务。其中文化类民办非企业单位是企业、事业单位社会团体和其他社会力量以及公民个人利用非国有资产举办的,从事非营利性文化服务活动的社会组织;教育类民办非企业单位是由企业事业组织、社会团体及其他社会组织和公民个人,利用非国家财政性教育经费,面向社会举办的学校及其他教育机构;科技类民办非企业单位是利用非国有资产举办的,不以营利为目的的,专门从事科学研究与技术汗发、成果转让、科技咨询与服务、科技成果评估以及科学技术主要知识传播和普及等业务的民办非企业单位;体育类民办非企业单位是由企业事业单位、社会团体、其他社会力量和公民个人利用非国有资产举办的,不以营利为目的的,以开展体育活动为主要内容的中心、院、社、俱乐部、场馆等社会组织。

(潘继生、靳军伟)

【民间组织管理简况】

一、民间组织管理简要回顾

新中国的成立,赋予广大人民群众以各种方式参与管理国家和社会事务的民主权利,社团应运而生。1950年9月政务院制定了《社会团体登记暂行办法》。该办法共17条,其中确立了社团类别,登记的范围,筹备登记、成立的程序、原则,登记事项以及处罚等内容,并规定全国性的社团向内务部申请登记,地方性社团向当地人民政府申请登记,从此确立了社团的分级登记原则,并形成了社会团体分级登记体制。

1951年3月,内务部制定了《社会团体登记暂行办法实施细则》。据此,内务部和地方人民政府对符合当时社会需要的人民群众团体、学术研究团体、社会公益团体、文艺工作团体、社会公益团体、文艺工作团体和宗教团体进行依法登记，确立了它们的法律地位，并对它们的合法权益予以保障。

从1951年到“文化大革命”前这一时期，从整体上看，我国社团的组建和发展，与当时的社会经济发展水平和社会主义民主政治进程是相适应的。这一时期社团有了较大的发展。据统计，1965年我国的全国性社团由解放初期的44个增长到6000个。1966年开始的“文化大革命”使社会主义民主和法制建设遭到严重破坏，全国各类社团陷于瘫痪，社团登记管理工作也因此停顿。

十一届三中全会后，民间组织进入了新的发展时期。随着各项改革措施陆续出台，条块分割、部门分割的状况被打破，市场的竞争强烈要求企业之间、行业之间加强交流、协作，行业协会等社团应运而生。由于社团的大量涌现，再加上社团审批权限过于分散，致使社团重复设置和擅自成立的情况相当严重。对此，党中央、国务院于1984年下发了《关于严格控制成立全国性组织的通知》。国家体改委根据该通知精神制定相应的规定，针对社团的问题进行政策性调整，并取得了一定的成效。

1987年民政部受国务院委托，在大量调查研究和反复论证的基础上，起草了《社会团体登记管理条例》，并于1989年10月经国务院公布施行。该条例对社团的成立条件、登记审批程序、开展活动的原则和管理机关的职责等内容，都做了明确的规定，为我国公民在新的历史条件下的结社活动提供了重要的法律依据。该条例公布后，民政部开展了清理整顿，进行了复查登记，确立了我国社会团体双重、分级登记管理的体制。

1988年8月和1989年6月，国务院分别发布了《基金会管理办法》、《外国商会管理暂行规定》。这两个法规对基金会和外国商会的行为进行了规范，并与《社会团体登记管理条例》一起，初步形成了我国社团管理的法规构架。

1992年8月，民政部召开了建国以来首次全国社团管理工作会议。会议分析了我国社团的基本情况，总结交流社团管理工作的经验，研究探讨新形势下充分发挥社团积极作用的有关政策，确立了社团管理工作的战略目标和基本任务，为我国的社团建设和社团管理工作的发展奠定了基础。

1996年7月，中共中央政治局常委会专门研究了民间组织的工作，就民间组织管理的指导思想、管理原则和目标任务做出了一系列重大决策，决定将民办非企业单位交给民政部门统一登记管理。随后，中共中央办公厅、国务院办公厅下发了《关于加强社团和民办非企业单位管理工作的通知》。这个文件肯定了民间组织在建设社会主义物质文明和精神文明中的作用，明确了民间组织管理工作的一系列方针和原则，提出了民间组织管理工作的任务，同时要求修订《社会团体登记管理条例》，起草《民办非企业单位登记管理条例》。

1998年6月，在国务院机构改革中，国务院批准成立了民政部民间组织管理局，并规定该局的职能是：制订社会团体和民办非企业单位管理的政策、法规并组织实施；研究我国社会团体和民办非企业单位管理发展体制；负责全国性社会团体、民办非企业单位及下属机构，跨省、自治区、直辖市社会团体、民办非企业单位及下属机构，港澳台同胞和民间组织在内地的社会团体、民办非企业单位及下属机构，外国公民和民间组织在华社会团体、民办非企业单位及下属机构，国际性民间组织在华机构及下属机构的成立登记和管理；依法查处社会团体和民办非企业单位的违法行为；协助有关行政复议工作；指导地方开展社会团体和民办非企业单位的登记、管理、监督工作；承办民政部交办的有关工作。

1998年10月，国务院发布了《民办非企业单位登记管理暂行条例》和修订的《社会团体登记管理条例》。这两个条例对社团和民办非企业单位分别做了界定，确立了各自的组织特征和法律地位；规定了对社团、民办非企业单位实行登记管理机关与业务主管单位双重负责的管理体制和分级登记管理体制，同时明确了登记管理机关和业务主管单位各自的职责；完善了登记条件和登记程序，保障了社团和民办非企业单位的合法权益；规范了社团和民办非企业单位的基本行为，强化了以章程为核心的自律管理机制；明确了对违法行为和非法组织的处罚措施。此外，这两个条例对登记管理机关和业务主管单位的行为约束与监督也提出了具体要求。这两个条例是新的历史时期我国民间组织管理的重要法规。它的颁布实施有助于维护公民的合法权益，有助于民间组织规范自身的行为、健全内部管理制度，有助于政府依法对民间组织进行管理，有助于社会组织依法开展社会活动。这两个条例的颁布实施，对推动我国民间组织的健康发展起了十分重要的作用。

改革开放20多年来，中国的民间组织经历了由少到多、由弱到强的发展历程，成为党和政府联系人民群众的桥梁和纽带，以及促进国家经济建设与社会发展的重要力量。未来一个时期，中国民间组织管理工作的指导思想是：以经济建设为中心，坚持依法发展和管理的原则，培育发展和管理监督并重，建立和完善民间组织的法律法规体系、行政管理体系、社会监督体系和民间组织自律机制，逐步形成适应国家经济和社会发展要求、布局合理、结构优良、规模适度的民间组织发展新格局。

中国民间组织正面临新的发展机遇：随着经济发展，社会生活更加多样化，多种形式、多种职能的民间组织将不断产生，行业协会、公益机构和基层群众组织将会增多；随着行政管理措施逐步到位，民间组织发展环境越来越好，作为积极的社会力量，民间组织的社会地位日益提高，社会贡献不断增大，社会作用更加显著；随着民主法制的健全，中国民间组织的行政管理工作更加规范，民间组织的合法权益将得到有力保护；随着中国政府的职能转变，特别是加入世界贸易组织，行业协会、商会的社会中介组织的发展将获得更多的空间，政府与民间组织的合作将进一步加强；随着国际交流的扩大，中国民间组织将学习更多、更好的经验，不断提高国际化水平和竞争能力，与世界民间组织共同发展。

二、2002年民间组织管理工作现状

2002年是我国民间组织管理工作具有重大意义的一年：

（一）立法工作取得重大进展。民政部配合国务院法制办，对民间组织登记管理法规进行了系统规划，投入很大力量修改《社会团体登记管理条例》、《民办非企业单位登记管理暂行条例》和《基金会管理办法》。目前这3个条例的基础性工作已经结束，条例草稿已陆续报送国务院法制办公室。民政部民间组织管理局还配合财政部，起草了《民间非营利组织会计制度》，预计2003年实施。这项制度的出台，将填补我国民间组织财务管理和会计制度方面的空白。地方性政策法规建设迈出了新步伐，山东、湖北、浙江、辽宁、广东等省制定了社团或民办非企业单位登记管理的法规、政策，吉林、湖南、上海、深圳等省市制定了社团或民办非企业单位的财务、票据、会费、年检、社会保险等相关政策，在民间组织管理的一些难点问题上取得突破。

2002年，全国各级登记管理机关深入实际，不断研究和解决问题，取得了丰硕的成果：民政部民间组织管理局围绕3个条例的修订，派出大批干部赴基层调研，多次召开了研讨会，做了大量细致的论证工作，同时还对民间组织财税政策。农村专业经济协会培育、在华涉外民间组织管理、民办非企业单位党组织建设、民间组织分类、社会团体会费标准、青少年体育俱乐部登记等问题进行了专题调研，通过多种形式，广泛听取各方面意见，形成了调研报告，提出了许多具有建设性的意见和建议，有力地指导了当前的工作。此外，民政部民间组织管理局还组织干部赴国外考察，学习到很多好的经验。各地调研活动广泛而深入，为决策提供了科学依据，推动了工作的开展。

（二）社团分支机构、代表机构复查登记工作成果显著。社会团体分支机构、代表机构复查登记，是全国性工程。各地十分重视，加强领导，调集力量，全力以赴。许多地方成立了专门机构，利用宣传工具营造声势，举办培训班普及政策法律。在各方面的积极配合下，各级登记管理机关依法审验，认真清理，工作进展顺利。通过复查登记，强化了社团遵纪守法意识，基本上摸清了社团分支机构、代表机构设置和活动的情况，发现问题及时纠正，有利于调整社团的结构和布局，提高民间组织的整体质量。

（三）大力培育行业协会已成共识。2002年各地积极配合有关部门，把培育发展行业协会作为深化经济体制改革和应对入世的一项重要而紧迫的任务来抓。江苏、广东、辽宁等省下发了促进行业协会发展的文件；内蒙古、天津、新疆、安徽、四川、厦门、山东、北京、湖北、新疆兵团等省、市、区，对行业协会的发展与管理工作进行了调研，摸清了现状，提出了政策性建议；黑龙江省提出发展空白、整改现有、培育大型的工作思路；海南省结合本省实际，提出发展行业协会的重点要放在农村和渔业领域；浙江、重庆等省市对行业协会培育管理工作进行了试点；青岛市制订了农村专业经济协会5年发展规划，在试点的基础上召开了现场会。由于全国各地加大了宏观调控的力度，2002年行业协会新增数量居其他类型社团之首。宁夏回族自治区新登记的70余家全区性社团中，90%以上是行业协会；在各市县新登记的社团中，70%以上是农村专业经济组织。山东行业协会比2001年同期增加30%。行业协会的迅速发展，有力地支持了产业调整，促进了经济建设。我国民间组织在数量、种类、结构、布局等方面正逐步适应当地经济与社会发展的实际需要。

（四）监督管理工作常抓不懈。2002年民政部民间组织管理局加大了与业务主管单位协查的力度，重视发挥现行体制和现有手段的作用，直接查处了一批大案。对非法民间组织坚持属地查处，违法必究，果断处理，有力地打击了非法组织。工作中，注意发挥了新闻舆论的作用，将查处信息公开，并对违法民间组织和非法民间组织的行为曝光，起到教育、警示和震慑的作用。2002年各地都严格“三会”登记审批条件和程序，规范了对“三会”的管理工作。海南省对未参加年检、长期不开展活动的社团进行必要的处置。全国“打非”工作取得成效。2002年1月至11月，北京市查处非法民间组织70个，做到发现一个，查处一个，维护了首都的政治稳定。新疆生产建设兵团果断查处了“中国统一民主党”这一非法组织。广东省对未经批准成立的基金会进行集中清理。各地在工作中创造了许多好方式，比如，上海、青岛等地建立4级预警监督网，甘肃省与有关部门进行联合执法，天津市在各区县聘请监察信息员组成执法监察网络，安徽省制订了取缔非法民间组织预案等。

（潘继生、靳军伟）

【民间组织发展与管理上海国际研讨】 2002年11月8－9日，由民政部民间组织管理局与上海市民政局、上海市社会团体管理局共同举办的“民间组织发展与管理上海国际研讨会”，在上海市浦东国际会议中心召开。这是中国政府有关部门、中外民间组织优秀管理人士和知名民间组织专家学者第一次以“民间组织发展与管理”为主题召开的国际研讨会。这次会议通过不同国家和地区民间组织现状、管理和制度比较，交流民间组织建设的经验，探讨民间组织的特点、发展的趋势、普遍存在的问题及应对策略，找出民间组织发展与管理的内在规律，进而推动民间组织健康发展。会议的议题主要有民间组织法律比较、民间组织自律和他律、行业协会发展、民间组织制度创新等。

参加此次会议的100名正式代表由来自各地的国内民间组织行政管理干部、国内外专家学者、国内民间组织代表以及国际组织代表组成。会议期间会场内还组织了图片展示、书籍展示和电脑展示等，展现了上海市优秀民间组织的成果。

（潘继生、靳军伟）

【全国民间组织管理工作上海会议】 2002年11月11日，在上海召开了全国民间组织管理工作会议。会议总结了近一年来民间组织管理工作情况，在中国加入世界贸易组织的一年中，全国各级民间组织登记管理机关依法行政，规范管理，扎实工作，一些探索性工作取得成果；民间组织的发展已由过去单纯的数量增长，转移到质量提高上来，作用得到进一步发挥；行政管理工作正向着规范化、法制化方向整体推进；全国民间组织立法调研工作取得重大进展；社会团体分支机构、代表机构复查登记工作成果显著；民办非企业单位管理工作不断拓展；大力发展行业协会已成共识；监督管理工作常抓不懈。2002 年全国民间组织管理工作还呈现出新的发展态势：全面探索创新民间组织管理制度；鼓励和引导民间组织发挥积极的社会作用；狠抓民间组织管理工作规范化建设，不断拓展基础性工作。

会议部署了 2003 年的民间组织管理工作，思路和要求是：加快民间组织政策法规建设，2003 年民政部民间组织管理局将积极配合国务院法制办公室修订《社会团体登记管理条例》、《民办非企业单位登记管理暂行条例》和《基金会管理办法》，在登记管理的内容和形式上，尽可能地适应当前政治、经济和社会发展的客观实际，力争早日出台。《社会团体登记管理条例》颁布后，民政部民间组织管理局将在全社会宣传普及条例知识，培训行政管理人员，对政策性文件进行整理，按照条例调整工作内容和程序。各地可结合实际制定实施细则，同时，要大力推进民间组织税收、财务等制度的建设，在全国性政策尚未出台的情况下，各地可先行一步。要根据行业、部门民办非企业单位的不同特点，建立和完善相关管理制度，会同有关部门尽快出台民办非企业单位人事、党建、年检等政策，对不适宜的做法要予以纠正。

科学调整民间组织结构。按照朱镕基总理在第十一次全国民政会议上的讲话要求，把一切有利于社会稳定、有利于经济发展、有利于民间组织作用发挥，作为民间组织管理工作的出发点和立足点，把培育发展的重点放在真正按照市场经济要求建立的行业中介组织、社会公益和服务性的民间组织上来。要在过去工作的基础上，进一步探索行业协会发展的新思路、新办法。有条件的地方可与有关部门配合，研究制定行业协会的发展规划，争取将其纳入当地经济建设和社会发展总体格局中。现有行业协会要进行整合，认真解决优势行业、新兴产业和与入世密切相关领域行业协会的登记管理问题，在法规允许的情况下，使之具有独立的法律地位，更好地参与市场竞争。要积极培育发展公益性民间组织，支持民办非企业单位的健康发展，充分发挥它们在发展第三产业、扩大社会就业、方便群众生活等方面的重要作用。

创新民间组织管理制度。目前民间组织管理工作，要进一步解放思想，探索新思路，寻找新的突破点，开创新局面。各地都要从日常事务中解脱出来，下大力气扎实搞好调查研究工作，抓住重点、热点和难点，剖析原因，解决问题，创造性地开展工作。鼓励创新的方式是：先易后难，先小后大；以点带面，分类指导；重点突破，整体推进。2003 年各地可结合当地具体情况，有选择地探索双重管理体制有效实践方式，民间组织联席会议制度，民间组织发展规划，民间组织信息公开制度，评估制度、诚信制度和自律机制的建设，社区民间组织的新型群众组织和涉外民间组织的管理，政府购买（资助）组织服务，民间组织财税制度等等，通过调研和实践，丰富管理思路，完善管理制度。各地的情况差别很大，工作中一定要从实际情况出发，注意政策，谨慎缜密，并且要加大对基层工作指导的力度。民政部民间组织管理局将及时总结推广各地的经验。

抓好民间组织素质建设。各地要加强民间组织的思想建设、组织建设和能力建设，巩固和扩大民间组织清理整顿的成果。要大力培训民间组织负责人、财务人员等从业者，提高他们的政治素质、法律意识和业务水平。一个社团能否搞好，秘书长是关键，有条件的地方可进行社团秘书长培训上岗制度。培训要因地制宜，不断扩大培训范围，丰富培训内容。前一段时间民政部民间组织管理局在世界银行的资助下，组织国内外专家，开发了一套民间组织负责人培训教材，最近民政部民间组织管理局打算再加以补充修改，各地可以参照使用。要鼓励民间组织发挥作用，组织或参与组织社会团体和民办非企业单位走出大门，深入社会，开展公益活动，报效社会。对遵纪守法、发挥积极社会作用的民间组织，要予以表彰，树立典型。要加强民间组织的党建工作，扩大党建覆盖面，确保民间组织正确的发展方向。

加强民间组织的监督管理。各地要高度重视维护社会政治稳定工作，采取有力手段，在保护民间组织的合法权益的同时，对违法民间组织要果断查处，对非法涉外民间组织要坚决取缔，排除隐患。要配合有关部门，加强对民间组织在政治上的指导，重点检查履行章程和遵纪守法的情况，对私分财产、偷税漏税的民间组织要予以查处。今后省市一级查处非法民间组织的信息要及时上报民政部，遇到问题及时请示。一些重大的具有典型意义的案例可在新闻媒体曝光。2003年涉外民间组织登记管理的法规出台后，各地要充实管理力量，对涉外民间组织进行一次调查清理，严格登记制度，确保涉外民间组织遵纪守法。要加强执法队伍建设，大中城市要力争组建专职执法队伍，提高执法的权威性。2003年将在适当时候进行执法检查和经验交流。

提高民间组织自身建设水平，认真贯彻全国民间组织信息宣传工作会议精神，提高认识，切实抓好《中国社会报·民间组织周刊》、《民间组织研究》杂志宣传和发行工作，将政府管理信息和意图及时传播到民间组织中去指导各地工作。各地都要把信息化建设摆上议事日程，按照民政部信息化建设的总体规划，加快建设步伐，早日实现各地联网。要探索办公自动化的有效方式，推广民间组织登记管理软件，已先行一步的省市，可试行民间组织登记、年检等行政审批事项的网络办公系统。要重视干部素质的培养和提高，根据不同时期的工作需要，对他们进行必要的培训和考核，提高业务水平和服务质量。

（潘继生、靳军伟）

【社会团体管理】 社会团体管理工作包括登记和监督管理两个方面。

社会团体登记工作包括成立登记、变更登记和注销登记。社会团体成立登记是发起人申请成立社会团体及社会团体申请成立分支机构或代表机构时进行的登记工作，包括社会团体成立登记和社会团体分支机构（代表机构）成立登记。社会团体变更登记是社会团体在登记后，登记证书所列登记事项发生改变而进行的登记工作，包括社会团体名称、分支机构（代表机构）名称、业务范围、活动资金、住所、法定代表人以及业务主管单位的变更登记。社会团体注销登记是社会团体因故需终止时所履行的法定程序，包括完成章程规定的宗旨、自行解散、分立和合并、由于其他原因终止的，应当在业务主管单位审查同意后，向登记管理机关申请注销登记。

社会团体监督管理工作包括日常管理和法规建设工作。日常管理工作主要有：社会团体主要负责人和章程核准备案、社会团体办事机构备案、社会团体印章刻制和备案、社会团体会费标准审定、审批社会团体编制以及社会团体档案管理、社会团体年度检查、查处非法社团和处理社会团体的违法活动等。社会团体法规建设工作包括制定《社会团体登记管理条例》、《基金会管理条例》和其他有关的政策、规定。

一、社会团体管理工作的简要回顾

民政部门的社团管理工作始于1989年国务院颁布实施《社会团体登记管理条例》，尤其是从1994年到2002年的8年来，社会团体登记管理的相关法规政策纷纷出台，民政部门在依法登记的同时注重宏观调控，强化监督管理，社团管理工作取得了飞速发展和显著成绩，为保障公民民主权利，维护社会稳定和建设中国特色社会主义事业做出了巨大贡献。

1994年至2002年，社会团体登记工作取得了很大进展，除清理整顿社会团体工作期间原则上停止审批成立新的社会团体外，各级民政部门一直按照《社会团体登记管理条例》的规定依法办理社会团体登记。在清理整顿社会团体工作结束后，民政部门一次性向符合《社会团体登记管理条例》规定的社会团体换发了新的《社会团体法人登记证书》，并赋予组织代码，在社团登记工作中，通过对社团宗旨、业务范围、负责人、注册资金、住所及章程等严格依法审查，稳定了社会团体的整体质量，客观上保证了社会团体正常开展活动，发挥了中介组织应有的积极作用。

在民政部门完成第一次社会团体复查登记工作后，针对社会团体在活动中暴露出的问题，社团管理工作的重点由原来的以复查登记为中心工作转为登记与日常监管并重，除了继续进行社会团体年度检查工作外，还先后开展了清理整顿社会团体和清理气功类社会团体工作。

1995年前后，社会团体进入快速发展时期，但随之产生了一些不可避免的问题，一些社会团体在登记后开展活动情况不正常，作用趋于弱化，社会团体的整体质量不高，在社会生活中发挥作用的能力越来越差。党中央、国务院对此高度重视，下发了中办发〔1996〕22号文件，要求分期分批对所有社团普遍进行一次检查、清理、整顿根据。根据文件精神，民政部起草了《关于清理整顿社会团体的意见》，于1997年4月起，全面启动了清理整顿社会团体工作。

清理整顿工作采取了社会团体自查、业务主管单位审查、登记管理机关审定与换发证书3个步骤。主要对社会团体在政治方面、业务活动、财务管理、组织人事、遵纪守法、国际交流等方面的情况进行检查。通过清理整顿合格的社会团体，由民政部门换发登记证书，对不合规定的社会团体，责令整顿；整改后仍达不到要求的，予以注销，对同一行政区域内存在的相同相似的社会团体予以合并。

通过清理整顿，原来登记的1853个全国性社会团体保留了1600多个，全国的社会团体总量由20万个减少为16.5万个。违法社团受到打击和取缔，社会团体违法活动得到纠正，部分社团通过清理整顿得到合理整合，行业协会、商会等组织有了新的发展。社会团体整体素质提高，依法开展活动的意识得到加强，社团管理工作在各个部门、各个地方得到重视，社会团体进入了健康发展时期。

二、2002年社会团体管理工作现状

2002年9月5日，为贯彻全国民间组织管理信息宣传工作会议精神，民政部民间组织管理局在北京召开了全国性社团业务主管单位宣传工作座谈会，60多位部、委、办相关领导参加了会议。会议认为加强信息宣传工作是培育发展民间组织的客观要求，新的形势下，民间组织发展所呈现出来的新变化、新内容，要求尽快加强民间组织信息宣传工作，及时将登记管理机关、业务主管单位、民间组织的思想统一到中央的精神上来，形成共识与合力，全力推进民间组织的健康发展。此外，充分利用新闻媒体和现代化宣传手段，将民间组织管理的有关法律法规和政策及时在全社会进行多层次、全方位宣传，发挥积极的导向作用，从而有效地推进民间组织法律法规的普及，增强公民结社的法制意识，将管理工作纳入法制化、规范化轨道。国家经贸委、中国社会科学院、建设部、国务院侨办等单位主管社团工作的领导在会上介绍了信息宣传工作的经验，大家一致认为，信息宣传工作不仅是民间组织登记管理机关的一件大事，同时也是与业务主管单位和广大民间组织密切相关的大事，特别是对于落实双重管理责任制有着重要意义。

在社团中建立党组织是新时期加强党建工作的新课题，为走出一条既能加强党对社团的领导，又使这项工作不流于形式的路子，各级党组织和民政部门，勇于探索，勤于思考，不断发现和培育社团党建典型，引导社团沿着健康方向发展。北京市社团办积极探索建立社团党组织的有效形式，明确职责，理顺关系，提出社团党建工作坚持三个原则；河北省建设厅要求社团办党建工作不留空白点；西藏自治区建立健全个体劳动者协会的党组织，从而带动了私营企业的党建工作；上海市社团党建覆盖面达89%。

2002年，民政部民间组织管理局举办了多次培训班，组织国内外专家学者和民政部机关业务骨干编写教材，在山西省太原市、云南省昆明市、北京市、天津市等地对业务主管单位有关负责人、社团工作人员和地方登记管理机关干部进行培训。大部分省市举办了培训班，湖北省培训了1200余人；

山东省上半年省、市、县三级共举办社团培训班 32 期；广西、黑龙江等省培训了社团财务人员；广东省对全省登记管理机关干部进行执法培训，考试通过发给行政执法证；云南、黑龙江等省和宁波市实行秘书长培训合格、持证上岗制度。

2002 年新成立全国性社会团体 20 个，分别是：

(1)中国人才交流协会(社证字第 4656 号，人事部为业务主管单位)；

(2)中国疏浚协会(社证字第 4672 号，交通部为业务主管单位)；

(3)中国人学学会(社证字第 4673 号，教育部为业务主管单位)；

(4)中国医师协会(社证字第 4674 号，卫生部为业务主管单位)；

(5)中国欧盟协会(社证字第 4675 号，中国人民对外友好协会为业务主管单位)；

(6)中国交通建设监理协会(社证字第 4677 号，交通部为业务主管单位)；

(7)中国中小学幼儿教师奖励基金会(社证字第 4678 号，教育部为业务主管单位)；

(8)中国农产品市场协会(社证字第 4679 号，农业部为业务主管单位)；

(9)中国工作犬管理协会(社证字第 4680 号，公安部为业务主管单位)；

(10)中国社会保险学会(社证字第 4681 号，劳动和社会保障部为业务主管单位)；

(11)中国领导科学研究会(社证字第 4682 号，中共中央党校为业务主管单位)；

(12)中国世界华文文学学会(社证字第 4683 号，国务院侨务办公室为业务主管单位)；

(13)中央企业党建思想政治工作研究会(社证字第 4686 号，中国职工思想政治工作研究会为业务主管单位)；

(14)中国军控与裁军协会(社证字第 4689 号，外交部为业务主管单位)；

(15)中国新华书店协会(社证字第 4688 号，新闻出版总署为业务主管单位)；

(16)中国特殊艺术协会(社证字第 4693 号，中国残疾人联合会为业务主管单位)；

(17)中国无机盐工业协会(社证字第 4694 号，国家经济贸易委员会为业务主管单位)；

(18)中华健康快车基金会(社证字第 4695 号，卫生部为业务主管单位)；

(19)中华中山文化交流协会(社证字第 4696 号，统战部为业务主管单位)；

(20)中国轻工业联合会(社证字第 4697 号，国家经济贸易委员会为业务主管单位)。

(潘继生、靳军伟)

【社团分类】 社会团体分类是社团管理的一项基础性工作。建立科学的社团分类，不仅有利于加强对各社团的指导，提高管理工作水平，而且可以更好地发挥社会团体在社会主义现代化建设中的积极作用。尤其在我国加入世界贸易组织后，各类社团的作用日益显现，依据新形势要求，做好社会团体分类工作更加重要，可以更好地贯彻中央确定的培育发展与监督管理并重的民间组织管理方针，调整和优化民间组织结构，使民间组织在数量、种类、布局等方面，适应我国经济与社会发展要求。

一、1951 年分类

1951 年 3 月 23 日，内务部公布的《社会团体登记暂行办法实施细则》，将当时我国的社会团体分成 6 种类型。

二、1989 年分类

1989 年 10 月 25 日，国务院颁布了《社会团体登记管理条例》，依据条例精神，民政部对我国社会团体作了 4 类划分：

学术性社团：是从事某种专门学科的学术研究、交流的团体，一般以学会、研究会命名。其宗旨和任务是组织和联系从事同一领域研究工作的专家、学者和热心该学科的人士，按照一定的原则和方法开展学术活动，促进学术发展，繁荣科学文化事业，推动科学技术向生产力的转化。其重要职能是：聚集、荟萃人才，组织、协调和导向研究，交流信息和民主讨论，论证、评价科学成果，普及科学成果和知识。

行业性社团：由同一行业的企事业单位、团体和人员自愿组成的经济性团体，一般以协会、商会、同业公会命名。其中行业性协会是同行业之间，为了避免不正当竞争，维护共同利益，进行自我协调、自我约束、自我管理，以自愿形式组成的非营利性社会团体；商会是以流通服务为主的社会团体，通过提供信息来源、沟通贸易渠道，为本行业内企业产品在国内外流通提供服务；同业公会则是行业内各协会的联合体。

专业性社团：主要是由相关的专业人员或以专业技术、专门资金组成，为从事某项事业而成立的团体，具有非经济性特征，一般以协会、促进会、基金会命名。其宗旨是代表本专业协助政府处理专项事务，协调专业内部关系，收集有关各方面的意见、建议，研究解决本专业发展中的问题，加强交流协作，提供多种服务，举办社会公益性活动，推动事业的发展。

联合性社团：主要是人群的联合体和学术性、行业性、专业性社团的联合体，一般以联合会、联谊会命名。联合性社团主要分为两大类，一类是以具有某种特征的人群为主组成的，另一类是以相同类型社团为主组成的。其宗旨是团结成员，密切关系，加强相互间的帮助和支持，引导成员遵守法律，维护国家的统一和民族的团结，发挥政府的参谋和助手作用，成为政府与成员间的纽带和桥梁。

这种分类法是在民政部中断多年社团管理职能的背景下，又在总体上缺乏社团理论研究的情况下产生的，其中有合理的部分，同时也存在局限性和不科学性：标准不统一、操作困难。

三、2002 年分类

2002 年 10 月 10－12 日，民政部民间组织管理局邀集部分省民间组织管理局负责同志，在湖北省武汉市召开了全国社团业务工作研讨会，就社会团体分类的课题报告（草案）以及当前大量涌现的农村经济专业组织等问题，进行了研讨。与会同志对所讨论的问题，进行了认真的研究，对社会团体的分类问题，提出了富有建设性的意见；对当前农村出现的农业经济专业组织，大家给予了充分肯定，并提出了今后如何培育和规范发展的建议。此后，民政部民间组织管理局邀请国家经贸委、中国科协、农科院、清华大学、北京大学、民政部政策研究中心、中国社团研究会等单位有关负责人和专家学者就社会团体分类问题在北京进行座谈。

在社团类别的具体划分上比较统一的认识是分八种类型：

学术团体——从事某种专门学术研究的团体，包括自然科学、社会科学以及交叉学科的学术团体；

行业团体——由同一行业企、事业单位组成的，在市场竞争中维护成员利益的团体，包括因政府与企业双向需要而成立的各种行业协会、商会以及农村专业经济协会等；

公益性团体——从事社会公共事业，维护群众公共利益，主要为非社团成员提供服务的团体，包括环境保护、扶贫开发、老区建设、阶段“光彩事业”、帮困助残和其他维护公众利益方面的团体；

职业团体——由具有某种资质，从事某项专门职业的人员组成的团体，如医师、会计师、律师、电影家、舞蹈家、书画家、曲艺家、作家协会等；

志趣团体——由相同情趣爱好的人们组成的团体，包括钓鱼、养花、养鸟、信鸽、宠物等方面的团体；

联谊团体——为增进了解和友谊，从事国际、国内和海外交流活动的团体；

宗教团体——从事宗教活动的团体；

其他团体——即上述 7 种类型未能涵盖的团体。

目前全国性社团有 1600 多个，其中学术性社团 400 多个，行业团体近 700 个，这两类社团共有 1100 多个，约占全国性社团的 65%。

（潘继生、靳军伟）

【民办非企业单位管理】 民办非企业单位管理包括登记管理和监督管理。

登记管理包括民办非企业单位的成立登记、变更登记和注销登记。变更登记是指已准予登记的民办非企业单位，由于内部或外部的各种原因，原登记事项发生变化的民办非企业单位必须依照法定的时限和程序到原登记管理机关申请办理有关变更登记手续，其变更事项方能实现。民办非企业单位变更登记的内容包括：名称的变更、住所的变更、宗旨和业务范围的变更、法定代表人或负责人的变更、开办资金的增减、业务主管单位的变更等。民办非企业单位因分立、合并而出现登记事项发生变更时，也应办理变更登记。注销登记是指民办非企业单位因故出现解散、分立、合并等情况，使其自身活动实际上已终止时，所应履行登记的法定程序。

监督管理是指登记管理机关和业务主管单位对民办非企业单位的活动进行监察和督导的行政行为，主要包括：负责民办非企业单位的成立、变更、注销及注销后的清算；对民办非企业单位实施年度检查；监督、指导民办非企业单位遵守宪法、法律、法规、国家政策及章程；监督民办非企业单位的印章管理和档案管理；监督民办非企业单位的财务管理。

一、民办非企业单位管理工作简要回顾

民办非企业单位是在改革开放的大背景下，适应社会主义市场经济体制的要求而出现的新生事物。改革开放以来，社会主义市场经济发展的步伐不断加快，社会公共事务也日益复杂，政府不可能将全部社会事务纳入公共管理范围，大量的社会事务必须由社会自我管理，这就要求有一种新的社会组织来分担政府、企业、事业单位以及社会团体无法承担的职能。正是在这一背景下，民办事业单位应运而生，并迅速发展。为规范对民办事业单位的管理，1996年，中央明确了民办事业单位为民办非企业单位。党和国家对民办非企业单位的健康发展始终给予了高度重视，通过培育和发展社会中介组织，为民办非企业单位的发展创造了有利条件。

民办非企业单位的迅速发展为其登记工作带来了挑战，自1996年民政部门接手民办非企业单位的登记管理工作以来，各级民政部门认真贯彻党中央关于民办非企业单位登记管理工作的方针，在深入调查的基础上，制定相关配套法规，并用两年时间，对全国民办非企业单位进行了一次复查登记。为了做好民办非企业单位的复查登记工作，各地普遍成立了以当地党政领导为组长，民政、卫生、教育、工商等部门领导参加的民办非企业单位复查登记工作领导小组，对民办非企业单位复查登记工作进行了广泛宣传。在广泛宣传发动的基础上，各地对辖区内民办非企业单位进行全面调查摸底，对民办非企业单位的数量、性质和行业领域的分布情况做到心中有数。

为了顺利开展民办非企业单位的复查登记工作，根据中央的精神和《民办非企业单位登记管理暂行条例》的规定，民政部制定了《民办非企业单位登记暂行办法》、《民办非企业单位名称管理规定》、《关于开展民办非企业单位复查登记工作的意见》，分别与公安部、中国人民银行、教育部、劳动和社会保障部、科学技术部、文化部、卫生部、国家体育总局等联合下发了《民办非企业单位印章管理规定》、《关于民办非企业单位开立银行账户有关问题的通知》、《教育类民办非企业单位登记办法(试行)》、《职业培训类民办非企业单位登记办法》、《科技类民办非企业单位登记审查与管理暂行办法》、《文化类民办非企业单位登记审查与管理暂行办法》、《关于城镇非营利医疗机构进行民办非企业单位登记有关问题的通知》、《体育类民办非企业单位登记审查与管理暂行办法》等有关民办非企业单位登记管理的双边文件，规范了它们所属民办非企业单位的登记管理。地方民政部门也依据中央精神和《民办非企业单位登记管理暂行条例》的规定，制定了一些规范性文件，与有关部门联合下发了有关政策规定。这些配套法规政策的制定，为民政部门做好复查登记工作，提供了有力的法律、政策保障，打下了坚实的基础。

1999年11月，民政部在北京召开了“加强民间组织管理工作会议”。民政部部长多吉才让在会上部署了民办非企业单位复查登记工作，强调要认真执行《民办非企业单位登记管理暂行条例》，抓好调查研究和试点工作。民政部确定上海市长宁区、山东省青岛市、广东省深圳市、浙江省温州市、吉林省梅河口市等5个地方为民政部指导的试点城市，各省(自治区、直辖市)也确定了自己的试点单位，经过一年的试点，基本摸清了民办非企业单位复查登记中的主要情况，解决了一些带有普遍性的问题，探索了一些民办非企业单位登记管理工作的路子，为全面开展复查登记工作积累了经验。2000年12月，民政部在广东省肇庆市召开了“全国民间组织管理经验交流会”，会议总结了一年来民办非企业单位复查登记试点工作的经验，司马义·艾买提国务委员到会做了重要指示，部分试点单位介绍了复查登记的做法和经验。这次会议统一了思想，明确了任务，振奋了精神。

民办非企业单位归口民政部门登记管理，是我国社会组织管理工作的一项新的举措，也是民政工作中的一项新的业务。近几年来，各级民政部门认真履行职责，在深入调研、完善法规、全面启动民办非企业单位的登记管理工作中，为拓宽民政业务做出了积极的贡献，产生了以下几项效果：彻底理顺了民办非企业单位的管理体制，基本建立了民办非企业单位登记管理的法规体系，探索了一条适合民办非企业单位党组织建设的新路子，进一步完善了我国社会组织管理的格局。

二、2002年民办非企业单位管理工作情况

各地在学习试点经验的基础上，结合当地实际，制定了切实可行的工作方案，全面启动了民办非企业单位复查登记工作。在各级党委、政府的领导下，民政部门与相关业务主管单位密切配合，周密部署，建章立制，在全国较为顺利地开展了民办非企业单位复查登记工作。民办非企业单位管理工作不断拓展，2001年，民办非企业单位复查登记工作结束后，2002年各地转入了正常登记和长效管理的阶段。2002年年初，民政部和全国人大教科文卫委员会、教育部就《民办教育促进法(草案)》中涉及民办教育机构进行民办非企业单位登记问题进行协商，基本达成一致意见。民政部和中央组织部在调查研究的基础上，草拟了《关于民办非企业单位中建立党组织的意见》讨论稿。各地对民办非企业单位管理进行了许多有益的尝试：北京市对民办非企业单位的资产、党建工作进行了调查；天津市建立了民办非企业单位管理联席会议制度；广东、上海、青岛等省市出台了民办非企业单位年检办法，并进行年检尝试；江西省和教育、公安部门共同对无证民办教育机构进行了清理；湖北省与工商部门就行政管理职责等问题形成了规范性文件。这些举措对规范民办非企业单位的管理，起到了很好的作用。

(潘继生、靳军伟)

【涉外社团管理】 涉外民间组织大致可分为4类：(1)外国人在华和港澳台人士在内地成立的社会团体；(2)外国人在华和港澳台人士在内地成立的民办非企业单位；(3)外国社会团体驻华和港澳台社会团体驻内地代表机构；(4)国际非营利性(非政府)组织。

一、涉外社团管理工作简要回顾

随着我国改革开放的深入和国际地位的提高，我国同各国以及港澳台地区在经济、文化、科技等领域的交往与合作日益增多，外国人要求在华和港澳台人士要求在内地成立民间组织的呼声越来越高，越来越多的涉外民间组织在我国境内设立机构、发展会员、开展活动。目前民政部门依法审批的民间组织有外国商会、台商投资企业协会及以教育、社会福利、卫生类为主的独资、合资、合作等形式的涉外民办非企业单位。1989年，国务院颁布《外国商会管理暂行规定》。

国务院《关于鼓励台湾同胞投资的规定》和《中华人民共和国台湾同胞投资保护法实施细则》规定，在内地的台湾商人可以成立台商投资企业协会。除了京、津、沪、琼等地可以成立省一级的台湾同胞投资企业协会外，其他省市只能成立地市级的协会，不允许成立跨地区的协会，也不允许成立全国性的协会和县一级的协会。

二、2002年涉外社团管理现状

成立外国商会，应当通过中国国际商会提出书面申请，由其报送对外贸易经济合作部审查，经对外贸易经济合作部同意后，到民政部办理登记。截至2001年底，经民政部批准的外国(地区)商会有15个，按登记时间先后，分别是中国日本商会、中国美国商会、中国意大利商会、中国法国商会、中国香港地区商会、中国英国商会、中国韩国商会、中国澳大利亚商会、中国瑞典商会、中国德国商会、中国西班牙商会、中国欧盟商会、中国丹麦商会、中国瑞士商会、中国新加坡商会。目前全国已登记

了47家台湾同胞投资企业协会。

近几年涉外民间组织总体呈扩张之势,其特点是:(1)组织数量越来越多,随之而来的是,活动越来越频繁,外籍专职工作人员增多,中方雇员增多,专职会长增多;(2)业务种类越来越多,除经济类外,还涉及科技、文化、体育、教育、卫生、环保和社会学研究、特殊群体研究等领域;(3)活动领域越来越广,不仅在沿海地区活动,而且有向中西部地区发展的趋势;(4)活动方式越来越多样,主要有捐赠活动、项目合作、邀请出访、召开研讨会、社情调查、媒体宣传、教育培训、设立场所、联欢酒会、发行刊物等。

除《外国商会管理暂行规定》和《关于鼓励台湾同胞投资的规定》等法律法规外,其他类型的涉外民间组织至今没有登记管理的法规,目前有关部门正在抓紧制定,不久将颁布实施。

(潘继生、靳军伟)

【全国民间组织管理宣传与信息化建设】 2002年8月23-24日,民政部民间组织管理局在山东省日照市召开了首次"全国民间组织信息宣传工作会议",提出了民间组织信息宣传工作的思路、构想和措施,要求把加强信息宣传工作作为抓手,切实做好政务信息工作,加强信息数据的采集分析,认真抓好信息宣传阵地建设,推进管理观念、管理方式的创新,充分发挥信息宣传渠道的导向和辐射作用,从而密切登记管理部门与业务主管单位和民间组织的关系,增强管理工作的透明度,提高宏观指导和服务的效能,使管理工作实现跨越式发展,更好地适应经济全球化和我国加入世界贸易组织的新形势。

民间组织管理信息系统作为民政部信息系统的重要组成部分,建立于1998年,即民间组织服务中心刚刚组建之时。中心7月份组建,8月份就拿出了系统建设方案,并开始了筹集经费和方案论证。从拿出方案到2001年9月开始系统集成,历时3年。目前,民间组织管理演示室已经建成,并投入使用;已规划民政部民间组织管理局和民间组织服务中心的内、外网络,站点共90余个(目前民间组织服务中心已联网,由于办公场所待调整,民政部民间组织管理局的局域网尚未形成);正在筹建"中国民间组织"网站,网站的技术方案已经形成,网页已设计完毕。在软件方面,民间组织服务中心已经完成了民办非企业单位信息管理软件的开发,部分地区已开始试用;社会团体信息管理软件的第三升级版已推广使用。决策支持系统、办公自动化系统、网上办公系统(网上登记申请、网上年检、网上监督、网上咨询、网上公告等子系统)、演示系统、数据库系统、社团分支机构管理系统、基金会管理系统的整体开发方案已经形成,调研工作正在展开。

与此同时,各地民间组织管理信息化建设取得了很大成绩,都配置了由民政部统一开发的管理软件。北京、天津、上海、山东、江西、广东、浙江、辽宁、江苏、河北、四川等地认真贯彻落实四川社团管理软件会议的讲话精神,社团管理软件基本上配置到地市级。

山东、辽宁、浙江、广东、福建等地在民办非企业单位管理软件尚未进行技术推广的情况下,表现出很高的积极性,有的地方已将应用软件配置到县(市)级。在民间组织管理信息系统建设方面,上海、广东、北京、山东、浙江等地已形成局域网,有的地方已建立了既从属于民政厅(局)网站,又相对独立,集一、二级网站功能于一体的民间组织网站。此外,各地还配置了相当数量的硬件。

全国民间组织管理信息系统建设的构想是:以现代计算机技术和网络技术为主要手段,依托民政部民间组织的计算机系统平台,实现民政部与各地民间组织登记管理机关、民政部和地方登记管理机关与党中央、国务院和地方党委、政府及其有关部门之间的计算机联网。民政部要起到全国民间组织管理信息中心枢纽的作用,与各地的系统中心联手建立强大的数据库,并做好数据信息的采集、处理、使用和管理工作,在运行全国统一的软件系统的前提下,实现民间组织管理信息交换的数字化、网络化,为管理机关和有关部门提供信息支持与服务。整个系统实行严格的用户权限分级管理,具有强健的安全与保密功能,能够有效防止非法用户入侵。同时,加快网站建设,积极创造条件尽快并入因特网,为民间组织和全社会提供信息服务。

实施步骤是:第一步:2002年底以前,部、省两级要完成系统基础环境建设,包括硬件购置与集成、数据库建设、并入部、厅(局)局域网;要加大社团、民办非企业单位两个软件推广应用的力度,全国各地要配置到地(市)一级;部和较发达地区的省和4个直辖市初步建立民间组织管理信息网站。第二步:2003年上半年,汇总并建立全国民间组织数据库,为并入国家政务信息网做好准备;争取全国2/3省级网站建成,适时并入因特网;完成社会团体、民办非企业单位两个软件的结构性升级、社团分支机构管理软件的开发以及配置更新与推广。2003年年底之前,全面展开决策支持、网上监督、网上审计、网上年检、网上公告、网上咨询等应用软件的开发。第三步:在2004年6月底全面完成社团软件和民办非企业单位软件及全国民间组织登记管理工作的信息化、网络化建设工作。

(潘继生、靳军伟)

【民间组织管理法制建设】

一、简要回顾

近8年来,民政部制定并出台了大量有关社会团体登记管理工作的法规、政策以及相关文件。这中间既有对原有行政法规、政策的修订,又有结合新形势、新发展制定的新政策。

从1996年开始,民政部集中精力对1989年国务院颁布实施的《社会团体登记管理暂行条例》进行修订。经过2年多的努力,1998年10月25日国务院颁布实施了新修订的《社会团体登记管理条例》。新条例结合社会团体登记管理工作的发展进行了有针对性的修改,强调了登记管理机关和业务主管单位双重管理体制,并对各自的职责进行了明确规定。同时,新条例还将过去采取备案制的分支机构、代表机构改为登记制。

1998年中央政府机构改革后,经国务院批准,中国人民银行将基金会的审批工作移交民政部门统一管理。原有的《基金会管理办法》已不适用。为此,民政部于1999年开始组织制定《基金会管理条例》。在大量考察、调研工作的基础上,经过反复征求意见和修改,已经定稿并报国务院审查。

近年来,民政部门以《社会团体登记管理条例》为核心,颁布实施的规章制度有:《社会团体年度检查暂行办法》、《社会团体设立专项基金管理机构暂行规定》、《取缔非法民间组织暂行办法》、《社会团体分支机构》、《社会团体分支机构、代表机构登记办法》。

上述法规制度的建立与完善,规范了社会团体管理工作,使社会团体登记管理有法可依、有章可循,极大地推动了社会团体登记管理的法制化进程。

二、2002年民间组织管理法制建设现状

民间组织管理的法制建设继续向纵深发展,《基金会管理条例》上报国务院后,现已完成了对反馈意见的整理分析工作,力争能在近期出台通过。此外,为规范民间组织宣传工作,民政部与中宣部共同制定了《关于加强民间组织宣传工作报道管理的通知》,并以两部办公厅函件下发;与教育部、劳动保障部、工商行政管理总局分别就民办非企业单位登记管理问题签署了双边文件;就农村非营利性医疗机构的登记管理问题,与卫生部达成了共识,争取在近期发文并拟下发民办非企业单位法人代表登记管理有关问题的通知。各地民政系统根据本地实际,在民间组织立法工作方面也取得了很大成绩。

三、《社会团体登记管理条例》立法背景

加强对社会团体的管理,依法保障它们的合法权益,对于发展社会主义民主,促进社会主义物质文明、精神文明建设十分重要。1950年9月,政务院通过了《社会团体登记暂行办法》。1989年10月,国务院发布了《社会团体登记管理条例》,对于恢复和加强对社会团体的登记管理,起到了重要作用。但是,随着形势的发展,又出现了一些新问题:一是,一些社会团体内部民主管理制度和财务管理制度不规范,一些社会团体进行营利性经营活动,有的社会团体甚至受到西方敌对势力影响,成为影响我国政治、社会稳定的隐患;二是,社会团体登记管理体制不健全,有关部门职责分工不明确,社会团体管理出现了不少漏洞,一些违法活动得不到及时、有效的查处。针对社会团体发展中出现的问题,1996年8

月，中共中央办公厅、国务院办公厅发布的《关于加强社会团体和民办非企业单位的管理工作的通知》，建立起挂靠单位和业务主管单位与社会团体登记管理机关双重负责的管理体制，实行分级管理。挂靠单位和业务主管单位对所属社会团体的申请登记、思想政治工作、党的建设、财务活动、人事管理，如开研讨会和对外交往等重要活动安排、接受资助、捐赠等事项负有领导责任。登记管理机关主要负责社会团体的登记审批工作，研究制定有关政策规定并组织实施；负责对社会团体、民办非企业单位的活动进行指导和检查监督，依法查处违法行为。社会团体统一归口由民政部登记管理，其他任何部门无权审批和颁发证书。《关于加强社会团体和民办非企业单位的管理工作的通知》提出，要尽快对1998年的《社会团体登记管理条例》进行修订，以进一步对社会团体的地位作用、权利义务、必要条件、登记管理机关的职责、挂靠单位以及业务主管单位应当承担的责任做出规定，以适应新形势的需要。

根据《关于加强社会团体和民办非企业单位的管理工作的通知》的精神，民政部和国务院法制办公室在广泛的调查研究，并征求中央有关部门、一些地方和部分有代表性的社会团体的意见的基础之上，经反复研究修改，形成了《社会团体登记管理条例（修订草案）》。该草案对社会团体作了界定，规定了社会性团体的登记制度、基本活动规范和行为准则，以维护政治、社会稳定，维护正常的经济秩序，防止别有用心的人利用合法组织的身分从事危害国家安全和社会稳定的活动，防范经济诈骗活动。草案充分体现了既加强对社会团体的管理，又要保障社会团体合法权益的立法目的。

1998年9月25日，国务院第八次常务会议审议并原则通过了《社会团体登记管理条例（修订草案）》。会后，国务院法制办公室和民政部根据国务院第八次常务会议的意见对修订草案作了修改。1998年10月25日，朱镕基总理签署了国务院第250号令，发布了修订后的《社会团体登记管理条例》。

四、《民办非企业单位登记管理暂行条例》立法背景

改革开放以来，随着经济和各项社会事业的发展，各种类型的民办非企业单位不断增多，在经济、科技、教育、文化、卫生以及其他社会事务方面发挥了积极的作用。这些民办非企业单位的发展，是改革开放的可喜成果，是我国社会主义现代化建设事业的不可缺少的组成部分，在社会生活中的积极作用越来越广泛。它是我国公民充分享有社会主义民主与自由的体现，是人民群众积极性和创造力的结晶。对于这些民间组织的发展，党和国家一直坚持积极扶持、鼓励和保护的态度。但是，由于缺乏法定的管理规范，对民办非企业单位的管理中出现的问题日益突出，主要表现在：一是，对民办非企业单位没有实行统一登记管理制度，一些单位对于民办非企业单位自行审批，政出多门，致使一些地方民办非企业单位盲目发展。业务主管单位与民办非企业单位联系松散，许多业务主管单位甚至不履行管理职责，只批不管，放任自流。二是，有的民办非企业单位违法牟取暴利，有的甚至擅自接受境外敌对势力的捐赠和委托，搞非法活动。这些情况都严重干扰了正常的社会和经济秩序，给社会稳定带来不利影响和隐患。为了有效地解决这些问题，兴利除弊，使民办非企业单位走上健康发展的道路，确立统一的民办非企业单位登记管理制度，从国家管理的角度，制定《民办非企业单位登记管理条例》是迫切需要的。

与此同时，由于对民办非企业单位的管理缺乏健全的体制和统一的登记管理机关，致使社会上侵犯民办非企业单位合法权益的现象不断发生，有单位和个人，也有一些行政管理机关，随意向民办非企业单位乱摊派、乱收费、乱罚款，甚至侵占、私分或者挪用民办非企业单位的财产；还有的单位随意干涉民办非企业单位的内部管理事务，挫伤了民间组织自主管理、自我发展的积极性。在依法治国，建设社会主义法制国家的治国方略下，公民的权利保护意识日益增强，他们急切盼望国家制定规范民办非企业单位的法律、法规，依法抵制非法的干涉和侵害，捍卫自

己的权利。也就是说,社会和民间要求制定民办非企业单位管理法规的呼声也越来越高。

正是在这样的背景下,1996年8月,中共中央办公厅、国务院办公厅发出了《关于加强社会团体和民办非企业单位管理工作的通知》,明确要理顺关于社会团体和民办非企业单位的管理体制,建立挂靠单位和业务主管部门与登记管理机关双重负责的领导体制,实行分级管理。挂靠单位和业务主管部门对民办非企业单位的申请登记、思想政治工作、财务活动、人事管理以及对外交往等重大活动安排、接受资助等负责管理;登记管理机关主要负责登记的审批工作以及研究制定有关的政策规定,并组织实施,负责对民办非企业单位的活动进行指导和监督检查,依法处理违法行为。登记管理实施统一归口后,社团和民办非企业单位的登记管理统一由民政部门负责,其他任何部门无权审批和颁发证书。该通知要求,要尽快制定法律、法规,明确民办非企业单位的地位作用、权利义务、必要条件以及对民办非企业单位的管理体制,使对包括民办非企业单位和社会团体在内的民间组织的管理,进一步走上法制化、规范化的轨道。

根据《关于加强社会团体和民办非企业单位管理工作的通知》的精神,民政部和国务院法制办经过广泛的调查、研究和论证,并征求了中央有关部门、一些地方以及一些有代表性的民办非企业单位的意见,拟定了《民办非企业单位管理暂行条例(草案)》。草案界定了民办非企业单位的范围,划清了民办非企业单位与社会团体以及事业单位三者之间的界限,特别是从有利于维护政治、社会稳定,又有利于维护正常的经济秩序的角度出发,防止别有用心的人利用民办非企业单位的合法民间组织形式从事危害国家和社会利益的活动,并且防范经济诈骗活动。同时,草案根据民办非企业单位依法承担民事责任的不同方式,确定其恰当的民事主体地位(根据《民办非企业单位登记管理暂行条例》第十二条的规定,民办非企业单位可以分为法人、合伙和个体三种民事主体形式)。草案充分体现了既对民办非企业单位加强管理,又维护其合法权益的指导原则。

1998年9月25日,国务院第八次常务会议审议并通过了《民办非企业单位登记管理暂行条例》。1998年10月25日,朱镕基总理签署国务院第251号令发布了该条例,条例自发布之日起施行。与《民办非企业单位登记管理暂行条例》同时发布施行的还有《社会团体登记管理条例》以及《事业单位登记管理暂行条例》。

五、出台文件

民间组织管理工作政治性、政策性很强,为使各级民间组织登记管理部门在工作中更好地依法办事,把民间组织管理工作纳入法制化轨道,同时使民间组织的各项活动有法可依、有章可循,加强民间组织的规范化建设,以确保民间组织的健康发展,历年发布了许多部门文件:

1984年3月29日,中共中央办公厅转发中共中央组织部、劳动人事部党组《关于人民团体级别问题的几点意见》(中办发〔1983〕23号);

1984年11月17日,中共中央、国务院《关于严格控制成立全国性组织的通知》(中发〔1984〕25号);

1985年9月25日,中共中央办公厅、国务院办公厅转发《关于成立全国性组织的若干规定》的通知(中办发〔1985〕50号);

1985年12月2日,国家教育委员会《关于不要成立同乡会一类社会团体的通知》(〔85〕教政字018号);

1986年3月17日,劳动人事部对中国科协《〈关于中国科协所属学会办事机构及专兼职干部管理问题的几点意见〉的意见》(劳人编〔1986〕60号);

1986年7月24日,国家教育委员会《关于一般不要倡导组织校友会的通知》(〔86〕教政字009号);

1989年7月,民政部对《关于"允许深圳经济特区成立外国商工会或授权深圳市政府审批和管理外国商会"的请示》的复函(社登字〔1989〕3号);

1989年7月27日,民政部办公厅关于加强全国性社会团体成立活动宣传报道管理的函(〔1989〕民办字157号);

1989年10月27日,国务院批转国家质量技术监督局等部门关于建立企业、事业单位和社会团体统一代码标识制度报告的通知(国发〔1989〕75号);

1989年12月30日,民政部关于《社会团体登记管理条例》有关问题的通知(民社发〔1989〕59号);

1990年3月28日,民政部《关于工商业联合会登记问题的通知》(民社函〔1990〕54号);

1990年4月2日,民政部、中国国际贸易促进委员会《关于中国国际贸易促进委员会各分会、支会、行业分会申请办理社会团体登记有关事项的通知》(民社发〔1990〕13号);

1990年4月23日,民政部《关于做好社会团体统一代码赋予准备工作的通知》(民社函〔1990〕64号);

1990年6月9日,国务院办公厅转发民政部《关于清理整顿社会团体请示的通知》(国办发〔1990〕32号);

1990年8月22日,公安部、民政部、国家工商行政管理局《关于加强社会团体、企事业单位公用印章管理的通知》(公通字〔1990〕84号);

1990年8月28日,中国人民银行《关于印发〈中国人民银行基金会稽核暂行规定〉的通知》(银发〔1990〕216号);

1990年9月26日,民政部、中国人民银行《关于社会团体开立银行账户有关问题的通知》(民社函〔1990〕203号);

1990年10月27日,民政部《关于办理社会团体登记问题的复函》(民社函〔1990〕236号);

1990年11月4日,国务院办公厅《关于不要擅自组建总商会和使用总商会名称问题的通知》(国办函〔1990〕72号);

1991年1月9日,中共中央宣传部、民政部《关于社会科学、文化艺术类社会团体业务主管部门的职责分工及委托管理的通知》(民社函〔1991〕11号);

1991年3月3日,中共中央办公厅、国务院办公厅《关于严格审批和整顿基金会的通知》(中办发〔1991〕3号);

1991年4月12日,民政部《关于社会团体复查登记有关问题的通知》(民社函〔1991〕71号);

1991年6月20日,中共中央组织部、民政部、人事部、财政部、劳动部《关于全国性的社会团体编制及其有关问题的暂行规定》(民社发〔1991〕8号);

1991年8月6日,民政部社团管理司《关于跨省、自治区、直辖市社会团体复查登记的通知》(社地字〔1991〕27号);

1991年12月21日,民政部、中国人民对外友好协会《关于地方对外友协登记问题的通知》(民社函〔1991〕399号);

1992年1月14日,民政部、国家计划生育委员会《关于乡(镇)、城市街道计划生育协会复查登记有关问题的通知》(民社函〔1992〕11号);

1992年2月18日,民政部《关于严禁擅自扩大不登记社团范围的通知》(民社发〔1992〕4号);

1992年3月1日,民政部《关于同意中国药学会、中华护理学会在国际交往中使用地方分会名称的通知》(民社函〔1992〕53号);

1992年4月6日,民政部《关于按部门设置的社会团体复查登记问题的通知》(民社函〔1992〕92号);

1992年4月21日,民政部《关于在社团清理整顿工作中对校友会问题处理的通知》(民社函〔1992〕120号);

1992年6月3日,民政部、国务院侨务办公室《关于委托全国侨联对现有所属华侨类社会团体进行审查和日常管理的通知》(民社函〔1992〕162号);

1992年7月7日,民政部《关于对全国性和跨省(自治区、直辖市)性社会团体在会址以外地区设立分支机构或派出机构及其管理问题的通知》(民社发〔1992〕16号);

1992年7月27日,民政部《关于申请社会团体编制有关事项的通知》(民社函〔1992〕240号);

1992年10月4日,民政部、财政部《关于社会团体收取会费的通知》(民社发〔1992〕27号);

1993年2月22日,国家物价局、财政部对民政部《〈关于社会团体登记管理收取公告费和年度检查费的函〉的复函》(〔1993〕价费字66号);

1994年2月1日,民政部《关于对中国文联等社会团体

实行免检的通知》(民社函〔1994〕34号);

1994年4月13日,国务院办公厅《关于部门领导同志不兼任社会团体领导职务问题的通知》(国办发〔1994〕59号);

1994年5月27日,民政部对《关于〈国务院办公厅关于部门领导同志不兼任社会团体领导职务问题的通知〉有关内容解释的通知》(民社函〔1994〕127号);

1994年9月29日,民政部《关于基层工会登记问题的复函》(民社函〔1994〕229号);

1995年2月28日,民政部《关于转发中共北京市委组织部等七部门联合颁发的〈关于设立北京市社会团体编制及其有关问题的暂行规定〉的通知》(民社函〔1994〕41号);

1995年4月4日,中国人民银行《关于进一步加强基金会管理的通知》(银发〔1995〕97号);

1995年7月10日,民政部、国家工商行政管理局《关于社会团体开展经营活动有关问题的通知》(民社发〔1995〕14号);

1996年5月14日,民政部《关于印发〈社会团体年度检查暂行办法〉的通知》(民社发〔1996〕10号);

1996年8月23日,国家计划委员会、财政部《关于调整社会团体登记收费标准的通知》(计价费〔1996〕1602号);

1997年5月14日,民政部《关于查处非法社团组织的通知》(民社函〔1997〕91号);

1997年5月21日,财政部、国家税务总局《关于对社会团体收取的会费收入不征收营业税的通知》(财税字〔1997〕63号);

1997年6月12日,民政部办公厅转发《关于对社会团体收取的会费收入不征收营业税的通知》的通知(厅办函〔1997〕156号);

1997年10月6日,民政部、对外贸易经济合作部、国家体改委、国家工商行政管理局关于外经贸试点企业内部职工持股会登记管理问题的暂行规定(民社发〔1997〕28号);

1998年2月16日,中共中央组织部、民政部关于在社会团体中建立党组织有关问题的通知;

1998年5月27日,民政部、对外贸易经济合作部对《关于外经贸试点企业内部职工持股会登记管理问题的暂行规定》的补充通知(民社函〔1998〕118号);

1998年6月12日,民政部关于印发《民政部主管的社会团体管理暂行办法》的通知(民社发〔1998〕6号);

1998年7月2日,中共中央办公厅、国务院办公厅关于党政机关领导干部不兼任社会团体领导职务的通知(中办发〔1998〕17号);

1998年11月3日,民政部对中共中央办公厅、国务院办公厅《关于党政机关领导干部不兼任社会团体领导职务的通知》有关问题的解释(民社函〔1998〕224号);

1998年12月18日,民政部民间组织管理局关于建立全国民间组织信息管理系统的通知(民管函〔1998〕23号);

1999年2月25日,国家税务总局关于基金会应税收入问题的通知(国税发〔1999〕24号);

1999年3月16日,民政部办公厅转发国家税务总局关于基金会应税收入问题的通知(民办函〔1999〕28号);

1999年4月16日,国家税务总局关于印发《事业单位、社会团体、民办非企业单位企业所得税征收管理办法》的通知(国税发〔1999〕65号);

1999年7月13日,民政部关于社会团体清理整顿审定工作有关问题的通知(民发〔1999〕6号);

1999年8月18日,国家体育总局、民政部、公安部关于加强健身气功活动管理有关问题的意见;

1999年8月29日,国务院办公厅转发国家体育总局、民政部、公安部《关于加强健身气功活动管理有关问题的意见》的通知(国办发〔1999〕77号);

1999年9月17日,中国人民银行、民政部关于做好社团基金会监管职责交接工作的通知(银发〔1999〕325号);

1999年9月17日,民政部关于印发《社会团体设立专项基金管理机构暂行规定》的通知(民发〔1999〕50号);

1999年10月20日,财政部《关于对明确民办非企业单位财务管理制度等问题的函》

(财社字〔1999〕160 号);

1999 年 10 月 22 日,国家经贸委《关于加快培育和发展工商领域协会的若干意见》(国经贸产业〔1999〕1016 号);

1999 年 10 月 31 日,国务院办公厅关于清理整顿经济鉴证类社会中介机构的通知(国办发〔1999〕92 号);

1999 年 10 月 31 日,国务院关于国家行政机关和企业事业单位社会团体印章管理的规定(国发〔1999〕25 号);

1999 年 11 月 30 日,国家计委、财政部关于核定民办非企业单位登记收费标准有关问题的通知(计价格〔1999〕2115 号);

1999 年 12 月 3 日,民政部办公厅转发财政部《关于对明确民办非企业单位财务管理制度等问题的函》的通知(民办函〔1999〕114 号);

1999 年 12 月 22 日,民政部民间组织管理局关于印发民办非企业单位登记表格样式的通知(民管函〔1999〕88 号);

1999 年 12 月 28 日,民政部关于印发《民办非企业单位名称管理暂行规定》的通知(民发〔1999〕129 号);

1999 年 12 月 29 日,民政部办公厅转发国家计委、财政部关于核定民办非企业单位登记收费标准有关问题的通知(民办函〔1999〕130 号);

1999 年,中共中央组织部《关于审批中央管理的干部兼任社会团体领导职务有关问题的通知》(组通字〔1999〕55 号);

2000 年 2 月 20 日,民政部办公厅转发中共中央组织部关于审批中央管理的干部兼任社会团体领导职务有关问题的通知(民办函〔2000〕27 号);

2000 年 2 月 23 日,民政部关于重新确认社会团体业务主管单位的通知(民发〔2000〕41 号);

2000 年 4 月 13 日,民政部关于做好民办非企业单位登记管理试点工作的通知(民发〔2000〕91 号);

2000 年 5 月 24 日,科学技术部、民政部关于印发《科技类民办非企业单位登记审查与管理暂行办法》的通知(国科发政字〔2000〕209 号);

2000 年 6 月 27 日,民政部民间组织管理局关于民办非企业单位复查登记有关问题的答复(民管函〔2000〕32 号);

2000 年 7 月 6 日,民政部办公厅关于暂停对企业内部职工持股会进行社团法人登记的函(民办函〔2000〕110 号);

2000 年 7 月 21 日,中共中央组织部关于印发《关于加强社会团体党的建设工作的意见》的通知(中组发〔2000〕10 号);

2000 年 7 月 21 日,民政部关于成立以人名命名的社会团体问题的通知(民发〔2000〕168 号);

2000 年 10 月 10 日,民政部办公厅转发中共中央组织部关于加强社会团体党的建设工作的意见的通知(民办函〔2000〕151 号);

2000 年 11 月 10 日,国家体育总局、民政部关于印发《体育类民办非企业单位登记审查与管理暂行办法》的通知(体政字〔2000〕055 号);

2000 年 12 月 4 日,文化部、民政部关于印发《文化类民办非企业单位登记审查与管理暂行办法》的通知(文人发〔2000〕60 号);

2000 年 12 月 5 日,民政部、卫生部关于城镇非营利性医疗机构进行民办非企业单位登记有关问题的通知(民发〔2000〕253 号);

2000 年 12 月 5 日,民政部关于对部分社团免予社团登记的通知(民发〔2000〕257 号);

2001 年 3 月 6 日,民政部关于免除全国性社会团体 2000 年年检的通知(民发〔2001〕46 号);

2001 年 4 月 16 日,民政部办公厅关于工商联是否作为其所属社会团体业务主管单位的复函(民办函〔2001〕64 号);

2001 年 6 月 6 日,国家统计局、中央机构编制委员会办公室、民政部、财政部、国家税务总局、国家工商行政管理局、国家质量监督检验检疫总局关于开展第二次全国基本单位普查的通知(国统字〔2001〕37 号);

2001 年 7 月 23 日,民政部办公厅关于设立"异地商会"有关问题的通知(民办函〔2001〕121 号);

2001 年 7 月 27 日,民政部办公厅关于"中华民族团结友好协会西南招商引资委员会"问题的通知(民办函〔2001〕64 号);

2001年7月30日,中华人民共和国民政部令第23号发布《社会团体分支机构、代表机构登记办法》;

2001年9月25日,中共中央宣传部办公厅、民政部办公厅关于加强对民间组织宣传报道管理的通知(民办函〔2001〕170号);

2001年9月29日,民政部、劳动和社会保障部关于印发《职业培训类民办非企业单位登记办法(试行)》的通知(民发〔2001〕297号);

2001年9月30日,民政部关于印发《全国性社会团体分支机构代表机构复查登记工作方案》的通知(民发〔2001〕298号);

2001年10月19日,民政部、教育部关于印发《教育类民办非企业单位登记办法(试行)》的通知(民发〔2001〕306号);

2001年11月8日,民政部关于统一印制社会团体分支(代表)机构登记证书的通知(民发〔2001〕325号);

2001年12月4日,民政部办公厅关于委托上海市民政局负责对希望义卖中心进行管理的函(民办函〔2001〕206号);

2002年3月27日,民政部关于全国性社会团体异地设立分支(代表)问题的通知(民发〔2002〕140号);

2002年4月2日,民政部关于进一步做好"老乡会"、"校友会"、"战友会"等社团组织管理工作的通知(民发〔2002〕154号);

2002年7月15日,民政部关于中国无机盐工业协会筹备成立的补充报告(民发〔2002〕657号);

2002年7月15日,民政部关于全国工商联有关职能问题进行协调情况的报告(民发〔2002〕662号);

2002年10月17日,民政部关于针对浙江省温岭市社团管理存在的问题加强社团管理意见的报告(民发〔2002〕844号);

2002年10月21日,民政部关于在民间组织登记证书上使用国徽有关问题的请示(民发〔2002〕849号);

2002年12月23日,民政部关于授权国家行政学院作为全国性社会团体业务主管单位的请示(民发〔2002〕959号)。

(潘继生、靳军伟)

行政区划管理

【行政区划】 行政区划是中央政府为实施有效行政管理而对全国地域划分及其行政管理建制的设置,如省、市、州、区、县、乡、镇等。

中国的行政区划,自4000多年前的夏代以来,经历了长期演变。夏的地方行政区划单位,是在原始部落基础上发展起来的"方国"或小邦。商的行政区划采用分封制。西周时期,沿袭商制,依据血缘关系实行分封,地方行政区划实行国、邑两级制。春秋时期在部分地区打破了分封制的血缘关系。战国时期郡的地位不断提高、数量增多,逐步形成郡统县的局面。公元前221年秦始皇统一中国后,废除了分封、世袭制度,全面推行郡县制,是行政区划史上的一个重要里程碑。公元前106年,汉武帝在郡国之上分设13刺史部,后又在京师置司隶校尉部,统称14州。州后来从临时性的行政监察区演变为统辖若干郡国的大行政区。魏、晋、南北朝基本上是实行州、郡、县制。隋曾裁撤诸郡,以州统县,后又改州为郡,恢复郡县制。唐朝逐渐演变为道、州府、县三级制。宋初沿袭唐制,后又废除道,路由财政区深化为行政区。五代十国时期社会动荡,行政区划变动频繁。元实行行省制,是中国省制的开端。明初,承袭元朝旧制。1376年改行中书省为承宣布政使司,习惯上仍称行省或省。至清康熙初,又改名为省。乾隆时,正式设置若干总督,统辖一省或数省。在省下分设若干道,管辖区内府州,相当于派出机构。

民国初年,承袭清制。1927年废除道,以省统县,后又分区设行政督察专员公署,作为省的派出机构。1921年7月北洋政府颁布《市自治制》,设置特别市和普通市。国民党政府时期，市正式定为地方行政区域，特别市与省平级，直隶于中央政府行政院，普通市与县平级，隶属省政府。1930 年 5 月颁布《市组织法》，特别市改称院辖市，普通市改称省辖市。市制的创立，是中国行政区划向现代型转变的重要标志，是中国行政区划史上的又一重要里程碑。至 1947 年底，全国共设 35 省、1 地方、12 院辖市，辖 2016 县、57 省辖市、40 设防局、2 管理局、175 宗。

新中国成立后，1949 年底全国共有 50 个省级政区(其中省 30 个、自治区 1 个、直辖市 12 个、行署区 5 个、地方 1 个、地区 1 个)，领导 293 个地级单位，2607 个县级单位。中华人民共和国成立前夕先后建立了华北、东北、西北、华东、中南、西南 6 个大行政区，简称大区，领导区内各省、自治区、直辖市。1952 年底，6 大区改设行政委员会，1954 年各大区行政委员会撤销。从 1952 年开始，合并了一部分省区；1954 年将大部分直辖市改为省辖市，省级政区减为 32 个(其中省 26 个、自治区 1 个、直辖市 3 个、地方 1 个、地区 1 个)。从 1955 年开始，先后设立了新疆、宁夏、广西、西藏 4 个自治区。此后，1988 年设立海南省，1997 年设立重庆直辖市、香港特别行政区，1999 年设立澳门特别行政区。

截至 2002 年 12 月底，全国划分 23 个省、5 个自治区、4 个直辖市、2 个特别行政区；275 个地级市、22 个地区、30 个自治州、5 个盟；381 个县级市、1478 个县、116 个自治县、49 个旗、3 个自治旗、2 个特区、1 个林区；830 个市辖区；66 个区公所，20600 个镇，17196 个乡，1160 个民族乡，282 个苏木，2 个民族苏木，5516 个街道。省级行政区划建制单位总数 34 个，地级行政区划建制单位 332 个，县级行政区划建制单位 2860 个，乡级行政区划建制单位 44822 个。全国共有地级市和县级市 656 个。

我国现有的 34 个省级行政区划建制单位是：北京市、天津市、河北省、山西省、内蒙古自治区、辽宁省、吉林省、黑龙江省、上海市、江苏省、浙江省、安徽省、福建省、江西省、山东省、河南省、湖北省、湖南省、广东省、广西壮族自治区、海南省、重庆市、四川省、贵州省、云南省、西藏自治区、陕西省、甘肃省、青海省、宁夏回族自治区、新疆维吾尔自治区、香港特别行政区、澳门特别行政区、台湾省。

(杭　党)

【行政区划管理工作】 行政区划管理工作，主要是对行政区划变更方案的提出和审批，内容一般包括行政建制的设置和撤销、行政区域的调整及界线变更、行政隶属关系及行政等级的变更及更名、行政机关驻地迁移，等等；同时，还要通过制定政策、法规等方式，对各级、各地的行政区划管理工作进行规范和指导。

行政区划管理是国家对社会进行行政管理的重要手段，是政权建设的基础和重要组成部分，是国家的一项大政。行政区划决定着地方行政管理的基本框架，行政区划的设置和变更是否科学、合理，对一个地区乃至国家的政治、经济、文化等各个方面都会产生重大影响。因此，行政区域的划分和行政建制的设置要适应经济和社会发展的需要，以政治、经济、社会等客观条件为根本依据，遵循有利于国家行政管理、有利于经济建设、有利于各族人民大团结、有利于调动各方面积极性、有利于保持社会稳定等基本原则。

新中国成立以来，民政部门承担了各级行政区域划分、行政建制设置及其变更和调整方面的具体工作。与政权建设、行政管理和经济社会发展的需要相适应，建国以来我国的行政区划在相对稳定中及时进行了许多必要的调整，行政区划管理工作水平也不断得到提高，有力地促进了我国的政治稳定、经济发展和社会进步。首先是确定并不断完善我国的行政区划体制。经过建国初期设立、撤销六大行政区和省级政区的合并，形成了我国一级政区的基本框架，并保持了长期稳定。改革开放以来，又根据需要及时设立了海南省、重庆直辖市和香港、澳门特别行政区。在二级政区方面，地区建制从改革开放以来逐步进行了调整，经过探索，逐步改革了地区体制，现已基本上转变为地级市领导县的体制。1989 年至 2002 年，地区由 113 个减少到 22

个。建国以来县级的区划体制的调整主要是开展了撤县设市工作,形成了一批兼有城市型政区和区域型政区特点的县级市。乡级区划体制调整主要进行了建社撤乡、撤社建乡(镇)、撤乡设镇、撤区并乡建镇、撤并乡镇的工作。县乡中间曾进行过设立区公所、后又撤销的调整。建立完善我国行政区划体制的一项重要工作是创立了民族区域自治制度。为了贯彻《民族区域自治法》,从1978年以来共增设了1个少数民族自治州、71个少数民族自治县(旗)。到2002年底,全国共有5个自治区、30个自治州、120个自治县(旗)。其次是合理调整各级行政区划建制的管辖幅度。以合并、撤销过小的行政区划建制为主,以分割、划小过大的行政区划建制为辅,经过几次大的调整,使各级行政区划建制的管辖幅度不断趋于合理。第三是适应我国经济发展和城市化发展的需要,增设市镇建制。党的十一届三中全会以来,经过几次调整设市、设镇标准,市、镇建制有了较大幅度增加。1978年到2002年,地级市由99个增加到275个,县级市由91个增加到381个,建制镇由2176个增加到20600个。此外,多年来行政区划理论研究和法规也取得了丰硕成果,如开展了设市模式研究、设市预测与规划研究,颁布了《国务院关于行政区划管理的规定》等。

目前,我国的行政区划与国家行政管理和经济社会发展的需求和条件总体上是相适应的,对社会稳定和发展进步起到了积极的促进作用。但是,随着市场经济体制的建立和社会主义政治体制的不断完善,随着国民经济和社会事业的发展、科技的进步和政府职能的转变,行政区划也存在一些需要解决的问题。我国的各级行政区域划分,尚需向减少层次、精简建制、提高管理效能及适应城镇化发展需要的方向继续进行必要调整,并逐步解决行政区域通名不够简明准确等体制问题。同时要通过加强理论研究、运用信息技术和完善法规体系,进一步提高行政区划管理工作的科学化、法制化水平。

2002年民政部在行政区划管理方面开展了以下工作:一是在重点抓好行政区划法规建设的同时,认真审核,严格把关,慎重处理好当前行政区划调整工作中撤县设区、撤乡设镇及严格控制增加机构的区划调整等热点问题。稳妥有序地做好行政区划调整工作,完成了国务院交办的区划调整审核事项。2002年共承办了38件行政区划调整审核,其中县(市)改区12件,地改市10件,市辖区调整7件,政府驻地迁移2件,更名4件,为落实中共中央办公厅1997年17号文件精神,在新疆设立了3个县级市。二是进行了设镇标准的修订工作。根据国务院的指示,民政部在有关部委的支持配合下,深入开展调查研究,广泛征求各地意见,对原草拟的新设镇标准作了进一步修订完善。目前该标准已形成初稿,正在征求各有关部委和地方的意见。三是进行了设立县级市标准的修订工作。根据国务院领导同志指示,民政部开展了修订现行设市标准工作,先后对浙江、福建、吉林、黑龙江、新疆、广西等20多个省(自治区)进行了调研,多次召开了论证座谈会,充分听取了有关部门负责同志、专家学者和地方实际工作者的意见,修订上报了《设立县级市标准》。四是继续指导了各地撤并乡镇工作,开展了县改区问题等专题调研,进行了制定行政区划管理条例的有关准备工作,进行了行政区划管理信息系统建设。

(杭　觉)

【行政区划调整审批权限和基本程序】 根据《国务院关于行政区划管理的规定》,县级以上行政区划调整,包括行政建制的设立和撤销、行政区域的调整及界线变更、行政隶属关系及行政等级的变更及更名、行政机关驻地迁移等等,应由地方政府制订方案,逐级上报,由国务院审批。省、自治区、直辖市的设立、撤销、更名,报全国人民代表大会审议决定。乡、民族乡、镇的设立、撤销、更名和行政区域界线的变更,乡、民族乡、镇人民政府驻地的迁移,由省、自治区、直辖市人民政府审批。区公所、街道办事处的撤销、更名、驻地迁移,由依法批准设立该派出机关的人民政府审批。凡涉及海岸线、海岛、边疆要地、重要资源地区及特殊情况地区的隶属关系或行政区域界线的变更,由国务院审批。

变更行政区划向上级人民政府请示的内容应包括:变更的

理由、范围,隶属关系,政治经济情况,人口和面积数字,拟变更的行政区域界线地图以及有关人民政府的报告和意见等。

各级民政部门分级负责行政区划管理工作。各级民政部门在承办行政区划变更的工作时,应根据情况分别同民族、人事、财政、外事、建设等有关部门联系协商;在承办民族自治地方的行政区划变更的工作时,应同民族自治地方的自治机关和有关民族的代表充分协商拟定。

县级以上行政区划调整审批的基本程序是:由省、自治区、直辖市人民政府请示国务院,国务院转民政部研究办理。民政部在认真研究审核的基础上,经有关处务会、司长办公会和部长办公会集体讨论,提出意见上报国务院。国务院研究同意后,以国务院或民政部的名义批复有关省、自治区、直辖市人民政府。

(杭　觉)

【撤地设市】 撤地设市是指撤销地区(盟),以其原行政区域设立地级市,实行市领导县体制。撤地设市后,原地区行署驻地的县级市或县改设为市辖区。

根据党中央、国务院的决定,与地级市并存一地的地区,要实行地市合并;与县级市并存一地的地区,所在市(县)达到设立地级市标准的,撤销地区建制,设立地级市,实行市领导县体制;其余地区也要逐步撤销。为贯彻《中共中央、国务院关于地方政府机构改革的意见》(中发〔1999〕2号)关于调整地区建制的有关精神,在深入调研和广泛征求各方面意见的基础上,经国务院同意,民政部印发了《关于调整地区建制有关问题的通知》,调整了地改市标准,提出了撤地设市工作的指导原则,稳妥有序地进行了撤地设市工作。经国务院批准,1998年到2002年共有53个地区(其中有3个盟)撤销地区建制,设立地级市。

2002年经国务院批准撤地设市的地区是:甘肃省张掖、酒泉、平凉、庆阳,广西壮族自治区贺州、河池、百色、柳州、南宁,云南省丽江地区。

从几年来的实践看,这项工作的实施,理顺了地区行政管理体制,强化了地方行政管理的法制化建设,对地方的经济社会发展和城市化发展起到了积极的推动作用。

(杭　觉)

【市辖区行政区划调整】 长期以来,我国的城市设置基本以切块设市模式为主,许多城市市区范围过小,且在市辖区的格局上,城郊分明,相互独立,郊区包围城区。随着经济和社会的发展,这种城市管理模式存在的弊端逐步显现出来:城郊分割、城区发展空间狭小或城郊交错,相互间你中有我、我中有你,影响了城市的规划、建设和管理,不利于城市发展和经济社会管理。为此,多年来,经国务院批准,各地进行了一些调整:一是进行城区与郊区的行政区划结构调整,解决城郊分割、郊区包围城区问题。二是进行市区内部规模结构调整,合理划分城区内部布局,适应城市发展和经济发展的需要。三是通过城市郊县(县级市)改区,扩大城市行政区的规模。

2002年经国务院批准进行市辖区调整的城市是:安徽省合肥市、福建省莆田市、新疆维吾尔自治区乌鲁木齐市、辽宁省阜新市、海南省海口市、宁夏回族自治区银川市、宁夏回族自治区石嘴山市、广东省佛山市、河南省安阳市、广西壮族自治区柳州市。

通过合理的调整,改善了城市行政管理架构,优化了资源配置,提高了城市规划建设管理水平,有效地促进了地方经济的发展和城市化发展。

(杭　觉)

【撤县设区】 撤县设区是指撤销地级以上城市郊区的县或县级市,以其原行政区域(或作部分调整)设立该城市新的市辖区。

1990年以来,全国已有63个直辖市、省会城市和副省级市下属的县(市)先后改为67个市辖区。特别是最近几年,大城市县(市)改区的速度加快,数量增加。

2002年经国务院批准撤县设区的县(县级市)是:唐山市的丰南市,唐山市丰润县,宁波市鄞县,南京市江浦县,南京市六合县,镇江市丹徒县,成都市温江县,西安市长安县,铜川市耀县,佛山市的南海、顺德、三水、高明市。

县改区有利于扩大城市发展空间和优化资源配置,促进大城市经济的可持续发展;有利于促进城郊县(市)域经济的快速发展;有利于大城市综合质量的提高;有利于城乡干部的交流和干部队伍整体素质的提高;有利于加快农村城市化的进程和城市化整体水平的提高。县(市)整建制改区操作方便,有利于社会稳定。

县改区的主要弊端:一是市区规模的扩大给市政府的工作增加了新的难度;二是地方独立性和自主权受到一定削弱;三是导致一定程度的假性城市化问题。

县(市)改区须具备的基本条件和需要考虑的因素:一是从大城市的角度来看,经济实力已很强且其各要素已饱和,确需扩大城市发展空间,以求发挥更大的辐射和带动作用。要考虑县(市)改区是否有利于中心城市建设,充分发挥中心城市的辐射作用,同时带动当地经济社会发展整体水平的提高;是否有利于城市建设的统一规划,加快城市基础设施建设,促进当地城市化进程;是否有利于调整产业布局,优势互补,促进当地产业结构得到较大的改善,为经济的持续、快速、健康发展打好基础。二是从郊县(市)来讲,该区域在全市乃至更大范围内经济发展中具有重要作用,能够成为市级经济新的增长点,在市级经济发展中的功能定位明确。要具备一致性:县域与城区的基础设施建设和国土开发利用要连为一体,城市化水平较高,县域经济发展水平和速度要有相当水平(同地域范围比较)。要具备互补性:县域资源(包括自然资源和人文景观)、经济及功能与城区具有互补性,有利于城区活动空间的扩大、资源的合理配置,有利于城市统一规划和布局,有利于加快城市发展战略和决策的实施进程。三是县(市)改区要选择最佳时机进行,过早可能增添城市负担,带来许多负面效应,过迟则会影响经济社会发展的进程。

(杭　觉)

【市辖区设置标准】 我国市辖区的管理幅度相差悬殊,从人口和面积上看有的过小、有的过大,并存在“飞地”现象,不便于行政管理。随着城市化步伐的加快,市辖区设置又出现了一些新情况、新问题,如整县改区数量增多、“开发区”体制问题等,在撤销地区设立地级市的过程中,也涉及设置市辖区的问题。为此,民政部近年来按照总量控制,合理划分;因地制宜,统筹兼顾;尊重现实,面向未来;定量标准与定性标准相结合;认真遵守、执行我国的城市发展方针基本原则,开展了制定《市辖区设置标准》的工作。目前该标准正在进一步完善中。

(杭　觉)

【撤县设市】 撤县设市是指撤销县的建制并以该县原行政区域设立县级市。撤县设市是我国设立新的城市建制的主要模式。

我国城市产生有3000多年的历史,但在地方行政建制中设立市,则始于民国时期的1921年,到中华人民共和国成立前夕全国共设有67个市,其中9个在台湾。新中国成立后市的设立逐年有所增加,但增加速度比较慢,到1977年底全国城市总计只有190个。改革开放以后,适应经济发展的需要,改革了传统的切块设市形式,推行撤县设市模式,加快了设市速度,到1997年全国设有668个市,比1977年增加了478个。在新增的城市中,主要是县改市,1979年四川乐山县第一个整县改市,到1997年共有401个县改市,占改革开放后新增城市的84%。截至2002年全国共有660个市,其中直辖市4个、地级市275个、县级市381个。1997年4月中共中央、国务院《关于进一步加强土地管理切实保护耕地的通知》(中发〔1997〕11号文件)中,提出冻结非农建设用地一年,同时作为保护耕地的一条措施,决定暂停县改市的审批工作。1999年1月,《中华人民共和国土地管理法》颁布实施,土地使用审批工作随之解冻,但县改市问题未提及。

县和县级市的主要异同:县是农村型政区,县级市是城市型政区。县级市与县的不同不仅表现在名称上,而且表现在体制上。其区别主要表现在以下几个方面:一是在工作重心上,市以城镇工作为重点,兼顾农村;县以农村为重点,兼顾城镇。二是在配套政策上,各级政府对市城建方面的支持较多;对县的农业、扶贫方面的支持较多。三是城市规划建设管理水平上,市政府介入较多,因而水平较高;县主要由驻地镇政府管理,因而水平较低。四是在机构设置上,市在城市规划建设管理方面较强,县在农业方面较强。五是在对外招商引资的条件上,市的吸引力比县大。

撤县设市工作是适应我国工业化和城镇化发展的客观要求。我国已进入城镇化快速发展阶段,今后二三十年是我国城镇化发展最快的时期,在这二三十年的城镇化进程中必然还要增设一些新的城市。城乡不同的特点需要不同的管理体制,新设一些县级市是适应城镇地区管理的客观需要。城镇地区的经济社会结构和生产生活方式与农村社会有很多不同的特点,需要实行与农村地区不同的管理体制和管理模式。我国城镇规模结构和区域布局都不太合理,特别是县级小城市数量太少,不完全适应经济发展的需要,不能满足农民进城的要求。从大中小城市和小城镇规模结构看,大中城市比较适度,县级小城市太少,小城镇数量过多。我国现有2万多个小城镇,但规模不大,大多数小城镇经济社会效益不理想。从城镇规模效益看,发展小城镇不如发展中小城市合算。从实际效果看,这几年县改市有力地促进了当地经济社会的发展。多年来一大批县改为市后,经济和城建多数取得了快速发展。目前全国近400个县级市的平均GDP是县平均数的数倍。县级市的城市规划建设管理水平明显高于一般县城,目前一些好的县级市已经具备中等城市的经济实力和人口规模。

撤县设市工作中应注意的问题:一是要进一步加强设市工作的研究和论证,改革和完善设市的申报审批制度。二是在坚持标准和合理布局的前提下,严格审核把关,保证设市城市的质量。三是撤县设市后要注意加强对农业和农村工作的领导,促进城乡社会经济的协调发展;要注意重视保护耕地,严禁借撤县设市乱占耕地。四是市政建设要注意搞好规划,保护环境,走可持续发展的道路。

(杭　觉)

【设立县级市标准】 我国现行的设市标准是1993年经国务院批准试行的。这一标准适应了当时城乡经济发展的需要,对于推动区域社会经济发展起到了积极作用。随着国家经济社会的进一步发展,现行设市标准也逐步暴露出一些问题,比如标准偏低、指标体系不尽合理、设市模式不够完善。

党的十六大报告指出:“发展小城镇要以现有的县城和有条件的建制镇为基础,科学规划,合理布局,同发展乡镇企业和农村服务业结合起来。”实践证明,做好设立县级市工作,有利于促进县城的健康发展。《国民经济和社会发展第十个五年计划·城镇化发展重点专项规划》指出,“要适应城镇化进程的需要,修订现行设市、设镇标准,实行‘县改市’与‘镇改市’并存的设市模式。适度增加设市数量,严格限制镇的审批,提高设市、设镇的综合效益和质量。”为此,1997年设立县级市的审批暂停以来,民政部根据国务院领导的有关指示精神,认真总结过去设市工作的经验教训,在深入调研、广泛听取意见的基础上开展了修订设立县级市标准的工作。2002年,民政部就此问题向国务院作了专题汇报,目前仍在对设立县级市标准继续进行修订完善。

(杭　觉)

【政府驻地迁移】 政府驻地迁移是指县级以上人民政府办公地点的搬迁。

跨乡级行政区域的县级人民政府驻地迁移,跨县级行政区域的地级以上人民政府驻地迁移,均应逐级上报国务院审批。地方上报的政府驻地迁移请示,应说明政府驻地迁移的理由、经费概算和经费来源,并附由省级专业部门做出的拟迁新址的水文地质报告。

经国务院批准,2002年,福建省厦门市湖里区政府驻地由兴隆路23号迁至禾山镇,广东省顺德市政府驻地由县前路16号迁至德民路3号。

(杭　觉)

【设镇标准】 镇是我国小城镇的主体。乡的撤销和镇的设立是小城镇发展的需要,做好设镇工作是促进小城镇发展的重要举措。我国长期执行的设镇标准是1984年颁布的,近20年来,随着经济社会的持续高速发展,其存在的标准偏低、内容不全面等问题日益显现,已难以起到保证设镇质量的作用,导致部分地区设镇速度过快、设镇质量不高。至2001年底,我国乡镇总数中镇的数量(20338个)已超过了乡的数量(20012个),但规模普遍较小,部分镇的质量不高。

从设镇速度看,1983年至2001年设镇17406个,平均每年增加967个,增长了近6倍。从乡镇比例看,1983年底,我国乡总数85290个,镇总数7186个,乡镇比例约为12:1;至2001年底,我国乡镇总数39715个,其中镇20374个、乡19341个,镇的总数已超过乡的总数。从人口规模看,乡镇普遍规模较小,东部地区平均约为2.8万人,中西部地区平均约1.9万人。

为此,民政部5年来为修订设镇标准做了大量工作。在此基础上,2002年就修订设镇标准问题向国务院作了专题汇报。根据国务院的有关决定,国务院办公厅发出通知停止执行1984年设镇标准,暂停撤乡设镇工作,并由民政部会同有关部委制订新的设镇标准。根据国务院的指示,民政部在有关部委的支持配合下,深入开展调查研究,广泛征求各地意见,对原草拟的新设镇标准作了进一步修订完善。目前该标准已形成初稿,正在征求各有关部委和地方的意见。

(杭　觉)

【乡镇行政区划调整(撤并乡镇)】 我国乡镇行政区划格局是在计划经济体制下形成的,乡镇规模普遍过小,导致小城镇建设布局分散,重点不突出,缺乏规模效益,建设财力不足和低水平重复建设的情况并存,影响了小城镇建设的质量和速度。为解决这个问题,近年来各地陆续开展了相对集中的撤并乡镇工作。民政部在认真调研总结经验的基础上,会同中央机构编制委员会办公室、国务院经济体制改革办公室、建设部、财政部、农业部、国土资源部联合下发了《关于乡镇行政区划调整工作的指导意见》,对各地正在进行的撤并工作进行了指导帮助。该意见指出:一是按照积极、稳妥的原则做好乡镇行政区划调整工作;二是要切实加强领导,做深入细致扎实的工作,保证乡镇区划调整的质量,保持社会稳定;三是撤并乡镇后要从乡镇政府的职能和工作方式转变的需要出发,按照精简、效能的原则合理设置机构、核定编制;四是积极妥善地做好安置分流人员的工作,多渠道、多形式地逐步消化富余人员;五是妥善处理被撤乡镇驻地管理问题;六是妥善处理资产管理问题;七是积极稳妥地做好建制村调整撤并工作;八是已经完成调整撤并乡镇工作的地方,应结合乡镇机构改革,抓紧完成人员分流等善后工作,并及时修订小城镇的经济社会发展规划、城镇体系规划和土地利用总体规划,加快调整后的乡镇发展。

目前已有26个省、自治区、直辖市基本完成了撤并乡镇工作,撤并幅度多数在20%左右,近1/3的省、自治区超过30%。其他省、自治区也正在开展此项工作。与1997年底相比,2002年我国乡镇总数由44891个减少到39240个,减少了5651个。从实际结果看,撤并乡镇工作取得初步成效:精简了机构,减少了行政人员和财政开支,降低了管理成本,减轻了农民负担;优化了乡镇的资源配置,盘活了乡镇的存量资产,促进了乡镇的经济发展;优化了小城镇体系,促进了小城镇建设。

(杭　觉)

地名管理

【地名】 人类为区别不同的地理实体,方便人类自身的生活,对地理实体赋予一种特定的代号,从而形成各种各样的地名。地名包括人文地理实体名称和自然地理实体名称两大类。地名由两部分共同组成:专名和通名,二者一并构成一个完整的地名专名指位,具有惟一性和排他性;通名指类,表示某种特定的地名类别。即,地名是对某个个体地理实体用语言文字标注的专有名称。

地名是人类文明的标志之一,是随着语言的产生和发展逐渐进化和形成的,是特定的地理实体与语言有机结合的产物,其起源和演化大都经历了约定俗成和政府法定两个过程。在约定俗成阶段,地名的命名和更名是人们的自发行为;在政府法定阶段,地名的管理成为人类的自觉活动。

地名的基本要素有三:字形、读音和字义,字形和读音是地名的外部表现形式,字义是地名的内在实质内容,三者互为表里,相互依存,缺一不可,共同构成一个有机的、完备的整体。当然,有少部分地名会随着时间的推移,其原始的字义已经无从考证,特别是由业已消失的少数民族语言命名的地名,经过汉字表音命名后,其字义无法真正表现出来,但地名本身的三要素仍然完整地存在,使“地”与“名”一起展示地名的应有内涵。

地名是地物与语词的结合体,具有多种属性。一是指位性:地名成为地理实体的专有名词后,就具有了专门指代该地域的功能。二是稳定性:地理实体一经命名,就基本上具备了不宜变更的特性,有的地名甚至长达数千年。三是民族性:任何地名都会打上本民族的烙印,体现民族自身的特点。四是时代性:每个时期命名的地名都带有时代的色彩,从地名中可以看出当时的历史印记,在产生新地名的同时,必然也会淘汰一些旧地名,一些新地名自然会成为一个时代的标志。五是广泛性:所有的独立地理实体单元,都要被赋予相应的名称,致使地名的触角伸向每个角落,成为社会生活中最广泛的元素之一。

随着时代的进步与发展,地名伴随着时代的脉搏,无论是个体还是整体都发生了巨大的变化,主要表现在两个方面。首先是宏观变化:一是数量由少到多;二是类别越来越多;三是内涵日趋丰富。其次是微观变化:一是各少数民族语地名和外语地名相互交融;二是有些地名失去原有字义,地名本身含义产生误差;三是政治原因左右了部分地名的命名;四是经济建设带来大量的新生地名。从总的发展趋势上看,地名的专名和通名日益规范,字义、读音、字形愈来愈标准,命名方式日臻科学。

在地名这个复杂的大家族中,可以根据不同的命名方式、管理情况、自身特点、使用范围、规范程度、级别大小等分为多种类型。第一,从地名命名的对象种类上看,可分为自然地理实体名称和人文地理实体名称,包括山脉、河流、湖泊、海洋及省、市、县级城市、村庄、车站、广场等。第二,从地名命名时间和使用时限上看,可分为现代地名和历史地名,或者分为正在使用的地名和已经废弃的地名。第三,从地名所表示的地域范围大小上看,可分为大地名、中地名和微地名。第四,从地名应用的语言上看,可分为汉语地名、少数民族语地名以及英语、法语、西班牙语、阿拉伯语等外语地名。第五,从地名分布的地域上看,可分为国内地名、外国地名和国际共有领域地名。第六,从地名规范化、标准化上看,可分为标准地名和非标准地名。第七,从地名命名的缘由上看,可分为纪念性地名、描述性地名、意愿性地名等。第八,从地名的管理情况上看,可分为政府法定地名和约定俗成地名。另外,还可分为全称地名和简称地名、别称地名、俗称地名、代称地名、旧称地名、雅称地名、古称地名等。

地名的现实意义和社会作用主要体现在社会、经济、文化等三个方面:一是给人们的生产、生活提供了方便;二是为经济建设创造了一定的社会基础;三是揭示了当地的历史变迁、民族特征和文化底蕴等。

(庞森权)

【地名管理简况】 地名管理是指国家地名行政管理机构以地名为对象,以地名工作法规和技术规范为依据,运用行政手段并辅之以技术措施,通过科学的运转方式和法定的工作程序,对特定的自然地理实体和人文地理实体进行命名更名,对社会上的一切组织和个人使用地名的行为进行规范、协调,为推行和实现地名的标准化、规范化和法制化而开展的有效活动。它包含6个方面:地名的行政主管机关是地名的行政主体;地名本身是地名管理的对象;地名的各项法规和技术规范是地名管理的准则和保障;行政手段和技术措施是地名管理的方式、方法;规范法人和个人使用地名是地名管理的内容;实现地名标准化、规范化是地名管理的目的。

地名管理具有4项基本特征:地名管理同其他行政管理一样,都是国家意志的具体体现,是国家权力在地名工作领域里发生的一种社会现象,是职能部门直接或间接的管理活动。地名管理是依法开展政务的组织行动,具有普遍的约束力和强制性,地名管理事项中的客体,必须无条件地服从地名管理主体行政机关的法治行为,使其相关活动符合地名的规范性要求。地名管理是一个动态的运行过程,通过地名管理机关行使规划、计划、组织、领导、协调、审核、指导、测试、设标、检查、监督等职能,对地名的各项事务实行全过程的管理。地名管理必须时刻服从或者服务于社会生活的现实需要,如领土主权、政治稳定、经济发展、民族团结、国防建设、民众需求等,使地名管理工作时时处处围绕着上层建筑、经济基础或者生产关系、生产力的变化而发展。

地名管理必须依据地名的自身属性,遵循它所特有的原则。一是政策性原则:地名管理与行政区划、民族自治、公安户籍、城乡规划、国土资源、交通运输、邮政电讯、国防建设、对外交往等管理事项密切相关,是一项政策性很强的行政管理工作,要求各级地名管理部门在实施地名管理时,必须认真贯彻党和国家的方针、政策。二是科学性原则:地名管理的专业性非常强,涉及法律、历史、地理、经济、政治、文化、民族、军事等多种学科,需要现代科学技术来支持地名的管理工作,使地名的管理更加科学、规范,并提高地名的管理效率。三是社会性原则:鉴于地名管理工作与社会上的一切组织和个人都紧密相关,它的出发点和落脚点都是社会生活中的所有自然人和法人,所以它无形中成为一项全社会的管理事务。四是统一性原则:由于地名管理的政策性、科学性和社会性都很强,使得地名的管理趋于专业化,如果多头管理、各自为政、自行其是,势必造成地名的混乱,因此要求地名管理一定要统一归口,由地名主管部门民政部进行统一、规范的职能性管理。五是法定性原则:地名管理作为行政管理的重要组成部分,不仅要把党和国家的方针、政策法律化,而且也要求在管理的过程中依法行政,并将被管理的地名予以法定化。六是系统性原则:正如上面所说,地名的种类众多,分类必须科学,在这种情况下,地名的管理就一定要依据各类地名的自身特点,进行分级别、分类型、分专业的管理,使之形成类属科学、层级合理、专项明晰的系列化管理。

地名与其他行政管理相比,有其自身的内在特点,这就需要针对地名的本质,实施有针对性的管理。首先,建立健全各项法规。地名所具有的普遍性为地名管理提出了特殊的要求,即在法治社会的条件下,应当将其纳入法制化的轨道,通过制定并颁布有关地名的法律和规定,规范地名的管理工作,使地名管理真正建立在法制的基础上,如国务院《地名管理条例》、民政部《地名管理条例实施细则》等,就为地名的有效管理奠定了较坚实的基础。其次,制定相关技术规范。无论地名的字义、字形、字音,还是地名标志的书写规范,抑或地名各语言间的译写规则,都需要有一些相应的标准,以使地名符合地名标准化的要求,如,中国地名委员会、中国文字改革委员会、国家测绘局颁发的《中国地名汉语拼音字母拼写规则(汉语地名部分)》,民政部制定的《外语地名汉语译写导则》(8种),民政部、国家质量技术监督管理局颁布的《地名标牌·城乡》国家标准等,给地名的相关管理提供了可资遵循的准则。第三,依法实施行政管理。通过赋予民政部的地名管理职能,对地名直接实施各类形式的行政事务性管理,如地名的命名、更名和注销等。第四,分级实行指导管理。地名本身具有较明显的层级属性,地名的管理部门依据地名的这一情况而设置不同的等级组织机构,对地名的管理各负其责,因此给最高地名管理的职能部门提出了一个不可推卸的责任,那就是直接指导地方对地名予以管理,监督各级政府地名管理法规的执行情况,以间接的手段贯彻、落实自己的各项工作责任。另外,编辑、出版各类地名的图、录、典、志,以多种方式发布标准的地名录,宣传标准地名使用形式,也能起到管理地名的效果。

地名管理是一项系统、科学的管理工程,涉及的事项比较繁杂,从近期工作的角度看,主要有7项内容。一是对地名进行命名、更名和注销。这里既包括自然地理实体名称的命名,如命名世界上最壮观、最神秘、最奇特的雅鲁藏布大峡谷,也包括人文地理实体名称的更名,如将云南省迪庆藏族自治州境内的中甸县更名为香格里拉县。二是推进地名的标准化工作。地名是由通用的语言文字组成的,它的字义、字音、字形必须符合国家的有关规定,符合人们的认知习惯,方便群众的生产和生活。三是各种其他语言文字地名的汉字译写。无论是少数民族的语言文字,还是汉语以外的其他外国语言文字,它们的地名都需要转译成我国通用的语言文字,让广大汉语使用者能够获取统一、规范的外语或少数民族语的地名。四是单一罗马化工作。根据联合国教科文组织的要求,在全世界范围内推动地名的单一罗马字母化,我国以汉语拼音方案规定的拼写方式拼写我国地名,作为中国地名国际罗马字母的拼写标准,并得到联合国有关地名组织认可。五是设置各种各样的标准地名标志。在完成地名标志国家标准的前提下,指导并推进各地开展一系列的地名标志的设置工作,包括设置道路标志、街巷标志、楼门标志、村寨标志等。六是推行标准地名的使用。鉴于地名的使用非常广泛,几乎涉及各行各业,因而采取必不可少的手段,在测绘、制图、出版、邮政、交通、广播、电视等领域推广标准地名的使用,就成为地名管理内容的重要组成部分。七是建立全国范围内的地名数据库。地名的主要作用之一是服务社会上的广大民众,因此将地名普查的丰硕成果搜集起来,建立起相互衔接、能够配套、更新方便、运转便捷的各级地名信息数据库,是现代生活的必然选择,能够发挥出地名所承载的最大功能。

从我国的发展形势和前进方向上看,政治生活更加民主,市场经济逐步完善,人类交往日益紧密,由此必然影响甚至决定地名管理的发展走向。地名管理的发展趋势是:第一,科学化。地名管理的形式、方法、作用、效果,都会随着社会的进步、科技的发展、法规的制订,逐渐达到比较理想的境界,使地名的管理工作进入科学运作的范畴。第二,标准化。由于我们已经建立并完善了地名的一系列国家标准和与世界接轨的国际标准,因而我们的地名管理工作,自然也会呈现标准化的态势。第三,法制化。在我国社会主义的法制建设逐步完善的大背景下,地名作为社会生活的重要组成部分,理应建立健全管理法规,实施法治化的管理模式。第四,民主化。在法规、标准等齐全、完备的前提下,有些地名的管理工作将愈来愈简化,无需繁琐、复杂的审批,将使风行世界各国的准入制度盛行起来。第五,信息化。我们不知不觉中已经走入数字化的行列,传统、落后的地名管理方式束缚了我们的手脚,应当在扬弃过去管理模式的基础上,同时建立新的管理秩序,这就要求我们在全国范围内,建立起可以通行的地名信息数据库,让地名的服务功能全部释放出来。第六,系统化。随着法制的建立健全、地名数据库的建立、办事方法的完备,地名的管理将不再是“头疼医头,脚疼医脚”的传统方法,代之以全新的管理理念,形成系统的、科学的、有序的、快捷的管理运作模式。

(庞森权)

【地名管理机构】 为加强对地名工作的管理,统一研究解决地名工作方面存在的问题,1979年7月23日,国务院批转了国家测绘总局等部门《关于成立中国地名委员会的请示》的报告,规定:在国务院领导下,成立由国家测绘总局、公安部、外交部、中国文字改革委员会、新华社、邮电部、交通部、铁道部、中央统战部、中国科学院、广播事业局、国家出版局和解放军总参谋部测绘局等各有关部门领导同志参加的中国地名委员会,主任委员由国家测绘总局领导同志担任,副主任委员由公安部、外交部、中国文字改革委员会和新华社的领导同志担任。中国地名委员会的职责是：根据党和政府的有关规定，负责制定国内地名的命名、更名原则，制定国内外地名译写标准化原则，组织调查、搜集、整理、审定、储存国内外地名资料，编制出版各种地名书刊并参加有关的国际交往。中国地名委员会下设一个有8人编制的办公室，由国家测绘总局代管，负责处理地名委员会的日常工作。各省、市、自治区地名工作机构的设置，请各省、市、自治区革命委员会确定。可由当地有关部门组成省、市、自治区地名领导小组，也可指定有关部门兼管，在业务上接受中国地名委员会的指导，负责管理本地区地名工作。

1980年7月24日，国务院为了充实和加强地名委员会，增加民政部、国家民委、教育部、中国社会科学院、国家海洋局、外文局、中央马恩列斯编译局以及海军司令部等8个单位参加中国地名委员会。原由公安部领导同志担任的副主任委员，改由民政部领导同志担任。需要说明的是，民政部领导同志在地名委员会担任的是第一副主任委员，而且也是民政部门首次参与地名的管理工作。

1986年1月23日，国务院发出《关于发布〈地名管理条例〉的通知》，明确国务院委托中国地名委员会管理全国地名工作，其办事机构由城乡建设环境保护部代管。这样，地名管理的办事机构又转移到另一个国务院职能管理部门。

1987年8月9日，劳动人事部发出《关于改变地名工作领导体制的通知》，明确中国地名委员会办公室由城乡建设环境保护部划归民政部。地方各级地名委员会的工作机构，原则上并入各级民政部门，地名工作真正纳入民政部的业务管理范畴，民政部成为名副其实的全国地名行政主管部门，同时也标志着地名管理机构由非常设机构转化为常设的职能管理部门。

中国地名委员会于1984年7月9日第八次全体会议通过并于1987年12月10日第十三次全体会议修订了《中国地名委员会工作条例》，该条例明确规定：中国地名委员会在国务院领导下，负责管理全国地名工作。委员会的工作归口民政部，主任委员由民政部主要领导同志担任，其办事机构设在民政部。中国地名委员会办公室负责处理委员会的日常工作。

1993年10月6日，民政部根据国务院办公厅《关于部分已撤销的国务院非常设机构其原工作移交有关部门承担问题的通知》（国办发〔1993〕42号）文件精神，发出《关于地名管理工作有关问题的通知》（民行函〔1993〕237号），指出：中国地名委员会撤销后，全国地名管理及有关部委间的协调，将列入民政部工作职责范围，由民政部具体承担。同时强调，地名管理工作只能加强，不能放松。原以中国地名委员会名义下达的各项规定和工作任务继续有效。这说明，地名的管理工作由原来分散化管理、协调式管理、议事性管理转化为统一性、职能性、规范性的行政管理。

中国地名委员会的各项工作划入民政部以后，其全部地名管理业务纳入民政部行政区划和地名管理司，根据工作需要和业务要求，区划地名司内设两个专门管理地名的处室：国内地名管理处和国外地名管理处。这样，地名管理机构由中国地名委员会的办事协调机构转化为职能管理部门，地名的各项管理工作步入新的领域。

此外，还有其他性质的地名机构，可以作为地名管理的辅助性管理组织，如地名研究所、地名档案馆、地名学研究会、地名管理顾问委员会等，它们从不同的角度，以不同的方式让人们了解地名、掌握地名、整理地名、研究地名，帮助并促进具有地名管理职能的权威机构做好地名的管理工作。依据当时的地名管理工作任务的特殊性，临时设置相应的专门性管理机构。例如，在开展全国城市标准地名标志设置工作时，考虑到城市设标工作具有牵涉面广、任务量大等特点，特别是除了主管地名工作的民政部外，还与交通部、国家工商行政管理局、国家质量技术监督管理局息息相关，于是成立了由4家国家机关同时参加的全国地名标志设置管理工作领导小组。并且，为有效地完成全国城市标准地名标志设置任务，更好地对地方进行指导、监督、检查和验收，在联合领导小组之下设立了与之相对应的设标办公室。

1998年6月17日，国务院办公厅发出《关于印发民政部职能配置内设机构和人员编制规定的通知》（国办发〔1998〕60号），确定地名管理的职能是：拟定地名管理的方针、政策、规章，并监督实施；承办县以上行政区域名称、重要自然地理实体、国际公有领域和天体地理实体的地名更名、命名以及边境地名的审核报批；拟定我国少数民族语地名和国外地名的汉字译写规则；规范全国地名标志的设置和管理；负责国内外标准地名资料的编辑和审定；参加联合国和国际地名组织地名标准化建设活动。这些是地名工作“三定”方案中的地名管理职能，它是地名管理工作的基础，也是地名管理机构赖以行政的法定依据。

（庞森权）

【地名管理法制建设】 长期以来，我国对地名管理特别是地名用语的管理尤其重视，政务院、国务院、国务院办公厅、内政部、民政部、中国地名委员会等，先后发布了一系列关于地名用字方面的文件，如1951年5月16日政务院《关于处理带有歧视或侮辱少数民族性质的称谓、地名、碑碣、匾联的指示》，1951年12月19日《关于更改地名的指示》（政政字第70号），1964年12月17日内政部《关于请对县市以上地名等审查提出更名意见的函》（〔64〕内民字200号），1965年11月16日国务院《关于更改山脉、河流、湖泊、海湾、海峡、岛屿的名称报批权限的通知》（〔65〕国内字388号），1977年12月31日国务院《关于更改西藏部分地名问题的批复》（国发〔1977〕170号），1979年5月9日国务院《关于青海、新疆废除境内三个外来地名问题的批复》（国发〔1979〕127号），1982年1月28日中国地名委员会、外交部《关于边境地区地名命名、更名的处理意见》（〔82〕中地字第3号），1982年12月25日国务院《关于南海诸岛地名命名、更名方案的复函》（〔82〕国函字280号），1983年7月30日中国地名委员会、民政部《关于在行政体制改革中认真做好地名命名、更名工作的通知》（〔83〕中地字第12号），1987年3月27日国家语言文字工作委员会、中国地名委员会、铁道部、交通部、国家海洋局、国家测绘局《关于地名用字的若干规定》（国语字〔1987〕第9号），1987年5月13日国务院办公厅《关于我同外国结为友好的城市不以对方地名、人名命名街道或建筑物的通知》（国办发〔1987〕26号）等。这些地名管理文件的发布与执行，极大地促进了我国的地名管理事业，规范了各地的地名管理工作。

1979年12月25日，国务院颁布了第一部关于地名管理的法规性文件《关于地名命名、更名的暂行规定》（国发〔1979〕305号）。尽管它是一个暂行规定，但它确实是以国务院名义颁布的法规，为地名法治管理之滥觞，也标志着地名的管理逐渐摆脱了原有的命令式、经验式的管理模式，初步走上了法制化的轨道。该规定共5章、23条，对地名的部分管理内容，如命名方式、更名办法、审批程序、报批权限等，都做了比较细致、全面、合理的规定。虽然用今天的眼光看，这一规定尚有很多不足和缺憾，且只针对地名命名和更名一个方面，还是一个暂行的规定，但它的出台与实施，为以后地名管理的立法工作奠定了坚实的基础。

1986年1月23日，国务院发布了《地名管理条例》（国发〔1986〕11号）。这个规定的发布，是地名管理工作中的一件大事，甚至可以说是地名管理的一个里程碑。它首次以国务院发布的地名管理条例的形式，出现在地名管理者和广大民众的面前。该条例虽然文字不多，仅仅13条、1500字左右，但却是在总结、研究、借鉴、综合前期地名管理工作的经验与教训的基础上，经过反复调研、多次讨论、深入论证和长期酝酿后，去伪存真、去粗取精，在多方努力下逐步形成的。它比较全面地规定了地名管理的目的、地名管理的内容、地名管理的原则、地名管理的权限、地名管理的范围、地名命名的要求、地名更名的条件、地名管理的程序、少数民族语和外语地名译写的准则、地名罗马字母拼写的规范、地名的使用方法、地名资料的发布、地名的档案管理、地名标志的设置等实质性的内容，对地名的各项管理工作都起到了不可替代的作用，极大地推动了地名的行政管理，基本上使地名的管理有法可依、有章可循，并填补了地名法制的空白。迄今为止，该条例仍然处于地名管理行政性法规的最高等级。

在根据《地名管理条例》开展地名管理工作时，逐渐发现，它存在着许多不尽如人意的缺陷：一是未规定地名的主管部门，造成地名的管理职能仍旧不够明确；二是有部分内容未涵盖进去，使一些地名置身于地名法制管理之外；三是线条较粗，过于笼统，不宜实际操作；四是仍为计划经济时代的产物，前瞻性不够，与现今社会的管理要求明显脱节。对此，为弥补该条例的不足，民政部花费了大量的人力、物力、财力，通过深入实际的调查研究、全方位的征求意见、反复细致的探讨和论证，对《地名管理条例》进行了加工、整理、充实和完善，经过地名管理部门10年的艰苦努力，终于形成了民政部《地名管理条例实施细则》(民行发〔1996〕17号)，并于1996年6月18日施行。该细则共8章、37条、5000字左右，对地名管理的方方面面都做了较为细致的规定：明确了地名管理的目的、意义和作用，概括了地名管理涵盖的范畴，划分了地名的级别和种类，规定了地名管理的任务，确定了地名管理的方式和责任，指明了地名管理的主管部门和职能，列举了县级以上民政部门的职责，确立了地名命名与更名的原则，梳理了地名管理的责任单位，表明了地名标准化的处理方法，规范了少数民族语地名和国外地名的译写要求，确认了中国地名罗马字母的拼写规则，规定了标准地名的使用方式，表述了地名标志设置的种类和形式，说明了地名档案的管理事项……总而言之，《地名管理条例实施细则》与上位法规相比，在内容上更加翔实，在规定上更加缜密，在体例上更加完备，在质量上更加上乘，在条款上更加严谨，在文字上更加准确。它的施行，对地名的各项管理工作都起到了积极的作用，为地名工作的广泛开展做出了贡献。

2000年10月31日，第九届全国人民代表大会常务委员会第十八次会议通过了《中华人民共和国国家通用语言文字法》，并于2001年1月1日起施行。尽管该法并非关于地名管理的专门性法规，但由于地名的表现形式是语言文字，因而在与地名管理特别是通用语言文字在地名上的使用方面做了相关的规定，如第十三条、第十四条中的标志牌、公共场所的设施、招牌等的用字要求，第二十五条中的外国地名等专有名词译成国家通用语言文字的审定等，从而为地名在语言上的管理提供了法律上的依据。事实上，虽然语言是地名的外在形式，但地名的合理内核和外部表现都落脚于地名的语言特征和规则，因而《中华人民共和国国家通用语言文字法》作为地名管理上的重要规定，从本质上解决了地名管理的诸多问题。

然而，地名的法制管理不可能全部依仗相邻的法规，最根本的出路在于完全具备针对地名的专门性管理法规。但不能否认的是，囿于上位法规《地名管理条例》的不够完善，加之其颁布的时间过长，与现实的地名管理要求相差甚远，虽然《地名管理条例实施细则》基本穷尽了它的管理事项，对其进行了比较多的补充和完善，却不能脱离原来的窠臼，使之无法从根本上达到理顺地名管理体制的目的，也绝对不可能将地名管理的法制建设推进到尽善尽美的境界。在这种状况下，只有进一步理顺地名管理体制，修订现行地名管理法规，才能使地名的法制化管理上一个新的台阶。为此，地名管理未来的根本出路是，针对地名管理在法规体系上的种种不足和缺陷，采取强有力的措施，彻底对原来的地名法规进行必要的修订，真正把地名管理中存在的各种矛盾予以消除，才能使地名的法制化管理走上正规化的道路。

（庞森权）

【全国地名普查】 为全面掌握全国地名情况，1980年5月，开展了全国地名普查工作，1989年普查、补查工作结束，共计获得550万条地名资料。地名普查既是一项地名资料收集的事务性工作，又是一项专业性很强的科研活动，还是一项前人从未从事过的全新任务，不仅涉及面广,牵涉人员多,而且时间跨度长,又与其他有关部门密切相关,这就要求开展这项工作,必须把握住它的脉搏,找准它的切入点。为此,中国地名委员会与有关部门一道,无论是在地名普查的初期,还是在地名普查的过程中,或者是在地名普查的收尾阶段,都发布了大量有针对性的文件,既有部署工作的,也有解释问题的,还有介绍经验的,如1981年5月13日中国地名委员会办公室印发《关于认真做好全国地名普查成果验收工作的几点意见》的通知(〔81〕中地办字第10号),1981年10月13日中国地名委员会办公室《关于民族语地名汉语拼音记音问题的复函》(〔81〕中地办字第24号),1981年11月10日中国地名委员会、外交部《关于进一步抓紧海南诸岛地名调查考证和资料分析研究工作的函》(〔81〕部条字第157号),1983年5月25日中国地名委员会办公室《关于各省、市、自治区向国家上报地名普查成果的几点意见》(〔83〕中地办字第9号),1983年10月8日国务院、中央军委批转中国地名委员会等部门《关于加速进行我国沿海岛礁地名普查及地名标准化工作报告》的通知(国发〔1983〕156号),1988年8月30日民政部、中国地名委员会《关于开展地名补查和资料更新工作的通知》(中地发〔1988〕第15号)……这些文件的发布和贯彻落实,为完成地名普查任务提供了良好的政策保证。

从实践中看,地名管理部门主要采取了以下值得借鉴的做法:

第一,对参与地名普查的工作人员进行业务培训。鉴于地名管理工作开展得较晚,专门从事地名管理的工作人员严重不足,且大部分地名管理上岗人员由相近专业工作转行而来,如制图人员、测绘人员、方志人员、城建人员等,通过调动、转岗之后才着手这项工作,与地名日常性管理所需专业素质的要求尚有较大的差距,更与地名普查这一专门性工作应具备的工作能力相距甚远。因此,中国地名委员会花费一定的财力和精力,对即将从事地名普查的工作人员先期进行了多种形式的业务培训,如以会代训、学习试点经验、举办短期学习班,甚至花大力气聘请了一些大学地理系的教授给公务员们授课,使大家既了解了地名普查的重要意义,也知道了兄弟单位的普查效果,又掌握了地名普查的专业技能,使同志们短期内初步成为地名普查的行家里手,可以毫无顾忌地投身于地名普查的工作中。

第二,先进行地名普查的试点工作,在总结经验、改正不足的基础上,再全面推进地名的普查工作。第一个地名普查的试点单位是辽宁省旅大市的金县(今大连市金州区),目的是为北方11省、自治区、直辖市做出表率;南方12省、自治区地名普查的试点单位是福建省的龙海县(今龙海市),也同样取得了预期的效果。两个地名普查试点县的做法是,在当地省级人民政府的支持下,在上级人民政府的积极配合下,在地名普查领导小组的直接领导下,采取了专业人员与群众相结合,查阅历史资料与现场调查相结合,召开座谈会与个别走访相结合以及分片包干、边查边验收的方式。试点工作共分5个阶段:一是准备阶段;二是动员、学习有关文件和业务培训阶段;三是普查阶段;四是资料整理与验收阶段;五是总结阶段。地名普查的管理机关和有关人员经过认真总结后认为,试点工作是成功的,其基本经验是:必须加强对普查工作的领导;做好宣传工作,提高思想认识;一定要有一支精干的普查队伍;要从实际出发,走群众路线;建立责任制,认真验收,严格把关。此后,在学习两个地名普查试点县先进做法的基础上,正式推动这项工作,全面展开地名的普查。

第三,政策先期到位,做到有章可循,避免出现混乱。人员已经齐备,试点也已成功,下一步工作就是提供一个合理、有效的工作环境,使这项工作真正运转起来。为此,中国地名委员会经过反复酝酿、多次讨论,于1980年5月10日出台了《全国地名普查若干规定》(〔80〕中地字第9号)。这个规定与其他法规、文件迥然不同,它是一个专门为地名普查制定的工作守则,内容包括:地名普查的作用和意义、地名普查的组织单元、地名普查的范围、地名普查的步骤、地名普查的形式、地名普查的成果、地名普查的汉字书写、地名的汉语拼音拼写方法、地名卡片的建立、地名普查依据的地图比例、方言地名的处理、地名档案的收藏等。可以说，该规定囊括了地名普查的方方面面，是一份具有指导性的重要文件，起到了规范工作标准、概括工作要求、部署工作任务、明确工作范畴、确立工作步骤、指导工作开展、提供操作平台的巨大作用。实际上，该规定的认真遵守和严格执行，为完成地名普查任务提供了坚实的保障，取得了显著的成效。

第四，先进行海岛的地名普查，再开展陆地的地名普查。原因在于：要先易后难，步步为营，逐步推开。一是海域地名与陆地地名相比较，海域地名的种类较少，比较单一，便于进行地名调查。二是海域地名具有特殊性，直接关系着祖国的国防建设和军事要求，需要尽快掌握情况。三是沿海省份经济比较发达，各项工作有一定的基础，特别是可以在资金上提供有力的保障。四是为了国防建设的需要，我国军事测绘部门对海域已经进行过测绘，初步掌握了海域地名的大致情况，方便了海域地名的普查。五是可以充分利用解放军自身的优势，完成地名普查的外业任务。

最后，对于特殊地方的地名普查，根据当地的实际情况，采取了特事特办的方法，在完成绝大部分地区地名普查任务的同时，也适当照顾条件过于落后的地方。我国的西藏自治区的地域特点是，山高水长，地广人稀，地大物博，贫穷落后，环境恶劣，加之又处于少数民族聚集区，且有很长的边境线，在这种地方开展地名普查，确实有许多意想不到的困难，而且让西藏自治区人民政府独自完成本政区的地名普查任务，实在难以胜任。鉴于此，西藏自治区人民政府、西藏军区、中国地名委员会于 1985 年 9 月 24 日联合向国务院、中央军委提出《关于开展西藏自治区地名普查的请示》(藏政发〔1985〕52 号)，要求提供地名普查经费，派遣地名普查专业人员，外业工作委托军队来完成等。1986 年 2 月 19 日，国务院办公厅、中央军委办公厅在《关于开展西藏自治区地名普查工作的复函》(国办函〔1986〕11 号)中，同意了上述请求。之后，中国地名委员会立即派业务精、能力强、干劲足、身体好的同志赶赴西藏，在军队的大力支援下，于规定的时限内，帮助西藏自治区完成了地名普查的艰巨任务。

地名普查之后，为了有效地进行地名管理，完善地名档案资料，及时、准确地向社会提供地名信息，更好地为经济建设服务，民政部和中国地名委员会认为，有必要尽快进行地名补查和资料更新工作，并于 1988 年 8 月 10 日发出《关于开展地名补查和资料更新工作的通知》(中地发〔1988〕第 15 号)。在该通知中，设置了工作方案，包括补查的目的和要求、补查的范围和内容、补查的步骤和方法、补查的资料和成果、补查的工作和制度等，使地名资料分类更科学、规范、实用，也使补查更新工作顺利完成。

实践证明，地名普查工作意义重大，获取了 550 万条很有价值的地名资料。但随着时间的推移，一些地名资料已经陈旧，一些地名资料需要尽快更新，一些地名资料亟待充实。因此，在信息化发展的今天，地名数据库建立以后，大规模的地名普查将不再简单地利用人工来进行，而是要与地名数据库的建设结合起来，利用电子化的网络传输技术，实行地名资料的年报与更新地名信息数据库相互关联的工作制度。

(庞森权)

【地名档案管理】 无论是地名的纸制文件，还是地名的地图、图纸，或者是地名的平面音像制品、地名的电脑光盘，均需要有一个专门的管理单位，将其进行收集、归档、整理、研究、开发，这些工作内容都是由地名工作的属性所决定的。从另一个角度看，地名的档案资料不仅仅是一些无生命的东西，而是一些很有价值的宝贵财富。对它实施科学的档案管理，即对地名资料的收集与保管、整理与研究、开发与利用，均为地名行政管理的补充形式。换言之，地名资料需要纳入档案管理的范畴。

在一无人员、二无经费、三无场地的情况下，中国地名委员会未放松对地名档案的管理,仍然想方设法地将地名档案的管理工作纳入正常的轨道,并与国家档案局联合下发了《全国地名档案管理暂行办法》和《地名档案保管期限表》(〔83〕中地字第10号、国档发〔1983〕19号)两份正式文件,要求各地结合本地的实际情况贯彻执行。

为加强全国地名档案、资料的管理,发挥地名档案、资料的各项作用,应尽快建立地名档案馆。对于这项迫在眉睫的工作,地名的议事、协调、管理机关非常重视,中国地名委员会于1984年2月16日向城乡建设环境保护部及劳动人事部上交了《关于建立全国地名档案馆的报告》(〔84〕中地字第5号)。1984年4月12日,劳动人事部给中国地名委员会的代管上级城乡建设环境保护部发出《关于全国地名档案资料馆编制的通知》(劳人编〔1984〕46号),同意了地名委员会的请求,支持建立全国地名档案资料馆,并定事业编制16人,事业经费由财政部从事业费中解决。其主要任务是:负责收集、管理国内外地名档案和资料;拟定管理全国地名档案、资料的规章制度;负责全国各级地名档案、资料工作的业务指导;编纂、出版国家地名录、地名志、地名图(集)等地名书刊;负责提供国内外地名档案、资料,并负责收集国外地名情报及资料交换工作。

由于地名资料、档案浩如烟海,地方政府对本辖区内的资料亦需进行专门化的管理,在人员、经费、场地不到位的情况下,显然无法真正地做好这项工作。因此,为解决地方地名档案馆的人员编制问题,劳动人事部和国家档案局联合颁布了《地方各级档案馆人员编制标准》(试行)。之后,中国地名委员会迅速转发了该人员编制标准,实事求是地解决地方地名建档工作中的人员编制问题。由于出发点好、符合实际、政策到位,极大地推动了地名的档案管理工作。

中国地名委员会并入民政部以后,在国务院机构改革的大环境下,全国地名档案资料馆与民政部档案馆合署办公。尽管如此,地名档案的管理工作并未削弱,而是仍旧有条不紊地开展着分内的工作。主要工作内容是:对地名档案、资料进行收集、保管、归档、整理、传输、鉴定等;对各级地名档案管理人员进行培训;检查、指导和监督各级档案馆以及从业人员的工作情况;设计地名档案的检索、查找、借阅程序和模式;利用现势资料编辑并出版各类地名的图集、名录等。

随着人们交往的日益紧密、全球一体化进程的快速来临、网络时代的迅速到来,地名档案的工作重点、管理方式、发展方向等都会发生一系列的变化,其主要趋势表现在4个方面:一是地名档案的管理手段越来越先进,不会仅停留在档案柜的粗放式保管方式上,而是要借助现代化的相关产品,使地名档案的存放空间更加小型化,保密措施日益加强,分类日趋合理,管理更加便捷、有效、科学。二是地名档案的数量越来越多、种类越来越繁,但在电脑办公的条件下,各级、各类的地名数据库得以建立,地名资料的管理将走上信息化的轨道。三是地名资料的合理利用进一步加强,地名档案由"死"的文件转化为"活"的资料,在档案馆馆员们的努力下,其内在的价值被极大地挖掘出来,通过网络间的快速传递,让其时时处处服务于社会生活的方方面面。四是地名资料的形态有可能发生巨变,逐渐衍化为市场经济中的商品,因而对它的管理就不能仅仅以事业管理的形式出现,还要时刻考虑商品经济对地名档案的冲击,以求应对新形势下地名商业化的档案管理。此外,鉴于地名档案、资料的多样化,地名档案的管理人员不仅要有档案管理的专门素质,还要具备地名的相关知识,同时也应知晓电脑信息的处理,甚至具备一些市场开发的能力,从而成为复合性的管理人才。

(庞森权)

【地名标准化工作】 在语言、文字千差万别的国际环境中,人类对各种地理实体的称谓、书(译)写以致读音的不断统一与规范,即为地名标准化。这是人类社会政治、经济、军事、科技和国际交往迅速发展的要求,是地名管理、科研的根本任务和最终目标,也是一个不断趋于深入、广阔、完善的漫长过程。

一般说来,地名标准化依其实现的范围分为两个阶段:在一个国家内,用本国的官方语言文字(或其他语言文字)统一并固定地名的书写形式,即为地名的国家标准化;在此基础上,使地球及宇宙间地名的书写形式达到最大程度的单一性——每个国家对地名只采用一种书写形式,使用非罗马字母文字的国家制定罗马字母的地名拼写形式,达到世界范围内地名的单一罗马化书写,进而制定国际公认的地名转写法,科学地进行各种语言文字间的转换,即为地名的国际标准化。

我国由于历史悠久,地域辽阔,民族众多,语言文字复杂,地名标准化任重道远。长期以来,国家主管机关和地名学者为促进地名标准化进行了不懈的努力:设置各级地名行政部门,实行分级管理,制订地名规划并科学地进行命名、更名,制订地名书写、拼写、译写、读音的国家标准及技术规范,审定各类地名的用字与读音,编辑标准化的地名图、地名录、地名志、地名词典,设置各类标准地名标志等。

1998年12月,民政部领导的全国性地名技术工作组织——全国地名标准化技术委员会(国内编号为CSBTS/TC233),经国家质量技术监督局批准后正式成立,负责地名标准化技术归口工作,并受国家标准化行政主管部门委托办理地名国际标准化的有关事宜,秘书处设在民政部地名研究所。民政部副部长李宝库、罗平飞(2001年8月)相继为主任委员,新华社、国家测绘局、解放军总参谋部测绘局等有关部门负责人为副主任委员。从此,我国的地名标准化工作进入了一个新的阶段。

地名标志古已有之,它是用来标示地名的专有标志,是地名的有形代号,是人们传递信息、友好往来的平台。它对城市管理、社会治安、交通运输、邮电通讯以及人们日常生活、交往等都有着不可替代的作用。随着全球化、信息化进程的加快,地名标志在经济社会发展中的作用日益明显。地名标志从国家名称到一楼一户的名称组成完整的体系。在设置地名标志时强调长远规划和规范、统一,强调不同层次因素之间的协调和地区之间的协调;在一个主权国家内,地名标志设置的基本原则是:系统、准确、标准、规范、统一,避免混乱。在更高的层面上看,地名标志的设置应与美化环境、提高社区文化品味完美结合,在地名标志设置的各个环节恰当地融入国家意识、民族意识和高新科技成果,表现社区日新月异的现代气息,成为文化的组成部分,体现人类的文明成果。

根据国务院部门职责的规定,民政部是我国地名行政工作主管部门。规范全国地名标志的设置和管理是各级地名行政管理部门的重要职责。多年来,由于地名管理体制不顺,技术陈旧,地名标志的混乱状况十分严重,主要表现在:地名标志上的罗马字母拼写使用英文等其他国家文字,这在主权国家十分罕见,它有损中华民族尊严;有些少数民族自治地区,地名标志未加注少数民族文字,或使用不规范的少数民族文字标注地名,不利于民族团结;地名标志上的汉字书写使用了同音字、异体字、繁体字,很不规范;有地无名、一地多名、有名无牌、牌名不一、样式混乱、毁坏严重的现象十分普遍,给国内外行人和交通运输、邮电通讯、医疗救护、房产管理、治安管理、资金往来、工商注册等带来了诸多不便;技术陈旧,标志的规格和材质混乱。这些问题的存在,严重地拖了我国城市现代化经济建设发展的后腿。标准化的地名文化和标准的地名标志,在当今世界已经成了发达国家和许多发展中国家的普遍现象。然而,中国地名有了国际拼写标准而不采用,有了国家语言文字标准而在地名标志上不使用国家规定的语言文字标准,说明我国地名标志设置的现状与我国现代化的程度和现代化的发展要求极不相称,已经到了非整治不可的程度。

国家质量技术监督局于1999年4月9日正式批准《地名标牌城乡》国家标准,同年5月13日向社会发布《公告》,规定于同年10月1日起在全国实施。GB17733－1999《地名标牌城乡》,从发挥作用的范围来讲,属于国家标准;从标准化的性质来讲,属于技术标准中的产品标准；从标准的约束性来讲，属于强制性标准。《中华人民共和国标准化法》规定：强制性标准，必须执行。不符合强制性标准的产品，禁止生产、销售和进口。该标准不仅规定了城乡街、路、巷、楼、门牌产品的分类与型号、版面尺寸、颜色、字体、书写与拼写规范，而且从光学、化学、物理学、放射学、材料学等学科要求对地名标志产品的质量技术指标做出了规定，并提出了试验方法、检测规则和包装要求。《地名标牌城乡》国家标准明确指出：地名标志为法定的国家标志物，地名标志上的书写、拼写内容及形式具有严肃的政治性，涉及国家主权和尊严，涉及民族政策；标志用材涉及人身安全和环境保护；具体规定了强制性条款。该标准广泛适用于地名标志的生产、流通、使用和监督检验。中国地名标准化事业已经走过了几十年的历程，但通过强制性产品标准这一国家技术法规的形式发布实施，则是有史以来的第一次。它使我国地名标志建设由单纯的一般行政管理步入法制管理的新阶段。这一历史性的转变，为我国地名行政管理部门实现从思想方式到工作方式的重大转变提出了崭新的要求。对于规范我国城乡地名标志的设置与管理，它是一个强有力的依据；对于保证地名标志产品质量，净化地名标志市场，它发挥着规范市场经济秩序的作用。

根据国家质量技术监督局对国家标准宣传贯彻工作的要求，全国地名标准化技术委员会秘书处于1999年4月召开国家标准宣传贯彻教材编写工作会议，组织有关专家、学者和技术人员着手编写《GB17733－1999〈地名标牌城乡〉国家标准使用指南（试用稿）》。2000年2月，书稿初步定型。

（商伟凡）

【全国城市标准地名标志设置工作】 1999年9月28日第十四次部长办公会议决定，从2000年起，用5年时间首先实现城市地名标志标准化。为实施这一利国利民的浩大工程，会议决定：成立全国地名标志设置管理工作领导小组及其办事机构，由民政部李宝库副部长担任领导小组组长，民政部区划地名司司长和地名研究所所长任副组长。

2000年3月9日，民政部、交通部、国家工商行政管理局、国家质量技术监督局联合发出《关于在全国城市设置标准地名标志的通知》（民发〔2000〕67号）。《通知》要求，全国城市中的街、路、巷、楼、门均应设置地名标志。已设置地名标志的城市应在5年内更换标准的地名标志，使全国城市地名标志规范统一，符合国家标准。《通知》要求全国民政部门、地名管理办公室与相关部门密切合作，在当地政府统一领导下，把城市设标工作列入议事日程，充分发挥各级地名管理部门的职能作用。《通知》明确指出：设置地名标志所需经费原则上由各地自行解决，其中部分地名标志设置可采用广告招标形式解决所需经费。

2000年初，民政部、交通部、国家工商行政管理局、国家质量技术监督局联合开展全国城市设置标准地名标志工作，试点工作在河北省和新疆维吾尔自治区进行。2000年2月12日，民政部办公厅同意河北省民政厅《关于呈报〈河北省推行城乡地名标牌国家标准五年规划及关于成立河北省地名标志整顿领导小组的通知〉的报告》，决定将河北省开展此项工作实施步骤的第一阶段作为民政部城乡地名标志设置工作的全国试点（民办函〔2000〕18号）。经过为期半年的紧张工作，全国城市标准地名标志设置工作现场会议于2000年9月21日至24日在石家庄市隆重举行。各省、自治区、直辖市主管地名工作的民政厅（局）长、地名办主任和国家质量技术监督局标准化司等有关部门的代表计120余人出席了会议。李宝库副部长到会作了重要讲话，河北省副省长郭庚茂向大会致词并代表省政府对地名工作作了表态发言，石家庄市民政局陈建新局长介绍了设标试点经验。会议对石家庄市、邢台市、清河县、磁县的设标现场组织了现场参观。与会代表普遍反映，河北省和石家庄市的经验切实可行，街、路、巷标志和楼、门牌样式新、标准高、效果好。在这次全国设标试点中，参加标准地名标志产品试生产的生产厂家，都是GB17733－1999《地名标牌城乡》国家标准起草单位和新产品研制单位。

2000年5月，民政部全国地名标志设置管理工作办公室和全国地名标准化技术委员会秘书处联合在北京举办国家标准全国培训班，由全国地名标准化技术委员会秘书长、秘书处处长和国家质量技术监督局标准化司高级工程师、河北大学物理系教授、中国行政区划与地名学会副会长、河北省地名办公室主任授课。来自全国各省、市、自治区和部分城市的从事地名工作的近200名同志接受了国家标准专业技术培训。

2001年4月11日，民政部办公厅向全国发出《关于认真做好地名标志设置管理工作的通知》(民办发〔2001〕4号)，要求进一步理顺管理体制，认真贯彻执行《关于在全国城市设置标准地名标志的通知》，把国家标准宣传贯彻到基层；切实履行国务院交给民政部门的地名管理职责，强化行业管理；严格管理制度，规范操作程序，切实进行调查研究和分类指导，将设标工作纳入正轨。整个工作要做细、做扎实，为今后三年全国城市设标工作的全面展开铺平道路。《关于认真做好地名标志设置管理工作的通知》突出了产品质量管理，指出：民政部从行业管理角度，制定若干行政措施，强化产品质量管理，对生产标准地名标志的企业，进行产品质量检测和综合生产能力审查，合格的由全国地名标准化技术委员会颁发临时资质证书，考核合格并取得临时资质证书的企业才有资格在全国各地承揽地名标志产品生产业务。《关于认真做好地名标志设置管理工作的通知》还要求各地在实施设标工作中，不得由未取得临时资质证书的厂家介入当地政府采购和招投标活动。为全面有效地贯彻执行国家标准，规范地名标志产品的生产、流通、使用和售后服务，根据《关于认真做好地名标志设置管理工作的通知》全国地名标志设置管理工作办公室决定在全国标准地名标志产品生产行业实行资质管理制度。2001年4月16日，全国地名标志设置管理工作办公室向全国发出《关于实行地名标志产品生产资质管理的通知》。《通知》明确了地名标志产品生产的行业管理原则和地名标志产品生产资质的申报程序，为严格把好质量关提出了若干要求。为支持全国地名设标工作，确保产品质量，财政部于2001年春向民政部拨来款项，用于成立地名标志质量检测中心实验室，该项建设资金达410万元。民政部地名研究所在经过大量调查研究和专家反复论证的基础上，提出了检测设备的购置清单，经财政部同意和民政部计划财务司批准，购置了实验室检验测试工作所需的一批高水平的仪器设备。

截至2002年底，全国已有20个省级单位不同程度地开展了标准地名设标工作，成立了省、市、自治区标准地名标志设置管理工作领导小组和相应的工作机构；新疆、内蒙古、山西、贵州等省、自治区由副省长、自治区副主席担任领导小组组长，其他省、自治区则由省政府秘书长或民政厅长担任组长，小组成员一般由民政、质检、工商、物价、城建、公安、交通、民委、语委、精神文明办等相关部门组成，形成了政府挂帅、民政牵头、各有关部门相互配合、齐抓共管的工作局面。黑龙江、宁夏、青海等省、自治区还以人民政府令的形式通过发布行政法规对地名管理和标准地名标志的设置管理做出了规定，为民政部门有效地开展标准地名设标工作提供了有力保障。截至2002年底，全国400多个城市已开展了设标工作，其中有200多个城市已将标准地名设标的工作在本辖区大面积铺开。各地在设标工作实践中不等、不靠，坚持实事求是、解放思想、开拓进取、顽强拼搏，创造和积累了许多可贵的经验。

2002年12月13日至15日，全国标准地名标志设置管理工作暨经验交流会在辽宁省沈阳市隆重召开。全国29个省、自治区、直辖市，14个计划单列市及部分市县执行设标任务的领导同志(包括12个省、自治区民政厅主管厅长)计248人出席了会议。会议宣读了民政部、国家标准化管理委员会《关于开展全国城市标准地名标志检查验收工作的通知》(民发〔2002〕183号)；交流了辽宁省、石家庄市、贵州省、大庆市、新余市、南宁市、滁州市等8份城市标准地名标志设置管理工作的先进经验;播放了辽宁、贵州、石家庄、秦皇岛等5省、市设标工作录像片;并对沈阳、本溪两市设标现场组织了参观。会议期间,近20个具有标准地名标志生产资质的厂家在辽宁省民政厅协助下举办了产品展览,与会代表与参展厂家进行了广泛的接触和交流。

(商伟凡)

【国道两侧设置村镇地名标志】 国道两侧设置村镇地名标志是指在国家级交通道路(含高速公路)的两侧500米以内的村镇设置地名标志。

1995年12月18日,民政部、交通部、公安部、建设部联合下发了《关于在国道两侧设置村镇地名标志的通知》(民行发〔1995〕31号)。通知要求用3年时间完成设标任务。同时,还配发了《国道两侧设置村镇名称标志技术规定》。这是自1977年以来第一次由全国统一部署的一项地名设标任务,是地名工作服务于国家经济建设和人民日常生活的一项重要举措。

民政部于1996年5月在保定市召开了国道两侧设标工作现场会暨经验交流会。河北省民政厅通报了本省国道设标情况,保定市民政局等介绍了本地设标的先进经验和具体的操作方法。会后,组织各相关人员进行了现场参观。为认真贯彻保定会议精神,推广河北省的先进经验,各地及时转发了有关会议文件,制定了国道两侧设置地名标志的实施方案。

为使各地保质保量地完成设标任务,民政部制定了切实可行的设标技术规定,不仅对设标数量提出了具体要求,而且也规范了地名标志的设置方法和标牌样式,包括:标志的竖立方向、标牌尺寸、书写格式、文字内容、制作材质等。此项工作受到了各级民政、交通、公安、建设等部门的高度重视和各级人民政府的大力支持,各地采取动员、培训、试点、落实等有效的工作方法,多渠道筹措国道设标经费,保证了国道两侧设标工作如期完成。从1995年底到1998年底,全国在行程11万多公里的国道(含高速公路)两侧共设置了9万多块村镇地名标志,取得了良好的社会效益。

民政部、交通部、公安部、建设部于2000年联合发文,对参加国道两侧设标的众多单位进行了通报表扬。

(王明寰)

【全国政区名称用字读音审定工作】 我国的行政区域分为省、市、自治州、县、乡、镇,共4万多个行政区域单元。"政区名称"是国家赋予行政区域的语言文字标志,是地名中使用频率高、影响范围广、文化底蕴深的典范。通过"审音定字",在满足信息化社会的迫切需要和规范语言文字的同时,还可以规范政区名称,使地名管理走上标准化的轨道。

我国县、乡两级行政区域尽管行政等级较低,处于行政区划管理的第三、第四两级,但数量众多,达4万个行政单位。这些众多的行政区域名称,由于长期以来未对其进行过标准化处理,使得部分政区名称存在着多种问题,主要表现在:一是字音不标准,如多音字、方言读音等;二是字形不规范,如生僻字、异体字、繁体字、自造字等;三是字义不准确,如以讹传讹、少数民族语转写不明等。对此,2000年4月25日,民政部、教育部、国家语言文字改革委员会联合发出《关于开展全国政区名称用字读音审定工作的通知》,部署全国县、乡两级行政区域名称的审音定字工作。

为使审音定字工作更快、更好地开展,民政部和教育部联合相关单位共同组成全国地名用字读音审定委员会,民政部副部长李宝库(后为罗平飞)、教育部副部长吕福源(后为袁贵仁)任主任委员,各有关行政、科研部门负责人为成员。

由于这项工作的政治性与科学性、行政性与学术性、历史性与现实性都很强,它同样引起各地的高度重视,河北、山西、辽宁、江西、山东、上海、河南、湖北、广西、四川、云南、甘肃、青海等13个省、自治区、直辖市也成立了本地的地名用字读音审定委员会。

由于审音定字工作涉及语言、历史、文化、民族、政治等多项内容,因而采取了有针对性的工作方法:一是行政管理与科学研究相结合,既把它当作一项行政管理的工作任务,也把它当作一个综合性的科研课题;二是地名管理部门与语言职能部门相结合,民政和教育两家协同作战,共同研究,一起实施;三是地方相关部门与国家有关部门相结合,上下联动,发挥地方和中央的积极性。

截至2002年底,全国除香港、澳门两个特别行政区以及台湾地区外的31个省级政区的地名、语言文字主管机关,在全国地名用字读音审定委员会的指导下,全部完成了本地政区名称用字读音的县级申报、地级核查和省级审定工作,分别将3173个政区名称用字、读音(有部分重复)提请进行国家级审定,计有通用汉字(7000个)以外的生僻字195个,常用汉字(3500个)以外的次生僻字1670个,不规范字76个,常见多音字916个,方言读音字288个,其他需审定的字28个。经过对各省、自治区、直辖市申报材料的查证、分析、整理之后,全国地名用字读音审定委员会秘书处进一步征求地名、语言文字专家意见,提出具体复查事项,并与各有关省、自治区、直辖市交换意见、统一标准,为2003年进行国家级审定奠定基础。

(商伟凡)

【中国地名汉语拼音字母拼写】 中国近代以来,由英国驻华外交官威妥玛创立的拼写汉语的方式(即“威妥玛式”),逐渐成为在英文中音译中国人名、地名和事物名称的主要拼法。由于“威妥玛式”用于区别发音的许多附加符号经常脱落,加之未以汉语普通话为基础语音,因而造成大量的音节混乱。

为彻底解决这一问题,周恩来总理亲自主持这项工作。1958年2月11日,中华人民共和国第一届全国人民代表大会第五次会议通过了关于《汉语拼音方案》的决议。该决议指出:汉语拼音方案作为帮助学习汉字和推广普通话的工具,应该首先在师范、中、小学校进行教学,积累教学经验,同时在出版等方面逐步推行,并且在实践过程中继续求得方案的进一步完善。

周恩来总理提出,该汉语拼音方案“可以在对外文件、书报中音译中国人名、地名”。为落实这一指示精神,中国文字改革委员会、国家测绘总局及新闻、邮电、交通、广播、气象等有关部门做了大量的准备工作。1976年9月,中国文字改革委员会、国家测绘总局修订施行《中国地名汉语拼音字母拼写法》,规定:用汉语拼音字母拼写中国地名,汉语地名按照普通话拼写,少数民族语地名按照《少数民族语地名汉语拼音字母音译转写法》转写。

1977年8月,联合国第三届地名标准化会议在希腊雅典举行,通过了中国提出的关于采用汉语拼音方案作为中国地名罗马字母拼写法的国际标准的提案。1978年9月,国务院批转中国文字改革委员会、外交部、国家测绘总局、中国地名委员会《关于改用汉语拼音方案作为我国人名地名罗马字母拼写法的统一规范的报告》,要求全国各省、自治区、各部门“参照执行”。此后,国家地名业务主管及相关部门印发《城市街道名称汉语拼音拼写规则(草案)》,确定用汉语拼音拼写台湾地名时括注习惯拼法。

1984年12月,中国地名委员会组织起草并与中国文字改革委员会、国家测绘局颁发《中国地名汉语拼音字母拼写规则(汉语地名部分)》。施行18年来,由于国内政治、经济形势的发展和地名标准化的深入,用汉语拼音字母拼写中国地名的工作面临不少亟待解决的问题,例如:少数民族语地名进入汉语环境后,应有与规范的汉字书写、汉语普通话读音相适应的拼写形式;香港、澳门回归,台湾与内地交往日益频繁,各自使用的地名拼写方式需要协调;建筑物通名的拼写、声调的应用范围、数词的表示方法、政区名称附加成分的处理、地名的汉语拼音缩写等,都有进一步研讨、确定的必要。

2002年11月,国家语言文字改革委员会科研规划领导小组办公室将修订《中国地名汉语拼音字母拼写规则(汉语地名部分)》列为国家语言文字应用研究“十五”科研项目,确定由民政部地名研究所、教育部语言文字应用研究所承担,预定在2003年完成,提请国家地名、语言文字主管机关审定、发布。

(商伟凡)

【外国语地名的汉字译写】 自古以来,由于汉字的一字多音、一音多字、方言众多、准确表音难，加上译者自身的原因，造成外国语地名汉字译写的混乱。如有的音译，有的意译，有的一名多译，并存在译音不准、用字不规范等现象。新中国成立后，国家测绘总局、总参测绘局、中国科学院、新华通讯社、中央编译局等部门，连同1959年设在国家大地图集编纂委员会的地名译音委员会、1964年由国务院文教办公室主持的中国人名、地名译写统一委员会，陆续制订了一些外国语的汉字译音规则、译音表，为外国语地名汉字译写的进一步规范化奠定了基础。

1977年起，中国地名委员会(受国务院委托)、民政部相继管理全国地名工作。中国地名委员会组织各有关部门代表建立外国地名译名小组，并在委员会办公室设置国外地名工作组；民政部则于区划地名司设置国外地名处。十几年间，组织制定(或修订)了《外国地名汉字译写通则》与英、法、德、西(班牙)、俄、阿(拉伯)语地名汉字译写规则及50个语种的汉字译音表，审定了大百科全书出版社提交的20万条外国地名译名，编辑(或审定)出版了《世界地名录》、《世界海洋地名录》、《世界海底地名录》、《外国地名译名手册》及苏联、美国、英国、联邦德国、蒙古的地名译名手册，初步改变了外国重要地名汉字译写中的混乱现象。

1995年1月，民政部地名研究所(中国地名研究所)成立，内设地名译写研究室。经组织各有关部门进行为期两年的研制，英、法、德、西(班牙)、俄、阿(拉伯)等6语种的《外语地名汉字译写导则》作为推荐性国家标准，提请国家质量技术监督局于1999年3月4日发布，并于9月1日正式实施。该外语译写导则，既是一项标准化工作，也是一项科研成果，并获得国家质量技术监督局科学技术进步三等奖。2002年1月，完成推荐性国家标准《外语地名汉字译写导则·葡萄牙语》的起草工作，并通过全国地名标准化技术委员会的审查；《外语地名汉字译写导则·蒙古语》的加工、送审正在进行中。

1999年10月，开始建设包括世界各国(除中国外)重要地名40余万条的外国地名数据库。

(钟琳娜)

【少数民族语地名音译转写】 1960年以前，我国的少数民族语地名汉字译写没有明确、统一的规范，造成不少差错、分歧与混乱。当年，国家大地图集地名译音委员会拟定了《汉译蒙古语、维吾尔语地名简则(草稿)》。测绘科学研究所内设的地名研究室，重点研究我国主要少数民族语的地名汉字译写问题。国家测绘总局、解放军总参谋部测绘局于1962年制订《少数民族语地名调查和翻译通则》，1963年至1964年制订蒙古语、维吾尔语、哈萨克语地名译音规则；国家测绘总局于1965年制订柯尔克孜语、西双版纳傣语地名译写规则以及藏语(拉萨话和安多话)、彝语(凉山方言)、拉祜语、哈尼语等地名译音规则初稿。

1975年至1978年，为了用汉语拼音字母拼写蒙、维、藏语地名并编制汉语拼音版国家地图，测绘科学研究所地名研究室在有关省、自治区的配合下，进行了蒙、维、藏地区的地名调查，对其汉字译名进行了一些规范化工作，编印了相关地区的地名录。1982年，蒙古语、维吾尔语、藏语地名汉字译写规则经过修订，由国家测绘局印发，作为测绘外业调绘的规范之一。国家测绘总局、中国文字改革委员会在民族语言部门协助下，于1965年制订、1976年修订的《少数民族语地名汉语拼音字母音译转写法》，也主要应用于蒙古、维吾尔、藏语地名。

这种用《汉语拼音方案》中的26个字母和两个有附加符号的字母、一个隔音符号记录少数民族语地名语音的方法，其本来用途是作为汉字音译少数民族语地名时定音、选字的主要依据，也为按照字母顺序统一编排我国地名提供了便利条件，后来扩大为汉语拼音字母拼写少数民族语地名的标准，并成为其惟一的罗马字母拼写形式。

2002年3月，民政部的地名科研工作者提出限定该音译转写法使用范围的意见，主要论点为：音译转写法的基本功能是少数民族语地名的记音工具，用于汉字音译时较准确地定音、选字，适宜作为少数民族语环境中该语种地名的罗马字母拼写标准；少数民族语地名进入汉语环境（汉字书写、汉语普通话读音）后，应与汉语地名一样使用《汉语拼音方案》拼写，按照汉语普通话注音，不应继续使用读音与汉字字形不符且难以普及的音译转写法；用于国际环境，中国地名应以“国家”（而不是“民族”）为单位，遵循国际倡导的地名译写“单一罗马化”原则，以《汉语拼音方案》作为罗马字母拼写法的统一规范。

（商伟凡）

【国际地名标准化组织与活动】 联合国地名专家组是由联合国各成员国地名专家组成的负责地名处理学术性的权威机构，为联合国经济社会合作理事会设立的7个专家组织之一。1960年6月，联合国经济社会合作理事会设立小型的地名专家组，从事地名标准化技术问题的研究与咨询。1967年的第一届联合国地名标准化会议将其扩大为“特设地名专家组”，划分14个语言/地理分部；1972年的第二届联合国地名标准化会议将这一长期机构正式定名为“联合国地名专家组”，现设22个语言/地理分部。该专家组每届任期与两届联合国地名标准化会议的间隔相同（5年），一般每两年召开一次会议，但在联合国地名标准化会议召开之年应同时开会。中国原属东亚语言/地理分部，1975年的第六次联合国地名专家组会议决定单独设立“中国语言/地理分部”，杨磊光、王际桐相继任主席。中国在联合国的合法席位恢复后，派代表团出席了第六次及以后历次联合国地名专家组会议。此外，我国派代表团出席了2000年3月至4月在德国召开的第二届国际地名研讨会。

联合国地名标准化会议是各成员国政府代表讨论地名标准化事务并做出相应决议的国际会议。会议由联合国经济社会合作理事会召集、地名专家组承办，第一、第二届联合国地名标准化会议分别于1967年（日内瓦）、1972年（伦敦）召开，以后每5年举行一次。执行该会议决议，可保证各国的标准化地名在国际范围内正确使用、各种地名信息载体（名录、地图等）能够为国际所接受，从而提高地名的国家标准化和国际标准化水平，促进相关经济、社会各个领域的发展。中国在联合国的合法席位恢复后，派政府代表团出席了1977年第三届及以后历届联合国地名标准化会议，并按惯例分别提交上次会议以来中国地名工作进展的报告。历任代表团团长为：第三届会议（雅典）——国家测绘局杨磊光；第四届会议（日内瓦）——国家测绘局王际桐；第五届会议（蒙特利尔）——国家测绘局李曦沐；第六届会议（纽约）——民政部王际桐；第七届会议（纽约）——民政部靳尔刚；第八届会议（柏林）——民政部戴均良。

地名国际标准化是通过国家地名标准化和国际协议，使地球上和太阳系其他天体上的每一个地名在最大程度上实现单一的书写形式。要实现这一目标，首先每个国家都要实现本国地名的标准化（即国家地名标准化）；其次世界各国将地名的罗马字母书写形式作为国际交往中公认的地名标准书写形式，非罗马字母语言国家必须提供一种本国地名的罗马字母拼写形式。其中实现国家地名标准化是最为重要的环节。要实现国家地名标准化，各国必须建立国家地名管理机构，制定地名命名、更名及标准化等方面的系列法律、法规和技术规范，减少和避免重名现象，确定地名标准书写方案及罗马字母转写方案，并以地名图、书、光盘、网页等形式向社会公布标准地名，推动全社会使用标准地名。

由于国际地名标准化涉及世界各国，需要协调各国遵循统一的原则，因此1960年联合国成立了地名专家组，由联合国成员国政府派遣的地理、语言方面的专家组成，作为联合国的一个学术性顾问机构和国际地名工作方面的权威机构。1967年又召开了第一届联合国地名标准化会议，作为制定世界地名准则的最高国际机构。此后，联合国每两年召开一次地名专家组会议，每5年召开一次地名标准化会议，努力推动世界地名标准化进程。

我国高度重视地名标准化工作，积极参加国际地名标准化活动，从1975年开始派员参加联合国地名专家组会议，并推动联合国地名专家组设立了专门的中国语言/地理分部。1977年开始派员参加联合国地名标准化会议，并在这次会议上成功将汉语拼音确立为中国地名罗马字母拼法的国际标准，结束了使用带有强烈殖民主义色彩的“威妥玛”式等旧拼法拼写中国地名的时代，迎来了中国地名单一罗马化的新时代。

2002年8月，在德国柏林举行第八届联合国地名标准化大会和第二十一次联合国地名专家组会议，民政部联合国家测绘局和外交部组成中国代表团参加会议。会上，中国代表团本着坚持原则、掌握动态、学习交流、推进中国地名的国际标准化以及多做友好工作的精神参加了各项活动，在《中国分部报告》中介绍了2000年1月第七届联合国地名标准化会议以来中国地名工作的进展情况，在《中国少数民族语地名文化》学术报告中介绍了丰富多彩、历史悠久的中国少数民族地名文化。另外，我国提供部分图书资料参加地名技术展览，在讨论地名术语、外来语地名、地名数据文件、地名语音等问题时多次发表建设性意见。更重要的是，我国代表团坚持原则，注意策略，妥善处理了会议期间出现的极为敏感的台湾地图问题和“日本海”问题，对个别国家在会议期间展出将台湾标为独立国家的地图的做法提出抗议，并推动会议决定撤掉该地图。在日本、韩国、朝鲜对“日本海”地名的使用产生分歧的情况下，中国代表团一方面从我国根本利益出发阐明自己的立场，同时又对各方都采取团结、合作态度，既保持了凛然正气，又赢得了各国专家的信任和尊重。

（商伟凡　刘连安）

【地名信息化及地名数据库建设】 地名信息化工作就是要利用现代信息技术手段，将人们需要的地名信息收集起来，并准确、及时地传达给社会。实现地名管理、服务的信息化是地名工作在信息社会中最重要的任务之一。

我国地名工作者十分重视地名信息化工作，从20世纪80年代以来就开始在这方面进行有益的探索，制定了《地名信息系统技术规范》等技术标准，并在基层地名管理部门开展了信息化试点。虽然由于当时计算机等设备价格较高，信息技术尚不成熟，不具备在全国大规模开展地名信息化工作的条件，但积累了宝贵的经验。

近年来，随着信息技术的飞速发展，“数字地球”概念的提出，社会对地名信息和地名管理提出了更高的、迫切的要求。形势表明：建设信息社会离不开地名信息。近年来，地名信息化工作不断取得进展，主要包括：

(1)开发了“地名之星”、“地名全通”等专门的地名信息处理软件，经基层地名管理部门试用，反映良好，已经成为开展地名工作的重要工具，使人们看到了信息社会中地名管理工作的新模式。

(2)高度重视标准化工作，坚持以科学、统一的技术标准指导地名信息化工作，促使其实现规范、有序发展，避免重复投资、浪费资源。在实际工作中一方面坚持采用现有的国家、行业技术标准，另一方面注意研制地名信息化特别需要的技术规范。近年来，研制、发布了我国第一个地名信息化国家标准《地名分类与类别代码编制规则》；为配合地名数据库建设，研制、发布了一系列外语地名汉字译写标准和我国少数民族语地名译写规范。

(3)努力建设地名数据库。数据库是地名信息化的重要基础，近年来，完成了中国地名属性数据库3000多万字的录入工作，包含约30多万条中国地名，还建立了包含约30万条地名的外语地名数据库，正在进行标准化处理。同时初步建成了全国县级以上政区地名数据库、中国海域地名数据库和南极地名数据库3个较为完整的数据库。另外，还研制了民政信息专题制图软件，实现对统计数据生动、形象的表达。

(4)高度重视地名信息化知识普及工作，举办了多期全国地名信息系统建设培训班，对部分地名干部进行了培训，提高了各级地名干部对信息化工作的认识水平。

目前，随着整个社会信息化步伐的快速发展，民政部区划地名司和地名研究所正在努力开拓地名信息化工作的广度、深度。只有将信息技术运用于整个地名工作的全过程,才能实现真正意义上的信息化改造。民政部区划地名司和地名研究所正在组织全国各级地名管理部门全面建立地名数据库,并进而建立地名信息年报制度,真正形成全国地名信息一盘棋,使地名管理部门掌握实时地名信息,并可以随时将这些地名信息提供社会使用;另一方面,通过开发地名信息产品,积极探索地名信息服务社会的新途径,为地名信息产业化寻找道路。

(刘连安)

【地名研究机构及研究成果】 地名作为以语言文字为表现方式的地域、地物标志,包容了自然、人文各相关学科的精华,是人类创造的社会不可或缺的基本信息之一。

我国当代最早的地名研究机构设在国家测绘部门——测绘科学研究所,于1959年设立由曾世英主持的地名研究室,20世纪90年代扩大为测绘科学研究院所属的国家测绘局地名研究所,在我国少数民族语地名音译转写、外国地名汉字译写、中国地名正名、中国地名罗马化、地名学基础理论等领域做出了重要贡献。在外交部、新华社、解放军总参谋部测绘局、中国地图出版社等单位,都有专门从事外国地名译写的人员或小型机构(如中国地图出版社世界地图室内设译名组)。

1995年1月,鉴于中国地名委员会撤销(职能并入民政部)后,急需培养、建立具有一定规模的地名科研队伍,民政部地名研究所(在国际交往中称“中国地名研究所”)成立,为民政部直属相当于正局级的事业单位。其职能为:研究地名学基本理论、命名更名规律和管理方法,从事国内外地名翻译工作,编辑地名图书,研制我国地名信息系统,受民政部委托制订地名技术规范、组织国内外学术交流并承担联合国地名专家组的业务工作等。

民政部地名研究所建所8年的主要业绩为:在民政部、解放军总参谋部测绘局联合编制《中华人民共和国政区标准地名图集》工作中,承担民政部方面的具体组织、编辑、技术工作;在民政部、教育部、国家语言文字改革委员会联合开展的全国政区名称用字读音审定工作中,负责具体策划、组织、研究、指导;研制《地名标牌城乡》国家标准,并受行政主管部门委托,组织、指导、检测全国城市标准地名标志设置;组织制订英、法、德、俄、西班牙、阿拉伯等6个语种的《外语地名汉字译写导则》国家标准;研制国家地名信息系统及数据库。此外,在地方政府机构改革中,山东省在原地名委员会办公室、地名档案馆的基础上,组建了全国惟一的省级地名研究所。

在我国,对于“地名”这一历史的化石、现实的工具,历来不乏个体的爱好者、研究者。1980年7月,经过充实、加强的中国地名委员会聘请国内有关学科的19位知名学者组成顾问组,作为地名行政主管机关的咨询机构。20世纪80年代,随着全国地名普查全面展开并陆续完成,国内的地名研究工作者如雨后春笋般涌现,研究的广度、深度达到前所未有的规模。1986年12月成立以著名地图、地名学者曾世英为组长的中国地名学研究会筹备小组。1988年7月,经过1年半筹备工作的中国地名学研究会成立,曾世英为第一届理事会名誉理事长,民政部副部长、中国地名委员会副主任委员邹恩同为理事长。以后历任理事长均由民政部主管领导人兼任,他们是:副部长张德江(1989年12月至1991年4月)、部长崔乃夫(1991年4月至1993年)、副部长阎明复、部长多吉才让、副部长李宝库。在地方省、地、县级地名学研究会中,辽宁、吉林、浙江、江西、山东、河南、广东等8个省级学术团体为中国地名学研究会的团体会员。

在1998年的国务院机构改革中,中国地名学研究会与中国行政区划研究会合并,于1999年4月组成中国行政区划与地名学会,民政部副部长李宝库为名誉会长,民政部地名研究所所长王际桐为会长,陈根良为副会长兼秘书长,秘书处挂靠民政部地名研究所。其主要工作是组织全国性的行政区划与地名学术活动、综合培训全国的行政区划与地名专业人员。2002年6月,在四川成都市召开了关于地名有偿命名问题学术研讨会。

中国地名研究所与中国地

名学研究会一道，在充分利用本研究所(会)的现有专业研究力量的基础上，还联合、团结一批汉语、地理、测绘、建设、外语、交通等领域的专家学者，共同对地名工作的方方面面进行多方位、多视角、多领域的研究。主要形式是，召开各类座谈会、研讨会、论证会，编辑并出版大量关于地名的地图、图书、杂志等，如《地名学概论》、《实用地名学》、《联合国地名标准化文件选粹》、《国家标准地名图集》、《中国海域地名志》等。

（商伟凡）

【编纂标准化地名工具书】 20世纪80年代初期，第一次全国地名普查基本完成，为充分利用这些现势地名资料，通过图书出版的形式规范地名的管理与使用，编纂标准化地名工具书即成为地名工作的重要内容之一。以县级政区为主要编辑单元，地方各级地名工作机构普遍出版了标准化的地名录、地名志、地名图。在此基础上，国家地名主管部门组织编纂了若干大型的标准化地名工具书，主要有：

《国家地名词典》：自1982年开始，中国地名委员会、教育部、国家出版局组织编纂《中华人民共和国地名词典》，每个省级政区单独为一个分卷，共31卷。经过近10年的奋斗，各卷的编纂工作在90年代基本完成，陆续由商务印书馆出版。该书出版的意义在于，将地名普查资料由地名档案转化为社会化产品，通过出版地名书籍的形式发布标准地名，从而能够在强化地名标准化的同时，也更广泛地服务于广大民众。1993年，主管地名工作的民政部与国家新闻出版署决定，在各个省级分卷的基础上修改、补充、完善、编纂一部选收地名约18万条、总字数近3000万字的《中华人民共和国地名大词典》。经过5年的艰苦努力，这部以收词广泛、信息新颖、资料翔实、实用性强为特色的巨著，于1998年开始由商务印书馆分卷出版，2002年将正文4卷出齐，成为我国有史以来规模最大的一部地名工具书。

《国家地名录》：为向社会提供标准地名，加强地名管理，推进我国地名标准化进程，中国地名委员会组织各省级政区地名主管部门编辑《中华人民共和国地名录》，于1993年1月由中国社会出版社出版。该地名录以全国地名普查、补查和资料更新的成果为基础，收录经过标准化处理的全部政区名称及重要的居民点、自然地理实体、名胜古迹、专业设施等各类地名约10万条，是目前收录地名最多的大型标准化地名工具书。

《国家标准地名图集》：1996年至1999年，民政部会同解放军总参谋部测绘局，联合各省级政区的业务主管部门，利用最新资料，采用数字制图技术，于建国50周年前夕完成了该书包括香港、澳门、台湾有关资料的编制工作，并由星球地图出版社出版了《中华人民共和国政区标准地名图集》。这部大型专题地图集，第一次将单本地图集的各类地名负载量增加到6万条以上，第一次全部收录作为基层政区的4.8万个乡、镇和街道办事处，第一次完全以标准全称表示省、地、县、乡4级政区，第一次在国家地图集上标绘省、地、县级政区界线并分别设色，第一次将全部乡级以上行政区域的名称标注标准的汉语拼音。同时，结束了国家行政区划和地名主管部门没有自己的专题地图集的历史。2002年，在全国政区勘界结束、乡镇撤并和审定政区名称用字读音之际，开始筹备该图集的修订、再版。

《国家海域地名系列图书》：我国第一套关于海域地名的专业工具书。1983年至1985年，中国地名委员会等7部门经国务院、中央军委批准，在大陆地名普查后期开展了我国沿海岛礁地名普查及地名标准化工作。在沿海地方政府及有关部门的大力支持下，共普查海域地名19700多条，其中新命名6700多条，进行标准化处理2500多条，基本上摸清了海域地理实体的底数。随之，中国地名委员会本着为国防建设、海洋渔政服务的精神，以海域地名普查成果为基础，在沿海省份的大力支持和有关部门的密切配合下，组织编纂了《中国海域地名志》。该书收入海域地名7600多条，较全面地反映了我国海域的地名情况。为与之相配套，同时还编辑了《中国海域地名图集》、《中国海域地名录》，并于1989年由广东省地图出版社出版（内部发行）。释文内容不仅包括地名的来历、含义和演变，还对地理实体的自然、人文现状及历史情况作了扼要记叙。

（朱昌春）

行政区域界线管理

【行政区域界线管理简况】 行政区域界线是毗邻行政区域之间的分界线，是国家实施有效行政管理必不可少的依据。广义的行政区域界线管理包括行政区域边界争议调处、勘定行政区域界线和行政区域界线勘定后的管理三部分。狭义的行政区域界线管理是指行政区域界线勘定后的管理。

我国的行政区域界线管理大体经历了三个发展阶段。第一个阶段是粗放、被动、无序的管理阶段。即被动调处行政区域边界争议阶段，它一直延续到20世纪80年代末。实践证明，这种管理方式，只能治标，不能治本，费力不小，成效甚微。第二个阶段是从粗放、被动、无序的管理向科学化、规范化、法制化管理的过渡阶段。即全面勘定行政区域界线阶段。这个阶段，在党中央、国务院的正确领导下，经过6年的试点探索和6年的全面勘界，解决了大量边界问题，勘定了省、县两级行政区域界线共48万公里，为依法治界奠定了坚实的基础。这是行政区域界线管理方式的一次根本性变革。第三个阶段是行政区域界线管理的科学化、规范化、法制化实施阶段。国务院2002年5月13日颁布，并于7月1日开始施行《行政区域界线管理条例》，标志着这一阶段的开始。这是我国有史以来第一部行政区域界线管理的专门法规。它的颁布施行，对于巩固勘界成果，依法管理行政区域界线，维护行政区域边界地区社会稳定，促进经济发展具有重要意义。

（陈　鸣）

【行政区域边界争议调处】 行政区域边界争议是指省、自治区、直辖市之间，自治州、县、自治县、市、市辖区之间，乡、民族乡、镇之间，双方人民政府对毗邻行政区域界线的争议。行政区域边界争议调处是指边界争议发生后，有关各级人民政府依据有关法律规定，按照一定的程序，运用协商、决定等手段，解决边界争议，划定争议地区行政区域界线的过程。

行政区域边界争议是历史上遗留，后来愈演愈烈的问题。我国的行政区划有着悠久的历史，公元前221年秦始皇统一中国后全面推行郡县制，经过历朝历代的演变，逐步形成了比较稳定的地方行政区划体制。但是，长期以来各个朝代对行政区域界线的管理都很粗略，一般用“四至”（东西多少里，南北多少里）、“八到”（在不同的方位定8个点）来明确一个地方行政区域的管辖范围，具体的行政区域界线一直都没有明确划分过，行政区域界线不清的问题普遍存在。这种粗放的管理方式，导致边界纠纷和争议不断发生。建国以后，国家重视了行政区划的调整，但忽视了对行政区域界线的管理。长期以来，由于界线不清而引发了许多边界争议，积累了不少棘手的问题。随着改革开放形势的发展，人口的增加，资源开发利用的加深，利益机制的驱动，边界争议呈骤然上升趋势。不同规模的群众性械斗时有发生，旷日持久的边界争议给人民群众的生命财产造成极大损失，资源遭到掠夺性、毁灭性开采，环境遭到破坏，严重影响了边界地区的经济发展、社会安定和民族团结。从建国初期至80年代末，国家为解决上述边界问题，实施了行政区域边界争议调处办法。它属于行政区划工作的一部分，建国后一直由民政部门主管（文革期间撤销民政部除外），为此国务院分别于1981年和1989年出台过两部专门行政法规。

解决边界争议的目标是划定争议地区的行政区域界线。为了解决边界争议，根据民政部上报的请示意见，1981年5月，国务院颁布了《行政区域边界争议处理办法》。实践证明，《办法》规定的原则虽然正确，但内容过于简单、规定过于原则。边界争议由于历史跨度时段太长，双方各执一词，因而《办法》在执行中尺度不好掌握，缺乏权威性。从1986年起，民政部在做了大量调查论证的基础上，向国务院报送了对《办法》修改的请示意见。1989年2月3日，国务院令第26号发布了《行政区域边界争议处理条例》，对处理边界争议的原则、依据、程序和法律责任等问题做了比较系统、明确的规定，可操作性有所增强，使得少量边界争议得以解决。行政区域边界争议调处要遵循的原则是：有利于各族人民的团结，有利于国家的统一管理，有利于保护、开发和利用自然资源，实事求是，互谅互让，分级负责，坚持把问题解决在基层。

根据民政部统计，截至20世纪80年代末，我国省级行政区域界线的大体状况是，30个省、自治区、直辖市（不包括台湾省和香港、澳门地区）之间共有陆地界线65条，总长度52800公里。其中法定线不足5%，习惯线占77%，争议线占18%。由于行政区域界线不清导致边界争议迭起，全国仅省级边界争议达上千起。长期以来由于采取了被动调处的办法，建国后40年只解决了十几起省际边界争议。

建国40年来，尽管党中央、国务院的不少高层领导同志曾亲自过问或亲自出面领导解决边界问题，民政部等有关部门更是费尽九牛二虎之力，解决了十几起边界争议，曾起到一些积极作用，但由于基本做法是被动调处，并非治本之策，费力不小，成效甚微。这种状况已很不适应社会主义现代化事业发展的需要。

（陈　鸣）

【勘定行政区域界线试点】

勘定行政区域界线试点是指国家为探索从根本上解决边界争议的途径而进行的勘定行政区域界线试点工作。即：1989年6月，国务院批准民政部等12个部门上报的《关于勘定行政区域界线试点工作的请示》后，从1989年起，在全国部分省、自治区进行的勘界试点工作。

长期以来，由于界线不清而引发了许多边界争议，积累了不少棘手的问题。这些问题长期困扰着我们，影响到国家管理，造成不少损失，也牵扯了党中央、国务院领导和有关部门、地方政府不少精力。建国40多年来，党中央、国务院的不少高层领导同志曾亲自过问或亲自出面解决边界问题。过去的几十年我们的基本做法是被动调处，费力不少，但成效甚微。如何从根本上解决边界争议问题，党中央、国务院非常关注，民政人也在不断地探索。1984年9月，民政部部长崔乃夫在西部五省区解决行政区域界线争议讨论会上，分析了全国行政区域界线的基本情况，第一次提出全面勘定行政区域界线，制定全国行政区划详图，是摆脱边界争议被动局面，实现行政区划有效管理的重要措施的主张。1984年12月，民政部向国务院提交了关于全面勘定行政区域界线的报告，这是建国以来，由业务主管部门第一次提出的全面勘界意见。1986年，民政部积极支持新疆维吾尔自治区昌吉回族自治州勘界试点。1987年，民政部组织力量进行了结合全国土地详查进行勘界的可行性研究。1988年，推动了内蒙古和宁夏两个自治区的核界工作；邀请专家进行勘界论证，在第九次全国民政会议上把勘界工作纳入民政部的工作计划，决定从1989年开始进行勘界试点。1989年3月，民政部会同国家计委、物资部、国家民委、公安部、林业部、农业部、水利部、地质矿产部、国家土地管理局、国家测绘局、国家海洋局等12个部门向国务院上报了《关于勘定行政区域界线试点工作的请示》，建议国务院批准，从1989年起，先由民政部会同有关部门选择几条省级界线进行试点，取得经验后，再制定全国勘界的实施方案。6月3日，国务院批准了12部委请示，同意进行试点，决定以民政部为主，建立有关部门参加的联席会议制度，共同研究、制定勘界的方针政策并处理有关重大问题，同时解决了经费、车辆等问题。11月中旬，民政部发出开展勘界试点的通知，本着难易结合、条块结合的原则，批准在冀鲁、蒙吉、青新、蒙宁、陕宁、甘宁6条长约5000公里的省级行政区域界线上进行试点，同时同意新疆维吾尔自治区在区内进行全面勘界试点工作，全国勘界试点正式开始。

在国务院的正确领导及有关部门和地方政府的大力支持

下，广大勘界工作者艰辛探索了6年，勘界试点历经艰难曲折，终于取得了勘界试点工作的成功。共勘定省界3525.22公里，蒙宁、陕宁、冀鲁3条线全部贯通；确定了7个三省交会点。新疆等省、自治区勘定县级行政区域界线约3万公里。

1995年9月，国务院勘界试点工作联席会议第三次全体会议听取了民政部关于勘定省级行政区域界线试点工作的总结，并通报了有关全面勘界的准备工作情况。同月，民政部向国务院上报了《关于勘定省级行政区域界线试点工作的报告》，认为通过勘界试点，达到了探索路子，总结经验，为全面开展勘界工作奠定基础的目的。

（陈 鸣）

【全面勘定行政区域界线】 勘定行政区域界线简称“勘界”，广义上是指对行政区域界线进行实地调查，勘查地形，搞清边界线实地位置的一项工作。可以由单方面组织人员进行，也可以由双方派人联合进行。通常我们所说的勘界是联合勘界，它是指毗邻行政区人民政府在上一级人民政府的指导下，实地明确勘定毗邻行政区之间的行政区域界线，并采取一定的技术措施，如竖立界桩、标绘边界线地形图、签订边界线协议书等，将行政区域界线固定下来，以达到稳定边界和便于边界管理的目的。全面勘界是指经勘界探索、试点后，从1996年开始在我国全面开展勘定省、县两级行政区域界线的工作。

1995年7月，国务院批准了民政部上报的《关于开展全面勘定行政区域界线的请示》。决定从1996年起，用5年时间完成省县两级陆地行政区域界线的勘定任务。1996年8月，国务院下发了《关于开展勘定省、县两级行政区域界线工作有关问题的通知》（国发〔1996〕32号）。要求各级人民政府和各有关部门高度重视全面勘界工作，加强领导，统一认识，将勘界工作列入议事日程。要坚持实事求是、顾全大局、互谅互让的原则，依法勘界。并明确，这次全面勘界，不是重新调整行政区划，是以行政区域管辖的现状为基础，依照有关规定明确行政区域界线走向的位置，即核定法定线、勘定习惯线、解决争议线。通过勘界，在实地竖立界桩，形成准确反映实际边界线走向的文件、资料和地形图，按照规定的程序将省、县两级行政区域界线确定下来。勘界工作采取分级负责、分步实施、先易后难的方法；省级行政区域界线由国务院勘界工作领导小组组织毗邻两省（自治区、直辖市）人民政府勘定，县级行政区域界线由各省（自治区、直辖市）人民政府组织勘定；各级人民政府的民政部门是全面勘界的业务主管部门。

截至2002年底，全面在勘界过程取得了辉煌成绩和重大成果，集中体现在以下几个方面：(1)解决了历史上长期积累的大量省际和县际的边界争议。据不完全统计，在勘界过程中共解决省级界线上的边界争议上千起、县级界线上的边界争议上万起。从省界来看，诸如甘青线、藏青线、甘新线、老黑山、六盘山、茫崖、八角寨、子午岭、老爷岭、车八岭、南太湖、长江北支黄瓜沙、红碱淖、猛坑石等一大批长期困扰各级政府、对当地群众曾造成重大损失的老大难边界争议历史问题得到了解决，全部划定了争议区内的行政区域界线。(2)全部法定了省、县两级行政区域界线。截至2002年底，除省级界线苏鲁线微山湖地段问题正在解决外，全国内地31个省、自治区、直辖市之间总长6.24万公里的68条省级陆地行政区域界线，总长41.7万公里的6400多条县级行政区域界线全部勘定，勘定42个三省交会点和18个省级边界线起止点。完成了勘界协议书的签字报批工作，全国省、县两级陆地行政区域界线全部法定。(3)完成了省、县两级行政区域界线的埋桩测绘和档案资料工作。据不完全统计，在省、县两级陆地行政区域界线上共埋设标准界桩32000余颗，并按照有关勘界测绘技术规范，利用现代化技术手段对划定的界线和界桩等标志物进行了实地测绘。所有省、县两级界线的相关人民政府都签订了联合勘定的行政区域界线协议书，并经国务院和省级人民政府审批完毕。所有的省、县两级界线都形成了一整套记录勘定过程及成果的完整资料档案。

所有这些表明，我国的行政区域界线管理工作已经结束了被动、无序、粗放管理的历史，开始了我国行政区域界线法制化、科学化、规范化管理的新时代。我国的勘界工作是一项前人从未做过的伟大事业，是功在当代、利在千秋的历史性宏伟工程，具有重大的现实意义和深远的历史意义：(1)结束了我国省、县两级陆地行政区域界线不清的历史，消除了引发边界纠纷的隐患，促进了边界地区社会稳定。(2)有利于加强区域规划，促进了地方经济发展。同时把各级党政领导从过去繁杂的处理边界争议事务中解脱出来，使他们能够集中精力抓经济建设，大大加快了边界地区群众脱贫致富、经济发展的步伐。(3)为国家实施依法治国方略创造了有利条件，有利于地方政府依法行政。

全面勘界的成功实践证明，党中央、国务院关于全面勘定省、县行政区域界线的决策是英明的、正确的，符合地方各级人民政府和边界地区群众的意愿，功在当代，利在千秋。目前，我国边界管理工作的重点将由全面勘界转向依法管界。勘界工作历尽艰辛，成果来之不易，如果管理工作跟不上，不仅勘界成果得不到巩固，甚至还有可能前功尽弃。另外，由于勘界期间任务繁重，时间紧迫，对部分地段的资源矛盾采取了行政区域界线与资源权属界线分离或被迫采取“维持勘界前现状”的办法，这些地段仍有潜在的资源矛盾。要彻底解决边界地区资源问题，今后民政部门与资源主管部门通力合作的任务仍很重。国务院《行政区域界线管理条例》已经实施，今后的行政区域界线管理工作就是要深入贯彻落实《条例》规定，要从贯彻落实十六大精神的高度，从讲政治的高度，巩固勘界成果，切实加强行政区域界线管理，维护法定界线的稳定性和严肃性，保持边界地区的稳定，为全面建设小康社会发挥更好的作用。

（陈　鸣）

【涉及行政区域界线的资源争议调处】 涉及行政区域界线的资源争议调处是指行政区域界线勘定后，在行政区域边界地区发生的需依据《行政区域界线管理条例》和相关法律、法规以及双方行政区域界线协议书进行处理的资源争议调处工作。资源争议包括对土地、林业、水利、滩涂、草原、荒山、矿产、旅游、文物等资源的开发、利用、管理权属范围的争议。

涉及行政区域界线的资源争议调处的基本原则是：以《行政区域界线管理条例》和相关法律、法规以及双方行政区域界线协议书为依据，坚持有利于当地社会稳定和经济发展，有利于自然资源的合理配置，有利于当地双方群众的生产生活的原则，实事求是，顾全大局，公正公平。

涉及行政区域界线的资源争议调处的主要内容有：经实地调查、协商、协调，划定双方在争议区的资源开发、利用、管理权属范围；明确双方的管理权限；形成具有法律效力的文字材料；标绘资源权属范围图；履行法定的报批程序；整理规范的档案资料。

行政区域界线勘定以前，行政区域边界争议与行政区域边界地区的资源争议难以区分，因行政区域界线不清或未经法定，几乎所有行政区域边界地区的资源争议都演变为行政区域边界争议。行政区域界线勘定后，行政区域边界争议与行政区域边界地区的资源争议有了界定的标准，根据《行政区域界线管理条例》的有关规定，只有“因对行政区域界线实地位置认定不一致引发的争议”才属于行政区域边界争议，因资源开发、利用、管理等原因引发的争议属于资源争议，当资源争议与行政区域界线有关时，就需要行政区域界线管理部门配合有关资源管理部门进行调处，派生出了涉及行政区域界线的资源争议调处工作。

涉及行政区域界线的资源争议调处是行政区域界线勘定后出现的新情况，目前主要发生在一些勘界过程中将行政区域界线与资源开发、利用、管理界线分别处理的地方。主要有：

(1)在九届全国人大五次会议上，吉林省部分人大代表提出了“关于解决吉林省延边朝鲜族自治州敦化市行政区域北部海浪河、尔站河源头地区的管理权属问题的议案”(九届全国人大五次会议第365号议案)，要求将黑龙江省经营管理但位于吉林省境内的1700多平方公里的林区交给吉林省经营管理。这一地区的行政区域界线和现行行政管理、林业经营范围等问题，是依照勘界期间民政部、国家民委和国家林业局《关于海浪河、尔站河源头地区行政区域界线及有关问题的处理意见》（民发〔2000〕148号）解决的，因此，民政部办公厅于2002年4月10日做出了《对九届全国人大五次会议第365号议案的答复》（民办函〔2002〕337号），指出："民政部、国家民委、国家林业局提出的处理意见是经过认真调查研究、综合两省意见、按照勘界政策和实际情况提出的。无论是行政区域界线问题，还是现行行政管理、林业经营范围问题，两省政府均表示认可和接受，并经国务院批复同意的。如若改变，需经两省政府协商一致，报请国务院批准。"及时控制了影响该地区稳定的苗头。

（2）2002年1月16日，青海省人民政府向民政部呈报了《青海省人民政府关于请求明确西藏自治区在青海境内"实际使用管理范围"内有关权属问题的请示》（青政〔2002〕3号）；2002年4月12日，西藏自治区人民政府向民政部发出《西藏自治区人民政府关于青海省在唐古拉山以北我区实际使用管理范围内越界行使行政职权情况的请示》的电报。民政部于2002年4月18日向青海省人民政府发出《关于明确西藏自治区在唐古拉山以北地区的实际使用管理范围内有关权属问题的函》的电报，并抄报国务院办公厅，提出了处理意见。2002年4月30日，国务院领导在《唐北管理争端加剧青藏铁路建设受阻》（新华通讯社《国内动态》清样第1101期）上批示："请民政部就这一地段行政管辖权加以界定和明确，两省区要支持。"2002年5月1日，民政部向国务院上报了《关于处理藏青两省（自治区）在唐古拉山以北特定地区管理权限问题情况的报告》（民发〔2002〕82号），汇报了处理经过和结果等情况，同时又分别给两省（自治区）打电话，提出了要求。国务院领导同志批示按民政部意见做好落实工作，确保青藏铁路工程顺利进行。之后，青藏铁路施工进展正常，没有再发生影响铁路施工建设的情况。

（3）2002年5月初至7月间，内蒙古自治区阿拉善右旗与甘肃省张掖市因草场利用发生群体性械斗事件。内蒙古自治区人民政府于2002年7月10日向民政部发出《关于甘肃省张掖市农民越界侵占我区草场殴打牧民情况的函》，民政部于2002年7月30日向内蒙古自治区人民政府发出《关于请民政部派员处理蒙甘边界草场争议的复函》，明确处理这一事件应由有关资源部门牵头，民政部门予以配合。民政部门配合公安部和两省（自治区）人民政府及时进行了协调处理，问题得以妥善解决。

（4）2002年4月6日，辽宁省建平县哈拉道口镇嘎岔村与内蒙古自治区敖汉旗四道湾子镇白斯朗营子村群众因土地经营问题发生纠纷，引发群体性械斗事件。2002年5月9日，国务院领导同志对《内蒙古敖汉旗村民与辽宁省建平县村民因边界纠纷发生群体性械斗事件》（公安部〔2002〕第318期《要事摘报》）做出批示："省界已经勘定，不应再发生边界纠纷。应查清原因，对越界造成纠纷的一方应加强教育；造成人员财产损失的，应按有关规定处理肇事者，切实维护已定界线的法定地位和边界地区的稳定。请民政部督促落实。"民政部办公厅于2002年9月17日给两省（自治区）人民政府办公厅发出了《关于认真落实国务院领导同志批示精神切实做好边界地区稳定工作的函》（民电〔2002〕第234号），要求两省（自治区）人民政府采取切实可行的措施，认真做好落实工作。两省（自治区）民政部门、县旗政府经过协商，未能解决。民政部按国务院领导同志批示，多次督促、要求两省（自治区）政府出面协商，截至2002年底，协调工作仍在进行中。

（5）2002年6月中旬，在内蒙古自治区伊金霍洛旗与陕西省神木县接壤地段，因修建公路引起纠纷。2002年7月31日，国务院领导在《内蒙古自治区人民政府关于督促陕西省尽快落实国函〔2001〕49号文件精神的请示》上批示，请民政部按照国函〔2001〕49号精神，抓好督促落实。民政部按照国务院领导的批示精神，多次督促协调两省（自治区）尽快落实国函〔2001〕49号和国务院领导同志批示精神。2002年11月中旬，在陕西省定边县白泥井镇同心干村与内蒙古自治区鄂托克前旗接壤地段，因陕西方面群众在交界处植树，引发土地权属争议。国务院领导在公安部《要事摘报》上批示：“界线已勘定，要严格遵守。请两省、自治区政府有关部门督促地方政府依据勘界协议规定，教育群众自觉遵守和维护已勘定的界线，不应再发生这样的纠纷。两省区政府要掌握动态，及时把问题解决在萌芽状态。”2002年11月25日，内蒙古自治区人民政府又向民政部上报了《关于尽快派员解决蒙陕边界问题的函》。鉴于两处争议均属土地利用及权属争议，民政部全国勘界工作办公室根据国务院领导批示精神，于2002年12月4日，向两省（自治区）人民政府办公厅发出了《关于请抓紧落实国务院国函〔2001〕49号批复的通知》（民勘办电〔2002〕5号），要求两省（自治区）必须维持勘界前现状，采取得力措施维护边界地区稳定，认真落实国务院批复和国务院领导批示精神。目前两省（自治区）正在研究召开联席会议的有关事宜，民政部仍在积极协调。

涉及行政区域界线的资源争议调处工作，在国务院、民政部和有关地方党政领导的高度重视和行政区域界线管理工作者的共同努力下，解决了藏青、吉黑和蒙甘边界地区涉及行政区域界线的资源争议问题，取得了明显成效。（1）进一步明确了争议地区的管理权限，解决了有关双方行政区域界线协议书中不够明确的问题。（2）促进了当地的社会稳定，维护了双方群众的切身利益。（3）为当地的经济建设创造了良好的社会环境。（4）保证了青藏铁路建设顺利进行。（5）保护了当地的自然资源，避免了自然资源和生态环境的破坏。

（尹庆月）

【行政区域界线标志物管理】 行政区域界线标志物管理是指行政区域界线标志物相关各方共同对行政区域界线标志物实施保护、检查、修复、修测的过程。行政区域界线标志物包括界桩以及作为行政区域界线标志的河流、沟渠、道路等线状地物和行政区域界线协议书中明确规定作为指示行政区域界线走向的其他标志物。

行政区域界线标志物管理的基本原则是：遵照《行政区域界线管理条例》的规定，相关各方共同维护行政区域界线标志物的严肃性和稳定性，保持行政区域界线标志物位置明显、界桩注记清晰。

行政区域界线标志物管理的主要工作内容有：制定标志物保护措施；明确界桩管护责任人并签订责任书；定期检查标志物情况；修复、修测遭到破坏的标志物；移动或者增设必要的界桩；定期刷新界桩注记。

行政区域界线标志物管理是勘界后出现的行政区域界线管理工作中一项新的任务。勘界过程中，在行政区域界线上埋设了标准界桩，在行政区域界线协议书中叙述行政区域界线走向时明确了行政区域界线在实地的标志物，这些标志物是标定行政区域界线实地位置的依据，必须采取得力措施加以保护和管理。《行政区域界线管理条例》明确了行政区域界线标志物保护和管理的规定，行政区域界线标志物管理开始列入各级行政区域界线管理部门的工作日程。

对行政区域界线标志物的管理尚处于起步阶段，各地正在根据本地的实际情况，积极探索系统、完善、有效的行政区域界线标志物的管理办法。吉林省于1999年9月9日召开了全省行政区域界线管理工作现场会，对界桩的管理工作进行了探索，总结了一套符合当地实际的界桩管理办法，即“一制、一书、一录、两图、三表”。“一制”就是制定界桩维护责任制。“一书”就是签订界桩管护合同书。“一录”就是建立界桩维护工作记录。“两图”就是标绘县、乡界桩管护分布图。“三表”就是填制界桩管理与维护季报表、界桩管护登记表和界桩直接管护人登记表。民政部全国勘界工作办公室向全国转发了吉林省的做法，供各地参考借鉴。

吉林省在界桩管理的探索和实践中发现，界桩丢损情况比较普遍，特别是勘界试点期间埋设的蒙吉线界桩丢损情况更为严重，体现出加强行政区域界线标志物管理的必要性和紧迫性，行政区域界线标志物管理必须纳入行政区域界线管理部门的日常工作范围。吉林省在行政区域界线标志物的管理和维护方面给全国提供了可借鉴的经验。

（尹庆月）

【行政区域界线联合检查】 行政区域界线联合检查是指行政区域界线毗邻双方联合组织对已勘定的行政区域界线实地情况进行全面、系统的检查以及对行政区域界线特定地段进行的临时检查。

行政区域界线联合检查的基本原则是：以《行政区域界线管理条例》和双方行政区域界线协议书为依据，维护行政区域界线及其标志物的稳定，每5年进行一次。

行政区域界线联合检查的主要工作内容有：制定联合检查工作方案；联合组织对实地行政区域界线走向及其标志物的检查；修复、修测遭到破坏的行政区域界线标志物；移动或增设必要的界桩；纠正和查处违反《行政区域界线管理条例》的行为和事件；对行政区域界线协议书中不够明确的问题进行补充和完善并签订协议；形成联合检查工作报告；将联合检查结果报送该行政区域界线的批准机关备案；整理联合检查工作资料档案。

行政区域界线联合检查是对勘定后的行政区域界线实施管理的主要手段。《行政区域界线管理条例》规定：“行政区域界线毗邻的县级以上地方各级人民政府应当建立行政区域界线联合检查制度，每5年联合检查一次。遇有影响行政区域界线实地走向的自然灾害、河流改道、道路变化等特殊情况，由行政区域界线毗邻的各有关人民政府共同对行政区域界线的特定地段随时安排联合检查。”

全面勘界结束后，行政区域界线联合检查已经列入各级行政区域界线管理部门的重要议事日程。但由于行政区域界线联合检查是行政区域界线管理工作中一项全新的工作，各地发展尚不平衡。只有少数省份开展了联合检查工作。吉林省于2001年完成了县级行政区域界线联合检查，2002年完成了州(市)级行政区域界线的联合检查；上海市于2001年完成了县级行政区域界线的联合检查；贵州与云南两省于2002年11月完成了两省行政区域界线的联合检查。民政部正在运作部署全国省、县两级行政区域界线的联合检查工作。

从吉林省、上海市对州(市)级、县级行政区域界线的联合检查以及贵州与云南两省对省级行政区域界线的联合检查情况看，联合检查在行政区域界线管理工作中发挥了积极的作用，收到了较好的成效。(1)及时有效地处理了边界地区纠纷，排查消除了边界地区纠纷隐患。(2)巩固了勘界成果，促进了边界地区的民族团结、经济发展和社会稳定。(3)加深了行政区域界线管理工作人员对行政区域界线管理工作重要性的认识，进一步增强了责任感和使命感。(4)找出了行政区域界线管理工作中存在的问题：一是没有专项经费，制约了行政区域界线联合检查以及行政区域界线管理工作的正常开展；二是有的地方政府对行政区域界线管理工作重视程度不够；三是行政区域界线管理制度尚不健全；四是行政区域边界地区群众保护界桩的意识还比较淡薄，损坏和擅自移动界桩的情况较为突出；五是少数地段仍然存在山林、土地、矿产等资源纠纷；六是对破坏界桩、越界侵权责任人的查处力度不够。这些问题需要在今后的行政区域界线管理工作中逐步加以解决。

（尹庆月）

【勘界档案】 勘界档案是指在勘定行政区域界线工作过程中直接形成的、具有保存价值的各种文字、图表、音像等不同载体的历史记录。勘界档案是勘界工作的最终成果，是国家依法进行行政区域界线管理的依据，是国家档案的组成部分。勘界档案属国家所有。

勘界档案分为文书综合材料类档案和勘界成果材料类档案。勘界文书综合材料类档案包括：各级人民政府、勘界工作领导小组及其办公室制定的有关勘界、界线测绘、界线管理等方面的法规性文件；勘界工作领导小组及其办公室机构、人员、启用印章等文件材料；各级人民政府及勘界工作主管部门召开的勘界工作会议有关文件材料；勘界工作计划、安排、年度工作总结等文件材料；勘界经费预、决算；车辆调拨中形成的文件材料；勘界简报及其他应归档的文件材料。勘界成果材料类档案包括：毗邻行政区人民政府联合勘定的行政区域界线协议书及其报批请示、上级批复、协议书附图、界桩成果表；毗邻行政区勘界工作领导小组办公室关于起草《毗邻行政区人民政府联合勘定的行政区域界线协议书》的说明、联合勘界工作总结；行政区域界线交会点协议、纪要、附图及测绘成果等文件材料；观测手簿、计算手簿、计算成果、界线调绘资料、航片等勘界测绘成果材料；勘界测绘技术设计书、勘界测绘技术工作总结；勘界工作用图、界桩登记表、界桩照片、行政区域界线详图集及样图；双方上一级人民政府或勘界工作领导小组及其办公室、双方勘界工作领导小组及其办公室共同指定的依据材料或地形图；联合勘界实施方案及其请示、上级批复；双方（含上级）实地调查共同形成的调查报告、处理意见等文件材料；双方各级勘界协商会议形成的协议、纪要、附图等文件材料；有关业务主管部门对跨越边界线的自然资源权属处理意见；双方上一级人民政府、勘界工作领导小组的裁决及勘界工作领导小组办公室的协调处理意见；毗邻双方在界线勘定过程中形成的来往文书材料、行政区域界线联检记录、纪要及处理意见以及其他应归档的重要文件材料。

勘界档案工作是勘界工作的重要组成部分，由民政部全国勘界工作办公室统一领导，各级勘界工作领导小组办公室分级负责。在档案业务上接受同级档案行政管理部门和民政机关档案部门的指导、监督和检查。勘界档案的立卷遵循文件形成规律、保持文件之间的有机联系、区别不同保存价值、便于保管和利用的原则，按照时间顺序、保持问题完整、区别不同保管期限进行立卷。勘界成果材料类档案由各级勘界办公室实行多套异地保存，并定期向同级民政机关档案部门归档。

由于全面勘界是我国历史上的第一次，因此，绝大多数的勘界档案是伴随着勘界工作的全面推进形成的。为了加强对勘界档案的管理，1997 年 1 月 24 日，国务院勘界工作领导小组办公室下发了《关于做好勘界档案立卷工作的通知》（国勘办发〔1997〕3 号）。7 月 25 日，国务院勘界工作领导小组办公室、国家档案局联合出台了《勘界档案管理暂行规定》，明确了勘界档案的管理体制、职责，勘界档案的立卷、归档、移交和利用等具体办法。9 月 7 日，国务院勘界工作领导小组办公室、国家档案局联合在北京举办了勘界档案工作培训班。1998 年 9 月 8 日，民政部全国勘界工作办公室下发了《关于加强勘界档案资料保管工作的通知》（民勘办发〔1998〕7 号），要求各地充分认识做好勘界档案工作的重要意义，及时建立勘界档案资料借阅审批制度，采取措施保管好勘界档案，防止档案的遗失、损坏。2002 年 3 月 1 日和 27 日，民政部全国勘界工作办公室先后下发了《关于开展勘界档案检查工作的通知》（民电〔2002〕19 号）和《关于认真做好勘界收尾和界线管理工作的通知》（民勘办发〔2002〕7 号），要求各地认真整理和管好勘界档案。11 月 13 日，民政部全国勘界工作办公室下发了《关于做好县级行政区域界线勘界成果材料类档案上报备案工作的通知》（民勘办发〔2002〕20 号）。这些政策和文件的出台，有力地推动了勘界档案工作健康有序地发展。

截至 2002 年底，全国共形成勘界协议书 6500 多份，累计 1.3 亿字，协议书附图 23000 多幅，勘界档案 2 万多宗。各地勘界档案的进展情况主要表现在以下几个方面：

（1）规范并整理了省、县两级勘界档案。截至 2002 年底，省界勘界档案立卷归档工作全部就绪，仅民政部全国勘界工作办公室整理省界勘界成果类档案 700 多卷，历年勘界文书材料类档案 50 多卷。目前，除江苏、福建、海南、四川、甘肃、新疆等省（自治区）尚在进一步整理外，其余各省（自治区、直辖市）均按照规定完成了县界勘界档案的整理工作。

（2）加强了勘界档案的集中管理。省界勘界的原始档案已按规定全部送交民政部全国勘界工作办公室，县界勘界的原始档案分散存放的问题得到了较好的解决。各地还相应地落实了勘界档案管理人员、经费和设备。

（3）县界勘界档案上报备案和电子档案扫描录入工作全面

启动。至2002年底，已有天津、吉林、河南、湖北、广西、海南、云南、西藏、宁夏等省（自治区、直辖市）完成了县界勘界档案上报备案的各项准备工作，上海、山西、吉林、山东、河南、湖北、湖南、广东、海南、西藏、青海等省（自治区、直辖市）启动了勘界电子档案的扫描录入工作。

(4)逐步健全了勘界档案保管和使用制度。按照民政部全国勘界工作办公室的有关要求，各地抓紧研究制定了县界档案管理和使用的具体办法，并逐步把县界档案管理纳入制度化、规范化的轨道。

全面勘界以来，在各地民政部门领导的高度重视和广大勘界工作者的努力工作下，勘界档案工作取得了明显的成效：

(1)形成了我国有史以来第一套完整的记录勘定省、县两级陆地行政区域界线的规范化的勘界档案。(2)各地加强了对勘界档案工作的领导，充分认识到了保管好勘界档案的重要意义，并在勘界档案集中管理和规范化、制度化建设方面增加了相应的投入。(3)勘界档案不仅在各级民政部门管理行政区域界线工作中发挥了显著作用，同时在国家的基础测绘、国土资源管理和规划等方面的作用也逐步显现。

（张卫星）

【行政区域界线管理条例】《行政区域界线管理条例》是国务院根据宪法和法律制定的行政区域界线管理工作的行政法规。该条例于2002年5月13日由国务院颁布，自2002年7月1日起施行。

制定《行政区域界线管理条例》，目的是要确定已勘定行政区域界线的法律地位，明确行政区域界线的管理内容、管理原则、管理机制和管理方式，规定违反行政区域界线管理原则的法律责任，进一步加强行政区域界线管理，巩固勘界工作取得的成果，维护行政区域界线附近地区的稳定，促进边界地区经济社会的发展，实现行政区域界线的法制化管理。

长期以来，我国各级行政区域主要沿袭习惯线，因行政区域界线不清引发了大量边界争议，严重地影响了边界地区的社会稳定、经济发展和民族团结。为了从根本上解决这一问题，国务院在多年探索试点的基础上，组织领导了全面勘界工作。为巩固来之不易的勘界成果，国务院领导同志非常重视行政区域界线管理的立法工作。1997年8月和12月，原国务委员、国务院勘界工作领导小组组长李贵鲜同志两次在勘界工作会议上要求，要“考虑界线管理的立法问题”，“民政部门、勘界办、法制局等有关部门要及早把这个问题提上议事日程”。1999年6月和2002年1月，国务委员司马义·艾买提同志明确要求，“对已定界线，要加强管理，实行依法治界，防止发生新的纠纷，确保边界地区的长治久安”、“要尽快制定边界管理法规，实现边界管理的法制化、科学化”。1998年8月，民政部成立了条例起草小组。1999年8月，起草小组完成了条例初稿。2000年9月29日，民政部部务会议审议通过了条例送审稿。10月13日，民政部在征求各省、自治区、直辖市民政厅（局）和国务院有关部门意见的基础上，将《行政区域界线管理条例（送审稿）》报国务院审批。2000年11月至2002年4月，国务院法制办公室会同民政部进行了多次认真研究，并征求了国务院勘界工作联席会议12个成员单位和31个省、自治区、直辖市人民政府意见。2002年5月13日，朱镕基总理签署第353号中华人民共和国国务院令，公布《行政区域界线管理条例》。

《行政区域界线管理条例》共20条，第一至第四条主要阐述制定本条例的目的、根据、适用范围和管理体制，第五至第十二条规定了界线与界线标志物的管理，第十三条和第十四条明确勘界档案及行政区域界线详图编制的管理，第十五条是边界争议问题的处理，第十六至第十八条是罚则，第十九、第二十条是附则。

《行政区域界线管理条例》要求，地方各级人民政府必须严格执行行政区域界线批准文件和行政区域界线协议书的各项规定，维护行政区域界线的严肃性、稳定性。任何组织或者个人不得擅自变更行政区域界线。国务院民政部门负责全国行政区域界线管理工作，县级以上地方各级人民政府民政部门负责本行政区域界线管理工作。行政区域界线勘定后，应当以通告和行政区域界线详图予以公布。

省、自治区、直辖市之间的行政区域界线由国务院民政部门公布，由毗邻的省、自治区、直辖市人民政府共同管理。省、自治区、直辖市范围内的行政区域界线由省、自治区、直辖市人民政府公布，由毗邻的自治州、县(自治县)、市、市辖区人民政府共同管理。《条例》规定，行政区域界线的实地位置，以界桩以及作为行政区域界线标志的河流、沟渠、道路等线状地物和行政区域界线协议书中明确规定作为指示行政区域界线走向的其他标志物标定。任何组织或者个人不得擅自移动或者损坏界桩。非法移动界桩的，其行为无效。行政区域界线毗邻的各有关人民政府应当按照行政区域界线协议书的规定，对界桩进行分工管理。对损坏的界桩，由分工管理该界桩的一方在毗邻方在场的情况下修复。因建设、开发等原因需要移动或者增设界桩的，行政区域界线毗邻的各有关人民政府应当协商一致，共同测绘，增补档案资料，并报该行政区域界线的批准机关备案。行政区域界线毗邻的任何一方不得擅自改变作为行政区域界线标志的河流、沟渠、道路等线状地物；因自然原因或者其他原因改变的，应当保持行政区域界线协议书划定的界线位置不变，行政区域界线协议书中另有约定的除外。行政区域界线协议书中明确规定作为指示行政区域界线走向的其他标志物，应当维持原貌。因自然原因或者其他原因使标志物发生变化的，有关县级以上人民政府民政部门应当组织修测，确定新的标志物，并报该行政区域界线的批准机关备案。依照《国务院关于行政区划管理的规定》经批准变更行政区域界线的，毗邻的各有关人民政府应当按照勘界测绘技术规范进行测绘，埋设界桩，签订协议书，并将协议书报批准变更该行政区域界线的机关备案。生产、建设用地需要横跨行政区域界线的，应当事先征得毗邻的各有关人民政府同意，分别办理审批手续，并报该行政区域界线的批准机关备案。

《行政区域界线管理条例》明确，行政区域界线勘定确认属于某一行政区域但不与该行政区域相连的地域或者由一方使用管理但位于毗邻行政区域内的地域，其使用管理按照各有关人民政府签订的行政区域界线协议书有关规定或者该行政区域界线的批准机关的决定执行。行政区域界线毗邻的县级以上地方各级人民政府应当建立行政区域界线联合检查制度，每5年联合检查一次。遇有影响行政区域界线实地走向的自然灾害、河流改道、道路变化等特殊情况，由行政区域界线毗邻的各有关人民政府共同对行政区域界线的特定地段随时安排联合检查。联合检查的结果，由参加检查的各地方人民政府共同报送该行政区域界线的批准机关备案。勘定行政区域界线以及行政区域界线管理中形成的协议书、工作图、界线标志记录、备案材料、批准文件以及其他与勘界记录有关的材料，应当按照有关档案管理的法律、行政法规的规定立卷归档，妥善保管。国务院民政部门负责编制省、自治区、直辖市行政区域界线详图；省、自治区、直辖市人民政府民政部门负责编制本行政区域内的行政区域界线详图。因对行政区域界线实地位置认定不一致引发的争议，由该行政区域界线的批准机关依照该行政区域界线协议书的有关规定处理。违反本条例的规定，有关国家机关工作人员在行政区域界线管理中不履行行政区域界线批准文件和行政区域界线协议书规定的义务，或者不执行行政区域界线的批准机关的决定的；不依法公布批准的行政区域界线的；擅自移动、改变行政区域界线标志，或者命令、指使他人擅自移动、改变行政区域界线标志，或者发现他人擅自移动、改变行政区域界线标志不予制止的；毗邻方未在场时，擅自维修行政区域界线标志的，都将根据不同情节，依法给予记大过、降级或者撤职的行政处分；致使公共财产、国家和人民利益遭受重大损失的，依照刑法关于滥用职权罪、玩忽职守罪的规定，依法追究刑事责任。故意损毁或者擅自移动界桩或者其他行政区域界线标志物的，应当支付修复标志物的费用，并由所在地负责管理该行政区域界线标志的人民政府民政部门处1000元以下的罚款；构成违反治安管理行为的，并依法给予治安管理处罚。擅自编制行政区域界线详图，或者绘制的地图的行政区域界线的画法与行政区域界线详图的画法不一致的，由有关人民政府民政部门责令停止违法行为，没收违法编制的行政区域界线详图和违法所得，并处1万元以下的罚款。

《行政区域界线管理条例》的颁布施行，是实践党中央“依法治国，建设社会主义法治国家”治国方略的必然要求，对于巩固勘界成果，加强行政区域界线管理，维护边界地区稳定，促进经济和社会发展必将起到重要的推动作用。

（张卫星）

【贯彻落实《行政区域界线管理条例》】 2002年5月13日，国务院颁布《行政区域界线管理条例》。6月10日，民政部下发了《关于深入宣传贯彻〈行政区域界线管理条例〉的通知》（民发〔2002〕96号），要求各级民政部门把宣传贯彻《行政区域界线管理条例》作为边界管理工作的首要任务来抓，把行政区域界线管理工作作为各级政府职能工作，摆上重要议事日程。要着重做好收集整理勘界档案、编制行政区域界线详图、公布法定行政区域界线、建立界线管理信息系统及解决管理工作手段等基础性工作。要尽快建立界线的联合检查制度，明确检查任务，完备各项手续，加强对界线实地位置认定不一致引发争议问题的处理，及时化解矛盾，维护边界地区的稳定。同时，积极探索符合当地实际的界线管理办法，全面、系统地规范行政区域界线管理工作。

2002年7月1日，民政部发布了省级行政区域界线公告。同时，利用报刊、网络等媒体刊发报道，宣传《行政区域界线管理条例》颁布实施的意义和《行政区域界线管理条例》的有关内容。12月24日，民政部和国家测绘局联合发布了《1∶400万中华人民共和国行政区划图》。

各地贯彻落实《行政区域界线管理条例》的进展情况主要表现在以下几个方面：

（1）高度重视并积极组织学习、宣传《行政区域界线管理条例》工作。内蒙古、吉林、上海、福建、江西、云南等省（自治区、直辖市）人民政府发出通知，要求做好《行政区域界线管理条例》的贯彻落实工作。北京、河北、山西、内蒙古、辽宁、黑龙江、上海、河南、湖北、湖南、广东、重庆、四川、西藏、陕西、甘肃等省（自治区、直辖市）民政厅（局）转发、印制《行政区域界线管理条例》，供基层宣传学习。各地采用多种形式，充分利用报刊、有线电视、广播、黑板报、宣传栏、标语、横幅等媒介开展宣传《行政区域界线管理条例》活动，特别是加大对边界线附近的乡（镇）、村等基层组织和群众的宣传工作。上海市民政局、司法局、勘界办公室、法制宣传教育领导小组办公室自2002年7月1日起至7月10日，联合在全市范围内开展《行政区域界线管理条例》的宣传活动。青海省勘界办公室专门印制蒙、藏文版《行政区域界线管理条例》发到边界地区少数民族居民手中。北京、河北、黑龙江、上海、浙江、山东等省市举办培训学习班，讲解贯彻《行政区域界线管理条例》的具体意见、措施，规范和统一执法程序。通过学习、宣传工作，增强了各级政府有关部门、社会组织和边界地区群众依法治界的意识。

（2）制定、完善界线管理规章和措施。各地结合实际积极探索和完善行政区域界线管理法规和制度建设，北京、内蒙古、吉林、黑龙江、山东、河南、陕西、甘肃、宁夏等省（自治区、直辖市）有针对性地召开《行政区域界线管理条例》研讨会，研究、探讨依法管理界线的措施。内蒙古自治区人民政府出台了界线管理办法，北京、河北、江苏、浙江、山东、河南、湖北、广东、四川、云南、西藏、甘肃等省（自治区、直辖市）草拟了《行政区域界线管理条例》实施细则或意见，准备列入省、自治区、直辖市2003年的立法计划。上海市建立县界日常管理工作机制，各区县实行行政区域界线委托管理制度，界线毗邻的乡（镇）签订界线分级委托管理协议书，将边界线和界桩的日常巡视、看护工作落实到相关的乡（镇）、村委会和具体人员，并提供一定的管理经费。贵州与云南、云南与西藏、贵州与四川、贵州与重庆签订了边界管理协定。

（3）开展行政区域界线日常管理工作。按照《条例》要求，各地对勘定的县级行政区域界线进行了公布，北京、天津、山西、辽宁、吉林、上海、湖北、湖南、贵州、西藏、陕西、青海、新疆等省（自治区、直辖市）组织开展了行政区划图的编制工作。北京、吉林、上海组织对县级行政区域界线进行了联合检查，贵州与云南、重庆、四川协商签订省界边界管理协定，并对部分省界地段进行了联合检查，河北对重点地段界线和界桩进行了检查。北京、吉林、河南、黑龙江、上海对界桩进行了普查，及时修复损坏的界桩。上海市勘界办公室统一设计制作了121块界桩保护示牌，保护示牌正反面印制了《行政区域界线管理条例》相关内容。海南、广东、宁夏、新疆在行政区划调整后，及时开展了勘定界线的工作。

（张卫星）

【1:400万中华人民共和国行政区划图】《1:400万中华人民共和国行政区划图》是民政部和国家测绘局利用全国省级行政区域界线勘界成果、行政区划、地名现势资料及国家基础测绘资料、1:400万中华人民共和国地图数据资料等相关基础资料编绘，中国地图出版社出版发行的反映全国行政区划的专题地图。

《1:400万中华人民共和国行政区划图》为纸质双拼地图，用100克胶版纸印刷，覆膜挂杆。图幅东起日本的北海道岛，西至喷赤河，北起漠河镇的上方，南至海南岛的下方，南海诸岛作为插图表示。内图廓尺寸：1500×1005mm，地图尺寸：1640×1184mm。采用标准纬线为北纬27°和47°的等积圆锥投影。内容突出省级行政区划和全面勘界成果，选取全国县级以上的居民地和部分乡镇及西部地区部分村级居民地，水系、道路、地形等要素的表示和选取与中国地图出版社已出版的《1:400万中华人民共和国地图》基本一致。

我国历史上的兴盛时期，曾多次编纂出版舆图，对当时的疆域管理、政权建设和社会稳定起了重要作用。建国以后，国家十分重视行政区划图的编制出版工作。1954年和1956年，内务部两次发出通知，要求各省（自治区、直辖市）民政厅（局）加强对行政区域地图编绘出版工作的管理。1964年，国务院批准了内务部和国家测绘总局就我国1/250万《中华人民共和国全图》上省界画法问题所提出的处理意见，对有争议的省界采用习惯画法和与双方意见接近的实测线画法，作为地图上省界的权宜画法。此后，随着我国经济建设的飞速发展以及国际交往的不断扩大，社会各界对地图的要求也随之提高。为了正确地反映各省、自治区、直辖市行政区域的实际情况，1980年3月，民政部和国家测绘总局函请各省、自治区、直辖市人民政府标绘与邻省（自治区、直辖市）的行政区域界线图。根据各省标绘上报的情况，经国务院批准，民政部和国家测绘局于1984年联合发布了《中国百万分之一地图》上省、自治区、直辖市行政区域界线的画法，作为我国公开版地图上省、自治区、直辖市行政区域界线画法的统一标准。并对双方存在的争议地段的画法进行了技术处理，明确这些画法仅是在地图上一种权宜画法，各省、自治区、直辖市均不得以此图作为解决行政区域争议的依据。全面勘界前，地图上的省界都不具有法律效力，仅是地图上的一种权宜画法。

2002年4月，在全面完成勘界工作任务之际，民政部会同国家测绘局启动了行政区划图的编制工作。2002年5月，民政部、国家测绘局和中国地图出版社完成了项目设计书的论证及3104幅省界协议书附图扫描数据、各种比例尺过渡转绘用图的准备工作。2002年6月至8月，各省、自治区、直辖市民政厅（局）协助民政部完成了行政区划、地名的审核工作，中国地图出版社完成了省界的各种比例尺的过渡标描转绘和其他要素的设计、计算机制图和审定工作。2002年9月上旬，民政部完成了省级行政区域界线的审定工作，中国地图出版社完成了行政区划图全要素合成及打样工作。9月28日，民政部和国家测绘局在北京组织召开了《1:400万中华人民共和国行政区划图》编制项目验收会，通过项目验收。2002年11月8日，民政部和国家测绘局就出版《1:400万中华人民共和国行政区划图》有关问题发出通知，明确《1:400万中华人民共和国行政区划图》是今后出版1:400万及小于1:400万比例尺各种省级陆地行政区域界线地图画法的依据，其中内蒙古自治区科尔沁右翼前旗与吉林省白城市洮北区、内蒙古自治区额济纳旗与甘肃省金塔县、山东省微山县与江苏省沛县、铜山县的部分地段的行政区域界线，因特殊情况尚未勘定，上述地段暂按民政部、国家测绘局1984年5月30日《印发关于在〈中国百万分之一地图〉上省、自治区、直辖市行政区域界线画法的通知》(〔84〕测发字第093号)要求编绘,为权宜画法。海域内省级行政区域界线正在勘定中,暂按〔84〕测发字第093号通知要求编绘。2002年12月24日,民政部、国家测绘局在北京举行《1:400万中华人民共和国行政区划图》首发式暨新闻发布会,民政部副部长罗平飞、国家测绘局副局长王春峰、中国地图出版社社长白泊到会讲了话,中央和北京各大新闻单位对此进行了集中报道,称《1:400万中华人民共和国行政区划图》为“千年第一图”。

《1:400万中华人民共和国行政区划图》由行政区划的业务主管部门民政部联合国家测绘局组织编制,具有较高的权威性。地图上标示的省级陆地行政区域界线,是按照经国务院批准的毗邻省、自治区、直辖市人民政府签署的勘界协议书及地图标绘的,是法定的行政区域界线,是自秦设郡县以来首次全国大勘界成果的直观体现,这是同以往行政区划图的最大区别。地图中的专题要素是根据最新的行政区划变更情况、地名资料和最新勘定的省界标示的,水系、道路、地形等基础地理要素也都根据现实情况进行了更新,具有很强的现势性。整个地图的生产工艺采用以计算机制图技术为核心的设计、编辑与自动制版的新工艺流程,使地图成果图面清晰、层次分明,各要素与内容标示规范统一,达到同类地图产品的国内最高水平。

编辑出版《1:400万中华人民共和国行政区划图》的意义体现在两个方面:

(1)巩固了勘界成果,有利于社会稳定和经济发展。行政区划图以最快速度把我国有史以来第一次全面勘定的省界成果公布于世,这对于向社会各界特别是边界地区的基层政府及干部和群众广泛地宣传经国务院批准的省级行政区域界线的法律地位,增强各级政府根据行政管辖区域履行行政管理的职能,巩固勘界工作成果,促进边界地区社会稳定、经济发展和民族团结具有重要意义。(2)规范了小比例尺地图上省界的画法,为地图编制出版提供了统一的标准。根据《1:400万中华人民共和国行政区划图》,可以纠正近年来一些部门在公开出版的图书、杂志、报刊以及电影电视、橱窗展览和大量商业广告上所绘制的地图中出现的省界错误画法,使地图编制出版有了一个统一的标准,从而为社会提供更优质的服务。

(张卫星)

【行政区域界线信息管理系统】 行政区域界线信息管理系统是在地理信息系统平台上开发的应用软件,辅以遥感、全球定位系统等高新技术,对勘定省、县两级陆地行政区域界线工作中形成的成果资料进行规范化、标准化和数字化,建立行政区域界线协议书地形图图库、行政区域界线和界桩数据库、协议书和有关文字资料的文档数据库等空间数据库,并建立动态更新机制,从而为行政区域界线的管理和勘界成果的开发利用提供高效、快捷的手段。

行政区域界线信息管理系统建设的基本原则是:分级负责,分步实施;集中开发,统一规范;坚持系统建设的标准化、先进性、实用性、可靠性、安全性、可扩展性、经济性和兼容性。行政区域界线信息管理系统建设的主要工作内容有:多种数据类型的数据库建设、硬件网络设计、软件开发和系统维护等。

1995年11月,在国务院决定开展全面勘定省、县两级行政区域界线工作的同时,民政部首先倡导勘界档案和成果的信息化建设,旨在加强勘界成果的开发利用,提高边界管理工作的信息化水平。1997年10月,国务院勘界工作领导小组办公室拟订了行政区域界线信息化建设的工作设想和初步方案,经反复调研和论证后,于1998年9月由民政部部长办公会议审定立项。1999年,民政部全国勘界工作办公室会同民政部信息中心完成了行政区域界线信息管理系统预研究和软件原型的开发工作。1999年8月至2000年11月,民政部应用该软件原型指导山东省民政厅完成了科技部山东示范区试点工作和“九五”国家科技攻关项目“GIS综合应用技术研究”课题。行政区域界线信息管理原型的设计和软件的开发以及山东示范区的探索和研究,为行政区域界线信息管理系统建设在全国的推广积累了宝贵的经验。2000年1月至2001年3月,民政部全国勘界工作办公室联合民政部财务和机关事务司、民政部信息中心完成了省界信息管理系统建设可行性研究及向财政部申请立项工作。2001年7月,民政部全国勘界工作办公室启动了省界勘界成果数字化及信息管理系统建设的招标工作,并于同年11月签订了政府采购合同。2001年11月,民政部下发了《关于开展行政区域界线信息管理系统建设工作有关问题的通知》(民发〔2001〕316号),要求各省、自治区、直辖市民政厅(局)切实加强领导,把行政区域界线信息管理系统建设作为边界管理的一项重要而紧迫的基础性工作抓紧抓好。明确省级行政区域界线信息管理系统建设由民政部组织完成,县级行政区域界线信息管理系统建设由各省、自治区、直辖市民政厅(局)组织完成;省级行政区域界线信息管理系统建设从2001年6月起,拟用2年时间完成。县级行政区域界线信息管理系统建设从2002年开始,选择具备条件的地方,先行试点,而后逐步推开,力争用5年时间完成;建立省级行政区域界线信息管理系统的经费由中央财政负担,建立县级行政区域界线信息管理系统的经费由地方财政解决。民政部将负责行政区域界线信息管理系统软件的开发工作以及系统建设有关规范的制订与培训工作。

截至2002年底,省级行政区域界线勘界成果数字化及信息管理系统建设工程已取得了重要的阶段性成果,主要表现在以下几个方面:

(1)工程实施技术设计方案更加完善。民政部全国勘界工作办公室、国家基础地理信息中心组织陕西测绘局和武汉中地信息工程有限公司完成了《工程需求分析报告》、《工程总体设计方案》、《勘界数据库设计书》、《元数据技术说明书》、《软件功能设计说明书》、《软件程序编程技术标准》、《数据生产技术设计书》、《数据检查验收技术规定》、《信息管理系统技术设计方案》、《全国省级行政区域界线勘界资料接收使用管理规定》、《数据生产专业技术设计书》等技术设计文本的编写,完成了勘界协议书附图DRG和DLG数据生产试验和元数据建库方案、界桩点编码方案的制定。

(2)资料整理及补充收购图件已经到位。完成了4461幅勘界协议书附图和工作用图的整理、分册与装订工作,开发了勘界资料管理系统,为项目DLG数据采集补充收购了1080幅地形图,保证数据采集的带状范围宽度。

(3)按政府采购合同的进度完成了数据生产任务。项目涉及的所有4461幅勘界协议书附图及工作用图的扫描工作和68条省界共3104幅勘界协议书附图及1357幅工作用图DRG数据的生产和检查验收工作已经完成。已上交了36条省界共1900多幅DLG数据(包括带状范围补充地形图),部分DLG数据正在检查验收。省界协议书、请示、国务院批复文字录入工作已全部完成,界桩登记表、成果表以及界桩照片等多媒体原始件的扫描处理工作大部分已经完成。

(4)数据建库工作全面启动。通过程序检查、屏幕检查及绘图检查,确保数据在入库前的规范性和统一性,取得了预期的效果。完成了元数据建库和界桩点编码方案,用于在数据库建库时创建元数据库及统一修改界桩点的编码。完成了建库的关键技术研究,确定了具体的建库方案,并完成编写数据入库的批量处理程序。

(5)完成了系统软件的前期开发工作。截至2002年底,已开发了图库管理、检索输出、查询统计、辅助决策、历史管理、数据维护、界线发布网页、界线变更、系统安全及使用权限管理等模块,行政区域界线信息管理系统试用版投入运行。

在县界信息化建设方面,北京、辽宁、吉林、上海、山东、河南、湖北、湖南、广东、海南、云南、西藏、青海、宁夏等省、自治区、直辖市,在结合县界勘界成果数字化及勘界档案管理工作的基础上,已启动县界信息化建设的立项及勘界档案扫描等前期工作。

全面推进行政区域界线信息管理建设一年多来,在各级民政部门和有关部门领导的高度重视和广大勘界工作者的努力工作下,行政区域界线信息管理系统建设取得了明显的成效。

(1)不仅为各级民政部门

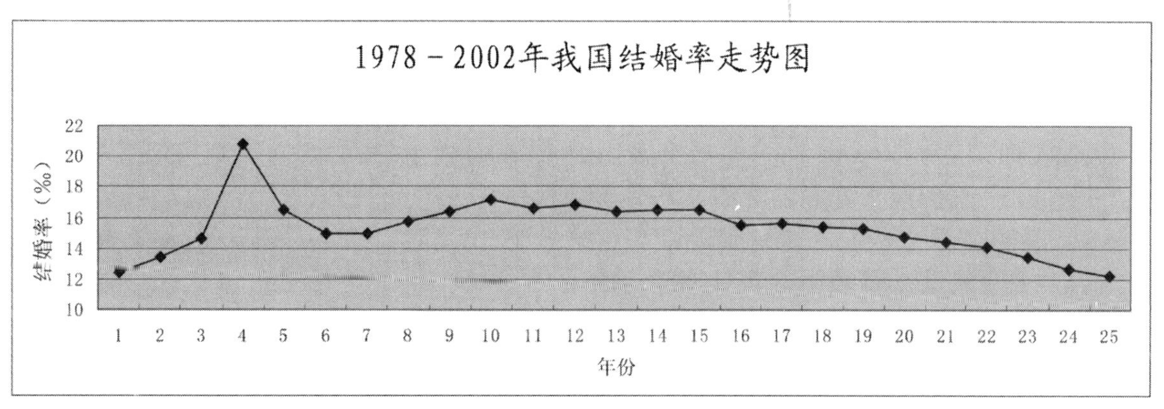

有效管理界线并更好地管理、利用勘界成果服务，同时为政府的有关部门进行信息化管理提供法定的信息保证和先进有效的技术支持，从根本上改变界线管理和决策手段落后、缺乏现代信息科学技术支持的被动局面，促进政府职能的转变，提高边界管理工作的水平和效率。(2)加强国家对各地和各部门界线信息化建设的统一规划和宏观调控，防止在界线数据库建设中出现大量低水平重复建设和无效投资，使各部门、各地区的界线信息化建设走上规范化、标准化的有序轨道，提高界线信息化建设的整体效率和效益。(3)有效地解决从数量极其庞大的勘界成果资料中频繁地手工查询费时费力、不利于原始档案保管的问题，避免由于纸质档案占用空间大、对保存条件要求高以及资金紧张、设备不足造成档案丢失、损毁的现象。同时，能够更好地满足用户对勘界成果综合系统分析的需求，提高勘界成果的社会利用价值。

（张卫星）

婚姻管理

【结婚登记】 结婚登记制是与结婚仪式制相对应的一种法律婚制，它要求准备结婚的男女双方必须到国家有关部门依法办理结婚登记手续后，其婚姻关系才告成立。结婚登记制是国家确认婚姻关系合法性的基本形式，也是依法保护婚姻关系的基础。我国建国后的第一部婚姻法就明确规定了结婚登记制度，男女双方只有经过依法登记，其婚姻关系才能得到法律的认可，其合法权益才能受到法律的保护。

一、我国关于结婚登记的法律规定

关于结婚登记，《中华人民共和国婚姻法》主要有以下几方面原则性的规定：(一)自愿原则。要求结婚的男女双方必须完全自愿，这是实行婚姻自由的必然要求。《中华人民共和国婚姻法》第五条明确规定，“结婚必须男女双方完全自愿，不许任何一方对他方加以强迫或任何第三者加以干涉。”(二)法定婚龄问题。法定婚龄是法律规定的可以结婚的最低结婚年龄，《中华人民共和国婚姻法》第六条规定，“结婚年龄，男不得早于二十二周岁，女不得早于二十周岁。”(三)禁止结婚的情形。《中华人民共和国婚姻法》第八条规定了两类禁止结婚的情形，一是直系血亲和三代以内的旁系血亲，二是患有医学上认为不应当结婚的疾病。(四)结婚登记程序。我国实行严格的结婚登记制度，法律不承认未经登记的任何形式的仪式婚或宗教婚。男女双方必须依法办理结婚登记手续，否则其婚姻关系不受法律的保护。《中华人民共和国婚姻法》第八条规定，“要求结婚的男女

双方必须亲自到婚姻登记机关进行结婚登记。符合本法规定的，予以登记，发给结婚证。取得结婚证，即确立夫妻关系。未办理结婚登记的，应当补办登记。”

二、结婚登记量及结婚率变化情况

2002年，我国共办理结婚登记约786万对，其中内地居民间结婚登记778.8万对，涉外及华侨、港澳台居民结婚登记共7.3万对，2002年结婚率为12.2‰。

结婚率是指当年结婚人数与当年平均人口数的千分比。我国自1978年以来办理结婚登记的具体情况见“1978－2002年我国结婚率走势图”。

（倪春霞）

【内地居民结婚登记】 结婚登记制度是整个婚姻制度的重要组成部分，而内地居民间的结婚登记则构成了我国结婚登记的主体。从近10年来我国办理结婚登记的情况看，内地居民间的结婚登记占整个结婚登记总数的99.3%以上。

一、我国结婚登记制度的历史

在我国历史上，从封建王朝到北洋军阀和国民党政府，一直沿袭着仪式婚制，国民党政府1930年底公布的《民法·亲属编》仍规定结婚须举行公开仪式，并有二人以上之证人证明。新中国的亲属法，则自解放前的革命根据地时期起便实行结婚登记制度。1931年的《中华苏维埃共和国婚姻条例》，1934年的《中华苏维埃共和国婚姻法》，抗日战争和解放战争时期的地区性的婚姻条例，也有结婚须依法办理登记的规定。

自建国以来，我国先后于1950年、1980年、2001年颁布了三部婚姻法，这三部婚姻法都明确规定了结婚登记制度。我国原内务部和民政部也曾先后于1955年、1980年、1986年颁布过三个婚姻登记办法，国务院1994年颁布了《婚姻登记管理条例》，这些办法和条例都明确规定了内地居民间办理婚姻登记的具体程序。

二、内地居民间办理结婚登记的具体要求

关于内地居民间办理结婚登记的具体要求，1994年《婚姻登记管理条例》明确规定了以下几点：

1.办理内地居民间婚姻登记的机关，在城市是街道办事处或者市辖区、不设区的市人民政府的民政部门，在农村是乡、民族乡、镇的人民政府。

2.当事人双方必须亲自到一方户口所在地的婚姻登记管理机关申请结婚登记。

3.申请时，当事人应当持有下列证件和证明：(1)户口证明；(2)居民身份证；(3)所在单位、村民委员会或者居民委员会出具的婚姻状况证明。当事人离过婚的，还应当持离婚证。在实行婚前健康检查的地方，申请结婚登记的当事人，必须到指定的医疗保健机构进行婚前健康检查，向婚姻登记管理机关提交婚前健康检查证明。

4.申请结婚登记的当事人有下列情形之一的，婚姻登记

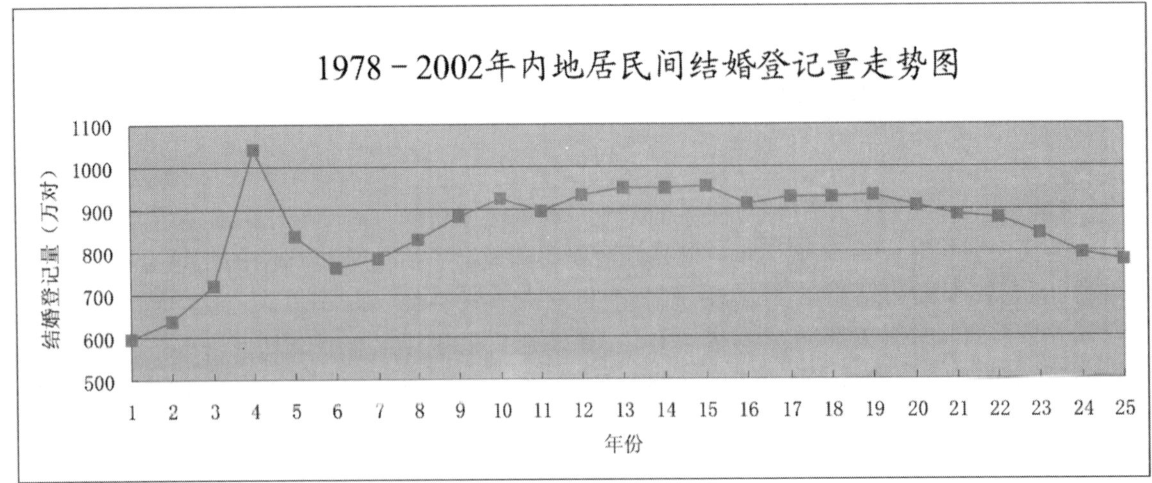

管理机关不予登记:(1)未到法定结婚年龄的;(2)非自愿的;(3)已有配偶的;(4)属于直系血亲或者三代以内旁系血亲的;(5)患有法律规定禁止结婚或者暂缓结婚的疾病的。这5条禁止结婚的情形同样适用于涉外、涉港澳台结婚登记。

三、结婚登记数量的变化

从"1978－2002年内地居民间结婚登记量走势图"可以看出我国1978年以来内地居民间结婚登记数量的基本走势。1978年我国内地居民间结婚登记为597.8万对,随后的几年里登记量迅速上升,1980年婚姻法的颁布掀起了结婚登记的高潮,1981年的登记量达到历史最高值1040.3万对。在1983年到1992年之间,内地居民间的结婚登记量基本处于稳步上升阶段。近10年来,内地居民间的结婚登记量又逐步下降,2002年降为778.6万对。结婚登记量的变化与我国人口结构、适婚人群量、婚姻家庭观念的变化以及婚姻法律的影响可能都存在一定的联系。

(倪春霞)

【涉港澳台结婚登记】 随着我国改革开放步伐的加速,前往内地探亲、旅游、投资的港、澳、台同胞越来越多,他们与内地居民之间的民事活动也越来越频繁。为规范港、澳、台同胞与内地居民之间的婚姻登记,民政部1983年颁布了《华侨同国内公民、港澳同胞同内地公民之间办理婚姻登记的几项规定》,1998年又颁布了《大陆居民与台湾居民婚姻登记管理暂行办法》。2002年,内地婚姻登记机关共办理涉港澳台结婚登记45920对,其中涉港登记12369对,涉澳登记1251对,涉台登记32300对。

一、港澳同胞同内地居民之间办理结婚登记的规定

1.办理港澳同胞同内地居民之间婚姻登记的机关是内地一方户口所在地的县级以上人民政府的婚姻登记机关。

2.申请结婚的男女双方需共同到登记机关办理登记并提供以下证件和证明材料:

国内居民应提供:(1)户口证明;(2)居民身份证;(3)所在单位或街道办事处、乡(镇)人民政府出具的婚姻状况证明。

港澳同胞应提供:(1)港澳同胞来往内地通行证或者回乡证;(2)港、澳居民身份证;(3)香港居民提交司法行政机关委托的香港律师辨认的香港婚姻注册处出具的婚姻状况证明和经该律师证明的由申请人做出的在其他任何地方从未登记结婚的申明书;澳门居民提交澳门出生及死亡登记局(2002年底已改名为澳门民事登记局)出具的《结婚资格证明书》或者《无婚姻记录证明书》。

申请结婚登记的当事人离过婚的,应提交离婚证件;丧偶的,应提交配偶死亡证明;有过同居关系的,须持有脱离同居关系的协议书。另外,申请结婚登记的当事人还应提供婚前健康检查证明。

二、台湾居民同内地居民之间办理结婚登记的规定

1.办理台湾地区居民与内地居民之间婚姻登记的机关是内地一方户籍所在地的省(自治区、直辖市)民政厅(局)指定的地级以上地方人民政府民政部门的婚姻登记管理机关。

2.申请结婚的男女双方需共同到登记机关办理登记并提供以下证件和证明材料:

大陆居民应提供:(1)户口证明;(2)居民身份证;(3)所在单位或街道办事处、乡(镇)人民政府出具的婚姻状况证明。

台湾居民应提供:(1)来往大陆通行证或者其他有效旅行证件;(2)在台湾地区居住的有效身份证明和出入境证件;(3)台湾公证机关出具的无配偶声明和经证明无误的户籍誊本。

申请结婚登记的当事人离过婚的,应提交离婚证件;丧偶的,应提交配偶死亡证明。另外,申请结婚登记的当事人还应提供婚前健康检查证明。

(倪春霞)

【涉外结婚登记】 自改革开放以来,中国公民同外国人(包括常驻我国和临时来华的外国人)缔结婚姻的情况日渐增多。我国《民法通则》第一百四十七条规定:"中华人民共和国公民和外国人结婚适用婚姻缔结地法律。"因此,中国公民同外国人在我国境内结婚应当适用我国的法律规定;如果在国外缔结婚姻关系,只要其不违背《中华人民共和国婚姻法》的基本原则和社会公共利益,我国也承认其婚姻的合法性。2002年,我国共办理涉外婚姻

登记23478对。

1983年民政部颁布的《中国公民同外国人办理婚姻登记的几项规定》对涉外婚姻登记工作做了明确规定。

1.禁止与外国人结婚的中国公民范围:(1)现役军人、外交人员、公安人员、机要人员和其他掌握重大机密的人员;(2)正在接受劳动教养和服刑的人。

2.办理涉外婚姻登记的机关是中国公民一方户口所在地的省、自治区、直辖市人民政府指定的婚姻登记机关。

3.申请结婚的男女双方需共同到登记机关办理登记并提供以下证件和证明材料:

中国公民应提供:(1)户口证明;(2)居民身份证;(3)本人户口所在地的县级人民政府或工作所在单位的县级以上机关、学校、事业、企业单位出具的婚姻状况证明。

外国人应提供:(1)本人护照或其他身份、国籍证件;(2)公安机关签发的《外国人居留证》,或外事部门颁发的身份证件,或临时来华的入境、居留证件;(3)经本国外交部(或外交部授权机关)和我驻该国使、领馆认证的由本国公证机关出具的婚姻状况证明,或该国驻华使、领馆出具的婚姻状况证明。

外国侨民应提供:(1)本人护照或代替护照的身份、国籍证件(无国籍者免交);(2)公安机关签发的《外国人居留证》;(3)本人户口所在地县级人民政府或工作所在单位的县级以上机关、学校、事业、企业单位出具的婚姻状况证明。

此外,申请结婚的男女双方还须提交婚前健康检查证明。

1998年民政部、外交部又印发了《关于离婚当事人申请再婚登记的补充规定》。该规定对离过婚的外国人和中国公民申请再婚登记时,其原离婚证件的公证认证、法院的裁定承认以及判决书的生效证明等做出了明确的补充规定。

(倪春霞)

【领事婚姻登记】 领事婚姻登记主要是为了方便居住在国外的中国公民办理婚姻登记。近年来,随着居住在国外的中国公民的日渐增多,我驻外使领馆承担的婚姻登记任务也越来越重。

一、关于领事婚姻登记的规定

1983年,外交部、最高人民法院、民政部、司法部、国务院侨办联合发出了《关于驻外使领馆处理华侨婚姻问题的若干规定》,对我驻外使领馆处理华侨婚姻问题做出了原则性规定,同时也对我驻外使领馆办理领事婚姻登记的范围作了限制。

1.关于华侨结婚问题。鼓励华侨按居住国的法律在当地办理结婚登记或举行结婚仪式。申请结婚的男女双方均是华侨,且符合我国婚姻法的规定,如驻在国法律允许,双方又坚持要我使领馆为其办理结婚登记的,我使领馆可为其办理结婚登记。若驻在国法律不承认外国使领馆办理结婚登记的效力或该结婚申请不符合我婚姻法关于结婚的规定,则我使领馆不宜受理。华侨与外国人(包括外籍华人)申请结婚登记,我使领馆不得受理。

2.关于华侨离婚问题。鉴于离婚案件比较复杂,我驻外使领馆原则上不受理华侨申请离婚的案件。夫妻双方均是居住在国外的华侨,他们要求离婚,原则上应向居住地有关机关申请办理离婚手续。如他们原在我驻外使领馆登记结婚的,申请离婚时,双方无争议的,可向原经办结婚登记的我驻外使领馆办理离婚手续。夫妻双方现均系外籍华人,或一方系华侨另一方现系外籍华人,要求离婚,应向居住国有关机关申请办理离婚手续,我驻外使领馆一般不予受理。如他们原先是在中国或我驻外使领馆办理结婚登记的,现因某种原因,居住国有关机关不受理时,我驻外使领馆可参照处理华侨离婚案件的规定精神予以受理。

3.关于出国人员、留学生的婚姻登记问题。1997年民政部办公厅《关于对中国公民的境外婚姻证件认证问题的复函》中规定,两个在国外长期学习、工作、探亲的中华人民共和国公民(华侨除外)在国外结婚,原则上应在中国驻该国使、领馆办理结婚登记(居住国不承认的除外)。如当事人依婚姻缔结地法律结婚,只要不违背我国婚姻法的基本原则和社会公共利益,其婚姻关系在中国境内有效。

4.除办理结婚登记、离婚登记外，对于在使领馆办理的婚姻登记，当事人遗失或损毁结婚证、离婚证的，使领馆还可为其补发《夫妻关系证明书》和《解除夫妻关系证明书》。

二、2002 年我驻外使领馆办理婚姻登记的具体情况

据外交部统计，2002 年我驻外使领馆共办理结婚登记 1669 对，离婚登记 80 对，办理了婚姻登记的使领馆共 59 个。其中欧洲地区办理结婚登记 496 对，离婚登记 20 对；美洲地区办理结婚登记 9 对；亚太地区办理结婚登记 1135 对，离婚登记 60 对；亚非地区办理结婚登记 29 对。在我国驻外使领馆中，办理婚姻登记量最大的是驻日本使领馆，结婚登记达 1112 对，占使领馆办理结婚登记总数的 66.6%，离婚登记 51 对，占离婚登记总数的 63.8%；其次是德国使领馆，共办理结婚登记 159 对，占使领馆办理结婚登记总数的 9.5%，离婚登记共 4 对，占离婚登记总数的 5%；登记量排第三位的是驻西班牙使领馆，共办理结婚登记 140 对，占结婚登记总数的 8.4%，离婚登记 9 对，占离婚登记总数的 11.3%。

（倪春霞）

【离婚登记】 离婚是夫妻双方依法解除婚姻关系的行为。根据婚姻法规定，我国的离婚有两种方式：登记离婚和诉讼离婚。

登记离婚也叫协议离婚，它是自愿离婚的夫妻，在对子女抚养、财产及债务等事项处理协商一致的情况下，双方通过行政程序解除婚姻关系的行为。《中华人民共和国婚姻法》规定："男女双方自愿离婚的，准予离婚。双方必须到婚姻登记机关申请离婚。婚姻登记机关查明双方确实是自愿并对子女和财产问题已有适当处理时，发给离婚证。"

诉讼离婚是婚姻当事人向人民法院提出离婚请求，由人民法院调解或判决而解除其婚姻关系的一项离婚制度。

我国 1950 年第一部婚姻法确定了两种离婚方式。

离婚率是当年离婚数与当年平均人口的千分比，即离婚率＝当年离婚登记人数÷[（上年人口总数＋当年人口总数）÷2]×1000‰。

2002 年，全国离婚 117.7 万对，其中民政部门办理离婚登记 57.3 万对。在民政部门办理的离婚登记中，内地居民之间离婚登记 567636 对，涉及港澳台居民和华侨离婚登记 5221 对。2002 年离婚率为 1.8‰。

2002 年 8 月 6 日，民政部办公厅就湖南省民政厅关于婚姻当事人双方因男方实施性别矫正（男性变女性）手术，申请撤销婚姻关系应如何处理的请示，印发了《关于婚姻当事人一方变性后如何解除婚姻关系问题的答复》（民办函〔2002〕127 号）。《答复》指出，××、××在办理结婚登记手续时符合结婚的实质要件和形式要件，婚姻登记合法有效，当事人要求登记机关撤销婚姻关系的请求不应支持。如果双方对财产问题没有争议，登记机关可以参照协议离婚处理，离婚的效力自婚姻关系解除之日起算。双方因财产分割发生争议起诉至人民法院的，人民法院在解除当事人婚姻关系的同时一并解决财产问题。

2002 年 8 月 6 日，民政部办公厅就安徽省民政厅关于婚姻当事人双方结婚登记后，一方不知去向，法院在受理另一方提起的离婚诉讼时调查发现，失踪一方办理结婚登记时提供的身份证明、户籍证明及婚姻状况证明均系伪造，另一方因此要求婚姻登记机关撤销登记，应如何处理的问题，印发了《关于撤销黄清江与叶芳结婚登记问题的答复》（民办函〔2002〕129 号）。《答复》指出，"婚姻登记机关对当事人提供的证件、材料不具备真实性审查的条件和能力，《婚姻登记管理条例》第二十五条'弄虚作假、骗取婚姻登记的'是指当事人不符合结婚登记的实质性要件，通过弄虚作假而骗取的登记。因此，对黄清江要求登记机关撤销婚姻登记的请求不予支持。最高人民法院已函复民政部（法研〔2002〕81 号），当事人可依法向人民法院提起离婚诉讼。向人民法院宣告死亡的，其婚姻关系按一方当事人死亡处理。"

（王宏丽）

【婚姻登记信息化建设】 婚

姻登记信息化是指婚姻登记机关和民政部门利用计算机进行婚姻登记和管理。自我国1950年建立婚姻登记制度以来,婚姻登记工作长期沿用传统的管理方式,管理手段落后,效率低下。1992年沈阳市率先开发婚姻管理软件,使用计算机进行婚姻管理。广州海珠区等婚姻登记机关也先后开发婚姻软件,使用计算机进行婚姻登记。

1996年民政部社会事务司印发了《关于推动婚姻管理工作办公自动化的通知》(民事字〔1996〕第92号),《通知》指出,婚姻登记管理办公自动化,是婚姻登记管理规范化、科学化、现代化建设的重要组成部分,是婚姻登记管理的发展方向。各级民政部门要充分认识婚姻登记管理办公自动化建设的重要性和必要性,进一步解放思想,更新观念,加强领导,将婚姻登记管理办公自动化建设提到议事日程,作为考核评比婚姻登记管理工作的重要内容。《通知》还要求各地统一规划,合理安排;筹措资金,搞好硬件建设;抓好技术力量和操作技能培训。

1997年8月由民政部社会事务司委托民政部信息中心开发的婚姻登记管理系统1.0版正式向全国婚姻登记管理机关推广使用。

2001年2月,民政部基层政权和社区建设司与民政部信息中心研制完成婚姻登记管理系统2.0版(1.0版的升级版)。民政部办公厅印发了《关于进一步加快婚姻登记管理系统软件应用的通知》(民办函〔2001〕34号),《通知》指出,各级民政部门,特别是婚姻登记管理机关务必高度重视信息化建设,加快婚姻登记管理系统的普及应用步伐。要进一步提高认识,增强紧迫感。要树立依法行政与婚姻登记管理办公自动化建设并重的思想,要制定具体方案,有目标、有措施,保证婚姻登记管理办公自动化建设的快速发展。要树立全局观念,推动省市婚姻登记局域网的规划和建设,为实现全国婚姻登记管理网络化建设打好基础。

(肖登峰)

【《婚姻登记管理条例》的修订】 《婚姻登记管理条例》是1994年1月21日经国务院批准,同年2月1日由民政部发布的。《婚姻登记管理条例》分为总则、婚姻登记管理机关、婚姻登记、婚姻登记档案和婚姻关系证明、监督管理和附则6章,共计34条。它的实施,对规范婚姻登记,保护当事人的合法权益发挥了积极作用。

2001年4月28日,九届全国人大常委会第二十一次会议审议通过了《关于修改〈中华人民共和国婚姻法〉的决定》,该决定自公布之日起施行。12月25日,最高人民法院公布了《关于适用〈中华人民共和国婚姻法〉若干问题的解释(一)》〔以下简称最高人民法院司法解释(一)〕。修改后的婚姻法及司法解释,对1980年的婚姻法及有关司法解释作了较大的改动,对现行婚姻登记制度产生了重大影响。为此,现行《婚姻登记管理条例》(以下简称现行条例)也必须相应做出修改和完善。同时,随着经济、社会的发展,特别是由于婚姻法的修改,现行条例中的许多条款也急需修改。主要是:第一,修改后的婚姻法增加了补办结婚登记(第八条)、无效婚姻(第十条)、可撤销婚姻(第十一条)等规定,作为配套的行政法规,必须对这些规定从程序上进行规范。第二,现行条例中"违法的婚姻行为"在提法、情形及处理方式上与修改后的婚姻法不一致,需要与婚姻法的规定统一。第三,现行条例中的某些规定,如婚姻登记机关的设置、由当事人所在单位或基层群众性自治组织出具婚姻状况证明和介绍信等规定,已经不能适应社会经济发展和人们的思想观念的变化,操作的难度非常大。

为了保障《中华人民共和国婚姻法》(以下简称《婚姻法》)的贯彻实施,民政部结合现行条例实施8年来的实际情况,针对其贯彻实施中存在的主要问题,重点对婚姻登记机关的设置、婚姻状况证明的出具办法和婚姻效力的认定(补办结婚登记、无效婚姻、可撤销婚姻)等问题进行了深入调研,先后形成了4个征求意见稿;3次征求了国务院外交、司法、公安、教育、卫生、计划生育、财政、计划等部委和侨办、港澳办和台办等部门和解放军总政治部的意见,并就某些问题多次与全国人大法工委和最高人民法院进行协商；召开座谈会，专门听取了部分法律专家和学者的意见；反复征求了全国各省、市、自治区民政系统特别是婚姻登记部门的意见，在综合、吸收各方面意见的基础上形成了《婚姻登记条例（送审稿）》[以下简称《条例（送审稿）》]，共7章41条。

条例修订中，主要针对以下几个问题进行了研究，提出了民政部门的意见。

（一）增加了有关补办登记、无效婚姻和可撤销婚姻的实施程序。《条例（送审稿）》删除了现行条例中有关"未经结婚登记以夫妻名义同居的，其婚姻关系无效"的规定，除了对补办结婚登记的效力做出了与最高人民法院司法解释（一）相一致的规定外，还对补办结婚登记的条件及所需要提供的证件和证明材料等做出了规定，一方面要求补办结婚登记与初始结婚登记一样必须具备一定的形式要件；另一方面，要求补办结婚登记，还必须提交双方近亲属或者村（居）民委员会出具的当事人"双方以夫妻名义同居生活的证明材料"，以此区别于其他同居行为，这样就细化了婚姻法关于补办登记的程序。

关于无效婚姻问题。《条例（送审稿）》吸收了卫生部门的意见，使得《婚姻法》关于无效婚姻的规定更加具体明晰；规定了无效婚姻当事人及利害关系人向婚姻登记机关申请宣告婚姻无效应当提交的证件和证明材料，以此证明无效婚姻当事人及利害关系人的身份；鉴于婚姻登记机关依职权处理无效婚姻与法院被动受理有区别，规定婚姻登记机关除受理宣告婚姻无效的申请外，还有权主动宣告婚姻无效。根据《婚姻法》第十一条的规定以及最高人民法院司法解释（一）中关于"胁迫"的含义及请求撤销婚姻的主体的规定，《条例（送审稿）》还明确规定了请求撤销婚姻时应当提交的证件和证明材料。

（二）修改现行条例中某些与《婚姻法》不一致的条款。根据下位法服从上位法的原则，《条例（送审稿）》将《婚姻登记管理条例》更名为《婚姻登记条例》，"婚姻登记管理机关"改为"婚姻登记机关"，对现行条例中有关对婚姻登记机关和婚姻登记员进行监督管理的内容予以删除，用补办登记、无效婚姻、可撤销婚姻的处理方式代替撤销登记并予以行政处罚等"处理违法的婚姻行为"方式，监督管理的内容则由民政部制定部门规章予以规范。

（三）改革了现行婚姻状况证明的出证办法。随着社会结构的变化、劳动用工制度的改革和人口流动的加剧，当事人所在单位和基层群众自治性组织很难了解其婚姻状况。这种出证方式还不同程度地影响了当事人的婚姻自由。鉴于《婚姻法》确立了无效婚姻和可撤销婚姻制度，刑法也有关于重婚罪的条款，已为改革现行婚姻状况证明的出证办法提供了法律依据和保障，因此，《条例（送审稿）》以当事人在婚姻登记机关做出的本人婚姻状况声明，代替由当事人所在单位或基层群众性自治组织出具的婚姻状况证明和离婚介绍信是符合客观实际的。

（四）关于婚姻登记机关的设置问题。鉴于下列原因：（1）婚姻登记工作是政府职能部门的职责，且现行条例明确规定，"国务院民政部门主管全国的婚姻登记管理工作。县级以上地方各级人民政府的民政部门主管本行政区域内的婚姻登记管理工作"；（2）修改后的《婚姻法》增加了补办登记、无效婚姻、可撤销婚姻的规定，而补办登记、宣告无效婚姻、撤销婚姻登记都涉及取证的问题，使得婚姻登记机关的执法难度大大增加，对婚姻登记机关的执法水平和婚姻登记员的素质提出了更高的要求；（3）乡镇或者街道办事处因机构编制有限，婚姻登记人员不固定，登记时间也没有保障，一方面给当事人婚姻登记造成诸多不便，另一方面也影响了婚姻登记质量；（4）目前已有15个省、市、自治区出台了有关婚姻登记的实施办法，规定由县（市）、区民政部门负责办理婚姻登记，取得了很好的效果，为改革现行的登记机构设置办法提供了实践经验和法律基础，《条例（送审稿）》提出改革现行婚姻登记机关的设置办法，即"办理内地居民之间婚姻登记的机关由县、不设区的市、市辖区人民政府的民政部门设置。地域较大、交通欠发达的县、不设区的市，民政部门应当合理设置婚姻登记处，或者委托乡镇人民政府办理婚姻登记。”

(五)将有关婚姻登记的现行规定进行适当合并。目前，有关婚姻登记的规定过于分散，给婚姻登记机关的具体操作和当事人办理登记造成一定困难。除现行条例外，民政部还先后与有关部门制定了《中国公民同外国人办理婚姻登记的几项规定》、《华侨同国内公民、港澳同胞同内地公民之间办理婚姻登记的几项规定》、《出国人员婚姻登记管理办法》、《大陆居民与台湾居民婚姻登记管理(暂行)办法》和《关于离婚当事人申请再婚登记的补充规定》等等。随着《婚姻法》的修订，上述规定均需进行相应的修改。从上述规定、办法的内容看，除了要求当事人提供的证件、证明有所区别外，其他规定并无不同。所以，建议将实践证明行之有效的上述规定、办法进行合并，纳入行政法规，制定一个在中国境内办理婚姻登记统一适用的《婚姻登记条例》。

2002年1月31日，民政部召开部务会，讨论通过了《婚姻登记条例(送审稿)》。2月26日，民政部向国务院正式报送了《关于报请审议〈婚姻登记条例(送审稿)〉的请示》(民发〔2002〕30号)。目前，国务院正在审议修订《婚姻登记条例(送审稿)》，并即将公布实施。

(肖登峰)

【婚姻介绍服务机构管理】

婚姻介绍服务机构的存在由来已久。最初，婚介机构的出现，是为了满足某些单身青年、大龄男女或离异、丧偶人士择偶需求而组织起来的，从事婚姻介绍的单位主要是共青团、妇联、工会以及街道办事处、居民委员会等组织，具有较鲜明的公益服务色彩。据沈阳市民政局婚姻管理处调查，全国第一家专门为老年人服务的婚介机构——沈阳市和平区圆路老年人婚姻介绍所成立于1987年，老所长周淑华还曾获得全国“开创老年事业奖”。该市最早的婚介机构——沈阳市婚姻介绍所成立于1980年，由团市委主办，属于财政拨款的事业单位。早期的婚介机构为当事人牵线搭桥，做了大量有益的工作，得到社会较好的评价。20世纪80年代中期以后，婚介机构大量涌现，90年代初期受全民经商办企业风潮的影响，婚介机构数量剧增，其公益服务性质逐渐向企业化、以营利为主的性质转变。其间，大量大众媒体如电视红娘(“今晚我们相识”、“玫瑰之约”等节目)、报纸杂志上连篇累牍的征婚广告等起到了推波助澜的作用。据调查，除了少数婚介机构在民政或工商部门办理登记外，绝大多数的婚介机构都没有办理任何注册登记手续。各地婚介机构鱼龙混杂，登记管理方式五花八门，基本上处于竞争无序、自生自灭状态。社会各界对婚介机构的混乱状态提出诸多批评，呼吁有关部门加强管理；婚介机构内部也希望政府部门对其加以规范和整顿。

1994年12月，针对一些从事涉外婚姻介绍的机构及某些不法分子为了牟取暴利，串通境外人员，借介绍婚姻之名，将我国一些妇女骗出境外，酿成不少悲剧，严重损害我国的民族尊严和民族感情的问题，民政部向国务院报告了加强对婚介机构管理的意见。国务院办公厅及时印发了《关于加强涉外婚姻介绍管理的通知》(国办发〔1994〕104号)，《通知》明确规定，为加强涉外婚姻介绍管理，保障我国妇女的合法权益，维护国家声誉，(1)严禁成立涉外婚姻介绍机构。国内婚姻介绍机构和其他任何单位都不得从事或变相从事涉外婚姻介绍业务。任何个人不得采取欺骗手段或以营利为目的从事或变相从事涉外婚姻介绍活动。(2)对已成立的从事或变相从事涉外婚姻介绍的机构，由民政部门会同公安、工商行政管理部门联合进行清查，一经查出，坚决取缔；对在婚姻介绍活动中采取欺骗手段或牟取暴利造成严重后果的直接责任者，要由司法机关依法惩处。对《通知》下发后仍继续从事涉外婚姻介绍的单位和以营利为目的从事涉外婚姻介绍的个人，由民政部门会同公安、工商行政管理部门予以查处，没收非法所得并按有关规定处以罚款；情节严重且有违法行为的，要依法惩处。同时，当地人民政府要追究其主管部门或挂靠单位及其负责人的行政责任。(3)任何人发现从事涉外婚姻介绍活动的单位和采取不正当手段从事涉外婚姻介绍的个人,可向民政、公安、外交部门及时报告。电视、广播、报刊、杂志等新闻媒体不得播放或刊登涉外征婚广告。其他任何单位和个人也不得张贴或散发此类征婚广告。(4)加强国内婚姻介绍归口管理。凡申请成立国内婚姻介绍机构的,应报所在省、自治区、直辖市民政部门审批,经批准后方可到工商行政部门登记注册。民政部门要对国内婚姻介绍活动进行指导、管理和监督。这个通知是迄今为止国家就婚介机构管理下发的惟一具有指导意义的文件。

1995年,民政部办公厅下发了关于认真贯彻《国务院办公厅关于加强涉外婚姻介绍管理的通知》有关问题的通知(民办函〔1995〕125号),阐明了加强婚介机构管理的重大意义,提出加强婚介机构管理是各级民政部门的一项迫切任务,要求各地结合当地情况,切实采取措施,认真做好清理整顿工作,做到心中有数,边清理边整顿。之后,江苏、福建、山西、甘肃、广西壮族自治区、浙江、安徽、青海、上海、广州、哈尔滨、南京、成都、沈阳、西安、重庆、大连等省市以省(市)政府或民政部门名义出台了有关婚姻介绍机构管理办法,并且对当地的婚介机构进行了清理整顿。江苏、上海、重庆、沈阳、大连、山西、甘肃、青海、成都等省市民政部门对婚介机构进行了初步的清理整顿,并且探索出一套规范婚介机构管理的思路和工作方法,收到了一定效果。

从各地调研和社会反映看,目前婚介机构存在的主要问题是:(1)违背国家禁令,公开或变相办理涉外(含涉港、澳、台居民和华侨)婚介;(2)以营利为目的,不择手段,诱骗和欺诈行为普遍,以虚假广告、婚托等坑害征婚当事人;(3)收费依据、标准没有得到价格主管部门的批准,乱收费现象严重;(4)婚介机构人员素质低下,服务质量差;(5)有的婚介机构不严格审查征婚当事人是否已有配偶,为某些别有用心人员提供了可乘之机,甚至借婚姻介绍为名,行非法活动之实,藏污纳垢,严重损害了自身形象。婚介机构目前的混乱、无序状况,引起社会各方面的密切关注。

由于认识上的分歧,目前全国还没有形成婚介机构管理的统一意见。争论的焦点主要是:(1)婚介机构管理与婚姻登记管理的关系,即民政部门是否必须负责婚介机构的管理?(2)婚介机构的性质问题,即婚介机构是企业性质还是事业性质,是营利性的还是非营利性的?(3)婚介机构的设立是否需要民政部门的前置审批?民政部门审批的内容是什么?(4)婚介机构的管理是否可以采取“双轨制”,即营利性的,由工商管理部门注册管理,非营利性的,按民办非企业单位管理。(5)民政部门到底有无能力管住、管好婚介机构?

关于婚介机构的管理,除了一种意见即民政部门根本不要管理婚介机构外,有些地方探索提出了自己的思路。沈阳市民政局提出,对婚介机构的管理,要做到“管住”、“管活”、“管好”;要建立行业许可制度,即政府对社会事务的管理要由过程管理转向准入管理;要全力打造信用工程,倡导诚实守信,加强行业自律,重塑婚介行业的自身形象;按照“小政府,大社会”的发展格局,政府行政管理要借鉴市场手段、司法手段和非权力手段,从直接管理转向间接管理,赋予市、区婚姻家庭协会或婚介行业协会行业管理职能,在政府指导下,由行业指定章程,规范运作;要强化政府监管职能,即要合理定位,制定规则,宏观指导,打击非法活动。上海市人民政府提出,要充分发挥行业协会自律机制和中介机构鉴证功能,从根本上支持市场信用制度建设,并于2001年12月28日发布《上海市婚姻介绍机构管理办法》,规定上海市民政局是全市婚介机构的行政主管部门;依法成立上海市婚姻介绍行业协会,按照协会章程开展行业自律活动,并接受市民政局的指导,承办委托的事项;工会、青年团、妇联、残联等社会团体举办的婚介机构,依法办理民办非企业登记,领取登记证书;非社会团体举办的婚介机构,到工商部门办理登记注册手续,领取营业执照后方可开展活动。

2001年后,国务院加快了行政审批制度改革工作。2002年11月1日,国务院下发《关于取消第一批行政审批项目的决定》(国发〔2002〕24号),公布取消第一批行政审批项目目录,其中第141项规定,取消民政部门对成立国内婚姻介绍机构的审批。《决定》同时指出,要研究并及时处理行政审批项目取消后可能出现的情况和问题,认真做好有关工作的后续监管和衔接,防止出现管理脱节。因此,取消此项审批后的一些问题,如后续监管问题及国办发〔1994〕104号文件如何执行等等,都有待于进一步研究并加以明确。

(肖登峰)

殡葬管理

【殡葬管理简况】 殡葬管理是人民政府社会行政管理工作的一部分。殡葬管理是运用行政的、法律的、经济的手段,对人们的殡葬活动进行指导、监督和规范。根据国务院《殡葬管理条例》规定,殡葬管理的行政行为,由各级政府的民政部门负责。即国务院民政部负责全国的殡葬管理工作;县级以上地方人民政府民政部门负责本行政区域内的殡葬管理工作。民政部门对社会公众殡葬事宜进行管理的出发点和落脚点,在于有利于社会文明进步、移风易俗,有利于节约土地资源,保护生态环境和生存环境,有利于保障人民群众合法权益不受侵犯。国务院《殡葬管理条例》规定我国现行的殡葬管理方针是:积极地、有步骤地实行火葬,改革土葬,节约殡葬用地,革除丧葬陋俗,提倡文明节俭办丧事。从全国各地贯彻执行的效果看,这个方针是符合我国殡葬管理实际情况的,对全面推进殡葬改革起到了重要指导作用。

一、殡葬管理的目标和任务

殡葬管理的目标是:落实殡葬管理方针,推进殡葬改革,促进社会两个文明建设,建立符合中国国情的殡葬制度。主要体现在以下方面:殡葬改革与两个文明建设的要求相适应;殡葬法规和管理体系建设与实际工作需要相适应;殡葬服务设施和网络建设与社会发展相适应。为了达到殡葬管理的工作目标,各级党委、政府在推行火葬、改革土葬工作中,给予了高度重视。特别是大部分地区形成了党政领导齐抓共管的局面,分别组建领导小组,逐级签订"目标责任书",实施年终考核"一票否决"等措施,加强了殡葬管理的工作力度。

殡葬管理的任务主要有两个方面:一是制定法规和政策,规范政府部门有关殡葬行政管理行为和社会公众的殡葬行为;二是规范殡葬服务机构建设、殡葬设施建设和殡葬服务市场秩序。根据《殡葬管理条例》规定的方针,结合第三次全国殡葬工作会议精神和各地殡葬管理工作中出现的新问题、新情况,民政部在一系列规范性文件中,明确提出了阶段性的殡葬管理工作任务和基本要求。目前的主要任务是:进一步推进殡葬改革,建立和完善适应社会主义市场经济体制要求的殡葬管理体制和殡葬服务业发展模式。特别是亟须补充、修订殡葬管理法规,为尽快完善殡葬管理相关规章制度,依法规范社会殡葬秩序,强化殡葬管理工作提供法规依据。

为做好修订殡葬管理法规的工作,民政部部长办公会议决定开展殡葬工作全面调研。2002年4月,民政部社会福利和社会事务司在昆明市召开了殡葬管理工作调研座谈会,对调研工作做了具体部署,确定了10个方面的调研课题。内容包括:殡葬改革的历史和经验、外国殡葬法规综述、殡葬行业的行政管理、殡葬服务机构的改革和发展、现有公墓的整顿和规范、殡葬服务市场秩序的规范、少数民族、宗教人士和华侨及港澳台同胞的殡葬管理、土葬改革及其发展、殡葬设施等级标准和评定办法的修订、市场经济条件下殡葬产业化探讨等,要求各地民政主管业务部门抽调骨干力量组成课题调研组,结合本地殡葬管理实际情况,深入开展调研工作。2002年7月,民政部社会福利和社会事务司在杭州市组织召开了调研工作汇报会。就10个调研课题的调研情况,提出了"补充、修改、调整、精炼"的要求。

各课题组利用下半年时间，在深入调研的基础上，从殡葬管理中的一些普遍性问题、产生原因和改革措施等方面，提出了许多研究性意见。目前，这些意见正在进一步论证中。

二、殡葬管理的成效

我国殡葬管理带有政府强制性特点，各级政府从当地经济条件、地域环境等因素出发，初步划定了实行火葬区域和实行土葬区域。基本原则是：人口稠密、耕地较少、交通方便的地区，应当实行火葬，暂不具备上述条件的地区，允许土葬。在实行火葬地区，死者遗体一律实行火葬；在允许土葬地区，死者遗体安葬在公墓内或深埋不留坟头。无论是火葬区或土葬区，都不允许在耕地内建坟造墓，不允许在丧事活动中搞封建迷信活动。同时强调尊重少数民族群众的丧葬习俗，鼓励、支持少数民族群众自愿实施殡葬改革的行为。这些做法已由相应的法规和规章来规范，以行政、经济手段保证这些规定的贯彻落实。

历经40多年的时间，从倡导火葬到实行火葬，从改革土葬到遗体埋葬公墓化，从建立殡葬管理体系到逐步完善殡葬管理法规政策，从改革丧葬陋俗到推广文明丧葬新风尚，各级民政部门曾经做了大量艰苦卓绝的工作。到2002年底，全国大、中城市和部分农村地区普遍实行了遗体火葬的做法，火化率逐年上升。据统计，2002年全国火化遗体达415.2万具，比上年增加了28.5万具，上升7.4%；火化率为50.6%，比上年上升3.3个百分点。其中北京、天津、上海、山东、辽宁、吉林、黑龙江、江苏、浙江、广东等10个省(市)火化率均达到90%以上。但是，个别地区受多种因素影响，火化率仍然偏低。如湖南、广西、青海、云南等地的火化率不足20%；海南、贵州等地的火化率不足10%。在允许延用土葬方式的部分农村地区，死者遗体基本实现了公墓安葬，散埋乱葬情况基本得到遏制，为节约土地资源、节俭文明办丧事，各级民政部门做出了巨大贡献。

为了加强公墓建设和管理工作，自1998年5月，国务院办公厅转发了《民政部关于进一步加强公墓管理的意见》之后，民政部先后下发了一系列加强公墓管理的规范性文件，不仅对制止公墓违规经营行为做出了具体规定，而且对清理整顿公墓提出了具体要求。全国各地民政部门根据当地实际，在贯彻落实文件精神的基础上，先后开展了清理整顿非法乱建公墓、乱埋乱葬等活动。一些地区多次开展了平迁旧坟墓工作，改善了当地的人文环境。据不完全统计，全国各地约计平掉耕地内、铁路和公路两侧区域的旧坟墓1亿多座，扩大耕地面积100多万亩。

三、公墓炒卖骨灰存放格位问题得到治理

1998年至2002年间，广东、江苏、四川、福建、河北、山东、内蒙古等地的个别公墓单位，由于违规经营、炒卖骨灰存放格位，误导群众大量购买，并因承诺高额回报未能兑现，迫使购买者聚集上访到各级政府部门，在局部地区产生了不安定因素，引起了各级政府的高度重视。

关于公墓管理问题，民政部历来非常重视。早在1997年12月和1998年5月，民政部两次下发关于禁止利用骨灰存放设施进行不正当营销活动的通知。特别是根据部分群众的强烈反映和民政部门大量调研材料，民政部又于2001年12月和2002年4月，再次向全国各地民政部门发出了进一步加强公墓管理的紧急通知，重申了整顿和规范公墓经营活动的规定和要求，强调骨灰存放设施不是一般商品，要凭用户出具的火化证明和死亡证明办理购买和使用手续，公墓不得预售、传销和炒买炒卖，购买者不得私自转让、买卖。并要求各地对利用墓穴和骨灰格位进行传销、炒卖等不正当营销活动的，要采取有力措施坚决制止。对仍在进行违规销售的，应立即勒令停止。凡存在不实宣传、未能按规定和程序从事经营活动、未能凭死亡证或火化证销售墓穴和骨灰存放格位等行为的公墓单位，要责令停业整顿，限期改正，经民政部门实地检查验收合格后，重新履行开业审批手续。凡是因炒买炒卖、诱骗群众而引发群众性上访闹事的，民政部门要及时报告当地政府，通报有关部门，提请政府组成协调处理机构，采取财产保全等必要的司法措施，制定妥善的处理方案,认真做好处理工作。通过贯彻上述文件精神和政府部门的努力工作,个别地区的公墓骨灰格位炒卖现象有所收敛,江苏、广东等地采取依法解决的方式,由地方法院做出了最终裁定,取得了一定效果。

2001年底至2002年初,由于河北三河市公墓炒卖问题涉及北京市的部分群众,引发购买者上访到民政部机关。经过民政部办公厅和业务主管部门的具体工作,特别是指导河北、北京两地民政部门妥善处理公墓炒卖问题之后,上访群众的不满情绪得到缓解。与此同时,国家信访局根据国务院领导批示精神,出面协调河北省、北京市两地政府组成联合工作组,为妥善处理此事,开展了一系列工作。特别是2002年7月之后,在国务院副秘书长徐绍史的亲自协调下,北京、河北两地政府又进一步加大了工作力度,遏止了集体上访势头。民政部已经把加强公墓管理作为近几年业务工作的重点,抽调骨干力量,进行深入的专题调研,就全国公墓管理工作中出现的乱批乱建、违规经营、超大面积占地等一系列问题,研究制定相关法规和政策,调整现有公墓管理运作方式,加大监管督查力度。同时,提出了改革管理体制、规范运营机制等具有操作性的意见。目前,为尽快依法规范公墓管理和公墓经营行为,民政部门正在组织进行了殡葬管理调研工作。

(赵　海)

【殡葬管理法规政策】

一、《殡葬管理条例》。1997年7月,《殡葬管理条例》由国务院第225号令颁布实施,这是新时期规范我国殡葬管理的重要法规。《殡葬管理条例》的贯彻落实,对于强化殡葬管理工作力度,大力推进殡葬改革,促进社会主义精神文明和物质文明建设,具有重要的现实意义。《殡葬管理条例》内容包括6章24条。明确规定了殡葬管理工作方针,划分火葬和土葬区域的基本原则,建设殡仪馆(火葬场)、公墓、殡仪服务站、骨灰堂等殡葬服务设施的审批权限及程序,遗体处理和丧事活动管理的基本原则,殡葬设备和殡葬用品管理原则以及违反有关规定相对应的处罚原则等。并规定1985年2月《国务院关于殡葬管理的暂行规定》同时废止。

《殡葬管理条例》是现行最高层级的殡葬管理法规依据。民政部在1997年8月,向全国民政部门下发了《关于宣传贯彻殡葬管理条例的通知》,要求各地做好学习、宣传、贯彻《殡葬管理条例》的工作。同时,要求地方加强殡葬管理法规建设,结合当地实际,修订或制定地方性殡葬管理规章,制定当地殡葬设施建设规划,加强殡葬管理机构和队伍建设,依法强化殡葬管理。截至2002年底,全国已有2/3以上的省(自治区、直辖市)制定了地方殡葬管理办法或规定,许多较大城市和大部分县(市)也根据当地殡葬改革实际情况,制定了相应的殡葬管理办法。《殡葬管理条例》和地方殡葬管理规章制度的贯彻实施,标志着全国殡葬管理依法规范、依法管理的氛围已经形成,广大群众自觉参与殡葬改革的意识得到加强。

二、1998年5月,《国务院办公厅转发民政部关于进一步加强公墓管理意见的通知》(国办发〔1998〕25号)下发各地人民政府。针对公墓建设和管理中存在着乱批乱建公墓、个别公墓单位利用墓穴和骨灰存放格位进行传销、炒卖等损害群众利益的严重问题,强调指出各级人民政府要充分认识公墓建设和管理的重要性,切实加强领导,采取坚决有效措施,加大公墓管理的工作力度。

这个文件主要内容包括:开展清理整顿公墓工作的范围、具体措施;进一步加强公墓管理,严格控制公墓发展的具体指导意见。文件强调指出,严禁传销和炒卖墓穴、骨灰存放格位,公墓单位要凭用户出具的火化证明或死亡证明,提供或出售墓穴和骨灰存放格位。文件要求各级人民政府高度重视,结合当地实际,协调公安、工商、土地管理等职能部门,积极支持、密切配合民政部门,稳妥地开展清理整顿公墓工作。根据这个文件精神,各地相继开展了清理整顿公墓工作,全国大部分非法公墓得到治理。截至2002年底,有11个省(自治区)制定了公墓建设规划,约有50%以上的地区开展了公墓年检工作,为公墓管理的规范化奠定了良好基础。

三、为强化殡葬管理工作,

民政部先后颁布了《殡葬事业单位管理暂行办法》、《关于进一步做好遗体火化工作的通知》、《公墓管理暂行办法》、《关于兴建中外合资公墓有关问题的通知》等一系列规章和规范性文件。特别是为提高殡仪馆的建筑设计质量，创造良好的殡仪活动条件，建设部和民政部联合颁布了《殡仪馆建筑设计规范》，对新建、改建和扩建殡仪馆，从规划、设计到施工建设都做出了明确规定，为殡仪馆的科学建设和文明管理奠定了基础，填补了我国殡仪馆建筑设计领域的一项空白。上述文件的贯彻实施，对各地殡葬设施建设和规范管理工作起到了重要作用。截至2002年底，全国共计建有殡仪馆1485个，比上年增加了70个；民政部门管理的公墓共计854个，比上年增加了97个。为了深化殡葬改革，各地还相继兴建了许多公益性骨灰公墓、公益性遗体公墓，据粗略统计约有20万个。

根据《殡仪馆等级评定标准(试行)》、《殡仪馆等级评定办法》、《关于开展等级殡仪馆评定工作的通知》等文件的基本精神，各地加大了殡葬设施资金投人，使殡仪馆的建设、管理和服务水平有了很大提高。目前，全国各地出现了一大批环境公园化、设施现代化、管理规范化、服务优良化的殡仪馆。截至2002年3月底，全国已评定出国家一级殡仪馆42个、二级殡仪馆117个、三级殡仪馆135个。但是，随着经济的发展和各地殡仪馆建设水平的提高，等级评定工作遇到了原定标准偏低、指标量化不够、评定办法不严谨等问题，需要进一步调整和完善。经2002年3月13日民政部部长办公会议决定，在新的评定标准和办法出台前，各地民政部门暂停等级殡仪馆的评定工作。

各地通过加强殡葬服务行风建设，开展岗位培训和职业道德教育，提高了殡仪职工的基本素质和服务技能，涌现出了一大批为殡葬事业作出突出贡献的先进个人和先进集体，约有50%的殡葬服务单位，被各级政府部门授予“先进单位”或“文明单位”称号。据统计，自1989年以来，获得民政部最高荣誉奖“孺子牛奖”的殡葬行业职工有5人，2002年被评为“全国民政系统先进工作者”的殡葬行业职工有14人。

（赵　海）

【殡葬改革】 殡葬改革是在殡葬领域里同一切旧的丧葬习俗实行“彻底决裂”的移风易俗工作，是树立社会新风尚，建设社会主义“两个文明”的一项具体内容。殡葬改革在节约土地资源、保护自然环境等方面发挥了积极作用，取得了令人瞩目的成绩。

据统计，我国人均占有耕地面积仅1.17亩，不到世界人均耕地面积3.75亩的1/3。现在中国是用占世界7%的耕地，养活占世界21%的人口。我国每年死亡800多万人，如果不加大推行火葬、改革土葬的工作力度，无休止地建坟墓，任死人与活人争地，必将占用和浪费大量的土地和木材资源，必然加重人民群众的经济负担。因此，推进殡葬改革任重道远。各级党政领导已经认识到，保护耕地、保护环境、保护国土资源，就是保护我们的生命线。

殡葬改革主要体现在两个方面，一是葬礼的改革，二是葬法的改革。

在葬礼改革方面，以大力宣传殡葬管理的法规和规章，弘扬健康向上的丧葬礼仪为重点。过去重殓厚葬和封建迷信的陈规陋俗，正在被文明、俭朴办丧事的新风尚所代替。特别是在许多大中城市的殡葬服务场所，广大群众基本能够自觉摈弃丧葬陋俗，用遗体告别、开悼念会代替发丧送葬，用鲜花、花圈代替焚香摆供，用戴黑纱、白花代替披麻戴孝，用鞠躬默哀代替磕头跪拜，用播放哀乐代替吹吹打打、燃放鞭炮等方式被广泛采用。目前，这些在大中城市被群众普遍接受的文明丧葬礼仪新风尚，正在向广大农村推广。

江西省南昌市近10年来，在清明节期间倡导“家庭追思会”的纪念方式，开创了新时期寄托哀思、文明祭祀的新形式。特别是在典型示范、总结经验的基础上，当地采用以居委会、街道为单位，有组织地开展“集体追思会”等方式祭悼已故亲人，利用这种形式代替传统的墓地祭扫，有效缓解了群众集中到公墓场所上坟烧纸，墓地人拥车挤、人满为患的局面。

目前,这些做法在全国部分地区已得到推广应用。

伴随信息化时代的发展,近几年出现的“网络纪念”活动日渐增多。人们通过互联网寄托哀思,亲朋好友异地互通信息,在具有“网络纪念”功能的网站上,为逝者建立灵堂,将其照片、生平事迹和自己所写的悼念文章存放在空间无限、时间永恒的“数字纪念堂”中,并可为逝者点烛、献花。这种在线寄托哀思的新方式,全国部分地区已经推广应用。目前,中国殡葬协会和全国部分殡葬服务机构先后组建了自己的网站,推出了“网络纪念”等服务项目。民政部也在清明节期间和相关文件中倡导各地开展这项活动,各级民政部门结合实际给予相应引导、支持和鼓励。从墓地祭祀方式转移到“网络纪念”方式,既是一个新生事物,也是一项具有重大意义的变革,因而对各地的殡葬改革和殡葬管理工作提出了一个新课题,需要在推广应用“网络纪念”方式的同时,进一步研究、规范使用程序,保障使用者的合法权益不受损害,做到依法管理、正确引导“网络纪念”活动的开展。目前,民政部门已经为修订殡葬管理法规进行了大量调研工作,重视倡导“网络纪念”形式,支持、鼓励使用科学文明的丧葬新方式,将是完善在殡葬管理法规工作中需要补充的重要内容之一。

在殡葬法制改革方面,以推行火葬、改革土葬为重点。结合我国基本国情,在人口稠密、交通相对方便的地区,以推行火葬为殡葬改革的重要工作。目前,遗体火葬方式已由党内发展到全社会,由城市发展到农村。从各地火化率的逐年上升趋势看,由传统土葬方式到火葬方式的改革已深入人心,正在成为广大群众的自觉选择。伴随火化量的增加,合理处置骨灰已成为殡葬管理的新课题。针对火化后骨灰处置问题,各地民政部门积极倡导骨灰处理多样化。特别是近年来,民政部在每年的清明节期间,向全国民政部门发布文件,要求各地利用清明节时机,以倡导和推广骨灰深埋种植纪念树、骨灰撒海等不占或少占土地的处理方式为主题,组织开展文明祭祀活动。据了解,北京、天津、上海、广东、江苏、浙江、辽宁、山东等地区都先后开展了不同规模的骨灰撒海、骨灰深埋种植纪念树活动。各地还相继兴建了一些以骨灰深埋种植纪念树为主,兼有草坪安葬骨灰和花坛安葬骨灰等多样化处理形式的综合性公墓,既绿化了环境,又节省了土地资源。这些做法为处置骨灰从少占土地到不占土地,寻求了一个新的发展方向,为达到殡葬改革的最终目标,迈出了坚实的一步。

在暂不适宜推行火葬的地区,目前仍然延用遗体土葬方式,但有别于传统的重殓厚葬方式,要求文明节俭办丧事、安葬遗体到公墓、杜绝随意占地乱埋乱葬。目前一些地区因地制宜,采用了平地深埋、不留坟头,或不影响土地耕作的土葬方式。特别是山西等地利用地貌环境,地下安葬遗体,地上种植果树或经济作物,有效地发挥了土地资源优势,为节约用地开拓了新途径。

据上海市2002年统计,该市民政部门累计组织了58次骨灰撒海活动,总计有7900具先人骨灰实现了魂归大海的夙愿。有关报道显示,上海市已成为骨灰海葬人数最多的城市。

天津市民政部门从1991年以来,每年在植树节、清明节期间,举办骨灰深埋种植纪念树活动。每次都有上千具骨灰下葬,以天津市树“白蜡树”为主要树种,每穴树葬总费用约600余元。截至2002年底,该市共植骨灰纪念树1.7万多株,绿化面积达1万多平方米,处理骨灰2.6万多具,10年前的树木已经绿树成林,新植的树木正在茁壮成长。

从各地推广骨灰入土种植纪念树、骨灰撒海等工作实践看,这种方式具有一定的群众基础,也是符合我国国情的骨灰处置办法之一,这种文明、进步的骨灰处理新方式,成为骨灰处理的新潮流和发展方向。作为殡葬工作的主管部门,民政部已在大力倡导和推广。民政部还将在积极倡导、扩大宣传的基础上,加强规范管理和正确引导,鼓励更多的群众采用这种方式。但是,由于“入土为安”的传统观念的影响,目前骨灰到墓地安葬方式仍然是各地的普遍做法,约计占火化后骨灰安置量的90%以上。

殡葬改革仅仅靠宣传教育还不够,还要有明确的法规、稳定的政策,许多地区的工作经验已经证明了这一点。在殡葬改革的进程中,我们既要创造一个良好的环境,培养人们积极向上的生活态度和高尚的道德情操,又要有具体的、可操作的措施,对那些败坏社会公德、宣扬愚昧迷信、随意占地乱埋乱葬的行为,采取法律的、行政的和经济的综合手段,予以坚决制止。这就需要各级政府给予高度重视,常抓不懈。

(赵　海)

收容遣送

【收容遣送简况】 收容遣送是指机构或组织把不合居留条件的人送回户籍所在地,是由组织或机构对社会个体实施的一种管理措施。收容遣送制度最早出现于1952年新中国政府建立后,对旧社会遗留下来的乞丐、妓女、散兵游勇和无业游民等进行的社会改造运动。

一、收容遣送的特点、意义和作用

收容遣送是为因意外性、突发性、特殊性等原因,导致基本生活遇到不可克服的困难而陷入窘境的弱势群体提供紧急救助和生存庇护,属于一项临时性的社会救助措施。所以,以人为本和提供临时性、一次性救助的社会援助是这项工作的鲜明特点。收容遣送主要是为流浪乞讨人员提供临时食宿、危重病救治、通讯联系、找家、亲友认领、代购车票、资助返乡、遣送回乡等形式多样的服务。也为流浪儿童提供心理咨询和非正式教育。

收容遣送的意义和作用有两个方面:第一,充分发挥救助和保障功能,具体体现党和政府全心全意为人民服务的宗旨及社会主义制度优越性。发挥稳定机制作用,缓解社会矛盾。在维护社会公平的同时,维护城市社会政治、经济、文化、生活秩序的稳定,为经济发展和社会进步营造良好的外部环境。这是其行政意义和作用。第二,通过收容遣送管理社会事务,扼制和铲除丐帮黑恶势力孳生和蔓延的土壤,荡涤寄生、游惰封建陋习和不良生活方式,倡导勤劳致富新风尚,推动社会文明进步。这是其政治意义和作用。

二、收容遣送工作在建国后的发展

随着社会条件、城市建设和管理的发展、变化,收容遣送工作经历了4个嬗变过程。

一是在新中国建立之初,主要工作对象是乞丐、妓女、散兵游勇和无业游民。采取的管理措施主要是管制、教育、安置,旨在从根本上破除封建社会和旧中国遗留下来腐朽思想和好逸恶劳的游惰陋习。树立新社会、新时代倡导的劳动光荣、勤劳致富的新观念和新时尚,以推动社会文明进步。至1958年,这一过程基本完成。

二是在20世纪50年代后期及60年代初期,我国因连续3年遭受重大自然灾害,大量衣食无着的灾民背井离乡,辗转迁徙,进入城市谋生。收容遣送主要围绕救助因贫困流浪乞讨的乞丐和因灾、因生活困难盲目外流的灾民等,工作重点一方面是教育安置乞丐,另一方面是劝阻劝返灾民,引导他们及早返乡,积极参加生产自救,重建家园。

三是1982年,国务院根据当时社会实际情况和政治、经济形势需要,确定收容遣送的任务和工作目的是"救济、教育和安置城市流浪乞讨人员,以维护社会秩序和安定团结"。当时社会处于变革、转型的特殊历史时期,社会情况异常复杂,收容遣送管理对象也是鱼龙混杂,对社会安定产生了多重负面影响,各界群众反响强烈。

四是1991年,国务院基于收容遣送对象中"往往混有一些违反国家治安管理规定的人和刑事犯罪分子"的实际情况,从"维护社会稳定,加强社会治安综合治理,建立良好的城市工作、生活秩序,促进社会主义精神文明建设"的需要出发,指出"收容遣送工作已经不单纯是社会救助性质,其社会行政管理的任务加重了”。在管理对象上，将“离开户籍所在地或经常居住地，到其他城市及非城市旅游区，一般具有无临时户口、无固定住所、无合法职业、无合法经济来源、无生活依靠”的“务工不着、无证经营、逃学、逃避计划生育、流浪成性、以乞讨为生财之道的人，被家庭遗弃或虐待的精神病人和痴呆傻人等”列入收容范围。在管理措施上，“对过去实行的收容人员管理办法加以改进”，“对强制收进来的，继续实行约束性管理；非强制收容的，则不宜约束过严。对生活无着需要社会救济的，继续给予救济；不属社会救济对象的，应当收取其食宿费及返回原籍的路费。对有劳动能力的，尽可能组织他们参加自筹食宿费的劳动；体弱、生病的，尽可能给予适当照顾。同时，应加强对被收容人员进行思想教育和法制教育”。

至此以后，收容遣送出现了一些混乱和问题。主要是：第一，收容遣送方式缺乏法律依据。对一些被收容人员采取约束性管理，客观上限制了人身自由，与2000年3月九届人大三次会议通过、同年7月1日起施行的《中华人民共和国立法法》精神不一致，该法明确规定，“限制人身自由的强制措施和处罚只能由全国人大及其常委会制定法律来规范”。但一些地方特别是发达地区从加强当地社会治安综合治理和流动人口管理的角度，不断加大收遣力度，城市管理和综合治理工作实际需要与无法可依之间存在的矛盾日益突出。第二，收容对象范围不断扩大。基层公安干警在履行职责时，由于难以判断当事人是否有流浪乞讨行为发生，往往以检查证件为判断的依据，只要是“三无”（无身份证、无暂住证、无务工证）人员就收容。有的地方只要缺一证也一概收容，一些刚刚进城，来不及办理有关证件或找到住所的务工民工也被当成了收容对象。2002年被收容人员中，流浪乞讨人员占15%，“三无”人员占70%，其他有轻微违法或受治安处罚人员占15%，错收、乱收现象时有发生。第三，乱收费和强迫劳动。一些地方在实施对被收容人员中的非社会救济对象收取“三费”（食、宿、交通）过程中，擅自提高标准，不考虑收遣对象家庭的困难，为达到收费目的，打电话、发电报，通知家属出钱保领。收不到钱的，就延长留站时限，强制劳动，把被收容人员当作廉价劳动力，把劳动改造当作了创收手段。个别收容遣送站还将被收容人员“租借”给私人老板，发生了包工头摧残被收容人员的恶性事件。这些问题严重侵害了民工和流动人口的合法权益，影响了社会稳定。

1995年，中共中央办公厅、国务院办公厅在《关于转发〈中央社会治安综合治理委员会关于加强流动人口管理工作意见〉的通知》中，明确收容对象范围是“无合法证件、无固定住所、无正当生活来源”的流浪乞讨人员。但许多地方单方面强调社会治安综合治理的重要性，在具体执行过程中仍简单理解为身无“三证”（身份证、暂住证、务工证）或“三证”不全的人员，没有严格遵照党中央、国务院的精神执行。上述情况和问题不仅依然存在，有的还逾演逾烈。所以，民政部在充分调查研究，掌握大量事实依据的基础上，与有关部门通力协作，于2003年初，以民政部、公安部、财政部三部名义联合向国务院报送了《关于改进和规范城市流浪乞讨人员收容遣送工作的意见》，澄清了对收容遣送工作的模糊认识，指出一些地方在社会治安综合治理和流动人口管理过程中，由于忽视有关政策和管理不善等原因，导致收容遣送工作出现困难和问题的严重性及不良影响。明确：“收容遣送是对城市流浪乞讨人员所采取的一项临时性的社会救助措施，是从制度上保障城市流浪乞讨人员基本生活权益的重要途径，体现了社会主义制度的优越性和全心全意为人民服务的根本宗旨，对维护稳定具有十分重要的意义。”强调：“不能将收容遣送用于对正常进城务工农民的管理措施，妨碍城乡开放统一的劳动力市场的发展。”重申依照现行法规依据，收容遣送对象仅限于城市流浪乞讨人员，即（一）家居农村流入城市乞讨的；（二）城市居民中流浪街头乞讨的；（三）其他露宿街头生活无着乞讨的。具体认定收容对象的标准，是当事人有无流浪乞讨行为发生。虽然未随身携带能够证明当事人身份的合法证明,但没有流浪乞讨的,一律不得收容。要求严格收容范围和工作程序,防止乱收错收。

《关于改进和规范城市流浪乞讨人员收容遣送工作的意见》除了要求健全收容工作制度和工作程序,认真审查和甄别,严把收容入站关以外,还提出了要给被收容人员说明情况的机会。收容对象进入收容遣送站后,应告知其享有通讯自由、个人财产、人身安全不受侵害和依法进行行政复议、行政诉讼的权利。这就增强了管理的透明度,主动接受群众监督。该意见还规定,收容遣送工作所需经费由政府财政负担,严禁向被收容人员及其亲友收取或变相收取任何费用,现行的收费项目一律取消。严禁以自愿、有偿为借口,组织或变相强制被收容人员劳动。有关部门要建立奖惩制度,对模范执行工作守则,完成任务好的工作人员,要给予表扬、奖励;对滥用职权,擅自扩大收容遣送人员范围和其他侵害被收容者合法权益的国家工作人员,要依法给予行政处分,触犯刑律的要依法追究刑事责任。对地方性收容遣送法规和规章进行清理,凡与国务院《城市流浪乞讨人员收容遣送办法》和该意见规定相违背的,按国务院《法规规章备案条例》的有关规定处理,确保各项规范和改进措施在工作中具体落实,保证收容遣送工作健康发展。

三、收容遣送工作的分管体制

1982年国务院发布的《城市流浪乞讨人员收容遣送办法》第三条规定:“收容遣送工作由民政、公安部门负责。”1991年印发的《关于收容遣送工作改革的意见》强调:“收容遣送工作应继续实行民政、公安部门共同管理的体制。”“在具体实施中,由民政、公安部门负责社会面上的收容工作;民政部门负责收容人员的审查、管理和遣送工作,公安部门协助。根据需要,可以在收容遣送站设立公安派出机构,由公安、民政部门双重领导。”1995年,中共中央办公厅、国务院办公厅《关于转发〈中央社会治安综合治理委员会关于加强流动人口管理工作的意见〉的通知》确定:“收容遣送工作由民政部门和公安机关共同承担。公安机关负责对影响社会治安管理的流浪乞讨人员的收容工作,民政部门协助;民政部门负责收容遣送站的管理和遣送工作,公安机关协助。根据需要,公安机关可在收容遣送站设立派出机构,负责维护治安秩序,协助民政工作人员进行审查、管理和遣送。”2003年,《国务院办公厅关于转发民政部、公安部、财政部关于改进和规范城市流浪乞讨人员收容遣送工作的意见的通知》明确规定:“收容遣送工作由民政部门和公安机关共同承担。公安机关负责对影响社会治安管理的流浪乞讨人员的收容工作,民政部门协助;民政部门负责被收容人员的管理和遣送工作,公安机关协助。根据需要,公安机关可在收容遣送站派驻工作人员或设立公安派出机构,协助维护收容遣送站的治安秩序。”

四、收容遣送经费的来源与使用

1982年,民政部、公安部发布的《城市流浪乞讨人员收容遣送办法实施细则》(民〔1982〕城80号)第二十一条规定:“收容遣送经费预算,在民政事业费内列支。收容遣送经费,包括下列几项开支:(一)被收容人员的伙食费、遣送交通费;(二)收容、遣送的公务费;(三)收容遣送站工作人员的工资;(四)收容遣送站的房屋维修及设备和收遣车辆购置经费;(五)其他经费开支。”

1991年国务院印发的《关于收容遣送工作改革问题的意见》(国阅〔1991〕)48号文件,在原则规定“地方财政部门根据开展收容遣送工作的需要,在经费上给予必要保证。符合财务制度及有关规定的收容遣送业务经费,实行实报实销”外,还具体规定“跨省、区、市遣送人员所需经费,应由被遣送人员流出省、区的财政负责解决”。这样做有利于流出省、区对本地区的外流人员负起责任,尽量做好安置和制止外流的工作。

1992年,财政部、民政部、公安部在《关于印发〈关于收容遣送工作中跨省遣送所需经费支付问题的通知〉的通知》(〔92〕财文字第758号)规定:“各地收取跨省遣送经费的范围,是指上述人员(即1991年国阅〔1991〕48 号文件规定的收容对象)被收容并遣送回户籍所在地或经常居住地需要的经费。”“收容遣送费按被收容人员在被收容和遣送期间的食宿费及途中交通费等直接支出,并考虑到流出省的经济支付能力和流入省原有的收容遣送费基数等因素,予以合理制定。其所需经费,原则上由流出省财政部门解决。”称流出地支付原则。

2003 年,国办发〔2002〕20 号文件根据实际情况,将收容遣送经费支付制度变更为:“根据国家有关规定和现行分税制财政管理体制,收容遣送经费要列入地方财政预算。”“财政部门要将收容遣送经费(含对收容危重病人、痴呆傻和精神病人等的救助经费)纳入本级财政预算安排,切实保障收容遣送工作的正常进行。”“跨省遣送所需的经费,由流入省(自治区、直辖市)财政负担;省(自治区、直辖市)内遣送经费,由各省(自治区、直辖市)确定负担办法。”称流入地支付原则。

截至 2002 年底,全国收容遣送站全年救助留站人员天数达 17002767 天。支出 9.1731 亿元,其中财政补助 5.41705 亿元。

五、收容遣送对象

收容遣送对象随着社会管理需要,在不同时期,目标管理群体也不同。

20 世纪 50 年代主要是旧社会遗留下来的乞丐、妓女、散兵游勇和无业游民等。

60 年代除流浪乞讨人员外,还包括对因灾外流灾民的临时救助和劝阻劝返。

1982 年国务院发布的《城市流浪乞讨人员收容遣送办法》(国发〔1982〕79 号)第二条规定,收容遣送对象为“家居农村流入城市乞讨的;城市居民中流浪街头乞讨的;其他露宿街头生活无着的”人员。

1991 年国务院印发的《关于收容遣送工作改革问题的意见》(国阅〔1991〕48 号),将“离开户籍所在地或经常居住地,到其他城市及非城市旅游区,一般具有无临时户口、无固定住所、无合法职业、无合法经济来源、无生活依靠”的“务工不着、无证经营、逃学、逃避计划生育、流浪成性、以乞讨为生财之道的人,被家庭遗弃或虐待的精神病人和痴呆傻人等”列入收容范围。

1995 年,中共中央办公厅、国务院办公厅《关于转发〈中央社会治安综合治理委员会关于加强流动人口管理工作的意见〉的通知》(厅字〔1995〕42 号)规定“收容遣送的对象主要是无合法证件、无固定住所和无正当生活来源的流浪乞讨人员”。

2003 年,《国务院办公厅关于转发民政部、公安部、财政部关于改进和规范城市流浪乞讨人员收容遣送工作的意见的通知》(国办发〔2003〕20 号),重申依照现行法规依据,“收容遣送对象仅限于城市流浪乞讨人员,即(一)家居农村流入城市乞讨的;(二)城市居民中流浪街头乞讨的;(三)其他露宿街头生活无着乞讨的。具体认定收容对象的标准,是当事人有无流浪乞讨行为发生。虽然未随身携带能够证明当事人身份的合法证明,但没有流浪乞讨的,一律不得收容”。

六、对被收容人员的分类管理

被收容人员在收容遣送站待遣期间,区别不同情况,实行分类管理:对被收容人员中的残疾人、孤寡老人和未成年人,实行救助保护,由家属认领或护送回乡;对因灾、因生活贫困流浪乞讨的人员,实行相对开放式管理,根据其经济状况,实行自行返乡或资助返乡;对有不良行为者,实行约束性管理教育,集中遣送。流浪儿童与成年人居住区、男女居住区、开放区和管理区相对分开。

对于各类被收容人员,都应尽快办理手续离站,减少在站待遣的时间。1982 年民政部、公安部《关于印发〈城市流浪乞讨人员收容遣送办法实施细则〉的通知》第十三条对此做了专门规定:属于本省内的收容遣送对象,自收容之日起至送达户籍所在地,一般不超过 15 天;属于外省的收容遣送对象,自收容之日起至送达流出省对口接收站,一般不得超过 30 天;因患病、无法查清家庭地址和家在边远严寒地区不宜及时遣送,必须延长留站时间的,须报同级民政部门批准;危重病人,必须待病情好转或病情得到控制后方能遣送。

七、对流浪乞讨人员的安置

安置流浪乞讨人员是一项

长期性的工作。1963年,内务部对长期流浪人员实行“就地收容,就地安置”的原则。“民政部门对于需要收容安置的长期流浪人员,主要应该面向农村,送农村的安置场所安置”。

为减少遣送环节,节约经费,民政部门在很长一段时期,都采取就地改造和安置就业的办法。具体有两条途径:一是民政部门开办了101个安置农场,专门用于安置屡遣屡返的长期流浪人员,并将其中一些思想改造彻底,“属于管理、生产、技术骨干,身体健康,在场劳动3年以上,表现较好的”人员转为场员,即正式工;二是把无家可归的孤、老、残、弱、幼等流浪乞讨人员送到社会福利事业单位供(抚)养。截至1979年底,全国安置农场共改造、安置了3万多人,福利机构接收安置了7000多人。这些措施使流浪乞讨人员各得其所,防止他们又回流城市流浪乞讨。

1980年国家财政实行分税制体制之后,实行地方财政包干政策,流浪乞讨人员的安置政策相应地改为“由流出地区包干负责安置”原则,采取了因地制宜、分散与集中灵活运用、相互结合的方针。对青壮年,凡属有家可归,已查明地址的,送回原籍乡镇、街道安置;对无家可归或无法查清地址的,送安置农场或福利机构安置。

到1985年,安置农场改为自主经营、自负盈亏的经济实体后,丧失了边劳动、边审查、边教育和安置流浪乞讨人员的条件和功能,安置政策必须重新加以调整。目前,因为社会上已基本没有真正意义上的无家可归者,只有穷困潦倒,靠乞讨为生的贫困群体,因智障、罹患重症,被家庭恶意遗弃和有家难归的人以及游惰习性较重、好逸恶劳、以乞讨为生财之道的长流等情况特殊的人群。对前者,要坚持遣送,由其户口所在地的人民政府负责安置,认真帮助解决他们的生产、生活困难,属于社会救济对象的,纳入最低生活保障范围,起码先解决温饱即吃饭问题。农村是这样,城市也是这样。对痴呆傻人员和病情得到控制的危重病人、精神病人,能问清省、市,但无法问清家庭住址的,由流出省民政部门协调,送社会福利院(儿童福利院)、精神病院、敬老院等福利机构安置;查不清省籍和家庭住址的,由流入省民政部门协调安置。对后者,地方政府在安置时,应责成相应的城乡街道社区、村委会等组织加强思想教育。

(张齐安)

【收容遣送站】 收容遣送站是为便于进行收容遣送工作而设立的收容接收机构。目前全国共有838个收容遣送站,其中中转站18个,对口接收站143个,其余的为市(地)级普通收容遣送站或县管及不设站的收容接收机构。

中转站是指,处于交通枢纽地位,当本省或外省其他对口接收站在遣送途中需要中转时,承担办理临时住宿管理、转车手续、协助救治危重病人等任务的专门机构。

对口接收站是指接收本省其他收容遣送站转送的外省籍流浪乞讨人员并遣送至流出省、接收外省对口接收站遣送的属于本省籍的流浪乞讨人员的专门机构。接收单位清点人数后要开具签收证明。

普通收容遣送站是接受当地公安部门收容的流浪乞讨人员和主动投站救助的流浪乞讨人员的收容接收机构。收容接收工作人员将属于本省的流浪乞讨人员,送回户籍所在地,将不属于本省的流浪乞讨人员,转送到本省相应的对口接收站的专门机构。接收单位清点人数后要开具签收证明。

不设站的收容接收机构接收当地公安部门收容的流浪乞讨人员和主动投站求助的人员,属于外地的,送到本省相应的对口接收站,并协助本省其他收容遣送站和地方人民政府,妥善安置遣送的属于本地的流浪乞讨人员,防止其回流城市。接收单位清点人数后要开具签收证明。

(张齐安)

【对口遣送】 跨区域是收容遣送的特点,主要通过分布于全国各主要城市和交通枢纽城市的142个对口接收站所形成的工作网络进行的。各省(自治区、直辖市)之间,采取对口遣送接收的办法,即流入地收容遣送站将被收容人员送到本辖区相应的对口接收站,由对口接收站遣送至流出省(自治区、直辖市)的对口站。省辖对口接收站再将他们分别送往户口所在地的地(市)级收容遣送站,由他们与流出地县级人民政府的有关部门联系和接收。交接双方要办清手续,明确责任,不得中途遗弃被收容人员。

(张齐安)

【安置农场】 安置农场是民政部门开办的专门对屡遣屡返的长期流浪人员实行就地收容、就地安置的边安置边改造的机构。

原来意义上的"安置农场是教育安置长期流浪人员的事业单位,实行企业管理"。1980年以前,安置农场采取"全额管理,收支分别核算,不足补助,多余上交"的办法,纳入国家预算管理。

1985年,民政部根据安置农场管理体制的实际情况,从提高社会效益和经济效益立场出发,提出了"根据市场的需求,充分发挥自身优势,发展多种经营,宜农则农,宜林则林,宜工则工,宜商则商",向"农工商联合经营的方向发展"的改革意见,对属于站场结合的,由收容遣送站直接接管,转为隶属于收容遣送站的劳动教育基地;对已转向社会福利事业单位的,与收容遣送工作分离,享受福利事业单位各项优惠政策;对已成为生产经营实体或福利扶贫基地的,原则上也要与收容遣送工作剥离,另行明确资金渠道和单位性质。对已转变性质和用途的农场安置的流浪人员,"凡能回原籍安置的,要动员其返回原籍;对无家可归的孤老和呆傻残人员,转送社会福利院或敬老院收养;对具有劳动能力,又自愿留场的长流人员要依法签订短期劳动合同,按民工对待……实行按劳取酬"。

目前,全国共有54个安置农场,在职职工4837人,土地面积40156亩,其中耕地面积12577亩。经过多年来历次改组、改革,性质及隶属关系不尽相同,有很大变化。

(张齐安)

【流浪儿童救助保护】 流浪儿童是指年龄在18周岁以下的未成年人,离开家庭,脱离监护人的保护,流落街头连续超过24小时,基本生活失去保障的少年儿童,统称为"流浪儿童"或"街童"。

目前,全国约有15万人次流浪儿童。男性占70%,约有10.5万人;女性占30%,约有4.5万人。来自农村的占83%,来自城镇的占17%,绝大部分流浪儿童是文盲或小学文化程度,年龄集中在10-15岁之间。

造成儿童离家出走的原因主要是:(1)经济原因。我国人口基数大,还有相当数量的贫困人口。因失业、待业、企业效益不佳、丧失劳动能力等多种原因出现暂时生活困难的人口,约在9000万人左右,光靠有限的救济很难从根本上解决城乡居民生活困难问题。一些贫困家庭的监护人携带子女或单独让子女盲目外流务工,导致衣食无着,流落街头。(2)教育原因。社会竞争日益激烈,学校和家庭过于强调分数和升学率,使一些孩子因学习情绪紧张或为逃避责罚而出走。学习不好的"边缘儿童"更容易产生厌学情绪而脱离学校和家庭,流向社会。(3)家庭原因。家庭破裂给儿童的身心健康带来严重危害。有些孩子因得不到家庭温暖或被忽视而离家出走,流入社会。也有受单亲或重组家庭监护人虐待,被赶出家门成为流浪儿童的。

流浪儿童主要靠捡垃圾、乞讨、做廉价小工、卖艺卖花等方式维持生活。他们脱离了主流社会,享受不到义务教育和计划免疫,食宿不讲卫生,愚昧、疾病、饥饿、侵害困扰着他们,给他们的身心健康和生存发展带来了严重影响。恶意伤害、致残、强暴、欺凌流浪儿童案屡次发生,骇人听闻。也有成人挟迫流浪儿童参与贩卖黄色光碟、倒卖假火车票、以卖花为手段变相乞讨、贩毒、偷盗等违法乱纪活动,对流浪儿童身心毒害甚烈。

从1992年起,民政部就着手流浪儿童救助保护研究,指导各地收容遣送站探索新思路和新方法。1995年,中共中央社会治安综合治理委员会在厦门召开"全国流动人口管理工作会议",正式将预防和治理儿童流浪问题摆上议事日程。同年,中共中央办公厅、国务院办公厅以厅字〔1995〕42号文件,转发了中央社会治安综合治理委员会关于加强流动人口管理工作的意见。这是一个政策性很强的指导意见,提出"对于在社会上长期流浪、无家可归,失去正常生活、学习条件和安全保障的少年儿童,要采取保护性的教育措施。可在流浪儿童较多的城市试办流浪儿童保护教育中心”。根据该文件的精神，民政部门多方募集资金，在流浪儿童较集中的城市建立流浪儿童救助保护中心。截至2002年，各级民政部门争取地方党政领导和有关部门支持，累计投入上亿元，建成了128个专门为流浪儿童提供紧急庇护的救助保护中心。

现有不同规模的流浪儿童救助保护中心，主要分布在大中城市和经济发达的城市，这些中心的主要功能是通过为流浪儿童提供进行紧急救助和临时性生存保障，帮助他们查找家庭、开展心理咨询及非正式教育，在与家庭取得联系后让他们尽早返家。另一个功能是以中心为依托，辐射社区，起到对问题家庭和问题儿童早期干预，预防儿童外出流浪的作用。

但是还有一些情况比较特殊，比如被家庭遗弃的流浪儿童，根本找不到监护人，也无法送归，长期生活在救助保护中心。救助保护中心是提供临时庇护和生存援助场所，没有从法律上获得转移监护权的支持，对无法查到家的孩子，还没有合适出路。如何使受救助的流浪儿童融入主流生活，接受正规国民教育，学习和掌握一技之长，民政部社会福利和社会事务司经过深入调查研究，于1998年提出了“类家庭”概念。2001年，昆明市流浪儿童救助保护中心在与英国救助儿童会开展培训项目时，在归纳受助儿童愿望时，总结提出了“大房子”概念。它与“类家庭”概念核心一致，同属于家庭照顾救助模式的范畴，遵循的指导原则是：第一，家庭是儿童健康成长的最好环境。第二，主流生活方式的环境中，有利于儿童养成积极向上的生活态度，形成正确的人生价值观念。第三，在家庭中得以学到操持家务、管理家政等实际生活本领。第四，在潜移默化中学会人际交往技能。第五，养成团结互助、关心体贴他人和宽容忍让的品质。

为有效地探索和完善这一新型工作模式，从2001年开始，民政部社会福利和社会事务司将“类家庭”、“大房子”概念引入与联合国儿童基金会和英国救助儿童会，以5年为一个周期的合作项目计划，分别在河南省郑州市、湖南省长沙市流浪儿童救助保护中心进行试验，旨在通过两条有效途径解决有家难归的大龄流浪儿童和年龄较小，但无法查清楚家庭地址的流浪儿童的回归问题。一条是在“类家庭”中，让符合条件的大龄流浪儿童得以过正常家庭生活，分担家务，管理家政，自主地管理生活而不是流落街头，放荡无羁。他们将以技能学习为主，经过2-3年专门技术学习和训练，成年后自主进入社会找工作谋生。这是一条防止流浪儿变成流浪汉的途径。另一条是“大房子”在“类家庭”基础上进入良性运转后，限制性地接纳无法查清家庭地址的流浪儿童，除开展非正式教育外，辅以心理咨询和行为偏差矫治等技术性措施，帮助他们改掉沾染的顽劣、撒谎、叛逆等不良习性，完成收心、教化、扶志等条件准备后，送他们进入福利机构或在合适家庭中寄养或收养。这是一条解决无家可归流浪儿童的途径。这样做小而言之，是避免或减少流浪儿变成流浪汉。大而言之，是通过关怀困境儿童的生存和发展，让他们在成长过程中，感受到来自社会的关爱，消除对社会的敌视，成为有益于社会的劳动者。

救助保护中心始终要围绕孩子身心健康成长需要开展工作。民政部门打算根据流浪儿童的不同情况，在4个不同层次上开展救助保护工作。

第一个层次是对家庭教育方式失当，造成孩子一时离家出走的，救助保护中心将通过公益性寻人网站、公共传媒等，着重提供寻人和找家服务，及时与流浪儿童的家庭取得联系，尽快使其回归。

第二个层次是对被家庭遗弃的残疾儿童，经过核实无法查明家庭地址，送儿童福利机构抚养。

第三个层次是对因家庭教育方式失当或被忽略而离开家庭，无复杂流浪经历的儿童，救助保护中心在做好非正式教育的前提下，有针对性地实施个性化心理咨询和行为偏差矫治方案，在首先解决流浪儿童思想问题的基础上，注意做好家庭的说服、引导工作，使问题儿童能够重新进入家庭。

第四个层次是对遭遇家庭

虐待或恶意遗弃，屡遣屡返，街头生活经历复杂，无法回归的儿童，尝试“类家庭”救助模式，让他们生活在社区居所中而不是救助中心，过家庭生活而不是集体生活，借以提高独立生活能力，培养自信心，养成劳动习惯，培育健康心理，学习必备的生活技能和本领，为适应正常生活和进入主流社会奠定基础。

（张齐安）

涉外收养

【涉外收养工作简况】 涉外收养又称跨国收养，是发生在不同国家、不同种族、不同文化背景下的收养行为，是一个国家的公民收养另一个国家的儿童为子女的民事法律行为。从某种意义上说，跨国收养又是一种为帮助因某种原因脱离家庭的未成年儿童重新回归家庭，而进行的国际间的儿童安置工作。在我国主要指外国人依法到中国收养子女的行为。

我国是发展中的人口大国，由于多种因素影响，孤儿和弃婴问题客观存在。我国党和政府历来重视儿童权益保护，在有关的法律、法规中都有保护儿童权益的措施，各级民政部门积极推动社会福利机构的改革和发展，以多层次、多形式妥善安置孤儿和弃婴。目前我国安置孤儿和弃婴的主要方式有：举办社会福利机构集中供养、家庭寄养，并在积极推动国内收养的基础上，开展涉外收养。涉外收养作为妥善安置孤儿和弃婴的一种途径，可以帮助那些失去父母和家庭的孤儿、弃婴重新回归家庭，在正常的家庭环境中成长，还可以帮助那些乐于收养子女、帮助孤残儿童并对中国怀有兴趣和感情的外国收养人实现他们的美好愿望。所以说，涉外收养的开展是人类文明和社会进步的体现。

我国的涉外收养工作起步于20世纪70年代末80年代初。在1992年4月1日《中华人民共和国收养法》（以下简称《收养法》）实施前，涉外收养数量很少，我国儿童只是在个别情况下，由友好国家的友好人士或长期在华工作的外国友人收养。

1992年4月1日，《收养法》颁布实施。这是我国第一部全面调整收养行为的法律，其中明确规定“外国人依照本法可以在中华人民共和国收养子女”，为我国涉外收养工作的开展提供了法律依据，使涉外收养工作走上了法制化发展的轨道。

1993年11月10日，经国务院批准，《外国人在中华人民共和国收养子女实施办法》（以下简称《实施办法》）由民政部和司法部发布施行。《实施办法》对外国人在华收养子女应转交的文件、送养人送养子女应提供的证明材料、涉外收养工作部门、涉外收养登记程序等内容都做了规定，统一了涉外收养程序，方便了涉外收养工作的开展。由于有了明确的法律保障，涉外收养工作发展很快。

《收养法》和《实施办法》施行以来，由于《收养法》第二十条规定，外国人在华收养子女应当亲自到民政部门登记，并到指定的公证处办理收养公证，收养关系自公证证明之日起成立，从而形成了涉外收养由民政、司法两个部门共同负责的状况。1996年5月国务院召开专门会议，明确民政部为涉外收养的主管部门，并由民政部负责组建中国收养中心，从而确立了由民政部主管、各有关部门协助配合的工作格局。

1998年11月4日，第九届全国人民代表大会常务委员会第五次会议通过了《关于修改〈中华人民共和国收养法〉的决定》，主要是根据《收养法》实施过程中中国公民收养难和收养程序多样化的实际情况，对《收养法》做了必要的修改。在此基础上，民政部对《实施办法》进行了修订，1999年5月25日修订后的《外国人在中华人民共和国收养子女登记办法》发布。修订后的《收养法》和《登记办法》适当放宽了收养条件，进一步完善了收养程序，同时还增加和补充了有关保护收养关系当事人合法权益的内容，涉外收养进入了新的工作阶段。

我国的涉外收养工作在民政部的领导和各级民政部门的共同努力下，遵循“一切为了孩子”的指导思想，坚持依法办事、平等自愿的原则，取得了可喜的成果。

1.拓展了合作范围。在妥善解决国家间的法律冲突、充分保障我国被收养儿童合法权益的前提下，与我国开展收养合作的国家不断增多。目前，中国已与澳大利亚、比利时、冰岛、加拿大、丹麦、芬兰、法国、爱尔兰、荷兰、新西兰、挪威、西班牙、瑞典、英国、美国等15个国家建立了收养合作关系，保持收养事务往来的收养机构有170多个。总的看来，这些收养国政府对来华收养都予以关注，大部分收养组织机构比较健全，工作程序比较规范，为我国被收养儿童提供了有效的权益保护；申请来华收养的外国收养人多数处在社会中上层，经济条件好，文化层次高，使我国被收养儿童生活在比较优越的家庭环境中。

2.妥善安置了数万名孤残儿童。通过涉外收养，已有数万名孤残儿童重新回归了家庭，他们在外国养父母的悉心照顾下，很快适应了新的生活环境，身心发育状况良好。到国外后，养父母都能尽快为他们办理入籍手续，合法权益得到了有效保障。一些病残儿童还得到了及时的治疗和康复训练，为他们的健康成长打下了良好的基础。

3.推动了儿童福利事业的发展。目前，全国有30个省、市、自治区的270多所社会福利机构开展了涉外送养。通过涉外收养，改善了社会福利机构的设施条件，提高了在院儿童的生活质量。同时，社会福利机构通过与外国收养组织开展助医、助学、助养等多种形式的合作项目，不仅引进了先进的管理经验，培训了工作人员，改进了工作方法，提高了管理水平和服务质量，而且为社会福利机构开拓了养育、安置孤残儿童的发展空间，有助于儿童福利事业的发展。

4.加强了国家间的民间交往。涉外收养为我国与收养国之间的友好交往开辟了渠道，创造了条件，增进了相互了解，加深了与收养国人民之间的友谊，促进了中外友好关系的发展，成为我国民间外交的一个组成部分。

（王翠萍）

【中国收养中心】 中国收养中心是1995年12月经国务院批准，1996年6月由民政部组建的，专门从事涉外收养事务的、不以营利为目的的国际公益性机构。

中国收养中心受中国政府委托，主要负责接受和审查外国政府或外国政府委托的收养组织转交的外国收养人的收养申请及有关证明文件，为符合《收养法》规定条件的外国收养人选择、推荐收养对象，并签发《来华收养子女通知书》，跟踪了解我国被收养儿童在国外生活、成长的情况，保存、管理涉外收养档案，并提供涉外收养的对外联络和协调服务等。中国收养中心内设办公室、联络部、审核一部、审核二部、档案部、财务部6个部室，活动受民政部的监督。

中国收养中心的成立，标志着我国的涉外收养工作实现了一个窗口对外，步入一个新的发展阶段。

1.进行了制度建设。中国收养中心成立后，针对涉外收养工作法律性、政策性、政治性和敏感性都比较强的特点，把建章立制、搞好制度建设摆上重要日程，先后制定了廉政制度、人事管理制度、重要岗位定期轮换制度、重大问题由领导集体研究决定制度、财务管理制度、财务报销管理办法、国有资产管理办法以及工作纪律守则、文明服务准则等18个规章制度。这些规章制度规范了工作人员的行为，加大了自律的力度，增强了政治责任感，使各项工作做到了有章可循、有据可依。

2.明确了工作流程。为了规范工作，中国收养中心制定了《审核、办理涉外收养文件程序》，制定了从接收外国收养人申请文件、审核收养人条件、审批、寄发《来华收养子女通知书》到档案管理等各个工作环节的任务、职责和流程，规范了各环节的工作要求，增强了工作透明度，贯彻了公开、公正、公平、环环相扣、层层把关的原则，初步确立了一套科学、合理、方便、有效的工作体系，保证了工作的顺利开展。

3.加强了规范管理。一方面，规范了外国收养组织和收养人文件。中国收养中心成立初期，针对外国收养组织良莠不齐、问题较多的状况，提出了暂不接受新的外国收养组织的意见，防止了外国收养组织无序膨胀的问题；同时，对原来与中国有合作关系的外国收养组织进行了问卷调查，汇编了《收养组织简介》美国分册、欧洲分册和加拿大分册及《收养组织状况一览表》等资料。在此基础上，2002 年建立了外国收养组织评估制度，加强了对外国收养组织来华办理收养事务行为的规范管理。针对外国收养组织在递交外国收养人申请文件时出现的不认真、不规范的问题，中国收养中心向外国收养组织发出了《关于规范外国收养申请人提交收养申请及证明文件的通知》，对外国收养人递交的证明文件的内容、格式及公证、认证的要求等方面做出了具体规定。

另一方面，规范了被送养儿童材料。为保证社会福利机构报送被送养儿童材料的质量，中国收养中心先后下发了《报送涉外送养儿童材料须知》、《关于向中国收养中心转交被收养人、送养人材料的函》，对报送被送养儿童材料的内容、格式、程序等做出了明确规定，提出了具体要求。为了切实做好被送养儿童的体检工作，保证体检资料的真实性、准确性，中国收养中心实行了“涉外送养儿童定点医院体检责任制”，对定点医院的条件、体检小组的组成、合作协议的内容、体检责任制的执行和监督等做出了具体规定，明确了医务人员的责任和义务，使被送养儿童的体检报告更真实、更具权威性。为了更全面、科学地反映被送养儿童的成长发育情况，中国收养中心与首都儿科研究所合作，研制了《被送养儿童成长状况表》，把不同年龄段儿童的饮食、睡眠、作息、肢体动作能力、环境适应能力、语言和社交能力、性格特点等方面的情况分解为不同的指标，既直观，又准确，大大丰富了被送养儿童的信息。

4.开展了理论研究。通过深入基层调查和出国考察，在全面了解我国社会福利机构养育儿童和涉外送养工作情况、外国收养法律、制度及我国被收养儿童在收养家庭的成长情况、国际跨国收养的历史和现状等情况的基础上，中国收养中心组织编印了 65 万字的《国际收养法规选编》以及《中国收养中心简介》、《涉外收养信息》等书籍资料。2002 年，中国收养中心又借助社会力量，开展了两项课题研究：一是同中国人民大学合作，进行《中国涉外收养历史、现状和未来》的课题研究；二是同华东师范大学合作，进行《弃(孤)儿童的情感发展、评估和收养对策》的课题研究。富有针对性的理论研究是涉外收养工作的有益指导，为涉外收养工作向广度和深度发展指明了方向。

5.进行了信息化建设。1998 年，中国收养中心在充分论证、研制、开发的基础上，完成了“涉外收养管理信息系统”一期工程。该系统将中国收养中心各部门的工作站点通过局域网联接，提供了信息查询、报表生成、统计分析等手段，实现了从收养申请文件登记、收费审核到儿童选配、文件审批、打印“来华收养通知书”、档案管理的自动化。

在完成内部涉外收养管理信息系统一期工程的基础上，2002 年开始全面建设全国“涉外收养管理信息系统”。系统包括 4 个方面：一是通过硬件改造和网线铺设，进行系统局域网建设，从而推动原有系统的升级换代，全面提高工作质量和工作效率；二是进行办公自动化软件开发，把业务工作和办公事务结合起来，实现无纸化办公；三是同部分省、市收养登记部门进行涉外收养数据交换的试点工作，协助建立省级收养登记局域网，实现了收养信息数据的双向传输，减少了重复劳动，提高了数据准确性。这套系统现已下发到全国 10 个省、市、自治区试运行，从反馈的情况看，效果良好；四是进一步完善中国收养中心网站，重新设计了网站的首页，扩展了栏目，增加了信息量，加强了同外界的沟通和联系。

6 年来，中国收养中心为我国涉外收养工作的发展发挥了积极的作用。由于组织机构健全，管理体制科学，工作秩序明确，且公开透明，中国收养中心在国外的评价很高，以一流的工作质量取得了收养家庭的信任，赢得了国际社会的广泛赞誉。

（王翠萍）

【海牙公约】《海牙公约》全称为《跨国收养方面保护儿童及合作公约》，1993年5月29日签订于海牙，我国是起草国之一。《海牙公约》是国际公认的跨国收养工作的指导，该公约对于调整国家间有关收养的法律冲突，在送养国和收养国之间建立一种合作机制，发挥了积极的作用。

《海牙公约》的基本原则是，“为了儿童性格的完美及协调的发展，儿童应生长在一个充满幸福、亲爱和理解的家庭环境中”、“跨国收养可以为在其原住国不能找到适当家庭的儿童提供永久家庭的便利”，“有必要采取措施，以保证跨国收养在符合儿童最佳利益和尊重其基本权利的基础上进行，并防止拐骗、贩卖儿童或用儿童作交易”。《海牙公约》规定了跨国收养的要件，包括：确认儿童适合收养、跨国收养符合儿童的最佳利益、充分考虑儿童的愿望和意见、送养人同意送养、收养人条件合格并适合收养、儿童已经或将被批准进入收养国等等，要求缔约国应指定一个中央机关负责本国的跨国收养工作，明确了中央机关的职责、跨国收养的程序、效力、法律适用等内容。

2000年11月30日，在荷兰海牙召开的有50多个国家参加的“实际履行1993年海牙跨国收养公约特别会议”上，我国驻荷兰大使华黎明代表中国签署了《海牙公约》。目前，我国正在履行全国人民代表大会批准加入公约的手续。

（王翠萍）

【外国人在中华人民共和国收养子女登记办法】《外国人在中华人民共和国收养子女登记办法》（以下简称《登记办法》）是我国办理涉外收养所依据的现行行政法规。该法规是在《外国人在中华人民共和国收养子女实施办法》的基础上，由民政部根据修订后的《收养法》修订并经国务院批准，于1999年5月25日发布施行的。《登记办法》完善了涉外收养登记、审查程序，增加了涉外收养法律冲突的解决途径、接受外国收养人、外国收养组织捐赠的有关政策和要求等内容，对于规范收养行为、保护收养关系、最大限度地维护被收养儿童的权益，具有十分重要的意义。

（王翠萍）

【涉外收养工作程序】 办理一例涉外收养，在我国要经过接收文件、审核文件、儿童选配、收养登记、档案管理和收养后跟踪等主要环节。

1.接收文件。接收文件是指中国收养中心依法接收与中国建立收养合作关系的15个国家的政府部门和收养组织转交的收养申请文件。这些政府部门和政府委托的收养组织是由15个国家负责跨国收养的中央政府部门和中国收养中心协商确定的，中国收养中心不接收个人提交或通过其他途径转交的收养申请文件。

2002年，针对外国收养人文件积压的问题，中国收养中心采取了核定指标接收收养申请文件的办法，有效控制了收养申请文件过度增长的趋势，减少了等待办理的文件数量，得到了外国政府和收养组织的好评。2003年度该办法将不再继续实行。

2.审核文件。中国收养中心依法对外国收养人提交的收养申请文件进行审核。外国人在华收养子女，应提交的申请文件包括：跨国收养申请书、出生证明、婚姻状况证明、职业、经济收入和财产状况证明、身体健康检查证明、有无受过刑事处罚证明、家庭情况报告、所在国主管机关同意其跨国收养子女的证明等。这些证明文件须由所在国有权机构出具，经其所在国外交机关或外交机关授权的机构认证，并经中华人民共和国驻该国使、领馆认证。

中国收养中心通过对以上证明文件的审核，全面了解外国收养申请人的家庭情况，包括家庭背景、成长过程、学习情况、工作经历及情况、夫妻感情、家庭成员、健康状况、对儿童的态度、对自己拥有子女的渴望、邻里关系等，并确定外国收养申请人是否符合中国收养法规定的收养条件。

3.儿童选配。儿童选配是指中国收养中心遵循“一切为了孩子”的指导思想和尊重外国收养人意愿的原则，为外国收养人选择和推荐被收养儿童。

目前我国涉外送养的儿童主要来自全国 30 个省、市、自治区的 270 多所社会福利机构。这些社会福利机构作为送养人，为涉外送养的儿童制作有关证明材料，并提交省级民政部门审查，审查同意的报中国收养中心涉外送养。中国收养中心在充分了解外国收养人的家庭情况和收养意愿及被收养儿童的身体发育状况后，为外国收养人选择适当的儿童，以保证收养的适当性。

中国收养中心选配儿童后，向外国收养人发出《征求收养人意见书》，同时提供被收养儿童的身体健康检查证明、成长情况报告和照片。征得外国收养人同意后，中国收养中心签发《来华收养子女通知书》，同时书面通知被收养儿童所在地的省级民政部门。

4.收养登记、公证和出境。收养登记是一项民事登记行为，通过登记正式确认涉外收养关系的成立。《登记办法》规定，外国人来华收养子女，应当亲自来华办理登记手续，送养人和被收养人也必须亲自到场。外国人来华后，首先要同送养人订立书面收养协议，收养协议书一般包括收养人愿意收养、送养人愿意送养、双方同意建立收养关系等内容。登记时，外国收养人应当填写来华收养子女登记申请书，并提交中国收养中心签发的《来华收养子女通知书》、收养人的身份证件和照片，送养人应当提交省级民政部门发出的《同意送养通知书》、送养人的身份证件和被收养人的照片。

办理涉外收养的登记机关是被收养儿童所在地的省、自治区、直辖市人民政府民政部门，登记机关依法审查收养关系当事人应当提交的证件、材料是否齐全、有效，并通过直接对双方当事人询问以确认收养人、送养人的行为纯系自愿。对符合规定的，登记机关为当事人办理收养登记，发给收养登记证书。收养关系自登记之日起成立。

办理收养登记后，收养关系当事人各方或一方要求办理收养公证的，应当到收养登记地的具有办理涉外公证资格的公证机构办理收养公证。需要办理收养公证的，收养当事人应当亲自到公证机构提出申请，填写公证申请表，根据申请公证的事项，向公证机构提交有关的材料，并出示收养人、送养人的身份证件和收养登记证书。

涉外收养关系成立后，外国收养人应到收养登记地的公安机关为被收养人办理出境手续，办理时应交验被收养人的户籍证明，填写出境申请表，提交社会福利机构同意被收养人出境的意见、外国收养人所在国主管机关同意其跨国收养子女的证明、收养登记证书。对于同意批准出境的被收养儿童，发给中华人民共和国护照。

5.档案管理和跟踪服务。涉外收养档案是在涉外收养过程中形成的、具有保存价值的原始记录、证明文件等资料，应永久保存。目前，涉外收养档案主要保存在中国收养中心、省级民政部门和社会福利机构，是这些机构、部门在依法准备或审查有关证明文件、为外国收养人选配儿童、办理收养登记等的过程中形成的档案资料，是整个工作程序的真实记录，是维护中国被收养儿童合法权益的重要依据，也是帮助被收养儿童了解其在出生国的情况和被收养的经历的重要线索。

跟踪服务是指主要通过外国政府和收养组织提交的被收养儿童安置后报告，及时了解我国被收养儿童与收养父母融合的情况、入籍情况、成长情况等，以维护我国被收养儿童的合法权益。1998 年，中国收养中心印发了《关于规范被收养儿童反馈报告的通知》，要求外国收养组织在收养人收养儿童后半年和一年分别向中国收养中心反馈一次被收养儿童的安置、成长情况，包括被收养儿童入籍情况、身体和智力发育情况、与收养家庭融合情况、病残儿童治疗康复情况等。

（王翠萍）

【外国收养组织评估制度】

目前，与中国收养中心开展合作的外国收养组织有 170 多个，其中有些组织来华办理收养事务的行为不够规范，已经严重影响了我国涉外收养工作的健康发展。为此，2002 年中国收养中心经过研究和论证，确立了对与中国开展收养合作的外国收养组织进行评估的制度。

评估制度规定了与中国收养中心合作的外国收养组织应具备的8个基本条件：将中国被收养儿童的利益放在首位，遵守中国的有关法律法规和中国收养中心的规定和要求，是所在国政府委托的收养组织，是非赢利性组织，具有国际收养经验和一定的收养规模，能够提供完整的国际收养服务，具有稳定、健全的组织机构，具有专门从事跨国收养的专业化队伍。

评估制度还提出了对外国收养组织在华开展跨国收养工作的规定和要求，包括收养申请文件的内容、格式、要求，递交文件、暂停收养、终止收养的有关程序，办理收养登记的准备和要求，安置后报告的内容和要求，收养组织在华联系人的备案程序及注意事项等内容。在此基础上，中国收养中心对外国收养组织进行年度工作评估，对评估合格的收养组织，中国收养中心继续与其合作；对评估有问题的收养组织，中国收养中心对其提出改正意见；对评估不合格的收养组织，中国收养中心将终止与其合作。这项制度的实施有助于中国收养中心与外国收养组织间的收养合作关系良性发展，有助于保障我国被收养儿童的权益。

（王翠萍）

【特殊需要儿童委托制度】

特殊需要儿童，简称为特需儿童，是指生活在社会福利机构的、患有某种疾病或有生理缺陷，经过治疗和康复、能够正常生活的病残儿童和6岁以上身体发育正常、但心理发育异常、需要给予辅导和帮助的大龄儿童。为帮助这些有特殊需要的儿童尽快找到家庭，中国收养中心实行了委托外国收养组织为特殊需要儿童寻找收养家庭的制度，对收养特需儿童的申请一律加快办理，并减免服务费。

为进一步规范和推动特需儿童的送养工作，2002年中国收养中心根据工作实践，制定了《委托外国收养组织为特殊需要儿童寻找收养家庭的办法》、《委托外国收养组织为特殊需要儿童寻找收养家庭的操作程序》，明确了收养组织从事特殊需要儿童委托工作的基本条件，重申了收养人申请收养特殊需要儿童应具备的条件和可以得到的鼓励措施等，公布了部门的工作职责和办理程序，简化了工作流程。全年共办理委托470例，为313名特需儿童找到了家庭，病残得到了医治。

（王翠萍）

老龄事业

老龄事业发展概况

【老龄事业发展简况】 1999年10月，党中央、国务院批准成立了全国老龄工作委员会，为了切实加强老龄工作，发展老龄事业，2000年8月党中央、国务院下发了《关于加强老龄工作的决定》，这是发展老龄事业的纲领性文件。2001年7月国务院颁发了《中国老龄事业发展“十五”计划纲要(2001－2005)》。从此，在“党政主导、社会参与、全民关怀”的工作方针指导下，中国老龄事业进入全面的发展阶段。

一、中国人口老龄化的现状及发展趋势

中国人口老龄化是持续的生育率下降和平均期望寿命延长共同作用的产物。2001年，中国60岁以上老年人口达到1.32亿，占总人口的10%以上。预测到2015年将超过2亿，约占总人口的14%，到本世纪中叶将达到4亿左右，占总人口的四分之一。未来几十年，中国人口年龄结构将从成年型转向老年型，并向高龄老年型发展。

二、中国人口老龄化的特点

1.人口老龄化发展速度快：1982年到2000年，中国人口的年平均增长率为1.47%，老年人口则以3.2%的速度增长。预测2010年到2050年是中国人口老龄化速度最快的时期。

2.老年人口数量大：中国60岁以上老年人口占世界老年人口总量的20%，占亚洲老年人口的二分之一。

3.人口高龄化显著：中国80岁以上高龄老人每年以5.4%速度增长，快于60岁以上老年人口增长速度2.2%。目前80岁以上老人已达1300万人，预测到本世纪中叶将超过1亿，届时每四个老年人中就有一个高龄老年人。

4.人口老龄化地区差异明显：差异主要呈现在东部沿海地区和西部内陆地区。如上海市早在1979年就已进入人口老龄化城市，先于全国20年。而青海、宁夏等西部省区则滞后20年，到2010－2020年才能进入人口老龄化阶段。

5.人口老龄化超前于社会经济发展：先期进入人口老龄化的国家和地区在进入人口老龄化阶段时，人均收入一般为1万美元左右，而中国则不到1000美元。

三、中国老龄事业的发展成就

中国老龄事业发展20年来，坚持“政府主导、社会参与、全民关怀”的方针，从本国国情出发，积极制定政策和措施，切实加强老龄工作，不断推进老龄事业的发展，取得了重大成就。

1.社会养老保障制度逐步建立和完善

中国实行居家养老为基础，机构养老为补充，国家、社会、家庭、个人相结合的养老保障方式。

——养老保险制度。中国于1984年开始养老保险制度改革，实行社会统筹与个人账户相结合的基本养老保险制度,基本养老保险费由企业和职工共同负担。到2000年底,城市参保人数达到10448万人,其中退休人员参保3170万人,领取养老金的退休人员为3100万人。

——老年社会福利制度。中国制定了较为完善的社会福利政策,对无劳动能力、无生活来源、无依无靠的老年人实行保吃、保穿、保住、保医和保葬的"五保制度"。"五保"老人在农村由集体供养,在城市由政府或街道社区集体供养。其生活方式为居家养老或到敬老院、福利院集体养老。到2001年底,全国敬老院、福利院和老年公寓达到40741所,收养老年人81万人。

——老年社会救助制度。对贫困老年人,实行政府救济和社会救助相结合,将贫困老年人优先纳入最低生活保障制度。对特殊困难的老年人实行临时性救助,并大力倡导社会扶老助困送温暖活动,保障老年人的生活。

2.老年医疗康复事业迅速发展

从20世纪80年代开始,中国逐步改革由国家包揽医疗费用的办法,建立和实施了医疗费用与社会统筹和个人账户相结合的制度,保证了医疗资金来源渠道,提高了医疗费的使用效益,扩大了医疗保障的覆盖面。

——城市退休老人实行公费医疗和医疗保险相结合的医疗保障制度,其他老年人参加医疗保险或由家庭负担医疗费。农村绝大多数老年人的医疗费依靠家庭负担。特困老人和"五保老年人"的医疗费由集体或政府负担。

——国家把老年医疗康复事业列入卫生发展规划,大力普及卫生保健和慢性病治疗知识。一些大中城市建立了专门的老年病医院,综合性医院设立了老年病专科门诊、老年病防治研究中心。城市社区和农村乡镇建有医疗站(室),为老年人提供了就地、就近、及时、方便的医疗、护理和康复服务。

3.老年合法权益得到有效维护

中国在维护老年人合法权益中,实行道德规范与法律约束相结合,对侵犯老年人合法权益的行为予以法律制裁。各地司法部门对涉老案件优先立案、优先审理、优先执行。一些地方建立了老年人法律援助中心、老年法庭等维权组织,制定出台了老年优惠优先政策,实施了司法援助制度。同时,鼓励老年人积极参与社会发展,使老年人的价值得以体现。目前,参与社会发展的老年人约占老年人总数40%左右。

4.老年福利服务体系初步建立

——以老年福利、生活照料、医疗保健、体育健身、文化教育、法律服务为主要内容的社区老年福利服务体系正在逐步建立。截至2000年底,全国5902个街道中已建成老年福利设施4534个,占76.82%;108000个居委会中已建成老年福利设施35544个,占32.91%;43511个农村乡镇已建成敬老院37344个,占85.83%。

——社区老年福利服务"星光计划"在全国逐步展开。中国政府决定以福利彩票筹集的福利金为基础,广泛动员社会力量参与,今后三年内集中100亿元资金,在城乡社区再增建10万个老年福利服务设施(简称"星光计划")。2002年5月首批建成"星光计划"项目6032个。

——大中城市社区建立了为老服务志愿者队伍、低龄老年人为高龄老年人服务队伍,并积极开展为老服务工作。

5.老年精神文化生活日益丰富

——截至2001年底,中国城乡社区已建立47000多个老年文体娱乐服务机构(如老年活动中心、老年活动站、老年俱乐部、老人聊天站、老年人网吧等)。各地各部门组织老年人开展丰富多彩的文体活动,如老年合唱、老年门球、老年登山、老年时装表演、老年健身操、老年观光旅游等。据统计,全国每年约有3000多万名老年人参加体育锻炼。

——目前全国创办老年大学(学校)17000多所,在校学员有150多万人,专业近百种,主要包括书法、绘画、外语、计算机操作、历史、家教、烹饪、养生保健等。

6.敬老养老助老的传统美德进一步发扬

敬老、养老、助老是中华民族的传统美德,中国政府将其列入了《中华人民共和国公民道德建设实施纲要》和中小学校道德教育计划。各地充分利用"国际老人节"、中国传统节日"重阳节"等重大节日,采取各种形式,广泛开展敬老宣传教育和表彰活动,营造了良好的社会敬老氛围。

7.老龄科学研究成果丰硕

中国政府于1989年批准成立了中国老龄科学研究中心。目前全国14个省市和5所综合性大学相继建立了老龄科研机构,有的大学开设了老年学专业课程。中国现已形成一支老龄专家、学者和老龄工作者相结合的老龄科学研究队伍,并开展了广泛而深入的老龄调查研究活动,取得了100多项成果。主要有:《中国城乡老年人口状况抽样调查报告》、《中国城乡老年人供养体系研究》、《中国城镇职工养老保障政策研究》、《中国老龄科学研究基础数据库》、《生育率下降过程中的新人口问题——老龄化的挑战》等。20年来,中国还进行了3次样本量超过2万人的全国性老年人状况抽样调查及近200项专项调查。

8.老龄国际合作与交流不断扩大

——中国先后加入了国际老年学学会、国际第三年龄大学协会、国际社会保障协会、国际老龄联合会、国际老龄协会等5个国际性老龄组织。部分省市老龄工作部门与一些国家建立了对等的工作交流。

——中国老龄协会、地方老龄工作部门和老龄科研单位,完成了一系列国际性和地区性老龄问题科研项目,主要有:在国际社会特别是联合国有关老龄机构的援助下,组织完成了UNFPA援助CNCA"以制定政策为目的的老龄问题研究活动"的P54项目;以UNFPA援助CNCA并由CRCA实施的"中国城乡老年人供养体系研究"(P22项目)等。

四、未来五年中国老龄事业的发展趋势

总目标:加快老龄事业发展步伐,重点解决老龄事业发展中的突出问题,落实"老有所养、老有所医、老有所教、老有所学、老有所为、老有所乐",把老龄事业推向全面发展的新阶段。

——初步建立适应社会主义市场经济要求、体现城乡不同特点的城市和农村养老保障体系。

——建立以城市社区为基础的老年人管理与服务体系,进一步丰富老年人的精神文化生活。

——建立老龄事业的正常投入机制,健全老龄工作体系。

主要任务:

——经济供养:初步建立政府、社会、家庭和个人相结合的经济供养体系,保障老年人基本生活;确保老年人生活水平随社会经济发展逐步提高。

——医疗保健:努力满足老年人的基本医疗需求;初步建立以社区卫生服务为基础的老年医疗保健服务体系;做好健康教育和预防保健工作,提高老年人口健康水平。健康教育普及率城市达到80%,农村达到50%。老年人体育健身参与率达到40%-50%。

——照料服务:初步建成养老设施网络,城市养老机构床位数达到每千名老人10张,农村乡镇敬老院覆盖率达到90%;初步形成以社区为依托的老年照料服务体系,提供全方位、多层次的服务;建立社区为老服务的有效管理体制和服务队伍。

——精神文化生活:营造全社会尊重、理解、关心和帮助老年人的社会环境与舆论氛围;丰富老年人闲暇生活,提高老年人精神文化生活质量;大力发展老年教育,在校老年学员人数在现有基础上增加1倍;充分发挥老年人在社会生活中的积极作用。

——权益保障:加强立法、执法工作,逐步形成维护老年人合法权益的法律保障体系;加强普法教育工作,城市普法教育普及率不低于80%,农村不低于60%。

(李　兵)

【社区老龄工作】 2001年2月28日,在全国老龄工作委员会第三次全体会议上,李岚清副总理强调指出,"老龄工作的重点在社区、在基层。"为了贯彻落实李岚清副总理的指示精神,探索加强基层老龄工作的有效途径,2001年11月,全国老龄办在云南召开了"加强社区老龄工作座谈会",决定在北京、上海、天津、黑龙江、辽宁、山东、江苏、福建、湖北、云南10省市,各选择1个城区和1个县(市)作为试点单位,进行加强城乡社区老龄工作的试点。

社区老龄工作试点的总体设想是,以《中共中央、国务院关于加强老龄工作的决定》和《中国老龄事业发展“十五”计划纲要》为依据,以党支部领导下的村(居)民自治为基础,以老年活动场所为阵地,以老年群众组织为抓手,以落实“六个老有”为内容,以提高社区老年人的生活质量为目的,完善工作体系,推动基层老龄工作持续健康快速发展。

围绕这一总体设想,各地试点工作的基本做法是:(一)统一认识,加强领导。各地从实践“三个代表”重要思想的高度充分认识试点工作的重要意义,普遍成立了由党政领导挂帅、有关部门参加、办公室设在老龄办的领导小组。(二)调查研究,选好试点。10省市老龄办在调查研究的基础上,按照具有代表性、老龄工作扎实、社区建设基础好三方面条件,确定城区和农村试点单位。(三)制定文件,周密部署。根据全国老龄办的要求,各地因地制宜,制定了详细的试点工作实施方案,对试点工作的指导思想、目标任务、基本原则、实施步骤等提出了明确要求。(四)检查指导,严格实施。各地老龄办安排专人到试点单位蹲点,现场指导试点工作,发现问题及时解决,防止走过场,最后进行总结验收。

经过一年多的实践,试点单位的社区老龄工作得到明显加强。

一是基本理顺了社区老龄工作管理体制。试点工作首先从管理体制入手,各试点区县普遍成立了老龄工作委员会,下设办公室,办公室主任由民政局主要领导兼任,办公室专职工作人员3到5人。街道和乡镇成立了老龄工作委员会,聘请离退休人员负责具体工作。社区居委会设立由社区党支部书记或居委会主任任组长,民政、文教卫生、妇联负责人、社区管片民警和老年协会会长为成员的老龄工作领导小组。在村委会设立由村党支部书记或村长任组长,负责民政工作的副村长、团支书、妇联主任和老年协会会长为成员的老龄工作领导小组。上海、天津、山东等地试点县区的老龄工作管理体制理顺后,各级老工办的干部明显感到基层老年人的事情有人管、有人抓了,工作好好开展了;社区的老龄工作干部也感到上面的指导工作的力度加大了,与上面沟通多了,联系广了,视野宽了。

二是规范了社区老年群众组织。针对许多试点单位老年协会不够规范,有的徒有虚名的状况,加大了对老年协会规范管理的力度。各地制定了统一的老年协会章程,按章程要求改选了老年协会会长、副会长,明确了老年协会的职责任务,使老年协会初步走上自我教育、自我管理和自我服务的轨道,成为基层党组织和“两委”的有力助手。辽宁省台安县规范整顿老年协会以后,半年时间,老年活动点增加了3000多个,参加活动的老年人从不足20%猛增到80%,达到3万多人。

三是完善了社区为老服务设施。在试点中,各地紧紧抓住实施“星光计划”的机遇,加强了区、街(镇)、居(村)三级为老服务设施建设。青岛市四个试点区普遍建立了1000多平方米的老年活动中心,街道建立了200平方米以上的老年活动室,还按照居民自愿社区扶持的原则,建立了许多小型家庭老年活动站,大大缓解了老年活动场所的不足。在完善服务实施的同时,各地在拓展了社区为老服务功能上做了积极的探索。哈尔滨、北京、上海等地建立了网络服务系统,24小时为老年人提供服务,老年人只要打一个电话工作人员立即上门帮助解决就医、家庭照料、健康咨询、情感慰藉等方面的问题。

四是初步解决了社区老龄工作经费。试点单位按照财政拨一点,社会赞助一点,老年人缴纳一点的原则初步解决了社区老龄工作的活动经费,为试点工作的顺利开展提高了保障。上海长宁区、福建石狮市将老龄事业经费按每个老年人每年5到10元的标准列入财政预算,从制度上解决了老龄工作和老龄事业的经费问题。

社区老龄试点工作为在全国开展社区老龄工作提供了一些有益的经验。随着生活在社区的老人增加,老年群体对社区建设的要求越来越高,社区老龄工作因此越来越重要。可以预见，社区老龄工作必将成为老龄事业一个支点，具有光明的发展前景。

（李　兵）

【老年人精神文化生活】 江泽民总书记在1999年为国际老年人年题词："加强老龄工作，发展老龄事业"；中央组织部、宣传部等部委联合发出《关于加强离退休干部思想政治工作的通知》。同年7月，文化部向全国各地发文，要求加强老年文化工作。2000年党中央国务院做出了《关于加强老龄工作的决定》，2001年国务院颁发了《中国老龄事业发展"十五"计划纲要》，2002年国务院办公厅印发《关于进一步加强基层文化建设的指导意见》(〔2002〕7号)。这充分体现了党和政府对亿万老年人政治思想工作和精神文化生活的关心，也显示出加强老年思想政治工作和精神文化生活在我国社会主义现代化建设中的重要性。

20世纪90年代以来，形式多样、丰富多彩的群众性老年文化体育活动如雨后春笋，蓬勃发展。老年文化正在从自发转向自觉，从沉寂转向活跃，从个体转向群体，从单调转向多彩，初步形成了覆盖整个老年群体的文化网络。从老年文化的兴盛中折射出我国社会的进步和发展，标志着我国人民物质生活和精神生活水平的改善和提高，也标志着我国老龄事业的发展。

针对在改革开放中社会各领域出现的新情况和新问题，老龄工作及有关部门，尤其是老干部部门认真研究解决老年群体中的各种思想问题，研究和探索老年思想政治工作的新形式、新办法，在老年人的思想教育方面做了大量的工作。他们坚持把马克思列宁主义、毛泽东思想、邓小平理论特别是"三个代表"重要思想作为老年思想政治教育的重要内容，通过报告会、座谈会、评比竞赛等多种形式，积极开展党的基本路线、政策、形势、民主与法制和科学文化知识的教育，使广大老年人树立正确的世界观、人生观和价值观，划清科学与迷信、文明与愚昧的界限，坚定建设有中国特色社会主义的信念，增强对改革开放和现代化建设的信心，坚定地与党中央在政治上、思想上保持一致。

在开展老年思想政治工作时，各地注意工作方法，根据老年人的特点，把思想教育与开展健康有益的文化体育活动、解决思想问题与解决实际问题结合起来。坚持以理服人，以情感人，寓教于乐，使广大老年人以科学、健康、文明的生活方式安享晚年。

针对"法轮功"对部分老同志的恶劣影响，各地、各部门高度重视"老有所教"的工作，组织老年人广泛开展揭批法轮功的活动。各地纷纷召开声讨法轮功罪行座谈会，对李洪志及其"法轮功"邪教的罪恶行径进行深入批判，各报刊、电台、电视台也配合给予了报道，在社会上产生了很好的效果。

由于农村的娱乐活动匮乏，有些地方封建迷信趁虚而入，严重影响到农村精神文明建设。针对这些情况，全国各地普遍重视并加强了老年文化工作，建设老年活动场所，发挥农村老年人协会的作用，引导老年人开展有益身心健康的文化活动，抵制封建迷信对老年人的侵蚀。老年文化工作的深入开展，不仅丰富了老年人的精神生活，而且极大地激发了广大老年人为农村两个文明建设做贡献的积极性。

2002年为贯彻落实全国老龄委第四次全体会议决定和李岚清、司马义·艾买提同志的指示精神，丰富广大老年人的精神文化生活，推动基层社区老年文化活动的开展，展示新世纪老年人的精神风貌，抵制"法轮功"邪教的侵袭，全国老龄办、中组部、文化部、广电总局、解放军总政治部和北京市人民政府成功举办了"全国老年文艺调演"活动。这次调演，规模大、参与人数多、节目质量高，共评出金、银、铜奖414个。10月12日，胡锦涛、贾庆林、曾庆红、司马义·艾买提等党和国家领导人出席观看了来京优秀节目汇报演出，并与演员代表合影留念。李岚清、司马义·艾买提同志对这次文艺调研活动做了重要批示，给予了充分肯定。重阳节期间，全国各地普遍开展了规模浩大、内容丰富的老年文化娱乐活动。广大老年人的文化生活更加活跃。

为活跃老年文化生活，文化部与广电总局于2002年10月在北京共同举办了第四届老年合唱节，100多支老年合唱团,近5000名老年人来到北京高兴地参加了比赛演出活动。这一活动有效地带动了各地老年歌咏活动的开展,老年合唱节已经成为各地老年人文化生活中的一项重要内容。为推动群众歌咏活动的广泛开展,中宣部、文化部、教育部、北京市人民政府等有关单位于5月22日共同举办了“纪念毛泽东同志在延安文艺座谈会上的讲话发表60周年——群众歌咏大会”,专门组织了老年人方阵,选调一批优秀的老年合唱团进京参加演出,在社会上引起良好反响。

新闻出版部门积极组织出版为老年群体服务的图书,如《中国老龄理论文库》、《中国老龄政策学习指南》、《国际老龄事业管窥丛书》、《新世纪老年百科全书》、《老年生活百科全书》。尽量扶持老龄报刊做强做大。2002年《中国老年》、《长寿》、《老人世界》、《老同志之友》四种期刊进入“中国期刊方阵”并荣获国家期刊奖。

2002年还加强了对老龄出版物的管理,提高老年出版物的思想性、艺术性、实用性和可读性。同时加大“扫黄”、“打非”的力度,继续查缴借气功健身之名对老年人散布荒诞言论和歪理邪说,宣传愚昧迷信和伪科学的非法出版物。2002年共收缴法轮功邪教宣传品、气功类等非法出版物402万件。同时,做好老年出版物的发行工作,有条件的新华书店开设了老年人购书专区,开展流动售书,送书上门服务,为老年人提供优质服务。

老年教育工作也有新进展。政府、企业、部队、大专院校、科研单位以及社会团体纷纷举办老年大学。据不完全统计,2002年全国已有19600多所老年大学(学校),其中,公办82.1%;公办民助4.7%;民办2.1%;民办公助11%。在校学员182万人。为了规范老年大学,文化部正在制定《全国老年大学管理办法》,并在全国十个县区的文化馆兴办老年大学的试点,为文化系统依托现有设施开办老年大学提供了经验。

各地在开展文化体育活动中,采用多种形式,普及科学知识,进行辩证唯物主义、无神论和社会主义法制教育,宣传科学的人生态度、生活方式和养生之道,引导老年人反对唯心主义、自觉抵制封建迷信、低级庸俗、黄色书刊、淫秽音像和赌博等不良思想的影响和侵蚀,树立科学的生活方式、乐观向上的人生态度、社会主义的道德观念,遵纪守法,维护社会主义法制。在文化体育活动中老年人加强了人际交往,密切人际关系,特别是两代人关系,加深相互理解,增进团结,使老年人感到自己仍然生活在社会大家庭之中,感受集体的温暖,领悟人生的快乐,消除了离开工作岗位、离开子女生活的孤独感与寂寞感。

加强老年人思想政治工作,丰富老年人精神文化生活,要创新工作方法,采取多种形式,组织广大老年人学习“十六大”精神,让他们了解“三个代表”的重要思想和全面建设小康社会的宏伟目标,使他们跟上时代前进的步伐。要在老年人中倡导科学、文明、健康的生活方式,引导他们积极参与社区精神文明建设。文化部要进一步做好老年教育的指导和推动工作。要总结老年教育工作经验,发现和推广典型,组织编写教材,召开老年教育工作经验交流会,努力构建老年教育体系,继续推动老年教育健康发展。同时,还要做好“第五届老年合唱节”的组织工作。各地要积极开展丰富多彩的老年文体娱乐活动。全国老龄办要与有关部门一道组建业余“中国老年艺术团”,各地也要结合当地实际建立适合老年人特点和需要的老年业余文化活动组织,以指导和推动基层社区老年文化活动广泛深入地开展。

2001年起民政部开始启动《社区老年福利服务星光计划》,力争在十五计划期间,全国8万多个城市社区和4万多个乡镇普遍建设“星光老年之家”,并积极推进老年人社会化管理的有效形式。以“星光老年之家”为阵地,以基层社区老年人协会和其他中介组织为组织形式,组织广大老年人开展丰富多彩的老年文化、老年体育、老年教育、老年志愿者、老年维权和关心下一代等活动,寓社会化管理于各项活动和服务之中,以此丰富老年人的精神文化生活。

(程　勇)

【中国老龄事业的国际交流与合作】 近年来，老龄领域的国际交流与合作不断增多，我国在国际老龄领域的影响日益扩大。李岚清副总理在2003年2月13日召开的全国老龄工作委员会第五次全体会议上在总结近年来我国老龄工作所取得的成绩时指出："老龄工作的国际交流与合作取得进展。我们十分重视并积极参与联合国及国际老龄事务和老龄学术交流活动。目前，我国已同90多个国家和地区建立了老龄工作联系，积极开展了多边和双边的交流活动。我国老龄事业的发展得到国际社会的赞誉，为世界老龄事业的发展做出了应有的贡献。"

2002年4月8－12日，联合国在西班牙马德里召开第二次世界老龄大会。这是一次非常重要的大会。全世界158个国家派代表团出席了会议。讨论发展中国家面临的老龄化问题是此次会议的重点议题之一。大会最后通过了《政治宣言》和《2002年马德里老龄问题国际行动计划》。中国政府派出了以国务委员兼全国老龄工作委员会常务副主任司马义·艾买提为团长的中国政府代表团出席了第二次世界老龄大会。司马义·艾买提国务委员当选为大会副主席，并在大会全体上发言，受到了与会各国的高度评价。与会期间，国务委员司马义·艾买提会见了联合国秘书长安南。中国代表团副团长、民政部副部长兼全国老龄工作委员会办公室常务副主任李宝库应邀出席了世界老龄大会的部长级圆桌会议并作了发言。全国老龄工作委员会办公室副主任、中国老龄协会会长赵宝华率团中国非政府组织代表团一行29人参加了于4月5日至8日在西班牙马德里召开的"第二次世界老龄大会非政府组织论坛"。"第二次世界老龄大会非政府组织论坛"是由联合国在世界老龄大会期间举行的一次重要会议，来自世界五大洲的6000多个非政府组织、老年团体、专业人士参加了会议。"论坛"集中讨论了经济发展、人道主义援助、人权、健康照料及老年消费等诸多方面的问题。我代表团在论坛期间召开了"中国老龄问题论坛"和"中国老龄事业成就展"，产生了很好的影响。

中国老年学学会会长张文范率中国老年学学术代表团一行15人出席了于4月1日至4日在西班牙瓦伦西亚市召开的老年学论坛。此次会议是国际老年学学会与联合国有关机构合作，为配合第二次世界老龄大会的召开而发起组织的。中国老年学学会于1986年申请加入了该组织。

联合国国际老龄问题研究所(设在马耳他)于2002年4月10日在西班牙马德里召开理事会。民政部副部长兼全国老龄工作委员会办公室常务副主任、中国老龄协会会长李宝库当选为联合国老龄问题研究所理事会理事。联合国国际老龄问题研究所是目前世界上惟一的由联合国建立的老龄问题研究所，主要负责开展针对发展中国家老龄工作人员及老龄科研人员的培训工作。该研究所自1990年开始与我国开展老龄领域的交流与合作。

联合国社会发展委员会是联合国经社理事会下处理社会发展问题的专门委员会，委员会由联合国的成员国组成，每二年改选一次。目前有包括中国在内的46个成员国。该委员会每年召开一届大会，讨论全球的社会发展问题。中国老龄协会自1993年起历届都派代表参加会议。

联合国非政府组织处处长哈尼发·梅佐奕率代表团于2002年10月10－19日访华。代表团访华期间与中国老龄协会代表举行座谈。双方就中国老龄协会拟申请联合国经济社会理事会非政府组织咨商地位的有关问题交换了意见。代表团还参观了铁道老年大学。

中国老龄协会与联合国亚太经济和社会事务委员会合作于9月23至26日在上海召开了亚太地区第二次世界老龄大会后续行动会议。来自亚太地区21个国家和地区的政府、非政府组织以及联合国有关机构的代表约100人出席了会议。国务委员兼全国老龄工作委员会常务副主任司马义·艾买提出席开幕式并致辞。民政部副部长兼全国老龄工作委员会办公室常务副主任、中国老龄协会会长李宝库，上海市副市长冯国勤出席大会。联合国亚太经社会执行秘书(联合国副秘书长级)金学珠、澳大利亚和菲律宾主管老龄事务的部长应邀出席会议。会议最后一致通过了《上海实施战略》,即《亚太地区执行〈老龄问题国际行动计划〉实施战略》。

民政部副部长兼全国老龄工作委员会办公室常务副主任、中国老龄协会会长李宝库率团赴日内瓦出席于10月2至5日召开的国际第三年龄大学协会第21届代表大会并当选为该组织理事会理事。上海市副市长冯国勤率上海市代表团出席此次会议并申请在上海主办该组织2004年代表大会。上海市的申请得到大会的一致通过。国际第三年龄大学协会成立于1977年,总部设在法国巴黎,是一个由世界各国老年大学和老年教育研究机构组成的国际性组织,其宗旨是促进世界各国老年大学之间的交流,推动世界老年教育事业的发展。中国老年大学协会于1994年申请加入该组织。

全国老龄工作委员会办公室副主任、中国老龄协会副会长张志鑫率团参加了于2002年5月7至12日在法国马提尼克和瓜得罗普市举行的国际老龄协会年会及理事会。理事会全票选举通过民政部副部长兼全国老龄工作委员会办公室常务副主任、中国老龄协会会长李宝库为理事。国际老龄协会于1980年成立,总部设在法国巴黎,是一个在世界老龄领域有较大影响的国际性非政府组织,其宗旨是推动老年人融入社会,目前会员已遍及亚、非、美及欧洲的50多个国家。该组织在联合国享有咨商地位。中国老龄协会于1994年申请加入了该组织。

全国老龄工作委员会办公室副主任、中国老龄协会副会长白桦率团出席了于10月27至30日在澳大利亚珀斯市召开的国际老龄联合会第六届全球老龄大会并应邀在会后访问了当地老龄机构和老年人组织。

国际老龄联合会是世界老龄界影响较大的几个主要国际组织之一,成立于20世纪70年代,总部设在加拿大,在联合国经社理事会、国际劳工组织、世界卫生组织及联合国教科文组织均享有咨商地位。中国老龄协会于1999年申请加入该组织,并成为其理事会成员。

老龄领域的双边交流得到加强,国际技术合作得到发展。应中国老龄协会的邀请,蒙古人民革命党派其中央委员会委员、人民革命党老年人联合会主席朗图率代表团一行5人于10月21至27日来华访问,并到北京、深圳和呼和浩特参观考察。蒙古人民革命党总书记伊德沃赫腾于10月20日致函中国老龄协会党委书记李宝库,邀请李宝库书记率团访问蒙古。俄罗斯老战士协会会长11月30日致函中国老龄协会,希望继续加强俄、中两国在老龄领域的交流与合作。联合国人口基金决定将人口老龄化问题纳入其2003年至2005年的援华计划,资助中国老龄协会50万美元开展人口老龄化的研究项目。中国老龄协会与国际助老会合作向欧洲联盟申请75万欧元在中国的中西部开展老年扶贫项目并得到欧盟的批准。中国老龄科研中心与澳大利亚新南威尔士大学签署合作协议,开展为期二年的"中澳两国老年人社会保障制度对比研究"。

下一步还将积极开展老龄领域国际合作与交流,继续加强与联合国有关组织的工作联系,积极参与有关活动,加强老龄工作对外宣传,扩大国际影响。认真做好2004年在中国召开的国际第三年龄大学协会第22届代表大会的各项前期准备工作。

(肖才伟)

维护老年人合法权益

【维护老年人合法权益简况】 老年人的合法权益是指老年人依据宪法和法律应当享受的各种权利和利益。老年人除享有所有公民都享有的权益外,作为特殊群体,根据其自身特点和需要,还享有国家法律、法规和政策规定的特殊权益。如在家庭中享有受赡养扶助的权利,有从国家和社会获得物质帮助的权利,有享受社会发展成果的权利等。

老年维权工作是指有关部门和组织按照宪法和有关法律法规及政策的规定，运用法律、行政以及道德教育等多种方法和手段，调整老年人与其他群体的关系，保护老年人依法享有的合法权利和利益的一系列活动。

老年维权工作的原则：以贯彻实施《老年人权益保障法》为中心；坚持道德、行政和法律手段相结合；发挥职能部门作用，动员全社会参与；从实际出发，因地制宜，突出重点。老年维权工作的内容：推进制定保障老年人合法权益的法规政策，建立健全老年法规体系，从源头上加强老年维权工作；协调发挥有关部门和组织的作用，促进老年人司法保障、法律服务工作，推动保障老年人权益法规政策的落实；推进敬老道德教育和有关法律法规的宣传普及，树立推广先进典型，促进形成敬老养老助老良好社会环境；通过执法检查和执法调研等形式，加强老年法律法规执行情况的检查督促工作；指导和处理老年人来信来访工作。

老年人是一个庞大的社会群体，又是一个弱势群体。在社会保障制度不健全的情况下，在市场经济条件下，老年人会遇到较多的困难和问题。大多数老年人退出了劳动和工作岗位，参与社会事务和社会活动的机会减少，老年人的合法权益容易被忽视。老年人随着年龄的增长，体力和智力条件将越来越差，自我保护的能力受到限制，合法权益受侵害的概率提高。为此，保障老年人合法权益越来越成为一个突出的社会问题，国家和社会需要加大对老年人合法权益保障的力度。

我们党和政府历来重视老年人合法权益保障工作，关心和照顾老年人的生活。新中国成立后，国家在颁布法律法规，制定实施政策，采取行政和组织措施，弘扬优良道德传统，营造良好的社会环境等方面做了大量工作，切实保障和维护了老年人的合法权益。

*一、老年法律制度体系初步建立。*党中央、国务院下达了《关于加强老龄工作的决定》、《关于进一步加强农村卫生工作的决定》，全国人大颁布了《中华人民共和国老年人权益保障法》，国务院颁布了《关于建立统一的企业职工基本养老保险制度的决定》、《关于建立城镇职工基本医疗保险制度的决定》、《城市居民最低生活保障条例》等有关老年人养老、医疗、救助等多方面的行政法规和政策。各职能部门如劳动和社会保障、民政、卫生、文化、司法审判、司法行政、建设、财政、税务等部门先后颁布了《关于加快养老金社会化发放的通知》、《关于加强老年卫生工作的意见》、《关于做好老年教育工作的通知》、《农村敬老院管理暂行办法》、《赡养协议公证细则》、《关于保障老年人合法权益做好老年人法律援助工作的通知》、《老年人社会福利机构基本规范》、《关于对老年服务机构有关税收政策问题的通知》、《关于学习宣传贯彻执行老年人权益保障法的通知》等一大批规章和政策性文件。另外，已有29个省份出台了《〈老年人权益保障法〉实施办法》或《老年人权益保障条例》等地方性法规，16个省份出台了《老年人优待办法》等政策性规定。

经过半个多世纪的努力，我国目前已初步形成了以宪法和有关基本法律的原则为依据，以《老年人权益保障法》为重点，以党中央、国务院《关于加强老龄工作的决定》精神为指导，由若干涉老法规、规章和政策组成的比较完整的老年法律制度体系，这为老龄事业的发展和老年维权工作奠定了法律和政策基础。

*二、老年人的各项合法权益和优待政策得到较好落实。*一是依法保障养老金按时足额发放，有效地解决了养老金被克扣、挪用、拖欠问题。截止到2001年底，全国各省、自治区、直辖市(除西藏外)均实行了养老保险省级统筹或建立了省级调剂金制度。2002年，在全国基本实行了企业离退休人员养老金的社会化发放，发放人数达到3251.6万人，社会化发放率达99.4%。二是积极发挥家庭养老作用，保障农村老年人“受赡养扶助”的权益。很多地区实行家庭赡养协议书制度，将赡养义务具体化。全国老工委办公室专门下发了《关于印发〈农村家庭赡养协议书〉(范本)的通知》，在协议书中明确规定赡养的具体内容和标准，

便于监督落实。三是低保制度保障了贫困老年人的基本生活。这一政策使城市贫困老年人有了稳定的生活来源。北京、上海、浙江、福建、山东、广东、江苏、贵州、陕西等27个省份,在有条件的农村也实行了这一制度。有的还组织社会力量对贫困老年人实施救助。三是实行农村社会养老保险和多种形式的退养、生活补贴制度。一些经济条件较好的农村实行养老保险,有的对老年人实行退养制度。截止到2001年底,全国农村参加养老保险的人数为5995.1万人,农村养老保险基金滚存结余216.1亿元。全国大部分地区对百岁老人按月发放生活补贴,最高达到每人每月300元。也有的对老村干部、老党员、老年困难户等实行定期补贴。四是农村集体经济组织普遍对"三无"老人实行保吃、保穿、保住、保医、保葬的"五保"供养制度,并随着经济的发展不断改善供养条件。有的地方实行税费改革后,五保对象的生活由乡镇政府财政支付,保障渠道更加稳定、规范。五是医疗保险改革正在顺利进行,有些地方还建立了医疗救助制度。上海、广东、江苏等省市的一些地区对因病开支大有困难的老年人,在经济上给予补助。从2003年起,中央财政对中西部地区除市区以外的参加新型合作医疗的农民每年按人均10元安排合作医疗补助资金,地方财政对参加新型合作医疗农民的补助每年不低于人均10元。六是制定和落实多方面的优待政策。湖北、四川、北京、山东、天津等地区制定了老年人在税费缴纳、劳务负担、乘坐车船、就诊,进入文化、园艺和游览场所等方面的优待规定,并协调有关部门狠抓落实。如湖北省实行敬老优待"一证全省通",重庆市将优待范围扩大,让外地来的老年人也能享受到同本地老年人一样的优惠待遇。

上述政策措施,既保障了老年人的基本生活权益,又保障了他们享受社会发展成果的权益,受到老年人和全社会的欢迎。

三、老年人合法权益的司法保障、法律援助和法律服务体系逐步建立。一是司法审判部门提供了组织和制度保障。大多数司法审判机关加大了涉老案件的审判力度,实行"优先立案、优先审理、优先执行"的"三优先"制度,对较复杂和易反复的案件实行回访制度;对经济有困难的老年人实施司法救助,根据不同情况依法缓、减、免交诉讼费。一些基层法院甚至中级法院设立了"老年合议庭"(老年法庭),专门审理涉老案件或者以审理涉老案件为主。二是各级司法行政部门,制定对律师、公证机关为需要的老年人提供法律援助和法律服务的规定。三是公安部门发挥了重要作用。许多基层公安机关在老年人权益受到严重侵害特别是受到人身伤害和财产损害时,及时采取保护措施,惩戒肇事者,排除侵害。四是多数省份和部分地级市成立了老年法律援助中心、老年法律事务所,有的开设了老年法律服务热线,为老年人的维权活动提供了诸多便利。山东省司法厅和省老工委联合下发的《关于进一步做好老年人法律援助工作的意见》,对老年人法律援助的对象、范围、形式、资金保障机制等方面做出了具体规定,使各级都建立了老年人法律援助组织,部分市县在基层律师事务所设立了老年人权益法律维护岗。五是上海、南京等地的老工委设立了老年维权协调机构,或者将法院、公安部门吸收为老工委成员单位,对有关重大和倾向性的问题及时沟通,进行协调、研究和处理。六是基层群众自治组织(居委会、村委会),人民调解组织,以及老年群众组织(老年协会),承担了大量的调解和服务工作。

这些部门和组织,已经初步构成老年法律保障和法律服务的网络体系,大大增强了老年维权工作的力度。

四、社会敬老养老助老和维护老年人合法权益的自觉性明显增强。一是各地通过开展形式多样的领导讲法、竞赛学法、宣传用法、评选表彰敬老模范单位和个人等活动,在社会上树立了一批敬老、养老、助老的先进典型。二是中央和各地的报刊、广播电台、电视台纷纷开办老年专题栏目,深入持久地宣传老年法律法规和政策。三是司法行政部门将《老年人权益保障法》纳入了普法计划,在城乡基层进行宣传普及,有的地方纳入中小学教育内容。上海市各区县普遍开展了《老年人权益保障法》进厂、进村、进校、进户宣传的“四进”活动。内蒙古、新疆等少数民族地区用汉语和少数民族语言两种文字编印宣传辅导材料,供各民族群众学习。四是全国人大内务司法委员会会同部分涉老部门,自1997年起,分别对江苏、上海、福建、河南、内蒙古等省区市进行了执法检查,对湖南、重庆等省市进行了执法调研,为推动各地老年人权益保障工作发挥了积极作用。绝大部分省、自治区、直辖市都先后多次组织了由人大牵头,政府支持,司法、民政、劳动、老工委办公室等多部门参加的联合检查组,对《老年人权益保障法》的执行情况进行检查。

这些活动和安排,有力地促进了老年人权益保障法的广泛普及和贯彻落实,提高了全民敬老养老助老和维护老年人合法权益的自觉性。许多老年人拿着老年法说理,学会了运用法律维护自己的权益。

从近几年维护老年人合法权益的实践看,老年维权工作取得了令人瞩目的成绩,但是仍有一些问题和薄弱环节亟待解决和改善。这主要表现在:一些地方政府对老年人权益保障工作不够重视,贯彻执行《老年人权益保障法》缺乏应有的力度;基层的老龄工作机构和老年群众组织不健全,经费无保障,工作人员少,工作条件差,严重制约老年维权工作的正常开展;有些地方社会保障政策还有不到位、不落实、标准低的情况,特别是多数农村缺乏社会保障制度,老年人生活保障问题矛盾突出;大多数地方律师每年进行义务法律援助对象的数量极其有限,与老年人对法律援助的需求差距甚远;一些地方在侵犯老年人住房、人身、财产、婚姻等权利方面仍然很突出等等。

维护老年人合法权益,是保持社会稳定、促进经济和社会协调发展大局的重要举措,是加强社会主义精神文明和物质文明建设的重要内容。新时期的老年维权工作要以“三个代表”重要思想为指导,以《中共中央、国务院关于加强老龄工作的决定》为纲领,以《老年人权益保障法》为主线,以促进家庭和代际和谐、维护社会发展和稳定为宗旨,以实现“六个老有”为目标,积极推动老年人共享社会的发展成果。

第一,进一步完善老年人权益保障法律制度体系。建立和完善老年人权益保障法律制度体系,是保护老年人合法权益的基础工程。《老年人权益保障法》是根据全国情况制定的,有些规定较为原则。国务院有关部门、地方国家权力机关和人民政府,要以宪法、法律和行政法规为依据,结合本系统、本地区的具体情况,制定和完善有关老年人权益保障的法规、规章,使《老年人权益保障法》的精神具体化。

第二,建立健全老年维权工作体系和网络。老年维权工作是一个复杂的系统工程,需要整合可利用的社会资源,形成以有关职能部门为主体,各有关社会团体、企事业单位、有关中介组织和基层组织共同参与的社会化老年维权网络和工作机制,积极促进老年维权工作切实走上法制化、规范化的轨道。一是老工委要从老年维权工作的实际需要出发,成立由司法审判、公安和部分涉老职能部门组成的老年维权工作协调机构,形成老年维权协调联动机制。二是司法审判、公安等直接处理老年侵权案件的部门,要充分认识和高度重视老年人作为弱势群体的特点,督促基层机关依法做好老年维权工作。三是民政、组织、劳动和社会保障、人事、卫生等职能部门,要充分发挥老年维权的职能作用,切实保障维权任务的落实。四是有关群众团体、法律服务中介机构、企业事业单位、基层自治组织和老年群众组织,要经常保持与老年人的密切联系,关注老年人权益保障情况,积极做好调解纠纷、化解矛盾的思想道德教育工作,充分发挥在老年维权工作中的“消防”作用。五是各级人大担负着立法和对执法部门监督的职责,有关部门要经常向本级人大汇报工作,反映情况,请求人大加强老年立法,及时安排执法检查,切实发挥监督职能,从整体上推动老年维权工作。

第三,大力加强基层老年维权工作。一是加强对基层老年维权工作的研究和指导,建立健全基层老年维权的网络,总结推广基层老年维权工作的经验。二是切实发挥基层人民调解组织、法律服务组织和老年群众组织作用,组织好法律知识的学习和宣传,帮助老年人提高防范和自我保护能力,为老年人提供法律咨询等服务,尽量化解矛盾。三是大力倡导和宣传敬老养老的法律知识和传统美德,提高以青少年为主要对象的维护老年人权益的自觉性。四是继续组织好家庭赡养协议书签订工作,减少和避免赡养纠纷的发生,并进行有效监督。五是开展“敬老模范村”、“敬老模范社区”创建活动和“好家庭”、“好儿媳”等先进典型的评选表彰活动,树立学习榜样,大力倡导敬老养老文明之风。六是严厉打击严重侵权行为,公开审理,当众宣判,充分发挥警示作用。七是有条件的农村,要推动逐步建立最低生活保障、养老保险、新型合作医疗等社会保障制度,或者采取生活补贴、特困帮扶、社会救助等措施,实行家庭养老和社会保障相结合的方针。

第四,加大老年人权益保障工作的力度。一是对于侵犯老年人合法权益的行为,必须严肃处理,严厉打击。要根据情况,采取纪律处分、行政处理的办法;对于严重侵害老年人合法权益构成犯罪的,要绳之以法,决不姑息。二是涉及侵害老年人权益的案件,司法机关要采取优先立案、优先审判、优先执行的措施;司法行政部门要建立健全老年人法律援助制度,加强对老年人的法律服务。与此同时,对于侵犯老年人合法权益的典型案例,要在新闻媒体上公开曝光,形成强大的社会舆论压力,发挥法律的威慑作用。

第五,加强对新时期老年维权工作出现的新情况、新问题的调查研究,及时提出对策。一是继续关注农村税费改革对老年人的影响,包括对老年人经济和劳务负担的影响,对“五保”老人生活保障的影响。二是根据独居老年人越来越多的情况,加强对老年照料问题的研究,提高老年人的照料水平。三是随着社会经济条件的变化和全面建设小康社会的发展,老年优待范围要不断扩展,优待水平要不断提高。

(张同春)

【城镇社会养老保障制度】 从20世纪80年代开始养老保险制度改革,实行社会统筹与个人账户相结合的基本养老保险制度,基本养老保险费由企业和职工共同负担。2001年,全国有10802万名职工和3381万名离退休人员参加了基本养老保险。其中,企业参保职工为9198万人,离退休人员为3165万人。绝大多数离退休人员按时足额领到基本养老金,同时补发历年拖欠的养老金14亿元。基本养老保险费基本实现全额缴拨,全年基金征缴率达90%以上。城镇养老保险省级统筹调剂功能进一步增强,养老金社会化发放的目标基本实现。2001年底,全国各省、自治区、直辖市(除西藏外)均实行了养老保险省级统筹或建立了省级调剂金制度,年底由银行、邮局等机构发放企业(含企业化管理的事业单位)离退休人员养老金的人数达到3122万人,社会化发放率为97.8%,比上年底提高5.6个百分点。2002年,各地继续以确保养老金按时足额发放为重点,通过加强基金征收、积极争取各级财政增加投入等措施,基本保证了企业离退休人员养老金的按时足额发放,维护了社会稳定。据统计,2002年全国企业基本养老保险基金征缴收入达2110亿元,比2001年增收250多亿元,基金收缴率在93%左右。在全国基本实行了企业离退休人员养老金的社会化发放,发放人数达到3251.6万人,社会化发放率达99.4%。企业离退休人员养老金调整力度加大,离退休人员的基本生活明显改善。从2001年7月1日起,全国企业退休人员调整养老金,月人均增加40元。在此基础上,经国务院批准,从2002年7月1日起再次调整企业退休人员养老金,调整幅度按当地上年企业在岗职工平均工资增长率的50%掌握,同时采取普调和解决突出问题相结合的办法,向退休早、养老金偏低的老干部、老工人和军队转业干部等人员倾斜。实际执行结果是,普调月人均增加39.5元,特调月人均增加66元。为了确保离退休人员养老金按时足额发放,提高养老金待遇,各级政府继续增加对养老保险的投入,2002年仅中央财政就补助408亿元，比上年增加66亿元。一些困难地区、困难行业的基金缺口问题得到进一步解决。

（张同春）

【城镇老年医疗保障制度】 2001年度，全国349个地级以上统筹地区中，有339个统筹地区组织实施了基本医疗保险制度改革，登记参保人数达7630万人，比上年底增加3297万人，缴费人数7286万人，其中：在职职工5471万人，退休人员1815万人。2002年，除西藏的六个地市外，全国所有地级以上城市已经实施了基本医疗保险制度，参加基本医疗保险的人数（含离退休人员）达到9400万人，比上年增加1800万人。与此同时，针对不同人群的医疗需求，多数地区建立了大额医疗费用补助办法，半数左右的地区出台了公务员医疗补助办法，部分企业建立了补充医疗保险，一些地方还探索建立了社会医疗救助制度，使参保人员（含离退休人员）的基本医疗需求得到保障。中央财政拿出10亿元，补发了各地1999年底以前拖欠的离退休人员医疗费。北京、上海等地还采取措施解决或正在解决历史拖欠的职工医疗费问题。

（张同春）

【老年人社会救助工作】 按照党中央关于要做好扶贫解困工作，着力解决好老红军、老复员军人、伤残军人、烈属等重点优抚对象和劳动模范、先进工作者以及农村五保户的实际困难的指示，各地区、各部门按照政府救济和社会互助相结合的原则，进一步加强了对贫困老年人的救助力度，确保老年人的基本生活。

（1）在全国开展了城乡贫困老年人状况调查，推进城乡社会救助体系建设。为了配合目前正在全国建立的城乡最低生活保障制度，摸清城乡老年人贫困状况，2002年全国老工办在全国开展城乡贫困老年人状况调查。通过调查，对贫困老年人状况、分布、比例和救助重点有了进一步了解，掌握了第一手材料，对各地正在开展的城乡居民最低生活保障工作起到了很好的促进作用。据统计，2002年，全国城市有880万人贫困老年人被纳入最低生活保障制度，约占城市贫困人口的40%，各级政府共投入低保金44亿元，贫困老年人年人均领取保障金500元。农村也有150万人左右贫困老年人享受农村最低生活保障金。与此同时，在一些发达地区积极推进社会救助体系建设，重点总结推广与低保配套的医疗、教育、法律、住房救助等方面的做法和经验，逐步建立以低保为主体，临时救济为补充，医疗救助、住房救助和法律援助等相配套的社会救助体系。这无疑将对缓解贫困老年人各方面困难起到积极作用。

（2）农村“五保”供养工作得到落实。根据国务院五保供养条例规定，我国对无生活来源、无劳动能力、无法定赡养人和扶养人或者赡养人和扶养人确无赡养和扶养能力的农村老年人实行以保吃、保穿、保住、保医、保葬为内容的“五保”供养制度。2002年，各地在实施农村税费改革过程中，增加财政投入，千方百计保护农村“五保”供养对象的合法权益，确保“五保户”基本生活。2002年，我国农村集中收养“五保”老人的敬老院达3.5万家，床位数96.7张，收养五保老人68.9万人，实际人均年支出1996.5元。还对分散在家中由集体供养的186万户“五保户”提供经费和实物，人均年生活费930元。

（张同春）

【农村老年人家庭赡养工作】《中华人民共和国老年人权益保障法》规定：“老年人养老主要依靠家庭，家庭成员应当关心和照料老年人。”“赡养人应当履行对老年人经济上供养、生活上照料和精神上慰藉的义务，照顾老年人的特殊需要。”“赡养人之间可以就履行赡养义务签订协议，并征得老年人同意。居民委员会、村民委员会或者赡养人所在组织监督协议的履行”。为了做好这项工作，并使之规范化、制度化，2002年全国老工办下发《关于印发〈农村家庭赡养协议书（范本）〉的通知》。各地认真贯彻落实《通知》要求，积极开展工作，尤其对经济欠发达、家庭矛盾纠纷比较多、赡养责任不落实、涉老案件发生比较频繁的地区加大工作力度。截至2002年底，全国农村大部分地区老年人家庭签订了家庭赡养协议书。在赡养内容上更加全面,不仅包括老年人经济供养的内容,还包括生活照料、精神慰藉等方面的内容。在赡养标准上,各地从实际出发,根据家庭经济条件和赡养人的承受能力,确保老年人的生活不低于家庭成员的平均水平。同时,在签订协议书之前,各地还认真做好老年人和赡养人的思想工作,确保赡养协议书内容的全面落实。签订家庭赡养协议书工作的开展,进一步弘扬了中华民族敬老养老的传统美德,增强了家庭养老功能,是保障农村老年人晚年生活的重要举措,也是有中国特色的一项养老保障办法。

(张同春)

老龄科学研究

【老龄科学研究简况】 随着人口老龄化的发展和全社会对老龄工作认识的不断提高,老龄科学研究的地位也日显重要。许多从事社会科学研究的专家学者和老龄工作者加入了老龄学研究队伍,越来越多的有识之士已经认识到了发展老龄科学的重要性,中国老龄科学已经从单学科研究发展到多学科研究,由少数人研究发展到更多人参加研究,使得我国对老龄问题的研究开始形成多学科研究的格局。目前,中国老龄科学研究的力量除了中国老龄科研中心之外,相对集中在高等学校。许多重点大学设有人口研究所,许多学者开始把研究的“新热点”放在老龄科学上,他们是我国老龄科学研究和培训人才的重要力量。例如中国人民大学、北京大学、清华大学和中国社会科学院系统有不少学者专门从事老龄科学研究并已取得一定的成果。总的来说,中国老龄科学的发展已经具备了必要的条件,老龄科学的研究和普及在发展中国家是很突出的,老龄科学发展比较迅速,走出了一条有中国特色的道路。

2000年我国人口普查数据表明,60岁及以上人口占我国人口的比例为10.46%,比1990年提高了1.87个百分点,这表明在这十年里我国人口在进一步老龄化。老龄科学研究不仅仅要关注人口老龄化的速度和老年人数量等问题,还要研究人口老龄化与社会经济可持续发展的相互关系,社会各界感到越来越需要认识人口老龄化的过程和在这一过程中出现的各种老年人问题,以及由此带来的各种社会经济问题,促进社会经济的良性运行和长治久安。目前中国老龄科学研究的成果来自许多不同学科的专业研究人员、教师和理论队伍,是同广大从事老龄工作人员合作完成的。几乎所有的老龄科学研究课题都是由实际工作者根据实际需要而提出的,在这些科研活动中,老龄实际工作者也发挥着重要的作用。在老龄科学研究体制上,中国老龄科学研究中心和上海、浙江、北京等的老龄科研中心由全国老龄工作委员会和省市老工委领导;高等学校系统的研究由教育部领导。我国的这两个系统在老龄问题研究上的分工虽然有所不同,但一直保持着十分密切的合作,这是我国老龄科学取得成绩的一个重要条件。

我国人口老龄化晚于发达国家,同样,老龄科学的开展也晚于发达国家三四十年。因为老龄科学是一门新兴学科,发达国家也是在探索中前进,我国老龄科学起步虽晚,但也避免了许多发达国家走过的弯路,可以直接吸收许多已经形成共识的成果。从这个意义上说,我国老龄科学的发展具有后发的优势,我国老年人状况的复杂性为老龄研究提供了丰富的研究素材,因此我国老龄科学同样也有许多创新的理念和思维,中国的老龄科学研究也日益受到国际学术界的关注。在我国,老龄科学一直是在理论密切联系实际的过程中发展的,一直本着理论为实践服务的宗旨,研究的大多是应用型课题,在研究成果中提出对策建议的占了大多数,避免了照抄照搬西方老年学的概念和经验。但是,我国还需要更多的基础性研究和将实践经验升华为理论。

（张恺悌）

【老龄科学研究成果】 中国是世界上老年人最多的国家，又是老年人情况和老龄问题最复杂多变的国家，对中国老龄问题的研究首先就要搞清老年人的情况。在我国的老龄研究成果中，一些老年人调查在这方面做出了重要贡献。

2000 年 12 月，由中国老龄协会领导、中国老龄科研中心组织的《中国老年人状况一次性抽样调查》开始实施，调查设计上，将问卷调查、小组访谈和社区调查结合在一起。在该调查中收集了全国 20 个省市自治区 20255 个城乡老年人的个人问卷、家庭问卷和 160 个社区（市、县）层次的变量；按照 PPS 原则，随机抽取被访老年人家庭，入户后，按照 KISH 表，随机抽取被访老年人。在急剧变革的社会当中，老年人自身及其家庭，正面对着社会变革所带来的利益格局的变化。当前正在实施的一系列政策改革，如住房制度改革、医疗制度改革、社会保障制度改革等，都或多或少影响着老年人的生活状况。了解这些改革措施对老年人的生活质量的影响，以及老年群体享受社会经济发展成果的程度，应是我们制定和评估政策时所必须掌握的情况。利用本次调查数据，中国老龄科研中心在各方面专家的大力配合下，编辑了《中国城乡老年人口生活状况一次性抽样调查数据分析》一书。本书重点分析了我国老年人在消费和储蓄模式、社会保障、公共开支、医疗费用、卫生保健、社会工作、社区建设方面的现状和相应的问题。

与此同时，2002 年，国家科技部在中国老龄科研中心建立了我国第一个“中国老龄科研基础数据库”，为我国老龄科学研究进一步发展创造了良好条件。该数据库将包括 4 个子系统：①调查原始数据库，收集整理了在国内进行的主要涉老调查数据；②一次文献库，包含国内较全面的涉老方面的论文、专题研究报告、文章、报道等文献全文及题录，国际上重要文献的全文（文摘）及题录，图像资料等；③二次文献库，分类存储国内国际老龄问题重要文献文摘，方法论及模型、数据汇总表，数据分析表；④互联网查询系统，公开信息在线服务。老龄科学研究数据库支持多用户在线访问、调用，其设计原则：突出实用性、可靠性、实时性；重视先进性与经济性相结合。建成的老龄科学研究基础数据库，形成了较系统、完整的老龄科学研究指标体系；标准、规范、全面的涉及老龄问题研究的国内调查数据资料；老龄科学专业数字化图书馆及管理信息系统等成果。

《社会支持制度对老龄人口的作用和影响》是 2002 年中国老龄科研中心与澳大利亚新南威尔士大学社会政策研究中心的双边合作项目。本项目的研究重点计划主要包括以下四个方面：老年人口的社会收入和分配和老年人口中贫困的深度和广度。公共医疗在老年人口中的覆盖率、可得性和可负担性。对老年人口的非正式支持体系以及对老年人口社会支持的态度变化。本项目试图在 2000 年调查的基础上，利用 P22 项目的调查数据进行对比分析，考察中国老年人生活变化趋势。通过两国老年保障制度的对比，探索社会支持制度对老年人口的作用与影响。中国老龄科研中心与澳大利亚国际合作的老龄研究项目，这些研究既有助于认识中国老龄问题，同时也培养了老龄研究人才，推动了老龄科学的发展。此项目处在启动阶段，按照项目合同，将于 2004 年完成。

另外，1998 年北京大学人口所与中国老龄科研中心合作开展的《中国高龄老人健康长寿调查》，调查对象为 80 岁以上的高龄人群，实施难度很大，世界上也还没有如此大规模的高龄老人调查。2000 年他们又对 1998 年的调查对象进行了跟踪调查，调查结果已经出版了一本数据集并召开了一次学术研讨会，论文刊登在《中国人口科学》2000 年增刊上。在老龄科研领域的另一个非常值得关注的研究项目是，北京宣武医院北京老年病中心从 1992 年开始的对 3000 多位老年人的多维纵向调查，迄今已经历时 10 年，进行了五次调查。这项调查最初是联合国人口基金资助中国开展的项目之一，由国外专家担任顾问并指导调查设计。在调查过程中,针对老年人健康状况的问题不但进行问卷调查,同时还有专业医护人员进行现场测评。在这一调查的基础上,已经发表了大批研究报告和学术论文,极大地促进了我国老龄问题纵向研究和多学科综合研究的发展。2002年他们与国际人口理事会合作,正在对老年人健康状况进行深入的专项研究。

我国老龄科学事业发展的一个重要标志是老龄科学书籍的大量出版和传播。2000年以后,随着人口老龄化形势的发展和老龄研究的日益增多,老龄科学与科学普及出版物也逐年增加。在民政部的统一领导下出版了《跨世纪的中国民政事业 1982－2002·中国老龄事业卷》、《新世纪老龄工作实用全书》等,大量会议论文集和老龄文件汇编的出版,例如2002年出版的《提高老年生活质量对策研究报告》一书就是全国老龄工作委员会办公室在北京召开的“提高老年生活质量对策研讨会”的论文选,从会上收到的500余篇论文中筛选出来的,全书多达37万字。

中国老龄科研中心主编的《老龄问题研究》在宣传我国人口老龄化的趋势和介绍老龄科研成果方面,发表了一批较为系统的文章。在这些文章中,资料充实、分析科学、对策符合我国实际。并且在围绕着老有所养、老有所医、老有所教、老有所为、老有所学、老有所乐等方面,从理论到实践,发表了一系列文章,为决策部门提供了参考。同时,有计划地编制一些参考资料和统计数字,为读者提供方便。

我国人口老龄化形势与老龄科学知识的宣传主要是通过各种宣传媒体和科普丛书,随着老龄科学知识的传播,我国全民的人口老龄化意识在近年有了很大的提高。我国人口众多,健康老龄化、积极的老年生活方式、老年心理卫生和老年人合法权益保护等都需要宣传和倡导,对老龄科学研究也提出了更高的要求。

中国老年学学会作为团结、联系老年学专家、学者的学术团体,在从事和推动老年学研究方面也取得了很大成果。近几年,中国老年学学会加强了队伍建设,吸收了团体会员40多个,到2002年底,中国老年学学会团体会员达到98个。

学会还积极发展不同学科的专家,参加老年学学会,仅去年就增加了32名理事,壮大了队伍;在自然科学领域老年学研究很活跃老年医学委员会、衰老生物学委员会、骨质疏松委员会、医药保健康复委员会、中医研究委员会、平衡针灸委员会都分别开了多次学术会议,发表了一批论文,有的论文在理论上有所突破,被国际学术期刊选用;在社会科学领域老年学研究方面取得成果,组织开展了21世纪我国人口老龄化趋势研究、老年社会保障研究、人口老龄化政策研究、养老模式研究,为政府决策提供了政策咨询。老年教育进行了老年教育理论和规律的研究,探索了有中国特色教育路子,逐渐形成了老年教育体系。老年大学和学校得到了飞速发展,目前老年大学达到19800多所。为此,国际第三年龄大学协会2004年会将在中国上海召开。2002年元月,中国老年学学会在广西桂林召开了首次“全国提高老年人生活/生命质量研讨会”会议围绕老年人生活/生命质量综合研究;老年健康;老年医学与心理学;老年教育和老年人力资源开发,老龄政策实证研究等方面进行了广泛地研讨,收到了较好的效果。会议收到论文530余篇,会后,将其中80篇集结成册,已《走向积极的老龄化社会》出版发行。

2000年8月,中共中央、国务院《关于加强老龄工作的决定》指出,“在适当的时候普通高校可以设立老年老年学专业”,2001年7月国务院公布的《中国老龄事业发展“十五”计划纲要(2001－2005年)》又明确指出:“加强老龄问题基础理论和应用研究,密切注视人口老龄化发展趋势及其对社会经济的影响,关注老年人口状况,建立老龄事业统计指标体系,为科学规划和科学决策服务。加强对外交流与合作,借鉴国际经验,不断提高老龄科研水平。”党中央、国务院的原则精神极大地推动了我国老龄科学研究的发展。建立和发展老年学专业对繁荣我国的老龄科学研究和规范学科体系都是十分非常重要的,从长远看,这将促进我国实现健康老龄化、在人口老龄化的条件下保证社会经济良性运行、和谐的世代交替和文明继承,它对丰富老年人的精神文化生活、提高我国亿万老年人的生活质量都有重大的意义,也将扩大我国在国际学术界的交流与影响。

我国的老龄科学研究目前仍处于初步发展阶段,很多基础性研究还有待开展和加强,许多基本理论还有待研究,老龄科学的许多分支学科还有待建立。但是,我国现在已经具备了发展老龄科学的良好社会环境,已有一批致力于老龄科学事业的老中青学者,已经建立了对外交流的渠道。

我们应将人口老化问题提高到可持续发展的战略高度,从多角度审视人口老化问题。人口老龄化会对中国当前和未来的社会关系、经济发展、文化传统、价值观念、道德规范等各方面产生重大影响。如何引导积极的影响而减缓消极的影响?只有把这些问题研究清楚,让人们意识到人口老龄化问题不仅是老年人口问题,而是与每一个人都息息相关的问题时,人们才会关注和重视人口老龄化问题。我们要站在整个社会发展立场上来探索;要将老年问题与社会的生产关系和劳动生产率联合起来考察,而不能只从消费和分配的角度来研究。人口老龄化作为人口转变的一种必然结果也不例外,即终极原因和巨大动力也是社会经济的发展,同时又给社会经济发展以深刻的影响。客观评价人口老龄化对社会经济的影响,这对我们努力寻找消除人口老龄化的负面影响,实现社会经济的良性运行是至关重要的。老年群体在发展经济、稳定社会、传递文化等方面具有不可替代的重要作用。要充分发挥老年人口的潜在力量,把他们看做是社会财富而不能当作是社会的负担。不仅要研究人口老龄化到来的客观事实,还要积极地提出对策建议,促使人口老龄化与社会经济发展的良性运行。我国老龄科学的发展将会有助于提高未来4亿多中国老年人的生活质量,也必将对人类社会做出积极的贡献。

(张恺悌)

老龄工作机构

【全国老龄工作委员会】 为了加强对老龄工作的领导,1999年10月,党中央、国务院批准成立了全国老龄工作委员会,由中共中央政治局常委、国务院副总理李岚清任主任,国务委员司马义·艾买提为常务副主任,委员由中组部、中宣部、民政部、劳动保障部、国家计委、教育部、司法部、财政部、人事部、文化部、中直机关工委、国家机关工委、国家计生委、国家民委、全国妇联、建设部、卫生部、广电总局、体育总局、新闻出版总署、全国总工会、解放军总政治部、团中央、中国老龄协会等24个部门现任副部级领导同志组成,全国老龄工作委员会下设办公室。办公室设在民政部,具体工作由中国老龄协会承担。2000年8月,党中央、国务院下发了《关于加强老龄工作的决定》(中发〔2000〕13号),强调"理顺和健全老龄工作体制"。李岚清副总理在第三次和第四次全国老龄委全体会议上明确要求:"老龄工作机构在机构改革中只能加强,不能削弱。"各级党委和政府认真贯彻和落实中央"决定"精神和李岚清副总理的指示,抓紧理顺老龄工作体制,加强老龄工作机构。全国老龄工作委员会办公室也积极推动各地老龄工作机构的理顺和加强工作。经过三年的努力,全国老龄工作机构基本理顺,初步形成了从中央到地方的工作网络,为进一步做好老龄工作奠定了基础,提供了组织保障。截至2002年底,全国省一级老龄工作机构已全部理顺。据统计,88.78%的地(市)和65%的县(市)都成立了老龄委和老龄办,并已开展工作。

(张忆群)

【理顺地、县级老龄工作机构工作】 理顺地、县级老龄工作机构是保证基层老龄工作正常开展的重要举措。在理顺机构中,有的省市将老龄办列为

同级政府部门，规范了老龄办规格、编制，调整充实了人员，老龄工作机构得到进一步加强。如山东省和新疆昌吉州要求各级老龄工作委员会办公室在级别和规格上与同级政府部门一致；宁夏自治区明确规定：地(市)、县级老工办核定事业编制3-6名，老龄办隶属各级民政部门管理；辽宁省将地、县级老龄办在副县级或正科级的基础上提一级，并进行了独立的行政法人资格登记；云南省玉溪市目前已形成了市、县、乡、村、村民小组五级老龄工作网络。市、县、乡三级成立了老龄工作委员会，并围绕“六个老有”的工作目标，建立和实施了市对县、县对乡、乡对村三级老龄工作目标管理责任制，保证了老龄工作的健康发展。在此基础上，目前全国相当数量的乡镇也成立了老龄工作机构，许多城镇的街道、居委会和乡村建立了老龄基层组织，配备了热心老龄事业的专兼职干部从事基层老龄工作。广大农村建立了老年人协会，在调解家庭纠纷、签订赡养协议、推行计划生育、教育下一代、维护老年人合法权益等方面起了重要作用。

（张忆群）

综合性民政工作

民政教育与科技

【民政教育简况】 民政教育是以民政院校为依托，以民政特色专业建设为基础，以培养合格民政事业专业人才为目标的国民教育。

在国家对部属院校管理体制进行改革以前，民政系统共有16所大中专院校。其中，部直属院校5所。

1994年11月，民政部人事教育司在上海召开了民政系统中专、干校工作会议，研究探讨了民政教育办学方针和下一步发展思路。民政部提出了"立足民政，面向社会，多层次、多形式办学"，"院校自主管理、自我发展"等方针，并全面部署了实行民政院校领导体制和内部管理体制改革的措施、步骤，拉开了民政教育深化改革的序幕。1995年民政部人事教育司提出了转变管理职能，对直属民政院校实行宏观管理，以"管方向、管班子、管计划监督、管指导服务"为工作任务，明确了民政部教育主管部门与民政院校的职责分工，充分发挥了部机关和院校的积极性，提高了工作效率和办学效益。1996年10月，第一次全国民政系统教育工作会议明确提出了民政教育工作的基本思路："以有中国特色的社会工作教育为方向，以提高办学水平和层次为目的，深化教育体制和教学改革，搞好民政教育与民政工作实践的结合，加强队伍建设，改善办学条件，增强办学活力，全面提高教育质量和办学效益，为民政事业的发展培养合格人才。"指明了民政教育的发展方向和工作重点。2000年，根据国务院关于调整国务院部门所属学校管理体制和布局结构的统一部署，民政部积极、稳妥地组织推进了5所直属院校的管理体制改革。对长沙民政职业技术学院和重庆社会工作职业学院分别实行部省共建、"中央与地方共建，以地方为主"的管理体制；济南民政学校交山东省人民政府管理，并入济南大学，成立本科层次的民政学院；民政部管理干部学院、中国假肢矫形技术中等专业学校转制为非学历教育的培训机构。虽然院校管理体制发生了变化，但民政部对民政教育的指导力度并未减小，仍然一如既往地支持民政类院校建设。2001年10月，召开了第二次全国民政系统教育培训工作会议。会议对"九五"时期民政教育工作进行了系统的成果总结和广泛的经验交流，并提出了国家宏观教育体制改革后民政教育继续为民政事业发展服务的工作思路。

经过这些年努力，民政行业已初步形成了一个教育结构基本合理，民政特色专业突出，中等专业教育、高等职业教育、成人高等教育协调发展的教育体系，并取得了明显成就：

(1)深化了院校管理制度改革，逐步形成了主管部门宏观管理、学校自主办学的管理新机制，"管人与管事相结合"的领导班子建设体制，以教育目标责任制、全员聘任制、后勤服务社会化为主的运行新机制，有力地推动了民政教育工作改革发展进程，使民政部属院校改革走在了全国同类院校改革的前列。原国家教委、院校所在省、市教委均给予了肯定和推广，《中国教育报》、《中国青年报》、中央电视台等多家新闻媒体进行了报道。

(2)加强了社会工作、民政管理等民政特色专业建设，使学科内容基本覆盖了民政业务方方面面。其中，长沙民政职业技术学院的民政管理、社区服务等14个民政类专业被教育部确定为“国家管理专业点”，民政院校特色专业教育的社会影响力明显提高。

(3)教育投入大幅增长，院校基本建设逐步加强。据不完全统计，截至教育体制改革顺利完成的2000年，民政部对直属民政院校投入资金累计达5亿多元。各省、市、自治区民政部门对所属院校和干部教育培训中心也加大了资金投入。

(4)制订了《关于民政学(干)校教学管理办法》，并逐步建立了教学质量监控体系和教学评价制度，提高了教学质量。同时，针对学生数量大幅度增长的情况，各民政院校高度重视学生管理工作，实施素质教育，大力加强和改进学生德育工作，学生管理水平得到明显提高。

(5)民政院校办学层次实现突破，在校生规模普遍扩大，实现了民政教育工作目标。经过民政部和有关院校的努力，1999年和2001年教育部先后批准原长沙民政学校和重庆民政学校升格成为长沙民政职业技术学院和重庆社会工作职业学院，迈出了高等教育为民政事业服务的实质性步伐。这两所院校正采取联合办学、专升本等形式向本科层次发展，民政系统高层次人才培养基地逐步形成。在办学条件逐步改善的基础上，通过民政部人事教育司和各省市民政厅(局)的大力协调组织，民政院校的年招生人数也得到了长足发展。

(李红梅)

【民政行业职业教育教学指导委员会】 为发挥民政部门对民政类院校行业教育指导的优势，经报教育部批准，民政部1999年成立了民政行业职业教育教学指导委员会(简称“行指委”)，由民政部人事教育司司长罗平飞担任主任，各业务司局领导和民政院校的领导参加，办公室设在人事教育司教育科技处。

“行指委”主要承担民政行业人才需求调查、协调民政院校专业建设和指导民政院校教育教学改革等工作任务。“行指委”成立以来，充分发挥了对民政教育工作的指导作用，先后组织修订了民政学校专业目录，制订了部分专业教学改革方案，编制审定了社会工作、老年人服务等10门主干课程教学大纲，协助完成了民政部直属院校的招生、分配工作任务，协调建立了部分教学实习基地。

(李红梅)

【民政院校部省共建】 国务院部门所属学校管理体制改革后，长沙民政职业技术学院和重庆社会工作职业学院都下放到地方，归当地政府管理。2000年，民政部与湖南省人民政府签订了共建长沙民政职业技术学院协议，2002年民政部和重庆市人民政府签订了共建重庆社会工作职业学院协议，对这两所院校实行了部省共建、“中央与地方共建，以地方为主”的管理体制。按照共建协议要求，民政部与当地政府就共建院校的教育教学和今后发展等事宜进行了协商。

(李红梅)

【民政干部培训简况】 干部培训是对国家工作人员进行的以提高其思想道德素质、政策理论水平、业务工作能力、基本技能为目标的定向成人教育工作。

1994年第十次全国民政会议提出了“有计划地开展干部培训工作，提高民政干部的理论素质和业务素质，为民政事业改革发展培养更多人才”的战略要求。2000年民政部所属院校管理体制改革后，民政部管理干部学院、中国假肢矫形技术中等专业学校转制为非学历教育的培训机构。2001年10月民政部在长沙民政职业技术学院召开了第二次全国民政教育培训工作会议。会议总结交流了“九五”民政教育培训工作经验，研究制定了“十五”民政干部培训工作目标任务和措施办法，提出了“十五”期间民政干部培训工作的基本思路:“以提高思想政治素质为重点,用科学的理论武装干部,用现代科学文化知识和人类创造的优秀文明成果充实干部,用党的优良传统和作风教育干部,加强实践锻炼,提高创新能力,努力培养造就一支能够按照‘三个代表’要求,担当起21世纪民政事业发展重任的高素质干部职工队伍。”在会议推动下,多数省、市、自治区民政厅(局)高度重视教育培训工作,相继召开了干部教育培训工作会议,认真制订了本省、市、自治区民政干部教育培训规划,积极开展干部培训工作。民政干部培训规模显著扩大,培训质量有效提高。

2002年,财政部实行部门预算改革后,民政部积极申报了干部培训项目《2002年干部教育培养工程》,争取到培训经费300万元。

总体上,民政干部培训工作坚持为民政事业发展服务,为民政干部队伍建设服务的宗旨,紧密结合民政事业发展需要,以学历教育和干部培训为重点,以全面加强民政干部职工队伍建设为目标,坚持改革创新,做到有所作为,有力地保证和推动了民政工作的顺利开展。

(李红梅)

【民政干部培训制度建设】 为进一步搞好培训工作,在广泛调查研究和对民政事业发展的人才需求进行认真分析预测的基础上,根据党和国家的方针政策,民政部先后制订了《1990－1995年民政干部培训工作的若干意见》、《1996－2010年民政系统教育培训工作指导规划》、《1996－2001年民政部公务员教育培训规划》和《民政部2001－2005年培训工作规划思路》,明确了规划期内民政干部培训工作的指导思想、目标任务、措施办法,指导全国民政系统开展培训工作。

每年民政部都制订出切实可行的年度培训工作计划和工作方案,明确培训对象、培训内容、授课计划、培训时间地点和受训人数,保障培训规划落实,并为培训工作的规范化组织管理奠定基础。

为确保培训规划、计划的落实,民政部先后出台了《民政部〈国家公务员培训暂行规定〉实施办法》、《关于公务员计算机应用能力培训的意见》、《关于公务员业余攻读学历学位的意见》、《关于公务员下派锻炼的意见》、《民政部下派锻炼干部守则》、《关于培训经费使用的意见》、《民政部举办培训班管理办法》和《民政部公务员学法用法和依法行政培训实施方案》等制度规范。2002年,出台了《民政部党组关于进一步加强干部教育培养工作的意见》、《民政部公务员英语培训实施方案》、《民政部出国(境)留学人员管理办法》、《民政部短期出国(境)培训管理暂行办法》。这些规章制度的出台,规范了组织管理、质量监督、经费使用、激励机制和约束机制等干部培训工作的主要环节,实现了培训工作的经常化、规范化和制度化。

(李红梅)

【民政干部培训经费管理】 2002年以前,民政部每年的培训经费为25万元。2002年财政部实行部门预算改革后,民政部申报了2002年干部教育培养工程项目,争取到培训经费300万元。民政部对培训经费分门别类,实行严格管理。民政部直属机关干部培训费用由财政部批准的专项培训项目经费支付,按照培训计划和经费预算实行专款专用。民政部机关各司局参与组织、民政部培训中心承办的面向系统民政干部的培训班次,按照民政部直属机关干部培训经费标准,给予一定的经费补助(已有资助的除外)。直属事业单位和部管社团组织举办的培训班次,经费自理。与民政部培训中心实行项目结算,按实际开办的班次和所开展的工作划拨经费,不办事不拨款,并做到一事一拨,努力提高经费使用效益,并向政府购买服务方向发展。

(李红梅)

【民政干部培训教材建设】 民政干部教材是保障教育培训工作顺利开展的重要手段。在进行民政特色专业建设的同时,为配合专业教学和民政干部培训,民政部和民政院校积极组织民政特色专业教材的编辑出版工作。1996年民政部组织编写了“民政业务培训系列教材”,该套丛书是建国以来第一套依据不同民政业务分类编写、涵盖全部民政业务的教学、培训教材。此外,针对民政事业发展状况和社会形势的变化,各民政院校组织编写了80多部民政专业教材,如《民政理论与实务》、《民政行政法》、《民政行政管理》、《社区建设与管理实务》、《现代家政》、《民间组织管理》、《假肢矫形器制作》、《现代殡葬文化学》等。2002年,起草了民政干部培训教材建设方案,组织编写了《民政厅局长培训大纲》、《孺子牛》、《民政行政法》、《新编法学概论》等教材。

(李红梅)

【民政干部教育培训工作协调会】 2002年6月25-27日,民政部在江西井冈山召开了全国民政干部教育培训工作协调会议。会议的主要任务是学习贯彻第十一次全国民政会议精神,总结交流第二次全国民政干部教育培训工作会议召开以来的民政干部教育培训工作,并就开展向先进模范人物学习活动进行部署,对民政直属事业单位改革情况进行交流。各省、自治区、直辖市民政厅(局)人事教育处处长,民政院(学、干)校、培训中心负责人参加了会议。这次会议既是一个交流经验、部署任务的年度工作会议,又是一个人力资源开发管理的业务知识培训班。通过大会交流和座谈研讨,促进了培训中心与省(市)民政厅(局)之间、民政教育培训机构之间的分工协作,提高了民政教育培训资源利用效率,进一步提高了全系统对干部培训工作重要性的认识。

(李红梅)

【民政厅(局)长培训】 2002年民政部共举办了4期民政厅(局)长培训班。培训地点为民政部培训中心。

2002年1月12-16日,举办了“黑龙江省民政局长国家级培训班”。黑龙江省民政厅的6名厅长、18名业务处长、全省36个地(市)县民政局的86名局长、省民政干校的9名领导、教师以及省民政厅直属单位的15名领导等共136名学员参加了培训班的学习。

3月27日至4月1日举办了“吉林省民政局长国家级培训班”。吉林省民政厅领导及各地(市)民政局局长共100人参加了培训学习。

6月7日至13日,“山西省新时期民政工作厅(局)长高级研修班”在民政部培训中心举办。来自山西各地(市)县的民政局长共97人参加了培训。其中地(市)级民政局长12名,县级民政局长85名。

9月24-28日,举办了“山东省民政局长培训班”。山东省民政厅领导及各地(市)民政局局长共90多人参加了培训。

民政部部长多吉才让出席了每期培训班开学典礼并作了重要讲话。民政部有关司局领导和有关专家学者分别就民政工作在新时期的任务,低保、社区建设等业务工作,民政行政法制建设,现代科学技术革命等知识和WTO对政府及民政工作的影响和对策、加入WTO对民政工作的影响等方面的问题作了深入浅出和富有理论预见的讲授。

在4期培训班中,“山西省新时期民政工作厅(局)长高级研修班”是第十一次全国民政会议圆满结束后举办的第一个民政厅(局)长培训班。培训课程围绕第十一次全国民政会议精神的传达学习而设计,对会议所确定的今后一段时期民政工作的发展思路,进行了全面系统的分析和讲授。同时,“山西省新时期民政工作厅(局)长高级研修班”是民政部培训中心培训楼落成后,接待的第一个培训班。此期培训班学员对培训楼的硬件设施和服务水平给予了肯定。

通过培训,四省的民政厅(局)长学习了业务新知识,交流了工作经验,提高了业务工作能力、专业理论水平和开拓创新意识,必将有力地促进各地民政事业的发展。

(李红梅)

【民政部公务员更新知识轮训】 2002年10月14日至11月15日,民政部在民政管理干部学院举办了全部第一次大规模的公务员更新知识轮训。轮训共分5期,每期一周。此次更新知识培训的内容为项目管理和公共管理两门课程,分别介绍现代公共行政管理、公共政策、公共行政领导、加入WTO对中国政府机构职能转变的影响和项目目标设计、计划安排、质量控制、风险管理、评估审查等理论和实务。授课教师主要有清华大学吴之明教授和蔚林巍教授、中国项目管理研究会主任钱福培教授、中国农业大学刘永功教授、北京大学赵成根教授、国家行政学院汪玉凯教授、中国人民大学景跃进教授和杨健教授等专家学者。

本次轮训得到了民政部领导、各司局和民政管理干部学院的高度重视。为确保任务顺利完成，专门成立了以杨衍银副部长为组长的领导小组，下设办公室，并分设教学、接待、交通、活动4个工作组。各司局共派出221公务员参加了培训。民政管理干部在培训期间，学员认真听课，虚心求教，刻苦钻研，积极探讨，将所学的新观点、新理念、新方法同自己的工作实际紧密结合，以求创新工作机制，提高工作效率。

对全体学员问卷调查的统计结果表明，本次轮训得到了广大学员的认同。很多学员反映，这次轮训，一方面为公务员注入了公共管理和项目管理的理念，增加了新知识，增强了公务员适应新的工作要求的素质和能力，一方面也为大家提供了一个十分难得的交流工作经验、加深相互了解的机会。

（李红梅）

【民政部公务员初任培训】 根据《国家公务员管理暂行条例》及民政部的有关规定和要求，结合工作实际需要，2002年7月29日至8月3日，民政部对本年度录用的机关公务员和事业单位工作人员进行了初任培训。

参加此次培训的新录用人员共19名，均为普通高校应届毕业生。其中，部机关公务员11名，事业单位工作人员8人。

针对新录用人员的特点和需求，结合民政部工作实际，本着“理论联系实际、学用一致、按需施教、讲求实效”的原则，设计组织了此次培训。培训采取集中听讲、参观考察、交流座谈相结合的形式，主要内容有：人事教育司和各业务司局的领导讲授民政业务、机关工作基本技能、干部岗位成才教育等；人事教育司和各司局领导及几位优秀公务员介绍个人成长体会，交流工作心得；组织去天津实地参观塘沽区杭州道街道办事处、“星光”老年服务中心、天津市安宁医院和武清区光荣院，学习基层民政工作。

与以往初任培训相比较，这次培训的内容安排强化了民政业务知识介绍，加大干部岗位成才教育的力度，注重融理论于实际，增加参观考察地方民政工作的内容。

此次初任培训的时间虽然不长，但从新录用人员培训期间的反映和培训后的反馈情况来看，效果是明显的：首先，改变了对民政工作的误解，坚定了职业选择，增强了甘当“孺子牛”的信念。其次，在感性和理性上对机关工作和民政业务有了一定的认识和了解，初步掌握了一定的工作技能。第三，查找了自身的不足，明确了新的努力方向。第四，团队集体意识有了提高，机关工作协作配合能力增强。

（李红梅）

【民政部公务员基本技能培训】 为提高公务员办公自动化水平和对外交往能力，2002年民政部组织开展了全国公派出国培训人员英语资格考试(BFT)考前英语培训和计算机及网络应用培训。

为搞好英语培训，民政部人事教育司先后对中央国家机关开展英语培训工作情况和部机关公务员英语培训需求进行了调查，形成了调查报告。2002年6月中旬至7月上旬在民政部机关举办了BFT考前培训。培训时间为每周二、四晚上。培训班的学员为报考2002年7月份BFT考试的53名部直属机关干部。部分希望提高自身英语水平、准备报考2003年BFT考试的公务员也参加了培训。整个培训由北京师范大学公共外语学院副院长王焱华教授授课。培训内容严格按照BFT考试大纲的要求，针对初级、中高级BFT考试的笔试、听力和口译三部分内容，结合学员的实际情况和要求，重点辅导英语听力和口语。采用了英语交谈、角色扮演、范例教学、重点难点讲解、模拟练习等多种教学方法。通过认真、细致和有针对性的辅导，学员们普遍感到英语水平在短时间内有明显提高。民政部机关18名公务员顺利通过BFT考试。

6月3－6日举办了2期计

算机及网络应用培训班，民政部机关33名公务员参加了培训。民政部信息中心工作人员为大家讲授了计算机网络基础、因特网和因特网的使用、网络安全和病毒防护常识、民政广域网简介、广域网和民政部机关局域网资源介绍等知识。通过4天培训，公务员掌握了网络的基本使用方法，增强了安全和病毒防护意识，提高了处理计算机及网络使用中常见问题的能力，方便了大家的工作。

（李红梅）

【上级调训】 2002年，民政部共有25名领导干部参加了上级调训。其中包括：

2名部级干部：副部长杨衍银参加了国家行政学院部级干部英语培训班（3月11日至7月3日）；纪检组长张印忠参加了国家行政学院省部级干部依法行政专题研究班（9月3日至9月13日）。

3名司局级干部：1人参加了中央党校进修二班（3月1日至7月12日），1人参加了国家行政学院司局级干部依法行政专题研究班（9月3日至9月13日），1人参加了中央党校中央国家机关分校司局级班（3月28日至7月12日）。

20名处级干部：1人参加了组织部门干部管理综合业务培训班（3月4日至3月30日）；7人参加了中央党校中央国家机关分校春季班（3月28日至7月12日），12人参加了中央党校国家机关分校秋季班（10月8日至2003年1月17日）。参加培训的学员系统地学习了马克思主义基本问题、毛泽东思想基本问题、邓小平理论基本问题，了解了当代世界经济、当代世界科技、当代世界法制、当代世界军事和中国国防、当代世界思潮，进行了党的建设与依法行政、战略思维与重大现实问题研讨。

（李红梅）

【民政专项业务培训】 民政专项业务培训主要是围绕民政事业改革发展的新业务、新领域，面向民政系统举办的业务示范培训，旨在总结、交流、推广先进工作经验，推动民政业务整体水平提高。

2002年，民政部机关各司局、直属事业单位和部管社团面向民政系统举办了优抚安置管理信息系统软件培训班，民政系统师资培训班，社区建设业务培训班，最低生活保障业务培训班，四川、重庆纪检监察干部培训班，城市民政工作局长培训班，农村民政工作局长培训班，低保工作民政局长培训班，纪检监察干部业务培训班，信息员、值班员业务培训班，普法教育培训班，社团登记管理培训班，优抚安置业务培训班，减灾业务培训班，最低生活保障制度培训班，救灾储备物资管理培训班，基层救灾物资管理培训班，社区建设骨干培训班，村级事务管理培训班，婚姻法与婚姻登记条例培训班等24个业务培训班，共培训学员4000多人次。培训人员主要为各项业务的负责同志和业务骨干。

举办一系列有针对性的培训班次，在很大程度上，提高了参训人员的思想政治素质、专业理论水平和基本工作技能。尤为重要的是，开阔了参训的经济欠发达地区民政干部的眼界，培养了开拓创新意识。

（黄胜伟）

【民政科技工作简况】 民政科技工作是指由各级民政部门组织开展的科学研究和技术开发工作。它有广义和狭义两种定义。从广义上说，民政科技工作包括各级民政部门及其所属企事业单位从事的所有科学研究和技术开发工作。从狭义上说，民政科技工作专指为民政工作所需、能直接有效地为民政事业发展服务的科学研究和技术开发工作。从这方面来讲，民政科技工作必须与民政业务紧密相关，与民政工作没有直接关系的科技工作，不包括在民政科技工作范畴内。

从范围看，民政科技工作主要包括：民政行业自然科学研究、特殊行业技术开发、民政标准化工作、民政理论研究、民政部属科研机构改革与管理指导、专业技术职务管理和职业资格证书制度建设。从具体内容看，主要包括组织科研课题、科学技术奖励申报、组织科研成果的评审与鉴定，科研成果登记管理、职称评聘等等。

1986年3月22日民政部在人事教育局科技干部处基础上，成立了科学技术处。1993

年机构改革后,科技管理的职能转移到了计划财务司科学技术办公室。1998 年机构改革后,科学技术办公室与教育处合并,成立了教育科技处,科技管理职能又调整到人事教育司。

民政部专门从事民政科技研究的直属事业单位有 4 个:社会福利和社会进步研究所、假肢科学研究所、101 研究所、地名研究所;标准化技术委员会有两个:全国残疾人康复与专用设备标准化专业技术委员会、全国地名标准化专业技术委员会。此外,还有国家假肢产品质量监督检验中心、民政部地名标志检测委员会、民政部环境监测中心站、民政部康复医学研究会等专业研究机构和一个民政部代管专门从事老年人工作研究的机构,即中国老龄科学研究中心。

民政科技工作经历了一个由粗放型向集约型发展的过程。1997 年以前,国家对科技三项费用实行切块管理。国家每年划拨给民政部一定数额的科技三项费用。民政部利用这笔经费积极支持部机关、直属单位和地方民政部门及其直属企事业单位的科研和技术开发工作,开展了科研立项、科技成果鉴定、部级科技奖励评审与表彰等工作。1997 年 2 月,召开了建部以来第一次全国民政科技工作会议,对"八五"期间民政科技工作情况进行了总结,提出了"九五"期间民政科技工作的指导思想、发展目标和关于加快民政科技进步的意见。在这个阶段,以项目支持和设立实施民政部科技进步奖为主线,带动了民政人员从事的各行业、各领域科技工作的全面铺开,科技成果数量上升,产业化步伐加快,效益明显提高。1998 年后,国家计委、财政部对部门科技三项费用管理方式进行了改革,由切块管理改为项目管理。1999 年,科技部对科学技术奖励办法也进行了改革:除国防科学技术工业委员会、公安部、国家安全部外,其他各部委不再设立科学技术奖。民政部以此为契机,重新确定了民政科技工作的指导思想:要紧紧围绕民政中心、重点工作,直接有效地为民政事业发展服务。对科技发展战略作了重大调整,重点工作发生了重大转移:将民政科技管理工作转移到重点抓民政行业所特需,具有民政特色的科技工作。在这个阶段,民政科技工作范围相对集中,逐步向"高、精、尖"方向发展,民政假肢、殡葬等特色科技产业化进程进一步推进,对各项民政工作的影响进一步加大。

截至 2002 年年底,通过各级民政部门和直属单位的努力,民政科技工作取得了长足进展。主要有以下几方面:

1.转变了发展思路,加强了对科技工作的宏观管理。调整后的民政部教育科技处,确立了"有所为,有所不为,在总体跟进的基础上重点突破"的民政科技工作发展战略,在发展思路上实现了"三个转变":(1)转变不分职责,是科技就抓的观念,集中精力,只抓民政职责范围内、直接为民政事业发展服务的科技工作;(2)转变不分重点、平均用力的观念,重点支持民政特殊行业技术开发、民政重大理论研究和民政标准化工作;(3)转变不分层次、过多包揽科技具体事务的观念,把民政部科技工作职能转变到制定方针政策、规划、规范和协调服务上来。

2.加强了科研基地建设,改善了科研工作条件。1998 年,民政部将民政管理干部学院、中国假肢矫形技术中等专业学校、假肢科学研究所和 101 研究所合并,加强了两个研究所的场地、设备等建设,促进了产、学、研的结合。2000 年,国家假肢质量监督检验中心、民政部地名标志产品质量监督检测中心分别购买引进了具有国际水平的检测设备。同时,民政部对研究所的科研体制和运行机制改革进行了积极尝试:改进科技管理制度,实行课题负责制;改革用人制度,推行聘用制,实行岗位管理。通过这些措施,调动了科研人员的积极性,进一步发挥了部属研究所作为民政科技发展中心的作用,带动了整个民政行业研究机构的改革与发展。

3.加大了科技投入,科研成果显著。1998 年,国家对科技三项费用由切块管理改为按项目划拨后,民政部积极组织项目申报,争取国家科研经费,5 年来共争取到科研项目经费、科研设备专项经费、标准制修订补助费 2154 万元。其中,

2002年争取到科研经费174万元。截至2002年,民政部有36项科技成果获得省、自治区和直辖市及其他部委各类政府奖;还有不少研究成果获得国家专利和国家重点新产品证书。同时,民政部有《中国地名信息系统研究》等15个项目列入国家级科研课题,分别属于国家计委高技术项目、科技部科技基础性工作专项、社会公益研究专项项目和软科学研究项目。通过这些项目的研究开发,大大提高了民政部的科研技术水平。

(黄胜伟)

【民政理论研究】 民政理论研究工作包括对民政工作战略性研究(如新时期民政工作的内涵、外延、性质、任务及改革发展研究等)、横向研究(如民政工作与经济建设、政治建设、精神文明建设、社会发展等)、业务工作重点研究等,对民政工作科学决策起着重大作用。从管理方式上看,民政部民政理论研究工作可分两大块:一是组织申报国家有关民政理论研究课题,争取国家经费支持;二是自行组织、发动系统及社会力量加强民政理论研究。

截至2002年年底,民政部民政理论研究取得了如下成绩:

1.争取了一批国家级研究课题,提高了民政理论研究在国家软科学研究中的地位。几年来,民政部共完成了《中国贫困线界定之研究》、《中国城市社会救助制度改革》、《社区康复发展模式研究》、《民政事业社会化》、《中国社区建设模式研究》等32个国家软科学研究计划项目和部级重点理论研究课题。

2.部党组高度重视,出台了一系列政策,加强了对民政理论研究的管理。2000年以来,部党组进一步加大了民政理论研究工作力度。一是建立了民政理论研究经常化制度,出台了《关于充分利用民政系统及社会科研力量加强民政理论研究的实施方案》,对每年计划的申报、成果评审都作了相应规定,并从历年结余的科技三项费用中列支民政理论研究专项经费;二是创新了民政理论研究模式,实行重大民政理论研究课题面向社会公开招标制度和课题负责制;三是利用全系统和社会科研力量共同推进民政理论研究,发展壮大民政理论研究队伍;四是多种类、多层次开展民政理论研究,逐步提高民政系统公务员和专业技术人员的理论研究水平。

3.首批民政理论研究进展良好。根据《关于充分利用民政系统及社会科研力量加强民政理论研究的实施方案》要求,2001年9月民政部发布了《关于征集2001－2002年度民政理论研究课题的通知》,在此基础上编制了《首批民政理论研究课题指南》,向社会公布了6个重大理论研究招标课题,52个自选课题。截至2002年4月底,有53家投标单位进行了投标,共收到157套自选、自拟课题备案表。同年6月,民政部组织了首批民政理论研究招标课题评审会,对53家投标单位进行了公平、公开、严格、择优的评审,最后,每个招标课题确立了1个研究单位。这些研究课题涉及民政工作基础理论、社会救助和社会福利、基层民主政治建设、社区建设、服务军队和国防建设、最低生活保障、专项社会事务管理等民政工作领域。通过这些课题的立项研究,有力推动了我国民政工作的理论创新,开拓了民政工作的新模式、新路径、新方法,为搞好宏观决策,制定各项社会事务管理的政策、法规提供了理论依据,实现了决策的科学化。

(黄胜伟)

【民政标准化工作】 “标准化”,是指在经济、技术、科学及管理等社会实践中,对重复性事物和概念制定统一规定,以获得最佳秩序和社会效益的过程。根据标准的性质可分为强制性标准和推荐性标准;根据标准的执行范围可分为国家标准、行业标准、地方标准和企业标准。标准化工作既是实现政府职能转变的重要手段,也是我国应对加入WTO后面临的挑战的一条重要途径。

民政标准工作涉及假肢、殡葬、地名、救灾、社会福利、婚姻登记管理、社区服务、优抚安置、社会团体管理等领域,包括产品、技术、管理、服务等多种标准。民政标准化工作不仅有利于维护和保障民政工作对象的健康与安全,促进技术进步,保证产品质量,提高经济效益,而且在一定程度上有利于保护民政类幼稚产业、薄弱产业的发展。

民政部专门从事标准化工作的机构有:全国残疾人康复与专用设备标准化技术委员会和全国地名标准化技术委员会。全国残疾人康复与专用设备标准化技术委员会成立于1989年,工作范围包括有关残疾人的评定、康复、专用设施、设备、器具等国家标准、行业标准的制订、修订。全国地名标准化技术委员会成立于1997年,主要承担地名标准化工作。

近年来,民政部对标准化工作越来越重视,在标准的数量、质量、标准化技术委员会建设、国际交流方面均有不同程度的进展。

1.加强了对标准化工作的管理。2002年民政部部长办公会研究通过了《民政部标准化工作管理暂行办法》,明确了民政行业标准制定的范围、标准化工作管理机构的职责分工,加强了标准计划项目编制、标准制订修订及标准审批、发布、复审、奖励的程序。该《办法》的出台,为民政部标准化工作的管理提供了科学、合理的政策指导。

2.标准数量增加。截至2002年年底,民政部共制定了《盲人手杖》等43项国家标准、《老年人社会福利机构基本规范》等14项行业标准。同时,还有《社会福利机构等级规范》等14项国家标准、8项行业标准正在制修订中。这些标准涉及民政工作各领域。它们的出台,有力地促进了民政工作的规范化,保障了民政工作对象的健康与安全,推动了技术进步。

3.标准质量提高。组织开展了对WTO/TBT规则的研究,按照世界贸易组织有关规则的要求对现行标准进行了清理。在标准的制修订中,严格了标准制定程序,加强了对国际标准和发达国家标准的研究,强调了对国际标准的采标率,确保了标准编写质量的提高,有利于今后我国民政类标准的国际化。

4.标准化技术委员会建设不断加强。自全国残疾人康复及专用设备标准化技术委员会和全国地名标准化技术委员会成立以来,民政部十分注重标委会力量的充实与提高。2002年,民政部两个专业标准化技术委员会进行了人员调整,引进了一些专业知识功底扎实、技术水平高、工作能力强的专家,积极发挥他们在专业技术标准制修订、审查和宣传、咨询方面的作用,鼓励其承担国际对口的专业标准化组织的业务工作,参与国际标准化工作实践。

5.标准化工作的国际交流更加频繁。近年来,民政部与国际标准化组织ISO、IEC建立了密切的联系。1998年,民政部与国家质量技术监督局共同承办了ISO/TC173第七次国际年会。这是ISO/TC173首次在我国召开的会议,扩大了民政部标准化工作的国内、国际影响。同时,还积极进行与国际ISO组织及其中国秘书处CS-BTS的电子对接,并参与了国际标准投票表决等工作。

总之,标准的制定与宣传贯彻以及标准化工作领域的逐步拓宽,保证了民政类产品和服务的质量,保护了假肢、殡葬等产业和服务业的发展。

(黄胜伟)

【民政部职称管理】 专业技术职务是根据实际工作需要设置的有明确职责、任职条件和任期,并需要具备专门的业务知识和技术水平才能担任的工作岗位。

1986年,民政部批准组建了部职称改革工作领导小组,建立了高校教师、工程技术、经济、卫生技术、新闻、出版、按摩等7个系列的高级职称评审委员会。1993年后,民政部高级职称评审委员会停止工作。1994年和1997年,根据部领导分工和机构变动情况,民政部对部职称改革工作领导小组先后进行了两次调整。1995年,经人事部备案同意,民政部职称改革工作领导小组批准中国福利企业华东公司成立了高级工程技术职务任职资格评审委员会。1994年后,民政部职称改革工作领导小组批准中国假肢矫形技术中等专业学校、信息中心、假肢科学研究所、中国福利企业华东公司、机关服务局、档案资料馆、地名研究所等单位成立了职称改革工作领导小组;批准中国老年报社成立了职称改革工作领导小组和新闻专业中级技术职务任职资格评审委员会。同时,部直属事业单位多数成立了职称改革工作领导小组,一些专业性较强的事业单位成立了初、中级专业技术职务任职资格评审委员会。

截至 2002 年年底,民政部职称管理主要做了以下工作:

1.加强了专业技术职务评聘管理机构建设。2002 年 2 月,对部职称改革工作领导小组成员进行了第三次调整,加强了职称工作的领导和管理。同时,指导了各直属单位成立职称改革领导小组和专业技术职务任职资格评审委员会的工作,并及时根据成员变化情况,分别对有关职称改革领导小组和专业技术职务评审委员会成员进行了调整。

2.进行了民政部高级职称评审委员会的恢复组建工作,对社会工作者职业资格证书制度建设进行了探索。为满足民政系统事业单位专业技术人员的需求,调动民政部广大专业技术人员的积极性,2002 年民政部职称改革领导小组开展了一系列摸底论证调查,对恢复组建高级职称评审委员会的可行性、必要性及工作难点等进行了研究,向民政部领导提交了工作方案。

3.严格专业技术职务评聘。制定了《民政部直属企事业单位专业技术职务评聘工作暂行办法》、《民政部直属事业单位行政正职专业技术职务聘任程序规定》等文件,对专业技术职务评聘的原则、要求、条件等进行了规范。严格执行国家关于职称评审中外语考试和计算机考试的要求,改革创新了对专业技术人员的聘任、考核评价、激励监督、继续教育等管理制度。

(黄胜伟)

【民政行业职(执)业资格证书制度建设】 专业技术人员职业资格是对从事某一职业所必备的学识、技术和能力的基本要求,职业资格包括从业资格和执业资格。职业资格证书是证书持有人专业水平能力的证明,可作为求职、就业的凭证和从事特定专业的法定注册凭证。我国对职业资格实行证书管理制度。

建立和健全民政行业职业资格证书制度,是近几年来民政部专业技术人员管理的主要工作任务之一。1997 年,经人事部批准,民政部建立了假肢与矫形器制作师执业资格证书制度,提高了从业人员的专业技术水平,促进了假肢与矫形器行业的发展。

同时,在社会工作者职业资格证书制度建设方面作出了很大努力。建立健全了假肢、殡葬、老年护理员等民政特殊行业持证上岗制度。与人事部专业技术人员管理司就民政部社会工作者职业资格证书制度事宜进行多次沟通。在北京、上海等地先后开展了社区工作者持证上岗制度的试点工作,作出了有益探索,取得了一定经验。制订了《老年人福利机构基本规范》、《儿童福利机构基本规范》和《残疾人福利机构基本规范》3 项强制性行业标准,为逐步实现全行业统一的社会工作者职业证书制度迈出了可喜步伐。

(黄胜伟)

民政法制建设

【民政立法】 民政立法是指依照《中华人民共和国宪法》和《中华人民共和国立法法》的规定,民政部根据法律和国务院的行政法规、决定、命令,在法定权限范围内,制定规章。此外,民政部的立法工作,还包括根据全国人大常委会、国务院的委托和安排,起草法律草案和行政法规草案。

为了提高立法质量,保证制定的民政法规及其他规范性文件具有法律上的衔接性、规范性和实施过程中的针对性、可操作性,1999 年民政部制定了《民政部立法工作程序规定》。该规定规范了民政法规起草、审查单位之间的协作关系,从形式和内容两个方面对法规草案起草的要求作出了规定,还对法规的备案、翻译、汇编、发布日期界限作了规范。

根据《民政部立法工作程序规定》的规定，民政部立法工作程序包括立项、起草、审定上报、公布和解释。

为了加强立法工作的计划性，各级民政部门紧紧围绕民政工作改革的重点、难点和民政事业的发展方向，在对民政法规进行整体研究的基础上，初步形成了21世纪初期民政立法工作的整体框架。在贯彻《中华人民共和国行政处罚法》、《中华人民共和国行政复议法》的过程中，民政部先后两次对所实施的民政法规及有关规范性文件进行清理，制定了立项、修订、补充和废止的五年规划和年度计划。

为了加强对民政法律法规体系的整体研究，根据形势变化和民政事业发展的需要，统筹安排，突出重点，民政部编制了五年立法规划(2000-2004)，内容包括结社法、赈灾法、社会救济法、城市街道办事处组织条例(修订)、城市居民委员会组织法(修订)、乡镇人民政府组织法、婚姻法(修订)等7部法律项目；在华外国民间非营利组织登记管理条例、基金会管理办法(修订)、军人抚恤优待条例(修订)、军队退休干部安置条例、革命烈士褒扬条例(修订)、退出现役士兵安置条例、农村村民救济条例、社会福利性募捐管理条例、婚姻登记管理条例(修订)、中国公民同外国人办理婚姻登记的几项规定(修订)、行政区划管理条例、行政区域界线管理条例、地名管理条例(修订)、城市流浪乞讨人员管理的有关条例、彩票管理条例等15部行政法规项目。

为了保证5年立法规划的实施，在年度内分轻重缓急，科学、合理地安排立法工作，民政部每年编制年度立法计划。民政部2002年度立法工作安排如下：(1)拟在计划年度内按程序提请民政部部务会议审议的法律、法规草案和规章10件：城市居民委员会组织法、社会团体登记管理条例、民办非企业单位登记管理暂行条例、外国民间组织驻华代表机构登记管理条例、退役士兵安置条例、国务院关于行政区划管理的规定、殡葬管理条例、全国城镇建筑物名称管理办法、流浪儿童救助保护机构管理办法、公墓管理办法。(2)抓紧调研论证，条件成熟适时提请审议的法规草案和规章3件：灾民救助条例、假肢管理办法、社会力量举办社会福利机构资助办法。

近几年来，改革开放的深入进行，给民政工作带来了难得的发展机遇，但民政工作在发展中也遇到一些新情况，面临新挑战，许多问题集中在立法上，例如，旧的计划经济体制下的退役士兵安置保障的办法已不符合现在的形势要求，社会福利的法规建设亟待加强，救灾和社会捐助工作需要加快立法，婚姻、殡葬、收养工作必须面对新形势加以改进和发展。立法工作必须有目的地进行调研，才能准确反映现实，科学合理地调整现实社会关系。

2002年民政部配合国务院法制办公室对《基金会管理条例》、《军人抚恤优待条例》和《婚姻登记管理条例》中的一些具体规定作了进一步调研论证，促进了这3个条例的出台进度；组织了《灾民救助条例》的立法调研，推动了条例的草拟过程。此外，为了学习国外相关做法，更好地做好民政法制工作，推进民政事业的改革与发展，民政部法制办公室还于2002年7月组织民政系统的部分法制工作者对南非的法律制度、南非政府的法制工作以及南非相关部门加强法制工作的相关做法进行了考察。

多年来，民政立法工作紧紧围绕民政部的中心和重点工作，抓住重点，突破难点，统筹兼顾，取得了重大进展。尤其是1998年以来，立法工作驶入了快车道，取得了显著成绩，初步形成法律、行政法规、规章系统配套，上下一致的法规框架，初步形成了立、改、废相结合，同步并举的新型立法方式，为今后民政事业的发展奠定了坚实的法制基础。

1998年以来，民政部报全国人大常委会出台的法律2件，报国务院出台的行政法规6件，发布部门规章16件，制定其他规范性文件及应用法律、法规的行政解释上百件。2002年国务院出台民政行政法规一件——《行政区域界线管理条例》；民政部报国务院审议行政法规草案4件——《军人抚恤优待条例(草案)》、《婚姻登记条例(草案)》、《社会团体登记管理条例(修订草案)》、《民办事业单位登记管理暂行条例(草案)》。

民政立法步伐的加快,使民政工作领域的各项社会事务逐步做到了有法可依,依法办事,填补了民政工作的法规空白,使广大民政干部能及时适应民政工作规范化和法制化的要求,自觉地依法行政。

(杨光伟)

【民政行政复议】 民政行政复议是指公民、法人和其他组织不服民政部门所作出的具体行政行为向民政部门或其上一级民政部门提出申诉,受理申诉的民政部门对其作出裁决的活动。

国家行政机关在行使权力的时候,必须对行政权力给服从者即公民、法人或其他组织的合法权利造成影响甚至损害予以补救。我国1999年颁布实施的《中华人民共和国行政复议法》,是一部专门为行政相对人提供救济的法律,对于防止行政侵权行为,保障公民、法人和其他组织的合法权利具有非常重要的意义,是依法行政的最有力保障。

民政行政复议和应诉,是衡量民政工作和民政法制建设工作做得好坏的重要标志之一。1994年第十次全国民政会议以来,民政部门逐渐建立和完善了行政复议、应诉工作制度。结合《中华人民共和国行政复议法》的贯彻实施,民政部门认真做好行政复议的受理、审查工作,进一步在民政系统内健全了行政复议制度。1998年,民政部制定了《民政部行政复议与应诉办法》,建立健全了行政复议制度,许多民政部门也都建立健全了行政复议制度。仅2002年,民政部就受理复议案件3件,有效地监督了下级民政部门的行政执法,维护了民政工作对象的合法权益,维护了民政部门的声誉和形象。

由于各种原因,目前民政行政复议工作还不尽如人意,民政部门法制工作机构有待加强,民政干部素质有待进一步提高,对《中华人民共和国行政复议法》、《中华人民共和国行政诉讼法》和《中华人民共和国行政处罚法》的理解和把握有待进一步加深,全系统特别是执法人员的法律意识还需要进一步增强,执法程序亟待规范。

(韩开创)

【民政行政审批制度改革】 行政审批作为行政机关依法对社会、经济事务实行事前监督管理的一种重要手段,是不可缺少的,也起到了重要作用。随着社会主义市场经济的不断发展和各项改革的不断深入,现行审批制度的弊端日益明显。主要表现在,一是审批事项过多过滥,审批环节多、时间长。二是审批行为不规范,自由裁量权过大,办事不透明,甚至把国家权力部门化,部门权力个人化,以此牟取私利。2000年,江泽民同志在中央纪委第五次全会上强调,改革行政审批制度势在必行。朱镕基总理也多次就这项工作作出重要批示和讲话。党的十五届六中全会明确提出,要改革行政审批制度,规范行政审批行为,建立结构合理、配置科学、程序严密、制约有效的权力运行机制,保证权力沿着制度化和法制化的轨道运行。党的十六大也明确提出,完善政府的经济调节、市场监管、社会管理和公共服务的职能,减少和规范行政审批。

2001年9月,国务院决定成立国务院行政审批制度改革工作领导小组,组长由国务院副总理李岚清担任,副组长由国务委员兼国务院秘书长王忠禹等担任。随后这项工作在全国范围内有序地展开。2001年10月,民政部成立了民政部行政审批制度改革工作领导小组,由李学举副部长任组长,纪检组长张印忠和办公厅主任陈杰昌任副组长,加强了对行政审批制度改革工作的领导。

民政部行政审批制度改革工作领导小组成立后,加强了对行政审批制度改革工作的领导;多次组织学习国务院行政审批制度改革工作的精神,增强了对开展行政审批制度改革工作重要性的认识,提高了开展行政审批制度改革工作的技能;制定了民政部行政审批制度改革方案,确定了民政部行政审批制度改革工作的任务、实施步骤、要求和措施等。

在首先进行的行政审批项目的清理工作中,民政部行政审批制度改革工作领导小组与民政部各业务司局一起,经过调查摸底和研究分析,全面清理了民政部负责的行政审批项目,逐项研究并提出了取消、保留、下放或转入市场机制运作的初步处理意见。经民政部部务会议通过后,于2002年1月25日向国务院行政审批制度改革工作领导小组报送了《民政部关于报送行政审批清理工作情况的函》。这次共清理出由民政法律、法规、规章及文件设定的行政审批项目424项,并按要求进行了分类。对于424项审批项目及处理意见都逐项填写了《行政审批项目情况登记表》,一并报送了国务院行政审批制度改革领导小组。

在报送民政部行政审批清理工作情况以后,民政部行政审批改革领导小组办公室又多次与国务院行政审批制度改革领导小组办公室沟通和协商,配合国务院行政审批制度改革领导小组办公室做了大量的工作。按照国务院行政审批制度改革工作领导小组办公室的要求和民政部行政审批制度改革工作会议的部署,民政部办公厅组织有关司局采取"回头看"的方法,对已上报的审批项目及初步处理意见再次"过筛子";召集部分省市民政厅局相关人员一起研讨,对每一项行政审批项目及初步处理意见,都认真听取各业务司局和地方的意见。经过复核,民政部将已上报的424项行政审批项目整理、归纳为105项,并按要求进行了分类。

在国务院公布取消的第一批789项行政审批项目中,涉及民政部的有3项:审批全国性社会团体收取会费标准;核准向国际社会提供灾情;审批成立国内婚介机构。在国务院公布取消的第二批406项行政审批项目中,涉及民政部门的有11项,它们是:批准社会团体刻制印章;社会团体设立企业法人备案;审批外国商会聘请外籍工作人员;批准民办非企业单位刻制印章;社会福利企业法定代表人或主要负责人委任、选举、招聘或罢免备案;核准社会福利企业招用残疾人员的残疾状况鉴定;核准举办社会福利性募捐义演;在地方县级以上重点革命烈士纪念建筑物保护单位内进行其他建设工程的审批;审查社会福利企业因合并、分离、转让而终止;社会福利企业辞退残疾职工备案;审批代销中国福利彩票资格。

(韩开创)

【民政法制宣传教育】 1985年,根据社会主义现代化建设形势的要求,中共中央、国务院转发了中共中央宣传部和司法部《关于向全体公民普及法律常识的五年规划》,同年全国人大常委会作出了《关于在公民中普及法律常识的决定》,从1986年至1990年,对所有有接受能力的公民进行了一次普法教育。之后,又分别于1991年至1995年、1996年至2000年在全体公民中实施了"二五"、"三五"普法。2002年正在实施的是"四五"普法。

"四五"普法在前3个五年普法的基础上,提出了"两个转变、两个提高"的目标,即努力实现由提高民政工作者法律意识向提高法律素质的转变,对各项民政事业的管理,实现由注重依靠行政手段管理向注重运用法律手段管理的转变;提高民政工作者特别是各级领导干部的法律素质,提高民政系统依法行政水平。

2002年,民政普法主要做了以下几方面的工作:

(一)进一步加强普法工作的组织领导,督促各地成立普法工作机构。为保障普法工作的顺利进行,在每次普法规划实施时,民政部都成立了普法工作领导小组,由主管部长任组长,各司局主要负责人都是领导小组的成员,办公室设在民政部法规办公室。由于民政部领导重视,地方各级民政部门均成立了普法工作领导小组,制定实施普法的五年规划和年度计划,做到了普法工作有人抓,有人管,抓得实,管得紧。

(二)建章立制,健全普法工作的保障机制。按照普法规划的要求,民政部门重点抓了领导干部学法、用法工作。各级民政部门普遍建立了领导干部理论学习中心组学法制度、领导干部法律知识讲座制度、领导干部法律知识培训及考试考核制度。通过建章立制,领导干部学法用法有了保障。为加强执法人员的普法培训,各级民政部门普遍建立了普法责任制和岗前培训、持证上岗、岗位定期学法制度。

(三)采取多种形式、多渠道广泛宣传民政法规。民政工作涉及面广、内容多、任务重，需要学习宣传的法律、法规、规章也多。各级民政部门极为重视对民政法规的宣传，主要采取以下形式广泛进行宣传：一是利用清明节、重阳节、村(居)委会换届选举等时机，在街头和报刊、电视等新闻媒体上广泛宣传民政法规；二是编写普法读物，如编写了《村委会组织法讲话》，并制作了电视宣教片、配套挂图等；三是加强法制文艺宣传，如近年拍摄的宣传村委会组织法的电视剧《三选村官》在中央电视台第二套节目黄金时段播出；四是利用互联网、报刊、政务公开栏等形式，将民政法规公布于众。

(四)与立法、执法结合起来，进一步推进普法工作。普法作为法制建设的一项基础性工作，是联系立法和执法的桥梁。通过深入学习法律，加深了对法律的理解和把握，同时也发现了法律本身的缺陷和不足，为下一步有针对性地立法奠定了基础。普法的目的是执法。在学习《中华人民共和国行政处罚法》等法律的过程中，各级民政部门规范了行政执法中的行政处罚程序，清理了实施行政处罚的主体。通过推广山东济南实行政务公开和河南规范管理的经验，各级民政部门运用学到的法律知识，将所实施的民政法规进行细化，将执法内容变成易于掌握、便于操作的具体细则，规范了执法的手段和程序。同时广泛开展“以案释法”活动，选择若干典型案例进行评析，总结行政执法的经验和教训，进一步深化了普法学习的效果。

除上述经常性的普法工作外，2001 年 8 月民政部在黑龙江省哈尔滨市召开了全国民政系统第一次法制宣传教育工作会议，2002 年各地也相应召开了法制宣传教育的有关会议。这些会议表彰了一批民政普法的先进集体和个人，其中全国民政系统“三五”普法先进集体 100 个，“三五”普法先进个人 110 名。

系统的普法学习，提高了广大民政干部的法律素质，激发了学法用法的积极性和主动性。普法逐步由“要我学”转变为“我要学”的自觉行动。普法中，广大民政工作者，特别是领导干部，通过对依法治国基本理论和民政专业法规的学习，逐步认识到过去靠政策、靠行政手段的传统工作方式已经不能适应社会主义市场经济和依法行政的要求，自觉地转变了工作方式和管理方式，重大问题和重大决策前进行合法性论证，重要的规范性文件由法制机构进行会签，这些已逐渐成为一种制度。系统的普法学习也使得民政系统行政执法进一步规范化，依法行政的水平有了明显提高。在普法中，通过开展“以案释法”、执法质量评估等活动，民政系统的执法质量有了明显的提高。近几年来，随着行政相对人权利意识的增强和法律素质的提高，民政系统行政复议、行政诉讼的数量不断增多，但因执法人员违反法律的实体性规定而出现问题的极少；程序方面的问题，前几年出现的相对多一些，如以内设机构的名义作出行政决定、作出决定时没有按照法定程序、没有告知诉权等。经过普法学习和培训，这些问题也基本上得以解决，执法质量有了明显提高。

民政部在普法工作中取得的成效得到了中宣部、司法部、全国普法办的认可。在已经实施的三个“五年普法”活动中民政部普法办公室连续三次被评为全国法制宣传教育先进普法办公室。

(王香荣)

民政部新闻出版宣传工作

【新闻宣传】 2002 年，在部领导的关心重视和办公厅的直接领导下，在中共中央宣传部和中央新闻媒体的大力支持下，民政部围绕民政工作的重点，组织好新闻宣传，在做好民政新闻出版单位经常性宣传的同时，扩大了面向全社会的宣传，取得了可喜的成绩。中央新闻单位对民政工作的宣传，无论在数量上，还是在所形成的社会影响上，都取得了多年来少有的好成绩。

一、组织了第十一次全国民政会议的大规模宣传。2002年5月中旬，为了迎接第十一次全国民政会议的召开，扩大民政宣传，民政部向中共中央宣传部发出《关于商请中宣部协调中央新闻单位加强民政宣传工作的函》。在中宣部的支持下，各新闻单位纷纷以多种形式展开民政宣传。新华社国内部开设了“民政连着你我他”的专栏，发稿30余篇。《新华每日电讯》连续辟出专栏，大篇幅乃至整版宣传民政工作的辉煌成就。《人民日报》连续在要闻版安排民政工作的新闻稿，专门配发了社论，用专版集中宣传了民政主要业务工作8年来的成就，并加了编者按语，配发图片和图表。中央电视台除第一套新闻频道加强对民政工作的宣传外，还在第四套和新开播的西部频道重点推出民政工作系列宣传。中央人民广播电台、《经济日报》、《光明日报》也积极宣传民政工作。报纸、电台、电视台、网络等全方位的宣传，形成了一个文图声影网的立体宣传态势，使民政新闻宣传进入一个新高潮。

二、重点民政工作宣传形成声势。据不完全统计，从2002年1月份到5月底，中央新闻单位共刊发有关低保的新闻报道百余篇，仅民政部组织10个工作组到10省、自治区督查低保工作一事，中央各主要新闻单位就进行了10多篇报道。《人民日报》先后报道了4次。中央电视台不但在“新闻联播”、“晚间新闻报道”、“东方时空”等栏目多次报道这一重要工作，而且还制作了“焦点访谈”和“新闻调查”等重头节目。2月7日，民政部贯彻中央政治局常委会议精神，加强救灾捐赠工作和低保工作的报道，在中央电视台各新闻栏目滚动播出。3月16日，中央电视台各新闻栏目分别都在头条播出了就如何搞好低保工作采访多吉才让部长的报道。在迎接十六大的特别报道节目里，《人民日报》、中央电视台、《经济日报》、《光明日报》等又对低保工作进行了突出报道。为配合村委会换届选举工作的宣传，《人民日报》在2002年9月12日的理论版刊发了多吉才让部长的理论文章《村委会直选是扩大农村基层民主的重要举措》。《人民日报》和新华社还以访谈的形式，报道了多吉才让部长对低保工作全面深刻的阐述。2002年7月，民政部在吉林省四平市召开全国社区建设经验交流会，各新闻媒体均集中宣传报导了社区建设的成就和先进经验。新闻单位热情宣传民政工作，既因为他们与民政部门有良好的合作，也因为民政工作本身就贴近生活、贴近群众，民政部门的重要工作都是群众所关心的。

三、组织了迎接十六大民政成就的宣传报道。10月初，民政部新闻办公室召集中央各大媒体和有关人员召开了新闻协调会，共同策划迎接十六大的宣传报道。经过努力，各主要新闻单位纷纷刊播了反映民政工作成就的新闻稿。2002年9月29日，《人民日报》在一版头条位置刊发了《城市居民低保工作取得突破性进展》的新闻稿。中央电视台9月19日“新闻联播”头条播发了题为《社会保障：确保亿万百姓安康》的新闻，其中比较突出地报道了低保工作。《光明日报》也在2版迎接十六大专版中刊发了题为《民政为群众送去党的关怀》的一组民政新闻，以图表、文字与图片兼容的形式，用半个版面宣传了民政工作。《法制日报》、《工人日报》也从10月开始陆续以图表新闻的形式报道十五大以来的各项主要民政业务工作发展情况，取得了较好的社会效果。

（张明媚）

【新闻协调】 民政部新闻办先后为“两会”新闻中心和十六大新闻中心组织了有关民政工作的热点问题的回答口径材料。为国务院新闻办公室出版人权白皮书提供了有关民政方面的人权进展材料。

（张明媚）

【文艺宣传】 2002年，民政部围绕民政工作的重点，在文艺宣传上取得了以下成绩：一是策划、创作、拍摄了15集民政题材的电视连续剧《老牛局长》。继与长影合作拍摄民政题材的电视剧《三选村官》后，民政部新闻办公室再次以电视剧这种艺术形式讴歌和宣传民政工作者“俯首甘为孺子牛”的高尚情操。这部与中国电影艺术研究中心、北京华夏文化传播有限公司合作拍摄的电视剧,经过半年的紧张工作,顺利完成,并通过了国家有关部门审定,最终在中央电视台播出。这部片子虽然还有许多不足之处,却生动形象地说明:民政干部很辛苦,民政工作很重要,民政事业取得了长足的发展。

二是编辑出版《留下珍贵而美好的回忆——第十一次全国民政会议图片集锦》。为了使八年一次的民政盛会留下可以珍藏的东西,民政部新闻办公室尽可能地精心策划,认真设计,反复校对,保证了图集的质量,为第十一次全国民政会议的宣传画上了一个圆满的句号。

（张明媚）

【典型宣传】 典型宣传是宣传工作中的传统项目,用舆论传扬、传播人们所钦佩、敬慕、信服的先进人物和集体,为社会作示范。2002年,民政报刊集中宣传了在第十一次全国民政会议上获得表彰的一大批先进集体和先进个人以及民政部最高奖——"孺子牛"奖的获得者。同时,民政部向全国推出了海南省琼海市民政局长陈徽娥、山东省济宁市社会救助工作等民政系统的先进人物和先进工作经验的宣传。在中共中央宣传部的统一组织下,这两个先进典型先后都得到了中央10多家新闻单位的大力宣传,收到了良好的社会效益。陈徽娥还被中共中央宣传部列为全国道德规范建设先进典型。

（张明媚）

【民政部部属报刊社出版宣传】 《中国社会报》、《中国民政》等作为民政宣传的主力军、主渠道,它们直接面向民政系统广大干部职工。为充分发挥其积极作用,民政部新闻办公室认真筹备并举办了2002年度民政宣传暨报刊工作会议,李学举副部长到会作重要讲话,强调了民政部部属报刊在整个民政宣传中的重要性,为民政报刊的发展进一步拓展了空间,也为民政各项大政方针在基层的贯彻落实进一步奠定了基础。

截至2002年,民政部部属报、刊社有:中国社会出版社、中国社会报社、中国民政杂志社、中国老年报社、公益时报社,累计出版图书1500多种,出版《中国社会报》、《中国老年报》、《公益时报》及《中国民政》、《乡镇论坛》、《社区》、《民政政策理论研究》、《社会福利》、《区划与地名》、《民间组织研究》、《优抚与健康》、《双拥》等报刊十多种。

（葛长荣）

【中国社会出版社】 中国社会出版社创立于1989年7月,2000年11月与《乡镇论坛》杂志社合并,组建成立新的中国社会出版社。年出新书150种和《乡镇论坛》、《社区》两种半月刊。中国社会出版社是民政部直属的中央级出版单位。

一、图书出版

中国社会出版社的图书出版以"立足民政,面向社会"为宗旨,建社以来先后出版了1500多种图书,取得了很好的社会效益,有力地推动了民政事业的发展和"两个文明"建设。

（一）民政图书出版

中国社会出版社自觉服从和服务于民政工作的大局,紧密联系我国民政事业发展的实际,通过出版物,诠释民政工作的机制与作用,宣传民政工作业务范围内的各项方针、政策,热情讴歌广大民政战线职工的"孺子牛"精神,充分发挥了民政出版工作主阵地的作用。累计出版民政业务图书300多种,内容几乎涵盖了民政工作的方方面面。这些图书的出版,不仅有力配合了民政事业各个时期的工作,而且在民政理论研究、业务建设和造就一支高素质的民政工作队伍上,发挥了积极作用。近年来出版的民政类图书主要有:

《跨世纪的中国民政事业(1994－2002)》(34卷)、《中国民政工作丛书》(14卷)、《中国社会福利丛书》、《中国县情大全》(6卷)、《中国战洪图》、《居民委员会工作手册》、《民政干部手册》、《社区服务的实践与思考》、《中国民政统计年鉴》、《民政工作文件汇编》、《社区服务工作文集》、《军队离退休干部安置手册》、《中国残疾人抽样调查系列资料》(9种)、《中国行政区划研究》、《优抚指南》、《中国民政摄影作品集》、《社会工作》、《社会福利有奖募捐券发行会计核算手册》、《民政工作与社会稳定》、《民政工作法规概要》、《婚姻社会学》、《中华人民共和国妇女权益保障释义》、《中国社会团体研究》、《民政评论集》、《咱们的退伍兵》、《农业社会化服务体系建设指南》、《军供工作手册》、《假肢学》、《中国福利经济发展战略研究》、《双拥模范城》、《民政计财工作新论》、《纪念程子华》、《收养工作手册》、《民政助理员文章选编》、《民政工作的实践》、《中国殡葬管理文集》、《双拥知识手册》、《中国城市社区服务发展道路》、《中国农村社会养老保险概论》、《中国农村扶贫》、《民政事业费管理与核算》、《中华人民共和国地名录》、《中国社会工作百科全书》、《社会保障百科全书》、《民政管理发展史》、《防腐整容学》、《孺子牛》、《民政工作的改革与实践》、《民政散论》、《中国社区工作》、《当代中国基层政权建设》、《社会福利企业经营战略》、《殡葬文化学》、《中华人民共和国行政区划》、《中国社会与现代化》、《中国灾荒史》、《世纪之交的民政理论探索》、《共和国民政部的老部长们》、《农村社会养老保险理论与实务》、《社会团体登记管理条例释义》、《1999年中国行政区划地名手册》、《婚前指导手册》、《国际收养法规选编》、《中国民政思想史》、《社区卫生必读》、《当代社会问题》、《世界残疾名人大辞典》、《乡镇领导工作手册》、《静悄悄的革命》、《千篇佳作论民政》、《城市社区建设读本》、《社会福利机构基本规范》、《新思路新展望》、《新婚幸福手册》、《民间组织管理概论》、《村民自治论丛》、《乡村干部村民自治知识培训教材》、《村委会干部工作指南》、《社区工作指南》、《中华人民共和国村民委员会选举规程》、《城市社区建设概论》、《创新社区》、《实用老年法律法规汇编》、《外国选举规程选辑》、《世界社区经典与实务丛书》、《美国慈善事业一瞥》、《村委会互动培训手册》、《社区互动培训教材》。

其中,《跨世纪的中国民政事业(1994-2002)》、《中国县情大全》、《中国民政工作丛书》、《中国战洪图》和社区建设系列丛书等,取得了巨大的社会影响。

1991年,我国遭受百年未遇的特大水灾,党中央带领全国人民风雨同舟,抗洪救灾。为了展示这一壮丽的历史画卷,配合各地民政部门接受社会各界捐助,组织当地人民实行生产自救,中国社会出版社出版了大型画册《中国战洪图》。江泽民总书记和李鹏总理分别题词,田纪云副委员长、全国政协副主席洪学智出席了在人民大会堂举行的画册出版座谈会。该画册还被新闻出版署评为"全国优秀图书二等奖"。1991年11月出版的《中国县情大全》一书,由民政部部长崔乃夫任编委会主任,建设部副部长和全国30个省、市、自治区(不包括港澳台地区)的30名副省长(副市长、副主席)任编委会副主任。全套书分6卷,全面详尽地介绍了全国2600多个县、市的人文地理、政治经济及社会发展状况。该选题是列入国家"八五"重点图书中的一项出版工程。

1996年7月出版的大型民政业务丛书——《中国民政工作丛书》,是我国出版的第一套民政业务丛书。丛书共分14卷,由多吉才让部长任编委会主任,副部长阎明复、范宝俊、徐瑞新、杨衍银、李宝库任副主任,各有关司局的领导为编委会成员。该丛书的特点是在多年民政理论研究与实践的基础上,按照民政部各司局的业务范围编写。这套丛书的出版,对于民政工作的理论建设、思想建设、业务建设乃至队伍建设具有重要作用。

2001年4月,为了贯彻落实中办发〔2000〕23号文件精神,推动城市社区建设全面开展,出版了一系列社区建设图书,其中包括《城市社区建设读本》、《社区工作指南》、《城市社区建设概论》和《世界社区理论与实务经典丛书》等,从理论和政策两个方面有力地指导了全国的社区建设工作。

2002年5月,组织出版了国务委员司马义·艾买提作序,多吉才让部长任编委会主任,李学举副部长任主编的大型系列丛书《跨世纪的中国民政事业(1994-2002)》。该丛书全面回顾和总结了第十次民政会议以来全国民政战线所取得的成就和经验,集中展示了世纪之交中国民政事业的崭新风貌。

(二)社会图书出版

在"面向社会"方面,中国社会出版社的图书出版工作紧扣时代主题,"关注社会人生,服务社会大众",先后出版了社会纪实和社会观察类、社会学及其应用类、社会心理学及其应用类、传统文化类、服务军队类、名家名作类、实用生活类等10多个大类近千种图书,内容涉及政治、经济、社会、文化等人文科学的各个方面。近年出版的面向社会的图书主要有:《国是论衡》系列丛书、《社会学家访谈丛书》、《开国将领丛书》、《世纪浮雕系列》、《北京眼》系列丛书、《三教九经》丛书、《社会学文库》、《长城长·感悟军人》系列丛书、《品评中国人》系列、《东方智慧人生珍品》系列、《中国职官志》、《中国现代日志》、《紫禁城内外》、《金銮殿朝夕》、《殡葬文化学》、《野蛮的文明》、《社交兵法》、《七十二行演讲辞》、《太乙宫黑幕》、《国人老印象》、《中国历代酷刑实录》、《20世纪中国农民问题》、《万丰村的共有制之路》、《辉煌的幻灭》、《忍学糊涂学全书》、《漫画神奇世界丛书》、《中国历史故事丛书》、《笑林广记》、《从北京到加州》、《走进福利天堂》、《帝王乾坤》、《领导人才的创造力开发》、《领导人才的科学管理》、《现代商战与人才谋略》、《现代企业用人方略》、《涉外经济单位用人之道》、《实用人才管理秘诀》、《国史经纬》、《探案故事丛书》、《中国禁毒报告》、《透视中国家庭》、《积极人生》、《二十年目睹之现状》、《天堂里的地狱》、《美利坚的天空下》、《中国老新闻》、《第二次握手文字狱》、《现代围城》、《百姓法律咨询手册》、《趣谈中国饮食文化》、《中国试婚现象调查》、《古代中国札记》、《宋代市民生活》、《清人生活漫步》、《古人生活剪影》、《世纪备忘录》、《即兴说话技巧》、《海外兵团抢购中国》、《曾国藩评传》、《应变学》、《现代领导文库》、《情感误区》、《谁给我们工作》、《谁来养活我们》、《谈判圣经》、《股票圣经》、《理财圣经》、《当代流行语》、《策略圣经》、《人生苦旅:中外名人自绝内幕》、《重返伊甸园》、《本性:人对自身的再认识》、《农民负担200问》、《中外朗诵名篇技巧总评》、《经济全球化丛书》、《原始的性爱:土著人的性生活研究》、《商务礼仪手册》、《世界著名演讲词精品鉴赏》、《祝酒、授奖、就职、告别演讲》、《机关常用名词解释》、《中国的辉煌:新世纪风采录》、《传世名著》、《新编企业签约大全》、《新版古本全图四大名著》、《神功内幕》、《中华今文观止》、《共和国建国纪实》、《礼魂:中国二十四节气》、《起名手册》、《成功座右铭丛书》、《走出女儿国》、《自我教育丛书》、《走进清华不是梦》、《青少年素质教育手册》、《青少年朗诵手册》、《诗词哲理精华类编》、《领导的用人艺术》、《青年必知心理咨询手册》、《股票起步必读》、《中国人的关系》、《外国学者眼中的中国》、《世纪丰碑:辉煌的中国》、《网上人生丛书》、《21世纪你应关注的中国人》、《高效应试》、《高效写作》、《高效记忆》、《中华龙种文化》、《上古中华文明》、《三皇五帝时代》、《中国古典名著百部》、《太平天国》、《最佳买卖点》、《大成奥秘:超越美国成功学》、《人口与计划生育知识词典》、《世界十大文豪全集》、《依法行政实用法律读本》、《大众哲学》、《楹联大全》、《个人收藏万事通》、《汉译世界名著经典文库》、《我家笨笨上剑桥》、《健商》、《毕淑敏自选精品集》、《面具后面的脸》、《永远的大草原》、《在美国做老外》等。

其中《国是论衡》丛书、《社会学家访谈丛书》、《开国将领丛书》、《世纪浮雕系列》、《北京眼》系列丛书、《我家笨笨上剑桥》、《健商》、《永远的大草原》等出版后产生了很大的社会反响。《东方人生智慧珍品》、《品评中国人》、《中国人的毛病》等被日本、韩国、香港、台湾等国家和地区购买版权。《走出女儿国》、《起名手册》《七十二行演讲词》、《即兴说话技巧》、《怎样识简谱》、《怎样识五线谱》、《高效读书》、《高效学习》、《高效写作》、《百姓法律咨询手册》、《猎庄狐狸》、《青少年朗诵手册》、《青少年必知心理咨询手册》等数十种图书先后多次再版,是我国图书市场上的畅销品种。

配合图书出版工作,中国社会出版社还开展了一系列社会活动。1990年11月,与中央电视台合作拍摄歌颂民政事业的电视音乐艺术片《情暖人间》,在中央电视台一套播出。1993年

7月,联合中央部委共18家出版社向沈阳军区"雷锋团"赠书,雷洁琼、李德生等领导同志参加了在钓鱼台国宾馆举行的赠书仪式。1995年9月23日,向天安门国旗警卫班所在的武警天安门中队赠书,李德生等领导同志参加了赠书仪式。

二、期刊出版

中国社会出版社出版的期刊包括《乡镇论坛》和《社区》杂志。

(缪传忠)

【《乡镇论坛》杂志】 《乡镇论坛》杂志1989年创刊,由民政部主管,是我国目前惟一直接面向农村基层,以乡村干部和农民群众为主要读者对象,以农村基层民主政治建设为重点报道内容的时政类刊物。创刊以来获得了多项荣誉。1996年在新闻出版署举办的"首届优秀社科期刊"评选中获奖;1998年至2001年,连续两届被新闻出版署评为"全国百种重点社科期刊",并获得"首届国家期刊奖提名奖";2002年,成为中国期刊方阵里的"双奖期刊"。月发行量80多万份,是中国农村第一大时政类期刊。

一、创刊十三年来的全面回顾

(一)面向农村基层的综合信息平台

《乡镇论坛》聚焦农村的热点和难点,融指导性、知识性、实用性于一体,实际实在、实话实说,形式活泼多样,从杂志封面到杂志内容都洋溢着浓郁的乡土气息。它是指导农村基层工作的权威性期刊,是观察农村、了解农村的窗口,是乡村干部和农民群众"工作上的助手、生活中的朋友"。从刊载的文章内容来看,每期都以相当大的篇幅用于传达中央有关村民自治的方针政策、法规文件,传播各地在推行村民自治实践中积累和创造的先进经验和做法,介绍中央和有关部委领导以及专家学者对村民自治工作所发表的权威言论、重要观点,请专家有针对性地解答人们提出的各种实际问题。作为另一方面《乡镇论坛》杂志所获得的部分荣誉证书的重要内容,《乡镇论坛》每期都刊载一定数量的文章,直接由乡村干部谈自己在工作中的心得体会,相互交流经验,为乡村干部之间相互沟通与交流提供了一个很好的渠道。《乡镇论坛》刊载的大量文章,涉及农村、农业和农民问题的方方面面,如法律、经济、文化等等,涵盖面广、信息量大,广大乡村干部及农民朋友称之为"乡村的百科全书"。目前该杂志开设的主要栏目有:本刊特稿、乡村组织、乡村经济、乡村工作、百姓关注、致富技术、乡村法制、乡村文苑、教育天地、环球瞭望等等。可以说,经过十余年的持续努力,《乡镇论坛》已经被打造成一个面向农村基层的综合信息平台。

(二)推进农村基层民主政治建设的喉舌和阵地

《乡镇论坛》是我国目前惟一以村级民主制度建设为重点报道内容的时政类刊物,是农村基层民主政治建设的喉舌和舆论阵地。曾率先推出和报道了"莱西经验"、"章丘经验"、"梨树经验"等村级民主制度建设的典型经验,有力推动了《村民委员会组织法》的实施。1990年3月,经报请中央同意,江泽民总书记的《把农村基层政权建设成为有活力、有权威、有效能的政权》一文在《乡镇论坛》杂志首次发表,引起巨大的反响。《乡镇论坛》还多次发表过李鹏、彭真、宋平、薄一波、姜春云等中央领导同志以及民政部、中央财经工作领导小组、国务院农村发展研究中心等部门负责人有关农村基层民主政治建设和村民自治的讲话和文章。《乡镇论坛》的名牌栏目"村治咨询"里所回答的问题针对性强,具有可操作性,极大地帮助了广大村委会干部的工作,保护了他们的合法权益,促进了《村民委员会组织法》在广大乡村的顺利实施。许多村委会干部和村民在村委会选举的现场打电话给《乡镇论坛》杂志社,急切地想让《乡镇论坛》杂志帮他们解决选举中遇到的疑难问题。

(三)新世纪迈上新台阶

《乡镇论坛》不仅赢得了广大乡村干部和农民群众的欢迎,还以其正确的政治导向、过硬的编校质量和巨大的发行数量赢得了期刊界同行和有关部门领导的肯定,经新闻出版署批准,2001年《乡镇论坛》改为半月刊。在改为半月刊之后,《乡镇论坛》上半月刊保持创刊十几年来的风格不变,《乡镇论坛》下半月版则以文摘为主，广集博采中外书籍报刊精华，融世间真情、人生感悟、乡村纪实、社会写真于一体，具有很强的知识性、趣味性和可读性，是乡村干部和农民群众陶冶情操、开阔视野、增长才干的理想读物。《乡镇论坛》下半月版面世不久，就受到广大读者的欢迎，月发行近20万册。

（四）影响力与日俱增

创刊十几年来，截至2002年5月，《乡镇论坛》已连续出版178期，累计发表文章达1400万字左右。创刊以来，发行量逐年增长，目前月发行量达80多万册，年发行量达千万册之巨，居国内各类涉农期刊之首，是目前中国农村最大的时政类期刊，读者达七八百万。《乡镇论坛》在海外也具有一定的影响。它通过中国国际图书贸易总公司，向美、英、日、印度、台湾、香港等国家和地区发行。国外研究中国农村基层民主的专家学者称《乡镇论坛》是“了解中国村级民主制度建设的一扇重要窗口”。

（五）倾情于“三农”，服务于“三农”

《乡镇论坛》杂志情系乡村民众，扎根乡村沃土，是一本反映农业、农村、农民问题的期刊，“三农”问题一直是这本杂志关注的焦点。在创刊以来的10余年间，根据“三农”问题在不同时期表现出来的不同特点和农村干部群众的不同需求，《乡镇论坛》陆续推出了一系列的支持“三农”、服务“三农”的重大活动，产生了良好的社会效应。

1.开拓性地组织评选活动

创刊初期，曾参与发起组织了首届“中国乡镇百颗星”的评选，发起组织了“1992年农村十大新闻人物”的评选，在全国产生很大影响，使《乡镇论坛》的名字迅速深入到全国的乡镇和村庄。

2.万村赠刊扶贫

1994年，配合国务院实施“八七扶贫攻坚计划”，组织开展了“万村赠刊扶贫”活动，连续7年向1万个以上的贫困村赠送杂志，赢得了广大农村干部群众的热烈欢迎，中宣部领导在《新闻出版报》上撰文，称赞此举为“文化扶贫的壮举”。1996年，中共中央政治局委员、国务院副总理姜春云在接见“百名博士百村行”活动代表时称赞活动“主题好、方式好、效果好”。

3.发起组织“百名博士百村行”活动

1996年，《乡镇论坛》联合北京大学、清华大学、中国人民大学、北京师范大学和中国社会科学院，发起了“百名博士百村行”活动，组织了近200名博士研究生，送知识、送科技到农家，受到了中央领导和社会各界的好评。姜春云、李贵鲜、雷洁琼等党和国家领导人，先后接见参加活动的博士生代表。姜春云同志在中南海与博士生代表和《乡镇论坛》负责人座谈时，称赞这次活动组织得好、形式好、效果好。为使这项活动走向深入，1997年，《乡镇论坛》又组织北京、香港的大学生赴老区扶贫。李贵鲜同志称赞“百名博士百村行”活动“代表了青年学生和知识分子的一个方向”。

4.积极参与《村民委员会组织法》的修订工作

1998年6月，全国人大常委会将《中华人民共和国村民委员会组织法(修订草案)》公布于众，向全国人民征询修改意见。《乡镇论坛》杂志社响应人大常委会的号召，组织了向读者征询《村民委员会组织法》修订意见的活动。在这次活动中，《乡镇论坛》杂志社共收到全国各地广大乡村干部、农民群众的1700多份信件，接到200多个电话。就所征集到的意见和建议，《乡镇论坛》杂志社多次向全国人大以快报的形式作了汇报，受到了全国人大有关领导和部门的称赞。《村民委员会组织法》正式颁布后，《乡镇论坛》又联合四川长虹电子集团公司举办了学习《村民委员会组织法》知识大奖赛，10万多名乡村干部和农民群众参加了这一活动。

5.资助灾区的孩子读书

1998年，长江下游和东北部分地区发生严重的洪涝灾害，成千上万的灾区学生能否重返校园成为一个严峻的问题。《乡镇论坛》杂志社积极响应新闻出版署的号召，拿出10万元资助农村洪涝灾区的孩子购买新学期的教科书。

二、2002年出版情况

2002年度，《乡镇论坛》杂志继续贯彻为农业、农村和农民服务，为农村基层政权建设服务的办刊宗旨，全力报道了本年度有关村民自治方面的权威观点、实践经验、典型案例、问题咨询等。刊登的重要观点文章有民政部李学举部长写的《谈谈村委会换届选举工作》、中财办王石奇局长写的《农村基层组织建设和民主政治建设的当务之急》、民政部基层政权与社区建设司詹成付副司长写的《正确看待村委会选举中的“拉票”现象》等，廓清了人们心中的疑问；报道的典型案例有《村民冤屈为何七年难伸》、《沧州“秋菊”打官司》、《这个村主任教训不浅》、《一个村庄的两次选举》、《一份党委文件违法后的艰难纠错》、《民主决策使这个村由乱而治》、《汪舍三组农民圆了建桥梦》、《见证中国第一村换届选举》等，使读者结合实际案例，对村民自治中的一些重要问题进行深入思考；对各地总结的先进实践经验进行报道的文章有云南省的《用民主的方法培训民选村官》，来自海南省的《村选中的难题我们这样解》，来自山西的《潞城乡间的“民推党选”》、来自陕西的《正确处理“两委”关系的好经验》、来自吉林的《先设岗位后选举》等，供各地交流、学习、借鉴；推出优秀村委会干部的报道有《村官望家贵生命的最后一天》、《村委会主任的好榜样张小民》等，树立了村委会干部学习的好榜样。2002年度，《乡镇论坛》杂志的“村治咨询”栏目刊登了70多个问题解答，针对读者提出的村民自治过程中的实际问题，有理有据，说服力强，权威性强，操作性强。2002年度，《乡镇论坛》刊登了村民自治问题专家俞维良的《“海选”中的特异情况咋处理》、《再谈村委会选举选票认定问题》、《村委会选举的几个技术性问题》等文章，对民主选举中的若干具体问题，进行了实际分析，颇具指导性和可操作性。《乡镇论坛》全文刊登了《中共中央办公厅、国务院办公厅关于进一步做好村民委员会换届选举工作的通知》，并配发了特约评论员文章《指导村委会选举健康发展的纲领性文件》；以详实的文字和图片，报道了全国村委会选举情况分析会。这些举措对于配合村民自治工作在全国的推动起到了重要作用。此外，《乡镇论坛》还全面报道了农村的各项实际工作的经验、方法，农民致富的典型，农村发生的司法案例等等，为农村干部群众提供了一部内容丰富、实际实用的百科全书。

（缪传忠）

【《社区》杂志】 《社区》杂志创刊于2001年3月，由民政部主管，是我国惟一以城市社区建设和居民生活为主要内容，以社区建设工作者、社区居委会干部和社区居民为主要读者对象的杂志，是民政部门宣传和推进社区建设工作的主要舆论阵地。《社区》杂志诞生于全面推进社区建设的热潮中，一经问世便显示出强大的生命力和高度的凝聚力，受到广大社区建设者、社区工作者及社区居民的热烈欢迎，创刊一年，发行量即突破10万份，并于2002年经新闻出版总署批准，改为半月刊。

创刊以来，《社区》杂志始终围绕“为党和国家的城市中心工作服务，为社区组织建设服务，为社区居民生活服务”的办刊宗旨，面向基层，开门办刊，力求以城市居民喜闻乐见的表现形式，引导社区发展，传播社区文化，普及社区知识，介绍国外社区状况。突出指导性、示范性、操作性、前瞻性、普及性、借鉴性及服务性7大特点。主要栏目包括：权威论坛、社区党建、社区建设、社工专栏、服务在线、共驻共建、街居园地、域外社区等。

（一）总揽全局，突出指导性，提炼社区建设信息

《社区》杂志自创刊以来，遵循民政部部长多吉才让在为《社区》杂志创刊号撰写的发刊词中所强调的办刊宗旨：及时宣传党和政府关于社区建设的指示和要求，使《社区》杂志成为党和政府联系社区居民的桥梁和纽带。加强社区建设是党和国家作出的一项治国安邦的重要决策，是我们党在新形势下加强城市基层社会管理的新路子。社区建设直接关系到千家万户城市居民的生活和城市社会的稳定发展。大力推进社区建设，既是经济体制改革全面深化和城市化进程加快的客观需要，也是扩大基层民主和加强基层政权建设的一项基础性工程，更是为民办实事、办好事、体现人民群众根本利益的一项“民心工程”。社区建设工

作对于城市的民政工作更具有非同寻常的意义，它是城市民政工作的突破口和总抓手，繁杂具体的城市管理工作，凭借社区建设这个平台来推动，可以起到纲举目张的作用。《社区》杂志是推动社区建设的重要的舆论宣传工具，是从事社区建设的有关部门自己的喉舌和阵地，《社区》杂志强调指导性，开办了“高层言论”、“权威论坛”等栏目，围绕中国社区建设的意义、目标和原则，社区建设需要注意的方方面面及社区建设的创新思路，及时传达与发布中央及各地社区建设的最新信息。先后刊登了民政部关于《全国城市社区建设示范活动指导纲要》、《2002 年社区建设工作要点》、《关于做好推荐“全国社区建设示范城”工作的通知》及《“首批民政理论研究课题指南”的公告》等重要信息，成为各地社区建设工作者了解高层信息的窗口和重要的舆论阵地。

（二）突出时效性，树立示范性，提供社区建设经验交流的空间。在我国，以街道、居委会为依托的城市基层社区，既是许多社会问题最敏感、最集中的地方，又是解决这些社会问题的重要平台，因此，通过社区建设提高城市的现代化管理水平，提高居民素质和文明程度，保证城市基层社会的稳定和发展，具有重大的意义。《社区》杂志针对社区工作中的党建工作、社区服务、社区组织、社区文化、社区卫生、社区自治等，采取开辟专版、专栏等形式，及时采访报道各地在进行社区建设实践中积累的好经验、好方法、好典型。例如，《社区》杂志对上海黄浦区开展的“五小工程”的社区建设报道，对北京石景山区创建社区建设示范城区的报道，对宁波市出巨资解决社区职工的经费问题的报道，对沈阳“松绑放权看自治”的报道等等，特别是在 2001 年 7 月，民政部在青岛召开的全国城市社区建设工作会议期间，《社区》杂志发行会议专刊，集中系统地报道了全国各地在社区建设实践中创造的新经验。

（三）注重操作性、实践性，使《社区》成为社区工作者的工具和助手在广大的社区建设者和政府之间、社区与社区之间、社区居民与居民之间，《社区》杂志承担着桥梁和纽带作用。随着政府职能转变和现代企业事业制度的建立，越来越多的“单位人”变为“社会人”、“社区人”，社区逐渐成为居民直接参与社会事务的重要载体。社区作为居民群众主要的生活空间，同时也是各种社会矛盾、社会问题集中反映的地方，种种与居民生活息息相关的公共事务，如社区服务、社会救助、社会治安、环境卫生、劳动就业、老年人服务等，除了依靠政府的行政手段解决以外，还必须通过以街道、居委会为依托的社区组织利用社区资源，发动社区力量，协助政府共同解决。为此，《社区》杂志注重内容的可操作性，准确、具体、翔实地介绍各地在某一方面、某个环节的好做法，从微观层面探索搞好社区建设的最佳途径。如针对北京、上海等大城市老龄化严重的问题，结合民政部“星光计划”采写的一系列“为老服务”的报道，在社会上引起了较大反响。另外，《“文化广场”让居民走到一起》、《社区纠纷怎样调解》、《说说社区协商议事委员会》等文章受到基层社区工作者的广泛重视。

（四）普及社区知识，提升社区意识，为街居干部开辟属于自己的园地本着普及知识、传递信息、为民服务的原则，《社区》杂志先后开办了“交流园地”、“学习园地”，特辟了“街居园地”专栏用于普及社区的基础知识，解答街居干部在实际工作中遇到的难点问题，反映街居干部的酸甜苦辣，以真知育人，以真情感人，集中宣传报道了一批具有开创性思维和无私奉献精神的新时期社区工作者。随着社区的发展，社区意识的提高，越来越多的街居干部以自己居住的社区为依托，以社区为家，生活在社区，事业在社区，《社区》杂志成为他们日常工作的好帮手，成为他们耕耘一方社区事业的精神园地。

（五）以人为本，《社区》下半月版开进“民心港”

《社区》杂志下半月版，突出“以人为本”，以服务社区居民为宗旨，推进社区建设的理念。重点栏目有“特别策划”、“都市民声”、“生活广角”等。《社区》杂志提倡“寸山多致，片石生情”的社区环境，提倡“尊老爱幼、邻里互助”的和谐氛围，提倡“共驻共建、资源共享”的社区理念，提倡“社区是个家，建设靠大家”的精神内涵。《社区》杂志下半月版的创办，为社区理念的普及、居民精神的愉悦，创造了一个阵地，形成了《社区》杂志上半月版谈社区建设、下半月版谈社区生活的相互促进的和谐局面。《社区》逐步成为顺民心、应民意的社区刊物，并日益走入居民家中，深入到了“民心港”。

（六）借鉴国外经验，做好开放式服务

《社区》杂志除了以国内社区建设为主要内容外，还有一个重要内容，即借鉴国外社区建设经验，汲取提炼国外社区发展之精华，为中国社区建设提供参考。已陆续刊发了一批反映美国、加拿大、英国、法国、德国、澳大利亚等国家的社区工作经验的文章，受到国内同行的重视，也开阔了国内广大社区工作者的眼界，为他们打开了了解世界社区发展趋势的窗口。

（缪传忠）

【中国社会报社】 中国社会报社由民政部主管、主办。2002年是个新闻大年，党的十六大胜利召开、第十一次全国民政会议举行、低保工作实现应保尽保、社区建设全面铺开等重大事件，为实现报社新闻宣传工作的全面丰收奠定了基础。

一年以来，中国社会报社紧紧围绕民政部副部长李学举提出的“四主两为”，抓住“提升宣传工作质量”这个中心，创造性地开展工作，在较好地完成2002年初计划确定工作任务和目标的同时，也为报社的进一步发展拓展了新的空间：

一、圆满完成重大事件的宣传报道任务

在新闻工作领域，2002年的大事、要事多。中国社会报社从2002年初即投入第十一次全国民政会议的宣传，提早动手，全面策划。分三个阶段，用前后半年多时间，有计划地全面报道了民政工作的成就，系统介绍了“孺子牛”奖获得者的先进事迹，开设专栏、专版贯彻会议精神，并组织开展了“民政一日”全国摄影大赛及“民政百题”知识大赛，为会议的胜利召开营造了热烈、隆重的氛围，此次宣传报道战役赢得了民政系统广大职工的认同。围绕民政重点业务工作，中国社会报社在及时做足低保、社区建设等工作的决策、理论探讨及基层的动态新闻报道之外，还组织配发了系列评论，为重点工作的全面推进提供了强有力的舆论支持。此外，中国社会报社在党的十六大会议报道、民政系统学习十六大精神的深入贯彻落实报道，中宣部、中央文明办组织的广州、唐山、青岛、包头、长沙等地的精神文明建设典型报道中，也都得到了中宣部等有关部门和省市的肯定和表扬。

二、解决了报纸定位问题，逐步形成了自己的风格

2001年底，民政部副部长李学举在总结民政宣传工作经验的基础上，结合报纸及民政业务发展的需要，将中国社会报的定位概括为“四主两为”（民政部主管、主办，民政宣传的主渠道、主阵地，为民政工作服务、为民政工作者服务），解决了报纸发展过程中长期存在的定位不清问题。围绕这一定位，中国社会报社重新设计了版面，合理划分新闻资源，解决了重复使用及浪费现象；开办“社区建设”、“民间组织”、“彩票”3个业务周刊，加大民政重点业务宣传，拓展了新的宣传领域；统一了版式，保持了版面风格的稳定。通过近一年的运作，报纸的整体风格已现雏形，版式清新、明快、大气，各版面特点突出，内容丰富，新闻信息含量明显增加，理论探索引人关注。出现了一批名栏目、好作品，据不完全统计，2002年度被《新华文摘》、《光明日报》、《文摘报》等国内知名刊物转载作品超过百起，报纸实现初步转型。

三、宣传质量得到提升，策划意识进一步提高

中国社会报社提出2002年是“质量年”，围绕这一方针，报社出台了多项措施及规划，取得了一定成效：扩增8版，为真正剥离广告经营与宣传报道提供了版面资源，根除了长稿、冗稿；确定以“策划”为提高报纸质量的突破点，在重大报道、专题报道、版面内容乃至具体文章上，都要求以“策划”为核心，在策划的基础上全面创新，狠抓落实，做出了一批真正让

读者喜爱的好文章、好版面；强化“精品意识”，采编稿件的质量得到进一步提升；政治导向把握较好，尽管2002年重大事件多，但没有出现大的政治性差错，版面差错也得到了较好控制；此外，在舆论监督及理论探索方面，团结了一批专家学者和读者，扩大了报纸的影响，报纸宣传质量有了一定提高。

（中国社会报社）

【《中国民政》杂志社】《中国民政》杂志由民政部主管、民政部政策研究中心主办。2002年，在民政部党组的领导和各级民政部门的支持下，《中国民政》杂志坚持“立足民政、服务民政”的办刊宗旨，贯彻“引导新思路、交流新观点、鼓励新实践、总结新经验”的办刊方针，紧紧围绕民政部的重点工作部署，密切联系民政工作的实践活动，以开拓创新的精神做好办刊工作，全年共出版杂志13期，圆满完成了预定的目标任务，为做好民政宣传工作发挥了应有的作用。

第一，根据民政部的统一部署，努力做好第十一次全国民政会议的宣传工作。

为了做好第十一次全国民政会议的宣传工作，《中国民政》杂志根据会前、会中和会后三个阶段的不同特点，制定并实施了以“一个主题、一个专栏、三本专刊”为内容的宣传计划，共刊发各类文章100多篇，50多万字，图片1100多幅。基本做到了历程回顾、成就展示和经验总结相结合，全国概况与地方特色相结合，文字报道、数据描述和图片宣传相结合，较好地完成了第十一次全国民政会议的宣传任务。

第二，紧紧围绕重点工作，及时报道民政部的决策和部署。

《中国民政》杂志始终把及时传达民政部的决策思路和工作部署当作首要任务。一是及时传达民政部的工作部署，如民政部关于城市低保、社区建设、“星光计划”、退役士兵安置、信息化建设等重点工作部署等；二是及时传达党中央、国务院和民政部关于民政工作的重大决策；三是及时传达民政部关于新时期民政工作的发展思路。从理论和实践相结合的高度，围绕贯彻落实“三个代表”重要思想，推动民政工作改革创新这一主题，宣传了新时期民政工作改革发展的宏观思路。

第三，围绕发展中提出的问题，做好民政政策理论研究成果的宣传。

《中国民政》杂志围绕贯彻落实“三个代表”重要思想、推动民政工作创新、加入世界贸易组织后民政工作的对策、新时期民政工作的职能定位和目标任务等重要问题，组织并刊发了一系列理论研究文章，在民政系统产生了重大影响。尤其是民政部领导的文章深刻阐述了新时期民政工作改革创新的一系列重大理论问题，为今后几年民政工作的发展奠定了基本思路。

第四，紧密关注基层工作动态，大力宣传实践中创造的新经验、新举措。

《中国民政》杂志主要从三个方面做好这项工作：一是有选择地刊登各地民政部门出台的政策法规，宣传各地创造的并且用政策法规的形式固定下来的成功经验；二是由《中国民政》杂志与有关民政部门合作，总结、宣传各地民政部门创造的典型经验；三是及时宣传各地创造的好做法、新举措。

第五，坚持开门办刊的方针，努力做好通联发行工作。

《中国民政》杂志始终坚持开门办刊的方针，切实加强通联网络建设，努力改进工作方式和工作方法，积极采取各种渠道和形式，加强与各级民政部门的联系和沟通，虚心听取他们对办刊工作的意见和建议。克服了乡镇合并、财务集中结算、地市机构改革等不利因素的影响，通联发行工作取得了显著的成绩。

（中国民政杂志社）

【中国老年报社】 中国老年报社由民政部主管，全国老龄工作委员会办公室主办。2002年中国老年报社坚持政治家办报，弘扬主旋律，打好主动仗，牢牢把握了“以效益为中心，以质量为重点，以改革为动力”的原则，下大力气狠抓了报纸的改革创新，其力度之大，举措之多，涉及面之广，都是空前的。

（一）以强烈的危机感和忧患意识，加大改革步伐。面对报业的激烈竞争，在办报的总体思路上提出两个结合：一是取党报的“稳”和都市报的

“活”，实现“稳活”结合；二是取行业报的“专”和非行业报的“泛”，实现“专泛”结合，逐步形成了自己的“报魂”和特色，增强了竞争力。为扭转宣传上的被动局面，进一步激发编辑记者的主观能动性，提出了“激情办报”、“与读者实现零距离”和“向平庸宣战”的理念。

（二）贯彻策划意识，力图精编精选。2002 年以来，从社领导到各部室主任前后几次自上而下、自下而上地研讨策划，从报头、版式、专题、栏目到内容，对报纸进行分阶段、多层次、全方位的改革。广大编辑人员以新眼光、新视角、新创意精编精选，力争使每期报纸有新的变化、新的进步、新的提高。一版在重视要闻、社评的同时，加强时政、经济类新闻和评述的报道。增设了《经济视窗》专栏。二版继续办好《银杏树下》，为迎接十六大，开辟了《实践“三个代表”，迎接十六大召开》、《变化在我身边》、《“孝”的话题》专栏。三版《祝您健康》版分为“养生”、“医疗”两个专版，《老年大学》版增设了“校长论坛”、“办学之路”、“校园故事”、“习作点评”、“时代新语”、“夕阳异彩”等新栏目。尤其增设了《研究与探索》理论专版和《绿野银潮》农村版，其中“话说政策”、“农村聚焦”、“村头夜话”、“乡村医疗”等小栏目办得生动活泼、别具一格。四版深挖二层新闻，在延伸版上下细工夫，下大工夫，《老年博览》延伸为“发现”、“科技”、“环球”、“情感”等版；《休闲天地》版延伸为“人物”、“美食”、“俏时代”等。《星期刊》改为《周末版》，同时将出版期由每周一、三、五、日改为二、三、四、五，加大了社会新闻和主题新闻策划的力度。“说长道短”、“周末视点”等栏目起到了抨击时弊、弘扬传统美德的作用。综观一年来的改革创新，成绩是很明显的，不仅报纸外表更加赏心悦目，报道的内容也更富有可读性、知识性、趣味性和指导性。

（三）根据形势和任务的需要，组织策划了几个舆论宣传的大战役。2002 年党和国家以及老龄事业发生的大事多，喜事多，中国老年报社适时组织策划了宣传报道，为党的十六大和老龄事业营造了一个良好的社会舆论环境。(1)组织策划了 2002 年 3 月全国人大、政协“两会”的宣传报道；(2)从 2002 年 3 月 27 日至 4 月 30 日先后发消息、通讯、社论、背景新闻、会议侧记近 20 篇，围绕第二届世界老龄大会的召开进行了全方位、大容量、集束式的报道。(3)从 2002 年 8 月 19 日到 10 月 15 日，对全国老年文艺调演进行了多角度、全方位的连续报道，共刊发消息、通讯、言论、花絮、图片 30 余篇。(4)为做好贯彻落实党的“十六大”的宣传报道工作，早在十六大召开前半年，就成立宣传报道领导小组，安排采编人员，拟定编采和出版方案，开设《实践“三个代表”，迎接十六大召开》的贯通专栏，会前连续发表三篇《落实“三个代表”做好老干部工作》的本报评论员文章和 4 篇《喜迎十六大·老龄工作老干部工作巡礼》专栏文章。

（四）坚持正确的舆论导向，弘扬主旋律，注重典型报道。遵照江泽民同志关于“新闻舆论单位一定要把坚定正确的政治方向放在一切工作的首位，坚持正确舆论导向”的要求，坚持为老龄事业大造舆论，大力宣传先进典型。

在第十一次全国民政会议期间，《中国老年报》于 5 月 22 日至 30 日在头版连续刊登展示大连破产企业养老保险、社区建设、社会化管理经验的《解读“大连模式”》4 篇文章，引起社会强烈反响。7 月 23 日至 25 日在头版头条，连续刊发展示青岛老龄事业发展的光荣业绩和成功经验的《岛城劲吹敬老风》等 3 篇通讯，对于推动全国的尊老、敬老、爱老、助老活动起了示范性作用。

2002 年以来，《中国老年报》连续推出了一批老龄工作和老干部的先进典型：西安市居委会主任邓菊梅，国家林业局党组书记、局长周生贤，河北省军区原副政委赵渭忠，河南新安电力集团公司名誉董事长李廷魁，大连市石道街休养所所长王兴敏，兰州军区先进退休干部标兵郭兴，二炮保定干休所所长胡敬山，包钢纪委原书记朱言等。为增强宣传效果，每个典型均配发了“编后”或本报评论员文章。

（五）狠抓业务培训，提高采编人员素质。2002 年，中国老年报社着力抓了采编人员素质培养和提高，在积极报名参加新闻出版总署举办的培训班的同时，抓住机会加强自我培训，不仅让大家听专家、学者讲课，报社自身也进行了6次业务培训讲座，社长带头讲课，共有12位记者编辑走上讲台，进行新闻业务交流，反映热烈，效果颇好。

（六）加强报评工作，狠抓新闻信息。2002年以来，为迅速提高报纸质量，报社相继建立了评报和新闻信息分析小组。新闻动态分析小组，发挥主观能动性，利用业余时间，广泛收集国内媒体信息，取人之长，为我所用，广采博取，贴近读者，在办出自己的风格和树立“报魂”等方面起了很大作用，成为报社领导决策的助手之一，受到各编辑部的好评。评报工作既是对各编辑部精编、精选稿件的监督、检查，也是一种有效的激励机制。一批年轻记者、编辑采写的新闻频频得奖，在全国老年报第十一届年会上，《中国老年报》13篇参评稿全部获奖，其中一等奖4篇，二等奖3篇，三等奖6篇。《股市没人提“退休”》获“全国副刊作品年赛”优秀奖，谢联辉获“全国百佳新闻工作者”称号。

（中国老年报社）

【公益时报社】 公益时报社由民政部主管，中国社会工作者协会主办。2002年，在民政部党组的领导下，在民政部新闻办公室的指导下，坚持以“三个代表”重要思想为指针，坚持立足民政、面向公益的办报方向，宣传工作取得了突出成绩。在宣传工作中，《公益时报》特别突出了“公益事业是民政事业社会化的突破口”这一原则，通过向社会宣传民政工作来树立民政事业良好的政府公益形象，通过向民政系统宣传其他公益事业的成功经验和反思给民政事业以借鉴，通过交互式的公益事业宣传报道，为民政事业动员更多的社会力量和社会资源，推进民政事业的改革与发展。

一、立足民政，以全新视角展示全新感觉

民政工作是公益事业的重点内容，也是《公益时报》的宣传重点，《公益时报》坚持摒弃工作报告、简报式的报道，力争办出特色，以新的报道形式、新的视角，注意事件性和深度报道，注意典型和经验报道中的理性思考，注重通过报道来提供更多的决策参考信息，注重形式的多样性和风格的灵活性，使报道做到既生动新颖又发人深思。《公益时报》在及时报道民政公益事业重大决策信息的同时，在救灾救济、基层政权建设、民间组织管理、最低生活保障等民政公益事业领域推出了一系列有组织、有策划的重点报道，产生了良好的社会影响。在全国人大、政协“两会”期间，《公益时报》结合民政工作的需要，通过对人大代表中的专家学者和实际工作者的深入采访，就一些政策和制度问题进行了深层次的报道；创新“扶贫济困送温暖”日常性捐助活动的报道形式，专刊式、全方位、多层面的集中报道受到了民政部领导和业务司局领导的高度赞扬，也为重点民政工作的推进性宣传开创一条新路；“社区建设”版面突出有关社区建设的深层次思考和事件性干预报道，得到有关部门领导和社区居委会的肯定；党的十六大召开前后，《公益时报》不仅通过“沐浴十六大春风，促公益事业发展”的系列专题报道，展示了民政公益事业的辉煌成就，还通过对十六大精神的思考性报道，为民政公益事业决策提供了支持。

二、面向公益，为民政事业社会化开道

在做足“立足民政”文章的同时，《公益时报》坚持把公益事业宣传作为民政事业社会化的突破口，依托民政事业改革与发展的需求，通过拓展性的报道，力求从舆论上为民政事业的社会化发展营造良好的环境。企业公民报道的大力推进，倡导了一种全新企业捐赠理念，即企业支持公益事业是企业营销的核心内容之一；通过公益民间组织的报道，推进民间公益事业的发展，以有效补充政府公益事业的不足，取得了良好的社会效应，动员和团结了一大批热心公益事业的企业精英和民间组织。《公益时报》注重在能够引起社会广泛关注的其他公益主题报道中，为民政系统提供开拓工作思路的信息，环保问题的报道、企业公益的报道、明星公益的报道等，为民政系统提供了许多新的公益理念。《公益时报》还注意提供民政系统职工想了解的其他国内外政治、经济、社会等新闻信息服务。

三、发挥优势,《中华彩票》成为指定媒体

经过认真的市场调查和形势分析,《公益时报》创办了《好彩一周》专刊,并在2002年发展为《中华彩票》,注意把彩票玩法的娱乐性、彩票事业的严肃性和彩票发行的市场化特点紧密结合,在业界产生了很大反响,为中国福利彩票事业的发展发挥了重要的舆论先导作用,得到民政部和中国福利彩票发行中心领导的充分肯定,并指定《公益时报·中华彩票》为中国福利彩票的权威信息发布媒体。

四、改革创新,建立企业管理制度和市场营销模式

《公益时报》作为民政部新创办的报纸,积极探索建立了现代企业管理制度,并初步确立了市场化的营销模式,打造了一支具有市场开拓能力的办报团队,报纸已开始由低成本运作、滚动式发展向更高层次的目标迈进。

(公益时报社)

民政信访工作

【信访工作简况】 信访是指人民群众采用书信、因特网、电话、走访等形式,向各级国家机关反映情况,提出意见、建议和要求,依法应当由各级国家机关处理的活动。信访工作是各级国家机关处理群众来信,接待来访,倾听人民群众的意见、建议和要求,接受人民群众的监督的全部活动。民政信访工作是各级民政部门联系群众的重要桥梁和纽带,为民政对象解决实际问题,为领导决策提供信息服务,为维护稳定的社会环境服务是民政信访工作的主要任务。2002年,民政部信访办共接待到京来访5157人次,比2001年的4764人次上升了8.5%,其中集体访55批,559人次,分别比上年的70批802人次下降了21%和30%;办理人民来信10507件,比上年10205件上升了3%;处理网上来信500余件;答复电话访700余次。在来访中属于民政业务的2677人次,占来访总量的52%,其中反映优抚安置问题的1459人次,占整个民政业务来访量的54.5%,比去年的51%上升了3.5%;反映村民自治问题的608人次,占23%,比去年的34%下降了11%;救灾救济327人次,占13%;其他方面占13%。

2002年进京上访人数较多的省、自治区是:河北省469人次,河南省406人次,辽宁省310人次,山东省237人次,黑龙江省126人次。集体访批次较多的省是:河南省11批138人次;河北9批58人次;辽宁7批114人次。来信量较多的省、自治区是:湖南省731件,江苏省714件,四川省694件,山东省630件,北京市562件。信访办案力度较大的省是:山东省、河南省、四川省、湖南省、安徽省。信访信息报送较好的省是:黑龙江省、安徽省、四川省、云南省、山东省。对基层信访工作进行目标考核工作较好的省是:江苏省、山东省、黑龙江省、辽宁省、安徽省。基层民政信访网络建设较好的省是:山东省、安徽省、江苏省。综合考察信访工作比较好的地方是:北京市、吉林省、天津市、内蒙古自治区、山东省、江苏省、上海市、江西省、湖北省、四川省、西藏自治区、宁夏回族自治区,特别是西藏自治区2002年度无进京上访。

(民政部信访办)

【2002年信访热点】 从来信来访内容分析,2002年信访问题主要集中在以下几个方面:

(1)低保问题信访增加。随着城市居民最低生活保障工作的开展,低保对象信访量上升。存在的主要问题是地方配套资金不能及时足额到位,致使低保户不能及时足额领到生活费而信访;更多的是特困户对低保条件的理解误差,引发争议造成的上访。低保问题的信访占救灾救济的首位,达42%。

(2)60年代精简下放职工

要求提高救济标准或享受救济的信访占救灾救济的第二位，达35%。

(3)一些地方新调整的在乡革命伤残人员抚恤金未能及时到位。1998年以来，国家每年都调整在乡革命伤残人员抚恤金标准，但由于财政体制原因(从本级财政当年上缴的税费中扣除)，造成新调整抚恤金不能及时到位，甚至原标准抚恤金都不能保证，在乡革命伤残人员不能及时足额领到，引发信访不断。

(4)倒闭破产企事业单位的革命伤残人员要求民政部门解决生活问题。相当多的倒闭破产企事业单位和买断工龄的革命伤残人员到民政部门要求解决生活困难问题，反映上有老、下有小、本身伤残，国家必须给予生活保障。在不景气的企事业单位工作的革命伤残人员反映他们不能与为本企事业工作伤残的人员同等对待，说他们不是为本单位致残，应由国家负责，把他们推向政府。

(5)在乡革命伤残人员的治病问题难于解决和保证。基层民政部门对在乡三等革命伤残人员所能支付的医疗经费极为有限，劳动部门对在乡二等以上革命伤残人员按规定应给予公费医疗，但实际上很难保证，不是积压拖欠，就是医疗费包干。

(6)老少边穷地区的在乡老复员军人的生活仍很贫困。在乡老复员军人的"三难"问题在一些地方仍未得到根本改观，生活难、住房难、治病更难，特别是治病难的问题很突出，此类信访问题占信访总量的首位。

(7)村委会换届选举矛盾突出。

(8)城市退伍义务兵安置难问题。城市退伍义务兵遭接收单位拒收或变相拒收，致使安置部门分配不出去；有的即便接收，也是待岗或工作一段时间后下岗，或不能一视同仁、同工不同酬，义务兵又找回安置部门要求重新安置；在一些实行有偿转移安置的地方，安置部门从接收单位收取数万元有偿转移费，而到了"自谋职业"的义务兵手中时却少得可怜。此类上访以集体信访为多。

(9)由抢占自然资源而引发的边界纠纷时有发生，甚至发生哄抢、斗殴事件，造成集体上访。

(民政部信访办)

【民政信访荣成经验】 2001年11月上旬，民政部办公厅在山东省荣成市召开民政信访基层网络建设观摩会，听取了荣成市民政信访四级网络建设经验，并决定2002年向全国民政系统推广荣成市的经验。

荣成市(县级市)民政信访网络分为市、乡镇、片、村4级，市民政局信访室负责整个网络的运作管理。市级设信访领导小组，局长、分管副局长分别任正副组长，各业务科长为组员。乡镇级设民政信访领导小组，由分管民政工作的镇领导和民政助理组成。各镇根据区域分布和传统习惯将所辖村划为若干工作片，挑选能力强、有责任心、群众基础好，本人最好也是民政对象的同志任民政片长。各村设专职或兼职的民政主任，民政片长和民政主任身份为群众。整个信访网络以市级为龙头，以乡镇和工作片为骨干，以村级为主体，总人数为1066人。这些人既是民政信访网络的"终端"，也是全市民政工作的基本力量。

信访网络的工作机制由4项制度组成：会议制度、办案制度、考核制度和保障制度。

市民政局信访领导小组每季度召开一次例会，研究、布置信访工作重点，对重大、疑难信访案件则召开不定期会议，研究、确定处理意见。每季度市民政局信访室主持召开一次民政助理和民政片长工作例会，主要由各镇汇报工作情况、尚未解决的疑难案件和民政对象的思想状况，市民政局信访室汇总分析后，报送局长和其他领导。镇民政助理召开定期和不定期的村民政主任会议，市民政局信访室和民政片长参加，各村要汇报民政对象的状况。市民政局信访案件转办单直接交村民政主任办理，在限定期限内，村民政主任未反馈结果的，市民政局信访室向镇党委发督办通知单，请党委书记督办。市民政局信访室年初下发工作计划和镇民政信访考核办法，确立目标责任制，年中、年底进行检查、评比，结果报送市委、市政府和各镇党委。市民政局信访室每月将各镇来信来访情况编出简报,直送各镇党委办公室,由党委书记批阅后转分管领导。市民政局和各镇每年在预算外筹措一定的专项基金,用于民政片长和民政主任的津贴和奖励优秀网络成员。荣成市的民政信访网络在实践中发挥了快速反馈信息、宣传政策、疏导教育、案件查办等作用。

2002年,安徽、山东、黑龙江等省开展了基层信访网络建设的试点和推广工作,并取得了初步成效。

(民政部信访办)

【三河灵泉灵塔公墓集体上访案件】 自2002年初至年末,购买河北省三河市灵泉灵塔公墓的客户(多为北京市居民)多次聚集在民政部大门口,呼喊口号,冲击机关,要求退穴退款。累计万余人,其中百人以上的集体上访30余次。

三河灵泉灵塔公墓是经河北省民政厅批准、于1997年8月成立的,占地547亩,累计投入资金已1亿多人民币,建有纳骨塔、纳骨廊、纳骨壁、草坪墓等,可安放骨灰盒22万余个,已有1.1万人购买了4.5万个穴位,但由于在销售工程中未经批准跨地区营销和受委托的宣传咨询公司的炒作,一些客户以投资升值为目的的愿望落空,引发了此次集体上访。在中央有关部门的协调下成立了处理案件的京冀联合工作组,提出并采取了委托代为销售和通过司法途径解决问题等办法。

(民政部信访办)

【信访调研】 2002年,民政部信访办撰写的调研报告《退伍军人安置问题来信来访情况及有关建议》被中共中央办公厅、国务院办公厅以及中央军委的有关刊物采用。调研报告《2002年村民自治方面来信来访情况分析》也受到有关业务单位的重视。

一、退伍军人安置问题来信来访情况

报告根据省、部两级的信访实践,对近年来的安置工作信访情况进行统计分析,认为安置工作存在的主要问题是:(1)接收单位拒收现象近年来越来越严重。部分兵源大省拒收已占上访量的70%以上,拒收单位主要是一些垂直管理、垄断性行业或人事权上划的中央、省直属单位或效益较好的企业,如工商、税务、邮电、电力、铁道、银行、石化等。非国有企业也存在拒收现象。(2)已安置军人的合法权益得不到保障,隐性失业问题比较严重。主要表现为迟迟不让上岗,上岗不久就下岗,以临时工身份上岗后不能与同工龄、同工种、同岗位的人同等对待,相关政策得不到落实,收取额外上岗费等。(3)征兵与安置脱节严重。超比例征集城镇兵员现象普遍,部分省的城镇兵实际比例甚至已达70%,给安置工作带来混乱。造成此现象的原因主要是征兵环节控制不严。(4)对地方出台的安置办法不满。(5)对安置工作中存在的不正之风不满。(6)自谋职业的经费得不到落实;待安置期间生活无保障。(7)退役士兵就业期望值较高,对安置结果不满意。

报告认为安置工作正在成为影响部队和社会稳定的重要因素,亟待改革。对安置工作的改革,报告提出了几点思考和建议:(1)安置工作改革应以理论建设和理论突破为先导。我国现行安置模式和安置方法的计划经济烙印,是市场经济条件下安置难的根本原因,既严重影响企业的自主发展,也未必能给军队带来优质兵员。随着改革的深入,政府可掌控的就业资源日益稀缺,约束手段愈渐式微。企业自主用工、追求效益日益成为其内在要求;机关事业单位逐渐确立了"三定"方案和公开考试择优录用制度;高校改革取消了升学与就业的直通车,就业安置的价值益发凸现。现行安置政策与其运行环境之间的突出矛盾,需要对安置模式和安置方法重新进行制度设计。近年来,各地在安置工作实践中探索出不少新做法,但由于缺乏对国家兵役制度、军人优待抚恤制度和社会保障制度的全局考虑,很难从根本上改变新形势下退役军人安置的困境。安置改革首先要在理论上有根本突破,报告建议引入"安置工作二元论",即:安置工作既属社会保障范畴,也是国防动员体系的重要组成部分。强调前者,可突出政府和社会责任;强调后者,可突出公民义务。通过这两个"突出",以建立"政府规范、社会参与和个人自主选择"的安置新格局,从根本上缓解民政信访的压力。(2)重视安置工作的规范化。安置工作关系国家、军队和个人的根本利益，应尽快实现有法可依、依法安置、依法管理，杜绝安置工作中的不正之风，确保公开、公正、公平。应通过立法，对安置部门、相关组织、用人单位和被安置对象之间的关系用法律来调整，对国防义务的负担、安置资金的筹集机制、安置过程的管理、安置保障措施的实施、违反安置管理的法律责任、处于弱势的被安置对象的权益等，用法律形式固定，以从根本上改变法规滞后的局面。此外，还要大力加强民政部门的作风建设。(3)重视对安置对象的思想教育、技能培训和心理辅导。要帮助退役军人树立正确的社会流动观、职业观、竞争观和生活观，促成退役军人从军队向社会合理、有序的流动，并使这种流动顺畅。安置部门作为退役军人的“娘家人”，除了要依法积极维护他们的权益，更重要的是组织和动员社会力量加强对退役军人的教育、培训和辅导，使他们自觉、有意识地在教育程度、工作技能和心理素质等方面提升个人条件，逐渐弱化服兵役的就业动机，强化服兵役是适役青年义务的观念，为新的退伍安置格局的形成创造社会心理环境，确保安置工作的良性运行、协调发展。

二、2002年村民自治方面来访情况分析

报告根据民政部信访办公室的信访实践，将2002年村民自治的进展情况概括为：选举面逐年扩大，全国绝大多数村至少经历过一次民主的洗礼；各地的选举办法和实施细则日臻完善，反映选举办法中存在漏洞的少了；选举的组织者和广大农民对选举的各项程序更加明了，依法按程序选举的意识明显增强；村委会与乡镇党委、政府及村党支部的权力划分缺乏明晰的、刚性的制度约束，制约了村民自治向纵深发展。

报告对2002年村民自治方面来访反映的以下问题进行了分析，主要存在以下问题：

(一)乡镇一级对民主选举的干预问题

1.个别乡镇拒不组织选举或以种种理由拖延换届。究其原因主要是：(1)某些基层干部对村民自治意义认识不足，总以为通过村民选举产生的村干部自己使唤不动了，乡镇一级对村子的控制力减弱了，不想放弃对村一级各方面的干预权；(2)某些乡镇干部与村党支部书记或原村委会主任存在着复杂的社会关系和千丝万缕的经济联系，尤其是在一些城乡结合部和集体经济发展比较快的村子更为突出；(3)个别经济条件较差、派性比较严重、长期没有“两委”班子的乱村，乡镇领导有畏难思想。

2.乡镇领导指定选举委员会成员或候选人干预选举。被指定的候选人大多是村党支部或原村委班子成员，在群众中威信不高而与乡镇关系密切的。这不但影响以后各项程序的公正性，也是以后选举中出现千奇百怪问题的重要原因。

3.乡镇领导随意停止已当选村主任的工作。当选村主任上任后，开展工作阻力重重，既要解决村民迫切要求解决的问题，又要处理与村支部书记工作中的摩擦，更要注意协调好与乡镇党委、政府的关系，稍有不慎不但难有作为，还可能面临被罢免或停止工作的局面。

(二)选举过程中的问题

1.选委会产生不规范和不能很好地行使权力。村民对选委会的重要性认识不足，监督力度不够，乡镇选举指导组也图省事，简化操作走过场，甚至指定选委会成员，为以后违规操作留下事端。严格按程序产生的选委会，因乡镇选举指导组和村党支部书记越俎代庖，往往不能很好发挥作用。有必要对选委会的产生程序增加必要的限制性条款，同时采取措施确保选委会真正行使权力。

2.委托票问题。虽然各省的选举办法中对委托票作了相应的规定，但在具体操作中不办理委托手续、委托数量超过规定或强迫、利诱委托人必须由某人代理的问题仍然不少。在委托票上做文章已成了竞选者拉选票的一种策略，这除了由于选委会不负责任外，农村复杂的人情关系、利害关系也是造成这种有规定难落实的局面的重要原因。委托票往往与贿选纠缠在一起，成为竞争者行贿的一个目标。

3.贿选问题。在竞选活动中，村委会如何界定合理的拉选票行为和贿选行为，实践中很难把握，法律上也很难认定。

(三)罢免问题

近两年来要求罢免的来访

主要有3种类型：一是村委班子由乡镇指定，长期不进行民主选举；二是新当选的村主任上任后，不履行自己竞选时的诺言，办事独断，把村民自治变成个人自治；三是竞选激烈的村，落选的一派千方百计找漏洞，策划罢免村主任。

各省的选举办法中提出的1/5有选举权的村民联名，提出罢免理由，由村委会或乡镇人民政府召开村民会议进行表决，实际操作中很难办到。由村委会主动召开村民会议几乎是不可能的。乡镇政府主持第一种情况的罢免几乎不可能，第二、三种情况，乡镇政府因怕引起新的不稳定或工作量太大，也不愿插手。

(四)纠错机制问题

《中华人民共和国村民委员会组织法》和各省的选举办法将村民选举中的纠错机制界定为群众举报，和县乡政府、人大及主管部门的调查处理、批评改正上，而实际情形是出了问题，群众向乡镇政府反映不予纠正，向县人大反映，人大推给民政局，向县委、县政府反映也说由民政部门处理，而民政局只能与乡镇政府协商，督促解决，最终乡镇政府成为纠错的主体。由违法者自己纠正自己的错误很难，尤其是民政信访部门在处理这类违法问题时心有余而力不足。

村民反复上访给乡镇甚至县级工作带来很大压力，为了控制上访，上访群众稍有过激行为便被以违反《社会治安管理条例》予以拘留或以扰乱社会秩序罪判刑。乡镇政府担负纠错的任务，容易造成纠错者与举报者的不平等。

村委会选举中的纠错机制应有3个层次：一是村级自身纠错，由选委会、村民代表会议或者召开村民会议，依照《中华人民共和国村民委员会组织法》基本原则作出处理，不能由指导工作组或党支部说了算；二是乡镇纠错，乡镇选举领导小组的职责应限于宣传、指导、监督，保证选举严格按规定的程序进行，越权要追究责任人的责任；三是法律纠错，对选举中出现的重大问题村级无法处理或由乡镇级造成不当纠正和处理的，应通过法律途径解决。

(五)村委会改居委会过程中集体资产流失问题

乡镇企业缺乏约束机制，在村委会改居委会过程中，乡镇指定的企业管理者不公开企业账目，不经村民讨论随意处置企业资产，造成集体财产严重流失。

(民政部信访办)

民政信息化建设

【全国首次民政信息化建设工作会议】 2001年6月19日至20日，全国首次民政信息化建设工作会议在上海召开。

会议学习贯彻党的十五届五中全会和九届人大四次会议精神，回顾了民政信息化建设的成绩和不足，交流了各地的成功经验，讨论了《民政信息化发展纲要》，通过学习、总结、交流和讨论，提高认识，统一思想，研究确定民政系统信息化建设的基本思路、总体要求、目标任务和今后一个时期的工作重点，部署动员全民政系统力量，将民政信息化建设推向前进。

会议总结了自1992年开始的民政信息化建设工作，分析了民政信息化现状和面临的形势，提出了“以党的十五届五中全会和九届人大四次会议精神为指导，贯彻‘三个代表’重要思想，以改进工作方式，改革管理手段，提高民政工作水平为出发点，积极推进民政系统信息化建设，逐步实现民政业务工作决策科学化、管理规范化、服务网络化、手段现代化”的总体要求。

民政部部长多吉才让作了题为《把握历史机遇，迎接新的挑战，以信息化带动民政工作现代化》的重要讲话，对民政信息化建设的形势、任务和发展目标提出全面要求。

会议讨论通过了《全国民政系统信息化2001－2005年发展规划纲要》，确定民政信息化建设的奋斗目标和主要任务是：在未来5年内，通过实施与重点民政业务相结合的“数字民政”工程和通过实施与社区建设相结合的“便民”工程，基本建成以“一网一台多软件”为框架的管理和服务两大网络系统。

各省、自治区、直辖市民政厅(局)，各计划单列市和部分省会城市民政局负责同志参加了会议，上海、青海、大连、河南民政厅(局)的代表在会上作了典型发言。

这是民政部第一次以信息化为专题召开的工作会议，会议对于提高认识，统一思想，振奋精神，明确方向和任务，进而动员全系统力量，加快民政信息化建设步伐，以信息化带动民政工作现代化，促进民政事业的快速发展，具有深远影响和极其重要的意义。会议的召开标志着民政信息化建设进入了一个统一规划、全面发展的新阶段。

(张　军)

【全国民政信息化建设工作座谈会】 2001 年 9 月 18 日至 19 日，民政部在广州召开全国民政信息化建设工作座谈会。

全国首次民政信息化建设工作会议召开后，各地积极落实会议精神，部署本地民政信息化建设工作，总的形势不错，但发展不平衡，有些省份认识不高、决心不大、行动迟缓、措施不力等情况依然存在。这些问题如不及时解决，不但影响本地信息化建设进度，而且将直接影响全国民政信息化建设的速度。为加快民政信息化建设步伐，解决存在的问题，民政部召开了这次会议，进一步提高认识，统一思想，查清问题，加以解决。会议检查交流全国首次民政信息化建设工作会议落实情况，提出立足全局，解决薄弱，促进平衡，统一思想，加快步伐，尽快建成部、省两级相联的民政广域网。

会议提出，民政部信息化建设领导小组研究决定，根据《全国民政系统信息化 2001－2005 年发展规划纲要》，部、省两级相联的民政系统高速宽带广域网将提前到 2002 年底前建成(提前 7 个月)，该网络将具备传送数据、语音、视频功能。会议认为，民政广域网建设是民政信息化的重要内容，是提高工作效率和降低工作成本的根本手段，是一项势在必行的工作。用 15 个月的时间建成民政广域网既是必要的，也是可行的。要实现这一目标任务，民政部主要有 6 项工作：一是进一步搞好“三网合一”广域网的规划、论证和实施方案；二是施工单位招标和设备定型购置；三是筹措资金；四是协调指导各地工作的落实；五是培训技术人员；六是督促检查落实情况。各地民政部门要做好三项工作：一是作好规划准备；二是作好人才准备；三是作好资金准备。

全国各省、自治区、直辖市民政厅(局)及计划单列市和新疆生产建设兵团民政局办公室主任、20 个尚未建成局域网的省级民政部门负责信息化建设的厅(局)长及信息中心的有关人员出席了会议，吉林、甘肃、广东介绍了全国首次民政信息化建设工作会议以来，各自开展民政信息化建设的情况。

这是继全国首次民政信息化建设工作会议之后，落实民政系统信息化建设部署的又一次重要会议。会议对于进一步统一思想，加快步伐，克服困难，坚定信心，确保如期实现会议确定的目标任务，进而加快民政信息化建设进程，促进民政事业的快速发展具有重要的意义。会议的召开，打响了高起点、快速度建设“三网合一”广域网的攻坚战。

(张　军)

【全国民政信息化建设表彰大会】 2001 年 9 月，全国民政信息化建设工作座谈会确定了提前到 2002 年底前建成民政广域网的目标任务。15 个月来，民政部和各地民政部门做了大量艰苦细致的工作，在民政广域网建设中，倾注了心血，付出了艰辛，攻克了难关，胜利完成了既定目标任务，民政信息化建设实现了跨越式发展。为了总结民政信息化建设的工作成绩和宝贵经验，表彰在民政信息化建设工作中作出贡献的先进集体和先进个人，部署民政信息化工作下一阶段工作重点，动员民政系统再向民政信息化建设新目标迈进，民政部利用新建成的民政广域网视频会议系统召开了“全国民政信息化建设表彰大会”。

2002 年 12 月 24 日，全国民政信息化建设(视频)表彰大会在民政部信息中心(主会场)

隆重召开。多吉才让部长、李学举副部长、李宝库副部长、罗平飞副部长、姜力副部长、纪检组张印忠组长参加了会议。

会议认为,民政信息化建设的跨越式发展是在基础工作比较薄弱,起步较低,发展不平衡,资金、技术、人才不足的情况下取得的,成果来之不易。其中,统一规划、统一技术、统一标准、统一实施、统一验收,发挥后发优势,实现跨越式发展是重要经验之一。

会议对一年多来以“一网一台多软件”为主要内容的“数字民政”工程建设进行了总结,即:“一网”(民政广域网)建设成绩斐然,“一台”(民政公用政务平台)建设效果明显,“多软件”(民政业务管理软件)建设成效显著。对在全国民政信息化建设中做出突出成绩的37个民政厅(局)、优抚安置局等民政部机关5个司(局)和在全国民政信息化建设中作出重要贡献的80名先进个人给予表彰和奖励。

会议就下一阶段民政信息化工作作了部署,强调指出,加强制度建设和培养、造就适应民政信息化建设要求的公务员和专门人才队伍,是益当前、利长远,保证民政信息化建设健康和持续发展的关键措施。

会议指出当前和今后一个时期民政信息化工作重点是:紧紧抓住“应用、完善、开发、延伸、维护”5个方面工作,力求有新进展、新突破、新举措。“应用”,重点是网络应用;“完善”,重点是民政公用政务平台建设;“开发”,重点是软件开发;“延伸”,重点是向地(市)、县(市)延伸;“维护”,重点是保证网络安全、稳定、高效运行。

民政系统高速宽带广域网的建成及其投入使用,是2002年民政工作中值得认真总结的一个重大成绩,是值得骄傲的一个亮点。全国民政信息化建设表彰大会的召开标志着民政信息化建设第一步目标已经胜利实现,标志着民政信息化建设取得了突破性进展,标志着民政信息化建设进入了新的阶段。

民政部机关各司(局)长、综合处长,民政部受表彰的先进个人、有关事业单位负责人在北京主会场参加了会议,各省、自治区、直辖市民政厅(局)及各计划单列市和新疆生产建设兵团民政局在各地分会场参加了会议。

(张　军)

【“便民”工程】 “便民”工程是《全国民政系统信息化2001-2005年发展规划纲要》确定的民政信息化建设两大工程之一,是以社区建设为中心,以民政信息资源及专项社会事务管理职能为基础,以信息技术为手段,以社区服务为切入点,建设集热线电话、因特网查询、单键呼叫三位一体的智能呼叫中心,为社区居民提供全方位的信息和服务,并构建社区服务信息平台,在社区服务工作者与社区居民之间架起方便的桥梁,进而结合“数字民政”工程的建设,实现现代化社区管理和服务的信息化建设工程。

“便民”工程今后5年的目标是以社区服务为龙头,建立智能呼叫中心。呼叫中心将通过统一呼号的热线电话、风格一致的因特网站点、方便快捷的单键呼叫三种方式接受社区居民的服务请求,在传统社区服务手段的支持下,为社区居民,尤其是老年人提供方便快捷的服务。远景目标是:在因特网上建立整合民政、劳动、公安、卫生等部门业务的统一的社区服务信息平台,为社区居民提供全方位的服务。同时,结合“数字民政”工程,把各项民政基层管理工作移植到这一信息平台上,实现民政业务的网上办公。

“便民”工程包括三类内容,一类是社会保障方面的服务,一类是社会事务管理方面的工作,另一类是家庭生活方面的服务。工程涉及因特网、地理信息系统、数据库与数据仓库、智能呼叫中心、电子商务与电子交易市场等高新技术领域。工程建设将以中心城市为基础节点展开。

“便民”工程将以因特网作为系统的网络基础,以CTI技术为核心建立智能呼叫中心,以电子商务技术为核心建立社区服务信息平台,最终,将民政业务信息网络与因特网对接,实现信息化社区管理。本工程的关键技术是智能呼叫中心和电子商务技术。

“便民”工程与社区建设相结合,以社区服务为突破口,由民政部门牵头，与劳动、公安、卫生等部门共同实施。工程将分三个阶段完成，第一阶段：选取2－3个试点城市，开展基础数据资源数据库和智能呼叫中心的建设；第二阶段：在全国一半以上中心城市推广试点工程；第三阶段：结合“数字民政”工程的建设，实现民政业务信息化管理。

（胡晓明）

【全国民政系统信息化2001－2005年发展规划纲要】《全国民政系统信息化2001－2005年发展规划纲要》，即民政信息化建设“十五”规划，是2001年至2005年民政系统信息化建设的纲领性文件。2001年6月，民政部召开首次全国民政信息化建设工作会议，会议讨论通过了《全国民政系统信息化2001－2005年发展规划纲要》（草案），2001年7月18日以民政部文件（民发〔2001〕182号）形式颁布实施。

《全国民政系统信息化2001－2005年发展规划纲要》分析了民政系统部、省两级信息化发展现状，认为从整体上看，部、省两级民政部门初步建立起了相应的机构，取得了一定进展，但还存在一些问题。一是民政信息化的基础设施和网络平台还没有形成全国统一的体系；二是应用软件的开发缺乏统一管理；三是没有建立标准统一的数据库系统和信息共享机制；四是各地区信息化建设发展不平衡。现有的民政信息化水平还不能满足行政管理现代化的要求，还远未跟上我国经济和社会发展信息化的步伐。

根据民政系统信息化发展现状，《全国民政系统信息化2001－2005年发展规划纲要》确定了全国民政系统信息化的发展目标：在未来5年时间内逐步构建管理型和服务型两大网络。管理型网络即民政系统广域网，该网络将覆盖县级（大中城市将覆盖街道一级）民政部门，网络上将构建通用民政业务软件平台，通用平台上运行专项民政业务管理软件及办公自动化系统；服务型网络即集热线电话、因特网查询、单键呼叫三位一体的智能呼叫中心。通过实施“数字民政”工程和“便民”工程实现全国民政系统信息化的发展目标。

《全国民政系统信息化2001－2005年发展规划纲要》确定了未来5年民政信息化建设的指导原则是统一规划、分级建设，试点先行、分期实施，讲求实效、注重应用，面向社会、服务公众。为保证发展目标的实现，提出了完善的保障措施：一是建立完善的信息化建设管理体制，加强信息化工作的组织与领导；二是力争将民政信息化建设列入当地政府社会发展计划和年度财政预算，同时拓宽融资渠道，多方筹措资金；三是注重人才的吸收和培养，尽快建设一支既懂民政业务又掌握信息技术的人才队伍；四是加强交流与合作。

《全国民政系统信息化2001－2005年发展规划纲要》的制定和实施，标志着民政信息化建设进入了统一管理、规范发展的新阶段。

（胡晓明）

【民政部网站】 2000年1月，作为“政府上网”工程的发起单位之一，民政部在因特网上推出了民政部网站。

民政部网站围绕民政工作的重点，开设了“民政部简介”、“机构设置”、“工作动态”、“办事指南”、“民政信箱”、“统计数据”、“法律法规”等栏目。其中“民政部简介”和“机构设置”栏目介绍了民政部的主要职责、业务范围及机构设置情况；“法律法规”及“统计数据”栏目集中了国家颁布的民政方面的法律法规，并提供相关统计数据；“工作动态”栏目介绍民政工作近期要闻及最新工作动态；“办事指南”栏目介绍了公众与民政部门的办事程序；“民政信箱”栏目采用交互式的方式针对公众关心的热点问题，进行解答，民政部信访办公室通过这个信箱开展网上信访工作。

民政部网站开通3年来，有力地宣传了民政工作，促进了政务公开，提高了政府工作的透明度，树立了良好的政府形象。同时了解了民情民意，增强了服务意识。

民政部将继续推进“政府上网”工程，加强民政部及各级地方民政部门网站的建设，形成一个个网上“民政局”，通过因特网，向社会各界及公众宣传介绍民政工作的业务范围、相关法律法规，及时公布民政工作的最新动态,提供权威信息。通过相应的互动式栏目为企事业单位和个人提供方便、优质、高效的服务,以服务为宗旨,进一步促进政务公开,提高政府工作的透明度。

(贺庆勋)

【民政业务网站】 在建好民政部网站的同时,民政部部分司局及事业单位结合自己的专项业务开通了民政业务网站。

截至2002年年底,先后在因特网上开通了“中国农村村民自治信息网”、“中国行政区划网”、“中国地名网”等民政业务网站,这些网站系统、全面、准确地介绍了专项民政业务,为公众提供了方便快捷的信息服务,同时也推进了专项民政业务的发展。

(贺庆勋)

【民政公用政务平台】 民政公用政务平台是“数字民政”工程的重要组成部分,是联系民政广域网和各类民政业务软件的核心环节。它是构建在民政广域网之上,独立于计算机硬件和操作系统的系统软件,支持政务管理、应用软件开发运行和基层业务软件的运行,为日常办公、数据分析、大型分布式计算和各项业务应用的整合搭建平台。平台按功能逻辑划分为软件开发平台、政务管理平台和基层业务平台3个相辅相成的部分。

民政公用政务平台有以下4个特点:

“一站通”访问方式——用户只需进入一站式门户,即可直接方便调用、访问原系统分散于各独立系统下的功能模块、数据单元、应用资源。

数据层抽取整合——可直接从原分散资源系统中按用户需要分类抽取所需源数据,自动处理所有相关信息,并以多种方式展示给用户。

个性化用户界面——能针对每一个用户的特定的信息需要,定制出完全个性化的用户界面,直接阅读、处理个性化的信息内容。

多应用无缝集成——平台能够将已建的各独立的异构分散的应用系统在不破坏原系统的情况下,集成为共享级、提升级的统一应用系统。

民政公用政务平台的建设目标是在民政广域网上建设部署一系列系统软件,为民政业务软件的开发、运行和部署提供一个统一的平台,保证民政业务软件的规范化;为各类民政业务软件和日常办公提供一个综合的公用的门户平台,有效提高民政系统的办公效率;为基层民政业务软件提供一致的运行环境,规范基层民政业务流程,统一基层民政业务管理,提高民政业务信息化水平。总之,通过民政公用政务平台的建设,促进民政事业向规范化、信息化和现代化方向发展。

民政公用政务平台的建设内容主要包括以下4个方面:

一是根据《民政业务软件数据共享与交换标准》,利用网络存储技术,在民政业务软件平台上构建民政业务数据中心,提取和管理低保、优抚、区划以及以后将要研制的业务软件的有关数据;二是开发和部署民政业务软件平台,将现有的城市居民最低生活保障信息系统、全国优抚安置信息系统等纳入平台的管理范畴,并在其基础上开发其他应用系统;三是研制政务管理平台系统软件,为日常办公、数据分析和宏观决策提供软件平台;四是开发基层业务软件平台,为面向老百姓的基层民政业务信息化打下基础。

公用政务平台中的软件开发平台和政务管理平台在中心节点部署所有开发、运行和测试等相关工具软件。对于省级用户,平台不仅提供通过民政广域网到中心节点享受到平台服务的能力,还为这些省级单位提供局域网运行平台,保证在中心节点平台上开发的软件可以运行在省级平台之上。

政务管理平台部署在民政部局域网和省级民政厅(局)本地局域网上,并同时满足在整个民政广域网范围内,跨局域网的网络办公要求。

规划中的“基层业务平台”主要分布在地(市)下辖的区县、街道办事处、居委会等直接面向公众服务的业务单位,为这些基层部门提供现代化管理手段。

(粟演兵)

【民政业务信息共享与交换数据标准】 民政业务信息共享与交换数据标准是用来规

范民政业务数据中心建设和各类民政业务软件开发与信息交换的数据标准。通过《民政业务信息共享与交换数据标准》的制定,推动民政业务数据的标准化和民政工作的规范化,为实现与国务院办公室、国家计委、财政部、劳动与社会保障部等相关部门交换数据做好准备。

《民政业务信息共享与交换标准》包括《民政业务数据元标准》、《民政业务信息分类编码标准》和《民政业务软件信息交换数据结构》3个部分。

《民政业务数据元标准》列出所有与民政业务有关的数据元,并对数据元的中英文名称、取值要求和定义作出说明。根据民政业务的情况分为19大类,若干小类。

《民政业务信息分类编码标准》列出民政业务中用到的信息分类编码的分类、元素代码和每个代码对应的内容。

《民政业务软件信息交换数据结构》用来表达同类不同版本的民政业务软件进行信息交换时的数据结构。它把数据元标准中列出的数据元的子集按业务规则进行合理组织,形成可以指导软件开发的数据结构。

(栗演兵)

【全国优抚安置管理信息系统】 全国优抚安置管理信息系统是使用信息技术管理优抚安置业务工作和分析优抚安置相关数据的信息化建设项目,是民政信息化建设的重要组成部分。这一系统将以全国民政信息网络作为基础网络,建设在民政业务通用软件平台之上。

设计和建设全国优抚安置管理信息系统有3个方面的目的:一是建立全国优抚安置对象数据库,实现快速、及时、全面、准确地掌握优抚安置工作的详细情况,方便、有效地实时在线分析优抚安置数据,为制定管理政策,提供科学的决策依据;二是实现优抚安置工作的业务信息化、办公自动化,促进协同工作,提高工作效率,并可以有效监管各地优抚安置工作;三是在网络上发布优抚安置政策法规和有关信息,实现政务公开。

本系统的建设目标为:(1)采用数据库和数据仓库技术,以全国优抚对象普查数据为基础建立优抚安置对象数据库。(2)实现优抚安置对象数据的灵活查询和在线分析,达到对优抚安置对象的动态管理,为优抚安置工作改革和制定相关政策提供科学依据。(3)实现优抚安置工作业务管理的信息化。包括优抚安置信息发布管理、优待抚恤管理、军休干部安置管理、退役军人安置管理、双拥工作管理的信息化,并为以后的扩展预留数据和应用接口。(4)促进内部信息的共享,及时了解各部门及人员的工作状况和工作计划,增强决策的协调性和一致性。

全国优抚安置管理信息系统分民政部、省级民政厅(局)、地(市)级民政局、区县级民政局节点4个层次建设,工程内容为在民政广域网上,实现民政部、财政部、省级民政厅(局)及以下各主要部门优抚安置业务管理、数据分析、信息发布和决策支持,构架优抚安置管理信息系统。

优抚安置信息管理系统按类型划分为两个部分,一部分是面向全国优抚安置对象普查数据进行的数据库建设、在线数据分析系统建设;另一部分是面向优抚安置业务的应用系统建设。

在系统建设中,首先是要建立一个统一规划的数据库系统,用于存放以数据仓库技术为规范的优抚安置对象普查数据和用于业务系统建设的优抚安置业务数据,同时建立一套用于管理和分析这一数据库的在线数据分析系统,然后在数据库的基础上,开发包括优抚安置全部业务在内的优抚安置应用系统,并结合民政信息化建设,建立信息发布和办公自动化系统。

按系统功能分为四类应用:一是信息处理和分析,这部分应用是系统运行的基础,一方面要处理日常业务数据的实时增、删、改操作,另一方面对历史数据(特别是优抚安置对象普查数据)实现方便灵活的在线数据分析;二是业务流程管理,根据优抚安置业务管理的要求,建立相应的机制,实现网上办公;三是信息和文件的发布,利用网络和系统在局域网乃至因特网上发布有关政策法规,并提供全文和关键字查询检索功能;四是利用地理信息系统技术,对优抚安置事业单位的有关数据进行地理分布分析,为决策提供支持。

按使用层次,系统要满足部、省(直辖市、自治区)、地(市)、县(区)4级不同业务要求。在部一级主要是完成业务数据分析、办公和业务自动化管理及信息与文件发布等工作,在省、地两级和部级主要是完成业务数据分析、办公和业务自动化管理,在基层县(区)则是侧重优抚安置业务的管理工作及基础数据的采集工作。

民政部优抚安置局委托民政部信息中心实施全国优抚安置信息管理系统软件开发项目的建设。

项目中优抚安置对象数据仓库建设、在线数据分析模型建立及优抚安置对象普查数据处理部分,由民政部信息中心负责实施。应用系统的开发部分,民政部信息中心在全面调研的基础上编写标书,进行公开招标,与专业公司合作开发。

为了做好系统软件开发工作,成立了全国优抚安置管理信息系统软件开发领导小组,负责指导系统建设、管理项目实施。领导小组下设办公室,领导小组办公室由民政部优抚安置局、财政部社会保障司和民政部信息中心分别选派人员组成,负责制定项目的实施方案、标准、规范,进行项目的招标、管理项目资金等工作。办公室下设总体规划组、数据库建设组、应用系统建设组和专家组,分别负责项目各项任务的实施。

(栗演兵)

【全国城市居民最低生活保障信息系统】 全国城市居民最低生活保障信息系统是根据国务院办公厅〔2000〕42号文件的精神开始建设的国家社会保障信息系统的一部分。它是“数字民政”工程的重要组成部分,对于实现全国城市居民最低生活保障管理的现代化管理和信息化决策,规范基层低保工作的业务流程,完成低保业务数据的逐级汇总,建立全国城市居民最低生活保障信息数据库,为低保业务决策提供信息支持具有深远影响和重大意义。

本系统的建设目标为:通过系统建设,使基层民政工作人员,可以在单机或者局域网上完成低保对象的申请、审批、复查等管理工作,从而提高工作效率,并进一步促进内部信息的共享,及时了解各部门及人员的工作状况和工作计划安排;在网络上建立分布式的全国城市居民最低生活保障信息数据库,并附以相应的在线数据分析软件,使各级民政救济部门的工作人员可以随时掌握城市居民最低生活保障对象的情况及资金的来源和发放情况,完成各级各类报告的生成和管理,并可以对这些数据进行在线分析,增强决策的科学性和一致性,从而进一步推动社会救助和社会福利社会化工作的信息化进程;保证与财政、劳动、银行等相关信息系统的衔接,提高部门协作能力。

本系统的主要建设内容为:(1)规划和建设分布在若干城市的全国城市居民最低生活保障对象情况和统计信息数据库系统。(2)建立对全国城市居民最低生活保障对象情况和统计信息数据库的在线分析系统。(3)建立基层城市居民最低生活保障业务管理系统。(4)建立全国城市居民最低生活保障政策法规管理和相关信息发布系统。(5)开发一个数据转移工具软件,将以前版本的低保管理系统中的数据转移到新的系统中。

本系统的主要功能有:

1.数据分析功能:实现对全国城市居民最低生活保障对象情况和统计信息数据的灵活查询和在线分析,实现对全国城市最低生活保障对象的动态管理,为全国城市居民最低生活保障工作改革和制定相关政策提供科学依据。这一系统不仅能生成和打印业务管理上的一些固定报表,还可以根据工作的需要,随机生成一些动态报表或者进行数据挖掘分析,另外,还可以根据相关数据实现有关专题地图的制作和展现。

2.基层业务管理功能:实现基层民政工作人员对保障对象的申请、审批、发放、复查、调整等业务流程的计算机管理,并最终将保障对象情况和统计数据上传至相关数据库服务器。

该项目由民政部救灾救济司与民政部信息中心共同组织

建设。民政部信息中心负责组织项目招标，并与中标公司合作进行需求调研、软件开发、部署实施工作。民政部救灾救济司负责项目管理，提供业务需求，配合调研，组织测试及系统的培训推广工作。

（栗演兵）

【全国省级行政区域界线信息管理系统】 全国省级行政区域界线信息管理系统是在地理信息系统的基础上，辅以遥感、全球定位系统等高新技术对勘界工作中形成的成果资料进行规范化、标准化和数字化，形成行政区域界线协议书附图（边界线地形图）图库、边界线和界桩数据库、协议书和有关文字资料的文档数据库等多个数据库，并建立动态更新机制，从而为行政区域界线的管理和勘界成果的开发利用提供高效、快捷的手段。

全国省级行政区域界线信息管理系统的建设目标为：(1)通过建立行政区域界线信息管理系统，有效保管和利用勘界成果，提高行政区域界线管理现代化水平。(2)通过建立行政区域界线信息管理系统，为领导决策及时提供科学依据。(3)通过建立行政区域界线信息管理系统，促进行政管理工作的现代化。

全国省级行政区域界线信息管理系统的建设内容有：(1)勘界成果的数字化。勘界工作中形成了大量的成果资料，仅省界涉及有边界线地形图3965幅，界桩照片5168张，界桩登记表2584张、界桩位置略图2584幅，有关省界的协议书、勘界技术设计、边界管理的文字记录等1020多万字。这些资料的数字化工作是整个项目的基础和核心内容，要求按照相应的规范，认真组织实施。(2)行政区域界线信息管理软件的开发。在已经开发完成的系统原型的基础上，根据今后工作的需要，结合数字化的勘界资料的规模，组织开发运行于网络环境，具有大数据量管理，能够满足更广泛、灵活的管理工作需求的管理软件是整个项目的关键工作。

省级行政区域界线信息管理系统由五大相对独立的数据库和九大相对独立运行的功能模块子系统构成。主要实现以下功能：

1.进行基础地理数据的采集与资料录入。主要是进行基础地理数据生产、省级区域行政界线勘界成果数字化、相关文字资料处理录入，最终提供满足数据库建库要求的各种数据。

2.按照相关技术标准、技术规定，对建库的数据文件进行数据格式转换、投影转换、拓扑关系重建、接边处理、坐标转换，根据工程有关设计，将数据有逻辑、有组织地存入数据库系统，建立相应的数据子库实体。

3.在建成的数据库基础上，基于网络环境建立一套数据库管理、前端服务决策支持系统，是地理信息系统、业务办公、WEB服务的高度系统集成。

行政区域界线信息管理系统建设项目，由民政部勘界工作办公室和民政部信息中心合作实施。为了做好系统建设工作。成立了行政区域界线信息管理系统建设领导小组，负责指导系统建设、审批资金使用。领导小组下设办公室，办公室由民政部勘界工作办公室和民政部信息中心分别选派人员组成，负责制定项目的实施方案、标准、规范、进行项目的招标、提出资金使用方案等工作并协调解决两个单位的合作过程中出现的问题。行政区域界线信息管理系统建设领导小组办公室下设规划设计组、勘界成果数字化组、软件设计组和专家组，分别负责项目各项任务的实施。

项目建设在行政区域界线信息管理系统建设领导小组的统一领导下，由各职能组具体实施。民政部勘界工作办公室和民政部信息中心在系统建设实施过程中按照分工协作的方式合作。项目建设采取统一招标，分步实施的原则开展。

整个项目分为总体规划设计、勘界成果数字化和行政区域界线信息管理软件开发3个分项目。在具体实施过程中，由规划设计组负责项目实施总体规划设计，由勘界成果数字化组负责勘界成果数字化的组织协调和结果检验，由软件设计组负责行政区域界线信息管理软件开发的需求设计、组织招标、成果验收等工作，由办公室统一安排系统的集成，由专家组负责项目设计实施过程中的咨询和指导。

（栗演兵）

【全国殡葬管理信息系统】

殡葬管理是国家行政管理的重要组成部分，而殡葬服务业是一个特殊的服务行业，无论是管理还是服务，都直接关系到群众的切身利益。我国推行殡葬改革已经40多年，其管理与服务方式大部分停留在手工管理阶段，管理效能不高，服务档次较低，难以适应事业的发展。因此，开发殡葬管理信息系统，全面提升殡葬行业的管理水平与服务档次，树立殡葬行业的新形象势在必行。它的建设对社会事务管理具有深远影响和重大意义。

殡葬管理信息系统以民政部为中心节点，实现全国各级殡葬主管部门、殡仪馆、公墓、其他殡葬代理服务单位及丧葬用品生产厂家广域网互联，并通过Internet提供网上服务，形成集管理与服务为一体的多功能、集成化网络体系。实现全国殡葬信息资源共享、实时管理与服务，实现殡葬业务工作决策科学化、管理规范化、服务网络化、手段现代化。

通过在网络上建立分布式的全国殡葬信息数据库，并附以相应的在线数据分析软件，各级民政殡葬管理部门的工作人员可以随时掌握各地殡葬情况，完成各级各类报告生成和管理，并可以对这些数据进行在线分析，增强决策的科学性，从而进一步推动殡葬工作的信息化进程。

殡葬管理信息系统可以满足各级民政主管部门对殡葬行业的管理需要，提供对各类殡葬数据的查询、分析、统计及政策的发布功能。

殡葬管理信息系统还可以满足各级民政部门对殡葬业务管理的需要，加强内部管理，规范服务流程，提高工作效率，提升管理档次。

殡葬管理信息系统分为行业管理子系统、基层单位管理子系统、对外服务子系统三部分。行业管理子系统在全国各级殡葬管理部门使用。单位管理子系统在殡仪馆、公墓、殡葬服务部门等使用。对外服务子系统主要是通过Internet对社会提供殡葬相关的服务。分民政部、省级民政厅（局）、地（市）级民政局、区县级民政局4个层次建设。数据库服务器和在线分析等程序服务器分布在民政部、各省及中心城市，并通过网络提供给各级民政部门工作人员使用。

全国殡葬基础数据和统计信息数据库系统，是一个分布在全国各主要城市的数据库及相关管理软件。这一系统应该全国统一编码，统一管理，省级以下服务器存放当地及下级行政区域殡葬情况的原始数据和相关统计信息，民政部服务器存放区（县）级以上的统计信息数据。各服务器之间自动通信、自动更新、自动纠错。在进行数据库结构设计时要注意使用国家标准，并开放内部标准，保证与相关部门的接口。

在线数据分析系统的主要功能是：实现对全国殡葬基础数据和统计信息数据的灵活查询和在线分析，达到对全国殡葬情况的动态管理，为殡葬工作改革和制定相关政策提供科学依据。这一系统不仅要生成和打印业务管理上的一些固定报表，还要根据工作的需要，随机生成一些动态报表或者进行数据挖掘分析。

殡葬行业管理子系统的主要功能是：提供行业指导，监控全国殡葬行业的生产、经营情况，为整个行业提供法律、法规、文件、业务信息等；并对基层单位提供的相关信息进行各种汇总、统计、分析，为领导提供辅助决策信息，便于进行宏观管理。管理单位通过数据交换平台接收基层单位上报的基础数据。

殡葬单位管理子系统的主要功能是：方便殡仪馆、公墓、殡葬服务部门、生产、销售单位等，对其内部进行日常业务管理，并提供服务信息到行业管理部门，搜集、发布相关信息，并上报统计信息、接收反馈需求。

殡葬对外服务子系统的主要功能是：通过Internet对社会提供服务，公布殡葬管理的相关法律、法规政策、措施、服务范围等信息，接受社会意见、建议，为群众提供监督平台。社会用户可通过互联网查询公墓、殡葬产品等信息。

本项目由民政部社会福利和社会事务司与民政部信息中心共同组织建设。民政部信息中心负责组织项目招标，并配合中标公司完成系统硬件和网络环境的部署实施工作。民政部社会福利和社会事务司负责提供业务需求,配合调研,组织试运行及系统的培训推广工作。

(栗演兵)

【婚姻登记管理信息系统】 婚姻登记管理信息系统是使用信息化技术实现婚姻登记管理工作现代化、信息化的工具。它是一个集管理与服务于一体的多功能、宽频带、集成化的计算机网络系统。

婚姻登记管理信息系统由婚姻登记管理子系统、内部管理子系统、外部服务子系统3个子系统组成,实行资源共享,并建立网站,与Internet连接。婚姻登记管理系统是婚姻登记机关使用的,主要功能有系统配置、结婚登记、补办结婚登记、撤销登记和宣告婚姻无效、离婚登记、出具夫妻关系证明书、出具解除夫妻关系证明书、出具婚姻登记证明、数据统计分析和婚姻证件管理等。内务管理子系统是各级民政部门和婚姻登记机关使用的,分部级版、省级版、地级市版和县级版,主要功能基本相同,有系统配置、婚姻登记机关管理、婚姻登记员管理、婚姻证件管理、资源信息管理、业务信息管理、数据信息管理、系统信息管理和网络管理等,但每一级的权限不同。外部服务子系统是供建有网站的民政部和省级民政部门使用的,其主要功能是利用Internet提供网上服务,如各种信息的发布、法律咨询、婚事指南、婚姻论坛、婚姻登记公告、撤消登记或宣告婚姻无效公告、网上婚礼等。

婚姻登记管理系统有以下主要功能:

1.数据存储:婚姻登记管理信息系统数据分布式存放在各级婚姻登记管理单位,为了满足省民政厅和市民政局的报表查询、WEB信息服务业务的需要,省民政厅和市民政局建立中心数据库。婚姻登记系统业务量非常庞大,全国每年的数据几千万条,为了均衡负载、减小上级数据库的负载,在业务处理过程中尽可能使用下级数据库。婚姻登记管理信息系统为开放系统,网络结构复杂、不稳定,因此应考虑系统的冗余问题,上级数据库作为下级数据库的备份数据库,当下级数据库不能正常工作时,上级数据库取代下级数据库的功能。为了方便管理,婚姻登记记录应保存在当事人户籍所在地婚姻登记管理单位的数据库中。

2.统计分析:婚姻登记管理信息系统提供丰富灵活的统计分析功能。由于系统数据量非常庞大,海量的婚姻登记信息分布式地存放在各级婚姻登记管理单位,因此,为了满足网上统计分析的需要,必须充分优化网上各个节点的数据库,包括数据结构和查询的优化,并采用XML技术实现网上统计和查询结果的传递。

3.婚姻状况查询过程:婚姻登记时需对当事人现有婚姻状况进行查询。由于婚姻登记管理信息系统采用分布式数据库,因此可实现跨地区、跨数据库查询。

4.涉外婚姻查询:查询当事人婚姻状况时,有可能遇到涉外婚姻。婚姻登记管理信息系统的涉外婚姻数据保存在民政部中心数据库中,各登记点通过本省服务器向民政部中心数据库查询。

(栗演兵)

【民政广域网工程】 民政广域网是“数字民政”的基础工程,按照《全国民政系统信息化2001-2005年发展规划纲要》,民政广域网自2001年9月开始建设,历时15个月,至2002年底基本建成。民政广域网已连接37个省级民政部门,具有数据、语音、视频传输功能。

民政广域网以民政部为中心节点,连接31个省(自治区、直辖市)民政厅(局)、5个计划单列市和新疆生产建设兵团民政局。主线路为512K帧中继,备份线路为2M ISDN(中心点30B+D,分支点2B+D)。

民政广域网的建设原则是高可靠性和高可用性;良好的实用性和可扩展性;选用的网络产品应具有一定的通用性及较高的性能价格比;易于管理和维护。

民政广域网具有数据、语音、视频功能:

数据功能。主要是各应用系统,目前主要有内部邮件系统、内部网站、民政公用政务平台、优抚安置管理信息系统、低保管理信息系统等。

语音功能。采用VOIP技术,构建了部省两级的IP语音系统,在各节点开通了IP电话业务。根据话务量的不同,中心节点同时支持120路IP电话,31个省(自治区、直辖市)同时支持8路IP电话,5个计划单列市和新疆生产建设兵团同时支持4路IP电话。

视频功能。民政部视频会议系统选用了美国宝利通公司的产品,该系统具备高稳定性和高可靠性,在512K带宽的基础上,可以保证较高质量的画面,且管理功能强大,提供友好的中文界面,支持在线诊断、升级,不易受病毒侵扰。特别是该产品具备集中化管理的优势,核心设备在中心节点,主要安装调试及后期维护工作集中于中心节点,对分支节点无过高技术要求,这非常适合我国基层政府部门信息技术人才配置相对薄弱的实际情况,可以保障系统的安装调试在短时间内完成。

2002年12月,利用该系统召开了首次视频会议"全国民政信息化建设表彰大会"。

民政广域网设备选型的原则是具备先进性、通用性、高性能价格比及制造商良好的售后服务信誉。通过政府采购方式进行设备采购。

主要网络设备:中心点路由器选用了CISCO7206两台(用作核心路由器),CISCO3662一台(用作IP语音网关);分支节点路由器选用了CISCO3640共31台(用于省、自治区、直辖市节点)和CISCO2610共6台(用于计划单列市和新疆生产建设兵团节点)。

防火墙:采用中科网威防火墙38台(分别用于中心节点及省级节点)。

视频设备:采用视频多点控制器polycom MGC-100 MCU(视频多点控制器)一台(用于中心节点),视频终端38台。

在广域网建设上采用了分期分批实施的做法,将建设工程分两期实施。一期工程是实现网络联通,在2002年7月底前,完成民政部与37个省级民政部门的联网,网络具备数据及语音功能。二期工程的任务则是在2002年年底前,在一期工程建成的广域网上添加视频功能。由于各地情况不同,一期工程再分两批实施,第一批25个有一定基础的省、自治区、直辖市和计划单列市实现联网;与此同时,其他12个暂时不具备联网条件的地方,积极为下一步联网创造条件;在完成基础性工作之后,第二批12个省、自治区以及计划单列市和新疆生产建议兵团再实现联网。在民政广域网建设过程中,通过对相对落后地区的资金和技术扶持,保证了发展状况不平衡的各地能够同步推进,确保了建设速度,实现了提前7个月建成民政广域网的目标。

(张建民)

外事工作

国际及地区间交流

【国际及地区间交流简况】 国际及地区交流是国家外交工作的重要组成部分,也是民政外事工作的立足点。民政国际及地区交流指与有关国家政府部门、非政府组织、联合国机构和其他国际组织以及外国驻华机构在民政工作领域内进行的双边、多边交往活动以及与我国香港特别行政区、澳门特别行政区和台湾地区的友好交往。

民政国际及地区交流工作,基本上可分为三种形式:一是出国(境)交流,即派遣团组赴国外及港澳台地区进行业务交流考察、参加国际会议和接受专业技术培训;二是在华交流,即邀请外国或港澳台代表团来访进行相关业务的交流考察、参加国际会议以及与有关国家使馆和国际组织在华机构的交流,三是参加民政部已加入的国际组织或涉及民政业务的联合国组织和其他国际组织的活动。

一、国际及地区间交流成果概要

改革开放以来,民政外事本着"以我为主,为我所用"的原则并坚持民政外事为民政服务的宗旨,坚定执行我国独立自主的和平外交政策,积极配

合国家整体外交工作，努力开展国际交流，取得了令人瞩目的成绩。目前，民政部已同五六十个国家的有关政府部门建立了友好交流关系，民政部及直属单位代表国家加入了联合国专门组织和其他国际组织12个。国际及地区交流已涉及民政工作的所有领域，不仅增进了国际社会对我国民政工作的了解，而且积极推动了民政工作的改革与发展，同时也带动了全国地方民政系统对外交往工作的积极开展。加入与民政部业务有关的国际组织，是民政部履行我国政府的国际义务，积极配合国家整体外交、挫败台湾立足国际社会企图所进行工作的重要内容，也是提高民政业务在国际社会中的知名度，加强国际交流的重要途径。在这些国际组织中，中国大多担任副主席或执委会委员，发挥了较好的作用。

1994－2001年，民政部机关各司局及直属(代管)事业单位、社会团体和公司共有657个团组、3052人次出国(境)执行交流、考察、参加国际会议及接受培训任务。其中，部级团组63个，赴港澳台地区团组119个、1084人次，地方各级民政系统1519人次，与民政业务有关的其他专业人员195人次；民政部直属系统参加外单位与民政有关的团组123个，128人次。出访交流的国家有五大洲的65个国家和我国港澳台地区。

2002年，民政部代表团出访共分三类：

一是业务考察和交流。共组团70个，涉及的范围包括救灾救济、优抚安置、社会福利、民间组织、基层政权建设、区划地名、涉外领养、假肢技术、殡葬业务、彩票管理、老龄化管理、社会工作。前往的国家或地区有美国、丹麦、挪威、荷兰、德国、俄罗斯、法国、南非、意大利、巴西、加拿大、印度、爱尔兰、西班牙、泰国、英国、瑞士、比利时、日本、以色列、毛里求斯、菲律宾、墨西哥、澳大利亚、芬兰、罗马尼亚、冰岛、保加利亚香港、澳门。

二是参加国际会议。共组团38个，涉及的范围包括民间组织、老龄化管理、救灾救济、假肢技术、基层政权建设、社会福利、区划地名、殡葬业务、涉外领养、社会工作。前往的国家和地区有美国、韩国、德国、日本、南非、瑞士、英国、丹麦、新加坡、澳大利亚、印度、斯里兰卡、印度、香港、澳门、台湾。

三是民政专业培训。共组团8个，涉及的范围包括人事管理、防灾减灾、民间组织。前往的国家和地区有美国、英国、德国、日本、加拿大、挪威、荷兰、法国、香港。

在此期间，民政部共接待来访的外国政府和国际组织、民间机构代表团640多个，约4000人次。多次在华承办各类国际会议和研讨会，其中大型国际会议、研讨会4次，参加会议外宾人数达400人。在部内举行的日常外事会谈1000余次。参加联合国、外国政府驻华机构举办的各类招待会300余次。邀请外国代表团访华和在华承办大中型国际会议，使外宾亲眼目睹了我国对外开放和社会主义现代化建设所取得的巨大成就，了解了民政工作，展示了我国在有关国际事务中发挥的积极作用。

民政部涉及香港特别行政区、澳门特别行政区和台湾地区的工作，由部港澳台事务办公室(设在民政部外事司)具体承担。1994－2001年，民政部共组织赴三地交流考察、出席会议及培训团组119个，计1084人次；共接待三地来访团组约400个，近3000人次。

二、2002年国际及地区间交流概要

2002年度，民政系统与有关国家政府部门、非政府组织、联合国机构和其他国际组织以及外国驻华机构和香港特别行政区、澳门特别行政区有关部门交流活动频繁活跃。出访团组共122个，814人次，其中民政部组团98个，788人次。民政部团组中副部级(含)以上高级代表团7个，司局级9个，处以下团组64个。出访交流涉及五大洲的33个国家和我国港澳台地区。

2002年，民政部代表团出访共分三类：

一是业务考察和交流。共组团70个，涉及的范围包括救灾救济、优抚安置、社会福利、民间组织、基层政权建设、区划地名、涉外领养、假肢技术、殡葬业务、彩票管理、老龄化管理、社会工作。前往的国家或地区有美国、丹麦、挪威、荷兰、

德国、俄罗斯、法国、南非、意大利、巴西、加拿大、印度、爱尔兰、西班牙、泰国、英国、瑞士、比利时、日本、以色列、毛里求斯、菲律宾、墨西哥、澳大利亚、芬兰、罗马尼亚、冰岛、保加利亚、香港、澳门。

二是参加国际会议。共组团38个,涉及的范围包括民间组织、老龄化管理、救灾救济、假肢技术、基层政权建设、社会福利、区划地名、殡葬业务、涉外领养、社会工作。前往的国家和地区有美国、韩国、德国、日本、南非、瑞士、英国、丹麦、新加坡、澳大利亚、印度、斯里兰卡、香港、澳门、台湾。

三是民政专业培训。共组团8个,涉及的范围包括人事管理、防灾减灾、民间组织。前往的国家和地区有美国、英国、德国、日本、加拿大、挪威、荷兰、法国、香港。

2002年,民政部接待来访团组63个,其中高级代表团24个,司局级以下团组51个。在华召开与民政相关的国际会议6个。

三、民政外事建章立制工作

2002年11月,民政部外事司司长靳尔刚在《中国社会报》上发表题为《民政外事工作要与时俱进》的文章,提出了民政对外交流工作新的指导思想。文章指出:外事司要更好地树立"民政外事为民政服务"的思想,引领全国民政系统的对外交流工作,做到"保证出访成功,接待来访受益",并保证对外交流工作的成果性。为此,民政系统的国家和地区间的交流工作要实现归口和统一管理,并"创新手段,扩大服务,组织好民政系统干部的出访,做到有针对性"。

为实现对外交流管理和服务工作的规范化发展,外事司先后出台了《外事司处(室)业务分工》、《难民及办证服务经费管理的规定》、《关于外事出访工作程序的规定》以及《关于接待外事来访工作程序的规定》等一系列文件,并以办公厅名义下发了《关于规范涉外收养考察团审批程序的通知》、《关于统一规范接待国(境)外组织或个人观摩、采访我村(居)民委员会选举活动或就相关业务进行涉外项目合作申报程序的通知》。上述文件对外事出访、来访及敏感领域的交流工作的立项、审批、开展程序等提供了详尽的规范,对于日常外事交流工作有很强的指导意义。

此外,民政部还实施了年度外事工作计划申报审批制度。在统计部属各单位年度外事出访计划的基础上,民政部制定了《民政部2002年外事出访计划》并报部领导批准。这一制度的实施对加强外事为民政中心工作服务,有计划、有步骤、有重点地开展民政对外交流与合作起到了很好的指导作用。

(罗　新)

【2002年民政系统高层出访】 2002年度民政系统高层对外交往积极活跃,成效显著。国务院分管民政工作的国务委员司马义·艾买提同志率领中国代表团赴西班牙出席了第二届世界老龄大会并顺访了奥地利和比利时。民政部多吉才让部长率团赴美国、加拿大访问。其他各位部领导也率领有关业务代表团应国外相关机构的邀请出访或参加有关国际会议,涉及挪威、芬兰、澳大利亚、墨西哥、南非、英国、保加利亚、俄罗斯、爱尔兰、冰岛、意大利、德国、瑞士等13个国家。高级代表团在深入考察国外民政业务的同时,还会见了联合国秘书长安南和一些国家的总统、议长、总理、部长等高级政要。高级代表团的出访,不仅促进了民政事业的改革与发展,而且有助于我国对外双边和多边外交关系的拓展。

2002年民政部系统高级代表团出访简要情况如下:

4月7–22日,受联合国安南秘书长和奥地利、比利时两国政府的邀请,以国务委员司马义·艾买提为团长的中国政府代表团参加在西班牙召开的第二届世界老龄大会,并访问了奥、比两国。代表团成员共21人,民政部副部长李宝库、外事司司长靳尔刚陪同参会及访问。访问的重点领域是老龄、社会福利、社区建设。此次出访的成果:(1)宣传了我国在老龄领域的方针政策和重大贡献,扩大了中国在该领域的影响力,提高了我国国际地位。(2)保持了中国与奥比两国高层往来势头,增进了两国对我国了解,加强了我国与两国在社区建设、老龄问题和社会福利等方面的交流与合作。

6月10－23日，受加拿大外交部、美国国会收养联盟邀请，以多吉才让部长为团长的民政部社会工作代表团一行8人访问了加拿大、美国，访问的重点领域是儿童收养、防灾救灾、军人优抚安置。办公厅主任陈杰昌、外事司司长靳尔刚陪同出访。此次出访的成果：了解了美国在收养、救灾、优抚安置方面的法律法规和先进经验；宣传了我国在这些领域的政策和做法；走访了部分收养中国儿童的家庭，拓宽了两国在该领域的合作前景。

9月17－29日，受挪威社会福利部、芬兰内务部的邀请，以李学举副部长为团长的民政部社区建设代表团一行7人访问了挪威、芬兰，访问的重点领域是社区建设、福利彩票管理。外事司司长靳尔刚、人教司司长孙建春陪同出访。此次出访的成果：考察了两国在社区管理和服务领域的成功经验，以及在彩票监管措施、管理体制、运营模式和安全防范与惩戒等方面的法律法规及做法。

9月9－21日，受墨西哥社会发展部、澳大利亚家庭和社区服务部的邀请，以杨衍银副部长为团长的民政部社会保障工作考察团一行6人访问了墨西哥、澳大利亚，访问的重点领域是社会福利服务、社区服务和建设、灾民救助和自然灾害管理。救灾救济司司长王振耀、民政管理干部学院院长戚学森院长陪同出访。此次出访的成果：考察了两国在最低生活保障、灾民救助等方面的经验和做法，签署了《中华人民共和国民政部与澳大利亚家庭和社区服务部谅解备忘录》。

6月4－11日，受香港特区政府、澳门特区政府的邀请，以李宝库副部长为团长的民政部赴港、澳访问并出席老龄问题研讨会代表团一行4人访问了香港、澳门，访问的重点领域是经贸、政治、社会各领域及老龄工作。此次出访的成果：(1)作为香港特区政府“内地贵宾访港赞助计划”的特邀贵宾，与特区政府部门和私人机构的高层人员进行了会晤，加深了内地官员对香港的全面了解，为今后的合作与交流打下了良好基础。(2)作为澳门回归祖国后首次访澳的内地社会福利界的高级代表团，考察了澳门老龄工作的现状，体现了中央政府对澳门社会福利工作的关注和支持，大大提高了两地在相关领域的合作层次。

10月2－5日，受国际第三年龄大学协会的邀请，以民政部副部长、老龄协会会长李宝库为团长的中国老龄协会出席第三年龄大学协会第22届代表大会代表团出访瑞士。此次出访宣传了我国老龄工作的成就和做法，加强了与国际间其他国家和组织在老年人问题方面的交流与合作。

11月6－28日，受英国外交部、保加利亚劳动和社会政策部的邀请，以罗平飞副部长为团长的民政部社会行政管理代表团一行7人访问了英国、保加利亚，优抚安置局局长孙绍骋、外事司副司长邹军誉、人教司副司长俞建良陪同出访，访问的重点领域是退役士兵安置、行政区划、社会救助。此次出访的成果：全面了解了英、保两国在退役军人安置制度、社会救助制度及行政区划管理体制等方面的设计理念、具体程序运作及规范管理的模式，拓宽了视野，更新了思维。

11月18－21日，受爱尔兰社会和家庭事务部的邀请，以姜力副部长为团长的民政部民间组织管理代表团一行6人访问了爱尔兰，访问的重点领域是非政府组织管理、社会福利。此次出访的成果：考察了爱尔兰在非政府管理和社会福利方面的先进做法，为我国在相关领域的改革与发展提供了可借鉴的经验。

4月27日至5月2日，受俄罗斯紧急救灾部的邀请，姜力副部长率领民政部上海合作组织紧急救灾部门负责人第一次会晤代表团一行9人访问了俄罗斯。这是上海合作组织在紧急救灾领域的第一次负责人会议，五个成员国就紧急救灾进行了广泛探讨，各成员国达成合作的一致意见。俄罗斯紧急救援部提交了协定俄文本，中方承诺在华举办第二次负责人会议，如条件成熟将签署《上海合作组织紧急救灾合作协定》。

10月20－30日，受冰岛社会事务部、意大利劳动与社会部的邀请，张印忠组长率领民政部社会福利代表团一行7人访问了冰岛、意大利，访问的重点领域是社会福利、意大利公职人员管理、涉外收养。此次出访考察了解冰、意两国在涉外收养、公务人员的管理和残疾人的福利制度等方面的经验和做法,达到了加深了解、增进友谊、探讨合作的目的。

5月5-13日,受国际联合劝募协会的邀请,范宝俊会长率领中华慈善总会参加国际联合劝募协会2002年世界大会代表团一行6人访问了南非、美国。此次出访向世界展示了我国慈善事业的成就和经验,学习了世界各国在慈善募捐方面的先进做法,拓宽了视野,扩大了国际交往,进一步推动了我国慈善事业的发展。

7月3-12日,受国际社工联、德国社会工作研究会的邀请,徐瑞新会长率领中国社工协会出席世界社工联大会并顺访德国代表团一行6人访问了瑞士、德国。此次为中国社工协会结构调整后首次参加该组织活动,重新融入国际社工联,了解国际社工界发展的最新成果,向同行学习先进的管理知识和专业技术知识打开了广阔前景。

(罗　新)

【2002年度高级代表团来访情况】 1月13-17日,受民政部邀请,美国联邦参议员玛丽·兰德里欧女士率领美国国会收养联盟代表团一行16人访问北京。江泽民主席会见了代表团成员;多吉才让部长主持会谈并宴请了代表团,李宝库副部长参加了会谈和宴请。

3月1日,墨西哥驻华大使李子文先生拜会多吉才让部长。

3月14-16日,受民政部邀请,俄罗斯紧急状态部部长绍伊古先生率代表团12人访问北京。司马义·艾买提国务委员会见并宴请了代表团成员。多吉才让部长主持会谈并宴请了代表团成员。

3月26-30日,受民政部邀请,国际扶轮社主席里查德·金先生率领国际扶轮社代表团来访。李宝库副部长主持会谈并宴请了代表团成员。代表团访问了北京、西安、上海。

4月4日,受人事部邀请,埃塞俄比亚能力建设国务部部长沃瑞德沃尔德先生率代表团5人来访。姜力副部长主持了会谈。

4月5日,受全国人大邀请,芬兰议会财政委员会社会与劳动分会主席安特沃瑞女士率领芬兰议会财政委员会代表团一行10人来访,姜力副部长主持了会谈。

4月16日,受公安部邀请,澳大利亚移民和多元文化部部长菲利浦·拉多克先生(澳大利亚驻华大使艾大伟先生陪同)率代表团一行8人来访,罗平飞副部长主持了会谈。

4月25日,受劳动和社会保障部邀请,澳大利亚家庭和社区服务部部长万斯通女士(澳大利亚驻华大使艾大伟先生陪同)率领代表团一行5人来访,李宝库副部长会见了代表团,并主持了会谈。

5月15日,受国务院港澳办邀请,香港东华三院2002年董事局访京团一行25人来访,姜力副部长会见并宴请了访京团。

6月14日,受统战部邀请,香港保良局2002年董事局访京团一行22人来访,杨衍银副部长会见了访京团成员。

6月16-21日,受民政部邀请,瑞典官方报道委员会主席安尼卡·尼尔森女士率领委员会代表团一行9人访问了北京、杭州。李宝库副部长主持会谈并宴请了代表团一行。

7月29日,联合国紧急救灾协调员大岛贤三先生一行3人来访,杨衍银副部长会见了大岛贤三先生一行。

8月6日,加拿大驻华大使柯乐傑先生一行5人来访,多吉才让部长会见并宴请了大使一行。

8月22-28日,受民政部邀请,塞浦路斯内政部部长基里亚克斯·特里安塔菲里德率领内政部代表团一行5人访问了北京、上海、苏州。多吉才让部长主持会谈并宴请了代表团一行。

9月2日,联合国难民署亚太局亚太局局长法库里先生(难民署驻北京地区代表麦希伟先生陪同)率领代表团5人来访。杨衍银副部长会见并宴请了代表团一行。法库里代表联合国难民署向民政部捐赠206650元人民币紧急援助金,民政部外事司司长、难民办主任靳尔刚和法库里在捐赠换文书上签字。

9月4日,受监察部邀请,匈牙利议会监察专员(正部级)

巴尔瑙巴什先生率领监察专员署代表团一行6人来访，杨衍银副部长会见了代表团一行。

10月21日，受全国人大邀请，越共中央委员、国会常务委员会委员、国会社会问题委员会主席阮氏怀秋女士率领越南国会社会问题委员会代表团10人来访。李宝库副部长主持了业务会谈。

11月14日，受对外友协邀请，古中友好协会主席、古巴全国储备委员会主席邵黄将军(古巴驻华大使阿鲁菲先生陪同)率领古巴－中国友好协会一行5人来访，李宝库副部长会见了客人。

11月14日，捷克驻华大使托马什·斯麦坦卡先生拜会民政部，罗平飞副部长会见了大使先生。

11月26－30日，受民政部邀请，韩国报勋处部长李在达先生率领代表团一行4人访问了北京、上海。多吉才让部长主持会谈并宴请了代表团一行，杨衍银副部长参加了会见；上海市副市长冯国勤会见并宴请了代表团一行。

12月16日，受全国人大邀请，日本参议员清水嘉与子女士率领日本议员人口联盟代表团一行6人来访，李宝库副部长会见代表团一行并主持了会谈。

12月19日，美国“世界健康基金会”亚太区高级总裁马克·安德森先生一行5人来访，杨衍银副部长会见了马克·安德森先生一行。

12月20日，受民政部邀请，美国卡特中心副主任戈登·斯特里布先生率领卡特中心代表团一行11人访问了北京、云南。李学举副部长会见并宴请了代表团一行，并在云南出席了项目终期评估会议。

12月25日，受对外友协邀请，日本国会议员黑岩宇洋先生一行3人来访，李宝库副部长主持了会谈。

（罗　新）

【2002年度民政业务在华交流】 一、外事接待工作。2002年是民政外事接待工作日益规范，在华对外交流工作取得显著成效的一年。应民政部邀请来访、或应其他有关部门邀请访问期间来民政部拜会的国外或港澳团组63个，400多人次。民政部直属机关和事业单位在华举办不同规模的国际会议6次，共邀请200多名国外政府或学术界代表参加。此外，日常外事活动还涉及大量的与有关国家驻华使馆和国际组织在华机构举行的交流活动。

为体现民政部对国际交流工作的高度重视并加强成果性，所有来访团组都受到了规格对等、业务对口的热情接待。一些较高级别的团组受到了党和国家领导人及民政部领导的亲切会见。如：江泽民主席会见了民政部邀请的由美国联邦参议员玛丽·兰德里欧女士和联邦众议员安妮·诺瑟普女士率领的美国国会收养联盟代表团；分管民政工作的国务委员司马义·艾买提同志会见并宴请了俄罗斯紧急状态部部长绍伊古率领的代表团；多吉才让部长亲自主持了与上述两个代表团的业务会谈。在部领导的高度关注和多次重要指示下，外事司集中精力进行外事接待工作的规范化改革，接待水平大大提高。组织接待工作严密有序，细致周到，热情规范，各种软、硬件配套设施齐全，受到了来访团组和各方的好评。美国联邦参议员玛丽·兰德里欧女士和联邦众议员安妮·诺瑟普女士在致多吉才让部长的感谢信中写到：“我代表国会代表团和国会收养联盟学会感谢您在我们访华期间最热忱的接待，对此，我们深感荣幸。”“民政部工作人员态度热情，相处愉快。他们的工作无懈可击，值得赞誉。”

二、收集各国民政业务资料工作。党的十六大召开后，为真正做到开拓进取、与时俱进，适应民政发展的新需求，以实际行动实践“三个代表”重要思想，外事司结合工作实际，决定以最快速度把各国涉及民政业务的政策法规资料尽最大努力收集起来并汇编成册，供全国民政系统在发展业务和制定政策法规时参考借鉴。

材料收集工作通过三条途径进行：(一)请各国驻华使馆协助收集；(二)部机关派出访团组到国外考察时收集；(三)外国团组到部访问前协助收集。其中将各驻华使馆列为主要渠道。为此，2002年圣诞和元旦节日期间，外事司发出照会，以靳尔刚司长名义致函及节日贺卡给132位驻华大使，阐明原由，附收集资料提纲和精印的中英文对照民政业务资料册并赠送有中国传统特色的精美礼品。该计划不仅向各国驻华使馆及时送上民政部的节日问候，进一步对外树立了民政形象，增进了感情，更重要的是解决了双边民政业务的相互了解问题，并为以后我国民政系统与有关国家对应部门的相互交流乃至合作奠定了牢固的基础。该计划一经实施，即引起各使馆的浓厚兴趣并受到了足够重视，大部分使馆进行了及时的回馈，提供了详细的材料，并表示愿意以此为契机，推动本国相关部门与我国民政系统进行交流与合作。

该项工作是促进我国民政各项工作尽快与国际接轨、具有重要意义的一项新举措，受到有关各方的好评。多吉才让部长和分管外事的杨衍银副部长给予了充分的支持和肯定。

外事司现正对收集到的资料进行翻译和汇总，并积极发掘近几年来积累的国外有关资料，统一进行分类整理。很快，《外国的社团管理》、《外国的减灾救灾和救助》、《外国的社会保障》、《外国的社会福利》、《外国的行政区划与地名管理》、《外国的社区建设》、《外国的殡葬管理》、《外国的军人优抚安置》等系列丛书将陆续出版。

（罗　新）

【民政部及所属单位加入相关国际组织简况】

1984年，中国SOS儿童村协会加入国际SOS儿童村组织（SOS－KINDERDORF INTERNATIONAL）。该组织为非政府民间福利团体，成立于1949年，总部设在奥地利引斯布鲁克市，会员110个左右，1984年联合国经济社会委员会接纳为顾问成员。

1986年，中国假肢协会加入国际假肢矫形器协会（INTERNATIONAL SOCIETY FOR PROSTHETICLS AND ORTHOTICS，ISPO）。该组织是一个在假肢、矫形器、康复工程及其他与肢残者有关领域中进行协作和咨询的非政府国际学术团体，成立于1970年，总部设在丹麦哥本哈根。现有63个国家和地区的近2000名正式会员，其中，作为国家会员协会的有30个国家和地区。我国属国家会员。

1988年，加入国际老年学学会（INTERNATIONAL ASSOCIATION OF GERONTOLOGY）。该组织为非政府的民间学术团体，成立于1950年，总部设在瑞士比利时的列日市。现有会员50个左右。

1989年，中国殡葬协会加入国际殡葬联合会（INTERNATIONAL FEDERATION OF THANATOLOGISTS ASSOCIATIONS）。该组织为非政府国际团体，成立于1970年，现总部设在荷兰赫尔沃滋姆市，有160多个国家成员和地区及个人成员。我国是国家成员。

1992年，中国社会工作协会加入国际社会工作者联合会（INTERNATIONAL FEDERATION OF SOCIAL WORKERS，IFSW）。该组织为非政府社会团体，成立于1956年，总部设在瑞士日内瓦，成员54个。

1992年，以中国政府名义（民政部外事司牵头）加入国际民防组织（INTERNATIONAL CIVIL DEFENCE ORGANIZATION）。该组织成立于1931年，总部设在瑞士日内瓦，1972年成为政府间组织。目前，有49个成员国和10个观察员国。

1994年，中国福利彩票发行中心加入国际国家彩票协会。该组织为非政府国际组织，成立于1956年，总部在瑞士苏黎世，会员现有123个。1999年9月更名为世界彩票协会（WORLD LOTTERY ASSOCIATION）

1994年，加入国际第三年龄大学协会（INTERNATIONAL ASSOCIATION OF UNIVERSITIES OF THE THIRD AGE）。该组织为非政府组织，1978年成立，总部设在法国图卢兹。现有会员521名。

1997年，加入国际老龄协会（INTERNATIONAL FEDERATION OF ASSOCIATIONS OF THE AGED）。国际老龄协会是享有联合国一类咨询地位的42个非政府组织之一，总部设在法国巴黎。其国家会员、地区会员、行业会员遍布世界53个国家。

1998年，中华慈善总会加入国际联合劝募协会（UNITED WAY INTERNATIONA）。该组织是一个国际性的民间非营利组织，1974年由美国联合劝募协会(United Way of America)创立,现已有3000多个会员单位,分布于世界34个国家和地区,其宗旨是通过各地的会员组织募集资金,为本国(地区)提供卫生福利及人道主义援助等志愿服务。

1999年,加入国际老龄联合会(INTERNATIONAL FEDERATION ON AGING)。该组织是在联合国有咨询地位的非政府组织,成立于1973年,总部设在加拿大蒙特利尔。现有53个国家和地区加入该会。

2000年,加入国际助老会(HELP AGE INTERNATIONAL)。该组织系为老年人服务的国际性非政府机构,成立于1983年,总部现设在英国伦敦,会员包括40多个国家的50多个组织,是目前在联合国享有一类咨询地位的42个组织之一。

(罗　新)

国际合作

【国际合作项目简况】 民政外事工作本着“以我为主,为我所用”,并坚持民政外事为民政服务的原则,在开展对外交流的基础上,积极主动地开展国际合作,开拓新的国际合作项目,努力做到交流与项目并重,项目合作领域涉及民政业务的各个方面。合作方有外国政府、国际组织和外国的一些民间机构、组织、院校及国际知名人士等,例如:德国政府、法国政府、日本政府、加拿大政府、瑞士政府、芬兰政府、欧盟,联合国开发计划署、联合国儿童基金会、世界银行、亚洲发展银行、国际SOS村,美国卡特中心、福特基金会、亚洲基金会、英国救助儿童会、美国凯西基金会、美国“中国儿童医疗基金会”、挪威网络协会,奥斯陆大学、加拿大多伦多大学等。根据民政部外事司对1994年第十次全国民政会议至2002年第十一次全国民政会议期间民政部所开展的国际合作项目的统计,外方资金投入总金额约为5.6亿元人民币,其间已完成了20多个双边和多边合作项目,正在执行大小合作项目16个。

(罗　新)

【民政部与联合国儿童基金会的合作项目】 1982－2000年,民政部与联合国儿童基金会进行了四个周期的合作,儿基会投入总额为546.5万美元,包括残疾儿童社区康复培训项目和流浪儿童救助保护项目两个分项目。项目覆盖了28个省(市、自治区),在全国53个县市的儿童福利院为残疾儿童开展了康复、培训、宣传、科研等多方面的工作,并在全国建立了100多个流浪儿童保护中心。这两个项目的开展为残疾儿童和流浪儿童的康复和发展创造了良好的环境,对促进这些儿童回归社会主流产生了深远的影响,从而有力地促进了中国儿童福利事业的发展。

2001－2005年,民政部与联合国儿基会在新周期的合作确定为三个分项目:

(一)流浪儿童救助保护项目。这是上一周期项目的继续与扩展,项目向深度发展,加大了项目的科学性,希望通过项目,有效地从源头预防流浪儿童的产生,并在流入地为流浪儿童提供及时的帮助。本周期项目资金约25万美元(约合207万元人民币)。

2002年,流浪儿童合作项目组织7个省、直辖市的35位专门从事流浪儿童救助保护工作的专业人员参加了“项目情况交流研讨会暨互动式培训班”,结合项目单位在执行项目活动中运用的新理论、新方法,经过本土化改良实验之后,向具备开展救助工作条件的地区传播。同时,组织专家调研,提出了帮助流浪儿童回归主流社会的集寄养、看护、教育于一体的“类家庭”救助框架。2002年,联合国儿童基金会为该项目配套资金6.6万美元。

(二)孤儿家庭寄养和助养项目。这一项目的主要目的是形成对困境儿童救助保护的政策支持体系,使对困境儿童的救助工作有法可依,有章可循,保障他们回归社会的权益;探索并建立适应儿童需要的家庭形态的机构养育、社区孤儿之家、家庭寄养、社区残疾儿童服务资源中心、集中供养等儿童福利事业的新的发展模式;提高儿童福利事业专业人员素质;强化儿童福利机构资源中心的能力,拓展其服务范围,加强对社区残疾儿童及家庭的指导、咨询,提供各种适应其需求的服务。2001-2005年,联合国儿童基金会将投入项目经费84万美元(约合695万元人民币)。

2002年,联合国儿基会为孤儿家庭寄养和助养项目编制完成了残疾儿童家庭寄养的康复培训手册,制定了反弃婴宣教材料,并开始组织实施,开展了以儿童福利院为依托、为社区提供服务的活动,同时对儿童福利院工作人员和寄养家长开展了关于儿童权利的培训。儿基会本年度投入美元11.7万元。该项目开展的活动,从实践上证明,让孩子回归家庭、回归社会能够切实体现以人为本、一切为了孩子的宗旨,是维护孤残儿童权益的有效途径之一,从维护孤残儿童的最大利益出发,这一工作应该大力推广,并在实践中予以规范。

(三)自然灾害紧急情况项目备灾项目。2001-2005年项目周期的项目经费为20.2万美元(约合167万元人民币)。该项目的主要目的是进一步提高妇女、儿童防灾备灾和自我保护意识,提高地方政府的备灾能力。

2002年,联合国儿童基金会为该项目投入了10.98万美元。按照项目要求,实施项目的县制定了备灾计划,并对潜在的自然灾害风险进行了初步评估,同时为提高儿童在灾害发生时的"自我保护"的能力,编制了一批在校培训教材。通过2001年和2002年的工作,合作项目阶段性地完成了本周期的预定目标。

2002年,联合国儿童基金会为上述3个项目的8个项目点配备了车辆。

(罗　新)

【民政部与联合国开发计划署的合作项目】 2002年,民政部与联合国开发计划署合作开展了"中国城市最低生活保障标准指标体系"项目、"洪涝灾害紧急援助项目"、"中国城市反贫困论坛项目"、"中国减灾能力开发项目"等4个合作项目。

(一)随着城市居民最低生活保障制度的逐步加强,保障对象大量增加,最低生活保障的管理任务日益繁重,迫切需要实行科学管理和规范操作。民政部通过吸收联合国开发署"中国城市最低生活保障标准指标体系"项目10万美元,结合自身资源,研究制定了直辖市和省会城市最低生活保障标准指标体系。这一指标体系将下发给全国各大城市,为他们制定和调整最低生活保障标准提供科学规范的依据,以统一规范大城市的最低生活保障标准。

(二)2002年12月12-13日,联合国开发计划署和民政部在北京联合主办了"中国城市反贫困论坛"。来自国内外的180多名城市反贫困领域的专家学者和有关官员与会,在提交10余万字的研究报告和50余篇专题论文的基础上,围绕"中国的城市贫困与最低生活保障"这一主题展开了充分和自由的讨论。这次研讨会的召开,对于推动中国的城市贫困问题和反贫困战略研究、促进城市居民最低生活保障和社会救助事业的健康发展、保证顺利实现党的十六大提出的全面建设小康社会的目标都具有历史性的意义。联合国开发署为该项目资助了6万美元。

(三)2002年6月,我国部分地区遭受了严重的洪涝灾害,引起了联合国有关机构的重视,联合国开发计划署筹措了14.222万美元资金与民政部共同开发了洪涝灾害紧急援助项目。该项目通过为广西、贵州灾区采购紧急救援物资,支持山东省东平县救灾应急预案演练,制作科教片,支持在广西南宁召开的灾害紧急救援能力建设,为水灾区配备紧急响应通讯工具,邀请国际专家帮助国内人员进行能力建设和聘请国内专家编写台风和山地灾害应急预案样本等方式向灾区提供了必要的援助。

(四)中国减灾能力开发项目。联合国开展国际减灾十年活动以后,中国政府积极支持和参与减灾活动,并提出了制定国家减灾规划的方案,为减灾工作明确了目标和任务。为了支持中国的减灾工作,并为发展中国家提供经验,1994-1998年,联合国开发计划署斥资25万美元(约合207万元人民币)协助民政部完成了中国国家减灾规划(1998-2010年)的制定。为进一步提高中国政府在灾害控制及减灾方面的能力,2001年底,民政部与联合国开发计划署共同签署了《中国减灾能力开发项目协议》，联合国开发计划署出资20万美元支持项目，中国政府承担分摊费用5.5万美元。项目的实施期限为2年。

2002年项目起草了实施减灾规划的宣传纲要，明确了我国减灾工作面临的形势和任务，指导思想、目标和任务、保障措施、组织领导和职责分工、实施步骤。项目通过撰写教材《山地灾害与减灾》，在重庆分别针对中小学教师和基层灾害管理人员举办的两期减灾培训班，与重庆市政府在合川进行的山地灾害救灾抢险演练以及16个省、市主管减灾救灾负责人山地灾害减灾经验交流会等宣传培训活动，增强了各级政府和群众的防灾避灾意识，为政府建立快速高效的灾害信息管理系统提供了实践经验。项目还对灾害信息系统信息需求、现状作了评估并提出改进建议。

（罗　新）

【中法合作建立中国自然灾害紧急救援与培训系统合作项目】 1998年夏，我国长江流域发生特大洪涝灾害。同年9月，法国总理若斯潘先生访华，承诺法国政府将向我国提供2000万法郎用于赈灾援助项目。民政部与法国政府有关部门经过两年的准备和充分协商，决定将利用项目经费援助湖北省备灾中心和完善中国减灾中心的灾害救援信息系统和培训系统。项目于2001年3月开始实施。项目实施单位：民政部、湖北省民政厅；项目实施期限：2001－2003年；项目经费：2000万法国法郎（约2800万元人民币）。

该项目的目的是，在湖北省备灾中心的基础上，通过中法双方的高科技合作，建立湖北省自然灾害紧急救援与培训系统，努力将该中心建成地区级备灾中心的典范。该项目还将完善中国减灾中心灾害救援信息系统和培训系统，通过项目的实施，进一步提高灾害管理水平。目前，该项目正在实施中。（罗　新）

【中欧村务管理培训项目】

中欧村务管理培训项目是中国政府和欧洲联盟委员会共同开展的政府间双边合作项目。项目于1994年立项，1996年签署《财政协议》，1998年双方对《财政协议》进行修正后于2月16日共同签署了包括行政和技术协议在内的“中国－欧盟村务管理财政协议书”。2001年6月项目正式启动。项目的主要内容是在中国的村民自治和村务管理培训领域实施机构建设、人力资源开发及应用研究。项目为期5年，将由欧方出资1067万欧元，中方以实物和资金形式配套投入405.7万欧元。

2002年，由外经贸部、民政部、欧盟驻华代表团各1名官方代表，中欧双方各2名非官方代表组成的“指导与顾问委员会”成立，作为项目执行期间的最高决策机构。欧盟项目办公室完成了《启动报告》的定稿工作。《启动报告》对整个项目的目标、步骤、预算、工作内容、投入产出、管理体制、运行机制等都作了详尽描述和精心设计，将成为未来4年执行项目的工作依据。截至2002年年底，欧方已投入资金约31万欧元（约合260万元人民币），主要集中在项目办中方雇员的工资、项目办自身办公设备、江西和云南两个试点省的培训设备以及在江西举办5期以村委会为主要内容的培训班等4个方面。

（罗　新）

【民政部－卡特中心规范村委会选举程序合作项目】

1998年3月，美国卡特中心与民政部签署了《谅解备忘录》，希望就双方人员互访、推动规范化的村委会选举程序和建立选举信息系统、培训方面开展合作。2000年3月双方签署了一份3年合作协议书。项目期限为2000年4月1日至2003年4月1日，经费由美国卡特中心提供120万美元（约合1000万元人民币）。截至2001年年底，项目以湖南省为重点建立了一个包括49个县级单位在内的小型选举信息系统；在福建、吉林两省初步建立起了“村委会选举计算机信息系统”；出版了《中华人民共和国村民委员会选举规程》；对湖南、福建、吉林省的县、市、省三级选举官员进行了选举信息系统及选举程序方面的培训；举办了四期示范性骨干培训班；

印制并分发了一批村民委员会组织法宣传挂图和村委会选举宣传资料；创办了“中国农村村民自治信息网”。

在前两年工作经验的基础上，2002 年，项目为陕西省 30 个市、县建立起了“村委会选举计算机信息系统”，同时在陕西宝鸡市和山东省济南市分别举办了陕西省村委会选举业务骨干示范性培训班和山东省新当选的村委会主任培训班。2002 年 3 月，项目资助印制村委会选举程序挂图 1.7 万份，分送湖南(1 万份)、陕西(7000 份)。同年 8 月，民政部自筹经费印制村委会选举程序挂图 1.5 万份，分送河北(7500 份)、黑龙江(7500 份)。这些挂图采用群众喜闻乐见的方式向村民宣传了村委会组织法，介绍了选举基本知识，成为项目活动的一项重要内容。项目资助的“中国农村村民自治信息网”于 2002 年进行第二次全面改版。改版后的网站继续坚持“政务性、新闻性、学术性”的办站宗旨，成为发布村民自治政务消息，交流村委会选举知识及村民自治信息，研究村民自治的品牌站点，截至 2002 年 11 月底，网站文字总量已达 1965 万字左右。

2002 年中美双方为项目投入了 1980338 元人民币，其中，卡特中心支付 1091186 元；民政部门支付 889152 元。

（罗　新）

【民政部 – 国际 SOS 儿童村组织合作项目】 1984 年，国际 SOS 儿童村与民政部签署了“中华人民共和国与国际 SOS 儿童村组织合作协议书”。根据协议，参照国际儿童村的管理模式（家庭/村落式）在中国建立若干个儿童村，由中方提供建村土地，国际 SOS 儿童村组织提供建设资金和抚养儿童的日常经费(1987 – 2001 年年底总计约 2000 多万美元)。

该项目开展以来，进展顺利，取得的主要成果是：

（一）在我国天津、烟台、齐齐哈尔、南昌、开封、成都、莆田、拉萨、乌鲁木齐等地建立了 9 所国际现代化的 SOS 儿童村，同时还建立了 4 所 SOS 青年公寓、7 所幼儿园、2 所社交中心、1 所格迈纳尔职业技术学校和 1 所格迈纳尔中学。

（二）引进了新的孤儿抚养的管理模式。儿童村的管理模式是以家庭为单位进行管理。由妈妈和不同年龄的 6 – 8 名孤儿组成一个家庭，使孤儿重新获得母爱和家庭温暖。项目开展以来，儿童村和青年公寓累计使近 2000 名儿童和青年受益。

（三）儿童村的附属设施幼儿园和两所格迈纳尔学校是面向社区普通人群的教育机构，受益人累计超过一万。来自社区的适龄儿童和青年与儿童村的孩子一起学习和生活。幼儿园和格迈纳尔学校的建立，扩大了 SOS 儿童村的影响，方便了社区人们的生活，同时也有益于儿童村的孩子与社会的交往，提高了他们融入社会的能力，取得了很好的社会效益。

2002 年国际儿童村组织和中国儿童村的合作得到进一步发展，全年对中国 SOS 儿童村和两所格迈纳尔学校提供各项资金 200 多万美元。2002 年 6 月国际儿童村组织秘书长皮赫乐先生访华并与民政部、儿童村协会有关领导进行了会谈，双方决定在北京大兴合作筹建第 10 所中国 SOS 儿童村。

（罗　新）

【民政部 – 英国救助儿童会合作项目】 为支持中国儿童福利事业的发展，借鉴和引入国际儿童照顾的新理念和工作方法，保护和救助处于困境的流浪儿童，实现他们的权利和最大利益，英国救助儿童会自 1994 年开始在孤残儿童机构养护和流浪儿童救助保护两个领域与各级民政部门合作。其中，1994 – 1997 年，英国救助儿童会通过民政部与安徽省民政厅、广德县民政局建立合作关系，共同创立了一种将大机构的集体供养转化成福利院内的小家庭单元，继而转化为社区中的家庭单元的新的福利机构收容和照料孤残儿童的模式，小家庭照顾模式使儿童的个性和社会性，家庭意识和社会参与能力得到了发展和提高，民政部根据这个项目的经验编写了《小家庭单元照顾模式手册》，下发各儿童机构。

民政部与英国救助儿童会于 2002 年 7 月 15 日共同签署了《关于开展儿童福利工作合作项目的谅解备忘录》，并就合作项目的实施和开展的具体事宜达成协议，共同开拓了儿童福利工作项目和流浪儿童救助项目。项目执行时间为5年,分2个周期进行,第一个周期从2002年7月15日－2004年7月14日结束。第二周期的执行将视双方对上一周期的执行情况评定而定。民政部与英国救助儿童会为此成立了合作项目办公室。2002年该项目组织专家对云南、四川、新疆地区儿童福利院的养护模式及家庭寄养工作进行调研,完成了《家庭寄养管理办法》草案和调研报告初稿;以按照家庭情况匹配6个不同年龄儿童(含1名残疾儿童)的方式资助四川省自贡社会福利院儿童部、广西壮族自治区宜州社会福利院儿童部、陕西省汉中社会福利院儿童部、重庆市儿童福利院西北地区4所儿童福利机构构建了小家庭养护模式。

2002年英国救助儿童会为儿童福利工作项目提供了50万欧元和16.6万元人民币的资金支持。

(罗　新)

【中加合作开拓中国社会工作教育培训计划项目】 该项目由民政管理干部学院负责实施,项目期限为1999－2004年,项目经费600万元人民币。

目前中国只有少数几所大学开办了较全面的社会工作训练教程,民政管理干部学院希望通过与多伦多大学社会工作学院的合作,为中国培养高素质的专业社会工作者。2001年项目在民政学院成功举办了"21世纪国际社会工作专题研讨会",出版了《21世纪中国社会工作发展国际研讨会论文集》。

2002年在对全国50多名社会工作界理论研究人员和工作人员进行电话采访和问卷调查的基础上,项目完成了《Delphi研究报告》。2002年4月,举行了由加拿大多伦多大学社会工作学院Macfadden和Irving两位知名教授主讲的社会工作专题讲座。

(罗　新)

【中挪合作开拓中国社会工作教育合作计划项目】 该项目由民政管理干部学院负责实施,项目期限分为二期,第一期1998－2000年,第二期2001－2003年。项目经费100万元人民币。

挪威是一个高福利的国家,其福利政策比较完善,社会工作专业化程度很高。相对而言,中国的社会工作起步较晚,专业化程度较差,与挪威存在一定的差距。为了推动中国社会工作教育的发展,提高民政系统工作人员的业务素质,使民政工作朝着职业化和专业化方向发展,民政管理干部学院和挪威网络委员会及奥斯陆学院达成了"中挪合作开拓中国社会工作教育合作计划"。

该项目进展顺利,到目前为止,民政管理干部学院共派出专业人员参加CIF项目6批11人、民政系统干部和基层工作人员(一线社会工作者)3批34人、访问学者1人、中国项目小组成员4人赴挪威访问;翻译书籍2本。

(罗　新)

【民政部－香港复康会合作开展儿童福利工作人员康复技能培训项目】 我国儿童福利工作者的知识水平与服务技能相对落后,而长期以来对儿童福利工作者的培训工作较为薄弱。中国民政学院与香港复康会为提高我国儿童福利工作者的管理水平、专业素质和服务技能,合作开发了该项目,向项目注入资金15万元。

儿童福利专业证书班第一学年课程在2002年已全部结束,培训了来自65个工作单位的120名学员。

(罗　新)

【京港合作开拓中国内地社会福利慈善教育培训计划项目】 该项目由民政管理干部学院负责实施,项目期限自2000年起,项目经费100万元人民币。

民政管理干部学院于2000年招收并全额资助了一批来自吉林省孤儿学校的学生。香港慈善家王梁洁华博士特别关心孤儿班学生的成长,同意捐款100万元人民币作为社会福利慈善教育培训基金。该项目的主要目的是,每年把100万元人民币捐款基金利息作为奖学金资助品学兼优,家境贫寒的学生完成学业。目前已有100多名贫困生得到了资助。

项目每年把100万元人民币捐款基金利息作为助学金资助孤儿完成学业,目前已有11

名孤儿学生得到了资助。

（罗　新）

难民工作

【在华安置印支难民简况】

一、难民与《难民地位公约》

《难民地位公约》规定，难民是指"发生于一九五一年一月一日以前之事态，及因种族、宗教、国籍，隶属某某特定社会阶级或政见关系，确具充分理由恐遭迫害，致现居原籍国外不能受原籍国保护，或因心怀此种恐惧不愿接受原籍国保护者，又或因此等事态而无国籍，现居留国境外，不能重返原居留地或因心怀上述恐惧，不愿重返原居留地者。"该公约还规定了难民的权利以及国际社会保护难民权益和解决难民问题应尽的国际责任与义务。该公约由联合国大会1951年7月28日通过并于1954年4月21日生效。由于该公约规定只适用于1951年以前的难民，1967年1月31日联大又通过《关于难民地位的议定书》（同年10月4日生效），使公约适用于当时和未来所有的难民，并对各国开放签字。中国于1982年8月23日成为该公约和议定书的签署国。

二、在华印支难民的由来

所称印支难民，是指印度支那三国，即越南、柬埔寨和老挝产生的难民。众所周知，在1977年越南当局开始从越南、柬埔寨和老挝输出大量难民，迫使数十万人倾家荡产，背井离乡，流入邻国，形成震惊世界的难民潮流，给东南亚和其他一些国家造成严重的经济问题、社会问题和政治问题，成为国际灾难，引起国际社会的高度关注。1979年6月25日，英国首相撒切尔夫人对电台记者发表讲话："这是我们很久以来在全世界见到的最冷酷和最无情的态度。我们大家都应对越南施加压力，以制止越南这种不文明举动。"同年6月28日，美、英、法、德、意、加、日七国首脑在东京就印支难民问题特别声明：越南、老挝和柬埔寨难民的悲惨境遇是一个规模罕见的人道主义问题，并对东南亚和平与稳定是个威胁。1978年4月至1979年6月，通过中国云南省的河口、广西（区）的东兴及凭祥口岸涌入的越南难民达25万多人。他们衣不遮体、食不果腹、疾病缠身、一无所有，有的只是家破人亡、妻离子散的绝望。面对这样大规模的难民潮，中国政府本着人道主义精神张开温暖的臂膀全部接收了这批难民。同时，中国政府通过外交部发表严正声明，严厉谴责难民输出国抹杀人类基本生存权利、违反联合国宪章和人道主义原则的行径；坚决要求该国当局立即停止制造和输出难民的犯罪暴行。6月28日，时任国务院副总理的邓小平同志在会见日本公明党第八次访华团团长竹入义胜时表示：越南驱赶到中国境内的难民已逾30万，越南输出这些难民是政治阴谋。只在口头上谴责是不行的，必须设法施加国际压力，在政治上谴责，在经济上制裁。1979年7月，联合国在日内瓦召开解决印支难民的国际会议，中国代表、外交部副部长章文晋出席。会议一方面谴责和制止越南制造和输出难民的行为，另一方面呼吁国际社会协调一致对难民进行庇护。中国与越南山水相连，首当其冲成为难民的第一庇护国。

三、印支难民的接收与安置

1.发扬人道，慷慨接收

事实上，中国并不是签署了《难民地位公约》、《关于难民地位的议定书》后才成为难民的庇护国家。1978年，中国这个人口众多、经济落后的发展中国家，刚刚与长达10年的"文化大革命"浩劫告别，百业待兴，她的亿万人民正在为温饱问题奋斗的时候，却迎来了滚滚印支难民潮的历史考验。25万之众（现已发展到29万多人）的印支难民在短短数月之内如潮水般地被驱赶到境内，中国政府面对的挑战和困难可想而知。

作为难民涌入口岸之一的广西区东兴镇见证了当时的困境：东兴镇只有一万多人口，而入境的越南难民却近十万人，最多一天达四千多人。因转运上的困难，住在镇上的难民最多时有四万人。由于大批难民突然涌进，该镇几乎把所有的机关、民房、学校都腾出来住难民，使得机关无法办公，学校不能正常上课。正在兴建的氮肥厂和糖厂也因接待越南难民而停工。同时在粮食、副食、燃料等日常生活品供应方面也形成沉重的压力。

与越南接壤的广西壮族自治区各口岸如此，云南省的河口等有关口岸也一样。一时间，难民的吃、穿、住、医，增加了极大需求。中国政府就是在如此重负之下，发扬人道主义及时全部地接收了他们。

迄今，居留在中国的印支难民及其子女共约294057人，其中绝大多数是越南难民，占99%，且多为华裔越南人或越籍华人，少数为越南人、老挝人和柬埔寨人。他们分布在我国南方六省（区），广东省81932人，广西壮族自治区107176人，云南省45012人，海南省30790人，福建省27639人，江西省1508人。

2.中央重视，特设机构

面对如此大规模印支难民潮入境，中央给予高度重视，于1979年8月4日由李先念主席、陈慕华副总理主持召开了难民工作会议。会议决定成立国务院接待安置印支难民领导小组，由民政部牵头，程子华部长任组长，国务院侨务办公室、农垦部、外交部、中国红十字会的负责同志任副组长，国家计委、国家建委、公安、财政、商业、粮食、卫生、交通、铁道、林业部、供销合作总社、物资总局、劳动总局的负责同志任领导小组成员。领导小组在民政部设立办公室。

初期，主要是负责协调处理紧急分散接收安置事务，1982年在华印支难民的安置工作走上正轨。6月24日劳动人事部发文《关于清理各种非常设机构的通知》（劳人编[1982]3号），民政部、外交部、侨办一致同意撤消“国务院接待安置印支难民领导小组”，保留“民政部接待安置印支难民办公室”。外交部建议：“3年多来，由民政部安置难民办公室出面同难民署驻华代表谈判和签订各项援助协定，并协调有关部门和地方安置单位履行项目合同，取得不少成绩，也积累了丰富的经验。因此，我们意见，民政部目前仍保留安置难民办公室，对这项工作善始善终。”1988年4月21日李鹏总理主持召开总理办公会议，会议议定以下意见：“国务院接待安置印支难民领导小组不列入国务院非常设机构，保留接待安置印支难民领导小组的名义，工作由民政部承担。”同年，国务院下发的《国务院关于非常设机构设置问题的通知》（国发[1988]56号）文中规定：“国务院接待安置印支难民领导小组”撤消后，具体工作由民政部承担，民政部每年一次对外谈判、签约，可使用原领导小组名称。1993年5月17日中央机构编制委员会办公室请示罗干同志（编办函[1993]12号）：关于对“国务院接待安置印支难民领导小组”，建议可继续按国发[1988]56号文件的规定不变。1994年7月21日国务院有关领导同志批复民政部、外交部、公安部上报的《关于遣返在华越南难民问题的请示》，同意请示中的建议：以保留名义的“国务院接待安置印支难民领导小组”协调国内工作。

自1979年以来，尽管多次经历机构调整、改革，中央与国务院始终批准保留“国务院接待安置印支难民领导小组”的名义和“民政部接待安置印支难民办公室”，这从机构编制上根本保证了在华印支难民工作持续、稳定的开展。各有关安置难民的省、区也根据中央的精神一直保留着省难民办。在民政部党组的直接领导下，民政部难民办领导并协调有关部委及六省、区难民办圆满完成了在华印支难民的安置、受援项目、自愿遣返、外逃遣送、第三国安置等项任务。

3.融合安置，方式独特

长久以来国际社会一直高度评价中国独特的安置难民方式。按国际通行惯例，安置难民一般采取专设难民营方式，待时机成熟时将他们遣返原籍国。但中国政府没有把29万多来华的印支难民关在难民集中营，而是实行社会融合安置，根据他们在原居住国的气候条件、地理位置以及原从事工作的性质，分别安置在南方广东、广西、云南、海南、福建、江西省（区）的196个安置单位。他们中绝大部分安置在农林场、渔业社和农村生活劳动，一部分人在机关、学校、医院、商业部门工作。

在安置工作中，中国政府制定并逐步完善了对印支难民的政策，即：一视同仁、不予歧视，提供基本生活保障和必要的就业机会，扶持与鼓励发展生产，提高自食其力的能力，为具备条件实现亲人团聚和自愿遣返的难民提供便利。中国政府在向他们提供有效庇护的同时，还不断努力改善他们的生活、生产、就业、教育、医疗等条件。为了安置好这批难民，中国政府投入了巨大的人力、物力和财力。至2002年年底，仅中央财政的专项投入已累计达7.64亿美元。

总的说来，在中国政府和难民署的共同救助下，大部分在华印支难民已安居乐业，已有50%的人可以自立，40%的人半自立，处于较贫困的难民已减少到10%以下。这是中国政府、难民署和国际社会共同努力所取得的成就，也是共同为本地区乃至世界的稳定和发展所做出的贡献。

四、与难民署的友好合作

联合国难民事务高级专员公署（简称难民署）于1980年1月在北京设立驻华任务代表处，开始了与中方的正式友好合作。22年来，经过双方的共同努力，合作进入了一个持续、稳定的阶段。初期代表处的职责仅是协助中国政府执行难民署的援助项目和处理帮助有条件的难民到第三国等事务，1996年难民署驻华代表处升格为难民署地区代表处，管辖范围增添了蒙古、朝鲜等国及香港特区，加强了难民保护的职能。在长期合作中，虽然难民署推行人道主义救助的宗旨，但我方坚持主权独立、为我所用，以在华印支难民作为双方共同利益关注所在，使工作卓有成效。

截至2002年12月，中国政府从联合国难民署争取到9000多万美元援助。在民政部难民办的指导下、在六省难民办的努力和当地省政府的支持下，至今共执行了难民署约600个项目，其中包括：工业创收、农业创收、水电工程、难民住房、灾害救济、医疗卫生、学校教育等项目。这些项目的成功实施在印支难民的安置工作中发挥了十分重要的作用，使90%的难民不同程度地受益。项目效益是明显的，难民们获得了更多的就业机会，增加了收入，改善了住房、饮水、用电条件，缓解了自然灾害造成的损失，提高了医疗健康的水平，适龄的难民子女能及时入学并可得到接受更高教育的机会。国际社会高度评价中国政府严格履行协定、认真执行项目的良好信誉。

五、妥善处理印支难民事务

总体说来，绝大部分在华印支难民是稳定的，但是，也有极少数难民为了寻求更富裕的生活而非法外流到其他国家和地区。中国政府认为，在华的印支难民应通过他们的诚实劳动，同当地中国公民共同努力，逐步改善他们的经济生活。中国政府从来不赞成他们采取偷渡的形式非法外流。民政部难民办为维护国家的政治、经济利益并本着在国际事务中应责任分担的原则，同有关国家和地区友好协商，妥善处理了难民非法外流问题。

从1979－1997年间，我国接回由内地流入香港及澳门的越南难民1万余人次。对内地逃往香港、澳门难民问题的解决，挫败了别有用心的人利用滞港难民问题扰乱香港社会的企图，极大地减轻了港、澳政府的压力，有力地维护了本地区的安定与和平，得到了国际社会的高度评价。

在1989年5月，约有2800人从福建省流向日本，其中已接回1700多名中国公民，尚有1000多名在华安置过的印支难民滞留日本。应日方的迫切要求，中方由民政部难民办和外交部有关部门组成代表团与日方分别于1990年11月26－31日、同年12月20－22日和1991年1月18－19日在北京举行了3次谈判。最后，日方终于在1991年1月30日于北京签署了双方认同的《会谈纪要》，接受了中方国际合作和责任分担的原则，同意难民需填写“重新登记表”的要求，承担难民返华的交通费、重新安置费312.3万美元。同年，我国接回由华流入日本的越南难民1041人。在民政部、外交部领导下，民政部难民办坚持了在国际事务中责任分担的原则，维护了国家的政治、经济利益，圆满地处理了在华印支难民流日问题。

从1995年至1997年初，我国接回由华流入澳大利亚的越南难民873人，成功地处理了在华越南难民流澳问题。在处理这一事务的自始至终，民政部难民办坚持了中国政府的原则立场，宣传了我国妥善安置29万印支难民的成果，维护了国家的利益。

六、成功完成老挝难民的自愿遣返

难民自愿遣返回原籍国、或在其庇护国归化入籍、或被第三国接收安置是最终解决难民问题的三个途径。这是难民地位公约的规定和原则的体现，也是国际社会认同一致和普遍实施的做法。民政部接待安置印支难民办公室从中国一开始接收安置印支难民就稳妥有序地开展难民赴第三国安置的工作，并作为我们难民安置政策的一项规定来执行。同时，民政部难民办还代表中国政府不断地向国际社会做出庄严的承诺：中国政府一定按照国际难民地位公约尊重难民意愿的原则，对于愿意自愿遣返回原籍国的难民，我国将提供方便；对于愿意留在中国的，我国将一如既往承担国际义务，继续在生产和生活方面给予帮助，并考虑在自愿遣返结束后着手归化入籍工作。在最终解决难民问题的各种途径中，难民自愿遣返又是解决难民问题的根本办法和最佳方案。中国政府一直按照难民地位公约的要求积极推动难民问题的最终解决，至1997年，已全部顺利完成3550名在华老挝难民的自愿遣返工作。这不但在国际社会通过自愿遣返永久解决难民问题的历史上增添了浓重的一笔，而且为今后在华越南难民的自愿遣返积累了可供借鉴的宝贵经验。

（罗　新）

【周转金方式援助难民项目】 从1994年开始，难民署提出将援助集中在最贫困的难民群体上，并对项目实行周转金式管理，回收后的资金继续为难民创办新的就业及创收项目。中方积极支持这一适应市场经济形式的项目管理方式。截至2002年，民政部难民办与难民署每年签署一份周转金项目协定，共包括在广东、广西、云南、海南、福建省（区）实施62个项目。按要求至2002年底应回收6200万元人民币，实际收回3900万元人民币，平均回收率为63%。这是在满足既要安排贫困难民就业，还要在3年至多4年的期限内还清贷款和利息的条件下完成的，是很了不起的成绩。这是在各省、区政府的大力支持和在各级难民办克服重重困难、努力奋斗情况下取得的。难民署的官员纷纷赞叹到：这是中国政府在妥善安置了29万多名印支难民后，取得的又一奇迹。为此，民政部难民办总结出三条独具特色的经验：一是周转金宗旨定位明确，这不是一种简单、纯粹的经济活动，而是一项运用经济包括行政手段实现救助在华印支难民为目的，政治性极强的工作。二是大部分项目的贷款需通过受援单位综合能力偿还，虽然周转金项目的理想境地是用项目本身产生的与贷款额相等利润投入到新的项目中再周转，但在既要达到安排难民就业的社会效益，又要兼顾短期内还款的经济效益的要求下，单凭项目本身的利润还贷是不现实且不可靠的，因此，综合能力就成为保证还贷措施之一。三是大力度的运用行政监督和管理手段，在项目运作出现问题还贷有困难时，积极寻求各级行政部门领导的支持，形成齐抓共管的局面也是追缴贷款的有效方法，使周转金在较长的时间内继续为在华印支难民服务。

（罗　新）

【难民“最低生活保障”制度】 1999年，联合国难民署将对华援助缩减至培训和难民自愿遣返两方面。面对这一变化，民政部难民办积极应对。在2001年广州召开的难民工作会议上，民政部难民办主任靳尔刚提出：今后要进一步实施好周转金项目，继续为救助在华印支难民发挥作用；同时要与时俱进，采取多形式、多层次、多渠道的办法来解决难民的生产生活困难问题，首先要把在华安置的难民困难群体纳入中国政府的最低生活保障制度。会议结束后，民政部难民办立即开始在安置难民的六省（区）布置对贫困难民群体进行调查的工作，制作数据软件，与有关省的民政厅负责人研究落实方案。至2002年底，广西壮族自治区、云南省、江西省已将贫困难民全部纳入最低生活保障制度的保障范围，共约1.65万人受益，占在华贫困难民人口的53%。其他安置省份正在推进该项工作，所有在华贫困难民“应保尽保”指日可待。

将贫困难民纳入最低生活保障制度是我国政府在新形势下为安置难民做出的新贡献。这虽然增加了财政的支出，但这一举措再一次在国际社会上显示中国政府实施人道主义的良好形象，同时又解决了贫困难民的温饱问题，减轻了当地政府的经济负担。中方的做法受到难民署的高度评价。这表明，即使由于种种原因国际社会减少了对华印支难民的援助，但中国政府并没有失去承担国际义务的诚信，而是一如既往地为消除在华印支难民的贫困而努力。

（罗　新）

民政法律法规*

2002年以前颁布的主要民政法律法规

一、民间组织管理

社会团体登记管理条例

（1998年10月25日中华人民共和国国务院令第250号发布　自发布之日起施行）

第一章　总　则

第一条　为了保障公民的结社自由，维护社会团体的合法权益，加强对社会团体的登记管理，促进社会主义物质文明、精神文明建设，制定本条例。

第二条　本条例所称社会团体，是指中国公民自愿组成，为实现会员共同意愿，按照其章程开展活动的非营利性社会组织。

国家机关以外的组织可以作为单位会员加入社会团体。

第三条　成立社会团体，应当经其业务主管单位审查同意，并依照本条例的规定进行登记。

社会团体应当具备法人条件。

下列团体不属于本条例规定登记的范围：

（一）参加中国人民政治协商会议的人民团体；

（二）由国务院机构编制管理机关核定，并经国务院批准免于登记的团体；

（三）机关、团体、企业事业单位内部经本单位批准成立、在本单位内部活动的团体。

第四条　社会团体必须遵守宪法、法律、法规和国家政策，不得反对宪法确定的基本原则，不得危害国家的统一、安全和民族的团结，不得损害国家利益、社会公共利益以及其他组织和公民的合法权益，不得违背社会道德风尚。

社会团体不得从事营利性经营活动。

第五条　国家保护社会团体依照法律、法规及其章程开展活动，任何组织和个人不得非法干涉。

第六条　国务院民政部门和县级以上地方各级人民政府民政部门是本级人民政府的社

* 注：本部分内容由民政部办公厅提供。

会团体登记管理机关(以下简称登记管理机关)。

国务院有关部门和县级以上地方各级人民政府有关部门、国务院或者县级以上地方各级人民政府授权的组织,是有关行业、学科或者业务范围内社会团体的业务主管单位(以下简称业务主管单位)。

法律、行政法规对社会团体的监督管理另有规定的,依照有关法律、行政法规的规定执行。

第二章 管 辖

第七条 全国性的社会团体,由国务院的登记管理机关负责登记管理;地方性的社会团体,由所在地人民政府的登记管理机关负责登记管理;跨行政区域的社会团体,由所跨行政区域的共同上一级人民政府的登记管理机关负责登记管理。

第八条 登记管理机关、业务主管单位与其管辖的社会团体的住所不在一地的,可以委托社会团体住所地的登记管理机关、业务主管单位负责委托范围内的监督管理工作。

第三章 成立登记

第九条 申请成立社会团体,应当经其业务主管单位审查同意,由发起人向登记管理机关申请筹备。

第十条 成立社会团体,应当具备下列条件:

(一)有50个以上的个人会员或者30个以上的单位会员;个人会员、单位会员混合组成的,会员总数不得少于50个;

(二)有规范的名称和相应的组织机构;

(三)有固定的住所;

(四)有与其业务活动相适应的专职工作人员;

(五)有合法的资产和经费来源,全国性的社会团体有10万元以上活动资金,地方性的社会团体和跨行政区域的社会团体有3万元以上活动资金;

(六)有独立承担民事责任的能力。

社会团体的名称应当符合法律、法规的规定,不得违背社会道德风尚。社会团体的名称应当与其业务范围、成员分布、活动地域相一致,准确反映其特征。全国性的社会团体的名称冠以"中国"、"全国"、"中华"等字样的,应当按照国家有关规定经过批准,地方性的社会团体的名称不得冠以"中国"、"全国"、"中华"等字样。

第十一条 申请筹备成立社会团体,发起人应当向登记管理机关提交下列文件:

(一)筹备申请书;

(二)业务主管单位的批准文件;

(三)验资报告、场所使用权证明;

(四)发起人和拟任负责人的基本情况、身份证明;

(五)章程草案。

第十二条 登记管理机关应当自收到本条例第十一条所列全部有效文件之日起60日内,作出批准或者不批准筹备的决定;不批准的,应当向发起人说明理由。

第十三条 有下列情形之一的,登记管理机关不予批准筹备:

(一)有根据证明申请筹备的社会团体的宗旨、业务范围不符合本条例第四条的规定的;

(二)在同一行政区域内已有业务范围相同或者相似的社会团体,没有必要成立的;

(三)发起人、拟任负责人正在或者曾经受到剥夺政治权利的刑事处罚,或者不具有完全民事行为能力的;

(四)在申请筹备时弄虚作假的;

(五)有法律、行政法规禁止的其他情形的。

第十四条 筹备成立的社会团体,应当自登记管理机关批准筹备之日起6个月内召开会员大会或者会员代表大会,通过章程,产生执行机构、负责人和法定代表人,并向登记管理机关申请成立登记。筹备期间不得开展筹备以外的活动。

社会团体的法定代表人,不得同时担任其他社会团体的法定代表人。

第十五条 社会团体的章程应当包括下列事项:

(一)名称、住所;

(二)宗旨、业务范围和活动地域;

(三)会员资格及其权利、义务;

(四)民主的组织管理制度,执行机构的产生程序;

(五)负责人的条件和产生、罢免的程序;

（六）资产管理和使用的原则；

（七）章程的修改程序；

（八）终止程序和终止后资产的处理；

（九）应当由章程规定的其他事项。

第十六条 登记管理机关应当自收到完成筹备工作的社会团体的登记申请书及有关文件之日起30日内完成审查工作。对没有本条例第十三条所列情形，且筹备工作符合要求、章程内容完备的社会团体，准予登记，发给《社会团体法人登记证书》。登记事项包括：

（一）名称；

（二）住所；

（三）宗旨、业务范围和活动地域；

（四）法定代表人；

（五）活动资金；

（六）业务主管单位。

对不予登记的，应当将不予登记的决定通知申请人。

第十七条 依照法律规定，自批准成立之日起即具有法人资格的社会团体，应当自批准成立之日起60日内向登记管理机关备案。登记管理机关自收到备案文件之日起30日内发给《社会团体法人登记证书》。

社会团体备案事项，除本条例第十六条所列事项外，还应当包括业务主管单位依法出具的批准文件。

第十八条 社会团体凭《社会团体法人登记证书》申请刻制印章，开立银行账户。社会团体应当将印章式样和银行账号报登记管理机关备案。

第十九条 社会团体成立后拟设立分支机构、代表机构的，应当经业务主管单位审查同意，向登记管理机关提交有关分支机构、代表机构的名称、业务范围、场所和主要负责人等情况的文件，申请登记。

社会团体的分支机构、代表机构是社会团体的组成部分，不具有法人资格，应当按照其所属于的社会团体的章程所规定的宗旨和业务范围，在该社会团体授权的范围内开展活动、发展会员。社会团体的分支机构不得再设立分支机构。

社会团体不得设立地域性的分支机构。

第四章 变更登记、注销登记

第二十条 社会团体的登记事项、备案事项需要变更的，应当自业务主管单位审查同意之日起30日内，向登记管理机关申请变更登记、变更备案（以下统称变更登记）。

社会团体修改章程，应当自业务主管单位审查同意之日起30日内，报登记管理机关核准。

第二十一条 社会团体有下列情形之一的，应当在业务主管单位审查同意后，向登记管理机关申请注销登记、注销备案（以下统称注销登记）：

（一）完成社会团体章程规定的宗旨的；

（二）自行解散的；

（三）分立、合并的；

（四）由于其他原因终止的。

第二十二条 社会团体在办理注销登记前，应当在业务主管单位及其他有关机关的指导下，成立清算组织，完成清算工作。清算期间，社会团体不得开展清算以外的活动。

第二十三条 社会团体应当自清算结束之日起15日内向登记管理机关办理注销登记。办理注销登记，应当提交法定代表人签署的注销登记申请书、业务主管单位的审查文件和清算报告书。

登记管理机关准予注销登记的，发给注销证明文件，收缴该社会团体的登记证书、印章和财务凭证。

第二十四条 社会团体撤销其所属分支机构、代表机构的，经业务主管单位审查同意后，办理注销手续。

社会团体注销的，其所属分支机构、代表机构同时注销。

第二十五条 社会团体处分注销后的剩余财产，按照国家有关规定办理。

第二十六条 社会团体成立、注销或者变更名称、住所、法定代表人，由登记管理机关予以公告。

第五章 监督管理

第二十七条 登记管理机关履行下列监督管理职责：

（一）负责社会团体的成立、变更、注销的登记或者备案；

（二）对社会团体实施年度检查；

（三）对社会团体违反本条

例的问题进行监督检查，对社会团体违反本条例的行为给予行政处罚。

第二十八条 业务主管单位履行下列监督管理职责：

（一）负责社会团体筹备申请、成立登记、变更登记、注销登记前的审查；

（二）监督、指导社会团体遵守宪法、法律、法规和国家政策，依据其章程开展活动；

（三）负责社会团体年度检查的初审；

（四）协助登记管理机关和其他有关部门查处社会团体的违法行为；

（五）会同有关机关指导社会团体的清算事宜。

业务主管单位履行前款规定的职责，不得向社会团体收取费用。

第二十九条 社会团体的资产来源必须合法，任何单位和个人不得侵占、私分或者挪用社会团体的资产。

社会团体的经费，以及开展章程规定的活动按照国家有关规定所取得的合法收入，必须用于章程规定的业务活动，不得在会员中分配。

社会团体接受捐赠、资助，必须符合章程规定的宗旨和业务范围，必须根据与捐赠人、资助人约定的期限、方式和合法用途使用。社会团体应当向业务主管单位报告接受、使用捐赠、资助的有关情况，并应当将有关情况以适当方式向社会公布。

社会团体专职工作人员的工资和保险福利待遇，参照国家对事业单位的有关规定执行。

第三十条 社会团体必须执行国家规定的财务管理制度，接受财政部门的监督；资产来源属于国家拨款或者社会捐赠、资助的，还应当接受审计机关的监督。

社会团体在换届或者更换法定代表人之前，登记管理机关、业务主管单位应当组织对其进行财务审计。

第三十一条 社会团体应当于每年3月31日前向业务主管单位报送上一年度的工作报告，经业务主管单位初审同意后，于5月31日前报送登记管理机关，接受年度检查。工作报告的内容包括：本社会团体遵守法律法规和国家政策的情况、依照本条例履行登记手续的情况、按照章程开展活动的情况、人员和机构变动的情况以及财务管理的情况。

对于依照本条例第十七条的规定发给《社会团体法人登记证书》的社会团体，登记管理机关对其应当简化年度检查的内容。

第六章 罚 则

第三十二条 社会团体在申请登记时弄虚作假，骗取登记的，或者自取得《社会团体法人登记证书》之日起1年未开展活动的，由登记管理机关予以撤销登记。

第三十三条 社会团体有下列情形之一的，由登记管理机关给予警告，责令改正，可以限期停止活动，并可以责令撤换直接负责的主管人员；情节严重的，予以撤销登记；构成犯罪的，依法追究刑事责任：

（一）涂改、出租、出借《社会团体法人登记证书》，或者出租、出借社会团体印章的；

（二）超出章程规定的宗旨和业务范围进行活动的；

（三）拒不接受或者不按照规定接受监督检查的；

（四）不按照规定办理变更登记的；

（五）擅自设立分支机构、代表机构，或者对分支机构、代表机构疏于管理，造成严重后果的；

（六）从事营利性的经营活动的；

（七）侵占、私分、挪用社会团体资产或者所接受的捐赠、资助的；

（八）违反国家有关规定收取费用、筹集资金或者接受、使用捐赠、资助的。

前款规定的行为有违法经营额或者违法所得的，予以没收，可以并处违法经营额1倍以上3倍以下或者违法所得3倍以上5倍以下的罚款。

第三十四条 社会团体的活动违反其他法律、法规的，由有关国家机关依法处理；有关国家机关认为应当撤销登记的，由登记管理机关撤销登记。

第三十五条 未经批准，擅自开展社会团体筹备活动，或者未经登记，擅自以社会团体名义进行活动，以及被撤销登记的社会团体继续以社会团体名义进行活动的，由登记管理机关予以取缔，没收非法财产；构成犯罪的，依法追究刑事责任;尚不构成犯罪的,依法给予治安管理处罚。

第三十六条 社会团体被责令限期停止活动的,由登记管理机关封存《社会团体法人登记证书》、印章和财务凭证。

社会团体被撤销登记的,由登记管理机关收缴《社会团体法人登记证书》和印章。

第三十七条 登记管理机关、业务主管单位的工作人员滥用职权、徇私舞弊、玩忽职守构成犯罪的,依法追究刑事责任;尚不构成犯罪的,依法给予行政处分。

第七章 附 则

第三十八条 《社会团体法人登记证书》的式样由国务院民政部门制定。

对社会团体进行年度检查不得收取费用。

第三十九条 本条例施行前已经成立的社会团体,应当自本条例施行之日起1年内依照本条例有关规定申请重新登记。

第四十条 本条例自发布之日起施行。1989年10月25日国务院发布的《社会团体登记管理条例》同时废止。

民办非企业单位登记管理暂行条例

(1998年10月25日中华人民共和国国务院令第251号发布 自发布之日起施行)

第一章 总 则

第一条 为了规范民办非企业单位的登记管理,保障民办非企业单位的合法权益,促进社会主义物质文明、精神文明建设,制定本条例。

第二条 本条例所称民办非企业单位,是指企业事业单位、社会团体和其他社会力量以及公民个人利用非国有资产举办的,从事非营利性社会服务活动的社会组织。

第三条 成立民办非企业单位,应当经其业务主管单位审查同意,并依照本条例的规定登记。

第四条 民办非企业单位应当遵守宪法、法律、法规和国家政策,不得反对宪法确定的基本原则,不得危害国家的统一、安全和民族的团结,不得损害国家利益、社会公共利益以及其他社会组织和公民的合法权益,不得违背社会道德风尚。

民办非企业单位不得从事营利性经营活动。

第五条 国务院民政部门和县级以上地方各级人民政府民政部门是本级人民政府的民办非企业单位登记管理机关(以下简称登记管理机关)。

国务院有关部门和县级以上地方各级人民政府的有关部门、国务院或者县级以上地方各级人民政府授权的组织,是有关行业、业务范围内民办非企业单位的业务主管单位(以下简称业务主管单位)。

法律、行政法规对民办非企业单位的监督管理另有规定的,依照有关法律、行政法规的规定执行。

第二章 管 辖

第六条 登记管理机关负责同级业务主管单位审查同意的民办非企业单位的登记管理。

第七条 登记管理机关、业务主管单位与其管辖的民办非企业单位的住所不在一地的,可以委托民办非企业单位住所地的登记管理机关、业务主管单位负责委托范围内的监督管理工作。

第三章 登 记

第八条 申请登记民办非企业单位,应当具备下列条件:

(一)经业务主管单位审查同意;

(二)有规范的名称、必要的组织机构;

(三)有与其业务活动相适应的从业人员;

(四)有与其业务活动相适应的合法财产;

(五)有必要的场所。

民办非企业单位的名称应当符合国务院民政部门的规定,不得冠以"中国"、"全国"、"中华"等字样。

第九条 申请民办非企业单位登记,举办者应当向登记管理机关提交下列文件：

（一）登记申请书；

（二）业务主管单位的批准文件；

（三）场所使用权证明；

（四）验资报告；

（五）拟任负责人的基本情况、身份证明；

（六）章程草案。

第十条 民办非企业单位的章程应当包括下列事项：

（一）名称、住所；

（二）宗旨和业务范围；

（三）组织管理制度；

（四）法定代表人或者负责人的产生、罢免的程序；

（五）资产管理和使用的原则；

（六）章程的修改程序；

（七）终止程序和终止后资产的处理；

（八）需要由章程规定的其他事项。

第十一条 登记管理机关应当自收到成立登记申请的全部有效文件之日起60日内作出准予登记或者不予登记的决定。

有下列情形之一的，登记管理机关不予登记，并向申请人说明理由：

（一）有根据证明申请登记的民办非企业单位的宗旨、业务范围不符合本条例第四条规定的；

（二）在申请成立时弄虚作假的；

（三）在同一行政区域内已有业务范围相同或者相似的民办非企业单位，没有必要成立的；

（四）拟任负责人正在或者曾经受到剥夺政治权利的刑事处罚，或者不具有完全民事行为能力的；

（五）有法律、行政法规禁止的其他情形的。

第十二条 准予登记的民办非企业单位，由登记管理机关登记民办非企业单位的名称、住所、宗旨和业务范围、法定代表人或者负责人、开办资金、业务主管单位，并根据其依法承担民事责任的不同方式，分别发给《民办非企业单位（法人）登记证书》、《民办非企业单位（合伙）登记证书》、《民办非企业单位（个体）登记证书》。

依照法律、其他行政法规规定，经有关主管部门依法审核或者登记，已经取得相应的执业许可证书的民办非企业单位，登记管理机关应当简化登记手续，凭有关主管部门出具的执业许可证明文件，发给相应的民办非企业单位登记证书。

第十三条 民办非企业单位不得设立分支机构。

第十四条 民办非企业单位凭登记证书申请刻制印章，开立银行账户。民办非企业单位应当将印章式样、银行账号报登记管理机关备案。

第十五条 民办非企业单位的登记事项需要变更的，应当自业务主管单位审查同意之日起30日内，向登记管理机关申请变更登记。

民办非企业单位修改章程，应当自业务主管单位审查同意之日起30日内，报登记管理机关核准。

第十六条 民办非企业单位自行解散的，分立、合并的，或者由于其他原因需要注销登记的，应当向登记管理机关办理注销登记。

民办非企业单位在办理注销登记前，应当在业务主管单位和其他有关机关的指导下，成立清算组织，完成清算工作。清算期间，民办非企业单位不得开展清算以外的活动。

第十七条 民办非企业单位法定代表人或者负责人应当自完成清算之日起15日内，向登记管理机关办理注销登记。办理注销登记，须提交注销登记申请书、业务主管单位的审查文件和清算报告。

登记管理机关准予注销登记的，发给注销证明文件，收缴登记证书、印章和财务凭证。

第十八条 民办非企业单位成立、注销以及变更名称、住所、法定代表人或者负责人，由登记管理机关予以公告。

第四章 监督管理

第十九条 登记管理机关履行下列监督管理职责：

（一）负责民办非企业单位的成立、变更、注销登记；

（二）对民办非企业单位实施年度检查；

（三）对民办非企业单位违反本条例的问题进行监督检查，对民办非企业单位违反本条例的行为给予行政处罚。

第二十条 业务主管单位履行下列监督管理职责：

（一）负责民办非企业单位

成立、变更、注销登记前的审查；

（二）监督、指导民办非企业单位遵守宪法、法律、法规和国家政策，按照章程开展活动；

（三）负责民办非企业单位年度检查的初审；

（四）协助登记管理机关和其他有关部门查处民办非企业单位的违法行为；

（五）会同有关机关指导民办非企业单位的清算事宜。

业务主管单位履行前款规定的职责，不得向民办非企业单位收取费用。

第二十一条 民办非企业单位的资产来源必须合法，任何单位和个人不得侵占、私分或者挪用民办非企业单位的资产。

民办非企业单位开展章程规定的活动，按照国家有关规定取得的合法收入，必须用于章程规定的业务活动。

民办非企业单位接受捐赠、资助，必须符合章程规定的宗旨和业务范围，必须根据与捐赠人、资助人约定的期限、方式和合法用途使用。民办非企业单位应当向业务主管单位报告接受、使用捐赠、资助的有关情况，并应当将有关情况以适当方式向社会公布。

第二十二条 民办非企业单位必须执行国家规定的财务管理制度，接受财政部门的监督；资产来源属于国家资助或者社会捐赠、资助的，还应当接受审计机关的监督。

民办非企业单位变更法定代表人或者负责人，登记管理机关、业务主管单位应当组织对其进行财务审计。

第二十三条 民办非企业单位应当于每年3月31日前向业务主管单位报送上一年度的工作报告，经业务主管单位初审同意后，于5月31日前报送登记管理机关，接受年度检查。工作报告内容包括：本民办非企业单位遵守法律法规和国家政策的情况、依照本条例履行登记手续的情况、按照章程开展活动的情况、人员和机构变动的情况以及财务管理的情况。

对于依照本条例第十二条第二款的规定发给登记证书的民办非企业单位，登记管理机关对其应当简化年度检查的内容。

第五章 罚 则

第二十四条 民办非企业单位在申请登记时弄虚作假，骗取登记的，或者业务主管单位撤销批准的，由登记管理机关予以撤销登记。

第二十五条 民办非企业单位有下列情形之一的，由登记管理机关予以警告，责令改正，可以限期停止活动；情节严重的，予以撤销登记；构成犯罪的，依法追究刑事责任：

（一）涂改、出租、出借民办非企业单位登记证书，或者出租、出借民办非企业单位印章的；

（二）超出其章程规定的宗旨和业务范围进行活动的；

（三）拒不接受或者不按照规定接受监督检查的；

（四）不按照规定办理变更登记的；

（五）设立分支机构的；

（六）从事营利性的经营活动的；

（七）侵占、私分、挪用民办非企业单位的资产或者所接受的捐赠、资助的；

（八）违反国家有关规定收取费用、筹集资金或者接受使用捐赠、资助的。

前款规定的行为有违法经营额或者违法所得的，予以没收，可以并处违法经营额1倍以上3倍以下或者违法所得3倍以上5倍以下的罚款。

第二十六条 民办非企业单位的活动违反其他法律、法规的，由有关国家机关依法处理；有关国家机关认为应当撤销登记的，由登记管理机关撤销登记。

第二十七条 未经登记，擅自以民办非企业单位名义进行活动的，或者被撤销登记的民办非企业单位继续以民办非企业单位名义进行活动的，由登记管理机关予以取缔，没收非法财产；构成犯罪的，依法追究刑事责任；尚不构成犯罪的，依法给予治安管理处罚。

第二十八条 民办非企业单位被限期停止活动的，由登记管理机关封存其登记证书、印章和财务凭证。

民办非企业单位被撤销登记的，由登记管理机关收缴登记证书和印章。

第二十九条 登记管理机关、业务主管单位的工作人员滥用职权、徇私舞弊、玩忽职守构成犯罪的，依法追究刑事责任；尚不构成犯罪的，依法给予行政处分。

第六章 附 则

第三十条 民办非企业单位登记证书的式样由国务院民政部门制定。

对民办非企业单位进行年度检查不得收取费用。

第三十一条 本条例施行前已经成立的民办非企业单位,应当自本条例实施之日起1年内依照本条例有关规定申请登记。

第三十二条 本条例自发布之日起施行。

社会团体印章管理规定

(1993年10月18日中华人民共和国民政部、公安部令第1号发布 自发布之日起施行)

为了保障社会团体的合法权益,加强对社会团体印章的管理,根据《社会团体登记管理条例》和《国务院关于国家行政机关和企业、事业单位印章的规定》(国发[1993]21号),现对社会团体印章的规格、制发和管理办法规定如下:

一、印章的规格、式样和制发

(一)社会团体的印章为圆形。

(二)全国性社会团体的印章,直径四点五厘米,中央刊五角星,五角星外刊社会团体的名称,自左而右环行,由社团登记管理机关出具证明,经该社团总部所在地的公安机关办理准刻手续后,由社团登记管理机关制发。

(三)地方性社会团体的印章,直径四点二厘米,中央刊五角星,五角星外刊社会团体名称,自左而右环行。由地方社团登记管理机关出具证明,经该社团总部所在地的公安机关办理准刻手续后,由地方社团登记管理机关制发。

(四)社会团体的办事机构和分支机构印章的尺寸式样及制发与其总部印章相同。

社会团体的办事机构和分支机构印章名称前应冠其总部名称,前段自左而右环行,后段可以自左而右横行。

(五)社会团体主办的具有法人资格的实体单位按其登记注册或批准的名称刻制印章。

二、印章的名称、文字、字体和质料

(一)印章所刊名称,应为社会团体的法定名称。印章所刊名称字数过多,不易刻印清晰时,可以适当采用通用的简称。

(二)民族自治地方社会团体的印章,应当并列刊汉文和当地通用的民族文字。

(三)有国际交往的社会团体印章,需标有英文名称的,应当并列刊汉文和英文。

(四)印章印文中的汉字,使用宋体字并应用国务院公布实行的简化字。

(五)印章质料,由制发机关自定。

三、专用印章的制发

(一)钢印直径最大不得超过四点二厘米,最小不得小于三点五厘米,中央刊五角星,五角星外刊社会团体名称,自左而右环行,经社团登记管理机关和公安机关批准后刻制。

(二)其他专用章,在名称、式样上应与正式印章有所区别,经社团登记管理机关和公安机关批准后刻制。

四、印章的管理和缴销

(一)社会团体的印章经社团登记管理机关和有关业务主管部门备案后,方可启用。

(二)对社会团体非法刻制印章的,由公安机关视其情节轻重,对其直接责任者予以500元以下罚款或警告;造成严重后果的,对其主管负责人或直接责任人追究法律责任。

(三)社会团体应建立健全印章管理制度,印章应有专人保管,对于违反规定使用印章造成严重后果的追究保管人和责任人的行政或法律责任。

(四)社会团体变更需要更换印章时,应到社团登记管理机关交回原印章,重新提出申请,经核准后,刻制新的印章。

(五)社会团体办理注销登记,应将全部印章交回社团登记管理机关封存。

(六)社会团体被撤销,由

社团登记管理机关收缴其印章。

（七）社会团体印章丢失，经声明作废后，可按本规定程序申请重新刻制。

（八）对于收缴和社会团体交回的印章，由社团登记管理机关登记造册，定期销毁，并将销毁印章的名册送公安机关备案。

五、本规定自发布之日起施行

一九九一年一月十二日发布的《社会团体印章管理的暂行规定》同时废止。

民办非企业单位登记暂行办法

（1999年12月28日中华人民共和国民政部令第18号发布　自发布之日起施行）

第一条　根据《民办非企业单位登记管理暂行条例》（以下简称条例）制定本办法。

第二条　民办非企业单位根据其依法承担民事责任的不同方式分为民办非企业单位（法人）、民办非企业单位（合伙）和民办非企业单位（个体）三种。

个人出资且担任民办非企业单位负责人的，可申请办理民办非企业单位（个体）登记；

两人或两人以上合伙举办的，可申请办理民办非企业单位（合伙）登记；

两人或两人以上举办且具备法人条件的，可申请办理民办非企业单位（法人）登记。

由企业事业单位、社会团体和其他社会力量举办的或由上述组织与个人共同举办的，应当申请民办非企业单位（法人）登记。

第三条　民办非企业单位登记管理机关（以下简称登记管理机关）审核登记的程序是受理、审查、核准、发证、公告。

（一）受理。申请登记的举办者所提交的文件、证件和填报的登记申请表齐全、有效后，方可受理。

（二）审查。审查提交的文件、证件和填报的登记申请表的真实性、合法性、有效性，并核实有关登记事项和条件。

（三）核准。经审查和核实后，作出准予登记或者不予登记的决定，并及时通知申请登记的单位或个人。

（四）发证。对核准登记的民办非企业单位，分别颁发有关证书，并办理领证签字手续。

（五）公告。对核准登记的民办非企业单位，由登记管理机关发布公告。

第四条　举办民办非企业单位，应按照下列所属行（事）业申请登记：

（一）教育事业，如民办幼儿园，民办小学、中学、学校、学院、大学，民办专修（进修）学院或学校，民办培训（补习）学校或中心等；

（二）卫生事业，如民办门诊部（所）、医院，民办康复、保健、卫生、疗养院（所）等；

（三）文化事业，如民办艺术表演团体、文化馆（活动中心）、图书馆（室）、博物馆（院）、美术馆、画院、名人纪念馆、收藏馆、艺术研究院（所）等；

（四）科技事业，如民办科学研究院（所、中心），民办科技传播或普及中心、科技服务中心、技术评估所（中心）等；

（五）体育事业，如民办体育俱乐部，民办体育场、馆、院、社、学校等；

（六）劳动事业，如民办职业培训学校或中心，民办职业介绍所等；

（七）民政事业，如民办福利院、敬老院、托老所、老年公寓，民办婚姻介绍所，民办社区服务中心（站）等；

（八）社会中介服务业，如民办评估咨询服务中心（所），民办信息咨询调查中心（所），民办人才交流中心等；

（九）法律服务业；

（十）其他。

第五条　申请登记民办非企业单位，应当具备条例第八条规定的条件。

民办非企业单位的名称，必须符合国务院民政部门制订的《民办非企业单位名称管理暂行规定》。

民办非企业单位必须拥有与其业务活动相适应的合法财

产，且其合法财产中的非国有资产份额不得低于总财产的三分之二。开办资金必须达到本行(事)业所规定的最低限额。

第六条 申请民办非企业单位成立登记，举办者应当提交条例第九条规定的文件。

民办非企业单位的登记申请书应当包括：举办者单位名称或申请人姓名；拟任法定代表人或单位负责人的基本情况；住所情况；开办资金情况；申请登记理由等。

业务主管单位的批准文件，应当包括对举办者章程草案、资金情况(特别是资产的非国有性)、拟任法定代表人或单位负责人基本情况、从业人员资格、场所设备、组织机构等内容的审查结论。

民办非企业单位的活动场所须有产权证明或一年期以上的使用权证明。

民办非企业单位的验资报告应由会计师事务所或其他有验资资格的机构出具。

拟任法定代表人或单位负责人的基本情况应当包括姓名、性别、民族、年龄、目前人事关系所在单位、有否受到剥夺政治权利的刑事处罚、个人简历等。拟任法定代表人或单位负责人的身份证明为身份证的复印件，登记管理机关认为必要时可验证身份证原件。

对合伙制的民办非企业单位，拟任单位负责人指所有合伙人。

民办非企业单位的章程草案应当符合条例第十条的规定。合伙制的民办非企业单位的章程可为其合伙协议，合伙协议应当包括条例第十条第一、二、三、五、六、七、八项的内容。民办非企业单位须在其章程草案或合伙协议中载明该单位的盈利不得分配，解体时财产不得私分。

第七条 民办非企业单位的登记事项为：名称、住所、宗旨和业务范围、法定代表人或者单位负责人、开办资金、业务主管单位。

住所是指民办非企业单位的办公场所，须按所在市、县、乡(镇)及街道门牌号码的详细地址登记。

宗旨和业务范围必须符合法律法规及政策规定。

开办资金应当与实有资金相一致。

业务主管单位应登记其全称。

第八条 经审核准予登记的，登记管理机关应当书面通知民办非企业单位，并根据其依法承担民事责任的不同方式，分别发给《民办非企业单位(法人)登记证书》、《民办非企业单位(合伙)登记证书》或《民办非企业单位(个体)登记证书》。对不予登记的，登记管理机关应当书面通知申请单位或个人。

民办非企业单位可凭登记证书依照有关规定办理组织机构代码和税务登记、刻制印章、开立银行账户，在核准的业务范围内开展活动。

第九条 按照条例第十二条第二款的规定，应当简化登记手续的民办非企业单位，办理登记时，应向登记管理机关提交下列文件：

(一)登记申请书；

(二)章程草案；

(三)拟任法定代表人或单位负责人的基本情况、身份证明；

(四)业务主管单位出具的执业许可证明文件。

第十条 条例施行前已经成立的民办非企业单位，应当依照条例及本办法的规定办理申请登记。

已在各级人民政府的编制部门或工商行政管理部门注册登记的民办非企业单位办理补办登记手续，还应向登记管理机关提交编制部门或工商行政管理部门准予注销的证明文件。

第十一条 民办非企业单位根据条例第十五条规定申请变更登记事项时，应向登记管理机关提交下列文件：

(一)法定代表人或单位负责人签署并加盖公章的变更登记申请书。申请书应载明变更的理由，并附决定变更时依照章程履行程序的原始纪要，法定代表人或单位负责人因故不能签署变更登记申请书的，申请单位还应提交不能签署的理由的文件；

(二)业务主管单位对变更登记事项审查同意文件；

(三)登记管理机关要求提交的其他文件。

第十二条 民办非企业单位的住所、业务范围、法定代表人或单位负责人、开办资金、业务主管单位发生变更的，除向登记管理机关提交本办法第十一条规定的文件外，还须分别提交下列材料：变更后新住所的产权或使用权证明；变更后的业务范围；变更后法定代表人或单位负责人的身份证明，及本办法第六条第六款涉及的其他材料；变更后的验资报告；原业务主管单位不再承担业务主管的文件。

第十三条 登记管理机关核准变更登记的，民办非企业单位应交回民办非企业单位登记证书正副本，由登记管理机关换发新的登记证书。

第十四条 民办非企业单位修改章程或合伙协议的，应当报原登记管理机关核准。报请核准时，应提交下列文件：

（一）法定代表人或单位负责人签署并加盖公章的核准申请书；

（二）业务主管单位审查同意的文件；

（三）章程或合伙协议的修改说明及修改后的章程或合伙协议；

（四）有关的文件材料。

第十五条 民办非企业单位变更业务主管单位，须在原业务主管单位出具不再担任业务主管的文件之日起90日内找到新的业务主管单位，并到登记管理机关申请变更登记。

在登记管理机关作出准予变更登记决定之前，原业务主管单位应继续履行条例第二十条规定的监督管理职责。

第十六条 登记管理机关应在收到民办非企业单位申请变更登记的全部有效文件之日起60日内，作出准予变更或不准予变更的决定，并书面通知民办非企业单位。

第十七条 民办非企业单位有下列情况之一的，必须申请注销登记：

（一）章程规定的解散事由出现；

（二）不再具备条例第八条规定条件的；

（三）宗旨发生根本变化的；

（四）由于其他变更原因，出现与原登记管理机关管辖范围不一致的；

（五）作为分立母体的民办非企业单位因分立而解散的；

（六）作为合并源的民办非企业单位因合并而解散的；

（七）民办非企业单位原业务主管单位不再担当其业务主管单位，且在90日内找不到新的业务主管单位的；

（八）有关行政管理机关根据法律、行政法规规定认为需要注销的。

（九）其他原因需要解散的。

属于木条第一款第七项规定的情形，民办非企业单位的原业务主管单位须继续履行职责，至民办非企业单位完成注销登记。

第十八条 民办非企业单位根据条例第十六条的规定申请注销登记时，应向登记管理机关提交下列文件：

（一）法定代表人或单位负责人签署并加盖单位公章的注销登记申请书，法定代表人或单位负责人因故不能签署的，还应提交不能签署的理由的文件；

（二）业务主管单位审查同意的文件；

（三）清算组织提出的清算报告；

（四）民办非企业单位登记证书（正、副本）；

（五）民办非企业单位的印章和财务凭证；

（六）登记管理机关认为需要提交的其他文件。

第十九条 登记管理机关应在收到民办非企业单位申请注销登记的全部有效文件之日起30日内，作出准予注销或不准予注销的决定，并书面通知民办非企业单位。

登记管理机关准予注销登记的，应发给民办非企业单位注销证明文件。

第二十条 民办非企业单位登记公告分为成立登记公告、注销登记公告和变更登记公告。

登记管理机关发布的公告须刊登在公开发行的、发行范围覆盖同级政府所辖行政区域的报刊上。

公告费用由民办非企业单位支付。

第二十一条 成立登记公告的内容包括：名称、住所、法定代表人或单位负责人、开办资金、宗旨和业务范围、业务主管单位、登记时间、登记证号。

第二十二条 变更登记公告的内容除变更事项外，还应包括名称、登记证号、变更时间。

第二十三条 注销登记公

告的内容包括名称、住所、法定代表人或单位负责人、登记证号、业务主管单位、注销时间。

第二十四条 民办非企业单位登记证书分为正本和副本,正本和副本具有同等法律效力。

民办非企业单位登记证书的正本应当悬挂于民办非企业单位住所的醒目位置。

民办非企业单位登记证书副本的有效期为4年。

第二十五条 民办非企业单位登记证书遗失的,应当及时在公开发行的报刊上声明作废,并到登记管理机关申请办理补发证书手续。

第二十六条 民办非企业单位申请补发登记证书,应当向登记管理机关提交下列文件:

(一)补发登记证书申请书;

(二)在报刊上刊登的原登记证书作废的声明。

第二十七条 经核准登记的民办非企业单位开立银行账户,应按照民政部、中国人民银行联合发布的《关于民办非企业单位开立银行账户有关问题的通知》的有关规定办理。

第二十八条 经核准登记的民办非企业单位刻制印章,应按照民政部、公安部联合发布的《民办非企业单位印章管理规定》的有关规定办理。

第二十九条 本办法自发布之日起施行。

民办非企业单位印章管理规定

(2000年1月19日中华人民共和国民政部、公安部令第20号发布　自发布之日起施行)

为了保障民办非企业单位的合法权益,加强对民办非企业单位印章的管理,根据《民办非企业单位登记管理暂行条例》和《国务院关于国家行政机关和企业事业单位社会团体印章管理的规定》(国发[1999]25号),制定本规定:

一、印章的规格、式样

民办非企业单位的印章分为名称印章、办事机构印章和专用印章(专用印章分为钢印、财务专用章、合同专用章等),一律为圆形。

由国务院民政部门核准登记的民办非企业单位,名称印章直径为4.5厘米,办事机构的印章直径为4.2厘米。由地方各级人民政府民政部门核准登记的民办非企业单位,名称印章直径为4.2厘米,办事机构的印章直径为4厘米。民办非企业单位的专用印章必须小于名称印章且直径最大不超过4.2厘米,最小不小于3厘米。

民办非企业单位的印章,中央刊五角星,五角星外刊单位名称,自左而右环行。其中办事机构印章中的办事机构名称及财务专用章、合同专用章中的财务专用、合同专用等字样,刊在五角星下面,自左而右横排。

二、印章的名称、文字、文体

印章所刊的单位名称,应为民办非企业单位的法定名称;民族自治地方的民办非企业单位的印章应当并列刊汉文和当地通用的民族文字;有国际交往的民办非企业单位印章,需要刻制外文名称的,将核准登记注册的中文名称译成相应的外国文字,并列刊汉文和外文。

印章印文中的汉字,应当使用国务院公布的简化字,字体为宋体。

三、印章的刻制审批程序

民办非企业单位刻制印章须在取得登记证书后向登记管理机关提出书面申请及印章式样,经批准后持登记管理机关开具的同意刻制印章介绍信及登记证书到所在地县、市(区)以上公安机关办理准刻手续后,方可刻制。

四、印章的管理和缴销

(一)民办非企业单位的印章经登记管理机关、公安机关备案后,方可启用。

(二)民办非企业单位应当建立健全印章使用管理制度,印章应当有专人保管。对违反规定使用印章造成严重后果的,应当追究保管人或责任人的行政责任或法律责任。

(三)民办非企业单位因变更登记、印章损坏等原因需要更换印章时,应到登记管理机关交回原印章,按本规定程序申请重新刻制。

(四)民办非企业单位印章丢失,经声明作废后,可以按本规定程序申请重新刻制。重新刻制的印章应与原印章有所区别。如五角星两侧加横线。

(五)民办非企业单位办理注销登记后,应当及时将全部印章交回登记管理机关封存。

(六)民办非企业单位被撤销,应当由登记管理机关收缴其全部印章。

(七)登记管理机关对收缴的和民办非企业单位交回的印章,要登记造册,送当地公安机关销毁。

(八)民办非企业单位未到公安机关办理准刻手续擅自刻制印章的,由公安机关处以500元以下罚款或警告,并收缴其非法刻制的印章。

(九)对未经公安机关批准,擅自承制民办非企业单位印章的企业,由公安机关按《中华人民共和国治安管理处罚条例》第二十五条第二项的规定予以处罚。

五、本规定发布之前已按国家有关规定成立的民办非企业单位,在民办非企业单位复查登记过程中,通过复查登记的,其印章规格、式样、名称、文字、文体符合本规定的,在登记管理机关备案后可继续使用;不符合的应重新申请刻制;未通过复查登记的应停止活动,向业务主管单位交回原有印章,并由业务主管单位登记造册,送当地公安机关销毁。

六、本规定自发布之日起施行。

取缔非法民间组织暂行办法

(2000年4月10日中华人民共和国民政部令第21号发布　自发布之日起施行)

第一条　为了维护社会稳定和国家安全,根据《社会团体登记管理条例》和《民办非企业单位登记管理暂行条例》及有关规定,制定本办法。

第二条　具有下列情形之一的属于非法民间组织:

(一)未经批准,擅自开展社会团体筹备活动的;

(二)未经登记,擅自以社会团体或者民办非企业单位名义进行活动的;

(三)被撤销登记后继续以社会团体或者民办非企业单位名义进行活动的。

第三条　社会团体和民办非企业单位登记管理机关(以下统称登记管理机关)负责对非法民间组织进行调查,收集有关证据,依法作出取缔决定,没收其非法财产。

第四条　取缔非法民间组织,由违法行为发生地的登记管理机关负责。

涉及两个以上同级登记管理机关的非法民间组织的取缔,由它们的共同上级登记管理机关负责,或者指定相关登记管理机关予以取缔。

对跨省(自治区、直辖市)活动的非法民间组织,由国务院民政部门负责取缔,或者指定相关登记管理机关予以取缔。

第五条　对非法民间组织,登记管理机关一经发现,应当及时进行调查,涉及有关部门职能的,应当及时向有关部门通报。

第六条　登记管理机关对非法民间组织进行调查时,执法人员不得少于两人,并应当出示证件。

第七条　登记管理机关对非法民间组织进行调查时,有关单位和个人应当如实反映情况,提供有关资料,不得拒绝、隐瞒、出具伪证。

第八条　登记管理机关依法调查非法民间组织时,对与案件有关的情况和资料,可以采取记录、复制、录音、录像、照相等手段取得证据。

在证据可能灭失或者以后难以取得的情况下,经登记管理机关负责人批准可以先行登记保存,并应当在七日内及时作出处理决定,在此期间,当事人或者有关人员不得销毁或者转移证据。

第九条　对经调查认定的非法民间组织,登记管理机关应当依法作出取缔决定,宣布该组织为非法，并予以公告。

第十条 非法民间组织被取缔后，登记管理机关依法没收的非法财物必须按照国家规定公开拍卖或者按照国家有关规定处理。

登记管理机关依法没收的违法所得和没收非法财物拍卖的款项，必须全部上缴国库。

第十一条 对被取缔的非法民间组织，登记管理机关应当收缴其印章、标识、资料、财务凭证等，并登记造册。

需要销毁的印章、资料等，应当经登记管理机关负责人批准，由两名以上执法人员监督销毁，并填写销毁清单。

第十二条 登记管理机关取缔非法民间组织后，应当按照档案管理的有关规定及时将有关档案材料立卷归档。

第十三条 非法民间组织被取缔后，继续开展活动的，登记管理机关应当及时通报有关部门共同查处。

第十四条 本办法自发布之日起施行。

社会团体分支机构、代表机构登记办法

（2001 年 7 月 30 日中华人民共和国民政部令第 23 号发布　自发布之日起施行）

第一条 为了加强对社会团体分支机构、代表机构的管理，根据《社会团体登记管理条例》有关规定，制定本办法。

第二条 社会团体的分支机构，是社会团体根据开展活动的需要，依据业务范围的划分或者会员组成的特点，设立的专门从事该社会团体某项业务活动的机构。

分支机构可以称分会、专业委员会、工作委员会、专项基金管理委员会等。

社会团体的代表机构，是社会团体在住所地以外属于其活动区域内设置的代表该社会团体开展活动、承办该社会团体交办事项的机构。

代表机构可以称代表处、办事处、联络处等。

第三条 社会团体设立分支机构、代表机构应当按照章程的规定，履行民主程序，经业务主管单位审查同意后，向负责该社会团体登记的登记管理机关提出申请。经登记管理机关登记后，方可开展活动。

第四条 社会团体申请设立分支机构、代表机构应当具备下列条件：

（一）有规范的名称；

（二）有固定的住所；

（三）有符合章程所规定的业务范围。

第五条 社会团体申请设立分支机构、代表机构应当向登记管理机关提交下列文件：

（一）设立申请书；

（二）业务主管单位审查同意的意见；

（三）拟任主要负责人基本情况以及本人所在单位人事部门的意见；

（四）住所产权或使用权证明；

（五）社会团体理事会或常务理事会决议；

（六）登记管理机关要求提交的其他材料。

申请书应当包括设立的理由，分支机构、代表机构的业务范围和工作任务。

社会团体设立专项基金管理委员会，应当遵照《社会团体设立专项基金管理机构暂行规定》办理。

社会团体代表机构以及分支机构住所与社会团体住所不在一地的，还需提交拟设在地登记管理机关的意见。

第六条 有下列情形之一的，登记管理机关不予登记：

（一）在社会团体内拟设立的分支机构与已设立的分支机构业务范围相同或者相似的；

（二）拟设立的分支机构冠以行政区划名称，带有地域性特征的；

（三）在分支机构、代表机构下又设立分支机构、代表机构的；

（四）拟设立的分支机构业务与该社会团体宗旨、业务范围无关的；

（五）拟设立代表机构的活动内容、承办事项与该社会团体的业务范围无关的；

（六）拟设立的分支机构、代

表机构设定的活动范围超越该社会团体设定的活动地域的；

（七）有法律、行政法规禁止的其他情形的。

第七条 登记管理机关自收到本办法第五条所列全部有效文件之日起60日内作出准予或者不予登记的决定。准予登记的，由登记管理机关发给《社会团体分支机构登记证书》或《社会团体代表机构登记证书》；对不予登记的，应当将不予登记的决定书面通知社会团体，并说明理由。

社会团体分支机构、代表机构登记事项包括：名称、住所、业务范围、活动地域、负责人。

第八条 符合《社会团体登记管理条例》第十七条规定的社会团体设立分支机构、代表机构，应当向登记管理机关备案。登记管理机关自收到备案文件之日起30日内，发给《社会团体分支机构登记证书》或《社会团体代表机构登记证书》。

第九条 社会团体可以凭登记管理机关颁发的《社会团体分支机构登记证书》或《社会团体代表机构登记证书》向有关部门申请刻制印章。

分支机构因特殊需要建立银行基本存款账户的，由社会团体向登记管理机关申请，经登记管理机关同意后，按有关规定办理。

印章式样、银行账号向登记管理机关备案。

第十条 社会团体办理分支机构、代表机构变更，应当向登记管理机关提交下列文件：

（一）社会团体法定代表人签署的变更申请书；

（二）社会团体理事会或常务理事会关于变更事项的会议决议；

负责人变更的还需提交本人的基本情况及身份证明。

住所变更的还需提交新住所产权或使用权证明。

第十一条 社会团体决定注销其分支机构、代表机构，应当经业务主管单位审查同意后，向登记管理机关提交下列文件，申请注销登记：

（一）注销登记申请书；

（二）业务主管单位审查同意的意见；

（三）社会团体理事会或常务理事会决议。

登记管理机关准予注销的，发给注销证明文件，收缴该分支机构、代表机构的《社会团体分支机构登记证书》或《社会团体代表机构登记证书》、印章。

第十二条 社会团体的分支机构、代表机构是社会团体的组成部分，不具有法人资格，其法律责任由设立该分支机构、代表机构的社会团体承担。

社会团体的分支机构应当在该社会团体的授权范围内发展会员、收取会费，其发展的会员属于该社会团体的会员，其收取的会费属于该社会团体所有。

社会团体分支机构、代表机构的名称前应当冠以社会团体名称；开展活动，应当使用全称。分支机构、代表机构的英文译名应当与中文名称一致。

第十三条 社会团体在申请设立分支机构、代表机构时弄虚作假的，或者自取得《社会团体分支机构登记证书》或《社会团体代表机构登记证书》之日起1年未开展活动的，由登记管理机关对所设立的分支机构、代表机构予以撤销。

第十四条 社会团体有下列情形之一的，由登记管理机关依据《社会团体登记管理条例》第三十三条规定予以处理：

（一）未经登记，擅自以分支机构、代表机构名义进行活动的；

（二）以分支机构下设的分支机构名义进行活动的；

（三）以地域性分支机构名义进行活动的；

（四）未经批准，擅自开立分支机构银行基本存款账户的；

（五）未尽到管理职责，致使分支机构、代表机构进行违法活动造成严重后果的。

第十五条 社会团体被注销或者被撤销登记的，其所属的分支机构、代表机构同时注销。

第十六条 《社会团体分支机构登记证书》、《社会团体代表机构登记证书》的式样由国务院民政部门制定。

第十七条 本办法实施前已经备案的社会团体分支机构、代表机构，应当自本办法施行之日起1年内依照本办法有关规定申请登记。

第十八条 香港特别行政区、澳门特别行政区、台湾地区和外国社会团体在中国大陆设立分支机构、代表机构的，另行规定。

第十九条 本办法自发布之日起施行。

二、优抚安置

中华人民共和国兵役法

（1984年5月31日第六届全国人民代表大会第二次会议通过
根据1998年12月29日第九届全国人民代表大会常务委员会
第六次会议《关于修改〈中华人民共和国兵役法〉的决定》修正）

第一章 总 则

第一条 根据中华人民共和国宪法第五十五条“保卫祖国、抵抗侵略是中华人民共和国每一个公民的神圣职责。依照法律服兵役和参加民兵组织是中华人民共和国公民的光荣义务”和其他有关条款的规定，制定本法。

第二条 中华人民共和国实行义务兵与志愿兵相结合、民兵与预备役相结合的兵役制度。

第三条 中华人民共和国公民，不分民族、种族、职业、家庭出身、宗教信仰和教育程度，都有义务依照本法的规定服兵役。

有严重生理缺陷或者严重残疾不适合服兵役的人，免服兵役。

依照法律被剥夺政治权利的人，不得服兵役。

第四条 中华人民共和国的武装力量，由中国人民解放军、中国人民武装警察部队和民兵组成。

第五条 兵役分为现役和预备役。在中国人民解放军服现役的称现役军人；编入民兵组织或者经过登记服预备役的称预备役人员。

第六条 现役军人和预备役人员，必须遵守宪法和法律，履行公民的义务，同时享有公民的权利；由于服兵役而产生的权利和义务，除本法的规定外，另由军事条令规定。

第七条 现役军人必须遵守军队的条令和条例，忠于职守，随时为保卫祖国而战斗。

预备役人员必须按照规定参加军事训练，随时准备参军参战，保卫祖国。

第八条 现役军人和预备役人员建立功勋的，得授予勋章、奖章或者荣誉称号。

第九条 中国人民解放军实行军衔制度。

第十条 全国的兵役工作，在国务院、中央军事委员会领导下，由国防部负责。

各军区按照国防部赋予的任务，负责办理本区域的兵役工作。

省军区（卫戍区、警备区）、军分区（警备区）和县、自治县、市、市辖区的人民武装部，兼各该级人民政府的兵役机关，在上级军事机关和同级人民政府领导下，负责办理本区域的兵役工作。

机关、团体、企业事业单位和乡、民族乡、镇的人民政府，依照本法的规定完成兵役工作任务。兵役工作业务，在设有人民武装部的单位，由人民武装部办理；不设人民武装部的单位，确定一个部门办理。

第二章 平时征集

第十一条 全国每年征集服现役的人数、要求和时间，由国务院和中央军事委员会的命令规定。

第十二条 每年十二月三十一日以前年满十八岁的男性公民，应当被征集服现役。当年未被征集的，在二十二岁以前，仍可以被征集服现役。

根据军队需要，可以按照前款规定征集女性公民服现役。

根据军队需要和自愿的原则，可以征集当年十二月三十一日以前未满十八岁的男女公民服现役。

第十三条 每年十二月三十一日以前年满十八岁的男性

公民，都应当在当年九月三十日以前，按照县、自治县、市、市辖区的兵役机关的安排，进行兵役登记。经兵役登记和初步审查合格的，称应征公民。

第十四条 在征集期间，应征公民应当按照县、自治县、市、市辖区的兵役机关的通知，按时到指定的体格检查站进行体格检查。

应征公民符合服现役条件，并经县、自治县、市、市辖区的兵役机关批准的，被征集服现役。

第十五条 应征公民是维持家庭生活的唯一劳动力或者是正在全日制学校就学的学生，可以缓征。

第十六条 应征公民被羁押正在受侦查、起诉、审判的或者被判处徒刑、拘役、管制正在服刑的，不征集。

第三章 士兵的现役和预备役

第十七条 士兵包括义务兵和志愿兵。

第十八条 义务兵服现役的期限为二年。

第十九条 义务兵服现役期满，根据军队需要和本人自愿，经团级以上单位批准，可以改为志愿兵。

志愿兵实行分期服现役制度。志愿兵服现役的期限，从改为志愿兵之日算起，至少三年，一般不超过三十年，年龄不超过五十五岁。

根据军队需要，志愿兵也可以直接从非军事部门具有专业技能的公民中招收，具体办法由国务院、中央军事委员会制定。

第二十条 士兵服现役期满，应当退出现役。因军队编制员额缩减需要退出现役的，经军队医院诊断证明本人健康状况不适合继续服现役的，或者因其他特殊原因需要退出现役的，经师级以上机关批准，可以提前退出现役。

第二十一条 士兵退出现役时，符合预备役条件的，由部队确定服士兵预备役；经过考核，适合担任军官职务的，服军官预备役。

退出现役的士兵，由部队确定服预备役的，在回到本人居住地以后的三十天内，到当地县、自治县、市、市辖区的兵役机关办理预备役登记。

第二十二条 按照本法第十三条规定经过兵役登记的应征公民，未被征集服现役的，服士兵预备役。

第二十三条 士兵预备役的年龄，为十八岁至三十五岁。

第二十四条 士兵预备役分为第一类和第二类。

第一类士兵预备役包括下列人员：

（一）经过登记服士兵预备役的三十五岁以下的退出现役的士兵；

（二）经过登记服士兵预备役的三十五岁以下的地方与军事专业对口的技术人员；

（三）其他编入预备役部队和预编到现役部队的二十八岁以下的预备役士兵。

第二类士兵预备役包括下列人员：

（一）除服第一类士兵预备役的人员外，编入民兵组织的人员；

（二）其他经过登记服士兵预备役的三十五岁以下的男性公民。

本条第一类士兵预备役第（三）项所列人员，二十九岁转入第二类士兵预备役；预备役士兵年满三十五岁，退出预备役。

第四章 军官的现役和预备役

第二十五条 现役军官由下列人员补充：

（一）军事院校毕业的学员；

（二）在中央军事委员会批准开办的培训军官的机构受训后，经考核适合担任军官职务的士兵；

（三）高等院校、中等专业学校毕业的适合担任军官职务的学生；

（四）军队的文职干部和个别接收的非军事部门的专业技术人员。

在战时，现役军官还由下列人员补充：

（一）可以直接任命为军官的士兵；

（二）征召的预备役军官和适合服现役的非军事部门的干部。

第二十六条 预备役军官包括下列人员：

（一）退出现役转入预备役的军官；

（二）确定服军官预备役的退出现役的士兵；

(三)确定服军官预备役的高等院校毕业学生;

(四)确定服军官预备役的专职人民武装干部和民兵干部;

(五)确定服军官预备役的非军事部门的干部和专业技术人员。

第二十七条 军官服现役和服预备役的最高年龄由中国人民解放军军官服役条例规定。

第二十八条 现役军官按照规定服役已满最高年龄的,退出现役;未满最高年龄因特殊情况需要退出现役的,经批准可以退出现役。

军官退出现役时,符合服预备役条件的,转入军官预备役。

第二十九条 退出现役转入预备役的军官,退出现役确定服军官预备役的士兵,以及确定服军官预备役的高等院校毕业学生,在到达工作单位或者居住地以后的三十天内,到当地县、自治县、市、市辖区的兵役机关办理预备役登记。

适合担任军官职务的专职人民武装干部、民兵干部、非军事部门的干部和专业技术人员,由县、自治县、市、市辖区的兵役机关进行登记,报请上级军事机关批准,服军官预备役。

预备役军官按照规定服预备役已满最高年龄的,退出预备役。

第五章 军事院校从青年学生中招收的学员

第三十条 根据军队建设的需要,军事院校可以从青年学生中招收学员。招收学员的年龄,不受征集服现役年龄的限制。

第三十一条 学员完成学业考试合格的,由院校发给毕业证书,按照规定任命为现役军官或者文职干部。

第三十二条 学员学完规定的科目,考试不合格的,由院校发给结业证书,回入学前户口所在地,由县、自治县、市、市辖区的人民政府按照国家同等院校结业生的安置办法安置。

第三十三条 学员因患慢性疾病或者其他原因不宜在军事院校继续学习,经批准退学的,由院校发给肄业证书,由入学前户口所在地的县、自治县、市、市辖区的人民政府接收安置。

第三十四条 学员被开除学籍的,由入学前户口所在地的县、自治县、市、市辖区的人民政府接收,按照国家同等院校开除学籍学生的处理办法办理。

第三十五条 本法第三十一条、第三十二条、第三十三条、第三十四条的规定,也适用于从现役士兵中招收的学员。

第六章 民　　兵

第三十六条 民兵是不脱离生产的群众武装组织,是中国人民解放军的助手和后备力量。

民兵的任务是:

(一)积极参加社会主义现代化建设,带头完成生产和各项任务;

(二)担负战备勤务,保卫边疆,维护社会治安;

(三)随时准备参军参战,抵抗侵略,保卫祖国。

第三十七条 乡、民族乡、镇和企业事业单位建立民兵组织。凡十八岁至三十五岁符合服兵役条件的男性公民,除应征服现役的以外,编入民兵组织服预备役。民兵干部的年龄可以适当放宽。

不建立民兵组织的单位,按照规定对符合服兵役条件的男性公民,进行预备役登记。

第三十八条 民兵分为基干民兵和普通民兵。二十八岁以下的退出现役的士兵和经过军事训练的人员,以及选定参加军事训练的人员,编为基干民兵;其余十八岁至三十五岁符合服兵役条件的男性公民,编为普通民兵。

根据需要,吸收女性公民参加基干民兵。

陆海边疆、少数民族地区和城市有特殊情况的单位,基干民兵的年龄可以适当放宽。

第七章 预备役人员的军事训练

第三十九条 预备役士兵的军事训练,在民兵组织、预备役部队中进行,或者采取其他组织形式进行。

未服过现役的编入预备役部队、预编到现役部队的预备役士兵和基干民兵,在十八岁至二十二岁期间,应当参加三十天至四十天的军事训练;其中专业技术兵的训练时间,按照实际需要适当延长。

服过现役和受过军事训练的预备役士兵的复习训练，普通民兵和未编入民兵组织的预备役士兵的军事训练，按照中央军事委员会的规定进行。

第四十条 预备役军官在服预备役期间，应当参加三个月至六个月的军事训练。

第四十一条 国务院和中央军事委员会在必要的时候，可以决定预备役人员参加应急训练。

第四十二条 预备役人员参加军事训练，由当地人民政府给予误工补贴。具体办法和补贴标准由国务院、中央军事委员会规定；在国务院、中央军事委员会作出规定之前，由省、自治区、直辖市规定。

第八章 高等院校和高级中学学生的军事训练

第四十三条 高等院校的学生在就学期间，必须接受基本军事训练。

根据国防建设的需要，对适合担任军官职务的学生，再进行短期集中训练，考核合格的，经军事机关批准，服军官预备役。

第四十四条 高等院校设军事训练机构，配备军事教员，组织实施学生的军事训练。

第四十三条第二款规定的培养预备役军官的短期集中训练，由军事部门派出现役军官与高等院校军事训练机构共同组织实施。

第四十五条 高级中学和相当于高级中学的学校，配备军事教员，对学生实施军事训练。

第四十六条 高等院校和高级中学学生的军事训练，由教育部、国防部负责。教育部门和军事部门设学生军事训练的工作机构或者配备专人，承办学生军事训练工作。

第九章 战时兵员动员

第四十七条 为了对付敌人的突然袭击，抵抗侵略，各级人民政府、各级军事机关，在平时必须做好战时兵员动员的准备工作。

第四十八条 在国家发布动员令以后，各级人民政府、各级军事机关，必须迅速实施动员：

（一）现役军人停止退出现役，休假、探亲的军人必须立即归队；

（二）预备役人员随时准备应召服现役，在接到通知后，必须准时到指定的地点报到；

（三）机关、团体、企业事业单位和乡、民族乡、镇的人民政府负责人，必须组织本单位被征召的预备役人员，按照规定的时间、地点报到；

（四）交通运输部门要优先运送应召的预备役人员和返回部队的现役军人。

第四十九条 战时遇有特殊情况，国务院和中央军事委员会可以决定征召三十六岁至四十五岁的男性公民服现役。

第五十条 战争结束后，需要复员的现役军人，根据国务院和中央军事委员会的复员命令，分期分批地退出现役，由各级人民政府妥善安置。

第十章 现役军人的优待和退出现役的安置

第五十一条 现役军人，革命残废军人，退出现役的军人，革命烈士家属，牺牲、病故军人家属，现役军人家属，应当受到社会的尊重，受到国家和人民群众的优待。

第五十二条 革命残废军人乘坐火车、轮船、飞机、长途汽车，优先购票，并按照规定享受减价优待。

义务兵从部队发出的平信，免费邮递。

第五十三条 现役军人参战或者因公负伤致残的，由部队评定残废等级，发给革命残废军人抚恤证。退出现役的特等、一等革命残废军人，由国家供养终身。二等、三等革命残废军人，家居城镇的，由本人所在地的县、自治县、市、市辖区的人民政府安排力所能及的工作；家居农村的，其所在地区有条件的，可以在企业事业单位安排适当工作，不能安排的，按照规定增发残废抚恤金，保障他们的生活。

第五十四条 义务兵服现役期间，其家属由当地人民政府给予优待，优待的标准不低于当地平均生活水平，具体办法由省、自治区、直辖市规定。

第五十五条 现役军人牺牲、病故，由国家发给其家属一次抚恤金。其家属无劳动能力或者无固定收入不能维持生活的，再由国家定期发给抚恤金。

第五十六条 义务兵退出现役后，按照从哪里来、回哪里

去的原则,由原征集的县、自治县、市、市辖区的人民政府接收安置:

(一)家居农村的义务兵退出现役后,由乡、民族乡、镇的人民政府妥善安排他们的生产和生活。机关、团体、企业事业单位在农村招收员工时,在同等条件下,应当优先录用退伍军人。荣获二等功以上奖励的,按照本条第(二)项规定安排工作。

(二)家居城镇的义务兵退出现役后,由县、自治县、市、市辖区的人民政府安排工作,也可以由上一级或者省、自治区、直辖市的人民政府在本地区内统筹安排。机关、团体、企业事业单位,不分所有制性质和组织形式,都有按照国家有关规定安置退伍军人的义务。入伍前是机关、团体、企业事业单位职工的,允许复工、复职。

(三)城镇退伍军人待安置期间,由当地人民政府按照不低于当地最低生活水平的原则发给生活补助费。

(四)城镇退伍军人自谋职业的,由当地人民政府给予一次性经济补助,并给予政策上的优惠。

(五)义务兵退出现役后,报考国家公务员、高等院校和中等专业学校,按照有关规定予以优待。

第五十七条　在服现役期间患精神病的义务兵退出现役后,视病情轻重,送地方医院收容治疗或者回家休养,所需医疗和生活费用,由县、自治县、市、市辖区的人民政府负责。

在服现役期间患过慢性病的义务兵退出现役后,旧病复发需要治疗的,由当地医疗机构负责给予治疗,所需医疗和生活费用,本人经济困难的,由县、自治县、市、市辖区的人民政府给予补助。

第五十八条　志愿兵退出现役后,服现役不满十年的,按照本法第五十六条的规定安置;满十年的,由原征集的县、自治县、市、市辖区的人民政府安排工作,也可以由上一级或者省、自治区、直辖市的人民政府在本地区内统筹安排;自愿回乡参加农业生产或者自谋职业的,给予鼓励,由当地人民政府增发安家补助费;服现役满三十年或者年满五十五岁的作退休安置,根据地方需要和本人自愿也可以作转业安置。

志愿兵在服现役期间,参战或者因公致残、积劳成疾基本丧失工作能力的,办理退休手续,由原征集的县、自治县、市、市辖区的人民政府或者其直系亲属所在地的县、自治县、市、市辖区的人民政府接收安置。

第五十九条　军官退出现役后,由国家妥善安置。

第六十条　民兵因参战执勤牺牲、残废的,预备役人员和学生因参加军事训练牺牲、残废的,由当地人民政府按照民兵抚恤优待条例给予抚恤优待。

第十一章　惩　　处

第六十一条　有服兵役义务的公民有下列行为之一的,由县级人民政府责令限期改正;逾期不改的,由县级人民政府强制其履行兵役义务,并可以处以罚款:

(一)拒绝、逃避兵役登记和体格检查的;

(二)应征公民拒绝、逃避征集的;

(三)预备役人员拒绝、逃避参加军事训练和执行军事勤务的。

有前款第(二)项行为,拒不改正的,在两年内不得被录取为国家公务员、国有企业职工,不得出国或者升学。

战时有第一款第(二)、(三)项行为,构成犯罪的,依法追究刑事责任。

第六十二条　现役军人以逃避服兵役为目的,拒绝履行职责或者逃离部队的,按照中央军事委员会的规定给予行政处分;战时逃离部队,构成犯罪的,依法追究刑事责任。

明知是逃离部队的军人而雇用的,由县级人民政府责令改正,并处以罚款;构成犯罪的,依法追究刑事责任。

第六十三条　机关、团体、企业事业单位拒绝完成本法规定的兵役工作任务的,阻挠公民履行兵役义务的,拒绝接收、安置退伍军人的,或者有其他妨害兵役工作行为的,由县级人民政府责令改正,并可以处以罚款;对单位直接负责的主管人员和其他直接责任人员,依法予以处罚。

第六十四条　扰乱兵役工作秩序,或者阻碍兵役工作人员依法执行职务的,依照治安管理处罚条例的规定给予处罚;使用暴力、威胁方法,构成犯罪的,依法追究刑事责任。

第六十五条 国家工作人员和军人在兵役工作中,有下列行为之一,构成犯罪的,依法追究刑事责任;尚不构成犯罪的,给予行政处分:

(一)收受贿赂的;

(二)滥用职权或者玩忽职守的;

(三)徇私舞弊,接送不合格兵员的。

第十二章 附 则

第六十六条 本法适用于中国人民武装警察部队。

第六十七条 中国人民解放军根据需要配备文职干部。文职干部条例另定。

第六十八条 本法自1984年10月1日起施行。

附:全国人大常委会关于修改兵役法的决定

(1998年12月29日第九届全国人民代表大会常务委员会第六次会议通过
1998年12月29日中华人民共和国主席令第13号公布施行)

第九届全国人民代表大会常务委员会第六次会议审议了国务院、中央军事委员会关于《中华人民共和国兵役法修正案(草案)》的议案,决定对《中华人民共和国兵役法》作如下修改:

一、第二条修改为:"中华人民共和国实行义务兵与志愿兵相结合、民兵与预备役相结合的兵役制度。"

二、第十八条修改为:"义务兵服现役的期限为二年。"

三、第十九条修改为:"义务兵服现役期满,根据军队需要和本人自愿,经团级以上单位批准,可以改为志愿兵。

志愿兵实行分期服现役制度。志愿兵服现役的期限,从改为志愿兵之日算起,至少三年,一般不超过三十年,年龄不超过五十五岁。

根据军队需要,志愿兵也可以直接从非军事部门具有专业技能的公民中招收,具体办法由国务院、中央军事委员会制定。"

四、第二十四条修改为:"士兵预备役分为第一类和第二类。

第一类士兵预备役包括下列人员:

(一)经过登记服士兵预备役的三十五岁以下的退出现役的士兵;

(二)经过登记服士兵预备役的三十五岁以下的地方与军事专业对口的技术人员;

(三)其他编入预备役部队和预编到现役部队的二十八岁以下的预备役士兵。

第二类士兵预备役包括下列人员:

(一)除服第一类士兵预备役的人员外,编入民兵组织的人员;

(二)其他经过登记服士兵预备役的三十五岁以下的男性公民。

本条第一类士兵预备役第(三)项所列人员,二十九岁转入第二类士兵预备役;预备役士兵年满三十五岁,退出预备役。"

五、第三十九条修改为:"预备役士兵的军事训练,在民兵组织、预备役部队中进行,或者采取其他组织形式进行。

未服过现役的编入预备役部队、预编到现役部队的预备役士兵和基干民兵,在十八岁至二十二岁期间,应当参加三十天至四十天的军事训练;其中专业技术兵的训练时间,按照实际需要适当延长。

服过现役和受过军事训练的预备役士兵的复习训练,普通民兵和未编入民兵组织的预备役士兵的军事训练,按照中央军事委员会的规定进行。"

六、第四十二条修改为:"预备役人员参加军事训练,由当地人民政府给予误工补贴。具体办法和补贴标准由国务院、中央军事委员会规定;在国务院、中央军事委员会作出规定之前,由省、自治区、直辖市规定。"

七、第五十四条修改为:"义务兵服现役期间,其家属由当地人民政府给予优待,优待的标准不低于当地平均生活水平,具体办法由省、自治区、直辖市规定。"

八、第五十六条修改为:“义务兵退出现役后,按照从哪里来、回哪里去的原则,由原征集的县、自治县、市、市辖区的人民政府接收安置:

(一)家居农村的义务兵退出现役后,由乡、民族乡、镇的人民政府妥善安排他们的生产和生活。机关、团体、企业事业单位在农村招收员工时,在同等条件下,应当优先录用退伍军人。荣获二等功以上奖励的,按照本条第(二)项规定安排工作。

(二)家居城镇的义务兵退出现役后,由县、自治县、市、市辖区的人民政府安排工作,也可以由上一级或者省、自治区、直辖市的人民政府在本地区内统筹安排。机关、团体、企业事业单位,不分所有制性质和组织形式,都有按照国家有关规定安置退伍军人的义务。入伍前是机关、团体、企业事业单位职工的,允许复工、复职。

(三)城镇退伍军人待安置期间,由当地人民政府按照不低于当地最低生活水平的原则发给生活补助费。

(四)城镇退伍军人自谋职业的,由当地人民政府给予一次性经济补助,并给予政策上的优惠。

(五)义务兵退出现役后,报考国家公务员、高等院校和中等专业学校,按照有关规定予以优待。”

九、第五十八条第一款修改为:“志愿兵退出现役后,服现役不满十年的,按照本法第五十六条的规定安置;满十年的,由原征集的县、自治县、市、市辖区的人民政府安排工作,也可以由上一级或者省、自治区、直辖市的人民政府在本地区内统筹安排;自愿回乡参加农业生产或者自谋职业的,给予鼓励,由当地人民政府增发安家补助费;服现役满三十年或者年满五十五岁的作退休安置,根据地方需要和本人自愿也可以作转业安置。”

十、第六十一条修改为:“有服兵役义务的公民有下列行为之一的,由县级人民政府责令限期改正;逾期不改的,由县级人民政府强制其履行兵役义务,并可以处以罚款:

(一)拒绝、逃避兵役登记和体格检查的;

(二)应征公民拒绝、逃避征集的;

(三)预备役人员拒绝、逃避参加军事训练和执行军事勤务的。

有前款第(二)项行为,拒不改正的,在两年内不得被录取为国家公务员、国有企业职工,不得出国或者升学。

战时有第一款第(二)、(三)项行为,构成犯罪的,依法追究刑事责任。”

十一、增加第六十二条:“现役军人以逃避服兵役为目的,拒绝履行职责或者逃离部队的,按照中央军事委员会的规定给予行政处分;战时逃离部队,构成犯罪的,依法追究刑事责任。

明知是逃离部队的军人而雇用的,由县级人民政府责令改正,并处以罚款;构成犯罪的,依法追究刑事责任。”

十二、增加第六十三条:“机关、团体、企业事业单位拒绝完成本法规定的兵役工作任务的,阻挠公民履行兵役义务的,拒绝接收、安置退伍军人的,或者有其他妨害兵役工作行为的,由县级人民政府责令改正,并可以处以罚款;对单位直接负责的主管人员和其他直接责任人员,依法予以处罚。”

十三、增加第六十四条:“扰乱兵役工作秩序,或者阻碍兵役工作人员依法执行职务的,依照治安管理处罚条例的规定给予处罚;使用暴力、威胁方法,构成犯罪的,依法追究刑事责任。”

十四、第六十二条改为第六十五条,修改为:“国家工作人员和军人在兵役工作中,有下列行为之一,构成犯罪的,依法追究刑事责任;尚不构成犯罪的,给予行政处分:

(一)收受贿赂的;

(二)滥用职权或者玩忽职守的;

(三)徇私舞弊,接送不合格兵员的。”

十五、第六十三条、第六十四条、第六十五条分别改为第六十六条、第六十七条、第六十八条。

本决定自公布之日起施行。本决定施行前,依照《中华人民共和国兵役法》服现役的义务兵,服现役满二年,原则上退出现役;根据军队需要,部分义务兵可以继续服现役至满三年。

《中华人民共和国兵役法》根据本决定作相应的修改,重新公布。

革命烈士褒扬条例

（1980年6月4日国务院发布　自发布之日起施行）

第一条　为了发扬革命烈士忘我牺牲的精神，教育人民为保卫祖国和建设祖国英勇奋斗，特制定本条例。

第二条　我国人民和人民解放军指战员，在革命斗争、保卫祖国和社会主义现代化建设事业中壮烈牺牲的，称为革命烈士，其家属称为革命烈士家属。

第三条　有下列情形之一的，批准为革命烈士：

（一）对敌作战牺牲或对敌作战负伤后因伤死亡的；

（二）对敌作战致成残废后不久因伤口复发死亡的；

（三）在作战前线担任向导、修建工事、救护伤员、执行运输等战勤任务牺牲，或者在战区守卫重点目标牺牲的；

（四）因执行革命任务遭敌人杀害，或者被敌人俘虏、逮捕后坚贞不屈遭敌人杀害或受折磨致死的；

（五）为保卫或抢救人民生命、国家财产和集体财产壮烈牺牲的。

第四条　革命烈士的批准机关：

因战牺牲的，现役军人是团级以上政治机关，其他人员是县、市、市辖区人民政府；

因公牺牲的，现役军人是军级以上政治机关，其他人员是省、自治区、直辖市人民政府。

第五条　本条例第三条规定以外的牺牲人员，如果事迹特别突出，足为后人楷模的，也可以批准为革命烈士。

前款革命烈士的批准机关，现役军人为中国人民解放军总政治部，其他人员为民政部。

第六条　经批准为革命烈士的，由民政部向革命烈士家属颁发《革命烈士证明书》。

第七条　各级人民政府应当搜集、整理、陈列著名革命烈士的遗物和斗争史料，编印《革命烈士英名录》，大力宣扬革命烈士的高尚品质。

第八条　革命烈士家属的抚恤，按照作战牺牲军人家属的有关抚恤规定办理。

第九条　本条例由民政部负责解释。

第十条　本条例自发布之日起施行。过去有关褒扬革命烈士的规定同本条例有抵触的，以本条例为准。

军人抚恤优待条例

（1988年7月18日中华人民共和国国务院令第8号发布　自1988年8月1日起施行）

第一章　总　　则

第一条　为保障国家对军人的抚恤和优待，激励军人保卫祖国、建设祖国的献身精神，加强军队建设，制定本条例。

第二条　中国人民解放军的现役军人、革命伤残军人、复员退伍军人、革命烈士家属、因公牺牲军人家属、病故军人家属、现役军人家属（统称优抚对象），依照本条例的规定享受抚恤和优待。

第三条　本条例所称的家属是指军人的父母、配偶、子女，以及依靠军人生活的十八周岁以下的弟妹、军人自幼曾依靠其抚养长大现在又必须依靠军人生活的其他亲属。

第四条　军人抚恤优待工作实行国家、社会、群众三结合的制度，保障军人的抚恤优待与国民经济的发展相适应，使抚恤优待标准与人民的生活水平同步提高。

第五条　一切国家机关、社会团体、企业事业单位和公民应当依照本条例的规定履行各自应尽的职责和义务。

第六条 民政部主管全国的军人抚恤优待工作,县级以上的地方各级人民政府的民政部门,主管本行政区的军人抚恤优待工作。

在抚恤优待工作中成绩显著的单位和个人,由各级人民政府给予表彰和奖励。

第二章 死亡抚恤

第七条 现役军人死亡,根据死亡性质确定为:

(一)革命烈士;

(二)因公牺牲军人;

(三)病故军人。

第八条 现役军人死亡,根据死亡性质和本人死亡时的工资收入,由民政部门发给其家属一次性抚恤金。具体标准由民政部会同财政部制定。

义务兵和月工资低于正排职军官工资标准的其他军人死亡时,按正排职军官的工资标准发给其家属一次性抚恤金。

第九条 立功和获得荣誉称号的现役军人死亡,一次性抚恤金分别按下列比例增发:

(一)被中华人民共和国主席或者中央军事委员会授予荣誉称号的,增发百分之三十五;

(二)被军区(方面军)授予荣誉称号的,增发百分之三十;

(三)立一等功的,增发百分之二十五;

(四)立二等功的,增发百分之十五;

(五)立三等功的,增发百分之五。

第十条 革命烈士、因公牺牲军人、病故军人的家属,按照规定的条件享受定期抚恤金。

前款军人的家属是孤老或者孤儿的,定期抚恤金应当增发。

第十一条 定期抚恤金的基本标准按照与城乡人民生活水平相适应的原则,由民政部会同财政部制定。

各省、自治区、直辖市可以参照定期抚恤金的基本标准和当地人民的生活水平,制定具体标准。

第十二条 享受定期抚恤金的人员死亡时,加发半年的定期抚恤金,作为丧葬补助费。

第十三条 在国防和军队建设、科研事业或者作战中作出特殊贡献的现役军人死亡,除按本条例规定发给其家属抚恤金外,国防部可发给特别抚恤金。

第三章 伤残抚恤

第十四条 现役军人伤残,根据伤残性质确定为:

(一)因战致残;

(二)因公致残;

(三)因病致残。

第十五条 革命伤残军人的伤残等级,根据丧失劳动能力及影响生活能力的程度确定。因病评残仅限于在服役期间患病致残的义务兵。

因战、因公致残的伤残等级,分为特等、一等、二等甲级、二等乙级、三等甲级、三等乙级。

因病致残的伤残等级,分为一等、二等甲级、二等乙级。

确定伤残等级的具体条件,由民政部制定。

第十六条 民政部会同有关部门负责建立伤残等级的检查、评定、审批、调整制度,保证伤残等级的确定公正合理。

第十七条 现役军人因战、因公、因病致残,由军队规定的审批机关在医疗终结后负责评定伤残等级,发给《革命伤残军人证》,退役后一般不再办理。

第十八条 退出现役后没有参加工作的革命伤残军人,由民政部门发给伤残抚恤金;退出现役后参加工作,或者享受离休、退休待遇的革命伤残军人,由民政部门发给伤残保健金。

继续在部队服役的革命伤残军人,由所在部队发给伤残保健金。

第十九条 伤残抚恤金的标准,根据伤残性质和伤残等级,参照全国一般职工的工资收入确定。

伤残抚恤金和伤残保健金的具体标准,由民政部会同财政部制定。

第二十条 退出现役的特等、一等革命伤残军人,由国家供养终身。需要集中供养的,由国家设置专门机构供养;分散供养的,由地方人民政府负责妥善安置,并按照规定发给护理费。

第二十一条 因战致残的革命伤残军人在评残发证后,一年内因伤口复发死亡的,按照革命烈士的抚恤规定,发给其家属一次性抚恤金和定期抚恤金;一年后因伤口复发死亡的,按照因公牺牲军人的抚恤规定,发给其家属一次性抚恤金和定期抚恤金。

因战、因公致残的特等、一等革命伤残军人因病死亡后,其家属按照病故军人家属的抚恤规定,享受定期抚恤金。

第二十二条 领取伤残抚恤金的革命伤残军人死亡时,按照国家机关工作人员的丧葬标准,发给其家属丧葬补助费。

第四章 优　　待

第二十三条 对服现役的义务兵家属的优待,由省、自治区、直辖市人民政府根据本地区的实际情况,制定具体办法。

第二十四条 义务兵入伍前是农业户口的,他们在农村承包的责任田和分得的自留地(山、林)等继续保留;入伍前是企业事业单位职工的,其家属继续享受原有的劳动保险福利待遇。

第二十五条 义务兵从部队发出的平信,免费邮递。

第二十六条 二等乙级以上(含二等乙级)革命伤残军人,享受公费医疗待遇。

三等革命伤残军人不享受公费医疗待遇的,伤口复发所需医疗费由当地民政部门解决;因病所需医疗费本人支付有困难的,由当地民政部门酌情给予补助。

第二十七条 革命烈士、因公牺牲军人、病故军人、现役军人的家属以及带病回乡的复员退伍军人,不享受公费医疗待遇的,因病治疗无力支付医疗费,由当地卫生部门酌情给予减免。

第二十八条 在国家机关、社会团体、企业事业单位工作的因战、因公致残的革命伤残军人,享受与所在单位因公(工)伤残职工相同的生活福利待遇。

第二十九条 革命伤残军人因伤残需要配制的假肢、代步三轮车等辅助器械,由民政部门审批并负责解决。

第三十条 革命伤残军人乘坐国营的火车、轮船、长途公共汽车和国内民航客机,凭《革命伤残军人证》准予优先购票,并按规定享受票价优待。

第三十一条 优抚对象在与其他群众同等条件下,享有就业、入学、救济、贷款、分配住房的优先权。

第三十二条 家居农村的革命烈士家属符合招工条件的,当地人民政府应安排其中一人就业。

第三十三条 革命烈士、因公牺牲军人、病故军人的子女、弟妹,自愿参军又符合征兵条件的,在征兵期间可优先批准一人入伍。

第三十四条 革命烈士子女、革命伤残军人报考中等学校、高等院校,录取的文化和身体条件应适当放宽。

第三十五条 革命烈士子女考入公立学校的,免交学杂费并优先享受助学金或者学生贷款;入公办幼儿园、托儿所的,优先接收。

第三十六条 未随军的现役军官、志愿兵的家属住房困难,家属有工作单位的,由所在单位按本单位双职工待遇解决;家属无工作单位的,由当地房管部门统筹解决。

家居城镇的义务兵服役期间,地方安排住房时,应将他们计入家庭住房人口。

第三十七条 经军队师(旅)级以上政治机关批准随军的现役军官、志愿兵的家属,驻军所在地的公安部门应准予落户;随军前家属有正式工作的,驻军所在地的劳动、人事部门应安排适当的工作。

第三十八条 复员军人未参加工作,因年老体弱、生活困难的,按照规定的条件,由当地民政部门给予定期定量补助,并逐步改善他们的生活待遇。

第三十九条 享受本条例规定的抚恤和补助待遇的优抚对象,生活仍有困难的,由所在地的人民政府给予优待照顾。

第五章 附　　则

第四十条 优抚对象被判处徒刑、剥夺政治权利或者被通缉期间,停止抚恤和优待。对犯罪情节特别严重的,经省、自治区、直辖市人民政府批准,取消其抚恤和优待。

第四十一条 本条例适用于中国人民武装警察部队。

第四十二条 因战伤亡的民兵、民工和因参加军事训练伤亡的民兵及其他人员,其抚恤参照本条例的规定办理。

第四十三条 本条例由民政部负责解释。

第四十四条 省、自治区、直辖市人民政府可以依据本条例制定实施办法。

第四十五条 本条例从1988年8月1日起施行。1950年12月11日政务院批准、内务部公布的《革命烈士家属革命军人家属优待暂行条例》、《革命残废军人优待抚恤暂行条例》、《革命军人牺牲、病故褒恤暂行条例》、《民兵民工伤亡抚恤暂行条例》同时废止。

革命烈士纪念建筑物管理保护办法

(1995年7月20日中华人民共和国民政部令第2号发布　自发布之日起施行)

第一条 为缅怀革命先烈的光辉业绩,加强对革命烈士纪念建筑物的管理,向公民进行爱国主义、国际主义和革命传统教育,促进社会主义精神文明建设,制定本办法。

第二条 本办法所称革命烈士纪念建筑物,是指为纪念革命烈士专门修建的烈士陵园、纪念堂馆、纪念碑亭、纪念塔祠、纪念雕塑等建筑设施。

第三条 根据革命烈士纪念建筑物的纪念意义和建筑规模,革命烈士纪念建筑物分为下列保护单位:

(一)全国重点保护单位;

(二)省、自治区、直辖市级保护单位;

(三)自治州、市(地区、盟)级保护单位;

(四)县、(市、旗)自治县级保护单位。

未列为县级以上保护单位的革命烈士纪念建筑物,由建设单位负责管理保护。

分级管理划分标准由民政部制定。

第四条 列为县级以上革命烈士纪念建筑物的保护单位是全额拨款的事业单位,由所在地人民政府的民政部门负责管理。

第五条 确定全国重点革命烈士纪念建筑物保护单位,由民政部报国务院批准后公布。确定地方各级革命烈士纪念建筑物保护单位,由该级人民政府的民政部门提出,报同级人民政府批准后公布,并报上一级人民政府的民政部门备案。

第六条 各级革命烈士纪念建筑物保护单位,应当根据需要设立相应的管理机构或者配备管理人员。

第七条 全国重点革命烈士纪念建筑物保护单位,由省、自治区、直辖市人民政府的民政部门负责划定保护范围,设置保护标志,建立资料档案。

第八条 革命烈士纪念建筑物及其周围的建筑应当纳入当地城乡建设总体规划,绿化美化环境,实现园林化,使革命烈士纪念场所形成庄严、肃穆、优美的环境和气氛,为社会提供良好的瞻仰和教育场所。

第九条 革命烈士纪念建筑物保护单位,应当收集、整理、陈列革命烈士史料和遗物,宣传革命烈士的英雄事迹、献身精神和高尚品质。

第十条 革命烈士纪念建筑物保护单位,应当建立健全瞻仰凭吊的服务制度和工作人员岗位责任制度。对本单位职工进行职业教育和业务培训,做好接待服务工作,提高管理水平。

第十一条 革命烈士纪念建筑物保护单位,可以因地制宜地开办方便群众瞻仰凭吊的服务项目,优化观瞻环境,增加自我发展能力。

第十二条 革命烈士纪念建筑物由所在地人民政府负责管理保护。所需维修经费由地方各级财政安排解决。全国重点保护单位的革命烈士纪念建筑物,由中央财政拨给维修补助费。各级革命烈士纪念建筑维修费,由同级人民政府的民政部门掌握使用。未列为县级以上保护单位的革命烈士纪念建筑物所需维修费,由建设单位负责筹集。

第十三条 革命烈士纪念建筑物保护单位范围内的土地,任何单位和个人不得侵占。在革命烈士纪念建筑物保护单位范围内进行其他建设工程的,应当经原批准公布的人民政府和上一级人民政府的民政部门同意。在全国重点革命烈士纪念建筑物保护单位范围内进行其他建设工程,须经省、自治区、直辖市民政厅(局)报经民政部同意。

第十四条 任何单位和个人，未经主管部门许可，不得迁移革命烈士纪念建筑物。因建设工程必需迁移的，地方各级革命烈士纪念建筑物保护单位，须经原批准公布的人民政府和上一级人民政府的民政部门同意；全国重点革命烈士纪念建筑物保护单位，须经省、自治区、直辖市人民政府报国务院批准。

第十五条 国家机关、社会团体、企事业单位和个人应当珍惜和保护革命烈士纪念建筑物。禁止以任何方式破坏、污损革命烈士纪念建筑物。

第十六条 以损毁、涂划、玷污等方式侮辱革命烈士纪念建筑物，情节较轻尚不构成犯罪的，依照《中华人民共和国治安管理处罚条例》的规定处罚，构成犯罪的依法追究刑事责任。

第十七条 革命烈士纪念建筑物保护单位的管理人员由于玩忽职守，造成革命烈士纪念建筑物、革命烈士斗争史料和遗物遭受较大损失的，由主管部门给予行政处分；造成重大损失构成犯罪的，依法追究刑事责任。

第十八条 本办法自发布之日起施行。

伤残抚恤管理暂行办法

（1997年4月1日中华人民共和国民政部令第2号发布　自发布之日起施行）

第一条 为规范和加强民政部门管理的伤残抚恤工作，制定本办法。

第二条 民政部门负责评残的对象是：

（一）《军人抚恤优待条例》实施以前退出现役的军人；

（二）参战民兵民工、参加县级以上人武部门或预备役部队组织的军事训练的无工作单位人员；

（三）为维护社会治安同犯罪分子进行斗争致残的无工作单位人员；

（四）国家机关行政编制工作人员；

（五）授予警衔的行政编制人民警察。

第三条 评残对象因战因公致残，医疗终结三年内申请评残的，有档案记载和确切证明，残情符合三等乙级（含三等乙级）以上，可予评定伤残等级；医疗终结三年后申请评残的，有档案记载或确切证明，残情符合二等乙级（含二等乙级）以上，可予补办评残手续。

第四条 伤残人员的残情医学鉴定，须治疗终结后，由县（市、区）以上民政部门指定的医院伤残医学鉴定小组做出；职业病的残情医学鉴定由省、自治区、直辖市民政部门指定的职业病专科医院做出。

第五条 评残（包括新评、补评、调整等级）手续和审批程序：

（一）本人向所在工作单位或街道办事处、乡镇人民政府提出书面申请，说明致残经过和残情等情况。

（二）申请人所在工作单位或街道办事处、乡镇人民政府审查后写出证明材料，连同本人档案材料（包括原始证明、病历和现场证人提供的证明材料等）、书面申请和本人近期二寸半身免冠照片（人民警察须着制式服装）等一并报送县（市、区）民政部门审查。

（三）县（市、区）民政部门经审查认为具备评残资格的，通知本人到指定医院进行残情检查，由医院伤残医学鉴定小组做出残情鉴定。县（市、区）民政部门根据残情鉴定，写出综合报告，填写《伤残等级审批表》和伤残证件，连同本人申请、单位证明等有关材料，一并报送地（市）民政部门审查。

（四）地（市）民政部门经审查认为符合评残条件的，在上报的《伤残等级审批表》上签署审查意见，连同其他材料一并报省、自治区、直辖市民政厅（局）审批。

（五）省、自治区、直辖市民政厅（局）经审查认为符合评残条件的，在《伤残等级审批表》和伤残证件上签署审批意见，加盖印章，并通过县（市、区）民政部门将伤残证件发给本人。

不符合评残条件的，民政部门应当在《伤残等级审批表》上注明理由并加盖印章，连同其他上报材料退回申请人。

第六条 伤残人员由于残情变化，原定伤残等级与现残情明显不符的，应按规定调整伤残等级。

第七条 伤残证件的发放种类：

（一）军人在服役期间因战因公因病致残，发给《革命伤残军人证》；

（二）民兵、民工、农村村民、城镇居民、学生因战因公致残，发给《民兵民工伤残抚恤证》；

（三）国家机关行政编制工作人员因战因公致残，发给《国家机关工作人员伤残抚恤证》；

（四）授予警衔的行政编制人民警察因战因公致残，发给《人民警察伤残抚恤证》；

伤残证件由民政部统一制作。全国范围内的换证工作，由民政部规定时间统一进行。

第八条 伤残人员要爱护和保管好自己的伤残证件，不得私自涂改、转借或转让。

第九条 伤残证件因保管不善被损坏，当事人应及时报告发证的县（市、区）民政部门。县（市、区）民政部门经审查认为不能使用的，填写《伤残人员换证补证报批表》和新伤残证件，连同本人申请及损坏的旧证一并逐级上报省、自治区、直辖市民政厅（局）换发。

第十条 伤残证件遗失，当事人应尽力查找，并及时报告发证的县（市、区）民政部门。半年之内查找不到的，在本人登报声明作废后，由县（市、区）民政部门填写《伤残人员换证补证报批表》和新伤残证件，连同本人申请一并逐级上报省、自治区、直辖市民政厅（局），经批准后，重新编号，发放新证。

第十一条 伤残抚恤金和伤残保健金标准，由国家根据伤残性质和伤残等级，参照全国职工平均工资确定。工资标准高于全国职工平均工资的地区，应在全国伤残抚恤（保健）金基本标准基础上，制定当地的具体抚恤标准，以保障伤残人员的生活。

第十二条 伤残人员抚恤关系转移，其当年的伤残抚恤（保健）金由部队或迁出地民政部门负责发给，从第二年一月起由迁入地民政部门按规定发给。

伤残人员到国外定居的，可按照当时的抚恤标准，一次性发给五年的抚恤（保健）金，以后不再发给。

第十三条 伤残人员被判处徒刑、剥夺政治权利或者被通缉期间，所在县（市、区）民政部门应收回其伤残证件，暂停抚恤，并报省、自治区、直辖市民政厅（局）备案。其中属于缓刑、假释、监外执行的在乡伤残人员生活确有困难的，可适当发给生活补助费，但最多不得超过原抚恤金标准的一半。

暂停抚恤的伤残人员，刑满释放、恢复政治权利后，经省、自治区、直辖市民政厅（局）批准，可以恢复抚恤待遇，原停发的伤残抚恤金或伤残保健金不予补发。办理恢复抚恤手续应提供下列材料：本人申请、司法部门的《释放证明》、县（市、区）民政部门的意见等。

伤残人员犯罪情节特别严重的，经省、自治区、直辖市民政厅（局）批准，取消抚恤待遇，收缴并注销其伤残证件。

第十四条 对部队转业、复员退伍、离退休移交民政部门安置以及从外地迁入本地的伤残人员，必须进行审查、登记、备案。审查的材料有：本人户口本或身份证、原伤残证件、医院残情医学鉴定、伤残等级审批表、《伤残人员关系转移证明》、转业或退伍证等。县（市、区）民政部门应当对当事人目测残情，必要时可为其指定医院进行检查。经审查无误后，由县（市、区）民政部门登记建档，并逐级上报省、自治区、直辖市民政厅（局）备案。

属于弄虚作假的，不予登记，并通知原部队，或由迁出地的审批机关收回其伤残证件；发现问题或一时把握不准的，应当暂缓登记，逐级上报省、自治区、直辖市民政厅（局）处理。

第十五条 民政部门对伤残证件和有关材料应当指定专人妥善管理，防止丢失。对申报和审批的各种材料证件，应有登记手续。需要邮寄的，应当挂号邮寄。

第十六条 县（市、区）民政部门应当建立伤残人员资料档案，一人一档，长期保存。

第十七条 县（市、区）民政部门对自然减员的伤残人员，应停发伤残抚恤（保健）金和护理费，注销证件，留作纪念，并按规定发给丧葬补助费。同时填写《伤残人员减员登记表》，按年度逐级上报省、自治区、直辖市民政厅（局）。

第十八条 民政部门对在伤残抚恤管理工作中表现突出、成绩显著的工作人员，应当予以表彰或奖励；对弄虚作假、以权谋私，造成不良后果的，要严肃处理。

第十九条 各省、自治区、直辖市民政厅（局），可根据本办法，结合本地实际情况，制定具体工作细则。

第二十条 本办法由民政部负责解释。

退伍义务兵安置条例

（1987年12月12日国务院发布 自发布之日起施行）

第一条 为了做好退伍义务兵安置工作，根据《中华人民共和国兵役法》的有关规定，制定本条例。

第二条 本条例所称退伍义务兵是指中国人民解放军和中国人民武装警察部队的下列人员：

（一）服现役期满（包括超期服役）退出现役的；

（二）服现役期未满，因下列原因之一，经部队师级以上机关批准提前退出现役的：

(1)因战、因公负伤（包括因病）致残，部队发给《革命伤残军人抚恤证》的；

(2)经驻军医院证明，患病基本治愈，但不适宜在部队继续服现役以及精神病患者经治疗半年未愈的；

(3)部队编制员额缩减，需要退出现役的；

(4)家庭发生重大变故，经家庭所在地的县、市、市辖区民政部门和人民武装部证明，需要退出现役的；

(5)国家建设需要调出部队的。

第三条 退伍义务兵安置工作必须贯彻从哪里来、回哪里去的原则和妥善安置、各得其所的方针。

第四条 退伍义务兵安置工作，在地方各级人民政府领导下进行。

地方各级人民政府，可以根据安置工作的情况设置退伍军人安置机构或者指定工作人员负责办理退伍义务兵安置的日常工作。退伍军人安置机构设在民政部门，人民武装、计划、劳动人事等各有关部门应当协助民政部门做好退伍义务兵的安置工作。

第五条 接收退伍义务兵时间，按照国务院、中央军委当年的规定执行。因气候或地理原因；经国防部批准提前或者推迟退伍的，可相应提前或推迟接收。

第六条 退伍义务兵回到原征集地时，当地人民政府应当认真组织接待。

第七条 退伍义务兵回到原征集地三十天内，持退伍证和部队介绍信到县、市、市辖区兵役机关办理预备役登记，然后向退伍军人安置机构报到，凭退伍军人安置机构介绍信办理落户手续。

第八条 退伍义务兵原是农业户口的，由当地退伍军人安置机构按下列规定安置：

（一）对确无住房或者严重缺房而自建和靠集体帮助又确有困难的，应当按照国家规定安排一定数量的建筑材料和经费帮助解决；

（二）在服役期间荣立二等功（含二等功，下同）以上的，应当安排工作；

（三）对有一定专长的，应当向有关部门推荐录用；

（四）各用人单位向农村招收工人时，在同等条件下应当优先录用退伍义务兵。对在服役期间荣立三等功、超期服役的退伍义务兵和女性退伍义务兵，应当给予适当照顾。

第九条 原是城镇户口的退伍义务兵，服役前没有参加工作的，由国家统一分配工作，实行按系统分配任务、包干安置办法，各接收单位必须妥善安排。

具体安置按下列规定办理：

（一）每年退伍义务兵回到

原征集地前,省、自治区、直辖市应当下达预分劳动指标,退伍义务兵回到原征集地后先安置,待国家计划下达后统一结算;

(二)在部队获得大军区(含大军区)以上单位授予的荣誉称号和立二等功以上的,安排工作时,应优先照顾本人志愿;

(三)在部队荣立三等功和超期服役的,安排工作时,在条件允许的情况下,应当照顾本人特长和志愿;

(四)在部队被培养成为有一定专业和特长的,安排工作时,应当尽量做到专业对口;

(五)无正当理由,本人要求中途退伍的;被部队开除军籍或除名的;在部队或者退伍后待安排期间犯有刑事罪(过失罪除外)被判处有期徒刑以上处罚的,退伍军人安置机构不负责安排工作,按社会待业人员对待。

第十条 因战、因公致残的二等、三等革命伤残军人,原是城市户口的,由原征集地的退伍军人安置机构安排力所能及的工作。原是农业户口的,原征集地区有条件的,可以在企业、事业单位安排适当工作;不能安排的,按照规定增发残废抚恤金,保障他们的生活。

第十一条 义务兵入伍前原是国家机关、人民团体、企业、事业单位正式职工,退伍后原则上回原单位复工复职。对于因残、因病不能坚持八小时工作的,原工作单位应当按照对具有同样情况的一般工作人员的安排原则予以妥善安置。退伍义务兵原工作单位已撤销或合并的,由上一级机关或合并后的单位负责安置。

第十二条 义务兵入伍前原是学校(含中等专业学校和技术学校)未毕业的学生,退伍后要求继续学习而本人又符合学习条件的,在年龄上可适当放宽,原学校应在他们退伍后的下一学期准予复学。如果原学校已经撤销、合并或者由于其他原因在原学校复学确有困难,可以由本人或者原学校申请县、市以上教育部门另行安排他们到相应的学校学习。

第十三条 退伍义务兵报考高等院校和中等专业学校,在与其他考生同等条件下,优先录取。

第十四条 对在服役期间家庭住址变迁,退伍时要求到父母所在地落户安置的,经父母所在单位和当地公安机关证明,应当允许。但国家另有规定者除外。

第十五条 义务兵从兵役机关批准入伍之日起至部队批准退出现役止,为服现役的军龄,满十个月的,按周年计算。退伍后新分配参加工作的,其军龄和待分配的时间应计算为连续工龄。入伍前原是国家机关、企业、事业单位的职工,其入伍前的工龄和军龄连同待分配的时间一并计算为连续工龄,享受与所在单位职工同等待遇。

第十六条 退伍义务兵接到安排工作的通知后,逾期半年无正当理由,并经多次教育仍不报到的,退伍军人安置机构不再负责安排工作,由当地人民政府按社会待业人员对待。

第十七条 本条例由民政部负责解释。

第十八条 省、自治区、直辖市人民政府可根据本条例,制定实施细则。

第十九条 本条例自发布之日起施行。1958 年 3 月 17 日《国务院关于处理义务兵退伍的暂行规定》同时废止。

中国人民解放军士官退出现役安置暂行办法

(1999 年 12 月 13 日国发[1999]27 号发布　自发布之日起施行)

一、根据《中华人民共和国兵役法》(以下简称《兵役法》)和《中国人民解放军现役士兵服役条例》的有关规定,制定本办法。

二、士官符合下列情况之一的,退出现役:

(一)服现役满本期规定的年限,未被批准继续服现役的;

(二)服现役满 30 年或者年满 55 岁的;

(三)军队编制员额缩减需

要退出现役的；

（四）国家建设需要调出军队的；

（五）经驻军医院诊断证明本人健康状况不适于继续服现役的。

三、退出现役的士官符合下列条件之一的，作复员安置：

（一）服现役满第一期或者第二期规定年限的；

（二）符合转业或者退休条件，本人要求复员并经批准的。

四、退出现役的士官符合下列条件之一的，作转业安置：

（一）服现役满10年的；

（二）服现役期间荣获二等功以上奖励的；

（三）服现役期间因战、因公致残被评为二等、三等伤残等级的；

（四）服现役未满10年，符合本办法第二条第（四）项情况的；

（五）符合退休条件，地方需要和本人自愿转业的。

五、退出现役的士官符合下列条件之一的，作退休安置：

（一）年满55岁的；

（二）服现役满30年的；

（三）服现役期间因战、因公致残，被评为特等、一等伤残等级的；

（四）服现役期间因病基本丧失工作能力，并经驻军医院诊断证明，军以上卫生部门鉴定确认的。

六、士官服现役未满本期规定年限，严重违反纪律或者无正当理由坚持要求退出现役的，经批准，可按义务兵作退伍处理；家居城镇的，人民政府不负责安排工作。

士官无正当理由坚持要求退出现役的，须附本人书面申请。

七、士官因家庭发生重大变故，服现役未满本期规定年限要求退出现役的，需有县级以上人民政府民政部门证明，经批准，不满10年的作复员安置，满10年的作转业安置。

八、士官退出现役作复员或者转业安置的，第一期、第二期由团（旅）级单位批准；第三期、第四期由师（旅）级单位批准；第五期、第六期由军级单位批准。

士官退出现役作退休安置的，由军级单位批准；改按义务兵退伍的，由师（旅）级以上单位批准。

九、士官退出现役，由批准单位的司令机关填写《士官退出现役登记表》（其中改按义务兵退伍的填写《士官改按义务兵退伍审批表》），发给国防部制发的《中国人民解放军士官退出现役证》。

十、作复员和转业安置的士官退出现役后，原则上回入伍时户口所在地的县（市）安置。符合下列情况之一的，可以易地安置：

（一）国家或者军队建设需要的；

（二）服现役期间，家庭常住户口所在地变动的；

（三）结婚满2年且配偶在其常住户口所在地有生活基础的；

（四）因其他特殊情况经省级以上人民政府安置主管部门批准的。

十一、士官退出现役的时间：

（一）因国家建设需要调出军队的，随时办理；

（二）作复员安置的，与当年义务兵退伍同步进行；

（三）作转业安置的，按民政部、总参谋部当年的规定执行；

（四）作退休安置的，在符合退休条件时下达退休命令。

十二、士官复员后，由征集地的县（市）人民政府按退伍义务兵的有关规定妥善安置。

农村入伍的初级士官服现役期间，保留承包土地、自留地；中级以上士官复员后，没有承包土地、自留地的，重新划给。

农村入伍符合转业条件的士官，本人要求并经批准作复员安置的，允许落城镇户口。

十三、士官转业后，按照《兵役法》和国务院、中央军委的有关文件以及国务院、中央军委当年度退伍工作通知的有关规定执行。

十四、转业士官和城镇入伍的复员士官待安置期间，由当地人民政府按照不低于当地最低生活水平的原则发给生活补助费。

十五、退休士官符合本办法第五条第（一）、第（二）或者第（三）项条件的，参照军队退休干部的安置办法执行；符合本办法第五条第（四）项条件的，在原征集地或者直系亲属所在地分散安置，其待遇按照有关规定执行，其中患精神病的士官不符合转业安置条件的，按退伍义务兵的接收安置规定执行。

十六、士官退出现役离队时，应办妥党（团）组织关系、供给关系的转移手续，按照规定发给工资、伙食费以及各种补助费和返回安置地途中的差旅费。到达安置地的县（市）时，持批准机关的行政介绍信，到县（市）人民政府民政部门报到；确定服预备役的，并到人民武装部进行预备役登记。

十七、士官退出现役后，到安置地的县（市）人民政府民政部门报到前发生的问题，由原部队负责处理；报到后发生的问题，由当地人民政府负责处理。

十八、本办法适用于中国人民武装警察部队。

十九、本办法自下发之日起施行。以往有关规定与此不符的即行废止。执行中的有关问题，由民政部、总参谋部负责解释。

三、救灾救济

城市居民最低生活保障条例

（1999年9月28日中华人民共和国国务院令第271号发布　自1999年10月1日起施行）

第一条　为了规范城市居民最低生活保障制度，保障城市居民基本生活，制定本条例。

第二条　持有非农业户口的城市居民，凡共同生活的家庭成员人均收入低于当地城市居民最低生活保障标准的，均有从当地人民政府获得基本生活物质帮助的权利。

前款所称收入，是指共同生活的家庭成员的全部货币收入和实物收入，包括法定赡养人、扶养人或者抚养人应当给付的赡养费、扶养费或者抚养费，不包括优抚对象按照国家规定享受的抚恤金、补助金。

第三条　城市居民最低生活保障制度遵循保障城市居民基本生活的原则，坚持国家保障与社会帮扶相结合、鼓励劳动自救的方针。

第四条　城市居民最低生活保障制度实行地方各级人民政府负责制。县级以上地方各级人民政府民政部门具体负责本行政区域内城市居民最低生活保障的管理工作；财政部门按照规定落实城市居民最低生活保障资金；统计、物价、审计、劳动保障和人事等部门分工负责，在各自的职责范围内负责城市居民最低生活保障的有关工作。

县级人民政府民政部门以及街道办事处和镇人民政府（以下统称管理审批机关）负责城市居民最低生活保障的具体管理审批工作。

居民委员会根据管理审批机关的委托，可以承担城市居民最低生活保障的日常管理、服务工作。

国务院民政部门负责全国城市居民最低生活保障的管理工作。

第五条　城市居民最低生活保障所需资金，由地方人民政府列入财政预算，纳入社会救济专项资金支出项目，专项管理，专款专用。

国家鼓励社会组织和个人为城市居民最低生活保障提供捐赠、资助；所提供的捐赠资助，全部纳入当地城市居民最低生活保障资金。

第六条　城市居民最低生活保障标准，按照当地维持城市居民基本生活所必需的衣、食、住费用，并适当考虑水电燃煤（燃气）费用以及未成年人的义务教育费用确定。

直辖市、设区的市的城市居民最低生活保障标准，由市人民政府民政部门会同财政、统计、物价等部门制定，报本级人民政府批准并公布执行；县（县级市）的城市居民最低生活保障标准，由县（县级市）人民政府民政部门会同财政、统计、物价等部门制定，报本级人民政府批准并报上一级人民政府备案后公布执行。

城市居民最低生活保障标准需要提高时，依照前两款的规定重新核定。

第七条 申请享受城市居民最低生活保障待遇，由户主向户籍所在地的街道办事处或者镇人民政府提出书面申请，并出具有关证明材料，填写《城市居民最低生活保障待遇审批表》。城市居民最低生活保障待遇，由其所在地的街道办事处或者镇人民政府初审，并将有关材料和初审意见报送县级人民政府民政部门审批。

管理审批机关为审批城市居民最低生活保障待遇的需要，可以通过入户调查、邻里访问以及信函索证等方式对申请人的家庭经济状况和实际生活水平进行调查核实。申请人及有关单位、组织或者个人应当接受调查，如实提供有关情况。

第八条 县级人民政府民政部门经审查，对符合享受城市居民最低生活保障待遇条件的家庭，应当区分下列不同情况批准其享受城市居民最低生活保障待遇：

（一）对无生活来源、无劳动能力又无法定赡养人、扶养人或者抚养人的城市居民，批准其按照当地城市居民最低生活保障标准全额享受；

（二）对尚有一定收入的城市居民，批准其按照家庭人均收入低于当地城市居民最低生活保障标准的差额享受。

县级人民政府民政部门经审查，对不符合享受城市居民最低生活保障待遇条件的，应当书面通知申请人，并说明理由。

管理审批机关应当自接到申请人提出申请之日起的30日内办结审批手续。

城市居民最低生活保障待遇由管理审批机关以货币形式按月发放；必要时，也可以给付实物。

第九条 对经批准享受城市居民最低生活保障待遇的城市居民，由管理审批机关采取适当形式以户为单位予以公布，接受群众监督。任何人对不符合法定条件而享受城市居民最低生活保障待遇的，都有权向管理审批机关提出意见；管理审批机关经核查，对情况属实的，应当予以纠正。

第十条 享受城市居民最低生活保障待遇的城市居民家庭人均收入情况发生变化的，应当及时通过居民委员会告知管理审批机关，办理停发、减发或者增发城市居民最低生活保障待遇的手续。

管理审批机关应当对享受城市居民最低生活保障待遇的城市居民的家庭收入情况定期进行核查。

在就业年龄内有劳动能力但尚未就业的城市居民，在享受城市居民最低生活保障待遇期间，应当参加其所在的居民委员会组织的公益性社区服务劳动。

第十一条 地方各级人民政府及其有关部门，应当对享受城市居民最低生活保障待遇的城市居民在就业、从事个体经营等方面给予必要的扶持和照顾。

第十二条 财政部门、审计部门依法监督城市居民最低生活保障资金的使用情况。

第十三条 从事城市居民最低生活保障管理审批工作的人员有下列行为之一的，给予批评教育，依法给予行政处分；构成犯罪的，依法追究刑事责任：

（一）对符合享受城市居民最低生活保障待遇条件的家庭拒不签署同意享受城市居民最低生活保障待遇意见的，或者对不符合享受城市居民最低生活保障待遇条件的家庭故意签署同意享受城市居民最低生活保障待遇意见的；

（二）玩忽职守、徇私舞弊，或者贪污、挪用、扣压、拖欠城市居民最低生活保障款物的。

第十四条 享受城市居民最低生活保障待遇的城市居民有下列行为之一的，由县级人民政府民政部门给予批评教育或者警告，追回其冒领的城市居民最低生活保障款物；情节恶劣的，处冒领金额1倍以上3倍以下的罚款：

（一）采取虚报、隐瞒、伪造等手段，骗取享受城市居民最低生活保障待遇的；

（二）在享受城市居民最低生活保障待遇期间家庭收入情况好转，不按规定告知管理审批机关，继续享受城市居民最低生活保障待遇的。

第十五条 城市居民对县级人民政府民政部门作出的不批准享受城市居民最低生活保障待遇或者减发、停发城市居民最低生活保障款物的决定或者给予的行政处罚不服的，可以依法申请行政复议；对复议决定仍不服的，可以依法提起行政讼诉。

第十六条 省、自治区、直辖市人民政府可以根据本条例，结合本行政区域城市居民最低生活保障工作的实际情况，规定实施的办法和步骤。

第十七条 本条例自1999年10月1日起施行。

四、基层民主政治建设

中华人民共和国城市居民委员会组织法

（1989年12月26日第七届全国人民代表大会常务委员会第十一次会议通过
1989年12月26日中华人民共和国主席令第21号公布 自1990年1月1日起施行）

第一条 为了加强城市居民委员会的建设，由城市居民群众依法办理群众自己的事情，促进城市基层社会主义民主和城市社会主义物质文明、精神文明建设的发展，根据宪法，制定本法。

第二条 居民委员会是居民自我管理、自我教育、自我服务的基层群众性自治组织。

不设区的市、市辖区的人民政府或者它的派出机关对居民委员会的工作给予指导、支持和帮助。居民委员会协助不设区的市、市辖区的人民政府或者它的派出机关开展工作。

第三条 居民委员会的任务：

（一）宣传宪法、法律、法规和国家的政策，维护居民的合法权益，教育居民履行依法应尽的义务，爱护公共财产，开展多种形式的社会主义精神文明建设活动；

（二）办理本居住地区居民的公共事务和公益事业；

（三）调解民间纠纷；

（四）协助维护社会治安；

（五）协助人民政府或者它的派出机关做好与居民利益有关的公共卫生、计划生育、优抚救济、青少年教育等项工作；

（六）向人民政府或者它的派出机关反映居民的意见、要求和提出建议。

第四条 居民委员会应当开展便民利民的社区服务活动，可以兴办有关的服务事业。

居民委员会管理本居民委员会的财产，任何部门和单位不得侵犯居民委员会的财产所有权。

第五条 多民族居住地区的居民委员会，应当教育居民互相帮助，互相尊重，加强民族团结。

第六条 居民委员会根据居民居住状况，按照便于居民自治的原则，一般在一百户至七百户的范围内设立。

居民委员会的设立、撤销、规模调整，由不设区的市、市辖区的人民政府决定。

第七条 居民委员会由主任、副主任和委员共五至九人组成。多民族居住地区，居民委员会中应当有人数较少的民族的成员。

第八条 居民委员会主任、副主任和委员，由本居住地区全体有选举权的居民或者由每户派代表选举产生；根据居民意见，也可以由每个居民小组选举代表二至三人选举产生。居民委员会每届任期三年，其成员可以连选连任。

年满十八周岁的本居住地区居民，不分民族、种族、性别、职业、家庭出身、宗教信仰、教育程度、财产状况、居住期限，都有选举权和被选举权；但是，依照法律被剥夺政治权利的人除外。

第九条 居民会议由十八周岁以上的居民组成。

居民会议可以由全体十八周岁以上的居民或者每户派代表参加，也可以由每个居民小组选举代表二至三人参加。

居民会议必须有全体十八周岁以上的居民、户的代表或者居民小组选举的代表的过半数出席，才能举行。会议的决定，由出席人的过半数通过。

第十条 居民委员会向居民会议负责并报告工作。

居民会议由居民委员会召集和主持。有五分之一以上的十八周岁以上的居民、五分之一以上的户或者三分之一以上的居民小组提议，应当召集居民会议。涉及全本居民利益的重要问题，居民委员会必须提请居民会议讨论决定。

居民会议有权撤换和补选居民委员会成员。

第十一条 居民委员会决定问题，采取少数服从多数的原则。

居民委员会进行工作，应当采取民主的方法，不得强迫命令。

第十二条 居民委员会成员应当遵守宪法、法律、法规和国家的政策，办事公道，热心为居民服务。

第十三条 居民委员会根据需要设人民调解、治安保卫、公共卫生等委员会。居民委员会成员可以兼任下属的委员会的成员。居民较少的居民委员会可以不设下属的委员会，由居民委员会的成员分工负责有关工作。

第十四条 居民委员会可以分设若干居民小组，小组长由居民小组推选。

第十五条 居民公约由居民会议讨论制定，报不设区的市、市辖区的人民政府或者它的派出机关备案，由居民委员会监督执行。居民应当遵守居民会议的决议和居民公约。

居民公约的内容不得与宪法、法律、法规和国家的政策相抵触。

第十六条 居民委员会办理本居住地区公益事业所需的费用，经居民会议讨论决定，可以根据自愿原则向居民筹集，也可以向本居住地区的受益单位筹集，但是必须经受益单位同意；收支账目应当及时公布，接受居民监督。

第十七条 居民委员会的工作经费和来源，居民委员会成员的生活补贴费的范围、标准和来源，由不设区的市、市辖区的人民政府或者上级人民政府规定并拨付；经居民会议同意，可以从居民委员会的经济收入中给予适当补助。

居民委员会的办公用房，由当地人民政府统筹解决。

第十八条 依照法律被剥夺政治权利的人编入居民小组，居民委员会应当对他们进行监督和教育。

第十九条 机关、团体、部队、企业事业组织，不参加所在地的居民委员会，但是应当支持所在地的居民委员会的工作。所在地的居民委员会讨论同这些单位有关的问题，需要他们参加会议时，他们应当派代表参加，并且遵守居民委员会的有关决定和居民公约。

前款所列单位的职工及家属、军人及随军家属，参加居住地区的居民委员会；其家属聚居区可以单独成立家属委员会，承担居民委员会的工作，在不设区的市、市辖区的人民政府或者它的派出机关和本单位的指导下进行工作。家属委员会的工作经费和家属委员会成员的生活补贴费、办公用房，由所属单位解决。

第二十条 市、市辖区的人民政府有关部门，需要居民委员会或者它的下属委员会协助进行的工作，应当经市、市辖区的人民政府或者它的派出机关同意并统一安排。市、市辖区的人民政府的有关部门，可以对居民委员会有关的下属委员会进行业务指导。

第二十一条 本法适用于乡、民族乡、镇的人民政府所在地设立的居民委员会。

第二十二条 省、自治区、直辖市的人民代表大会常务委员会可以根据本法制定实施办法。

第二十三条 本法自1990年1月1日起施行。1954年12月31日全国人民代表大会常务委员会通过的《城市居民委员会组织条例》同时废止。

中华人民共和国村民委员会组织法

(1998年11月4日第九届全国人民代表大会常务委员会第五次会议修订通过
1998年11月4日中华人民共和国主席令第9号公布　自公布之日起施行)

第一条　为了保障农村村民实行自治,由村民群众依法办理自己的事情,发展农村基层民主,促进农村社会主义物质文明和精神文明建设,根据宪法,制定本法。

第二条　村民委员会是村民自我管理、自我教育、自我服务的基层群众性自治组织,实行民主选举、民主决策、民主管理、民主监督。

村民委员会办理本村的公共事务和公益事业,调解民间纠纷,协助维护社会治安,向人民政府反映村民的意见、要求和提出建议。

第三条　中国共产党在农村的基层组织,按照中国共产党章程进行工作,发挥领导核心作用;依照宪法和法律,支持和保障村民开展自治活动、直接行使民主权利。

第四条　乡、民族乡、镇的人民政府对村民委员会的工作给予指导、支持和帮助,但是不得干预依法属于村民自治范围内的事项。

村民委员会协助乡、民族乡、镇的人民政府开展工作。

第五条　村民委员会应当支持和组织村民依法发展各种形式的合作经济和其他经济,承担本村生产的服务和协调工作,促进农村生产建设和社会主义市场经济的发展。

村民委员会应当尊重集体经济组织依法独立进行经济活动的自主权,维护以家庭承包经营为基础、统分结合的双层经营体制,保障集体经济组织和村民、承包经营户、联户或者合伙的合法的财产权和其他合法的权利和利益。

村民委员会依照法律规定,管理本村属于村农民集体所有的土地和其他财产,教育村民合理利用自然资源,保护和改善生态环境。

第六条　村民委员会应当宣传宪法、法律、法规和国家的政策,教育和推动村民履行法律规定的义务,爱护公共财产,维护村民的合法的权利和利益,发展文化教育,普及科技知识,促进村和村之间的团结,互助,开展多种形式的社会主义精神文明建设活动。

第七条　多民族村民居住的村,村民委员会应当教育和引导村民加强民族团结、互相尊重、互相帮助。

第八条　村民委员会根据村民居住状况、人口多少,按照便于群众自治的原则设立。

村民委员会的设立、撤销、范围调整,由乡、民族乡、镇的人民政府提出,经村民会议讨论同意后,报县级人民政府批准。

第九条　村民委员会由主任、副主任和委员共三至七人组成。

村民委员会成员中,妇女应当有适当的名额,多民族村民居住的村应当有人数较少的民族的成员。

村民委员会成员不脱离生产,根据情况,可以给予适当补贴。

第十条　村民委员会可以按照村民居住状况分设若干村民小组,小组长由村民小组会议推选。

第十一条　村民委员会主任、副主任和委员,由村民直接选举产生。任何组织或者个人不得指定、委派或者撤换村民委员会成员。

村民委员会每届任期三年,届满应当及时举行换届选举。村民委员会成员可以连选连任。

第十二条　年满十八周岁的村民,不分民族、种族、性别、职业、家庭出身、宗教信仰、教育程度、财产状况、居住期限,都有选举权和被选举权;但是,依照法律被剥夺政治权利的人除外。

有选举权和被选举权的村民名单,应当在选举日的二十日以前公布。

第十三条　村民委员会的选举,由村民选举委员会主持。村民选举委员会成员由村民会议或者各村民小组推选产生。

第十四条 选举村民委员会，由本村有选举权的村民直接提名候选人。候选人的名额应当多于应选名额。

选举村民委员会，有选举权的村民的过半数投票，选举有效；候选人获得参加投票的村民的过半数的选票，始得当选。

选举实行无记名投票、公开计票的方法，选举结果应当当场公布。选举时，设立秘密写票处。

具体选举办法由省、自治区、直辖市的人民代表大会常务委员会规定。

第十五条 以威胁、贿赂、伪造选票等不正当手段，妨害村民行使选举权、被选举权，破坏村民委员会选举的，村民有权向乡、民族乡、镇的人民代表大会和人民政府或者县级人民代表大会常务委员会和人民政府及其有关主管部门举报，有关机关应当负责调查并依法处理。以威胁、贿赂、伪造选票等不正当手段当选的，其当选无效。

第十六条 本村五分之一以上有选举权的村民联名，可以要求罢免村民委员会成员。罢免要求应当提出罢免理由。被提出罢免的村民委员会成员有权提出申辩意见。村民委员会应当及时召开村民会议，投票表决罢免要求。罢免村民委员会成员须经有选举权的村民过半数通过。

第十七条 村民会议由本村十八周岁以上的村民组成。

召开村民会议，应当有本村十八周岁以上村民的过半数参加，或者有本村三分之二以上的户的代表参加，所作决定应当经到会人员的过半数通过。必要的时候，可以邀请驻在本村的企业、事业单位和群众组织派代表列席村民会议。

第十八条 村民委员会向村民会议负责并报告工作。村民会议每年审议村民委员会的工作报告，并评议村民委员会成员的工作。

村民会议由村民委员会召集。有十分之一以上的村民提议，应当召集村民会议。

第十九条 涉及村民利益的下列事项，村民委员会必须提请村民会议讨论决定，方可办理：

（一）乡统筹的收缴方法，村提留的收缴及使用；

（二）本村享受误工补贴的人数及补贴标准；

（三）从村集体经济所得收益的使用；

（四）村办学校、村建道路等村公益事业的经费筹集方案；

（五）村集体经济项目的立项、承包方案及村公益事业的建设承包方案；

（六）村民的承包经营方案；

（七）宅基地的使用方案；

（八）村民会议认为应当由村民会议讨论决定的涉及村民利益的其他事项。

第二十条 村民会议可以制定和修改村民自治章程、村规民约，并报乡、民族乡、镇的人民政府备案。

村民自治章程、村规民约以及村民会议或者村民代表讨论决定的事项不得与宪法、法律、法规和国家的政策相抵触，不得有侵犯村民的人身权利、民主权利和合法财产权利的内容。

第二十一条 人数较多或者居住分散的村，可以推选产生村民代表，由村民委员会召集村民代表开会，讨论决定村民会议授权的事项。村民代表由村民按每五户至十五户推选一人，或者由各村民小组推选若干人。

第二十二条 村民委员会实行村务公开制度。

村民委员会应当及时公布下列事项，其中涉及财务的事项至少每六个月公布一次，接受村民的监督：

（一）本法第十九条规定的由村民会议讨论决定的事项及其实施情况；

（二）国家计划生育政策的落实方案；

（三）救灾救济款物的发放情况；

（四）水电费的收缴以及涉及本村村民利益、村民普遍关心的其他事项。

村民委员会应当保证公布内容的真实性，并接受村民的查询。

村民委员会不及时公布应当公布的事项或者公布的事项不真实的，村民有权向乡、民族乡、镇人民政府或者县级人民政府及其有关主管部门反映，有关政府机关应当负责调查核实,责令公布;经查证确有违法行为的,有关人员应当依法承担责任。

第二十三条 村民委员会及其成员应当遵守宪法、法律、法规和国家的政策,办事公道,廉洁奉公,热心为村民服务。

第二十四条 村民委员会决定问题,采取少数服从多数的原则。

村民委员会进行工作,应当坚持群众路线,充分发扬民主,认真听取不同意见,坚持说服教育,不得强迫命令,不得打击报复。

第二十五条 村民委员会根据需要设人民调解、治安保卫、公共卫生等委员会。村民委员会成员可以兼任下属委员会的成员。人口少的村的村民委员会可以不设下属委员会,由村民委员会成员分工负责人民调解、治安保卫、公共卫生等工作。

第二十六条 村民委员会应当协助有关部门,对被依法剥夺政治权利的村民进行教育、帮助和监督。

第二十七条 驻在农村的机关、团体、部队、全民所有制企业、事业单位的人员不参加村民委员会组织,不属于村办的集体所有制单位的人员可以不参加村民委员会组织。但是,他们都应当遵守有关村规民约。所在地的村民委员会、村民会议或者村民代表讨论和处理同这些单位有关的问题,应当与他们协商解决。

第二十八条 地方各级人民代表大会和县级以上地方各级人民代表大会常务委员会在本行政区域内保证本法的实施,保障村民依法行使自治权利。

第二十九条 省、自治区、直辖市的人民代表大会常务委员会可以根据本法,结合本行政区域的实际情况,制定实施办法。

第三十条 本法自公布之日起施行。《中华人民共和国村民委员会组织法(试行)》同时废止。

最高人民法院关于村民小组组长利用职务便利非法占有公共财物行为如何定性问题的批复

(1999年6月25日法释[1999]12号公布　自1999年7月3日起施行)

四川省高级人民法院:

你院川高法[1998]224号《关于村民小组组长利用职务便利侵吞公共财物行为如何定性的问题的请示》收悉。经研究,答复如下:

对村民小组组长利用职务上的便利,将村民小组集体财产非法占为己有,数额较大的行为,应当依照刑法第二百七十一条第一款的规定,以职务侵占罪定罪处罚。

此复

五、区划地名

国务院关于行政区划管理的规定

(1985年1月15日国务院发布　自发布之日起施行)

第一条 为了加强行政区划的管理,根据《中华人民共和国宪法》和《中华人民共和国地方各级人民代表大会和地方各级人民政府组织法》的有关规定，制定本规定。

第二条 行政区划应保持稳定。必须变更时，应本着有利于社会主义现代化建设，有利于行政管理，有利于民族团结，有利于巩固国防的原则，制订变更方案，逐级上报审批。

第三条 省、自治区、直辖市的设立、撤销、更名，报全国人民代表大会审议决定。

第四条 下列行政区划的变更由国务院审批：

（一）省、自治区、直辖市的行政区域界线的变更，省、自治区人民政府驻地的迁移；

（二）自治州、县、自治县、市、市辖区的设立、撤销、更名和隶属关系的变更以及自治州、县、自治县、市人民政府驻地的迁移；

（三）自治州、自治县的行政区域界线的变更，县、市的行政区域界线的重大变更；

（四）凡涉及海岸线、海岛、边疆要地、重要资源地区及特殊情况地区的隶属关系或行政区域界线的变更。

第五条 县、市、市辖区的部分行政区域界线的变更，国务院授权省、自治区、直辖市人民政府审批；批准变更时，同时报送民政部备案。

乡、民族乡、镇的设立、撤销、更名和行政区域界线的变更，乡、民族乡、镇人民政府驻地的迁移，由省、自治区、直辖市人民政府审批。

第六条 行政公署、区公所、街道办事处的撤销、更名、驻地迁移，由依法批准设立各该派出机关的人民政府审批。

第七条 变更行政区划向上级人民政府报告的内容应包括：变更的理由、范围，隶属关系，政治经济情况，人口和面积数字，拟变更的行政区域界线地图，以及县级和县级以上人民政府（含行政公署）的报告或意见等。

第八条 各级民政部门分级负责行政区划的管理工作。各级民政部门在承办行政区划变更的工作时，应根据情况分别同民族、人事、财政、外事、城乡建设、地名等有关部门联系洽商；在承办民族自治地方的行政区划变更的工作时，应同民族自治地方的自治机关和有关民族的代表充分协商拟定。

各级民政部门，应建立完整的行政区划档案。

第九条 本规定由民政部负责解释。

第十条 本规定自发布之日起施行。

地名管理条例

（1986年1月23日国务院发布　自发布之日起施行）

第一条 为了加强对地名的管理，适应社会主义现代化建设和国际交往的需要，制定本条例。

第二条 本条例所称地名，包括：自然地理实体名称，行政区划名称，居民地名称，各专业部门使用的具有地名意义的台、站、港、场等名称。

第三条 地名管理应当从我国地名的历史和现状出发，保持地名的相对稳定。必须命名和更名时，应当按照本条例规定的原则和审批权限报经批准。未经批准，任何单位和个人不得擅自决定。

第四条 地名的命名应遵循下列规定：

（一）有利于人民团结和社会主义现代化建设，尊重当地群众的愿望，与有关各方协商一致。

（二）一般不以人名作地名。禁止用国家领导人的名字作地名。

（三）全国范围内的县、市以上名称，一个县、市内的乡、镇名称，一个城镇内的街道名称，一个乡内的村庄名称，不应重名，并避免同音。

（四）各专业部门使用的具有地名意义的台、站、港、场等名称，一般应与当地地名统一。

（五）避免使用生僻字。

第五条 地名的更名应遵循下列规定：

（一）凡有损我国领土主权和民族尊严的，带有民族歧视性质和妨碍民族团结的，带有侮辱劳动人民性质和极端庸俗的，以及其他违背国家方针、政策的地名，必须更名。

（二）不符合本条例第四条第三、四、五款规定的地名，在征得有关方面和当地群众同意后，予以更名。

（三）一地多名、一名多写的，应当确定一个统一的名称和用字。

（四）不明显属于上述范围的、可改可不改的和当地群众不同意改的地名，不要更改。

第六条　地名命名、更名的审批权限和程序如下：

（一）行政区划名称的命名、更名，按照国务院《关于行政区划管理的规定》办理。

（二）国内外著名的或涉及两个省（自治区、直辖市）以上的山脉、河流、湖泊等自然地理实体名称，由省、自治区、直辖市人民政府提出意见，报国务院审批。

（三）边境地区涉及国界线走向和海上涉及岛屿归属界线以及载入边界条约和议定书中的自然地理实体名称和居民地名称，由省、自治区、直辖市人民政府提出意见，报国务院审批。

（四）在科学考察中，对国际公有领域新的地理实体命名，由主管部门提出意见，报国务院审批。

（五）各专业部门使用的具有地名意义的台、站、港、场等名称，在征得当地人民政府同意后，由专业主管部门审批。

（六）城镇街道名称，由直辖市、市、县人民政府审批。

（七）其他地名，由省、自治区、直辖市人民政府规定审批程序。

（八）地名的命名、更名工作，可以交地名机构或管理地名工作的单位承办，也可以交其他部门承办；其他部门承办的，应征求地名机构或管理地名工作单位的意见。

第七条　少数民族语地名的汉字译写，外国地名的汉字译写，应当做到规范化。译写规则，由中国地名委员会制定。

第八条　中国地名的罗马字母拼写，以国家公布的“汉语拼音方案”作为统一规范。拼写细则，由中国地名委员会制定。

第九条　经各级人民政府批准和审定的地名，由地名机构负责汇集出版。其中行政区划名称，民政部门可以汇集出版单行本。

出版外国地名译名书籍，需经中国地名委员会审定或由中国地名委员会组织编纂。

各机关、团体、部队、企业、事业单位使用地名时，都以地名机构或民政部门编辑出版的地名书籍为准。

第十条　地名档案的管理，按照中国地名委员会和国家档案局的有关规定执行。

第十一条　地方人民政府应责成有关部门在必要的地方设置地名标志。

第十二条　本条例在实施中遇到的具体问题，由中国地名委员会研究答复。

第十三条　本条例自发布之日起施行。

地名管理条例实施细则

（1996年6月18日民行发[1996]17号发布　自发布之日起施行）

第一章　总　　则

第一条　根据《地名管理条例》（以下简称《条例》）的规定，制定本实施细则。

第二条　凡涉及地名的命名与更名、地名的标准化处理、标准地名的使用、地名标志的设置、地名档案的管理等行为，均适用本细则。

第三条　《条例》所称自然地理实体名称，包括山、河、湖、海、岛礁、沙滩、岬角、海湾、水道、地形区等名称；行政区划名称，包括各级行政区域和各级人民政府派出机构所辖区域名称；居民地名称，包括城镇、区片、开发区、自然村、片村、农林牧渔点及街、巷、居民区、楼群（含楼、门号码）、建筑物等名称；各专业部门使用的具有地名意义的台、站、港、场等名称，还包括名胜古迹、纪念地、游览地、企业事业单位等名称。

第四条 地名管理的任务是:依据国家关于地名管理的方针、政策和法规,通过地名管理的各项行政职能和技术手段,逐步实现国家地名标准化和国内外地名译写规范化,为社会主义建设和国际交往服务。

第五条 国家对地名实行统一管理、分级负责制。

第六条 民政部是全国地名管理的主管部门。其职责是:指导和协调全国地名管理工作;制定全国地名工作规划;审核地名的命名和更名;审定并组织编纂全国性标准地名资料和工具图书;指导、监督标准地名的推广使用;管理地名标志和地名档案;对专业部门使用的地名实行监督和协调管理。

第七条 县级以上民政管理部门(或地名委员会)主管本行政区域的地名工作。其职责是:贯彻执行国家关于地名工作的方针、政策、法律、法规;落实全国地名工作规划;审核、承办本辖区地名的命名、更名;推行地名的标准化、规范化;设置地名标志;管理地名档案;完成国家其他地名工作任务。

第二章 地名的命名与更名

第八条 地名的命名除应遵循《条例》第四条的规定外,还应遵循下列原则:

(一)有利于国家统一、主权和领土完整。

(二)反映当地人文或自然地理特征。

(三)使用规范的汉字或少数民族文字。

(四)不以外国人名、地名命名我国地名。

(五)人民政府不驻在同一城镇的县级以上行政区域名称,其专名不应相同。

一个县(市、区)内的乡、镇、街道办事处名称,一个乡、镇内自然村名称,一个城镇内的街、巷、居民区名称,不应重名;

国内著名的自然地理实体名称不应重名;

一个省、自治区、直辖市行政区域内,较重要的自然地理实体名称不应重名;

上述不应重名范围内的地名避免使用同音字。

(六)不以著名的山脉、河流等自然地理实体名称作行政区域专名;自然地理实体的范围超出本行政区域的,亦不以其名称作本行政区域专名。

(七)县、市、市辖区不以本辖区内人民政府非驻地村镇专名命名。

(八)乡、镇、街道办事处一般应以乡、镇人民政府驻地居民点和街道办事处所在街巷名命名。

(九)新建和改建的城镇街巷、居民区应按照层次化、序列化、规范化的要求予以命名。

第九条 地名的更名除应遵循《条例》第五条的规定外,凡不符合本细则第八条(四)、(五)、(七)、(八)项规定的地名,原则上也应予以更名。需要更改的地名,应随着城乡发展的需要,逐步进行调整。

第十条 地名命名、更名的审批权限按照《地名管理条例》第六条(一)至(七)项规定办理。

第十一条 申报地名的命名、更名时,应将命名、更名的理由及拟废止的旧名、拟采用的新名的含义、来源等一并加以说明。

第十二条 地名的命名、更名由地名管理部门负责承办。行政区域名称的命名、更名,由行政区划和地名管理部门共同协商承办。

专业部门使用的具有地名意义的名称,其命名、更名由该专业部门负责承办,但应事先征得当地地名管理部门的同意。

第三章 地名的标准化处理

第十三条 凡符合《地名管理条例》规定,并经县级以上人民政府或专业主管部门批准的地名为标准地名。

第十四条 标准地名原则上由专名和通名两部分组成。通名用字应反映所称地理实体的地理属性(类别)。不单独使用通名词组作地名。具体技术要求,以民政部制定的技术规范为准。

第十五条 汉语地名中的方言俗字,一般用字音(或字义)相同或相近的通用字代替。对原有地名中带有一定区域性或特殊含义的通名俗字,经国家语言文字工作委员会审音定字后,可以保留。

第十六条 少数民族自治地方及民族乡名称,一般由地域专名、民族全称(包括"族"字)和相应自治区域通名组成。由多个少数民族组成的民族自治地方名称,少数民族的称谓至多列举三个。

第十七条 少数民族语地名的译写

（一）少数民族语地名，在各自民族语言、文字的基础上，按其标准（通用）语音，依据汉语普通话读音进行汉字译写。对约定俗成的汉字译名，一般不更改。

（二）多民族聚居区的地名，如不同民族有不同的称谓并无惯用汉语名称时，经当地地名管理部门征得有关少数民族的意见后，选择当地使用范围较广的某一语种称谓进行汉字译写。

（三）少数民族语地名的汉字译写，应尽可能采用常用字，避免使用多音、贬义和容易产生歧义的字词。

（四）有文字的少数民族语地名之间的相互译写，以本民族和他民族规范化的语言文字为依据，或者以汉语拼音字母拼写的地名为依据。

（五）少数民族语地名译写的具体技术要求，以民政部商同国务院有关部门制定的或经民政部审定的有关规范为依据。

第十八条 国外地名的汉字译写

（一）国外地名的汉字译写，除少数惯用译名外，以该国官方语言文字和标准音为依据；有两种以上官方语言文字的国家，以该地名所属语区的语言文字为依据。国际公共领域的地理实体名称的汉字译写，以联合国有关组织或国际有关组织颁布的标准名称为依据。

（二）国外地名的汉字译写，以汉语普通话读音为准，不用方言读音。尽量避免使用多音字、生僻字、贬义字。

（三）国外地名专名实行音译，通名一般实行意译。

（四）对国外地名原有的汉译惯用名采取“约定俗成”的原则予以保留。

（五）国外地名译写的具体技术要求，以国家地名管理部门制定的外国地名译名规范为依据。国外地名的译名以国家地名管理部门编纂或审定的地名译名手册中的地名为标准化译名。

第十九条 中国地名的罗马字母拼写

（一）《汉语拼音方案》是使用罗马字母拼写中国地名的统一规范。它不仅适用于汉语和国内其他少数民族语，同时也适用于英语、法语、德语、西班牙语、世界语等罗马字母书写的各种语文。

（二）汉语地名按《中国地名汉语拼音字母拼写规则（汉语地名部分）》拼写。

（三）少数民族的族称按国家技术监督局制定的《中国各民族名称的罗马字母拼写法和代码》的规定拼写。

（四）蒙、维、藏语地名以及惯用蒙、维、藏语文书写的少数民族语地名，按《少数民族语地名汉语拼音字母音译转写法》拼写。

（五）其他少数民族语地名，原则上以汉译名称按《中国地名汉语拼音字母拼写规则（汉语地名部分）》拼写。

（六）台湾省和香港、澳门地区的地名，依据国家有关规定进行拼写。

（七）地名罗马字母拼写具体规范由民政部商同国务院有关部门负责修订。

第四章　标准地名的使用

第二十条 各级地名管理部门和专业主管部门，应当将批准的标准地名及时向社会公布，推广使用。

第二十一条 各级地名管理部门和专业主管部门，负责编纂本行政区域或本系统的各种标准化地名出版物，及时向社会提供法定地名。其他部门不得编纂标准化地名工具图书。

第二十二条 机关、部队、团体、企业、事业单位的公告、文件、证件、影视、商标、广告、牌匾、地图以及出版物等方面所使用的地名，均应以正式公布的标准地名（包括规范化译名）为准，不得擅自更改。

第二十三条 对尚未公布规范汉字译写的外国地名，地名使用单位应根据国家地名管理部门制定的译名规则进行汉字译写。

第五章　地名标志的设置

第二十四条 行政区域界位、城镇街巷、居民区、楼、院、自然村屯、主要道路和桥梁、纪念地、文物古迹、风景名胜、台、站、港、场和重要自然地理实体等地方应当设置地名标志。一定区域内的同类地名标志应当力求统一。

第二十五条　地名标志的主要内容包括:标准地名汉字的规范书写形式;标准地名汉语拼音字母的规范拼写形式。在习惯于用本民族文字书写地名的民族自治区域,可依据民族区域自治法有关文字书写规定,并列该民族文字规范书写形式。

第二十六条　地名标志的设置和管理,由当地地名管理部门负责。其中街、巷、楼、门牌统一由地名主管部门管理,条件尚不成熟的地方,地名主管部门应积极取得有关部门的配合,共同做好标志的管理工作,逐步实现统一管理。专业部门使用的具有地名意义的名称标志,由地名管理部门协调有关专业部门设置和管理。

第二十七条　地名标志的设置和管理所需费用,当地人民政府根据具体情况,可由财政拨款,也可采取受益单位出资或工程预算费列支等方式筹措。

第六章　地名档案的管理

第二十八条　全国地名档案工作由民政部统一指导,各级地名档案管理部门分级管理。地名档案工作在业务上接受档案管理部门的指导、监督。

第二十九条　各级地名档案管理部门保管的地名档案资料,应不少于本级人民政府审批权限规定的地名数量。

第三十条　地名档案的管理规范,应执行民政部和国家档案局制定的有关规定。

第三十一条　各级地名档案管理部门,要在遵守国家保密规定原则下,积极开展地名信息咨询服务。

第七章　奖励与惩罚

第三十二条　各级地名管理部门应当加强地名工作的管理、监督和检查。对擅自命名、更名或使用不规范地名的单位和个人,应发送违章使用地名通知书,限期纠正;对逾期不改或情节严重、造成不良后果者,地名管理部门应根据有关规定,对其进行处罚。

第三十三条　地名标志为国家法定的标志物。对损坏地名标志的,地名管理部门应责令其赔偿;对偷窃、故意损毁或擅自移动地名标志的,地名管理部门报请有关部门,依据《中华人民共和国治安管理处罚条例》的规定予以处罚;情节恶劣、后果严重触犯刑律的,依法追究刑事责任。

第三十四条　当地人民政府对推广使用标准地名和保护地名标志作出贡献的单位和个人,应当给予表彰或奖励。

第八章　附　　则

第三十五条　各省、自治区、直辖市人民政府可根据本细则,制定本行政区域的地名管理办法。

第三十六条　本细则由民政部负责解释。

第三十七条　本细则自发布之日起施行。

六、社会福利

农村五保供养工作条例

(1994年1月23日中华人民共和国国务院令第141号发布　自发布之日起施行)

第一章　总　　则

第一条　为做好农村五保供养工作,保障农村五保对象的正常生活,健全农村的社会保障制度,制定本条例。

第二条　本条例所称五保供养,是指对符合本条例第六条规定的村民,在吃、穿、住、医、葬方面给予的生活照顾和物质帮助。

第三条 五保供养是农村的集体福利事业。农村集体经济组织负责提供五保供养所需的经费和实物,乡、民族乡、镇人民政府负责组织五保供养工作的实施。

第四条 在五保供养工作中做出显著成绩的人员,由地方人民政府给予表彰、奖励。

第五条 国务院民政部门主管全国的五保供养工作。

县级以上地方各级人民政府民政部门主管本行政区域内的五保供养工作。

第二章 五保供养的对象

第六条 五保供养的对象(以下简称五保对象)是指村民中符合下列条件的老年人、残疾人和未成年人:

(一)无法定扶养义务人,或者虽有法定扶养义务人,但是扶养义务人无扶养能力的;

(二)无劳动能力的;

(三)无生活来源的。

法定扶养义务人,是指依照婚姻法规定负有扶养、抚养和赡养义务的人。

第七条 确定五保对象,应当由村民本人申请或者由村民小组提名,经村民委员会审核,报乡、民族级、镇人民政府批准,发给《五保供养证书》。

《五保供养证书》由国务院民政部门制定式样,省、自治区、直辖市人民政府民政部门统一印制。

第八条 五保对象具有下列情形之一的,经村民委员会审核,报乡、民族乡、镇人民政府批准,停止其五保供养,收回《五保供养证书》:

(一)有了法定扶养义务人、且法定扶养义务人具有扶养能力的;

(二)重新获得生活来源的;

(三)已满16周岁且具有劳动能力的。

第三章 五保供养的内容

第九条 五保供养的内容是:

(一)供给粮油和燃料;

(二)供给服装、被褥等用品和零用钱;

(三)提供符合基本条件的住房;

(四)及时治疗疾病,对生活不能自理者有人照料;

(五)妥善办理丧葬事宜。

五保对象是未成年人的,还应当保障他们依法接受义务教育。

第十条 五保供养的实际标准,不应低于当地村民的一般生活水平。具体标准由乡、民族乡、镇人民政府规定。

第十一条 五保供养所需经费和实物,应当从村提留或者乡统筹费中列支,不得重复列支;在有集体经营项目的地方,可以从集体经营的收入、集体企业上交的利润中列支。

第十二条 灾区和贫困地区的各级人民政府在安排救灾救济款物时,应当优先照顾五保对象,保障他们的生活。

第四章 五保供养的形式

第十三条 对五保对象可以根据当地的经济条件,实行集中供养或者分散供养。

第十四条 具备条件的乡、民族乡、镇人民政府应当兴办敬老院,集中供养五保对象。

第十五条 敬老院实行民主管理,文明办院,建立健全服务和管理制度。

五保对象入院自愿,出院自由。

第十六条 敬老院可以开展农副业生产,收入用于改善五保对象的生活条件。地方各级人民政府和有关部门对敬老院的农副业生产应当给予扶持和照顾。

第十七条 实行分散供养的,应当由乡、民族乡、镇人民政府或者农村集体经济组织、受委托的扶养人和五保对象三方签订五保供养协议。

第五章 财产处理

第十八条 五保对象的个人财产,其本人可以继续使用,但是不得自行处分;其需要代管的财产,可以由农村集体经济组织代管。

第十九条 五保对象死亡后,其遗产归所在的农村集体经济组织所有;有五保供养协议的,按照协议处理。

第二十条 未成年的五保对象年满16周岁以后,按照本条例第八条规定停止五保供养的,其个人原有财产中如有他人代管的,应当及时交还本人。

第六章 监督管理

第二十一条 县级以上地

方各级人民政府民政部门，应当制定五保供养工作的监督管理制度，并负责督促实施。

第二十二条 农村集体经济组织未按照本条例规定供养五保对象的，五保对象有权提出供养要求，县级人民政府民政部门应当督促农村集体经济组织限期纠正。

第二十三条 按照五保供养协议负有扶养义务的人拒绝扶养五保对象，情节恶劣构成犯罪的，依法追究刑事责任。

第二十四条 五保供养工作人员贪污、挪用五保供养款物的，县级人民政府民政部门应当责令其全部退还，并给予行政处分；构成犯罪的，依法追究刑事责任。

第七章 附 则

第二十五条 本条例自发布之日起施行。

农村敬老院管理暂行办法

（1997年3月18日中华人民共和国民政部令第1号发布 自发布之日起施行）

第一章 总 则

第一条 为加强农村五保供养工作的管理，促进敬老院事业的健康发展，根据《农村五保供养工作条例》和国家有关规定，制定本办法。

第二条 敬老院是农村集体福利事业单位。敬老院以乡镇办为主，五保对象较多的村也可以兴办。提倡企业、事业单位、社会团体、个人兴办和资助敬老院。

第三条 敬老院坚持依靠集体，依靠群众，民主管理，文明办院，敬老养老的办院方针。

第四条 敬老院所需经费实行乡镇统筹，并通过发展院办经济和社会捐赠逐步改善供养人员的生活条件。

村办敬老院所需经费由村公益金解决。

第五条 乡镇人民政府要加强对敬老院工作的领导，把敬老院事业列入当地经济和社会发展规划。

第六条 民政部门是敬老院事业的主管部门，负责对敬老院工作的业务指导。

敬老院的创办、撤销须经县级民政部门批准。

第二章 供养对象

第七条 敬老院以供养五保对象为主。在没有光荣院的地方可优先接收孤老优抚对象入院供养。有条件的敬老院可以向社会开放，吸收社会老人自费代养。精神病患者、传染病人不得接收入院。

第八条 五保对象入敬老院须由本人提出申请，经乡镇人民政府（村办敬老院经村民委员会）批准，并由本人和敬老院双方签订入院协议。

符合规定条件的对象，入院自愿，出院自由。

第九条 敬老院供养的各类人员（以下统称供养人员）应当遵守院内的规章制度，爱护公共财物，文明礼貌，团结互助。

第三章 院务管理

第十条 敬老院实行院长负责制，院长负责全面工作。其主要职责是：

（一）贯彻执行国家有关五保供养和敬老院工作的方针、政策和法规；

（二）组织制定院内的各项规章制度和敬老院发展规划；

（三）组织发展院办经济，增强敬老院自身发展的活力，不断提高供养人员的生活水平；

（四）督促工作人员履行职责，建立岗位责任制，实行目标管理，维护供养人员的合法权益不受侵犯。

第十一条 敬老院设立院务管理委员会。其职责是：贯彻落实办院方针、原则，审议院内重要事宜，检查、监督院长和工作人员的工作。

管理委员会成员经敬老院全体人员民主选举产生，管理委员会成员中供养人员所占比例不得少于二分之一。

第十二条 敬老院的生活区和生产区要分设。搞好环境绿化，保持美观清洁的院容院貌。

第十三条 供养人员的饮食应当讲究营养、卫生，每周有食谱。

第十四条 供养人员生病，院方应及时负责治疗。有条件的敬老院应当设立医务室，建立供养人员健康档案。供养人员去世后院方要负责从简料理后事。

第十五条 适当组织供养人员进行学习，因地制宜开展适合供养人员特点的文体和康复活动。

第四章 财产管理

第十六条 敬老院的土地、房屋、设备和其他财产依法归敬老院管理和使用，任何单位和个人不得侵占。

第十七条 建立健全财务管理制度。经费、物资、伙食、生产经营账目要定期公布，接受供养人员和社会有关方面的监督。财会人员离职时，必须清查账目，按规定办理移交手续。

第十八条 五保对象入院，其财产交集体代管，生活用具可带入敬老院使用。五保对象去世后，其遗产按入院协议处理。

第五章 生产经营

第十九条 敬老院可采取多种形式开展生产经营活动，兴办经济实体，生产经营收入归敬老院集体所有，用于院内扩大再生产和改善供养人员的生活条件，任何单位和个人不得侵占、挪用。

第二十条 鼓励供养人员参加力所能及的生产劳动和经营活动，并根据生产和经营效益给予适当报酬。

第二十一条 地方人民政府和有关部门对敬老院的生产经营活动，应当按有关规定给予优先和优惠。

第六章 工作人员

第二十二条 敬老院的工作人员，由乡镇人民政府(村办敬老院由村民委员会)根据敬老院需要和规模进行配备。

第二十三条 敬老院院长由乡镇人民政府(村办敬老院由村民委员会)选派。敬老院其他工作人员采取合同制，实行公开招聘。其基本条件是：热爱敬老养老工作，有一定文化水平，身体健康，责任心强，吃苦耐劳。从事财会、医疗等专业工作的人员应当具备一定的专业技能。

第二十四条 敬老院院长和其他工作人员的工资福利待遇，比照乡、镇、村集体企事业单位干部和职工的待遇确定。

第二十五条 敬老院应当组织工作人员进行职业道德学习，不断提高工作人员的管理和服务水平。

第二十六条 敬老院对工作认真负责、热心为供养人员服务的工作人员应当给予奖励；对工作不称职的可以辞退；对工作失职、造成严重后果的应当认真处理或报请有关机关依法追究责任。

第七章 附 则

第二十七条 各省、自治区、直辖市可根据本办法制定实施细则。

第二十八条 本办法自一九九七年三月十八日起施行。

中华人民共和国公益事业捐赠法

(1999年6月28日第九届全国人民代表大会常务委员会第十次会议通过
1999年6月28日中华人民共和国主席令第十九号公布 自1999年9月1日起施行)

第一章 总 则

第一条 为了鼓励捐赠，规范捐赠和受赠行为，保护捐赠人、受赠人和受益人的合法权益，促进公益事业的发展，制定本法。

第二条 自然人、法人或者其他组织自愿无偿向依法成立的公益性社会团体和公益性非营利的事业单位捐赠财产，用于公益事业的，适用本法。

第三条 本法所称公益事业是指非营利的下列事项：

（一）救助灾害、救济贫困、扶助残疾人等困难的社会群体和个人的活动；

（二）教育、科学、文化、卫生、体育事业；

（三）环境保护、社会公共设施建设；

（四）促进社会发展和进步的其他社会公共和福利事业。

第四条 捐赠应当是自愿和无偿的，禁止强行摊派或者变相摊派，不得以捐赠为名从事营利活动。

第五条 捐赠财产的使用应当尊重捐赠人的意愿，符合公益目的，不得将捐赠财产挪作他用。

第六条 捐赠应当遵守法律、法规，不得违背社会公德，不得损害公共利益和其他公民的合法权益。

第七条 公益性社会团体受赠的财产及其增值为社会公共财产，受国家法律保护，任何单位和个人不得侵占、挪用和损毁。

第八条 国家鼓励公益事业的发展，对公益性社会团体和公益性非营利的事业单位给予扶持和优待。

国家鼓励自然人、法人或者其他组织对公益事业进行捐赠。

对公益事业捐赠有突出贡献的自然人、法人或者其他组织，由人民政府或者有关部门予以表彰。对捐赠人进行公开表彰，应当事先征求捐赠人的意见。

第二章 捐赠和受赠

第九条 自然人、法人或者其他组织可以选择符合其捐赠意愿的公益性社会团体和公益性非营利的事业单位进行捐赠。捐赠的财产应当是其有权处分的合法财产。

第十条 公益性社会团体和公益性非营利的事业单位可以依照本法接受捐赠。

本法所称公益性社会团体是指依法成立的，以发展公益事业为宗旨的基金会、慈善组织等社会团体。

本法所称公益性非营利的事业单位是指依法成立的，从事公益事业的不以营利为目的的教育机构、科学研究机构、医疗卫生机构、社会公共文化机构、社会公共体育机构和社会福利机构等。

第十一条 在发生自然灾害时或者境外捐赠人要求县级以上人民政府及其部门作为受赠人时，县级以上人民政府及其部门可以接受捐赠，并依照本法的有关规定对捐赠财产进行管理。

县级以上人民政府及其部门可以将受赠财产转交公益性社会团体或者公益性非营利的事业单位；也可以按照捐赠人的意愿分发或者兴办公益事业，但是不得以本机关为受益对象。

第十二条 捐赠人可以与受赠人就捐赠财产的种类、质量、数量和用途等内容订立捐赠协议。捐赠人有权决定捐赠的数量、用途和方式。

捐赠人应当依法履行捐赠协议，按照捐赠协议约定的期限和方式将捐赠财产转移给受赠人。

第十三条 捐赠人捐赠财产兴建公益事业工程项目，应当与受赠人订立捐赠协议，对工程项目的资金、建设、管理和使用作出约定。

捐赠的公益事业工程项目由受赠单位按照国家有关规定办理项目审批手续，并组织施工或者由受赠人和捐赠人共同组织施工。工程质量应当符合国家质量标准。

捐赠的公益事业工程项目竣工后，受赠单位应当将工程建设、建设资金的使用和工程质量验收情况向捐赠人通报。

第十四条 捐赠人对于捐赠的公益事业工程项目可以留名纪念；捐赠人单独捐赠的工程项目或者主要由捐赠人出资兴建的工程项目，可以由捐赠人提出工程项目的名称，报县级以上人民政府批准。

第十五条 境外捐赠人捐赠的财产，由受赠人按照国家有关规定办理入境手续；捐赠实行许可证管理的物品，由受赠人按照国家有关规定办理许可证申领手续，海关凭许可证验放、监管。

华侨向境内捐赠的，县级以上人民政府侨务部门可以协助办理有关入境手续，为捐赠人实施捐赠项目提供帮助。

第三章 捐赠财产的使用和管理

第十六条 受赠人接受捐赠后，应当向捐赠人出具合法、有效的收据，将受赠财产登记造册，妥善保管。

第十七条 公益性社会团体应当将受赠财产用于资助符合其宗旨的活动和事业。对于接受的救助灾害的捐赠财产，应当及时用于救助活动。基金会每年用于资助公益事业的资金数额，不得低于国家规定的比例。

公益性社会团体应当严格遵守国家的有关规定，按照合法、安全、有效的原则，积极实现捐赠财产的保值增值。

公益性非营利的事业单位应当将受赠财产用于发展本单位的公益事业，不得挪作他用。

对于不易储存、运输和超过实际需要的受赠财产，受赠人可以变卖，所取得的全部收入，应当用于捐赠目的。

第十八条 受赠人与捐赠人订立了捐赠协议的，应当按照协议约定的用途使用捐赠财产，不得擅自改变捐赠财产的用途。如果确需改变用途的，应当征得捐赠人的同意。

第十九条 受赠人应当依照国家有关规定，建立健全财务会计制度和受赠财产的使用制度，加强对受赠财产的管理。

第二十条 受赠人每年度应当向政府有关部门报告受赠财产的使用、管理情况，接受监督。必要时，政府有关部门可以对其财务进行审计。

海关对减免关税的捐赠物品依法实施监督和管理。

县级以上人民政府侨务部门可以参与对华侨向境内捐赠财产使用与管理的监督。

第二十一条 捐赠人有权向受赠人查询捐赠财产的使用、管理情况，并提出意见和建议。对于捐赠人的查询，受赠人应当如实答复。

第二十二条 受赠人应当公开接受捐赠的情况和受赠财产的使用、管理情况，接受社会监督。

第二十三条 公益性社会团体应当厉行节约，降低管理成本，工作人员的工资和办公费用从利息等收入中按照国家规定的标准开支。

第四章 优惠措施

第二十四条 公司和其他企业依照本法的规定捐赠财产用于公益事业，依照法律、行政法规的规定享受企业所得税方面的优惠。

第二十五条 自然人和个体工商户依照本法的规定捐赠财产用于公益事业，依照法律、行政法规的规定享受个人所得税方面的优惠。

第二十六条 境外向公益性社会团体和公益性非营利的事业单位捐赠的用于公益事业的物资，依照法律、行政法规的规定减征或者免征进口关税和进口环节的增值税。

第二十七条 对于捐赠的工程项目，当地人民政府应当给予支持和优惠。

第五章 法律责任

第二十八条 受赠人未征得捐赠人的许可，擅自改变捐赠财产的性质、用途的，由县级以上人民政府有关部门责令改正，给予警告。拒不改正的，经征求捐赠人的意见，由县级以上人民政府将捐赠财产交由与其宗旨相同或者相似的公益性社会团体或者公益性非营利的事业单位管理。

第二十九条 挪用、侵占或者贪污捐赠款物的，由县级以上人民政府有关部门责令退还所用、所得款物，并处以罚款；对直接责任人员，由所在单位依照有关规定予以处理；构成犯罪的，依法追究刑事责任。

依照前款追回、追缴的捐赠款物，应当用于原捐赠目的和用途。

第三十条 在捐赠活动中，有下列行为之一的，依照法律、法规的有关规定予以处罚；构成犯罪的，依法追究刑事责任：

（一）逃汇、骗购外汇的；

（二）偷税、逃税的；

（三）进行走私活动的；

（四）未经海关许可并且未补缴应缴税额，擅自将减税、免税进口的捐赠物资在境内销售、转让或者移作他用的。

第三十一条 受赠单位的工作人员，滥用职权，玩忽职守，徇私舞弊，致使捐赠财产造成重大损失的，由所在单位依照有关规定予以处理；构成犯罪的，依法追究刑事责任。

第六章 附 则

第三十二条 本法自1999年9月1日起施行。

营业性演出管理条例

（1997年8月1日国务院第61次常务会议通过 1997年8月11日中华人民共和国国务院令第229号发布 自1997年10月1日起施行）

第一章 总 则

第一条 为了加强对营业性演出的管理，繁荣社会主义文艺事业，满足人民群众文化生活的需要，促进社会主义精神文明建设，制定本条例。

第二条 在中华人民共和国境内从事营业性演出活动、实施对营业性演出活动的监督管理，应当遵守本条例。

依照本条例的规定取得营业性演出许可的文艺表演团体、演出场所和演出经纪机构（以下统称营业性演出单位）以及个体演员，方可从事各类营业性演出活动。

第三条 营业性演出必须坚持为人民服务、为社会主义服务的方向，坚持把社会效益放在首位，弘扬民族优秀文化，丰富和提高人民的精神生活。

第四条 国家鼓励和扶持民族优秀艺术的演出，鼓励和扶持面向农村、面向少年儿童的演出。

第五条 国家禁止和取缔违法的演出活动，维护演出单位以及演员的合法权益。

第六条 国务院文化行政部门负责管理全国的营业性演出工作。国务院公安部门和工商行政管理部门按照各自的职责分工，依法管理营业性演出活动。

县级以上地方各级人民政府文化行政部门负责管理本行政区域内的营业性演出工作。县级以上地方各级人民政府公安机关和工商行政管理部门按照各自的职责分工，依法管理本行政区域内的营业性演出活动。

第七条 国家对为文艺演出事业做出显著贡献的单位和个人，给予奖励。

第二章 演出单位和个体演员的审批

第八条 国务院文化行政部门负责制定全国演出单位的总体规划；省、自治区、直辖市人民政府文化行政部门应当依据国家的总体规划，确定本行政区域内演出单位的总量、布局和结构。

第九条 设立营业性文艺表演团体，应当具备下列条件：

（一）有单位的名称、组织机构和章程；

（二）有具备表演技能的演职人员；

（三）有固定的地址和与演出需要相适应的器材设备；

（四）有与其规模相适应的资金。

审批设立营业性文艺表演团体，除依照前款规定条件外，还应当符合文艺表演团体的总量、布局和结构规划。

第十条 申请设立营业性文艺表演团体，应当按照国家规定的审批权限向县级以上人民政府文化行政部门提出申请，经审核批准的，取得《营业性演出许可证》。

取得《营业性演出许可证》的，应当持证向工商行政管理部门申请注册登记，取得营业执照后，方可从事营业性演出活动；但是，国家核拨经费的文艺表演团体除外.

第十一条 设立营业性演出场所，应当具备下列条件：

（一）有单位的名称、组织机构和章程；

（二）有适合演出的建筑物、必要的器材设备和与之相适应的专业管理人员；

（三）安全设施、卫生条件符合国家规定标准；

（四）有必要的资金。

第十二条 申请设立营业性演出场所，应当按照国家规定的审批权限向县级以上人民政府文化行政部门提出申请；经审核批准的，取得《营业性演出许可证》。

取得《营业性演出许可证》的，应当持证报公安机关进行安全性审批和向卫生行政部门申请领取《卫生许可证》，并持证向工商行政管理部门申请注册登记，取得营业执照后，方可在该演出场所内从事营业性演出活动。

第十三条 设立演出经纪机构，应当具备下列条件：

（一）有单位的名称、组织机构和章程；

（二）有业务主管部门；

（三）有具备相应业务水平的从业人员；

（四）有固定的地址和业务范围；

（五）有与其规模相适应的资金。

第十四条 申请设立演出经纪机构，应当按照国家规定的审批权限向省级以上人民政府文化行政部门提出申请；经审核批准的，取得《营业性演出许可证》。

取得《营业性演出许可证》的，应当持证向工商行政管理部门申请注册登记，取得营业执照后，方可营业。

第十五条 营业性演出单位应当具备法人条件，经依法核准登记后，取得法人资格，以其全部法人财产独立承担民事责任。

第十六条 国家禁止设立中外合资经营、中外合作经营、外资经营的文艺表演团体、演出场所和演出经纪机构。

国家允许利用境外资金改建、新建营业性演出场所；但是，境外出资者不得参与经营与管理。具体办法另行规定。

第十七条 个体演员从事营业性演出活动，应当持个人身份证明及户籍所在地街道办事处或者乡、镇人民政府的证明，按照国家规定的审批权限向户籍所在地县级以上地方人民政府文化行政部门提出申请，经审核批准，取得《营业性演出许可证》。

第十八条 县级以上各级人民政府文化行政部门应当自收到设立演出单位申请之日起60日内，作出批准或者不批准的决定。

第十九条 营业性文艺表演团体、演出场所和演出经纪机构变更名称、住所、主要负责人或者法定代表人，演出经纪机构变更业务范围，应当向原发证机关申请办理变更登记手续。

营业性演出单位或者个体演员1年内无正当理由未从事演出活动的，由原发证机关注销《营业性演出许可证》。

第三章 营业性演出活动的管理

第二十条 国家鼓励和支持营业性文艺表演团体和个体演员深入群众，努力创作和表演思想性、艺术性统一，具有强烈吸引力、感染力，为广大群众所欢迎的优秀节目。

第二十一条 国家鼓励和支持营业性演出单位和个体演员定期为群众和为农村、工矿企业提供免费的演出活动。

第二十二条 国家禁止举办含有下列内容的演出活动：

（一）危害国家安全、荣誉和社会稳定的；

（二）煽动民族分裂，侵害少数民族风俗习惯，破坏民族团结的；

（三）宣扬淫秽、色情、迷信或者渲染暴力的；

（四）表演方式恐怖、残忍，摧残演员健康的；

（五）利用人体缺陷或者以展示人体变异等招徕观众的；

（六）法律、行政法规规定禁止的其他内容。

第二十三条 营业性文艺表演团体可以自行组织本单位的营业性演出活动，也可以与其他文艺表演团体联合组织营业性演出活动。

任何单位聘请文艺表演团体的人员参加本单位演出的，应当征得其所在单位的同意。

第二十四条 举办营业性组台演出，应当由演出经纪机构承办。

前款营业性组台演出，是指除文艺表演团体的独立演出或者联合演出之外临时组合的营业性演出。

第二十五条 演出经纪机构承办组台演出，应当在演出日期前20日报向其发放《营业性演出许可证》的部门审批；到演出经纪机构所在地以外的省、自治区、直辖市举办演出的，并报演出地有关的县级以上地方人民政府文化行政部门审批。

第二十六条 个体演员可以参加由营业性文艺表演团体或者演出经纪机构举办的营业性演出活动，不得自行举办营业性演出活动。

第二十七条 举办全国性的营业性演出活动或者举办冠以“中国”、“中华”、“全国”等字样的营业性演出活动的，应当报经国务院文化行政部门审批。

第二十八条 举办文艺表演评奖活动，按照国家有关规定办理。

第二十九条 邀请香港特别行政区和澳门、台湾地区及外国文艺表演团体或者个人从事营业性演出的，应当由承担涉外演出业务的演出经纪机构承办；承办单位应当在演出日期前30日报国务院文化行政部门审批，经批准后，方可签订正式合同。但是，国家另有规定的除外。

营业性文艺表演团体或者个体演员出境从事营业性演出的，应当按照国家有关规定报经国务院文化行政部门批准。

第三十条 营业性文艺表演团体或者演出经纪机构举办营业性演出的，应当与演出场所签订演出合同，参加组台演出的单位和个人应当与演出经纪机构签订演出合同。演出合同应当载明下列事项：

（一）演出时间和场次；

（二）演出地点；

（三）主要演员和节目内容；

（四）演出票务安排；

（五）演出收支结算方式；

（六）其他需要载明的事项。

第三十一条 签订演出合同的双方当事人，应当严格履行演出合同的约定。违反演出合同约定的，应当依法承担违约责任。

因违反演出合同约定，给观众造成损失的，应当依法予以补偿。

第三十二条 占用公园、广场、街道、宾馆，饭店、体育场（馆）或者其他非营业性演出场所举办营业性演出活动的，应当报经当地县级以上地方人民政府文化行政部门、公安机关和其他有关部门批准。

第三十三条 营业性文艺表演团体在职演员或者专业艺术院校师生参加本单位以外的演出活动的，应当经所在单位同意。具体办法由国务院文化行政部门规定。

第三十四条 营业性演出活动经批准后，需要变更主办或者承办单位、文艺表演团体或者主要演员、演出时间、地点、场次、主要节目内容等的，应当按照本章的规定另行报批。

第三十五条 营业性演出场所不得为无《营业性演出许可证》的营业性文艺表演团体或者个体演员以及未经批准的营业性演出活动提供场地服务。

举办营业性演出时，演出场所容纳的观众不得超过额定人数。演出场所应当负责维护演出秩序，保障观众的安全。

第三十六条 营业性文艺表演团体或者个体演员演出时，不得无理中止演出或者以假唱、假冒他人名义等虚假手段欺骗观众。

营业性演出广告的内容必须真实、合法，不得误导、欺骗观众。

营业性演出广告的内容应当经该演出活动审批部门核准。

第三十七条 营业性演出的票价和营业性演出场所的场租收费标准，按照国家有关价格管理的规定执行。

第三十八条 演员的演出收入应当依法纳税。

第三十九条 募捐义演的演出收入，除必要的成本开支外，必须全部交付受捐单位，主办单位和演（职）员不得从中提取报酬。组织社会福利性募捐演出，应当经当地县级以上地方人民政府民政部门核准后，报同级文化行政部门审批。

第四章　罚　　则

第四十条 违反本条例规定，未经批准，擅自设立营业性演出单位的，或者未取得营业性演出许可，从事营业性演出的，由文化行政部门予以取缔，没收违法所得，并处违法所得3倍以上5倍以下的罚款；没有违法所得的，可以并处5000元以下的罚款。

第四十一条 违反本条例规定，演出含有本条例第二十二条禁止的内容的，由文化行政部门责令停止演出活动，没收违法所得；情节严重的，由原发证机关责令停业整顿或者吊销《营业性演出许可证》；违反治安管理规定的，由公安机关依法给予治安管理处罚；构成犯罪的，依法追究刑事责任。

第四十二条 违反本条例规定，擅自举办组台演出或者擅自邀请香港特别行政区和澳门、台湾地区及外国文艺表演团体或者个人从事营业性演出的，由文化行政部门责令停止演出活动，对参加演出的单位或者个人,没收违法所得;对组织者,没收违法所得,并处违法所得5倍以上10倍以下的罚款;没有违法所得的,处5000元以上2万元以下的罚款;情节严重的,由原发证机关责令停业整顿或者吊销《营业性演出许可证》。

第四十三条 违反本条例规定,无理中止演出或者以假唱、假冒他人名义等手段弄虚作假,进行欺骗性演出的,由文化行政部门对表演者个人通报批评,没收违法所得,并处违法所得2倍以上5倍以下的罚款;没有违法所得的,可以处5000元以下的罚款;情节严重的,1年内禁止参加营业性演出活动。

第四十四条 营业性演出场所违反本条例规定,擅自接纳无《营业性演出许可证》的营业性文艺表演团体、演出经纪机构组织的演出或者未经批准的营业性演出活动的,由文化行政部门责令停止演出活动,没收违法所得,并处违法所得3倍以上5倍以下的罚款;情节严重的,由原发证机关责令停业整顿或者吊销《营业性演出许可证》。

第四十五条 营业性演出场所违反本条例规定,致使演出秩序混乱或者发生安全事故的,由文化行政部门责令改正,给予警告;情节严重的,由原发证机关责令停业整顿或者吊销《营业性演出许可证》;违反治安管理规定的,由公安机关依法给予治安管理处罚;构成犯罪的,依法追究刑事责任。

第四十六条 违反本条例规定,侵吞募捐演出收入的,由文化行政部门会同民政部门责令主办单位将违法所得送交受捐单位,处违法所得3倍以上5倍以下的罚款;情节严重的,由原发证机关责令停业整顿直至吊销《营业性演出许可证》;构成犯罪的,依法追究刑事责任。

第四十七条 营业性文艺表演团体或者演出经纪机构违反本条例规定,擅自聘请未事先征得其所在单位同意的人员或者未取得《营业性演出许可证》的个人参加营业性演出的,由文化行政部门给予警告,并处500元以上5000元以下的罚款;受行政处罚累积3次以上的,由原发证机关吊销《营业性演出许可证》。

第四十八条 违反本条例规定,未经本单位同意擅自参加营业性演出的个人,由文化行政部门责令停止演出活动,没收违法所得,处违法所得1倍以上3倍以下的罚款,并依法给予行政处分。

第四十九条 违反本条例规定,个体演员擅自举办营业性演出的,由文化行政部门责令停止演出活动,没收违法所得,并处5000元以上1万元以下的罚款;情节严重的,由原发证机关吊销《营业性演出许可证》。

第五十条 违反本条例规定,出租、转让《营业性演出许可证》的,由文化行政部门责令停止违法活动,没收违法所得,处违法所得3倍以上5倍以下的罚款;没有违法所得的,可以并处5000元以下的罚款;情节严重的,由原发证机关吊销《营业性演出许可证》。

第五十一条 侵犯他人著作权的演出,依照《中华人民共和国著作权法》的规定予以处理。

违反国家工商、税务、卫生管理等法律、法规的,由有关行政管理部门依法予以处罚。

第五十二条 文化行政部门及其工作人员违反法律、法规规定,侵犯文艺表演团体或者个体演员、演出场所、演出经纪机构的合法权益或者在营业性演出管理工作中滥用职权、玩忽职守、徇私舞弊,参与、包庇违法演出活动,构成犯罪的,依法追究刑事责任;尚不构成犯罪的,依法给予行政处分。

第五章 附　则

第五十三条 本条例施行前经批准成立的营业性演出单位和已经注册登记的个体演员,应当自本条例施行之日起3个月内依照本条例的有关规定重新办理手续。

第五十四条 省、自治区、直辖市对民间游散艺人的演出活动,可以参照本条例的规定制定具体管理办法。

第五十五条 本条例自1997年10月1日起施行。

社会福利机构管理暂行办法

（1999年12月30日中华人民共和国民政部令第19号发布　自发布之日起施行）

第一章　总　　则

第一条　为了加强对社会福利机构的管理，促进社会福利事业的健康发展，根据有关法律，制定本办法。

第二条　本办法所称社会福利机构是指国家、社会组织和个人举办的，为老年人、残疾人、孤儿和弃婴提供养护、康复、托管等服务的机构。

第三条　社会福利机构应当遵守国家法律、法规和政策，坚持社会福利性质，保障服务对象的合法权益。

第四条　社会福利机构享受国家有关优惠政策。

第五条　国务院民政部门负责指导全国社会福利机构的管理工作。县级以上地方人民政府民政部门是社会福利机构的业务主管部门，对社会福利机构进行管理、监督和检查。

第二章　审　　批

第六条　县级以上地方人民政府民政部门应当根据本行政区域内社会福利事业发展需要，制定社会福利机构设置规划。

社会福利机构的设置应当符合社会福利机构的设置规划和社会福利机构设置的基本标准。

第七条　依法成立的组织或具有完全民事行为能力的个人（以下称申办人）凡具备相应的条件，可以依照本办法的规定，向社会福利机构所在地的县级以上人民政府民政部门提出举办社会福利机构的筹办申请。

第八条　申办人申请筹办社会福利机构时，应当提交下列材料：

（一）申请书、可行性研究报告；

（二）申办人的资格证明文件；

（三）拟办社会福利机构资金来源的证明文件；

（四）拟办社会福利机构固定场所的证明文件。

申办人应当持以上材料，向社会福利机构所在地的县级以上人民政府民政部门提出申请，由受理申请的民政部门进行审批。

香港、澳门、台湾地区的组织和个人，华侨以及国外的申办人采取合资、合作的形式举办社会福利机构，应当向省级人民政府民政部门提出筹办申请。并报省级人民政府外经贸部门审核。

第九条　民政部门应当自受理申请之日起30日内，根据当地社会福利机构设置规划和社会福利机构设置的基本标准进行审查，作出同意筹办或者不予同意筹办的决定，并将审批结果以书面形式通知申办人。

第十条　经同意筹办的社会福利机构具备开业条件时，应当向民政部门申请领取《社会福利机构设置批准证书》。

第十一条　申请领取《社会福利机构设置批准证书》的机构，应当符合社会福利机构设置的下列基本标准：

（一）有固定的服务场所、必备的生活设施及室外活动场地；

（二）符合国家消防安全和卫生防疫标准，符合《老年人建筑设计规范》和《方便残疾人使用的城市道路和建筑物设计规范》；

（三）有与其服务内容和规模相适应的开办经费；

（四）有完善的章程，机构的名称应符合登记机关的规定和要求；

（五）有与开展服务相适应的管理和服务人员，医务人员应当符合卫生行政部门规定的资格条件，护理人员、工作人员应当符合有关部门规定的健康标准。

第十二条　申请领取《社会福利机构设置批准证书》时，应当提交下列文件：

（一）申请《社会福利机构设置批准证书》的书面报告；

（二）民政部门发给的社会福利机构筹办批准书；

（三）服务场所的所有权证明或租用合同书；

(四)建设、消防、卫生防疫等有关部门的验收报告或者审查意见书;

(五)验资证明及资产评估报告;

(六)机构的章程和规章制度;

(七)管理人员、专业技术人员和护理人员的名单及有效证件的复印件以及工作人员的健康状况证明。

(八)要求提供的其他材料。

第十三条 民政部门自受理申请之日起30日内,对所报文件进行审查,并根据社会福利机构设置的基本标准进行实地验收。合格的,发给《社会福利机构设置批准证书》;不合格的,将审查结果以书面形式通知申办人。

第十四条 申办人取得《社会福利机构设置批准证书》后,应当到登记机关办理登记手续。

第三章 管 理

第十五条 社会福利机构应当与服务对象或者其家属(监护人)签订服务协议书,明确双方的责任、权利和义务。

社会组织和个人兴办以孤儿、弃婴为服务对象的社会福利机构,必须与当地县级以上人民政府民政部门共同举办;社会福利机构收养孤儿或者弃婴时,应当经民政业务主管部门逐一审核批准,并签订代养协议书。

第十六条 社会福利机构应当建立健全各项规章制度和服务标准。

各项规章制度和服务标准应当张榜公布,并报民政部门备案。

第十七条 社会福利机构应当在每年3月31日前,提交本年度的工作报告和下一年度的工作计划。

第十八条 社会福利机构中不具备上岗资格的护理人员、特教人员应当接受岗前培训,经考核合格后持证上岗。

第十九条 社会福利机构应当加强财务管理,其收益应当按照国家的有关政策规定分配使用,自觉接受财政、审计、监察等部门的监督。

第二十条 社会福利机构的资产受国家法律保护,任何组织和个人不得侵占。社会福利机构将其所属的固定资产租赁或者转让时,须经民政部门和登记机关同意后,办理有关手续。

第二十一条 社会福利机构应当严格按照公益事业捐赠法的规定开展捐赠活动。不得接受任何带有政治性等附加条件的捐赠。

第二十二条 社会福利机构在对外交往中应当遵守国家的有关法律、规定,严格履行报批手续。

第二十三条 社会福利机构变更章程、名称、服务项目和住所时,应当报民政部门审批。更换主要负责人,应当报民政部门备案。

第二十四条 社会福利机构分立、合并或者解散,应当提前3个月向民政部门提出申请,报送有关部门确认的清算报告及相关材料,并由民政部门报请当地政府对其资产进行评估和处置后,办理有关手续。

第二十五条 县级以上人民政府民政部门应当定期对社会福利机构的工作进行年度检查。

第四章 法律责任

第二十六条 民政部门对社会福利机构的审批和年检工作实行政务公开,有违反国家有关法律、法规和本办法规定的,视情节轻重,对直接责任人给予批评教育、行政处分,构成犯罪的依法追究刑事责任。

第二十七条 社会福利机构有下列情形之一的,由民政部门根据情况给予警告、罚款,直至建议登记管理机关取缔或者撤销登记,并按管理权限对直接责任人给予批评教育、行政处分,构成犯罪的依法追究刑事责任。

(一)违反国家关于老年人、残疾人和孤儿权益保护的法律法规,侵害服务对象合法权益的;

(二)未取得《社会福利机构设置批准证书》擅自执业的;

(三)年检不合格,限期整改后仍不合格的;

(四)进行非法集资的;

(五)未办理变更手续,其活动超出许可范围的;

(六)其他违法行为。

第五章 附 则

第二十八条 本办法实施前已经执业的社会福利机构,应当在本办法实施后的6个月内,按照本办法的规定,向县级以上民政部门提出申请,补领《社会福利机构设置批准证书》。

第二十九条 本办法自发布之日起施行。

七、婚姻登记管理

中华人民共和国婚姻法

(1980年9月10日第五届全国人民代表大会第三次会议通过
根据2001年4月28日第九届全国人民代表大会常务委员会
第二十一次会议《关于修改〈中华人民共和国婚姻法〉的决定》修正)

第一章 总 则

第一条 本法是婚姻家庭关系的基本准则。

第二条 实行婚姻自由、一夫一妻、男女平等的婚姻制度。保护妇女、儿童和老人的合法权益。实行计划生育。

第三条 禁止包办、买卖婚姻和其他干涉婚姻自由的行为。禁止借婚姻索取财物。

禁止重婚。禁止有配偶者与他人同居。禁止家庭暴力。禁止家庭成员间的虐待和遗弃。

第四条 夫妻应当互相忠实,互相尊重;家庭成员间应当敬老爱幼,互相帮助,维护平等、和睦、文明的婚姻家庭关系。

第二章 结 婚

第五条 结婚必须男女双方完全自愿,不许任何一方对他方加以强迫或任何第三者加以干涉。

第六条 结婚年龄,男不得早于二十二周岁,女不得早于二十周岁。晚婚晚育应予鼓励。

第七条 有下列情形之一的,禁止结婚:

(一)直系血亲和三代以内的旁系血亲;

(二)患有医学上认为不应当结婚的疾病。

第八条 要求结婚的男女双方必须亲自到婚姻登记机关进行结婚登记。符合本法规定的,予以登记,发给结婚证。取得结婚证,即确立夫妻关系。未办理结婚登记的,应当补办登记。

第九条 登记结婚后,根据男女双方约定,女方可以成为男方家庭的成员,男方可以成为女方家庭的成员。

第十条 有下列情形之一的,婚姻无效:

(一)重婚的;

(二)有禁止结婚的亲属关系的;

(三)婚前患有医学上认为不应当结婚的疾病,婚后尚未治愈的;

(四)未到法定婚龄的。

第十一条 因胁迫结婚的,受胁迫的一方可以向婚姻登记机关或人民法院请求撤销该婚姻。受胁迫的一方撤销婚姻的请求,应当自结婚登记之日起一年内提出。被非法限制人身自由的当事人请求撤销婚姻的,应当自恢复人身自由之日起一年内提出。

第十二条 无效或被撤销的婚姻,自始无效。当事人不具有夫妻的权利和义务。同居期间所得的财产,由当事人协议处理;协议不成时,由人民法院根据照顾无过错方的原则判决。对重婚导致的婚姻无效的财产处理,不得侵害合法婚姻当事人的财产权益。当事人所生的子女,适用本法有关父母子女的规定。

第三章 家庭关系

第十三条 夫妻在家庭中地位平等。

第十四条 夫妻双方都有各用自己姓名的权利。

第十五条 夫妻双方都有参加生产、工作、学习和社会活动的自由,一方不得对他方加以限制或干涉。

第十六条 夫妻双方都有

实行计划生育的义务。

第十七条 夫妻在婚姻关系存续期间所得的下列财产，归夫妻共同所有：

(一)工资、奖金；

(二)生产、经营的收益；

(三)知识产权的收益；

(四)继承或赠与所得的财产，但本法第十八条第三项规定的除外；

(五)其他应当归共同所有的财产。

夫妻对共同所有的财产，有平等的处理权。

第十八条 有下列情形之一的，为夫妻一方的财产：

(一)一方的婚前财产；

(二)一方因身体受到伤害获得的医疗费、残疾人生活补助费等费用；

(三)遗嘱或赠与合同中确定只归夫或妻一方的财产；

(四)一方专用的生活用品；

(五)其他应当归一方的财产。

第十九条 夫妻可以约定婚姻关系存续期间所得的财产以及婚前财产归各自所有、共同所有或部分各自所有、部分共同所有。约定应当采用书面形式。没有约定或约定不明确的，适用本法第十七条、第十八条的规定。

夫妻对婚姻关系存续期间所得的财产以及婚前财产的约定，对双方具有约束力。

夫妻对婚姻关系存续期间所得的财产约定归各自所有的，夫或妻一方对外所负的债务，第三人知道该约定的，以夫或妻一方所有的财产清偿。

第二十条 夫妻有互相扶养的义务。

一方不履行扶养义务时，需要扶养的一方，有要求对方付给扶养费的权利。

第二十一条 父母对子女有抚养教育的义务；子女对父母有赡养扶助的义务。

父母不履行抚养义务时，未成年的或不能独立生活的子女，有要求父母付给抚养费的权利。

子女不履行赡养义务时，无劳动能力的或生活困难的父母，有要求子女付给赡养费的权利。

禁止溺婴、弃婴和其他残害婴儿的行为。

第二十二条 子女可以随父姓，可以随母姓。

第二十三条 父母有保护和教育未成年子女的权利和义务。在未成年子女对国家、集体或他人造成损害时，父母有承担民事责任的义务。

第二十四条 夫妻有相互继承遗产的权利。

父母和子女有相互继承遗产的权利。

第二十五条 非婚生子女享有与婚生子女同等的权利，任何人不得加以危害和歧视。

不直接抚养非婚生子女的生父或生母，应当负担子女的生活费和教育费，直至子女能独立生活为止。

第二十六条 国家保护合法的收养关系。养父母和养子女间的权利和义务，适用本法对父母子女关系的有关规定。

养子女和生父母间的权利和义务，因收养关系的成立而消除。

第二十七条 继父母与继子女间，不得虐待或歧视。

继父或继母和受其抚养教育的继子女间的权利和义务，适用本法对父母子女关系的有关规定。

第二十八条 有负担能力的祖父母、外祖父母，对于父母已经死亡或父母无力抚养的未成年的孙子女、外孙子女，有抚养的义务。有负担能力的孙子女、外孙子女，对于子女已经死亡或子女无力赡养的祖父母、外祖父母，有赡养的义务。

第二十九条 有负担能力的兄、姐，对于父母已经死亡或父母无力抚养的未成年的弟、妹，有扶养的义务。由兄、姐扶养长大的有负担能力的弟、妹，对于缺乏劳动能力又缺乏生活来源的兄、姐，有扶养的义务。

第三十条 子女应当尊重父母的婚姻权利，不得干涉父母再婚以及婚后的生活。子女对父母的赡养义务，不因父母的婚姻关系变化而终止。

第四章 离　婚

第三十一条 男女双方自愿离婚的，准予离婚。双方必须到婚姻登记机关申请离婚。婚姻登记机关查明双方确实是自愿并对子女和财产问题已有适当处理时，发给离婚证。

第三十二条 男女一方要求离婚的，可由有关部门进行调解或直接向人民法院提出离婚诉讼。

人民法院审理离婚案件，应当进行调解；如感情确已破裂，调解无效，应准予离婚。

有下列情形之一，调解无效的，应准予离婚：

（一）重婚或有配偶者与他人同居的；

（二）实施家庭暴力或虐待、遗弃家庭成员的；

（三）有赌博、吸毒等恶习屡教不改的；

（四）因感情不和分居满二年的；

（五）其他导致夫妻感情破裂的情形。

一方被宣告失踪，另一方提出离婚诉讼的，应准予离婚。

第三十三条 现役军人的配偶要求离婚，须得军人同意，但军人一方有重大过错的除外。

第三十四条 女方在怀孕期间、分娩后一年内或中止妊娠后六个月内，男方不得提出离婚。女方提出离婚的，或人民法院认为确有必要受理男方离婚请求的，不在此限。

第三十五条 离婚后，男女双方自愿恢复夫妻关系的，必须到婚姻登记机关进行复婚登记。

第三十六条 父母与子女间的关系，不因父母离婚而消除。离婚后，子女无论由父或母直接抚养，仍是父母双方的子女。

离婚后，父母对于子女仍有抚养和教育的权利和义务。

离婚后，哺乳期内的子女，以随哺乳的母亲抚养为原则。哺乳期后的子女，如双方因抚养问题发生争执不能达成协议时，由人民法院根据子女的权益和双方的具体情况判决。

第三十七条 离婚后，一方抚养的子女，另一方应负担必要的生活费和教育费的一部或全部，负担费用的多少和期限的长短，由双方协议；协议不成时，由人民法院判决。

关于子女生活费和教育费的协议或判决，不妨碍子女在必要时向父母任何一方提出超过协议或判决原定数额的合理要求。

第三十八条 离婚后，不直接抚养子女的父或母，有探望子女的权利，另一方有协助的义务。

行使探望权利的方式、时间由当事人协议；协议不成时，由人民法院判决。

父或母探望子女，不利于子女身心健康的，由人民法院依法中止探望的权利；中止的事由消失后，应当恢复探望的权利。

第三十九条 离婚时，夫妻的共同财产由双方协议处理；协议不成时，由人民法院根据财产的具体情况，照顾子女和女方权益的原则判决。

夫或妻在家庭土地承包经营中享有的权益等，应当依法予以保护。

第四十条 夫妻书面约定婚姻关系存续期间所得的财产归各自所有，一方因抚育子女、照料老人、协助另一方工作等付出较多义务的，离婚时有权向另一方请求补偿，另一方应当予以补偿。

第四十一条 离婚时，原为夫妻共同生活所负的债务，应当共同偿还。共同财产不足清偿的，或财产归各自所有的，由双方协议清偿；协议不成时，由人民法院判决。

第四十二条 离婚时，如一方生活困难，另一方应从其住房等个人财产中给予适当帮助。具体办法由双方协议；协议不成时，由人民法院判决。

第五章 救助措施与法律责任

第四十三条 实施家庭暴力或虐待家庭成员，受害人有权提出请求，居民委员会、村民委员会以及所在单位应当予以劝阻、调解。

对正在实施的家庭暴力，受害人有权提出请求，居民委员会、村民委员会应当予以劝阻；公安机关应当予以制止。

实施家庭暴力或虐待家庭成员，受害人提出请求的，公安机关应当依照治安管理处罚的法律规定予以行政处罚。

第四十四条 对遗弃家庭成员，受害人有权提出请求，居民委员会、村民委员会以及所在单位应当予以劝阻、调解。

对遗弃家庭成员，受害人提出请求的，人民法院应当依法作出支付扶养费、抚养费、赡养费的判决。

第四十五条 对重婚的，对实施家庭暴力或虐待、遗弃家庭成员构成犯罪的，依法追究刑事责任。受害人可以依照刑事诉讼法的有关规定，向人民法院起诉；公安机关应当依法侦查，人民检察院应当依法提起公诉。

第四十六条 有下列情形之一,导致离婚的,无过错方有权请求损害赔偿:

(一)重婚的;

(二)有配偶者与他人同居的;

(三)实施家庭暴力的;

(四)虐待、遗弃家庭成员的。

第四十七条 离婚时,一方隐藏、转移、变卖、毁损夫妻共同财产,或伪造债务企图侵占另一方财产的,分割夫妻共同财产时,对隐藏、转移、变卖、毁损夫妻共同财产或伪造债务的一方,可以少分或不分。离婚后,另一方发现有上述行为的,可以向人民法院提起诉讼,请求再次分割夫妻共同财产。

人民法院对前款规定的妨害民事诉讼的行为,依照民事诉讼法的规定予以制裁。

第四十八条 对拒不执行有关扶养费、抚养费、赡养费、财产分割、遗产继承、探望子女等判决或裁定的,由人民法院依法强制执行。有关个人和单位应负协助执行的责任。

第四十九条 其他法律对有关婚姻家庭的违法行为和法律责任另有规定的,依照其规定。

第六章 附 则

第五十条 民族自治地方的人民代表大会有权结合当地民族婚姻家庭的具体情况,制定变通规定。自治州、自治县制定的变通规定,报省、自治区、直辖市人民代表大会常务委员会批准后生效。自治区制定的变通规定,报全国人民代表大会常务委员会批准后生效。

第五十一条 本法自1981年1月1日起施行。

1950年5月1日颁行的《中华人民共和国婚姻法》,自本法施行之日起废止。

最高人民法院关于适用《中华人民共和国婚姻法》若干问题的解释(一)

(2001年12月24日由最高人民法院审判委员会第1202次会议通过
2001年12月25日法释[2001]30号发布 自2001年12月27日起施行)

为了正确审理婚姻家庭纠纷案件,根据《中华人民共和国婚姻法》(以下简称婚姻法)、《中华人民共和国民事诉讼法》等法律的规定,对人民法院适用婚姻法的有关问题作出如下解释:

第一条 婚姻法第三条、第三十二条、第四十三条、第四十五条、第四十六条所称的"家庭暴力",是指行为人以殴打、捆绑、残害、强行限制人身自由或者其他手段,给其家庭成员的身体、精神等方面造成一定伤害后果的行为。持续性、经常性的家庭暴力,构成虐待。

第二条 婚姻法第三条、第三十二条、第四十六条规定的"有配偶者与他人同居"的情形,是指有配偶者与婚外异性,不以夫妻名义,持续、稳定地共同居住。

第三条 当事人仅以婚姻法第四条为依据提起诉讼的,人民法院不予受理;已经受理的,裁定驳回起诉。

第四条 男女双方根据婚姻法第八条规定补办结婚登记的,婚姻关系的效力从双方均符合婚姻法所规定的结婚的实质要件时起算。

第五条 未按婚姻法第八条规定办理结婚登记而以夫妻名义共同生活的男女,起诉到人民法院要求离婚的,应当区别对待:

(一)1994年2月1日民政部《婚姻登记管理条例》公布实施以前,男女双方已经符合结婚实质要件的,按事实婚姻处理;

(二)1994年2月1日民政部《婚姻登记管理条例》公布实施以后,男女双方符合结婚实质要件的,人民法院应当告知其在案件受理前补办结婚登记;未补办结婚登记的,按解除同居关系处理。

第六条 未按婚姻法第八条规定办理结婚登记而以夫妻名义共同生活的男女，一方死亡，另一方以配偶身份主张享有继承权的，按照本解释第五条的原则处理。

第七条 有权依据婚姻法第十条规定向人民法院就已办理结婚登记的婚姻申请宣告婚姻无效的主体，包括婚姻当事人及利害关系人。利害关系人包括：

（一）以重婚为由申请宣告婚姻无效的，为当事人的近亲属及基层组织。

（二）以未到法定婚龄为由申请宣告婚姻无效的，为未达法定婚龄者的近亲属。

（三）以有禁止结婚的亲属关系为由申请宣告婚姻无效的，为当事人的近亲属。

（四）以婚前患有医学上认为不应当结婚的疾病，婚后尚未治愈为由申请宣告婚姻无效的，为与患病者共同生活的近亲属。

第八条 当事人依据婚姻法第十条规定向人民法院申请宣告婚姻无效的，申请时，法定的无效婚姻情形已经消失的，人民法院不予支持。

第九条 人民法院审理宣告婚姻无效案件，对婚姻效力的审理不适用调解，应当依法作出判决；有关婚姻效力的判决一经作出，即发生法律效力。

涉及财产分割和子女抚养的，可以调解。调解达成协议的，另行制作调解书。对财产分割和子女抚养问题的判决不服的，当事人可以上诉。

第十条 婚姻法第十一条所称的“胁迫”，是指行为人以给另一方当事人或者其近亲属的生命、身体健康、名誉、财产等方面造成损害为要挟，迫使另一方当事人违背真实意愿结婚的情况。

因受胁迫而请求撤销婚姻的，只能是受胁迫一方的婚姻关系当事人本人。

第十一条 人民法院审理婚姻当事人因受胁迫而请求撤销婚姻的案件，应当适用简易程序或者普通程序。

第十二条 婚姻法第十一条规定的“一年”，不适用诉讼时效中止、中断或者延长的规定。

第十三条 婚姻法第十二条所规定的自始无效，是指无效或者可撤销婚姻在依法被宣告无效或被撤销时，才确定该婚姻自始不受法律保护。

第十四条 人民法院根据当事人的申请，依法宣告婚姻无效或者撤销婚姻的，应当收缴双方的结婚证书并将生效的判决书寄送当地婚姻登记管理机关。

第十五条 被宣告无效或被撤销的婚姻，当事人同居期间所得的财产，按共同共有处理。但有证据证明为当事人一方所有的除外。

第十六条 人民法院审理重婚导致的无效婚姻案件时，涉及财产处理的，应当准许合法婚姻当事人作为有独立请求权的第三人参加诉讼。

第十七条 婚姻法第十七条关于“夫或妻对夫妻共同所有的财产，有平等的处理权”的规定，应当理解为：

（一）夫或妻在处理夫妻共同财产上的权利是平等的。因日常生活需要而处理夫妻共同财产的，任何一方均有权决定。

（二）夫或妻非因日常生活需要对夫妻共同财产做重要处理决定，夫妻双方应当平等协商，取得一致意见。他人有理由相信其为夫妻双方共同意思表示的，另一方不得以不同意或不知道为由对抗善意第三人。

第十八条 婚姻法第十九条所称“第三人知道该约定的”，夫妻一方对此负有举证责任。

第十九条 婚姻法第十八条规定为夫妻一方所有的财产，不因婚姻关系的延续而转化为夫妻共同财产。但当事人另有约定的除外。

第二十条 婚姻法第二十一条规定的“不能独立生活的子女”，是指尚在校接受高中及其以下学历教育，或者丧失或未完全丧失劳动能力等非因主观原因而无法维持正常生活的成年子女。

第二十一条 婚姻法第二十一条所称“抚养费”，包括子女生活费、教育费、医疗费等费用。

第二十二条 人民法院审理离婚案件，符合第三十二条第二款规定“应准予离婚”情形的，不应当因当事人有过错而判决不准离婚。

第二十三条 婚姻法第三十三条所称的“军人一方有重大过错”，可以依据婚姻法第三十二条第三款前三项规定及军人有其他重大过错导致夫妻感情破裂的情形予以判断。

第二十四条 人民法院作出的生效的离婚判决中未涉及探望权，当事人就探望权问题单独提起诉讼的，人民法院应予受理。

第二十五条 当事人在履行生效判决、裁定或者调解书的过程中，请求中止行使探望权的，人民法院在征询双方当事人意见后，认为需要中止行使探望权的，依法作出裁定。中止探望的情形消失后，人民法院应当根据当事人的申请通知其恢复探望权的行使。

第二十六条 未成年子女、直接抚养子女的父或母及其他对未成年子女负担抚养、教育义务的法定监护人，有权向人民法院提出中止探望权的请求。

第二十七条 婚姻法第四十二条所称“一方生活困难”，是指依靠个人财产和离婚时分得的财产无法维持当地基本生活水平。

一方离婚后没有住处的，属于生活困难。

离婚时，一方以个人财产中的住房对生活困难者进行帮助的形式，可以是房屋的居住权或者房屋的所有权。

第二十八条 婚姻法第四十六条规定的“损害赔偿”，包括物质损害赔偿和精神损害赔偿。涉及精神损害赔偿的，适用最高人民法院《关于确定民事侵权精神损害赔偿责任若干问题的解释》的有关规定。

第二十九条 承担婚姻法第四十六条规定的损害赔偿责任的主体，为离婚诉讼当事人中无过错方的配偶。

人民法院判决不准离婚的案件，对于当事人基于婚姻法第四十六条提出的损害赔偿请求，不予支持。

在婚姻关系存续期间，当事人不起诉离婚而单独依据该条规定提起损害赔偿请求的，人民法院不予受理。

第三十条 人民法院受理离婚案件时，应当将婚姻法第四十六条等规定中当事人的有关权利义务，书面告知当事人。在适用婚姻法第四十六条时，应当区分以下不同情况：

(一)符合婚姻法第四十六条规定的无过错方作为原告基于该条规定向人民法院提起损害赔偿请求的，必须在离婚诉讼的同时提出。

(二)符合婚姻法第四十六条规定的无过错方作为被告的离婚诉讼案件，如果被告不同意离婚也不基于该条规定提起损害赔偿请求的，可以在离婚后一年内就此单独提起诉讼。

(三)无过错方作为被告的离婚诉讼案件，一审时被告未基于婚姻法第四十六条规定提出损害赔偿请求，二审期间提出的，人民法院应当进行调解，调解不成的，告知当事人在离婚后一年内另行起诉。

第三十一条 当事人依据婚姻法第四十七条的规定向人民法院提起诉讼，请求再次分割夫妻共同财产的诉讼时效为两年，从当事人发现之次日起计算。

第三十二条 婚姻法第四十八条关于对拒不执行有关探望子女等判决和裁定的，由人民法院依法强制执行的规定，是指对拒不履行协助另一方行使探望权的有关个人和单位采取拘留、罚款等强制措施，不能对子女的人身、探望行为进行强制执行。

第三十三条 婚姻法修改后正在审理的一、二审婚姻家庭纠纷案件，一律适用修改后的婚姻法。此前最高人民法院作出的相关司法解释如与本解释相抵触，以本解释为准。

第三十四条 本解释自公布之日起施行。

八、收养登记管理

中华人民共和国收养法

（1991年12月29日第七届全国人民代表大会常务委员会第二十三次会议通过 根据1998年11月4日第九届全国人民代表大会常务委员会第五次会议通过的《关于修改〈中华人民共和国收养法〉的决定》修正）

第一章 总 则

第一条 为保护合法的收养关系，维护收养关系当事人的权利，制定本法。

第二条 收养应当有利于被收养的未成年人的抚养、成长，保障被收养人和收养人的合法权益，遵循平等自愿的原则，并不得违背社会公德。

第三条 收养不得违背计划生育的法律、法规。

第二章 收养关系的成立

第四条 下列不满十四周岁的未成年人可以被收养：

（一）丧失父母的孤儿；

（二）查找不到生父母的弃婴和儿童；

（三）生父母有特殊困难无力抚养的子女。

第五条 下列公民、组织可以作送养人：

（一）孤儿的监护人；

（二）社会福利机构；

（三）有特殊困难无力抚养子女的生父母。

第六条 收养人应当同时具备下列条件：

（一）无子女；

（二）有抚养教育被收养人的能力；

（三）未患有在医学上认为不应当收养子女的疾病；

（四）年满三十周岁。

第七条 收养三代以内同辈旁系血亲的子女，可以不受本法第四条第三项、第五条第三项、第九条和被收养人不满十四周岁的限制。

华侨收养三代以内同辈旁系血亲的子女，还可以不受收养人无子女的限制。

第八条 收养人只能收养一名子女。

收养孤儿、残疾儿童或者社会福利机构抚养的查找不到生父母的弃婴和儿童，可以不受收养人无子女和收养一名的限制。

第九条 无配偶的男性收养女性的，收养人与被收养人的年龄应当相差四十周岁以上。

第十条 生父母送养子女，须双方共同送养。生父母一方不明或者查找不到的可以单方送养。

有配偶者收养子女，须夫妻共同收养。

第十一条 收养人收养与送养人送养，须双方自愿。收养年满十周岁以上未成年人的，应当征得被收养人的同意。

第十二条 未成年人的父母均不具备完全民事行为能力的，该未成年人的监护人不得将其送养，但父母对该未成年人有严重危害可能的除外。

第十三条 监护人送养未成年孤儿的，须征得有抚养义务的人同意。有抚养义务的人不同意送养、监护人不愿意继续履行监护职责的，应当依照《中华人民共和国民法通则》的规定变更监护人。

第十四条 继父或者继母经继子女的生父母同意，可以收养继子女，并可以不受本法第四条第三项、第五条第三项、第六条和被收养人不满十四周岁以及收养一名的限制。

第十五条 收养应当向县级以上人民政府民政部门登记。收养关系自登记之日起成立。

收养查找不到生父母的弃婴和儿童的，办理登记的民政部门应当在登记前予以公告。

收养关系当事人愿意订立收养协议的，可以订立收养协议。

收养关系当事人各方或者

一方要求办理收养公证的，应当办理收养公证。

第十六条 收养关系成立后，公安部门应当依照国家有关规定为被收养人办理户口登记。

第十七条 孤儿或者生父母无力抚养的子女，可以由生父母的亲属、朋友抚养。

抚养人与被抚养人的关系不适用收养关系。

第十八条 配偶一方死亡，另一方送养未成年子女的，死亡一方的父母有优先抚养的权利。

第十九条 送养人不得以送养子女为理由违反计划生育的规定再生育子女。

第二十条 严禁买卖儿童或者借收养名义买卖儿童。

第二十一条 外国人依照本法可以在中华人民共和国收养子女。

外国人在中华人民共和国收养子女，应当经其所在国主管机关依照该国法律审查同意。收养人应当提供由其所在国有权机构出具的有关收养人的年龄、婚姻、职业、财产、健康、有无受过刑事处罚等状况的证明材料，该证明材料应当经其所在国外交机关或者外交机关授权的机构认证，并经中华人民共和国驻该国使领馆认证。该收养人应当与送养人订立书面协议，亲自向省级人民政府民政部门登记。

收养关系当事人各方或者一方要求办理收养公证的，应当到国务院司法行政部门认定的具有办理涉外公证资格的公证机构办理收养公证。

第二十二条 收养人、送养人要求保守收养秘密的，其他人应当尊重其意愿，不得泄露。

第三章 收养的效力

第二十三条 自收养关系成立之日起，养父母与养子女间的权利义务关系，适用法律关于父母子女关系的规定；养子女与养父母的近亲属间的权利义务关系，适用法律关于子女与父母的近亲属关系的规定。

养子女与生父母及其他近亲属间的权利义务关系，因收养关系的成立而消除。

第二十四条 养子女可以随养父或者养母的姓，经当事人协商一致，也可以保留原姓。

第二十五条 违反《中华人民共和国民法通则》第五十五条和本法规定的收养行为无法律效力。

收养行为被人民法院确认无效的，从行为开始时起就没有法律效力。

第四章 收养关系的解除

第二十六条 收养人在被收养人成年以前，不得解除收养关系，但收养人、送养人双方协议解除的除外，养子女年满十周岁以上的，应当征得本人同意。

收养人不履行抚养义务，有虐待、遗弃等侵害未成年养子女合法权益行为的，送养人有权要求解除养父母与养子女间的收养关系。送养人、收养人不能达成解除收养关系协议的，可以向人民法院起诉。

第二十七条 养父母与成年养子女关系恶化、无法共同生活的，可以协议解除收养关系。不能达成协议的，可以向人民法院起诉。

第二十八条 当事人协议解除收养关系的，应当到民政部门办理解除收养关系的登记。

第二十九条 收养关系解除后，养子女与养父母及其他近亲属间的权利义务关系即行消除，与生父母及其他近亲属间的权利义务关系自行恢复，但成年养子女与生父母及其他近亲属间的权利义务关系是否恢复，可以协商确定。

第三十条 收养关系解除后，经养父母抚养的成年养子女，对缺乏劳动能力又缺乏生活来源的养父母，应当给付生活费。因养子女成年后虐待、遗弃养父母而解除收养关系的，养父母可以要求养子女补偿收养期间支出的生活费和教育费。

生父母要求解除收养关系的，养父母可以要求生父母适当补偿收养期间支出的生活费和教育费，但因养父母虐待、遗弃养子女而解除收养关系的除外。

第五章 法律责任

第三十一条 借收养名义拐卖儿童的，依法追究刑事责任。

遗弃婴儿的，由公安部门处以罚款；构成犯罪的，依法追究刑事责任。

出卖亲生子女的，由公安部门没收非法所得，并处以罚款；构成犯罪的，依法追究刑事责任。

第六章　附　　则

第三十二条　民族自治地方的人民代表大会及其常务委员会可以根据本法的原则，结合当地情况，制定变通的或者补充的规定。自治区的规定，报全国人民代表大会常务委员会备案。自治州、自治县的规定，报省或者自治区的人民代表大会常务委员会批准后生效，并报全国人民代表大会常务委员会备案。

第三十三条　国务院可以根据本法制定实施办法。

第三十四条　本法自1992年4月1日起施行办法。

中国公民收养子女登记办法

（1999年5月12日国务院批准　1999年5月25日中华人民共和国民政部令第14号发布　自发布之日起施行）

第一条　为了规范收养登记行为，根据《中华人民共和国收养法》（以下简称收养法），制定本办法。

第二条　中国公民在中国境内收养子女或者协议解除收养关系的，应当依照本办法的规定办理登记。

办理收养登记的机关是县级人民政府民政部门。

第三条　收养社会福利机构抚养的查找不到生父母的弃婴、儿童和孤儿的，在社会福利机构所在地的收养登记机关办理登记。

收养非社会福利机构抚养的查找不到生父母的弃婴和儿童的，在弃婴和儿童发现地的收养登记机关办理登记。

收养生父母有特殊困难无力抚养的子女或者由监护人监护的孤儿的，在被收养人生父母或者监护人常住户口所在地（组织作监护人的，在该组织所在地）的收养登记机关办理登记。

收养三代以内同辈旁系血亲的子女，以及继父或者继母收养继子女的，在被收养人生父或者生母常住户口所在地的收养登记机关办理登记。

第四条　收养关系当事人应当亲自到收养登记机关办理成立收养关系的登记手续。

夫妻共同收养子女的，应当共同到收养登记机关办理登记手续；一方因故不能亲自前往的，应当书面委托另一方办理登记手续，委托书应当经过村民委员会或者居民委员会证明或者经过公证。

第五条　收养人应当向收养登记机关提交收养申请书和下列证件、证明材料：

（一）收养人的居民户口簿和居民身份证；

（二）由收养人所在单位或者村民委员会、居民委员会出具的本人婚姻状况、有无子女和抚养教育被收养人的能力等情况的证明；

（三）县级以上医疗机构出具的未患有在医学上认为不应当收养子女的疾病的身体健康检查证明。

收养查找不到生父母的弃婴、儿童的，并应当提交收养人经常居住地计划生育部门出具的收养人生育情况证明；其中收养非社会福利机构抚养的查找不到生父母的弃婴、儿童的，收养人还应当提交下列证明材料：

（一）收养人经常居住地计划生育部门出具的收养人无子女的证明；

（二）公安机关出具的捡拾弃婴、儿童报案的证明。

收养继子女的，可以只提交居民户口簿、居民身份证和收养人与被收养人生父或者生母结婚的证明。

第六条　送养人应当向收养登记机关提交下列证件和证明材料：

（一）送养人的居民户口簿和居民身份证（组织作监护人的，提交其负责人的身份证件）；

（二）收养法规定送养时应当征得其他有抚养义务的人同意的，并提交其他有抚养义务的人同意送养的书面意见。

社会福利机构为送养人

的，并应当提交弃婴、儿童进入社会福利机构的原始记录，公安机关出具的捡拾弃婴、儿童报案的证明，或者孤儿的生父母死亡或者宣告死亡的证明。

监护人为送养人的，并应当提交实际承担监护责任的证明，孤儿的父母死亡或者宣告死亡的证明，或者被收养人生父母无完全民事行为能力并对被收养人有严重危害的证明。

生父母为送养人的，并应当提交与当地计划生育部门签订的不违反计划生育规定的协议；有特殊困难无力抚养子女的，还应当提交其所在单位或者村民委员会、居民委员会出具的送养人有特殊困难的证明。其中，因丧偶或者一方下落不明由单方送养的，还应当提交配偶死亡或者下落不明的证明；子女由三代以内同辈旁系血亲收养的，还应当提交公安机关出具的或者经过公证的与收养人有亲属关系的证明。

被收养人是残疾儿童的，并应当提交县级以上医疗机构出具的该儿童的残疾证明。

第七条 收养登记机关收到收养登记申请书及有关材料后，应当自次日起30日内进行审查。对符合收养法规定条件的，为当事人办理收养登记，发给收养登记证，收养关系自登记之日起成立；对不符合收养法规定条件的，不予登记，并对当事人说明理由。

收养查找不到生父母的弃婴、儿童的，收养登记机关应当在登记前公告查找其生父母；自公告之日起满60日，弃婴、儿童的生父母或者其他监护人未认领的，视为查找不到生父母的弃婴、儿童。公告期间不计算在登记办理期限内。

第八条 收养关系成立后，需要为被收养人办理户口登记或者迁移手续的，由收养人持收养登记证到户口登记机关按照国家有关规定办理。

第九条 收养关系当事人协议解除收养关系的，应当持居民户口簿、居民身份证、收养登记证和解除收养关系的书面协议，共同到被收养人常住户口所在地的收养登记机关办理解除收养关系登记。

第十条 收养登记机关收到解除收养关系登记申请书及有关材料后，应当自次日起30日内进行审查；对符合收养法规定的，为当事人办理解除收养关系的登记，收回收养登记证，发给解除收养关系证明。

第十一条 为收养关系当事人出具证明材料的组织，应当如实出具有关证明材料。出具虚假证明材料的，由收养登记机关没收虚假证明材料，并建议有关组织对直接责任人员给予批评教育，或者依法给予行政处分、纪律处分。

第十二条 收养关系当事人弄虚作假骗取收养登记的，收养关系无效，由收养登记机关撤销登记，收缴收养登记证。

第十三条 本办法规定的收养登记证、解除收养关系证明的式样，由国务院民政部门制订。

第十四条 华侨以及居住在香港、澳门、台湾地区的中国公民在内地收养子女的，申请办理收养登记的管辖以及所需要出具的证件和证明材料，按照国务院民政部门的有关规定执行。

第十五条 本办法自发布之日起施行。

外国人在中华人民共和国收养子女登记办法

（1999年5月12日国务院批准　1999年5月25日中华人民共和国民政部令第15号发布　自发布之日起施行）

第一条 为了规范涉外收养登记行为，根据《中华人民共和国收养法》，制定本办法。

第二条 外国人在中华人民共和国境内收养子女（以下简称外国人在华收养子女），应当依照本办法办理登记。

收养人夫妻一方为外国人，在华收养子女，也应当依照本办法办理登记。

第三条 外国人在华收养子女,应当符合中国有关收养法律的规定,并应当符合收养人所在国有关收养法律的规定;因收养人所在国法律的规定与中国法律的规定不一致而产生的问题,由两国政府有关部门协商处理。

第四条 外国人在华收养子女,应当通过所在国政府或者政府委托的收养组织(以下简称外国收养组织)向中国政府委托的收养组织(以下简称中国收养组织)转交收养申请并提交收养人的家庭情况报告和证明。

前款规定的收养人的收养申请、家庭情况报告和证明,是指由其所在国有权机构出具,经其所在国外交机关或者外交机关授权的机构认证,并经中华人民共和国驻该国使馆或者领馆认证的下列文件:

(一)跨国收养申请书;

(二)出生证明;

(三)婚姻状况证明;

(四)职业、经济收入和财产状况证明;

(五)身体健康检查证明;

(六)有无受过刑事处罚的证明;

(七)收养人所在国主管机关同意其跨国收养子女的证明;

(八)家庭情况报告,包括收养人的身份、收养的合格性和适当性、家庭状况和病史、收养动机以及适合于照顾儿童的特点等。

在华工作或者学习连续居住一年以上的外国人在华收养子女,应当提交前款规定的除身体健康检查证明以外的文件,并应当提交在华所在单位或者有关部门出具的婚姻状况证明,职业、经济收入或者财产状况证明,有无受过刑事处罚证明以及县级以上医疗机构出具的身体健康检查证明。

第五条 送养人应当向省、自治区、直辖市人民政府民政部门提交本人的居民户口簿和居民身份证(社会福利机构作送养人的,应当提交其负责人的身份证件)、被收养人的户籍证明等情况证明,并根据不同情况提交下列有关证明材料:

(一)被收养人的生父母(包括已经离婚的)为送养人的,应当提交生父母有特殊困难无力抚养的证明和生父母双方同意送养的书面意见;其中,被收养人的生父或者生母因丧偶或者一方下落不明,由单方送养的,并应当提交配偶死亡或者下落不明的证明以及死亡的或者下落不明的配偶的父母不行使优先抚养权的书面声明;

(二)被收养人的父母均不具备完全民事行为能力,由被收养人的其他监护人作送养人的,应当提交被收养人的父母不具备完全民事行为能力且对被收养人有严重危害的证明以及监护人有监护权的证明;

(三)被收养人的父母均已死亡,由被收养人的监护人作送养人的,应当提交其生父母的死亡证明、监护人实际承担监护责任的证明,以及其他有抚养义务的人同意送养的书面意见;

(四)由社会福利机构作送养人的,应当提交弃婴、儿童被遗弃和发现的情况证明以及查找其父母或者其他监护人的情况证明;被收养人是孤儿的,应当提交孤儿父母的死亡或者宣告死亡证明,以及有抚养孤儿义务的其他人同意送养的书面意见。

送养残疾儿童的,还应当提交县级以上医疗机构出具的该儿童的残疾证明。

第六条 省、自治区、直辖市人民政府民政部门应当对送养人提交的证件和证明材料进行审查,对查找不到生父母的弃婴和儿童公告查找其生父母;认为被收养人、送养人符合收养法规定条件的,将符合收养法规定的被收养人、送养人名单通知中国收养组织,同时转交下列证件和证明材料:

(一)送养人的居民户口簿和居民身份证(社会福利机构作送养人的,为其负责人的身份证件)复制件;

(二)被收养人是弃婴或者孤儿的证明、户籍证明、成长情况报告和身体健康检查证明的复制件及照片。

省、自治区、直辖市人民政府民政部门查找弃婴或者儿童生父母的公告应当在省级地方报纸上刊登。自公告刊登之日起满60日,弃婴和儿童的生父母或者其他监护人未认领的,视为查找不到生父母的弃婴和儿童。

第七条 中国收养组织对外国收养人的收养申请和有关证明进行审查后，应当在省、自治区、直辖市人民政府民政部门报送的符合收养法规定条件的被收养人中，参照外国收养人的意愿，选择适当的被收养人，并将该被收养人及其送养人的有关情况通过外国政府或者外国收养组织送交外国收养人。外国收养人同意收养的，中国收养组织向其发出来华收养子女通知书，同时通知有关的省、自治区、直辖市人民政府民政部门向送养人发出被收养人已被同意收养的通知。

第八条 外国人来华收养子女，应当亲自来华办理登记手续。夫妻共同收养的，应当共同来华办理收养手续；一方因故不能来华的，应当书面委托另一方。委托书应当经所在国公证和认证。

第九条 外国人来华收养子女，应当与送养人订立书面收养协议。协议一式三份，收养人、送养人各执一份，办理收养登记手续时收养登记机关收存一份。

书面协议订立后，收养关系当事人应当共同到被收养人常住户口所在地的省、自治区、直辖市人民政府民政部门办理收养登记。

第十条 收养关系当事人办理收养登记时，应当填写外国人来华收养子女登记申请书并提交收养协议，同时分别提供有关材料。

收养人应当提供下列材料：

(一)中国收养组织发出的来华收养子女通知书；

(二)收养人的身份证件和照片。

送养人应当提供下列材料：

(一)省、自治区、直辖市人民政府民政部门发出的被收养人已被同意收养的通知；

(二)送养人的居民户口簿和居民身份证(社会福利机构作送养人的，为其负责人的身份证件)、被收养人的照片。

第十一条 收养登记机关收到外国人来华收养子女登记申请书和收养人、被收养人及其送养人的有关材料后，应当自次日起7日内进行审查，对符合本办法第十条规定的，为当事人办理收养登记，发给收养登记证书。收养关系自登记之日起成立。

收养登记机关应当将登记结果通知中国收养组织。

第十二条 收养关系当事人办理收养登记后，各方或者一方要求办理收养公证的，应当到收养登记地的具有办理涉外公证资格的公证机构办理收养公证。

第十三条 被收养人出境前，收养人应当凭收养登记证书到收养登记地的公安机关为被收养人办理出境手续。

第十四条 外国人在华收养子女，应当向登记机关交纳登记费。登记费的收费标准按照国家有关规定执行。

中国收养组织是非营利性公益事业单位，为外国收养人提供收养服务，可以收取服务费。服务费的收费标准按照国家有关规定执行。

为抚养在社会福利机构生活的弃婴和儿童，国家鼓励外国收养人、外国收养组织向社会福利机构捐赠。受赠的社会福利机构必须将捐赠财物全部用于改善所抚养的弃婴和儿童的养育条件，不得挪作它用，并应当将捐赠财物的使用情况告知捐赠人。受赠的社会福利机构还应当接受有关部门的监督，并应当将捐赠的使用情况向社会公布。

第十五条 中国收养组织的活动受国务院民政部门监督。

第十六条 本办法自发布之日起施行。1993年11月3日国务院批准，1993年11月10日司法部、民政部发布的《外国人在中华人民共和国收养子女实施办法》同时废止。

华侨以及居住在香港、澳门、台湾地区的中国公民办理收养登记的管辖以及所需要出具的证件和证明材料的规定

（1999年5月25日中华人民共和国民政部令第16号发布　自发布之日起施行）

第一条　根据《中国公民收养子女登记办法》，制定本规定。

第二条　华侨以及居住在香港、澳门、台湾地区的中国公民在内地收养子女的，应当到被收养人常住户口所在地的直辖市、设区的市、自治州人民政府民政部门或者地区（盟）行政公署民政部门申请办理收养登记。

第三条　居住在已与中国建立外交关系国家的华侨申请办理成立收养关系的登记时，应当提交收养申请书和下列证件、证明材料：

（一）护照；

（二）收养人居住国有权机构出具的收养人的年龄、婚姻、有无子女、职业、财产、健康、有无受过刑事处罚等状况的证明材料，该证明材料应当经其居住国外交机关或者外交机关授权的机构认证，并经中国驻该国使领馆认证。

第四条　居住在未与中国建立外交关系国家的华侨申请办理成立收养关系的登记时，应当提交收养申请书和下列证件、证明材料：

（一）护照；

（二）收养人居住国有权机构出具的收养人的年龄、婚姻、有无子女、职业、财产、健康、有无受过刑事处罚等状况的证明材料，该证明材料应当经其居住国外交机关或者外交机关授权的机构认证，并经已与中国建立外交关系的国家驻该国使领馆认证。

第五条　香港居民中的中国公民申请办理成立收养关系的登记时，应当提交收养申请书和下列证件、证明材料：

（一）香港居民身份证、香港居民来往内地通行证或者香港同胞回乡证；

（二）经国家主管机关委托的香港委托公证人证明的收养人的年龄、婚姻、有无子女、职业、财产、健康、有无受过刑事处罚等状况的证明材料。

第六条　澳门居民中的中国公民申请办理成立收养关系的登记时，应当提交收养申请书和下列证件、证明材料：

（一）澳门居民身份证、澳门居民来往内地通行证或者澳门同胞回乡证；

（二）澳门地区有权机构出具的收养人的年龄、婚姻、有无子女、职业、财产、健康、有无受过刑事处罚等状况的证明材料。

第七条　台湾居民申请办理成立收养关系的登记时，应当提交收养申请书和下列证件、证明材料：

（一）在台湾地区居住的有效证明；

（二）中华人民共和国主管机关签发或签注的在有效期内的旅行证件；

（三）经台湾地区公证机构公证的收养人的年龄、婚姻、有无子女、职业、财产、健康、有无受过刑事处罚等状况的证明材料。

第八条　本规定自发布之日起施行。

九、殡葬管理

殡葬管理条例

（1997 年 7 月 21 日中华人民共和国国务院令第 225 号发布　自发布之日起施行）

第一章　总　　则

第一条　为了加强殡葬管理，推进殡葬改革，促进社会主义精神文明建设，制定本条例。

第二条　殡葬管理的方针是：积极地、有步骤地实行火葬，改革土葬，节约殡葬用地，革除丧葬陋俗，提倡文明节俭办丧事。

第三条　国务院民政部门负责全国的殡葬管理工作。县级以上地方人民政府民政部门负责本行政区域内的殡葬管理工作。

第四条　人口稠密、耕地较少、交通方便的地区，应当实行火葬；暂不具备条件实行火葬的地区，允许土葬。

实行火葬和允许土葬的地区，由省、自治区、直辖市人民政府划定，并由本级人民政府民政部门报国务院民政部门备案。

第五条　在实行火葬的地区，国家提倡以骨灰寄存的方式以及其他不占或者少占土地的方式处理骨灰。县级人民政府和设区的市、自治州人民政府应当制定实行火葬的具体规划，将新建和改造殡仪馆、火葬场、骨灰堂纳入城乡建设规划和基本建设计划。

在允许土葬的地区，县级人民政府和设区的市、自治州人民政府应当将公墓建设纳入城乡建设规划。

第六条　尊重少数民族的丧葬习俗；自愿改革丧葬习俗的，他人不得干涉。

第二章　殡葬设施管理

第七条　省、自治区、直辖市人民政府民政部门应当根据本行政区域的殡葬工作规划和殡葬需要，提出殡仪馆、火葬场、骨灰堂、公墓、殡仪服务站等殡葬设施的数量、布局规划，报本级人民政府审批。

第八条　建设殡仪馆、火葬场，由县级人民政府和设区的市、自治州人民政府的民政部门提出方案，报本级人民政府审批；建设殡仪服务站、骨灰堂，由县级人民政府和设区的市、自治州人民政府的民政部门审批；建设公墓，经县级人民政府和设区的市、自治州人民政府的民政部门审核同意后，报省、自治区、直辖市人民政府民政部门审批。

利用外资建设殡葬设施，经省、自治区、直辖市人民政府民政部门审核同意后，报国务院民政部门审批。

农村为村民设置公益性墓地，经乡级人民政府审核同意后，报县级人民政府民政部门审批。

第九条　任何单位和个人未经批准，不得擅自兴建殡葬设施。

农村的公益性墓地不得对村民以外的其他人员提供墓穴用地。

禁止建立或者恢复宗族墓地。

第十条　禁止在下列地区建造坟墓：

（一）耕地、林地；

（二）城市公园、风景名胜区和文物保护区；

（三）水库及河流堤坝附近和水源保护区；

（四）铁路、公路主干线两侧。

前款规定区域内现有的坟墓，除受国家保护的具有历史、艺术、科学价值的墓地予以保留外，应当限期迁移或者深埋，不留坟头。

第十一条　严格限制公墓墓穴占地面积和使用年限。按照规划允许土葬或者允许埋葬骨灰的，埋葬遗体或者埋葬骨灰的墓穴占地面积和使用年限，由省、自治区、直辖市人民政府按照节约土地、不占耕地的原则规定。

第十二条 殡葬服务单位应当加强对殡葬服务设施的管理，更新、改造陈旧的火化设备，防止污染环境。

殡仪服务人员应当遵守操作规程和职业道德，实行规范化的文明服务，不得利用工作之便索取财物。

第三章 遗体处理和丧事活动管理

第十三条 遗体处理必须遵守下列规定：

（一）运输遗体必须进行必要的技术处理，确保卫生，防止污染环境；

（二）火化遗体必须凭公安机关或者国务院卫生行政部门规定的医疗机构出具的死亡证明。

第十四条 办理丧事活动，不得妨害公共秩序、危害公共安全，不得侵害他人的合法权益。

第十五条 在允许土葬的地区，禁止在公墓和农村的公益性墓地以外的其他任何地方埋葬遗体、建造坟墓。

第四章 殡葬设备和殡葬用品管理

第十六条 火化机、运尸车、尸体冷藏柜等殡葬设备，必须符合国家规定的技术标准。禁止制造、销售不符合国家技术标准的殡葬设备。

第十七条 禁止制造、销售封建迷信的丧葬用品。禁止在实行火葬的地区出售棺材等土葬用品。

第五章 罚 则

第十八条 未经批准，擅自兴建殡葬设施的，由民政部门会同建设、土地行政管理部门予以取缔，责令恢复原状，没收违法所得，可以并处违法所得1倍以上3倍以下的罚款。

第十九条 墓穴占地面积超过省、自治区、直辖市人民政府规定的标准的，由民政部门责令限期改正，没收违法所得，可以并处违法所得1倍以上3倍以下的罚款。

第二十条 将应当火化的遗体土葬，或者在公墓和农村的公益性墓地以外的其他地方埋葬遗体、建造坟墓的，由民政部门责令限期改正；拒不改正的，可以强制执行。

第二十一条 办理丧事活动妨害公共秩序、危害公共安全、侵害他人合法权益的，由民政部门予以制止；构成违反治安管理行为的，由公安机关依法给予治安管理处罚；构成犯罪的，依法追究刑事责任。

第二十二条 制造、销售不符合国家技术标准的殡葬设备的，由民政部门会同工商行政管理部门责令停止制造、销售，可以并处制造、销售金额1倍以上3倍以下的罚款。

制造、销售封建迷信殡葬用品的，由民政部门会同工商行政管理部门予以没收，可以并处制造、销售金额1倍以上3倍以下的罚款。

第二十三条 殡仪服务人员利用工作之便索取财物的，由民政部门责令退赔；构成犯罪的，依法追究刑事责任。

第六章 附 则

第二十四条 本条例自发布之日起施行。1985年2月8日国务院发布的《国务院关于殡葬管理的暂行规定》同时废止。

公墓管理暂行办法

（1992年8月25日民事发[1992]24号发布 自发布之日起施行）

第一章 总 则

第一条 为加强公墓管理，根据《国务院关于殡葬管理的暂行规定》和有关规定制定本办法。

第二条 在火葬区，要提倡骨灰深埋、撒放等一次性处理，也可经批准有计划地建立骨灰公墓。在土葬改革区，应有计划地建立遗体公墓或骨灰公墓。

第三条 公墓是为城乡居民提供安葬骨灰和遗体的公共设施。公墓分为公益性公墓和经营性公墓。公益性公墓是为农村村民提供遗体或骨灰安葬服务的公共墓地。经营性公墓是为城镇居民提供骨灰或遗体安葬实行有偿服务的公共墓地,属于第三产业。

第四条 建立公墓应当选用荒山瘠地,不得占用耕地,不得建在风景名胜区和水库、湖泊、河流的堤坝以及铁路、公路两侧。

第五条 公益性公墓由村民委员会建立。经营性公墓由殡葬事业单位建立。

第六条 民政部是全国公墓的主管部门,负责制定公墓建设的政策法规和总体规划,进行宏观指导。县级以上各级民政部门是本行政区域内的公墓主管部门。负责贯彻执行国家公墓政策法规,对本行政区域内的公墓建设和发展进行具体指导。

第二章 公墓的建立

第七条 建立公墓,需向公墓主管部门提出申请。

第八条 申请时,应向公墓主管部门提交下列材料:

(一)建立公墓的申请报告;

(二)城乡建设、土地管理部门的审查意见;

(三)建立公墓的可行性报告;

(四)其他有关材料。

第九条 建立公益性公墓,由村民委员会提出申请,报县级民政部门批准。

第十条 建立经营性公墓,由建墓单位向县级民政部门提出申请,经同级人民政府审核同意,报省、自治区、直辖市民政厅(局)批准。

第十一条 与外国、港澳台人士合作、合资或利用外资建立经营性公墓,经同级人民政府和省、自治区、直辖市民政厅(局)审核同意,报民政部批准。

第十二条 经营性公墓,由建墓单位持批准文件,向当地工商行政管理部门领取营业执照,方可正式营业。

第三章 公墓的管理

第十三条 公墓墓区土地所有权依法归国家或集体所有,丧主不得自行转让或买卖。

第十四条 公墓单位应视墓区范围的大小设置公墓管理机构或聘用专职管理人员,负责墓地的建设、管理和维护。

墓地应当保持整洁、肃穆。

第十五条 公墓墓志要小型多样,墓区要合理规划,因地制宜进行绿化美化,逐步实行园林化。

第十六条 未经批准,公益性公墓不得对外经营殡仪业务。经营性公墓的墓穴管理费一次性收取最长不得超过二十年。墓穴用地要节约。

第十七条 凡在经营性公墓内安葬骨灰或遗体的,丧主应按规定交纳墓穴租用费、建筑工料费、安葬费和护墓管理费。

第十八条 严禁在公墓内建家族、宗族、活人坟和搞封建迷信活动。

第十九条 严禁在土葬改革区经营火化区死亡人员的遗体安葬业务。

第二十条 本办法实施后,凡违反本办法有关规定,由公墓主管部门区别情况,予以处罚,或没收其非法所得,或处以罚款。具体处罚办法,由各省、自治区、直辖市民政厅(局)制定。

第四章 附　　则

第二十一条 本办法实施前建立的各类公墓,凡符合本办法有关规定但未办理审批手续的,应按本办法第二章的规定补办审批手续;不符合本办法规定的,由公墓单位报公墓主管部门,根据不同情况妥善处理;对城市现有的墓地、坟岗,除另有法律法规规定外,一律由当地殡葬事业单位负责接管和改造。

第二十二条 革命烈士公墓、知名人士墓、华侨祖墓、具有历史艺术科学价值的古墓和回民公墓以及外国人在华墓地的管理,按原有规定执行。

第二十三条 各省、自治区、直辖市可根据本办法制定本地区的实施细则。

第二十四条 本办法自发布之日起实行。原内务部、民政部过去有关公墓管理的规定,凡与本办法有抵触的,均按本办法执行。

2002年颁布的民政法规及规范性文件

一、行政法规

行政区域界线管理条例

（2002年5月13日中华人民共和国国务院令第353号发布　自2002年7月1日起施行）

第一条　为了巩固行政区域界线勘定成果，加强行政区域界线管理，维护行政区域界线附近地区稳定，制定本条例。

第二条　本条例所称行政区域界线，是指国务院或者省、自治区、直辖市人民政府批准的行政区域毗邻的各有关人民政府行使行政区域管辖权的分界线。

地方各级人民政府必须严格执行行政区域界线批准文件和行政区域界线协议书的各项规定，维护行政区域界线的严肃性、稳定性。任何组织或者个人不得擅自变更行政区域界线。

第三条　国务院民政部门负责全国行政区域界线管理工作。县级以上地方各级人民政府民政部门负责本行政区域界线管理工作。

第四条　行政区域界线勘定后，应当以通告和行政区域界线详图予以公布。

省、自治区、直辖市之间的行政区域界线由国务院民政部门公布，由毗邻的省、自治区、直辖市人民政府共同管理。省、自治区、直辖市范围内的行政区域界线由省、自治区、直辖市人民政府公布，由毗邻的自治州、县（自治县）、市、市辖区人民政府共同管理。

第五条　行政区域界线的实地位置，以界桩以及作为行政区域界线标志的河流、沟渠、道路等线状地物和行政区域界线协议书中明确规定作为指示行政区域界线走向的其他标志物标定。

第六条　任何组织或者个人不得擅自移动或者损坏界桩。非法移动界桩的，其行为无效。

行政区域界线毗邻的各有关人民政府应当按照行政区域界线协议书的规定，对界桩进行分工管理。对损坏的界桩，由分工管理该界桩的一方在毗邻方在场的情况下修复。

因建设、开发等原因需要移动或者增设界桩的，行政区域界线毗邻的各有关人民政府应当协商一致，共同测绘，增补档案资料，并报该行政区域界线的批准机关备案。

第七条　行政区域界线毗邻的任何一方不得擅自改变作为行政区域界线标志的河流、沟渠、道路等线状地物；因自然原因或者其他原因改变的，应当保持行政区域界线协议书划定的界线位置不变，行政区域界线协议书中另有约定的除外。

第八条　行政区域界线协议书中明确规定作为指示行政区域界线走向的其他标志物，应当维持原貌。因自然原因或者其他原因使标志物发生变化的，有关县级以上人民政府民政部门应当组织修测，确定新的标志物，并报该行政区域界线的批准机关备案。

第九条　依照《国务院关于行政区划管理的规定》经批准变更行政区域界线的，毗邻的各有关人民政府应当按照勘界测绘技术规范进行测绘，埋设界桩，签订协议书，并将协议书报批准变更该行政区域界线的机关备案。

第十条 生产、建设用地需要横跨行政区域界线的，应当事先征得毗邻的各有关人民政府同意，分别办理审批手续，并报该行政区域界线的批准机关备案。

第十一条 行政区域界线勘定确认属于某一行政区域但不与该行政区域相连的地域或者由一方使用管理但位于毗邻行政区域内的地域，其使用管理按照各有关人民政府签订的行政区域界线协议书有关规定或者该行政区域界线的批准机关的决定执行。

第十二条 行政区域界线毗邻的县级以上地方各级人民政府应当建立行政区域界线联合检查制度，每 5 年联合检查一次。遇有影响行政区域界线实地走向的自然灾害、河流改道、道路变化等特殊情况，由行政区域界线毗邻的各有关人民政府共同对行政区域界线的特定地段随时安排联合检查。联合检查的结果，由参加检查的各地方人民政府共同报送该行政区域界线的批准机关备案。

第十三条 勘定行政区域界线以及行政区域界线管理中形成的协议书、工作图、界线标志记录、备案材料、批准文件以及其他与勘界记录有关的材料，应当按照有关档案管理的法律、行政法规的规定立卷归档，妥善保管。

第十四条 行政区域界线详图是反映县级以上行政区域界线标准画法的国家专题地图。任何涉及行政区域界线的地图，其行政区域界线画法一律以行政区域界线详图为准绘制。

国务院民政部门负责编制省、自治区、直辖市行政区域界线详图；省、自治区、直辖市人民政府民政部门负责编制本行政区域内的行政区域界线详图。

第十五条 因对行政区域界线实地位置认定不一致引发的争议，由该行政区域界线的批准机关依照该行政区域界线协议书的有关规定处理。

第十六条 违反本条例的规定，有关国家机关工作人员在行政区域界线管理中有下列行为之一的，根据不同情节，依法给予记大过、降级或者撤职的行政处分；致使公共财产、国家和人民利益遭受重大损失的，依照刑法关于滥用职权罪、玩忽职守罪的规定，依法追究刑事责任：

(一)不履行行政区域界线批准文件和行政区域界线协议书规定的义务，或者不执行行政区域界线的批准机关的决定的；

(二)不依法公布批准的行政区域界线的；

(三)擅自移动、改变行政区域界线标志，或者命令、指使他人擅自移动、改变行政区域界线标志，或者发现他人擅自移动、改变行政区域界线标志不予制止的；

(四)毗邻方未在场时，擅自维修行政区域界线标志的。

第十七条 违反本条例的规定，故意损毁或者擅自移动界桩或者其他行政区域界线标志物的，应当支付修复标志物的费用，并由所在地负责管理该行政区域界线标志的人民政府民政部门处 1000 元以下的罚款；构成违反治安管理行为的，并依法给予治安管理处罚。

第十八条 违反本条例的规定，擅自编制行政区域界线详图，或者绘制的地图的行政区域界线的画法与行政区域界线详图的画法不一致的，由有关人民政府民政部门责令停止违法行为，没收违法编制的行政区域界线详图和违法所得，并处 1 万元以下的罚款。

第十九条 乡、民族乡、镇行政区域界线的管理，参照本条例的有关规定执行。

第二十条 本条例自 2002 年 7 月 1 日起施行。

二、规范性文件

民政部办公厅关于社会团体兴办经济实体有关问题的复函

（民办函[2002]21号　2002年2月4日）

北京市民政局：

你局《关于社会团体兴办经济实体有关问题的请示》（京民社文[2002]16号）收悉。经研究，答复如下：

《社会团体登记管理条例》第二条明确，社会团体是非营利性社会组织；第四条第二款规定“社会团体不得从事营利性经营活动”。作为非营利性组织，社会团体与公司、企业等营利性组织的主要区别不在于是否营利，而在于营利所得如何分配。社会团体的资产及其所得，任何成员不得私分，不得分红。社会团体被注销后，剩余财产应移交给同类其他非营利性组织，用于社会公益事业。

社会团体不同于机关和全额拨款的事业单位，其经费仅靠会费、捐赠、政府资助等是远远不够的。兴办经济实体、在核准的业务范围内开展活动或服务取得收入，是社会团体活动费用的重要补充渠道，目的是促使其更加健康发展。为此，民政部、国家工商局于1995年7月10日联合下发了《关于社会团体开展经营活动有关问题的通知》（民社发[1995]14号）。这个文件的精神与《社会团体登记管理条例》的规定没有冲突。

民政部关于全国性社会团体异地设立分支（代表）机构问题的通知

（民发[2002]52号　2002年3月20日）

各省、自治区、直辖市民政厅（局），各计划单列市民政局：

根据《社会团体分支机构、代表机构登记办法》规定，社会团体申请设立分支（代表）机构时，分支（代表）机构住所与社会团体住所不在一地的，需提交拟设在地社团登记管理机关意见。现将具体办理程序通知如下：

全国性社会团体申请异地设立分支（代表）机构，首先经业务主管单位审查同意后，向拟设在地的省级人民政府（含计划单列市，下同）社团登记管理机关提交以下文件：

（一）设立申请书；

（二）经业务主管单位审查同意的《社会团体分支（代表）机构登记表》（编号：1206）的复印件；

（三）拟任负责人基本情况以及本人所在单位人事部门的意见；

（四）分支机构住所产权或使用权证明。

拟设在地省级人民政府社团登记管理机关收到上述全部有效文件之日起30日内，提出同意或不同意在本地设立的书面意见（不同意在本地设立的，应说明理由），通知该社会团体并抄报民政部。

民政部按照有关规定批准该分支（代表）机构登记后，将有关批准文件抄送拟设在地省级人民政府社团登记管理机关备案。

自本通知发出之日起，社会团体申请异地设立分支（代表）机构事宜按上述程序办理。

民政部办公厅关于省级律师协会登记管理问题的复函

（民办函[2002]199号　2002年11月6日）

云南省民政厅：

你厅《关于省级律师协会登记管理问题的请示》（云民函[2002]42号）收悉。经研究，现就省级律师协会的登记管理问题提出如下意见：

一、根据《中华人民共和国律师法》第五章规定，律师协会是社会团体法人。因此，各级律师协会均应按照《社会团体登记管理条例》第十七条的规定到民政部门备案，接受登记管理。

二、目前，根据《社会团体登记管理条例》规定由国务院机构编制管理机关核定，并经国务院批准免予登记的团体中，不包括中华全国律师协会及各地方律师协会。

此复。

民政部关于妥善处理未获重新登记社会团体有关问题的通知

（民函〔2002〕221号　2002年12月23日）

根据党中央、国务院的指示和《社会团体登记管理条例》（以下简称《条例》）的规定，民政部门1997年开始对社会团体进行清理整顿和重新登记。在各业务主管单位的大力支持下，全国性社会团体重新登记已于2000年完成。为了做好全国性社会团体重新登记的善后工作，民政部又于2000年12月6日发布公告，宣布："自本公告发布之日起3个月内，未按规定到登记管理机关办理重新登记的全国性社会团体，即不具备社会团体法人资格，不准再开展任何活动，原社会团体登记证书、印章一律作废。"

但是，近来陆续发现一些未获重新登记的社会团体仍然在社会上进行活动，造成了很坏的影响。为加强管理、严肃法纪，现决定收缴未获重新登记的社会团体的登记证书和印章。请各业务主管单位协助做好所主管的未获重新登记的全国性社会团体（名单见附件）证书和印章的收缴工作，并于2003年1月31日前，交民政部民间组织服务中心。请各业务主管单位协助监督未获重新登记的社会团体不得再开展任何活动，如仍在开展活动的必须立即停止。否则，将依照《条例》第三十五条的规定予以取缔；构成犯罪的，依法追究刑事责任。

民政部关于失业伤残军人抚恤问题的复函

（民函[2002]52号　2002年3月28日）

湖北省民政厅：

你厅《关于下岗失业伤残军人如何抚恤的请示》（鄂民政函[2002]41号）收悉。根据《军人抚恤优待条例》的有关规定和民政部《关于贯彻执行〈军人

抚恤优待条例〉若干具体问题的解释》(民[1989]优字19号)精神,经研究,现就有关问题答复如下:

一、凡同时具备下列条件的伤残军人,经批准可改领伤残抚恤金:

1. 依法与所在单位解除了劳动(聘用)关系及工作关系;

2. 未能领取或已不再领取失业保险金;

3. 未再就业。

二、审批程序:

1. 本人向所在街道办事处或乡(镇)提出书面申请,说明就业及生活情况,并提供劳动部门或原所在单位出具的相关证明材料。

2. 街道办事处(乡、镇)经调查核实后写出证明材料,连同本人申请和其他证明材料一并报送县(市、区)民政部门审查。

3. 县(市、区)民政部门审查后认为符合改领伤残抚恤金条件的,出具书面意见,连同上述材料一并送地(市)民政部门审核后报省、自治区、直辖市民政部门审批。

4. 对符合改发伤残抚恤金条件的,民政部门要在原伤残证备注栏目中注明,并加盖批准机关印章,从第二年起改发伤残抚恤金。

对不符合改发伤残抚恤金条件的,民政部门要及时写出书面意见,并通知申请人。

三、对改领伤残抚恤金的伤残军人,民政部门只负责伤残抚恤金的发放,其他待遇仍由原渠道解决。各级民政部门在统计上报人数时,要将改领对象列入享受伤残抚恤金栏目。

四、希望你们按照有关规定,严密组织,严格把关,做到准确无误。对改领过程中出现的问题要高度重视,及时妥善处理,确保这项工作顺利进行。

民政部、财政部关于提高部分优抚对象抚恤补助标准的通知

(民发〔2002〕89号 2002年5月24日)

各省、自治区、直辖市民政厅(局)、财政厅(局),各计划单列市民政局、财政局,新疆生产建设兵团民政局、财务局:

为保障优抚对象的生活,经研究决定,从2002年1月1日起,提高革命伤残人员(含革命伤残军人、伤残人民警察、国家机关伤残工作人员、伤残民兵民工)的伤残抚恤(保健)金、烈属(含因公牺牲军人家属、病故军人家属)的定期抚恤金和在乡退伍红军老战士(含在乡西路军红军老战士、红军失散人员)的生活补助标准。现就具体事宜通知如下:

一、在乡革命伤残人员的伤残抚恤金,在2001年标准的基础上,特等每人每年提高1400元,一等每人每年提高1080元。在职革命伤残人员的伤残保健金,在2001年标准的基础上,特等每人每年提高300元,一等每人每年提高240元。其他等级依次递减,新标准见附件1。

二、烈属、因公牺牲军人家属和病故军人家属的定期抚恤金,在2001年标准的基础上,居住在城镇的,每人每月提高40元;居住在农村的,每人每月提高25元,新标准见附件2。

三、在乡退伍红军老战士、在乡西路军红军老战士和红军失散人员的生活补助标准,在2001年标准的基础上,每人每月分别提高60元、45元、10元,新标准见附件3。

四、各级民政、财政部门要采取措施,加强对专项经费的管理,保证及时、准确、足额地把抚恤补助款发到优抚对象手中。

提高部分优抚对象抚恤补助标准所需新增经费,由中央财政核拨专款另行下达。

附件:

1. 革命伤残人员抚恤(保健)金标准表

2. 烈属、因公牺牲军人家属、病故军人家属定期抚恤金标准表

3. 在乡退伍红军老战士、在乡西路军红军老战士、红军失散人员生活补助标准表

附件 1

革命伤残人员抚恤(保健)金标准表

(从 2002 年 1 月 1 日起执行)

	伤残等级	伤残性质	现标准	提高标准	新标准
在乡	特等	因战	7000	1400	8400
		因公	6840	1400	8240
	一等	因战	5400	1080	6480
		因公	5270	1080	6350
		因病	5140	1080	6220
	二等甲级	因战	2900	430	3330
		因公	2790	430	3220
		因病	2700	430	3130
	二等乙级	因战	1940	290	2230
		因公	1860	290	2150
		因病	1820	290	2110
	三等甲级	因战	1180	180	1360
		因公	1160	180	1340
	三等乙级	因战	1050	160	1210
		因公	1050	160	1210
在职	伤残等级	伤残性质	现标准	提高标准	新标准
	特等	因战	1500	300	1800
		因公	1470	300	1770
	一等	因战	1200	240	1440
		因公	1160	240	1400
		因病	1150	240	1390
	二等甲级	因战	600	90	690
		因公	580	90	670
		因病	560	90	650
	二等乙级	因战	500	80	580
		因公	480	80	560
		因病	470	80	550
	三等甲级	因战	380	60	440
		因公	360	60	420
	三等乙级	因战	320	50	370
		因公	310	50	360

附件 2

烈属、因公牺牲军人家属、病故军人家属定期抚恤金标准表

（从 2002 年 1 月 1 日起执行）

单元：元/月

对象 标准 居住地	烈属、因公牺牲军人家属	病故军人家庭
农　村	160－165	155－160
小城镇	185－190	180－185
大小城市	190－195	185－190

附件 3

在乡退伍红军老战士、在乡西路军红军老战士、红军失散人员生活补助标准表

（从 2002 年 1 月 1 日起执行）

单位：元/月

在乡退伍红军老战士	在乡西路军红军老战士	红军失散人员
650	495	130

民政部关于对社保部门管理的离退休特等、一等伤残军人护理费如何发放问题的复函

（民函[2002]116 号　2002 年 7 月 10 日）

安徽省民政厅：

你厅《关于社保部门管理的离退休特等、一等伤残军人护理费如何发放问题的请示》（民优函[2002]150 号）收悉。现答复如下：

根据民政部《关于贯彻执行〈军人抚恤优待条例〉若干具体问题的解释》（民[1989]优字19 号）关于“享受离退休待遇的特等、一等伤残军人，由发给离退休费的单位发给护理费”的规定，在部分单位离退休人员的离退休费发放途径发生变化时，所在单位也必须对其负责的护理费发放问题予以充分考虑。在没有新规定前，凡已明确将护理费一并交社保部门发放并与社保部门协商一致的，可改由社保部门按原标准发放护理费，否则，仍由所在单位继续发放。任何单位不得在这部分人员的护理费尚未落实的情况下，以离退休费已不再由本单位发放为由，拒绝承担其护理费发放责任。

民政部办公厅关于未满十六周岁青少年能否追烈问题的复函

（民办函[2002]143号　　2002年8月14日）

湖南省民政厅：

你厅《关于未满十六岁的青少年能否追烈问题的请示》（湖民优[2002]9号）收悉。经研究，答复如下：

国务院1980年颁布的《革命烈士褒扬条例》规定：“我国人民和人民解放军指战员，在革命斗争、保卫祖国和社会主义现代化建设事业中壮烈牺牲的，称为革命烈士，其家属称为革命烈士家属”。民政部《关于贯彻执行〈革命烈士褒扬条例〉若干具体问题的解释》（民发[1980]63号）说明：“‘我国人民’，包括未满十八岁的青少年”。目前，国家法律对少年和儿童没有明确界定，但是，应当考虑到烈士有值得众人学习的思想品德和境界，而这种品德和境界与行为能力有关系，无行为能力的人不可能具备。鉴此，未满十六周岁的青少年能否追烈，应当以其行为能力状况为准。国家法律是根据未成年人的行为能力来确定承担民事、刑事责任的。《中华人民共和国民法通则》第十二条规定：“十周岁以上的未成年人是限制民事行为能力人，可以进行与他的年龄、智力相适应的民事活动”。“不满十周岁的未成年人是无民事行为能力人，由他的法定代理人代理民事活动”。最高人民法院《关于贯彻执行〈中华人民共和国民法通则〉若干问题的意见》（试行）第三条规定“十周岁以上的未成年人进行的民事活动是否与其年龄、智力状况相适应可以从行为与本人生活相关联的程度、本人的智力能否理解其行为，并预见相应的后果，以及行为标的数额等方面认定”。据此，我们认为，十周岁以上的未成年人符合追烈条件的行为，属于“本人的智力能理解并可以预见相应后果的行为”。因此，未满十六周岁的青少年追烈，应当包括十周岁以上的未成年人，而不包括不满十周岁的未成年人。

全国双拥工作领导小组关于颁发《双拥模范城（县）创建命名管理办法》的通知

各省、自治区、直辖市双拥工作领导小组：

现将新修订的《双拥模范城（县）创建命名管理办法》印发给你们，请遵照执行。

双拥模范城（县）创建命名管理办法

（国拥〔2002〕4号　　2002年8月26日）

第一章　总　　则

第一条　为了贯彻落实党中央、国务院、中央军委关于做好新时期双拥工作，进一步加强军政军民团结的指示精神，推动创建双拥模范城（县）活动广泛深入持久地开展，特制定本办法。

第二条 创建双拥模范城(县)活动,是拥军优属、拥政爱民优良传统的继承与发展,是新时期双拥工作的重要载体,是加强军政军民团结的有效途径。

第三条 双拥模范城(县)是双拥工作成绩突出,具有榜样和示范作用,并经过一定程序命名的先进典型,是当地党委、政府、驻军领导机关和全体军民共同的政治荣誉。

第四条 创建双拥模范城(县)活动,要坚持马列主义、毛泽东思想,高举邓小平理论伟大旗帜,以江泽民同志"三个代表"重要思想为指导,着眼于巩固和发展同呼吸、共命运、心连心的新型军政军民关系,把拥军优属与拥政爱民结合起来,把发展社会生产力与提高部队战斗力结合起来,把物质文明建设与精神文明建设结合起来,促进双拥工作整体水平的提高,促进国家改革发展稳定和军队全面建设。

第五条 双拥模范城(县)分全国和省(自治区、直辖市)两级。全国双拥模范城(县)由全国双拥工作领导小组批准,民政部、总政治部命名。省级双拥模范城(县)由省、自治区、直辖市党委、政府和省军区(卫戍区、警备区)命名。

第六条 全国双拥模范城(县)的命名范围:地级市(不含所辖县)、县级市、直辖市辖区、县(旗)。省级双拥模范城(县)的命名范围,由各省、自治区、直辖市确定。

第七条 命名双拥模范城(县)应坚持标准,注重实绩,保证质量。

第八条 命名双拥模范城(县),应处理好大城市与中小城市及县的数量关系。每次命名全国双拥模范城(县),各省、自治区推荐的县及县级市所占比例不得低于推荐总数的百分之三十,直辖市推荐的对象应有所辖县(市)。

第九条 双拥模范城(县)实行动态管理。

第十条 对在创建双拥模范城(县)活动中作出突出成绩的单位和个人,可视情给予表彰奖励。

第二章 双拥模范城(县)的基本标准

第十一条 命名双拥模范城(县),坚持以下标准:

(一)组织领导坚强有力。地方党委、政府和驻军领导机关把双拥工作纳入经济、社会发展和部队建设的总体规划,作为事关全局、涉及长远的大事来抓,健全由地方和军队领导牵头、有关职能部门参加的双拥工作领导机构和有相应人员、经费的办事机构,并充分发挥其组织、协调和指导作用。党政军领导机关形成合力,军地有关部门切实履行职责。

(二)国防教育广泛深入。认真贯彻《中华人民共和国国防教育法》,把国防教育纳入全民教育体系,列入宣传、教育、文化、广播影视、新闻出版等部门的工作计划,每年有部署,平时有检查。有适应本地区、本单位实际情况的教育制度、教育设施和教育方法。通过教育,大力弘扬拥军优属、拥政爱民的优良传统,形成人人关心支持国防建设、自觉维护军政军民团结的良好风尚。

(三)双拥活动坚持经常。开展双拥活动以基层为重点,注重落实,讲求实效。每年有总体计划,季度有具体安排,坚持节日走访座谈,平时活动经常。各项活动主题鲜明,内容实在,形式活泼,具有时代特色和当地特点,军民参与广泛。健全各项制度,定期检查总结,推进双拥工作社会化、经常化、制度化。

(四)军民共建富有成效。坚持把促进军地理想信念、思想道德和科学文化建设,培养有理想、有道德、有文化、有纪律的社会主义新人,作为军民共建社会主义精神文明活动的根本任务,为改革开放和现代化建设提供精神动力和智力支持。贯彻落实《公民道德建设实施纲要》,把道德建设作为军民共建活动的重要内容,大力倡导"爱国守法、明礼诚信、团结友善、勤俭自强、敬业奉献"的基本道德规范。军民积极参加创建文明城市、文明村镇、文明行业、文明社区活动,对弘扬社会主义道德风尚,促进军政军民团结和民族团结产生广泛影响。军(警)民联防联治活动开展经常,在社会治安综合治理中发挥重要作用。百分之七十以上的军民共建点被评为县(团)级以上先进单位。

(五)政策法规落到实处。认真贯彻执行党和国家有关国防建设和加强军政军民团结的政策、法律、规定,适应形势的发展,不断完善与之相配套的政策、法规。地方积极支持与配合部队完成军事训练、战备执勤、教学科研、国防施工等各项任务;军事设施得到有效保护;粮油水电等按质按量供应;转业复员军官、退役士兵、军队离退休干部、伤病残军人和随军家属得到妥善安置;军人及其家属的合法权益得到保障;兵员质量得到保证;义务兵家属优待和在乡老红军、老复员军人、革命伤残军人及烈属的抚恤补助得到落实。部队模范执行党和国家的政策法规,严格遵守群众纪律,尊重少数民族的宗教信仰和风俗习惯;认真落实总部规定的义务劳动日时间,积极支援国家经济建设和社会公益事业建设,做好扶贫帮困工作;奋勇参加抢险救灾,在保护国家利益和人民群众生命财产的斗争中发挥生力军和突击队作用;认真做好应付各种突发事件、维护社会稳定工作,为改革开放和现代化建设作出应有贡献。

(六)军政军民关系融洽。地方党委、政府和人民群众爱护军队,尊重军人,关心部队建设。部队尊重政府,热爱人民,支持地方工作。军政军民互相关心,互相爱护,互相支持,亲如一家。无历史遗留问题,军地地界清晰,无重大军民纠纷。发生纠纷,军地领导主动出面,及时妥善解决。

第十二条　全国双拥工作领导小组依据第十一条的规定,提出每届全国双拥模范城(县)评选命名的具体要求。

第三章　命名程序与权限

第十三条　省级双拥模范城(县)由地级市(地区、自治州、盟)党委、政府、驻军推荐,经省、自治区、直辖市双拥工作领导小组审核,报省、自治区、直辖市党委、政府和省军区(卫戍区、警备区)批准,同时报全国双拥工作领导小组备案。

第十四条　省级双拥模范城(县)三年命名一次,除特殊情况外,应举行命名大会。具体命名时间由各省、自治区、直辖市确定。

第十五条　全国双拥模范城(县)一般每三年命名一次,特殊情况可提前或延期。每次命名,由省、自治区、直辖市双拥工作领导小组按有关规定择优推荐。被推荐单位应符合本办法第十一条规定并获得省级双拥模范城(县)称号。

第十六条　省、自治区、直辖市双拥工作领导小组推荐全国双拥模范城(县),要征求所在大军区的意见,经省、自治区、直辖市党委、政府和省军区(卫戍区、警备区)研究同意后,向全国双拥工作领导小组写出推荐报告,并附被推荐单位的事迹材料。

第十七条　全国双拥工作领导小组办公室会同有关部门,对推荐命名的单位进行审核,提出初选意见,经全国双拥工作领导小组组长办公会审议后,提交全国双拥工作领导小组全体会议批准。

第十八条　全国双拥模范城(县)由全国双拥工作领导小组发布命名决定,并举行命名大会。

第十九条　对被命名的双拥模范城(县),授予奖匾,颁发荣誉证书。

第四章　命名后的管理

第二十条　双拥模范城(县)应以命名为新起点,坚持巩固、发展、提高的方针,不断研究新情况,解决新问题,总结新经验,取得新成绩。

第二十一条　被命名的全国双拥模范城(县),每年年底应作出年度双拥工作报告和下年度双拥工作计划,并报省、自治区、直辖市双拥工作领导小组办公室。

第二十二条　省、自治区、直辖市双拥工作领导小组,要适时对辖区内的全国和省级双拥模范城(县)进行检查,并将检查情况报全国双拥工作领导小组办公室,作为下一次评选全国双拥模范城(县)的重要依据。

第二十三条　全国双拥工作领导小组办公室适时对全国双拥模范城(县)进行抽查,并视情通报抽查情况。

第二十四条　被命名为双拥模范城(县)的单位,工作无新的进展或出现问题的,省、自治区、直辖市双拥工作领导小组应及时给予帮助,查找薄弱环节,制定改进措施。

第二十五条　双拥模范城(县)出现政策法规不落实或重大军民纠纷,应在及时纠正和妥善处理的同时,将情况报全国双拥工作领导小组办公室。对隐情不报或不及时采取措施解决的，给予通报批评。严重影响军政军民团结的，按命名权限撤销其“双拥模范城（县）”荣誉称号。

第五章　附　　则

第二十六条　本办法由全国双拥工作领导小组办公室负责解释。

第二十七条　省、自治区、直辖市双拥工作领导小组可依据本办法制定实施细则。

第二十八条　本办法自颁发之日起施行，1993年颁发的《双拥模范城（县）命名管理办法》同时废止。

民政部办公厅对移交政府安置的军队退休干部死亡后一次性抚恤金发放问题的复函

（民办函〔2002〕171号　　2002年9月19日）

贵州省民政厅：

你厅《关于移交地方安置的军队退休干部死亡后一次性抚恤金发放问题的请示》收悉。经研究答复如下：

民政部、财政部《关于调整一次性抚恤金发放办法的通知》（民发〔2001〕317号），并未调整移交政府安置的军队离休退休干部死亡后一次性抚恤金的资金渠道和发放办法。因此，移交政府安置的军队离休退休干部死亡后，其一次性抚恤金的经费渠道不变，仍按原办法发放，即由其家属户口所在地民政部门发放。

民政部关于下发《优待安置证》管理和使用问题的通知

（民发[2002]157号　　2002年10月11日）

各省、自治区、直辖市民政厅（局），计划单列市民政局，新疆生产建设兵团民政局：

根据民政部《关于认真贯彻落实国务院、中央军委〈征兵命令〉和〈退伍通知〉要求，进一步加强和规范优待安置工作的通知》（民发[2002]156号）精神，现将《优待安置证》管理和使用问题通知如下：

一、印制。《优待安置证》由民政部根据国务院、中央军委当年下达各地的征集任务，统一编号印制。《优待安置证》根据区域和户口性质，分别冠以省、自治区、直辖市简称以及“农字”与“非农字”字样。《优待安置证》分存根和证书两联，存根和证书之间加盖民政部印章，证书加盖县（市、区）民政部门印章。任何单位和个人不得翻印、复印和仿制，违者依法严肃查处。

二、下发。民政部按照各省、自治区、直辖市当年的征兵任务数逐级下发到县（市、区）民政部门。并视情况加发少量的备用数，以备填错、损坏时更换。备用数由省、自治区、直辖市民政部门直接掌握，原则上不下发。《优待安置证》的下发，采取派人领取的方法进行，领取时必须双人同行。数量较少或交通不便的，可以按机要文件邮寄。收取时要当面清点，并办理签收手续。

三、填写。填写《优待安置证》时，应使用钢笔或黑色签字笔，不得使用圆珠笔、铅笔，字迹要工整、清晰。其中的姓名、性别、入伍通知书编号、入伍时间严禁涂改，否则无效。其他栏目填写有误时，应在有误处居中位置画一横线，在紧挨其上方或下方的空白处填上正确内容，并加盖民政部门印章，不得覆盖、粘贴和涂改，否则无效。

四、发放。县(市、区)定兵后,当地民政部门要依据兵役机关提供的《入伍批准书》存根和《入伍通知书》登记名单以及入伍青年的《入伍通知书》和户口簿,及时将《优待安置证》发到士兵家长手中。《优待安置证》存根由民政部门留存,证书由士兵家长自存。这项工作结束后,各级民政部门要将当年《优待安置证》的发放情况登记造册,并逐级上报到省、自治区、直辖市民政部门。

五、核销。《优待安置证》因填错、损坏等原因需要更换的,应持作废的《优待安置证》到省、自治区、直辖市民政部门更换。省、自治区、直辖市民政部门务于定兵之日起两个月内将多余的或填错、损坏的《优待安置证》交回民政部核销。

六、保管。各级民政部门要建立严格的管理制度,加强对《优待安置证》的管理。要指定专人负责,严格《优待安置证》的检验、登记和领取手续,严防差错和丢失。《优待安置证》遗失的,领取人要及时向当地民政部门提出申请并上报,再由省民政部门汇总后统一上报民政部。

七、回收。本人退役后,凭《优待安置证》到民政部门报到,经核对无误后,方可办理安置手续,同时将《优待安置证》收回,并加盖"已安置"字样,存档备查。

附:《优待安置证》样式(略)

民政部对已转为公务员的原监狱劳教系统伤残人民警察抚恤问题的复函

(民函[2002]203号　　2002年12月5日)

江西省民政厅:

你厅《关于对已转为公务员后的原监狱劳教系统伤残人民警察抚恤问题的请示》(赣民字[2002]236号)收悉。根据人事部、司法部《关于监狱劳教系统人民警察实行公务员制度有关问题的通知》(人发[2000]33号)和《伤残抚恤管理暂行办法》(民政部令[1997]2号)的规定,鉴于转为公务员的人民警察已列入行政编制,同意将已转为公务员的原在监狱劳教系统负伤致残的伤残人民警察,由原所在单位抚恤,改为由民政部门抚恤。

民政部关于制定救灾应急预案的通知

(民函[2002]63号　　2002年4月9日)

各省、自治区、直辖市、计划单列市民政厅(局),新疆生产建设兵团民政局:

救灾应急预案是应对突发灾害的工作制度和行动方案。科学合理的救灾应急预案能够优化救灾资源配置,提高救灾行动效率,最大限度减轻灾害损失。自2000年5月,民政部在安徽召开"全国救灾应急预案工作会议"以来,各地救灾应急预案制定工作取得了很大进展。为进一步推进救灾应急预案制定工作,现就有关问题通知如下:

一、充分认识制定救灾应急预案的重要意义

制定救灾应急预案是提高灾害应急反应能力,建立自然灾害紧急救助体制的客观需要,是各级政府和各有关部门明确救灾责任;落实救灾职责的重要手段,也是促进建立和完善救灾法规体系的有效措施。各地要充分认识制定救灾应急预案的重要意义,通过制定救灾应急预案,进一步提高救灾工作科学化管理水平,切实保障灾民利益,保障灾区社会稳定。

二、救灾应急预案要突出

救灾工作的重点

制定救灾应急预案的目的是保证救灾工作的有序开展和各项救灾措施的落实。预案重点要突出紧急状态下灾民转移安置和生活安排,制定好警报发布、动员号召、转移路线、安置地点、安全保障、生活安排、物资调集、分配供应、医疗救护等各个环节的应急行动方案。围绕这一重点,规范和明确各级政府和有关部门的救灾职责,建立起快速反应和综合协调的机制,进行救灾准备和资源评估,确定启动条件、启动规模、运作方式、应急反应行动步骤等,切实提高紧急救助水平,保障灾区群众基本生活。

三、要注重救灾应急预案的科学性和可操作性

制定预案要认真分析研究本地灾害的发生规律和发展趋势,要邀请有关专家和基层工作者对预案进行全面论证和认真权衡,广泛听取各方面意见,使预案科学合理,便于操作。制定预案过程中要注意上下级预案的协调和已有相关预案的衔接,做到职能不交叉,工作不疏漏,相互有配合,使预案能够付诸实施并达到预期目的。

四、要注重救灾应急预案的宣传、演练和修订

预案形成后,要在组织上、物资上认真安排,在思想上和行动上做到常备不懈。要积极宣传预案,使通过预案明确的救灾职责和程序深入人心,落到实处。各地要定期组织救灾应急预案的模拟演练和实际演练,通过营造声势,扩大影响,既可达到宣传目的,又可通过演练查找问题,总结经验,对预案进行及时修订和完善。

五、加强对制定救灾应急预案工作的组织领导

民政部门承担着抗灾救灾综合协调职能,是制定救灾应急预案的牵头单位。在开展这项工作过程中,各级民政部门要向当地政府领导及时汇报,争取重视,要积极协调,加强部门间合作,要精心组织、周密安排,抽调专门力量,全力以赴解决工作中的难点问题。省级预案必须在今年汛期前形成初稿,年内以政府名义颁布实施。省级民政部门同时还应对地县制定救灾应急预案工作进行指导、督促和检查。

各地要将制定救灾应急预案的工作进展情况及时上报民政部。

附:

救灾应急预案参考格式

一、总则

1. 制定预案的目的

2. 应急预案的工作原则

3. 预案适用的范围

二、预案启动的条件和方式

1. 不同自然灾害种类的区别对待

2. 预案启动的条件

3. 预案启动的方式

4. 应急反应的规模

三、应急反应机构

1. 应急指挥机构的人员组成

2. 应急指挥机构的职责

3. 应急指挥机构办公室的设置和职责

4. 解放军和武警部队的协调和参与

5. 其他必要的机构人员组成及职责

四、救灾的准备

1. 紧急救援队伍的人员、装备情况

2. 紧急救援物资的储备和分布情况

3. 灾害预警的机构和方式

4. 其他各项保障资源情况

五、应急反应和行动

1. 灾情的搜集、评估与报告

2. 人员搜索和救援

(1)搜救队伍的行动

(2)自救、互救的发动

(3)医疗救治的施行

(4)外界支援的接口

3. 转移安置的组织实施

(1)紧急救援队伍的调动

(2)转移路线和安置地点

(3)对灾区群众的宣传动员

(4)组织实施

(5)安置点的物资供应、卫

生防疫和安全保障

4. 灾区紧急救援的动员和支持

(1)灾区需求的评估和确定

(2)各种救灾资源的筹措

(3)救灾物资的调集和运输

(4)救灾物资的发放管理

(5)社会捐赠的发动和管理

5. 救灾保障措施

(1)交通

(2)通信

(3)社会治安

(4)其他

6. 工作的协调和新闻宣传

7. 次生灾害的预防和处置

六、附则

宣传教育和训练演习

编制、修订和发布

民政部办公厅关于城市社会“三无”老人财产处理问题的复函

(民办函[2002]84号　2002年5月24日)

天津市民政局:

你局津民请[2002]43号《关于城市社会“三无”老人财产处理问题的请示》收悉。现答复如下:

凡城市中的无法定扶养义务人(或者虽有法定扶养义务人,但是扶养义务人无扶养能力的),无劳动能力和无生活来源的老年人,无论其财产为何种形式,都应参照《农村五保供养工作条例》第五章的有关规定处理。

民政部、财政部关于规范特大自然灾害救济补助费分配管理有关问题的通知

(民发[2002]127号　2002年8月5日)

各省、自治区、直辖市民政厅(局)、财政厅(局),各计划单列市民政局、财政局,新疆生产建设兵团民政局、财务局:

为规范特大自然灾害救济补助费(以下简称中央救灾资金)分配管理,切实保障灾民基本生活,维护灾区社会稳定,现就有关问题通知如下:

一、灾情的报告、评估和核定

自然灾害发生后,省级民政部门应按照《灾情统计、核定、报告暂行办法》(民救发[1997]8号)规定,及时调查、了解、掌握全省灾情,在24小时内将汇总的初步灾情报民政部。

民政部初步判断特大自然灾害发生后,组织水利、农业、气象、海洋、统计、地震、卫生、财政等部门和有关科研机构以及专家召开“灾情会商会”,综合各方面信息,分析灾区形势,确定特大自然灾害区域。

灾情稳定后,省级民政部门应进一步调查核实灾情,将分县的灾情数据通过全国灾情信息管理系统报民政部。民政部组织有关部门和专家组成“灾情评估小组”,采取抽样核定、典型核定和专项核定等办法核实灾情,并对灾区的灾害损失情况、灾区自救能力以及灾区需求作出全面评估,形成灾区损失情况和救灾需求评估报告。

二、中央救灾资金的使用原则和范围

中央救灾资金是由中央财政预算安排的,用于遭受特大自然灾害的省(自治区、直辖市、新疆生产建设兵团,下同)在安排灾民基本生活经费发生困难时给予的专项补助,必须严格遵循专款专用、重点使用的原则。

中央救灾资金的使用范围:一是新灾救济资金;用于特

大自然灾害灾民紧急抢救、转移安置，解决灾民无力克服的临时吃、穿、住、医等生活困难，以及因灾倒塌房屋的恢复重建和损坏房屋的修缮补助；二是春荒、冬令灾民生活救济资金，用于补助春荒（3月至5月、一季作物区为3月至7月）和冬令（12月至下年2月底）期间的灾民口粮以及衣被和治病救济；三是采购和管理中央救灾储备物资资金，用于民政部、财政部采购和管理中央救灾储备物资。

三、中央救灾资金的申请、办理和拨付

（一）申请

当地方遭受特大自然灾害，地方政府通过自身努力确实难以解决时，中央可予以适当补助。中央救灾资金应由省人民政府向国务院申请，同时省级民政部门、财政部门向民政部、财政部提出书面申请。

新灾救济资金申请报告必须包括以下内容：紧急转移安置灾民数量、因灾倒塌房屋数量、需衣被救济人口数量、需治病救济人口数量、损坏房屋数量，地方各级政府已投入和计划安排的新灾救济资金数量。

春荒、冬令灾民生活救济资金申请报告必须包括以下内容：农作物受灾情况、因灾减产粮食数量、缺粮人口数量、缺粮数量、需口粮救济人口数量、需救济粮数量，需衣被救济人口数量、需治病救济人口数量，地方各级政府计划安排的救济资金数量。

紧急情况下，省级民政部门、财政部门可申请救灾应急资金。申请报告的内容应包括灾害发生背景、灾区损失情况、紧急转移安置灾民数量以及申请救灾应急资金的理由和数量。

（二）办理

根据国务院指示或省级民政和财政部门救灾应急资金申请，民政部按照灾情会商结果，提高救灾应急资金方案商财政部，两部协商一致后进行办理。

收到受灾省的新灾救济资金和春荒、冬令灾民生活救济资金申请报告后，民政部根据灾情评估结果，按照中央救灾资金的补助标准，提出补助方案商财政部。两部协商一致后进行办理。新灾救济资金扣除已下拨的救灾应急资金。

（三）拨付

在拨款方案确定后3个工作日内，由财政部、民政部联合发文将中央救灾资金下达有关省财政部门和民政部门，同时报国务院办公厅，抄送国家审计署、省人民政府办公厅和财政部驻该省财政监察专员办事处。春荒救济资金在2月中旬前下拨，冬令救济资金在11月中旬以前下拨。

四、中央救灾资金的使用和监督

接到财政部、民政部拨款文件后，由省级民政部门提出拨款方案，商同级财政部门确定后，由财政部门和民政部门联合下文拨付，同时将拨款文件送民政部、财政部。救灾应急资金应在10日内下达到县级，县级应在5日内落实到灾民手中；新灾救济资金和春荒、冬令灾民生活救济资金应在30日内下达到县级，县级要在15日内落实到灾民手中。

民政部、财政部将对各地中央救灾资金管理使用情况进行监督检查。不及时下拨和违规使用中央救灾资金的省份，如再发生特大自然灾害要求中央补助时，民政部、财政部将不予补助或减少补助数额，并予以通报批评。

本通知自发布之日起实行，此前与本通知不一致的有关规定停止执行。

民政部、财政部关于印发《中央级救灾储备物资管理办法》的通知

（民发[2002]193号　2002年12月20日）

各省、自治区、直辖市民政厅（局）、财政厅（局），计划单列市民政局、财政局，新疆生产建设兵团民政局、财务局：

为加强中央级救灾储备物资的使用管理，切实提高我国

的灾害紧急救助能力，民政部、财政部联合制定了《中央级救灾储备物资管理办法》。现印发给你们，请遵照执行。

中央级救灾储备物资管理办法

第一章 总 则

第一条 为了提高紧急救灾能力，保障灾民基本生活，规范中央级救灾储备物资及其经费管理，制定本办法。

第二条 中央级救灾储备物资是指中央财政安排资金，由民政部购置、储备和管理，专项用于紧急抢救转移安置灾民和安排灾民生活的各类物资。

中央级救灾储备物资的种类、数量和经费由民政部商财政部确定。

中央级救灾储备物资实行统一规格、统一标志。中央级救灾储备物资的有关技术标准由民政部负责制定。

第三条 中央级救灾储备物资实行定点储存、专项管理、无偿使用的原则，不得挪作它用，不得向灾民收取任何费用。

中央级救灾储备物资由民政部根据救灾工作需要商财政部后，委托有关地方省级(包括各省、自治区、直辖市以及新疆生产建设兵团，下同)人民政府民政部门定点储备。担负中央级救灾储备物资储备任务的省级人民政府民政部门为代储单位。

第四条 民政部会同财政部负责制定中央级救灾储备物资购置、储存总体规划，并确定年度购置计划。

代储单位负责中央级救灾储备物资的日常管理，及时会同同级财政部门负责向民政部和财政部上报情况。

第二章 购置和储备管理

第五条 民政部根据储备规划和储备物资的使用情况，商财政部确定中央级救灾储备物资采购计划，并按照政府采购政策规定，购置中央级救灾储备物资。

第六条 代储单位应对救灾储备物资实行封闭式管理，专库存储，专人负责。要建立健全各项救灾储备管理制度，包括物资台账和管理经费会计账等。救灾储备物资入库、保管、出库等要有完备的凭证手续。

第七条 代储单位的救灾物资储备仓库设施和管理参照国家有关库房标准执行。库房要避光、通风良好，要有防火、防盗、防潮、防鼠、防污染等措施。

第八条 代储单位应按照民政部要求，对新购置入库物资进行数量和质量验收，并在验收工作完成后5个工作日内将验收入库的情况报告报民政部。

第九条 代储单位应根据民政部要求调拨的物资种类、数量、批号、调运地点及时办理出库手续，并将办理情况及出库、运输等凭证复印件在组织发货后2个工作日内报民政部。

第十条 储存的每批物资要有标签，标明品名、规格、产地、编号、数量、质量、生产日期、入库时间等。

储备物资要分类存放，码放整齐，留有通道，严禁接触酸、碱、油脂、氧化剂和有机溶剂等。

储备物资要做到实物、标签、账目相符，定期盘库。

第十一条 因非人为因素致使破损严重不能继续使用的中央级救灾储备物资，由代储单位及时向民政部报告，经民政部审核批准后方可进行报废。对报废物资的可利用部分应充分利用。

第十二条 代储单位应会同同级财政部门于每年1月10日前向民政部和财政部报告上年度中央级救灾储备物资的储存情况总结，内容包括入库、出库、报废的物资种类、数量和时间等。

第十三条 管理经费是指专项用于代储单位管理储存中央级救灾储备物资所发生的包括接收入库、保管维护、组织发送等方面的人工雇用、设备购置、租用仓库和短途搬运等费用支出。每年年初民政部汇总各代储单位情况后，按照上年实际储备物资金额的3%核定上年度的管理经费，报财政部审核后，由两部门联合下达给省级财政部门和代储单位。

第三章　调拨管理

第十四条　灾害发生后，受灾省应先动用本省救灾储备物资，在本省储备物资全部使用仍然不足的情况下，可申请使用中央级救灾储备物资。

申请使用中央级救灾储备物资应由省级人民政府民政部门商同级财政部门同意后，向民政部提出书面申请。书面申请的内容包括：自然灾害发生时间、地点、种类，转移安置人口数量、无家可归人口数量；需用救灾物资种类、数量；本省救灾储备物资总量，已动用本省救灾储备物资数量；申请中央救灾储备物资数量等。

根据受灾省的书面申请，结合特大自然灾害救济补助费的安排情况，民政部统筹确定调拨方案，向使用救灾物资的受灾省人民政府民政部门、代储单位发出调拨通知，并抄送财政部和有关省级财政部门。

紧急情况下，经报民政部批准，可在受灾省申请的同时，使用中央级救灾储备物资。

第十五条　代储单位接到民政部调拨通知后，应在48小时内完成储备物资发运工作，代垫长途运输费用。运输要按照《合同法》中运输合同的有关规定执行，对调运物资进行全面保价。

调拨储备物资发生的长途运费由使用省负担，并在运抵指定目的地后30日内与代储单位结算，逾期不结算的，由代储单位向使用省按天收取运费价款1%的滞纳金。运费和滞纳金由使用省省级财政部门安排。

使用储备物资的受灾省要按照民政部调拨通知要求，对代储单位发来的救灾储备物资进行清点和验收，及时向代储单位反馈，若发生数量或质量等问题，要及时协调处理并将有关情况向民政部报告。

第四章　使用和回收

第十六条　调拨使用的救灾物资所有权归使用省省级人民政府，作为省级救灾储备物资由使用省省级人民政府民政部门会同财政部门管理，省级财政部门承担相应的管理经费。

第十七条　发放使用救灾物资时，应做到账目清楚，手续完备，并以适当方式向社会公布。

省级人民政府民政部门对地（县）级人民政府民政部门、地（县）级人民政府民政部门对使用者要进行必要的技术指导，教育使用者爱护救灾物资。

县级以上人民政府民政部门应当会同财政、监察、审计等部门及时对救灾物资的发放使用情况进行监督检查。

第十八条　救灾物资使用结束后，对可回收重复使用的救灾储备物资由地方民政部门负责回收、清洗、消毒和整理。回收工作完成后，省级人民政府民政部门应会同财政部门及时将救灾储备物资的使用、回收、损坏、报废情况以及储存地点和受益人（次）数报民政部和财政部。民政部和财政部继续予以跟踪考核。

第五章　罚　　则

第十九条　贪污和挪用救灾储备物资，因管理不善等人为原因造成救灾储备物资重大损毁和丢失，由所在单位追回或赔偿，并依照有关规定对直接责任人员给予行政处分。

第六章　附　　则

第二十条　各省可参照本办法制定地方救灾储备物资管理办法。

第二十一条　本办法由民政部和财政部共同负责解释。

本办法自2003年1月1日起实行，此前发布的与本办法不一致的有关规定停止执行。

民政部办公厅关于广东省开展用县派出机构取代乡镇政府试点工作的复函

（民办函〔2002〕63号　　2002年4月23日）

广东省民政厅：

你厅《关于开展用县派出机构取代乡镇政府试点工作的请示》（粤民区〔2002〕42号）收悉。

我们认为，开展此项试点工作，涉及面广，情况复杂，且与有关法律规定相冲突。建议先召开相关部门和专家学者会进行论证，探讨开展此项试点的必要性、可行性。如有关各方面认为可以尝试，应由广东省省委、省政府直接请示党中央、国务院。

民政部关于调整变更行政区划时审核行政区域界线问题的通知

（民发〔2002〕62号　　2002年4月8日）

各省、自治区、直辖市民政厅（局）：

全面勘定省、县两级行政区域界线的工作已经完成，经国务院和各省、自治区、直辖市人民政府批复的行政区域界线为法定界线。今后各级人民政府调整行政区划时，须对请示附图中的行政区域界线进行审核。现就有关问题通知如下：

一、行政区划整建制调整时，上报国务院的行政区划调整请示的附图必须依照勘定的行政区域界线标绘，由省级民政部门提出审核意见。

二、行政区划调整涉及行政区域界线变更时，省级以下各级人民政府上报的行政区划调整请示中，应明确叙述拟变更的行政区域界线走向，请示附件中应包括有关地方人民政府的意见和原行政区域界线图及拟变更行政区域界线图，并由省级民政部门提出审核意见。

三、行政区划调整涉及跨省行政区域界线变更时，各省、自治区、直辖市人民政府上报的行政区划调整请示应附拟变更的行政区域界线地形图。

四、行政区划调整经国务院批复同意后，有关各级人民政府应按照勘界工作有关规定对变更后的行政区域界线进行勘定。

民政部、国家测绘局关于出版1:400万《中华人民共和国行政区划图》有关问题的通知

（民发〔2002〕165号　　2002年11月8日）

各省、自治区、直辖市民政厅（局）、测绘主管部门：

为加强行政区划地图编制出版工作的规范化管理，更好地为国家行政管理、经济建设和社会发展服务，按照《行政区域界线管理条例》（中华人民共和国国务院令第353号）和《中华人民共和国地图编制出版管理条

例》(中华人民共和国国务院令第180号)的有关规定,民政部会同国家测绘局,依据国务院审批的省级陆地行政区域界线勘界文件和标准的行政区划名称,联合组织编制了1:400万《中华人民共和国行政区划图》,委托中国地图出版社具体编制出版。现将有关问题通知如下:

一、该图是今后编制出版1:400万及小于1:400万比例尺的各种省级陆地行政区域界线地图画法的依据。

二、该图中内蒙古自治区科尔沁右翼前旗与吉林省白城市洮北区、内蒙古自治区额济纳旗与甘肃省金塔县、山东省微山县与江苏省沛县、铜山县的部分地段的行政区域界线,因特殊情况尚未勘定,上述地段暂按民政部、国家测绘局1984年5月30日《印发关于在〈中国百万分之一地图〉上省、自治区、直辖市行政区域界线画法的通知》([84]测发字第093号)要求编绘,为权宜画法。

三、海域内省级行政区域界线正在勘定中,暂按[84]测发字第093号通知要求编绘。

特此通知。

民政部关于建立县以下行政区划变更备案及通报制度的通知

(民函[2002]205号 2002年12月10日)

各省、自治区、直辖市民政厅局:

近年来,由于县以下行政区划不断变动,县以下行政区划代码的更新速度已不能适应统计工作的需要。为此,国家统计局根据民政部、国家标准化管理委员会目前县以下行政区划代码编制工作的实际情况及存在的问题,发布了《统计上对行政区划代码编制、公布、使用和管理的规定》(国统字[2002]46号),民政部近期也印发了《民政统计代码编制规则》(民发[2002]170号),要求各省(自治区、直辖市)统计局建立县以下行政区划代码库。以便用最快的速度及时更新县以下行政区划代码,为统计工作提供有力保障。

目前,县及县以上的行政区划变动情况已经建立了通报制度,使国家统计局能够根据民政部的区划变更,按照国家标准对县及县以上的行政区划变更情况及时更新,从而保证了民政统计工作的顺利进行。

但由于县以下行政区划代码的变更备案及通报制度还没有建立,影响了县以下行政区划代码变更的速度和代码库的维护,从而影响了该项统计工作的正常运行。

为此,我们要求各省(自治区、直辖市)民政(厅)局建立县以下行政区划变更备案及通报制度,民政区划部门要将变更后县以下行政区划及时通报各省(自治区、直辖市)统计局和同级民政计财部门由计财部门报送民政部区划和计财部门备案,以便及时更新县以下行政区划代码,提高统计信息化水平。

民政部、国家标准化管理委员会关于开展全国城市标准地名标志设置检查验收工作的通知

(民发[2002]183号 2002年12月11日)

各省、自治区、直辖市民政厅(局)、质量技术监督局,北京、天津、上海三市地名工作主管局(委):

2000年3月,民政部、交通部、国家工商行政管理局、国家

质量技术监督局联合下发了《关于在全国城市设置标准地名标志的通知》，要求用五年时间按照《地名标牌城乡》强制性国家标准，完成全国城市标准地名标志的设置工作。三年来，全国城市设标工作取得了一定的成绩。实践证明，设置标准地名标志，是推广标准地名、完善城市功能、促进社会经济发展的需要，是提升城市文化品位、推进精神文明建设的重要内容，是直接关系亿万人民群众切身利益、便民、利民的民心导向工程，是实践“三个代表”重要思想在地名工作领域的具体体现。此项工作得到了各级政府的高度重视和广大群众的赞誉。

今年是开展全国城市标准地名标志设置工作的第三年，是实施全国城市五年设标战略目标承前启后的关键一年。为了巩固已经取得的成果，贯彻落实国务院有关领导同志在第十一次全国民政会议上关于“依法管理地名，实现地名标志设置的规范化、标准化”的要求，推动全国的地名标准化建设，适应加入世贸组织后强化城市功能的需要，更好地为社会主义经济建设和社会发展服务，决定从明年1月开始，对全国城市标准地名标志设置工作进行检查验收。现将有关事项通知如下：

一、总体部署

整个工作本着“成熟一批，公布一批”的原则，在检查验收的基础上分期分批进行。第一批全国城市标准地名标志设置检查验收工作，从2003年1月开始至2003年6月底结束。之后每半年进行一次。

二、组织实施

全国城市标准地名标志设置检查验收工作在民政部全国地名标志设置管理工作领导小组领导下进行，由全国地名标志设置管理工作办公室在各相关部门的配合下组织实施。各省、自治区、直辖市的城市标准地名设置检查验收工作，由省级地名行政管理部门在同级政府各相关部门的配合下组织实施。

三、方法步骤

城市标准地名标志设置检查验收工作一般按以下四步进行：

第一，学习准备。主要是学习党的十六大精神、国务院第十一次全国民政会议精神，学习设标工作的有关文件和技术规范。通过学习，统一思想，提高认识，确定本省（自治区、直辖市）设标工作检查验收工作计划。

第二，制定方案。对本省、自治区、直辖市内开展设标的城市、市区进行调查摸底；与省级相关业务部门进行协调；根据《全国标准地名标志设置检查验收工作主要内容》，研制本辖区的具体实施方案。

第三，省市自查。各城市先行自查，在此基础上，省级地名工作主管部门组织检查验收。省级地名行政管理部门检查验收合格后，报民政部全国地名标志设置管理工作办公室。

第四，国家级验收。全国地名标志设置工作办公室组织对各地上报情况进行检查，并将检查情况报领导小组批准后在报刊上向社会公布。

开展城市设标检查验收是推动全国城市标准地名标志设置的一项重要工作，各地地名行政主管部门要认真按本通知要求组织实施，真正抓出成效。

全国城市标准地名标志设置检查验收工作主要内容

一、领导是否重视，有无专门的组织机构或部门负责标准地名标志设置的日常工作。

二、有无完整的设标工作方案，其中包括部署工作的有关文件、实施任务的具体措施及保证设标工作质量的具体办法。

三、生产制作地名标牌的企业是否具有标准地名标志产品生产资格。

四、生产地名标牌的合同书对产品质量指标有无明确要求；在实际设置过程中，是否对批量生产中的产品进行抽样，并经民政部全国地名标志设置管理工作办公室指定的检测机构检测。

五、有无管理、维护所设地名标志的具体办法。

民政部办公厅关于婚姻当事人一方变性后如何解除婚姻关系问题的答复

（民办函[2002]127号　2002年8月2日）

湖南省民政厅：

你厅《关于婚姻当事人一方变性后婚姻关系解除问题的请示》收悉。经商最高人民法院、公安部，现答复如下：

从请示内容看，杨敏（女）、游红军（男）于1998年5月8日在长沙市雨花区民政局依法办理结婚登记。婚后，游红军生理上的女性特征日渐明显，无法过正常的夫妻生活。2001年4月，经中国医学科学院整形外科医院确诊为易性癖，两性畸形，男性生殖器官停止发育，生理性别为女性。2001年4月25日，该院为游红军实施了性别矫正（男性变女性）手术。术后，经游红军本人申请，在其原籍公安局户政管理机关重新办理了女性合法身份证明。现双方向婚姻登记机关申请撤销婚姻关系。

我们的意见是，杨敏、游红军在办理结婚登记手续时符合结婚的实质要件和形式要件，结婚登记合法有效，当事人要求登记机关撤销婚姻关系的请求不应支持。如果双方对财产问题没有争议，登记机关可以参照协议离婚处理，离婚的效力自婚姻关系解除之日起算。双方因财产分割发生争议起诉至人民法院的，人民法院在解除当事人婚姻关系的同时一并解决财产问题。

民政部办公厅关于能否撤销黄清江与叶芳结婚登记问题的答复

（民办函[2002]129号　2002年8月2日）

安徽省民政厅：

你厅《关于能否撤销黄清江与叶芳婚姻登记问题的请示》（民务函[2001]314号）收悉。经商最高人民法院，现答复如下：

从请示内容看，台湾同胞黄清江与安徽省阜阳市叶芳于2000年6月29日在安徽省民政厅依法办理结婚登记，婚后叶芳便不知去向，黄清江依法向人民法院提起离婚诉讼。法院调查发现，叶芳结婚登记时所提供的身份证明、户籍证明及婚姻状况证明均属伪造，法院因被告身份不明确要求黄清江撤诉。现黄清江要求登记机关撤销婚姻登记。

我们认为，登记机关对当事人提供的证件、材料不具备真实性审查的条件和能力，《婚姻登记管理条例》第二十五条“弄虚作假、骗取婚姻登记的”是指当事人不符合结婚登记的实质性要件，通过弄虚作假而骗取的登记。因此，对黄清江要求登记机关撤销婚姻登记的请求不予支持。最高人民法院已函复民政部（法研[2002]81号），当事人可依法向人民法院提起离婚诉讼。向人民法院申请宣告死亡的，其婚姻关系按一方当事人死亡处理。

民政部办公厅关于吴熙递交的“有关婚姻关系改变为伙伴后的证明”能否作为有效离婚证件问题的复函

(民办函[2002]184号　　2002年10月14日)

福建省民政厅：

你厅基层政权和社区建设处2002年2月9日来函反映，2002年1月30日，荷兰籍华人吴熙持编号为3A0890/1997、由荷兰鹿特丹市政府民政局发出并经荷兰外交部和中国驻荷兰领事馆认证的“有关婚姻关系改变为伙伴后的证明”前往福建省福州市民政局申请结婚登记，由于该证明没有明确注明为离婚证明，福州市民政局在受理时不知能否将其作为有效离婚证件予以采用，故来函请示。

收到请示后，我们函请荷兰王国驻华大使馆提供相关法律规定，现根据荷兰有关当局调查答复如下：在荷兰，即使当事人将婚姻关系改变为伙伴关系，他们的婚姻关系依然合法有效，伙伴关系与婚姻关系同样具有法律效力；解除婚姻关系必须通过法院办理，也就是说，在办理第二次婚姻或伙伴手续之前，必须通过法院解除第一次婚姻关系，如果当事人双方同意，解除伙伴关系也可以通过一个公证处或律师办理，解除伙伴关系的正式协议书必须在荷兰有关登记处登记。由此可知，吴熙递交的“有关婚姻关系改变为伙伴后的证明”不是一个有效的离婚证书，我婚姻登记机关不能采用。

民政部关于当事人遗失收养登记证要求出具收养关系证明的复函

(民函[2002]101号　　2002年6月13日)

江苏省民政厅：

你厅《关于当事人遗失收养登记证要求出具收养关系证明的请示》(苏民福[2002]20号)收悉。经研究，答复如下：

一、根据当事人的申请，原办理收养登记的民政部门，可以为遗失收养登记证的当事人，出具曾办理过收养登记的证明，不再补办收养登记证。

二、证明应当包括收养人、被收养人及送养人的自然情况，办理收养登记的日期，收养登记证编号等内容。

三、证明应当加盖民政部门的公章。

附：证明的参考样式

证　　明

收养人：×××，男，××××年×月×日出生，办理收养登记时住××

×××，女，××××年×月×日出生，办理收养登记时住××

被收养人：×××，男(或女)，××××年×月×日出生，办理收养登记时住××，收养人为被收养人改名为×××

送养人：×××

兹证明我厅(或局)于××××年×月×日,依法为×××和×××收养×××办理收养登记,收养登记证编号为×字第××号。收养关系自登记之日起成立。

(民政部门公章)
××××年×月×日

民政部关于批准十七个殡仪馆为国家一级殡仪馆和认定三十五个殡仪馆为国家二级殡仪馆的通知

(民发〔2002〕51号 2002年3月20日)

各省、自治区、直辖市民政厅(局):

经2002年3月13日部长办公会议研究决定,批准下列17个殡仪馆为国家一级殡仪馆:

安徽省芜湖市殡仪馆
上海市奉贤县殡仪馆
上海市金山区殡仪馆
上海市嘉定区殡仪馆
上海市松江区殡仪馆
新疆维吾尔自治区乌鲁木齐市殡仪馆
重庆市江南殡仪馆
重庆市石桥铺殡仪馆
河南省开封市殡仪馆
山东省潍坊市殡仪馆
江苏省徐州市殡仪馆
湖北省武汉市武昌殡仪馆
黑龙江省双鸭山市殡仪馆
黑龙江省哈尔滨市哈平路殡仪馆
黑龙江省大庆市殡仪馆
广西壮族自治区柳州市殡仪馆
陕西省西安市殡仪馆

认定下列35个殡仪馆为国家二级殡仪馆

山东省东营市殡仪馆
山东省龙口市殡仪馆
山东省滨州市殡仪馆
山东省博兴县殡仪馆
山东省曲阜市殡仪馆
山东省邹城市殡仪馆
山东省文登市殡仪馆
山东省威海市殡仪馆
辽宁省阜新市殡仪馆
辽宁省沈阳市回龙岗革命公墓殡仪馆
辽宁省东港市殡仪馆
江苏省连云港市殡仪馆
江苏省淮阴市殡仪馆
江苏省高邮市殡仪馆
江苏省泰兴市殡仪馆
黑龙江省集贤县殡仪馆
黑龙江省七台河市殡仪馆
黑龙江省密山市殡仪馆
黑龙江省勃利县殡仪馆
河南省洛阳市殡仪馆
广西壮族自治区玉林市殡仪馆
福建省泉州市殡仪馆
福建省晋江市殡仪馆
安徽省蚌埠市殡仪馆
安徽省淮北市殡仪馆
安徽省舒城市殡仪馆
北京市门头沟区殡仪馆
天津市宁河县殡仪馆
上海市闵行区殡仪馆
浙江省余杭市第一殡仪馆
四川省成都市北郊殡仪馆
四川省自贡市殡仪馆
四川省绵阳市殡仪馆
四川省绵竹市殡仪馆
四川省彭州市殡仪馆。

特此通知。

民政部办公厅对妥善处理唐京公司问题的请示的答复

民办函〔2002〕42号　　2002年3月21日

广东省民政厅：

你厅《关于妥善处理唐京公司问题的请示》收悉。经研究答复如一：

一、当前公墓管理问题较多，部长办公会议已经决定，用今年一年的时间调查研究，提出解决问题的办法。你厅请示中所提的建议，均已纳入调研内容，将在今后的法规修订中予以解决。

二、请示中关于政府部门的政策、规章能否对第三产业某种服务或产品作出规范问题，我们正在与国务院法制办进行协商，待国务院法制办明确后另行答复。

民政部关于坚决查禁违规销售公墓穴位和骨灰格位的紧急通知

（民发〔2002〕77号　　2002年4月16日）

各省、自治区、直辖市民政厅（局），各计划单列市民政局，新疆生产建设兵团民政局：

河北省三河市灵泉灵塔公墓委托的机构违规销售公墓骨灰格位，干扰了市场经济秩序，引发了北京等地购买骨灰格位群众的集体上访，损害了民政部门的形象，对社会稳定造成了不利的影响。国务院领导对此高度重视，多次批示，要求民政部门加强对公墓的监管，制止违规销售活动。据了解，除三河市外，河北省唐山、保定两市，以及其他一些地方也不同程度地存在违规销售问题，有的还相当严重，甚至在2001年12月民政部发出进一步加强公墓管理的紧急通知之后，有的仍继续从事违规销售活动。为进一步贯彻落实国务院领导的指示精神，杜绝公墓穴位和骨灰格位销售中各种损害群众利益的违规行为，维护正常的市场经济秩序，维护社会稳定，现就有关问题通知如下：

一、层层落实公墓管理责任，下决心解决管理不严的问题。目前，经营性公墓所发生的问题，不是没有规定或规定不严，而是管理不严，有的甚至放弃管理。《殡葬管理条例》和《国务院办公厅转发民政部关于进一步加强公墓管理意见的通知》对公墓的兴建、经营和管理作出了明确的规定，一切违反这些规定的行为，都必须严厉查处直接责任人；对于违规行为查处不及时，酿成群体性事件的，还要追究政府监管部门的领导责任。经营性公墓属于地方人民政府兴办的，民政部门要承担直接责任，其上一级民政部门要承担行业监管责任；属于独立的市场法人主体的，其法定代表人要承担直接责任，当地民政部门要承担政府的监管责任。经营性公墓违反规定开展经营活动的，其违规活动无论是公墓本身的行为，还是与公墓具有合同关系的委托方的行为，都应由公墓承担直接责任。其中，地方人民政府兴办的公墓，由公墓所属民政部门承担直接责任，独立的市场法人主体由其法定代表人承担直接责任。各省、自治区、直辖市民政部门作为当地殡葬业务的主管部门，对经营性公墓承担行业管理的责任。各级民政部门要切实维护国家关于公墓的法规、政策的严肃性，层层落实有关责任，做到执行规定必严，违反规定必究。

二、采取有效措施落实监管责任。各级民政部门在监管公墓经营活动时，要采取有效监管方式，发现违规经营，要在当地政府领导下，依据有关法规，立即采取勒令停业整顿、取消销售许可直至会同工商部门吊销营业执照、会同强制执行部门没收违规所得并实行财产保全等断然措施，必要时还要在新闻媒体上公布违规公墓“黑名单”，防止其扩大危害程度。

三、进一步加强领导，提高对纠正公墓违规经营必要性和紧迫性的认识。今年将召开党的十六大，五月份还将召开第十一次全国民政会议。各级民政部门要从落实“三个代表”重要思想的高度，切实纠正公墓经营中损害群众利益的行为，维护社会稳定，维护民政部门的形象。各省、自治区、直辖市民政厅(局)要在调查摸清本地公墓经营活动的基础上，召开专门会议，认真总结公墓管理中的经验教训，研究制止和防范公墓违规经营以及由此而可能导致的群体性事件的措施，坚决停止和纠正在公墓管理中的所有涉及部门利益的行为，把公墓的规范化管理作为当前工作的一项重点。民政厅(局)主要领导对这项工作要亲自过问、亲自督察，对有令不行、有禁不止，继续进行违规销售的，要坚决追究直接责任人的责任，对造成群体性事件和恶劣影响，形成严重后果的，要追究领导责任。各民政厅局的纪检监察机关也要将此作为当前执法监察和行风建设的重点工作，对在这项工作中出现的徇私舞弊乃至贪赃枉法行为，无论涉及到谁，都要一查到底。

民政部关于印发《民政部统计工作管理办法》的通知

(民发〔2002〕16号　　2002年2月6日)

各省、自治区、直辖市民政厅(局)，各计划单列市民政局，新疆生产建设兵团民政局，各司(局)，各直属事业单位，部管社团，中国老龄协会：

现将《民政部统计工作管理办法》印发给你们，请遵照执行。

民政部统计工作管理办法

第一章　总　　则

第一条　为了科学、有效地组织民政统计工作，规范民政统计调查行为，减轻被调查者负担，提高民政统计调查的整体效益，保证民政统计资料的准确性和及时性，充分发挥统计在民政事业中的重要作用，根据《中华人民共和国统计法》、《部门统计调查管理暂行办法》并结合工作实际，制定本办法。

第二条　民政统计的基本任务是对民政事业的各项业务工作基本情况进行统计调查、统计分析，为民政部门实施管理提供依据。

第三条　财务和机关事务司为民政部统计工作的综合管理机构，负责统计工作的统一组织和协调管理各业务司局及各直属、挂靠单位的统计调查活动。

第四条　民政事业发展统计年报、民政事业发展统计季报(年报快报)和月报为民政统计的基础报表。

第二章　统计报表制度的修改与补充

第五条　民政事业发展统计年报、民政事业发展统计季报(年报快报)和月报应根据民政事业发展的需要及时进行调整和补充。业务司局因工作需要，调整和补充有关指标时应与财务和机关事务司协商。

第六条　确需增设新的统计调查项目时应当遵循以下原则：

(一)调查项目应当与民政

部门职能相对应；

（二）新的统计调查项目必须符合国家统计局《部门统计调查项目管理暂行办法》第八至十五条规定的基本原则与要求；

（三）新增设的统计调查项目在制定好统计调查方案后，须提交财务和机关事务司审核，报国家统计局批准后由部统一实施。

第三章　统计资料的管理和公布

第七条　统计资料的发布和对外提供，由财务和机关事务司归口管理。各部门在对外宣传工作中使用民政事业发展统计数据时，必须以民政统计年报、季报（年报快报）和月报为准，如统计口径和数据有出入，须商财务和机关事务司同意。

第八条　统计调查项目资料由财务和机关事务司统一管理。委托各司局进行的统计调查，应将最终统计数据及时报送财务和机关事务司，由财务和机关事务司报送国家统计局。

第九条　财务和机关事务司依照国家规定定期对外发布统计数据，并及时向部领导和各业务司局提供。

第四章　附　　则

第十条　凡违法进行统计调查，民政部因此而受到通报批评或处罚的。视情况对主要负责人和直接责任人给予批评或处分。

第十一条　本办法适用于部各司局和各直属单位。

第十二条　各级民政部门可参照本办法制定本级民政部门的统计管理办法实施细则。

第十三条　本办法由财务和机关事务司负责解释。

第十四条　本办法自发布之日起施行。

民政部关于印发《民政部直属单位财务管理暂行办法》的通知

（民发〔2002〕18号　　2002年2月6日）

各直属事业单位、中国老龄协会：

《民政部直属事业单位财务管理暂行办法》已经部长办公会讨论通过，现印发你们，请遵照执行。执行过程中遇到问题，请及时反映。

民政部直属事业单位财务管理暂行办法

第一章　总　　则

第一条　为加强部属事业单位（以下简称事业单位）的财务管理，规范事业单位的各项财务收支和经济活动行为，提高资金使用效益，根据财政部下发的《事业单位财务规则》及其他有关规定，结合民政部事业单位实际情况，制定本办法。

第二条　本办法适用于部本级管理的各类事业单位，包括享受财政补助及非财政补助事业单位。

第三条　事业单位财务管理的基本原则是：贯彻执行党和国家有关法律法规及财务规章制度，坚持勤俭办事业的方针，正确处理事业发展需要与资金供给，社会效益与经济效益，国家、集体和个人三者利益之间的关系。

第四条　事业单位财务管理的主要任务是：根据发展计划编制、执行相应的经费预算；依法组织收入，努力增收节支；建立健全单位内部控制制度及经费开支标准；加强经济核算，提高资金使用效益；加强国有资产管理，防止国有资产流失；

加强对单位经济活动的财务控制和监督;定期进行财务状况分析。

第二章　单位预算管理

第五条　根据国家对事业单位实行按年度核定收支、定额或定项补助、定额或定项上缴、超支不补、结余留用的预算管理办法以及国家编制委员会及财政部有关规定,民政部享受国家财政定额或定项补助的事业单位有:中国老龄协会、民政管理干部学院(民政部培训中心)、假肢与矫型技术中等专业学校、信息中心、档案资料馆、地名研究所、北京假肢研究所、社会福利与社会进步研究所、一〇一研究所、中国老龄科研中心等单位。

非财政补助收入大于支出的事业单位,年初在审核上年财务决算数字,配合检查有关当年业务收入、支出账目,确保其合理性的基础上,确定当年收支结余数字,进而确定单位上缴管理费数额(上缴比例另定)。

第六条　事业单位预算包括收入预算与支出预算两部分。收入预算包括财政补助收入、上级补助收入、事业收入(含预算外资金收入)、经营收入、附属单位上缴收入和其他收入等项内容。支出预算包括事业支出、经营支出、自筹基建支出、对附属单位补助支出和上缴上级支出等项内容。

第七条　事业单位预算应按照“稳妥可靠、量入为出、自求收支平衡”的原则编制,严禁编制赤字预算。必须将单位的各项资金收入全部纳入预算,不得遗漏,并按照统筹兼顾、确保重点的原则合理安排各项支出。

国家财政补助收入只能用于安排事业支出,且应当优先安排工资等人员支出及必不可少的业务和设备购置开支,不得挪作他用。上级补助收入、事业收入(含预算外资金收入)及其他收入也应优先安排事业支出。专项资金必须专款专用。事业收入及其他收入安排自筹基建的,必须报经财务主管部门审批后,按照国家对基本建设项目管理的有关规定执行。

经营收入和经营支出预算应按配比原则进行编列。

第八条　事业单位提出年度收支预算建议数,报部财务主管部门审核汇总编制部门预算。部财务主管部门根据财政部批准的预算控制数并结合各单位的人员、工作任务等实际情况,分别下达预算数,事业单位据此安排各项经费开支。

预算执行过程中,财政补助收入及从财政专户核拨的预算外资金一般不予调整。若遇上级下达事业计划有较大调整、国家政策增加或减少支出等原因,可向财务主管部门申请调整预算;非财政补助收入部分可由单位自行调整并报主管部门备案。

第三章　收入和支出管理

第九条　事业单位一切财务收支必须纳入单位财务部门统一管理。单位财务部门应按国家规定申请开立银行账户,并报经主管部门批准备案,以妥善保管国家资金,确保国家资金安全、完整。未经批准不得开立银行账户,更不得公款私存,坐支收入,严禁私设“小金库”。

第十条　事业单位的所有财务收支事项应坚持主管财务领导人“一枝笔”审批的原则,重大经济事项需经单位领导集体讨论决定后,报经财务主管部门批准。

事业单位的重大经济事项,包括:兴办经济实体、大型仪器设备购置、10万元以上的对外投资及借款、事业基金转投资基金、超过国家规定发放的职工福利及奖励等须经部劳资主管部门批准。

第十一条　事业单位应依法取得各项收入。事业单位收取行政事业性收费及基金,必须取得当地计委和财政部门的批准文件,领取收费许可证,并按批准项目及标准严格执行,不得超标准、超项目收费。列入财政专户管理的预算外资金应及时足额上交部预算外资金专户。事业单位开展经营活动或其他活动取得的收入,应按财政部、国家税务总局《关于事业单位、社会团体征收企业所得税有关问题的通知》(财税字〔1997〕75号)的规定,缴纳企业所得税。单位的收费收入,应按照财政部、国家计委《关于事业单位和社会团体有关收费管理问题的通知》(财规〔2000〕47号)的规定,确定收费项目性质,属经营服务性收费的要依法纳税并加强对收费票据的管理。

第十二条 事业单位必须保持支出结构的合理性，各项支出必须严格执行国家的各项规章制度和财经纪律。国家没有明确规定的，需报经部财务主管部门批准后执行。

事业单位从财政部门或部取得的专项资金，应在年终上报资金使用情况。项目完成后，报送专项资金支出决算及使用效果的书面报告，接受财政或部财务主管部门的检查、监督。

对于列入政府采购范围的项目，如信息管理系统建设、大型设备购置等，按照政府采购的程序和办法进行。

第四章 专用基金管理

第十三条 专用基金使用应遵守“先提后用、专设科目、专款专用”的原则进行使用，不得相互挤占或挪用。

第十四条 事业单位专用基金包括：

修购基金，即单位按照事业收入和经营收入的一定比例提取，在修缮费和设备购置费中列支(各列50%)以及固定资产变价收入形成的，专项用于单位固定资产维修和购置的资金。修购基金的提取比例：全年事业收入、经营收入在100万元(含100万元)以上的单位，各按照3%比例提取。全年事业收入、经营收入100万元以下的单位，各按5%的比例提取。没有两项收入的单位暂不提取。单位提取的修购基金必须用于修缮及购置固定资产支出。单位无此项基金的，日常维修及购置支出分别在事业支出中的修缮费及设备购置费中列支。

职工福利基金，即单位从结余(事业结余、经营结余)中按一定比例分配、按工资总额提取的职工福利费转入，用于单位职工的集体福利设施、集体福利待遇等的资金。该基金的分配比例：事业单位按照事业结余数额的40%，经营结余扣除应交所得税后的40%。职工福利基金本着先提后用的原则，按照国家规定的补助标准开支，支出范围包括：单位集体福利设施建设、对后勤部门的补助、职工食堂的补助、职工公费医疗超支部分按规定由单位负担的费用等。

医疗基金，指未纳入公费医疗经费开支范围的事业单位，按照当地财政部门规定的人均公费医疗经费定额提取，并参照公费医疗制度有关规定用于职工公费医疗开支的资金。提取公式为：职工人数X提取标准，由事业支出(或经营支出)的社会保障费中列支。

住房基金，指事业单位按照国家政策法规和财务制度规定，由国家财政和事业单位共同筹集，用于事业单位住房制度改革和住房建设的专项基金。住房基金管理应由单位财务机构统一在承办政策性住房金融业务的国有独资商业银行、交通银行和住房储蓄银行开立专用账户，实行单独核算，并按规定单独编列住房基金预、决算。

住房基金的来源主要有：根据国务院有关住房公积金制度，按照职工工资总额的一定比例提取；财政预算和预算外资金专户拨付的住房公积金、住房补贴和购房补贴资金；自管住房出租收入；留归单位使用的售房收入；从单位售房收入提取的住宅共用部位共用没施设备维修基金；划转的住房折旧、维修和大修理资金；利息收入等。上述收入须按规定全额纳入单位住房基金。

住房基金主要用于：缴交职工住房公积金；发放职工住房提租补贴或购房补贴；已售住房共用部位共用设施设备维修；自管住房维修、管理和改造等支出。

第五章 资产管理

第十五条 事业单位资产包括流动资产、固定资产、无形资产和对外投资等。

事业单位应当建立健全各项资产的内部管理制度。

第十六条 各单位应指定专门机构或专人对固定资产进行管理，建立固定资产管理明细账和卡片，定期或不定期地进行清查盘点，做到账、卡、物相符。对盘盈、盘亏的固定资产按规定及时处理。固定资产报废和转让，需经单位负责人批准后办理核销或转让手续，大型、精密、贵重的仪器设备，应经有关部门鉴定，报部财务主管部门批准。单位基建完工验收后，要及时办理在建工程结转、新增固定资产转账手续。

第十七条 对应收预付款

项应及时清理结算,原则上当年借款当年清理,不得长期挂账。对确实无法收回形成呆、死账的,要查明原因,分清责任,按规定程序批准后核销。对存货应适时清查盘点,保证账实相符。

第十八条 事业单位对专利权、商标权、著作权、土地使用权等无形资产,要加强保护,单位转让或出售无形资产的所有权或使用权,应当按照规定进行评估,取得的收入计入事业收入。取得无形资产时发生的支出计入事业支出。

第十九条 事业单位对外投资要报经主管部门批准或备案,数额较大的要报国有资产管理部门批准。单位以实物、无形资产对外投资的,应按照1991年国务院第91号令发布的《国有资产评估管理办法》等有关规定进行资产评估。同时,单位对外投资应保证国有资产的国家所有性质不变及国有资产的安全,并且不应影响单位完成正常的事业计划。单位不得利用财政补助收入、上级补助收入等进行对外投资。

第六章 财务报告和财务分析

第二十条 事业单位应定期或不定期向部财务主管部门及其相关部门提供财务报告。按月报送事业支出及资产负债表,按年度报送规定的财务报表及财务状况说明书。

第二十一条 财务状况说明书应包括单位预算执行、调整以及执行财务制度和财经纪律、收支与结余分配、资金增减、缴纳税金、各项财产物资变化情况,对本期或下期财务状况发生重大影响的事项,单位财务管理措施及成效等。

第二十二条 事业单位对当年的财务状况需进行财务分析。分析内容主要有:预算执行、资产使用、支出状况等。分析指标包括:经费自给率、资产负债率、人员支出与公用支出占事业支出比重、总收入增长率、总支出增长率等。

第七章 财会机构及人员

第二十三条 事业单位均应配备专职财会人员。单位财务收支业务量大、相当于司局级和人员编制在50人以上的单位应尽可能设置独立的财会机构,集中管理单位的各项收支及其他财务事项,指导、监督附属单位的财会业务工作。

第二十四条 事业单位财务主管人员调整变动时需向财务主管部门备案。调离岗位应办清财务交接手续,并由单位财务负责人监交。

第二十五条 事业单位应保证财会人员的相对稳定和必要的专业培训时间,提高其业务素质。支持财会人员遵守《中华人民共和国会计法》及各项财务规章制度。

第二十六条 事业单位奉上级指示发生划转撤并的,应按规定进行财务清算,妥善做好债权债务、财产移交、会计档案移交等项工作,确保国有资产安全完整。

第八章 附 则

第二十七条 本办法自发布之日起实施。

第二十八条 实行企业化管理的直属单位其事业性质不变,均应按国家有关成本核算的规定执行。事业单位所属独立核算的企业性质单位,执行《企业财务通则》及相关行业企业财务制度,不执行本办法。各事业单位可根据本单位实际情况,制定具体的财务管理细则,报部备案。

第二十九条 部属各社会团体的财务管理比照此办法执行。

第三十条 本办法由财务和机关事务司负责解释。民政部《关于发布〈民政部直属事业单位财务管理细则〉的通知》(民〔1989〕综字2号)同时废止。

三、地方民政法规摘编

天津市社会团体登记管理规定

（2002年9月27日天津市人民政府令第61号发布　自2002年11月1日起施行）

第一条　为了保障本市公民的结社自由，维护社会团体的合法权益，加强对社会团体的登记管理，依据《社会团体登记管理条例》（国务院令第250号，以下简称《条例》）及有关规定，结合本市实际情况，制定本规定。

第二条　本规定适用于本市行政区域内社会团体的登记管理工作，但设在本市的全国性社会团体及其分支机构登记管理工作按国家有关规定执行。

社会团体除遵守《条例》外，还应遵守本规定。

第三条　市民政部门是本市社会团体的登记管理机关，市社会团体管理局具体负责本市社会团体登记管理工作。区、县民政部门是所辖行政区域内的社会团体登记管理机关。

第四条　市和区县人民政府有关部门以及市和区县人民政府授权的组织，是有关行业、学科或者业务范围内社会团体的业务主管单位。

业务主管单位应当明确一个职能部门或专（兼）职人员负责主管社会团体的日常管理。

第五条　社会团体必须遵守宪法、法律、法规、规章和国家政策，不得反对宪法确定的基本原则，不得危害国家的统一、安全和民族的团结，不得损害国家利益、社会公共利益以及其他组织和公民的合法权益，不得违背社会道德风尚。

第六条　社会团体应当依照国家和本市有关规定建立健全自律机制，自觉接受登记管理机关、业务主管单位的监督管理。

市和区县人民政府及登记管理机关、业务主管单位对在社会主义物质文明和精神文明建设中做出突出贡献的社会团体，应当给予表彰。

第七条　社会团体不得从事营利性经营活动。

社会团体可以按照国家有关规定设立企业或者举办民办非企业单位。

第八条　申请成立社会团体，应当经其业务主管单位审查同意，由发起人向登记管理机关申请筹备。

发起人是个人的，不得少于10人；发起人是单位的，不得少于6个；由个人和单位混合发起的，发起人总数不得少于10个。

社会团体应当具备法人条件。

第九条　筹备成立社会团体，应当自登记管理机关批准筹备之日起6个月内召开会员大会或者会员代表大会，通过章程，产生执行机构、负责人和法定代表人，并向登记管理机关申请成立登记。超过6个月未完成筹备的，由登记管理机关撤销筹备。但有正当理由，经业务主管单位审查和登记管理机关批准，可适当延长筹备时间，延长期限不得超过3个月。筹备期间不得开展筹备以外的活动。

第十条　国家机关县（处）级以上在职领导，不得兼任社会团体领导职务。因特殊需要兼任社会团体领导职务的，应当经有关部门审批同意。

社会团体领导职务是指社会团体的会长（理事长）、副会长（副理事长）、秘书长、分会会长（主任委员）和副会长（副主任委员），但不包括名誉职务。

第十一条　社会团体成立后刻制印章、开立银行账户按照国家有关规定办理，并于办理完毕后7日内向登记管理机关备案。

第十二条　社会团体成立后，需要设立分支机构的，应当向登记管理机关申请登记。

第十三条　社会团体的登记事项需要变更的，应当向登记管理机关提交下列材料：

（一）变更申请书；

（二）社会团体理事会或者常务理事会关于变更事项的会议纪要；

（三）业务主管单位的审查意见；

（四）名称变更的，应提交新修改的章程草案；住所变更的，应提交新住所使用权证明；宗旨、业务范围变更的，应提交新修改的章程草案和修改章程的说明；法定代表人变更的，应提交审计报告和拟定法定代表人的基本情况、身份证明；活动资金变更的，应提交验资报告；业务主管单位变更的，应提交新的业务主管单位出具的文件。

第十四条 社会团体成立、注销或者变更名称、住所、法定代表人，由登记管理机关予以公告。

第十五条 社会团体注销后的剩余财产，应当按照《条例》及国家有关规定处理；对国家没有规定的，按社会团体章程的规定处理。

第十六条 社会团体及其分支机构注销后1年内，被注销的原社会团体及其领导机构成员不得作为发起人以同一宗旨、重新申请成立相同或者相似的社会团体及其分支机构。

第十七条 社会团体投资设立的企业法人，税后利润返还按照国家有关规定执行。

第十八条 社会团体可以举办社会服务项目，但应依法领取收费许可证，使用合法有效的收费票证。

第十九条 社会团体收取会员会费的标准，由社会团体理事会审议确定，并向业务主管单位和登记管理机关备案。

社会团体收取会员会费，应当使用由市民政部门、市财政部门统一监制的专用票据。

第二十条 社会团体可以根据国家有关规定出版报刊和内部资料性出版物。所办报刊和内部资料性出版物的宗旨、编辑方针应当与其章程规定的宗旨、业务范围相符。

社会团体所办出版物出版后，应当向新闻出版管理部门和登记管理机关送缴样本。

第二十一条 社会团体应当按照章程规定及时进行换届改选，并于换届后30日内将有关会议决议、新任领导成员基本情况和财务审计报告分别报送业务主管单位、登记管理机关备案，并办理有关变更登记手续。

第二十二条 社会团体举行重大活动，应当在举办活动3日前向业务主管单位和登记管理机关报告，并于活动结束后将总结报告报业务主管单位和登记管理机关。

第二十三条 外省市社会团体在本市行政区域内开展活动，应当持《社会团体法人登记证书》向本市登记管理机关备案。本市登记管理机关应当对其活动进行监督检查。

第二十四条 社会团体以自身的名义利用新闻媒体进行宣传报道，应当出示《社会团体法人登记证书》，新闻媒体应当查验该社会团体经登记管理机关核准登记情况。

社会团体分支机构的宣传报道，应当在分支机构名称前冠以所属社会团体的全称。

第二十五条 社会团体应当按照《条例》有关规定，接受年度检查。对年度检查不合格的社会团体，登记管理机关应当责令其限期整改。

第二十六条 各级人民政府和有关主管部门应当扶持和促进行业性社会团体的发展，根据政府职能转变的需要将行业管理职能移交或委托给行业性社会团体，同时保障行业性社会团体独立开展工作。

第二十七条 行业性社会团体按照国家现行行业或者产品分类标准设立，也可以按照经营方式、经营环节及服务功能设立。

同一行业或者产品，在本市范围内只设立一个行业性社会团体。

第二十八条 行业性社会团体应当协助政府从事行业管理，保护会员的合法权益，提高行业性社会团体整体素质，维护社会道德风尚。

行业性社会团体承担下列职能：

（一）组织行业培训、技术咨询、信息交流、会展招商以及产品推介等活动；

（二）参与有关行业发展、行业改革以及与行业利益相关的政府决策论证，提出有关经济政策和立法的建议，参与政府举办的有关听证会；

（三）代表行业企业进行反倾销、反垄断、反补贴等调查，或者向政府提出调查申请；

（四）依据章程或者行规行约，制定本行业质量规范、服务标准；

（五）参与地方或者国家有关行业产品标准的制定；

（六）通过法律法规授权、政府委托，开展行业统计、行业调查，发布行业信息、公信证明，价格协调、行业准入资格资质审核等；

（七）监督会员单位依法经营，对于违反行业性社会团体章程和行规行约，达不到质量规范、服务标准、损害消费者合法权益、参与不正当竞争，致使行业集体形象受损的会员，行业性社会团体可以依据其章程进行处理；

（八）协调行业内产业结构调整，进行技术引进和成果推广应用；

（九）开展国内外经济技术交流与合作；

（十）法律法规授权、政府委托的其他职能。

第二十九条 违反本规定，依照有关法律、法规的规定实施处罚。

第三十条 本规定自2002年11月1日起施行。

上海市退役士兵安置工作暂行办法

（2002年10月16日上海市人民政府令第126号发布　自2002年11月16日起施行）

第一章　总　　则

第一条　（目的和依据）

为做好退役士兵安置工作，保障退役士兵的合法权益，根据《中华人民共和国兵役法》、国务院《退伍义务兵安置条例》、《上海市征兵工作条例》等有关法律、法规的规定，结合本市实际，制定本办法。

第二条　（适用范围）

中国人民解放军、中国人民武装警察部队的退役士兵在本市范围内的接收和安置，适用本办法。

第三条　（含义）

退役士兵，包括下列人员：（一）退伍义务兵；（二）复员士官；（三）转业士官。

第四条　（职能部门）

退役士兵的安置工作在各级人民政府领导下进行。市民政局（以下称市安置部门）是本市退役士兵安置工作的行政主管部门，区县民政部门（以下称区县安置部门）具体负责辖区内的退役士兵安置工作。劳动保障、人事、公安、财政、税务、征兵、工商行政、教育等行政部门应当按照各自职责，做好退役士兵安置的相关工作。

第五条　（安置原则）

退役士兵的安置，按照从哪里来、回哪里去的原则，实行指令性安置与退役士兵同接受单位双向选择相结合的办法。

鼓励退役士兵自谋职业。

第二章　接　　收

第六条　（接收的管辖）

按照国务院、中央军委规定被批准退出现役的士兵，符合本市接收条件的，退役后由市和区县安置部门负责接收。

本市入伍的退役士兵，一般由原征集地的区县安置部门负责接收，也可以由其退役时父母或者配偶户籍所在地的区县安置部门负责接收。

非本市入伍的退役士兵，按下列规定予以接收：

（一）服役期间，其父母户籍迁入本市的未婚转业士官、非在职入伍的未婚复员士官、非在职入伍的退伍义务兵，由其父母户籍所在地的区县安置部门负责接收；

（二）配偶的户籍在本市且结婚满两年的复员士官、转业士官，由其配偶户籍所在地的区县安置部门负责接收；

（三）属于国家规定的其他特殊情况，经市安置部门批准由本市接收的退役士兵，由市安置部门指定的区县安置部门负责接收。

第七条　（接收程序）

退役士兵应当自部队批准退出现役之日起30日内，向有接收管辖权的区县安置部门报到。

区县安置部门应当自收到退役士兵的档案之日起30日内完成审查，对符合接收条件的，签发接收通知书；对不符合接收条件的,应当书面告知退役士兵,并将其档案退回原部队。

退役士兵收到接收通知书后,应当按接收通知书的要求,到区县安置部门办理相关手续。区县安置部门应当在3个工作日内办理完毕。

第八条 (户口落户手续的办理)

退役士兵凭区县安置部门出具的证明,到指定的公安部门办理户口落户手续。

第九条 (非农业户口落户的特别规定)

转业士官入伍前系农业户口的,退役后可按非农业户口落户。

入伍前系农业户口的士官符合转业条件,本人要求并经部队批准复员的,可按非农业户口落户。

第十条 (农转非的特别规定)

退伍义务兵、复员士官入伍前系农业户口,符合下列条件之一的,经市或者区县安置部门批准,可转为非农业户口:

(一)服役期间个人获得大军区以上单位授予的荣誉称号或者荣立二等功以上的;

(二)服役期间个人因对敌作战、抢险救灾、见义勇为荣立三等功或者因其他事由荣立两次三等功的;

(三)服役期间因战、因公、因病致残,被部队评定为三等以上残废等级的,或者虽未被评定残废等级,但经本市劳动能力鉴定部门鉴定为部分或者大部分丧失劳动能力的;

(四)服役期间其家庭按国家和本市有关规定转为非农业户口的;

(五)烈士的遗孤或者兄弟姐妹接替其参军的;

(六)入伍前父母双亡的;

(七)飞行学员因身体不适应飞行而退役,经团级以上的驻军医院诊断证明和航空学校证明的。

第三章 安 置

第十一条 (单位的安置义务)

本市范围内的机关、团体、企业事业单位(以下统称单位),不分所有制性质和组织形式,都有安置退役士兵的义务。

第十二条 (安置方式)

下列退役士兵中,除国家和本市规定不予安排就业或者自谋职业的以外,由区县安置部门安排就业:

(一)转业士官;

(二)入伍前系非农业户口的退伍义务兵、复员士官;

(三)由农业户口转为非农业户口,并在服役期间荣立二等功以上奖励或者被评定为二等、三等残废等级的退伍义务兵、复员士官。

下列退役士兵由乡镇人民政府妥善安排其生产和生活:

(一)系农业户口的退伍义务兵、复员士官;

(二)除前款第(三)项以外的由农业户口转为非农业户口的退伍义务兵、复员士官;

(三)入伍前系农业户口,因符合转业条件而按非农业户口落户的复员士官。

第十三条 (安排就业指标)

安排当年度的退役士兵就业,由市安置部门依据各区县上年度末在职职工人数,并考虑经济发展水平等因素进行必要的统筹,提出本年度各区县的退役士兵安排就业指标,经市人民政府同意后下达。

区县人民政府应当将市人民政府下达的安排就业指标落实到本辖区内的相关接受单位。

第十四条 (安排就业顺序)

安排退役士兵就业,按下列顺序进行:

(一)退役士兵与接受单位在规定期限内进行双向选择;

(二)退役士兵未通过双向选择落实接受单位的,由其户籍所在地的区县安置部门实行一次性指令安置;

(三)需跨区县指令安置的,由市安置部门组织实施。

第十五条 (自谋职业)

符合安排就业条件的退役士兵要求自谋职业的,应当在市或者区县安置部门确定其接受单位之前提出。

区县人民政府对自谋职业的退役士兵,应当给予一次性经济补助,并发给自谋职业证明。经济补助的具体标准和发放办法,由市民政局、市财政局制定。

自谋职业的退役士兵凭自谋职业证明,到劳动部门办理劳动手册。

第十六条 (复工复职)

在职入伍的退役士兵,可以回原单位复工、复职。原单位与其他单位合并的，由合并后的单位接受其复工、复职。原单位分立的，由退役士兵选择其中的一个单位复工、复职。不要求复工、复职的，按本办法第十四条的规定办理。

第十七条 （复学）

退役士兵在校入伍，未完成学业的，退役后可以回原学校复学。不要求复学的，按本办法第十四条的规定办理。

复学的退役士兵，视为自谋职业，给予一次性经济补助。

第十八条 （伤病残安置）

服役期间因战、因公、因病致残的退役士兵，按以下规定安置：

（一）被评定为特等、一等残废等级的退役士兵，按国家有关规定安置；

（二）被评定为二等、三等残废等级的退役士兵，由区县安置部门下达专项安排就业指标，予以指令性安置。接受单位应为其安排力所能及的工作。

第十九条 （不服从安置的处理）

退役士兵拒绝领取安置介绍信，或者领取安置介绍信后不按规定向接受单位报到的，不再重新安置，由安置部门将其档案移交户籍所在地的街道办事处或者乡镇人民政府。

第四章　待　　遇

第二十条 （就业待遇）

安排就业的退役士兵，享有以下待遇：

（一）单位接受退役士兵，应当将其军龄连同待安置的时间，一并计算为其在本单位的连续工龄；

（二）工资福利和住房等待遇不低于接受单位“同工种、同岗位、同工龄”的职工；

（三）因接受单位的原因导致退役士兵不能按时上岗的，自市或者区县安置部门开具安置介绍信的当月起，由接受单位按照本单位同工龄职工月平均工资收入的标准，逐月发给其生活费；

（四）单位接受退役士兵，应当给予退役士兵不少于 6 个月的适应期，不得实行试用期制、学徒工制的待遇；

（五）被评定为二等、三等残废等级的退役士兵，进单位后按国家和本市规定享受工伤待遇。

第二十一条 （待安置期间待遇）

安排就业的退役士兵在待安置期间，由区县安置部门按照不低于本市最低生活保障线的标准发给生活补助费。

第二十二条 （社会保险待遇）

退役士兵的基本社会保险关系应当按规定予以接续或者建立。退役士兵的军龄连同待安置时间与参加基本社会保险的实际缴费年限合并计算为累计缴费年限。

第二十三条 （乡镇安置待遇）

农村入伍的退伍义务兵和初级士官服现役期间，保留其承包土地、自留地；中级以上士官复员后，没有承包土地、自留地的，应当重新划给。

农业户口的退役士兵住房确有困难的，由区县安置部门给予一定的经济补助。

第二十四条 （报考优待）

退役士兵退役后一年内报考国家公务员的，在同等条件下应当优先录用。

退役士兵退役后一年内报考本市高等院校和中等专业学校的，予以优待。具体办法由市教育委员会、市民政局制定。

第二十五条 （参加职业培训）

安排就业的退役士兵在待安置期间参加职业培训，或者农业户口的退役士兵在退役后一年内参加职业培训的，由区县安置部门给予适当补助。

第二十六条 （自办企业）

退役士兵自办企业或者从事个体工商户经营的，按照国家和本市有关规定给予优惠。

第五章　法律责任

第二十七条 （单位违反规定的处罚）

单位违反本办法规定，拒绝安置部门分配的安置指标或者拒绝接受退役士兵的，由市或者区县安置部门责令限期改正。逾期不改正的，处以 2 万元以上 20 万元以下罚款；对单位主要负责人和直接责任人，可处以 2000 元以上 2 万元以下罚款。

第二十八条 （对执法者违法行为的追究）

行政执法部门及其行政执法人员应当依法行政、秉公执法。对玩忽职守、滥用职权、徇私舞弊、索贿受贿、枉法执行的行政执法人员，由其所在部门给予行政处分；构成犯罪的，依法追究其刑事责任。

第六章　附　　则

第二十九条　（经费）

安置退役士兵所需的业务经费，列入各级政府的财政预算。

第三十条　（施行日期）

本办法自2002年11月16日起施行。1989年4月16日上海市人民政府发布的《上海市退伍义务兵安置条例实施细则》同时废止。

江西省城市居民最低生活保障办法

（2002年8月27日江西省人民政府令第114号发布　自2002年10月1日起施行）

第一条　为实施国务院《城市居民最低生活保障条例》，结合本省实际，制定本办法。

第二条　本办法所称城市居民最低生活保障（以下简称最低生活保障）制度，是指对持有非农业户口的家庭人均收入低于当地最低生活保障标准的城市居民实行救助的制度。

第三条　最低生活保障制度遵循保障城市居民基本生活的原则，坚持国家保障与社会帮扶相结合、鼓励劳动自救的方针。

第四条　最低生活保障制度实行属地管理和各级人民政府负责制。各级人民政府应当依照国务院《城市居民最低生活保障条例》和本办法，将所有符合条件的城市贫困人口纳入最低生活保障范围，做到应保尽保。

县级以上人民政府民政部门具体负责本行政区域内最低生活保障的管理工作；财政部门按照规定落实最低生活保障资金；统计、物价、审计、劳动和社会保障、人事、工商行政管理、教育、公安等部门应当在各自的职责范围内负责最低生活保障的有关工作。

县级人民政府民政部门以及街道办事处和镇人民政府（以下简称管理审批机关）负责最低生活保障的具体管理审批工作。

居民委员会根据管理审批机关的委托，可以承担最低生活保障的日常管理、服务工作。

第五条　最低生活保障标准，按照当地维持城市居民基本生活所必需的衣、食、住费用，并适当考虑水电燃煤（燃气）费用以及未成年人的义务教育费用确定。

设区的市市区最低生活保障标准，由设区的市人民政府民政部门会同财政、统计、物价等部门制定，报本级人民政府批准并公布执行；县（县级市）最低生活保障标准，由县（县级市）人民政府民政部门会同财政、统计、物价等部门制定，报本级人民政府批准并报上一级人民政府备案后公布执行。

最低生活保障标准需要提高时，依照前两款的规定重新核定。

第六条　最低生活保障所需资金，每年年底前由县级以上人民政府民政部门根据核定的最低生活保障对象所需资金提出下一年度的用款计划，经财政部门审核，报本级人民政府批准后列人财政预算，纳入财政社会保障补助资金专户，实行专项管理，专款专用，不得截留、挤占、挪用。

鼓励社会组织和个人为最低生活保障提供捐赠、资助；所提供的捐赠、赞助，应当全部纳入当地最低生活保障资金。

第七条　城市居民家庭收入是指共同生活的家庭成员的全部货币收入和实物收入。具体包括：

（一）工资、奖金、津贴、补贴、福利、从事个体经营的净收入及其他劳动收入；

（二）离退休金、基本养老保险金、下岗职工基本生活费及失业保险金；

（三）存款、股票和其他有价证券及孳息；

（四）出租家庭资产获得的收入；

（五）法定赡养人、扶养人

或者抚养人应当给付的赡养、扶养或者抚养费；

(六)继承的遗产和接受的赠与；

(七)其他应当计入的家庭收入。

城市居民家庭收入，按申请人提出申请前3个月家庭收入的平均数额计算。

第八条 下列项目不计入申请人家庭收入：

(一)对国家、社会做出特殊贡献，政府给予的奖励金及省级以上劳动模范退休后享受的荣誉津贴；

(二)优抚对象享受的抚恤金、补助金；

(三)奖学金、助学金、勤工俭学收入及由政府和社会给予困难学生的救助金；

(四)独生子女费；

(五)因工(公)负伤职工的医疗费、误工费、营养费、护理费及死亡职工的遗属享受的一次性抚恤金；

(六)在职人员按规定由所在单位代缴的住房公积金及各项社会保险统筹费；

(七)政府、社会组织或者个人给予的临时性生活抚慰金。

第九条 持有非农业户口的城市居民，共同生活的家庭成员月人均收入低于其户籍所在地最低生活保障标准的，可以申请享受最低生活保障待遇。

城市居民家庭有下列情形之一的，不享受最低生活保障待遇：

(一)使用移动电话或者摩托车、空调器、计算机等非基本生活必需的消费品的；

(二)购买商品房或者自建房屋的；

(三)家庭日常生活消费水平明显高于当地城市居民最低生活保障标准的；

(四)在就业年龄内有劳动能力尚未就业者(在校就读学生除外)，经公共就业服务机构或者社区居民委员会一年内两次介绍就业，无正当理由拒绝就业的。

赌博、吸毒、嫖娼人员不得享受最低生活保障待遇。

第十条 城市居民申请最低生活保障待遇，通过户籍所在地居民委员会向街道办事处或者镇人民政府提出书面申请，并提交户口簿、家庭在职人员所在单位出具的收入证明和赡养人、扶养人或者抚养人家庭收入及其他证明材料，同时填写(城市居民最低生活保障待遇申请表)。

国家机关、企业事业单位和社会团体均有义务为本单位申请最低生活保障待遇人员出具真实、准确的收入状况或者劳动就业状况证明。

第十一条 居民委员会应当自收到申请人提交的申请书及有关证明材料之日起10日内，对申请人的家庭经济情况和实际生活水平进行调查核实，张榜公布，并将调查情况及申请人提交的有关材料报街道办事处或者镇人民政府。

第十二条 街道办事处或者镇人民政府应当自收到居民委员会的上报材料之日起10日内进行审核，张榜公布，并提出初审意见报县级人民政府民政部门。

第十三条 县级人民政府民政部门应当自收到街道办事处或者镇人民政府的上报材料之日起5日内进行审查，对符合条件的，通知街道办事处或者镇人民政府向社会公示，公示5日后无异议的，应当区分下列不同情况批准其享受最低生活保障待遇：

(一)对无生活来源、无劳动能力又无法定赡养人、扶养人或者抚养人的城市居民，批准其按照当地城市居民最低生活保障标准全额享受；

(二)对尚有一定收入的城市居民，批准其按照家庭人均收入低于当地最低生活保障标准的差额享受。

对不符合条件的，应当书面通知申请人，并说明理由。

第十四条 管理审批机关或者居民委员会为审批最低生活保障待遇的需要，可以通过入户调查、邻里访问以及信函索证等方式对申请人的家庭经济状况和实际生活水平进行调查核实。申请人及有关单位、组织或者个人应当接受调查，如实提供有关情况。

第十五条 县级人民政府民政部门对批准享受最低生活保障待遇的家庭，发给《城市居民最低生活保障金领取证》；发放《城市居民最低生活保障金领取证》，不得收取工本费、手续费和其他任何费用。

第十六条 最低生活保障对象自县级人民政府民政部门批准之日的当月起，开始领取最低生活保障金。

第十七条 最低生活保障金由街道办事处或者镇人民政府按月发放;必要时,经县级人民政府民政部门批准,也可以给付部分生活必需的实物。

最低生活保障对象持居民身份证、《城市居民最低生活保障金领取证》,在规定的时间、地点领取最低生活保障金;对最低生活保障对象中鳏寡孤独老年人和行动不便的残疾人,由街道办事处或者镇人民政府派人按月上门发放最低生活保障金。

自发放之日起,最低生活保障对象无正当理由逾期一个月不领取最低生活保障金的,视为自动放弃,管理审批机关应当按程序办理停发手续。

第十八条 对不符合条件而享受最低生活保障待遇的,任何人都有权向管理审批机关提出意见;管理审批机关经核查,对情况属实的,应当及时予以纠正。

第十九条 城市居民在享受最低生活保障待遇期间,应当履行下列义务:

(一)通过居民委员会向管理审批机关及时报告家庭收入及人员变化情况,接受管理审批机关的核查;

(二)在就业年龄内有劳动能力尚未就业者(在校就读学生除外),应当积极求职或者接受有关部门介绍的工作;

(三)在就业年龄内有劳动能力尚未就业者(在校就读学生除外),应当参加其所在的居民委员会组织的公益性社区服务劳动。

第二十条 管理审批机关应当对最低生活保障对象实行动态管理,建立最低生活保障对象档案,区别不同最低生活保障对象进行定期走访、核查,并根据最低生活保障对象家庭收入和人员的变化,及时停发、减发或者增发最低生活保障金。

第二十一条 县级以上人民政府有关部门或者单位,应当按下列规定对最低生活保障对象在就业、就学、从事个体经营等方面给予扶持和照顾:

(一)免费提供职业介绍、咨询、指导等服务;

(二)免收九年制义务教育的杂费;

(三)考入大中专院校的,其在校就读期间仍按家庭成员计算,不随户口迁移而变化;

(四)从事个体经营的,免收注册费和工商管理费。

第二十二条 财政、审计部门应当依法加强对最低生活保障资金使用情况的监督,及时查处违纪、违法行为。

第二十三条 从事最低生活保障管理审批工作的人员有下列行为之一的,给予批评教育,依法给予行政处分;构成犯罪的,依法追究刑事责任:

(一)对符合享受最低生活保障待遇条件的家庭拒不签署同意享受最低生活保障待遇意见的,或者对不符合享受最低生活保障待遇条件的家庭故意签署同意享受最低生活保障待遇意见的;

(二)玩忽职守、徇私舞弊,或者贪污、挪用、扣压、拖欠最低生活保障款物的。

第二十四条 最低生活保障对象有下列行为之一的,由县级人民政府民政部门给予批评教育或者警告,追回其冒领的最低生活保障款物;情节恶劣的,处冒领金额1倍以上3倍以下的罚款:

(一)采取虚报、隐瞒、伪造等手段,骗取享受最低生活保障待遇的;

(二)在享受最低生活保障待遇期间家庭收入情况好转,不按规定告知管理审批机关,继续享受最低生活保障待遇的。

第二十五条 单位为申请最低生活保障待遇的人员出具虚假证明的,对直接负责的主管人员和其他直接责任人员依法给予行政处分,并由县级人民政府民政部门对单位处以200元以上1000元以下的罚款。

第二十六条 城市居民对县级人民政府民政部门作出的不批准享受最低生活保障待遇或者减发、停发最低生活保障款物的决定或者给予的行政处罚不服的,可以依法申请行政复议;对行政复议决定仍不服的,可以依法提起行政诉讼。

第二十七条 居住在城市市区之外的中央、省属企业中符合最低生活保障条件的贫困职工的最低生活保障,适用本办法。

第二十八条 本办法自2002年10月1日起施行。

云南省城市居民最低生活保障办法

（2002年10月21日云南省人民政府令第114号发布　自2002年12月1日起施行）

第一条　为了保障城市贫困居民的基本生活，根据国务院《城市居民最低生活保障条例》(以下简称《条例》)，结合本省实际，制定本办法。

第二条　在本省行政区域内实施最低生活保障制度，必须遵守《条例》和本办法。

第三条　城市居民最低生活保障制度遵循保障城市居民基本生活的原则，坚持国家保障与社会帮扶相结合、鼓励劳动自救的方针，实现将所有符合条件的城市贫困居民都纳入保障范围的目标。

第四条　城市居民最低生活保障制度实行各级人民政府负责制。县级以上民政部门具体负责本行政区域内城市居民最低生活保障的管理工作。

县级民政部门以及街道办事处和镇人民政府负责城市居民最低生活保障的具体管理审批工作。

管理审批机关可以委托居民委员会或者企业工会负责本辖区或者本企业城市居民最低生活保障的日常管理工作。

财政、统计、计划、审计、人事、劳动和社会保障等部门应当按照各自职责，共同做好城市居民最低生活保障工作。

第五条　持有本省非农业户口的城市居民，凡共同生活的家庭成员按家庭收入计算，人均月收入低于当地城市居民最低生活保障标准的，均有从当地人民政府获得基本生活物质帮助的权利。

第六条　本办法所称家庭成员，是指户主和与其共同生活的下列人员：

（一）配偶、子女(包括从本地到外地就读的子女)、父母；

（二）具有法定的赡养、抚养、扶养关系的祖父母、外祖父母，孙子女、外孙子女、兄弟姐妹；

（三）县级以上民政部门依法认定的其他人员。

第七条　本办法所称家庭收入，是指共同生活的家庭成员的全部货币收入和实物收入的总和。包括以下部分：

（一）工资、奖金、津贴、补贴和其他各类劳动收入；

（二）离退休金、养老金、救济金、保险金；

（三）赡养费、抚养费和扶养费；

（四）继承、赠与收入；

（五）出租、转让财产收入；

（六）偶然所得收入；

（七）省民政部门规定的其他家庭收入。

第八条　下列收入不计入城市居民申请享受最低生活保障待遇的家庭收入：

（一）优抚对象按照国家规定享受的抚恤金、补助金；

（二）在职人员按规定由所在单位代缴的住房公积金及各项社会统筹保险费；

（三）县级以上人民政府及有关部门给予的一次性奖励；

（四）独生子女保健费；

（五）丧葬费。

第九条　城市居民申请享受最低生活保障待遇，其家庭收入按提出申请之月前连续3个月的家庭月人均收入计算。

第十条　城市居民最低生活保障标准，按照当地维持城市居民基本生活所必需的衣、食、住费用，并适当考虑水电燃煤(燃气)费用、未成年人的义务教育费用以及考虑当地下列因素确定：

（一）城市居民实际生活水平；

（二）物价指数；

（三）经济发展水平；

（四）其他各项社会保障标准。

第十一条　市辖区的城市居民最低生活保障标准，由市民政部门会同财政、统计、计划等部门制定，报市人民政府批准并公布执行。

县(市)的城市居民最低生活保障标准，由县(市)民政部门会同财政、统计、计划等部门制定，报本级人民政府批准并报州、市人民政府、地区行政公署备案后，再由县(市)人民政府公布执行。

第十二条　城市居民最低生活保障标准应当适时根据当

地实际情况逐步提高。需要提高时,应当依照前两条的规定进行核定。

第十三条 申请享受城市居民最低生活保障待遇,由户主向户籍所在地的街道办事处、镇人民政府或者其委托的居民委员会、企业工会提出书面申请,并出具户籍、收入状况等证明材料,填写《城市居民最低生活保障待遇审批表》。

街道办事处、镇人民政府及其委托的居民委员会、企业工会应当对申请人所出具的证明材料和填写的审批表进行审核,自收到申请人提出的申请之日起20日内提出初审意见,并由街道办事处、镇人民政府将有关材料和初审意见报县级民政部门审批。

县级民政部门、街道办事处和镇人民政府及其委托的居民委员会、企业工会可以通过入户调查、邻里访问以及信函索证等方式对申请人的家庭经济状况和实际生活水平进行调查核实。申请人及有关单位、组织或者个人应当接受调查,如实提供有关情况。

第十四条 县级民政部门应当自收到初审意见之日起10日内对报送其审批的有关材料和初审意见进行审查,并依照《条例》第八条的规定,作出批准其全额享受、差额享受城市居民最低生活保障待遇或者不予批准的决定。

对经批准享受城市居民最低生活保障待遇的城市居民(以下简称低保对象),应当按户发给《城市居民最低生活保障金领取证》,并以户为单位在低保对象所在单位或者居住地张榜公布,接受群众监督。

不予批准的,应当将不予批准的决定和理由以及不服该决定申请行政复议的权利书面通知申请人。

第十五条 城市居民最低生活保障金从县级民政部门批准的当月起计发,由街道办事处、镇人民政府或者受其委托的居民委员会、企业工会按月发放,凭(城市居民最低生活保障金领取证)领取。对行动不便和年老多病的,应当委派专人负责按月送达。

第十六条 低保对象因户籍变动的,应当在户籍迁入地重新申请城市居民最低生活保障待遇。

第十七条 低保对象的家庭成员、家庭收入状况发生变化的,应当在当月内向街道办事处、镇人民政府或者其委托的居民委员会、企业工会报告,并办理下月起停发、减发或者增发城市居民最低生活保障金的手续。

停发保障金的,应当将(城市居民最低生活保障金领取证)交回镇人民政府或者街道办事处,由镇人民政府或者街道办事处交回县级民政部门核销;减发或者增发保障金的,应当重新填写审批表,进行再次审核。

街道办事处、镇人民政府及其委托的居民委员会、企业工会应当对领取保障金的城市居民的家庭收入情况定期进行核查,一般每3个月核查1次。

第十八条 已失业或者尚未就业的低保对象属法定就业年龄且有劳动能力的,在享受城市居民最低生活保障待遇期间,应当参加其所在居民委员会组织的公益性社区服务劳动,并主动就业或者接受有关部门介绍就业。

依照前款规定主动就业或者接受有关部门介绍就业的低保对象,自就业之日起3个月内因就业所增加的收入,不计入家庭收入。

第十九条 各级人民政府及其有关部门,应当对低保对象在住房、水电、燃煤(燃气)、就业、从事个体经营等方面给予扶持,并针对低保对象制定必要的扶持和优惠政策。

工商、税务部门在工商登记、管理和税收方面应当对从事个体经营、自谋职业的低保对象给予照顾和优惠。

低保对象新办信息业、咨询业、技术服务业个体经营的,自开业之日起,其经营所得免征个人所得税两年;新办从事社区居民服务个体经营的,自开业之日起,其经营所得免征个人所得税1年;利用自有住房从事科技、信息、文化、修理等服务行业个体经营的,自从业之日起5年内免收土地有偿使用费。

第二十条 学校和其他教育机构应当对就学的低保对象减免学杂费及有关费用。

低保对象到定点医院或者其他非营利性医疗机构就医时,医疗机构应当凭保障金领取证免收其普通挂号费和适当减免住院及门诊床位费。

低保对象到营利性医疗机构就医时,医疗机构可以参照前款规定,对其适当减免医疗费用。

第二十一条 县级以上人民政府应当将城市居民最低生活保障所需资金列入本级财政预算,并纳入社会救济专项资金支出项目。

上级人民政府在安排城市居民最低生活保障资金时,应当根据财力,对确有困难的下一级人民政府给予适当补助。

第二十二条 城市居民最低生活保障资金的来源:

(一)县级以上人民政府财政预算安排的城市居民最低生活保障金;

(二)上级财政的补助;

(三)社会组织和个人提供的捐赠、资助;

(四)保障资金利息收入;

(五)其他来源。

第二十三条 城市居民最低生活保障资金实行专户管理。

城市居民最低生活保障补助资金纳入财政在国库开设的财政社会保障补助资金专户管理。县级财政部门应当将城市居民最低生活保障补助资金纳入在国有商业银行开设的社会保障基金财政专户管理。县级民政部门应当在国有商业银行开设城市居民最低生活保障资金支出专户。

城市居民最低生活保障资金必须专款专用,年终结余转下一年度继续使用,任何部门、单位或者个人不得截留、挤占和挪用。

第二十四条 县级以上民政部门应当按照编制预算的规定和要求,在每年年底前根据实际需要提出下一年度城市居民最低生活保障资金及工作经费的用款计划,经同级财政部门审核后,列入财政预算。

县级以上民政部门应当按照规定向同级财政部门报送城市居民最低生活保障资金会计报表和年度决算报表。

第二十五条 县级民政部门应当于每月 25 日前向同级财政部门报送《城市居民最低生活保障资金使用情况统计表》和《经费用款计划表》,财政部门经审核同意后,应当在次月 10 日前将资金从财政专户拨入民政部门开设的城市居民最低生活保障资金支出专户。

民政部门应当按月拨付和发放城市居民最低生活保障金。

第二十六条 财政、审计等部门依法监督城市居民最低生活保障资金的管理和使用情况。

第二十七条 县级以上民政部门应当按月统计低保对象的人数、家庭数以及保障金的发放数量等情况,报上一级民政部门汇总并报同级统计部门备案。

第二十八条 从事城市居民最低生活保障管理审批工作的人员有下列行为之一的,由其所在单位、部门或者上级机关依照《条例》第十三条规定给予批评教育,依法给予行政处分;构成犯罪的,依法追究刑事责任:

(一)对符合最低生活保障条件的城市居民不予签署同意享受最低生活保障待遇意见的,或者对不符合最低生活保障条件的居民故意签署同意享受最低生活保障待遇意见的;

(二)贪污、挪用、扣压、拖欠、截留、挤占城市居民最低生活保障金的;

(三)擅自改变城市居民最低生活保障金发放数额的;

(四)有其他玩忽职守、徇私舞弊、滥用职权行为的。

第二十九条 低保对象有下列行为之一的,由县级民政部门依照《条例》第十四条规定给予批评教育或者警告,追回其冒领的城市居民最低生活保障金;情节恶劣的,处冒领金额 1 倍以上 3 倍以下的罚款:

(一)采取虚报、隐瞒、伪造等手段,骗取享受城市居民最低生活保障待遇的;

(二)在享受城市居民最低生活保障待遇期间家庭收入情况好转,不按规定告知管理审批机关,继续享受城市居民最低生活保障待遇的。

前款所称情节恶劣的,是指下列情形:

(一)冒领金额超过 2000 元的;

(二)冒领时间超过 6 个月的;

(三)有其他恶劣情节的。

第三十条 城市居民对县级民政部门作出的下列决定之一不服的,可以依照(条例)第十五条规定和行政复议法的有关规定,向本级人民政府或者上一级民政部门申请行政复议;对复议决定仍不服的,可以依法提起行政诉讼：

（一）不批准享受城市居民最低生活保障待遇的决定；

（二）减发、停发城市居民最低生活保障待遇的决定；

（三）依照本办法第二十九条规定作出的行政处罚决定。

第三十一条 低保对象除按照本办法享受保障待遇和扶持、优惠措施外，还可以按照国家和各级人民政府及其有关部门的规定，享受其他扶持、优惠政策。

第三十二条 本办法自2002年12月1日起施行。

吉林省地名管理规定

（2002年10月8日吉林省人民政府令第142号发布　自2002年12月1日起施行）

第一章　总　　则

第一条 为了适应经济建设和社会发展的需要，加强对地名的管理，根据国务院《地名管理条例》，结合本省实际情况，制定本规定。

第二条 本规定适用于本省行政区域内地名的命名、更名、使用、标志设置、档案管理以及与之相关的管理活动。

第三条 本规定所称的地名包括：

（一）行政区划名称；

（二）山、河、湖、沟、湾、滩、潭、泉、泡、岛、平原、丘陵等自然地理实体名称；

（三）居民小区、开发区、自然村（屯）、农林牧渔场等居民点名称和街路、胡同、广场、大厦、楼群等名称；

（四）具有地名意义的铁路、公路、隧道、桥梁、涵洞、渡口、航道、水库、闸坝等构筑物、建筑物名称；

（五）专业部门使用的具有地名意义的站、港、场名称以及风景区、游览区、自然保护区、古遗址、名胜古迹等名称。

第四条 按照国家和省的规定审批的地名为标准地名。

第五条 各级人民政府在制定城乡建设总体规划时涉及地名命名、更名的，由民政部门先行审核。

第六条 县级以上人民政府民政部门主管本行政区域内地名管理工作。

县级以上人民政府的其他有关部门，应当按照各自的职责，配合民政部门开展地名管理工作。

第二章　地名的命名与更名

第七条 地名的命名和更名，除应当符合国家的规定外，还应当符合下列规定：

（一）反映当地人文或自然地理特征；

（二）省内著名的山脉、河流名称应当不重名，避免使用同音字；

（三）县级以上行政区划名称的专用部分不得相同；

（四）省内的乡级行政区划名称，同一乡级行政区划内的自然村（屯）名称，同一城镇内的街路、胡同、广场、居民小区名称，应当不重名，不使用同音字；

（五）乡级行政区划、街道办事处的名称分别以乡级人民政府驻地居民点和街道办事处所在街路的名称命名；

（六）新建和改建的城镇街路、居民小区的命名不用序数、新村、新街名称；

（七）用字准确、规范，不用生僻字和字形字音容易混淆或者容易产生歧义的字；

（八）法律、法规的其他有关规定。

第八条 地名命名、更名的审批权限和程序，按照下列规定办理：

（一）行政区划的命名、更名，按照国务院《关于行政区划管理的规定》办理；

（二）本省在国内外著名和涉及邻省（自治区）的山脉、河流、湖泊等自然地理实体，边境地区涉及国界线及载入边界条约和议定书中的自然地理实体以及居民地的命名、更名，由所在地县级人民政府提出意见，经市级人民政府同意后，报省人民政府审核，并由省人民政府上报国务院审批；

（三）省内涉及两个以上市

级行政区域的山脉、河流、湖泊等自然地理实体的命名、更名，由相关的市级人民政府提出意见，报省人民政府审批；

（四）市级行政区域内涉及两个以上县级行政区域自然地理实体的命名、更名，由相关的县级人民政府提出意见，报市级人民政府审批；

（五）城镇的街、路、胡同、广场、居民小区的命名、更名，由市级或者县级人民政府民政部门提出意见，报本级人民政府审批；

（六）自然村（屯）的命名、更名，由乡级人民政府提出意见，报县级人民政府审批；

（七）专业部门使用的具有地名意义的站、港、场以及风景区、游览区、自然保护区、古遗址、名胜古迹等的命名、更名，由专业主管部门征得所在地市级或者县级人民政府同意后，报上一级专业主管部门审批，并分别抄送所在地市级或者县级民政部门备案。

第九条 重要地名的命名、更名之前，县级以上人民政府民政部门和专业主管部门可以举行听证会，广泛听取社会各方面的意见和建议。

第十条 本省县级以上人民政府及其民政部门以及专业主管部门，办理地名的命名、更名，应当自接到申请之日起10日内办理完结。符合规定条件的，予以批准；不符合规定条件的，不予批准，并书面通知申请人，说明理由。

第三章 标准地名的使用

第十一条 县级以上人民政府民政部门和专业主管部门，应当将批准的标准地名及时向社会公布，推广使用。

第十二条 书写标准地名应当遵循下列规定：

（一）用汉字书写地名应当使用国家公布的规范汉字；

（二）用汉语拼音拼写的地名，应当以国家公布的“汉语拼音方案”为规范，不得用外文拼写；

（三）用汉字译写少数民族地名，应当执行国家规定的译写规则；

（四）用少数民族文字书写地名，应当执行国家规定的规范写法。

第十三条 有关部门出版本行政区域的地名录、地名词典等标准化地名图书前，应当经县级以上人民政府民政部门审核。

第十四条 机关、部队、团体、企业、事业单位的公告、文件、证件、影视、商标、广告、牌匾、地图以及出版物等使用的地名，应以正式公布的标准地名（包括规范化译名）为准，不得擅自更改。

第十五条 建设单位在申办道路、桥梁、隧道、建筑工程等建设用地手续和商品房预售许可证、房地产证时，凡涉及地名命名、更名的，须向土地、房管、公安等部门提供标准地名批准文件。

无地名批准文件或拒不提供地名批准文件的，有关部门不予办理相关手续。

第十六条 地名档案管理机构应当依法加强对地名档案的管理，逐步建立地名档案信息系统，定期公布有利用价值的地名档案目录，为社会提供信息查询、开发利用服务。

第四章 地名标志的设置

第十七条 经常被社会公众使用的标准地名：应当设置牌、桩、匾、碑等标志物。

设置地名标志应当执行国家规定的统一标准，做到美观、大方、醒目、坚固。

第十八条 专业主管部门使用的地名标志，由专业主管部门负责设置和管理；其他的地名标志由县级以上人民政府民政部门负责设置和管理。

第十九条 现有通用地名标志的设置和管理所需经费，由市级或者县级人民政府根据具体情况安排。

专业主管部门设置的地名标志所需经费和管理，由本部门负责。

第二十条 新建和改建的住宅区、建筑群，其地名标志的制作、安装所需费用，由建设开发单位列入基建预算，在办理建设工程立项审批等有关手续时，一并办理地名标志的设置手续。

第二十一条 经有关部门批准，地名标志上可以附设公益广告和其他商业广告。

第二十二条 任何单位和个人均不得从事下列活动：

（一）涂改、玷污地名标志；

（二）遮挡、覆盖地名标志；

（三）擅自移动、拆除地名标志；

（四）损坏地名标志的其他活动。

第二十三条 因施工等原因需要移动或者拆除地名标志的，工程竣工后，应当恢复原状；不能恢复原状的，应当给予地名标志的设置人相应的补偿。

第二十四条 地名标志的设置人应当保持地名标志的清晰和完好，发现损坏或者字迹残缺不全的，应当及时维修或更换。

第五章 法律责任

第二十五条 违反本规定，擅自命名、更名或使用不规范地名的，由民政部门和专业主管部门责令限期改正；逾期不改正或者情节严重造成后果的，给予警告并对单位处以500元以上1000元以下罚款。

第二十六条 违反本规定第二十二条规定之一的，由民政部门和专业主管部门责令限期改正；损坏地名标志的，应当依法赔偿；偷窃、故意损毁地名标志，违反治安管理规定的，由公安机关依法处罚。

第二十七条 已批准命名、更名的地名，民政部门以及专业主管部门应当实施有效监督。对不依法履行监督职责或者监督不力造成严重后果的，由有关主管部门对民政部门以及专业主管部门的有关领导和直接责任人依法给予行政处分。

第二十八条 有下列情形之一的，当事人可以依法申请行政复议或者提起行政诉讼：

（一）认为符合审批条件，审批机关未予批准的；

（二）审批超过规定期限的；

（三）对行政处罚决定不服的。

第二十九条 当事人对行政机关的行政处罚决定，在法定期限内不申请行政复议，不提起行政诉讼，又不履行的，做出行政处罚决定的行政机关可以申请人民法院强制执行。

第三十条 民政部门和专业主管部门及其工作人员在地名管理工作中，滥用职权、徇私舞弊、玩忽职守的，对其主要责任人员由所在单位、上级机关或者有关主管部门给予行政处分；给当事人造成经济损失的，依法予以赔偿；构成犯罪的，由司法机关依法追究刑事责任。

第六章 附 则

第三十一条 本规定自2002年12月1日起施行。1987年7月17日吉林省人民政府发布的(吉林省地名管理办法)同时废止。

福建省殡葬管理办法

（2002年8月12日福建省人民政府令第83号发布 自2002年10月1日起施行）

第一章 总 则

第一条 为了加强殡葬管理，推进殡葬改革，促进社会主义精神文明建设，根据国务院《殡葬管理条例》，结合本省实际，制定本办法。

第二条 本办法适用于本省行政区域内的殡葬活动及其管理。

第三条 各级人民政府应当加强对殡葬工作的领导，制定实行火葬的具体规划，将兴建、改造殡葬服务设施纳入城乡建设规划和基本建设计划。殡葬工作建立目标管理责任。

建设殡葬设施、提高火化率、制止乱埋乱葬、移风易俗等应当作为精神文明建设的重要内容。

第四条 县级以上人民政府民政部门是殡葬管理工作的主管部门，负责本行政区域内殡葬管理工作。市、县（区）殡葬管理机构受同级人民政府民政部门委托，负责殡葬管理日常工作。

土地、公安、工商、交通、卫生、林业、建设、环保、民族宗教等部门，应当按照各自职责，共同做好有关殡葬管理工作。

国家机关、社会团体、企事业单位、居(村)民委员会和其他

组织，应当支持和宣传殡葬改革，引导公民文明节俭办丧事。

第二章　殡葬活动管理

第五条　交通方便的地区应划为火葬区。暂不具备实行火葬条件的地区，可划为土葬改革区。

火葬区和土葬改革区的划定由省人民政府民政部门编制方案，报省人民政府批准。

第六条　火葬区内的人员死亡后应当全部实行火葬。国家另有规定的，从其规定。

土葬改革区死亡的人员，自愿实行火葬的，应当予以支持和鼓励，他人不得干涉。

第七条　火葬区内的遗体应当就地就近火化。因特殊原因确需将遗体运往非死亡地的，应当由非死亡地的县级以上人民政府民政部门出具证明，经死亡地县级以上人民政府民政部门批准，用殡葬专用车运送。

第八条　死者有亲属的，亲属是丧事承办人；死者没有亲属的，其生前单位或临终居住地的居(村)民委员会是丧事承办人。

第九条　火葬区死亡的人员，丧事承办人应及时通知殡仪馆或殡仪服务站(中心)，办理遗体火化手续；无名、无主的遗体由当地公安部门通知殡仪馆或殡仪服务站(中心)接运遗体。

殡仪馆或殡仪服务站(中心)应当自接到通知后12小时内接运遗体。

运至殡仪馆的遗体应当在7日内火化。因特殊情况需要延期火化的，丧事承办人应报殡仪馆的主管部门批准。

火化遗体必须凭公安机关或国务院卫生行政部门规定的医疗机构出具的死亡证明。

第十条　殡仪馆火化完遗体后，应及时向丧事承办人出具由省人民政府民政部门监制的遗体火化证。

第十一条　尊重少数民族的丧葬习俗。火葬区内依照国家规定可以土葬的少数民族公民死亡后，应葬入县级人民政府指定的公墓或划定的区域。可以土葬的少数民族公民死亡，自愿实行火葬的，他人不得干涉。

第十二条　外国人、港、澳、台胞、华侨来华期间死亡的，可就地火化。但其亲属要求将遗体运出境的，按国家有关规定办理。

第十三条　正常死亡人员的遗体及经公安司法部门鉴定后的非正常死亡人员的遗体，停放住所时间不得超过48小时。

高度腐烂的遗体和因烈性传染病死亡的遗体，按《中华人民共和国传染病防治法》的规定进行处理。

捐赠的遗体按照国家和本省的有关规定办理。

第十四条　非正常死亡人员遗体需要存放在殡仪馆的，有关单位或个人应与殡仪馆协商办理。

无主遗体火化后180日内仍无人认领骨灰的，可由殡仪馆深埋处理。

第十五条　土葬改革区死亡人员的遗体可以实行土葬，其遗体应葬入墓或县级人民政府划定的区域。

非公墓区内的坟墓禁止用水泥、石材等永久性建筑材料修建。

第十六条　骨灰处理应当尽量少占地或者不占地，提倡播撒、深埋、植树葬等不保留骨灰的安置方式。需保留骨灰的，可凭遗体火化证存放或埋葬在经县级以上人民政府民政部门批准的骨灰堂(楼、塔)或公墓。

丧事承办人向殡仪馆领取骨灰时，应提交骨灰安放(安葬)证等骨灰去向的有效证明。

禁止将骨灰埋葬在非公墓区。国家另有规定的除外。

第十七条　禁止在下列区域建造坟墓：

(一)耕地、林地；

(二)铁路、公路、河流主干道两侧；

(三)城市公园、风景名胜区、文物保护区、经济开发区；

(四)水库、河流堤坝附近的水源保护区。

上述区域由县(市)人民政府具体划定。

凡本条规定区域内现有的坟墓，除受国家保护的具有历史、艺术、科学价值的予以保留外，均应限期迁移或深埋，不留坟头。

第三章　殡葬设施管理

第十八条　殡仪馆、公墓、骨灰堂(楼、塔)、殡仪服务站(中心)等的数量、布局规划，火化率指标等，由省人民政府民政部门编制，报省人民政府审批。

第十九条 建设殡葬服务设施应当履行下列审批手续：

（一）建立殡仪馆，由市、县人民政府民政部门提出方案，报本级人民政府审批；

（二）建立经营性公墓、骨灰堂（楼、塔）由市、县人民政府民政部门审核同意后，报省人民政府民政部门审批；

（三）农村设置公益性公墓、骨灰堂（楼、塔），经乡（镇）人民政府审核同意后，报市、县人民政府民政部门审批，并报省人民政府民政部门备案；

（四）利用外资建设殡葬设施，经省人民政府民政部门审核同意后，报国务院民政部门审批。

兴建殡葬设施应当依法办理用地、规划、建设和其他有关手续。

任何单位和个人未经批准，不得擅自兴建殡葬设施。

第二十条 骨灰安葬在经营性公墓或安放在经营性骨灰堂（楼、塔）的，凭殡仪馆出具的遗体火化证购置墓穴或骨灰格位。禁止为尚未死亡的人员购置墓穴或骨灰格位，但为死者的健在配偶留作合葬的寿穴（骨灰格位）除外。对安葬（存放）的骨灰，应发给省人民政府民政部门监制的骨灰安放（安葬）证。

禁止传销或以其他方式非法买卖墓穴和骨灰格位。

第二十一条 殡仪馆、经营性公墓等服务单位，应当因地制宜设立服务项目，为公众办丧事提供良好的服务，满足不同层次的丧葬消费需求。

殡仪馆、经营性公墓等殡葬服务单位提供的服务项目的收费标准应当报物价部门审批，并明码标价。

殡葬服务单位应当建立健全各项规章制度，实行工作程序化、规范化。

第四章 丧事活动及丧葬用品管理

第二十二条 办理丧事活动，不得妨害公共秩序，危害公共安全，侵害他人合法权益。

禁止在丧事活动中从事封建迷信活动；禁止在公共场所停放遗体、摆放花圈、搭设灵棚或抛撒、焚烧祭祀品。

第二十三条 制造、销售焚尸炉、运尸车、尸体冷藏柜等殡葬设备的单位和个人，应当按照国家颁布标准进行生产、销售，各级民政部门应对殡葬设备加强管理。

禁止生产、销售封建迷信丧葬用品。

第五章 罚 则

第二十四条 将应当火化的遗体土葬，或者违反规定将骨灰埋葬在非公墓区，或者在公墓和划定的区域以外埋葬遗体、建造坟墓的，由县级以上人民政府民政部门责令限期改正；拒不改正的，可以强制执行，其费用由责任人承担。强制执行时，当地街道办事处、乡镇人民政府和死者生前工作单位应协同处理。

非公墓区内的坟墓用水泥等永久性建筑材料修建的，由县级以上人民政府民政部门责令改正；拒不改正的，可强制执行，其费用由责任人承担。

第二十五条 未经批准，擅自兴建殡葬设施的，由县级以上人民政府民政部门会同建设、土地行政管理部门予以取缔，责令恢复原状，没收非法所得，可以并处违法所得1倍以上3倍以下罚款；

第二十六条 擅自改变公益性公墓、骨灰堂（楼、塔）性质的，由县级以上人民政府民政部门没收违法所得，可以并处违法所得1倍以上3倍以下的罚款。

第二十七条 传销或以其他方式非法买卖墓穴或骨灰格位的，由工商行政管理部门予以制止，没收违法所得，并处销售金额1倍以上3倍以下的罚款。

第二十八条 殡葬服务单位违反收费标准的，由物价行政主管部门依法予以处罚。

第二十九条 殡葬管理人员滥用职权、徇私舞弊、索贿受贿、玩忽职守的，由主管部门依法给予行政处分；构成犯罪的，依法追究刑事责任。

第三十条 殡葬服务人员违反操作规程，造成重大事故或不良影响的，由民政部门追究殡葬服务单位领导和直接责任人的责任。

殡仪服务人员利用工作之便索取或者收受财物的，由民政部门责令退赔；构成犯罪的，依法追究刑事责任。

第六章 附 则

第三十一条 本办法自2002年10月1日起实行。

重庆市殡葬事务管理办法

（2002年6月13日重庆市人民政府令第134号发布　自2002年8月1日起施行）

第一条　根据《重庆市殡葬管理条例》和国家有关规定制定本办法。

第二条　各级人民政府对殡葬工作实行目标管理。

第三条　市民政部门是全市殡葬事务管理工作的主管部门，其所属的殡葬管理机构负责殡葬事务管理的具体工作；区县（自治县、市）民政部门负责木行政区域内的殡葬事务管理工作。

第四条　回族、维吾尔族、哈萨克族、柯尔克孜族、乌孜别克族、塔吉克族、塔塔尔族、撒拉族、东乡族和保安族等10个少数民族公民遗体可以土葬，但必须在当地民政部门指定的地点土葬；自愿实行火葬的，他人不得干涉。

第五条　死亡者的遗体应在就近殡仪馆火化。因特殊情况遗体需要外运的，须经死亡所在地区县（自治县、市）民政部门同意，用殡仪专用车运送；

港澳特别行政区居民、台湾同胞、华侨和外国人在本市的丧葬事宜或其遗体（骸骨、骨灰）需出入境的，按国家有关规定办理。

第六条　城市化水平较高的城镇区域为文明治丧示范区。文明治丧示范区的具体范围随城市化进程由区县（自治县、市）人民政府划定并向社会公布，同时报市民政部门备案。

在文明治丧示范区内，死于家中人员的遗体在家停放时间不得超过3天，死于其他场所的遗体应当停在殡仪馆、殡仪服务站；禁止在公共场所停放遗体。

第七条　医院应加强太平间管理，建立遗体停放、运出登记制度，并接受殡葬管理部门的指导与监督。在文明治丧示范区内运送遗体应当使用殡仪专用车。

殡仪馆、殡仪服务站应按约定时间接运遗体。

第八条　在文明治丧示范区内办理丧事活动只能在殡仪馆、殡仪服务站、丧属家中或街道办事处、乡镇人民政府及企事业单位指定的地点进行。任何单位或个人不得占用街道、公共场所搭设灵棚，举办丧事活动。

第九条　无名、无主遗体，经公安部门鉴定后由发现地的街道办事处、乡镇人民政府通知殡仪馆接运，相应费用由通知方承担；需立案待查的无主遗体的存放费用由立案机关承担。涉案遗体的处理费用由公安、司法部门承担。

第十条　运至殡仪馆的遗体应在7日内火化。因特殊情况需延期火化的，应经当地民政部门同意。未办理延期火化手续的，殡仪馆应书面通知丧事承办人限期办理。逾期仍未办理的，殡仪馆报主管民政部门批准和向当地公安派出所备案后，可以火化遗体。

对患一、二级传染病死亡的和高度腐败的遗体，殡仪馆应立即火化。

第一款所称丧事承办人指：死者有亲属的，亲属是丧事承办人；死者没有亲属的，其生前单位或临终居住地的村（居）委员会是丧事承办人。

第十一条　有关单位应凭火化证或允许土葬的遗体安葬证或捐献遗体证明发放或赔付死亡人员及家属的丧葬费、丧葬困难补助费等。

第十二条　丧葬用品生产、销售场所的设置应符合区县（自治县、市）民政部门的规划要求。禁止在城镇主要街道、干道公路两侧、旅游景区和窗口地区设置丧葬用品销售点。

第十三条　严格执行（重庆市殡葬管理条例）关于公墓墓穴占地面积和使用年限的规定。公墓墓穴（格位）使用期满后，超过一年仍不办理继续使用手续的，其墓穴（格位）由公墓单位收回，骨灰（遗体）集中安葬。

第十四条　任何人不得传销、炒卖墓穴（格位）；严禁公墓单位以许诺回购等方式销售墓穴(格位);租用者未经公墓单位同意,不得自行转让墓穴(格位)。

第十五条 社会公共墓地一次性收取墓穴(格位)管理费不得超过20年。墓穴(格位)管理费应专项用于墓地(陵园)的绿化、维护和管理,不得挪作他用。

第十六条 新建殡仪馆的公墓,必须符合土地利用总体规划和城市、村镇建设规划要求,合理布局。

第十七条 经民政部门批准设立的殡仪馆、社会公共墓地应取得殡葬服务经营许可证后方可对社会提供服务。市民政局每年向社会公布符合条件的社会公共墓地。

第十八条 民政部门收取的殡葬事业发展费纳入财政专户,实行收支两条线管理,用于殡葬工作,不得挪作他用。

第十九条 从事遗体接运、防腐、整容、殡殓、火化等工作人员,由市民政部门的殡葬管理机构组织培训,劳动部门会同民政部门考核,对合格者发给殡仪服务上岗证。

第二十条 殡葬服务单位应善待遗体(骨灰),不得损坏、灭失。殡仪馆、殡仪服务站、医院太平间停放遗体的场所、设备及运送遗体车辆应定期进行消毒。非殡仪专用车运送遗体,由到达殡仪馆负责对运尸车辆及设备消毒。

第二十一条 将应当火化的遗体土葬或将骨灰装棺埋葬的,由接埋地街道办事处或乡镇人民政府责令限期改正;拒不改正的,由当地民政部门处以1000元的罚款,并会同公安部门、街道办事处或乡镇人民政府强制改葬,其费用由责任人承担。

在公墓和划定区域以外建造坟墓的,由当地街道办事处或乡镇人民政府责令限期改正;拒不改正的,由国土或林业管理部门依法处理,并由民政部门会同公安、国土或林业管理部门强制改葬,其费用由责任人承担。

对阻挠或抗拒强制改葬的,由公安机关依照(治安管理处罚条例)予以处罚。

第二十二条 违反本办法第八条规定,占用街道、公共场所搭设灵棚、举办丧事活动的,由区县(自治县、市)民政部门、街道办事处或乡镇人民政府责令改正。拒不改正的,分下列情形予以处罚:

(一)占用街道、公共场所搭设灵棚、举办丧事活动的,由所在地城市管理行政执法部门拆除灵棚,对责任人处以50元以上200元以下的罚款;情节严重的,对责任人处以1000元以上2000元以下的罚款;

(二)占用街道、公共场所举办丧事演唱活动的,由所在地文化管理部门、工商行政管理部门处理。有营业演出许可证的,由文化管理部门处以2000元以上3000元以下的罚款;无营业演出许可证的,由文化管理部门处以5000元以下的罚款;未经工商注册登记的,由工商管理部门处以3000元以上5000元以下的罚款。

对当事人的同一违法行为,不得给予两次以上的罚款。

第二十三条 违反本办法第十二条规定,生产、销售丧葬用品的,由区县(自治县、市)民政部门或工商行政管理部门予以取缔,并处以500元以上2000元以下的罚款。

第二十四条 违反墓穴占地面积、墓穴(格位)使用年限规定的,由民政部门责令限期改正,没收违法所得,并处违法所得1倍以上3倍以下的罚款。

以传销、炒卖、许诺回购等方式销售墓穴(格位)的,由工商行政管理部门责令限期改止,没收违法所得,并处违法所得1倍以上3倍以下的罚款。

第二十五条 在殡殓、火化、安葬等过程中,因殡葬服务单位的过失,构成殡葬业务事故,造成丧事承办人损失的,殡葬服务单位应承担赔偿损失。

第二十六条 本办法第二十二条一项所称的城市管理行政执法部门系指在城市管理中具备行政处罚权的城乡建委、市政委(城管办、局)和城市管理行政执法局。

第二十七条 本办法自2002年8月1日起施行。

民政理论研究

2002年民政政策理论研究文章摘要

1.加入WTO对民政的八大冲击

(作者:侯世标,《中国民政》第1期)

一、传统式的殡仪服务事业受到冲击。殡仪事业自身力量弱小,基础设施薄弱,无法与现代化的外国殡仪市场抗衡;粗放型管理体制和管理水平、低下的工作效率不具备应有的竞争实力;县(市)一级火化设备落后,科技含量较低,工作人员素质低,服务水平差,更不适应入世后的需要。二、单一性的公墓管理模式面临解体。长期存在的乡村与县民政部门经营的矛盾、民政部门之间管理的摩擦、非民政部门与国有公墓管理部门的角逐、外商老板境外资本力量的渗透,不但不会因入世而改变,反而会更加强烈,有利可图的公墓经营市场必然会成为外商和内商投资的热点。三、自救型的福利企业再次经历磨难。福利企业普遍存在着设备陈旧和技术力量不足,基础薄弱和职工素质较差,效益不高和劳动生产率偏低等问题,适销不对路的产品难以占据国内市场和打入国际市场。四、社会化的救灾救济特征日益凸现。财政、金融、计划、投资体制深层次的改革,各行各业按经济规律办事,许多在计划经济条件下形成的特殊优惠政策相对弱化;国家资金相对短缺,地方财政支出不断增多,过去由各级政府包揽救灾的状况将会改变;国际组织、外国政府和各类民间慈善机构的介入,必然打破救灾工作自我封闭的局面。五、城镇中居民低保任务愈加艰难。政府在市场经济运营中不断调整政策,国有企业兼并重组,集体企业不断整合,长期等同于国家机关的事业单位逐步与政府脱离,外资企业、独资企业、个私企业迅猛发展,新的失业和新的就业交错攀升,使城镇低保工作难度加大。六、义务兵的退伍安置制度改革迫在眉睫。受经济体制的影响,国外社会效益型安置方式将对我国现行的社会公平型制度构成冲击;受发达程度的影响,现有国力无法再通过行政命令来实现退伍士兵的安置保障;受劳动力资源状况的影响,机构精简,国企改革,服务行业滞后,使退伍士兵就业带来新的困难。七、非政府组织的社团管理工作愈加复杂。人们社会交往形式的日益增多,社会活动范围的日益扩大,社团组织在社会生活中的作用和影响越来越大。国家与国家之间活动空间缩小,行业与行业之间接触距离拉近,人与人之间相处机会广泛。社会团体的政治性质更难界定,民间组织的阶层成分更加复杂,社团管理更为复杂。八、民政人的职工队伍素质亟待提高。国际来往的扩大,中西方文化的交流,民政公务人员势必要从国家和政府的形象出发,运用更高新的手段,更新颖的工作方法去适应形势。否则,将会随时被淘汰。

2. 加入 WTO 与民政工作的标准化

（作者：李红梅，《中国民政》第 7 期）

加入 WTO 对我国市场开放和政府职能转变提出了更高要求。要应对挑战，民政部门除充分利用我国是发展中国家所能取得的优惠外，还有一个重要、可资利用的就是标准。文章较为详细地介绍了标准的定义、类型、与国家法规和政策的区别，在总结民政标准化工作的现状基础上，指出了目前民政标准化工作存在的一些问题：标准类型和数量不能完全适应民政事业发展的需要；标准采标率较低，质量和水平有待进一步提高；民政标准化体系尚未建立；人力和财力投入不足等。针对这些问题，结合当前形势，作者提出了加快发展民政标准化工作的某点建议：一是提高对民政标准化工作的认识，强化标准意识。标准不仅能规范和净化市场，保障民政对象的合法权益，而且可以规范行业管理和服务，促使政府摆脱微观、细节的具体事务，真正转到实施宏观管理上来。二是开展民政标准化体系研究，加强对标准制定工作的指导。三是加强对 WTO（尤其是 WTO/TBT 协议）和国际标准的研究，提高标准水平，保护和促进民政类产品和服务的发展。四是高起点、高标准制定新标准、修订已有标准。要围绕民政工作重点，抓紧制订社区服务、低保、民间组织分类与代码、业务档案规范等急需标准；要紧跟形势，从高起点开始，制定先进的标准规范民政各行业的发展；要精心组织标准复审工作，克服滞后现象。五是增加对标准化工作的投入，提高民政标准制定的科学性，加强标准实施的工作力度。六是加强国际合作交流，提高标准化工作水平。

3. 第十一次全国民政会议的理论贡献

（作者：许立群，《中国民政》第 9 期）

第十一次全国民政会议对新时期民政理论探索与实践发展将产生深刻影响。在理论上，会议分析了当前民政工作面临的新形势、新任务和新特点，提出了许多新认识、新观点、新论断，进一步丰富了民政理论体系，总结了民政工作规律，深化了民政自身认识，为做好新时期民政工作奠定了理论基础。这次会议的主要精神集中反映了当代党和国家领导人关于民政工作的思想和理论，标志着党的第三代领导集体民政理论体系的形成。这个理论体系既包含着系统的理论总结，又体现了丰富的理论创新；既与老一代无产阶级革命家的民政思想一脉相承，又推动了社会主义现代化建设时期民政理论的发展。它以“新时期民政工作是什么、为什么、干什么”为主线，以民政内在规律性认识为基础，以“三个服务”为核心，展开为民政的基础理论、民政的发展理论和各项民政业务工作的方针政策。特别是围绕发展这一执政兴国的第一要务，会议关于加快新时期民政事业发展的要求与部署，构成了社会主义现代化建设时期的民政发展论，其中包括发展要求、发展阶段、发展环境、发展目标、发展任务、发展布局、发展重点、发展思路、发展条件、发展动力、发展机制、发展保证等十二个方面的科学论断。这些论断所构成的新世纪民政工作发展战略，具有鲜明的系统性、规律性和操作性，实现了民政工作发展与社会主义现代化建设总要求的内在统一，并指明了实现这些目标的措施、手段与机制。同时，会议还从时代发展的形势与特征上，进一步加深了关于民政的自身认识，反映了新时期民政工作的创新与变革。它从实践“三个代表”重要思想的高度，从党和国家工作大局的角度，从推动社会和谐发展的层面阐明了民政工作的重要意义；在继续肯定民政事业本质是社会事业的同时，把民政工作纳入了社会管理和公共服务的范畴，要求自觉地按照公共行政的要求，充分利用政府资源和社会资源，实施社会管理，提供公共服务，满足社会的公共需要。对民政工作的内容，会议也从宏观和整体的角度进行了新的概括，把民政部门管理的各项业务概括为四个方面的工作，体现了新时期民政工作内涵与外延的不断变化，并对民政工作的各项业务作了部署和安排。

4.关于社会公益服务事业的借鉴与思考

(作者:李慷,《中国民政》第10期)

世界现代化历史已经证明:除了高度中央集权的传统体制外,世界上几乎所有国家都是由非政府、非营利的机构来主导社会的公益服务事业。根据西方“三个部门”的理论模式,政治领域的主导是政府管理组织,经济领域的主导是企业经营组织,社会领域的主导则是公益服务组织,“三个部门”功能互补。中国作为最大的发展中国家,社会公益(慈善)事业更是乐善好施,扶贫济困,救助弱势群体,促进社会公平的系统工程。

本文借鉴了美国等发达国家的经验,简述了对新世纪中国社会公益服务事业的一些思考,提出了应借鉴“一个主体——三个部门——一个合力”的发展思路,即以公民社会为发展主体,发挥每个公民的自主能动性,激发政府管理组织、企业经营组织和公益服务组织各自的组织资源,通过社会信任和人类理性的力量把三个部门整合成一个可持续发展的民族合力。

本文还提出了以下政策性建议:一、重塑社会信任体系是发展我国社会公益服务事业的关键。三个部门中,政府管理部门的信用程度又是关键之关键。二、“社会事业社会办”是发展我国社会公益服务事业的核心。目前,真正降低社会公益服务类民间组织的登记注册门槛、彻底改变名为“登记注册”实为“行政审批”的状况已是当务之急。三、“公开、公正、公平”是发展我国社会公益服务事业的保证。首先是政务公开,然后是事务公开。社会公益(慈善)服务组织透明,公开的会计、统计制度是提高社会公信度,自身得以不断发展的基石。四、完善法规、规范管理是发展我国社会公益服务事业的基础。在设立“公益事业捐赠法”的基础上,应进一步研究和制定非营利组织法或非营利公司法。当前,最主要的是国家通过税收杠杆的倾斜,鼓励向公益慈善事业的捐赠,对捐赠企业和个人所得税实行优惠政策,并制定对非营利组织所从事的公益事业经营收益全部免税的法规。

5.中国社会保障制度的总体思考

(作者:常宗虎,《中国民政》第11期)

文章基于当前中国社会保障制度建设缺乏总体设计的问题,提出了目标整合的社会保障体系。文章简要回顾了近十几年尤其是明确提出经济体制转型任务之后10年中国社会保障制度整体设计的变化过程,认为由于关于中国社会保障制度总体框架这个带有根本性的问题被长期悬置,目前在我国社会保障制度建设的实践中出现了一系列问题,诸如概念使用和某些提法相当混乱,部门之间、制度之间、上下级之间缺乏沟通和协调,非制度化特征十分明显,整个社会保障制度存在明显结构性缺陷,社会保障工作的专业化水平有待提高,等等。文章认为,造成这些问题的原因主要是:各有关方面对社会保障制度重要性的认识尚未达到应有的高度,不少人对社会保障制度的了解和认识存在某些偏差、错误,甚至误区,有些人对社会保障制度专业化、规范化建设的必要性、紧迫性认识不足。文章提出,中国社会保障制度建设的目标模式应当是:以“补救模式”为目标,以社会救助制度为基础,以社会保险为主体,以社会福利为补充。在整个社会保障制度总体框架的设计中,除了基本目标和保障项目之外,还应当包括法律、法规、规章和政策构成的法规体系,政府统一领导、部门分工协作、社会广泛参与和分级负责、分级出资、分级管理的管理体制,以及以国家办社会保障服务机构为示范、其他多种所有制形式的社会保障服务机构为骨干、社区服务为依托、家庭服务为基础的社会保障服务体系。文章最后具体规划了完成目标整合的社会保障体系建设任务需要经历的制度整合、探索实践、完善法规和规范操作的四个阶段。

6.科学规划乡镇行政区划调整促进首都郊区小城镇建设发展工作

(作者:孟钧等,《区划与地名》第1期)

乡镇行政区划调整作为近年来北京市市委、市政府关心的一项重要工作，关系到首都郊区社会经济的长远发展。按照市委、市政府关于加快郊区小城镇建设发展工作的要求，从1992年开始，北京市民政局结合《北京城市总体规划》修订工作，经过调研和充分征求各区县意见，在全市有计划地进行了郊区县乡镇行政区划调整。该文章在深入调研的基础上，通过对调整前后各项经济、社会数据的统计分析，总结了近年来北京市进行乡镇行政区划调整所取得的成果，指出通过乡镇行政区划调整，大大地优化了乡镇干部结构，加快了郊区城市化发展步伐，促进了郊区城镇的合理布局，既拓展了经济发展空间，强化了资源的优化配置，又减少了经费支出，减轻了农民的负担。同时文章中也指出了调整后存在的一些问题，并针对这些问题，对下一阶段如何继续加强乡镇建设工作提出了具体的意见和建议。

7.量化街道门牌号——我国地名管理史上的革命

（作者：王云贵，《区划与地名》第4期）

街道门牌号是地名管理的重要内容之一，街道门牌号的质的属性曾引起很多专家学者的注意，研究论文迭出，也产生过较为精辟的论点，但是，对于街道门牌号量的分析相比较而言则显得无力。本文作者从对“量化”这个概念的解释入手，得出了一切事物如果不注意量的方面的分析和研究，就难以看清其真实的面目，更不可能做出科学的结论，阐述了量化街道门牌号的重要性。接着文章从各个方面，详细地指出了传统模式的街道门牌号所存在的种种弊病，如不稳定、不便于寻找、不便于管理等等。同时通过距离分析计算，得出了量化方法较之传统方法的优越之处，即便于管理、使用方便。指出只有从街道门牌号的本质属性出发，准确地挖掘其量化因素——绝对为止，才能使街道门牌号号码不再是一个僵死的数字，使门牌管理不再是令人心痛的事，最终改变街道门牌号的混乱——整编——再混乱——再整编的局面，使其成为一个稳定有序、方便实用的完美系统。

8.关于县人民政府驻地城区行政区划管理体制的调查与思考

（作者：山东省民政厅区划地名处，《区划与地名》第4期）

县政府驻地城区区划管理体制与其他乡镇一样都是实行县——乡镇——村管理体制，即实行的是农村管理体制。这与我国建国初期，县政府驻地城镇各方面比较落后，城区面积较小，非农业人口较少的经济社会发展水平是相适应的。但近20年来，随着我国经济的发展，县——乡镇——村管理体制开始不适应生产力发展和加快城市化建设的要求。该文作者在对山东省60个县普遍调查以及对9个县典型调查的基础上，通过统计分析，针对当前县政府驻地城区所发生的变化，指出了现行城区区划管理体制存在的问题，同时针对这些问题，提出了在城区设立街道办事处和社区居委会来代替传统的乡镇和村委会，以城市管理模式来代替沿袭几十年的农村管理模式，从而最终解决县政府驻地城区行政管理体制滞后于经济社会发展的根本矛盾。

9.选民登记应以法律为准绳

（作者：王在水、孟凡艳，《乡镇论坛》第1期）

文章指出，选民登记应以法律为准绳。他们认为在村委会换届选举的选民登记中，对散居在农村的非农业户籍人员是否予以登记、能否参加村民委员会的选举这一问题，应以《村委会组织法》的规定为准，不能随意扩大或缩小登记的范围。根据《村委会组织法》，在村委会选举的选民登记中，应只对户籍在农村的、与土地有直接联系的、年满十八周岁、享有政治权利的村民进行选民登记，让他们参加投票，行使其选举权。对散居在农村的非农业人口的人员（包括离、退休回乡人员；20世纪60年代下放回农村，落实政策后的农转非人员；民办教师农转非人员；企、事业单位中的下岗回村人员；因婚姻关系到农村落户的城市户口人员；因商品房开发买房后迁入城市近郊农村的非农业户籍人员等等），由于他们是居住在农村的居民而非村民，不属于

《村委会组织法》的调整对象，因此，在村委会的换届选举中不能对其进行登记，他们也不能参加村民委员会的选举。按照法律的有关规定，散居在农村的非农业户籍人员，应当通过参加居民委员会的选举来实现自己的民主权利。

10.为何村官难当？

（作者：李宏，《乡镇论坛》第5期）

该文分析村官难当有四个原因：一是离任村组干部拖后腿。一些离任村组干部自恃在村里有些威望，便带头拒绝承担应负的税费义务，而新任干部碍于情面也不愿意申请强制执行。更有甚者，一些离任干部对基层党委、政府心怀不满，对新的班子心怀嫉妒，利用各种机会，采取各种方法，在村里制造工作阻力试图使村班子瘫痪，为自己重新上台制造机会。二是村组债务挡路。许多村组在各种达标升级活动中，为完成各种超出其承受能力的任务，不得不举债办事。据调查，70%的村不同程度地负有债务，多者上百万元，少的也有数万元，而这些负债村大多没有集体积累，短时间内不具备偿还能力。三是限时突击愁煞人。近年来为加快工作节奏，乡镇的工作常实行板块式推进，经常向村提出诸如5天突击2天扫尾等限时完成的要求。四是党员作用未发挥。目前，一些农村支部活动不能正常开展，不注重发挥普通党员的作用。村支部不是经常性地组织党员学习党在农村的方针政策，统一党员的思想、调动党员宣传支持两委工作的积极性和创造性，而是不自觉地把党员视作普通群众，长此以往，一些党员也看不到自己同群众有什么区别。

11.村民小组的财务由谁管？怎样管？

（作者：范瑜，《乡镇论坛》第6期）

首先，他认为村民小组的财务管理权应该具体问题具体分析。按照《村委会组织法》规定，村民委员会依照法律规定，管理本村属于村农民集体所有的土地和其它财产，当然也包括对财务的管理。但是，在有些地方，村民小组作为集体资产的所有者，也有权管理组财务。

作者进一步指出，要管好组集体资产，关键要靠村民小组规范管理，依法办事，发扬民主。村民小组不得将组集体资产分光、花光，要把好经营管理关，保证集体资产保值增值不流失。同时，村委会、乡镇政府及农经站等部门要负起指导、监督的责任。乡镇政府收到村民关于集体资产管理和使用方面的举报后，应当及时进行调查处理。乡镇经管站等部门要负责审计监督工作，对离任的集体经济组织主要负责人进行离任审计，并公布审计结果。

12.制度创新是解决退役士兵安置难问题的根本途径

（作者：孙绍骋，《理论前沿》第8期）

随着市场经济体制建立，退役士兵安置工作遇到了前所未有的困难。究其原因，是存在着计划体制与市场机制在人力资源配置方面的根本性矛盾，加之当前我国就业结构调整，劳动力市场供过于求，以及退役士兵知识结构不适应市场要求，使形势更加严峻。

在我国退役士兵安置工作的改革实践中，政府一直扮演着主导角色，对资源进行直接配置，深层次的矛盾难以解决；但若全面走向市场，完全实行自主择业，又未能体现对国防和军队建设做出贡献特殊群体合理的补偿。所以，要实现安置工作改革的突破，政府在安置工作中的角色定位至关重要，我们总的安置政策取向应当是有利于国防和军队建设，并坚持与国家经济政治体制改革相适应。在这个原则下，政府一方面有责任对军人这一特殊群体实行优待和补偿，另一方面要通过市场化手段实现这种优待和补偿。

因此，制度创新是解决矛盾的关键所在。一要调整政府角色。改变对退役士兵安置就业的补偿方式为货币化形式，安置管理部门不再包揽退役士兵就业安置，而把着力点放在设计就业制度、培育劳动力市场、监督市场运行和维护公平竞争等方面。二要在目前大力推广以经济补偿、自谋职业为主要内容的“安置”就业办法。三要加速推进兵役制度、退役士兵社会保障制度等方面的配套改革。四要以法律巩固改革成果。通过修改《兵役法》和《退役士兵安置条例》,用法律界定以市场化手段实现对退役士兵服务国防的补偿和优待。五要解决退役士兵就业问题的微观制度创新。政府并不放弃对退役士兵就业的责任,而是按市场经济规律,为退役士兵就业创造条件,比如:提供就业指导,有针对性地建立职业培训体系,发展中介服务组织等等。

13.优抚对象待遇结构存在的问题及对策

(作者:彭芳、蒲小青、黄健生,《优抚与健康》第1、2期合刊本)

文章首先肯定了《军人抚恤优待条例》实施10多年来对保障优抚对象的合法权益起到了积极作用,接着阐述随着我国改革、开放,社会主义市场经济的建立,优抚对象待遇结构出现了许多问题,主要表现在:一是同类优抚对象之间享受待遇的不合理,其不合理性主要是两个方面:第一,同类优抚对象享受待遇不同的不合理。如部队移交地方遗属,回来得越晚,享受抚恤标准越高;第二,同类优抚对象享受待遇相同的不合理。老伤残军人与新伤残军人,只要伤残等级和伤残性质相同,享受的待遇一样,老伤残军人心里不平衡。一是不同类别优抚对象之间享受待遇不合理。二是军队移交地方随军遗属享受的抚恤标准,比地方烈属享受的抚恤标准高数倍。三是一些优抚对象的困难得不到解决。如在职的伤残军人,近年来因企业倒闭下岗、失业的已不少见,他们的生活、医疗无保障;还有部分老复员军人的"三难"问题需要解决。四是优待结构的空白。如老复员军人去世后,其照顾他的老伴无任何待遇,留下的只是伤心和债务。五是国家抚恤补助起点低。国家抚恤补助的起点,是在计划经济和经济不发达时期的政策,目前应制订适应新时期的新政策。

作者提出了几点建议:首先,从事优抚工作的人员要提高认识,更新观念,增强做好工作的自觉性;其次,要树立大优抚概念;其三,要依法提高抚恤补助标准的起点;其四,要加强优抚政策的前瞻性研究。

14.社会福利机构的民办公助

(作者:阎青春,《社会福利》第1期)

一、民办公助是发展我国社会福利事业客观的必然选择

所谓民办公助,是指我国现阶段在发展社会福利事业的过程中,对国家投资以外的多种社会力量投资举办社会福利机构、设施、场所和服务项目的行为,由各级政府根据多方面情况和有关规定办法给予多种形式的鼓励性或引导性的资助。

1.民办公助是由我国社会主义初级阶段的基本国情决定的;2.民办公助是我国社会主义市场经济条件下发展社会福利事业的客观必然要求;3.民办公助是应对人口老龄化严峻挑战的必然选择;4.民办公助是铲除旧弊,革故鼎新的明智之举;5.民办公助是社会福利事业发展过程中实现与国际社会接轨的重要途径。

二、民办公助的重要意义和作用

1.可以迅速增加社会福利服务的供给,缓解供求矛盾;2.可以从根本上革除国家包办福利的弊端;3.可以为福利收入和服务保障的分离创造条件,促进服务市场的规范化管理;4.可以促进社会福利社会化进程,走出一条具有中国特色的发展社会福利事业的新路子;5.可以在国家各级政府和服务对象之间架起一座桥梁,改善宏观管理;6.可以唤起全社会的慈善意识,提升公众的道德水平。

15.世贸组织、经济全球化与中国社会福利改革

(作者:关信平,《社会福利》第1期)

在过去20年中,我国社会福利模式发生了很大的变化。社会福利模式的变化是在我国经济体制改革和对外开放的过程中发生的,它既是我国的基本经济制度从计划经济向市场经济转型的后果,同时也是我国从封闭的经济向开放经济转化过程中的产物。过去,在研究我国社会福利政策的变动时,研究者们一般比较注重它与市场经济转型之间的关系,而对它与对外开放之间的关系重视不够。但进一步深入地分析可以表明,对外开放对我国社会福利政策体系的影响也是同样重要的。在加入世贸组织以后,中国将进一步融入经济全球化的过程当中,经济全球化对我国社会福利政策的影响也将进一步增大。在加入世贸组织以后,我国社会福利政策如何应付经济全球化的挑战,将是摆在社会福利政策的研究者和决策者面前的一个新的课题。文章包括三部分:一、经济全球化对社会福利政策的影响;二、对中国社会福利政策转型的基本解释;三、加入 WTO 后经济全球化对中国社会福利政策的进一步影响。

16.谈谈如何看待社会福利生产管理费取消的问题

(作者:史国山、蔡卫义,《社会福利》第 1 期)

根据国务院关于 2001 年减轻企业负担工作的部署,确定 2001 年减轻企业负担工作的重点是清理整顿涉及乡镇(集体)企业的行政事业性收费、政府性集资和各种摊派。据此,2001 年 11 月 5 日,财政部、国家计委联合发出《关于公布取消部分涉及乡镇(集体)企业负担的行政事业性收费项目的通知》(以下简称《通知》),公布取消了部分乡镇(集体)企业负担的行政事业性收费项目。这次取消的收费项目共计 9 项,分别涉及民政及交通、农业、经贸(煤炭)四个部门和单位。《通知》规定,从 2002 年元月 1 日起,取消社会福利生产管理费。为认真贯彻落实两部委的《通知》精神,民政部于 2001 年 11 月 22 日将《通知》及时转发各地,并在《通知》中要求,不要因为取消福利生产管理费而削弱、放松甚至放弃对福利企业的管理和监督,要结合各地社会福利企业的实际,深化改革,加强管理,促进社会福利生产的有序发展,进一步稳定残疾人就业,并对妥善解决福利生产机构管理人员经费和编制问题也提出具体、明确的要求。对于取消福利生产管理费问题,必须历史地、全面地、辨证地进行认识和分析,并采取积极有效措施,做好工作。本文就福利企业管理费的收取对福利生产的管理曾发挥的积极有效作用、取消福利生产管理费的背景和福利企业生产管理的发展前景做了剖析。

17.解析城市低保的难点

(作者:王治坤,《社会福利》第 4 期)

2001 年下半年以来,在党中央、国务院高度重视下,经过各级政府特别是各级民政部门的不懈努力,城市居民最低生活保障工作取得突破性进展,低保覆盖面迅速扩大,大量符合低保条件的城市困难居民得到最低生活保障。但这项工作发展并不平衡,还有相当一部分地区未保问题依然突出。究其主要原因,一是这些地方在资金方面还有较大担心,怕人数大量增加后低保资金跟不上,出现"骑虎难下"局面;二是各地在核定家庭收入时,在计算方法上存在较大差异,出现了一些家庭实际收入水平低于低保标准而不能享受最低生活保障的问题。此外,对有关政策理解的不一致,在一定程度上影响了低保的正常发展。

本文就城市低保的资金问题、关于"应得未得"收入的计算问题、一次性经济补偿金的计算问题、未参加养老保险统筹的集体企业已退休人员按低保标准发放生活费问题等难点做了一些解析。

18.发挥民间组织在救助社会弱势群体中的作用

(作者:孟令君,《社会福利》第 8 期)

救助社会弱势群体,属于社会福利事业的一个重要组成部分。民间组织作为社会福利事业的一支重要力量,是建立在一种新的社会发展理念的基础上的。迄今为止,世界各国在探求社会发展问题的过程中,分别遵循了三种不同的发展观,并体现在实践的过程中。一是以单纯的经济增长为核心的发展观;二是以整个社会的发展为核心;三是社区成员共同参与,实现个体和整个社会的发展。在这种发展观的影响下,许多国家开始尝试用新的方法解决社会发展带来的问题。涉及这些方面的措施有:组织形式问题,采取政府和非政府组织两种形式,政府对非政府组织的活动给予指导。资金的解决,不仅政府投资,而且非政府民间组织也采取多种方式筹集资金,在一定程度上缓解了资金的不足。在服务项目和方式上，更多地满足和适应民众的特点，把福利性和服务性结合起来，营利性和非营利性结合起来。

经过近半个世纪的发展，民间组织在社会福利事业方面的优势越来越明显地显现出来，主要体现在：创新性、灵活性、实效性、贴近弱势群体。由于多种复杂的原因，目前中国的民间组织还没有充分发挥其作用，笔者认为所受的不利因素包括：管理体制带来的制约、经费带来的制约（应鼓励民间组织兴办实体，调整国家财政和税收政策）、自身能力带来的制约（队伍本身的问题，民间组织必须建立自己的管理机制）。

19.加入WTO对最低生活保障制度的影响

（作者：王国永、袁德，《社会福利》第11期）

中国作为WTO组织的成员国，已经开始履行自己的权利与义务，遵守该组织的行为规则，兑现签约时的承诺，中国经济由此全面进入国际经济运行轨道。但随着国际国内竞争强度的进一步加剧，失业人口、贫困人口的数量将在一定时期有较大幅度的增长，因而对社会保障的需求也会剧增，社会保障体系的完善工作更加紧迫，其中加快完善社会保障体系的基础即最低生活保障制度尤显重要。

一、入世后新增的失业人员将进入低保范围。在最低生活保障对象中，失业人员及其家庭成员向来占相当比例。例如1999年底，全国共有281万名保障对象，其中21%为原民政对象，79%是在职、下岗、失业、退休人员家庭中贫困人口，2000年民政部门对全国城市居民最低生活保障的调查摸底情况表明，在当时统计的1382万应保对象中，在职职工、下岗职工和离退休人员共计746万人，占保障对象总数的54%；失业人员235万人，占保障对象总数的17%（若把下岗职工计算进来，此比例会更高），两者相加共有981万人，占保障对象总数的比例高达71%。

二、农业人口将从两方面转化为低保对象。加入WTO，一方面是其他成员国高效发达的农业，一方面是劳动生产率长期偏低的中国农业，投入大、产出少，种粮的效益本来就低微，当大量国外价廉物美的农产品涌入中国市场后，必然会促使农村进行产业结构调整，以适应国际市场的需要，由此会带来两个结果：一是我国农业经济结构调整相对迟缓，在一段时间内有些农民的收入可能有所降低，会有更多的家庭陷入贫困，从而进入农村最低生活保障网。二是农村剩余劳动力大量涌入城市，民工潮现象会再度出现，为收容遣送和城市低保实施动态管理带来诸多不利影响。

三、救助经费偏紧的问题将更加突出。随着社会主义市场经济体制的建立，我国逐步建立了救助工作分级管理、救助款分级承担的管理体制。加入WTO后，国家要对财政、金融、计划、投资体制进行更深层次的改革，许多在计划经济条件下形成的特殊优惠政策相对短缺，地方财政支出不断增多，很难投入更多的资金用于救济。此外，随着政府机关职能的转变，过去由各级政府包揽救济的状况将会改变，救济经费偏紧的问题将更加突出，需要采取对策增大社会的救助救济发展趋势。

20.曲折的历程，光明的前景——流浪儿童救助保护工作发展状况述评

（作者：张齐安，《社会福利》第12期）

我国流浪儿童管理工作与收容遣送的发展历史一样长，二者曾长时期混杂在一起。在传统工作过程中，一直是重管理而轻救助。究其原因，主要是过多或过重地看待流浪群体给社会带来的破坏作用和对新的社会制度下意识形态的侵害，因而不分青红皂白，一概将流浪乞讨人群视为寄生于新社会制度健康肌体上的毒瘤和产生罪恶的渊源，必须予以彻底清除。这一想法在新政权建立初期的特殊历史条件下是顺乎情理的，对于在短时期内清理旧中国遗留下来的社会丑恶现象，发挥了不可或缺的重要作用。

遗憾的是，当历史长河悄然跨入20世纪80年代之后，国内在流浪儿童管理问题的认识上仍没有发生本质的转变，多数管理者和从业人员认为该做的事情都已做了，却没有多少人考虑如何将这项极具福利色彩的社会救助工作做细做好，也没有多少人想到从人本主义出发，站在儿童的实际需要的立场上去改善工作程序，丰富救助内容，优化救助途径。因此，总体上讲，这一时期流浪儿童救助保护工作尚处于传统的粗放管理阶段，存在不少问题，党和政府高层领导开始重新审视困境儿童问题。1982年，我国政府开始参加联合国《儿童权利公约》起草小组的活动，并在1989年11月20日，以共同提案国的身份参与第44届联大对该公约的审议，到1990年《儿童权利公约》正式生效后，我国政府当年就签署了该公约，翌年即获得全国人大常委会的批准，这表明我国政府高层对儿童权利国际准则的高度认同。本文试就我国开展流浪儿童救助保护工作的进展做一些探讨。

2002年民政报刊刊载政策理论研究文章目录选编

《中国民政》杂志

（民政部主管、主办，民政部政策研究中心编辑出版）

1.加入WTO对民政的八大冲击（侯世标，第1期）

2.与时俱进推动城市民政工作突破性发展（刘光亨，第1期）

3.国有社会福利院改制势在必行（邹文开，第1期）

4.新形势下如何充分发挥民政部门的职能作用（刘元勇，第2期）

5.社区建设是推动政府转变职能的突破（王彦峰、刘永平，第2期）

6.如何理顺社区居委会、业主委员会、物业管理三者的关系——由浮山新区业主罢免业主委员会事件引发的调查与思考（乔先华、王广军，第2期）

7.从部门法角度看民政法制建设（田音，第3期）

8.最低生活保障工作中的信息不对称问题（李成，第3期）

9.法德城市社区工作的特点与启示（民政部考察团肖登峰执笔，第3期）

10.核定低保对象的两个难题的探讨（柴荣余，第3期）

11.婚姻状况出示证制度改革之我见（王维斌，第3期）

12.如何培养居民的社区归属感（陈微，第4期）

13.社会资源社会化重组的实现方式——兼论“希望工程”对“星光计划”的启示（马金，第4期）

14.构建新型社会福利制度的对策（张良礼，第4期）

15.公民社会理论及其对政府社会管理工作的意义（常宗虎，第7期）

16.从复查登记看民办非企业单位的长效管理（赵泳，第7期）

17.加入WTO与民政工作的标准化（李红梅，第7期）

18.德、意两国最低生活保障制度考察报告——民政部赴德国、意大利考察团（张杰执笔，第7期）

19.中国城市老年社会福利服务之反思（谢泽宪，第8期）

20.民政信息化的实践模式初探（高玉成，第8期）

21.新时期民政工作必须强化三种意识（郅电明，第8期）

22.第十一次全国民政会议的理论贡献（许立群，第9期）

23.构建现代社会救助体系（朱勇、任振兴、赵鸿文，第9期）

24.关于缓解当前退役士兵安置压力的思考——湖北省退役士兵安置改革试点调查报告（吴祖生，第9期）

25.三个服务是做好新时期民政工作的指南（黄元龙，第10期）

26.关于社会公益服务事业的借鉴与思考（李慷，第10期）

27. 谁来养老？怎样养老？——依托社区推进社会化养老体系的建立(傅德辉,第10期)

28.对在非公有制经济组织中开展军警民共建工作的思考(范伦亮、陈瑞峰、韩明,第10期)

29.中国社会保障制度的总体思考——论建立目标整合的社会保障体系(常宗虎,第11期)

30.人文精神与社会福利(陈良瑾,第11期)

31.关于安置任务有偿转移的初浅思考(董天夫,第11期)

32.小康建设的新阶段与民政工作的新趋势(朱耀垠,第12期)

《民政政策理论研究》

(民政部政策研究中心主办)

1.关于北京社区管理体制和运行机制的调研报告(刘宝成,第1期)

2.发展我国村(居)民自治的一些看法和建议(詹成付,第2期)

3.小城镇管理的若干问题(时正新等,第3期)

4.对社区服务政策的定位问题的认识(甄炳亮,第4期)

5.户籍制度改革对优抚安置工作的影响和对策(孙绍骋、杨国英、董天夫、朱耀垠、李云鹏等,第5期)

6.以"三个代表"重要思想推动首都民政工作(翟鸿祥,第6期)

7.对社会工作者的再认识(蔡扬眉,第7期)

8.关于完善社会保障体系几个问题(廖鸿,第8期)

9.浅谈青海民政工作的与时俱进(史国枢,第9期)

10.教育救助:社会救助制度必不可少的环节(任振兴,第10期)

11.英国的社会救助(廖鸿,第11期)

12.1996:美国社会福利制度改革(王济民,第12期)

13.大城市郊县(市)改区问题的调查研究报告(戴均良,第13期)

14."三个服务"是新时期民政工作的根本指南(刘宝成,第14期)

15.正确认识和对待"两委会制度"的几个问题(詹成付,第15期)

16.省直接领导县:地方行政体制重大改革创新(戴均良,第16期)

17.开放性:民政工作的根本特征(夏春青,第17期)

18.关于整合城市民政工作的认识和思考(刘宝成,第18期)

19.关于社区服务的政策定位(李慷,第19期)

20.彩票热的经济学透视(姬升峰,第20期)

《长沙民政职业技术学院学报》

(长沙民政职业技术学院主办)

1.殡葬文化与精神文明建设(王治国,第1期)

2.高职层次民政管理专业课程的现状与发展研究(刘志红,第1期)

3.戒毒管理改革与成效的检验标准——对湖南省12个强制、劳教戒毒与派出所、居委会的调查与思考(周德民、王珍宝,第1期)

4.论"十五"时期的民政工作及民政人才培养(王开生,第2期)

5.我国理论界社会分层理论的历史演进(李强、邓建伟,第3期)

6.论道德错误的社会控制网络(吕耀怀、李丽峰,第3期)

7.满足城市社区老人的需求构建社区综合保障网络(金双秋,第3期)

8.彩票业的市场结构与发展对策研究(欧阳强,第3期)

9.关于社会工作教育中课程设置模式的思考(费梅苹,第3期)

10.香港的社会工作教育对内地的启示(袁继红,第3期)

11."民政工作整合问题"研究述评(常宗虎,第4期)

12.科教兴业:新时期民政事业发展的重要方式(米勇生,第4期)

13.欧盟社会政策的历史发展与前景评析(黄胜伟、柳拯,第4期)

14.公/私二分法与福利国家的"性别化"——西方社会工作的现代性思考(熊跃根,第4期)

15.社会转型与道德建设的历史选择(周运清,第4期)

16.儿童福利政策与措施的

探讨(孙莹,第4期)

17.市场经济条件下社会福利的定位、改革与发展探究(张蕾,第4期)

18.加入WTO与民政体制改革(高灵芝、崔恒展,第4期)

19.参与式与社会性别培训(杨静,第4期)

《社会福利》杂志

(民政管理干部学院主办)

1.社会福利机构的民办公助(阎青春,第1期)

2.世贸组织、经济全球化与中国社会福利改革(关信平,第1期)

3.家庭养育模式的现状及发展对策研究(王素英,第1期)

4.谈谈如何看待社会福利生产管理费取消的问题(史国山、蔡卫义,第1期)

5.民办福利机构发展模式个案分析(徐朝晖,第1期)

6.第三条道路——斯堪的那维亚模式(潘屹,第1期)

7.中国社区建设解读(张秀兰、马学理,第2期)

8.小家庭单元模式:一个全新的理念和工作方式的引入(樊 ,第2期)

9.民政部门扶助弱势群体的又一有效途径——对上海癌症康复俱乐部运作方式的思索(李正明、沈彦桥、汪芳,第3期)

10.城镇反贫困:政府别无选择的重任(任振兴、陈日发,第4期)

11.解析城市低保难点(王治坤,第4期)

12.轻残儿童家庭寄养收养的实践探索(王晨光,第4期)

13.社会福利组织的特征(徐月宾,第4期)

14.中国老年社会福利事业现状与发展思路(贾晓九,第5期)

15.迅速发展的残疾人社会福利事业(李浩,第5期)

16.以崇明为例看上海农村敬老院的政策问题(谢泽宪,第5期)

17.老年人受虐待问题研究(张敏杰,第6期)

18.爱心和技术并重,分工为需求让路——浦东新区社会福利院服务和管理改革述评(朱婷玉,第6期)

19.社会化养老中的志愿服务(唐美玲、风笑天,第8期)

20.发挥民间组织在救助社会弱势群体中的作用(孟令君,第8期)

21.32例孤残儿童家庭寄养安置中断解析(鲁容芳、张诚学、林蕾,第8期)

22.上海高校社会工作专业毕业生就业情况的调查(王晓瑞,第8期)

23.中国流浪儿童状况和救助对策(张齐安、杨海宇,第9期)

24.经济全球化背景下社会工作发展的新趋势——兼论加入WTO后中国社会工作专业化发展中的问题与对策(关信平,第10期)

25.流浪儿童问题的国际背景和干预途径(安怀世,第10期)

26.探索民间福利组织运行模式——济宁市老年保健医院即老年公寓个案考察(李芹、孙艳艳、崔岩,第10期)

27.加入WTO对最低生活保障制度的影响(王国永、袁德,第11期)

28.特殊儿童受虐待发生的原因及对策(王晓玫,第12期)

29.曲折的历程,光明的前景——流浪儿童救助保护工作发展状况述评(张齐安,第12期)

《区划与地名》杂志

(民政部区划与地名司主办)

1.撤销镇的建制设立县级市是小城镇可持续发展的重要途径(庞森权,第1期)

2.城镇建筑物名称管理规范化的实践与思考(郭前飞,第1期)

3.科学规划乡镇行政区划调整促进首都郊区小城镇建设发展工作(孟钧等,第1期)

4.强化地名管理,为经济建设和社会发展服务(石家庄市民政局,第1期)

5.县级行政区域界线成果数字化及信息管理系统建设(张卫星,第2期)

6.刍议地级市市辖区的行政区划调整(庞森权,第2期)

7.永远的香格里拉(张建华,第2期)

8.中国少数民族语地名文化(王际桐,第3期)

9.做好区划地名工作,促进城市化的进程(李仁海,第3期)

10.城市地名标志设置的实践与体会(长春市民政局,第3期)

11.《地名档案管理办法的新特点》(张岳,第3期)

12.切实加强地名管理和

服务工作(多吉才让,第4期)

13.在内蒙古与周边省区界线管理座谈会上的发言(戴均良,第4期)

14.直辖市和地级市管辖自治县合法性的异议(庞森权,第4期)

15.量化街道门牌号——我国地名管理史上的革命(王云贵,第4期)

16.关于县人民政府驻地城区行政区划管理体制的调查与思考(山东省民政厅区划地名处,第4期)

17.《四川省达州市积极稳妥地发展小城镇的思考》(陈元玉,第4期)

18.湖北省武汉市地名管理的调查与思考(常年胜,第4期)

《民间组织研究》杂志

(中国社团研究会主办)

1.浅谈民间组织管理实施依法行政的途径和方式(吴明,第1期)

2.探讨民间组织与政府部门的契合点(王文,第1期)

3.略论转动期社会团体的发展策略(祖玉琴、马宏,第1期)

4.新时期民间组织管理工作策略之探讨(李勇,第2期)

5.“营利”+“非营利”市场经济条件下的社会组织划分(张志浩,第2期)

6.中国第三部门的现实处境及我们的任务(徐永光,第2期)

7.慈善组织建设(杨团,第2期)

8.关于入世后中国民间组织管理法律建设的探讨(吴明,第3期)

9.公益机构公共责任的培育(微波,第3期)

10.中国行业协会的发展与完善(周进,第3期)

11.加入WTO后行业协会发展的思考与对策(李喜,第4期)

12.体制创新和观念创新是新时期社会团体建设与发展的基石(蔡建武,第4期)

13.日本NGO登记管理制度变革及其对中国的启示(邓国胜,第4期)

14.迎接入世挑战加快培育行业协会(中国工业经济联合会,第4期)

15.中国非营利机构政策环境亟待改善(袁瑞军,第5期)

16.宁波市民间组织管理的形式(陈圣祥,第5期)

17.中国社会团体立法模式之浅议(陈金罗,第6期)

18.谈制约我国行业社团发展的原因及其对策(汪椿涛,第6期)

19.日本民间非营利部门的现状及其对中国的启示(冈室美惠子,第6期)

20.培育发展农村专业协会推进农村经济组织创新(张晶,第6期)

21.精心培育发展农村经纪人组织(崔忠实、崔汝环,第6期)

《乡镇论坛》杂志

(中国社会出版社乡镇论坛杂志社主办)

1.云南村级体改初见成效(蒋昆生,第1期)

2.选民登记应以法律为准(王在水、孟凡艳,第1期)

3.越俎代庖的“双代管”(安树义等,第1期)

4.进一步做好农村稳定工作(王石奇,第1期)

5.乡镇债务黑洞是怎样形成的(羊夏,第1期)

6.先设岗位后选举(马俊峰、陈文会,第2期)

7.“海选”中的特异情况咋处理(余维良,第2期)

8.“一肩挑”挑出的弊端多(钟从知,第2期)

9.村支书缘何未能当选村主任(王云三、由东方,第3期)

10.村支书兼任村主任应缓行(秦俊波,第3期)

11.对难点村不能绕着走(伊佩庄,第4期)

12.乡镇政权是否已积重难返(董海波,第4期)

13.农村基层组织建设和民主政治建设的当务之急(王石奇,第5期)

14.应善待村民自治(王金华,第5期)

15.村官难当,究竟难在哪里(李宏,第5期)

16.莫把“一肩挑”变成“一刀切”(刘锋,第6期)

17.村民小组的财务由谁管怎样管(范瑜,第6期)

18.再谈村委会选举选票认定问题(余维良,第6期)

19.税费改革面临十个难题(张长斌,第6期)

20.质疑高比例“一肩挑”

(姜云友,第7期)

21.正确看待村委会选举中的“拉票”现象(詹成付,第7期)

22.“两委”联席会议形不成统一意见怎么办?(王金华,第7期)

23.说说村委会选举中的“承诺捐赠”(卢福营,第7期)

24.正确处理两委关系的好经验(陈再生,第8期)

25.从农民选举上访说起(王金华,第8期)

26.“农转非”村选民资格如何认定(孙少虎,第8期)

27.乡镇怎样指导村里的罢免(丁友勤、刘连江,第9期)

28.兼职率高低不是成败的关键(刘煊,第9期)

29.对村干部也须进行离任审计(周国刚,第9期)

30.村民代表会议怎么开(唐方远,第10期)

31.“一人兼”兼出新问题(刘太原,第10期)

32.正确发挥村支部在选举中的作用(田子平,第10期)

33.当前农村税改中值得注意的几个情况(王石奇,第11期)

34.用民主的方法培训民选村官(蒋昆生、翟玉龙,第12期)

35.温州选举:成功之中有遗憾(何长缨,第12期)

36.村选中的难题我们这样解(赖朝平,第12期)

《社区》杂志

(乡镇论坛杂志社主办,2001年3月创刊)

1.积极稳妥地推进社区建设(李宝库,2001年第1期)

2.社区建设:突出问题要紧着办(张明亮、李文广、臧杰斌,2001年第1期)

3.众说纷纭话社区(王思斌,2001年第1期)

4.来自实践的社区党建新思路(张国隆,2001年第2期)

5.从社区社会化到社会社区化(夏学銮,2001年第2期)

6.三个角度看社区(于海,2001年第2期)

7.新社区,新体制(缪传忠,2001年第2期)

8.城市社区建设需要注意八大问题(李宝库,2001年第3、4期合刊)

9.社区和社会现代化(于长江,2001年第3、4期合刊)

10.浅谈社区发展和社区建设(臧杰斌、周文建,2001年第5、6期合刊)

11.社区建设要着重抓好基础工作(李学举,2001年第9期)

12.说说社区协商议事委员会(胡宗山,2001年第10期)

13.抓好示范活动,全面推进社区建设(李学举,2001年第11期)

14.城市社区直选的新发展(李凡,2001年第11期)

15.转变职能,其实并不难(缪传忠,2001年第11期)

16.社区建设要坚持一手抓推进,一手抓研究(李学举,2001年第12期)

17.政府化和无政府化:这两种倾向都要不得(赵彬、刘爱军,2001年第12期)

18.村居混杂:问题多多,出路何在(编辑部,2002年第1期)

19.社区支部书记如何讲民主(华金龙,2002年第1期)

20.居委会财务独立好处多(张小强,2002年第1期)

21.罢免事件暴露出来的诸多问题(乔先华、王广军,2002年第2期)

22.推进社区自治,“四个民主”一个不能少(张孝敢,2002年第2期)

23.民主解决了大伙的难题(薛玉虎,2002年第2期)

24.江汉区:社区再次评政府(李凡,2002年第3期)

25.业主自治与物业管理——责任清了,关系顺了(李味琦,2002年第4期)

26.推进社区建设不可回避五个问题(吴义明,2002年第4期)

27.不设街道只建社区委员会行不行(张民巍,2002年第5期)

28.公推公选天地宽(张民巍、杨帆、谭正明,2002年第5期)

29.社区党支部如何发挥作用(夏必成,2002年第6期)

30.一个从农村选举向城市选举过渡的成功实例(李凡,2002年第6期)

《优抚与健康》杂志

(民政部优抚安置局主办、山东省民政厅承办)

1.优抚对象待遇结构存在的问题及对策(彭芳、蒲小青、黄健生,第1、2期合刊)

2.提倡和鼓励退役士兵自谋职业的实践和体会(凌翔,第1、2期合刊)

3.企业改制中在职伤残军人遇到的困难问题与对策建议(罗文兵、罗良意,第3期)

4.关于正确处理军地纠纷的调查与思考(山东省威海市双拥办,第3期)

5.入世对优抚工作的影响及对策(派生、蒲小青,第4期)

6.坚持依法优抚原则,做好农村税费改革中的优抚工作(石贤芹,第5期)

7.推行货币安置,实践安置新途径(冯诗贵、杨成才、段传武,第6期)

《双拥》杂志

(江苏省南京市、徐州市等地双拥办公室联合主办)

1.“三个代表”是双拥工作的根本方向(上海市双拥办,第1期)

2.国防与经济必须“同时”“积极推进”(顾秋华,第3期)

3.解决优抚对象“治病难”的实践与思考(镇江市民政局优抚科,第4期)

4.探索军转安置新路子(刘晓伟、朱成广、徐淑铎,第4期)

5.科教拥军求跨越 军拥科教谋固本(赵清林,第5期)

6.注意保护群众的双拥积极性(刘瑞年,第5期)

7.加入WTO后军地关系初探(胡有升,第6期)

8.开创法律拥军新局面(南京市双拥工作领导小组,第6期)

9.西部大开发,双拥有作为(秋实,第7期)

10.济南民营企业安置随军家属就业的调查与思考(孙竹兮,第8期)

11.适应社会环境 创新双拥机制(徐汉宗,第9期)

12.紧紧围绕部队需求 深入开展科技拥军(王浩良,第10期)

13.双拥工作必须与时俱进(廖双全,第10期)

14.强化法规制度建设 促进双拥持续发展(郭玉才,第11期)

15.军分区对双拥工作的组织协调必须加强(傅振宽,第11期)

16.认真贯彻十六大精神 扎实做好双拥工作(刘大银,第12期)

《中国社会报》理论版

1.用改革给“管理”定新义——社会福利社会化管理体制探析(甄炳亮,1月12日)

2.把农民组织起来——以鄂州市三个农业专业协会看涉农社团在农业产业结构调整中的作用与前景(廖来生、吴礼文、胡振银,1月16日)

3.应当重视最低生活保障制度执行中的治理机制——兼论大连市社区公共服务社的政策效果(杨团、葛道顺,1月24日)

4.如何培育涉农NGO(周晓禹,2月5日)

5.农村基层组织“一肩挑”的创新与完善(李学田,2月22日)

6.有土地就有保障吗(刘书鹤,3月6日)

7.略论民政工作的“社会福利”性质与“需要满足”功能(刘继同,3月20日)

8.农村选举的制度瓶颈(张孝敢、严喜祥,3月28日)

9.如何恢复收容遣送的救济性质(李锦灶,3月30日)

10.安置工作一定要面向市场(龚益民,4月3日)

11.WTO推进殡葬市场化(谯喜斌,4月4日)

12.村主任竞选:多元化及不和谐音(郑定禄,4月27日)

13.城市低保:几个问题亟须解决(孙建春、甄炳亮,4月30日)

14.20年民政理论的盘点与展望(梁言实,5月26日)

15.深怀爱民之心,恪守为民之责——出席第十一次全国民政会议的省(区、市)领导谈民政(5月29、30日)

16.农村专业经济组织是稳定器(党国英,6月13日)

17.谁让农民实实在在地增收——山东省临沂市农村经济协会的启示(秦立东,6月22日)

18.突围对社区服务的再认识(刘勇,6月26日)

19.借粮,还是放粮?——对重灾区开仓借粮潜在问题的调查与思考(曾宪国、邵荣波,7月4日)

20.中国殡葬行业:走向市场势在必行(张加生,7月13日)

21.城市公益性公墓应限制发展(何伟,7月13日)

22.中国城市化直面十大问题(寿璐,7月27日)

23.在农村建立社会保障的建议(裘强,8月9日)

24.民政职能改造:需要换牌洗脑(余知鹏,8月20日)

25.民政部门在税费改革中的作为(杨子刚,8月21日)

26.新《婚姻法》遭遇"三难"(曾亚波、陈兰,8月23日)

27.低保工作需要完善相关法规政策(罗荣,8月28日)

28."老人"们的呼声——社保改革中的关于"老人"政策的问题探析(张振夫,9月3日)

29.民政工作基本职能之探讨(刘继同,9月6日)

30."大社会福利"概念之否定(刘书鹤,9月25日)

31.国有民营是"星光计划"的运作取向——"星光老年之家"管理和运营机制探索(方嘉珂,10月11日)

32.构建公共财政支持与减灾补偿体系(余知鹏,10月11日)

33.户籍改革给民政带来的新问题(福建省民政厅课题组,12月4日)

34.服务小康社会新目标 畅谈民政事业新发展(12月6、10日)

35.全面建设小康社会必须加快城市化进程(戴均良,12月18日)

36.与时俱进,迎接民政事业现代化春天(李晓晋,12月20日)

37.用正确的民主理念指导村民自治发展(王金洪,12月25日)

38.解决贫困问题最终要靠发展经济(林毅夫,12月27日)

《中国社会报》"社区建设"专版

1.把握自治终极目标和社区差异性(刘君德,1月4日,第35期)

2.居民参与:社区建设的核心问题(关信平,1月4日,第35期)

3.社区建设的下一个关键:培育社区服务组织(马仲良,6月14日,第51期)

4.积极探索社区再就业的新途径(徐永祥,6月21日,第52期)

5.社区建设:我国现代化的必然选择(夏学銮,7月26日,第57期)

6.社区服务性质再认识(吴铎,8月3日,第58期)

7.举"社区福利服务"之旗(甄炳亮,8月3日,第58期)

8.强化激励机制,促进社区参与(徐勇,10月12日,第67期)

9.社区党建的政治内涵及其面临的任务(林尚立,12月7日,第74期)

10.居民自治要求党的领导方式的创新(马仲良,12月7日,第74期)

11.社区是安置下岗职工的主渠道(张永春,12月19日,第76期)

民政统计资料

2002年民政事业发展统计报告

2002年，是总结过去、谋划未来，承前启后、继往开来的一年；是民政工作整体推进，重点工作取得重要突破的一年。在这一年里，民政工作改革创新取得了丰硕的成果，整体面貌发生了深刻变化，特别是第十一次全国民政会议的胜利召开，对当前和今后一个时期民政工作的总体思路、奋斗目标、主要任务和改革措施提出了明确要求，为民政工作再上一个新的台阶奠定了基础。回顾2002年，主要在以下几个方面取得了显著成绩。

一、民间组织管理

民间组织管理工作平稳发展。社会团体结构趋于合理，整体质量有所提高。截至2002年年底，全国共登记社会团体13.3万个，比上年增加3.1%。其中：全国性及跨省、自治区、直辖市的社团1712个，比上年增加了25个；省级及省内跨地（市）域活动的社团20069个，比上年增加了529个；地级及县以上活动的社团52386个，比上年增加了1753个；外国商会15个。

民办非企业单位作为一种新的社会组织形式得到了蓬勃发展，在各项社会活动中发挥着日益重要的作用。截至2002年年底，全国在民政部门登记的民办非企业单位共有11.1万个，比上年增加35.4%。

二、优抚安置

在优抚安置方面，加快了抚恤补助标准自然增长机制的建立，提高了在乡老复员军人的定期生活补助标准，解决了符合条件的在职伤残军人改领伤残抚恤金的问题。截至2002年底，国家抚恤、补助各类优抚对象459万人，比上年增长1.9%。这些人中：革命伤残人员85.8万人，比上年增加了0.4%，其中：在乡革命伤残人员45.4万人，人均年抚恤金由2001年的1839.6元增加到2002年的2054元，比上年增长11.7%；享受定期补助的优抚对象由2001年的317.1万人增加到2002年的325.2万人，比上年增长2.6%；其中：享受定期补助的在乡退伍红军老战士、在乡西路军红军老战士和红军失散人员9.5万人，比上年下降4%，其中：红军失散人员人均年定期补助由2001年的1381.9元增加到2002年的1616元，比上年增长16.9%。

本年批准的烈士403人。截至2002年12月31日，全国共有烈士纪念建筑物13552处。

安置工作继续推进改革试点，国务院首次在有关文件中提出了安置就业与自谋职业相结合的安置办法，实行了《优待安置证》制度，为进一步改革和规范优抚安置工作打下了良好的基础。2002年安置军队退役士兵、复员干部等54万人，比上年增长3.4%。其中：退伍义务兵48.1万人，城镇退伍义务兵24.6万人；转业士官5.8万人；复员干部1927人。全年共接收军队离退休干部、军队无军籍职工等1.4万人，比上年增长2.2%。

民间组织管理情况

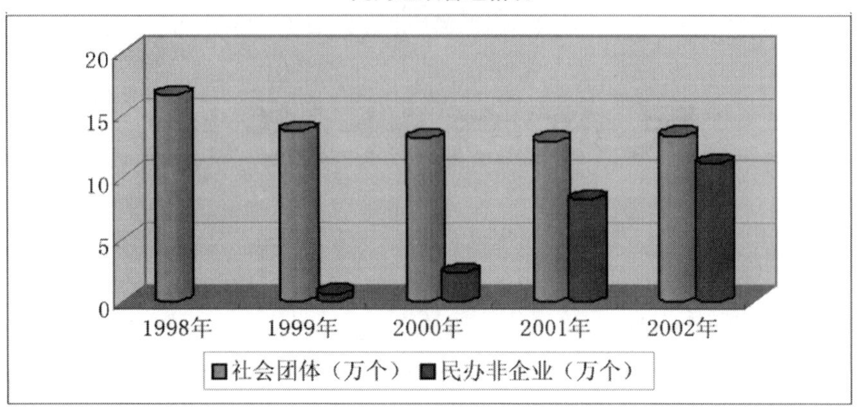

名称(单位)	1998 年	1999 年	2000 年	2001 年	2002 年
社会团体(万个)	16.6	13.7	13.1	12.9	13.3
民办非企业(万个)		0.6	2.3	8.2	11.1

优抚类收养性单位床位7.2万张，比去年同期增长4.3%，年末收养各类人员5万余人。

三、救灾救济

城市居民最低生活保障工作取得突破性进展。在党中央、国务院和地方各级党委、政府的领导下，各级民政干部上下配合，统一行动，有力地促进了低保工作的落实，2002年7月实现了应保尽保。截至2002年底，共有2064.7万城镇居民、819万户低保家庭得到了最低生活保障。其中：在职人员186.8万人，下岗人员554.5万人，退休人员90.1万人，失业人员358.3万人，上述人员家属783.1万人，“三无”人员91.9万人，有效地保证了最低收入标准以下群众的基本生活，支持了改革开放的顺利进行，维护了社会的稳定。全年共用低保资金108.7亿元，其中，中央财政投入46亿元。2002年全国城镇最低生活保障月人均保障水平52元。

优抚对象年均抚恤、补助情况

指标	1998 年	1999 年	2000 年	2001 年	2002 年
在乡革命伤残人员(元/人、年)	996	1327	1586	1839.6	2054
在乡红军老战士(元/人、年)	4026	4293	6300	6686.5	7800
红军失散人员(元/人、年)	832	1040	1200	1381.9	1616
烈军属(元/人、年)	895	1282	1507	1677.2	1954
在乡复员军人(元/人、年)	525	786	877	929	1043

最低生活保障制度开展以来情况

年份	1998 年	1999 年	2000 年	2001 年	2002 年
保障人数	184.1	265.9	402.6	1170.7	2064.7
年增长率	109.4	44.4	51.4	190.8	76.4

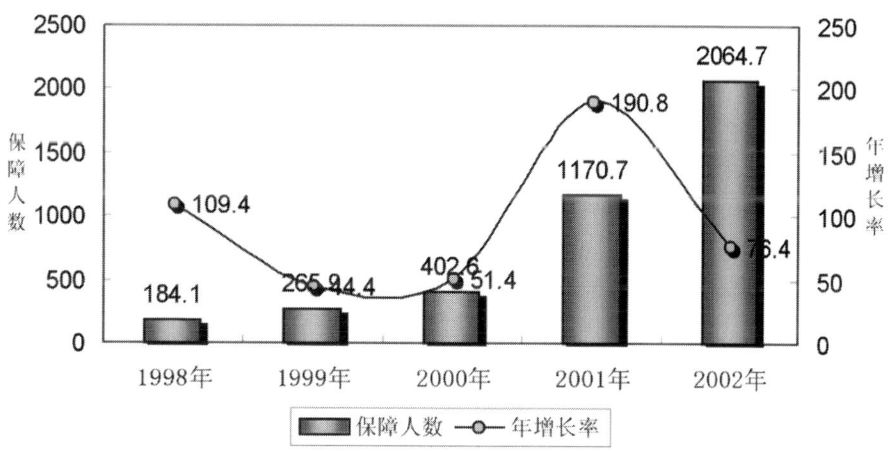

农村社会救济工作取得新的进展。截至2002年底，在开展农村居民最低生活保障工作的地区，有407.8万村民、156.7万户家庭得到了最低生活保障，保障对象比上年增长32.9%，其中：困难户303.3万人，五保户51.1万人，其他人员53.4万人。在未开展农村居民最低生活保障工作的地区，按传统救济方式救济困难户1468.1万人、五保户162.2万人、其他救济对象250.5万人。

2002年，我国发生了旱灾、洪涝、风雹、台风、地震、沙尘暴、雪灾和低温冷冻等自然灾害，造成了严重损失。经民政部会同水利部、农业部、国家统计局、中国气象局等部门共同核定，去年全国农作物受灾面积4711.9万公顷，其中成灾2731.8万公顷，绝收655.8万公顷；全国共有3.7亿人(次)受到各类灾害影响，其中成灾2.3亿人(次)，因灾死亡2840人，紧急转移安置471.8万人；倒塌房屋175.7万间；直接经济损失总计1717.4亿元。

党中央、国务院高度重视抗灾救灾工作。中央领导同志多次作出重要指示或亲赴灾区察看灾情，慰问灾民，指导抗灾救灾工作。国务院多次召开会议，研究部署抗灾救灾工作。各有关部门密切配合，通力合作，向灾区提供救灾资金和物资支持，全力帮助灾区抗灾救灾。中央有关部门全年共下拨各类抗灾救灾资金55.5亿元。

去年，民政部会同财政部及时安排下拨中央特大自然灾害救济补助费25亿元，向灾区调拨救灾帐篷1.6万顶，妥善解决了灾民吃、穿、住、治等方面的生活困难。此外，民政部还接收境内外救灾捐赠款2311万元和价值580万元的物资，已全部下拨到灾区，除少量用于灾民紧急救助外，主要用于灾民倒房的恢复重建，使13140人受益。

深入开展经常性社会捐助活动，广泛动员社会力量帮助受灾群众。截至12月底，全国共建立经常性社会捐助工作站、点2.5万多个，15个省(自治区、直辖市)基本建立起了布局合理的经常性社会捐助工作站点网络。去年全国共接收捐款11.1亿元人民币，接收衣被2.3亿件，使3518.1万人(次)困难群众受益。

四、基层政权与社区建设

城市社区建设工作全面推进。2002年民政部在吉林省四平市召开了全国城市社区建设现场会，进一步明确了社区建设的任务、目标、思路和要求，要求社区为平台，社区组织为依托，信息技术为手段，整合城市民政工作。截至2002年底，全国城镇社区服务设施19.8万处，比上年增长1%；其中，综合性的社区服务中心7898个，比上年增长27.8%。

2002年，中共中央办公厅、国务院办公厅发出《关于进一步做好村民委员会换届选举工作的通知》，充分体现了党中央、国务院对村委会选举工作的高度重视。它对进一步激发亿万农民当家作主的积极性，切实推进村委会选举，完善村民自治制度，建设农村社会主义政治文明，将产生深远影响。2002年全国有18个省（直辖市）顺利完成了换届选举，绝大多数村庄选举出了群众满意的村委会领导班子。全年共有1734个县（市、区），45.2万个村进行了村委会选举（含罢免后的重选和村村合并后的改选），3.8亿人参加了选举。

村民自治示范活动继续开展。村民自治模范县（市、区）579个，村民自治模范乡镇7457个。农村社会保障服务网络进一步完善。全国建立农村社会保障服务网络的乡镇近2万个，比上年略有增加。

社区居委会和村委会在体制改革中数量得到减少，功能得到加强。截至2002年底，全国设有居委会（社区居委会）8.5万个，比上年减少了7.6%；居民小组124.4万个，比上年减少1.5万个；居委会成员39.7万人，比上年减少6.7万人。村委会68.1万个，比上年减少了2.7%；村民小组528.6万个，比上年减少13.3万个；村委会成员294.2万人，比上年减少22.2万个。

我国实行的计划生育政策已显示出成效，登记结婚对数连续6年呈下降趋势。2002年全国办理结婚登记786万对，比上年减少19万对；结婚率为12.2‰，比上年下降0.4个千分点。离婚117.7万对，比上年减少7.3万对，其中：民政部门登记离婚57.3万对，比上年增加4.5万对，法院调解和判决离婚60.4万对，比上年下降11.8万对；离婚率为1.8‰，比上年减少了0.1个千分点。

五、行政区划与勘界

截至2002年底，全国县级以上行政区划共设23个省，5个自治区，4个直辖市，2个特别行政区；57个地（州、盟），比上年减少了10个；660个市，其中：地级市275个，比上年增加10个；县级市381个，比上年减少12个；1649个县（自治县、旗、自治旗、特区和林区），比上年减少11个；830个市辖区，比上年增加22个。

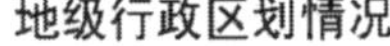
地级行政区划情况

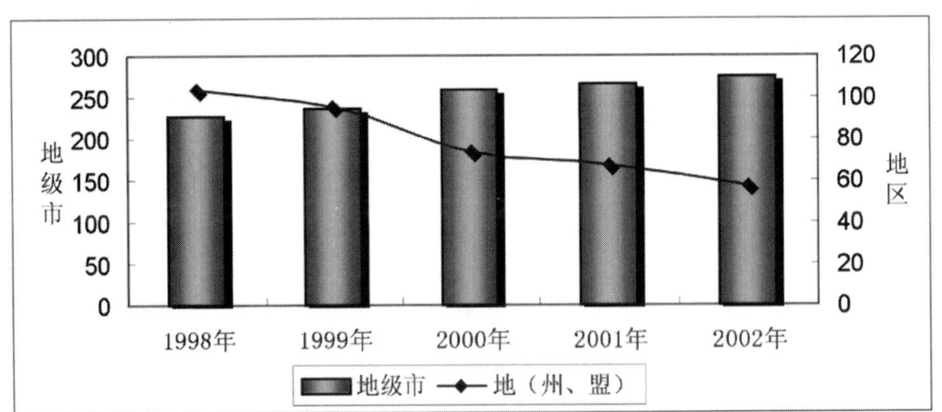

我国行政区划变化

	1998年	1999年	2000年	2001年	2002年
地级市	227	236	259	265	275
地(州、盟)	104	95	74	67	57

乡镇合并和城镇化进程进一步加快。截至2002年底，全国设有建制镇20601个，比上年增加227个，增长1.1%；乡18639个，比上年减少702个，下降3.6%，其中民族乡、镇1167个。街道办事处(含新疆生产建设兵团)5576个。

全国行政区划主要变更有：河北省撤销县级丰南市，设立唐山市丰南区。辽宁省铁法市更名为调兵山市。江苏省撤销南京市浦口区和江浦县，设立新的南京市浦口区；扬州市郊区更名为维扬区。浙江省撤销鄞县，设立宁波市鄞州区。安徽省合肥市东市区更名为合肥市瑶海区，中市区更名为庐阳区，西市区更名为蜀山区，郊区更名为包河区。福建省撤销莆田县，设立莆田市荔城区，设立莆田市秀屿区，调整城厢区、涵江区的行政区域。江西省南昌市郊区更名为青山湖区。河南省濮阳市市区更名为华龙区；撤销安阳市铁西区、郊区，设立安阳市殷都区、龙安区，调整北关区、文峰区和安阳县的行政区域。广东省撤销县级新会市设立江门市新会区，调整蓬江区行政区域；撤消县级南海市、顺德市、三水市、高明市，设立佛山市南海区、顺德区、三水区、高明区，调整禅城区行政区域。广西壮族自治区撤销百色地区，设立地级百色市。海南省撤销琼山市和海口市秀英区、新华区、振东区，设立海口市秀英区、龙华区、琼山区、美兰区。四川省撤销温江县，设立成都市温江区。云南省撤销丽江地区和丽江纳西族自治县，设立地级丽江市和玉龙纳西族自治县。陕西省撤销长安县，设立西安市长安区。甘肃省撤销张掖地区，设立地级张掖市。宁夏回族自治区撤销银川市城区、新城区和郊区，设立银川市西夏区、金凤区和兴庆区。新疆维吾尔自治区乌鲁木齐市南泉区更名为达坂城区；设立县级阿拉尔市；设立县级图木舒克市；设立县级五家渠市等。

全国共设有5个自治区；30个自治州；116个自治县，3个自治旗。

收养单位发展情况

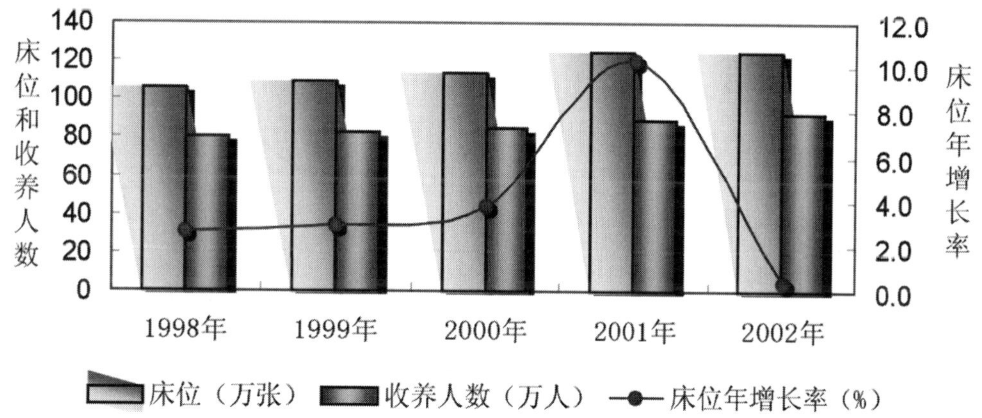

收养单位发展情况

名称(单位)	1998年	1999年	2000年	2001年	2002年
床位(万张)	105.8	108.9	113	124.6	125.1
收养人数(万人)	80	82.7	85.4	89.3	92.6
床位年增长率(%)	2.6	2.9	3.8	10.3	0.4

2002年,国务院颁布的《行政区划界线管理条例》,标志着我国的行政区划界线管理方式,由过去的无序、被动、粗放型管理走上了法治化、科学化、规范化管理的轨道。同年12月,全国有史以来第一幅标示法定省级陆地行政区域界线的1:400万《中华人民共和国行政区划图》出版发行。这是自秦设郡县以来首次勘定全国省界的成果,堪称“千年第一图”。随着第一张清晰标明省界的中国行政区划图的正式出版,表明勘界成果直接为行政管理和经济建设服务,为百姓生活服务成为现实。

地名管理工作得到进一步加强。全国城市地名标志设置工作进展顺利。

六、社会福利与社会事务

社会福利事业单位稳步增长。截至2002年底,全国城乡可提供食宿的收养性单位(含可提供食宿的社区服务中心)3.9万个;床位125.1万张,比上年增长0.4%;收养92.6万人,比上年增长3.4%;其中:社区服务中心类821个,床位2万张,收养各类人员1万余人。福利企业继续减员增效。2002年全国共有福利企业3.6万个,比上年减少0.2万个;残疾职工68.3万人,比上年减少1.7万人;经济效益继续提高,实现利润148.3亿元,比上年增长23.9%。

收养、殡葬等社会事务工作稳步发展。2002年,全国收养登记机关共办理儿童收养登记4.5万件。殡仪馆1486个,比上年增加71个;职工3.8万人,比上年增加0.3万人;火化炉3945台;火化遗体415.2万具,火化率50.6%,比上年上升3.3个百分点。民政部门管理的公墓854个,比上年增长12.8%;安葬遗体361.8万具;其中,本年安葬遗体40.2万具,比上年增长51.1%。

七、彩票发行

福利彩票发行再创历史新高。2002年全国共销售中国福利彩票168亿元,其中电脑彩票147.9亿元,比上年增长了23.3%;即开票20.1亿元,与上年基本持平。提前一个月完成了年初制定的发行任务,为我国社会福利事业的发展特别是社区老年福利“星光计划”的顺利实施提供了有力的保障。

民政事业占国家财政支出比重

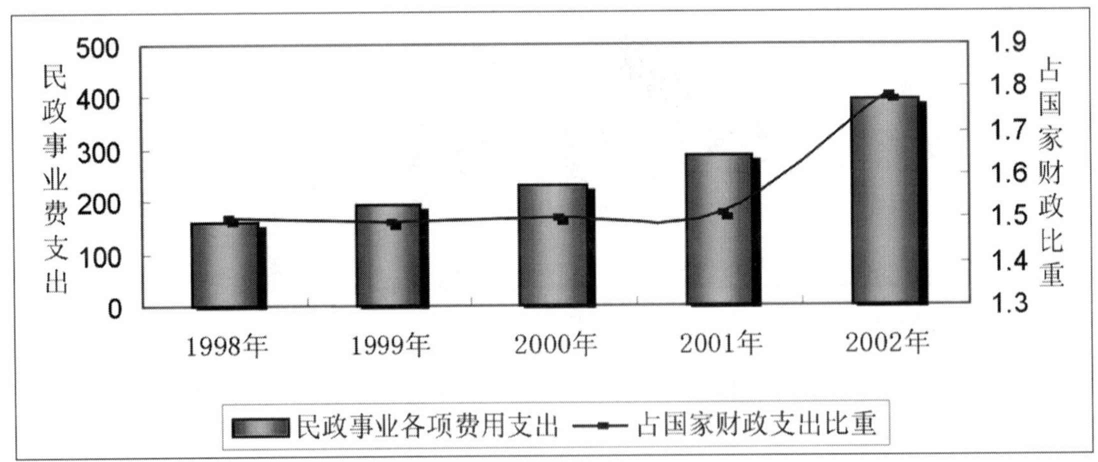

单位:亿元、%

指标	1998年	1999年	2000年	2001年	2002年
民政事业各项费用支出	161.8	194.6	230.5	285.1	392.2
占国家财政支出比重	1.5	1.49	1.5	1.51	1.78

八、老龄工作

截至2002年底,全国65岁及以上的人口9377万,占全国总人口的7.3%,比去年上升了0.2个百分点。经国家统计局批准的《中国城乡老年人口状况一次性抽样调查》圆满结束,通过此次调查摸清了老年人生活的真实状况,填补了老年人口状况资料的空白,为促进老龄事业与经济社会协调发展,具有十分重要的意义。

九、资金保障

随着改革的不断发展,民政事业在社会经济生活中的地位越来越重要,国家财政进一步加大对民政事业的投入力度。民政事业费占国家财政支出比重由2001年的1.51%增加到2002年的1.78%,比上年提高了0.27个百分点。

2002年用于民政事业的财政性支出总计427.2亿元,比上年增长35.5%。

民政事业费支出392.2亿元,比上年增长37.6%,其中:抚恤事业费74.7亿元,比去年增长7.6%;军队移交地方安置的离、退休人员费用49.5亿元,比去年增长58.7%;社会救济福利事业费167.5亿元,比去年增长84.9%,其中,城市居民最低生活保障支出108.7亿元,比去年增长135.3%;自然灾害救济费40亿元;地方离、退休人员费用13.2亿元,比去年增长2.3%;残疾人福利事业费9.8亿元;其他民政事业费37.5亿元。

民政事业基本建设投资总额30.1亿元,比去年下降2%;其中:国家投资9.5亿元,比去年下降8.7%;其他基建投资20.6亿元,比去年增长1%;施工项目3659个。

社会福利基金支出25.5亿元,比去年增长29.4%;集体统筹支出68.5亿元,比去年下降11.8%。

全年民政部门组织筹集的社会捐赠资金以及物资折合金额12.9亿元,比去年下降18.9%。慈善团体募捐资金7.9亿元,比去年增长9.3%;资助福利项目615个。

(何珊珊)

图-1 主要民政对象占全国总人口的比重

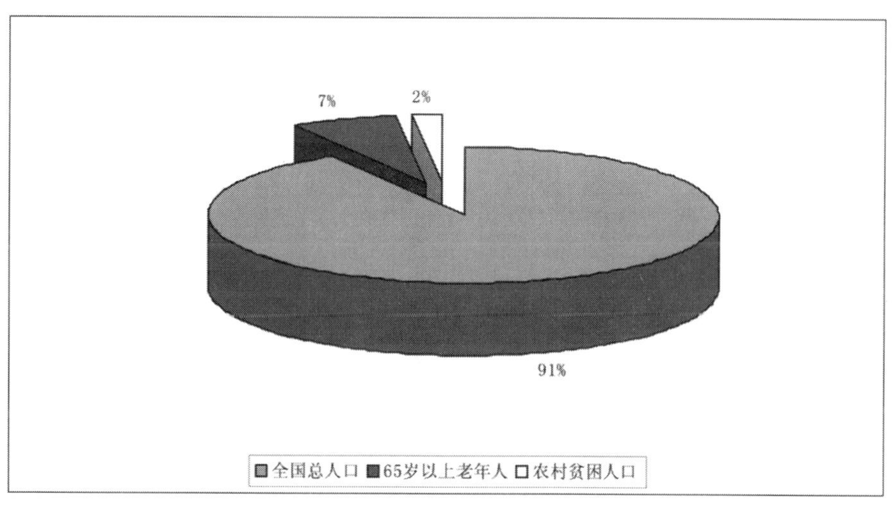

单位:万人、%

指标	人数	比重
全国总人口	128453	100
65岁以上老年人	9377	7.3
农村贫困人口	2820	2.2

注:1.本表数据来源于国家统计局。

图－2 国家抚恤、补助、救济民政对象占全国总人口的比重

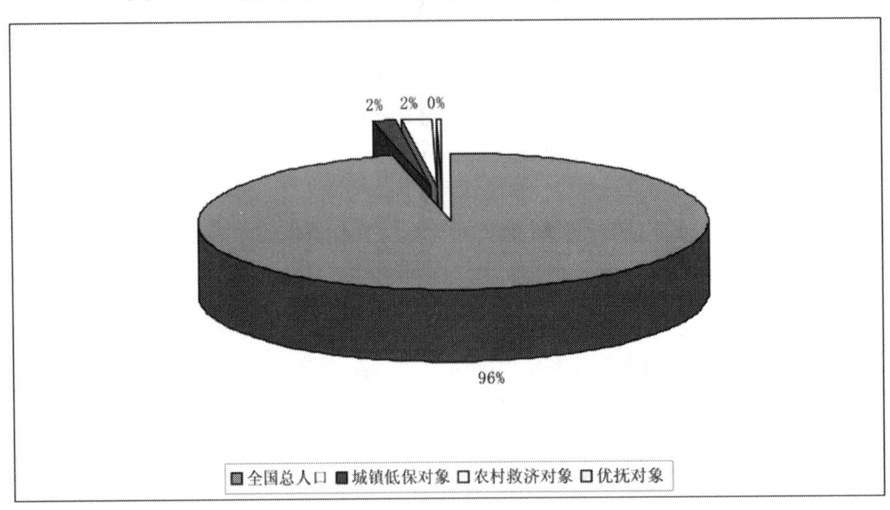

单位：万人、%

指标	人数	比重
全国总人口	128453	100
城镇低保对象	2064.7	1.6
农村低保对象和传统救济对象	2288.6	1.8
优抚对象	459	0.4

图－3 民间组织管理情况

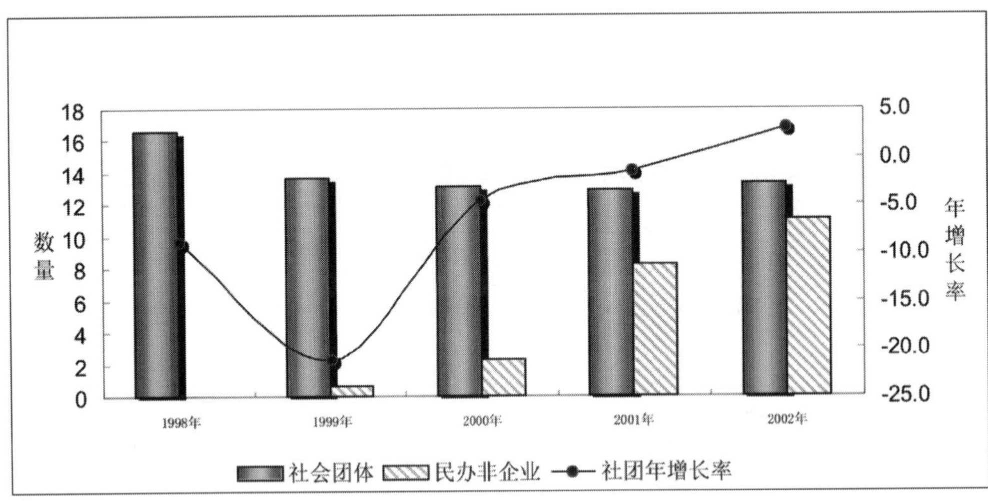

单位：万人、%

指标	1998 年	1999 年	2000 年	2001 年	2002 年
社会团体	16.6	13.7	13.1	12.9	13.3
民办非企业		0.6	2.3	8.2	11.1
社团年增长率	－9.0	－21.2	－4.6	－1.6	3.1

图－4 国家抚恤、补助优抚对象情况

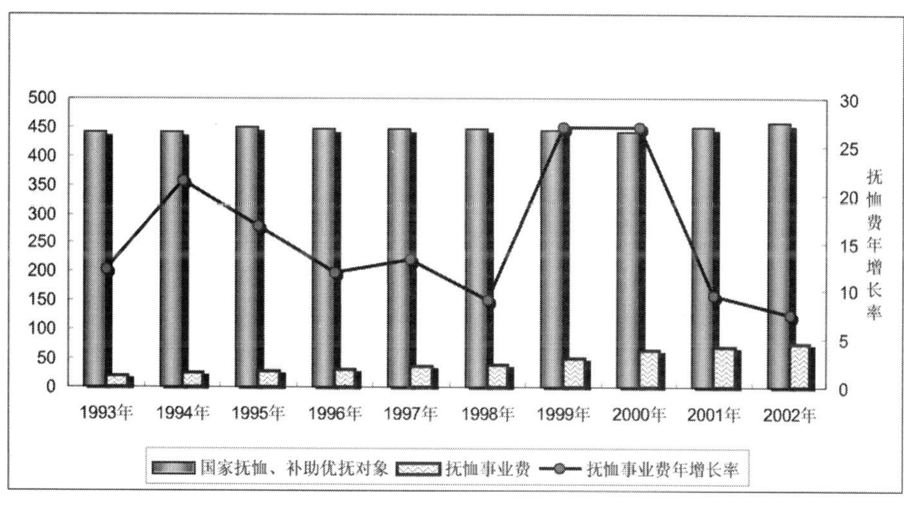

单位:万人、万元、%

指标	1993 年	1994 年	1995 年	1996 年	1997 年	1998 年	1999 年	2000 元	2001 年	2002 年
国家抚恤、补助优抚对象	441.2	441.9	448.8	447	448.3	447	445.1	442.4	450.7	459
抚恤事业费	20.1	24.4	28.5	31.9	36.1	39.4	50.0	63.5	69.5	74.7
抚恤事业费年增长率	12.3	21.4	16.8	11.9	13.2	9.1	26.9	27.0	9.5	7.5

图－5 接收安置军休干部、军休职工情况

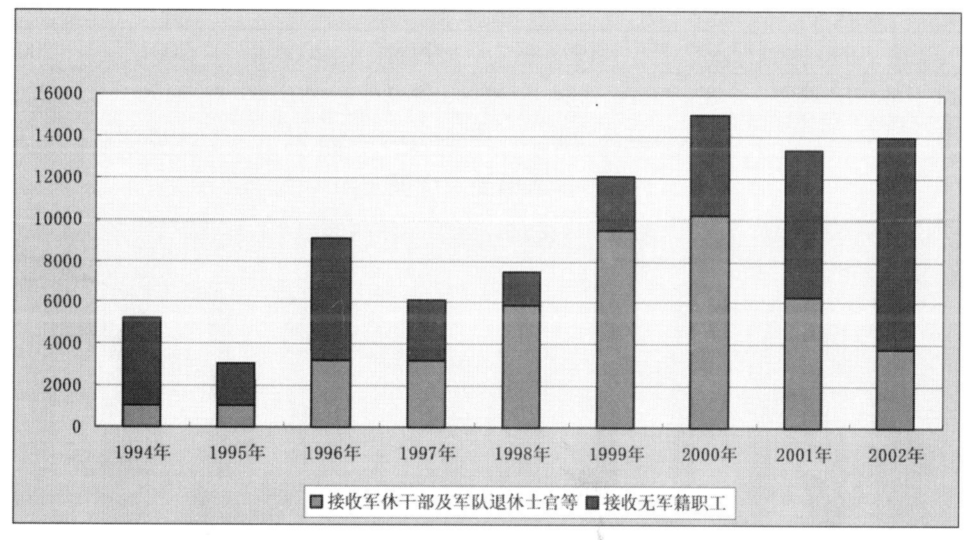

单位:人

指标	1994 年	1995 年	1996 年	1997 年	1998 年	1999 年	2000 年	2001 年	2002 年
接收军休干部及军队退休士官等	1016	1056	3210	3246	5868	9464	10197	6236	3792
接收无军籍职工	4190	1999	5854	2835	1597	2611	4822	7129	10175

图 - 6 最低生活保障制度开展以来情况 单位:万人、%

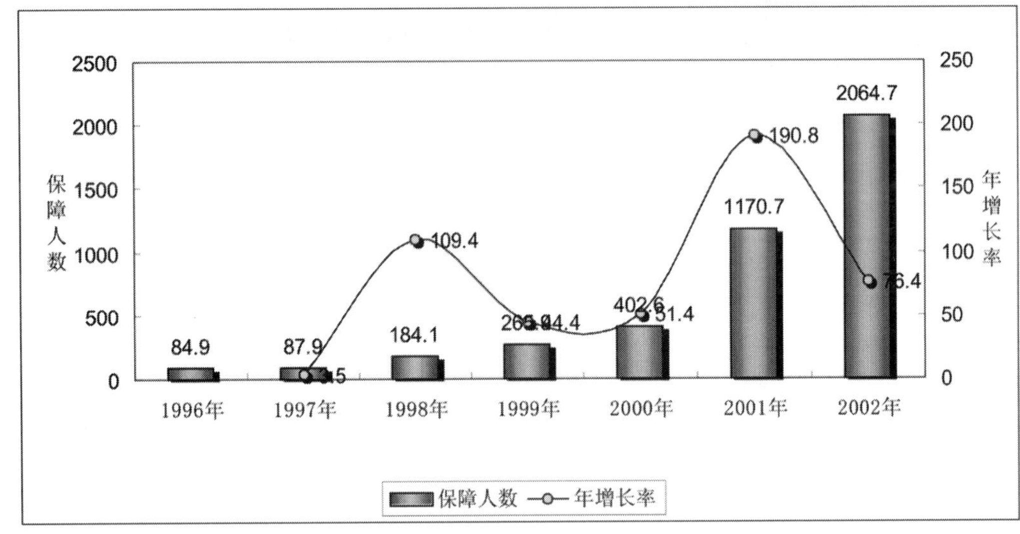

单位:万人、%

年份	1996 年	1997 年	1998 年	1999 年	2000 年	2001 年	2002 年
保障人数	84.9	87.9	184.1	265.9	402.6	1170.7	2064.7
年增长率		3.5	109.4	44.4	51.4	190.8	76.4

图 - 7 人口受灾情况

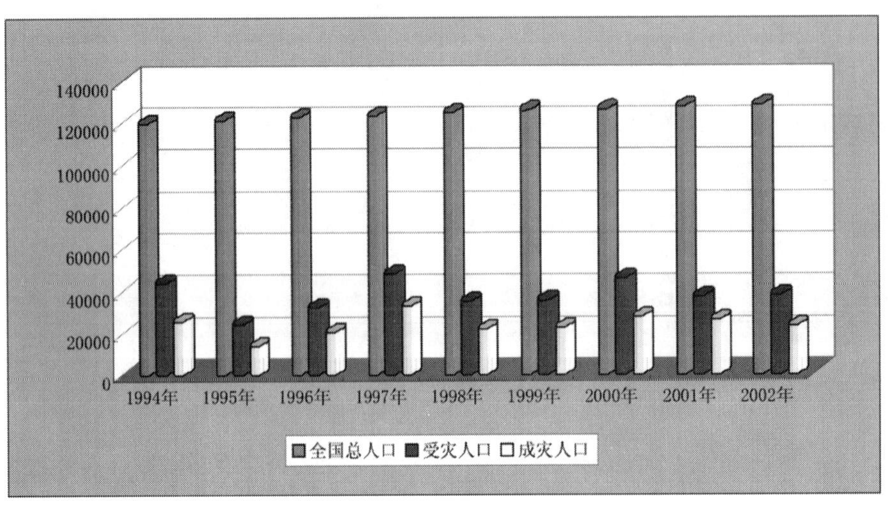

单位:万人、万人次、%

	1994 年	1995 年	1996 年	1997 年	1998 年	1999 年	2000 年	2001 年	2002 年
全国总人口	119850	121121	122389	123626	124810	125909	126583	127627	128453
受灾人口	43799	24215	32305	47886	35216	35319	45652	37256	37842
成灾人口	25398	13509	20104	32949	21763	22664	27928	26040	23053

图 – 8 我国城市发展

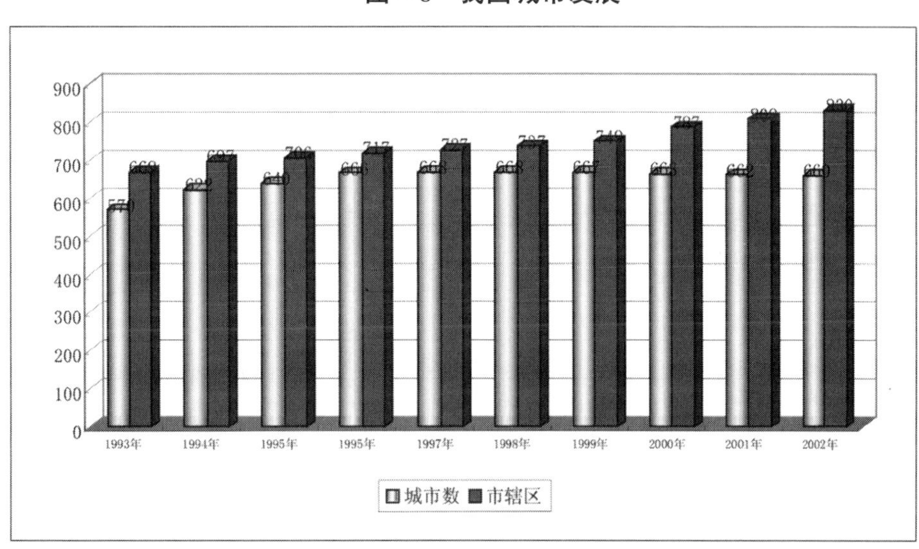

单位:个

名称	1993 年	1994 年	1995 年	1996 年	1997 年	1998 年	1999 年	2000 年	2001 年	2002 年
市辖区	669	697	706	717	727	737	749	787	808	830
城市数	570	622	640	666	668	668	667	663	662	660

图 – 9 我国地和地级市变化

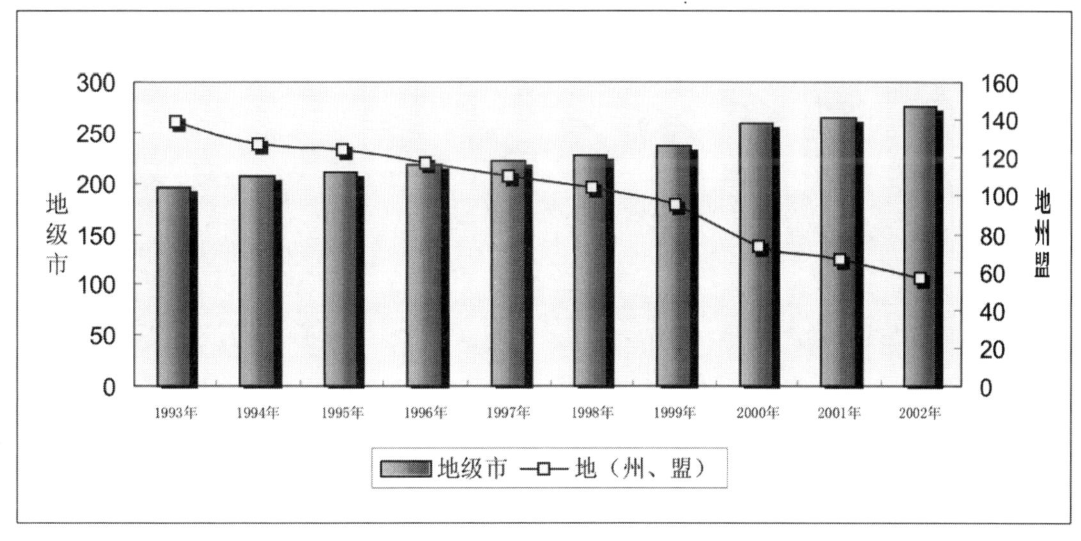

单位:个

指标	1993 年	1994 年	1995 年	1996 年	1997 年	1998 年	1999 年	2000 年	2001 年	2002 年
地级市	196	206	210	218	222	227	236	259	265	275
地(州、盟)	139	127	124	117	110	104	95	74	67	57

图-10 我国县和县级市的变化

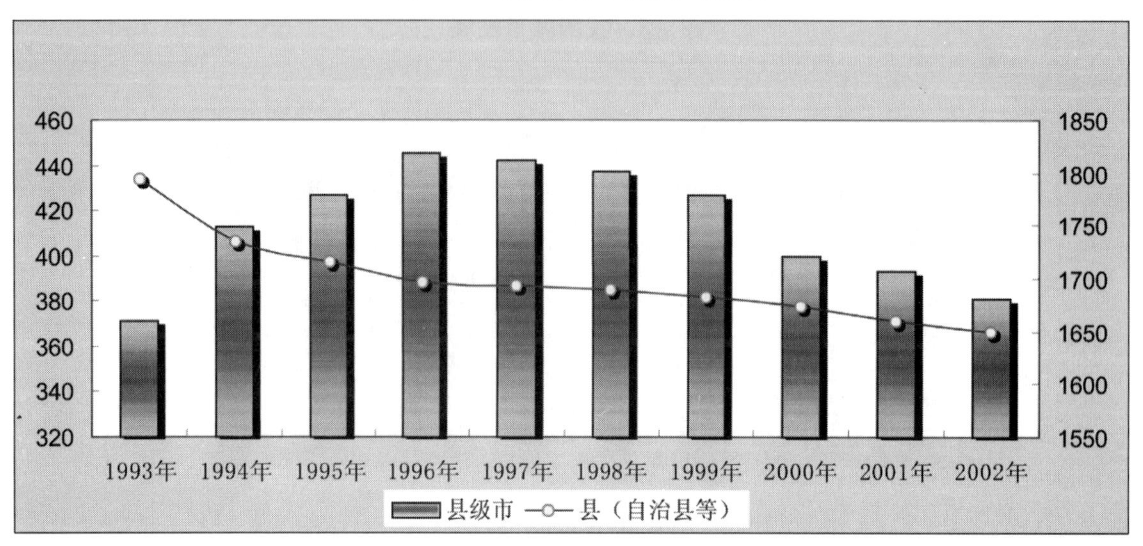

单位:个

指标	1993 年	1994 年	1995 年	1996 年	1997 年	1998 年	1999 年	2000 年	2001 年	2002 年
县级市	371	413	427	445	442	437	427	400	393	381
县(自治县等)	1795	1735	1716	1696	1693	1689	1682	1674	1660	1649

图-11 我国乡镇变化

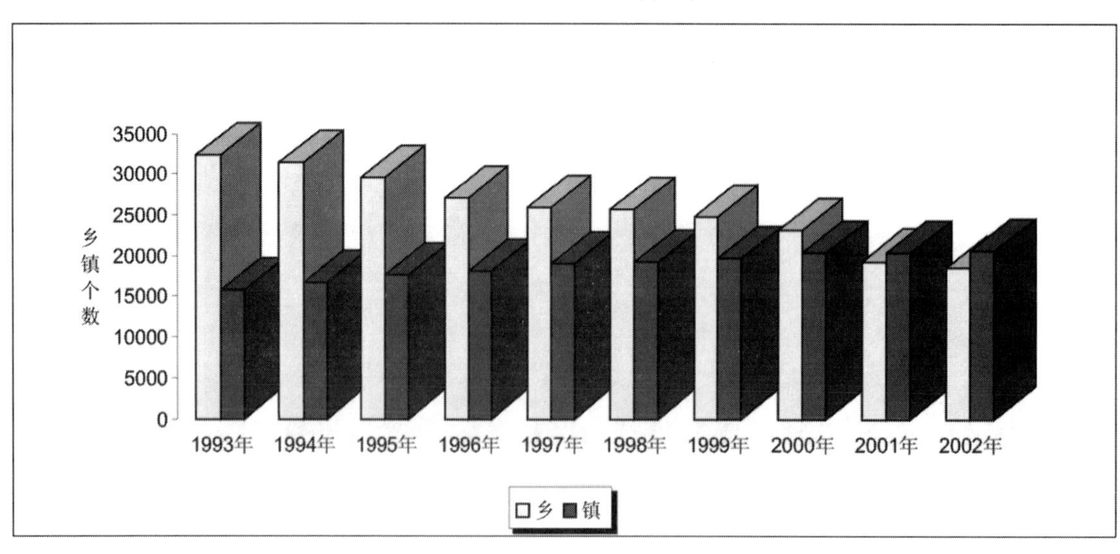

单位:个

指标	1993 年	1994 年	1995 年	1996 年	1997 年	1998 年	1999 年	2000 年	2001 年	2002 年
乡	32445	31463	29502	27056	25966	25712	24745	23199	19341	18639
镇	15805	16702	17532	18171	18925	19216	19756	20312	20374	20601

图－12　我国居委会、村委会变化

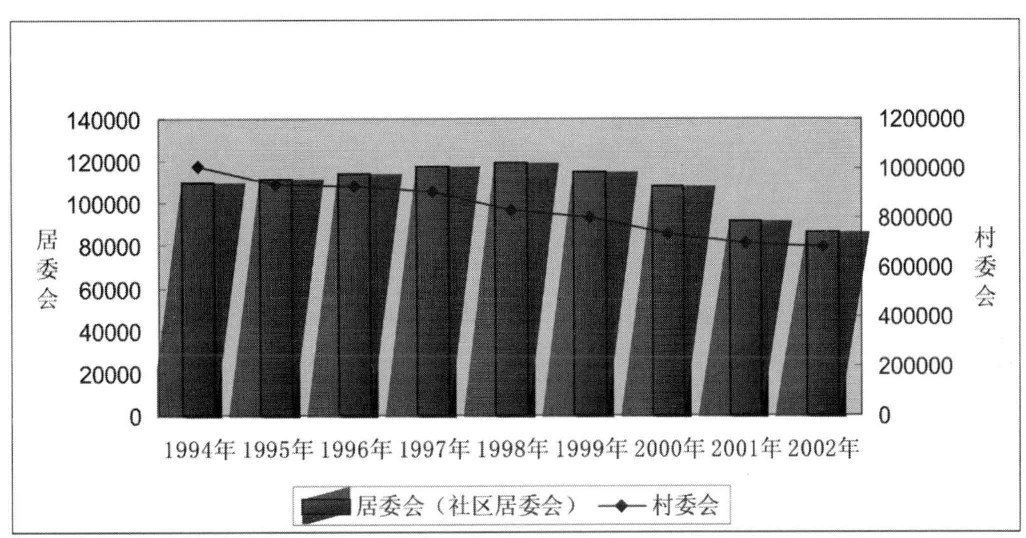

单位:个

名称	1994 年	1995 年	1996 年	1997 年	1998 年	1999 年	2000 年	2001 年	2002 年
居委会(社区居委会)	110112	111860	113690	117915	119042	114815	108424	91893	86087
村委会	1006541	931716	928312	905804	832987	801483	731659	699974	681227

图－13　收养单位发展情况

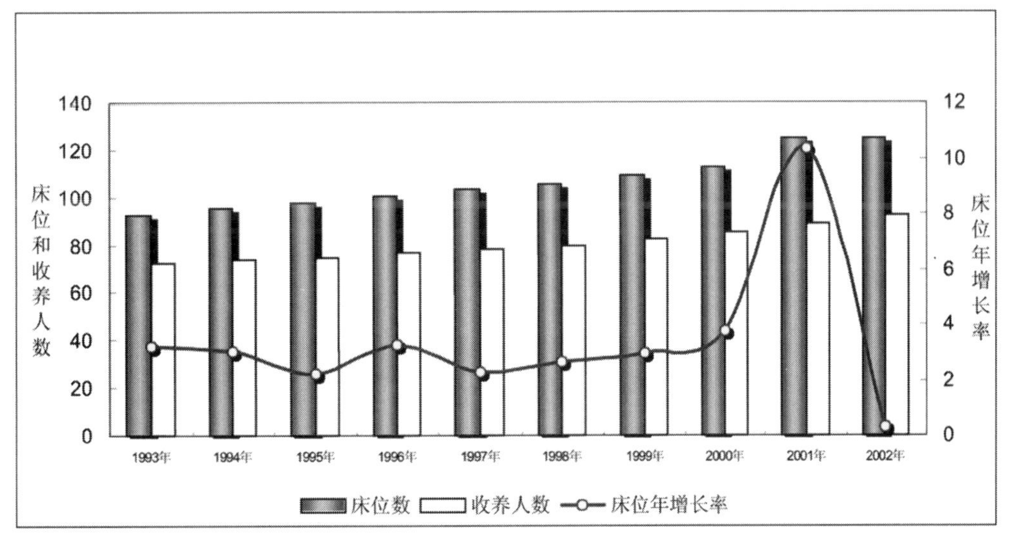

单位:万张、万人、%

指标	1993年	1994年	1995年	1996年	1997年	1998年	1999年	2000年	2001年	2002年
床位数	92.7	95.5	97.6	100.8	103.1	105.8	108.9	113	124.7	125.1
收养人数	72.4	73.6	74.7	76.9	78.5	80	82.7	85.4	89.3	92.6
床位年增长率	3.2	3	2.2	3.3	2.3	2.6	2.9	3.8	10.4	0.3

图-14 社会福利企业利润额

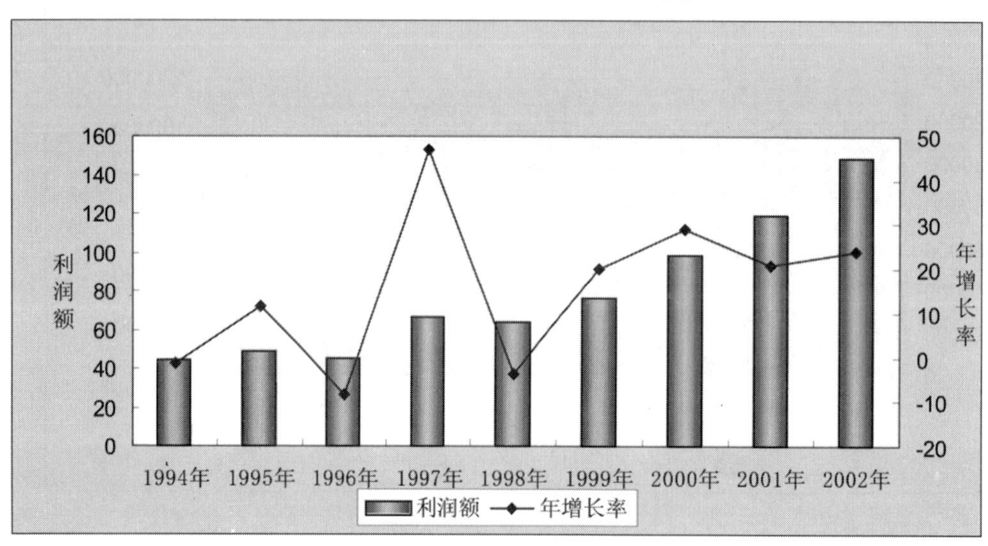

单位:万人、%

指标	1994年	1995年	1996年	1997年	1998年	1999年	2000年	2001年	2002年
利润额	44.1	49.1	45.1	66.3	63.9	76.7	99	119.5	148.3
年增长率	-1.3	11.34	-8.15	47.01	-3.62	20.03	29.07	20.71	24.10

图-15 结婚率和离婚率

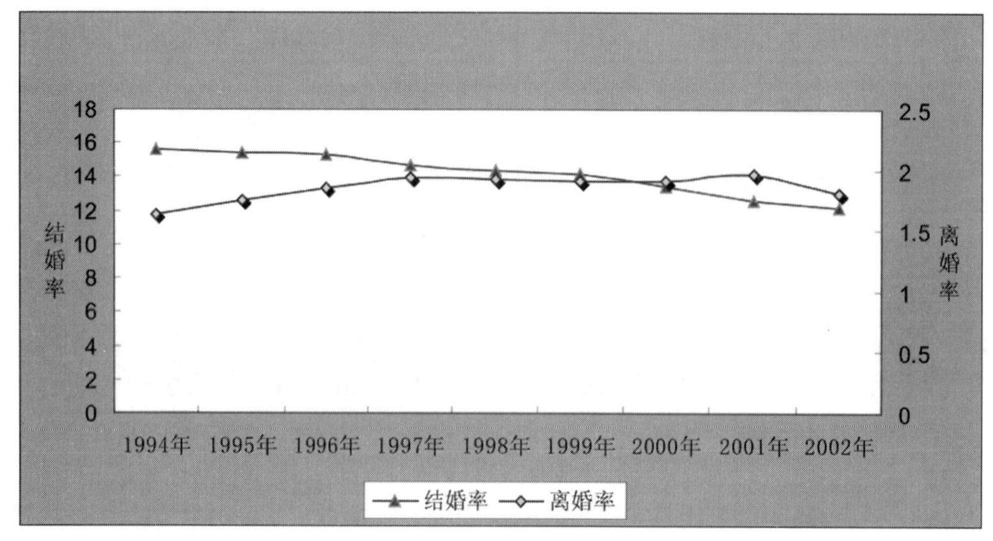

单位：%

指标	1994 年	1995 年	1996 年	1997 年	1998 年	1999 年	2000 年	2001 年	2002 年
结婚率	15.6	15.4	15.3	14.7	14.4	14.1	13.4	12.6	12.2
离婚率	1.64	1.75	1.85	1.94	1.92	1.91	1.91	1.96	1.8

图 – 16　民政部门和法院办理离婚情况

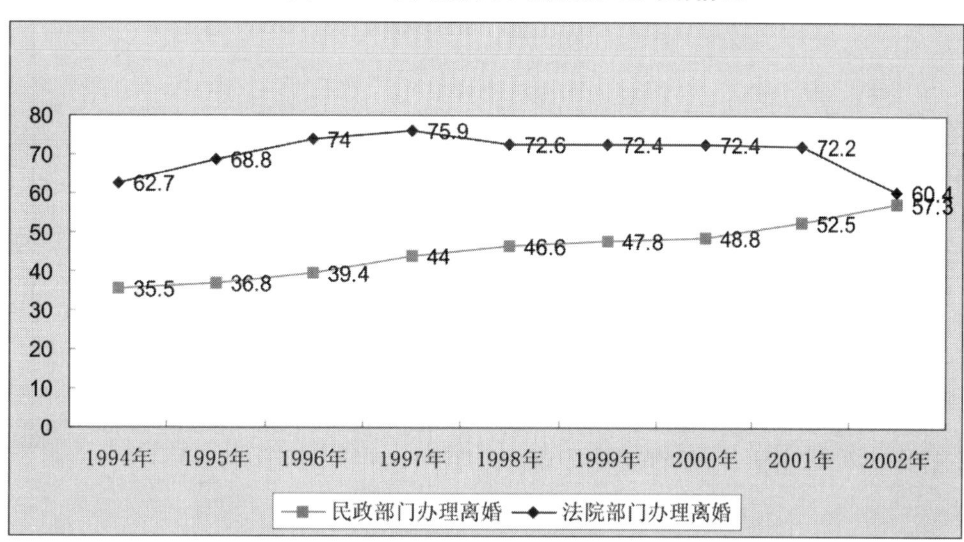

单位：万对

指标	1994 年	1995 年	1996 年	1997 年	1998 年	1999 年	2000 年	2001 年	2002 年
民政部门办理离婚	35.5	36.8	39.4	44	46.6	47.8	48.8	52.5	57.3
法院部门办理离婚	62.7	68.8	74	75.9	72.6	72.4	72.4	72.2	60.4

图 – 17　殡葬发展情况

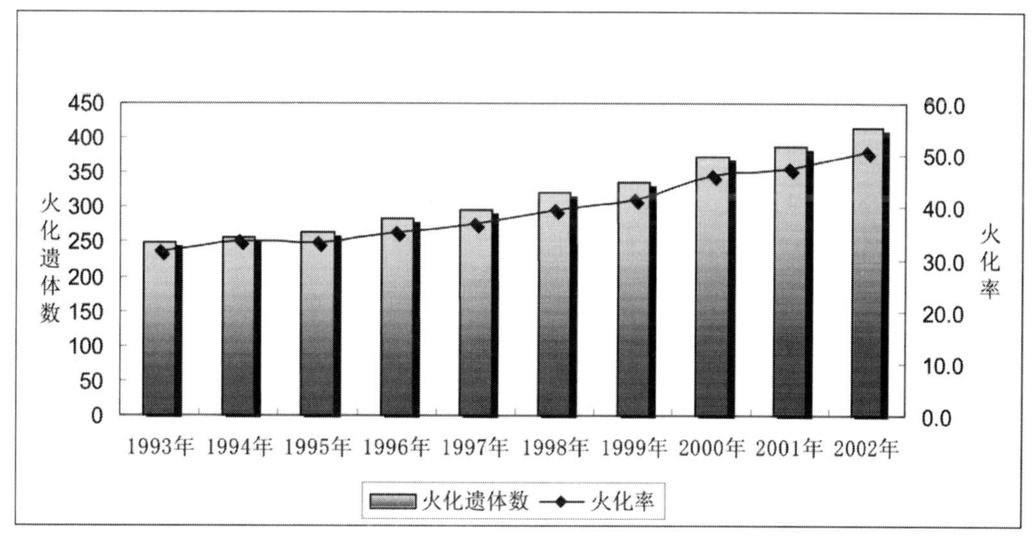

单位:万具、%

指标	1993年	1994年	1995年	1996年	1997年	1998年	1999年	2000年	2001年	2002年
火化遗体数	247.6	257.1	262.7	282.7	295	319.7	336.4	373.7	386.7	415.2
火化率	31.6	33.4	33.2	35.2	36.8	39.6	41.5	46.0	47.3	50.6

图－18 民政事业基本建设投资情况

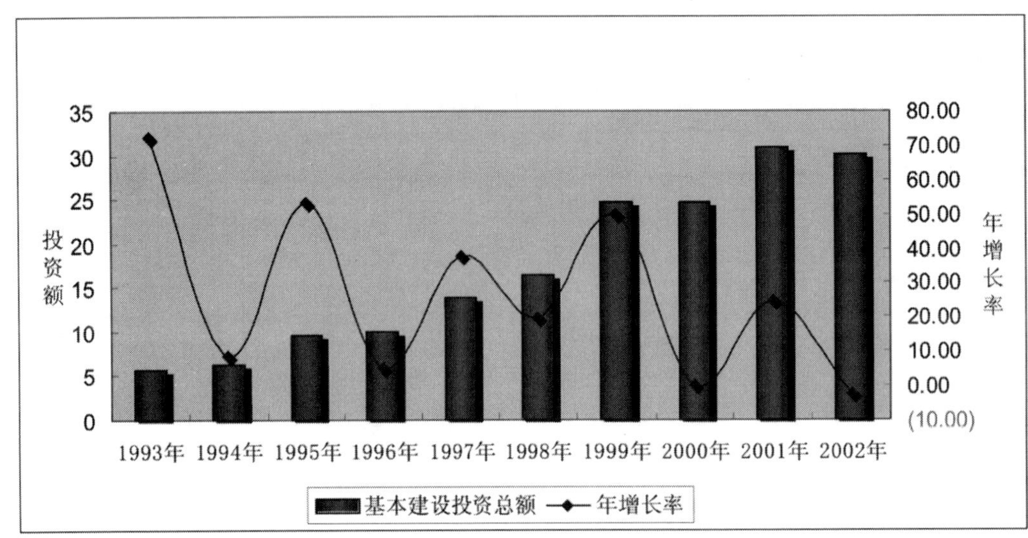

单位:亿元、%

指标	1993年	1994年	1995年	1996年	1997年	1998年	1999年	2000年	2001年	2002年
基本建设投资总额	5.7	6.2	9.5	10	13.8	16.5	24.7	24.7	30.8	30.1
年增长率	72.70	8.77	53.23	5.26	38.00	19.57	49.70	0.00	24.70	－2.27

图－19 1994－2002年民政事业费支出占国家财政支出的比重

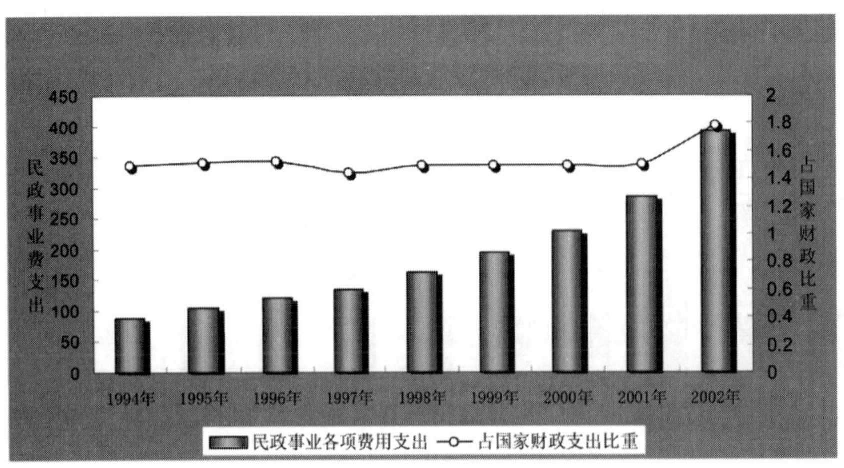

单位:亿元、%

指标	1994年	1995年	1996年	1997年	1998年	1999年	2000年	2001年	2002年
民政事业各项费用支出	87.1	103.5	121	133.5	161.8	194.6	230.5	285.1	392.2
占国家财政支出比重	1.5	1.52	1.53	1.44	1.5	1.49	1.5	1.51	1.78

图-20　2002年民政事业费按用项支出比重

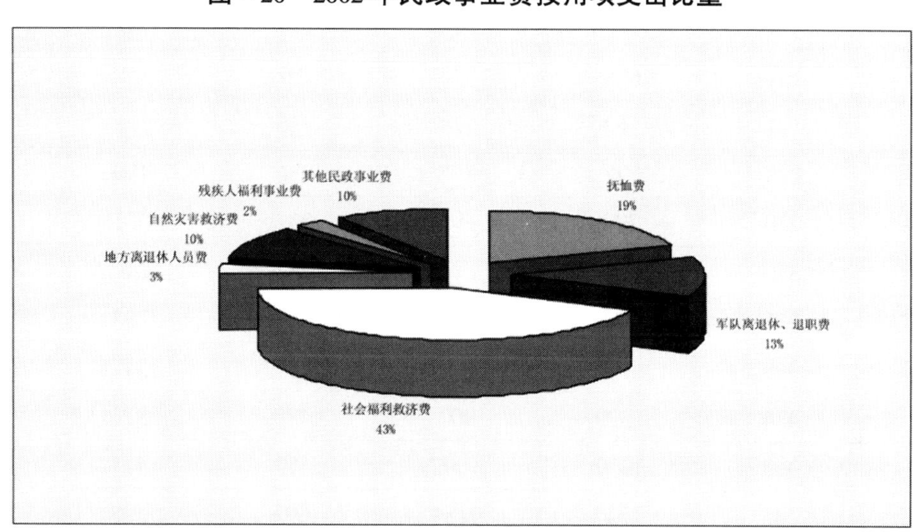

单位:亿元、%

指标名称	民政事业费总支出	抚恤费	军队离退休、退职费	社会福利救济费	地方离退休人员费	自然灾害救济费	残疾人福利事业费	其他民政事业费
数量	392.2	74.7	49.5	167.5	13.2	40	9.8	37.5
比重	100	19.1	12.6	42.8	3.3	10.2	2.4	9.6

表 A－1 城乡居民生活水平

单位:元

年份	农民纯收入	职工平均工资	城镇居民可支配收入	平均消费水平		
				全国	农村	城镇
1978年	134	615	343	184	138	405
1979年	161	668		207	158	434
1980年	191	762	478	236	178	496
1981年	223	772	*458*	236	199	562
1982年	270	798	*495*	262	221	576
1983年	310	826	*526*	284	246	603
1984年	355	974	*608*	311	283	664
1985年	398	1148	739	437	347	802
1986年	424	1329	900	485	376	920
1987年	463	1459	1002	550	417	1089
1988年	545	1747	1181	693	508	1431
1989年	602	1935	1376	762	553	1568
1990年	686	2140	1510	803	571	1686
1991年	709	2340	1701	896	621	1925
1992年	784	2711	2027	1070	718	2356
1993年	922	3371	2577	1331	855	3027
1994年	1221	4538	3496	1746	1118	3891
1995年	1578	5500	4283	2236	1434	4874
1996年	1926	6210	4839	2641	1768	5430
1997年	2090	6470	5160	2834	1876	5796
1998年	2162	7479	5425	2972	1895	6217
1999年	2210	8346	5854	3143	1918	6750
2000年	2253	9371	6280	3397	2048	7431
2001年	2366	10870	6860	3611		
2002年	2476	12422	7703			

注:1.本表资料来源于国家统计局。

2.斜体下划线为生活费支出,与其他年份不可比。

表 A－2　全国总人口

单位:万人、%

年份	总人口	城镇	乡村	农村贫困人口	65岁及以上老年人口	65岁及以上人口比例
1978年	96526	17245	79014	25000		
1979年	97542	18495	79047			
1980年	98705	19140	79565			
1981年	100072	20171	79901			
1982年	101654	21480	80174			4.91
1983年	103008	22274	80734			
1984年	104357	24017	80340	12800		
1985年	105851	25094	80757	12500		
1986年	107507	26366	81141	13100		
1987年	109300	27674	81626	12200		5
1988年	111026	28661	82365	9600		
1989年	112704	29540	83164	10200		
1990年	114333	30191	84142	8500		5.58
1991年	115823	30543	85280			
1992年	117171	32372	84799	8000		
1993年	118517	33351	85166			
1994年	119850	34301	85549	7000		
1995年	121121	35174	85947	6540		6.4
1996年	122389	35950	86439			
1997年	123626	36989	86637	4962		6.7
1998年	124810	37942	86868	4210	8375	6.9
1999年	125909	38892	87017	3412	8687	
2000年	126583	45844	80739	3209	8811	6.96
2001年	127627	48064	79563	2927	9062	7.1
2002年	128453	50212	78241	2820	9377	7.3

注:本表资料来源于国家统计局。

A－3 国家抚恤、补助优抚对象情况

年份	抚恤补助人数(万人)	享受伤残保健金人数(万人)	享受伤残抚恤金人数(万人)	享受定期抚恤金人数(万人)	享受定期补助人数(万人)
1978年	205.9	27.0	46.4		
1979年	173.6	26.6	49.0		
1980年	222.4	28.4	50.2		
1981年	233.6	30.1	49.5		
1982年	240.8	31.4	50.2		
1983年	251.2	32.5	50.5		
1984年	267.3	33.8	50.6		
1985年	283.3	35.1	50.2	51.9	145.5
1986年	339.8	36.8	49.7	53.3	199.4
1987年	366.3	38.4	49.6	54.8	222.3
1988年	378.5	40.0	48.7	53.7	235.3
1989年	411.7	40.6	48.5	52.5	270.9
1990年	425.7	40.8	46.6	51.7	285.9
1991年	434.8	41.5	46.0	50.4	293.2
1992年	433.7	42.4	45.2	49.2	296.9
1993年	441.2	42.4	45.9	49.6	303.3
1994年	442.0	43.0	45.5	48.7	304.8
1995年	448.8	43.4	45.4	48.6	307.0
1996年	447.0	43.9	45.4	48.6	309.3
1997年	448.3	44.4	45.1	48.0	310.8
1998年	447.0	44.6	44.6	47.4	310.4
1999年	445.1	44.8	43.9	45.8	310.6
2000年	442.4	45.1	43.0	44.8	309.5
2001年	450.7	44.0	41.5	48.1	317.1
2002年	459.0	40.4	45.4	48	325.2

A－4 集体优待供给补助情况

单位:亿元

年份	总数	优待烈军属金额	居家供养五保户金额	集体供养五保户金额
1978 年	3.9	1.0	1.2	1.8
1979 年	5.5	2.0	1.6	1.9
1980 年	6.3	3.1	1.5	1.6
1981 年	8.4	4.7	2.0	1.6
1982 年	10.5	5.9	2.8	1.8
1983 年	10.9	6.0	3.4	1.6
1984 年	12.1	6.2	4.2	1.7
1985 年	14.7	7.2	5.9	1.7
1986 年	15.8	7.5	6.2	2.0
1987 年	18.4	8.2	7.6	2.6
1988 年	20.6	8.8	8.4	3.3
1989 年	20.0	9.2	8.6	2.2
1990 年	22.2	10.0	10.2	2.0
1991 年	23.8	10.6	11.3	1.9
1992 年	25.5	11.7	12.0	1.9
1993 年	31.0	13.2	14.6	3.2
1994 年	36.1	15.6	17.7	2.7
1995 年	42.1	19.4	19.7	2.9
1996 年	51.8	25.2	23.1	3.5
1997 年	53.1	32.2	17.0	3.9
1998 年	58.4	35.6	18.1	4.7
1999 年	60.9	40.3	18.0	2.7
2000 年	70.3	46.9	20.5	2.9
2001 年	77.7	46.3	17.3	14.1
2002 年	68.5	37.5	17.1	13.9

表 A－5 城镇居民最低生活保障和传统定救情况

年份	城镇最低生活保障和传统救济总人数（万人）	城镇居民最低生活保障人数（万人）	城镇居民传统定救人数（万人）	城镇精简退职老职工人数（万人）	享受40%人数(万人)	定量救济人数（万人）
1978年						
1979年	33.6		23.7	9.9		
1980年	32.9		22.9	10		
1981年	31.5		21.5	10		
1982年	34.7		21.4	13.3		
1983年	47.1		22.6	24.5		
1984年	207.4		160.6	46.8	25.3	
1985年	30.0		18.2	11.8	6.4	5.4
1986年	49.0		35.6	13.4	7.1	6.3
1987年	29.8		16.2	13.6	7.2	6.4
1988年	32.9		17.6	15.3	7.7	7.6
1989年	30.5		16.2	14.3	7.1	7.2
1990年	41.8		16.4	25.4	16.4	9.0
1991年	33.7		16.1	17.6	8.5	9.0
1992年	39.5		19.2	20.3	9.7	10.6
1993年	24.6		13.8	10.8	5	5.8
1994年	23.0		12.4	10.6	4.9	5.7
1995年	109.0		55.2	53.8	23.9	29.9
1996年	205.0	84.9	66.5	53.6	23.6	30.0
1997年	101.9	87.9	14.0			
1998年	200.5	184.1	16.4			
1999年	280.1	256.9	23.2			
2000年	425.1	402.6	22.5			
2001年	1170.7	1170.7				
2002年	2064.7	2064.7				

2002年城镇居民最低生活保障对象分类

年份	在职人员（万人）	下岗人员（万人）	退休人员（万人）	失业人员（万人）	“三无”人员（万人）	其他人员（万人）
2002年	186.8	554.5	90.1	358.3	91.9	783.1

注:1984年以前的精简退职老职工人数含农村的数据。

表 A－6 农村最低生活保障和传统救济情况

年份	农村社会救济总人数（万人）	农村居民最低生活保障人数（万人）	农村定期定量救济人数（万人）	农村精简退职老职工人数（万人）	享受40%人数(万人)	定量救济人数（万人）
1978年						
1979年	6847.6		*6837.7*	*9.9*		
1980年	4651.8		*4641.8*	*10*		
1981年	4265.1		*4255.1*	*10*		
1982年	4270.7		*4257.4*	*13.3*		
1983年	3526.7		*3502.2*	*24.5*		
1984年	3842.7		*3795.9*	*46.8*	*25.3*	
1985年	116.7		75.1	41.6	18.1	23.5
1986年	103.0		63.1	39.9	18.1	21.7
1987年	92.2		53.2	39	17.7	21.3
1988年	93.0		54.1	38.9	17.6	21.4
1989年	75.7		35.0	40.7	18.3	22.3
1990年	100.2		46.7	53.5	23.6	29.9
1991年	97.0		43.8	53.2	23.5	29.8
1992年	97.5		45.6	51.9	23.3	28.6
1993年	80.1		36.3	43.8	19.5	24.3
1994年	82.1		38.5	43.6	19.2	24.3
1995年	98.3		55.2	43.1	19	24.1
1996年	109.2		66.5	42.7	18.6	24.1
1997年	104.5		51.4	53.1	23.2	29.8
1998年	120.5		65.6	54.9	24.9	30
1999年	107.1		55.6	51.5	22.5	28.7
2000年	112.2		62.5	49.7	22.1	27.6
2001年	435.1	304.6	80.7	49.8	21.3	27.8
2002年	2288.6	407.8	*1880.8*	48.7	20.9	27.8

注：1.斜体数据为农村定救和临时救济的合计数。

2.1984年以前的精简退职老职工人数含城镇的数据。

表 A－7　人口受灾和救灾情况

年份	受灾人口（万人次）	成灾人口（万人次）	因灾死亡人口（人）	紧急转移人口（万人）	紧急抢救灾民累计人数（万人）	因灾发救济费累计人数（万人）
1978 年			4965			
1979 年		19542.0	6962			
1980 年	19428.0	6821				
1981 年	26710.0	18339.0	7422			
1982 年	22900.7	10870.5	7935			
1983 年	22439.0	14052.0	10952			
1984 年	20894.0	11163.0	6927			
1985 年	26446.0	21749.0	4394	290.5	139	6061
1986 年	29928.0	21808.0	5410	345.8	199	6738
1987 年	23512.0	16794.0	5495	348	113	6710
1988 年	36169.0	23540.0	7306	582.9	112	6029
1989 年	34569.0	21620.0	5952	365.3	132	6499
1990 年	29348.0	18634.0	7338	579.2	129	5804
1991 年	41941.0	28833.0	7315	1308.5	549	6725
1992 年	37174.0	24954.0	5741	303.6	205	5259
1993 年	37541.0	20929.0	6125	307.7	159	5258
1994 年	43799.0	25398.0	8549	1054	244	5990
1995 年	24215.0	13509.0	5561	1064	297	6710
1996 年	32305.0	20104.0	7273	1216	478	6447
1997 年	47886.0	32949.0	3212	511.3	305	5487
1998 年	35216.0	21763.0	5511	2082.4	903	5781
1999 年	35319.0	22664.0	2966	664.8	367	5058
2000 年	45652.3	27927.6	3014	467.1	324	5127
2001 年	37255.9	26040.1	2583	211.1	476	5727
2002 年	37841.8	23052.8	2840	471.8	460	6013

表 A－8　因灾造成物资损失情况

年份	直接经济损失（亿元）	倒塌房屋（万间）	受灾面积（万公顷）	成灾面积（万公顷）	死亡大牲畜（万头）
1978 年		73.09	4844	2605	226.3
1979 年		152.06	3937	1512	
1980 年		137.30	5003	2978	72.6
1981 年		261.50	3979	1874	170.9
1982 年		320.30	3313	1612	198.6
1983 年	260.9	345.40	3471	1621	114.8
1984 年		274.70	3189	1526	36.9
1985 年	410.4	224.90	4437	2271	322.7
1986 年		209.71	4714	2366	79.0
1987 年	326.3	180.00	4207	2039	100.0
1988 年		258.00	5087	2394	249.2
1989 年	525.0	194.10	4699	2445	450.0
1990 年	616.0	247.35	3847	1782	166.0
1991 年	1215.1	581.51	5547	2781	97.9
1992 年	853.9	196.56	5133	2533	171.4
1993 年	933.2	271.64	4867	2267	150.8
1994 年	1876.0	512.06	5504	3138	238.2
1995 年	1863.0	439.29	4587	2227	245.2
1996 年	2882.0	809.00	5975	3747	619.3
1997 年	1975.0	288.00	5343	3031	33.5
1998 年	3007.4	821.40	2229	1379	689.3
1999 年	1962.4	174.53	4998	2673	82.2
2000 年	2045.3	147.30	5469	3437	162.0
2001 年	1942.0	92.20	5215	3174	62.8
2002 年	1717.4	175.7	4711.9	2731.8	74.8

表 A－9　社会捐赠

年份	社会捐赠款物合计（万元）	社会捐赠款（万元）	接收社会捐赠衣被数量（万件）	社会捐赠衣被物资折款（万元）		
1978 年						
1979 年	社会捐赠款物合计（万元）	各地	部本级	慈善团体	其他物资价值	接收社会捐赠衣被数量（万件）
1980 年						
1981 年						
1981 年						
1983 年						
1984 年						
1985 年						
1986 年						
1987 年						
1988 年						
1989 年						
1990 年						
1991 年						
1992 年						
1993 年						
1994 年						
1995 年						
1996 年						
1997 年	140159.5	41514.6	9358.0	98644.9		
1998 年	1132082.4	501921.3	29000.0	630161.1		
1999 年	158287	49914.4	5636.2	108372.6		
2000 年	123801.3	54211.7	7708.5	69589.6		
2001 年	158413.4	75769.6	12635.4	82643.8		
2002 年	129209.7	110905.8	2296101	18303.9		

表 A－10 社区服务与民间组织管理

年份	城镇社区服务设施数(个)	城镇便民、利民网点(个)	社区服务中心(个)	社会团体(个)	民办非企业单位(个)
1978 年					
1979 年					
1980 年					
1981 年					
1982 年					
1983 年					
1984 年					
1985 年					
1986 年					
1987 年					
1988 年	69699			4446	
1989 年	71357			4544	
1990 年	84757			10855	
1991 年	89918			82814	
1992 年	112171			154502	
1993 年	89235	169503	3711	167506	
1994 年	94645	204229	4034	174060	
1995 年	110795	234024	4380	180583	
1996 年	127254	259201	5055	184821	
1997 年	133253	307226	5113	181318	
1998 年	148042	345075	6154	165600	
1999 年	157339	405740	7623	136841	5901
2000 年	181444	451567	6444	130768	22654
2001 年	195579	539544	6179	128856	82134
2002 年	198845	622986	7898	133357	111212

表 A－11　社会福利单位

单位:个

年份	总数(万个)	提供住宿的社会福利单位	不提供住宿的社会福利单位	社会福利企业
1978 年	1.1	8571	2006	920
1979 年	1.3	8988	2769	1106
1980 年	1.4	9669	3236	1309
1981 年	1.5	10031	3293	1574
1982 年	1.7	12275	3324	1704
1983 年	2.5	15807	3400	5930
1984 年	3.3	22796	3610	6710
1985 年	4.8	29100	3764	14872
1986 年	5.9	35008	4095	19865
1987 年	6.9	37372	4236	27793
1988 年	8.4	39030	4374	40496
1989 年	8.6	39743	4489	41565
1990 年	8.7	40583	4247	41827
1991 年	9.0	42264	4379	43805
1992 年	9.8	43319	4475	49836
1993 年	11.0	43681	9015	56881
1994 年	11.2	43240	8729	60233
1995 年	11.2	43074	9188	60237
1996 年	11.2	42829	9979	59397
1997 年	10.9	42385	10802	55509
1998 年	10.5	42131	11898	50514
1999 年	9.8	40430	13250	44628
2000 年	10.1	42342	18210	40670
2001 年	9.5	40176	16841	37980
2002 年	9.4	39736	18217	35758

表 A－12　社会福利单位职工人数

单位:万人

年份	总数	提供住宿的社会福利单位	不提供住宿的社会福利单位	社会福利企业
1978年	19.7	2.8	2.4	14.5
1979年	21.9	4.3	3.1	14.5
1980年	25.3	5.2	3.2	16.9
1981年	27.8	5.8	3.3	18.7
1982年	29.1	6.4	3.4	19.3
1983年	41.5	7.3	3.4	30.7
1984年	48.0	9.2	3.7	35.1
1985年	83.4	11.0	4.3	68.0
1986年	106.1	12.8	4.7	86.6
1987年	132.2	13.5	4.8	113.9
1988年	166.9	14.4	4.9	147.6
1989年	171.5	14.8	5.2	151.5
1990年	179.3	15.6	5.5	158.3
1991年	192.7	16.3	5.7	170.7
1992年	213.9	17.1	5.9	190.9
1993年	230.0	17.5	6.3	206.3
1994年	243.1	17.6	6.4	219.0
1995年	245.8	17.6	6.6	221.4
1996年	229.3	18.1	7.0	204.2
1997年	238.2	18.4	9.9	209.8
1998年	225.0	18.5	11.2	195.3
1999年	213.7	19.9	13.6	180.2
2000年	203.4	21.5	16.1	165.8
2001年	202.4	22.2	20.5	159.8
2002年	192.4	21	19.1	152.3

表 A－13 提供住宿的收养类社会福利单位情况

年份	单位数(个)	床位数(万张)	收养人数(万人)
1978 年	8571		16.3
1979 年	8988	22.6	18.6
1980 年	9669	24.2	19.1
1981 年	10031	25.3	19.7
1982 年	12275	28.2	22.5
1983 年	15807	32.4	25.9
1984 年	22796	42.5	34.1
1985 年	29100	49.1	40.8
1986 年	35008	58.7	47.4
1987 年	37372	64.9	51.8
1988 年	39030	69.5	54.8
1989 年	39743	73.8	56.9
1990 年	40583	78.0	59.9
1991 年	42264	82.8	64.6
1992 年	43319	89.8	69.6
1993 年	43681	92.7	72.4
1994 年	43240	95.5	73.6
1995 年	43074	97.6	74.7
1996 年	42829	100.8	76.9
1997 年	42385	103.1	78.5
1998 年	42131	105.8	80.0
1999 年	40430	108.9	82.7
2000 年	40491	113.0	85.4
2001 年	39338	124.7	89.3
2002 年	38875	125.1	92.6

表 A－14　社会福利企业残疾职工人数、利润额

年份	单位数(个)	残疾职工人数(万人)	利润额(亿元)
1978 年	920	3.5	0.8
1979 年	1106	4.8	0.8
1980 年	1309	5.5	0.9
1981 年	1574	6.1	0.7
1982 年	1704	6.4	0.8
1983 年	5930	9.6	0.9
1984 年	6710	11.6	1.3
1985 年	14872	23.2	5.1
1986 年	19865	31.4	4.2
1987 年	27793	43.3	8.8
1988 年	40496	55.9	16.5
1989 年	41565	60.5	16.1
1990 年	41827	63.8	17.8
1991 年	43805	70.1	21.3
1992 年	49836	77.8	32.6
1993 年	56881	84.5	44.7
1994 年	60233	90.9	44.1
1995 年	60237	93.9	49.1
1996 年	59397	93.6	45.1
1997 年	55509	91.0	66.3
1998 年	50514	85.6	63.9
1999 年	44628	79.0	76.7
2000 年	40670	72.5	99.0
2001 年	37980	69.9	119.5
2002 年	35758	68.3	148.3

表 A－15　县以上行政区划情况

单位:个

年份	省级	地级(不含地级市)	县级(不含县级市、市辖区)	市			市辖区
					县级	地级	
1978年	30	241	2138	190	99	91	
1979年	30	209	2137	216	104	109	520
1980年	30	209	2137	223	107	113	511
1981年	30	208	2136	226	110	113	581
1982年	30	210	2133	245	109	133	527
1983年	30	183	2095	281	137	141	599
1984年	30	175	2069	300	148	149	595
1985年	30	165	2046	324	162	159	620
1986年	30	159	2017	353	166	184	629
1987年	30	156	1986	381	170	208	623
1988年	31	151	1930	434	183	248	647
1989年	31	151	1919	450	185	262	648
1990年	31	151	1903	467	185	279	651
1991年	31	151	1894	479	187	289	650
1992年	31	148	1848	517	191	323	662
1993年	31	139	1795	570	196	371	669
1994年	31	127	1735	622	206	413	697
1995年	31	124	1716	640	210	427	706
1996年	31	117	1696	666	218	445	717
1997年	33	110	1693	668	222	442	727
1998年	33	104	1689	668	227	437	737
1999年	34	95	1682	667	236	427	749
2000年	34	74	1674	663	259	400	787
2001年	34	67	1660	662	265	393	808
2002年	34	57	1649	660	275	381	830

表 A－16　县以下组织机构情况

单位:个

年份	区公所	镇	乡	民族乡	街道办事处	居民委员会（万个）	村民委员会（万个）
1978 年	4022	2176					
1979 年	3619	2361			4444	4.7	
1980 年							
1981 年	3791	2678			4965	5.7	
1982 年							
1983 年	5909	2968	35514		5304	6.6	31.2
1984 年	8119	7186	85290		5844	7.6	92.7
1985 年	7908	9140	82450	3144	5402	8.1	94.9
1986 年	6165	10718	61417	2936	5718	8.7	86.6
1987 年	5503	11103	58739	3020	5680	8.7	84.5
1988 年	3570	11481	45195	1571	5099	9.6	88.3
1989 年	3502	11873	44624	1755	5420	9.4	93.4
1990 年	3438	12084	44397	1980	5269	9.9	100.1
1991 年	3096	12455	42654	1403	5186	10.0	101.9
1992 年	1231	14539	33827	1348	5233	10.4	100.4
1993 年	1143	15805	32445	1351	5470	10.7	101.3
1994 年	1068	16702	31463	1322	5372	11.0	100.7
1995 年	730	17532	29502	1330	5596	11.2	93.2
1996 年	544	18171	27056	1383	5565	11.4	92.8
1997 年	398	18925	25966	1545	5678	11.8	90.6
1998 年	339	19216	25712	1517	5732	11.9	83.3
1999 年	345	19756	24745	1222	5904	11.5	80.1
2000 年	255	20312	23199	1356	5902	10.8	73.2
2001 年	78	20374	19341	1188	5510	9.2	70.0
2002 年	34	20601	18639	1167	5576	8.6	68.1

表 A－17　结婚登记情况

年份	结婚登记总数（万对）			结婚率(‰)
		内地居民登记结婚数(万对)	涉外华侨港澳台登记结婚数(万对)	
1978年	597.8	597.8		12.4
1979年	637.1	636.3	0.8	13.4
1980年	720.9	719.8	1.1	14.6
1981年	1041.7	1040.3	1.4	20.8
1982年	836.9	835.5	1.4	16.5
1983年	765.4	764.2	1.3	14.9
1984年	784.8	783.4	1.4	15.0
1985年	831.3	829.1	2.2	15.7
1986年	884.0	882.3	1.7	16.4
1987年	926.7	924.7	2.0	17.2
1988年	899.2	897.2	2.0	16.6
1989年	937.2	935.2	2.0	16.8
1990年	951.1	948.7	2.4	16.4
1991年	953.6	951.0	2.6	16.5
1992年	957.5	954.5	3.0	16.5
1993年	915.4	912.2	3.3	15.5
1994年	932.4	929.0	3.4	15.6
1995年	934.1	929.7	4.4	15.4
1996年	938.7	934.0	4.7	15.3
1997年	914.1	909.1	5.1	14.7
1998年	891.7	886.7	5.0	14.4
1999年	885.3	879.9	5.4	14.1
2000年	848.5	842.0	6.5	13.4
2001年	805.0	797.1	7.9	12.6
2002年	786	778.8	7.3	12.2

表 A－18 办理离婚情况

年份	离婚登记总数(万对)	民政部门办理离婚数(万对)	内地居民登记离婚数(万对)	涉外华侨港澳台登记离婚数(对)	法院部门办理离婚数(万对)	离婚率(‰)
1978年	28.5	17.0	17		11.5	0.35
1979年	31.9	19.3	19.3	82	12.6	0.65
1980年	34.1	18.0	18	330	16.1	0.69
1981年	38.9	18.7	18.7	46	20.2	0.78
1982年	42.8	21.1	21.1	116	21.7	0.84
1983年	41.8	19.7	19.7	126	22.1	0.83
1984年	45.4	19.9	19.9	110	25.5	0.80
1985年	45.8	19.6	19.6	108	26.2	0.87
1986年	50.6	21.4	21.4	205	29.2	0.94
1987年	58.1	23.6	23.6	220	34.5	1.10
1988年	65.5	26.4	26.4	310	39.1	1.20
1989年	75.3	28.8	28.7	518	46.5	1.35
1990年	80.0	30.1	30	602	49.9	1.38
1991年	83.1	30.1	30	588	53	1.43
1992年	85.0	31.6	31.5	833	53.4	1.47
1993年	91.0	33.6	33.5	968	57.4	1.54
1994年	98.2	35.5	35.4	737	62.7	1.64
1995年	105.6	36.8	36.7	813	68.8	1.75
1996年	113.4	39.4	39.3	1175	74	1.85
1997年	119.9	44.0	43.9	1385	75.9	1.94
1998年	119.2	46.6	46.5	948	72.6	1.92
1999年	120.2	47.8	47.7	975	72.4	1.91
2000年	121.3	48.9	48.8	1075	72.4	1.91
2001年	125.0	52.8	52.5	2856	72.2	1.96
2002年	117.7	57.3	56.8	5221	60.4	1.80

表 A－19　社会事务情况

年份	收养登记总数	中国公民收养登记	外国公民收养登记	火化遗体数（万具）	火化率（%）
1978年				117.5	
1979年				102.1	
1980年				98.7	
1981年				85.4	
1982年				96.2	
1983年				108.0	
1984年				128.2	
1985年				155.2	
1986年				155.5	26.2
1987年				162.0	27.0
1988年				180.9	29.5
1989年				182.3	30.1
1990年				201.3	31.5
1991年				215.6	34.0
1992年				242.6	31.2
1993年				247.6	31.6
1994年				257.1	33.4
1995年				262.7	33.2
1996年	18896	14804	4092	282.7	35.2
1997年	21548	17193	4355	295.0	36.8
1998年	26498	20611	5887	319.7	39.6
1999年	38074	31584	6158	336.4	41.5
2000年	55802	49037	6765	373.7	46.0
2001年	44706	36089	8617	386.7	47.3
2002年	45336	35372	9964	415.2	50.6

B－1　五年民政事业发展主要指标年平均增长水平

项目	单位	1998年	2002年	年平均递增(%)
一、社会团体	个	9088	133357	95.7
二、国家抚恤补助优抚对象	万人	447	459	0.6
三、在乡革命伤残军人人均年抚恤金	元/年、人	1073	2054	17.6
四、烈属和牺牲病故军人家属人均年抚恤金	元/年、人	999	1954	18.3
五、城镇居民最低生活保障人数	万人	184.1	2064.7	83.0
六、集体供给金额	亿元	58.4	68.5	4.1
七、收养性单位床位数	万张	103.1	125.1	5.0
其中:国家办	万张	17.5	26.1	10.5
集体办和民办	万张	86	99	3.6
八、社区服务中心	个	6154	7898	6.4
九、村民自治模范县数	个	488	579	4.4
十、办理结婚登记	万对	891.8	786	－3.1
十一、办理离婚登记	万对	193.8	117.7	－11.7
十二、办理收养登记	万件	2.6	4.5	14.7
十三、全年火化遗体	万具	319.7	415.2	6.8
十四、福利彩票销售金额	亿元	63.2	168	27.7
十五、安排事业费指标	亿元	183.6	398.4	21.4

B－2 民政事业发展重要数据与上年比较

指标	单位	2001年	2002年	比上年增减(%)
一、民间组织				
社会团体数	万个	12.9	13.3	3.1
民办非企业单位数	万个	8.2	11.1	35.4
二、优抚安置				
1.国家抚恤、补助各类优抚对象	万人	450.6	459	1.9
2.安置义务兵、士官人数	万人	52.2	54	3.4
3.接收军队离退休人员人数	万人	1.37	1.44	5.1
三、救灾救济				
1.城镇居民最低生活保障人数	万人	1170.7	2064.7	76.4
2.城镇居民最低生活保障户数	万户		819	
3.农村居民最低生活保障人数	万人	304.6	404.7	32.9
4.农村传统救济人数	万人		1880.8	
5.社会捐赠款数	亿元	7.6	11.1	46.1
6.捐赠衣被总数	亿件	1.3	2.3	76.9
7.受益人次数	万人次		3518.1	
8.社会捐赠接收站、点数	万个		2.5	
四、社区建设				
1.村委会	万个		68.1	
2.居委会(社区居委会)	万个		8.5	7.6
3.社区服务中心	个		7898	27.8
4.城镇社区服务设施数	万个		19.2	1.0
五、行政区划				
地级	个	332	332	0.0
其中:地级市	个	265	275	3.8
县级	个	2861	2860	0.0
其中:县级市	个	393	381	－3.1
六、社会福利				
1.收养性单位数	万个	3.93	3.89	－1.0
2.床位数	万张	124.7	125.1	0.3
3.收养人数	万人	89.3	92.6	3.7
4.社会福利企业数	万个	3.79	3.57	－5.8
5.其中残疾职工数	万人	69.9	68.3	－2.3
七、婚姻、收养与殡葬				
1.结婚登记	万对	805	786	－2.4
其中:涉外及港台	万对	7.8	7.3	－6.4
2.离婚率	‰	1.96	1.96	(－0.4百分点)
3.收养登记数	万件	4.5	4.5	0.0
4.国内收养数	万件	3.7	3.5	－5.4
5.涉外收养数	万件	0.8	1	25.0
6.火化遗体数	万具	386.7	415.2	7.4
7.火化率	%	47.3	50.6	(3.3百分点)
八、福利彩票				
1.销售福利彩票	亿元	140	168	20.0
2.筹集社会福利基金	亿元	36	58.8	63.3
九、老龄人口				
1.65岁以上老年人口	万人		9377	3.5
2.占全国总人口	%		7.3	(0.2百分点)
十、民政事业费				
民政事业费总支出	亿元		392.2	37.6
其中:救灾支出	亿元		40	－2.4
城镇最低生活保障支出	亿元		108.7	152.8
抚恤费支出	亿元		74.7	7.6
1－12月份城镇最低生活保障月人均支出水平	元/人、月		52	
基本建设支出	亿元		30.1	8.3

B－3　国家抚恤、补助优抚对象与上年比较

单位:人

项目	2001 年	2002 年	比上年增减(%)
一、抚恤人数	2191350	2196742	0.2
1.革命伤残人员抚恤人数	855249	858138	0.3
#享受伤残保健金人数	439860	404211	－8.1
#享受伤残抚恤金人数	415389	453927	9.3
2.牺牲抚恤人数	60081	63953	6.4
2.病故抚恤人数	72250	75404	4.4
3.烈属定期抚恤人数	348521	341109	－2.1
二、补助人数	3128101	3251381	3.9
其中:在乡复员军人	2246954	2274657	1.2
在乡退伍军人	782802	882090	12.7
在乡退伍红军老战士	3325	3136	－5.7
在乡西路军红军老战士	1889	1643	－13.0
红军失散人员	93131	89855	－3.5
三、离退休人员数	13738	14428	5.0
1.军队干部(含地方)	6609	3640	－44.9
2.军队退休士官		161	
2.军队无军籍职工	7129	10627	49.1

B－4　最低生活保障与传统救济对象与上年比较

单位:人、户

项目	2001 年	2002 年	比上年增减(%)
最低生活保障与传统救济对象总人数	1841.7	4353.3	136.4
一、城镇居民最低生活保障人数	1170.7	2064.7	76.4
其中:在职人员		186.8	
下岗人员		554.5	
退休人员		90.1	
失业人员		358.3	
“三无”人员		91.9	
其他人员		783.1	
城镇居民最低生活保障家庭数		819.5	
二、农村居民最低生活保障和传统救济人数	671	2288.6	
1.农村居民最低生活保障人数	304.6	407.8	33.9
其中:困难户		303.3	
五保户		51.1	
其他对象		53.4	
农村居民最低生活保障家庭数		156.7	
2.传统救济人数	316.6	1880.8	
其中:困难户		1468.1	
五保户		162.2	
其他对象		250.5	
精简退职老职工定救人数	49.8	48.7	-2.2
(1)享受 40%	21.3	20.9	-1.9
(2)享受定救	27.8	27.8	0.0

B－5 社会福利单位基本情况与上年比较

项目	单位数(个)		职工人数(个)	
	2002年	比上年增减(%)	2002年	比上年增减(%)
全国合计	93799	－2.5	1939154	－4.5
一、事业单位	57983	－0.3	411261	－3.8
(一)提供住宿的社会福利单位	41777	－0.6	246456	3.1
1.优抚类收养单位	1448	－1.8	25104	0.6
2.福利类收养单位	36752	－1.5	175993	2.6
3.军队离退休干部休养所	1630	3.1	14824	7.7
4.军队供应管理单位	323	0.6	8385	1.2
5.收容遣送安置单位	803	2.4	13326	1.1
6.社区服务单位	821	48.5	8824	20.4
(二)不提供住宿的社会福利单位	16206	0.5	164805	－12.5
1.烈士纪念建筑物管理单位	873	3.3	8579	0.7
2.社区服务单位	7077	25.8	50573	5.6
3.殡葬事业单位	2882	6.2	55457	9.7
4.募捐、彩票单位	1341	0.6	6654	7.8
5.其他事业单位	4033	－28.1	43542	－42.1
二、企业单位	35816	－5.8	1527893	－4.7
1.社会福利企业	35758	－5.9	1523183	－4.7
其中:国有	1577	－3.5	100102	－2.5
其中:假肢厂	42	－16.0	3078	－21.8
2.安置农场	58	7.4	4710	－2.6

B－6 收养收容类单位情况与上年比较

项目	床位数(万个)		收养人数(万人)		年末床位利用率(%)
	2002年	比上年增减(%)	2002年	比上年增减(%)	
全国合计	135.9	0.9	96.6	3.5	71.1
一、收养类单位	125.1	0.3	92.6	3.7	74.0
(一)优抚类收养单位	7.2	5.9	5	6.4	69.4
1.荣誉军人康复医院	0.5	0.0	0.3	0.0	60.0
2.复员军人慢性病疗养院	0.5	0.0	0.4	33.3	80.0
3.复退军人精神病院	1.4	7.7	1	0.0	71.4
4.光荣院	4.8	6.7	3.3	6.5	68.8
(二)福利类收养单位	115.8	－0.1	86.7	3.5	74.9
1.社会福利院	13.1	5.6	10	7.5	76.3
2.儿童福利院	2.5	8.7	2.2	4.8	88.0
3.精神病人福利院	2.9	0.0	2.4	0.0	82.8
4.城镇老年福利机构	29.7	4.9	21.7	8.5	73.1
5.农村老年福利机构	66.2	－3.2	49.4	1.0	74.6
6.其他收养性单位	1.4	－12.5	1	－9.1	71.4
(三)社区类收养单位	2.1	5.0	0.9	12.5	42.9
可提供食宿的社区服务中心	2.1	5.0	0.9	12.5	42.9
二、收容类单位	10.8	8.0	4	0.0	37.0

B－7 国家、集体和民办的福利企、事业单位情况比较

项目	2001年	2002年	比上年增减(%)
一、收养类单位			
(一)床位数(万张)	124.7	125.1	0.3
国家办	25.8	26.1	1.2
集体办	93.8	92.7	－1.2
民　办	5.1	6.3	23.5
(二)工作人员(万人)	20.3	20.9	3.0
国家办	7.4	7.3	－1.4
集体办	12.1	12.6	4.1
民　办	0.8	1	25.0
(三)收养人员(万人)	89.3	92.6	3.7
国家办	19.1	19.6	2.6
集体办	66.8	68.7	2.8
民　办	3.4	4.3	26.5
二、社会福利企业			
(一)单位数(个)	37980	35758	－5.9
国有	1634	1577	－3.5
集体办	29811	28153	－5.6
民　办	6535	6028	－7.8
(二)职工人数(万人)	159.8	152.3	－4.7
国有	10.3	10	－2.9
集体办	127.6	121.9	－4.5
民　办	21.9	20.4	－6.8
(三)残疾人就业人数(万人)	69.8	68.3	－2.1
国有	4.2	4.3	2.4
集体办	56.1	54.9	－2.1
民　办	9.5	9.1	－4.2

B－8　福利企、事业单位固定资产情况

单位:亿元

项目	年末固定资产原值		比上年增减(%)
	2001年	2002年	
全国合计	1430.8	1554.8	8.7
一、事业单位合计	323.0	353.9	9.6
(一)优抚事业单位小计	57.2	63.5	11.0
1.军队离退休干部休养所	17.6	19.4	10.2
2.军队供应管理单位	7.4	8.1	9.5
3.烈士纪念建筑物管理单位	16.9	18.2	7.7
4.荣誉军人康复医院	2.8	3.0	7.1
5.复员军人慢性病疗养院	1.9	2.2	15.8
6.复退军人精神病院	3.0	3.9	30.0
7.光荣院	7.6	8.7	14.5
(二)福利事业单位小计	140.9	140.7	－0.1
1.社会福利院	23.2	26.2	12.9
2.儿童福利院	4.6	5.3	15.2
3.精神病人福利院	5.7	6.4	12.3
4.城镇老年福利机构	43.5	36.9	－15.2
5.农村老年福利机构	60.9	63.4	4.1
6.其他收养性单位	3.0	2.5	－16.7
(三)社区服务单位小计	24.3	27.6	13.6
(四)收容遣送单位	9.0	10.0	11.1
(五)殡葬事业单位	68.4	87.2	27.5
(六)彩票、募捐单位	23.2	24.9	7.3
二、企业合计	995.5	1042.5	4.7
1.社会福利工厂	936.8	969.9	3.5
2.假肢厂	2.6	2.4	－7.7
3.其他福利企业	54.6	68.7	25.8
4.安置农场	1.5	1.5	0.0

B-9 民政事业国家投入与社会投入比较

单位:亿元

项目	2001 年	2002 年	比上年增减(%)
民政事业总支出	426.2	536.2	25.81
1.国家财政	315.2	427.2	35.5
2.筹集资金	111	109	-1.8
一、优抚对象补助金	108.1	112	3.6
1.国家补助	69.5	74.5	7.2
2.群众优待	38.6	37.5	-2.8
二、收养性机构补助金	40.5	38.6	-4.7
1.国家补助	26.4	24.8	-6.1
2.集体补助	14.1	13.8	-2.1
三、农村散居孤老残幼供养金	18.6	18.9	1.6
1.国家传统救济	1.3	1.8	38.5
2.集体供给	17.3	17.1	-1.2

大事记

2002年民政工作大事记

1月

4日 全国双拥工作领导小组、最高人民法院、最高人民检察院、公安部、民政部、司法部、总政治部联合发出《关于重视解决部队官兵涉法问题维护军人及其家属合法权益的通知》(国拥[2002]1号)。为切实维护官兵及其家属合法权益,促进社会稳定和部队全面建设,提出如下意见:一、要充分认识正确处理官兵涉法问题、维护军人合法权益的重要意义。二、要依法优先、积极稳妥地处理官兵涉法问题。三、要建立和完善维护军人及其家属合法权益的工作机制。四、要切实加强对处理官兵涉法问题的组织领导。

同日 民政部办公厅转发财政部《彩票发行与销售机构财务管理办法》和《关于彩票发行与销售机构执行〈事业单位会计制度〉有关问题的通知》(民办函[2002]1号)。

同日 民政部办公厅转发财政部《关于加强和完善彩票机构财务及彩票资金管理的通知》(民办函[2002]2号)。从2001年起,彩票机构的财务收支预算和决算不纳入其行政主管部门的部门预决算;彩票机构发行彩票所筹集的公益金和提取的发行经费,由彩票机构缴入财政专户,按"收支两条线"制度进行管理;彩票机构在国有商业银行开设彩票资金专用账户,专门用于归集彩票销售资金;彩票公益金实行省级统一集中缴拨;彩票发行经费缴入同级财政专户管理;彩票机构应在每年11月30日前,向同级财政部门报送下一年度财政收支计划。

8日 全国民政厅局长电视电话会议在北京电信中心主会场和各省、自治区、直辖市分会场举行。民政部部长多吉才让做了讲话。10日,民政部印发了这个讲话(民发[2002]1号)。

11日 民政部部长多吉才让陪同国务委员司马义·艾买提、国务院副秘书长徐绍史一行到中国老龄协会调研。司马义·艾买提听取了关于2001年老龄工作总结和2002年工作安排的汇报,并就做好2002年的老龄工作作了重要指示。中国老龄协会会长、全国老龄工作委员会办公室常务副主任李宝库作了汇报,全国老龄工作委员会办公室副主任、中国老龄协会副会长张志鑫、白桦、袁新立和各部门主任、下属单位的负责人参加了会议。

14日 民政部部长多吉才让、副部长李宝库会见了以联邦参议员玛丽·兰德里欧女士和联邦众议员安妮·诺瑟普女士为团长的美国国会收养联盟代表团一行17人。民政部部长多吉才让向代表团简要介绍了民政部的主要业务,并重点就中美之间儿童收养事务与代表团进行了会谈。

16日 国家主席江泽民在中南海会见了以联邦参议员玛丽·兰德里欧女士和联邦众议员安妮·诺瑟普女士为团长的美国国会收养联盟代表团。会见中,江泽民指出,中国政府一向高度重视和关心儿童的福利事业,并使之取得了巨大的发展。多年来,中国通过立法、司法和组织保障建设,切实保护儿童权益,并努力解决残孤儿童的收养、养育和安置问题。中国积极参与有关儿童生存保护和发展的国际交流与合作,并同15个国家建立了跨国收养合作关系。中美两国在这方面做得很好,增进了两国人民的相互理解。跨国收养对世界和平与发展也具有积极意义,希望两国有关部门和团体加强沟通与合作,把这项有意义的工作做得更好。民政部部长多吉才让等陪同参加会见。

同日 民政部向国务院报送《关于民政部2001年工作总结和2002年工作要点的报告》(民发[2002]12号)。报告指出,2001年民政部在社会救助和社会福利方面取得重要突破;基层民主政治建设方面的工作向纵深发展;服务军队和国防建设方面的工作迈出新步伐;管理专项社会事务方面的工作取得新成绩;信息化建设工作力度明显加大。2002年民政部的工作要点是:一、认真筹备、开好第十一次全国民政会议,做好会议精神贯彻落实的准备工作。二、集中精力,切实抓好几项重点工作,争取获得突破性进展。三、深入贯彻党的十五届六中全会精神,努力实现"三个转变"。

16日至2月1日 为了进一步贯彻落实党中央、国务院有关精神,全力做好2002年春节期间的民政工作,民政部党组决定,由民政部部长多吉才让等部领导带队,深入基层,检查低保、救灾和优抚工作,慰问受灾、贫困群众和优抚对象。1月16–22日,李宝库副部长率工作组赴山西省;1月16日至2月1日,杨衍银副部长率工作组赴内蒙古自治区、云南、贵州省;1月17–21日,民政部部长多吉才让率工作组赴福建省;1月21–23日,李学举副部长率工作组赴河南省。

24日 民政部、总政治部、北京市人民政府联合举行慰问移交政府安置的军队离退休干部活动,民政部副部长罗平飞参加活动并讲话。

同日 国务院信息化工作领导小组办公室组成调研组,来民政部调研民政信息化建设情况。多吉才让部长会见了调研组成员,对调研组表示欢迎。李学举副部长主持调研汇报会,并简要介绍了民政业务工作。

29–30日 民政部召开部长办公会议,听取了中国福利彩票发行中心关于2001年福利彩票工作的情况和2002年工作情况安排的汇报,研究了表彰奖励2001年度福利彩票先进单位有关事项,并决定春节后召开全国福利彩票工作会议。会议研究了关于西藏援助项目的具体意见,同意按照有关规定落实具体的资金安排。会议提出,2002年福利金的使用仍重点用于"星光计划",在福利资金安排上重点支持西部贫困地区和革命老区。会议研究并原则同意关于精简部机关各类简报的意见。民政部部长多吉才让主持会议。

30日 国务院召开第122次总理办公会议,研究行政区划有关问题。国务院总理朱镕基主持会议,民政部部长多吉才让列席会议。

31日 民政部召开部务会议,原则通过了办公厅提交的《婚姻登记条例》(送审稿)和《军人抚恤优待条例》(送审稿)。民政部部长多吉才让主持了会议。

2月

1–2日 民政部部长多吉才让、副部长罗平飞陪同国务委员司马义·艾买提及国务院副秘书长徐绍史到河北省平山县慰问了光荣院和优抚对象。国务院办公厅秘书三局局长黄文平,民政部优抚安置局局长孙绍骋和副局长董华中等陪同慰问。

4日 中共中央政治局常务委员会召开会议,专门听取民政部等有关部门关于当前困难群众生产和生活的情况汇报,研究进一步安排好困难群众生产和生活的工作。中共中央总书记江泽民主持会议并发表了重要讲话。他强调,贯彻"三个代表"要求,最根本的是要不断实现好、发展好、维护好最广大人民的根本利益。这是我们党一切工作的出发点和落脚点，也是正确处理改革、发展、稳定关系的结合点。各级领导干部必须从巩固党的执政地位的高度出发，从促进经济和社会发展、维护社会稳定的大局出发，深怀爱民之心，恪守为民之责，善谋富民之策，多办利民之事，更好地为广大人民群众服务，更好地为最需要帮助的困难群众服务。会议提出，在全面建设小康社会，加快推进社会主义现代化的进程中，必须把扶持困难群众的工作放在突出的位置，作为一项关系全局的重要工作。第一，把中央制定的扶持城乡困难群众的各项政策措施全部落实到位。第二，春节之前要集中做好扶贫济困工作。第三，广泛动员全社会的力量深入持久地开展扶贫济困活动。第四，把党的作风建设与扶持困难群众的工作紧密结合起来。民政部部长多吉才让汇报了救灾、低保、优抚和扶贫济困送温暖工作。

同日 民政部印发《关于表彰奖励2001年度福利彩票先进单位的决定》（民发[2002]15号），对民政系统各福利彩票发行中心予以表彰奖励。2001年度，中国福利彩票发行取得了140亿元的销售业绩，不仅超额完成了国务院下达的发行任务，而且创造了福利彩票发行史上新的销售记录。

5日 民政部部长多吉才让、副部长李学举到北京市和平里社区和胡家园社区走访社区居民，慰问基层干部。

6日 民政部印发《民政部统计工作管理办法》（民发[2002]16号），其中明确规定财务和机关事务司为民政部统计工作的综合管理机构，民政事业发展统计年报、季报（年报快报）和月报为民政统计的基础报表。

同日 民政部办公厅印发《关于社区建设工作情况和2002年工作安排的意见》（民办发[2002]1号），指出城市社区建设进入了全面推进的新阶段，形成了党政领导高度重视，人民群众广泛参与，社会各界大力支持，大中城市你追我赶的大好局面。但同时也存在一些需要研究和解决的问题。2002年重点抓好三方面工作：一、继续深入贯彻中办发[2000]23号文件和全国城市社区建设工作会议精神，全面推进社区建设。二、继续加强社区建设的研究工作，促进社区建设向纵深发展。三、民政部门要切实履行职责，增强推进社区建设的自觉性、主动性。

7日 全国双拥工作领导小组召开第十五次全体会议，国务委员、全国双拥领导小组组长司马义·艾买提主持会议，全国双拥领导小组副组长、民政部部长多吉才让代表领导小组作了《2001年全国双拥工作情况报告》。

同日 全国老龄工作委员会召开第四次全体会议，国务院副总理李岚清主持了会议，全国老龄工作委员会副主任、民政部部长多吉才让受李岚清和司马义·艾买提委托，代表全国老龄工作委员会对2001年工作进行总结，并对2002年工作做出安排。全国老龄工作委员会成员兼办公室常务副主任、民政部副部长李宝库在会上介绍了民政部落实全国老龄工作委员会2001年工作部署的情况。

同日 民政部部长多吉才让、副部长罗平飞出席2002年军民迎新春文艺晚会。

8日 民政部部长多吉才让、副部长罗平飞先后到总参谋部、总政治部、总后勤部、总装备部和武警总部走访慰问，互致新春问候，并向五总部领导通报了2001年拥军和优抚安置工作情况。中央军委委员、总政治部主任于永波、总后勤部部长王克、总政副主任徐才厚等有关部门的领导同志出席了慰问活动。部办公厅主任陈杰昌和优抚安置局局长孙绍骋及副局长董华中、王建军等陪同走访。

8－10日 民政部副部长杨衍银陪同国务院副总理温家宝到内蒙古自治区考察工作。

9日 民政部印发《民政事业统计报表制度》（民发[2002]25号）。新的《民政事业统计报表制度》将过去的“民政事业统计年报、季报、月报”合并为一套完整的报表制度，对部分不合理的指标进行了修改和补充。

同日 国家计生委、民政部、中国计生协决定联合组成全国城市社区人口与计划生育工作指导小组，该小组为非常设机构，其办公室设在国家计生委政法司（计生厅发[2002]10号）。

11－12日　民政部部长多吉才让陪同国务院总理朱镕基在重庆视察工作。

11－14日　中共中央政治局常委、国家副主席胡锦涛到黑龙江省看望城乡困难群众，并着重就如何做好扶贫帮困工作提出了要求。胡锦涛指出，做好扶贫帮困工作是一项重大的政治任务。各级党委、政府和领导干部一定要把思想进一步统一到中央的精神上来，按照江泽民总书记的要求，以高度的政治责任感和扎实的工作作风，抓紧解决好城乡困难群众的生产和生活问题。要通过深入细致的排查，进一步摸清困难群众的真实情况，看看我们的扶贫帮困工作究竟做得如何，特别是困难群众的吃饭穿衣、生病就医、子女上学、劳动就业等实际问题到底解决了没有，那些为党和人民做出过贡献的老同志、老劳模、烈军属都照顾好了没有，拖欠、克扣农民工工资的违法行为都及时查处了没有，真正对存在的问题做到心中有数，并切实加以解决。胡锦涛特别强调，对扶贫帮困工作来说，即使有百分之一的疏漏，也会给被疏漏的那部分群众造成百分之百的困难。我们必须从这样的角度看问题，尽一切努力把扶贫帮困工作做细做实做到位。

21－22日　全国福利彩票工作会议在北京召开。国务委员司马义·艾买提到会并作了重要讲话。民政部部长多吉才让在讲话中，对新年度福利彩票发行工作提出了三点希望。李学举副部长在总结讲话中，对福利彩票的旗帜问题、利益格局问题和加强管理问题发表了意见。各省区市民政厅局长、分管厅局长、彩票中心主任参加了会议。

21－23日　全国城市低保暨救灾工作会议在湖南长沙召开。民政部副部长杨衍银在讲话中说，2001年城市低保工作取得了突破性进展，在中央经济工作会议以及中央政治局常委研究困难群众生产生活安排的会议上，党和国家领导人对此给予充分的肯定。杨衍银指出，按照党中央、国务院的要求，当前城市低保工作的中心任务，就是尽快将符合低保条件的城市贫困人口全部纳入保障范围，实现应保尽保。她要求各地采取强有力的措施，在2002年上半年基本实现应保尽保。同时要完善各项规章制度，健全城市低保工作程序，特别是加快城市低保信息化建设，提高城市低保管理水平，落实中央领导对城市低保工作实行计算机联网的指示。关于救灾工作，她指出要进一步落实救灾责任制，进一步排查核实情况，确保受灾群众每人每天至少1斤基本口粮；进一步做好备灾和灾害紧急救援工作，提高灾害的应急管理水平；进一步加强和规范救灾资金的管理工作。关于经常性社会救助工作，她强调要重点抓好服务网络、人员经费和仓储设施的建设，规范运行机制。关于减灾工作，重点要健全、完善地方减灾工作机构，并与救灾工作相结合，加强对救灾减灾工作的协调和领导；要制定和实施地方减灾规划，把国家减灾规划落到实处；要积极开展减灾宣传活动，增强全民减灾意识。各省、自治区、直辖市民政厅（局）主管领导及救灾救济处长、低保处长出席了会议。

22－24日　民政部副部长杨衍银陪同国务院副总理温家宝在河南信阳视察救灾工作。

27日　民政部召开部党组扩大会，传达中纪委7次全会精神，学习江泽民总书记在全会上的讲话。民政部部长多吉才让主持会议。

28日　民政部副部长杨衍银陪同国务院总理朱镕基视察中国地震局。

3月

1日　民政部召开全体干部职工大会，传达中纪委七次全会和国务院第四次廉政工作会议精神。杨衍银副部长主持会议，部党组全体成员参加会议。会上，副部长李学举传达了江泽民总书记在中纪委七次全会上的讲话，中纪委委员李惠仁传达了尉健行同志在全会上的讲话，纪检组长张印忠布置了2002年民政部党风廉政建设工作要点，多吉才让部长就学习贯彻全会精神提出了要求。

同日　民政部部长多吉才让会见墨西哥驻华大使李子

文。

4日 民政部部长多吉才让会见美国国会收养联盟副主席、众议院议员詹姆斯·奥伯斯塔，并就两国收养问题进行了交流。

同日 民政部部长多吉才让参加由国务院总理朱镕基主持召开的国务院第八次全体会议。会议就任命董建华为香港特别行政区第二任行政长官做出了决定。

5日 民政部与山东省民政厅实现了专网连通，取得了民政广域网建设以来的重大突破。山东省是民政广域网建设第一批联网的试点省，目前该网络具备信息共享和IP电话功能，今后，通过部机关局域网就可以方便地登录山东省民政厅机关内部的综合信息网(www.shandong.mca.gov)，了解山东省民政厅的工作动态。

6日 民政部印发《关于进一步加强城市居民最低生活保障信息系统建设的通知》(民发[2002]36号)。根据国务院《关于印发完善城镇社会保障体系试点方案的通知》(国发[2000]42号)的精神，城市居民最低生活保障信息系统是国家社会保障信息系统的重要组成部分，同时，它又是《全国民政系统信息化2001－2005年发展规划纲要》中设计的"数字民政"工程的重要组成项目。通知要求到2002年6月底前，将低保对象全部纳入计算机管理，并提出了具体的措施。

7日 民政部召开部长办公会议，研究同意了关于2002年春夏荒拨款方案。民政部部长多吉才让主持会议。

8日 人事部、民政部决定授予庞瑞林等191名同志"全国民政系统先进工作者"荣誉称号，授予杜斌等7名同志"全国民政系统劳动模范"荣誉称号(人发[2002]23号)。

同日 民政部印发《关于对2001年优抚工作开展专项执法监察的通知》(民办函[2002]34号)。开展此次执法监察的目的是要了解2001年各地民政部门落实优抚政策，执行各类抚恤、补助、优待标准和加强优抚经费管理等项工作的情况，发现问题，完善措施，总结经验，加强管理，进一步提高优抚水平。

11日 民政部办公厅印发《关于确保按期完成"星光计划"首批项目建设的通知》(民办函[2002]36号)。全国首批"星光计划"(为老服务设施建设)项目计划建设总数为6826个，比2001年申报总数6032个增加了794个。截至2月底，已建成项目3231个，占计划建设总数的47.3%，五 之前将建成5966个，可达到计划建设总数的87.4%。为确保实现2002年五一之前全面完成首批"星光计划"项目的要求，通知要求各地深刻认识首批项目在"星光计划"中的地位和作用，继续争取党委、政府和有关部门的重视和支持，集中力量打"歼灭战"，确保配套资金足额到位和福利金专款专用。要加大宣传力度，将首批"星光计划"实施项目的名单、投入资金及来源、项目的主要功能等群众普遍关心的问题向社会公布，主动接受新闻媒体以及社会各界的监督，增加透明度和项目单位的责任感。

12日 共青团中央、民政部、建设部、国家工商行政管理总局决定命名第三批全国青年文明社区，颁发第三批青年文明社区创建活动组织奖、贡献奖(中青联发[2002]10号)。

13日 民政部部长多吉才让主持召开部长办公会议，会议研究并原则同意了低保工作督察方案和开展全国社区建设示范单位确认工作的方案。

14日 民政部印发《关于清明节期间广泛开展殡葬法规宣传活动的通知》(民发[2002]41号)。要求各地以"殡葬法规、殡葬服务进社区"为专题，加强宣传力度，使殡葬管理的法规和政策更加深入人心；充分发挥殡葬服务设施在殡葬改革中的重要作用，加强对殡葬服务设施的监督和管理，为群众提供文明、优质、高效的服务。

同日 民政部印发《2002年全国民政系统基层窗口单位民主评议行风活动方案》(民发[2002]43号)。

14－15日 民政部部长多吉才让、副部长李学举陪同国务委员司马义·艾买提接见俄罗斯紧急救援部部长绍伊古一行，并与代表团进行了会谈。外事司司长靳尔刚，副司长邹军誉陪同会见。

15日 民政部部长多吉才让主持低保工作督察动员会并

讲话，要求民政部门必须把低保作为一项严肃的政治任务，以把大事办好，好事办实的精神，狠抓落实，确保“应保尽保”目标的实现。会议决定自3月22日起，由部长带队，组成10个工作组，司局长任组长，赴辽宁、吉林、黑龙江、河北、山西、陕西、甘肃、河南、安徽、广西等地，督促、检查低保工作落实情况。会议要求这次督察工作要抓住低保对象、资金和信息化三个关键环节重点督察，并依靠当地民政等部门，对困难企业和街道一一进行排查，彻底摸清情况，推动工作。20日，救灾救济司组织了出发前的督察工作培训。

17－18日　全国省级老龄工作委员会办公室负责人会议在北京召开。民政部部长多吉才让传达了国务院副总理李岚清在全国老龄工作委员会第四次全体会议上的讲话，并作了总结讲话。他要求认真传达贯彻好全国老龄工作委员会第四次全体会议和这次会议精神，在工作中抓落实、办实事，切实发挥好综合协调、督促检查和参谋助手这三个作用。多吉才让强调，各级民政部门要重视、支持和加强办公室的工作，把加强老工办的建设真正作为民政部门的一项重要任务，解决老工办人员不齐、力量不强、经费不足、工作生活条件差的问题。民政部副部长李宝库在工作报告中回顾了2001年的工作，布置了2002年的工作任务，要求抓紧理顺地县级老龄工作关系，尽快健全机构和工作机制；突出重点，切实加大老年维权工作力度；积极开展试点，努力探索社区、基层老龄工作运行机制；以文艺调演为契机，推动老年精神文化生活上台阶；围绕迫切需要解决的问题，开展老龄调查研究工作；充分发挥新闻媒体作用，形成宣传合力，加大老龄宣传工作力度；加强老工办自身的业务建设、作风建设和信息工作。

19日　民政部党组学习中心组专题学习了江泽民总书记在中纪委第七次全会上的讲话。民政部部长多吉才让主持并就如何落实江总书记重要讲话提出了4条要求：一是部和各司局、直属事业单位都要组织领导班子、人事、纪检部门率先学习，切实提高对干部队伍建设极端重要性的认识，增强抓好干部队伍建设的紧迫感，并将其摆到领导班子的重要议事日程上来，常抓不懈；二是要采取有力措施，有步骤、有计划地抓好干部教育，进一步完善学习计划，认真组织一次权力观的集中教育；三是按照中央要求，进一步完善干部工作的机制。部党组要切实负起党管干部的责任，人事部门要结合中央新的精神对现有人事制度进行补充和完善；四是部直属机关各级党组织要把学习江总书记重要讲话作为党建工作一项主题活动来抓，通过教育引导，使各级干部为人民掌好权、用好权，推动民政工作更好地为广大人民群众服务。

20日　民政部印发《关于全国性社会团体异地设立分支（代表）机构问题的通知》（民发[2002]52号）。对全国性社会团体申请异地设立分支（代表）机构的程序做出规定。

22日　民政部办公厅印发《关于认真做好首批民政理论研究课题申报工作的通知》（民办函[2002]44号）。

24日　民政部印发《二〇〇一年民政事业发展统计公报》（民发[2002]57号）。一、民间组织管理：全年共登记社会团体12.9万个，比上年下降了1.5%。二、优抚安置：共有优抚对象3825.9万人；安置接受义务兵47.9万人、士官4.3万人、复员干部2500人；接受军队离退休干部1.4万人。三、救灾救济：全国符合城市最低生活保障条件的人员1655.3万人，比2001年增长134%；共有1170.7万名城镇居民得到了最低生活保障，比2001年增长190.8%。2001年，全国农作物受灾面积5215万公顷，成灾人口2.6亿人，因各类灾害造成的直接经济损失1942.2亿元，比2001年下降5%；中央和各地政府救济资金投入41亿元。四、基层政权与社区建设：全国设有建制镇20374个，比2001年增加556个；全国设有社区居委会9.2万个，村委会70万个。2001年全国办理结婚登记805万对，离婚125万对。五、行政区划与勘界：全国县级以上行政区划共设23个省，5个自治区，4个直辖市，2个特别行政区，67个地（州、盟），662个市，1660个县（自治县、旗、特区和林区）。全面勘定省、县界线工作业已完成。六、社会福利与社会事务:全国城乡可提供食宿的收养性单位3.9万个,床位124.6万张,收养89.3万人。福利企业继续减员增效。全国收养登记机关共办理儿童收养登记4.5万件;殡仪馆1415个,火化遗体386.7万具;民政部门管理的公墓757个,安葬遗体308.5万具。七、彩票发行:全年销售福利彩票140亿元,比2001年增长了50%。八、老龄工作:全国65岁以上的人口9062万人,占全国总人口的7.1%。完成了《中国城乡老年人口状况一次性抽样调查》。九、资金保障:全年用于民政事业支出426.2亿元,比2001年增长了7.1%。

27日 民政部印发《关于进一步做好"老乡会"、"校友会"、"战友会"等社团组织管理工作的通知》(民发[2002]59号)。要求严格对"三会"组织的登记审批工作;加强对"三会"组织的正面引导,做好监管工作;各级民政部门要对现有的"三会"组织进行一次专项检查,对不符合条件的,要依法注销登记。

同日 民政部副部长李宝库代表民政部向全国人大内务司法委员会汇报了十年来民政部贯彻执行《妇女权益保障法》的情况。与民政部一起汇报的部门还有公安部、劳动和社会保障部、全国妇联、全国总工会等单位。全国人大副委员长彭云参加会议并发表了讲话。

30日 民政部在上海召开全国部分城市(区)社区服务信息化建设座谈会。民政部副部长李学举在讲话中指出,"数字民政"工程和"便民"工程是民政信息化建设的两个重要组成部分。实施"便民"工程,要实事求是,审慎规划,小步快走,逐步扩大,适时推进社区服务信息化。

4月

4日 由中国社会工作者协会、中国殡葬协会和深圳市捷信通投资有限公司合办的"中华公益网"(http://www.ty123.com.cn)开通。网站下设了三个子网,分别是"爱心家园网"、"e世情缘网"和"世外桃源网"。清明前夕,殡葬事务子网站"世外桃源网"正式向社会推出"网上纪念"等服务内容。

同日 民政部副部长姜力会见来访的埃塞俄比亚能力建设部国务部长瑞德沃尔德一行,并向客人们介绍了我国民间组织登记、管理和解散方面的法律和规章。同日,还会见了来访的以香港社会服务联会主席、立法会议员陈智思先生为团长、行政总裁方敏生女士为副团长的香港社会服务联会访问团,并向客人们介绍了民政部当前几项重点工作。

5日 姜力副部长会见来访的芬兰议会财政委员会社会与劳动分会主席皮尔尤·瑞塔·安特沃瑞一行,并向客人介绍了民政部的主要职能以及我国涉外收养工作。

6日 民政部"孺子牛奖"评审委员会办公室在《中国社会报》发布公示公告,对拟授予全国民政系统最高荣誉奖"孺子牛奖"的31名人选进行公示,公示期为15天(2002年4月6日至4月21日)

8日 民政部印发《关于调整变更行政区划时审核行政区域界线问题的通知》(民发[2002]62号),要求今后各级人民政府调整行政区划时,须对请示附图中的行政区域界线进行审核。行政区划调整经国务院批复同意后,有关各级人民政府应按照勘界工作有关规定对变更后的行政区域界线进行勘定。

8-12日 民政部副部长李宝库陪同国务委员司马义·艾买提出席在西班牙马德里召开的联合国第二届世界老龄大会。期间出席了联合国老龄研究所理事会和"家庭、社区和老人"专题圆桌会议并发言。

9日 民政部召开第七次部长办公会议。会议就外事工作提出了新的明确要求:外事司要统一操作民政部干部出访事宜。所有团队组团过程中出访人员的确定,均须外事司向有关司局、直属事业单位、部管社团和省级民政厅局发文,文件中只许给定名额、说明出访成员所需条件,不得直接指名道姓,更不允许各部门直接指定出访成员,也不得绕过省级民政厅局直接发文或打电话联系。民政部部长多吉才让主持了会议。

12日 国办秘书局和军办秘书局牵头召开与军、地有关部门就征兵和安置工作进行调研的12个成员单位的碰头会。会上议定，由国办、军办牵头，组织教育部、公安部、民政部、财政部、劳动保障部、税务总局、工商总局、法制办、总参军务和动员部、全军保险办部门，分两组于4月15日赴广东、湖北、四川和辽宁、山东、陕西进行调研。此次调研的目的是落实国务院、中央军委领导的批示，对非农户口兵员征集和退役士兵安置工作中出现的新情况、新问题进行深入调查研究，在广泛征求地方政府和军、地有关部门的意见并达成基本共识后提出意见专题报国务院、中央军委。

13－17日 李宝库副部长陪同司马义·艾买提国务委员访问奥地利，会见了联邦院议长普林格、国民院议长菲舍尔、联邦副总理里斯·帕赛尔，并与社会部长豪普特举行了工作会谈，还实地考察了康复中心、医疗中心和老人院。外事司司长靳尔刚陪同。

13－20日 民政部副部长李宝库陪同国务委员司马义·艾买提访问了奥地利和比利时。

15日 罗平飞副部长会见到访的国际扶轮社代表团一行。

16日 罗平飞副部长会见澳大利亚移民、多元文化和土著事务部长菲力薄·拉多克一行，双方相互介绍了两部的主要工作，并就印支难民安置和跨国收养的情况交换了看法。

同日 民政部印发《关于坚决查禁违规销售公墓穴位和骨灰格位的紧急通知》(民发[2002]77号)。一段时期以来，河北省三河市灵泉灵塔公墓委托的机构违规销售公墓骨灰格位，扰乱了市场经济秩序，引发了北京等地购买骨灰格位群众的集体上访，损害了民政部门的形象，对社会稳定造成了不利的影响。其他一些地方也不同程度地存在违规销售问题。民政部要求各地提高对纠正公墓违规经营必要性和紧迫性的认识，下决心解决管理不严的问题，采取有效措施落实监管责任。

18日 民政部部长多吉才让主持低保督查组汇报会，十个督查组先后作了工作汇报。民政部部长多吉才让指出，低保工作要做到“四个到位”，即认识到位、宣传到位、措施到位、政策法规到位。

18－20日 民政部副部长李宝库陪同司马义·艾买提国务委员访问比利时，会见了联邦议会众院议长德克罗、副首相范德拉诺特、社会事务大臣范登布鲁克，与联邦预算和社会一体化部、社会事务部官员和专家举行了工作会谈。外事司司长靳尔刚陪同。

19日 民政部印发《关于制定救灾应急预案的通知》(民函[2002]63号)。通知要求充分认识制定救灾应急预案的重要意义；在制定救灾应急预案时，要突出救灾工作的重点，注重科学性和可操作性；要注重救灾应急预案的宣传、演练和修订；加强对制定救灾应急预案工作的组织和领导。

21日 全国科教、文体、法律、卫生“四进社区”活动启动仪式在北京市海淀区复兴路83号社区举行，标志着全国“四进社区”活动正式开始。“四进社区”活动由中央文明办、中央综治办、文化部、卫生部、司法部、国家体育总局、中国科协、共青团中央、全国妇联等九部门联合开展。

23日 民政部办公厅就广东省民政厅《关于开展用县派出机构取代乡镇政府试点工作的请示》复函，建议广东省民政厅先召开相关部门和专家学者论证会进行论证，探讨开展此项试点的必要性、可行性(民办函[2002]63号)。

25日 民政部决定授予庞瑞林等31名同志“孺子牛奖”(民发[2002]80号)。

同日 李宝库副部长会见了由部长万斯通女士率领的澳大利亚家庭和社区服务部代表团一行5人并进行了业务会谈。

同日 姜力副部长率团前往俄罗斯圣彼得堡参加上海合作组织救灾部门领导人首次会议。

26日 民政部办公厅发出《关于开展殡葬工作全面调研的通知》(民办函[2002]69号)。根据部长办公会议要求，社会福利和社会事务司决定对殡葬工作进行全面调研，研究制定修改《殡葬管理条例》和《公墓管理办法》的方案。

29日 由民政部和全国总工会联合举办的“爱心献劳模”捐赠仪式在北京人民大会堂举

行。中共中央政治局常委、中央书记处书记、中华全国总工会主席尉健行亲切会见了来北京参加捐赠仪式的劳模代表，并同他们合影留念。吴邦国、成思危、司马义·艾买提、杨汝岱参加了会见。捐赠仪式上，民政部部长多吉才让将300万元人民币的支票，交给全国总工会副主席、书记处第一书记张俊九，用来捐助1000名生活困难的全国劳动模范和全国“五一劳动奖章”获得者，帮助他们改善生活。民政部副部长李宝库、全国总工会书记处书记纪明波在仪式上讲话，来自全国各地的31名劳模代表参加了仪式。

5月

8日 民政部党组向党中央、国务院上报了《关于开展城市低保督查情况的报告》(民组字[2002]8号)，就前一阶段低保工作督查情况、当前工作底数、存在的主要问题、下步工作意见和打算作了具体汇报。

同日 财政部、国家税务总局印发《关于发行福利彩票有关税收问题的通知》(财综[2002]59号)，规定：一、福利彩票机构发行销售福利彩票取得的收入不征收营业税。对福利彩票机构以外的代销单位销售福利彩票取得的手续费收入按规定征收营业税。二、福利彩票机构发行销售福利彩票取得的收入，包括返还奖金、发行经费、公益金，暂免征收企业所得税。三、通知自2002年1月1日起执行。

9日 上午，民政部召开部党组会议，学习传达了国务院第58次常务扩大会议关于加强安全生产的精神，并决定下午向各司局、直属事业单位负责人进行传达，同时向各地发出紧急通知。民政部部长多吉才让主持会议。下午，民政部部长多吉才让主持召开各司局、直属事业单位负责人会议，姜力副部长传达了国务院第58次常务扩大会议关于加强安全生产的精神，民政部部长多吉才让要求各单位切实树立安全第一观念，重视安全生产工作，制定和落实领导责任制和岗位责任制，结合本部门工作，对安全和稳定问题进行全面自查，并尽快将会议精神传达到干部职工。

10日 民政部召开第九次部长办公会议，研究并同意财政部审定的民政部可以使用的本级社会福利金约7亿元的分配使用方案。会议强调，2002年用于“星光计划”的资金要确保使用方向，要强调地方的福利金必须保证80%也用于“星光计划”建设项目。民政部部长多吉才让主持会议。

同日 民政部决定，命名北京市东城区等261个县(市、区、旗)为全国民政工作先进县(市、区、旗)，予以表彰(民发[2002]84号)。

同日 民政部发出《关于民政系统抓安全保稳定的紧急通知》(民电[2002]63号)，要求各地民政厅局、各单位切实树立安全第一观念，重视安全生产工作。民政系统一定要从实践“三个代表”的高度，从改革发展稳定的大局出发，抓安全、保稳定。民政部、各直属事业单位要制定和落实安全稳定工作的领导责任制、岗位责任制，做到任务明确，责任到人。各级民政部门要结合本单位的工作实际和特点，对安全和稳定问题进行全面自查。要对干部职工进行安全稳定教育，强化安全和稳定意识，认真查找存在的薄弱环节和问题，制定有针对性的有效措施，扎扎实实地把安全和稳定工作落到实处。当前要突出抓好以下工作：一要加强公墓管理，二要加强收容遣送工作，三要加强彩票管理工作，四要密切注意退役士兵、军休干部工作中的问题，五要抓好福利事业单位的管理，六要做好信访工作。

13日 国务院总理朱镕基签署第353号国务院令，公布《行政区域界线管理条例》，自2002年7月1日起施行。

16-17日 民政部在重庆召开全国“星光计划”工作会议。民政部副部长李宝库在讲话中对2001年全国首批“星光计划”实施情况作了回顾与总结，首批项目基本按计划完成。他强调要从战略高度认识“星光计划”的重大意义。“星光计划”立足社区，面向社区，建在老年人的家门口，小型分散、方便实用，网络健全，让老年人在自己生活的社区里就可以享受到方便的社区福利服务，极大地弥补了家庭养老的不足。2002年将进行第二批“星光计划”项目建设，投入部级福利资金5.9602亿元，重点是省会城市以外的其他城市。他要求将“星光计划”与社区建设密切结合，同时注意项目功能的设置、管理和运营机制问题。会议期间，代表们参观了重庆市南岸区、江北区等十几个“星光老年福利服务”中心。

19-23日　国务委员、全国双拥工作领导小组组长司马义·艾买提在安徽考察调研工作时强调，要认真贯彻江泽民总书记“三个代表”的重要思想，进一步做好农村抚恤优待和五保供养等工作。他要求，各级政府要进一步调整财政支出结构，加大财政转移支付力度，确保优抚对象的优待标准和五保户救济标准达到国家有关规定；要切实将家庭人均收入低于当地最低生活保障标准的居民全部纳入保障范围，把符合低保条件的中央、省属企业困难职工作为保障重点；要采取有效措施，抓好有关各项法律法规和政策在基层的贯彻落实。与此同时，要制定相关的优惠政策，认真解决好优抚对象的就医和农村敬老院的危房改造；要继续弘扬中华民族传统美德，大力倡导互助互济、尊老爱老、扶弱济贫的社会风尚。司马义·艾买提指出，党中央、国务院对做好新形势下的民政工作高度重视。各级党委和政府要以对党对人民高度负责的态度，不断研究新情况，采取新措施，关心和解决好城乡特困群众的生活；要注意督促各地落实农村税改后抚恤优待、五保供养对象享受的各种优惠政策；同时要严格各项监督制度，堵塞各种漏洞，确保各项救济和低保资金及时发放。

22日　民政部印发《关于在全国民政系统广泛开展向先进模范人物学习活动的通知》(民发[2002]86号)。《通知》指出先进模范人物的先进思想和模范事迹，集中体现了民政系统广大干部职工与时俱进、勇于改革的创新精神，知难而进、奋发有为的进取精神，脚踏实地、埋头苦干的务实精神，淡泊名利、爱岗敬业的奉献精神。这是广大民政工作者在长期的工作实践中不断创造、丰富和发展的宝贵精神财富，是民政工作队伍永葆昂扬斗志、青春活力的不竭源泉。各级民政部门要紧密结合民政工作和队伍建设的实际，把深入贯彻落实江泽民同志“三个代表”的要求，弘扬和实践“孺子牛”精神，提高民政干部职工队伍素质，推进民政工作的改革与发展，作为学习活动的主题。开展学习先进活动要与权力观教育相结合，与职业道德教育相结合，与作风建设相结合，与贯彻落实第十一次全国民政会议精神相结合，与加强干部职工队伍建设相结合，采取多种形式，务求取得实效。

24日　民政部和财政部联合印发《关于提高部分优抚对象抚恤标准的通知》(民发[2002]89号)，决定从2002年1月1日起，提高革命伤残人员(含革命伤残军人、伤残人民警察、国家机关伤残工作人员、伤残民兵民工)的伤残抚恤(保健)金、烈属(含因公牺牲军人家属、病故军人家属)的定期抚恤金和在乡退伍红军老战士(含在乡西路军红军老战士、红军失散人员)的生活补助标准。通知要求各级民政、财政部门采取措施，加强对专项经费的管理，保证及时、准确、足额地把抚恤补助款发到优抚对象手中。

同日　民政部和财政部联合印发《关于下达城市居民最低生活保障专项转移支付资金的通知》(财社[2002]17号)，中央46亿元低保补助金下拨给除京、沪、苏、浙、粤以外的26个省(区、市)和新疆生产建设兵团。

26-28日　国务院在北京召开第十一次全国民政会议。党中央、国务院有关部门负责人，各省、自治区、直辖市和计划单列市及新疆生产建设兵团主管民政工作的负责人、民政厅(局)长和办公室主任，民政工作先进县(市、区、旗)的代表和民政系统先进模范代表约260人出席了这次会议。

中共中央总书记、国家主席、中央军委主席江泽民27日上午在北京人民大会堂接见了参加第十一次全国民政会议的代表，并合影留念。中共中央政治局常委、国务院总理朱镕基在27日召开的全体会议上做了重要讲话。国务委员司马义·艾买提在26日的全体会议上讲了话。

《人民日报》5月29日刊发社论《谱写民政事业新篇章》。

28日　下午，民政部召开了全国民政厅局长碰头会，贯彻落实第十一次全国民政会议精神。民政部部长多吉才让要求民政系统干部职工，要认真学习领会江泽民总书记重要指示、国务院总理朱镕基重要讲话和国务委员司马义·艾买提的工作报告，为社会主义现代化建设事业做出应有的贡献。同时，要求切实抓好城市低保工作、救灾工作、社区建设工作等几项重点工作。

29日　为配合第十一次全国民政会议的召开，在新闻办积极协调下，人民日报社在正常的会议报道之外，又专门拿出一个版面宣传民政工作八年来取得的成就和民政部表彰的“孺子牛”先进人物。这个版面以《与时俱进扎实工作开创民政工作新局面》为标题集中报道了民政部近年来重点推进的城市居民最低生活保障工作、救灾工作、社会福利社会化工作、村民自治和城市社区建设工作等，并以八条数字新闻补充报道了民政各项主要工作所取得的成果。

6月

3日　民政部召开部党组理论学习中心组会议，认真学习江泽民总书记5月31日在中央党校省部级干部进修毕业典礼上的重要讲话。多吉才让主持会议。大家表示，一定要把思想进一步统一到“三个代表”重要思想的旗帜下，坚持解放思想、实事求是，坚持与时俱进、开拓创新，坚持立党为公、执政为民，坚持讲大局、讲团结、讲稳定，切实履行好民政部门的根本职能，以优异成绩迎接党的十六大召开。中心组成员在讨论中一致认为，江泽民总书记“5·31”重要讲话，是在党的十六大即将召开的形势下发表的一篇极其重要的讲话，不仅明确了党的十六大的主题，而且进一步阐述了“三个代表”重要思想的深刻内涵，为党的十六大的召开奠定了坚实的理论基础和思想基础。讲话高屋建瓴，内涵丰富，思想深刻，论述精辟，充满了强烈的历史使命感和奋斗不息的进取精神，体现了我们党鲜明的思想路线，展现了清晰的治党治国的方略，是继“七一”重要讲话后，又一篇指导建设有中国特色社会主义事业的马克思主义文献。认真学习、深刻领会、全面贯彻江泽民总书记“5·31”重要讲话，对于进一步高举邓小平理论伟大旗帜，全面贯彻“三个代表”要求，实现历史和时代赋予我们党的历史使命，具有十分重要的指导意义。大家表示，一定要深入学习贯彻江泽民总书记“5·31”重要讲话，把思想统一到“三个代表”的旗帜下。要把学习讲话与贯彻落实第十一次全国民政会议精神结合起来，认真学习江泽民总书记在会见全国民政会议代表时的重要指示和国务院总理朱镕基、司马义·艾买提国务委员在全国民政会议上的重要讲话，着力做好城市低保、救灾救济、社区建设、“星光计划”等民政重点工作，切实履行好民政部门的根本职能，为改革发展稳定大局做出应有的贡献。

同日　民政部向全国“三个代表”重要思想学习教育活动联席会议办公室报送《关于全国县、乡民政部门开展“三个代表”重要思想学习教育活动情况的总结报告》（民函[2002]96号）。

5－10日　应香港特别行政区政府卫生福利局和澳门特别行政区政府社会工作局的邀请，李宝库副部长一行4人访问了香港、澳门。8日参加了香港安老事务委员会举办的2002年“人口老龄化：机遇和挑战”研讨会并讲话。访问期间，李宝库副部长会见了香港特别行政区行政长官董建华、香港立法会主席范徐丽泰和澳门文化司司长崔世安，并访问了有关涉老部门，考察了老年服务机构。

11日　朱镕基总理在民政部上报的信息专报第57期上批示：“请司马义·艾买提并多吉才让同志关注陕西灾情，并请有关部门大力支持，拨予救灾经费，给予救灾物资援助。抄告李建国、贾治邦同志。”同日，司马义·艾买提国务委员批示：“请民政部、财政部认真落实总理批示，对当地救灾抢险给予及时帮助。”

12－19日，民政部办公厅在黑龙江和江苏省分别召开部分省市政务信息工作座谈会，就进一步加强政务信息工作征求了有关省市的意见。来自黑龙江、吉林、山东、上海、河南、青岛、江苏、浙江、安徽、福建、广东、湖南等省市负责政务信息工作的办公室副主任、信息员及黑龙江、江苏省部分市、县、区办公室主任参加了会议。

14日 民政部上报国务院《民政部赴陕西工作组查灾情况的报告》(民发[2002]98号)。6月8日到10日,陕西省发生严重暴雨洪涝灾害,为历史同期罕见。截至6月12日,全省共有34个县(区)、352个乡镇、510万人受灾。农作物受灾351.7万亩,倒塌、损坏房屋8万余间,5条国道、9条省道严重毁坏。初步估计,这次灾害造成的直接经济损失超过10亿元。民政部组成了由副部长杨衍银带队的工作组,赴灾区了解灾情,慰问灾民。工作组认为此次暴雨洪水灾害尽管发生在局部地区,但灾害所造成的损失是严重的,对某些乡村甚至是毁灭性的。陕西省连续6年受灾,群众抗灾自救能力弱,工作组建议国务院和有关部门继续对陕西的灾情给予关注和大力支持,特别是加强对灾区水毁公路和水毁水利工程恢复重建的指导和资金支持。

同日 民政部召开《民政合用政务平台》评标会,开始了“数字民政”工程(一网一台多软件)中“一台”的建设。

16日 李宝库副部长会见了以瑞典国会议员、儿童收养“官方报道委员会”主席安尼卡·尼尔森女士为首的瑞典官方报道委员会代表团一行,双方进行了友好会谈。李宝库副部长向瑞典客人简要介绍了民政部的主要业务以及我国孤残儿童福利工作的有关情况,双方重点在儿童收养工作领域进行了交流。

17日 民政部办公厅印发《关于开展军用饮食供应站情况调研的通知》(民办函[2002]103号)。

20日 民政部上报国务院《民政部赴福建工作组查灾情况的报告》(民发[2002]100号)。从6月11日至6月18日,福建省的55个县降了大到暴雨,导致江河、水库水位暴涨,造成23个县市区、256个乡镇受灾,成灾人口达165.6万人,直接经济损失19.38亿元。民政部派出由民政部副部长杨衍银为组长的工作组赶赴灾区了解灾情,慰问灾民,帮助当地政府开展救灾工作。工作组实地查看了受灾现场,认为福建省这次灾害损失较大,灾区山地较多,是相对欠发达地区,建议中央各部门应加大对福建省的支持力度,及时安排应急资金,紧急调拨药品、种子、化肥等急需物品支援灾区。

21日 民政部印发《胡锦涛同志在辽宁省大连市同社区干部座谈时的讲话的通知》(民发[2002]99号)。胡锦涛同志在辽宁省考察工作时,深入基层,调查研究。在同大连市社区干部座谈时,就社区建设问题作了重要讲话,对进一步加强社区建设、做好社区工作,提出了明确的要求。他指出:社区建设是新形势下城市工作的重要基础。加强社区建设,为群众创造安居乐业的良好环境,对于扩大党的工作的覆盖面、密切党和政府与人民群众的联系,对于推进城市两个文明建设,保持社会稳定,都具有重要的意义。随着企事业单位改革的深化和社会保障体系的建立与完善,城市社区承担的社会保障任务不断加重,社区的地位和作用越来越重要。他要求:第一,要把搞好社区服务作为社区工作的主题。第二,要把做好低保工作作为社区的重要任务。第三,要加强以社区党组织为核心的社区组织建设。第四,要大力加强社区工作者队伍建设。第五,要加强对社区建设的领导。

同日 民政部、财政部向陕西省灾区下拨特大自然灾害救济补助款4200万元;向福建省灾区下拨应急救灾资金800万元。

24–26日 李学举副部长在杭州出席全国“三个代表”重要思想教育活动总结表彰会议。

25日 民政部部长多吉才让在全国政协九届常委会第十八次会议上就全国城市低保工作基本情况、存在的困难和问题、今后工作的重点和措施作了介绍。他说,当前城市低保工作正处于全面落实和规范完善的关键时期,民政部将继续把这项工作当作民政工作的重中之重,以在中共十六大召开之前实现应保尽保为工作目标,集中力量抓好低保对象的全面覆盖和低保资金的落实,加快规范化管理和信息化建设步伐,全面推进城市低保工作。

25日至7月3日 国务院法制办、中央军委法制局牵头，民政部优抚安置局和法规办、总政治部组织部共同参与，组成《军人抚恤优待条例》联合调研组，赴贵州、浙江两省，就进入正式立法程序的《军人抚恤优待条例》（送审稿）进行调研。调研组通过座谈会和走访的形式，先后征求了陆军、海军、空军、武警部队领导机关和广大基层官兵以及地方各级民政部门、重点优抚对象的意见和建议，积累了大量的一手资料，为加快《军人抚恤优待条例》的立法进程奠定了良好的基础。董华中副局长参加调研。

同日 民政部、财政部向湖南、福建、重庆和广西四省（市、区）下拨特大自然灾害救济补助费6200万元。

25－27日 2002年民政教育培训工作协调会在江西召开。会议总结交流了第二次全国民政干部教育培训工作会议以来的民政干部教育培训工作，并就开展向先进模范人物学习活动进行部署，对民政直属事业单位改革情况进行了交流。

26日 民政部救灾救济司召开通气会，邀请中国红十字会、中国扶贫基金会、中华慈善总会等十家社会团体及新华社、人民日报等新闻单位，向他们通报了近期水灾和救灾工作情况，请他们介绍了各自开展救灾捐赠活动的情况。

同日 民政部救灾救济司会同外交部新闻司、国家防汛办召开外国驻京记者吹风会，通报了2002年以来水灾和救灾工作情况，并就记者关心的问题进行了解答。

27日 全国老龄工作委员会办公室主办的“提高老年人生活质量对策研讨会”在北京召开，国务委员司马义·艾买提在讲话中指出，由政府主管部门主办会议，专门研讨老年人生活质量的对策，在我国老龄工作历史上是第一次。这次会议是贯彻“三个代表”重要思想，落实《中共中央、国务院关于加强老龄工作的决定》，实施《中国老龄事业发展“十五”计划纲要》的具体举措，是2002年我国老龄工作中的一件大事，同时又是中国政府回应联合国《2002年世界老龄行动计划》一个重要的后续行动，对推动老年人生活质量的提高必将产生深远影响。希望能以这次研讨会为契机，全国行动起来，抓落实，为不断提高老年人生活质量多办实事。民政部部长多吉才让在主旨报告中指出，今后相当长的一个时期，老年人作为一个特殊的群体，一个相对弱势且迅速扩大的群体，在社会生活中位置会越来越突出。提高老年人生活质量具有重要意义，因此必须建立老年人生活质量及其指标的评价体系。我国老年人的生活质量和过去相比有了较大改善和提高，但也存在一些突出问题，必须调动国家、社会、家庭和老年人等方面的积极性，共同做好提高老年人生活质量这件大事。

28日 民政部印发《民政事业统计台账制度》（民发[2002]101号）。民政统计台账利用电子网络化的方式，实行科学合理、准确实用的动态管理，与民政统计报表相衔接。

7月

1日 民政部就省、自治区、直辖市人民政府联合勘定的省级陆地行政区域界线发布公告，截至目前，全国68条的62097公里省级陆地行政区域界线（未含香港、澳门与广东省的界线）和41.6万公里县级陆地行政区域界线已经勘定，经国务院和省、自治区、直辖市人民政府审批后成为法定的行政区域界线。

2日 民政部办公厅印发《民政部大型会议组织规程》（民办发[2002]4号）。

同日 民政部印发《关于统一规范接待国（境）外组织或个人观摩、采访我国村（居）民委员会选举活动或就相关业务进行涉外项目合作申报程序的通知》（民办函[2002]113号）。

5日 信息化建设阶段性成果汇报会在民政部信息中心举行。民政部部长多吉才让和副部长李学举、李宝库、罗平飞、姜力，纪检组长张印忠出席会议，办公厅主任陈杰昌主持会议。

9日 民政部召开2002年第12次部长办公会议，会议研究并原则同意基层政权和社区建设司提交的关于中国－欧盟村务管理培训项目进展情况的报告。民政部部长多吉才让主

持会议。

11 日 北京市民政局召开第十次民政会议，民政部部长多吉才让参加会议并讲话。

15 日 中共中央办公厅秘书局印发中共中央办公厅、国务院办公厅《关于进一步做好村民委员会换届选举工作的通知》（中办发[2002]14 号）。全文共六个部分：一、按照“三个代表”要求，切实提高对村民委员会换届选举重要性的认识。二、着眼于增强农村干部群众的民主法制观念，扎实有效地做好宣传教育工作。三、充分尊重农民群众的意愿，保证村民委员会直接选举制度落到实处。四、严格依法办事，坚决纠正和查处村民委员会选举中的违法行为。五、从维护农村社会稳定大局出发，认真做好群众来信来访工作。六、恪守为民之责，切实加强对村民委员会换届选举工作的组织领导。

同日 民政部向国务院报送《关于全国 1930 万城市低保对象基本做到应保尽保情况的报告》（民发[2002]113 号）。报告指出：各级民政部门已掌握了 1930.8 万名低保对象的户主姓名、身份证号码、家庭人口、月享受低保金额数、通信地址等详细情况。在推进城市低保应保尽保的过程中，各地积极调整财政支出结构，较多地增加了低保资金预算，使绝大部分贫困人员尤其是特困职工家庭的生活能够得以维持。报告同时指出，该项工作的基层工作力量和规范管理工作亟待加强，低保资金还有较大缺口。

同日 民政部转发《上海市人民政府关于进一步加强本市社会救助工作的意见》（民办函[2002]118 号）。上海市提出了以城乡居民最低生活保障为基本内容，完善社会救助的多种措施，确立了“政府负责、民政管理、部门尽责、社会参与、街道（乡镇）实施”的社会救助管理体制，要求通过立法和确保社会救助资金的投入，不断提高社会救助工作的水平。

同日 民政部社会福利和社会事务司与英国救助儿童会签署了《关于开展儿童福利工作合作项目的谅解备忘录》。该备忘录明确了双方合作目标、援助金额和工作计划等内容。

15 – 17 日 民政部在山东省泰安市东平县举办首次救灾应急预案现场演练。民政部副部长杨衍银观看了演练。在演练总结会上，杨衍银要求加快工作进度，尽快构筑全国救灾应急预案体系。针对 2002 年的灾情，她要求进一步落实好救灾工作责任制，切实保证灾后救灾措施及时落实到位，认真做好灾害信息管理工作和救灾款物的基层发放管理工作。

18 日 在第十一次全国民政会议上，国务院总理朱镕基和国务委员司马义·艾买提都对民政信息化工作提出了具体要求。为此，民政部办公厅印发了《关于落实第十一次全国民政会议精神进一步做好民政信息化建设工作的意见》（民办函[2002]121 号），要求按期完成广域网建设任务，切实加强网络应用；以推广低保软件为龙头，推动民政业务软件的开发和使用；以社区建设为契机，抓紧探索和实施“便民”工程；要求各地健全机构，引进、培养人才，保证信息化建设所需资金。

18 – 19 日 民政部社会福利和社会事务司在杭州市召开了全国殡葬调研工作汇报会。民政部副部长李宝库出席会议并讲话。

19 日 民政部召开第十三次部长办公会议，听取了基层政权和社区建设司关于确认全国社区建设示范城区方案和筹备召开全国社区建设现场经验交流会意见的汇报，原则同意该方案。民政部部长多吉才让主持会议。

同日 民政部召开新闻发布会，民政部新闻发言人陈杰昌宣布，到 2002 年 7 月 10 日，全国享受城市低保待遇的贫困居民已经达到 1930.8 万人，初步实现了应保尽保的目标。民政部副部长杨衍银出席会议并讲话，她指出，由于低保对象的人数总在不断变化之中，2002 年年底可能达到 2000 万人，巩固现有成果、完善规范化管理是当务之急。建立城市贫困人口最低保障制度是中国亘古未有的一项创举，为了使其真正成为社会保障网的最后一道防线，低保工作必须在制度建设和规范化管理上不断做出突破，特别是要探讨如何更加科学地制定、调整低保标准，如何科学地统计家庭收入、家庭财产，如何充分发挥社区在低保工作的作用以及如何建立完善的社会救助体系等问题。中央及首都50多家媒体的记者到会。

22－24日　民政部部长多吉才让陪同国务院总理朱镕基到辽宁考察完善城镇社会保障体系试点工作。朱镕基指出，当前首先还是要全面落实“两个确保”和城市居民最低生活保障制度。要根据当地的经济发展水平，确定适当的最低生活保障标准。中央和地方各级财政，都要逐年增加用于低保的资金，并切实做到专款专用，防止挪用和挤占。要尽量节省其他方面开支，宁可不搞或少搞建设项目，也要保证社保资金的需要。各级社保、民政、财政部门要密切配合，深入基层，了解真实情况，及时解决问题，务必把各项社会保障政策措施真正落到实处。朱镕基强调，要充分发挥社区在社会保障和促进劳动就业中的重要作用，进一步加强社区组织建设、制度建设和基础设施建设，提高社区工作人员素质，以适应新形势要求。

24日　中国社会工作协会主办的首届中国社会工作论坛在广东省深圳市召开，全国人大常委会副委员长曹志在论坛上讲话说，我国进入全面建设小康社会，加快推进社会主义现代化的新的发展阶段，社会工作的重要性会越来越明显，作用也会越来越突出。要广泛整合社会资源，建立一支具有专业知识技能和有奉献精神的社工队伍，逐步建立和完善符合我国国情、具有中国特色的社会工作体系。民政部副部长姜力在讲话中指出，随着政府机构改革和职能转变，大量的社会工作需要向民间组织转移，而目前仅全国性公益性社团就达1100多个，这些社会组织在社会工作领域发挥着不可替代的作用。因此，广大社会组织和社会工作者要以高度的社会责任感，积极参与救助社会失业、贫困、疾病、衰老、孤苦等服务。同时民政部门作为民间组织的登记管理部门，也要通过制定法规，引导政策导向，促进政府财力支持等措施，积极培育公益性民间组织，为他们发挥作用创造条件。

25日　民政部副部长杨衍银与法国驻华大使蓝峰正式签署“中法合作建立中国自然灾害紧急救援与培训系统合作项目”协议。法国政府向我国提供2000万法郎无偿援助，用于民政部国家减灾中心和湖北省备灾中心的系统建设。

28日　民政部部长多吉才让陪同国务委员司马义·艾买提到天津市走访慰问了老伤残军人、老烈属、在乡老复员军人、退役士兵等优抚对象。

29日　民政部印发《关于进一步加强民政政务信息工作的通知》(民发[2002]118号)。要求各地、各部门统一思想，提高认识，高度重视民政政务信息工作。通知指出，今后一个时期民政政务信息工作的总体要求是：以满足各级党政领导、民政部门以及社会各方面对民政政务信息的需求为中心，以健全民政政务信息报送体系，努力提高信息报送质量，加强民政政务信息制度建设为主要内容，及时、准确、全面地反映各方面有关民政工作的信息，为领导决策服务，为民政工作和经济社会的改革与发展服务，使民政政务信息渠道成为党政领导、民政部门以及社会各界了解民政工作全面情况和重要问题的主渠道。通知明确各级民政部门的领导是民政政务信息工作的主要责任人，基本职责是保证下情上达，上情下达；各级民政部门办公厅(室)是这项工作的综合协调部门、主要职能部门和统一归口单位；各级民政部门的所有业务单位和直属事业单位，都是民政政务信息工作的直接信息源，随时向同级民政部门办公厅(室)提供政务信息是其基本职责之一。通知要求建立统一、规范的值班制度，保证信息渠道畅通。省厅以上民政部门要建立二十四小时值班制度。市(地)、县(区)民政部门工作时间要有专人负责值班，下班以后统一由办公室负责人兼做值班工作。乡镇、街道统一由民政助理员负责联络工作。

30日　民政部下发了《关于认真学习贯彻中办发[2002]14号文件精神的通知》(民发[2002]119号)，要求各级民政部门带头学习、广泛宣传、认真执行《中共中央办公厅、国务院办公厅关于进一步做好村民委员会换届选举工作的通知》(中办发[2002]14号)精神。《通知》指出，中办发[2002]14号文件是做好农村村委会选举工作的指导性文件。各级民政部门要抓好学习宣传工作，深刻领会《通知》精神；加大执法力度，推进村委会选举的制度化、规范化、程序化；抓紧做好与村委会选举有关的基础性工作；加强对"难点村"、"重点村"、撤并村、改制村的调查研究，加强对村委会选举中实际问题的研讨，尊重群众的首创精神，推动村委会选举工作健康发展。

8月

2日 全国老龄宣传工作座谈会在哈尔滨召开。民政部副部长李宝库在讲话中回顾了20年来老龄宣传工作的情况，指出老龄事业任务艰巨，任重而道远，宣传工作在老龄工作中占有举足轻重的地位。要加强老龄宣传工作，就必须以三个代表重要思想为指导，按照"党政主导、社会参与、全民关怀"的老龄工作方针，努力整合老龄宣传工作资源，建立老龄宣传工作激励机制。李宝库还对当前老龄宣传工作的重点进行了布置。

5日 民政部、财政部印发《关于规范特大自然灾害救济补助费分配管理有关问题的通知》(民发[2002]127号)。对灾情的报告、评估和核定，中央救灾资金的使用原则和范围，中央救灾资金的申请、办理和拨付以及中央救灾资金的使用和监督的程序、时限等做出了规定。

同日 2002年第12号强热带风暴"北冕"于6时15分在广东汕尾市陆丰县沿海地区登陆，截至8月10日统计，12号强热带风暴所引发的洪涝、山体滑坡、泥石流等灾害已造成广东、福建、湖南三省108个县(市、区)、1295万人受灾，成灾634万人，因灾死亡153人(广东27人，福建19人，湖南107人)，失踪12人；紧急转移安置人口39.4万人；倒塌房屋7.2万间，损坏17.3万间；农作物受灾面积50.7万公顷，成灾29.2万公顷，绝收6万公顷；直接经济损失44.8亿元。民政部、财政部已向湖南灾区下拨救灾应急资金1300万元，并紧急调用中央储备救灾帐篷1000顶。

8日 民政部印发《2001年度优抚工作专项执法监察情况报告》(民发[2002]128号)。民政部纪检组、监察局会同优抚安置局组成执法监察组，于2002年6月12－24日分三路对黑龙江、内蒙古、江西、江苏、四川、贵州六省(区)2001年度的优抚工作进行了抽查。监察组认为，六省(区)在经济建设取得较大发展的同时，对双拥优抚工作予以高度重视。各项优抚政策落实到位，优抚事业费使用合理，优抚对象的抚恤、定补、优待基本能按国家和省(自治区)规定的标准足额兑现，较好地维护了优抚对象的合法权益，提升了党委政府的形象，促进了社会稳定。检查中没有发现挪用、截留、挤占等违规行为。就当前优抚工作面临的新情况，监察组建议：一、主动与财政部门协商，争取进一步加大中央财政对老少边穷地区的转移支付力度。二、进一步推进建立优抚对象抚恤补助标准自然增长机制。三、进一步动员社会力量开展帮扶活动。四、进一步管理使用好优抚事业费。五、进一步加强优抚工作的前瞻性研究。六、进一步加强优抚事业单位的建设和管理。七、改革抚恤补助资金下拨管理体制。

9日 民政部印发《民政事业发展"十五"计划纲要》(民发[2002]134号)，提出"十五"期间民政工作的总体要求是：以邓小平理论和江泽民同志"三个代表"的重要思想为指导，解放思想，深化改革，开拓创新，推进民政管理法制化、民政事业社会化、民政服务网络化和工作手段现代化。逐步实现有效的社会救助、广泛的基层民主、优质的福利服务、牢固的军民团结和规范的社会事务管理，不断开创民政工作新局面，更好地为人民服务，为最需要帮助的困难群众服务，为改革发展稳定的大局服务。《民政事业发展"十五"计划纲要》明确了"十五"期间民政事业发展目标、基本任务和主要政策措施。

12－13日 民政部副部长杨衍银陪同国务院副总理温家宝到湖南视察救灾工作。

14日 民政部办公厅就湖南省民政厅《关于未满十六岁的青少年能否追烈问题的请示》复函，指出未满十六周岁的青少年追烈，应当包括十周岁以上的未成年人，而不包括不满十周岁的未成年人（民办函［2002］143号）。

20－21日 全国民政宣传和民政报刊工作会议在北戴河召开，民政部副部长李学举在讲话中指出，民政宣传工作是民政工作的重要组成部分，民政工作需要宣传，民政工作推进离不开宣传；《中国社会报》、《中国民政》杂志是民政宣传的主渠道、主阵地。他对“一报一刊”的办报、办刊宗旨进行了阐述，要求“一报一刊”内强自身、外塑形象，协作支持、扩大发行，靠质量扭转发行量下降的趋势，并对民政宣传和报刊征订工作提出了要求。办公厅新闻办、《中国社会报》、《中国民政》杂志社负责同志和各省（市、区）民政厅局负责宣传的同志及各通联（记者）站站长参加了会议。

24日至9月8日 民政部区划地名司司长戴均良率领由民政部、外交部、国家测绘局组成的中国政府代表团参加在德国召开的联合国第八届地名标准化会议，并向大会作了“中国地名工作的报告”。大会通过了中国政府代表团的工作报告。8月30日，代表团在会议期间发现拉脱维亚政府代表团提交的展品中将台湾作为一个独立的国家进行标记。经研究，戴均良团长在大会上发言，指出“中华人民共和国政府是全中国的惟一合法代表，台湾是中国不可分割的一部分，要求大会秘书处撤除违反一个中国原则的展品”。会下，戴均良团长与联合国代表、德国外交人员和拉脱维亚代表进行了严正交涉，迫使拉方撤除了展品。代表团对这一问题的处理得到了中国驻德使馆和联合国中国译员的高度赞赏。

26日 全国双拥工作领导小组颁发新修订的《双拥模范城（县）创建命名管理办法》（国拥［2002］4号）。

29日 民政部召开部党组会议，集中学习《党政领导干部选拔任用工作条例》。会议传达学习了胡锦涛同志《在全国学习贯彻〈干部任用条例〉电视电话会议上的讲话》和曾庆红同志《在组织人事部门领导干部学习〈干部任用条例〉培训班上的讲话》。大家一致表示，要增强政治观念、组织观念、法纪观念，以坚强的党性、良好的作风保证《干部任用条例》的贯彻执行。民政部部长多吉才让主持会议。

9月

1－2日 全国省区市双拥办主任会议在广州召开，全国双拥工作领导小组副组长兼办公室主任、民政部副部长罗平飞在讲话中指出，要深刻领会江泽民总书记“5·31”重要讲话的精神实质，进一步确立新形势下双拥工作的发展思路。他说，在指导思想上，要认真贯彻“三个代表”要求，把发展社会生产力和提高部队战斗力，发展和传播先进文化，维护和实现广大军民的根本利益作为工作的出发点和落脚点。在工作内容上，要进一步拓宽领域，大胆探索，积极创造适应国家和军队建设需要，满足广大军民需求的新内容、新经验。在工作方式上，要把政府行为和社会行为结合起来。在工作手段上，要针对发展变化的情况，探索法规方式和情感方式并用的新办法，进一步规范军地关系，巩固发展军政军民鱼水深情。在工作效果上，要积极研究兼顾社会效益、经济效益、国防效益的新途径、新方式，努力使双拥工作获得最大的综合效益。罗平飞指出，推动双拥工作改革创新要着重处理好四个关系，一是经济发展和军事需求的关系，二是物质支援和精神互助的关系，三是整体推进和重点突破的关系，四是继承传统和发展创新的关系。

2日 民政部副部长杨衍银会见并宴请了联合国难民署亚太局局长法库里一行。在举行工作会谈时，杨衍银副部长介绍了中国政府发扬人道主义和国际主义，自1978年以来接待安置29万多名印支难民所取得的成就，同时，感谢难民署给予的支持和帮助，并表示希望今后进一步加强友好合作，共同努力继续做好在华印支难民工作。法库里局长对在华印支难民工作表示满意，感谢中国政府为国际社会所做出的贡献，表示今后将继续加强友好合作，共同为解决在华印支难民问题做出努力。法库里代表联合国难民署向民政部捐赠206650元人民币专项用于紧急救助安置在广东、广西、福建、海南、云南等省(区)的受灾群众。

8-9日 民政部在吉林省四平市召开全国城市社区建设四平现场会议。民政部部长多吉才让在会上就城市民政工作作了重要讲话。民政部副部长李学举作了《抓实基础工作,解决关键问题,不断把城市社区建设引向深入》的主报告和会议总结讲话。

会上,民政部命名了175个全国社区建设示范市、区。各省、自治区、直辖市民政厅(局)长及基层政权和社区建设处处长,各省会城市、计划单列市和新疆生产建设兵团民政局长,全国社区建设示范市党政领导和民政局长,全国社区建设示范区党政领导330多人和来自全国各地的列席代表100多人参加了会议,并现场观摩了四平市整体推进社区建设的成果。

8-9日 民政部副部长李宝库陪同国务委员司马义·艾买提出席中华人民共和国第三届特殊奥林匹克运动会开幕式,并考察了西安市的"星光计划"执行情况。

10-20日 由劳动保障部、民政部、财政部、经贸委和全国总工会等部委组成的8个联合检查组,分别对全国18个省区市进行了社会保障政策落实情况大检查。这是贯彻落实国务院办公厅《关于开展社会保障政策落实情况大检查的通知》的具体行动。民政部派出了由部监察局郭立民同志带队的检查组,与其他4个部委的有关同志一同完成了此次工作任务。检查期间,部检查组重点对低保工作进行了认真检查,并将发现的问题和有关建议,及时向国务院、民政部有关领导进行了汇报。

11日 驻民政部纪检组副组长、监察局局长朱存芳参加了国务院纠风办在北京召开的国务院部分部门纠风和行业作风建设工作座谈会,并在会上作典型发言,介绍在民政系统基层窗口单位开展行风建设的经验。

同日 按照国务院信息化工作办公室电子政务建设部门工作会议的要求,民政部成立了以民政部部长多吉才让为组长,民政部副部长李学举、杨衍银为副组长的社会保障工程项目领导小组。项目工程领导小组办公室设在救灾救济司,司长王振耀任办公室主任,副司长宋志强、信息中心主任陈倚任副主任。

17日 民政部办公厅印发《关于加快推广使用城市居民最低生活保障信息系统软件的通知》(民办函[2002]165号),针对低保软件培训和推广使用中出现的问题,对软件进行了修改,要求各地抓紧培训和推广使用工作,尽早将低保对象全部纳入计算机管理。

21-25日 经国务院领导批准,国办秘书三局会同民政部、国家计委、财政部、全国老龄委办公室组成督查组,对江苏省实施首批"星光计划"项目情况进行了督查,实地查看了该省16个项目,并与有关地方政府、部门以及街道、居委会的负责同志进行座谈。11月7日,李岚清副总理在国办三局《关于江苏省社区老年福利服务星光计划实施情况的督查报告》上批示:"江苏实施'星光计划'的做法很好,请国办用适当方式予以推介。加强对老年福利设施的建设和管理,不但能使老年人安度晚年,也有利于他们身心健康,同时为国家节约大量的医疗费用。各级政府在这方面多花些钱是值得的。"12月30日,民政部印发了这个报告(民发[2002]195号)。

23日 民政部决定在全国范围内开展一次百城万户低保抽查工作,采取两种方式,一是组织中国人民大学、南开大学师生到100个城市进行入户抽查;二是根据各地报送的低保对象备案光盘名单,对10000户家庭进行信函问卷抽查(民办函[2002]177号)。

23-26日 第二届世界老龄大会亚太地区后续行动会议在上海市召开。国务委员司马义·艾买提到会致辞,民政部副部长李宝库作主旨报告。会议期间,民政部副部长李宝库还会见了联合国亚太经社会执行秘书金学洙,澳大利亚卫生老龄事务部部长安德鲁斯,联合国人口基金会的有关官员和国际助老会执行主席彼德森、理事会主席曹慰萱、亚太地区主席克里斯。

28日 民政部、国家测绘局、中国地图出版社联合召开《1:400万中华人民共和国行政区划地图》审定会。

10 月

2－5 日 民政部副部长李宝库率团出席了在日内瓦召开的国际第三年龄大学协会第 21 届代表大会。此次会议的主题是:“年龄与经验为未来服务。”民政部副部长李宝库在全体会议上发言。他全面介绍了我国老年教育的现状与特点、取得的成绩、积累的基本经验以及今后的发展趋势,并支持上海市申请主办 2004 年代表大会。民政部副部长李宝库在全体会议上当选为国际第三年龄大学协会新一届理事会理事,任期 4 年。代表大会还一致通过由上海主办 2004 年国际第三年龄大学协会第 22 届代表大会。会议期间,民政部副部长李宝库还应邀访问了世界卫生组织总部,与非传染病预防及促进健康司司长普斯卡博士及主管老年健康的官员进行座谈,向对方介绍了我国近期老龄工作的情况及今后的计划。双方均表示可以在老年健康方面加强交流与合作。

3－4 日 民政部外事司副司长邹军誉率领由民政部、公安部、国家人防办及我国常驻日内瓦代表团等单位组成的代表团出席了在瑞士日内瓦召开的国际民防组织第 15 次大会。

11 日 民政部部长多吉才让参加党的第十六次全国代表大会和中共十六届一中全会,并继续当选中央委员。

同日 民政部印发《认真贯彻国务院、中央军委〈征兵命令〉和〈退伍通知〉要求,进一步加强和规范优待安置工作的通知》(民发[2002]156 号),对各地进一步做好优待安置工作提出要求。一是加强领导,与时俱进,不断提高对做好新时期优待安置工作的认识;二是规范程序,狠抓落实,确保优待安置政策落到实处;三是强化措施,主动工作,积极配合兵役机关做好征兵工作。民政部决定从 2002 年冬季征兵开始,在全国统一实行优待安置证制度。优待安置证是义务兵及其家属、复员士官享受现行优待安置政策的合法凭证,今后没有优待安置证的,一律不享受各级政府规定的优待安置政策。对于非农业户口青年占用农业指标入伍和非户口所在地入伍的青年,一律不发给优待安置证。这项制度的实施,对规范优待安置工作、认真落实优待安置政策,切实维护士兵的合法权益将起到促进作用。

同日 民政部印发《关于〈优待安置证〉管理和使用问题的通知》(民发[2002]157 号)。优待安置证由民政部统一编号印制,按照各省、自治区、直辖市当年的征兵任务逐级下发到县(市、区)民政部门。优待安置证存根由民政部门留存,证书由士兵家长自存。通知要求建立严格的管理制度,严防差错和丢失。

12 日 由全国老龄工作委员会办公室、中共中央组织部、文化部、广播电影电视总局、北京市人民政府和解放军总政治部联合举办的全国老年文艺调演活动在北京举行汇报演出。中共中央政治局常委、国家副主席胡锦涛观看了演出。丁关根、张万年、贾庆林、曾庆红、铁木尔·达瓦买提、曹志、司马义·艾买提、王忠禹、任建新等领导同志和中央军委委员于永波,民政部部长多吉才让、副部长李宝库等陪同观看了演出。据统计,这次调演活动自 2002 年 4 月开展以来,有数百万老年人参加了调演活动的初选和复选,很多节目都是由老年人自创、自编、自演的。

14 日 全国双拥办召开全体人员会议。会上,全国双拥办主任、民政部副部长罗平飞对加强全国双拥办内部建设提出了具体要求。会议部署了 2002 年第四季度工作,要求一定要高质量、高标准地完成今后一个时期的“纪念延安双拥运动 60 周年”系列活动和“双拥模范城(县)命名大会”的前期筹备工作。

同日 民政部公务员更新知识轮训分 5 期在民政部管理干部学院进行,主要内容是公共管理和项目管理方面的知识。

14－16 日 上海市政府举办第五届地方政府应对灾害和紧急事件国际会议,杨衍银副部长出席并代表中国国际减灾委员会和民政部在开幕式上致辞。参加会议的有美国、英国、挪威、澳大利亚、印度、阿尔及利亚、以色列、塞尔维亚、新加坡等国家和我国的政府官员、专家教授以及科研机构、保险公司、企业的专家和技术人员。

救灾救济司助理巡视员柳永法陪同。

15－24日　全国政协组织了在京的部分常委、委员，就城镇退役士兵安置的有关问题赴湖南省进行视察，

22－24日　全国城市居民最低生活保障工作会议在辽宁省沈阳市召开。国务委员司马义·艾买提出席并做了重要讲话。民政部部长多吉才让在总结讲话中强调，在低保工作中，要正确处理好四个关系。民政部副部长杨衍银作了题为《加强领导，规范管理，全面提高城市居民最低生活保障工作水平》的工作报告。

辽宁省和沈阳市的党政领导、各省区市民政厅局长、分管副厅局长和低保处长以及17家发言单位的政府领导、民政部门负责同志共140多人出席了会议。会议代表还参观了辽宁省沈阳市低保工作信息化建设成果。

28日　建设部、民政部、全国老龄工作委员会办公室中国残疾人联合会联合印发《关于开展全国无障碍设施建设示范城（区）工作的通知》（建标[2002]247号），决定成立协调小组，其办公室设在建设部标准定额司。

11月

3－5日　多吉才让部长参加中共十五届七中全会。11月7日开始，参加党的第十六次全国代表大会，并继续当选中央委员。

14日　李宝库副部长在民政部会见了来访的古巴全国储备委员会主席、古中友好协会会长邵正和少将和夫人及古巴驻华大使阿鲁菲先生等一行五人。李宝库副部长回顾了中古两国的传统友谊并向客人简要介绍了民政部的主要职能。邵正和少将盛赞中国改革开放以来取得的伟大成就，并希望在各领域进一步加强中古之间业已存在的友好关系。双方就共同感兴趣的跨国收养问题进行了磋商。

15日　民政部法制办召开部分省市座谈会，民政部党组成员、办公厅主任陈杰昌就新形势下做好民政执法工作发表讲话，提出要以依法行政的坚定信心、工作体制机制的创新和法制工作队伍的吐故纳新来推进民政工作法制化。

16－28日　罗平飞副部长应英国外交部和保加利亚劳动和社会政策部邀请，率代表团对英国、保加利亚两国进行了公务访问。访问期间，与英国国防部就退伍军人安置工作进行了会谈并考察了部分有代表性的社会服务机构，与保加利亚劳动和社会政策部、国防部及地区发展部就社会救助、退伍军人安置及行政区划等工作进行了会谈。保加利亚副总理兼劳动和社会政策部部长莉迪亚·舒列娃女士会见了代表团。优抚安置局局长孙绍骋、人事教育司副司长俞建良、外事司副司长邹军誉、四川省民政厅副厅长李刚陪同出访。

18日　民政部召开直属机关全体党员大会，传达党的十六大精神，部署十六大精神传达学习活动。会上，十六大代表、民政部党组书记、部长多吉才让传达了党的十五届七中全会和十六届一中全会精神，十六大代表、民政部党组副书记、副部长杨衍银传达了十六大精神。民政部党组副书记、副部长李学举代表部党组，就直属机关学习贯彻党的十六大精神进行了部署。部党组成员以及直属机关约300名党员、干部参加了会议。

21－26日　民政部基层政权和社区建设司在浙江省宁波市主持召开了全国村民委员会选举情况分析会。参加会议的有各省、自治区、直辖市民政厅（局）和计划单列市民政局基层政权和社区建设处负责人，中央有关部门负责人，以及部分县、市民政部门的负责同志和专家学者。会议围绕党的十六大精神和中央14号文件的要求，就加强对村委会换届选举工作领导，规范村委会换届选举程序，研究解决换届选举工作中出现的新情况、新问题，健全完善村委会直接选举制度，介绍了情况，分析了现状，交流了经验，研究了今后工作，对新形势下进一步做好村委会换届选举工作提出了一些建设性意见。

24日　民政部印发《民政统计代码编制规则》（民发[2002]170号），就加强民政统计工作中使用的民政统计代码的管理和维护，提高民政统计

信息编码的规范化、标准化水平提出了具体要求。

27日　多吉才让部长、杨衍银副部长一同会见并宴请韩国报勋处李在达部长等一行。

12月

4日　民政部办公厅发出通知，下发使用优抚安置管理信息系统光盘。该系统分民政部、省级民政厅(局)、地(市)级民政局、区县级民政局四个节点，可以实现优抚安置系统业务的在线分析与科学管理，实现信息发布和决策支持，满足全国优抚安置工作可持续发展的要求(民办函[2002]211号)。

5日　民政部召开第十六次部长办公会议。会议听取了信息中心关于信息化建设工作进展情况和全国民政信息化建设表彰会筹备情况的汇报，认为2002年以来信息化建设工作取得了可喜成绩，是民政工作发展进步的亮点之一，及时总结，进行表彰十分必要。会议提出2003年将继续把民政信息化作为重点工作安排，同时要求信息中心2003年抓紧继续完善、延伸和充分运用的工作。民政部部长多吉才让主持会议。

同日　民政部印发《民政统计工作评价办法(试行)》(民函[2002]202号)。

5－6日　民政部在四川省乐山市召开全国民政基层窗口单位行风建设座谈会，纪检组长张印忠出席并作了重要讲话。他回顾了近年来民政系统开展基层窗口单位民主评议行风活动的基本情况，对下一步开展行风评议工作，要求把落实"三个代表"的要求作为开展民主评议行风的主要内容，坚持依靠群众、实事求是、公开公平的原则，要通过民主评议行风，完善监督机制，推进理论创新、制度创新，要坚持以评促建，加强职业道德和作风建设，树立先进典型，推动行风建设深入开展。

6日　民政部办公厅发出通知，推荐使用社区居委会管理软件。该软件基本涵盖了居委会管理工作的各个方面，提供了与其他业务管理软件的接口，可与低保和"星光计划"等业务工作一并推进(民办函[2002]214号)。

10日　民政部印发《关于表彰全国民政信息化建设先进单位和先进个人的决定》(民发[2002]178号)，表彰了37个民政厅(局)和优抚安置局等部机关5个(司)局和80名先进个人。

同日　民政部印发《关于建立县以下行政区划变更备案及通报制度的通知》(民函[2002]205号)，要求各省(区、市)建立县以下行政区划变更备案及通报制度，民政区划部门要将变更后的县以下行政区划及时通报各省(自治区、直辖市)统计局和同级民政计财部门，由计财部门报送民政部区划和计财部门备案，以便及时更新县以下行政区划代码，提高统计信息化水平。

11日　民政部、国家标准化管理委员会印发《关于开展全国城市标准地名标志设置检查验收工作的通知》(民发[2002]183号)。通知指出，三年来，全国城市设标工作取得了一定的成绩。实践证明，设置标准地名标志是推广标准地名、完善城市功能、促进社会经济发展的需要，是提升城市文化品位、推进精神文明建设的重要内容，是直接关系亿万人民群众切身利益、便民、利民的民心导向工程，是实践"三个代表"重要思想在地名工作领域的具体体现。通知要求各地民政部门在民政部全国地名标志设置管理工作领导小组领导下，本着"成熟一批，公布一批"的原则，在检查验收的基础上分期分批进行。以后每半年进行一次。

12日　中共中央政治局常务委员会召开会议，专门听取有关部门关于解决困难群众生产生活问题的情况汇报，并对进一步做好这项工作进行了研究部署。其中要求着力解决好老红军、老复员军人、伤残军人、烈属等重点优抚对象和劳动模范、先进工作者以及农村五保户的实际困难，认真落实对义务兵家属的优待政策，继续做好转业复员退伍军人安置工作；继续做好失业保险和城市居民最低生活保障工作，将长期亏损、停产、半停产困难企业符合条件的在岗职工全部纳入低保范围，做到应保尽保；切实安排好灾区、贫困地区群众的生产生活，保证他们吃饱穿暖、安全过冬，国家安排的冬令救济款、农业税灾款减免资金必须在春节前落实到村到户。13日,民政部发出紧急通知,要求各级民政部门认真学习领会中央政治局常委会会议精神,紧急动员,从思想上、组织上、行动上狠抓落实,深入基层,千方百计帮助困难群众和优抚对象解决生活困难。要切实转变工作作风,组织力量,开展对灾区困难群众、城市低保对象的大规模排查行动,全面掌握城乡困难群众的生活状况,督促检查各项救助措施的落实情况;要扎实做好灾区群众生活安排工作,保证灾区和贫困地区群众安全过冬;要千方百计确保低保对象的基本生活,充分发挥低保制度的兜底保证作用;妥善安排重点优抚对象生活,深入细致地开展走访慰问活动,满腔热情地帮助优抚对象解决生产、生活、医疗等方面的实际困难;广泛开展"扶贫济困送温暖"活动,帮助灾区和贫困地区群众、重点优抚对象和城市低保对象解决生活困难。

同日 民政部印发《中国假肢矫形器产品目录》(民函[2002]212号)。

13-15日 民政部全国地名标志设置管理工作办公室在沈阳召开全国标准地名标志设置管理工作暨经验交流会议。会议提出了在全面建设小康社会过程中地名工作的任务,阐明了当前和今后一个时期地名工作的总体思路和工作要点,并就城市设标工作提出了要求。来自全国29个省、自治区、直辖市民政厅(局)、有关部门和部分市、县的主管领导共250余人参加了会议。

19日 根据中办、国办《关于做好2003年元旦、春节期间有关工作的通知》(中办电发[2002]42号)精神,民政部印发《关于切实做好2003年元旦、春节期间有关工作的通知》(民办函[2002]218号)。要求加强领导,狠抓落实,转变作风,做好节日期间的各项工作。民政部将于近期组成若干个工作组,到部分省区检查指导群众生活安排情况,同时还将参加中央统一组织的有关督查。

20日 民政部、财政部联合制定了《中央级救灾储备物资管理办法》(民发[2002]193号)。

23日 民政部发出通知,请各业务主管单位协助做好所主管的未获重新登记的全国性社会团体证书和印章的收缴工作(民函[2002]221号)。

24日 民政部召开全国民政信息化建设表彰大会,该会在民政部和全国30个省、自治区、直辖市民政厅(局),5个计划单列市民政局和新疆生产建设兵团民政局同时举行。这是民政部首次利用新建成的民政广域网通过视频会议形式召开的全国性会议。多吉才让等部领导出席了会议。民政部部长多吉才让、民政部副部长李学举分别作重要讲话。民政部部长多吉才让指出,民政信息化建设取得今天的进展和效果,已经初步扭转了民政信息化建设的落后局面,实现了跨越式的发展。他对民政信息化建设提出三点希望:第一,从贯彻十六大精神和落实"三个服务"的高度,进一步提高对民政信息化建设的认识。第二,切实提高信息系统的应用水平,推进民政信息化建设的不断完善。第三,以信息化建设为手段,大力推动民政工作的制度创新与"三个转变"。民政部副部长李学举在讲话中要求各地在当前和今后一个时期,要紧紧抓住"应用、完善、开发、延伸、维护"五个方面工作,力求有新进展、新突破、新举措。其中,应用的重点是网络应用,完善的重点是民政公用政务平台建设,开发的重点是软件开发,延伸的重点是向地(市)、县(市)延伸,维护的重点是保证网络安全、稳定、高效运行。

会议由陈杰昌主持。部机关各司局主要负责人和部分直属事业单位主要负责人及受表彰的先进个人在北京主会场参加了会议。全国30个省、自治区、直辖市民政厅局,5个计划单列市民政局和新疆生产建设兵团民政局的领导和有关人员分别在各地分会场同步参加了会议。

同日 民政部与国家测绘局联合举行1:400万《中华人民共和国行政区划图》发布会暨首发式,民政部副部长罗平飞出席并讲话。

27日 民政部印发《关于表彰2002年度民政政务信息工作先进集体和优秀信息员的通报》(民函[2002]224号)。通报指出,2002年度《民政信息参考》、《民政信息专报》、《民政部情况反映》、《参阅文件》、《民政部机关工作周报》、《民政工作通报》等六种信息刊物编发各地信息量与2001年同期相比增幅达50%，中办、国办信息采用量也大幅度提高，质量系数和得分分别是2001年全年的2倍多和1.5倍，不少信息受到党中央国务院领导的重视。

同日 民政部邀请中央国家机关十六大精神宣讲团成员、国家经贸委研究中心高级经济师李明星同志作题为《中国经济发展战略》的学习十六大精神辅导报告，副部长李学举参加报告会，人教司司长孙建春主持报告会，部机关全体公务员和直属事业单位有关同志参加。

31日 民政部印发《2002年全国民政基层窗口单位民主评议行风活动情况报告》(民发[2002]197号)，报告总结了民主评议行风活动的基本情况和主要特点，指出通过开展民主评议行风，职工队伍素质得到进一步提高，行业作风进一步好转，依法办事的自觉性有了明显增强，群众反映的突出问题得到进一步解决，民政基层窗口单位的全面建设得到进一步促进，规章制度建设得到进一步加强。针对存在的问题报告提出，要进一步提高对深入开展行风建设的重要意义的认识，要坚持纠建并举，加大治理不正之风源头的力度，要继续大力开展以“为人民服务、树民政新风”为主题的创建行风建设先进单位活动，要进一步落实行风建设责任制。

(张岳、林林)

附　录

民政部组织机构与职能演变

中华人民共和国民政部的前身是成立于1949年的“中央人民政府内务部”，1954年改称为“中华人民共和国内务部”，1969年撤消，1978年恢复时改称“中华人民共和国民政部”，并延续至今。

1949.11－1968.12

1949年10月1日，中华人民共和国中央人民政府正式成立。10月19日，根据中国人民政治协商会议第一次会议通过的《中华人民共和国中央人民政府组织法》的规定，中央人民政府委员会第三次会议决定，任命谢觉哉为内务部部长，武新宇、陈其瑗为副部长。10月21日，中央人民政府政务院宣告成立，内务部位列30个部、会、院、署、行的首位。11月，中央人民政府内务部成立，主管民政工作，受中央人民政府政务院领导和政务院政治法律委员会的指导。地方上的民政工作机构，大区设民政局，省设民政厅，专署和县设民政科。

内务部成立之初，以救灾和政权建设工作为重点，为巩固新生的人民政权，建立新社会的新秩序，做了大量的工作。其内设机构有：办公厅、干部司、民政司、社会司、地政司和优抚司等6个单位。根据《中央人民政府内务部试行组织条例（草案）》的规定，各机构的职能如下：

办公厅：主管部令的公布，印信的典守，文件的收发缮校，图书、资料、档案的管理，会议的准备，督促决议的执行，联系各司工作，本部人、财、物的各项工作等。

干部司：主管由本部办理的地方行政人员的任免、调动、调整，各级行政人员的铨叙、登记、统计、教育训练，工作人员的福利等。

民政司：主管地方人民政权建设，地方行政机关的设置，行政区域的划分调整、名称和治所的厘定、图志的收集编印，疆界的测量勘查，水陆地图的审查，户籍、国籍的管理等。

社会司：主管社会福利，游民改造，社团和宗教团体的登记，公葬公墓，人民褒扬奖励，移民，社会救济等。

地政司：主管农村土地改革，土地的清丈、登记和颁发土地证，城市房地产政策，城市营建的计划考核，公共房地产的保护，其他地政事项。

优抚司：主管烈、军、工属*和革命残废军人的优待抚恤，退伍安置和退休工作人员的处理，烈士褒扬追悼，烈士传记编纂和事迹遗物的搜集保管，烈士纪念物的兴建管理保护，优军，其他优抚事项等。

1950年7月15日，第一次全国民政会议在北京召开，会

---

* 注：工属指革命工作人员家属。

议对民政工作的范围进行了讨论。谢觉哉部长在讲话中指出:凡属人民的政事,如没专业部门管的,就都属于民政部门。会议确定地方政权建设、优抚、救灾为内务部工作重点。

1950年10月,中央人民政府成立人事部,内务部的干部司及其主管的地方行政干部管理工作合并至中央人民政府人事部。

1952年1月28日,政务院发布《关于加强老根据地工作的指示》,决定成立全国老根据地建设委员会,办公室设在内务部,谢觉哉部长任主任。

1952年6月3日,根据周恩来总理的指示,原由内务部管理的中国红十字总会改归卫生部直接指导和联系。

1952年8月,内务部报请政务院同意,将城市营建规划考核工作移交给政务院财政经济委员会。

1953年1月6日,为贯彻中央关于推行戒烟、禁种鸦片和收缴农村存毒的指示,内务部、公安部、卫生部联合组成戒烟办公室。办公室设在内务部。

1953年8月,由于全国普选准备工作的开展、人口调查登记、优抚和农村救灾等工作任务繁重,为适应工作的需要,内务部增设救济司和户政司。将社会司所管的社会福利和社会救济工作中农村部分以及移民工作移交给救济司;社会司增加民工动员工作;将民政司所管的人口调查登记、国籍、行政区划工作移交户政司;将优抚司改为优抚局,内部增设办公室。另将残废儿童教养工作交由救济总会管理。内务部机构调整为:办公厅、民政司、救济司、优抚局、户政司、地政司和社会司7个单位。

1953年10月,第二次全国民政会议确定内务部主管的业务为:政权建设、优抚、救济、地政、户政、国籍、行政区划、民工动员、婚姻登记、社团登记等。

1954年2月13日,政务院发出《关于民政部门与各有关部门的业务划分问题的通知》,对部分民政业务作出如下调整:

(1)麻风病人收容与治疗由卫生部门管理;麻风村,由民政部门领导的保持不变;对生活困难的麻风病人的救济,由民政部门负责解决。

(2)精神病人的治疗由卫生部门负责;已治好但无家可归的精神病人由民政部门负责处理。

(3)民政部门领导的聋哑学校,如系独立设置并且为正规学校性质的,交由教育部门接办;原附属在生产教养院内,或以救济为主的聋哑学校或班,仍由民政部门负责;

(4)文物古迹的管理交由文化部门;一般的革命史迹、宗教遗迹、古建筑及山林风景,由所在地人民政府负责管理;革命烈士陵园的修建管理由民政部门负责。

(5)3岁以上的幼儿教育归教育部门管理;3岁以下的托儿所交卫生部门管理;现由民政部门管理的私立托儿所、街道托儿站不再移交;机关托儿所由各机关自行管理,不得移交卫生或民政部门。

(6)城市和农村的贫困病人医疗费减免问题,由民政部门分别在社会福利支出和农村救济费中酌予补助。

(7)房屋管理工作,在没有专设掌管此项工作机构的地方,由民政部门掌管。

(8)调解工作,在乡由乡人民政府调解委员会办理,在县由人民法院办理。

(9)无交通机构之地区,交通工作由建设部门办理。

(10)民族、华侨事务,未设专管机构者,应交政府的办公厅、室管理;如仍需民政部门管理者,应另设专职干部。

1954年9月,第一届全国人民代表大会第一次会议通过了《中华人民共和国宪法》,按照《宪法》的规定,原政务院改称国务院。根据《中华人民共和国国务院组织法》第二条的规定,中央人民政府内务部改为中华人民共和国内务部,由国务院领导并接受国务院政法办公室的领导。地方上的民政机构,省和自治区设民政厅,直辖市设民政局,县设民政局(科)。1960年12月9日,国务院政法办公室撤消,内务部直接受国务院领导。1963年4月,国务院成立内务办公室,分管内务、公安、民委和宗教事务。

1954年11月22日至1955年1月3日,第三次全国民政会议在北京召开。内务部原计划为贯彻全国人大通过的《中华人民共和国地方各级人民代表大会和地方各级人民委员会组织法》，继续加强各级政权建设。但会议的后半段，根据党中央、国务院的指示，否定了内务部的计划，确定了“以优抚、复员、救灾、社会救济为主要业务，并相应地做好其他民政工作”的民政工作方针。为了适应这一转变，本着精简整编的精神，内务部于1955年4月4日向国务院报告，提出对机构的调整意见。1955年5月6日，国务院批准内务部的机构调整为：办公厅、财务干训司、优抚局、农村救济司、城市救济司、民政司、户政司。与原来相比，增设了财务干训司；撤消地政司，其业务归入民政司；社会司改名为城市救济司，原社会司主管的婚姻、社团、礼俗等工作并入户政司，民工动员工作并入民政司；救济司改名为农村救济司，主管农村的自然灾害救济和农村的社会救济。

1955年10月，为了精简机构，紧缩编制，内务部撤消户政司，其业务移交民政司。

1955年11月22日，根据周恩来总理的指示，中国人民救济总会和中国红十字会合署办公；中国人民救济总会所管的国内救济工作并入内务部，国际救济工作划归中国红十字会；将原由中国人民救济总会领导的盲人福利会和新成立的聋哑人福利会筹备委员会划归内务部。

1956年1月13日，国务院决定，把内务部掌管的农村户口登记、统计工作和国籍工作交给公安部门管理。

1956年春季，移民工作由农业部移交内务部主管。内务部提出增设移民局。

1956年6月，根据游民改造任务和城市贫民移民、灾区移民工作的需要，国务院重新核定内务部的编制，同意设立：办公厅、优抚局、移民局、农村救济司、城市救济司、民政司、游民改造司、计划财务处。1956年8月成立了参事室。

1956年12月20日，内务部、城市服务部联合发出通知，将城市房管工作由内务部移交城市服务部管理。

1958年3月24日，国务院决定将移民工作连同机构、人员移交给农垦部。

1958年6月9日，国务院秘书厅发出通知，根据1957年11月23日国务院常务会议决定，撤消中央转业建设委员会，其工作分别由总参动员部和内务部负责。

1958年8月，根据国务院关于工作体制和财政体制决定的精神，撤消了财务计划处和参事室，将农村救济司改为农村救济福利司，将城市救济司改为城市社会福利司。内务部的机构调整为：办公厅、优抚局、农村救济福利司、城市社会福利司、民政司等5个单位。

1959年4月，中共中央决定，将国务院直属的政府机关人事局改为内务部管理。6月20日，第二届全国人民代表大会常务委员会第四次会议批准国务院撤消国务院人事局，其业务改由内务部管理。7月30日内务部成立政府机关人事局。

1959年5月4日，经国务院批准，成立民政干部学校。

1959年7月1日召开的第五次全国民政会议确定民政部门的主要业务是：优抚、复员安置、救灾、社会救济、社会福利和政府系统人事工作；不归当地民政部门领导的省、自治区、直辖市人民委员会的人事局，在业务上受内务部的领导；公社食堂工作，一般的不宜列为民政部门的任务，但有些地方党委决定民政部门参与食堂工作的，则应当在党委的统一领导下，积极地协助有关部门作好这项工作；继续做好地方选举、基层政权组织建设的具体任务、行政区划、土地征用、婚姻登记、婚丧礼俗改革等工作。内务部的机构设置为：办公厅、优抚局、农村救济社会福利司、城市救济社会福利司、政府机关人事局、民政司等6个单位，以及中国盲人福利会、中国聋哑人福利会和民政干部学校。

1960年12月，根据周恩来总理关于精简机构、下放干部、加强农业生产第一线的报告精神，中共内务部党组决定撤消民政司，把该司原主管的行政区划及选举事务连同3名干部一并交国务院秘书厅，婚姻登记、土地征用等工作移交本部办公厅。另外，原来司局(厅)以下的单位，除办公厅设有“处”外，其余司局都设的是“科”，现在一律改为“处”。

1961年10月26日，国务院习仲勋副总理指示将选举事务和行政区划工作仍移交内务部管理。11月23日,内务部党组报请国务院批准,恢复了民政司,并将婚姻登记、土地征用和殡葬改革工作划归民政司管理。

1964年1月27日,国务院批复同意内务部设立:办公厅、民政司、农村救济福利司、城市社会福利司、优抚局、政府机关人事局。

1968.12－1978.3

1966年5月,"文化大革命"开始,内务部机关搞起了运动。1968年12月11日,最高人民检察院、最高人民法院和内务部的军事代表联合公安部领导小组向中央上报了《关于撤消高检院、内务部、内务办三个单位,公安部、高法院留下少数人的请示报告》,毛主席批示:照办。1969年1月3日,谢富治向内务口4个单位军代表和部分群众传达了毛主席的指示,并讲了话。内务部撤消后,除在京设机关留守处外,其余同志于3月下放到湖北沙市五七干校劳动。

内务部虽然撤消了,但其主管的业务并没有消失。1972年3月,国务院召集财政部、公安部、卫生部、国家计委等部门商议,就原内务部所主管的业务进行了研究,提出了分工管理的意见:

公安部:行政区划、收容遣送等工作;

财政部:救灾、救济、优抚、拥军优属等工作;

卫生部:盲人、聋哑人、麻风病人、精神病人的安置、教育和管理工作;

国家计委劳动局:国家机关工作人员的待遇,退职退休和复员转业军人的安置等工作;

国务院政工小组办公室:代管原内务部主管的人事工作。

1978.3－2002.12

1978年3月5日,第五届全国人民代表大会第一次会议通过决议,成立中华人民共和国民政部,任命程子华为民政部部长。5月,民政部正式成立,其内设机构有:办公厅、政治部、优抚局、农村社会救济司、城市社会福利司、民政司、政府机关人事局和中国盲人聋哑人协会。

1978年8月12日,行政区划工作从国务院办公厅移交民政部办理。

1978年9月16日,第七次全国民政会议在京召开。根据党中央和国务院的指示,明确规定了民政工作的主要任务是:优抚、复退安置、生产救灾、社会救济和社会福利,并承办行政区划、婚姻登记和殡葬改革等工作。

1978年10月,党中央、国务院决定,县、社直接选举的"具体事务由民政部门负责"。

1979年5月12日,经国务院同意,国家科委批准成立民政部北京假肢科学研究所。

1979年8月4日,国务院决定成立国务院接待安置印支难民领导小组,程子华部长任组长,领导小组办公室设在民政部。

1979年10月29日,国务院副总理王任重批准民政部恢复民政干部学校。

1980年7月14日,国务院决定将民政部政府机关人事局和国务院军队转业干部安置工作小组办公室合并成立国家人事局。

1980年7月22日,国务院批复同意民政部机构调整为:办公厅、革命史料研究室、优抚局、农村社会救济司、城市社会福利司、民政司、信访局。

1980年10月3日,根据党中央负责同志讲话精神和中组部的意见,民政部党组决定撤消政治部,成立机关党委办公室和直属人事处。

1981年2月12日,国务院退伍军人和军队退休干部安置领导小组成立,其办公室设在民政部(简称"双退办公室")。3月4日,国务院批准民政部设立退伍军人和军队退休干部安置局,该局同时承担国务院退伍军人和军队退休干部安置领导小组办公室的日常工作。

1981年3月16日,人大常委会办公厅通知:"选举工作由民政部门管,不必在各级人大常委会下建立常设机构。"

1981年3月19日,根据中央有关领导同志指示,民政部发出通知,明确城市居民委员会的工作统一由民政部管理。

1981年,中央提出精简整编方针。11月6日,民政部党组向彭冲、杨静仁同志报告了精简整编的意见：为加强民政工作调查研究、制定政策，将办公厅的综合处和史料室合并成立政策研究室，撤销史料室，将该室的烈士褒扬部合并到优抚局；成立干部局，下设机关人事处和老干部处；成立外事处；成立部党组纪检组；缩减信访局、优抚局、安置局和办公厅的编制，使民政部机关的总编制仍保持不变。

1982年4月28日，万里同志主持召开会议，研究劳动人事部与教育部、国家计委、国家经委、民政部几项工作分工问题，其中关于残疾人、老年人工作的分工问题，会议确定，有关这方面的国际交往活动，由劳动人事部牵头，组织有关部门办理。对社会上无依无靠、无家可归、无生活来源的，由民政部门主管。其他有关日常业务工作，现由哪个部门管理的，仍由哪个部门主管。6月9日，国务院办公厅印发了会议纪要。1984年11月26日，经李鹏同意，残疾人的国际活动事务由劳动人事部移交民政部主管。

1982年5月4日，五届全国人大常委会第二十三次会议任命崔乃夫为民政部部长。

1982年6月14日，按照国务院机构改革的部署，民政部向国务院报告了《民政部门的主要任务和职责范围》，并就退休人员管理、盲聋哑残人员安置、精神病人收容、疏散下放的城镇居民安置等问题提出了由其他部门分管或分别负责的建议。

1982年7月10日，中央政法委员会在北京召开全国政法工作会议。会议认为：民政部门的主要任务是促进社会安定，除了抓好救灾、救济、优抚安置、收容遣送等工作外，要把加强基层政权的建设，特别是农村基层政权的建设列为重要任务之一。根据这次会议精神，8月10日，民政部再次向国务院报送了修订后的《民政部的主要任务和职责范围》。提出民政部的任务是：在四项基本原则的指导下，通过做好地方政权建设、优抚安置、救灾救济、社会福利等工作，发展社会主义民主，健全社会主义法制，促进基层政权的巩固，促进部队建设，促进社会安定，为以经济建设为中心的社会主义现代化建设服务。

1982年11月24日，国务院批准民政部机构调整为：办公厅、政策研究室、民政司、城市社会福利司、农村社会救济司、优抚局、安置局、老干部管理局。

1983年3月5日，五届全国人大常委会第二十六次会议通过了《关于县级以下人民代表大会代表直接选举的若干规定》，明确县、乡两级设立选举委员会，它的办事机构负责选举的具体事务。因此，民政部已不再承担县、乡两级选举的日常工作。3月10日，民政部向国务院重新报送了《民政部的主要任务和职责范围》，将原来的“地方政权建设工作”改为“基层政权建设工作”。

1983年4月召开的第八次全国民政会议进一步明确了民政工作的地位和作用，强调了民政工作是“四化”建设中一条十分重要的战线，民政工作是政权建设工作的一部分，是社会保障工作的一部分，是行政管理工作的一部分。

1983年5月20日，经国务院批准，将老干部局与人事处合并成立人事教育局。

1983年7月9日，国务院办公厅发出《关于军队离休干部移交地方管理问题的通知》，指出：经党中央、国务院批准，军队离休干部移交地方后由民政部门管理。

1983年8月10日，中国残疾人福利基金会筹备组成立。1984年3月15日，中国残疾人福利基金会正式成立。

1983年12月3日，经民政部决定，教育部、国家计委同意成立民政部管理干部学院。

1984年9月，为统一管理信访工作，成立信访办公室。

1985年4月和5月，分别经中宣部同意、劳动人事部批准，成立《中国民政报》社。1986年1月25日，经民政部部务会决定，中宣部同意，改名为《社会保障报》社。1990年1月2日，改名为《中国社会报》社。

1986年4月7日，经国务院批准，为解决行政区域边界争议的工作，给民政部增加10个编制。5月19日，民政部党组决定，成立调处行政区域边界争议办公室，由民政司代管。

1986年5月24日，民政部党组决定，在计划财务处和基建物资处的基础上，成立计划财务基建办公室。

1986年8月30日，劳动人事部批准成立社会福利与社会进步研究所。9月12日，研究所正式成立。

1987年6月3日，经国务院批准，中国社会福利有奖募捐委员会正式成立。

1987年8月9日，劳动人事部通知，中国地名委员会办公室由城乡建设环境保护部划归民政部。

1987年12月9日，国务院办公厅转发民政部关于组建中国残疾人联合会报告的通知，同意组建中国残疾人联合会，由民政部代管。1988年3月11日，中国残疾人联合会首届全国代表大会在北京举行。

1988年3月1日，国务院批准成立中国“国际减灾十年委员会”，属部际协调机构，民政部为牵头单位。4月21日，委员会正式成立。

1988年4月9日，第七届全国人民代表大会第一次会议批准国务院机构改革方案，民政部属于保留的部。4月12日，国家主席杨尚昆发布第二号主席令，任命崔乃夫为民政部部长。

1988年5月19日，国务院批准成立监察部驻民政部监察专员办公室。

1988年7月7日，在李鹏总理主持召开的国家机构编制委员会第二次会议上，审议并批准了民政部机构改革“三定”方案，确认民政部是国务院负责社会行政管理的职能部门，其主要任务是：通过做好基层政权建设和村民委员会、居民委员会建设工作，促进城乡经济的发展，推进基层民主生活的制度化；通过管理社会行政事务，调整人际关系，缓解社会矛盾，推进社会行政管理的法制化；通过发展社会福利与社会保障事业，推进公共福利事业的社会化；通过做好优抚安置工作，加强军政军民团结，促进国防建设现代化。在新形势下，为充分发挥社会稳定机制作用，适应改革开放的需要，为社会主义现代化建设创造一个良好的社会环境，其职能需要加强。确定设立办公厅、基层政权建设司、优抚司、安置司、救灾救济司、社会福利司、行政区划和地名管理司（中国地名委员会办公室）、社团管理司、社会事务司、婚姻管理司、政策法规司、人事教育司、综合计划司、国际合作司（民政部接待安置印支难民办公室）共14个职能司（厅）和机关党委。与改革前相比，撤消了民政司，增加了7个单位。这次改革，不仅使机构的设置更加合理，力量得到一定的加强，而且为进一步发挥民政工作的作用创造了条件。

1988年7月30日，国家机构编制委员会批准设立审计署派出机构：审计特派员办公室。

1988年10月6日，国家机构编制委员会批准中国老龄问题全国委员会挂靠民政部。

1989年5月25日，人事部批准设立老干部局。

1989年7月19日，国家新闻出版署批复同意民政部成立中国社会出版社。

1989年8月10日，根据国务院机关事务管理局《关于中央国家机关后勤体制改革的意见》，民政部部长办公会议决定，将后勤事务从办公厅划出，成立机关服务中心。1991年5月8日，民政部党组会议决定，机关服务中心也称行政管理司。

1990年7月，国务院第111次总理办公会议确定农村社会养老保险由民政部负责。1991年2月4日，民政部党组会议决定设立农村社会养老保险办公室。

1991年6月24日，国务院、中央军委发出通知，决定成立全国拥军优属拥政爱民工作领导小组，领导小组办公室设在民政部。

1993年3月，第八届全国人民代表大会第一次会议批准国务院机构改革方案，保留民政部，任命多吉才让为民政部部长。民政部本着转变职能、理顺关系、精兵简政、提高效率的指导思想，对内设机构和业务范围进行了调整。

（1）弱化直接管理。将婚姻案件的复议、培训民政干部、管理黄山和厦门全国离退休干部疗养院和区划地名研究、社团咨询服务等职能，分别移交给地方、事业单位和社团承担。

（2）理顺部内工作关系。将原政策法规司与办公厅合并，强化办公厅的综合协调职能。

（3）合理设置机构。加强社会救济、社会福利、优抚安置及农村养老保险等社会保障的宏观管理机构,将原来业务性质相近、业务比较单纯的婚姻管理司与社会事务司合并。

1993年12月6日,国务院办公厅印发《民政部职能配置内设机构和人员编制方案》,民政部的内设机构为:办公厅、优抚司、安置司、救灾救济司、农村社会保险司、社会福利司、基层政权建设司、区划地名司、社团管理司、社会事务司、计划财务司、国际合作司共12个职能司(厅)和机关党委(人事教育司)。

1994年4月13日,中编办批准设立民政部培训中心,与民政管理干部学院合署办公。

1994年7月6日,民政部印发《民政部机关服务中心职能配置、内设机构和人员编制方案》。

1994年8月17日,民政部发出通知,经批准,成立民政部离退休干部局,中共中央纪委、监察部驻民政部纪检组、监察局,审计署驻民政部审计局。

1994年9月,根据国务院领导同志关于加强对社会福利资金管理的指示,中募委原承担的部分行政管理职能交民政部,奖券发行中心更名为中国社会福利彩票发行中心。

1994年10月7日,中编办批准,将计划财务司更名为财务和机关事务司。

1994年12月13日,民政部发出通知,成立民政部农村社会养老保险服务中心。

1995年11月15日,国务院勘界工作领导小组成立,国务委员李贵鲜任组长,民政部部长多吉才让、国务院副秘书长刘济民任副组长。领导小组的办事机构设在民政部。

1997年1月3日,中编办批准成立民政部社会福利中心。

1997年5月,社团管理司更名为社会团体和民办非企业单位管理司。

1998年,国务院再次进行机构改革。根据第九届全国人民代表大会第一次会议批准的国务院机构改革方案和《国务院关于机构设置的通知》(国发[1998]5号),设置民政部。民政部仍是主管有关社会行政事务的国务院组成部门,其职能做如下调整:

(一)划出的职能

将农村社会养老保险职能交给劳动和社会保障部。

(二)划入的职能

(1)民办非企业单位的登记管理工作由民政部负责。

(2)将国家经济贸易委员会承担的组织协调抗灾救灾的职能交给民政部。

(3)国务院退伍军人和离退休干部安置领导小组、国务院勘界工作领导小组撤消后,其工作由民政部承担。

(三)转变的职能

将各类民政事业单位的管理服务和等级评定、福利企业经营管理和技术改造项目审批、国内外对中央政府以外的捐赠接收、指导灾区进行生产自救、社团和民办非企业单位年度检查的具体事务、指导残疾人康复、假肢和殡葬行业管理职能,分别交给企事业单位、社会中介组织或地方民政部门承担。

在机构设置上做如下调整:(1)优抚局与安置司合并为优抚安置局;(2)社会福利司与社会事务司合并为社会福利和社会事务司;(3)计划财务司调整为财务和机关事务司;(4)社团和民办非企业单位管理司更名为民间组织管理局;(5)国际合作司更名为外事司;(6)机关党委(人事教育司)改为人事教育司。调整后的机构为:办公厅、民间组织管理局、优抚安置局、救灾救济司、基层政权和社区建设司、区划地名司、社会福利和社会事务司、财务和机关事务司、外事司、人事教育司(机关党委办事机构设在人事教育司)共10个职能司(厅、局)。

1998年8月16日,中编办批准,将全国抗灾救灾综合协调办公室设在民政部。

1999年10月20日,党中央、国务院批准成立全国老龄工作委员会,其办公室设在民政部,日常工作由中国老龄协会承担。

1999年12月2日,中编办批准,民政部成立民间组织服务中心。

2000年3月5日,中编办批准,《中华老年报》社与《中国老年报》社合并为《中国老年报》社,由民政部主管。

2000年10月16日,国务院批准,中国国际减灾十年委员会更名为中国国际减灾委员会,其办公室设在民政部。

2002年4月18日，中编办批复同意成立中华人民共和国民政部国家减灾中心。

2002年5月27日，第十一次全国民政会议在北京召开，江泽民总书记在接见与会代表时强调，民政工作要更好地为人民服务，为最需要帮助的困难群众服务，为改革发展稳定的大局服务。国务院总理朱镕基在会议上指出，加强和做好新形势下的民政工作，是维护改革、发展和稳定大局的迫切需要，是实践“三个代表”要求、落实我党全心全意为人民服务根本宗旨的具体体现，是发挥社会主义制度优越性的重要方面。各级政府和各有关部门一定要站在全局的和讲政治的高度，统一思想，提高认识，增强做好新形势下民政工作的自觉性，切实加强对民政工作的领导，把民政工作列入政府工作的重要议事日程。加快民政工作的法制化、信息化。加强民政干部队伍的作风建设。有关部门要认真履行职责，相互支持和配合，完善政府主导、部门协作、社会参与的工作机制，共同把民政事业推向前进。

在历次国务院机构改革中，民政部都是保留单位，其基本职能一直没有改变，“上为中央分忧，下为百姓解愁”的宗旨没有改变，社会稳定机制的作用没有改变，发展社会主义民主、维护社会主义法制、改善优抚救济对象的生活、促进国防建设、移风易俗、建立新型的社会主义人际关系的功能没有改变。特别是在建立社会主义市场经济体制的过程中，民政部门通过对社会收入的再分配，在帮助社会弱势群体解决生活困难，化解社会矛盾方面，发挥着越来越重要的作用。1988年和1993年国务院两次机构改革都确定“民政部是国务院主管社会行政事务的职能部门”，1998年的职能定位除了规定民政部是主管社会行政事务的政府职能部门之外，在政府部门序列上将民政部列入“国家政务部门”，这表明民政部门行政管理职能有进一步强化的趋势。

（张　岳）

内务部组织机构沿革表

1949.11－1968.12

1949.11	1953.8	1955.5	1956.6	1958.8	1959.7	1964.1
办公厅	办公厅	办公厅	办公厅	办公厅	办公厅	办公厅
干部司 1950.10 撤	民政司	财务干训司 新设	优抚局	优抚局	优抚局	优抚局
民政司	救济司 新设	优抚局	移民局 新设 1958.3 撤	农村救济福利司 农村救济司改设	农村救济社会福利司 农村救济福利司改设	农村救济福利司 农村救济社会福利司改设
社会司	优抚局 优抚司改设	农村救济司 救济司改设	农村救济司	城市社会福利司 城市救济司改设	城市救济社会福利司 城市社会福利司改设	城市社会福利司 城市救济社会福利司改设
地政司	户政司 新设	城市救济司 社会司改设	城市救济司	民政司	政府机关人事局 新设	政府机关人事局
优抚司	地政司 1955.5 撤	民政司	民政司		民政司 1960.12 撤	民政司 1961.11 设
	社会司	户政司 1955.10 撤	游民改造司 新设			
			计划财务处 新设			
			参事室 1956.8 设			

民政部组织机构沿革表

1978.3－2002.12

1978.5	1980.7	1982.11	1988.7	1993.12	1998
办公厅	办公厅	办公厅	办公厅	办公厅 合并政策研究室	办公厅
政治部 1980.10撤	革命史料研究室 新设	政策研究室	基层政权建设司 新设	优抚司	民间组织管理局 社团管理司改设
优抚局	优抚司	民政司	优抚司 优抚局改	安置司	优抚安置局 优抚司与安置司合并
农村社会救济司	农村社会救济司	城市社会福利司	安置司 安置局改	救灾救济司	救灾救济司
城市社会福利司	城市社会福利司	农村社会救济司	救灾救济司 农村社会救济司改	农村社会保险司 新设	基层政权和社区建设司 基层政权建设司改
民政司	民政司	优抚局	社会福利司 城市社会福利司改	社会福利司	区划地名司
政府机关人事局	信访局 新增	安置局	行政区划和地名管理司 新设	基层政权建设司	社会福利和社会事务司 社会福利司和社会事务司合并
	退伍军人和军队退休干部安置局 1981.3设	老干部管理局 1983.5撤	社团管理司 新设	区划地名司	财务和机关事务司 1994年10月由计划财务司改设
		人事教育局 1983.5设	社会事务司 新设	社团管理司	外事司 国际合作司改设
		计划财务基建办公室 1986.5设	婚姻管理司 新设	社会事务司 合并婚姻管理司	人事教育司 （机关党委办事机构设在人事教育司）
			政策法规司 政策研究室改	计划财务司 综合计划司改设	
			人事教育司	国际合作司	
			综合计划司 新设	机关党委 (人事教育司)	
			国际合作司 新设		
			机关党委